教师招聘考试

学霸必刷题库 · 幼儿园

（真题必刷+实战演练）

4200题 | 题本

山香教师招聘考试命题研究中心　主编

图书在版编目(CIP)数据

教师招聘考试学霸必刷题库. 幼儿园 / 山香教师招聘考试命题研究中心主编. --北京 : 首都师范大学出版社, 2021.12

ISBN 978-7-5656-6775-6

Ⅰ. ①教… Ⅱ. ①山… Ⅲ. ①学前教育－幼教人员－聘用－资格考试－习题集 Ⅳ. ①G451.1-44

中国版本图书馆 CIP 数据核字(2021)第 225676 号

教师招聘考试学霸必刷题库

YOUERYUAN

幼儿园

山香教师招聘考试命题研究中心　主编

策划编辑　张文强

责任编辑　杨林玉　曹亮亮　　　　封面设计　山香教育

首都师范大学出版社出版发行

地　　址　北京市西三环北路 105 号

邮　　编　100048

咨询电话　010－68418523(总编室)　　010－68982468(发行部)

网　　址　http://cnupn.cnu.edu.cn

印　　刷　河南黎阳印务有限公司

经　　销　全国新华书店

版　　次　2021 年 12 月第 1 版

印　　次　2021 年 12 月第 1 次印刷

开　　本　889mm×1194mm　1/16

印　　张　47

字　　数　1100 千

定　　价　80.00 元

前　言

教育理论基础知识和学科专业知识是全国各地市幼儿园教师招聘考试的常考内容，主要考查考生作为准教师应有的职业道德素养、专业知识水平、教育教学能力和心理素质等。当前，考生在参加全国各地市教师招聘考试时，面临着以下几大困境：一方面，随着教师招聘考试的日益"火热"以及考生对教师招聘考试的不断探索，笔试成绩的差距在不断缩小；另一方面，教师招聘考试试题的难度和灵活性也在不断增强。对此，考生不但需要全面复习，夯实基础，而且要补齐自身短板，做到"锱铢必较，分毫必争"。

为了帮助广大考生在教师招聘考试中取得满意的成绩，山香教育名师团队结合多年教研经验和教学反馈，精心编写了本书，希望通过分析制约考生在笔试中得高分的关键因素，甄选教师招聘考试高频考题，以帮助考生摸清命题规律，发现自身缺陷，达到良好的复习效果。

本书具有以下特色：

1. **内容丰富，道道好题**。山香教育的实力派老师在深入分析考情的基础上，精选了数千道试题，以供考生复习使用。题型、题量配比与考情高度契合。与其他同类图书相比，本书设置了"真题必刷"部分帮助考生掌握真题考情，"实战演练"部分帮助考生巩固知识，击破薄弱点。

2. **解析细致，清晰易懂**。本书试题的答案解析由山香教育的实力派老师经过数轮优化，逐题细致分析，清晰易懂，使考生知其所以然，逐个击破理论盲点。同时，本书还结合考生的理解误区和试题迷惑点，特设"易错警示""方法技巧"两个栏目。"易错警示"为易错易混点辨析，"方法技巧"主要为做题方法指导，通过这两个栏目大大提升了本书的实用性，达到为考生答疑解惑、指点迷津的目的。

限于时间及水平，本书难免会有疏漏之处，衷心希望各位专家、学者及读者朋友们批评指正，同时希望本书能够帮助广大考生顺利通过教师招聘考试。

山香教育编辑部

目 录

上篇 教育理论基础

第一部分 学前卫生学

第二部分 学前教育学

第三部分　学前心理学

上篇　教育理论基础

第一部分　学前卫生学

第一章　幼儿生长发育特点与卫生保健

命题要点	考查热度	考查难度	命题预测
幼儿神经系统的发展与卫生保健	★★	中等	大脑皮质活动的特性
幼儿感觉器官的发展与卫生保健	★	一般	幼儿皮肤的特点、耳的保育要点
幼儿运动系统的发展与卫生保健	★	一般	幼儿肌肉和骨骼发展的特点、幼儿运动系统的保育要点
幼儿呼吸系统的发展与卫生保健	★	一般	幼儿呼吸系统发展的特点
幼儿生长发育的规律	★★	中等	幼儿生长发育的主要规律

真题必刷

第 *1* 练　幼儿各系统的生长发育特点与卫生保健

一、单项选择题

1.［天津南开］学前儿童的眼球前后轴较短，呈生理性远视。随着眼球的发育，眼球的前后距离变长。一般（　　）左右，可以达到正常的视力。（易错）

A. 1 岁　　B. 3 岁　　C. 5 岁　　D. 7 岁

2.［山东青岛］幼儿一岁以前的触觉探究行为，呈现出的特征是（　　）

A. 主要运用口腔对周围进行探究　　B. 主要运用手对周围进行探究

C. 主要运用脚对周围进行探究　　D. 主要运用眼睛对周围进行探究

3.［江西统考］以下关于学前儿童视力发展的表述，正确的是（　　）

A. 新生儿的视觉系统尚未发育完善，视神经和其他皮层细胞等传送信息的通路还需要一年的时间才能发育完全

B. 婴儿的一些视力功能发展很快，6 个月婴儿的视觉功能在许多方面已经接近成人

C. 儿童的视敏度发展很快，3 岁后视力趋于稳定

D. 视敏度的发展，主要依靠原始的视觉反映

4. [福建统考]下列与智力发展最相关的是(　　)(易错)

A. 生长激素　　B. 甲状腺素　　C. 肾上腺激素　　D. 性激素

5. [福建统考]针对大脑皮质活动特性的镶嵌式活动原则,相应的教育策略是(　　)

A. 贯彻生活性原则　　B. 动静交替,劳逸结合

C. 有充足的睡眠　　D. 开展幼儿感兴趣的活动

6. [福建统考]幼儿不宜过早地学习写字,是因为(　　)

A. 小肌肉群发育晚　　B. 腕骨未钙化

C. 手部肌肉容易疲劳　　D. 手关节固定性差,易脱臼

7. [浙江杭州]婴幼儿的心率特点是(　　)

A. 年龄越小,心率越快　　B. 年龄越小,心率越慢

C. 时常忽快,时常忽慢　　D. 时常停止

8. [浙江统考]关于学前儿童运动系统的特点,以下说法不正确的是(　　)(易错)

A. 学前儿童骨骼的弹性大,可塑性强,软骨较多,骨骼容易变形

B. 学前儿童足弓周围韧带较松、肌肉细弱,若长时间站立、行走,足底负重过多,易引起足弓塌陷

C. 学前儿童关节窝较浅,周围韧带较松,容易脱臼

D. 学前儿童肌肉中水分较多,蛋白质及储存的糖原较少,因此肌肉柔嫩,收缩力差,力量小,易疲劳,而且疲劳后很难恢复

9. [浙江统考]关于学前儿童消化系统的特点,以下说法正确的是(　　)

A. 学前儿童肝糖原的储存量多,饥饿时不容易出现"低血糖症",甚至"低血糖休克"

B. 学前儿童的肠壁薄,肠管相对较长、固定性差,不容易发生肠套叠

C. 学前儿童如果经常将"便意"憋回去,日久就会便秘

D. 学前儿童若习惯于偏侧咀嚼,不会导致另一侧的颌骨发育不好、两侧面颊不对称

10. [河北邢台]2 岁的儿童每天需要睡眠的总时间一般为(　　)(常考)

A. 13 ~ 14 小时　　B. 12 ~ 13 小时

C. 14 ~ 15 小时　　D. 11 ~ 12 小时

11. [山东滨州]以下关于学前儿童生长发育的说法,正确的是(　　)

A. 自鼻咽部通向中耳的管道叫咽鼓管,与中耳炎形成有关

B. 婴幼儿骨头硬度大,容易发生弯曲

C. 脊柱生理性弯曲在人出生时就形成了

D. 年龄越小,呼吸越慢

12. [广东广州]3 岁以前是幼儿口头语言学习的重要时期,乳牙的正常萌出有利于幼儿口齿伶俐和正常发音。下列不利于乳牙健康的是(　　)

A. 均衡营养　　B. 漱口和刷牙

C. 避免任何刺激　　D. 避免外伤

13. [福建统考]让幼儿干什么他乐于接受,让他别干什么就难了。这符合幼儿大脑皮质活动特性的(　　)(易错)

A. 优势原则　　B. 动力定型

C. 镶嵌式活动原则　　D. 兴奋过程强于抑制过程

14. [内蒙古鄂尔多斯]成人不要用力牵扯幼儿的手臂以防脱臼,这是因为幼儿的(　　)

A. 骨韧性强　　B. 骨硬度小

C. 肌肉容易疲劳　　D. 关节周围韧带不够结实

15. [内蒙古鄂尔多斯]保育人员给幼儿擦药要注意药物浓度和剂量,这是因为幼儿皮肤(　　)

A. 保护功能差　　B. 调节体温功能差

C. 渗透作用强　　D. 表面蒸发快

16. [内蒙古鄂尔多斯]让幼儿学习某种内容或做某种事,要想办法引起幼儿的兴趣,这是利用幼儿大脑皮质活动的(　　)

A. 优势原则　　B. 镶嵌式活动原则

C. 动力定型　　D. 抑制原则

17. [内蒙古鄂尔多斯]成人要注意保护幼儿的耳朵以防生冻疮,这是因为幼儿的(　　)

A. 耳郭血液循环差　　B. 耳咽管较短

C. 耳皮下脂肪较多　　D. 外耳道较浅

18. [内蒙古鄂尔多斯]为幼儿提供的食物要比成人的细软一些,这主要是因为幼儿(　　)

A. 乳牙未全部萌出　　B. 消化能力较弱

C. 吸收能力较强　　D. 胃的容量较小

19. [内蒙古鄂尔多斯]幼儿身体各系统发育不平衡,在下列系统中发育最早的是(　　)(易混)

A. 运动系统　　B. 循环系统　　C. 生殖系统　　D. 神经系统

20. [安徽宿州]儿童的睡眠时间,应随年龄和健康状况而异,年龄小、体质弱的儿童睡眠时间需相应延长。3~4 岁儿童每天需要(　　)睡眠。

A. 9~10 小时　　B. 10~11 小时　　C. 11~12 小时　　D. 12~13 小时

21. [山东菏泽]在整个童年期基本没有什么发展的系统是(　　)

A. 神经系统　　B. 淋巴系统　　C. 生殖系统　　D. 运动系统

22. [安徽滁州]在下列消化系统的功能中,幼儿较成人强的是(　　)

A. 胃的消化功能　　B. 肠的吸收功能

C. 肝的解毒功能　　D. 牙齿的咀嚼功能

23. [安徽滁州]幼年时期,脑垂体分泌的生长激素不足,会得(　　)

A. 侏儒症　　B. 呆小症　　C. 肢端肥大症　　D. 巨人症

24. [山东临沂]下列关于婴幼儿生长发育特点的描述,不正确的是(　　)

A. 幼儿肌肉容易疲劳,户外活动时,适时让幼儿休息,避免过度疲劳

B. 幼儿的消化功能强而吸收功能弱

C. 幼儿年龄越小，呼吸频率越快

D. 幼儿年龄越小，心率越快，幼儿心肌容易疲劳

25. [安徽滁州]学前儿童肌肉发育的特点不包括(　　)(常考)

A. 小肌肉先发育　　B. 发育不平衡

C. 收缩力较差　　D. 大肌肉先发育

26. [安徽合肥]教师保护幼儿听力的措施不包括(　　)

A. 减少环境中的噪声，避免幼儿大叫大嚷

B. 及时发现幼儿听力方面的问题，给予适当安排

C. 有意识地通过音乐或语言培养幼儿的听觉能力

D. 提供采光充足的互动环境，并组织开展户外活动和身体锻炼

27. [福建统考]幼儿能轻松地下腰、劈叉的原因是(　　)

A. 肌肉纤维柔嫩　　B. 骨骼弹性强

C. 脊柱生理性弯曲尚未固定　　D. 关节的伸展性和柔韧性强

28. [安徽宿州]小曼眼周的肌肉出现问题，导致其两眼不能同时注视目标，这种现象称为(　　)

A. 弱视　　B. 斜视　　C. 近视　　D. 远视

29. [安徽宿州]儿童时期甲状腺功能低下，主要表现为(　　)

A. 生长过速，肢端肥大　　B. 很难适应外界环境变化，易感冒

C. 智力低下，反应迟钝　　D. 呼吸道感染，腹泻

30. [浙江临海]经过较长时间的教育和培养，幼儿养成按时吃饭、按时睡觉，上课不吵不闹的习惯，这是利用了大脑皮质活动中的(　　)

A. 动力定型　　B. 优势原则　　C. 镶嵌式原则　　D. 保护性抑制

31. [浙江临海]下列不属于学前儿童运动系统保育要点的是(　　)

A. 教育儿童保持正确姿势　　B. 组织适当的体育锻炼和户外活动

C. 注意预防传染病　　D. 供给足够的营养

32. [山东临沂]关于幼儿神经系统的特点，下列说法错误的是(　　)

A. 脑细胞能利用的能量来源单一，只能利用碳水化合物分解成的葡萄糖作为能量来源

B. 小脑的发育始于 3 岁，8 岁时基本接近成人

C. 高级神经活动的抑制过程不够完善，兴奋过程强于抑制过程

D. 神经系统发育迅速、脑量增长快，脑细胞耗氧量大

33. [山东临沂]因幼儿注意力集中时间较短，教师在组织教育活动时需经常变换活动内容和性质以维持高效率，这是利用了大脑皮质活动的(　　)特性。

A. 优势原则　　B. 镶嵌式活动原则

C. 动力定型　　D. 保护性抑制

二、多项选择题

1.［安徽合肥］下列关于儿童保健内容的重点，正确的有（　　）（易错）

A. 多吃营养保健品　　B. 持续进行生长发育的监测

C. 重视早期教育　　D. 注意锻炼与保健、营养等的结合

2.［安徽宿州］学前儿童看电视需要注意哪些方面的问题（　　）

A. 电视机的调整　　B. 屏幕的大小

C. 照明　　D. 眼与荧光屏的距离

3.［安徽阜阳］关于学前儿童耳的卫生保健，下列说法正确的有（　　）

A. 禁止用锐利的工具给学前儿童挖耳

B. 教育学前儿童听到过大的声音时要捂耳或张口，预防强音震破鼓膜，影响听力

C. 严格限制使用耳聋性药物，对婴幼儿的听力进行监测

D. 要教会儿童正确擤鼻涕的方法，用力擤鼻涕可预防中耳炎

三、判断题

1.［福建统考］合理安排一日生活，有利于形成动力定型，提高效率。（　　）

2.［广东高州］对于斜视的治疗，儿童年龄越大，治疗效果越好。（　　）

3.［福建统考］为了使幼儿脚底的肌肉、韧带长结实，应选择运动量小的活动。（　　）

4.［山东菏泽］鼻是呼吸系统的主要器官，是气体交换的场所。（　　）

5.［山东菏泽］幼儿小肌肉群发育较早，大肌肉群发育较晚。（　　）

6.［福建统考］幼儿大脑皮质容易兴奋、不容易抑制，表现为幼儿容易激动，控制自己的能力比较差。（　　）

7.［福建统考］某幼儿园园服，女生是白袜短裙，男生是白衬衫、小领结，早上都搭黑色小皮鞋，为了拍摄幼儿园的宣传片，教师可以组织幼儿穿上园服在操场上开展体育游戏。（　　）

四、填空题

［内蒙古鄂尔多斯］________是脑的基本活动，是大脑机能发展的重要标志。

第 2 练　幼儿生长发育的规律与评价指标

单项选择题

1.［江西统考］斌斌和轩轩出生时身高、体重差不多，到两岁时，斌斌长得高高胖胖的，轩轩却瘦瘦小小的，这说明学前儿童的生长具有（　　）规律。（常考）

A. 阶段性　　B. 不均衡性

C. 个体差异性　　D. 相互关联性

2.［江西统考］影响学前儿童生长发育的因素包括（　　）

①营养　②体育锻炼　③疾病　④环境　⑤生活制度　⑥劳动

A. ①②③④⑤　　B. ①②③④⑤⑥

C. ①②④⑤⑥　　D. ①②③④⑥

3.［海南万宁］6 岁儿童脑重达到成人的 90%，淋巴系统出生后 10 年生长迅速，12 岁时达到成人的 200%，身高、体重的增长基本上呈波浪线的形式。这体现了幼儿生长发育的（　）

A. 阶段性　　B. 连续性　　C. 程序性　　D. 不均衡性

4.［安徽滁州］下列不属于学前儿童生长发育特点的是（　）

A. 生长发育是由量变到质变的过程

B. 各系统器官发育的平衡一致性

C. 生长发育的连续性和阶段性

D. 生长发育呈波浪式的发展

5.［安徽宿州］下列属于评价幼儿生长发育的形态指标的是（　）

A. 坐高　　B. 握力　　C. 心率　　D. 脉搏

实战演练

一、单项选择题

1. 研究表明，6 岁儿童脑的重量约为成人脑重的（　）（常考）

A. 25%　　B. 60%　　C. 75%　　D. 90%

2. 因儿童的遗传基因不同、成长环境不同、所受的家庭教育不同，所以儿童在发展上会呈现出不同的特点和优势。这体现了幼儿生长发育的（　）

A. 整体性　　B. 开放性　　C. 稳定性　　D. 个别差异性

3. 教会幼儿正确的刷牙方法，对于幼儿的牙齿健康极有帮助。下列刷牙方式中，操作不正确的是（　）

A. 顺着牙齿生长的方向刷

B. 上牙从上往下刷，下牙从下往上刷

C. 所有的牙齿都用横刷方式

D. 每刷一个地方，需要往返 5～10 次

4. 胎儿期的形态发育以及幼儿的动作发育遵循“头尾发展律”，即自上而下发展的规律。这体现了幼儿生长发育的（　）

A. 阶段性　　B. 程序性　　C. 不均衡性　　D. 个别差异性

5. 预防幼儿视力问题的最佳方法是（　）

A. 养成良好的用眼习惯　　B. 避免使用一切电子视频设备

C. 加强视力检查　　D. 尽可能多的闭眼休息

6. 儿童身体形态、结构、生理机能的发展状况是体质范畴中的（　）（易混）

A. 体格　　B. 体能　　C. 适应能力　　D. 心理状况

7. 下列关于学前儿童高级神经活动特点的描述，不正确的是（　）

A. 兴奋过程占优势　　B. 条件反射建立少

C. 神经纤维完全髓鞘化　　D. 第一信号系统发育早于第二信号系统

8. 下列各项中不会造成幼儿视力衰退的是(　　)

A. 在光线照明较差的环境看书　　B. 户外活动和身体锻炼较少

C. 坐姿不良　　D. 有规律、有节制的看电视

二、多项选择题

1. 正确评价幼儿生长发育的指标是(　　)(常考)

A. 形态指标　　B. 生理功能指标

C. 心理指标　　D. 心跳发育指标

2. 骨骼的功能有(　　)

A. 构成人体支架　　B. 支持体重

C. 保护内脏器官　　D. 造血

3. 肾脏发育最快的两个阶段是(　　)

A. 1 岁　　B. 0 ~ 6 岁　　C. 3 岁　　D. 12 ~ 15 岁

4. 幼儿心脏的特点是(　　)(易混)

A. 心脏相对重量大于成人　　B. 心脏排血量较少

C. 心率慢　　D. 心率快

5. 在幼儿生长发育过程中,身体各部分的增长比例不同。正确的增长比例是(　　)

A. 躯干增长 2 倍　　B. 下肢增长 4 倍

C. 上肢增长 3 倍　　D. 头部增长 1 倍

6. 下列符合幼儿生长发展规律的是(　　)

A. 连续性和阶段性的统一　　B. 程序性

C. 不平衡性　　D. 个别差异性

三、判断题

1. 随着儿童年龄的增长,需要睡眠的时间也越来越长。(　　)

2. 婴幼儿眼睛调节范围窄,距离近的物体不易看清。(　　)

3. “常规遮盖疗法”是目前被公认为治疗弱视的简便易行的有效方法。(　　)

4. 幼儿最先萌出的恒牙是在 6 岁左右。(易错)(　　)

5. 幼儿年龄越小,体温调节能力越差,天气寒冷时应多穿衣服,注意防寒保暖。(　　)

6. 幼儿的耳朵对声音不太敏感,所以平时老师对幼儿说话要大声些。(　　)

7. 牙齿发育过程中,最先发育长出的牙叫六龄齿。(　　)

8. 婴儿刚出生时,最发达的感觉是痛觉。(　　)

9. 幼儿一旦发生骨折,常会出现折而不断的现象,称为“青枝骨折”。(　　)

10. 从体重、身高情况可以推测出幼儿的营养状况。(　　)

11. 幼儿期(3 ~ 6 岁)是视觉发育的关键时期和可塑阶段,也是预防和治疗视觉异常的最佳年龄段。(　　)

12. 在幼儿园的活动中,避免经常单一地使用某些肌肉、骨骼,如让幼儿长时间站立等,幼儿园不宜开展拔河、长跑、长时间的踢球等剧烈运动。(　　)

13. 幼儿在日光照射下，周围血管扩张，循环加快，可促进心脏功能发育。 （ ）

14. 为幼儿做视力检查时，发现幼儿不能很好的分辨物体的远近、深浅等，且难以完成一些精细活动，初步判断幼儿患有斜视。 （ ）

四、填空题

1. 条件反射是后天获得的，在生活过程中通过一定条件形成的，是在非条件反射的基础上建立起来的，反射弧是不固定的、临时的，是一种________。
2. 5 岁前，外耳道壁还未完全骨化和愈合，因此一旦感染，容易扩散到附近的组织与器官，直到________岁，外耳道壁才骨化完成，12 岁听觉器官才发育完全。
3. 为有效祛除牙菌斑，每次刷牙的时间不宜少于________分钟。
4. 一般坐________分钟，不排便就起来，不要长时间坐便盆。
5. 新生儿出血，需 8 ~ 10 分钟凝固，幼儿需________分钟凝固，成人仅需 3 ~ 4 分钟凝固。
6. ________是指单位容积血液中的红细胞数目和血红蛋白浓度都比正常值显著减少，或两者之一有显著减少。
7. ________是气体的通道，它包括鼻、咽、喉、气管和支气管，肺是主要的呼吸器官，是进行气体交换的主要场所。
8. 婴儿吃奶期间开始长的牙齿叫________。
9. 小儿的唾液腺在初生时已形成，但唾液腺的分泌功能较差，3 ~ 6 个月时逐渐完善，由于吞咽能力较差，加上口腔比较浅，所以唾液往往流到口腔外面，这种现象称为“________”，可随年龄增长而消失。
10. 幼儿的肝糖原贮存量较少，饥饿时容易发生低血糖，甚至会出现“________”。
11. ________是指细胞、组织、器官和系统功能的不断成熟与完善，属于质的变化。
12. 运动系统常用的指标为________和背肌力。
13. ________是指人体形态、结构和生理机能的发展状况。

第二章　幼儿膳食

命题要点	考查热度	考查难度	命题预测
营养基础知识	★★	中等	蛋白质、矿物质、维生素
合理安排幼儿膳食	★	一般	幼儿膳食的内容、幼儿良好进食的卫生要求
3～6 岁学龄前儿童膳食指南	★	一般	3～6 岁学龄前儿童膳食指南的内容

真题必刷

第 3 练　营养基础知识

一、单项选择题

1. [内蒙古赤峰]婴幼儿应注意多吃蛋、奶等食物以确保维生素 D 的摄入，防止因缺乏维生素 D 而引起(　　)

A. 呆小症　　B. 佝偻病　　C. 坏血病　　D. 异食癖

2. [福建统考]幼儿生长发育迟缓，食欲减退，喜食纸张，脱发，皮肤发炎。这是(　　)

A. 维生素 D 中毒症　　B. 维生素 A 中毒症

C. 锌缺乏症　　D. 病毒性肝炎

3. [河北邢台]对脂类的生理功能描述错误的是(　　)

A. 供给机体能量　　B. 促进水溶性维生素的吸收

C. 人体组织的重要组成成分　　D. 有保护功能

4. [河北邢台]关于微量营养素，描述错误的是(　　)

A. 钙是构成人体骨骼和牙齿的重要成分　　B. 磷是构成人体骨骼和牙齿的重要成分

C. 铁是合成血红蛋白的重要原料　　D. 碘是组成甲状腺素的主要成分

5. [河北邢台]阳光中的紫外线照射到皮肤上可合成(　　)

A. 维生素 A　　B. 维生素 B　　C. 维生素 C　　D. 维生素 D

6. [江西统考]学前儿童体内缺少(　　)会出现生长发育迟缓、体重过轻、贫血、精神疲乏，甚至产生智力发育障碍、营养不良性水肿等症状。

A. 脂肪　　B. 碳水化合物　　C. 蛋白质　　D. 维生素

7. [福建统考]预防幼儿“脚气病”的膳食配置方法是(　　)(易错)

A. 干稀搭配，少吃调料和油炸食品　　B. 荤素搭配，经常吃适量的鱼、禽、蛋、瘦肉

C. 蔬菜水果搭配，多吃新鲜蔬菜、水果　　D. 粗细粮搭配，每天吃豆类及其制品

8. [山东菏泽]食物供给中既要考虑量的多少,又要考虑是否优质的营养成分为( )

A. 碳水化合物　B. 脂肪　C. 蛋白质　D. 无机盐

9. [江西南昌]学前儿童对营养和热能的需要,从种类上看,蛋白质、( )、碳水化合物、无机盐、维生素和水六大类缺一不可。

A. 氨基酸　B. 谷物　C. 脂肪　D. 脂肪酸

10. [重庆]儿童身体内部缺乏维生素D、钙、磷等会引起( )

A. 大脖子病　B. 肥胖病　C. 佝偻病　D. 夜盲症

11. [江西南昌]婴幼儿生长发育速度减慢,智力低下,甚至患呆小症(克汀病)。这主要是因为缺( )

A. 磷　B. 碘　C. 锌　D. 铁

12. [江西南昌]幼儿缺( ),会出现生长发育迟缓、体格矮小、伤口愈合慢、食欲不振、味觉和嗅觉减退等不良现象。

A. 铁　B. 锌　C. 镁　D. 碘

13. [江西统考]( )能促进视觉细胞类感光物质的合成与再生,促进生长发育,有利于提高机体免疫力,缺乏它会引起夜盲症。

A. 维生素 B_2　B. 维生素C　C. 维生素D　D. 维生素A

14. [山东临沂]下列关于维生素的说法错误的是( )

A. 缺乏维生素A可患"夜盲症"

B. 维生素 B_1 参与蛋白质、脂肪、碳水化合物在人体内的代谢,体内缺乏会得口角炎和舌炎

C. 维生素C使三价铁还原成二价铁,可用于缺铁性贫血的辅助治疗

D. 婴幼儿缺乏维生素D会影响钙的吸收,可能会得佝偻病

二、多项选择题

[内蒙古赤峰]以下属于"三大供热营养素"的有( )

A. 脂类　B. 蛋白质　C. 碳水化合物　D. 无机盐

三、判断题

1. [浙江杭州]幼儿对蛋白质、脂肪、碳水化合物及其他营养素的需要量相对低于成人。( )

2. [安徽阜阳]缺乏维生素A会导致口角裂开,感染舌炎,并影响视觉功能。( )

第4练　幼儿膳食与良好饮食习惯的培养

一、单项选择题

1. [安徽安庆]幼儿膳食计划应力求各营养素之间有合理的比值。其中蛋白质所提供的热量占总热量的( )(易混)

A. 20% ~30%　B. 12% ~15%

C. 15% ~20%　D. 50% ~60%

2. [广东广州]幼儿教师要培养幼儿各种有利于消化吸收的进食行为,对此,幼儿教师的下列做法中正确

的是(　　)(易错)

A. 为增加食欲,要求幼儿在餐前做大量剧烈运动

B. 告诉幼儿要细嚼慢咽每一口饭菜

C. 将积木拿给正在吃饭的幼儿玩耍

D. 若发现幼儿不愿吃饭,选择用零食代替正餐

3. [福建统考]幼儿每天饮水的正确做法是(　　)

A. 少量多次饮水　　B. 一次足量饮水

C. 乳饮料和果汁替代白开水　　D. 餐前餐后多饮水

4. [安徽合肥]幼儿膳食要科学,以下符合营养学要求的是(　　)

A. 6 岁左右儿童每日进食 6 次

B. 在每餐食物中加氨基酸

C. 干稀搭配,粗细粮搭配

D. 菠菜含钙量高,可作为儿童摄取钙的主要来源

5. [安徽滁州]幼儿良好进食的卫生要求不包括(　　)

A. 良好的心理环境　　B. 适当的进餐速度

C. 不强迫幼儿进食　　D. 进餐时说笑打闹

6. [福建统考]下列早餐食谱中搭配合理的是(　　)

A. 酱香鹌鹑蛋、炒肉片、牛奶、炒黄瓜　　B. 酱香鹌鹑蛋、松仁、牛奶、炒黄瓜

C. 酱香鹌鹑蛋、花生、牛奶、炒黄瓜　　D. 酱香鹌鹑蛋、馒头、牛奶、炒黄瓜

7. [浙江临海]从数量上看,幼儿加餐摄取的热能占全天热能的(　　)左右。

A. 25%　　B. 20%　　C. 10%　　D. 5%

二、判断题

1. [福建统考]幼儿园点心应是营养密度和能量密度高的食物。(　　)

2. [广东广州]组织幼儿进食时,教师的态度应循循善诱,和蔼可亲,切忌惩罚、哄骗。(　　)

3. [福建统考]《中国学龄前儿童膳食指南(2016)》倡导“多样、平衡、适量”的科学营养观念。(易错)(　　)

4. [福建统考]除睡眠外,应避免幼儿连续超过 1 小时的静止状态。(易错)(　　)

三、简答题

1. [浙江统考]根据《中国居民营养膳食指南》,简述 3 ~6 岁儿童膳食指导要点。

2.［安徽安庆］幼儿进食的卫生要求有哪些？

3.［安徽滁州］简述幼儿良好饮食习惯的内容。

四、材料分析题

［福建统考］阅读材料，按要求作答。

开学一个月来，小三班的老师发现许多小朋友把瘦肉、青菜放在口中嚼了又嚼，最后还是把渣吐出来；有的小朋友拿汤匙像拿铲子一样；有的小朋友吃饭，没有用手扶着碗，饭菜洒落在桌子、衣服和地面上。

（1）分析幼儿出现上述行为的原因。

（2）结合材料提出合理建议。

实战演练

一、单项选择题

1. 在日常食物中以（　　）所含的钙为最佳。

A. 豆浆　　B. 紫菜　　C. 芹菜　　D. 牛奶

2. 具有促进铁吸收功能的是（　　）

A. 维生素 A　　B. 维生素 B_1　　C. 维生素 C　　D. 维生素 D

3. 以下存在于人体骨骼和牙齿中的微量元素是（　　）

A. 钙　　B. 铁　　C. 锌　　D. 碘

4.(　　)是人体内含量最高的微量元素，是合成血红蛋白的原料，参与维持正常造血功能和体内氧的运送。

A. 钙　　B. 锌　　C. 碘　　D. 铁

5.(　　)缺乏会导致甲状腺素合成不足，典型的症状是甲状腺肿大。

A. 钙　　B. 锌　　C. 碘　　D. 铁

6.(　　)缺乏会造成毛细血管通透性增加，导致坏血病。(易混)

A. 维生素 C　　B. 维生素 A

C. 维生素 B　　D. 维生素 D

7. 下列膳食搭配可以达到“蛋白质互补作用”的是(　　)

A. 粗细粮搭配　　B. 谷类和豆类搭配

C. 米面搭配　　D. 蔬菜五色搭配

8. 幼儿膳食搭配中维生素 B_1 的主要来源是(　　)

A. 粮谷类　　B. 水果　　C. 乳制品类　　D. 蔬菜类

9. 能促进钙吸收的维生素是(　　)

A. 维生素 A　　B. 维生素 B　　C. 维生素 C　　D. 维生素 D

10. 含有丰富维生素 A 的食物是(　　)

A. 动物肝脏　　B. 豆制品　　C. 米、面　　D. 浅色蔬菜

11. 具有抗酮体生成作用的营养素是(　　)

A. 蛋白质　　B. 脂类　　C. 碳水化合物　　D. 水

二、多项选择题

1. 托幼机构内儿童膳食应努力具备________、________、增进食欲、清洁卫生、安全新鲜、有利消化等特点。(　　)

A. 蛋类为主　　B. 少食肉类

C. 科学合理　　D. 营养平衡

2. 下列膳食搭配合理的有(　　)

A. 粗细粮搭配　　B. 米面搭配

C. 谷类和豆类搭配　　D. 蔬菜五色搭配

三、判断题

1. 在为婴幼儿(尤其是婴儿)添加辅食时，应由少到多，逐步进行。(　　)

2. 断奶后，就应该添加各类辅助食品，以保证婴幼儿正常发育。(　　)

3. 由膳食供给的蛋白质，只有其所含必需氨基酸的比例与人体蛋白质必需氨基酸的比例相一致，才能被充分利用。(　　)

4. 1 ~2 岁小儿每日可进食 5 次，三餐加上、下午各一次点心，以后逐渐改为 4 次，三餐加午后点心一次。每次间隔约 3 小时。(　　)

5. 幼儿需要的总能量约 50% ~60% 来源于脂肪。 ( )

6. 维生素 C 中毒的症状:起先是烦躁、睡眠不安、食欲减退,继而出现恶心、呕吐,严重的可损害心、肾功能。 ( )

7. 维生素 C 缺乏会造成毛细血管通透性增加,导致坏血病。 ( )

8. 各年龄儿童每日水的需要量大致如下:初生至 1 岁,120 ~160 毫升/每千克体重;2 ~3 岁,100 ~140 毫升/每千克体重;4 ~7 岁,90 ~110 毫升/每千克体重。 ( )

9. 托幼机构特别是寄宿制园所内的儿童处于集体教养的环境之中,膳食质量的优劣直接关系到儿童的生长发育和身心健康。因此托幼机构内儿童的膳食应多多益善。 ( )

10. 托幼机构的膳食在烹调制备时既要尽力保持食物中的各种营养素,也要注意食物要煮熟、烧透,避免油腻、辛辣、刺激性食物,有利于儿童的消化吸收,做到碎、细、软、烂。 ( )

四、简答题

1. 简述蛋白质的生理功能。

2. 简述碳水化合物的生理功能(可吸收部分)。

3. 简述脂类的生理功能。

4. 简述影响钙吸收的因素。

5. 简述幼儿对能量的需求。

五、材料分析题

中午进餐时间，小(1)班的孩子们在一口饭一口菜安静地就餐。进餐之前，老师给孩子们提出了很多要求，如安静地吃，饭和菜搭配吃，不要掉饭粒等，其中“饭、菜要吃完”的要求肯定是不会落下的。于是，就出现了以下情况：

片段一：博伦很快地吃完了饭，同时把菜吃得一干二净后来添第二碗。

片段二：清清吃完了饭，慢吞吞地吃菜，边吃边皱着眉头看了老师一下：“裴老师，我有点吃不下了。”老师问：“真的吃不下了？”旁边的小朋友说：“她是不喜欢吃青菜。”于是，老师说：“再吃一点，好吗？”清清很听话，低下头一小口一小口地吃着，老师想要她养成吃青菜的习惯。

片段三：彤彤好不容易将饭吃完，其他的孩子都已经在旁边看书了，而菜已经冰凉了，“裴老师，我吃不下了。”

结合以上案例，谈谈应如何合理安排幼儿进餐。

第三章　幼儿常见疾病和意外事故的防护

命题要点	考查热度	考查难度	命题预测
预防常见病	★★	中等	小儿肥胖、佝偻病、龋齿
传染病	★	一般	传染病的特性、传染病的传播途径和预防措施
幼儿常见传染病的种类和预防	★	一般	水痘、手足口病
幼儿常见意外事故的防护和急救	★★	中等	眼外伤、脱臼、气管异物、鼻出血、烫伤等的处理办法

真题必刷

第5练　幼儿常见疾病及传染病

一、单项选择题

1. [内蒙古赤峰]皮疹呈向心性分布，先见于头皮、面部、躯干，渐渐延至四肢，该疾病是(　　)

A. 麻疹　　B. 手足口病　　C. 水痘　　D. 风疹

2. [江西统考]奇奇的爸爸妈妈都很瘦，但他从小就爱吃肉，不爱运动，身体十分肥胖。这种肥胖属于(　　)

A. 单纯性肥胖　　B. 继发性肥胖　　C. 药物性肥胖　　D. 遗传性肥胖

3. [福建统考]甲型肝炎病毒的传播途径主要有食物传播和(　　)

A. 空气飞沫传播　　B. 蚊虫传播　　C. 血液传播　　D. 水源传播

4. [福建统考]一种传染病有别于另一种传染病，主要是因为(　　)不同。(易混)

A. 病原体　　B. 传染性　　C. 免疫性　　D. 病程发展规律性

5. [浙江统考]学前儿童出现鸡胸、漏斗胸是(　　)的典型症状。

A. 维生素D缺乏性佝偻病　　B. 龋齿

C. 湿疹　　D. 贫血

6. [浙江统考]预防学前儿童肥胖的关键是(　　)(常考)

A. 使其热量的消耗与摄入取得平衡　　B. 树立"孩子越胖越好"的观念

C. 节食　　D. 每月定时称体重

7. [山东滨州]关于婴幼儿常见病，以下说法错误的是(　　)

A. 佝偻病常见于三岁以下儿童，患者会出现前囟晚闭、枕秃等症状

B. 新生儿硬肿症多发生于冬季

C. 一氧化碳中毒者的嘴唇、皮肤会出现鲜艳的红色

D. 羊奶中叶酸含量高，以羊奶喂养的婴儿，不易缺乏叶酸

8. [广东高州]学前教育机构最常用的消毒液是(　　)(易错)

A. 来苏水　　B. 石灰乳　　C. 84 消毒液　　D. 漂白粉澄清液

9. [江西统考]某幼儿突然出现高热、腹痛、腹泻，一日腹泻数次，总有大便排不干净的感觉，且大便内有黏液及脓血。该幼儿可能患了(　　)(易混)

A. 急性胃炎　　B. 细菌性痢疾　　C. 中毒型痢疾　　D. 急性肠炎

10. [江西统考]以下不属于管理传染源预防措施的是(　　)

A. 早发现患儿　　B. 早隔离患儿

C. 对传染病的接触者进行检疫　　D. 切断传播途径

11. [福建统考]为预防病毒性肝炎，幼儿园对餐具进行消毒时必须煮沸(　　)

A. 1 ~ 2 分钟　　B. 5 ~ 10 分钟　　C. 10 ~ 15 分钟　　D. 15 ~ 30 分钟

12. [江西南昌]流感、麻疹等主要是通过(　　)传播的。

A. 空气　　B. 饮食　　C. 接触　　D. 虫媒

13. [重庆]"吃熟食、喝开水、勤洗手、晒衣被"主要是为了预防(　　)

A. 泌尿道感染　　B. 麻疹　　C. 手足口病　　D. 龋齿

14. [江西南昌]在日常生活中，我们强调一些卫生常识，如饭前便后洗手。从预防传染病流行的角度，这是为了(　　)

A. 控制传染源　　B. 切断传播途径　　C. 保护易感人群　　D. 以上都是

15. [江西统考]黄老师接到家长告知孩子在医院确诊为流行性腮腺炎的电话后，立即向本园医务人员进行了报告。医务人员立即嘱咐该患儿继续就医，痊愈后凭医院诊断证明方可入园，并要求教师从该幼儿发病起 24 天内密切关注班级其他孩子是否出现异常情况，并对该幼儿接触过的环境、日用品等严格、彻底消毒。这主要是为了(　　)

①管理传染源　②切断传播途径　③保护易感人群

A. ①③　　B. ②③　　C. ①②　　D. ①②③

16. [安徽合肥]关于小儿肥胖症的预防，下列描述不正确的是(　　)

A. 培养良好进食习惯　　B. 禁止暴饮暴食，禁止饮酒

C. 积极参加体育活动　　D. 酌情使用生长激素

17. [安徽合肥]婴幼儿应多吃鸡蛋、牛奶等食物，保证维生素 D 摄入以防维生素 D 缺乏而引起的(　　)(易错)

A. 佝偻病　　B. 坏血病　　C. 厌食症　　D. 呆小症

18. [安徽合肥]春季是流感的高发季节，流感属于(　　)传染病。

A. 消化道　　B. 呼吸道　　C. 自然疫源性　　D. 中枢神经系统

19.［福建统考］某幼儿的手掌、脚掌存在红色斑丘疹，颊黏膜、齿龈上有水疱，初步诊断是患了（　　）

A. 麻疹　　B. 猩红热　　C. 水痘　　D. 手足口病

20.［福建统考］诺如病毒性胃肠炎的主要传播途径是（　　）

A. 粪—口传播　　B. 虫媒传播　　C. 血液传播　　D. 土壤传播

21.［山东临沂］下列有关预防接种的知识，错误的是（　　）

A. 疫苗有活的和死的两种

B. 婴儿出生后注射的卡介苗是预防白喉和百日咳

C. 我们在 12 ~ 13 岁重复接种麻疹疫苗，是为了加强免疫

D. 乙脑通过蚊虫传播，流行于夏秋季

22.［山东临沂］下列不属于幼儿佝偻病症状的是（　　）

A. 睡眠不安，夜间常惊醒哭吵

B. 骨骼改变，出现方颅、鸡胸等

C. 大脑皮层兴奋性降低，条件反射形成迟缓，语言发育较晚

D. 食欲不振，汗液分泌较少

23.［山东青岛］手足口病的潜伏期为（　　）日。

A. 3 ~ 5　　B. 4 ~ 6　　C. 1 ~ 5　　D. 1 ~ 6

二、多项选择题

1.［海南万宁］下列属于传染病的是（　　）（易混）

A. 麻疹　　B. 手足口病　　C. 蛔虫病　　D. 贫血

2.［山东青岛］预防龋齿的有效方法是（　　）

A. 注意口腔卫生　　B. 多晒太阳

C. 合理营养　　D. 定期口腔检查

3.［山东青岛］流行性感冒潜伏期为数小时至一两日，起病急、高热、头痛、咽痛、乏力、眼结膜充血，其他症状主要有（　　）

A. 以胃肠道症状为主者，可有恶心、呕吐、腹痛、腹泻等症状

B. 以肺部发炎症状为主者，发病一两日后即出现咳嗽、气促、气喘、口唇发绀等症状

C. 部分患儿有明显的精神症状，如嗜睡、惊厥等

D. 婴幼儿常并发中耳炎

三、判断题

1.［福建统考］发热是幼儿生病时常见的症状，是机体的防御反应。（　　）

2.［河南郑州］传染病的预防包括管理传染源、切断传播途径及保护易感人群。（　　）

3.［河北邢台］湿疹是一种较常见的过敏性皮肤病，均因食物过敏引起。（　　）

4.［浙江杭州］疱疹性咽峡炎的传播途径是“粪—口途径”和“呼吸道途径”。（　　）

5.［山东菏泽］传染病的前驱期也具有传染性。（　　）

6. [安徽滁州]某幼儿夜间经常惊醒、哭闹、多汗，并出现记忆力差、语言发展迟缓，幼儿可能患有儿童期恐惧。（易混）　（　　）

四、简答题

[安徽滁州]结合幼儿园工作实际，谈谈手足口病的预防措施有哪些。

五、材料分析题

[福建统考]午饭时间刚刚开始，王老师就听到悦悦小朋友尖厉的哭喊声。只见他边捂着脸边哭："好痛啊，老师，我的牙齿好痛啊！"王老师让悦悦张开嘴巴，只见他的口腔里有好几颗发黑的龋齿，其中一个龋洞塞进了食物残渣。

(1)结合材料分析造成悦悦龋齿的可能原因。

(2)提出预防幼儿龋齿的措施。

第 *6* 练　幼儿常见意外事故的防护和急救

一、单项选择题

1. [江西统考]明明的手背被亮亮咬伤后，教师此时应采取的正确处理方法是(　　)

①皮肤没有破损的情况下可以不用处理

②皮肤没有破损的情况下可以轻轻按摩以及用温热毛巾敷于患处

③皮肤破损流血的，可以用温开水冲洗拭干后，以碘伏消毒、止血，并送到医院做消炎及病毒防治处理

④皮肤破损流血的，可以用生理盐水冲洗拭干后，以酒精消毒、止血，并送到医院做消炎及病毒防治处理

A. ①②③　　B. ②③④　　C. ①②④　　D. ①②③④

2. [福建统考]对幼儿眼外伤的处理，以下做法错误的是(　　)(常考)

A. 谷皮、小飞虫等眯眼，让幼儿用力挤眼

B. 沙子、铁屑等嵌入角膜，迅速送去医院

C. 灰尘不小心飞进眼结膜，用干净的棉签轻轻擦拭

D. 眼睛被土块击伤，迅速送去医院

3.[河南郑州]如果确定幼儿的关节脱臼了,幼儿教师不可采取的措施是(　　)

A.立即寻求医疗救助　　B.不要移动关节

C.用药膏涂抹在脱臼部位　　D.如不熟悉脱臼的整理技术,不要贸然复位

4.[山东滨州]对新生儿使用胸外心脏挤压法急救,应使胸骨下陷1厘米左右,然后放松,每分钟按压(　　)次左右。(常考)

A.60　　B.80　　C.100　　D.120

5.[江西统考]蒙蒙户外运动时与同伴相撞,导致上肢无法正常活动,肩膀疼痛并出现肿胀现象,从以上症状推断蒙蒙的状况是(　　)

A.指关节脱臼　　B.腕关节脱臼　　C.肘关节脱臼　　D.肩关节脱臼

6.[江西统考]诚诚不小心摔了一跤,手掌撑在一块石头上导致掌心血流不止,针对此种情形,老师应该采取(　　)进行应急处理。

A.一般止血法　　B.指压止血法

C.加压包扎法　　D.止血带止血法

7.[海南万宁]对于骨折,下列做法正确的是(　　)

A.要立刻止血

B.要立刻将幼儿移动到平坦的地方

C.幼儿开放性骨折时要采用夹板固定

D.用绷带固定,应用绷带包裹手指、脚趾,避免感染

8.[山东菏泽]幼儿在户外运动中扭伤,出现充血、肿胀和疼痛,教师应对幼儿采取的措施是(　　)

A.停止活动,冷敷扭伤处　　B.停止活动,热敷扭伤处

C.按摩扭伤处,继续活动　　D.清洁扭伤处,继续活动

9.[福建统考]幼儿一边进食一边说话容易呛咳,是因为幼儿(　　)

A.呼吸道管腔狭窄　　B.会厌软骨保护性反射机能不完善

C.声带还不够坚韧　　D.气管、支气管的自净能力差

10.[江西南昌]异物入眼时,老师应采取的正确处理方法不包括(　　)

A.让学前儿童用力眨眼睛,利用泪水将异物带出

B.用温水或蒸馏水冲洗眼睛

C.翻开上下眼睑,用干净的棉签、纱布擦去异物

D.用干净的手帕揉擦

11.[重庆]对于中暑的患儿,下列采取的措施,不正确的是(　　)

A.将患儿平卧,解开衣扣　　B.用热毛巾敷患儿头部

C.在患儿太阳穴涂抹清凉油　　D.给予患儿葡萄糖盐水

12.[江西南昌]学前儿童在进食花生时不小心被卡住喉咙,老师应采取的正确措施是(　　)

A.强制吞咽　　B.喝醋　　C.自然咳出　　D.及时就医

13.［江西统考］午睡时，小玲指着墙上的一只虫子哇哇大哭，原来她被一只蜈蚣咬伤了。针对这种情况，当班老师应采取(　　)的急救方法并立即报告幼儿园医务人员。

A. 立即涂上食醋

B. 立即用浓盐水或肥皂水多次冲洗伤口

C. 立即用淡碱水或肥皂水冲洗伤口，然后涂上较浓的碱水

D. 立即用清水反复冲洗伤口，挤出污血

14.［福建统考］骨折的现场急救原则是避免受伤肢体再活动，使骨折不再加重。所以，应先对骨折部位(　　)

A. 药敷　　B. 固定　　C. 还纳　　D. 包扎

15.［福建统考］当幼儿流鼻血时，现场处理应当先要(　　)

A. 头略仰，张口呼吸

B. 捏住鼻翼，压迫十分钟

C. 安慰孩子，不要紧张，安静坐着

D. 用湿毛巾冷敷额头、鼻部

16.［福建统考］幼儿气管异物堵塞时，现场急救最有效的方法是(　　)

A. 口对口吹气法　　B. 胸外心脏挤压法

C. 肩部颠簸法　　D. 海姆里克腹部冲击法

17.［安徽宿州］发生头晕、恶心、心慌等症状，继而失去知觉是(　　)的症状。

A. 触电　　B. 晕厥　　C. 中暑　　D. 溺水

18.［山东临沂］关于幼儿意外事故的急救，下列做法不正确的是(　　)

A. 发现幼儿被热水烫伤后应立即脱去衣袜，将创面放入冷水中浸泡半小时以上

B. 被犬咬伤后应立即用流动的自来水或肥皂水冲洗15～20分钟，之后送医院处理并及时接种疫苗

C. 发现煤气中毒者，应及时开窗通风，并把患者放置在较冷的地方使其受冻清醒，尽快恢复呼吸

D. 骨折的急救原则是限制伤肢再活动，避免断骨再刺伤周围组织，减轻痛苦，这种处理叫“固定”

19.［浙江临海］小光的胳膊被狗咬伤了，教师在第一时间发现后采取的正确处理方法是(　　)

A. 用止血药粉或者药膏涂抹在伤口上

B. 用自来水对着伤口急水冲洗

C. 用嘴去吸吮伤口

D. 用牙膏、醋等非医疗物品冲洗伤口

20.［江西统考］一只小昆虫爬进了跃跃的耳朵里，教师正确的处理方式是(　　)

A. 用强光接近跃跃的外耳道，将小昆虫引出来

B. 用棉签掏出来

C. 可用倾斜头、单脚跳跃的动作，将小昆虫跳出来

D. 用掏耳勺挖出来

二、多项选择题

[广东广州]在活动课上学生因碰撞导致鼻出血,老师的正确做法是( )

A. 让孩子坐下,头向前倾

B. 让孩子吐出口中液体

C. 棉球蘸水擦血迹

D. 用酒精消毒

三、判断题

1. [安徽合肥]在儿童创伤现场急救基本生命支持过程中,首要的是有效保持气道开放,然后是口对口人工呼吸和胸外心脏按压。(易错) ( )

2. [安徽合肥]当发现幼儿被烫伤、形成水疱时,应当扎破水疱,涂抹抗生素药膏,再用无绒毛纱布包扎,避免伤口感染。(易错) ( )

四、简答题

1. [浙江杭州]简述幼儿鼻出血常见的原因和处理方法。

2. [福建统考]某幼儿在户外活动时出现头晕、眼花、口渴、头冒虚汗等中暑症状,简述对幼儿的急救措施。(易错)

3. [福建统考]某幼儿不小心将面条吸入气管,马上出现剧烈咳嗽、气急、憋气等症状。简述现场的急救措施。

五、材料分析题

[内蒙古鄂尔多斯]进餐时,强强的手臂被面条烫伤了,在医生来之前,教师给强强的手臂抹了牙膏。

(1)该教师的处理方式是否恰当?请结合案例分析理由。

(2)说明幼儿烫伤的正确处理方法。

实战演练

一、单项选择题

1. 精英幼儿园某大班的幼儿在程老师的带领下到当地一所公园进行活动，顽皮的幼儿小明玩耍的时候不小心被一只黄蜂蜇伤，受蜇伤皮肤立刻红肿、疼痛，这时，程老师应该尽快将(　　)涂于受伤处。

A. 弱碱性溶液　　B. 弱酸性溶液　　C. 清水　　D. 强碱性溶液

2. 小华平时食欲很好，但最近几天却不想吃饭，尤其怕油腻并伴有恶心呕吐，小华可能是患了(　　)

A. 病毒性肝炎　　B. 维生素 D 中毒症

C. 维生素 A 中毒症　　D. 维生素 D 缺乏性佝偻病

3. 小明是幼儿园的在读幼儿，当他午睡中(　　)时，保育员应该立即把小明送往医务室。

A. 说话　　B. 踢被子　　C. 侧睡　　D. 体温升高

二、判断题

1. 乙型肝炎的传播途径主要为母婴传播和血液传播。(　　)
2. 超过标准体重 40% 以上者为高度肥胖症。(　　)
3. 预防接种是当前最有效、最经济、最简便的预防传染病的方法。(　　)
4. 幼儿在哭闹时，可以用吃东西来哄他。(　　)
5. 空气飞沫传播是呼吸道传染病的主要传播方式，日常生活中应注意环境卫生，加强室内通风换气，打扫卫生时最好先洒水。(　　)
6. 煮沸法是利用紫外线消毒灭菌。(　　)
7. 幼儿发生骨折的时候，在急救处理前可先用手大力揉搓骨折处。(　　)
8. 风疹出疹时，耳后、枕部淋巴结有肿大现象。(　　)
9. 幼儿重度冻伤时，局部皮肤呈紫黑色、肿胀、有水疱，应尽快用针挑破水疱，保暖并送医院治疗。(　　)

三、简答题

1. 简述煤气中毒的急救措施。

2. 简述流行性感冒的预防措施。

3. 简述急性上呼吸道感染的预防措施。

4. 简述病原体的传播途径。

5. 简述龋齿的预防措施。

四、材料分析题

1. 某幼儿午睡起床后，有一侧耳下腮腺处红肿、表面发烫，并有发热、怕冷、咽痛等症状。

(1) 该幼儿患了什么病？

(2) 应该怎样对他进行护理？

(3) 预防这种疾病有哪些措施？

2. 朵朵穿了一件好看的衣服，胸前有很多小珠子。我发现她经常用手剥小珠子，为免发生意外，我阻止了她好几次。今天中午，突然有个小朋友告诉我说："老师，朵朵把一个珠子塞到鼻子里了。"我赶忙跑过去，这时朵朵的神情很紧张，张开嘴巴在呼吸。

遇到这种情况，教师应该采取什么措施？

第四章　幼儿安全与心理卫生教育

命题要点	考查热度	考查难度	命题预测
安全教育	★	一般	安全教育的方法、安全教育的措施
幼儿常见问题行为与心理卫生问题的预防与矫正	★★	中等	情绪障碍、品行障碍、语言障碍、遗尿症

真题必刷

第 7 练　安全教育、幼儿常见问题行为与心理卫生问题的预防与矫正

一、单项选择题

1. [天津南开]婴幼儿在情绪急剧变化时出现的屏气发作现象属于(　　)

A. 情绪障碍　　B. 睡眠障碍

C. 品行障碍　　D. 心理机能发育迟缓

2. [山东青岛]东东 4 岁了,近来不知道什么原因说话老是结巴。面对东东这种情形,应该(　　)

A. 一出现结巴,立刻提醒

B. 刻意要求东东多说话,学会正确表达

C. 严肃地提醒东东:"说话之前,先想清楚。"

D. 关注但不评价,深入了解口吃的原因

3. [山东青岛]小虎上幼儿园的第一天就又哭又闹,不和小伙伴玩耍,闹着要回家。小虎表现出(　　)

A. 分离焦虑　　B. 攻击性行为　　C. 反抗行为　　D. 混合型依恋

4. [福建统考]通过成人的言传身教,可以防治(　　)的心理卫生问题。

A. 说谎　　B. 口吃　　C. 遗尿症　　D. 咬指甲癖

5. [河南郑州]体育活动中,老师让胆小害怕的幼儿先看看别的小朋友练习动作,再让他尝试简单的练习,然后进行难度大的练习,多次练习后幼儿不再害怕了,该老师帮助幼儿消除恐惧心理的方法是(　　)

A. 心理放松法　　B. 系统脱敏法

C. 注意转移法　　D. 意志锻炼法

6. [河北邢台]孤独、退缩,对亲人没有依恋之情,不能领会表情的含义,也不会表示自己的要求和情感,这是婴儿孤独症的(　　)障碍。

A. 行为　　B. 语言　　C. 社会交往　　D. 情绪

7. [广东高州]下列情形一般不会体现在患有多动症的儿童身上的是(　　)

A. 能保持有意注意力的集中,但不能保持无意注意力的集中

B. 经常不经思考就突然发生一些行动,自我控制能力差

C. 总是在活动,运动量大大超过同龄的孩子

D. 学习缺乏毅力,难以认真做作业

8. [广东广州]幼儿经常听到长辈说:“你听话,就给你买糖果。”在发现长辈说了很多次却没有一次兑现后,他们也学会了说谎,幼儿的这种说谎现象属于(　　)

A. 间接说谎　　B. 有意说谎　　C. 模仿说谎　　D. 无意说谎

9. [江西统考]升入大班的雅静食欲减退,吃得极少,一段时间后,她对任何食物都不感兴趣,经常回避或拒绝进食,甚至将食物暗中抛弃,老师若强迫其进食还会引起呕吐,这是(　　)的明显表现。

A. 挑食　　B. 神经性厌食症

C. 不良进食习惯　　D. 异食癖

10. [福建统考]矫治幼儿咬指甲癖的最佳方法是(　　)

A. 戴手套　　B. 不予理睬　　C. 转移注意　　D. 手指涂黄连

11. [安徽合肥]儿童多动综合症常见的症状是(　　)

A. 活动过度　　B. 注意力不集中

C. 行为冲动　　D. 以上都是

12. [安徽宿州]幼儿的说谎、欺骗、霸道、破坏行为及对抗行为等属于(　　)的行为问题。(易混)

A. 生理方面　　B. 品行方面

C. 心智发展方面　　D. 个性发展方面

13. [安徽滁州]下列不属于学前儿童语言障碍的是(　　)

A. 儿童期焦虑　　B. 发育性语言障碍

C. 发音性语言障碍　　D. 口吃

14. [江西南昌](　　)是由心理因素引起的进食障碍,多发生于年龄较大的学前儿童。

A. 异食癖　　B. 不良的进食习惯

C. 神经性厌食　　D. 梦魇

15. [安徽滁州]刚入园的幼儿会产生分离焦虑现象,这属于学前儿童常见心理问题中的(　　)

A. 情绪障碍　　B. 品行障碍　　C. 发展障碍　　D. 行为障碍

16. [福建统考]幼儿的退缩性行为属于(　　)问题。

A. 社会交往　　B. 生理性　　C. 情绪　　D. 语言

二、多项选择题

[广东广州]刚上幼儿园的东东由于不适应新的环境,出现了分离焦虑,每次去幼儿园他都要紧紧抓住爸妈的手不放,爸妈一离开就哭闹不停,甚至对外人感到恐惧。针对这类问题,父母可以采取的有效措

施包括(　　)

A. 在入学前选择一些以幼儿园生活为主题的绘本,让孩子对集体生活产生兴趣

B. 告诉幼儿回来后会和他做些什么,让幼儿有期待感

C. 每次离家和回家设置一定的程序,让幼儿提前感知到分离,有心理准备

D. 平时少练习一些减少焦虑的活动

三、判断题

1. [天津南开]儿童在5岁以后,仍有经常性的不自主排尿,称为遗尿症。(常考)　　(　　)

2. [安徽合肥]梦魇是学前儿童中较为多见的一种睡眠障碍。　　(　　)

四、简答题

[山东临沂]为什么幼儿容易发生意外伤害事故？幼儿园应从哪些方面对幼儿进行安全教育？

五、材料分析题

1. [福建统考]小班的兰兰,一提去幼儿园就会哭闹不止,一到幼儿园就不吃不喝。回家之后,又正常地开心大笑。

问题:(1)兰兰的这种情况是什么心理卫生问题?

(2)请说明导致该心理卫生问题的原因。

(3)简述针对该心理卫生问题的防治措施。

2. [广东广州]小俊性情温顺,但是不爱和同伴交往,比较内向。他的父母忙于工作,平时都是在外婆家,周末才回自己家中。小俊父母也总是忙自己的事情和小俊交流很少,在幼儿园的时候,小俊经常一个人坐在椅子上或者蜷缩在墙角里自言自语或摆弄玩具,时不时抬头看看其他嬉戏的小朋友。连体育游戏、户外游戏都自己单独玩耍,从来不和同伴一起。小俊在与人交流中特别害羞,且常常局促不安,有一次老师让小俊回答问题,小俊站在讲台上满脸通红,汗流浃背,不知所措;在与小俊父母交流时,得知小俊的爸爸和姑姑儿时也有这种表现。

(1)小俊可能患有什么心理问题,并分析其原因。

(2)假如你是小俊老师,你会如何帮助小俊?

3.[福建统考]大班某幼儿经常尿床,今天午睡该幼儿又尿床了,保育员当着其他小朋友的面不耐烦地说:"你怎么又尿床了。"

(1)分析该幼儿尿床的可能原因。

(2)简述矫治该幼儿尿床的具体措施。

实战演练

一、单项选择题

1. 下列幼儿常见的心理卫生问题中,属于不良习惯的是(　　)

A. 口吃　　B. 吮吸手指　　C. 儿童期恐惧　　D. 神经性厌食症

2. 如果儿童出现口吃,开始发展的年龄一般是(　　)

A. 1~2 岁　　B. 2~3 岁　　C. 3~4 岁　　D. 4~5 岁

3. 下列行为表现中,不属于儿童孤独症的是(　　)

A. 行为异常　　B. 社会交往障碍

C. 有幻听、幻视等幻觉　　D. 语言发育障碍

二、多项选择题

1. 下列是儿童功能性遗尿症病因的是(　　)

A. 精神紧张　　B. 睡眠过深

C. 躯体疾病　　D. 生活环境变化

2. 幼儿常见的心理卫生问题有(　　)

A. 咬指甲癖　　B. 吮吸手指　　C. 说谎　　D. 习惯性阴部摩擦

三、判断题

1. 发生屏气发作的多为 6 岁以下的幼儿，6 岁以后很少发生。（　　）
2. 夜惊常见于 3 ~6 岁儿童，女孩多于男孩。（易混）（　　）
3. 口吃表现为正常的语言节律受阻，有口吃的儿童大都性格内向、不开朗、自卑、羞怯、退缩、情绪易急躁、冲动。（　　）
4. 儿童的恋物瘾与成人的恋物癖的性质是一样的，都是不健康的心理行为。（　　）
5. 教师要允许幼儿犯错误，告诉他改了就好，不要打骂幼儿，以免他因害怕惩罚而说谎。（　　）
6. 吮吸手指是一种幼稚动作，大多见于未满周岁的婴儿。（　　）
7. 对孤独症患儿的教育和治疗是一项长期系统的工程，不仅需要幼儿园老师及家长的配合，更需要社会的关注和支持。（　　）

四、材料分析题

1. 某 5 岁幼儿熟睡中突然起床，逐件穿好衣服，在室内外做些简单的活动，动作刻板，表情茫然，口中念念有词但意识并不清楚，而后上床继续睡觉，醒后完全遗忘。

(1)该幼儿的表现属于哪种儿童睡眠障碍？

(2)引起该幼儿睡眠障碍的可能性原因是什么？

(3)如何矫治此种睡眠障碍？

2. 今天的安全话题结束后，幼儿都争先恐后地跑过来告诉我他们知道的一些有危险的事情。

涵涵：老师，水龙头不关也是很危险的，不关的话到时候水很多很多，房子里面都是水，这是很危险的！

辉辉：我上次在电视上看到有一家煤气漏气了，他们都不知道，结果一家人都中毒了，120 都来了！

苗苗：上次我还看到有一个小朋友在家里玩火，结果把他们家的房子都给烧掉了！

结合以上案例，谈谈如何对幼儿进行安全教育。

第二部分　学前教育学

第一章　学前教育与学前教育学

命题要点	考查热度	考查难度	命题预测
学前教育的概念、性质、特点和价值	★	一般	学前教育的特点、学前教育的经济价值
学前教育机构的产生与发展	★	一般	最早的幼儿教育机构、蒙养院、早教机构
学前教育学的研究方法	★★	中等	观察法、个案研究法

真题必刷

第 *1* 练　学前教育的概念和学前教育的性质、特点和价值

一、单项选择题

1. [安徽安庆]把0～8岁儿童的教育称为幼儿教育的国家是(　　)

A. 中国　　B. 美国　　C. 英国　　D. 日本

2. [广东广州]在构成学前教育的基本要素中,除了学前儿童、教育内容、教师外,还包括(　　)

A. 家长和家庭环境　　B. 教育环境

C. 教育机构　　D. 教育目标

3. [安徽宿州]中国历史上最早关于学前教育的记录是(　　)

A.《学记》　　B.《礼记·内则》

C.《孟子·尽心上》　　D.《诗经·小雅》

4. [安徽宿州]在(　　),学前教育的目标是以发展儿童智力为中心。

A. 工业社会　　B. 工业社会初期

C. 现代社会　　D. 现代社会初期

5. [河南郑州]下列选项中,关于我国学前教育性质的描述不正确的是(　　)

A. 学前教育属于基础教育　　B. 学前教育属于启蒙教育

C. 学前教育属于义务教育　　D. 学前教育属于全面发展教育

6. [河南郑州]决定学前教育性质和目的的社会因素是(　　)

A. 经济水平　　B. 政治制度

C. 社会文化　　D. 科学技术

7.［浙江临海］学前教育不同于小学的地方是提供托幼服务，解放劳动生产力，这体现了学前教育的(　　)功能。

A. 政治　　B. 经济　　C. 文化　　D. 人口

8.［陕西西安］从时间维度上说，学前教育研究对象的年龄通常在(　　)

A. 0～6、7岁　　B. 1～6、7岁

C. 2～6、7岁　　D. 3～6、7岁

9.［山东临沂］下列不属于学前教育性质和特点的是(　　)

A. 基础性　　B. 公益性　　C. 保教并重　　D. 经济性

10.［安徽宿州］现代幼儿教育中，教育者主要以“广、博、浅”为准则，对幼儿进行全面发展的教育，这体现了(　　)的特点。

A. 发展性　　B. 综合性　　C. 启蒙性　　D. 价值性

11.［安徽宿州］通过教育使人们对生活意义的理解，对人与人、人与自然、人与社会关系理解的提升，这指的是学前教育的(　　)

A. 社会经济效益　　B. 个人经济效益

C. 社会精神效益　　D. 个人精神效益

二、多项选择题

［山东青岛］社会经济发展与学前教育的关系是(　　)

A. 社会经济发展水平制约着学前教育发展的速度和规模

B. 社会经济发展水平影响着学前教育的目标、内容与手段

C. 学前教育的财政投入受社会经济发展水平的影响

D. 社会经济发展水平不影响学前教育的发展

三、判断题

1.［福建统考］狭义的学前教育包括早期教育、幼儿教育和家庭教育。　　(　　)

2.［安徽合肥］从广义上说，凡是能够影响幼儿身体成长和认知、情感、性格等各方面发展的活动都是幼儿教育。　　(　　)

3.［安徽宿州］学前教育在我国学制之外，属于非义务教育。　　(　　)

第2练　学前教育机构的发展和学前教育学的研究方法

一、单项选择题

1.［山东青岛］标志中国近代学前教育机构化开端的法规是(　　)

A.《钦定学堂章程》　　B.《学校系统令》

C.《奏定蒙养院章程及家庭教育法章程》　　D.《幼稚园课程标准》

2.［河南郑州］1840年，福禄贝尔创办的世界上第一所幼儿园位于(　　)

A. 英国　　B. 法国　　C. 德国　　D. 美国

3. [福建统考]公益性学前教育较早可追溯到罗伯特·欧文创办的( )

A. 母育学校 B. 幼儿学校 C. 幼儿园 D. 编织学校

4. [安徽宿州]下列不属于学前教育学常用的基本研究方法的是( )

A. 观察法 B. 调查法 C. 文献法 D. 谈话法

5. [安徽宿州]下列不属于我国学前教育主要形式的是( )

A. 幼儿园 B. 托儿所 C. 保育学校 D. 学前班

6. [山东青岛]国际儿童村( )是收养孤儿的国际慈善组织机构。

A. SEA B. SAN C. SOS D. SUN

7. [陕西西安]专门以咨询、亲子活动等方式为3岁学前儿童及父母提供教育指导与服务机构的称( )

A. 学前班 B. 福利院 C. 早教中心 D. 托儿所

8. [陕西西安]1904年清政府颁布《奏定学堂章程》将我国第一所学前教育机构更名为( )

A. 幼稚园 B. 慈幼园 C. 保育院 D. 蒙养院

9. [安徽宿州]湖北巡抚( )于1903年在武昌创办湖北幼稚园,我国第一所学前儿童教育机构正式诞生。

A. 陶行知 B. 李鸿章 C. 陈鹤琴 D. 端方

10. [安徽宿州]下列不属于托幼机构教育特点的是( )

A. 早期性 B. 社会性 C. 计划性 D. 专业性

11. [安徽宿州]关于我国托儿所的描述,不正确的是( )

A. 以集体教育为主 B. 具有社会福利性

C. 具有保教性 D. 是3岁前儿童的保教机构

二、判断题

[福建统考]近代学前教育机构的建立发展是大工业生产的需要。 ( )

三、简答题

[浙江杭州]学前教育研究的具体方法有哪些?

实战演练

一、单项选择题

1. 学前教育行动研究的目的是( )

A. 发现学前教育规律 B. 解决学前教育问题

C. 解释学前教育现象　　D. 解释学前教育因素

2. 当前世界学前教育机构发展特征之一是规模的(　　)

A. 多样化　　B. 扩大化　　C. 现代化　　D. 专门化

3. 学前教育要严格区别于小学教育,防止小学化或成人化倾向。这体现了学前教育的(　　)

A. 基础性　　B. 非义务性　　C. 启蒙性　　D. 公益性

4. 李老师通过和幼儿的谈话,发现幼儿都很喜欢西游记中的人物,于是李老师在之后的教学活动中经常模仿西游记的人物形象,以此来激发幼儿参与活动的积极性。李老师运用的研究方法是(　　)

A. 观察法　　B. 调查法　　C. 实验法　　D. 个案研究法

二、多项选择题

1. 学前教育按照年龄可以分为两种,它们是(　　)

A. 儿童教育　　B. 婴儿教育　　C. 幼儿教育　　D. 少儿教育

2. 在实验研究中,实验的实施阶段研究者应具体完成(　　)的任务。

A. 操纵自变量　　B. 控制自变量

C. 控制无关变量　　D. 观察和测量因变量

三、判断题

1. 学前教育的意义是指学前教育所具有的功能和作用,它具有主观性和多样性。学前教育的根本意义是促进个体和社会的发展。(　　)

2. 欧洲最早的幼儿教育机构是英国的空想社会主义者欧文创办的。(　　)

3. 我国学前儿童家长可以根据孩子及家庭情况综合考虑是否送孩子进托儿所或幼儿园。这体现了学前教育的特点具有非义务性。(　　)

4. 质的研究以陈述假设为主,以现场的观察记录、关键人物的访谈实录、图片、实物为主要资料来源。(　　)

四、简答题

1. 简述学前教育的性质和特点。

2. 简述行动研究法的特点。

第二章 著名幼儿教育家的学前教育思想

命题要点	考查热度	考查难度	命题预测
我国幼儿教育家的学前教育思想	★★★	难	陶行知、陈鹤琴、张雪门
国外幼儿教育家的学前教育思想	★★	中等	福禄贝尔、蒙台梭利、杜威

真题必刷

第 *3* 练 我国幼儿教育家的学前教育思想

一、单项选择题

1.［内蒙古赤峰］(　　)是我国伟大的人民教育家,在教育实践中,他创立了生活教育理论和教、学、做合一的教育方法,并首创了中国第一所乡村幼稚园。

A. 张雪门　　B. 陶行知　　C. 蔡元培　　D. 徐特立

2.［内蒙古赤峰］20 世纪 30 年代,我国幼教界有"南陈北张"之称,"南陈"指陈鹤琴,"北张"指的是(　　)(常考)

A. 张宗麟　　B. 张雪门　　C. 张之洞　　D. 张汉良

3.［安徽宿州］《童蒙须知》的作者是(　　)(易混)

A. 王守　　B. 颜之推　　C. 朱熹　　D. 张载

4.［安徽安庆］南京市鼓楼幼儿园的前身鼓楼幼稚园,是中国历史上第一所开展教育科学研究的幼儿园,由著名教育家(　　)于 1923 年创办。

A. 宋庆龄　　B. 张之洞　　C. 陈鹤琴　　D. 陶行知

5.［河南郑州］建立我国第一个幼儿教育研究中心,提出"活教育"思想的是(　　)

A. 陶行知　　B. 陈鹤琴　　C. 张宗麟　　D. 张雪门

6.［河北邢台］所谓(　　),就是把儿童所应该学的东西结合在一起,完整地、系统地教授儿童。

A. 吸收性心智　　B. "整个教学法"

C. 全面教育　　D. 教、学、做合一

7.［福建统考］批判当时的幼儿教育犯了"外国病、花钱病、富贵病"的教育家是(　　)(常考)

A. 陶行知　　B. 陈鹤琴　　C. 张雪门　　D. 张宗麟

8.［安徽合肥］陶行知主张要解放儿童,其主要内容包括(　　)(常考)

①解放幼儿的嘴,给幼儿说话的自由,允许他们发问

②解放幼儿的时间,减少上课学习的时间

③解放幼儿的空间，让幼儿能接触大自然、大社会

④解放幼儿的手，让家长代做幼儿手工作业

A. ①②　　B. ①③　　C. ③④　　D. ①④

9. [安徽合肥]陈鹤琴先生在课程组织上不赞成分科教学，认为儿童的生活是完整的，因此学习内容也应该是完整的，相互连接的，不能四分五裂，因此他的课程被称为(　　)

A. 行为课程　　B. 生活课程

C. 完整课程　　D. 五指课程

10. [安徽合肥]陶行知的生活教育理论注重"教学做合一"，强调(　　)(易混)

A. 做是中心　　B. 学是中心

C. 教是中心　　D. 教与学是中心

11. [江苏淮安]陶行知生活教育理论的核心是(　　)(常考)

A. 行是知之始　　B. 社会即学校

C. 生活即教育　　D. 教学做合一

12. [安徽合肥]以下不属于中国近代幼教开创者的是(　　)

A. 黄炎培　　B. 陈鹤琴　　C. 张雪门　　D. 陶行知

二、多项选择题

1. [海南万宁]下列属于陶行知的教育思想的是(　　)(常考)

A. 教、学、做合一

B. 生活即教育

C. 幼儿的自由与作业组织相结合

D. 解放幼儿头脑、双手、眼睛、嘴巴、时间和空间

2. [山西长治]陈鹤琴作为"中国幼儿教育之父"提出了"活教育"的理论。下列有关"活教育"理论的表述正确的有(　　)

A. "活教育"的目的是"做人，做中国人，做现代中国人"

B. "活教育"的课程认为"大自然、大社会都是活教材"

C. "活教育"的方法是"做中教，做中学，做中求进步"

D. "活教育"提出"儿童中心主义"教育原则

三、判断题

1. [广东高州]活教育的目的是做人，其主要方法是通过教师讲课的方式，让幼儿获得间接经验。(　　)

2. [安徽宿州]康有为在《大同书》中第一次提出在我国实施学前社会教育。(　　)

四、填空题

1. [福建统考]提出幼稚教育应"以改造中华民族为目标"的教育家是________。

2. [山东滨州]陶行知提出用________的方法来培养大批幼稚教育师资。

3. [江苏淮安]张雪门的幼稚园行为课程，强调应以________为基础，以________为中心。

五、名词解释

[天津南开]五指活动

六、简答题

[福建统考]陶行知的生活教育理论源自对杜威思想的吸收和改造,请简述两位教育家的主要观点。

第 4 练 国外幼儿教育家的学前教育思想

一、单项选择题

1.[天津南开]在裴斯泰洛齐看来,儿童道德行为练习的最好方法是(　　)

A. 游戏　　B. 说理　　C. 树立榜样　　D. 做善事

2.[天津南开]在蒙台梭利学校中,任教的教师被称为指导员,教师的教学任务主要有三个,分别为(　　)

A. 观察指导、示范、准备　　B. 观察指导、准备教具、创设环境

C. 制定教育目标、准备教具、示范　　D. 制定教育目标、创设环境、示范

3.[山东青岛]在西方教育史上,第一次提出年龄阶段划分,并探讨了对各个阶段儿童教育的具体要求、组织、内容和方法的思想家是(　　)(易混)

A. 柏拉图　　B. 夸美纽斯　　C. 亚里士多德　　D. 苏格拉底

4.[内蒙古赤峰]"出自造物主之手的东西,都是好的,而一旦到了人的手里,就全坏了。"这句话出自(　　)

A. 柏拉图　　B. 卢梭　　C. 裴斯泰洛齐　　D. 洛克

5.[内蒙古赤峰]"恩物"的设计者是下列哪位教育家(　　)

A. 杜威　　B. 皮亚杰　　C. 蒙台梭利　　D. 福禄贝尔

6.[内蒙古赤峰]自由、(　　)和纪律是蒙台梭利"儿童之家"的三根支柱。

A. 感官练习　　B. 教育　　C. 恩物　　D. 工作

7.[内蒙古赤峰]西方教育史上第一本附有插图的儿童百科全书是(　　)

A.《大教学论》　　B.《蒙台梭利教学法》

C.《世界图解》　　D.《爱弥儿》

8.［河南平顶山］提出教育即生活的教育家是(　　)(常考)

A. 布鲁姆　　B. 赫尔巴特　　C. 杜威　　D. 卢梭

9.［河南平顶山］福禄贝尔重视游戏在教育中的价值，将游戏理解为(　　)

A. 儿童的外部肢体活动　　B. 儿童创造性自我活动的表现

C. 对儿童实施基础教育的最佳形式　　D. 促进儿童身体发育和健康成长的手段

10.［安徽安庆］夸美纽斯编著的(　　)一书，是世界上第一部论述学前教育的专著。(常考)

A.《母育学校》　　B.《林哈德和葛笃德》

C.《幼儿教育书信》　　D.《世界图解》

11.［安徽安庆］蒙台梭利根据自己的教育理论和教育实践，主要为儿童确立了下列哪些教育内容(　　)

A. 感觉、语言、纪律、数学入门　　B. 触觉、语言、纪律、数学入门

C. 感觉、艺术、纪律、数学入门　　D. 感觉、语言、健康、数学入门

12.［安徽安庆］杜威认为，学校生活的组织中心是(　　)(常考)

A. 教材　　B. 家长　　C. 教师　　D. 儿童

13.［河南郑州］下列选项中不属于蒙台梭利教育思想的是(　　)

A. 重视社会性培养　　B. 重视感官教育

C. 重视有准备的环境　　D. 重视敏感期的价值

14.［山东滨州］“幼儿教育之父”指的是(　　)

A. 苏霍姆林斯基　　B. 柏拉图

C. 福禄贝尔　　D. 洛克

15.［山东滨州］在蒙台梭利教育中，对幼儿实施教育的关键是(　　)

A. 充分发挥幼儿的主体性　　B. 为幼儿创立一个有准备的环境

C. 游戏　　D. 对儿童进行系统和全面的教育

16.［广东高州］杜威以实用主义哲学为基础建立其教育理论体系，他主张教育要以儿童为中心，基本方法是(　　)

A.“做中学”　　B.“玩中学”　　C.“教中学”　　D.“乐中学”

17.［广东广州］法国思想家卢梭认为，教育应当依照儿童自然发展的程序，培养儿童所固有的观察、思维和感受能力。美国教育学家杜威认为，教育就是生活本身。上述观点均反映出“教育”概念所蕴含的原典精神，关于教育的原典精神。下列观点中错误的是(　　)

A. 教育关注人作为人的生存和意义　　B. 教育从内在方面“唤醒”人

C. 教育以“才”为本，因材施教　　D. 教育关注人的内在“提升”

18.［安徽合肥］(　　)认为儿童的心理发展既不是单纯的内部成熟，也不是环境、教育的直接产物，而是机体和环境交互作用的结果，是“通过对环境的经验而实现的”。

A. 皮亚杰　　B. 班杜拉　　C. 弗洛伊德　　D. 蒙台梭利

19.［安徽宿州］蒙台梭利教育法是以(　　)为基础的幼儿教育教学体系。

A. 感官　　B. 听觉　　C. 游戏　　D. 课程

20.［安徽宿州］(　　)主张儿童公有教育，最早论述了儿童优生问题；主张幼儿教育的内容应该包括讲故事、音乐、绘画、体育、游戏，首次对游戏做了理论论述。

A. 亚里士多德　　B. 福禄贝尔

C. 柏拉图　　D. 夸美纽斯

21.［重庆云阳］对杜威“教育即生长”的正确理解是(　　)(易错)

A. 教育以儿童的本能和能力为依据

B. 儿童的生长以教育目标为依据

C. 教育以促进教师的专业成长为基础

D. 教育应促进儿童的身体发育

22.［安徽合肥］(　　)摈弃了传统观念，提出儿童的心理最初只是一块白板，它的变化取决于后天的学习和经验。

A. 洛克　　B. 马斯洛　　C. 斯金纳　　D. 格塞尔

23.［安徽合肥］蒙台梭利被誉为20世纪初的幼儿改革家，她于1907年在罗马贫民区创办了世界上第一所(　　)

A. 儿童之家　　B. 托儿所　　C. 幼儿园　　D. 孤儿院

24.［福建统考］提出儿童具有吸收性心智观点的教育家是(　　)

A. 福禄贝尔　　B. 蒙台梭利　　C. 皮亚杰　　D. 杜威

25.［江西南昌］下列哪项属于卢梭的主张(　　)

A. 强调对幼儿进行教育，必须遵循自然的要求，顺应幼儿的自然本性

B. 强调“教育即生长”

C. 主张“泛爱”主义的教育思想，认为人人都有接受教育的可能性

D. 强调要重视幼儿的自主性

26.［安徽合肥］教育史上第一个阐明游戏教育价值的是(　　)

A. 福禄贝尔　　B. 卢梭　　C. 蒙台梭利　　D. 夸美纽斯

27.［安徽宿州］福禄贝尔认为儿童有四种本能，包括活动的本能、认识的本能、艺术的本能和(　　)

A. 制作的本能　　B. 游戏的本能

C. 宗教的本能　　D. 运动的本能

28.［安徽宿州］第一个明确要使儿童的各种能力得到和谐发展的教育家是(　　)(常考)

A. 夸美纽斯　　B. 卢梭　　C. 福禄贝尔　　D. 裴斯泰洛齐

29.［安徽宿州］蒙台梭利“有准备的环境”指的是(　　)

A. 教师高度控制的环境　　B. 幼儿自由活动的环境

C. 教师指导的有秩序的环境　　D. 幼儿自主操作材料的环境

30. [浙江临海]裴斯泰洛齐的要素教育理论中，(　　)最基本的要素包括数目、形状、名称。

A. 体育　　B. 德育　　C. 智育　　D. 劳动教育

31. [福建统考]历史上第一个将儿童作为独立平等的人来看待，重新发现儿童的教育家是(　　)

A. 夸美纽斯　　B. 卢梭　　C. 欧文　　D. 洛克

32. [山东滨州]学前教育学是从教育学家(　　)开始创立的，以他为标志，学前教育理论才从普通教育学中分化出来，由笼统的认识到建立独立的范畴与体系，成为一门独立学科。

A. 亚里士多德　　B. 柏拉图　　C. 福禄贝尔　　D. 夸美纽斯

二、判断题

1. [内蒙古赤峰]蒙台梭利被誉为20世纪初的“幼儿园改革家”。(　　)

2. [河南郑州]“教育即生长，教育即生活，学校即社会”是夸美纽斯提出的教育主张。(易混)(　　)

3. [广东广州]福禄贝尔认为激励儿童自发的自我活动和自我表现的最佳手段是艺术赏析，它是教师能够运用来组织活动、释放儿童内在能力的最好工具。(常考)(　　)

4. [福建统考]借鉴蒙台梭利教育思想就是运用蒙台梭利教具进行教育。(　　)

5. [安徽合肥]亚里士多德是在教育史上第一个提出“教育要遵循自然”论点的人。(　　)

6. [福建统考]西方教育史上第一个提出并详细论述儿童体育问题的教育家是福禄贝尔。(　　)

7. [福建统考]蒙台梭利创办的儿童之家中的儿童是按年龄分班的。(　　)

实战演练

一、单项选择题

1. 主张教育要与儿童天性的自然发展相一致的教育家是(　　)

A. 夸美纽斯　　B. 卢梭　　C. 福禄贝尔　　D. 裴斯泰洛齐

2. 在教育史上，(　　)是提倡“爱的教育”和实施“爱的教育”的典范。

A. 福禄贝尔　　B. 卢梭　　C. 裴斯泰洛齐　　D. 夸美纽斯

3. 提倡教育要适合孩子的“敏感期”的教育家是(　　)(易混)

A. 蒙台梭利　　B. 卢梭　　C. 福禄贝尔　　D. 杜威

4. 在蒙台梭利的感官训练中，(　　)训练最为重要。

A. 触觉　　B. 视觉　　C. 听觉　　D. 嗅觉

5. 出版过《幼稚园教育概论》《幼稚园的课程》等著作的幼儿园教育家是(　　)(易混)

A. 张雪门　　B. 陈鹤琴　　C. 陶行知　　D. 张宗麟

6. 蒙台梭利认为儿童秩序感发展的高峰期大致在(　　)

A. 1岁左右　　B. 2岁左右　　C. 3岁左右　　D. 4岁左右

二、判断题

1. 洛克在道德教育上提出了“自然后果法”。他强调对于幼儿的过失，不必加以责备和处罚，而要利用幼儿过失所造成的自然后果，使他们自食其果，从而使他们认识其过失并予以改正。(　　)

2. 杜威认为教育应该把重心放在儿童的身上，以儿童为中心，即尊重儿童真正的面貌来熟悉儿童，尊重自我指导学习，尊重作为学习的刺激和中心活动。 （ ）

3. 洛克提倡“绅士教育”。他认为教育的目的就是培养绅士。所谓绅士，就是一种有德行、有学问、有能力、有礼貌的人。 （ ）

三、填空题

1. 陈鹤琴“活教育”体系中，活教育的目标是________；________；________。

2. 陈鹤琴反对实行分科教学，提倡综合的单元教学，以社会自然为中心的________。（常考）

3. 夸美纽斯的________是西方第一本独立形态的教育学著作，被视为系统教育理论产生的标志。

4. 卢梭指出，教育有三个来源，即“自然”“人”和________。

5. ________是世界上第一个明确提出“教育心理学化”口号的教育家，并且是西方教育史上第一位将教育与生产劳动相结合的思想付诸实践的教育家。

6. 在蒙台梭利教育中，教师不是传统的灌输知识的机器，而是一个环境的________、观察者、指导者。

7. ________创建了我国第一所公立幼稚师范学校——江西省实验幼稚师范学校，实验研究师范教育，为我国幼儿教育师资培训事业做出了不可磨灭的贡献。

四、简答题

1. 简述福禄贝尔的教育思想。

2. 简述洛克的幼儿教育思想。

3. 简述杜威的进步主义教育思想。

第三章　我国幼儿园教育的目标、任务和原则

命题要点	考查热度	考查难度	命题预测
学前教育的目标和原则	★★	中等	目标的层次结构、发展适宜性原则、保教合一原则
幼儿园教育的特点和任务	★★	中等	幼儿园教育的特点、双重任务

真题必刷

第 5 练　学前教育的目标和原则

一、单项选择题

1. [天津南开]制定幼儿园教育目标的主要依据是(　　)和幼儿身心发展的规律。

A. 经济发展水平　　B. 社会发展的客观要求

C. 教育方针　　D. 国家政策

2. [山东青岛]林老师在组织"5"的组成与分解活动时,为幼儿准备了积木块、小花朵、雪花片等材料让幼儿参与操作,体现出的教育原则是(　　)

A. 保教合一原则　　B. 以游戏为基本活动的原则

C. 活动性原则　　D. 生活化原则

3. [内蒙古赤峰]教师在充分了解幼儿已有知识和理解能力、智力水平的基础上,提出"略为超前"的适度教育要求,即"跳一跳,摘个桃",这体现了学前教育原则中的(　　)

A. 保教合一原则　　B. 整合性原则

C. 发展适宜性原则　　D. 直观性原则

4. [安徽安庆]幼儿教师在语言课上只讲故事,音乐课上只能唱歌,体育课上只做游戏的做法违背了(　　)教育原则。

A. 启蒙性　　B. 发展适宜性　　C. 活动性　　D. 综合性

5. [河北邢台]实现保教合一的前提是(　　)(常考)

A. 良好的工作伙伴与师生关系　　B. 教师的保育意识

C. 保育员的工作态度　　D. 幼儿的自理能力

6. [河北邢台]"培养小班幼儿,愉快地进餐,正确地使用小勺,饭后擦嘴",这属于幼儿园教育目标层次中的(　　)

A. 远期目标　　B. 中期目标　　C. 近期目标　　D. 活动目标

7.[福建统考]班级一日活动常规由教师与幼儿共同商讨制定,这遵循了学前教育的(　　)

A.科学性原则　　B.适宜性原则　　C.目标性原则　　D.主体性原则

8.[安徽合肥]由于幼儿的自我评价具有依从性,因此幼儿园教育要贯彻(　　)原则。

A.因材施教　　B.保教结合　　C.活动性　　D.正面教育

9.[安徽合肥]大班的苗苗掉了牙,哭着拿着掉了的牙去找老师。老师安慰他说这是正常现象,然后根据这一事例在全班组织讨论为什么会掉牙,并进行了一系列活动:“我们要换牙了”“如何保护牙”等等。使幼儿懂得了一些换牙、保护牙的卫生常识以及注意养成良好的饮食习惯。这主要体现了教师遵循(　　)的原则。

A.生活教育化　　B.发挥一日活动整体功能

C.尊重儿童　　D.实践性

10.[安徽宿州]学前教育目标即(　　)在学前儿童阶段的具体化。

A.教育目的　　B.教育方针　　C.教育制度　　D.教育大纲

11.[重庆云阳]在幼儿园实践中,某些教师认为幼儿进餐、睡眠、盥洗等是保育,只有上课才是学习的唯一途径,不注意利用各环节的教育价值。这种认知违反了(　　)

A.发挥一日生活的整体教育功能原则

B.重视年龄特点和个体差异原则

C.尊重儿童原则

D.实践性原则

12.[江苏淮安]我国学前教育中特有的一条教育原则是(　　)(常考)

A.保教结合原则　　B.独立自主性原则

C.发展适宜性原则　　D.综合性原则

13.[安徽合肥]下列关于我国幼儿园教育的目标,说法不正确的是(　　)(易混)

A.我国幼儿园教育的目标是“对幼儿实施德、智、体、美等全面发展的教育,促进其身心和谐发展”

B.各个幼儿园具体的教育目标既体现国家对幼儿园教育的一般要求,又具有本园特色

C.幼儿园教育的目标即幼儿教育阶段目标

D.幼儿园制订的教育工作计划是实现幼儿园教育目标的重要保证

14.[安徽合肥]活动是幼儿发展的基础和源泉,幼儿身心发展的特点决定了他们必须通过活动去接触各种事物和现象,并且不同形式、内容的活动在幼儿发展中的作用也是不一样的,这就要求幼儿园教育应当坚持(　　)

A.教育的活动性和活动的多样性　　B.发挥一日活动的整体教育功能

C.以游戏为基本活动　　D.寓教于实践活动

15.[安徽宿州]活动性原则要求学前教育以活动为主,并以活动贯穿整个教育过程,这里的活动主要指(　　)

A.教师设计和指导的活动　　B.儿童主动积极的活动

C. 儿童的自选活动　　D. 儿童的游戏活动

16. [福建统考]教师在活动前要善于激发幼儿的学习兴趣和动机,这体现的是(　　)

A. 科学性、思想性原则　　B. 目标性原则

C. 主体性原则　　D. 保教合一原则

17. [安徽宿州]在学前教育中充分尊重儿童的主体性、独立性,让儿童凭借自己的经验和能力主动进行各种活动,杜绝包办代替,这是学前教育的(　　)原则。

A. 启蒙性　　B. 综合性　　C. 发展适宜性　　D. 独立自主性

18. [安徽宿州]发展适宜性原则是当今幼教界提倡的一种教育理念,提出这一教育原则的是(　　)

A. 中国学前教育研究会　　B. 日本幼儿教育协会

C. 美国幼儿教育协会　　D. 英国幼儿教育协会

19. [安徽宿州]某中班一次美术活动“画熊猫”,教师制定的目标之一是:让幼儿掌握画圆和椭圆的技能。这一目标属于幼儿园的(　　)

A. 中期目标　　B. 近期目标　　C. 活动目标　　D. 远期目标

20. [浙江临海]张老师当众披露婷婷的缺点,还给婷婷取绰号,张老师违背了(　　)

A. 坚持开放办学原则　　B. 尊重儿童人格尊严和合法权益原则

C. 目标性原则　　D. 科学性、思想性原则

21. [安徽池州]从幼儿园教育的基本内容来看,各类幼儿园教育的横向目标均应包括(　　)

A. 健康、社会、语言、科学、艺术等领域的目标

B. 学期教育目标、周教育目标、单元教育目标

C. 体育、智育、德育和美育的目标

D. 身体动作的发展、认知和情感的发展等方面的目标

二、多项选择题

1. [山东青岛]学前教育目标的功能有(　　)

A. 导向功能　　B. 调控功能　　C. 评价功能　　D. 创造功能

2. [内蒙古赤峰]以下哪些是学前教育的特殊原则(　　)

A. 发展适宜性原则　　B. 保教合一原则

C. 以游戏为基本活动的原则　　D. 活动性原则

三、判断题

1. [内蒙古赤峰]幼儿日常生活活动是保育,教学活动、游戏等是教育。(　　)

2. [河北邢台]保教结合就是教师要与保育员沟通、相互帮助。(　　)

3. [广东高州]保教结合是全面发展教育方针在幼儿期的具体体现,也是我国幼教实践工作经验的总结。(　　)

4. [福建统考]为幼儿的学习和发展提供丰富的玩具材料体现的是学前教育的目标性原则。(　　)

5. [安徽合肥]学前教育的原则是教师向儿童进行教育时必须遵循的基本要求。(　　)

6.[安徽合肥]对幼儿的教育主要是教师的事情,跟保育员没有关系。(常考) ( )

7.[广东广州]教师要将儿童作为具有独立人格的人来对待,尊重他们的思想感情、兴趣、爱好、要求和愿望等。这体现了促进儿童全面发展的原则。 ( )

8.[湖北黄冈]幼儿园教育目标的制定要根据幼儿发展的真实需要。 ( )

9.[福建统考]教师支持中班幼儿玩各种象征性游戏体现了学前教育的发展适宜性原则。 ( )

10.[河北邢台]尊重幼儿的人格尊严和合法权益意味着教师要根据幼儿的意愿来安排教育活动。 ( )

四、材料分析题

1.[安徽安庆]幼儿园教育除了开展五大领域教育活动外,还应重视幼儿良好卫生习惯及生活能力的培养。经过长时间教育,我发现班上大部分孩子洗手的方法还是不正确,手总是洗得不干净,我们几位老师看在眼里,急在心里。于是,我让孩子们相互看看、摸摸自己和别人的手,比比谁的手干净,并让孩子们总结洗手的"小诀窍"。有的孩子说"要用肥皂搓,再用水冲干净",有的孩子说"洗手时要卷起袖子,不然会把衣服弄湿"。我拿来了娃娃家的"脸盆""肥皂""毛巾"等,请孩子们学习并练习洗手的正确步骤。首先,卷起袖子,打开水龙头,冲一下手,用肥皂搓手心和手背,用水冲干净,用毛巾擦干水。为了帮助孩子牢固地掌握正确的洗手办法,我还画了一些洗手的小图示,标上1、2、3、4、5,附上简单的文字说明,将其贴在洗手池上方的墙上。在一日活动的盥洗环节或者是角色游戏中进行练习巩固。终于,孩子们都能按照正确的步骤洗手了。

问题:以上案例中教师的做法对吗,体现了哪些学前教育的原则?请结合案例具体说明。

2.[安徽滁州]点名是幼儿园一日生活中必不可少的环节,每天早上检查班级幼儿的出勤率,户外活动结束时确认幼儿是否归队等,都是需要进行点名。然而在点名环节中,幼儿常常不太配合,经常发出怪声,替人答到,自顾自玩耍等。本来两分钟就能完成的点名,结果用了十来分钟。为了改变这种情况,王老师想出了一个办法,她用缓慢柔和的语气对孩子们说:"今天兔妈妈和大灰狼争着要给小朋友点名。乖孩子的名字兔妈妈用最温柔、最好听的声音念出来,没有坐好的小朋友的名字,大灰狼就用凶巴巴的声音念出来。"幼儿一听,都安静坐好,唯恐大灰狼用凶巴巴的声音念出自己的名字,老师很快就完成了点名任务。

结合案例分析,王老师的做法体现的学前教育原则是什么?并谈谈在实践中如何贯彻这一原则。

第 6 练　幼儿园教育的特点与任务

一、单项选择题

[安徽安庆]幼儿园的双重任务是(　　)(常考)

A. 保教幼儿和服务家长　　B. 看护幼儿和服务家长

C. 培养习惯和传递意识　　D. 保育和教育幼儿

二、多项选择题

[海南万宁]新时期幼儿园教育双重任务的特点是(　　)

A. 国家对幼儿身心素质的培养提出了更高的要求

B. 家长希望幼儿园提供更广泛、更多样化的服务

C. 家长对幼儿园的教育保育质量有更高的要求

D. 教育的范围缩小

三、简答题

[安徽宿州]简述幼儿园教育的特点。

实战演练

一、单项选择题

1. 大班活动《认识小牛》,教师制定的目标之一是引导幼儿观察小牛,认识其外形特征及结构。这一目标属于(　　)

A. 长期目标　　B. 中期目标　　C. 短期目标　　D. 活动目标

2. 幼儿园教育目标中最有操作性的、最具体的目标是(　　)

A. 班级一周计划的教育目标　　B. 幼儿年龄阶段目标

C. 某一具体活动的教育目标　　D. 班级一日计划的教育目标

3. 以下对保育工作的认识正确的是(　　)(易错)

A. 保育者的工作是帮助教师做好一些教学辅助工作

B. 保育者的工作是搞好卫生

C. 保育者的工作是保证在园幼儿吃好、穿好

D. 保中有教，教中有保，保教一体化

4. 下列不属于学前教育的一般原则的是(　　)

A. 一日活动整体性原则　　B. 整合性原则

C. 主体性原则　　D. 发展适宜性原则

5. 从学前教育目标的计划性、目的性程度上看，学前教育目标可分为学前教育机构的学前教育目标、学前社会教育其他机构的学前教育目标和(　　)

A. 学前家庭的教育目标　　B. 幼儿园教育目标

C. 活动目标　　D. 年龄阶段目标

6. 洗手的时候，老师要求小朋友要节约用水。这种行为符合的原则是(　　)

A. 直观性　　B. 生活性　　C. 活动性　　D. 保教合一

7. 成人往往按照自己习惯设计的蓝图去要求、塑造儿童，使儿童的天性得不到发展。这是因为在制定学前教育目标时未考虑到(　　)

A. 社会发展的需要　　B. 教育方针

C. 教育政策　　D. 学前儿童的需求

8. 幼儿园教育活动目标的最低层次是(　　)

A. 幼儿园保教目标　　B. 各领域目标

C. 各年龄班目标　　D. 具体活动目标

9. 语言教育领域中，不仅可以在语言教育领域内部对知识学习和能力培养进行整合，而且还可以将社会、科学、艺术等领域的学习内容整合在一起。这体现了整合性原则中的(　　)

A. 活动目标的整合　　B. 活动内容的整合

C. 教育资源的整合　　D. 活动形式的整合

二、多项选择题

贯彻学前教育的科学性、思想性原则应做到(　　)

A. 教育内容应是健康、科学的

B. 教育要从实际出发，对儿童健康发展有利

C. 教育设计和实施要科学、正确

D. 以游戏作为主要活动内容

三、判断题

1. 教育目标的确立要先于过程，不能本末倒置，出现先有活动，再有目标的情况。　(　　)

2. 幼儿园的开设为家长提供便利条件，促进社会的发展。　(　　)

3. 某幼儿园制订的月计划是教学活动的中期目标。　(　　)

4. 幼儿园保育和教育不可分割的关系是由幼教工作的特殊性和幼儿身心发展的特点决定的。　(　　)

5. 教育设计、组织、实施应该既适合儿童的现有水平，又有一定的挑战性。　(　　)

6. 学前教育机构的活动应当是单一的，因为活动的内容、形式不同，在儿童发展中的作用是一样的。

( )

7. 学前教育的出发点和最后归宿都是促进儿童身心和谐发展，促进每一个儿童在现有的水平上获得充分的最大限度的发展。 ( )

8. 作业课上幼儿不是主体，在游戏活动时幼儿成为主体。 ( )

四、简答题

1. 简述遵循发展适宜性原则包含的几层含义。

2. 简述现代幼儿园教育目标的特点。

第四章　幼儿园全面发展教育

命题要点	考查热度	考查难度	命题预测
幼儿园全面发展教育	★	一般	幼儿园全面发展教育的含义
幼儿体育、智育、美育、德育	★	一般	幼儿体、智、德、美的目标、内容、实施途径

真题必刷

第7练　幼儿园全面发展教育

一、单项选择题

1. [山东青岛]老师给幼儿讲了《李小多分果果》的故事后，问幼儿："为什么他要把大的分给别人呢？"老师试图引导幼儿的(　　)(易混)

A. 道德认知　　B. 道德意志　　C. 道德情感　　D. 道德行为

2. [内蒙古赤峰]促进幼儿全面发展的首要条件是(　　)(易错)

A. 良好的智力品质　　B. 良好的道德素质

C. 良好的身体素质　　D. 良好的个性品质

3. [河南平顶山]《幼儿园工作规程》提出的教育目标中"培养儿童活泼开朗的性格"属于(　　)目标的范畴。

A. 智育　　B. 体育　　C. 德育　　D. 美育

4. [安徽安庆]实施幼儿德育的最基本途径是(　　)

A. 教育教学　　B. 亲子游戏　　C. 阅读　　D. 日常生活

5. [山东滨州]以下符合幼儿德育要求的是(　　)(易错)

A. 品德的培养应该从道德认知入手　　B. 幼儿德育实质上就是帮助幼儿社会化的过程

C. 幼儿德育应让位于智育　　D. 幼儿道德行为的培养不需要反复抓

6. [安徽合肥]幼儿时期是进行美育的最好阶段，苏霍姆林斯基说："教育工作者的任务就在于让每个儿童看到人的心灵美，珍惜爱护这种美，并用自己的行动使这种美达到应有的高度。"下列关于儿童美育说法错误的是(　　)

A. 幼儿在对美的感悟和审美能力上、在艺术表现能力上都处于空白状态，不存在着个体的差异

B. 美是无处不在的，应该把审美教育的目标融入孩子日常的生活教育中

C. 美育与德育密不可分，德育给美育提供了丰富充实的内容，保证了美育的正确方向

D. 美育能够促进学生智力的发展，扩大和加深他们对客观世界的认识

7.［安徽宿州］(　　)是幼儿美育的丰富源泉。

A. 大自然　　B. 生活环境　　C. 社会生活　　D. 艺术教育

8.［山东滨州］幼儿美育的目标重在培养儿童(　　)

A. 初步感受美、表现美的能力　　B. 美学的知识

C. 赏识美的技能　　D. 审美动机

9.［陕西西安］幼儿看见好看的花去摘，听见喜欢的音乐会手舞足蹈，说明幼儿美感具有(　　)

A. 创造性　　B. 肤浅性　　C. 行动性　　D. 表面性

10.［重庆云阳］培养幼儿的良好道德品质应从培养他的(　　)入手。

A. 道德认知　　B. 道德意志　　C. 道德情感　　D. 道德行为

11.［安徽合肥］幼儿园体育应以增强幼儿(　　)为核心，全面、综合地为幼儿有一个强壮、健康的身体创造条件。

A. 体重　　B. 审美　　C. 体质　　D. 平衡杆

12.［重庆云阳］幼儿园全面发展教育是指以(　　)为前提，以促进幼儿在体、智、德、美诸方面全面和谐发展为宗旨。

A. 幼儿身心发展的可能　　B. 幼儿目前的发展状况

C. 幼儿的潜力　　D. 幼儿身心发展的现实与可能

13.［安徽合肥］幼儿(　　)是有目的、有计划地让幼儿获得粗浅的知识技能，发展智力，增进对周围事物的求知兴趣、学习“如何学习”，并养成良好学习习惯的教育过程。

A. 德育　　B. 智育　　C. 劳育　　D. 美育

二、多项选择题

1.［河南平顶山］学前儿童身心发展处于一个特殊的时期，幼儿园教学要贯彻德育和教育相结合的原则，实施体育、智育、德育和美育，促进学前儿童的全面发展。在学前儿童智育方面，要实现的目标主要有(　　)

A. 培养正确运用感官认知和初步的动手能力

B. 培养有益的兴趣和求知欲望

C. 培养基本知识和基本技能

D. 培养运用语言交往的基本能力

2.［山东青岛］幼儿美感的发展特点有(　　)

A. 情绪性　　B. 肤浅性　　C. 行动性　　D. 表面性

3.［陕西西安］幼儿道德结构一般包括(　　)

A. 道德认识　　B. 道德情感　　C. 道德行为　　D. 道德意志

三、判断题

1.［广东广州］要全面实现教育目的，培养全面发展的人就必须建构和实施全面发展教育。(　　)

2.［安徽合肥］智力的核心是记忆能力。(　　)

3.［安徽合肥］对幼儿良好的行为习惯和道德品质的形成，最有效的教育方法就是耳提面命。(　　)

4.［安徽滁州］幼儿亲自动手、动脑的实践活动是对幼儿实施智育的唯一途径。（ ）

5.［山西长治］幼儿适应环境和抗疾病能力的强弱是体质好坏的主要标志。（ ）

6.［安徽合肥］美育可以帮助儿童开阔视野，增长知识，发展智力。（ ）

7.［山东滨州］学前儿童的全面发展教育要求在体、智、德、美诸方面齐头并进、平均的发展。（ ）

四、填空题

［安徽池州］幼儿美育的目标是培养幼儿初步________、________的情趣和能力。

五、名词解释

1.［天津南开］幼儿美育

2.［安徽滁州］幼儿园全面发展教育

六、材料分析题

1.［河南平顶山］刘老师组织幼儿园中班进行诗歌教学活动，诗歌内容是“小草爱做梦，梦是绿绿的，小花爱做梦，梦是红红的……”在教学活动中，刘老师首先朗诵诗歌，朗诵完提问“诗歌中有小草、小花、露珠、小朋友是不是？”接着刘老师带小朋友反复朗诵诗歌，小朋友分组和老师朗读，然后小朋友自己读，最后背诵诗歌比赛。

（1）请对刘老师的教学进行评价。

（2）简述实施幼儿智育应注意的问题。

2.［山东滨州］目前社会上各类兴趣班、培训班盛行。一些“望子成龙”的家长，强行给自己的子女进行盲目的早期定向培养。有的父母在孩子未出生时，就买好了钢琴，企图把宝宝培养成钢琴家。有家长强行让孩子在一两岁时背古诗，练书画……导致孩子到周末需要上三四个兴趣班，甚至是脱离幼儿园的正常教育活动。

请简要分析以上现象发生的原因，并谈谈如何处理好幼儿全面发展与因材施教的关系。

实战演练

一、单项选择题

1.幼儿德育目标的入手点是（ ）

A.思维　　B.想象　　C.任务　　D.情感

2. 孩子在听完教师歌唱以后，对同伴说："我听到了以后，好像看到蝴蝶在跳舞。"这是幼儿(　　)在起作用。

A. 美的表现力　　B. 美的思维力　　C. 美的创造力　　D. 美的感受力

3. 我国幼儿教育的基本出发点是(　　)

A. 对幼儿实施全面发展教育　　B. 对幼儿开展智力教育

C. 保护幼儿健康成长　　D. 对幼儿进行道德教育

4. 下列关于幼儿全面发展的说法错误的是(　　)

A. 智力的发展、道德品质、意志的培养在很大程度上取决于健康状况

B. 美育有助于发展注意、观察、记忆、思维、想象等认知能力

C. 体育的作用最小

D. 美育能协调体育、智育、德育的发展，是体育、智育、德育的催化剂

5. (　　)是保证幼儿各方面健康发展的前提。(常考)

A. 幼儿适应环境和抵抗疾病的能力　　B. 良好的生活习惯

C. 参加体育活动的兴趣　　D. 促进幼儿身体正常发育

6. (　　)可以满足幼儿的认知需求，为今后的学习打下良好的知识基础。

A. 智育　　B. 体育　　C. 美育　　D. 德育

二、判断题

1. 幼儿园全面发展教育是指对幼儿实施体、智、德、美诸方面的教育，促进幼儿身心和谐发展。(　　)

2. 幼儿品德教育的内容主要包括发展幼儿的社会性与发展幼儿个性两个方面。(　　)

3. 学前儿童智育的目的是要将儿童培养成为智者。(　　)

4. 引导幼儿观察和感受大自然的美是幼儿美育的重要途径。(　　)

5. 知识等同于智力，获得了知识就发展了智力。(　　)

6. 幼儿美育以培养审美观念、概念为主。(　　)

三、填空题

1. 幼儿园体育的主要目标：促进幼儿身体正常发育和机能的协调发展，增强体质，培养良好的________、________和参加体育活动的兴趣。

2. ________的培养是幼儿园智育的基础和重要内容，也是幼儿园智育区别于小学的一个重要特征。

3. ________是幼儿参加体育活动的动力。

4. ________是增强幼儿体质的有效途径，但并不是唯一的途径。

5. ________即人们对是非、善恶、美丑的行为准则及其意义的认识。

6. ________具有动力和调节作用，是道德认知转化为道德信念的催化剂，也是道德认知转化为道德行为的必要条件与动力因素。

四、名词解释

幼儿体育

第五章　幼儿教师和幼儿

命题要点	考查热度	考查难度	命题预测
幼儿教师	★★	中等	幼儿教师劳动的特点、职业素养
儿童观和师幼关系	★★	中等	正确儿童观的树立、建立良好师幼关系的策略

真题必刷

第 8 练　幼儿教师

一、单项选择题

1. [天津南开]新冠病毒疫情期间,学生停课不停学。各个学校的老师开始学习使用各类直播软件,当起了“网红”,做起了直播,对学生进行在线教学。这说明教师劳动具有(　　)(常考)

A. 创造性　　B. 复杂性　　C. 示范性　　D. 隐蔽性

2. [山东青岛]朵朵刚入园时老师安慰她的情绪,在午睡时帮她穿脱衣物。老师体现的角色是(　　)

A. 幼儿身心发展的养护者　　B. 幼儿学习活动的合作者

C. 教育实践的研究者　　D. 幼儿学习活动的支持者

3. [河南平顶山]“我们老师说……”是幼儿对教师信任、尊重和依恋的表现,幼儿也常常模仿教师的言行,亲师性强,这反映幼儿教师劳动的(　　)

A. 创造性　　B. 长期性　　C. 反复性　　D. 主体性

4. [安徽安庆]幼儿园教师要能接住幼儿抛来的球,并运用恰当方式把球抛给幼儿,让活动能够持续下去。这里体现的教师角色是(　　)

A. 幼儿学习活动的指导者　　B. 幼儿学习活动的管理者

C. 幼儿学习活动的设计者　　D. 幼儿学习活动的合作者

5. [广东广州]在幼儿教师的劳动中,幼儿是劳动的对象。幼儿不是消极被动地接受教育,而是通过自身的内部作用来选择和接受外界的影响,形成自己的认知结构,发展自己的思想感情,因此常常会出现意想不到的情况,如教学活动中幼儿常因为座位发生争执等。这体现了幼儿教师劳动特点中的(　　)

A. 劳动任务的全面性　　B. 劳动对象的主动性

C. 劳动手段的主体性　　D. 劳动周期的长期性

6. [陕西特岗]王老师在长期的教育教学实践中,结合自己的特长加工改组教学内容,面对不同学生特点,采取不同的教学方法,王老师的这种做法体现了教师劳动的(　　)特点。

A. 时间空间的连续性和广延性　　B. 示范性

C. 成果的滞后性　　D. 隐含的创造性

7. [广东广州]幼儿园教师既要承担保育的工作，又要承担教育教学的任务；既要负责儿童的学习，又要负责儿童的生活。这体现了幼儿园教师劳动的(　　)

A. 自主性　　B. 复杂性　　C. 主动性　　D. 单一性

8. [安徽合肥]与中小学相比，我国对幼儿教师的管理和培训相对较为宽松，这决定了幼儿教师具有(　　)的特点。

A. 细致性　　B. 感染性　　C. 自主性　　D. 示范性

9. [海南万宁]对幼儿的不良习惯的纠正，尊重儿童的精神世界，教师充当的是(　　)的职业角色。

A. 幼儿学习的支持者　　B. 幼儿生活的导师

C. 朋友知己　　D. 沟通社会的中介

10. [山西长治]幼儿教师必备的能力不包括(　　)(易错)

A. 观察能力　　B. 沟通能力

C. 组织分组活动能力　　D. 钢琴十级技能

11. [江西南昌]幼儿正处在生长发育最快的时期，身心发展变化极为迅速，幼儿身心发展的特点决定了幼儿教师职业的特点具有(　　)

A. 工作对象的主体性和幼稚性

B. 工作任务的全面性和细致性

C. 工作过程的创造性和灵活性

D. 教育影响的示范性和感染性

12. [安徽宿州]幼儿教师的情感可以直接影响幼儿的情感，培养幼儿的爱憎好恶之情，这体现了幼儿教师劳动具有(　　)

A. 指导性　　B. 多样性　　C. 暗示性　　D. 感染性

13. [江西统考]龙应台出过一本书，名字叫《孩子，你慢慢来》，从这个书名可以说明幼儿园教师的职业特点是(　　)

A. 工作任务的全面性和细致性　　B. 工作对象的主动性和幼稚性

C. 工作过程的创造性和灵活性　　D. 教育影响的示范性和感染性

14. [浙江临海]教师要注重自己的德行、风貌，会对社会产生积极影响，这体现了教师的(　　)作用。

A. 教育　　B. 调节　　C. 评价　　D. 示范

15. [广东高州]幼儿在教学活动中常常会提出一些问题，如果对于某个问题，教师难以回答的话，下列做法最恰当的是(　　)

A. 要求幼儿保持安静，限制幼儿发问

B. 忽视幼儿的问题，继续进行教学活动

C. 随意编一个答案告知幼儿

D. 跟幼儿解释清楚，待查清楚后再对幼儿进行准确清晰的讲解

二、多项选择题

1.［内蒙古赤峰］下列属于幼儿教师应具备的能力素养的是（　　）

A. 教育研究能力　　B. 教育教学能力

C. 广博的科学文化知识与技能　　D. 自学能力

2.［内蒙古赤峰］王老师发现，孩子们进入大班后，变得太吵闹了，有时候王老师喊破了嗓子，孩子们才能安静下来。下列王老师的解决方法中正确的有（　　）

A. 引导幼儿逐渐学会自我约束　　B. 让家长接吵闹的孩子回家安抚

C. 对吵闹的幼儿进行说服教育　　D. 引导幼儿参加感兴趣的活动

3.［河南郑州］幼儿教师的职业道德素养有（　　）

A. 热爱幼儿教育事业　　B. 热爱幼儿

C. 具备广博的知识　　D. 与同事团结协作

E. 尊重家长

三、判断题

1.［广东高州］幼儿教师的教育能力主要包括确定教育内容的能力和选择教育策略的能力。（　　）

2.［福建统考］幼儿爱模仿的天性要求教师言行必须具有示范性。（　　）

四、论述题

［内蒙古鄂尔多斯］联系实际谈谈当代幼儿教师应具备怎样的职业素养。如果未来你成为一名幼儿教师，你将对自己进行怎样的职业规划。

五、材料分析题

［陕西特岗］在一次户外活动中，王老师正在引导儿童仔细观察花的颜色和形状，突然有一位小朋友喊了起来："蝴蝶、有蝴蝶。"其他小朋友听到喊声都跑过去争着看蝴蝶，这时王老师也跟了过去说："蝴蝶最喜欢花，我们看看蝴蝶都飞到了哪些颜色的花上？哪些形状的花上玩耍？喜欢和哪些花交朋友？"听王老师这么说，儿童都积极观察，争先恐后地说着蝴蝶喜欢哪朵花，这花有什么颜色，什么形状。

请根据上述材料回答两个问题：

(1)结合本案例，你认为王老师具备了哪些专业素养？

(2)作为一名学前教师，在学习和实践中如何提升专业素养？

第 9 练　儿童观与师幼关系

一、单项选择题

1. [内蒙古赤峰]教师与幼儿沟通时,不正确的做法是(　　)

A. 注意倾听　　B. 言语专业化

C. 注意蹲下去与孩子平等对话　　D. 用点头、抚摸鼓励幼儿

2. [河南平顶山]认为儿童是民族和国家的财富,是家族传承和繁衍的工具的是(　　)(易混)

A. 个人本位的儿童观　　B. 社会本位的儿童观

C. 神本位的儿童观　　D. 教育本位的儿童观

3. [河南平顶山]建立和谐的师幼关系是创设良好精神环境的主要组成部分,下列不利于尽快建立和谐师幼关系的是(　　)

A. 热爱、尊重幼儿　　B. 身体接触降低陌生感

C. 对幼儿纪律的遵守要求严格　　D. 创设宽松、自由的互动氛围

4. [福建统考]下列做法体现师幼关系平等的是(　　)

A. 教师制止幼儿将材料搬出区域　　B. 教师蹲下来快速对幼儿提出要求

C. 教师在幼儿游戏时督促其遵守规则　　D. 教师用幼儿能理解的语言及时回应

5. [福建统考]教师管住手,闭上嘴,放手让幼儿自主游戏,体现出教师的儿童观是(　　)(易混)

A. 儿童是整体发展的人　　B. 儿童是有发展差异的人

C. 儿童是具有独立人格的人　　D. 儿童是有巨大发展潜能的人

6. [安徽安庆]教师借助具体情境,通过开放性的问题及丰富多彩的材料,激发幼儿不断思考,主动探索。这属于师幼互动的(　　)策略。

A. 及时反思　　B. 问题质疑　　C. 启发思考　　D. 推动深化

7. [广东高州]活动是幼儿发展的基础和源泉,幼儿的(　　)是幼儿与周围环境中的人或物直接相互作用的外部活动,是最富有发展价值的综合性活动。(常考)

A. 生理活动　　B. 心理活动　　C. 学习活动　　D. 实践活动

8. [广东高州]“亲其师而信其道”这一古训源自我国最早的教育学著作《学记》。这句古训说明(　　)

A. 良好的师幼关系是顺利开展幼儿教育活动的重要保障

B. 积极的师幼交往是促进幼儿身体发展的有效途径

C. 积极的师幼交往影响儿童同伴交往能力的高低

D. 良好的师幼关系有助于儿童自我概念及社会性的发展

9. [广东高州]在与幼儿交往过程中,理解是构建良好师幼交往关系的必要条件。为遵循理解这一原则,教师应做到(　　)(易错)

A. 对幼儿的行为具备一定的洞察力

B. 尊重幼儿的个别差异

C. 平等地对待每一个孩子

D. 对所有幼儿行为中表现出来的独立性给予接受

10. [广东广州]( )是指把儿童作为一个独立的、具有独特个性的个体来看待的儿童观。

A. 国家本位的儿童观　　B. 个人本位的儿童观

C. 家族本位的儿童观　　D. 学校本位的儿童观

11. [广东广州]教师要重视幼儿的情感交流,下列在与幼儿沟通的过程中做法不妥的是( )

A. 热情地面带笑容,认真解答幼儿提出的问题

B. 对幼儿的活动表示关注和感兴趣

C. 替幼儿选择他们玩乐的游戏和活动

D. 倾听幼儿对行为的辩解

12. [广东广州]师幼关系是教师与幼儿在教育教学和交往过程中形成的比较稳定的人际关系。相对于亲子关系和同伴关系,师幼关系对幼儿的( )影响最为突出。

A. 家庭关系　　B. 思想观念　　C. 学习　　D. 性格

13. [福建统考]某教师经常对幼儿提出“不准抢玩具”等要求,这不符合优质幼师关系特点中的( )(易错)

A. 教育性　　B. 公平性　　C. 情感性　　D. 差异性

14. [安徽宿州]( )世纪形成的儿童观,是全新的以人为中心,一切为了人的利益而服务的新型人类观。

A. 14 ~ 15　　B. 14 ~ 16　　C. 15 ~ 16　　D. 15 ~ 17

15. [山东临沂]认为儿童是“小大人”的观点违背了现代儿童观中( )的内涵。

A. 儿童是全方位不断发展中的人　　B. 儿童是富有差异的存在

C. 儿童有其独特的文化　　D. 儿童是主动的学习者

16. [安徽宿州]( )将儿童看成是国家的财富、未来的劳动者,是国家延续与富强的一种“工具”,往往从国家兴亡的高度看待儿童选拔、教育等问题。(常考)

A. 个人本位的儿童观　　B. 国家本位的儿童观

C. “育人为本”的儿童观　　D. 现代化的儿童观

二、判断题

1. [广东高州]幼儿的活动大致可分为内部活动和外部活动两类,其中内部活动是指可见的幼儿的实践活动。( )

2. [广东高州]教师按照教育目的直接把教育的内容传递给幼儿,有利于幼儿充分发挥其主动性,提高自主学习能力。( )

3. [广东高州]古代社会是以儿童为本位的社会,一切活动都围绕着儿童展开,成人没有地位。(常考)( )

4. [广东高州]要建立良好、和谐的师幼关系,关键在于幼儿。( )

5.［广东高州］在教育过程中，儿童不是被动的加工对象，而是学习和发展的主体。（常考）（　　）

6.［海南万宁］师幼互动是指教师对幼儿，或者幼儿对教师的单向线性的影响。（易错）（　　）

7.［河北邢台］“教师讲、幼儿听”是灌输式的机械教育。（　　）

8.［广东广州］儿童获得的知识、经验容易陷入表面，缺乏系统，有时甚至会得出错误结论，这是间接教学的不足之处。（　　）

9.［山东青岛］科学的儿童观认为儿童是白板，可以任意塑造。（　　）

三、简答题

1.［福建统考］人们对儿童的认识和看法随着时代的变化不断发展，简述现代儿童观的内涵。

2.［山西长治］幼儿教师应如何建立理想的师幼关系？

四、论述题

［广东广州］良好的师幼关系是顺利开展幼儿教育活动的重要保障。试述教师与幼儿交往应遵循的原则。

五、材料选择题

［安徽合肥］阅读下列案例，完成 1 ~ 5 题。

【案例一】每天早晨晨间活动结束的时候，我就会拿起点名册，准备点名。这天，我对孩子们说：“今天老师不用嘴巴来点名，而是用眼睛来点名。”他们一脸的疑惑，好像在问，眼睛怎么可以用来点名呢？眼睛又不能说话。我看着他们说：“我用眼睛看着你，对你眯眯笑，就是在点你的名字，你看到我，也对我笑一笑好吗？表示你知道我在点名了。”我点名完了，发现班上有一个特别胆小的孩子脸上一直都笑着，上课还主动举手了。

【案例二】一次游戏活动中，小颖在认真地搭建积木，她搭得非常投入。我走过去欣赏她的作品，她自

豪地对我说："老师，看我搭的高楼，这些是高楼下的树木，还有小花。"我认真欣赏并赞扬了她："你真棒！"可是没过多久，就有几位小朋友来报告说："老师，小颖她哭了。"我询问原因："怎么了？""她搭的房子被小阳弄坏了。"来告状的小朋友着急地说。我走过去一看，小颖面前的积木都撒在了桌面上，地上也有，搭建的高楼已不见踪影。我生气地对小阳说："你把别人搭的楼房破坏了，你不能玩游戏了。"听了我的话，小阳很不高兴，他也闷闷不乐地坐在椅子上。我想：现在两个孩子的心情都很差，怎么办呢？我走到小阳旁边，看着他的眼睛对他说："小颖花了很长的时间才搭出那么高的楼房，被你一下就破坏掉了，她心里会不会伤心难过呢？""会伤心的。"小阳想了想说。我又对他说："你把她的房子弄坏了，这样对吗？"他摇摇头说："不对。"我继续说："既然你知道这样做是不对的，那怎么办呢？"小阳马上说："我去向她道歉。"他一边说一边走过去向小颖道歉。我又问小阳："你愿意帮小颖重新再搭一座高楼吗？"小阳高兴地点点头："好的。"接下来的时间里，小颖和小阳开始一起合作盖高楼，最后，终于又造好了新的高楼。他们两个的脸上都露出了笑容。

1. 案例一中，老师沟通能力体现的方面不包括（　　）

A. 熟记儿童的名字　　B. 运用适当的语言方式

C. 与孩子进行眼神接触　　D. 对孩子生气、批评

2. 案例二中，老师怎样帮助孩子和好的（　　）

A. 维护游戏活动的秩序　　B. 中断游戏活动的进行

C. 让幼儿学会相互理解　　D. 对孩子进行批评教育

3. 幼儿教师在与幼儿进行沟通时应该避免（　　）

A. 表情严肃、语气严厉　　B. 以鼓励、肯定、引导为主

C. 倾听孩子的内心　　D. 眼神与孩子直接接触

4. 幼儿产生矛盾可能造成的影响不包括（　　）

A. 影响幼儿的情绪和性格发展　　B. 可能会产生身体上的伤害

C. 影响幼儿与同伴的和谐关系　　D. 导致幼儿身体虚弱，影响身体健康

5. 幼儿教师帮助孩子建立良好的人际关系的措施不包括（　　）

A. 让幼儿学会相互理解，为他人着想

B. 让孩子为自己的行为负责，培养对自己与他人的责任感

C. 让幼儿间保持距离，避免矛盾的发生

D. 让幼儿尝试自己解决问题，学会宽容和合作

六、材料分析题

1. [山东滨州]户外活动时间到了，牛牛在踢足球，非常开心，不小心撞倒了笑笑，牛牛不知所措，于是就哭了。突然，笑笑爬起来，一下子把牛牛推倒，两个人边哭边吵。老师这时候才走过来，冲着牛牛和笑笑大声呵斥道："你们两个吵什么吵，再吵就不让爸爸妈妈来接了。"然后又问道："你们两个为什么吵架？"笑笑抢先说："老师，牛牛把我碰倒了，他还骂我。"老师一听，大声批评道："牛牛，是你把笑笑撞倒了，你应该向笑笑道歉，现在老师命令你马上向笑笑道歉，否则就送你去隔壁班，不要你了。"牛牛眼里

含着泪水对笑笑说道:“对不起。”

请对该案例进行分析,并提出教育建议。

2.[安徽合肥]古埃及有谚语:“男孩的耳朵是长在背上的,只有打他,他才听。”中国也有谚语:“不打不成才,棍棒底下出孝子。”夸美纽斯说:“儿童应当比金、银、珍珠和宝石还珍贵。”洛克说:“人的心灵好比一块白板,人的一切观念来自经验。”蒙台梭利说:“儿童的心理是有吸收力的。”

(1)分析上述材料,分别反映了何种儿童观?

(2)儿童观经历了一个怎样的历史演变过程?

(3)学前工作者应该树立什么样的儿童观?以幼儿园教师的身份举例说明如何在实践中落实。

实战演练

一、单项选择题

1.儿童具有好奇心强、好模仿的特点,这就要求幼儿教师的工作具有(　　)(易错)

A.细致性　　B.创造性

C.整体性　　D.主体性和示范性

2.教师职业要求幼儿教师必须在幼儿面前保持开阔的心胸,善于调节、控制自己的不良情绪。这是由于(　　)

A.幼儿的心灵脆弱敏感,易受消极情绪的影响

B.孩子也喜欢美好的形象

C.一般园长都要求教师这样做

D.幼儿教师大多是女性

3.幼儿乐乐活泼顽皮,经常在课堂上违反纪律。为此乐乐的老师禁止乐乐参加幼儿园的所有娱乐活动,以防其破坏活动秩序,老师的做法(　　)

A.正确,是维护活动秩序的需要　　B.正确,教师有权自主管理班级

C.不正确,教师应平等对待幼儿　　D.不正确,应征得其他教师同意

4. 观察和了解儿童的能力、设计教育活动的能力、组织管理能力、对幼儿进行行为辅导的能力等。这些内容属于教师的(　　)

A. 职业道德素养　　B. 思想政治素养

C. 职业知识素养　　D. 职业能力素养

5. 教师是社区教育资源的(　　)

A. 支持者　　B. 引导者　　C. 组织者　　D. 整合者

6. 教育者训斥甚至打骂儿童的做法,主要违背了幼儿教师的儿童观和教育观中的(　　)

A. 儿童特质观和适宜教育观

B. 儿童权利观和民主平等的师生观

C. 幼儿在自身发展中的作用观和幼儿教育的方法观

D. 儿童特质观和儿童教育的方法观

7. 幼儿通过动手操作、亲自实践、与人交往等去发现原来不知道的东西,从而获得经验的学习方式叫(　　)

A. 积极学习　　B. 主动学习　　C. 接受学习　　D. 发现学习

8. 教师结合本班实际,选择组织教材,构思教育活动的能力是(　　)(常考)

A. 创设与利用环境的能力　　B. 科学研究能力

C. 设计教育活动的能力　　D. 生活管理能力

9. 教师直接“教”的缺点不包括(　　)

A. 因为知识和理解能力缺乏,幼儿对“教”的内容难以真正理解和运用

B. 教师和幼儿之间难以双向交流,容易形成教师向幼儿的单向灌输

C. 幼儿自主学习机会少,其主动性、创造性难以发挥

D. 幼儿获得的知识、经验容易陷入表面、缺乏系统性,有时甚至会得出错误结论

10. 现代社会的儿童观不包括(　　)

A. 儿童是国家未来的劳动者和兵源　　B. 儿童的发展具有个体差异性

C. 儿童具有巨大的发展潜能　　D. 儿童具有主观能动性

11. 小刘老师因为家庭琐事心烦,组织活动时大声斥责孩子,致使孩子们不知所措。面对这种现象,小刘老师(　　),不断提升个人修养与行为。

A. 应学会自我调节情绪　　B. 提升组织活动能力

C. 保持积极的工作热情　　D. 加强专业知识技能

12. 爸爸经常揉捏儿子的脸,觉得儿子像猴子一样好玩。这违背了(　　)的观念。

A. 儿童与成人一样具有独立人格和权利

B. 男女儿童享受平等的待遇

C. 儿童的发展是整体的

D. 儿童具有个体差异

13. 幼儿教师要事无巨细，对幼儿一日生活的各个环节给予关心和帮助。这体现了幼儿教师劳动的(　　)

A. 主体性　　B. 细致性　　C. 微妙性　　D. 平凡性

14. 每个行业都有自己的特点，而职业角色的(　　)是教师职业的最大特点。

A. 多样化　　B. 社会化　　C. 个人化　　D. 认同化

二、多项选择题

1. 作为一名幼儿教师，应当具有(　　)

A. 慈爱的心胸　　B. 稳定的情绪

C. 丰富的感情　　D. 良好的行为习惯

2. 幼儿教师的职业特点主要表现在(　　)

A. 劳动对象的主动性和幼稚性　　B. 劳动过程的复杂性和创造性

C. 劳动周期的长期性　　D. 劳动任务的细致性和全面性

3. 下面关于幼儿教师的表述中，正确的有(　　)

A. 幼儿教师是履行幼儿园教育教学工作职责的专业人员

B. "以幼儿为本"是幼儿教师必须具备的基本理念之一

C. 幼儿教师要具有一定的自然科学和人文社会科学知识

D. 幼儿教师也是普通人，对漂亮可爱干净的幼儿给予更多的爱和机会是正常的

4. 完整儿童是指全面发展和谐平衡的儿童，其发展是(　　)的整合性的发展。

A. 身体的　　B. 认知的　　C. 情感的　　D. 社会的

5. 关于科学儿童观描述正确的有(　　)

A. 儿童具有各种合法权利　　B. 儿童的发展是整体的、连续的发展

C. 需要对儿童进行超前教育　　D. 儿童是独特的个体，具有差异性

三、判断题

1. 教师职业是由教育教学专业人员在社会分工条件下所从事的活动。(　　)

2. 作为一名幼儿教师，除了教师必备的教学技能外，还需要具备一定的简笔画技能。(　　)

3. 幼儿教师只需要教育好幼儿，照顾好幼儿的日常生活，没有必要花费时间做幼儿教育的研究工作。(　　)

四、简答题

1. 简述现代幼儿教师的角色。

2. 简述间接“教”时要注意的问题。

3. 简述直接“教”时要注意的问题。

五、材料分析题

某幼儿园为庆祝“六一”儿童节，将组织全体幼儿参加表演。大(1)班王老师为了能够在表演中获奖，从全班幼儿中挑出了形象、气质和艺术才能比较好的一些幼儿进行排练，准备参加表演。另外几名比较差的幼儿让保育员带着玩，不能作为演员上台表演。

请问王老师的这种安排是否妥当？为什么？

第六章 幼儿园教育活动

命题要点	考查热度	考查难度	命题预测
幼儿园教学活动	★★★	难	教学活动的原则、方法
幼儿园主题活动	★	一般	幼儿园主题活动的特点
幼儿园区域活动	★★	中等	区域活动观察与指导的注意事项
幼儿园一日生活	★	一般	各个活动的组织要求

真题必刷

第 10 练 幼儿园教学活动

一、单项选择题

1. [天津南开]在教学过程中,教师向儿童出示事先准备好的绘画、纸工、泥工等作品,供儿童观察、模仿学习。该教师运用了( )(常考)

A. 操作法　　B. 范例法　　C. 观察法　　D. 参观法

2. [内蒙古赤峰]在教育活动中,将不同领域的内容,各种不同的学习形式与方法有机融合起来,将其作为一个相互联系而不可分割的整体体系来对待,是教育活动设计的( )

A. 渗透性原则　　B. 开放性原则　　C. 主体性原则　　D. 发展性原则

3. [福建统考]老师引导幼儿观察小白兔的外形特征,以下教学方法效果最好的是( )

A. 现场观察小白兔　　B. 观察小白兔图片

C. 观察动画片中的小白兔　　D. 饲养员介绍小白兔

4. [安徽安庆]幼儿教师选择教育教学内容最主要的依据是( )

A. 幼儿发展　　B. 社会需求　　C. 学科知识　　D. 教师特长

5. [安徽安庆]下列对幼儿园活动的理解,正确的是( )

A. 儿童尽情地随意玩耍

B. 在安全的前提下,按课程的要求活动

C. 为幼儿舒展筋骨而开展活动

D. 教育过程就是活动过程,促进儿童身心健康发展

6. [河北邢台]幼儿园常用的教学方法有活动法、直观法、( )

A. 形象法　　B. 观察法　　C. 演示法　　D. 口授法

7. [广东高州]教师在教学活动中应根据讲解的内容,时而微笑,时而皱眉,时而挥舞手臂,时而悄声细

语,带着饱满的感情为幼儿讲解,让幼儿充分理解讲解的内容。这体现了教师在运用讲解语时应遵循(　　)的原则。(易错)

A. 准确清晰　　B. 生动活泼　　C. 鼓励性　　D. 有效性

8. [广东高州]程老师打算开展一个关于探索易拉罐玩法的活动,其在准备易拉罐之后,总是想办法引起儿童对它们的兴趣,促使儿童产生探索的欲望,并在儿童与同伴的互动过程中,找到多种玩法。这体现了幼儿园教学活动的(　　)

A. 发展性原则　　B. 科学性和思想性相结合的原则

C. 积极性原则　　D. 谨慎性原则

9. [广东广州]为了加强幼儿对桃花的认识,某日,高老师组织幼儿到桃花园参观并了解桃花,高老师走到桃树下,然后向幼儿提问:"小朋友们快看,春天美不美呀?桃花漂亮吗?"小朋友们纷纷展开讨论,桃花是什么颜色,什么形状,有几片花瓣?桃花是先开花还是先长叶呢?案例中高老师运用的教学活动方法是(　　)

A. 列表法　　B. 操作法　　C. 观察法　　D. 口授法

10. [广东广州]谈话法是通过与幼儿面对面交谈的方式收集幼儿有关资料,描述其心理和行为特征,从而对其进行心理辅导的方法。教师在使用谈话法时应满足的要求不包括(　　)(易错)

A. 做好记录　　B. 远离主题　　C. 讲究艺术　　D. 态度友好

11. [广东广州]教学前王老师将收集的各类风筝布置成一个风筝展,准备完毕后对班上幼儿说:"今天,老师带小朋友去参观一个展览,大家看看这是个什么样的展览,展览上的东西有什么特点?"然后,王老师引导孩子观察、欣赏各种风筝的美,让孩子在观察中自然地激发出创造愿望。王老师在开展教学活动时采取了(　　)

A. 直观导入法　　B. 实验操作导入法

C. 电教设备演示导入法　　D. 环境创设导入法

12. [江西统考]幼儿园教育活动整合性的特点主要体现在(　　)、活动形式、活动手段等各方面、各个层次的整合。

①活动目标　②活动内容　③活动资源　④活动方法

A. ①②③④　　B. ①②④　　C. ①②③　　D. ②③④

13. [福建统考]在教学活动中,老师发现大部分幼儿无法掌握测量方法,于是调整活动环节,这体现了幼儿园教学活动的(　　)

A. 活动性　　B. 整合性　　C. 直观性　　D. 灵活性

14. [安徽合肥]幼儿园教学活动的广泛性是指(　　)

A. 教学活动中教师和幼儿之间的相互作用可以有多种形式

B. 教学活动中教师要时刻对幼儿进行教育

C. 教学活动渗透在幼儿园一日生活的各项活动中

D. 教学活动中幼儿可以按照自己的想法来进行自由活动

15. [安徽宿州]（　　）是直观教学方法之一，是指教师通过自己的语言、动作或教学表演，为儿童提供具体模仿的范例。（常考）

A. 示范法　　B. 演示法　　C. 讲演法　　D. 操作法

16. [安徽宿州]从活动性质角度，幼儿园教育活动可分为（　　）

A. 学科领域结构活动和主题单元结构活动

B. 集体活动、区域活动和个别活动

C. 生活活动、游戏活动和学习活动

D. 预设活动和生成活动

17. [安徽宿州]在以“认识水”为主题的一次科学领域的教学活动中，教学的内容不仅仅涉及科学领域的水的形态，还会涉及社会领域我国的大江大河，以及艺术领域的画河流等内容。这体现的幼儿园教学活动特点是（　　）

A. 生活性　　B. 趣味性　　C. 启蒙性　　D. 整合性

18. [安徽安庆]幼儿园老师带孩子们到郊区小农场参观，让城市里的孩子看到了真正的猪、牛、羊。这种教学方法称为（　　）

A. 直观形象法　　B. 实践法　　C. 行动操练法　　D. 情感体验法

19. [安徽合肥]教师和幼儿双方围绕一个问题或主题，自由地发表自己的想法、意见，表达自己的感受、体验，进行相互交流。该教师运用的是（　　）（常考）

A. 讲解法　　B. 演示法　　C. 示范法　　D. 谈话法

20. [安徽宿州]儿童通过运用已有的知识经验，对一些问题发表意见，共同讨论商议，从而达到自我教育的方法是（　　）

A. 讨论法　　B. 故事法　　C. 参观法　　D. 观察法

21. [山西古交]（　　）是幼儿教师最常用的和最普遍使用的教育教学方法。

A. 直观形象法　　B. 语言法　　C. 角色扮演法　　D. 表扬鼓励法

22. [福建统考]在科学活动中，引导幼儿使用教师提供的电池、导线、灯泡等材料，想方法使灯泡变亮，这种教学方法是（　　）

A. 示范法　　B. 观察法　　C. 操作法　　D. 口授法

23. [福建统考]在主题活动“各种各样的车”开展过程中，老师发现有些幼儿对车的外形活动不感兴趣。下列做法适宜的是（　　）

A. 取消该活动　　B. 允许幼儿选择是否参与该活动

C. 要求所有幼儿参与该活动　　D. 等幼儿感兴趣了再开展该活动

二、多项选择题

1. [广东高州]李老师为了吸引幼儿的注意力，提高幼儿参与活动的兴趣，尝试了很多方法。下列方法合理的有（　　）

A. 为幼儿创设各种丰富多彩的课堂环境

B.提供幼儿感兴趣的材料

C.为了方便管理,活动形式尽量统一

D.将集体活动、小组研讨和个别指导相结合,让幼儿在新奇的环境和新颖的活动氛围中学习新的东西

2.[山东青岛]从教师组织的角度,可将幼儿园的教学活动形式分为( )

A.集体活动　　B.小组活动　　C.个别活动　　D.区域活动

三、判断题

1.[安徽合肥]示范讲解法是幼儿生活常规教育中最基本的方法,主要有部分示范讲解法和分解示范讲解法。( )

2.[山西阳泉]观察法是指在教学过程中,幼儿教师向儿童出示事先准备好的事物来让幼儿观察,模仿学习。( )

3.[重庆云阳]能有效地提高幼儿认识、情感、意志与行为水平且能充分地发挥幼儿主体作用的教育方法是讨论法。( )

四、填空题

1.[福建统考]学前教育活动按照性质分为游戏活动、教学活动和________。

2.[山东威海]幼儿园教学活动的方法包括操作体验法、演示、示范和范例法、________、探索发现法、讲解谈论法、电教法。

五、论述题

1.[河南平顶山]有家长认为幼儿园教学活动以游戏为主,对幼儿的教育不起作用,请针对这种观点说说幼儿园教学活动的教育作用。

2.[陕西特岗]试述幼儿园教学活动过程中的基本要素及其作用。

第 *11* 练　幼儿园主题活动

一、单项选择题

1.[天津南开]王老师在班上开展了“丰收水果店”的主题活动,将社会、科学、健康、语言等领域有机联系

在一起。这反映了主题活动的特点是(　　)(常考)

A. 知识的横向联系　　B. 整合各种教育资源

C. 富有弹性的计划　　D. 生活化、游戏化的学习

2. [广东广州]幼儿园教育活动的组织应注重综合性、生活性和趣味性,由此许多围绕儿童的生活而开展的主题活动成为幼儿园教育的重要组成部分。在选取活动的主题时除了要考虑儿童的兴趣、需要,还需要以(　　)作为依据。

A. 教育内容、资源和学前教育目标　　B. 教师对主题的掌控能力

C. 学校的设施和条件　　D. 主题是否与社会生活相结合

3. [福建统考]大(1)班开展主题活动"恐龙的故事",在指导过程中不宜(　　)

A. 整合各种教育资源　　B. 有机联合各领域知识

C. 建立弹性的计划　　D. 多用集体的教学形式

二、判断题

[福建统考]幼儿园主题活动有利于幼儿获得比较完整的知识经验。　　(　　)

第 12 练　幼儿园区域活动

一、单项选择题

1. [福建统考]尹老师引导美工区的幼儿将制作好的动物指偶放到语言区一起进行桌面游戏,尹老师这样做的主要目的是(　　)

A. 美化语言区的环境　　B. 丰富语言区的材料

C. 增进区域之间的互动　　D. 优化区域空间布局

2. [安徽安庆]以下哪项不属于区域活动的组织流程(　　)

A. 引入　　B. 讲评　　C. 游戏操作　　D. 分享

3. [安徽安庆]下列哪项不属于区角活动内容应该具有的特点(　　)

A. 生活性　　B. 注重实践性

C. 综合主题性　　D. 发挥创造性

4. [安徽合肥]进行区域活动之前,教师总是会给小朋友集中进行区域活动的导入,教师的这一做法主要是(　　)

A. 向儿童介绍区域中的新材料　　B. 让幼儿明白区域活动规则及新材料

C. 引发幼儿参与区域活动的兴趣　　D. 对上次区域活动进行小结和评价

5. [广东广州]区域活动是幼儿自主探索性活动,幼儿可以自选活动内容,进行小组或个体活动,是教师与幼儿互动的双边活动,其中(　　)是区域活动目标实现的根本。(常考)

A. 教师　　B. 幼儿　　C. 环境　　D. 材料

6. [山西古交](　　)是教育者以幼儿感兴趣的材料和活动类型为依据,将活动室的空间在一定时间内相对划分为不同区域,让幼儿自主选择活动区域,使其通过与材料、环境、同伴的充分互动而获得学习

与发展的一种互动组织活动。

A. 游戏活动　　B. 区域活动　　C. 户外活动　　D. 生活活动

7. [安徽宿州]兼容“学习性”与“游戏性”,以“个别化”与“小组学习”为主要特点的组织形式是(　　)

A. 游戏活动　　B. 小组活动　　C. 集体活动　　D. 区角活动

二、多项选择题

[广东高州]区域活动已成为幼儿园开展教育活动的重要途径之一,下列关于幼儿园活动区中角色扮演区的作用说法中,正确的有(　　)

A. 培养幼儿对大自然的积极情感和态度　　B. 帮助幼儿了解人际关系

C. 帮助幼儿学习友好交往的技能　　D. 培养幼儿细致观察的能力

三、判断题

1. [福建统考]李老师经常调整班级活动区有利于增强幼儿的活动兴趣和新鲜感。(　　)

2. [广东广州]进行幼儿区域活动的组织与指导时,应注意把握计划性指导与随机指导的灵活性。(　　)

3. [福建统考]区域活动的规则,可以由教师来制定,也可以有教师和儿童共同探讨制定。(　　)

四、论述题

[广东广州]活动材料是幼儿参与活动的外在准备,是幼儿学习的外部条件。适宜的材料可以支持、引导、激发幼儿展开多层次的探索与学习,它是幼儿实施主动学习的中介和桥梁。在准备材料时教师应怎么做?

第 13 练　幼儿园一日生活

一、单项选择题

1. [内蒙古赤峰]幼儿园晨间检查中的“摸”主要是检查(　　)

A. 是否携带不安全物品　　B. 是否发烧

C. 是否吃饭　　D. 是否排便

2. [河南平顶山]吃饭时,老师教育小朋友要珍惜粮食,这种行为符合(　　)原则。

A. 直观性　　B. 生活性　　C. 保教结合　　D. 活动性

3. [福建统考]在幼儿园晨间检查中,一问、二摸、三看、四查中的“查”指的是检查(　　)(常考)

A. 体温是否正常　　B. 精神、脸色是否正常

C. 皮肤是否有湿疹　　D. 是否携带不安全的物品

4. [安徽安庆]幼儿日常生活活动的内容、间隙活动的安排,要根据前后活动内容、活动形式和活动量而

定。总的要遵循的原则是(　　)

A. 快慢交替原则　　B. 大小交替原则

C. 轻重交替原则　　D. 动静交替原则

5. [河南郑州]幼儿教师晨间接待,幼儿入园工作的重点是(　　)

A. 提醒幼儿尽早进入学习状态　　B. 与家长交流沟通感情

C. 检查幼儿的身心状况　　D. 检查幼儿作业完成情况

6. [福建统考]老师围绕孩子们午睡前谈论的"恐龙"话题开展系列活动,这体现了幼儿园活动的(　　)

A. 自在性　　B. 制度性　　C. 稳定性　　D. 整体性

7. [安徽合肥]照顾好幼儿睡眠的标志有(　　)(常考)

①晚上尽量早的入睡　②睡够应睡的时间　③保持良好的睡眠姿势和习惯　④按时睡

A. ①②③　　B. ①③④　　C. ②③④　　D. ①②③④

8. [陕西西安]幼儿园日常生活中,幼儿日积月累形成良好习惯,如进餐后主动洗碗、洗手,每天都会自觉反复,体现了日常生活的(　　)

A. 自在性　　B. 习惯性　　C. 刻板性　　D. 强制性

二、多项选择题

1. [广东广州]照顾好幼儿的睡眠需要做到(　　)(常考)

A. 为幼儿准备舒适安静的环境　　B. 教会幼儿穿脱衣服

C. 做好幼儿睡眠中的巡查　　D. 让幼儿把小物品带到床上玩耍

2. [海南万宁]下列关于幼儿睡前准备工作,恰当的是(　　)

A. 教师应准备舒适的睡眠用具　　B. 在睡前要做到饮食适量

C. 睡前应平定幼儿的情绪　　D. 睡前可以给予幼儿睡眠信号

3. [安徽合肥]幼儿园晨检内容包括(　　)(常考)

A. 问有无发烧、咳嗽等症状　　B. 摸额头、手心是否发烫

C. 看神态、皮肤有无异常　　D. 查口袋有无不安全的东西

三、判断题

1. [广东广州]间隙活动贯穿于幼儿园一日生活之中,是幼儿日常活动的重要环节。(常考)　(　　)

2. [福建统考]稳定的作息安排有利于幼儿身体健康成长,因此班级一日活动计划应始终坚持一贯性原则,不得改变。　(　　)

四、简答题

1. [山东菏泽]怎样科学、合理地安排和组织幼儿的一日生活?(常考)

2.［安徽滁州］简述幼儿园入园晨检的具体步骤。

五、论述题

［河南平顶山］幼儿园一日生活包括入园、晨检、进餐、饮水、午睡、如厕、离园等，请你谈谈作为幼儿园老师应该怎样指导这一类活动。

六、材料分析题

［安徽安庆］中(3)班准备进行美术教学活动，李老师坐在椅子上逐一叫小朋友的姓名，叫到名字的小朋友就到李老师手中接过一盒油画棒和一张画纸，直到所有的小朋友都领到油画棒和画纸后，李老师才开始讲解理论。

请问：李老师的教育行为有什么需要改进的地方？

实战演练

一、单项选择题

1.“教师为幼儿做了纸杯托水的小实验”。这位教师采用的方法是(　　)(易混)

A. 演示法　　B. 欣赏法　　C. 观察法　　D. 操作法

2. 在活动中，幼儿通过感知、操作、体验、交流来进行学习的方式体现了教学活动的(　　)(易错)

A. 活动性原则　　B. 巩固性原则　　C. 发展性原则　　D. 科学性原则

3. 儿童按照一定的要求和程序通过自身的实践活动进行学习的方法是(　　)

A. 游戏法　　B. 直观法　　C. 操作法　　D. 发现法

4. 幼儿园教学活动必须符合幼儿身心发展水平和年龄特征，使幼儿获得的知识是粗浅的、基础的、具体

的、容易理解的、简单的知识和技能。这体现了幼儿园教育活动的特点是(　　)

A. 启蒙性　　B. 趣味性　　C. 动态性　　D. 生活性

5. 儿童在教师指导下有目的地感知客观事物的过程是(　　)(易错)

A. 观察法　　B. 游戏法　　C. 操作法　　D. 电教法

6. 在"三八节"期间,马老师围绕节日开展系列教育教学活动。这一系列活动可称为(　　)

A. 主题活动　　B. 区域活动　　C. 领域活动　　D. 生活活动

7. 春天来了,教师带领幼儿去公园观赏桃花,回来后组织幼儿交流桃花的特征,教师在这次活动中使用的教学方法是(　　)(易错)

A. 操作法和讨论法　　B. 观察法和讨论法

C. 观察法和游戏法　　D. 游戏法和讨论法

8. 在幼儿园常用的教学方法中,(　　)是一种让幼儿直接感知认识对象的方法。(易混)

A. 直观法　　B. 实验法　　C. 游戏法　　D. 活动法

二、多项选择题

1. 下列属于幼儿园区域活动特点的是(　　)

A. 幼儿自选活动内容　　B. 幼儿的自主性活动

C. 小组和个体活动　　D. 集体活动

2. 幼儿园教学活动的原则有(　　)

A. 科学性和思想性相结合的原则　　B. 发展性原则

C. 直观性原则　　D. 启蒙性原则

三、判断题

1. 在教学中,各年龄班运用游戏化教学的比重应有所不同,年龄越小,宜多采用游戏法。(　　)

2. 发现法是指教师采用游戏或以游戏的口吻进行教育教学的方法,它体现学前儿童教学活动的显著特点,是学前教育机构教学活动的主要方法。(　　)

3. 讲述是指教师用儿童能理解的语言来解释和说明某事某物的一种方法。(常考)(　　)

4. 在幼儿园中,集体的教育活动和分散的个体活动起着不同的作用,应当结合运用,交替进行,互相配合。(　　)

5. 幼儿园晨间检查环节中的"问"是指保健医生向小朋友问好。(　　)

四、填空题

1. 全托幼儿园晚间活动组织看电视的时间每周以________次为宜。

2. ________是指教师通过提出启发儿童思维的问题,组织儿童进行问答和讨论的一种教育方法。

3. 讲解法是指教师用儿童能够理解的语言来________某事某物的一种方法。

4. 幼儿教育中的口授法,是教师通过口头语言系统向幼儿传授知识的方法,包括________、讲述、提问、________、讨论等。

5. 主题活动是指围绕着贴近儿童生活的某一________即主题作为组织课程内容的主线来组织教育教学活动。

五、简答题

1. 简述区域活动观察与指导的注意事项。

2. 简述班级幼儿饮用水管理的具体要求。

3. 简述运用口授法时应注意的问题。

4. 简述运用操作法时应注意的问题。(易混)

5. 简述运用发现法时应注意的问题。

六、论述题

试述幼儿园教学活动的原则。

第七章　幼儿园游戏

命题要点	考查热度	考查难度	命题预测
幼儿园游戏概述	★★★	难	幼儿园游戏的特点、价值
幼儿园游戏的类型	★★	中等	联合游戏、象征性游戏、创造性游戏、有规则游戏
幼儿园游戏的条件创设	★★	中等	游戏的材料、材料选择的原则
幼儿游戏的指导	★★★	难	游戏观察的方法、教师的介入、幼儿游戏的指导方法和策略

真题必刷

第 14 练　幼儿园游戏概述

一、单项选择题

1.［山东青岛］马卡连柯指出："工作是人类参加社会生产、参加创造物质和文化价值的活动，换句话说，就是参加创造社会价值的活动。游戏并不追求这样的目的，它与社会目的没有直接的关系。"这句话揭示了游戏具有(　　)

A. 愉悦性　　B. 主动性　　C. 虚拟性　　D. 非功利性

2.［山东青岛］保障学前儿童游戏权利的首要条件是(　　)

A. 开阔的游戏空间　　B. 充足的游戏时间

C. 丰富的游戏材料　　D. 熟悉的游戏伙伴

3.［山东青岛］以游戏矫治儿童的心理问题与行为问题，运用的理论是(　　)

A. 元交际　　B. 复演说　　C. 精神分析　　D. 同化说

4.［福建统考］教师要求幼儿按"抱娃娃—喂娃娃—哄娃娃睡觉"的流程图玩娃娃家游戏，这种做法违背了游戏的(　　)(易错)

A. 现实性特征　　B. 娱乐性特征　　C. 假想性特征　　D. 自主自愿特征

5.［浙江统考］丢手绢游戏最能体现的幼儿游戏特点是(　　)(易错)

A. 想象和真实的统一　　B. 自由和约束的统一

C. 过程和结果的统一　　D. 轻松和紧张的统一

6.［浙江统考］"好的"教学游戏的特征不包括(　　)

A. 有较多幼儿参与的可能性　　B. 幼儿自己不能够判断活动的结果

C. 任务难度与幼儿已有经验相匹配　　D. 符合幼儿的年龄特点

7. [安徽安庆]下列关于儿童游戏的阐述,不正确的是( )

A. 动机和需要是儿童游戏的心理动力

B. 游戏过程中,儿童的语言具有游戏语言和角色语言两种形态

C. 任何游戏都包含着智力因素

D. 从同伴游戏向亲子游戏扩展,儿童的人际情感不断复杂化,并获得多种情感寄托,是游戏中学前儿童情感社会化的途径之一

8. [安徽安庆]( )是幼儿园的基本活动,也是幼儿园课程的体现。(常考)

A. 游戏　　B. 模仿　　C. 交流　　D. 操作

9. [安徽安庆]角色游戏中,教师观察幼儿能否主动协商处理同伴关系。这主要考察的是( )

A. 幼儿的情绪表达能力　　B. 幼儿的社会交往能力

C. 幼儿的规则意识　　D. 幼儿的思维发展水平

10. [河北邢台]下面有关游戏的说法错误的是( )

A. 游戏可以促进幼儿情感的发展

B. 游戏以想象为条件

C. 幼儿在游戏中可以模仿生活中的行为规则,但生活中无法模仿游戏中的规则

D. 合作性游戏是幼儿游戏中社会性交往水平最高的形式

11. [广东高州]虚拟性或象征性是游戏的普遍特征,并以“假装”或“好像是”为标志或条件,此类游戏可以给儿童提供充分的遐想空间。这说明了游戏能促进儿童( )

A. 语言的发展　　B. 体能的发展　　C. 想象力的发展　　D. 创造能力的发展

12. [广东高州]游戏中的( )是一种为外界刺激物所捕捉和占据的体验,是一种情不自禁地被卷入、被吸引的心理状态。(易混)

A. 自主性体验　　B. 成就感体验　　C. 兴趣性体验　　D. 幽默感体验

13. [福建统考]根据帕登的理论,儿童游戏从联合游戏发展到合作游戏,这标志着儿童( )

A. 动作的发展　　B. 认知的发展　　C. 社会性的发展　　D. 情感的发展

14. [安徽合肥]在建构区中,幼儿需要思考“搭建什么东西?用什么搭?怎样搭才像?”等一系列问题,这一过程说明游戏对幼儿认知发展的作用是( )

A. 可以让儿童在潜移默化中学到知识　　B. 培养儿童的注意力和观察力

C. 激发儿童的创造力和思考力　　D. 培养儿童提出问题和解决问题的能力

15. [安徽合肥]在幼儿游戏中常不受实际环境的具体条件和时间的限制,通过想象创造新场景。这体现了游戏的( )

A. 愉悦性　　B. 主动性　　C. 虚构性　　D. 非功利性

16. [海南万宁]游戏不是儿童的本能,孩子生来是不会游戏的,是在生活中积累了一定的生活经验才去游戏。这体现了( )(易错)

A. 游戏是快乐的　　B. 游戏是自主、自愿的

C. 游戏是与生活相联系的　　D. 游戏是有序的

17. [安徽安庆]在经典游戏理论中，提出“游戏是复制或重演人类的进化史”的学者是(　　)

A. 皮亚杰　　B. 弗洛伊德　　C. 霍尔　　D. 桑代克

18. [安徽滁州]认为“游戏创造了儿童的最近发展区”的心理学家是(　　)

A. 席勒　　B. 皮亚杰　　C. 夸美纽斯　　D. 维果斯基

19. [山西汾阳]小时候，女孩子喜欢过家家，男孩子喜欢争斗、打仗。下面哪种游戏说可以帮你解释他们游戏的原因(　　)

A. 剩余精力说　　B. 生活预备说　　C. 生长说　　D. 成熟说

20. [安徽宿州]在幼儿游戏理论中提出“生活预备说”的代表人物是(　　)

A. 斯宾塞　　B. 皮亚杰　　C. 格罗斯　　D. 维果斯基

21. [陕西西安]游戏中，幼儿将小板凳想象成汽车，并模仿司机，一根木棍可以当作枪、针筒，反映幼儿游戏(　　)

A. 自主自愿　　B. 让幼儿感到愉悦、快乐

C. 反映现实　　D. 充满想象、创新

22. [浙江临海]游戏的实质在于儿童的主体性、自主性能够在(　　)中实现。

A. 活动　　B. 教学　　C. 游戏　　D. 主题活动

23. [安徽阜阳]席勒将愉悦看成是游戏和审美的共同特征，而愉悦的产生源于(　　)

A. 放松并重新恢复精力　　B. 释放被抑制的攻击性

C. 为未来的生活做准备　　D. 过剩精力的消耗

24. [山东威海]幼儿园游戏是一种(　　)的活动。

A. 重结果轻过程　　B. 重过程轻结果

C. 重规则轻结果　　D. 重结果轻规则

25. [福建统考]幼儿在玩“切西瓜”体育游戏中，能够控制自己的欲望，轮流“当切西瓜的人”。这体现了游戏能促进幼儿的(　　)

A. 语言发展　　B. 身体发展　　C. 情感发展　　D. 动作发展

二、多项选择题

1. [山西长治]四岁的芳芳很喜欢玩游戏，玩游戏中的芳芳主要的心理成分有(　　)

A. 想象　　B. 回忆

C. 动作和言语　　D. 直接兴趣与情绪

2. [广东广州]以下游戏表现出儿童的想象力与现实相结合的是(　　)(易错)

A. 儿童扮演医生游戏时用橡皮当作药物　　B. 儿童在操场玩开轮船的游戏

C. 儿童在操场玩斗陀螺的游戏　　D. 儿童用方形小木块搭建高楼大厦

三、判断题

1. [河北邢台]从某种程度上说，游戏本身就是学前儿童参与社会生活的独特方式。　　(　　)

2.[广东高州]儿童的智力发展是影响儿童游戏发展的唯一因素。（　）

3.[广东高州]电视是普及面最广、影响力最深的大众媒体之一，其对儿童游戏的影响只有积极的，没有消极的。（　）

4.[浙江杭州]由斯宾塞发展并形成的“精力过剩说”是最早出现的游戏理论之一。（　）

5.[安徽合肥]艾里康宁于1978年出版了《游戏心理学》，他认为角色游戏是幼儿的典型游戏。（　）

6.[安徽合肥]教师是否给予指导是判断某种活动是否是幼儿游戏的重要条件。（　）

7.[安徽合肥]游戏常规是幼儿进入游戏环境应该遵守的活动规则，以及允许或者禁止的游戏行为，应由教师进行制定。（　）

8.[广东广州]“游戏犹如火花，点燃了探索求知的火焰”形象说明了儿童通过游戏探索环境，从接触物体中获得知识并解决问题。（　）

四、填空题

1.[内蒙古鄂尔多斯]幼儿在游戏中总是________的体验强于________的体验，总是处于愉快的情绪体验中。（易错）

2.[安徽池州]幼儿游戏是对幼儿生活的反映，其________是幼儿游戏的基础和源泉。

3.[福建统考]游戏是________与现实统一的活动。

4.[山东临沂]幼儿游戏区别于其他活动的特点在于其社会性、________、________和愉悦性。

5.[江苏扬州]游戏发展的价值表现在两个方面，一是________发展的价值，二是________发展的价值。

五、简答题

1.[内蒙古鄂尔多斯]游戏是幼儿的天性，幼儿游戏蕴藏着发展的需要和教育的契机。浅谈游戏在幼儿园活动中的价值。

2.[重庆]为什么游戏是幼儿的基本活动？

3.[浙江统考]简述游戏对幼儿认知和语言的促进作用。

4. [山东滨州]简述学前儿童游戏的主要特点。

第 15 练　幼儿园游戏的类型

一、单项选择题

1. [天津南开]用雪堆雪人属于(　　)
   A. 感觉运动游戏　　B. 象征性游戏
   C. 结构性游戏　　D. 规则游戏

2. [山东青岛]小乐双手拿着一个圆形的塑料盘左右旋转说:"妈妈,火车来了,快让开。"小乐玩的是(　　)(常考)
   A. 感觉运动游戏　　B. 建构性游戏
   C. 规则性游戏　　D. 象征性游戏

3. [山东青岛]幼儿根据《猫和老鼠》的故事,运用不同的道具扮演各种角色。幼儿玩的是(　　)
   A. 平行游戏　　B. 感觉机能性游戏
   C. 表演游戏　　D. 结构游戏

4. [内蒙古赤峰]幼儿以积木、沙、雪等材料为道具来模仿现实生活的游戏是(　　)(常考)
   A. 表演游戏　　B. 角色游戏　　C. 建构游戏　　D. 规则游戏

5. [内蒙古赤峰]幼儿在一起玩,彼此之间有交谈,有自己游戏的主题,且每个人的观点都是独立的,这属于(　　)形态。
   A. 单独游戏　　B. 联合游戏　　C. 平行游戏　　D. 合作游戏

6. [安徽安庆]以下哪项不属于创造性游戏(　　)(常考)
   A. 角色游戏　　B. 规则性游戏　　C. 结构游戏　　D. 表演游戏

7. [安徽安庆]规则性游戏主要包括(　　)
   A. 智力游戏、角色游戏、音乐游戏　　B. 智力游戏、体育游戏、音乐游戏
   C. 表演游戏、体育游戏、音乐游戏　　D. 智力游戏、音乐游戏、民间游戏

8. [安徽安庆]表演游戏的特点是(　　)
   A. 创造性　　B. 游戏性　　C. 表演性　　D. 以上都是

9. [河南郑州]皮亚杰以儿童认知发展理论为依据对游戏进行了分类。2 ~7 岁的幼儿游戏属于(　　)
   A. 练习性游戏　　B. 象征性游戏　　C. 规则游戏　　D. 联合游戏

10. [广东高州]一个孩子如果在切菜,其他孩子把菜放到一个动物玩具的眼前,或用手把菜放在动物玩

具的嘴前，马上就有几个孩子跟着这么做。这种形式的游戏一般出现在( )

A. 独自游戏阶段　　B. 联合游戏阶段

C. 平行游戏阶段　　D. 合作游戏阶段

11. [安徽宿州]能帮助幼儿增强对图形数量的理解，并获得对称、厚薄、宽窄、上下等概念的创造性游戏是( )

A. 角色游戏　B. 结构游戏　C. 智力游戏　D. 体育游戏

12. [江西南昌]幼儿运用在美工课学会的技能，在游戏中用泥捏制各种用具、水果、人和动物，满足了游戏的需要。这类游戏属于( )

A. 集体游戏　B. 结构游戏　C. 角色游戏　D. 表演游戏

13. [安徽合肥]幼儿反复敲打桌子，在房间里跑来跑去，在椅子上摇来摇去，这类游戏属于( )

A. 结构游戏　B. 规则游戏　C. 感觉机能性游戏　D. 想象性游戏

14. [山西长治]某幼儿园中班的幼儿在玩"小明比小刚高，小刚比小红高，那么谁最高，谁最矮"的游戏。这属于游戏中的( )(易混)

A. 体育游戏　B. 音乐游戏　C. 美术游戏　D. 智力游戏

15. [福建统考]小明模仿当医生的爸爸，手拿听诊器，为"病人"看病，小明玩的游戏是( )

A. 角色游戏　B. 建构游戏　C. 表演游戏　D. 语言游戏

16. [陕西西安]王老师带领班上的孩子在操场玩"老鹰捉小鸡"的游戏，这个游戏属于( )

A. 体育游戏　B. 角色游戏　C. 表演游戏　D. 创造性游戏

17. [陕西西安]对幼儿游戏中同伴交流的说法中，正确的为( )

A. 3 岁左右，练习性游戏增多，并逐渐成为主要形式

B. 4 岁左右，以平行游戏为主，儿童交往主要是非社会性的

C. 5 岁以后，合作性游戏开始发展，同伴交流的主动性和协调性开始发展

D. 6 岁以后，合作性游戏开始发展，同伴交流的协调性开始发展

18. [陕西西安]儿童到了象征游戏高峰期，游戏内容扩展，情节丰富，游戏水平明显提高，象征游戏高峰期的年龄阶段一般在( )

A. 幼儿早期　B. 幼儿中期　C. 幼儿晚期　D. 学龄早期

19. [安徽合肥]下列选项中被称为感觉运动游戏的是( )

A. 与味觉相关的活动　　B. 与视觉、听觉相关的活动

C. 与嗅觉相关的活动　　D. 玩沙与玩水的活动

20. [安徽合肥]一般而言，创造性游戏不适宜采取的组织方式是( )

A. 个别指导　B. 集体活动　C. 小组活动　D. 个别活动

21. [浙江临海]幼儿刚能灵活上下楼梯，就开始在楼梯上玩跑上跑下的游戏。这种游戏属于( )

A. 感觉机能性游戏　　B. 象征性游戏

C. 结构游戏　　D. 规则游戏

22.［浙江临海］磊磊处于(　　)阶段，和自己玩相同积木的小朋友离开不会影响他。

A. 单独游戏　　B. 平行游戏　　C. 联合游戏　　D. 合作游戏

23.［山东临沂］关于练习性游戏，下列表述错误的是(　　)

A. 是对某种运动的重复进行

B. 主要对不熟练的动作技能进行练习

C. 练习性游戏的驱动既可能是外加的，也可能是内发的

D. 有新的动作技能需要掌握时，还会重复出现

24.［福建统考］禾禾跟明明都在玩积木，禾禾向明明借了一块黄色积木，还夸明明的房子漂亮。说明禾禾此时的游戏处于(　　)

A. 单独游戏阶段　　B. 联合游戏阶段

C. 合作游戏阶段　　D. 平行游戏阶段

25.［江西南昌］在游戏中，儿童表现为通过以物代物或以人代人的方式，将现实生活和自己的愿望反映出来。例如，儿童跨在棍子上"骑马"、坐在椅子上"开车"等。这属于学前儿童游戏心理发展过程中的(　　)阶段。

A. 练习性游戏　　B. 象征性游戏

C. 教学性游戏　　D. 物化性游戏

26.［江西统考］露露无意中把手上的石头丢在地上，发出"哐"的响声，这引发了她的兴趣，她玩起了捡—丢石头的游戏，并重复了很多次。从皮亚杰的儿童游戏发展理论来看，露露的游戏处于(　　)阶段。

A. 练习性游戏　　B. 象征性游戏

C. 规则性游戏　　D. 联合性游戏

二、多项选择题

1.［山东青岛］依据儿童游戏的认知特点，游戏可分为(　　)

A. 象征性游戏　　B. 结构性游戏　　C. 规则性游戏　　D. 合作游戏

2.［内蒙古赤峰］下列情况属于感觉运动游戏的是(　　)

A. 幼儿不停地垒高—推倒积木玩具　　B. 幼儿洗澡时拍击水花的情景

C. 幼儿反复推拉抽屉，开关门　　D. 幼儿拿扫帚当马骑

3.［安徽宿州］根据功能游戏规则的内隐或外显，可把游戏分为(　　)

A. 智力游戏　　B. 创造性游戏　　C. 规则性游戏　　D. 角色游戏

三、判断题

1.［福建统考］表演游戏的基本原则是表演性先于游戏性，并且二者要统一。(易错)　　(　　)

2.［浙江杭州］儿童的结构性游戏一般出现在象征性游戏之前。(易错)　　(　　)

3.［安徽合肥］交往游戏指两个以上的儿童以遵守某些共同规则为前提而开展的社会性游戏。　　(　　)

4.［山东菏泽］幼儿园的"娃娃家"游戏属于表演游戏。　　(　　)

5.［安徽滁州］从游戏与教育教学的关系角度，可将幼儿园游戏分为自主游戏与工具性游戏。　　(　　)

四、名词解释

[内蒙古鄂尔多斯]角色游戏(常考)

五、简答题

1. [山西古交]角色游戏的特点有哪些?

2. [安徽合肥]简述幼儿角色游戏的含义及其基本要素。

第16练　幼儿园游戏的条件创设

一、单项选择题

[山东青岛](　　)是开展游戏所必需的基本条件。

A. 时间　　B. 空间

C. 材料和设备　　D. 幼儿游戏的经验

二、多项选择题

1. [山东青岛]可以更大程度地发掘游戏材料潜在价值的方法有(　　)

A. 把不相关的材料放到一起

B. 逐渐引入新颖的玩具和材料

C. 轮换游戏的材料

D. 安排材料来鼓励幼儿之间的互动

2. [河南平顶山]幼儿以游戏为基本活动,游戏准备包括(　　)(易错)

A. 时间　　B. 地点　　C. 材料　　D. 经验准备

三、论述题

[山东菏泽]游戏是幼儿的基本活动。试分析在幼儿的游戏活动中,教师起什么样的作用,创设幼儿园游戏环境有哪些要求。

第 17 练　幼儿游戏的指导

一、单项选择题

1.［天津南开］幼儿教师在选择和创编智力游戏时，要考虑游戏的(　　)，即保证游戏中蕴含的知识内容准确、难度适中，符合幼儿的身心发展特点和规律。

A. 适宜性　　B. 新颖性　　C. 特殊性　　D. 科学性

2.［山东青岛］幼儿老师结束角色游戏时，不恰当的方式是(　　)

A.“下班时间到了，服务员要打扫了”

B.“请还没有采购的经理明天继续”

C.“时间到了，游戏结束了”

D.“商品已经售完，没有买到商品的顾客下次再来”

3.［天津南开］幼儿将角色扮演训练中提供的行为范例变成自己的信念与准则，一般发生在角色扮演的(　　)

A. 内化阶段　　B. 及时模仿阶段　　C. 认同阶段　　D. 简单再现阶段

4.［山东青岛］几个幼儿在玩开餐厅的游戏，老师见没有“顾客”，便走进去说：“又热又饿，能给我来一份奶茶和披萨吗?”几个幼儿马上行动起来。老师参与游戏的方式是(　　)

A. 平行式参与　　B. 指导式参与　　C. 合作式参与　　D. 真实发言人式参与

5.［江西统考］关于中班表演游戏的表述，正确的是(　　)

①能独立进行角色分配，但进入游戏过程较慢

②以一般性表现为主，以动作为主要表现手段

③游戏的目的性、计划性较强

④有较强的角色更换意识

⑤嬉戏性强、目的性弱

A. ①②⑤　　B. ①②③　　C. ②③④　　D. ①④⑤

6.［浙江统考］以下不属于幼儿园游戏活动评价要求的是(　　)

A. 幼儿是评价的主体，教师是评价的支架

B. 每次评价有重点，避免面面俱到

C. 重点点评幼儿在游戏中表现的好坏，并给予奖惩

D. 承认和关注幼儿的个体差异

7.［河南郑州］在指导儿童结构游戏时，要求小班幼儿学会的结构知识是(　　)

A. 高低、宽窄、厚薄　　B. 形状、大小、颜色

C. 上下、内外、左右　　D. 轻重、长短、前后

8.［广东高州］下列关于老师在幼儿玩沙游戏中的指导，不恰当的一项是(　　)

A. 李老师：告诉幼儿玩沙的人数越多越好，这样更有趣

B. 罗老师:教育幼儿玩沙时不揉眼、不扬沙

C. 许老师:让幼儿发挥想象力,比一比谁用沙堆砌的小房子最好看

D. 刘老师:指导幼儿收拾好玩沙工具并洗净手

9. [江西统考]小明在“娃娃餐厅”游戏时,发现“食材”不够了,便大声叫道:“老师,没有菜了。”张老师此时拿了一筐雪花片走过来,对着小明说:“这不就有了吗?”小明会心地一笑,便又继续游戏了。张老师在该游戏中运用的介入策略是( )

A. 平行式介入　　B. 交叉式介入　　C. 材料指引　　D. 语言指导

10. [安徽合肥]在不影响幼儿游戏意愿的情况下,教师通过提示一个问题或建议,给出一个鼓励或参照,邀请一个同伴加入或营造一种气氛支持幼儿的游戏行为是( )

A. 间接指导　　B. 直接指导　　C. 语言指导　　D. 平行指导

11. [海南万宁]大班幼儿游戏的类型是( )

A. 独自游戏　　B. 平行游戏　　C. 联合游戏　　D. 合作游戏

12. [安徽合肥]关于大班学前儿童角色游戏特点,下列表述正确的是( )

A. 没有明确主题,往往重复某个同样动作

B. 处于社会性游戏阶段

C. 处于平行游戏阶段

D. 在游戏中自己解决问题的能力增强

13. [浙江统考]教师介入幼儿游戏的恰当时机是( )

A. 幼儿兴趣正浓时　　B. 游戏井然有序时

C. 幼儿打算继续时　　D. 游戏内容发展有困难时

14. [福建统考]王老师想详细了解建构区某次游戏的开展情况,适宜的观察方法是( )

A. 扫描观察法　　B. 定点观察法　　C. 追踪观察法　　D. 长期观察法

15. [安徽宿州]教师对幼儿游戏的指导必须以( )为前提。

A. 丰富幼儿生活经验　　B. 保证幼儿游戏的特点

C. 间接指导　　D. 完成教学要求

16. [陕西西安]两个幼儿因为游戏规则争吵起来,老师应该( )

A. 袖手旁观　　B. 直接干预　　C. 斥责批评　　D. 教会方法,自己解决

17. [安徽阜阳]叶老师问:“我要到天安门去,找谁买票?”小光赶紧找来伙伴扮作售票员,大家玩了起来。叶老师介入游戏采取的是( )

A. 平行式介入法　　B. 交叉式介入法　　C. 垂直介入法　　D. 材料指引法

18. [江西统考]阳阳在建构区将积木叠高,开心地说:“我搭了一座大桥。”然后,他双手将大桥推倒,再搭建、再推倒……乐此不疲。这主要符合小班结构游戏( )的特点。

A. 材料选用盲目　　B. 建构技能简单,喜欢重复简单的动作

C. 易中断,坚持性差　　D. 无建构主题

二、多项选择题

[内蒙古赤峰]幼儿教师可以通过哪些行为对幼儿游戏进行指导( )

A. 提供材料　B. 场地布置　C. 身体语言　D. 提问

三、判断题

1. [天津南开]勤于观察、发现幼儿游戏中的问题并不断介入的老师才是一位好老师。 ( )
2. [河北邢台]教师指导的频率越高,越有助于儿童游戏水平的提高。(易错) ( )
3. [湖北黄冈]教师在用语言指导游戏时,语气应十分肯定。 ( )

四、简答题

1. [浙江杭州]通过游戏观察可以提升教师哪些方面的能力?

2. [山东滨州]简述大班幼儿的游戏特点。

3. [福建统考]“小快递员”向老师求助没人寄快件。简述教师适当介入游戏的方法。

4. [安徽安庆]简述幼儿教师如何指导各年龄班幼儿游戏。(易错)

5. [浙江统考]简述教师对幼儿游戏的指导策略。

五、论述题

[广东广州]游戏是儿童生活中最为重要的活动,除日常生活活动和集体教学活动之外,儿童都是在游戏中度过的,因此游戏活动的设计应满足一定要求。试述游戏活动的设计要求有哪些。

六、材料选择题

[安徽合肥]阅读下列材料,完成1~5题。

【材料】幼儿园小班的幼儿在游戏区玩耍,文文在"邮局"无聊地摆弄着一个称重器,其他孩子们也不活跃,因为在此之前,孩子们没有"邮局"这个游戏的经验,一旁的老师看到这种情况,拿了一个盒子走过去,对文文说:"我想把这个寄到'超市'去(旁边有超市游戏区),你能帮我称一下吗?"文文马上接过盒子,放在称重器上,看了一下说:"100克!"老师又问"多少钱?""10块钱。"老师假装付了钱,文文立刻把盒子送到了隔壁的"超市"。接着,有几个小朋友也学着老师的样子将一些东西寄到旁边的"医院""酒店"等,"邮局"变得热闹起来。

1. 材料中孩子们进行的游戏活动类型是(　　)

A. 个人游戏　　B. 结构游戏　　C. 角色游戏　　D. 情感游戏

2. 幼儿老师为了实现幼儿园教育的任务、目的,采用游戏的形式进行教学,我们通常把这种活动称为(　　)

A. 寓教于乐　　B. 集体活动　　C. 教学游戏　　D. 课堂教学

3. 材料中,老师干预幼儿游戏的方式属于(　　)

A. 外部干预　　B. 内部干预　　C. 早期干预　　D. 自我干预

4. 下列对材料中老师的行为分析不正确的是(　　)

A. 老师介入幼儿游戏的时机非常恰当

B. 老师不应该介入幼儿的游戏,应该顺其自然,让孩子自己进行游戏

C. 老师以游戏者的身份参与其中,带动了幼儿游戏的开展

D. 老师一直观察着幼儿在游戏中的行为表现

5. 下列关于教师对幼儿游戏的介入,理解有误的是(　　)

A. 教师介入的角色定位分为非支持性角色和支持性角色

B. 当幼儿在游戏内容发展或技巧方面发生困难时教师可以介入

C. 教师介入时注意分层次指导,介入后就不用退出

D. 教师的介入应该建立在对幼儿游戏细致观察的基础之上

七、材料分析题

1. [江西统考]小一班李老师给幼儿讲述《小蝌蚪找妈妈》的故事时，幼儿都非常专注地倾听。第二天李老师在表演区新投放了小蝌蚪、鸭子、鱼、青蛙等头饰，不一会儿就吸引了9名幼儿进入该区，原本不大的表演区一下拥挤了起来，就连平时很少主动选择表演区的小童，这次也抢着进表演区，小童拿了小鱼头饰之后却东走走西走走，左瞧瞧右看看，另外有3名幼儿为了争抢小青蛙头饰互不相让，李老师在旁观察了一会，便走过去问道："你们怎么还不开始表演呀？"有的幼儿说："老师，我没有头饰。"李老师指着剩下的头饰说："瞧，小蝌蚪、小鸭子们都在等着你们呢！"小童戴着小鱼头饰跑过来大声说："老师，我不知道怎么表演。"此时李老师戴着小蝌蚪头饰微笑地说："我们一起来玩吧！"

试列举以上材料中的观察要点，并论述观察的主要内容和方法。

2. [福建统考]大一班的甜甜果汁店游戏开始了，孩子们在柜台上准备了颜色各异的瓶子，同等大小的雪花片和珠子，佳佳是店长，她对青青和玲玲说："红色瓶子里是苹果汁，橙色瓶子里是橙汁，黄色瓶子里是柠檬汁，你们不要弄错了。"青青问："如果顾客要混合果汁怎么办？"佳佳看了看，拿来一个透明的瓶子说："就装在这里，它比较贵。"顾客龙龙来了，玲玲说："欢迎光临，请问你要喝什么果汁？佳佳说今天橙汁特价。"龙龙回答："好，就橙汁吧。"青青很快用橙色雪花片和珠子制作了一杯橙汁，并插上吸管说："这是你的橙汁，请慢用。"三位幼儿在得到龙龙的好评后都开心地笑了。

问题：(1)结合材料，分析教师应从哪些方面观察幼儿的游戏？

(2)结合材料，指出该游戏对幼儿发展的价值。

(3)提出教师支持和引导幼儿进一步游戏的建议。

3. [海南万宁]活动课上，中班孩子们在玩"十字路口"的游戏，其中小星星和大虎只对玩具车感兴趣，一点都不管其他小朋友怎么玩，他们拿着"车"一会开进路边的"商店"，一会撞倒"行人"，其他小朋友看到了，也拿着"车"撞来撞去，整个活动闹翻了天。一直在一旁观察的李老师看到了，赶紧以"交警"的身份介入游戏："你们这是在干什么，交通秩序都被破坏了。"小朋友都纷纷指着小星星和大虎说，都是他们俩"开车"乱撞。在"交警"的指导下，大家把破坏的"商店"整理好，"马路"被整理了出来，大家的"车"都在马路上行驶，游戏又在正常进行……

问题:(1)李老师是通过什么方式介入游戏对孩子进行指导的?

(2)李老师介入的时间是否恰当?教师应如何判断游戏介入的时机?

4.[安徽合肥]户外游戏时,驾驶员冬冬经过十字路口,他认为这里应该有扮演交警的小朋友指挥他过马路,但是冬冬发现没有交警,于是他就喊了出来:“王老师,马路上没有交警。”王老师说:“交警不在,说明现在是自动的红绿灯,我数十下绿灯就亮了,你的车就可以通行了。”接着老师就十、九、八……三、二、一地数了起来,冬冬停下来假装看信号灯,嘴巴里跟老师一起数到“一”后开车过了马路。而再次开到一个路口时,只见他自己停下来,嘴巴里说着“九、八……三、二、一,绿灯,开车。”

请你对上述材料进行评析,再谈谈如何指导幼儿开展角色游戏。

实战演练

一、单项选择题

1.学前儿童最典型的游戏形式是( )

A.感觉运动游戏　B.象征性游戏　C.结构游戏　D.规则游戏

2.儿童在游戏中玩出新玩法,这体现游戏可以促进儿童的( )

A.创造力发展　B.语言发展　C.身体发展　D.情感发展

3.( )认为游戏是远古时代人类祖先的生活特征在幼儿身上的重演,不同年龄的幼儿以不同形式重演祖先的本能特征。

A.复演说　B.精力过剩说　C.机能快乐说　D.娱乐—放松说

4.教师对儿童游戏的评价应该是( )

A.反面评价　B.正面评价

C.正面评价和反面评价相结合　D.消极评价

5.幼儿园大(1)班和大(3)班在进行踢足球比赛。这属于社会性游戏分类中的( )

A.合作游戏　B.联合游戏　C.平行游戏　D.独自游戏

6.游戏能促进儿童的智力发展,主要表现为( )(常考)

A.游戏让儿童潜移默化地学到许多知识　B.游戏能调节儿童的生活

C. 游戏能削弱儿童对其他事物的注意　　D. 游戏是儿童自愿进行的活动

7. 幼儿在结构游戏中，由独自搭建发展为能与同伴联合搭建。这主要反映了在游戏中幼儿（　　）的水平。

A. 运用材料　　B. 建构形式发展　　C. 社会性发展　　D. 行为发展

8. 儿童游戏的基础与源泉是（　　）（常考）

A. 生活经验　　B. 教师引导　　C. 同伴引导　　D. 家长指导

9. 幼儿园结构性游戏的主要材料来源于（　　）（常考）

A. 形象　　B. 体育　　C. 建筑　　D. 娱乐

10. 在幼儿园"快递公司"角色游戏中，教师扮演"寄快递的人"却假装不知道要怎样正确寄快递，吸引"工作人员"主动前来介绍，在这里，教师使用了（　　）

A. 交叉式介入法　　B. 平行式介入法　　C. 垂直介入法　　D. 情感性鼓励

11. 教师加入幼儿的游戏，扮演游戏中的某一角色，教师根据幼儿当时的兴趣和需要，以游戏情节需要的角色动作和角色语言来引导幼儿的游戏行为，使幼儿得到暗示和启发。这种游戏指导的方式是（　　）

A. 内部干预　　B. 外部干预　　C. 直接指导　　D. 正向指导

12. 下列不属于角色游戏的是（　　）

A. "娃娃家"游戏　　B. "看医生"游戏　　C. "逛商店"游戏　　D. "造城堡"游戏

13. （　　）是以发展幼儿基本动作，增强幼儿体质，促进幼儿身体健康为主的游戏。

A. 角色游戏　　B. 结构游戏　　C. 表演游戏　　D. 体育游戏

14. （　　）认为游戏不是源于精力的过剩，而是来自放松的需要。

A. 复演说　　B. 机能快乐说　　C. 娱乐—放松说　　D. 成熟说

15. （　　）是指观察者根据需要确定 1～2 个学前儿童作为观察对象，观察他们在游戏活动中的各种情况，固定人而不固定地点。

A. 扫描观察法　　B. 定点观察法　　C. 追踪观察法　　D. 长期观察法

16. 小班的李老师经常组织幼儿玩各种游戏，壮壮参加了这些游戏后，由入园时的焦虑不安，乱发脾气到现在的每天开开心心。这说明游戏可以促进幼儿（　　）

A. 情感的发展　　B. 语言的发展　　C. 认知的发展　　D. 社会性的发展

17. 在幼儿园组织的"乌龟爬"游戏的过程中，幼儿三五一群，有的绕着圆圈爬；有的接成长长的火车队，由火车头带领着向前爬；有的在原地旋转着爬……他们自成一种和谐、有序的状态。这主要体现了（　　）特点。

A. 游戏是充满幻想的　　B. 游戏与生活密不可分

C. 游戏是自由的　　D. 游戏是有序的

二、多项选择题

1. 中班幼儿的游戏特点有（　　）

A. 幼儿游戏水平极大提高，需要不断拓展游戏空间

B. 幼儿的自主性与主动性进一步发展,需要宽松、安全的探索环境

C. 幼儿具体形象思维表现突出,需要具体的活动情境与活动形式

D. 幼儿想象的有意性水平提高,需要更大的表达与创造的空间

2. 精神分析理论创始人弗洛伊德的游戏理论的主要观点有( )

A. 游戏能实现现实生活中不能实现的愿望

B. 游戏能控制现实生活中的创伤事件

C. 游戏是自我的一种机能

D. 游戏调节了发展的阶段性冲突

3. 表演游戏和角色游戏的区别主要是( )(易错)

A. 游戏主题来源不同　　B. 游戏内容来源不同

C. 游戏中情节的产生不同　　D. 游戏过程中是否有想象性和创造性

4. 小班幼儿在游戏时主要表现的特点有( )

A. 目的性不强　　B. 兴趣不稳定

C. 自己能分配角色　　D. 重内容,轻规则

5. 早期关于幼儿游戏的理论有( )(易混)

A. 剩余精力说　　B. 娱乐论　　C. 生活预备说　　D. 成熟说

6. 幼儿对游戏充满了兴趣,在游戏中,幼儿能够无拘无束地玩耍,产生许多新颖的想法和独特的行为,激发了创造性的萌生和发展。因此幼儿园游戏对幼儿创造力发展的影响是( )

A. 为幼儿提供了宽松的心理氛围　　B. 催发了幼儿的探究行为

C. 激发了幼儿的发散性思维　　D. 提高了幼儿的创造性水平

三、判断题

1. 合作游戏是指由教师建议或开始一个游戏,教师事先定好某些角色,并控制游戏的进行。( )

2. 搭建区中,老师要求搭建"我心目中的小学"。这属于角色游戏。( )

3. 无规则游戏就是幼儿想怎么玩就怎么玩,教师不需要进行指导。( )

4. 教师对幼儿游戏的间接指导比直接指导好。(易混)( )

5. 年龄越小的幼儿,对玩具材料的逼真性程度要求越高。( )

6. 当我们去判断幼儿是否在游戏时,可以从幼儿的表情、动作、言语和游戏材料等几方面来综合考虑,可以说这几方面构成了游戏的外部框架。( )

7. 教师应该按照一些家长的要求,减少游戏活动,加强读、写、算的教学。( )

8. 教师不应提供给幼儿带有尖角和锋利边缘的粗糙玩具和具有发射能力的枪炮、弓箭等玩具。( )

9. 尊重儿童游戏的自主性就是要尊重儿童游戏的意愿和兴趣。(常考)( )

10. 幼儿园必须以文化课为基本活动,不能让游戏占据主要内容。( )

11. 幼儿室内游戏的空间密度过大,会引起嬉闹行为,过小,则会降低社会性游戏层次。( )

12. 在幼儿游戏时,幼儿教师正确的做法是站在旁边观望。( )

13. 给儿童提供的游戏材料越多越好。(易混) ( )

14. 为幼儿提供游戏材料时,尽量提供无固定功能的游戏材料。 ( )

15. 因为幼儿的年龄比较小,所以在游戏活动中不应该鼓励和引导幼儿大胆想象。 ( )

四、填空题

孩子在玩沙时,当面临“没有卡车运沙”这一问题时,会用“奶盒”“饮料瓶”等物体来代替,这体现了游戏能促进幼儿________发展这一价值。

五、名词解释

1. 游戏(常考)

2. 智力游戏(常考)

3. 定点观察法

4. 语言游戏

5. 扫描观察法

6. 交往游戏(易错)

六、简答题

1. 简述以儿童社会性发展为依据的游戏分类。

2. 简述游戏促进幼儿情感的发展的主要表现。(易混)

3. 简述游戏促进幼儿社会性的发展的主要表现。

4. 简述大班儿童表演游戏的特点。

5. 简述智力游戏的组织与指导原则。(易混)

6. 简述中班结构游戏的特点。(易错)

七、论述题

1. 试述音乐游戏的指导原则及其内容。（易错）

2. 试述组织和指导表演游戏时应注意的问题。

八、材料分析题

1. 今天是中(1)班“美美餐厅”开张营业的第一天，来就餐的客人很多。小宝忙着上菜（小朋友剪的蔬菜纸片）。贝贝则忙着给客人拿餐具。招待了几位客人后，菜没了。小宝跑来向教师求助：“老师，菜没了。”教师随手拿起了一小盒雪花片说：“这不还有嘛！”小宝和贝贝就用这些“蔬菜”去招待客人了，过了一会儿，小宝又说：“菜没了。”贝贝听到后，看看刚才放雪花片的盒子，说：“嗯，真是没有菜了！”接着他想起了什么似的，回头对小宝说：“有了，我去买菜。”只见他跑向玩具架，又端了一盒雪花片回来，边跑边兴奋地说：“菜买回来，菜买回来了！”于是小宝又开始给客人上菜，贝贝则继续给没有餐具的客人分餐具。分到最后，餐具也没有了，贝贝对没有餐具的两位客人说：“餐具没有了，你们用手拿着吃吧。”客人当当说：“啊！用手拿着吃有细菌呀！”另一位客人瓜瓜则伸出两个手指说：“这样吃！”只见他把手指当成筷子。夹起一片雪花片“啊呜啊呜”地吃起来。当当看到后，也连忙伸出手指，夹起一片雪花片吃起来，边吃边和瓜瓜咯咯地笑。

   请你阅读上述观察实录，结合游戏理论分析观察实录中幼儿贝贝和瓜瓜的行为表现，并给出教师的回应策略。

2. 刘老师发现幼儿园大班“理发店”里的“顾客”很少，“顾客”对“理发店”不感兴趣。于是，刘老师带幼儿到真正的理发店参观。在理发店里，刘老师引导幼儿观察理发店的设施，理发师与顾客的活动，鼓励幼儿就感兴趣的问题询问理发师，记录幼儿的问题与发现，还拍下了许多照片，如顾客躺着洗头，梳漂亮的发型以及理发店里的各种工具等。回到幼儿园,刘老师组织幼儿开展“怎样开好理发店”的讨论活动。她呈现了在理发店拍的照片,引导幼儿回忆总结,有的幼儿说:“我们也想躺着洗头,可是没有躺椅呀。”有的说:“我要给顾客梳漂亮的头发,可是没有发型书怎么办呢?”……刘老师说:“可不可以用我们身边的材料来做呢?”在老师的启发下,幼儿提出用积木搭建躺椅,自己画发型图等想法。刘老师支持幼儿的做法,并提供大型积木、发型图等材料。之后,顾客在“理发店”能躺着洗头,能选漂亮的发型,能烫发……“理发店”又红火起来了。

请分析案例中刘老师采用了哪些策略来支持幼儿的游戏活动。

3. 大班的洋洋想玩“开奖”游戏,他画了很多奖券,还大声叫嚷:“快来摸奖呀!特等奖自行车一辆!”童童在洋洋那里摸到了特等奖,洋洋推给他一把小椅子,告诉他:“给你,自行车!”童童高兴地骑上去。强强也来了,也在洋洋那里摸到了特等奖,洋洋还是推给他一把椅子,强强也很高兴地骑上去,两脚模仿着踩踏板的动作,蹬个不停。老师也来了,洋洋高兴地让老师摸奖,结果老师也摸到一个特等奖。洋洋迫不及待地把一个椅子推给老师,还说道:“恭喜恭喜,你摸到一辆自行车!”可是,老师却说:“你这自行车一点也不像,怎么没有轮子呀,应该给它装上轮子!”洋洋低头看着自己的“自行车”,愣住了。在接下来的时间里,洋洋忙着按老师说的给他的自行车装上“轮子”,开奖活动不得不停了下来……

老师对洋洋游戏的干预合适吗?请对洋洋的游戏方式和老师的干预方式做出分析和判断。

4. 今天的“动动巧手”里真热闹,孩子们拿着一个个大小不一、形状各异的螺丝高兴极了。他们有的拿、有的放,左看看、右瞧瞧,爱不释手。经过一阵噼里啪啦声,孩子们逐渐安静了下来。顾洋首先拿起一颗螺丝,开始试着找螺母拧,不一会儿他高兴地说:“老师,看!我把螺丝拧起来了。”我马上说:“真能干,你是怎么拧的,表演给大家看好吗?”于是顾洋兴奋地给大家做了现场表演。立刻有几个小朋友也开始拧螺丝了。这时吴艳楠一边招手一边说:“老师,看!我做的蛋糕。”我一看,原来她把螺丝一层一层地装在了一个小碟子里,就像一个蛋糕,我蹲下来大声说:“你太棒了,还能用螺丝做蛋糕,你再搭一个和它不一样的东西好吗?”“好吧!”紧接着有好几个小朋友也加入她的搭建行列。这时一个安静的小角落引起了我的注意:只见孙俊楠一声不吭地在忙着。我走过去问:“你在干什么?”她说:“这个碟子里是大的,这个碟子里是小的,老师我放的对吗?”原来孩子在分类呀,我摸了摸她的头说:“真能干,

加油干吧。”“老师看！我用螺丝搭的大桥！”“老师，我的项链好看吗？”……看着一张张兴奋的小脸蛋，听着他们稚嫩的、甜甜的声音，我也被感染了，我激动地冲他们伸伸拇指说：“你们真能干！”孩子们高兴地笑了。

试分析幼儿教师应如何引导幼儿的游戏。

5. 某老师在语言活动“小乌龟开店”的基础上，组织一次表演游戏。教师一一出示早已准备好的道具，介绍完道具，配班老师带领全班幼儿“开火车”离开活动室去“剧场”看表演。主班老师忙着在活动室里布置场景：一家花店，一家书店，一家气球店。场地布置好了，幼儿由配班老师带领进“剧场”。主班老师提问：“谁愿意上来表演？”几十只小手举了起来，老师挑了五个没有举手而上次语言活动表现又不好的幼儿上来表演。表演时，老师不停地提示孩子们对话、做动作。第二轮，老师请了五个“做得好的孩子”上来表演，五个孩子表演同一个角色。老师还是不时地按照故事情节规范语言，纠正孩子们的动作。好多孩子忙着摆弄有趣的道具，忘了表演，老师又不停地提醒。

请根据幼儿游戏的基本特征，试分析材料中的活动是不是真正意义上的游戏活动。

6. 一个小班的男孩在建构区用积木搭“大高楼”，但他把小积木放在下面，大块积木放上面，因此“大高楼”总也搭不高、“站不稳”。教师发现这种情况后，便坐到他身旁去，但没直接告诉他，而是也拿了一堆积木来搭“大高楼”，一边搭一边说：“我把大积木放在下面，小积木放在上面，这样我的‘大高楼’就搭得高了。”

请你用儿童游戏的指导策略分析材料中教师所采用的介入方式和介入的性质。

7. 有一次，洋洋和硕硕在分配角色时发生了争执，洋洋要硕硕当妈妈，硕硕说：“不，妈妈是女的，我是男的，不行！”洋洋也不让步，说：“这是假装，又不是真的。”“假装也不行，我就不当！”硕硕坚定地说。“不当就不和你玩了。”硕硕一听不和他玩了，急得眼泪都快流出来了。我问：“洋洋，你们玩什么游戏呢？”“就是娃娃家，我当爸爸，他当妈妈。”“可是硕硕不愿意当妈妈怎么办？就只剩下你们两个人了，

他要是不玩，你一个人怎么玩啊?"我问。"老师，那你说怎么办?""我也不知道，你不愿意换角色，他不愿意当妈妈，那就没法玩了呗。"洋洋想了想，对硕硕说:"要不我当爸爸，你当叔叔，王老师当妈妈吧。"得到硕硕的同意后，我们三人玩起了娃娃家游戏。小小的风波，让孩子学会了合作，懂得了谦让。

(1)材料中幼儿展开的是何种类型的游戏，这种游戏有何特点?

(2)材料中幼儿的游戏出现了什么问题，教师应如何指导?

8. 游戏是幼儿园活动的基本方式。几个幼儿坐在地板上玩积木，邹老师靠近幼儿坐着，也同样玩积木。邹老师偶尔发表一些评价性的看法，但无特指对象，也不与幼儿交谈，只是吸引幼儿注意以达到指导目的。

请你分析，上述材料中，邹老师采用的是哪种指导策略?联系实际谈谈我国幼儿园游戏的指导策略还有哪些?

9. 最近班上正在开展主题活动"我爱我家"。这天结构游戏时，小贝说:"我想搭个房子。"豆豆说:"我想搭个滑梯。"杨老师说:"那你们就搭个幼儿园吧!"孩子们迟疑了一下说:"好吧。"于是他们为搭建"幼儿园"而忙碌起来。不一会儿，孩子们就用大积木搭出了高高的"幼儿园"墙体，就在屋顶将要盖成功的时候，由于孩子们的身高不够，盖顶的积木没放好就滑了下来，整个墙体都崩塌了。孩子们反复尝试几次后还是不成功，非常沮丧。正当他们想放弃时，杨老师走上前说:"你们想想班上有什么东西可以让我们迅速'长高'呢?"豆豆左看看，右看看，突然惊喜地说:"我们可以搬凳子垫脚。"于是，他们迅速搬来了两个凳子，搭好墙体后，站在凳子上准备盖顶。这时，杨老师微笑着走过来帮忙扶稳凳子，孩子们终于成功了。

请结合上述材料，分析教师在幼儿游戏时三次介入的时机是否适宜并说明原因，并结合日常实践论述教师介入儿童游戏的适宜性策略。

第八章 幼儿园班级管理与环境创设

命题要点	考查热度	考查难度	命题预测
幼儿园班级管理工作	★★	中等	幼儿园班级管理的方法、原则
幼儿园环境概述	★	一般	幼儿园环境的特点、教师在环境创设中的作用
幼儿园环境创设和利用	★★★	难	幼儿园环境创设的一般原则、物质环境和精神环境的创设方法

真题必刷

第 18 练 幼儿园班级管理工作

一、单项选择题

1. [河南平顶山]班级管理方法中,对班级幼儿最直接、最常用的是( )

A. 规则引导法　B. 情感沟通法　C. 互动指导法　D. 榜样激励法

2. [江西统考]合理规划幼儿活动空间、合理安排班级物品的管理,这些工作都属于幼儿园班级管理中的( )环节。

A. 计划制订　B. 总结评估

C. 检查与计划调整　D. 组织与实施

3. [江西统考]指导幼儿主动地、积极地、有效地与他人交往,并能充分发挥教师的主导作用和幼儿主体作用的班级管理方法是( )

A. 互动指导法　B. 情感沟通法　C. 规则引导法　D. 榜样激励法

4. [福建统考]教师引导幼儿有序放置自己的图书,属于( )管理。

A. 身体　B. 情绪　C. 物品　D. 学习品质

5. [安徽安庆]班级管理的最基本的原则是主体性、整体性、( )和高效性。

A. 主动性　B. 参与性　C. 互动性　D. 活动性

6. [广东广州]在早晨的游戏分享时刻,老师问小朋友:“如果你是爸爸或妈妈,你喜欢怎样的宝宝?”孩子们纷纷回答说:“很乖的、不哭的宝宝。”“会自己吃饭的宝宝。”“会自己高兴地上学的宝宝。”在后来总结部分,老师放慢节奏,重复着幼儿的回答并不断提问,引起幼儿对自身行为的反思。老师运用了班级管理方法中的( )

A. 规则引导法　B. 榜样激励法

C. 情感沟通法　D. 角色扮演法

7.［江西统考］教师通过对幼儿的生活管理，使幼儿养成良好的生活习惯、（　　）、提高幼儿的生活自理能力。

A. 生活意识　　B. 生活态度

C. 生活方式　　D. 生活品质

8.［福建统考］幼儿园班级的主体是（　　）

A. 园长　　B. 教师　　C. 幼儿　　D. 保育员

9.［广东广州］幼儿园班级信息管理是指关于每个幼儿及其家庭的相关信息，也包括班级内部活动的一些宣传性信息等，在对这些信息进行管理时，以下说法不正确的是（　　）

A. 通过各种渠道收集信息，信息要全面、有效

B. 对收集来的信息要整理、归类，便于查阅

C. 对涉及家长和幼儿隐私的信息，教师可以与他人交流

D. 家长和幼儿一起参与班级信息管理

10.［陕西西安］某班主任在构建区门口地上画了四对小脚印，表示有三层意思：只能进四位小朋友；进去要脱鞋；鞋子要放整齐。这一管理方法属于（　　）

A. 互动指导法　　B. 榜样示范法

C. 目标指引法　　D. 规则引导法

11.［江西统考］在创设"超市"游戏环境时，王老师和幼儿共同协商"超市"游戏规则，并让幼儿将规则用符号表征的形式呈现在区域里。王老师管理班级的方法是（　　）

A. 互动指导法　　B. 榜样激励法

C. 目标指导法　　D. 规则引导法

12.［山东菏泽］（　　）是指幼儿园班级中的保教人员通过计划、组织、实施、调整等环节，把幼儿园的人、财、物、时间、空间、信息等资源充分运用起来，以达到高效率实现保育和教育的目的。（常考）

A. 幼儿园班级管理　　B. 幼儿园年级管理

C. 幼儿园教师管理　　D. 幼儿园儿童管理

二、多项选择题

［安徽合肥］在幼儿园班级管理方法中，情感沟通法操作要领包括（　　）

A. 教师要提供给幼儿实践的机会

B. 教师要善于观察幼儿的日常情感表现

C. 教师要保持和蔼可亲的个人形象

D. 教师应注意规则的一致性

三、判断题

1.［广东高州］幼儿园班级管理的主要实施者是班干部。（易混）（　　）

2.［海南万宁］明确分工、合理规划属于班级管理中检查计划阶段。（　　）

3.［福建统考］幼儿园班级管理的内容主要是班级的人、财、物、空间和时间，不包括信息。（　　）

四、材料分析题

［山西长治］以下是一位幼儿教师的教育笔记：

每天吃完饭后，桌子上总会撒些汤汁和米粒，虽然吃饭的时候我已经多次强调不要把米粒撒在桌子上，但是收益甚微，于是我请幼儿轮流当值日生，吃饭的时候相互监督，吃完饭后值日生负责擦桌子并记录，谁吃得干净，下次就请他当值日生。此外，在每周五都要评比哪组吃饭又快又干净。这样一来，孩子们掉米粒的情况就减少了，偶尔有个别掉在桌子上的米粒，幼儿也会赶紧捡起来放进盛骨头的盘子里。孩子们学会了自我管理，不仅提高了幼儿的卫生习惯，我也轻松了不少。

问题：

（1）案例中的老师对幼儿采取了什么样的班级管理方法？这样的方法有什么优点？

（2）引导幼儿学会自我管理是幼儿园教育的重要内容，你认为可以通过哪些措施培养幼儿的自我管理能力？

第 19 练　幼儿园环境概述

一、单项选择题

1.［山东青岛］在进行“端午节”的主题活动之前，张老师在班级主题墙上布置了一些端午节民俗的图片，在区角中投放了一些做香囊的材料。这体现了幼儿园应为幼儿创设（　　）

A. 安全的环境　　B. 复杂的环境

C. 有序的环境　　D. 有准备的环境

2.［内蒙古赤峰］幼儿园环境创设中，使用易于识别的生活行为规则标识图，其最主要的目的是（　　）

A. 美化环境　　B. 便于幼儿习得生活技能和行为准则

C. 便于幼儿认识各种符号　　D. 便于幼儿看图说话

3.［安徽安庆］幼儿园环境的作用是促进幼儿认知的发展和促进幼儿（　　）的发展。（易错）

A. 社会性　　B. 感知性　　C. 创造性　　D. 艺术性

4.［安徽安庆］幼儿园环境分为物质环境和（　　）（常考）

A. 社会环境　　B. 精神环境　　C. 城市环境　　D. 局部环境

5.［广东广州］幼儿园班级环境创设与管理的原则是指教师在创设本班环境时应遵循的基本要求，依据奥尔兹的理论，儿童有四项基本的环境需求，其中在教室里放置一些与幼儿高度相适宜的图书架、能够看懂的信息栏等，属于创设（　　）的环境。（易错）

A. 助长能力　　B. 鼓励运动　　C. 保持舒适　　D. 带有控制感

6.［安徽宿州］幼儿园环境创设主要是指（　　）

A. 选择较清静的场所　　B. 提供合格的物质条件和良好的精神环境

C. 购买大型玩具　　D. 安装塑胶地板

7.［安徽合肥］生活环境对幼儿的发展至关重要，以下属于适合幼儿生活的环境是（　　）

A. 小明上课打扰学习纪律，教师让其站在小椅子上双臂举起

B. 小美的父母多年来恩爱如初，家庭氛围愉悦温馨

C. 小浩家的邻居经常为了一点小事吵架动手

D. 小红因身材矮小经常受到幼儿园小朋友的欺负

8.［安徽宿州］下列关于幼儿园环境创设的说法，正确的是（　　）

A. 环境创设时要重视幼儿的智力开发和身体发育，因为受到幼儿身体限制，劳动教育可以忽视

B. 幼儿园教育属于集体教育，因此难以照顾幼儿发展的个体差异，教师在进行环境创设的时候只能遵循统一的原则

C. 教师必须根据教育的要求和儿童的特点有效控制环境的各种要素，维持环境的动态平衡

D. 我国经济发展水平已经很高了，在幼儿园硬件设施上应该上一个层次

9.［安徽宿州］幼儿园生态环境设计的核心是具有（　　）

A. 童趣性　　B. 动态性　　C. 育人性　　D. 创造性

10.［内蒙古赤峰］幼儿园环境是儿童生活的基本保障，是幼儿园的“第三位教师”，下列属于幼儿园精神环境的是（　　）

A. 户外绿化　　B. 种植园地　　C. 园风　　D. 园所建筑

11.［陕西西安］通常将幼儿园环境分为物质环境和精神环境，以下属于物质环境的是（　　）

A. 玩具、图书　　B. 师生关系　　C. 同伴关系　　D. 管理制度

二、判断题

1.［浙江杭州］幼儿园心理环境是指幼儿园的人际关系、精神氛围和教师的教育观念及行为。（常考）（　　）

2.［安徽安庆］幼儿园环境是指幼儿园内影响幼儿身心的一切外部条件，包括室内环境和室外环境。（　　）

3.［福建统考］幼儿园环境创设主要是进行空间规划、墙面装饰、添加设备和提供玩具材料。（　　）

4.［安徽合肥］幼儿园环境具有两个特点：教育性和可塑性。（　　）

第 20 练　幼儿园环境创设和利用

一、单项选择题

1.［江西统考］关于托幼机构室内活动环境安全管理的表述，不正确的是（　　）

A. 活动区设置应根据活动室空间科学合理规划，减少相互间干扰

B. 当场地条件受限制时，可将学前儿童生活用房设在半地下室

C. 提供给学前儿童操作的废旧材料都必须经过漂洗、曝晒、消毒，并确定无毒无害后才能使用

D. 托幼机构的班级物品应规范有序地摆放

2. [福建统考]幼儿园在社区开展公益早教咨询服务，社区医生向园内老师和家长开设预防传染病的讲座，这体现了幼儿园环境创设的(　　)(常考)

A. 整体性原则　B. 生动性原则　C. 保教合一原则　D. 开放性原则

3. [福建统考]罗老师重新规划了班级的活动空间和调整了游戏材料，班上幼儿抢玩具的现象变少了，这说明(　　)

A. 不同的班级环境有所差异　B. 班级要营造温暖愉悦的氛围

C. 物理环境影响幼儿的行为　D. 要引导幼儿建立友好的同伴关系

4. [福建统考]教师在小班生活区投放了各种小勺、珠子和小球让幼儿根据自己的能力自主选择练习抓、舀动作，这体现了区域材料投放的(　　)(易错)

A. 启发性　B. 层次性　C. 开放性　D. 兴趣性

5. [安徽安庆]下列选项不属于室外游戏环境规划的原则的是(　　)

A. 安全卫生　B. 整体性　C. 遵循自然、挑战性　D. 自由性

6. [河南郑州]幼儿园环境创设应有效促进幼儿的发展，对于小班幼儿活动区的设置，下列做法正确的是(　　)

A. 提供的材料应体积较小，同类材料数量较少

B. 提供的材料应体积较大，同类材料数量较多

C. 可以专门建设益智区等智力活动区

D. 应提供材料及结构复杂的积塑、数学卡等材料

7. [山东滨州]幼儿园环境创设的基本原则不包括(　　)

A. 适宜性原则　B. 参与性原则　C. 活动性原则　D. 开放性原则

8. [江西统考]以下关于玩具选择的注意事项，表述不正确的是(　　)

A. 形象化玩具随着幼儿年龄的增长而递减，低结构材料的玩具随着幼儿年龄的增长而递增

B. 形象化玩具随着幼儿年龄的增长而递增，低结构材料的玩具随着幼儿年龄的增长而递减

C. 玩具选择要有规划，要选择活动性的、低结构的、结实耐用的

D. 玩具选择不仅要符合幼儿年龄特点，还要注意安全卫生，并考虑经济实惠

9. [江西统考]黄老师组织全班幼儿参观小学后，请每位幼儿将自己参观小学的感受、体会或愿望用图画的形式表征出来，并与幼儿共同创设“我心中的小学”主题环境。这体现了幼儿园环境创设中的(　　)原则。

A. 全面性　B. 参与性　C. 安全性　D. 可变性

10. [安徽合肥]幼儿园里经常使用一些塑料瓶、废旧的管道等作为环境创设的材料，这体现了幼儿园环境创设的(　　)

A. 观赏性原则　B. 主体性原则　C. 创造性原则　D. 环保性原则

11. [安徽宿州]环境内容应随季节、节日、教学任务以及幼儿兴趣爱好、需要和能力的变化而不断更新。这是幼儿园物质环境创设中的(　　)

A. 动态性原则　　B. 启发性原则

C. 适合性原则　　D. 效用性原则

12. [安徽合肥](　　)是指幼儿园环境创设要符合幼儿的年龄特征及身心健康发展的需要,促进每个幼儿全面、和谐地发展。(常考)

A. 发展适宜性原则　　B. 幼儿参与原则

C. 开放性原则　　D. 环境与教育目标的一致性原则

13. [安徽合肥]以下哪个不是开放性材料(　　)

A. 塑料瓶盖　　B. 小汽车玩具　　C. 贝壳　　D. 积木

14. [江西统考]"三八"节来临,小熊老师在生活区为小班幼儿投入了不同洞眼的扣子、珠子,粗细不同的各类绳线,及妈妈们的画像、头饰等材料,供幼儿进行"装扮妈妈"用。幼儿很快便饶有兴趣地给自己的妈妈制作漂亮的项链、手链等节日礼物。这体现了小熊老师注重材料投放的(　　)(常考)

①丰富性　②层次性　③探索性　④情感性

A. ①②③　　B. ②③④　　C. ①③④　　D. ①②④

15. [安徽合肥]对幼儿园的玩具管理、使用、保护。说法错误的是(　　)

A. 玩具由老师统一管理,统一发放,放在幼儿不能轻易拿到的地方

B. 玩具经常清洗消毒、补修损耗

C. 保持幼儿对玩具的新鲜感

D. 积极探索玩具的多种玩法,不要用成人的想法代替

16. [安徽合肥]幼儿园在布置娃娃家、商店等活动区域时,应多提供原材料和(　　),让幼儿有更多的机会参与制作活动。

A. 半成品　　B. 范例　　C. 成品　　D. 图示

17. [福建统考]下列活动区安排不合理的是(　　)(常考)

A. 阅读区与感觉区相邻　　B. 表演区与阅读区相邻

C. 表演区与角色区相邻　　D. 科学区与益智区相邻

18. [海南万宁]幼儿园环境设备、橱柜无尖锐棱角;器材下有泡沫板等。这体现了幼儿园环境创设的(　　)原则。

A. 生活性　　B. 参与性　　C. 可变性　　D. 安全性

19. [安徽宿州](　　)是指幼儿在游戏场地中人均所占的面积,其值越大,表明越宽敞,反之,则越拥挤。

A. 时间密度　　B. 教室大小　　C. 可用面积　　D. 空间密度

20. [江西南昌]幼儿园里的开关、插座一般设置在幼儿不易够到的位置,幼儿园小班一般不用体积过小的玩具等。这体现了幼儿园环境创设的(　　)

A. 可变性原则　　B. 安全性原则　　C. 参与性原则　　D. 经济性原则

21.［安徽滁州］在幼儿园环境创设过程中，教师首要注意的是（　　）原则。

A. 多样性　　B. 安全性　　C. 经济适用性　　D. 参与性

22.［江西南昌］在教室墙面环境创设分类中，（　　）指的是最初墙面上只有一些原始的记录或一些简单的框架，随着活动的不断深入，逐渐将幼儿的作品、学习成果布置到墙面上，对大片空白的教室墙面进行布置。

A. 观赏性创设　　B. 操作性创设　　C. 满幅式创设　　D. 填充式创设

23.［福建统考］幼儿园活动室内的表演区旁适宜设置（　　）

A. 阅读区　　B. 益智区　　C. 美工区　　D. 角色区

二、多项选择题

［安徽合肥］下列对幼儿园环境布置叙述正确的有（　　）

A. 幼儿园的环境要尽可能地发挥它“会说话的教材”的作用，增强与幼儿的互动性

B. 幼儿园的环境布置要能体现地域、季节变化、时节等要素的特点

C. 幼儿园的环境布置是由教师设计完成的，幼儿是被动的信息接受者

D. 幼儿园的环境也是幼儿园课程的重要组成部分

三、判断题

1.［内蒙古赤峰］幼儿园环境创设应与幼儿身心发展特点和发展需要相适应，幼儿需要什么，教师就提供什么。（易错）（　　）

2.［广东高州］为防止幼儿审美疲劳，幼儿园的围墙、大门以及建筑物的墙面和外观要颜色单一但不失童趣。（　　）

3.［福建统考］为保证幼儿的安全，幼儿园不应使用剪刀、锤子等工具。（　　）

4.［安徽合肥］由于幼儿缺乏安全常识，自我保护能力差，因此，安全就成了幼儿园园舍建筑必须首先考虑的原则。（　　）

5.［浙江杭州］教师需要深入研究活动区的功能与价值，科学合理安排其空间与材料投放。（　　）

6.［安徽合肥］为便于玩具的保管，幼儿园摆放玩具的柜子应高于儿童的身高。（　　）

7.［广东广州］不应在幼儿园的户外场地上放置滑梯、秋千等大中型运动器械，以防幼儿摔伤。（常考）（　　）

8.［安徽宿州］幼儿园户外的器械设备多以木材、轮胎、绳网、塑钢等材料为主，这是因为要符合幼儿的兴趣爱好。（　　）

四、简答题

1.［浙江统考］简述玩具利用的策略。

2.［安徽安庆］简述幼儿园环境创设的原则。

五、论述题

1.［浙江统考］结合实际，谈谈幼儿园物质环境创设应如何体现开放性原则。（易错）

2.［广东广州］幼儿园班级环境创设的意义体现在哪几个方面？

3.［安徽滁州］请根据对区域活动的认识与理解，谈谈如何为幼儿创设有价值的活动区？

六、材料分析题

1.［河南郑州］大班的幼儿对饲养动物产生了兴趣，于是王老师打算在教室组建一个饲养角，他首先询问幼儿，你们希望饲养什么动物，有的幼儿说大象，有的说狮子，有的说养金鱼和小乌龟，王老师把幼儿所提到的动物名称写下来，并引导他们想一想，每种动物要吃的食物，它们的习性，居住的场所，孩子们一时也回答不出来，王老师便建议大家回去问一下亲友或者爸爸妈妈，和他们一起翻阅图书，上网查询、搜集相关资料，然后王老师和幼儿一起把收集的资料以主题的形式展示出来，并讨论教室里到底适合饲养哪些动物，幼儿纷纷发表了意见，得出的结论是，在教室里不可能饲养大象、狮子等，最适合饲养金

鱼、小乌龟，最后大家一起制定了饲养计划，每个小朋友轮流喂养小动物，并填写观察记录表。

运用学前教育相关原理分析：

(1)王老师在活动中体现的教师角色有哪些？

(2)王老师的做法体现了幼儿环境创设的哪些基本原则？

2. [福建统考]新学期初，园长要求各班进行环境创设，中班的李老师开始忙碌起来，她上网搜了许多“马路上的车”有关的文字和图片资料，并精心布置在班级墙上，一时间主题墙被布置得满满当当，引来一些幼儿驻足观看。有的说，这上面写的是什么呀？有的说，什么呀，一点也不好看；还有的踮起脚尖还是看不到高挂在墙上的图片……没过几天，主题墙前冷冷清清。

问题：分析李老师在班级环境创设中的问题并提出合理建议。

3. [安徽合肥]今天我让孩子们在一次性纸盘上进行图案装饰，以巩固有规则排列的装饰方法，同时将作品投放到区角里，供孩子们游戏时使用，孩子们都非常认真的想着画着……不一会就有几个孩子画完了。我请他们将装饰好的盘子放在“超市”里，这时候，宋晨走过来，对我说：“老师，我觉得今天的盘子画的太漂亮了，我舍不得放在‘超市’里卖，还是让我把它贴在自由墙上吧。”我拿起他的盘子，的确非常漂亮，而且很有创意。盘子的中央，是两个小朋友在玩耍的主题画，边缘用两种图案，按照一定的规律排列着，真是栩栩如生，叫人爱不释手。我同意了她的做法，她很自豪，也很小心的，将自己的盘子，贴在了自由墙上。她的这一做法带动了其他小朋友，他们纷纷效仿，都将自己的盘子贴了上去，自由墙立刻被占领了。孩子们拥挤在自由墙前，相互指指点点。看看自己的，说说别人的，还不时发出赞叹声，久久不愿离去。再看看自由墙上面，这里一个，那里一堆，显得杂乱无章，于是，我让孩子们想想办法，怎样才能让自由墙美观一点。他们想了很多方法，也报出了几种方案。可实施起来，都行不通。正当孩子们一筹莫展的时候，我拿来了几张漂亮的旧挂历纸，裁成条，在作品中贴了几条，顿时，自由墙变成了一个装饰橱的模样，盘子就像在装饰橱的精美展品。孩子们都高兴地拍起手来……在以后的几天里，每天孩子们来园，都要领着爸爸妈妈或同伴，到自由墙前，来欣赏一番。

请评析上述案例中教师的行为，并谈谈对你的启发。

实战演练

一、单项选择题

1. 教师应采取(　　)等方式为幼儿创设安全自由的心理环境。

①创设与主题内容相符的活动环境　②对幼儿持肯定、支持的态度

③多接纳、多欣赏幼儿　④经常表扬、鼓励幼儿

A. ①②　　B. ①②④　　C. ①③④　　D. ②③④

2. 从狭义上理解，幼儿园环境是指(　　)

A. 幼儿园生活环境

B. 幼儿园心理环境

C. 幼儿园教育的一切外部条件

D. 幼儿园中对幼儿身心产生影响的物质和精神要素的总和

3. 刘老师在春蕾幼儿园见习的时候，见到班主任李老师在辅导幼儿画画，但是有一名男孩画一半就不画了，跑去做黏土，李老师也没有阻止。刘老师不解，问李老师为什么不鼓励孩子把画画完。李老师说："为什么一定要让孩子做他不喜欢做的事呢？要知道当他对一件事不感兴趣时他是很难成功的。"李老师的话体现了班级精神环境创设中的(　　)

A. 建立良好的师生关系　　B. 建立团结友爱的班集体

C. 帮助幼儿建立良好的同伴关系　　D. 尊重幼儿，让幼儿主动发展

4. 幼儿教师充分利用当地的自然优势，为幼儿修沙坑，让幼儿在沙坑里做造型、建构等游戏，用树枝在沙上画画、写字。这体现了幼儿园环境创设的(　　)原则。

A. 经济性　　B. 参与性　　C. 开放性　　D. 启发性

5. 下列对托幼机构的物理环境表述，不正确的是(　　)

A. 室内墙角及各种用具如窗台、窗口竖边等应避免棱角

B. 活动室的地面应铺设地板

C. 为保证室内空气新鲜，多采用人工通风的形式

D. 桌椅的构造和各部分尺寸都要根据学前儿童的身体比例确定

6. 幼儿园心理环境创设中最重要的因素是(　　)

A. 教师的观念和行为　　B. 教师之间的人际关系

C. 幼儿之间的同伴互动　　D. 教师与家长之间的互动

7. 下列关于幼儿教师言语、行为有利于幼儿园精神环境创设的是(　　)(易错)

A. 某幼儿教师批评了一个尿裤子的3岁幼儿,说:"你尿裤子,太丢人了,去边上反思去。"该教师为自己的言语辩解说,这样做有助于对幼儿抵抗挫折能力的培养

B. 某幼儿教师在与幼儿互动时,对不愿意参加互动的儿童说:"如果你现在不参加,以后都不要到幼儿园来了。"该幼儿教师认为对幼儿来说,必要的威胁与恐吓是有效的教育手段

C. 某幼儿教师在教学过程中对班级里相貌漂亮的小朋友极为关注,对那些长相一般的小朋友有所忽视,对此行为,她解释道:"爱美之心,人皆有之,我有这样的表现也算人之常情吧"

D. 某幼儿教师对正在搭积木的小朋友说:"你做得真好,你真是太能干了。"而这个小朋友仅仅是把几块积木摆在一起。该教师解释说,虽然孩子搭得很简单,但是对孩子的鼓励有助于孩子的创造性发展

8. 关于幼儿园的物质环境下列说法错误的是(　　)

A. 幼儿园应该设置种植区,引导儿童对大自然进行探索

B. 幼儿园的室外设备应该可以供幼儿攀、钻、爬、跑、跳、平衡、投掷等,锻炼幼儿的身体

C. 幼儿园的走廊也可以进行环境创设,利用环境耳濡目染的影响幼儿发展

D. 幼儿园的楼梯不应该进行环境创设,防止幼儿走楼梯时由于注意力不集中而受到伤害

9. 环境与教育目标相一致的原则是指环境的创设要体现环境的(　　)(易混)

A. 目的性　　B. 优美　　C. 教育性　　D. 多样性

10. 幼儿教师利用各种不同质地的材料组成一幅画面,让孩子们用手去触摸,通过感知粗糙、细腻、坚硬、柔软、厚薄等不同的感觉,引发幼儿对以往生活体验的联想,促进幼儿的思维发展。这体现了幼儿园环境创设的(　　)

A. 幼儿参与性原则　　B. 经济性原则

C. 启发性原则　　D. 开放性原则

11. 关于活动区活动材料投放不正确的表述是(　　)

A. 材料要有层次性,采用渐进式投放　　B. 材料需要不断补充和更新

C. 材料要多选用自然材料和废旧物品　　D. 材料的数量越多越好

12. 提供拼图、七巧板、迷宫、棋类、扑克牌、几何拼摆、图片等材料让幼儿操作的区域是(　　)

A. 科学区　　B. 思维区　　C. 益智区　　D. 数学区

13. 幼儿园投放的优秀活动材料的特征不包括(　　)(易错)

A. 能够引起幼儿反应的材料　　B. 现实生活中触手可及的物品

C. 先进的电子玩具　　D. 能引起幼儿参与和学习行为的材料

14. 放大镜、天平、水箱等材料应投放在(　　)

A. 美工区　B. 木工区　C. 科学区　D. 积木区

二、多项选择题

1. 教师在幼儿园环境创设中的作用体现在(　　)

A. 准备环境　B. 调整环境　C. 丰富材料　D. 控制环境

2. 幼儿园中幼儿生活用房的活动单元主要包括(　　)

A. 活动室　B. 卧室　C. 衣帽储藏室　D. 保健室

3. 决定活动区数量和规模的主要因素是(　　)

A. 活动室的面积　B. 幼儿人数

C. 幼儿的兴趣　D. 活动室的结构

三、判断题

1. 创设环境的主体应该是教师。教师是“导演”,不是“演员”;是“教练”,不是“运动员”。(　　)

2. 幼儿园的环境创设是一成不变的。(　　)

3. 创设环境时不能偏重智力发展,而忽视幼儿社会性、情感、意志等方面的发展。(　　)

4. 只有幼儿园经济条件差时,创设环境时才要考虑经济性原则。(常考)(　　)

5. 教师要根据幼儿不同的年龄特征为其提供适宜的发展环境。(　　)

6. 整洁、优美的环境不仅有利于养成幼儿良好的生活习惯,而且也是美感教育的重要途径。(　　)

7. 幼儿园各班活动室的色彩应保持一致。(　　)

四、简答题

教室墙面环境展示的形式主要有哪几种?

五、论述题

1. 试述创设活动区的具体要求。

2. 试述影响幼儿园环境质量的因素。

六、材料分析题

1. 某幼儿园的区角活动创设很有特色。每个班里都至少有7～8个区域供孩子分组探索活动，有小菜市场、智力活动区、科学活动区、动手操作区、表演区、音乐活动区、语言区等，内容非常丰富。但仔细看才发现：语言区里幼儿用来排图讲述的图片已经积了一层灰，而且排得过于整齐；智力活动区里的几幅塑封好的拼图无人问津，原因是这些材料太难了，该班幼儿不感兴趣。

   请从幼儿园环境创设的角度，评析该幼儿园区域环境创设中存在的问题并提出建议。

2. 有人曾与一位幼儿园教师有过一次非常真心的、实事求是的对话。

   问：你们活动室的这些墙饰是你布置的吗？

   答：是我和另外一位教师共同布置的。

   问：你们在布置墙饰的时候首先考虑的是什么？其次考虑的是什么？

   答：我们首先考虑是不是符合幼儿的年龄特点，其次考虑有没有艺术性。说实话，我们也没有那么多的时间去考虑这、考虑那的，我能考虑到前两个方面也差不多了吧！

   问：那么，你们在创设区域的时候也是这样考虑的？

   答：差不多，只是区域创设的时候还要考虑选几种种类、材料的数量，考虑场地大小等问题。

   请结合案例分析这位幼儿教师的环境创设理念并提出建议。

第九章　幼儿园与家庭、社区及小学的衔接

命题要点	考查热度	考查难度	命题预测
学前儿童家庭教育	★★	中等	学前儿童家庭教育的特点和方法
幼儿园与家庭的合作	★★	中等	家园合作的形式、存在的问题及解决策略
幼儿园与小学衔接	★★	中等	幼小衔接的指导思想、幼儿园方面的工作和应注意的问题
幼儿园与社区的合作	★	一般	幼儿园与社区合作的内容与方法

真题必刷

第 21 练　学前儿童家庭教育

一、单项选择题

1. [内蒙古赤峰]与幼儿园教育相比,家庭教育的特点是(　　)

A. 目的性　　B. 组织性　　C. 随意性　　D. 计划性

2. [广东高州]家庭教育的领域涉及范围很广,在不同的家庭生活环境、交往关系、生活方式中,儿童可随之获得不同的教育信息和生活经验。这体现了学前儿童家庭教育具有(　　)

A. 单独性　　B. 持久性　　C. 率先性　　D. 丰富性

3. [江西统考]家长和孩子一起"参观敬老院"的活动,让孩子在与老人的互动中得到锻炼,养成良好的行为习惯。这是运用了家庭教育的(　　)

A. 讲解说理法　　B. 提醒暗示法

C. 榜样示范法　　D. 实践活动法

4. 幼儿园专门为新生家长开设了幼儿入园适应性的讲座,体现了家庭教育指导的(　　)原则。

A. 了解性　　B. 针对性　　C. 尊重性　　D. 协调性

5. [安徽合肥]"遇物而诲,相机而教"是指家庭教育中要遵循(　　)原则。

A. 计划性和组织性　　B. 科学性和思想性

C. 因材施教和个体差异性　　D. 灵活性和情境性

6. [安徽宿州]幼儿园要经常和家长交流情况,相互沟通,形成教育合力。这体现了幼儿园家庭教育指导的(　　)(易混)

A. 科学性　　B. 针对性　　C. 了解性　　D. 协调性

7. [重庆云阳]在幼儿园家庭教育指导中,教师要帮助家长认识到家庭教育是国民教育的重要组成部分。

这是幼儿园家庭教育指导的(　　)(易混)

A. 尊重性原则　　B. 科学性原则

C. 方向性原则　　D. 针对性原则

二、多项选择题

[山东青岛]家庭教育的主要特点是(　　)(易错)

A. 影响时间的初始性和终身性　　B. 内容的全面性

C. 方法的针对性和灵活性　　D. 内容的系统性

第 22 练　幼儿园与家庭的合作

一、单项选择题

1. [安徽安庆]幼儿教师了解幼儿的最好的信息来源是(　　)

A. 同龄人　　B. 社区人员　　C. 家长　　D. 教养员

2. [福建统考]家园合作的注意事项不包括(　　)

A. 要赢得家长的信任和真诚合作　　B. 努力提高双方合作共育的能力

C. 追求合作共育效益的最大化　　D. 共育过程中,幼儿园与家长是监督关系

3. [广东高州]家园合作的形式日趋多样化,依据不同的标准,家园合作的形式可以有不同的划分,其中(　　)是最简单、最及时、最方便的谈话形式。(常考)

A. 家访　　B. 家长来访　　C. 家长开放日　　D. 随机交流

4. [广东高州]同是幼儿的教育者,家长和教师在角色上既有许多重合之处,又存在着许多差异。比如一般父母都比较偏爱自己的孩子,在面对同一件事情时,家长会将孩子的权益最大化,而教师则力求一视同仁,兼顾所有孩子。这体现了两者在(　　)上的差异性。

A. 理性程度　　B. 情感关系　　C. 公平性　　D. 目的性

5. [福建统考]美美每到星期一就犯困,注意力不集中。对此保教人员在执行生活制度时应加强(　　)

A. 家园同步　　B. 个别照顾　　C. 习惯培养　　D. 保教结合

6. [安徽宿州]向家长介绍园所教育工作的基本情况和今后的工作计划,适宜采取的形式是(　　)

A. 家访　　B. 家长会　　C. 家长学校　　D. 教育讲座

7. [安徽合肥]幼儿园与家庭合作的基本原则,不正确的是(　　)(易错)

A. 平等合作,相互尊重　　B. 家园共建,责任共担

C. 协同配合,互惠互助　　D. 幼儿园为主,家庭为辅

8. [安徽安庆]幼儿园为了便于家长全面直观地了解孩子在园一日生活的情况,最适宜采取的家庭教育指导方式是(　　)

A. 家长园地　　B. 家长开放日　　C. 家长学校　　D. 家长会

9. [安徽合肥]家园合作的形式不包括(　　)

A. 家园联系册　　B. 参观小学　　C. 家长会　　D. 家长开放日

10. [浙江临海]下列适合家长开放日的内容是(　　)

A. 请家长参加大班幼儿离园告别会　　B. 允许家长随时看幼儿园的监控

C. 解决个别家长的问题　　D. 向家长进行定期汇报

11. [山东青岛](　　)是幼儿园向家长进行家庭教育系统宣传和指导的主要形式。

A. 咨询活动　　B. 家长会　　C. 家长学校　　D. 家长开放日

12. [福建统考]某园固定每周一下午,由幼儿园分管领导负责解答来访家长的问题,听取家长的意见和建议。这种幼儿园与家长互动沟通的方式是(　　)

A. 家长会　　B. 家长学校　　C. 家长开放日　　D. 家长接待日

13. [福建统考]林老师发现乐乐最近变得很爱打人,还经常不来幼儿园,林老师想要和家长沟通,详细了解乐乐发生变化的原因。下列最适合的做法是(　　)

A. 微信　　B. 打电话　　C. 家访　　D. 随机交流

14. [广东广州]________是儿童健康成长的第一个生活场所,________是儿童的第一任教师。(　　)(常考)

A. 社会　朋友　　B. 学校　老师　　C. 家庭　家长　　D. 课堂　同学

15. [江西统考]以下属于集体方式的家庭教育指导形式的有(　　)(常考)

①家长委员会　②家园小报　③家长辨析会　④家长开放日　⑤家园联系手册

A. ①③④⑤　　B. ①②④⑤　　C. ①②③④　　D. ②③④⑤

二、多项选择题

1. [广东广州]家园合作的个别方式是指教师与家长一对一交流互动的家园合作方式,具体方式包括(　　)

A. 家长委员会　　B. 家园联系册　　C. 个别约谈　　D. 随机交谈

2. [山西长治]下列选项中,属于家长直接参与家园合作的简单教育方法有(　　)(易混)

A. 家访　　B. 夏令营活动　　C. 亲子游戏　　D. 家长开放日

3. [安徽合肥]家长是幼儿园重要的教育力量,原因在于(　　)

A. 家长是教师最好的合作者,是教师了解幼儿的最好的信息源

B. 家长本身是幼儿园宝贵的教育资源

C. 家长与教师的配合使教育计划的可行性等能更好地得到保证

D. 幼儿园帮助家长树立正确的教育观念和教育方法

三、判断题

1. [广东高州]在家访过程中,幼儿教师要实事求是地、全面地向家长介绍幼儿在园情况、优缺点等,要有计划地进行家访。(易错)　(　　)

2. [福建统考]除夕夜,不少家长在班级微信群里发红包送祝福,小陈老师也参与了抢红包,随后发出几个红包也被家长抢光,陈老师此举有助于增进家园和谐。　(　　)

3. [安徽合肥]幼儿园设立家长开放日的主要目的是了解家长的教养态度。(易错)　(　　)

4. [安徽宿州]在家园合作中,幼儿园应该处于主导地位。(常考)　(　　)

5. [湖北黄冈]促进儿童的全面发展是家园合作追求的最终目标。(常考)　(　　)

四、填空题

［湖北黄冈］幼儿园的家园合作教育活动能够从不一样的角度来分类，大致分为以幼儿园为核心的家园合作活动和以________为核心的亲子教育活动两大类。

五、名词解释

［安徽滁州］家园合作（易错）

六、简答题

［天津南开］简述幼儿园与家庭联系的内容。

七、论述题

［安徽合肥］论述家园合作的方式。

八、材料分析题

1. ［河南平顶山］某幼儿园大班亲子活动中，家长和幼儿一起开心地玩着手中的游戏，只见有些家长拿着相机朝幼儿不停地拍着照片，还不时地让幼儿摆着各种动作；有些家长则陪在幼儿旁边，看到幼儿操作有困难，要么直接上阵，亲自解决，要么对着幼儿一顿"呵斥"；还有些祖辈家长，由于体力精力有限，早已坐在旁边休息，让幼儿自己在一旁玩耍。

   如果你是本班的老师，你会怎样做？

2. ［安徽合肥］上中班的铭铭，每天来园总是黏着奶奶的手，不肯松手，奶奶好说歹说半天，他才眼泪汪汪的，勉强让奶奶离开。平时铭铭和其他孩子玩不到一起，经常独自看着同伴玩游戏，老师鼓励他去参加小朋友的游戏，他也不愿意，他的自理能力弱，吃饭、穿衣、动作很慢，还经常把饭菜掉在桌子上，衣服穿反，老师和奶奶沟通后发现，铭铭爸妈由于工作忙，基本顾不上铭铭，他一直由奶奶抚养，并且对他十分宠爱，从来不让他自己动手。

请分析铭铭存在的问题，出现问题的原因，并提出针对性措施。

3. [安徽安庆]春季开学初，幼儿园中班的李老师发现，春节过后每个孩子手中都有1~2件新颖的玩具。她认为这是培养幼儿集体意识、分享意识的好机会，于是鼓励每个孩子拿家中最好的玩具来园与大家分享，并准备第三天开一个玩具展览会。可是，第二天全班36位小朋友只有其中的3位带来了自己的玩具，老师问孩子们为什么不将自己的玩具带来与大家分享，有的孩子说："妈妈不让带来，怕玩具被别的小朋友搞坏。"有的孩子说："奶奶说了，你拿去，奶奶以后就不再给你买玩具了！"

问题：请结合材料运用幼儿园与家庭相互配合的有关教育理论，具体谈谈家园合作对幼儿发展的重要意义并提出针对性措施。

第 23 练　幼儿园与小学衔接

一、单项选择题

1. [山东青岛]下面关于幼小衔接不正确的做法是(　　)

A. 组织幼儿参观小学　　B. 小学教师和幼儿园教师加强沟通

C. 邀请小学一年级学生回幼儿园交流　　D. 提早学习小学的知识

2. [河南平顶山]在幼儿上小学时，有些新生在老师询问作业时，很轻松地说："我不喜欢做。昨天妈妈带我去奶奶家了，所以我没写。"这种现象要求幼小衔接工作中要(　　)

A. 帮助幼儿做好入学准备　　B. 培养幼儿的规则意识和任务意识

C. 培养幼儿的主动性　　D. 培养幼儿的独立性

3. [江西统考]杨老师在组织开展《走进小学》主题活动时，请幼儿用图画的形式表达自己对小学的疑问和担忧，之后组织大家讨论交流，并激发他们对小学生活的向往，这样的活动有助于提高幼儿对小学生活的(　　)能力。

A. 身体适应　　B. 心理适应　　C. 社会适应　　D. 学习适应

4. [福建统考]幼小衔接期指的是(　　)

A. 大班和小学一年级　　B. 大班下学期和小学

C. 整个幼儿期和小学一年级　　D. 整个幼儿期和小学阶段

5. [河南郑州]下列有关幼小衔接的说法,正确的是(　　)

A. 幼儿入学适应困难,是因为幼儿园教育过于游戏化

B. 幼小衔接是幼儿园的任务

C. 幼小衔接不仅在大班开展,在小、中班也应该开展

D. 幼小衔接主要是在知识上与小学进行对接

6. [陕西特岗]幼儿园组织大班幼儿参观附近小学,逐步熟悉小学环境,这是为大班儿童的(　　)

A. 入学做准备　　B. 智力发展做准备

C. 品德形成做准备　　D. 劳动教育做准备

7. [广东广州]很多幼儿因为不能管理好自己的学习用具和生活用品,不能自己按情况穿脱衣服、不能记住喝水等,从而影响身体健康和学习,使其对小学生活感到适应困难。因此,在培养幼儿对小学生活的适应性方面,应注意培养幼儿的(　　)

A. 主动性　　B. 人际交往能力

C. 独立性　　D. 规则意识

8. [安徽合肥]幼儿园实施幼小衔接工作指导思想不包括(　　)

A. 全面性而非重点性　　B. 长期性而非突击性

C. 培养入学的适应性而非小学化　　D. 整体性而非单项性

9. [安徽合肥]以下哪项不属于造成我国幼儿园与小学不衔接的原因(　　)

A. 幼儿园与小学阶段的作息和生活管理不同

B. 社会及成人对幼儿园与小学阶段儿童的要求期望不同

C. 幼儿园与小学都比较重视阶段性,而忽视阶段之间的过渡

D. 幼儿心理方面的精神负担重、心理压力大、人际交往紧张

10. [安徽宿州]在幼小衔接工作中,不应把其仅仅视为两个教育阶段的过渡问题,而应把它置身于终身教育的大背景下去考虑,这体现了幼小衔接工作中(　　)的指导思想。

A. 终身性　　B. 突击性　　C. 整体性　　D. 长期性而非突击性

11. [陕西西安]我国幼儿园与小学的差异主要体现在:学习环境不同,成人对儿童要求不同,生活制度不同,师生关系不同,(　　)

A. 教师与家长关系不同　　B. 教育原则不同

C. 主导活动与学习方式不同　　D. 同伴关系不同

二、多项选择题

1. [河北邢台]培养幼儿对小学生活的社会适应性主要包括(　　)(常考)

A. 培养主动性　　B. 培养独立性

C. 发展人际交往能力　　D. 培养幼儿的规则意识

E. 培养幼儿的任务意识

2. [广东广州]幼儿园和小学是两个不同的教育阶段,因此做好幼儿园与小学的衔接工作十分重要,我国幼小衔接工作策略包括(　　)

A. 做好幼儿的入学准备工作　　B. 培养幼儿的自制能力

C. 做好家长工作,争取家长配合　　D. 加强与小学的联系交流

三、判断题

1. [安徽合肥]关于"幼小衔接"的正确理解是,整个三年的幼儿园教育都是在为入小学做准备,包括身体动作、学习兴趣和能力、语言发展、个性品质等方面。(　　)

2. [重庆云阳]幼小衔接的意义在于能够使幼儿更好地适应小学的文化学习。(　　)

3. [安徽宿州]幼儿园为了让幼儿顺利适应小学的学习生活,提前教孩子读写算等内容,这是幼儿教育的小学化现象。(　　)

四、填空题

[湖北黄冈]幼儿园教育要与________以及小学教育相互衔接。

五、简答题

1. [山西长治]幼小衔接工作中应注意哪些问题?

2. [浙江临海]试述幼儿从幼儿园进入小学,将面临哪些方面的转变。

六、论述题

1. [海南万宁]幼小衔接教师应做好哪些准备工作?(常考)

2. [安徽滁州]请结合实际谈谈当前幼小衔接工作中存在的问题,并以幼儿园的角度提出解决的方法。(常考)

七、材料分析题

1. [福建统考]幼儿进入大班下学期后,该班教师开始了幼小衔接工作。将主题墙改为我要上学了,营造小学氛围,并减少幼儿游戏的时间,让幼儿找找认认生活中的文字。看图书学、写数字和做加减运算。

(1)教师在幼小衔接工作中的问题。

(2)指出教师的做法对幼小衔接的不良影响。

(3)提出幼小衔接工作的建议。

2. [山东威海]小明马上升一年级了,奶奶很着急,她向老师反映:“幼儿园整天也不教小学的知识,怎么能做好入学准备呢?”

奶奶的说法对吗?你觉得幼儿园应如何帮助幼儿做好入学准备?

3. [安徽宿州]大班幼儿成为小学生后会面临很多问题,如早上起不来、不敢大胆发言、下课不去厕所、上课却想上厕所、不习惯老师的教学风格、不会听课做笔记……,爸妈的担心远不止这些。某幼儿园最近对300多个大班幼儿的家长进行问卷调查,发现“幼儿不习惯小学老师从而影响学习兴趣”是家长们最为担心的问题。“幼儿园的老师可亲又可爱,孩子们把她们当成姐姐、妈妈或者奶奶。而小学老师总是比较严厉,功课完不成,少不了要批评,孩子本来就有点内向,我怕老师会成为她上小学后最不适应的因素。”王女士的女儿今年九月即将成为一名小学生,她正为幼小衔接发愁。

问题:谈谈幼儿教育与小学教育有什么不同?如何做好幼小衔接工作?

第 24 练　幼儿园与社区的合作

一、单项选择题

1. [江西统考]社区学前教育主要具有区域性、开放性、(　　)和互动性特点。

A. 整体性　　B. 综合性　　C. 融合性　　D. 丰富性

2. [浙江统考]下面不属于幼儿园为社区提供的支持的是(　　)

A. 提供优生方面的服务与指导　　B. 提供优教方面的服务与指导

C. 提供优育方面的服务与指导　　D. 提供社区安全保障

3. [陕西西安]社区可利用的教育资源多种多样,下列属于社区文化资源的是(　　)

A. 博物馆　　B. 健身器材　　C. 超市　　D. 街心广场

二、判断题

[广东高州]将幼儿园教育扩展到社区的大背景下进行,不仅是其空间的扩大,更是其教育内容的丰富与深化。(　　)

三、简答题

[浙江统考]简述社区能为幼儿园发展提供的支持。(易错)

实战演练

一、单项选择题

1. 幼儿园、家庭、(　　)是幼儿发展的三大环境和可利用资源。(常考)

A. 社区　　B. 社会　　C. 学校　　D. 大自然

2. 1990～1994 年间联合国儿童基金会与国家教委合作进行的“幼儿园与小学衔接的研究”结果表明:幼小衔接教育的实质问题是(　　)

A. 主体的适应性问题　　B. 师生关系的变化问题

C. 幼儿园与小学的环境差异问题　　D. 课程的问题

3. 有的幼儿园在课程中将社区的历史、风俗、革命传统等作为乡土教材来利用,使幼儿园教育内容丰富而有特色。这发挥了(　　)对幼儿园教育的意义。

A. 社区资源　　B. 社区环境　　C. 社区习俗　　D. 社区文化

4. (　　)是家长和幼儿园之间的桥梁,促进家园合作,体现幼儿园和家长的伙伴关系。

A. 咨询活动　　B. 家长委员会　　C. 家长学校　　D. 电话联系

5. 下列家庭教育做法中，哪种做法是较为合理的（　　）

A. 在孩子未成年时，父母全身心地投入到孩子身上，一切为了孩子

B. 尽量满足孩子的一切要求

C. 当父母的教育观念与爷爷奶奶相抵触时，以父母的观念为准

D. 即便是最民主的家庭，也对孩子有所保留，有时还要适当回避

6. 在教育孩子问题上，父母观点发生冲突时，应在尊重孩子想法的基础上私下沟通好，避免孩子无所适从。这体现了家庭教育的（　　）原则。

A. 一致性　　B. 科学性　　C. 指导性　　D. 适度性

7. 在大班下学期，幼儿园可以（　　）（常考）

A. 带领大班幼儿参观小学

B. 布置至少 2 个小时才能完成的家庭作业

C. 班级布置要小学化，不要有游戏区角设计

D. 按照小学作息制度调整一天的集体教学活动，集中上 6 节课

8. 幼儿园在帮助幼儿做好入小学前的学习准备方面需要做的工作不包括（　　）

A. 入学前教幼儿拼音、认字、做算术　　B. 培养幼儿良好的学习习惯

C. 培养幼儿良好的非智力品质　　D. 发展幼儿思维能力和基础能力

9. 儿童受教育的第一个场所是（　　）（常考）

A. 家庭　　B. 托儿所　　C. 幼儿园　　D. 学前班

10. 家园联系中最快捷、最灵活的一种方式是（　　）

A. 家园联系栏　　B. 家访　　C. 电话联系　　D. 家长学校

二、多项选择题

1. 下列属于学前教育小学化倾向表现的是（　　）

A. 注重读、写、算的学习

B. 每周上课节数在 18 ~ 24 节之间，每节课在 45 分钟左右

C. 重视培养创新精神

D. 给幼儿布置课外作业，进行期中、期末考试

2. 影响幼儿入园不适应的因素中，属于个体原因的有（　　）

A. 过去的生活经验　　B. 幼儿的个性特点

C. 环境变化因素　　D. 教师的因素

3. 对入学的适应影响较大的是幼儿对小学生活的（　　）

A. 态度　　B. 看法　　C. 情绪状态　　D. 智力准备

4. 下列选项中，属于儿童入学后的适应性问题的是（　　）（易混）

A. 睡眠不足　　B. 情绪低落

C. 经常感冒　　D. 人际关系不良

5. 幼儿园与小学衔接的过程中,存在的主要问题包括(　　)(易错)

A. 小学化现象严重　　B. 活动开展的表面化

C. 教育内容的片面化　　D. 遵循孩子发展的适宜性

三、判断题

1. 社区学前教育的目的在于尽可能使社区内所有学前儿童获得良好的教育与发展。(　　)

2. 家长与教师应该"各司其职",孩子在家归家长管,孩子在幼儿园归教师管。(　　)

3. 书信多用于向留守儿童的家长汇报孩子的成长情况,这种做法不仅能密切家园联系,往往也能促使家长虽然不在孩子身边,但仍然关注着孩子的发展,起到配合教育的作用。(　　)

4. 家园联系栏应放在家长接送孩子的必经之处,内容要经常更新。(　　)

5. 幼小衔接主要是参加各类兴趣班学习。(　　)

6. 提高教师的素质是幼小衔接工作取得成功的保证。(易混)(　　)

7. 家长要尊重儿童自然成长规律,对幼儿循序渐进地诱导、教育。(　　)

8. 幼小衔接工作主要是在幼儿园大班和小学一年级之间的事情。(　　)

9. 学前教育机构应该是社区建设的支持者,为社区提供教育和文化服务。(　　)

四、填空题

1. 幼儿园组织的亲子活动是一种有助于增强教师与家长、________情感交流的集体活动形式。

2. ________是幼儿园聘请一些学前教育专家定期对家长进行现场咨询,为家长提供直接有效的服务。

3. ________是幼儿的第一任教师,也是终身教育者。

五、名词解释

1. 家长接待日

2. 社区学前教育

3. 家长开放日

六、简答题

1. 简述幼小衔接工作中的矛盾。(常考)

2. 简述幼儿园对家庭教育指导的原则。

3. 简述学前教育与家庭教育合作中出现的问题。

七、材料分析题

1. 升入大班后，跳绳成了孩子们最头疼的事情。例如，我们班的晨晨小朋友，每一次我让大家跳绳的时候，他总是拿着绳子左揉揉、右抡抡，从来不跳绳。我便问他："你为什么不跳绳呢?"他红着眼睛说："妈妈说跳绳太难了，不让我学，怕我太累。"听完他的话，我便鼓励他大胆地跳，先把绳子抡到自己的脚前方，双脚再并齐向前一起跳，半个小时过去了，他终于能连贯地跳一个了，当时晨晨特别高兴，还兴奋地大叫："老师，我能跳一个了，我一定能学会的!"

   请运用所学的幼儿园与家庭配合的相关理论，对以上案例中出现的问题给予评析，并针对此现象提出自己的意见或解决措施。

2. 一位家长正在和孩子的班主任交谈，她说："你们老师和我们家长应该各司其职，孩子在家里由我们管，在幼儿园由你们管，大家分头管好孩子。"

   请分析这位家长的话是否正确，并谈谈你是怎样理解"家园合作"的内涵的。

3. 春节刚过，王女士便开始为儿子幼儿园转学的事情犯愁。虽然儿子在的幼儿园是市级示范园，但“学不着东西”，而且现在好的小学入学前要先进行测试，她害怕儿子过不了关，影响升学，焦虑之情与日俱增。在王女士看来，如果上幼儿园时没压力，到了小学就会受到“当头一棒”，孩子的自信心肯定受打击；反之，如果上幼儿园时辛苦些，起码水平“随大流”，孩子到了小学不犯怵，这就是一种更主动的“减压”。经“搜索”，她把目光瞄准一个全面引入小学课程的私立幼儿园。吸引王女士的是这家幼儿园的识字、算数、珠心算、双语教学一应俱全，且家长们评价又不错。进了这家幼儿园，王女士再也不用为儿子上小学的问题发愁了。

结合上述案例，回答：

(1)幼儿园超前教育违反了哪些原则？有哪些弊端？

(2)作为幼儿园教师，应如何做好幼小衔接工作？

4. 新学期开始，李红和张霞担任幼儿园大班教师，她们认为大班幼儿就要进入小学学习了，为了做好幼小衔接工作，让学前儿童尽快适应小学生活，她们采取了小学化的教育模式。例如，教学内容以算术和写字为主、布置书面家庭作业等，将学前儿童所适应的以游戏为主的活动改变为以学习为主的活动，离园后还要预习、复习功课或做作业等。

请你运用相关理论分析该大班两位老师的做法。

5. 某幼儿园园长开家长会时颇为自豪地对家长说：“我们幼儿园的孩子能力特别强，不仅认识拼音，还会写，20 以内的加减法也不在话下。希望各位家长多帮我们宣传，把孩子送到我们幼儿园来。”

问题：

(1)这是幼儿园教育中的什么现象？它的危害有哪些？

(2)你认为应如何做才能更好地避免此类现象？

(3)这位幼儿园园长的做法显然是不对的，如果让你和园长谈话，你会说些什么？

第三部分　学前心理学

第一章　学前心理学概述和学前儿童的心理发展

命题要点	考查热度	考查难度	命题预测
学前心理学的研究内容与研究对象	★	一般	学前心理学的研究对象
学前心理学的研究原则与方法	★	一般	客观性原则、教育性原则、观察法、作品分析法
有关儿童心理发展阶段的重要概念	★★★	难	转折期、敏感期、最近发展区
学前儿童心理发展各年龄阶段的主要特征	★★	中等	婴儿期、先学前期、幼儿期的年龄特征
学前儿童心理发展的趋势和特点	★★	中等	学前儿童心理发展的基本趋势、学前儿童心理发展的基本特点
影响学前儿童心理发展的因素	★	一般	遗传因素、生理成熟因素、社会因素

真题必刷

第 *1* 练　学前心理学概述

单项选择题

1. [山东青岛]研究学前儿童心理的基本原则有发展性原则、客观性原则和(　　)

A. 基础性原则　　B. 整合性原则　　C. 教育性原则　　D. 全面性原则

2. [陕西特岗]学前儿童发展心理学的研究领域有(　　)、认知发展、情感和社会性发展。

A. 逻辑推理能力发展　　B. 个性的发展

C. 生理发展　　D. 社会的互动与发展

3. [海南万宁]科学儿童心理学诞生于 19 世纪的后半期,以普莱尔编著的(　　)一书为标志。

A.《儿童心理》　　B.《儿童心理之研究》

C.《幼儿园教育学》　　D.《儿童的世界概念》

4. [安徽合肥]学前儿童心理学是研究(　　)儿童心理发展规律的科学。

A. 1 ~ 8 岁　　B. 0 ~ 3 岁　　C. 0 ~ 6 岁　　D. 3 ~ 6 岁

5.[陕西西安]在进行学前儿童心理研究时,可采用(　　)的方法对学前儿童外部行为进行长期全面的观察。

A.日记法或传记法　　B.问卷法

C.谈话法　　D.作品分析法

6.[重庆云阳]教师通过对幼儿绘画的分析来了解幼儿心理活动的方法是(　　)(常考)

A.观察法　　B.谈话法　　C.作品分析法　　D.问卷法

7.[安徽合肥]为了了解同伴交往特点,研究者深入幼儿所在班级,详细记录幼儿在交往过程中的语言和动作等,这一研究方法属于(　　)

A.实验法　　B.观察法　　C.作品分析法　　D.访谈法

8.[山东青岛]幼儿教师研究幼儿最基本的方法是(　　)

A.观察法　　B.实验法　　C.测验法　　D.作品分析法

9.[安徽宿州]学前儿童心理研究的基本方法中,效率高、可在短时间内获得大量资料的是(　　)

A.问卷法　　B.作品分析法　　C.访谈法　　D.观察法

第2练　学前儿童的心理发展

一、单项选择题

1.[天津南开]儿童学习某种知识和形成某种能力或行为比较容易,心理某个方面发展最为迅速的时期,被称为(　　)(常考)

A.儿童心理发展的关键期　　B.儿童心理发展的转折期

C.儿童心理发展的危机期　　D.儿童心理发展的敏感期

2.[天津南开]“童言无忌”从儿童心理学的角度看是(　　)(常考)

A.儿童心理落后的表现　　B.符合儿童年龄特征的表现

C.“超常”的表现　　D.父母教育不当所致

3.[天津南开]小班幼儿兴趣爱好多变,大班幼儿则开始形成较稳定的个性倾向,这说明幼儿心理发展的趋势是(　　)

A.从简单到复杂　　B.从具体到抽象

C.从被动到主动　　D.从零乱到成体系

4.[天津南开]当物体触及新生儿手掌心时,他会立即把它紧紧握住。这种反射属于(　　)(易混)

A.莫罗反射　　B.巴布金反射

C.达尔文反射　　D.巴宾斯基反射

5.[内蒙古赤峰]下列教育案例中运用了“最近发展区”理论的是(　　)

A.3岁的小军在妈妈的指导下,逐渐学会了自己叠衣服

B.小海的妈妈希望他长大后成为一名科学家

C.小明的实际身高和同龄男孩的平均身高有差距

D.5 岁的小丽能够背诵近百首唐诗

6.［内蒙古赤峰］婴幼儿的“认生”通常出现在(　　)

A.3～6 个月　　B.6～12 个月　　C.1 岁　　D.1.5 岁

7.［河南平顶山］豆豆原本只知道用小勺子盛面糊做饼干。在老师的提示和示范下，豆豆可以用大勺子做更多花样的糕点，豆豆这一变化的过程体现了(　　)的概念。

A.关键期　　B.不平衡期　　C.敏感期　　D.最近发展区

8.［福建统考］晶晶与合合是同卵双胞胎，他们的遗传基因相同，但是性格却不相同，这表明了(　　)

A.遗传物质决定心理发展　　B.遗传物质为心理发展提供动力

C.遗传物质为心理发展提供现实条件　　D.遗传物质为心理发展提供可能性

9.［福建统考］学前儿童的语言学习能力非常强，从不会说话到掌握母语的全部会话大约要四年，说明语言发展存在(　　)

A.最近发展区　　B.关键期　　C.危机期　　D.转折期

10.［浙江杭州］(　　)是影响幼儿心理发展的最直接的因素。

A.环境　　B.教育　　C.活动　　D.幼儿自身内部矛盾

11.［安徽安庆］在口语语言表达方面，(　　)岁是儿童语言发展的关键期。

A.3　　B.4　　C.5　　D.2

12.［安徽安庆］教师通常在班级设置许多活动区，提供多层次活动材料，让幼儿自选。这遵循的心理发展原则是(　　)

A.阶段性原则　　B.社会性原则　　C.操作性原则　　D.差异性原则

13.［河南郑州］幼儿教师拟定教育目标时，以幼儿现有发展水平与将要达到水平之间的距离为依据，这种做法的理论基础是(　　)

A.维果斯基的最近发展区理论　　B.班杜拉的观察学习理论

C.皮亚杰的认知发展理论　　D.斯金纳的操作学习理论

14.［河南郑州］格塞尔进行的双生子爬梯实验结果表明，在儿童心理发展过程中起显著作用的是(　　)

A.遗传因素　　B.生理成熟　　C.家庭教育　　D.文化环境

15.［河北邢台］儿童心理发展的关键期主要表现在(　　)

A.儿童个性发展上　　B.儿童智力发展上

C.儿童语言发展和感知觉方面　　D.儿童动作发展上

16.［河北邢台］下列属于 5～6 岁幼儿特征的是(　　)(易混)

A.认识依靠行动　　B.开始掌握认知方法

C.开始接受任务　　D.最初步的生活自理

17.［广东高州］美国心理学家布卢姆通过实验研究发现，学前期是人的一生中心理发展的敏感期，所谓敏感期是指在儿童发展的某一时期，儿童(　　)

A.开始在意其他人对自己的看法　　B.尝试思考人生的意义

C. 学习某种知识和行为比较容易　　D. 逐渐形成个人的性格特点

18. [广东高州]孩子的第一个和最重要的环境影响因素是(　　)

A. 教师　　B. 陌生人　　C. 同伴　　D. 父母

19. [广东广州]亮亮擅长写作,每次他的作文都被评为班里的优秀作文;明明的写作能力不强,但是他极具语言天赋,英语成绩位居年级前列。亮亮和明明二人各有其优势,这体现了个体身心发展的(　　)

A. 顺序性　　B. 阶段性　　C. 不平衡性　　D. 个别差异性

20. [陕西特岗]影响儿童身心发展的因素有很多,其中影响儿童身心发展的物质基础是(　　)(易错)

A. 社会环境　　B. 学校教育　　C. 遗传素质　　D. 个体主观能动性

21. [陕西特岗]根据儿童发展敏感期进行适当的教育,对儿童的智力发展具有重要意义,其中儿童形状知觉的敏感期出现在(　　)(易混)

A. 3 岁　　B. 4 岁　　C. 5 岁　　D. 6 岁

22. [陕西特岗]维果斯基认为"教学应该走在发展的前面",任何教学都存在最重要的时期,或早或晚都会对儿童产生不良影响,他的教学思想来自他提出的(　　)

A. 图式　　B. 内化

C. 同化、顺应与平衡化　　D. 最近发展区

23. [江西统考]"鹰架教学"是在运用(　　)理论的过程中提出来的,它是指为儿童提供教学,并逐步转化为提供外部支持的过程。(常考)

A. 维果斯基的最近发展区　　B. 皮亚杰的认知发展

C. 加德纳的多元智能　　D. 皮亚杰的知识建构主义

24. [浙江临海]最近发展区是指儿童无法依靠自己来完成,但可在成人和更有技能的儿童帮助下来完成的任务范围。其上限是(　　)

A. 儿童无法依靠自己来完成的任务　　B. 儿童已能独立完成的任务

C. 他人已能独立完成的任务　　D. 他人还不能独立完成的任务

25. [安徽滁州]下列关于儿童心理发展的说法错误的是(　　)

A. 发展具有连续性和阶段性　　B. 发展具有方向性和顺序性

C. 发展具有平衡性　　D. 发展具有个别差异性

26. [安徽宿州]"第二断乳期"一般发生在(　　)

A. 幼儿园时期　　B. 小学时期

C. 中学时期　　D. 大学时期

27. [山西长治]华生说:"如果给我一打健康的婴儿,我保证能够按照我的意愿把他们培养成任何一类人,或者医生、律师、艺术家、大商人,甚至训练成乞丐和强盗。"这句话主要体现了(　　)(易错)

A. 孩子可以自由选择自己的职业　　B. 教育决定孩子的发展

C. 孩子的发展与生理因素有关　　D. 人人皆可成为精英

28.［福建统考］一般来说，学前期男孩的语言发展比同龄女孩迟，这种现象的影响因素主要是（　　）

A. 遗传因素　B. 生理成熟　C. 环境　D. 教育

29.“染于苍则苍，染于黄则黄”这用来说明（　　）对人的成长发展影响是巨大的。

A. 颜色　B. 环境　C. 遗传　D. 物质

30.［重庆］教育学上所称的“跳一跳，摘桃子”是指（　　）（易混）

A. 最佳期和敏感期　B. 转折期和危机期

C. 关键期　D. 最近发展区

31.［福建统考］老师带着幼儿到户外观察果树，小班时，幼儿东张西望，不能完成老师要求的观察任务；到了大班，幼儿能认真完成老师的要求，完整地说出果树的特征。这说明幼儿心理的发展趋势是（　　）

A. 从简单到复杂　B. 从具体到抽象

C. 从被动到主动　D. 从零乱到成体系

32.［陕西西安］苏联的维果斯基在说明教学与发展关系时，提出（　　）理论。

A. 发生认识论　B. 建构主义　C. 最近发展区　D. 多元智能

33.［安徽宿州］幼儿学习语言的关键时期是（　　）

A. 3～6岁　B. 4～8岁　C. 1～3岁　D. 出生～1岁

34.［重庆云阳］生活在不同环境中的同卵双胞胎的智商测评分数很接近。这说明（　　）

A. 遗传和后天环境对儿童的影响是平行的

B. 后天环境对智商的影响较大

C. 遗传对智商的影响较大

D. 遗传和后天环境对智商的影响相等

35.［陕西西安］在学前心理学中，儿童在每个年龄阶段中形成并表现出来的一般的、本质的、典型的心理特征被称为（　　）

A. 年龄特征　B. 关键特征　C. 能力特征　D. 个性特征

36.［陕西西安］儿童学习简单口语的最佳期或敏感期在（　　）

A. 1岁　B. 1～2岁　C. 2～4岁　D. 4～5岁

37.［陕西西安］从根本上制约儿童心理发展的水平和方向的因素是（　　）

A. 宏观的社会环境和教育　B. 微观的社会环境

C. 遗传因素　D. 生理成熟因素

38.［安徽宿州］物体轻轻地触及新生儿的脚掌时，他本能地竖起大脚趾，伸开小趾，这样5个脚趾形成扇形。这是（　　）

A. 迈步反射　B. 抓握反射　C. 游泳反射　D. 巴宾斯基反射

39.［安徽宿州］下列不是先天性非条件反射的是（　　）

A. 婴幼儿的拥抱反射　B. 婴幼儿看见奶瓶流口水

C. 婴幼儿的踏步反射　D. 婴幼儿触碰到物体握住

40.［陕西西安］儿童发展指儿童在成长过程中（　　）方面有规律地从量变到质变的变化过程。

A. 身高、体重　　B. 品德、个性　　C. 情感、意志　　D. 生理、心理

41.［山东青岛］（　　）强调"学习的最佳期限"问题，他认为，技能的学习不应当错过最佳年龄，否则，对儿童的发展不利。

A. 劳伦兹　　B. 米德　　C. 维果斯基　　D. 苏霍姆林斯基

42.［山东青岛］从（　　）开始，婴儿在同物体的反复接触中，兴趣中心逐渐从自身的动作转移到动作的对象。

A. 1～3个月　　B. 3～6个月　　C. 6～8个月　　D. 8～10个月

43.［福建统考］语言学习关键期的存在体现儿童心理发展的（　　）

A. 顺序性　　B. 阶段性　　C. 个别差异性　　D. 不均衡性

二、多项选择题

1.［山东青岛］下列属于新生儿无条件反射现象的是（　　）

A. 吸吮反射　　B. 抓握反射　　C. 惊跳反射　　D. 行走反射

2.［陕西西安］小班幼儿的心理特点包括（　　）

A. 爱模仿　　B. 情绪作用大

C. 思维仍带有直觉行动性　　D. 带有逻辑思维

三、判断题

1.［河南郑州］有的孩子一岁就会说话，有的孩子两岁多还不开口，说明心理发展具有阶段性。（　　）

2.［广东广州］微观的社会环境是影响儿童心理个别差异的最为重要的条件。（易错）（　　）

3.［重庆云阳］问一个两三岁的儿童："你们家有几个人？"儿童回答："家里有爸爸、妈妈，还有我。"却说不出一共有几个人。这说明这时的幼儿学习数学具有从具体到抽象的心理特征。（　　）

4.［安徽宿州］"儿童心理发展等于遗传与环境的乘积"，这种观点是二因素论。（　　）

5.［重庆云阳］环境因素是影响生长发育的最基本因素，它为儿童的生长发育提供了可能性。（　　）

6.［安徽宿州］儿童心理发展的速度是匀速均衡发展的。（　　）

7.［浙江绍兴］遗传因素和生理成熟是影响儿童心理发展的生物因素，其中，最具重要意义的因素是遗传。（　　）

8.［福建统考］不同个体的爬行动作姿势及发展过程各不相同，有的婴儿在学会走之前不会爬。（　　）

四、填空题

1.［山东滨州］广义的学前期指________岁。

2.［福建统考］最近发展区的大小是________的主要标志，也是儿童可接受教育程度的重要标志。

五、名词解释

［安徽滁州］最近发展区

六、简答题

1.［山东滨州］简述5～6岁儿童心理发展的特点。

2.［安徽合肥］简述学前儿童心理发展的特点。

七、材料选择题

［安徽合肥］阅读下列案例，完成1～3题。

三岁多的亮亮最近常表现出各种反抗行为或执拗现象，不再像以前那样听话了。一有机会便要采取独立行动。有一天，妈妈特地在下班后给他买了一件玩具，叫他自己玩。妈妈忙完家务，给他准备了洗澡水，喊他洗澡，连喊了三遍，亮亮才大声回应道"妈妈，我不洗澡"。妈妈给他讲道理，他直接回答："我没空！"然后继续专心玩玩具，对妈妈的解释不予理睬。妈妈生气之下一把抢过他的玩具，强行把亮亮抱进浴室，可是，趁着妈妈拿沐浴露，他却直接跑进房间继续玩玩具。妈妈气不过，直接抓住他狠揍了两下屁股，接着强行给他洗澡，亮亮大哭大闹，妈妈心里也很不愉快。之后亮亮表现得更加叛逆，总是要求自己吃饭穿衣，爱说"不"或不让动手偏用手去摸，不知什么叫危险，什么叫不行，如果受到大人预先限制或强行制止，亮亮就会表现出情绪烦躁或反抗。

1. 结合上述案例，亮亮心理发展正处于什么阶段（　　）

A. 平稳期和发展期　　B. 转折期和危机期

C. 停滞期和缓慢期　　D. 成长期和蜕变期

2. 结合上述案例，亮亮的主要心理特点是（　　）

A. 容易产生骄傲的心理特点　　B. 容易产生自卑的心理特点

C. 容易产生强烈的情绪表现　　D. 容易产生内敛的情绪表现

3. 针对亮亮的情况，老师或家长应该怎么办（　　）

A. 对亮亮进行合理引导，不对亮亮进行预先限制或强行制止

B. 对亮亮进行严加管教，坚决改正亮亮的坏习惯

C. 放任不管，任其发展

D. 安排其他幼儿与亮亮玩耍，以此来影响亮亮的行为

八、材料分析题

[浙江统考]中班老师要进行集体教学活动,让小朋友从家里带了很多橘子过来。一整节课让小朋友看橘子颜色、外形之类的,还让小朋友们剥橘子品尝,分享讨论。上课前,在没有老师教的情况下,孩子就已经能说出橘子是黄色的、橙色的,已经能自己剥开橘子,能说出橘子的味道是甜的、酸的、酸酸甜甜的。

(1)结合最近发展区理论,说说上述教师的教学设计活动是否合适,并说明理由。

(2)说说最近发展区理论的代表人物及其理论观点。

(3)根据最近发展区理论,结合材料提出2条教育建议,并说出依据。

实战演练

一、单项选择题

1. 三岁的童童不再像以前那样听话了,一有机会便采取独立行动,要求自己穿衣、吃饭,不让做的事情偏要做,不知什么是危险。成人阻止他的某个行为时,他就会表现出强烈的烦躁和对立的情绪,常常爱说"不"。这说明童童正处于( )

A. 关键期　　B. 敏感期　　C. 最佳期　　D. 转折期

2. 在某个时期内,个体对某种刺激特别敏感。过了这个时期,同样的刺激对之影响很小或没有影响。这个时期被称( )

A. 潜伏期　　B. 发展期　　C. 转折期　　D. 关键期

3. 在幼儿的发展中最容易观察到的一个敏感期是( )

A. 行走的敏感期　　B. 手的敏感期

C. 语言的敏感期　　D. 细节的敏感期

4. 古往今来的儿童都爱游戏、爱活动。这一现象说明儿童心理年龄阶段特征是( )

A. 阶段性　　B. 稳定性　　C. 可变化性　　D. 整体性

5. "心理的发展并非单纯是天赋本能的渐次显现,也非单纯由于受外界影响,而是内在本性和外在条件辐合的结果。""两种因素同为发展的不可缺少的成分,虽然其所占比重可因事而异。"这是( )在《早期儿童心理学》一书中提到的。

A. 布朗芬布伦纳　　B. 维果斯基

C. 皮亚杰　　D. 斯腾

6. 最近发展区存在于儿童心理发展的( )(易错)

A. 任何时候　　B. 关键期　　C. 最佳期　　D. 敏感期

7. 婴儿最初只有快乐和痛苦两种情绪，随着年龄的增加，至 2 岁左右已经有惧怕、厌恶、愤怒、欢乐等情绪。这一现象说明儿童心理活动的发展趋势是(　　)

A. 从简单到复杂　　B. 从具体到抽象

C. 从被动到主动　　D. 从零乱到成体系

8. 按照儿童发展阶段来划分，13 岁的儿童处于(　　)

A. 幼儿晚期　　B. 学龄初期　　C. 学龄中期　　D. 学龄晚期

9. 下列关于关键期的说法错误的是(　　)

A. 关键期的概念起源于对动物的研究

B. 错过了发展的关键期，人类个体的相关机能便无法弥补

C. 2 岁左右是儿童口头语言发展的关键期

D. 关键期主要集中在人类个体发展的早期阶段，为早期教育的开展提出了依据

10. 婴儿喜欢将东西扔在地上，成人捡起来给他，他又扔在地上，如此反复，乐此不疲。这说明婴儿喜欢(　　)(常考)

A. 扔东西　　B. 重复连锁动作

C. 手的动作　　D. 抓握动作

11. 如果是色盲或失明儿童就无从发展视力，也就培养不成画家了。这表明(　　)

A. 遗传决定一切　　B. 遗传素质为儿童发展提供前提

C. 后天环境决定遗传素质　　D. 教育起主导作用

二、多项选择题

1. 下列属于幼儿中期的心理特点的有(　　)

A. 更加活泼好动、爱玩、会玩　　B. 思维具体形象

C. 开始接受任务　　D. 开始自己组织游戏

2. 儿童心理发展受多方面因素影响，其中影响儿童心理发展的客观因素有(　　)(常考)

A. 遗传因素　　B. 教育　　C. 生理成熟　　D. 家庭

3. 遗传与环境对心理发展作用的学说有(　　)

A. 遗传决定论　　B. 环境决定论　　C. 二因素论　　D. 相互作用论

4. 下列因素中，会对幼儿心理发展产生影响的有(　　)(易错)

A. 家长职业　　B. 遗传

C. 环境　　D. 幼儿自身活动

三、判断题

1. 维果斯基认为教育教学的作用就在于创造“最近发展区”，教育应略超前于幼儿现有的发展水平。(　　)

2. 儿童心理年龄特征代表这一年龄阶段中每一个儿童所有的心理特点。(　　)

3. 无条件反射是建立条件反射的基础。(　　)

4. 独立性的出现是开始产生自我意识的明显表现，也是人生头 2 ~ 3 年心理发展成就的集中表现。(　　)

四、填空题

1. ________是指当新生儿被抱起时,他会本能地紧紧靠贴成人。(易混)
2. 遗传决定论的鼻祖是________。
3. "孟母三迁"的故事可用来说明影响儿童心理发展的主要因素是________。
4. 心理是人脑对________能动的反映。
5. 学前心理学常用的实验法有两种:________和________。
6. 儿童掌握数概念的最佳期是________。
7. 儿童词汇能力发展最快的时期是________。
8. 如果新生儿的一只手或双手的手掌被压住,他会转头张嘴。当手掌上的压力减去时,他会打呵欠,这属于幼儿本能反射中的________。
9. 遗传决定论的鼻祖是________。
10. 提出儿童心理发展等于遗传和环境的乘积的是________。

五、简答题

1. 简述儿童心理发展的年龄特征的含义。(常考)

2. 简述运用观察法时应注意的问题。

六、材料分析题

明明是一个六岁的男孩。他的妈妈是个有心人,把明明在四岁半至五岁半提出的问题做了详细的记录,共有4000多个问题,而且涉及面非常广。他妈妈也是个兴趣爱好广泛的人,对孩子的提问总是认真对待,并鼓励孩子提问。老师评价说,明明知识面广,是一个非常聪明的孩子,这与他妈妈正确的教育是分不开的。

根据案例分析明明的心理发展的突出年龄特点是什么,并提出正确的教育措施。

第二章　学前儿童动作和语言的发展

命题要点	考查热度	考查难度	命题预测
学前儿童动作的发展	★	一般	学前儿童动作发展的规律
语言和言语	★	一般	口头言语、书面言语、内部言语
言语的发生和形成	★★★	难	言语发音的准备阶段、儿童口语的发展阶段
幼儿言语发展的主要特征	★★	中等	幼儿语音的发展、幼儿词汇的发展
学前儿童的言语与活动	★	一般	自我中心言语、社会化言语，学前儿童言语发展中易出现的问题及教育措施

真题必刷

第 3 练　学前儿童动作的发展

单项选择题

1. [山东青岛]学前儿童的动作发展最先从头部和躯干的动作开始，最后发展到臂、手、腿等部位，最后是手的精细动作的发展，这体现了学前儿童动作发展具有的规律之一是(　　)

A. 从大到小　　B. 由近及远　　C. 从上到下　　D. 从无意到有意

2. [河南平顶山]学前儿童先会走、跑，后会灵活地使用剪刀，这说明儿童动作发展具有(　　)

A. 从整体到局部规律　　B. 首尾规律

C. 大小规律　　D. 远近规律

3. [重庆云阳]下列符合儿童动作发展规律的是(　　)(常考)

A. 从局部动作发展到整体动作

B. 从边缘部分的动作发展到中央部分的动作

C. 从粗大动作发展到精细动作

D. 从下部动作发展到上部动作

4. [陕西西安]儿童动作发展可依次分为(　　)

A. 反射动作阶段—最初动作阶段—基础动作阶段—专门化动作阶段

B. 反射动作阶段—最初动作阶段—专门化动作阶段—基础动作阶段

C. 反射动作阶段—基础动作阶段—最初动作阶段—专门化动作阶段

D. 最初动作阶段—反射动作阶段—基础动作阶段—专门化动作阶段

5. [陕西西安]下列属于儿童基础移位动作的有(　　)

A. 走、跑、踢　　B. 轴心动作、动态平衡

C. 投掷、踢、击　　D. 走、跑、跳

6. [安徽滁州]儿童动作发展的规律包括从上至下、由粗到细和(　　)(易错)

A. 由多到少　　B. 由近及远

C. 由简单到复杂　　D. 由快到慢

第 *4* 练　学前儿童语言的发展

一、单项选择题

1. [天津南开]文文一边用积木搭城堡,一边不停地嘀咕说:"我搭好城堡,就可以让公主和王子住进去了。"这说明幼儿自言自语具有的作用是(　　)

A. 自我调节　　B. 自我反思　　C. 情感表达　　D. 信息交流

2. [山东青岛]方方看到姐姐,把玩具拿给姐姐说:"姐姐拿,姐姐拿。"方方的句子属于(　　)

A. 单词句　　B. 关联句　　C. 复合句　　D. 双词句

3. [山东青岛]下列对幼儿语音发展描述错误的是(　　)

A. 在幼儿的发音中,辅音发音的正确率较高

B. 随着年龄增长,幼儿发音的正确率逐渐提高

C. 在幼儿的发音中,元音发音的正确率较高

D. 语言环境是影响幼儿发音水平的重要因素

4. [山东青岛]瑞瑞说:"妈妈,我要吃饼干。"妈妈把饼干给了瑞瑞。吃完饼干,瑞瑞走进自己房间拿出积木自言自语:"先搭一个吊车,再给大吊车搭一个停车场。"根据皮亚杰的理论,瑞瑞的前后两句话属于(　　)

A. 自我中心语言和社会性语言　　B. 都属于自我中心语言

C. 都属于社会性语言　　D. 社会性语言和自我中心语言

5. [内蒙古赤峰]儿童处于"单词句阶段"的年龄在(　　)

A. 0.5~1 岁　　B. 1~1.5 岁　　C. 1.5~2.5 岁　　D. 2~2.5 岁

6. [山东临沂]下列不属于儿童自我中心言语表现形式的是(　　)

A. 重复　　B. 独白　　C. 集体独白　　D. 告知

7. [浙江杭州](　　)是幼儿内部言语产生的过渡形式。

A. 独白言语　　B. 游戏言语

C. 不出声的自言自语　　D. 出声的自言自语

8. [浙江统考]幼儿园小班的孩子说话时往往断断续续、缺乏连贯和逻辑,还喜欢边说边做出相应的手势和表情。这种语言被称为(　　)

A. 情境性言语　　B. 对话语言　　C. 独白语言　　D. 内部语言

9.［河北邢台］儿童最容易学习语言发音的年龄阶段是(　　)

A. 2～3 岁　　B. 3～4 岁　　C. 4～5 岁　　D. 5～6 岁

10.［河北邢台］幼儿语言发展中最早产生的句型是(　　)

A. 疑问句　　B. 陈述句　　C. 感叹句　　D. 祈使句

11.［河北邢台］教师在向小班幼儿描述常规时应避免使用否定性的语句，这是由于(　　)

A. 按规定不能用　　B. 小班幼儿年龄小，语言理解能力弱

C. 说否定句有损教师形象　　D. 容易造成幼儿的逆反心理

12.［河北邢台］前语言发音阶段大致可分为单音发声、音节发声和(　　)

A. 语义发声　　B. 语调发声

C. 前词语发声　　D. 语气发声

13.［河北邢台］儿童语言中的约定俗成的符号系统和系列规则是指(　　)(易错)

A. 语言内容　　B. 语言形式　　C. 语言运用　　D. 语言符号

14.［广东高州］儿童的词汇可以分为积极词汇和消极词汇两类，所谓"积极词汇"是指(　　)

A. 儿童主动创造出来的词汇　　B. 从朋友身上学来的词汇

C. 儿童能理解又能正确使用的词汇　　D. 儿童听得懂的词汇

15.［江西统考］皮亚杰将儿童的言语分为自我中心言语和社会化言语，其中社会化言语包括适应性告知，批评和嘲笑，(　　)以及问题与回答。

A. 命令、请求和威胁　　B. 外部语言

C. 内部语言　　D. 外部语言和内部语言

16.［福建统考］菁菁在全班小朋友面前完整讲述去迪士尼乐园的趣事，这属于(　　)

A. 情境性言语　　B. 出声的自言自语

C. 独白言语　　D. 对话言语

17.［安徽宿州］儿童最先掌握的词汇种类是(　　)(常考)

A. 动词　　B. 形容词　　C. 数量词　　D. 名词

18.［安徽宿州］幼儿的语音发展具有一定的特点。对此，下列说法正确的是(　　)

A. 幼儿对声母、韵母的掌握程度相同

B. 1～2 岁是幼儿语音发展的飞跃期

C. 幼儿发音的正确率与年龄增长成正比

D. 幼儿语音的正确率与所处社会环境无关

19.［安徽宿州］下列有关儿童语言内容的表述，正确的是(　　)

A. 儿童在 3 岁左右才能掌握本民族的全部语音

B. 要想掌握语言，首先得听懂语言，才能理解语言

C. 维果斯基把语言分为自我中心语言和社会化语言

D. 外部语言分为口头语言和社会化语言

20. [海南万宁]句子的平均长度是幼儿语言发展的一项指标,2~6岁儿童使用句子长度随年龄增长而增长,4岁时开始出现(　　)个词以上的句子。(易错)

A.7　　B.9　　C.11　　D.13

21. [安徽宿州]儿童出声的自言自语的形式主要是(　　)和问题言语。

A.游戏言语　　B.内部言语　　C.书面言语　　D.外部言语

22. [福建统考]一个4岁的儿童把"一条裤子"说成了"一双裤子",这种语言现象称为(　　)

A.单词句现象　　B.双词句现象　　C.电报句现象　　D.造词现象

23. [安徽合肥](　　)是儿童身心发展到一定水平的产物,是外部言语的内化,是思维过程的依靠,对心理活动具有调节和控制作用。

A.内部言语　　B.外部言语　　C.口头语言　　D.书面语言

24. [重庆]儿童能掌握本民族的全部语音是在(　　)

A.2~3岁　　B.5~6岁　　C.3~4岁　　D.6~7岁

25. [陕西西安]学前儿童言语发展的趋势是(　　)

A.语音知觉发展在先,正确语音发展在后;理解语言发生发展在先,语言表达发生发展在后

B.语音知觉发展在先,正确语音发展在后;语言表达发生发展在先,理解语言发生发展在后

C.正确语言发展在先,语音知觉发展在后;理解语言发生发展在先,语言表达发生发展在后

D.正确语言发展在先,语音知觉发展在后;语言表达发生发展在先,理解语言发生发展在后

26. [陕西西安]儿童对实词掌握的顺序是(　　)

A.动词—名词—形容词　　B.名词—动词—形容词

C.名词—形容词—动词　　D.名词—语气词—动词

27. [陕西西安]幼儿开始出现内部言语是在(　　)

A.3岁以后　　B.4岁以后　　C.5岁以后　　D.6岁以后

28. [重庆云阳]一岁半的儿童想给妈妈吃饼干时,会说:"妈妈,饼,吃。"并把饼干递过去。这表明该阶段儿童语言发展的一个特点是(　　)

A.电报句　　B.完整句　　C.单词句　　D.简单句

29. [安徽宿州]一岁半的兴兴抓着妈妈的衣服,大声嚷嚷:"妈妈,饭饭!"兴兴使用的句式是(　　)

A.简单句　　B.完整句　　C.电报句　　D.复合句

30. [安徽宿州]学前儿童言语发生阶段的两个小阶段主要分为(　　)

A.理解语言迅速发展阶段(4~8个月)、积极说话发展阶段(9~12个月)

B.理解语言迅速发展阶段(1~1岁半)、积极说话发展阶段(1岁半~2岁或3岁)

C.连续音节阶段(4~8个月)、学话萌芽阶段(9~12个月)

D.连续音节阶段(1~1岁半)、学话萌芽阶段(1岁半~2岁或3岁)

31. [福建统考]幼儿常把被动语态句"女孩被男孩推倒"理解为"女孩推倒男孩"。这说明其语态理解(　　)

A.受语序影响　　B.受暗示影响　　C.受经验影响　　D.受语气影响

32.［福建统考］以下做法不利于促进幼儿语言发展的是（　　）

A. 让幼儿有充分交往与活动的机会

B. 帮助幼儿扩大眼界，丰富生活，增加词汇量

C. 长时间让幼儿自己独自玩

D. 成人语言规范

二、多项选择题

1.［内蒙古赤峰］学前儿童外部言语的种类有（　　）

A. 对话言语　　B. 独白言语　　C. 内部言语　　D. 书面言语

2.［广东高州］研究发现，婴幼儿时期是个体口头语言发展的关键期，它对儿童以后阅读、书面语言的发展起着重要的奠基作用。在3岁以前的婴幼儿语言发展的有效促进策略中，包含以下（　　）几方面。

A. 指导幼儿掌握正确的语音　　B. 运用非言语交流

C. 使用语言游戏　　D. 创设良好环境

3.［山东青岛］言语在儿童心理发展中具有重要的意义。掌握言语之后，儿童的心理机能发生了重大变化，表现在以下几方面（　　）

A. 自我意识产生，个性开始萌芽

B. 高级心理机能开始形成，低级心理机能得到改造

C. 模仿发音——学话萌发阶段

D. 语言表达的积极性高涨起来

三、判断题

1.［福建统考］君君在用积木搭汽车时说："嘀嘀，开车了，要买票到北京，五元。"这是问题言语。（　　）

2.［安徽合肥］大班幼儿已经能够使用复合句进行表达，复合句即复杂句，指包含了所有句子成分的语句。（　　）

3.［安徽合肥］儿童发韵母比发声母困难。（　　）

4.［安徽宿州］3～4岁是儿童语言真正形成的时期，也是儿童语言发展最迅速的阶段。（　　）

5.［安徽滁州］儿童的不完整句大多发生在2岁以前，主要是单词句和双词句。（易错）（　　）

6.［福建统考］3岁前儿童的言语主要是连贯性言语。（　　）

7.［浙江绍兴］幼儿词汇量增长的活跃期是5～6岁。（　　）

四、简答题

［天津南开］简述如何在实践中提高幼儿的言语能力。（易错）

实战演练

一、单项选择题

1. 儿童言语最初是(　　)

A. 对话式　　B. 独白式　　C. 连贯式　　D. 创造式

2. 幼儿语音错误多集中在发(　　)

A. 舌音　　B. 元音　　C. 辅音　　D. 鼻音

3. 一边做动作,一边说话,用言语补充和丰富自己的行动的言语是(　　)

A. 对话言语　　B. 内部言语

C. 游戏言语　　D. 独白言语

4. 关于幼儿语言发展阐述正确的是(　　)

A. 从自我中心语言到社会化语言　　B. 从社会化语言到自我中心语言

C. 从内部语言到外部语言　　D. 从独自语言到内部语言

5. 在幼儿内部语言的发展过程中,常常出现一种介乎外部语言和内部语言之间的语言形式,这种语言形式是(　　)

A. 社会化语言　　B. 出声的自言自语

C. 重复　　D. 独白

6. 儿童的发展从身体的中部开始,越接近躯干的部分,动作发展越早,而远离身体躯干的肢端动作发展较迟。这是儿童动作发展中的(　　)

A. 从上至下规律　　B. 由近及远规律

C. 由粗到细规律　　D. 由头至尾规律

7. 儿童言语发展的基本规律是(　　)(易错)

A. 听懂和能说同时发生　　B. 先听懂,后会说

C. 先能说,后听懂　　D. 以上说法都不对

8. 幼儿期是儿童语言发展的重要时期,因此幼儿教师应该避免出现的行为是(　　)

A. 创造一个自由、宽松的语言交往环境　　B. 给予幼儿表达机会,并倾听幼儿说话

C. 以多识字来考查幼儿语言发展水平　　D. 培养幼儿书写兴趣

9. 儿童动作发展的一般规律是(　　)(常考)

A. 从整体的动作到局部的动作

B. 从局部的动作到整体的动作

C. 从整体混乱的动作到局部混乱的动作

D. 从局部混乱的动作到整体混乱的动作

10. “宝宝糖糖”是(　　)

A. 简单句　　B. 单词句　　C. 复合句　　D. 电报句

11. 随着年龄的增长，幼儿(　　)(易错)

A. 情境言语的比重逐渐下降　　B. 逻辑言语的比重逐渐下降

C. 对话言语的比重逐渐下降　　D. 连贯言语的比重逐渐下降

二、多项选择题

1. 学前儿童动作发展的阶段包括(　　)

A. 反射动作阶段　　B. 专门化动作阶段

C. 基础动作阶段　　D. 最初动作阶段

2. 由于言语活动的表现形式各有不同，可分为(　　)

A. 口头言语　　B. 游戏言语　　C. 书面言语　　D. 内部言语

3. 幼儿半岁以后，手的动作的发展表现是(　　)

A. 摆弄物体　　B. 双手配合　　C. 重复连锁动作　　D. 五指分工

三、填空题

1. 学前儿童动作发展的规律有：从整体到局部规律、________、________、大小规律、无有规律。

2. 语言是一种________现象，言语是一种________现象。(易错)

3. 在单词句阶段，儿童言语的发展主要反映在________方面。(常考)

4. ________是一种自己对自己发出的声音，是自己默默无声地思考问题的言语活动。

5. 言语的________指人们言语中的每一个词都代表着一定的对象。

6. 在儿童词汇发展过程中，儿童使用频率最高的是________。

四、名词解释

1. 口头言语(常考)

2. 自我中心言语(易错)

3. 连贯性言语

五、材料分析题

1. 丽丽4岁了，已经上幼儿园了，但是最近，幼儿园的老师向丽丽的妈妈反映的情况，让丽丽妈妈有点无奈。原来老师发现丽丽的普通话和别的小朋友差很多，总是带着方言的感觉，有时候和小朋友们交流，就突然蹦出几句方言，不仅是小朋友有时候连老师也听不懂。丽丽的妈妈也没有办法，丽丽的爸爸在家里经常用方言说话，时间久了，丽丽也学会了。

   请根据学前儿童言语发展中的问题的有关原理，对案例进行分析。

2. 幼儿2岁以后，开始逐步用语言来表达自己的需要和情感，用语言来调节自己的动作和行为，基本上能用语言与人交往，语言成了这一阶段幼儿社会交往和思维的工具。3岁以后，幼儿总喜欢问“这是什么”或“为什么”之类的问题，他们从成人的答案中学到许多新词。

   结合案例，分析学前儿童口语表达能力的发展趋势。

第三章　学前儿童认知的发展

命题要点	考查热度	考查难度	命题预测
学前儿童注意的发展	★★	中等	3～6岁幼儿注意发展的主要特征、幼儿注意的品质、幼儿注意的分散与防止
学前儿童感知觉的发展	★★★	难	幼儿感知觉发展的主要特征
幼儿记忆的发展	★★★	难	幼儿记忆的发展趋势、幼儿记忆的发展特点
幼儿记忆力的培养	★	一般	常用的记忆方法
幼儿想象的发展	★★	中等	无意想象、有意想象、创造想象、再造想象、幼儿想象的夸张性
各年龄阶段幼儿想象的特点	★	一般	3～4岁、4～5岁、5～6岁幼儿想象的特点
学前儿童想象力的培养	★★	中等	学前儿童想象力的培养措施
学前儿童思维的发展	★★★	难	儿童思维发展的趋势、儿童思维发展的特点、儿童比较的发展、儿童概念的发展
皮亚杰的心理发展观	★★★	难	同化、顺应、平衡、皮亚杰的认知发展阶段理论

真题必刷

第5练　学前儿童注意和感知觉的发展

一、单项选择题

1. [天津南开]3岁的幼儿在自己活动时,顾及不到别人,只能自己单独玩,是因为(　　)

A. 游戏水平较低　　B. 教师的教育不到位

C. 喜欢自己一个人玩　　D. 注意分配能力差

2. [天津南开]小班幼儿一般能正确辨别的图形有(　　)

A. 半圆形、三角形、正方形　　B. 圆形、长方形、椭圆形

C. 圆形、正方形、三角形　　D. 正方形、三角形、椭圆形

3. [内蒙古鄂尔多斯]学生能够一边听课一边做笔记。这种现象属于(　　)

A. 注意的稳定性　　B. 注意的范围

C. 注意的转移　　D. 注意的分配

4.［山东青岛］小红刚刚吃完冰淇淋，又吃了块苹果说："好酸！"小红的感觉体现了（　　）

A. 感觉对比　　B. 感觉适应　　C. 感觉后效　　D. 感觉补偿

5.［山东青岛］小琴问妈妈："你今天什么时候来接我？"妈妈说："下班后就来接你。"小琴又问："那我等多久？"妈妈说："就几个小时。"小琴听了就哭着说："到底是多久啊？"这反映出（　　）

A. 学前儿童的时间知觉发展较早　　B. 学前儿童的时间知觉发展较迟

C. 学前儿童的深度知觉发展较早　　D. 学前儿童的深度知觉发展较迟

6.［山东青岛］幼儿正在室外游戏，突然天空中传来一阵轰鸣声，他们情不自禁地抬头观望，这种现象属于（　　）

A. 注意的分配　　B. 注意的转移　　C. 注意的分散　　D. 注意的广度

7.［山东青岛］幼儿常以（　　）作为时间定向的依据。

A. 钟表时间　　B. 生活制度　　C. 作息制度　　D. 家长的要求

8.［内蒙古赤峰］一个苹果放在面前，我们看到它是红色的，摸起来滑滑的，闻起来香香的，吃起来甜甜的。这种现象是（　　）（常考）

A. 感觉　　B. 知觉　　C. 注意　　D. 想象

9.［内蒙古赤峰］幼儿开始学跳舞时，注意了脚的动作，手就一动不动；注意了手的动作，脚步又乱了。这说明儿童注意的（　　）

A. 稳定性较差　　B. 范围较小　　C. 转移能力有限　　D. 分配能力较差

10.［河南平顶山］教师对小班幼儿说，站到靠墙一边，而不是站到右边是因为（　　）

A. 幼儿的方位知觉发展落后于方位词的理解

B. 幼儿方位知觉的发展还未达到"恒常"水平

C. 幼儿的方位辨别能力比较弱

D. 幼儿的方位知觉发展早于方位词的掌握

11.［河南平顶山］教师的新奇服饰、活动室布景等容易引起幼儿（　　）

A. 注意的转移　　B. 注意的分散

C. 注意的范围　　D. 注意的分配

12.［福建统考］午餐的时候，佳佳对晨晨说："今天是星期二，昨天是星期三……"晨晨说："是的。"表明佳佳和晨晨的（　　）

A. 记忆能力较差　　B. 空间知觉水平较差

C. 语言表达能力较差　　D. 时间知觉水平较差

13.［福建统考］幼儿在做感兴趣的事情时，觉得时间过得很快；做不感兴趣的事情时，觉得时间过得很慢。这体现了幼儿对时间感知的（　　）

A. 主观性　　B. 客观性　　C. 含糊性　　D. 确定性

14.［浙江杭州］幼儿早期形成的注意是（　　）

A. 选择性注意　　B. 定向性注意　　C. 有意注意　　D. 有意后注意

15.［浙江统考］玩“找不同”游戏时，教师让幼儿重复自己的任务是什么，这有助于增强幼儿观察的（　　）

A. 持续性　　B. 目的性　　C. 概括性　　D. 整体性

16.［安徽安庆］幼儿开始以自身为中心辨别左右的年龄大约是（　　）

A. 5 岁　　B. 7 岁　　C. 2 岁　　D. 3 岁

17.［安徽安庆］教育教学方式的多样性和新颖性有助于提高幼儿（　　）（易混）

A. 注意的广度　　B. 注意的稳定性

C. 注意的分配　　D. 注意的转移

18.［河南郑州］幼儿园中班集体活动一般时长为 20 ~ 25 分钟，这是因为中班幼儿有意注意的时间一般为（　　）

A. 3 ~ 5 分钟左右　　B. 10 分钟左右

C. 15 分钟左右　　D. 20 分钟左右

19.［河北邢台］幼儿看到桌子上有一个苹果，所说的话中直接体现幼儿知觉活动的是（　　）

A.“真香”　　B.“这是什么”　　C.“这有个苹果”　　D.“我要吃”

20.［山东滨州］下列关于婴儿注意的选择性，说法错误的是（　　）

A. 偏好复杂的刺激物　　B. 偏好规则图形多于不规则图形

C. 偏好曲线多于直线　　D. 偏好密度大的轮廓多于密度小的轮廓

21.［广东高州］袁老师引导小朋友们比较猫和狗两种动物的相同之处，最后得出它们都有四条腿、家里可以养、全身有皮毛、会咬人等结论。这一行为能够发展儿童的（　　）

A. 平衡性和协调性　　B. 语言理解能力

C. 观察力和洞察力　　D. 道德判断能力

22.［广东高州］幼儿对不同几何图形的辨别有程度上的差异，对幼儿来说，下列几何图形最易辨别的是（　　）

A. 圆形　　B. 菱形　　C. 梯形　　D. 八边形

23.［广东高州］活动室的布置过于花哨，更换的次数过于频繁，教学辅助材料过于有趣、繁多，教师的衣着打扮过于新奇，都可能分散儿童的注意。这说明（　　）可引起儿童分心。（常考）

A. 无关刺激的干扰　　B. 疲劳

C. 焦虑　　D. 缺乏兴趣

24.［陕西特岗］培养幼儿注意稳定性的方法有：提供新颖、生动的注意对象，开展操作性活动和（　　）

A. 明确注意的范围　　B. 要求幼儿注意的时间

C. 活动的游戏化　　D. 转移注意活动

25.［江西统考］新生儿出生后就能听到声音，但听觉阈限在最好的情况下也比成人高，随着年龄的增长，婴儿的听觉阈限（　　）（常考）

A. 逐步上升　　B. 保持平稳　　C. 逐步下降　　D. 基本消失

26.[江西统考]大小知觉是头脑对物体的长度、面积、体积在量的方面变化的反映,(　　)岁的幼儿在判别积木大小时,要用手逐块地摸积木边缘,或把积木叠在一起比较。

A.2~3　　B.3~4　　C.4~5　　D.5~6

27.[江西统考]"入芝兰之室,久而不闻其香;入鲍鱼之肆,久而不闻其臭",这体现了(　　)

A.感觉的对比　　B.感觉的适应

C.知觉的选择性　　D.知觉的不理解性

28.[江西统考]以下关于幼儿有意注意发展的表述,不正确的是(　　)(易错)

A.幼儿有意注意发展受大脑发育水平的局限

B.幼儿有意注意的发展水平较低,无法依靠活动和操作来维持

C.幼儿在幼儿园必须遵守各种行为规则,完成各项任务,这都需要幼儿形成或发展有意注意

D.教师在组织活动时,要求幼儿保持注意的对象应该是幼儿认知范围以内或幼儿易于理解的事物

29.[安徽合肥]幼儿贝贝喝糖水之后吃橘子,觉得橘子好酸;妈妈喂他喝了苦瓜汤后,他觉得喝白开水都有点甜。这体现了(　　)的现象。(常考)

A.同时对比　　B.联觉　　C.继时对比　　D.感觉的补偿作用

30.[安徽合肥]小红正在看图画书,听到外面的鞭炮声后立即放下图画书跑到窗口去看热闹,这说明幼儿的注意具有(　　)

A.无意性　　B.有意性　　C.分散性　　D.转移性

31.[安徽合肥]小明从始至终地听老师讲故事,认真地画画、做手工等都是小明有目的性的活动,而且小明为了完成活动要努力控制自己不做别的事,这体现了小明的(　　)(易混)

A.无意注意　　B.有意后注意　　C.有意注意　　D.定向注意

32.[安徽合肥]幼儿园要求幼儿专心吃饭,不许随便说话,以保证幼儿吃好、消化吸收好。这最主要是因为幼儿(　　)

A.注意的范围小　　B.注意容易分散

C.注意容易转移　　D.注意的分配能力差

33.[安徽宿州]下列行为中,属于幼儿有意注意的是(　　)

A.一名幼儿突然摔倒大哭,其他幼儿的目光纷纷转向他

B.老师烫了头发,幼儿都好奇地注意着老师的头发

C.上课时,幼儿自始至终都认真地听老师讲课

D.老师突然拿来一个新玩具,幼儿都不由自主地围了过来

34.[安徽宿州]3岁幼儿一般能集中注意(　　)

A.5分钟　　B.10分钟　　C.15分钟　　D.20分钟

35.[海南万宁]幼儿的形状知觉发展得很快,5岁的幼儿(　　)

A.能区分简单的几何图形

B.辨认几何图形正确率增长最快

C. 初步具备根据样本找到相同几何图形的能力

D. 能正确辨别各种基本的几何图形

36. [海南万宁]视敏度是指发觉一定对象在体积和形状上最小差异的能力,即视力。(　　)左右是幼儿视敏度发展最快的时期。(易混)

A. 0~5 个月　　B. 2 岁　　C. 4~5 岁　　D. 7 岁

37. [陕西西安]"在比较短的时间片段中所能清楚地知觉到的事物的数量"指的是(　　)

A. 注意的选择性　　B. 注意的分配

C. 注意的范围　　D. 注意的稳定性

38. [重庆云阳]幼儿对颜色的辨别往往和掌握颜色的(　　)结合起来。

A. 名称　　B. 明度　　C. 色调　　D. 饱和度

39. [重庆云阳]在良好的教育环境下,5~6 岁幼儿能集中注意(　　)

A. 5 分钟　　B. 10 分钟　　C. 15 分钟　　D. 20 分钟

40. [安徽合肥]幼儿园李老师上音乐课时,一边弹琴,一边组织孩子们按音乐节奏做出各种动作,李老师的行为属于哪种注意的品质(　　)(常考)

A. 注意的保持　　B. 注意的范围

C. 注意的转移　　D. 注意的分配

41. [安徽合肥]幼儿在玩游戏时,常常"顾此失彼",这说明幼儿注意的(　　)较差。

A. 广度　　B. 范围　　C. 稳定性　　D. 分配能力

42. [安徽合肥](　　)是人脑对直接作用于感官的客观事物的个别属性的反映,是反映现实世界最基础、最简单的心理现象。

A. 感觉　　B. 直觉　　C. 知觉　　D. 想法

43. [江西南昌]"一目十行""眼观六路"指的是注意的(　　)

A. 对象　　B. 转移　　C. 广度　　D. 方位

44. [江西南昌]研究表明,在良好的教育环境下,3 岁幼儿能够集中注意 3~5 分钟,4 岁幼儿的注意可持续 10 分钟左右,5~6 岁幼儿的注意能保持 20 分钟左右,这表明(　　)

A. 不同年龄段的幼儿,学习素质不一样

B. 幼儿在不同的年龄阶段,注意的稳定性有明显差异

C. 不同幼儿的智商也是不相同的

D. 幼儿在不同的年龄阶段,认知水平各不相同

45. [江西统考]吉布森和沃克进行的"视崖实验"被称为发展心理学的经典实验之一,是一项旨在研究幼儿(　　)的实验。

A. 空间知觉　　B. 方位知觉　　C. 深度知觉　　D. 距离知觉

46. [福建统考]幼儿认为下午就是到户外玩的时间,这说明幼儿的时间知觉(　　)

A. 与具体事物和事件相联系　　B. 与生物钟相联系

C. 与季节变化相联系　　D. 与日夜变化相联系

47. [陕西西安]3～6 岁儿童注意发展的显著特征是(　　)

A. 注意的发展开始受表象的影响

B. 注意的发展开始受语言的支配

C. 具有视觉偏好

D. 无意注意占优势地位,有意注意逐渐发展

48. [浙江临海]宽宽能正确说出红、蓝、绿、棕、灰、粉红、紫等颜色名称,并能在按明度和饱和度选取图片时有较高正确率,宽宽可能是(　　)儿童。

A. 托班　　B. 小班　　C. 中班　　D. 大班

49. [浙江临海]小米认为早上是去幼儿园的时间,下午是爸爸妈妈接小朋友回家的时间,小米是以(　　)认识时间的。

A. 自身的生理变化　　B. 自身的生活经验

C. 外界事物　　D. 时间标尺

50. [江西统考]以下关于幼儿形状知觉的阐述不正确的是(　　)

A. 3 岁幼儿能区分圆形、正方形、三角形

B. 4 岁到 4 岁半是辨认几何图形正确率增长最快的时期

C. 5 岁幼儿能正确辨别各种基本的几何图形

D. 幼儿认识图形由易到难的顺序是:圆形—半圆形—正方形—长方形—三角形—五边形—八边形—梯形—菱形

51. [浙江绍兴]开始能按成人的要求进行观察的孩子处于(　　)阶段。

A. 托班　　B. 小班　　C. 中班　　D. 大班

52. [江西统考]刘老师在进行《小狐狸和兔子》的诗歌教学活动中,呈现一幅反映儿歌内容的背景画,然后用小狐狸和兔子两个指偶在背景画上把儿歌内容生动形象地表现出来。刘老师的教育行为符合感知规律中的(　　)

A. 感觉适应　　B. 感觉对比

C. 联觉　　D. 感受性的可变性

53. [江西统考]张老师引导孩子们探究横切苹果的秘密,他问孩子:“我们常常会竖切苹果,但如果我们横切苹果,里面会有什么秘密呢?”孩子们立马对横切苹果的活动很感兴趣。张老师的提问引起了幼儿的(　　)

A. 无意注意　　B. 有意注意　　C. 有意后注意　　D. 无意后注意

54. [福建统考]早上天阴沉沉的,佳佳对妈妈说:“天黑了,晚上了,爸爸要下班了。”这说明佳佳对时间的知觉(　　)

A. 与语言发展相关　　B. 与情感相关

C. 与生活经验相关　　D. 与想象能力相关

55.［福建统考］教师在浅黄色的背景上放了小白兔的图片，小朋友反映看不清，原因是教师忽视了（　　）

A. 幼儿思维特点，图片不够生动

B. 幼儿注意特点，图片不够鲜明

C. 幼儿视觉发展现状，幼儿距离图片太远

D. 感觉对比规律，白色与浅黄色对比不强烈

56.［福建统考］教师面向幼儿领操，要求幼儿举左手，教师应该（　　）

A. 举自己的右手　　B. 转身背对幼儿举自己的右手

C. 举自己的左手　　D. 请一位幼儿面向大家举起右手

二、多项选择题

1.［山东青岛］针对刚出生的婴儿，下列描述正确的是（　　）

A. 他们所看见的东西比较清楚

B. 他们能区分声音的高低和强弱

C. 他们可以对不同的味觉刺激产生不同反应

D. 他们可以辨别不同的气味

2.［山东青岛］学前儿童观察力发展的特点包括（　　）

A. 观察持续时间较长　　B. 观察的系统性较差

C. 观察的目的性强　　D. 观察的概括性较低

3.［内蒙古赤峰］引起幼儿注意分散的原因有（　　）（常考）

A. 无关刺激过多　　B. 疲劳

C. 注意转移能力弱　　D. 目的不明确

4.［河北邢台］防止幼儿注意分散的方法有（　　）（常考）

A. 防止无关刺激的干扰　　B. 制定合理的作息制度

C. 培养良好的注意习惯　　D. 灵活地交互运用无意注意和有意注意

E. 提高教学质量

5.［安徽宿州］下列关于学前儿童注意的发展的说法，正确的有（　　）

A. 定向性注意随年龄的增长而占据越来越大的地位

B. 定向性注意的发生先于选择性注意的发生

C. 无意注意的发展早于有意注意的发展

D. 选择性注意的范围扩大

6.［安徽合肥］下列关于幼儿颜色视觉的发展，说法正确的有（　　）

A. 幼儿初期（3～4岁），已能初步辨认红、橙、黄、绿等基本色，但在辨认紫色等混合色或者近似色时，往往比较困难

B. 幼儿中期（4～5岁），大多数能认识基本色、近似色，并能说出基本色的名称

C. 幼儿晚期（5～6岁），能够辨认更多混合色，并能正确地说出颜色的名称，还能注意到颜色的明度和

饱和度

D. 幼儿期，颜色视觉的发展主要表现在区别颜色细微差别能力的继续发展

7. [安徽合肥]下列关于五岁幼儿掌握空间方位的说法，错误的是(　　)

A. 开始以他人为中心辨别左右　　B. 开始以他人为中心辨别前后

C. 开始以自身为中心辨别左右　　D. 开始以自身为中心辨别前后

8. [安徽合肥]下列关于幼儿时间知觉特点，说法正确的有(　　)(易混)

A. 3～4 岁的幼儿能够以外界事物作为时间的标尺

B. 4～5 岁的幼儿是依靠生理变化产生对时间的条件反射

C. 5～6 岁的幼儿开始能辨认"前天""后天"等较远的时间间隔，并能学会看钟表等

D. 儿童往往以自身的作息制度作为时间定向的依据

9. [安徽合肥]下列属于引起幼儿无意注意的原因有(　　)

A. 刺激物本身的特点　　B. 人自身的状态

C. 人的知识、经验　　D. 人的性格及意志品质

10. [山西长治]幼儿注意品质的发展包括(　　)等。(易混)

A. 注意广度的发展　　B. 注意可变性的发展

C. 注意转移的发展　　D. 注意分配的发展

三、判断题

1. [内蒙古鄂尔多斯]突然有人敲门，人们都看向门口，属于随意后注意。(　　)

2. [广东高州]课堂上，幼儿们正在听老师讲故事，这时若教室突然进来另一位老师，幼儿的眼睛往往会一齐看着这位刚进来的老师，幼儿们的这种表现属于有意注意。(常考)(　　)

3. [安徽合肥]请幼儿取放物体时，应该使用他们能够理解的方位词，如把桌子下面的东西放到窗台上，把花盆放在大树旁边等。(　　)

4. [安徽合肥]感觉是人脑对直接作用于感觉器官的客观事物的整体反映，其实质是回答作用于感官的事物"是什么"的问题。(常考)(　　)

5. [安徽合肥]触觉是肤觉和运动觉的联合，是幼儿认识世界的重要手段。(　　)

6. [安徽合肥]有意注意也称随意注意，是指没有预定的目的，也不需要意志努力的注意。(常考)(　　)

7. [福建统考]儿童方位知觉的发展顺序为先前后，次上下，再左右。(常考)(　　)

8. [福建统考]3～6 岁幼儿注意的特点是无意注意占优势，有意注意逐渐发展。(　　)

9. [山东青岛]幼儿观察力的发展表现为观察的目的性差而精确性强。(　　)

四、填空题

1. [福建统考]幼儿辨别左右比较困难，教师在示范教学过程中，要注意使用________。

2. [福建统考]老师制作教具时，在浅色的背景里画上鲜艳的小花，这是利用刺激间的________关系来引起幼儿的无意注意。

3. [内蒙古鄂尔多斯]注意分为________和________两种类别。(常考)

4. [山西古交]心理学上把有预定目的，需要一定意志努力的注意叫作________。

5. [山西古交]注意是心理活动对一定对象的指向和________。

五、简答题

[福建统考]某幼儿很快观察完竹子，但只能说出竹子是长长直直的。简述该幼儿观察的特点。

六、材料分析题

1. [福建统考]周一上午，中(2)班幼儿一到班级就发现活动室四周挂满了彩带和红灯笼，孩子们高兴极了，在活动室里追逐起来。穿着红色新裙子的王老师开始上公开课了，只见平平盯着头顶上摇动的红灯笼，红红跟兰兰小声议论着王老师的新裙子，明明和东东聊着刚才的游戏，看到这一情景，王老师不时地停止活动，提醒孩子们认真听讲。为了完成教学任务，王老师匆匆走完了活动流程。活动结束后，王老师认为今天的活动没组织好。

问题：

(1)从注意影响因素的角度，分析本次活动未达到预期效果的原因。

(2)对本次活动提出改进建议。

2. [福建统考]阅读材料，回答问题。

材料：大(2)班陈老师正进行古诗《咏鹅》的教学。为了加深幼儿对内容的理解，陈老师出示了一幅挂图，挂图中有一只仰着脖子的大白鹅，红色的脚掌划着清澈的湖水(红色的脚掌是抽拉式的)。陈老师先富有表情、绘声绘色地朗读，接着结合挂图，一边讲解古诗一边演示能移动的抽拉式的红色脚掌。

问题：请根据感知觉规律，分析评价材料中陈老师的做法。

第 6 练 学前儿童记忆和想象的发展

一、单项选择题

1.[天津南开]读者在读《红楼梦》时,头脑中会浮现王熙凤的鲜明形象。这属于( )

A. 创造想象 B. 再造想象 C. 幻想 D. 空想

2.[天津南开]当鹏鹏听到歌曲《粉刷匠》时,高兴地对妈妈说:"这首歌老师教我们唱过。"这种记忆现象是( )

A. 再认 B. 识记 C. 保持 D. 回忆

3.[天津南开]幼儿园小朋友听老师讲《龟兔赛跑》的故事时,头脑中呈现出乌龟和兔子赛跑的生动形象。这种心理活动属于( )

A. 幻想 B. 创造想象 C. 无意想象 D. 再造想象

4.[天津南开]下列最能体现幼儿记忆发展中质的飞跃的方面是( )

A. 无意识记的发展 B. 意义记忆的发展

C. 机械记忆的发展 D. 有意识记的发展

5.[天津南开]小班幼儿往往对某个故事百听不厌,其原因主要是( )(易混)

A. 想象具有夸张性 B. 想象的内容零散

C. 想象受情绪影响 D. 以想象过程为满足

6.[山东青岛]下列不是根据记忆保持的时间来分类的是( )

A. 运动记忆 B. 瞬时记忆

C. 长时记忆 D. 短时记忆

7.[山东青岛]幼儿趴在草地上,望着天空中的白云,想象白云变成了棉花糖、坦克、汽车等,这属于( )

A. 无意想象 B. 再造想象 C. 创造想象 D. 目的想象

8.[山东青岛]老师带着某小班幼儿在户外玩"烤乳猪"的游戏,轮到溪溪当乳猪的角色,溪溪哭着说:"我不要当乳猪,我不要被烤,我不要被烤。"这表明( )

A. 幼儿能够区分想象和现实

B. 幼儿在想象中有时会出现想象与现实混淆的现象

C. 幼儿想象以虚拟性想象为主

D. 幼儿想象发展有一定的阶段性

9.[内蒙古赤峰]在画蝴蝶的活动中,教师为了培养幼儿的想象力,下列做法恰当的是( )

A. 老师画好左半边蝴蝶,让幼儿模仿完成右半边

B. 老师在黑板上用笔范画,幼儿跟着画

C. 幼儿先观察蝴蝶,然后自己画

D. 老师先画蝴蝶,然后让幼儿照着画

10. [内蒙古赤峰]3 岁以前儿童的记忆一般不能永久保持。这种现象被称作(　　)

A. 动机性遗忘　　B. 临时性遗忘　　C. 幼年健忘　　D. 不完全遗忘

11. [内蒙古赤峰]一名幼儿画小朋友放风筝,将小朋友的手臂画得很长,几乎比身体长了三倍,这说明幼儿的想象具有(　　)的特点。

A. 形象性　　B. 抽象性　　C. 象征性　　D. 夸张性

12. [山东临沂]当你读《白雪公主》的故事时,头脑中出现的白雪公主和七个小矮人的可爱形象属于(　　)

A. 再造想象　　B. 创造想象　　C. 无意想象　　D. 有意想象

13. [河南平顶山]幼儿时常提出一些不平常的问题,是以下哪方面的具体表现(　　)

A. 再造想象　　B. 创造想象　　C. 无意想象　　D. 有意想象

14. [江西统考]贝贝请求妈妈给她买一种手工材料,但想不起名称,后来逛超市时,她很快就找到了这种材料,告诉妈妈后顺利地买到了材料,贝贝的这种记忆现象属于记忆环节中的(　　)

A. 识记　　B. 保持　　C. 再认　　D. 再现

15. [江西统考]以下做法中,不属于促进幼儿想象力发展措施的为(　　)

A. 丰富幼儿的生活经验

B. 为幼儿游戏和绘画创设适宜的环境,提供必要的材料

C. 在幼儿绘画活动中提供范画并做好示范

D. 鼓励幼儿创编故事

16. [福建统考]老师讲三只小猪的故事时,幼儿头脑中浮现三只小猪的形象,这一心理现象属于(　　)

A. 空想　　B. 幻想　　C. 再造想象　　D. 创造想象

17. [福建统考]茜茜告诉妈妈,老师说明天拍视频要穿得漂亮一点。妈妈第二天问老师时,老师说没有这件事情,只是带小朋友们观看六一晚会的视频。这个现象说明茜茜(　　)

A. 想象与现实混淆　　B. 没有理解老师的意思

C. 想象过于夸张　　D. 想穿漂亮的衣服而撒谎

18. [福建统考]萍萍忘不了叔叔煮的鸡汤的味道,这种记忆属于(　　)

A. 形象记忆　　B. 情绪记忆　　C. 运动记忆　　D. 语词记忆

19. [浙江统考]学前儿童学习某种材料后,相隔一段时间所测量到的保持量,比学习后立即测量到的保持量要高。这种特有的记忆现象是(　　)

A. 运动记忆　　B. 外显记忆

C. 记忆恢复(回涨)现象　　D. 情绪记忆

20. [安徽安庆]幼儿记忆发展的特点有(　　)

A. 抽象记忆为主　　B. 语词记忆占主要地位

C. 有意记忆为主　　D. 形象记忆占主要地位

21. [安徽安庆]幼儿正在画“汽车”,听到别人说:“这像汽车吗?”他立刻说:“我画的是房子。”这一现象

表明了幼儿(　　)

A. 想象以过程为满足　　B. 想象的内容零散、无系统

C. 想象的主题不稳定　　D. 想象受兴趣的影响

22. [河北邢台]下列属于4~5岁幼儿想象特点的是(　　)

A. 想象出现了有意成分　　B. 想象活动没有目的,没有前后一贯的主题

C. 想象的形象力求符合客观逻辑　　D. 想象依赖于成人的语言提示

23. [河北邢台]幼儿的形象记忆主要依靠的是(　　)(常考)

A. 动作　　B. 言语　　C. 表象　　D. 情绪

24. [河北邢台]有个孩子很喜欢长颈鹿,有一天他对小朋友说:“我家有一头真的长颈鹿。”这说明(　　)

A. 幼儿想象的独特性　　B. 幼儿想象的夸张性

C. 幼儿想象的情绪性　　D. 幼儿想象不受外界刺激的影响

25. [山东滨州]幼小儿童经常使用的最简单的记忆策略是(　　)(常考)

A. 复述策略　　B. 特征定位策略

C. 视觉复述策略　　D. 组织策略

26. [广东广州]小明和小花平时比较调皮,也不爱学习。但每次碰到李老师的数学课时,他们二人都听得很认真,因为李老师的课生动有趣,比如在教班上幼儿认识数字7时,李老师就会在旁边画一把弯弯的镰刀,学习数字8时,则会在旁边画一个小葫芦等。案例中李老师运用了(　　)来培养幼儿的识记能力。

A. 归类记忆法　　B. 形词结合法

C. 线索记忆法　　D. 协同记忆法

27. [江西统考]咪咪在学认数字时,喜欢把数字想象成各种事物,如:她觉得“0”像气球,“1”像拴气球的绳子,“2”像小鸭子,“3”像爸爸的耳朵……咪咪采用的记忆方法是(　　)

A. 机械记忆法　　B. 归类记忆法

C. 直观形象记忆法　　D. 愉快记忆法

28. [江西统考]糖糖听完《白雪公主》的故事后,马上假装自己是王后,对着镜子有模有样地说:“魔镜魔镜,谁是世界上最美的女人?”然后又跑到镜子后,粗声回答说:“白雪公主是世界上最美的女人。”此时糖糖的想象属于(　　)(常考)

A. 无意想象　　B. 再造想象　　C. 创造想象　　D. 幻想

29. [福建统考]亮亮将电话号码83517517记成“爬山我要吃我要吃”,这种记忆属于(　　)

A. 意义记忆　　B. 机械记忆　　C. 形象记忆　　D. 言语记忆

30. [安徽合肥]兰兰从来没有去过上海,她很想去上海玩,可是有一次上课,她却很高兴地跟老师与小朋友分享她去上海的情境和感受,这种现象反映了幼儿想象的(　　)

A. 创造性　　B. 夸张性　　C. 新颖性　　D. 情境性

31. [安徽合肥]一个孩子用积木搭了个模型，高兴地说我的“火车”可以开了，便开始推着“火车”在屋子里转；看见电视里正在播放发射火箭，便说“火车”是“火箭”了；看到别的小朋友搭了房子，便又说“火箭”是“房子”了。这属于(　　)想象。(易混)

A. 无意　　B. 有意　　C. 再造　　D. 创造

32. [安徽合肥]幼儿可以完成成人吩咐的简单任务，这体现出该幼儿的(　　)已开始萌芽。

A. 无意识记　　B. 有意识记　　C. 形象记忆　　D. 情景记忆

33. [安徽合肥]3 岁的鹏鹏在不理解古诗词的情况下，也能很熟练地背诵古诗，这是(　　)

A. 意义识记　　B. 机械记忆　　C. 理解记忆　　D. 抽象记忆

34. [海南万宁]在幼儿教育活动中，教师选择色彩鲜明、具体形象的内容来吸引幼儿，在解释抽象概念时，教师用具体教具和玩具协助演示。这是通过(　　)培养幼儿的记忆力。

A. 明确记忆目的，增强记忆积极性

B. 教授幼儿运用记忆方法和策略

C. 引导幼儿按遗忘规律进行复习

D. 培养幼儿对学习的兴趣和信心

35. [海南万宁]幼儿画画的时候，经常画一朵小花，突然又想起了什么，开始画一艘船，等会又画小猫、太阳。这种行为体现幼儿(　　)的特点。

A. 想象无预定目的，由外界刺激物直接引起

B. 以想象的过程为满足

C. 想象的主题不稳定

D. 想象易受兴趣和情绪的影响

36. [山东青岛]妞妞是一个 5 岁的女孩，有一次她的绘画经历了三个阶段。阶段一，在画画前她说：“我想画爸爸。”画了爸爸的脸、耳朵、眼睛、嘴，她接着画了房子，画了一棵小树。阶段二，她又开始画起了小草和蝴蝶。阶段三，这时，她又突然想起来：“爸爸还没有身体呢，也没画胡子。”妞妞在绘画过程中的想象属于(　　)

A. 有意想象　　B. 无意想象　　C. 创造想象　　D. 再造想象

37. [安徽滁州]幼儿想象发生的时间在(　　)

A. 1～1.5 岁　　B. 1.5～2 岁　　C. 2～2.5 岁　　D. 0～1 岁

38. [安徽安庆]幼儿能很容易地记忆《百家姓》、圆周率、乘法口诀等。这说明了(　　)

A. 幼儿以意义记忆为主　　B. 幼儿以机械记忆为主

C. 幼儿以长时记忆为主　　D. 幼儿以形象记忆为主

39. [陕西西安]在学习活动中，先学习的材料对识记和回忆后学习材料的干扰作用被称为(　　)

A. 倒摄抑制　　B. 前摄抑制　　C. 机动性遗忘　　D. 临时性遗忘

40. [安徽合肥]儿童最早出现的是(　　)，最晚出现的是语词记忆。

A. 情绪记忆　　B. 抽象记忆　　C. 形象记忆　　D. 运动记忆

41. [江苏淮安]有研究发现,人们通过视觉获得知识一般能记住83%,通过听觉一般能记住11%,3.5%通过嗅觉,1.5%通过触觉,1%通过味觉。这种促进记忆提高的方法是( )

A. 多种感官参与　　B. 合理分配时间

C. 复习方式多样化　　D. 及时复习巩固

42. [重庆云阳]以概念、判断和推理为内容的记忆是( )

A. 机械识记　　B. 形象记忆　　C. 意义识记　　D. 语词逻辑记忆

43. [浙江临海]明明特别喜欢直升飞机,也非常崇拜飞行员,他回家和妈妈说:"今天有飞行员叔叔到我们幼儿园来了。"妈妈十分惊讶,后来了解到根本没有发生过这件事。明明的"说谎"行为属于( )

A. 掩盖式说谎　　B. 夸耀式说谎

C. 想象具有夸张性　　D. 想象具有创造性

44. [重庆云阳]一个小女孩看到夏景说:"小姐姐坐在河边,天热,她想洗澡,她还想洗脸,因为脸上淌汗。"这个小女孩的想象是( )

A. 经验性想象　　B. 情境性想象　　C. 愿望性想象　　D. 拟人化想象

45. [安徽合肥]幼儿园里小班幼儿和老师一起玩"老鹰抓小鸡"游戏,当老师扮演的老鹰抓住小鸡(幼儿饰),装着要"吃"他的时候,幼儿吓得大哭起来,拼命挣扎。这说明( )

A. 幼儿在想象中常常把想象内容与现实混淆

B. 幼儿对想象的内容具有一定独立评价能力

C. 幼儿的想象以再造想象为主

D. 幼儿的创造想象发展迅速

46. [安徽合肥]随着年龄增长,幼儿意义识记和机械识记效果的差异( )(易混)

A. 不会变化　　B. 逐渐缩小　　C. 逐渐扩大　　D. 稳步增长

47. [山西长治]在不理解的情况下,经过反复诵读,幼儿可以熟练地背诵一篇自己理解不了的短文。这属于( )

A. 意义记忆　　B. 元认知记忆　　C. 机械记忆　　D. 逻辑记忆

48. [安徽合肥]德国心理学家( )最早对遗忘现象做了比较系统的实验研究,得出结论:遗忘是有规律的,遗忘进程是不均衡的。(常考)

A. 艾宾浩斯　　B. 巴甫洛夫　　C. 夸美纽斯　　D. 赫尔巴特

49. [安徽合肥]杨老师对着五岁甜甜说:"上次词语记忆,你记得真快而且特别准确,大家都夸你聪明,这次你一定能记得更好。"杨老师表扬甜甜,主要是让她运用哪种记忆方法( )

A. 直观形象法　　B. 归类记忆法

C. 歌诀记忆法　　D. 愉快记忆法

50. [安徽合肥]信息被加工能保持在( )之内的记忆,称为短时记忆。

A. 1~3秒　　B. 1分钟　　C. 1小时　　D. 12小时

51. [安徽合肥]一个调皮好动的孩子看到长满刺的仙人球时,如果你告诉他不要去碰,他可能转身就忘

记你的告诫，但如果他不小心被仙人球扎痛了手指，你再去叮嘱他，他一定会牢记住你的话，这是因为（ ）（易错）

A. 幼儿记忆以机械记忆为主

B. 幼儿记忆以无意识记为主

C. 幼儿形象记忆效果高于词语记忆

D. 幼儿记忆的效果取决于事物典型特征

52. [安徽合肥]艾宾浩斯遗忘曲线表明，遗忘过程在学习后（ ）内进展最快。

A. 6 分钟　B. 20 分钟　C. 30 分钟　D. 1 小时

53. [江西南昌]（ ）指的是对所记材料的意义和逻辑关系不理解，采用简单、重复的方法进行识记。

A. 意义识记　B. 机械识记　C. 条件识记　D. 方向识记

54. [江西南昌]3 岁的小颖因为喜欢苹果的形状而记住了苹果的特征，这属于（ ）

A. 形象记忆　B. 身体记忆　C. 实物记忆　D. 特殊记忆

55. [江西南昌]德国心理学家艾宾浩斯最早对遗忘现象做了比较系统的实验研究。他总结出遗忘是有规律的，遗忘的进程是不均衡的，即（ ）

A. 先快后慢，呈负加速型　B. 先慢后快，呈正加速型

C. 先快后慢，呈正加速型　D. 先慢后快，呈负加速型

56. [福建统考]看到幼儿园的玩具汽车，丽丽告诉老师："这汽车跟我家的一样。"这种心理现象是（ ）

A. 知识　B. 保持　C. 回忆　D. 再认

57. [江西统考]王老师按顺序出示"冰箱、香蕉、自行车、芒果、电饭煲、汽车"的图片让幼儿进行记忆，明明很快表示记住了，他回答说："刚刚老师的图片里有香蕉和芒果，有自行车和小汽车，还有电饭煲和冰箱。"明明运用的记忆策略是（ ）

A. 特殊定位策略　B. 复述策略　C. 提取策略　D. 组织性策略

58. [江西统考]东东喜欢画猫，但他画的猫常常眼睛特别大，身躯特别小，嘴巴、耳朵更是小得几乎看不见，完全不合理。对他的行为的原因分析不正确的是（ ）

A. 这是因为幼儿想象力丰富，比成人更善于想象

B. 这是因为幼儿认知水平较低，往往抓不住事物的本质

C. 这是因为幼儿的心理过程有显著的情绪性，常常过于夸大感兴趣的东西

D. 这是因为幼儿的想象力具有夸张性

59. [福建统考]在说自己的理想时，小华说："我长大后要当个画家。"这种心理是（ ）

A. 愿望性想象　B. 拟人性想象　C. 情境性想象　D. 经验性想象

60. [陕西西安]3 ~ 6 岁儿童记忆发展的基本特点是（ ）

A. 回忆的潜伏期明显延长

B. 长时记忆开始发展

C. 无意记忆占优势地位，有意记忆逐渐发展

D. 开始出现工作记忆

61.［陕西西安］下列对3～4岁儿童想象的描述，正确的是（　　）

A. 基本是无意想象　　B. 想象的有意性相当明显

C. 想象力求符合客观逻辑　　D. 想象的目的、计划简单

62.［安徽宿州］根据儿童记忆内容发展的顺序看，最早出现的是________，最后是________。（　　）

A. 运动记忆　形象记忆　　B. 情绪记忆　语词记忆

C. 运动记忆　语词记忆　　D. 情绪记忆　形象记忆

63.［安徽宿州］幼儿在听老师讲述《小红帽》时，头脑中会浮现小女孩的生动形象，这种心理活动属于（　　）

A. 幻想　　B. 创造想象　　C. 再造想象　　D. 无意想象

64.［山东临沂］关于幼儿的想象，说法错误的是（　　）

A. 主题与时间稳定，不易变换

B. 不易分清想象与现实的界限

C. 缺乏计划性与预定的目的

D. 想象的创造成分保留在具体形象的水平上

65.［江西统考］李老师写了自己的电话号码在黑板上看看谁先记住，结果小明把这组数据按顺序编成一个小故事，很快就记住了老师的电话号码，小明对这组数据的识记属于（　　）

A. 情绪记忆　　B. 无意识记　　C. 机械记忆　　D. 意义识记

66.［山东青岛］有意记忆从（　　）开始出现。

A. 2岁　　B. 3岁　　C. 4岁　　D. 5岁

二、多项选择题

1.［山东青岛］小宇暑假和爸爸妈妈去了海边旅游，开学后和同学聊起来说："海边好美呀，海水可蓝了，我可开心了。"小宇的记忆属于（　　）

A. 形象记忆　　B. 运动记忆　　C. 情绪记忆　　D. 语词—逻辑记忆

2.［河北邢台］幼儿记忆的特点是（　　）

A. 无意记忆占主导地位　　B. 形象记忆占主要地位

C. 幼儿多为瞬时记忆　　D. 记忆反映孩子年龄特点

E. 记忆的理解和组织程度逐渐提高

3.［山东青岛］学前儿童的想象只是处于初级形态，水平并不高，主要表现在哪些方面（　　）

A. 以无意性、再造性想象为主　　B. 有意想象和创造性想象刚开始发展

C. 想象常常脱离现实或与现实相混淆　　D. 游戏活动有助于想象力的发展

4.［安徽宿州］下列可以促进学前儿童记忆发展的方法有（　　）

A. 培养幼儿对学习的兴趣和信心

B. 明确记忆目的

C. 教授幼儿运用记忆的方法和策略

D. 引导幼儿按照遗忘规律进行复习

三、判断题

1. [安徽合肥]幼儿记忆能力的强弱很大程度上在于记忆方法的运用。　(　　)

2. [河南郑州]在数字认识中，利用 1 像铅笔，2 像鸭子，把抽象的数字形象化，帮助幼儿记住数字的方法是归类记忆法。(常考)　(　　)

3. [广东广州]随着年龄的增长，幼儿时期机械记忆能力逐渐发展，意义记忆能力逐渐减弱。　(　　)

4. [安徽合肥]人的记忆发展特点中“遗忘”的规律呈现“先快后慢”的特点，幼儿更是如此。根据这些情况我们对幼儿学习的内容要合理的组织复习。(易错)　(　　)

5. [山东菏泽]幼儿看到天上飘动的白云，一会儿说是奔跑的“骏马”，一会儿说是移动的“高山”。这种现象属于有意想象。　(　　)

6. [安徽宿州]幼儿想象的夸张性是其心理发展特点的一种反映。　(　　)

四、填空题

1. [福建统考]刚问到的电话号码，打完电话就忘了，根据记忆保持时间，这种记忆属于________记忆。

2. [福建统考]小朋友看到春游乘车的照片，才想起是谁坐在他旁边，这种记忆水平是________。(易混)

3. [内蒙古鄂尔多斯]儿童在记忆的保持中有一个特殊的现象，那就是________。

4. [山西古交]想象是对头脑中已有的________进行加工改造，建立新形象的过程。(常考)

五、简答题

1. [浙江杭州]简述幼儿想象发展的一般趋势。(常考)

2. [山东滨州]简述幼儿无意想象的特点。(常考)

3.［安徽宿州］如何促进幼儿想象力的发展？

4.［福建统考］简述幼儿记忆力的培养。

5.［江西统考］简述学前儿童的记忆策略。

六、论述题

［浙江临海］简要比较学前儿童形象记忆和语词记忆的效果。

第 7 练　学前儿童思维的发展和皮亚杰的心理发展观

一、单项选择题

1.［天津南开］老师要求学生尽可能多地列举由“大海”一词所想到的事物，是为了训练学生的（　　）

A. 发散思维　　B. 推测与假设　　C. 好奇心　　D. 独立性

2.［天津南开］直观行动思维活动的典型方式是（　　）（常考）

A. 认知地图　　B. 探试搜索　　C. 尝试错误　　D. 顿悟

3.［内蒙古鄂尔多斯］心理学家皮亚杰曾做了一个“三山实验”，实验材料是一个包括三座高低、大小和颜色不同的假山模型。实验首先要求儿童从模型的四个角度观察“这三座山”，然后要求儿童面对模型

而坐,并且放一个玩具娃娃在山的另一边,让儿童描述对方看到的景象,五六岁的儿童通常描述自己看到的景象。这说明儿童思维具有(　　)

A. 抽象逻辑性　　B. 单向性　　C. 不可逆性　　D. 自我中心性

4. [内蒙古鄂尔多斯]小学低年级学生的思维发展水平是(　　)

A. 直觉行动思维　　B. 具体形象思维

C. 抽象逻辑思维　　D. 辩证思维

5. [山东青岛]妈妈在陪1岁半的小嘉玩拨浪鼓时,趁她不注意把拨浪鼓藏到身后,小嘉到处寻找。这表明(　　)

A. 小嘉具备了客体永久性的观念　　B. 小嘉的有意注意开始发展

C. 小嘉的自我意识已经形成　　D. 小嘉的依恋行为开始发展

6. [山东青岛]小宝走路撞到桌子,便踢了踢桌子说:“让你也疼一疼。”这体现出小宝的认知具有(　　)

A. 不可逆性　　B. 泛灵性　　C. 经验性　　D. 逻辑性

7. [山东青岛]月月和爸爸玩捉迷藏的游戏,躲好后让爸爸来找她。爸爸一看,发现月月的脸被窗帘遮住了,但一大截腿在窗帘下面露了出来。这表明月月的思维处于(　　)

A. 自我中心阶段　　B. 去自我中心阶段

C. 可逆性阶段　　D. 感知运动阶段

8. [山东青岛]两岁的兰兰知道自己是妈妈的女儿,却不能理解为什么妈妈也是女儿。这体现了兰兰的(　　)

A. 直观行动思维　　B. 具体形象思维

C. 抽象逻辑思维　　D. 发散性思维

9. [内蒙古赤峰]某幼儿知道人生病时要打针吃药,所以当他看到小树长虫时,就从地上捡起一根小棍给小树“打针”,这体现了幼儿思维的(　　)

A. 经验性　　B. 固定性　　C. 抽象性　　D. 近视性

10. [内蒙古赤峰]按照皮亚杰的理论,儿童出现“自我中心思维”是在(　　)(常考)

A. 感知运动阶段　　B. 前运算阶段

C. 具体运算阶段　　D. 形式运算阶段

11. [内蒙古赤峰]儿童离开了玩具就不会游戏,说明其思维方式是(　　)

A. 直观行动思维　　B. 具体形象思维

C. 抽象逻辑思维　　D. 形式运算思维

12. [江西统考]妞妞在一堆雪花片中拿走几片之后又如数放回,她知道雪花片的总数是没变的。这表明妞妞的思维属于(　　)

A. 直觉行动思维　　B. 具体形象思维

C. 可逆性思维　　D. 创新性思维

13. [福建统考]妞妞与妈妈到公园玩,妞妞第一次看到蜻蜓,开心地大叫:“妈妈,你看蚊子!”这说明妞妞

( )(易错)

A. 对蜻蜓的观察有偏差　B. 记忆不清晰

C. 想象过于夸张　D. 对蚊子的概念不明确

14. [浙江杭州]( )是具体形象思维的工具。(常考)

A. 行动　B. 想象　C. 语词　D. 表象

15. [安徽安庆]儿童思维发生的标志是( )

A. 动作概括的形成　B. 直观概括的形成

C. 语词概括的形成　D. 形象概括的形成

16. [安徽安庆]我国儿童心理学家林崇德对儿童数概念的形成的研究表明:儿童数概念形成经历四个明显的阶段。下列描述儿童数概念形成的次序,正确的是( )

A. 口头数数—给物说数—按数取物—掌握数概念

B. 给物说数—按数取物—口头数数—掌握数概念

C. 按数取物—掌握数概念—口头数数—给物说数

D. 按数取物—掌握数概念—给物说数—口头数数

17. [安徽安庆]学前儿童掌握的概念主要是( )(易混)

A. 科学概念　B. 抽象概念　C. 日常概念　D. 辩证概念

18. [安徽安庆]东东看动画片着迷了,饭也不吃。妈妈说:"那你就看个够吧,别吃饭了。"东东就一直看,以为真的不用吃饭了。东东不能理解妈妈说的是反话,是因为幼儿理解事物具有( )

A. 表面性　B. 概括性　C. 形象性　D. 抽象性

19. [河南郑州]青青的妈妈说:"那孩子的小嘴多甜!"青青问:"妈妈,你舔过吗?"这主要反映了青青思维的( )

A. 灵活性　B. 行动性　C. 表面性　D. 抽象性

20. [河北邢台]幼儿知道"夏天很热,最好不要到户外去",反映了幼儿( )

A. 感觉的概括性　B. 知觉的概括性

C. 思维的概括性　D. 记忆的概括性

21. [河北邢台]下列哪种活动反映了儿童的形象思维( )(易错)

A. 做游戏,遵守交通规则过马路

B. 过家家,用玩具锅碗瓢盆做饭、吃饭

C. 给娃娃穿衣、喂奶

D. 儿童能算出 $2+3=5$

22. [河北邢台]让一个4岁半的幼儿看"牛、人、船、猪"四张图,要求拿出不同的一张,他拿出了"船",是因为( )

A. 他认为牛、人、猪经常在一起出现,而船不是

B. 他认为船是没有生命的,而另外的都是有生命的

C. 他认为牛、人、猪都有头、脚和身体,而船没有

D. 以上理由都不正确

23. [河北邢台]各年龄阶段进行比较性观察时的要求有所不同,5~6岁年龄班的要求是( )(常考)

A. 比较物体明显的不同点　　B. 比较物体的不同点

C. 比较物体的相同点　　D. 比较物体的不同点和相同点

24. [山东滨州]皮亚杰指出,具备初步的逻辑思维的阶段是( )

A. 感知运动阶段　　B. 前运算阶段

C. 具体运算阶段　　D. 形式运算阶段

25. [山东滨州]在皮亚杰的认知发展理论中,体现儿童思维守恒的典型阶段是( )

A. 前运算阶段　　B. 感知运动阶段

C. 具体运算阶段　　D. 形式运算阶段

26. [山东滨州]关于学前儿童概念的发展,以下说法错误的是( )

A. 儿童最先掌握的是基本概念

B. 概念的内涵是指概念的适用范围

C. 从实例入手获得的概念基本上是日常概念

D. 幼儿概念学习的基本形式主要是概念形成

27. [广东高州]何老师将两组同样多的扣子,都展开排列成同样的长度,这时明明就会认为两组扣子一样多,但当何老师将一组扣子展开摆放,而另一组扣子堆起来放,明明就会认为展开摆放的一组扣子多。按照皮亚杰的观点,此时明明的认知发展处于( )

A. 感知运动阶段　　B. 前运算阶段

C. 具体运算阶段　　D. 形式运算阶段

28. [广东广州]刚学会抓握的婴儿,当他看见床上的毛绒玩具,会用抓握的方式去获得玩具;当他看见远处的拨浪鼓时,他也想要用抓握的动作去获取拨浪鼓,从皮亚杰的认知发展观出发,这属于( )

A. 同化　　B. 顺应　　C. 图式　　D. 平衡

29. [陕西特岗]儿童利用符号系统表征和理解环境信息,按照客体和事物外在的表现来反应,思维以自我为中心,这说明儿童所处的发展阶段是( )(常考)

A. 感知运动阶段(0~2岁)　　B. 前运算阶段(2~7岁)

C. 具体运算阶段(7~11岁)　　D. 形式运算阶段(11~16岁)

30. [陕西特岗]2~7岁的儿童经常表现出思维不合逻辑,不具有守恒概念,如一个4岁男童的语言活动,问:“你有兄弟吗?”答:“有。”问:“他叫什么名字?”答:“明明。”问:“明明有兄弟吗?”答:“没有。”阻碍该男童思维的合理原因是( )

A. 知觉集中的倾向　　B. 自我中心性

C. 可逆性　　D. 不可逆性

31. [广东广州]年龄小的孩子能够准确地回答出自己家里有妈妈、爸爸、爷爷、奶奶和自己,但却不能简

单直接地用抽象的数字“5”来概括家里共有几人，这体现了儿童早期数学概念发展过程中具有(　　)的特点。

A. 从个别到一般　　B. 从外部动作到内部动作

C. 从具体到抽象　　D. 从同化到顺应

32. [江西统考]获得了“客体永久性”概念是处于(　　)阶段的幼儿思维发展的最大成就之一。

A. 直觉行动思维　　B. 具体形象思维

C. 抽象逻辑思维　　D. 创造性思维

33. [福建统考]禾禾说：“小兰的妈妈是陈老师。”爸爸问：“陈老师的女儿是谁?”禾禾摇头说：“不知道。”这反映禾禾的思维特点是(　　)

A. 经验性　　B. 片面性　　C. 表面性　　D. 不可逆性

34. [山东临沂]下列关于儿童思维发展的一般趋势，说法正确的是(　　)

A. 儿童思维遵循直觉行动思维—具体形象思维—抽象逻辑思维的发展路线

B. 儿童思维遵循直觉行动思维—抽象逻辑思维—具体形象思维的发展路线

C. 儿童思维遵循具体形象思维—直觉行动思维—抽象逻辑思维的发展路线

D. 儿童思维遵循具体形象思维—抽象逻辑思维—直觉行动思维的发展路线

35. [安徽合肥]妈妈和萌萌饭后散步，看到一棵柳树树干上有很多疙瘩，萌萌问妈妈：“妈妈，这棵树上有这么多包包，它是被人打了吗?”萌萌的言行说明幼儿的认识活动具有(　　)的特征。

A. 拟人性　　B. 情绪性　　C. 直觉行动性　　D. 同情心

36. [安徽合肥](　　)使幼儿明白了消失在眼前的物体仍将继续存在。

A. 自我中心化　　B. 客体永久性

C. 开始使用逻辑原则　　D. 可逆性思维

37. [安徽合肥]图片上画有数个斜度不同的面与玩具小汽车，西西看着这些图片，就准确地表述出车开得快或者慢的情况，这说明西西的认知水平处于(　　)水平的阶段。

A. 动作表征　　B. 图像表征

C. 符号表征　　D. 逻辑表征

38. [安徽宿州](　　)认为，儿童认知发展的结构称为“图式”，图式变化的机制是“同化”“顺应”与“平衡”。

A. 新行为主义　　B. 结构主义　　C. 格式塔流派　　D. 人本主义

39. [安徽宿州]幼儿的主要思维形式是(　　)(常考)

A. 感觉运动思维　　B. 具体形象思维

C. 抽象逻辑思维　　D. 辩证逻辑思维

40. [安徽宿州]幼儿形成数概念的关键是(　　)(易混)

A. 掌握数的顺序　　B. 知道数的实际意义

C. 掌握数的组成　　D. 能辨数

41.［海南万宁］关于皮亚杰认知发展阶段的特征，描述正确的是（　　）

A. 阶段出现的顺序不是固定不变的，是可以颠倒的

B. 每一阶段有其独特的认知图式，这些相对稳定的图式决定了个体行为的一般特征

C. 图式的发展前一阶段和后一阶段没有任何关系

D. 心理发展不是一个连续不断建构的过程

42.［广东广州］三岁的乐乐看事物只会看到表面，例如看见花朵，她就只能简单地描述花的颜色和形状，至于花是如何生长、不同的花之间有何区别，这个阶段的乐乐并不知道，这表明幼儿的思维特征之一是（　　）

A. 思维的具体形象性

B. 思维的抽象逻辑性开始萌芽

C. 言语在幼儿思维发展中的作用日益增强

D. 思维具有个体差异性

43.［安徽滁州］当4岁的东东听说30多岁的李叔叔是李爷爷的儿子时感到不可思议："你都这么大了还是儿子呢？"说明其思维具有（　　）

A. 形象性　　B. 抽象性　　C. 概括性　　D. 具体性

44.［安徽滁州］思维的种类不包括（　　）

A. 直观行动思维　　B. 具体形象思维

C. 感知形象思维　　D. 抽象逻辑思维

45.［安徽合肥］幼儿开始认识到如果在一堆珠子中减去几个，然后增加相同数目的珠子，这堆珠子总数将保持不变。这说明幼儿开始（　　）

A. 获得可逆性思维　　B. 能够去自我中心化

C. 使用逻辑原则　　D. 丰富感性知识

46.［重庆云阳］儿童能以命题形式进行思维，说明其认知发展已达到（　　）（易混）

A. 感知运动阶段　　B. 前运算阶段

C. 具体运算阶段　　D. 形式运算阶段

47.［安徽合肥］四岁小孩不能理解从一捆游戏棒中拿出来的一根小棒是这捆游戏棒的一部分，这说明小孩思维处于（　　）

A. 形式运算阶段　　B. 具体运算阶段

C. 前运算阶段　　D. 接近联想阶段

48.［安徽合肥］对幼儿来说，"家具"这个词比"桌子""椅子"等更难掌握，在生活中，抽象的语言也常常使幼儿难以理解，这因为幼儿的思维发展具有（　　）

A. 具体形象性　　B. 直觉行动性　　C. 逻辑性　　D. 抽象性

49.［江西统考］教师向幼儿出示两个一模一样的球形橡皮泥，等幼儿确定它们是一样的之后，把其中一个搓成细长条形，这时大多数幼儿都认为球形的橡皮泥和细长条形的橡皮泥不一样重了。这是因为

幼儿的思维具有(　　)

A. 绝对性　　B. 可逆性　　C. 自我中心性　　D. 经验性

50. [安徽宿州]涵涵通过多次尝试拉桌布取得放在桌布中央的玩具,下次看到床单上的玩具就会通过拉床单来拿到,说明涵涵的思维处于(　　)

A. 具体形象思维阶段　　B. 直观行动思维阶段

C. 抽象逻辑思维阶段　　D. 具体思维阶段

51. [安徽滁州]幼儿看到圆球从椅子上滚下来,会说:"小球不愿意坐在椅子上。"这说明幼儿的认识具有(　　)的特点。

A. 模仿性　　B. 拟人性　　C. 跳跃性　　D. 好奇心

52. [安徽滁州]皮亚杰认为,儿童早期不能很好地区分主体和客体,他们的认识常常表现出(　　)的特点。

A. 概念含混　　B. 人物不分　　C. 泛化　　D. 泛灵论

53. [陕西西安]下列对具体运算阶段儿童思维的描述,正确的是(　　)

A. 思维可以依靠概念进行,有可逆性,有守恒概念,具有自我中心性,固定性和刻板性

B. 思维依靠表象进行,没有可逆性,没有守恒概念,具有自我中心性

C. 思维可以依靠概念进行,有可逆性,有守恒概念,逐渐非中心化,具有灵活性

D. 思维依靠表象进行,没有可逆性,没有守恒概念,逐渐非中心化

54. [陕西西安]儿童明显出现抽象逻辑思维萌芽的年龄是在(　　)

A. 5 岁以后　　B. 6 岁以后　　C. 7 岁以后　　D. 8 岁以后

55. [陕西西安]学前儿童能对事物进行比较,他们比较的发展趋势是(　　)

A. 先学会找物体的相同之处,后学会找物体的不同之处,最后学会找物体的相似之处

B. 先学会找物体的相似之处,后学会找物体的相同之处,最后学会找物体的不同之处

C. 先学会找物体的不同之处,后学会找物体的相同之处,最后学会找物体的相似之处

D. 先学会找物体的不同之处,后学会找物体的相似之处,最后学会找物体的相同之处

56. [安徽宿州]糖糖的妈妈带糖糖去动物园,学习"鸵鸟""马"这些词,妈妈是通过(　　)的方式帮助她获得概念的。

A. 指导　　B. 实例　　C. 语言理解　　D. 讲解

57. [安徽宿州]从发展过程看,儿童概括发展形成最晚的是(　　)

A. 动作概括　　B. 语词概括　　C. 功能概括　　D. 直观概括

58. [安徽宿州]幼儿总喜欢问:"谁是好人?""谁是坏人?"他们的思维逻辑是:不是好人就是坏人。这反映了幼儿思维的(　　)

A. 片面性　　B. 经验性　　C. 固定性　　D. 形象性

59. [安徽宿州]儿童心理发展的重大质变是(　　)

A. 思维的发生　　B. 创造想象表现明显

C. 想象内容丰富且有情节　　D. 想象出现有意成分

60. [福建统考]老师发现小班幼儿在活动中不专心，基于幼儿的特点，老师的最佳提示是(　　)

A. 注意听讲　　B. ××最乖乖

C. 小眼睛看老师　　D. 不要不专心

61. [福建统考]下列不属于引导儿童通过实例获得汽车概念的方法是(　　)

A. 看到路上汽车告诉儿童，这是汽车

B. 拿着汽车图片告诉儿童，这是汽车

C. 告诉儿童汽车是烧汽油的四轮车

D. 让儿童摸摸汽车告诉他，这是汽车

62. [山东青岛]皮亚杰认为，婴儿客体永久性的获得发生在(　　)阶段。

A. "被动地期望"　　B. "客体位移后寻找"

C. "探索部分被遮盖的物体"　　D. "儿童开始主动寻找"

63. [浙江临海]儿童把玩具拆开又组合起来，动作停了思维也停了，这说明儿童处于(　　)

A. 形象思维　　B. 实践思维

C. 直观行动思维　　D. 集中思维

64. [山东威海]儿童思维发展方面，(　　)的儿童主要是直观行动思维。

A. 0～3岁　　B. 3～6岁　　C. 6～8岁　　D. 8～12岁

二、多项选择题

1. [内蒙古赤峰]学前儿童思维的具体形象性主要体现在(　　)

A. 经验性　　B. 表面性　　C. 形象性　　D. 固定性

2. [河南平顶山]下列关于幼儿思维的特点，描述正确的有(　　)(易错)

A. 思维的具体形象性是主要特点

B. 思维的抽象逻辑性开始萌芽

C. 言语在幼儿思维发展中的作用日益增强

D. 辩证思维萌芽

3. [河南平顶山]皮亚杰根据自己的研究认为前运算阶段的儿童由于表征能力得到发展，因此(　　)

A. 能解决守恒问题　　B. 可以进行象征游戏

C. 喜欢画画　　D. 语言发展迅速

4. [河南平顶山]下列选项属于导致幼儿错误概念的原因有(　　)

A. 感知错误　　B. 想象活跃　　C. 受经验局限　　D. 错误推理

5. [广东广州]幼儿不断改变自身的认知结构，这其中涉及的三个基本过程是(　　)(常考)

A. 同化　　B. 顺应　　C. 融合　　D. 平衡

6. [海南万宁]下列有利于培养幼儿思维的是(　　)

A. 为幼儿提供大量可直接感知的玩具和材料

B. 对幼儿的提问要“闻问则喜”,让幼儿多提问

C. 帮助幼儿丰富词汇,发展语言

D. 在智力游戏中多提启发性问题,让幼儿自己解决

7. [安徽合肥]下列哪些行为属于直觉行动思维的特点(　　)

A. 直观性和行动性　　B. 出现初步的间接性和概括性

C. 缺乏行动的计划性　　D. 思维的狭隘性

8. [山东青岛]学前儿童抽象逻辑思维的特点是(　　)

A. 学前末期开始出现抽象逻辑思维的萌芽

B. 自我中心的特点逐渐开始消除,即开始“去自我中心化”

C. 具体形象思维特征,自我中心

D. 开始理解事物的相对性,获得“守恒”概念

三、判断题

1. [天津南开]在皮亚杰看来,儿童认知发展的阶段出现的年龄可因个体和环境的差异而有所不同。(　　)

2. [福建统考]幼儿掰手指属于直观行动思维的表现。(　　)

3. [安徽安庆]在皮亚杰的儿童认知发展阶段理论中,前运算阶段对应的年龄段是 7～11 岁。(　　)

4. [河北邢台]在感知运动阶段,婴儿以各种感觉和活动来适应环境。(　　)

5. [广东广州]在适应外部世界的过程中,儿童形成了一个开放的认识系统,不断地同化外界信息。(易错)(　　)

6. [浙江杭州]杜威认为,从认知活动的本质来看,游戏的特征是“同化”超过了“顺应”。(　　)

7. [安徽滁州]前运算阶段的儿童认知特点是“以自我为中心”去认识和感知世界的。(　　)

8. [安徽合肥]幼儿的表象思维具有象征性、经验性、拟人性、表面性和刻板性等特点。(　　)

9. [福建统考]直观行动思维活动的典型方式是尝试错误。(　　)

四、名词解释

[江苏淮安]具体形象思维

五、简答题

1. [安徽宿州]简述幼儿教师应如何训练幼儿的思维。(易错)

2.［山东滨州］简述皮亚杰的儿童心理发展阶段。

六、材料分析题

1.［河南郑州］冬冬今年4岁，是幼儿园中班的孩子。他在日常生活中能流利地用语言与父母和小伙伴交流，也能玩过家家、扮医生等游戏，但是在面对问题情境时，他往往只集中于事物的一个方面而忽略其他方面。比如，把一个圆饼切成4片，他会认为切成4片的圆饼会比整块的多。在交谈中问他："你有兄弟吗？"他回答："有。"又问他："他叫什么名字？"回答："叫小军。"再问："小军有兄弟吗？"他回答："没有。"有一天，他兴奋地告诉幼儿园老师："我家的花开了，因为它想看看我。"

请结合材料运用皮亚杰的认知发展阶段理论分析：

(1)冬冬的认知发展属于哪个阶段？

(2)该阶段儿童认知的发展具有哪些特点？

2.［广东广州］如果说中小学奥数的火爆程度还在预料之中，那么幼儿园级别的奥数火爆程度可能会让无数人大跌眼镜。时下，越来越多的家长开始把还在读幼儿园的孩子送进奥数课堂。当然，奥数的新名字变成了"思维训练"。

翟女士有个五岁半的女儿，九月开学就要上幼儿园大班了。最近翟女士的内心十分纠结："挣扎了好久，最终还是决定给女儿报个奥数班。"对于女儿的教育，翟女士一直觉得要给孩子一个快乐无负担的童年。但最近和朋友聚餐，聊起孩子的教育，翟女士有点坐不住了。"都说奥数培养的是逻辑思维，要是现在不学，以后课堂上就会跟人家差出一大截。"贾女士说，跟女儿同班的一个孩子对三位数加减法已经很熟练了，而自己的女儿两位数加减法还比较困难。这让她隐隐感觉到了压力。"我不想让孩子'抢跑'，但更不想'落单'。"

问题：请结合案例，从学前儿童思维发展的角度，评析越来越多家长送幼儿进奥数课堂的现象。

3.［福建统考］有人做了一个实验，实验要求儿童想办法利用一个木棍取得用手拿不到的糖果。实验设置了三种条件，第一种，在儿童面前的桌子上放有木棍和按要求摆放的糖；第二种，提供画有木棍和糖果的图画；第三种，只口头言语布置任务，实验结果如下。

不同年龄儿童完成任务占比情况表

年龄（岁）	第一种	第二种	第三种
3～4	55	17.5	0
4～5	85	53.8	0
5～6	87.5	56.44	15

（1）分析三种条件下儿童所使用的思维方式，并说出原因。

（2）利用表中数据分析儿童思维方式的变化。

4.［江西统考］轩轩把小狗玩具丢在地上，妈妈说："轩轩，你的小狗躺在地上会感冒哦！"轩轩马上把小狗捡起来，并给他盖上小毛巾，然后安心地玩起了搭积木的游戏，搭好桥墩，要选一个桥面，轩轩看了看桥墩，又瞅瞅桥面，从九个大大小小的桥面中选了和桥墩差不多大的桥面搭上去，刚刚好呢！正当轩轩玩得开心时，妈妈叫他吃饭，叫他几遍都不应，妈妈生气地说："你就玩个够吧，别吃饭了！"轩轩高兴地说："好！"又继续搭积木。

请结合以上案例分析轩轩的思维水平，并结合案例阐述该思维水平的特点。

实战演练

一、单项选择题

1. 幼儿在认识"王""主""日""目"等形近符号时出现混淆。这是（　　）所致。

A. 观察的无序性　　B. 观察的目的性不够

C. 观察的跳跃性　　D. 观察的细致性不够

2. 幼儿在教室里边听音乐边做动作。这种现象属于（　　）

A. 注意的范围　　B. 注意的分配　　C. 注意的稳定性　　D. 注意转移

3. 学前儿童记忆中占优势的是(　　)

A. 无意记忆　B. 有意记忆　C. 语词记忆　D. 意义记忆

4. 教师将同样大小的A、B两个杯子装满水后,当着孩子的面将B杯的水倒入细高的C杯中,问孩子A杯的水和C杯的水是否一样多,孩子的回答是不一样多,这种说明孩子的思维发展正处于(　　)

A. 感知运动阶段　B. 前运算阶段

C. 具体运算阶段　D. 形式运算阶段

5. 老师要求幼儿说出刚呈现的卡片上有几只小鸡,而幼儿则回答小鸡是黄颜色的,这是一种(　　)

A. 感觉的对比现象　B. 幼儿的说谎现象

C. 偶发记忆现象　D. 记忆更精确的现象

6. 以下概念中,学前儿童较难掌握的是(　　)

A. 桌子　B. 椅子　C. 床　D. 家具

7. "聚精会神""仔细"主要描绘的是注意的什么特点(　　)

A. 指向性　B. 集中性　C. 清晰性　D. 鲜明性

8. 婷婷经常与小伙伴在一起讨论好玩的玩具,有些玩具明明婷婷自己家里没有,但她也会说有很多,甚至具体到玩具的颜色、大小等,但她不是故意撒谎;同时婷婷的自控能力不强,如果老师讲的故事不吸引她,她就会转过身找小朋友说话。从以上信息中,可以推测出婷婷最有可能是一位(　　)幼儿。

A. 托班　B. 小班　C. 中班　D. 大班

9. 小赵老师观察到班上一位幼儿在上舞蹈课时能够善始善终,没有开小差。这说明该幼儿的注意具有很好的(　　)

A. 稳定性　B. 广度　C. 转移力　D. 分配能力

10. (　　)指的是对所记材料的意义和逻辑关系不理解,采用简单、重复的方法进行识记。

A. 意义识记　B. 机械识记　C. 条件识记　D. 方向识记

11. 小红刚刚吃完冰淇淋,又吃了块苹果说:"好酸!"小红的感觉体现了(　　)

A. 感觉对比　B. 感觉适应　C. 感觉后效　D. 感觉补偿

12. 幼儿一边听老师念诗"鹅鹅鹅,曲项向天歌",一边在脑海中浮现一群白鹅在水中嬉戏的场景。这种心理现象是(　　)

A. 思维　B. 注意　C. 想象　D. 记忆

13. 看见小坦克,就要玩开坦克;听见蛙鸣,就要学青蛙跳;拿到雪花积木片,就会想到冬天的漫天风雪;如果没有玩具,幼儿可能呆呆地坐着。这反映了幼儿(　　)

A. 想象的无意性　B. 相似联想较强

C. 直觉思维较强　D. 想象的有意性

14. 下列关于幼儿记忆的年龄特征的表述不正确的是(　　)

A. 记得快忘得也快　B. 容易混淆

C. 语词记忆占优势　D. 较多运用机械记忆

15. 在生日宴上，小朋友听到《生日快乐》这首乐曲时，就知道自己曾经唱过。这种记忆现象在心理学上叫作（　　）

A. 再认　　B. 识记　　C. 回忆　　D. 保持

16. 幼儿喜欢给小凳子穿上鞋以免它脚冷，给布娃娃打针吃药以治病。这种现象体现了幼儿思维具有（　　）

A. 具体性　　B. 逻辑性　　C. 固定性　　D. 拟人性

17. 当幼儿在听故事时，他的心理活动指向故事，老师讲到哪，他能跟到哪，听得很入神，别的事物他都不去注意。这体现了（　　）

A. 注意的集中性　　B. 注意的指向性

C. 注意的广度　　D. 注意的分散

18. 5 岁幼儿画的西瓜比人大，两排尖牙在人脸上占大部分。这段时期幼儿想象的特点是（　　）

A. 表象符号形成　　B. 未掌握画面布局

C. 感觉的强调和夸张　　D. 绘画技能稚嫩

19. 学生在上课时对学习内容用眼看、用耳听、用心记、用嘴说。这样做不仅能多渠道获取信息，还能提高（　　）能力。

A. 注意的转移　　B. 注意的起伏

C. 注意的分散　　D. 注意的分配

20. 许多幼儿在医院看到穿白大褂的医生就开始哭了，幼儿对白大褂医生的记忆类型属于（　　）

A. 形象记忆与情绪记忆　　B. 形象记忆与运动记忆

C. 情绪记忆与逻辑记忆　　D. 运动记忆与情绪记忆

21. 幼儿难以理解反话的含义，是因为幼儿理解事物具有（　　）（常考）

A. 双关性　　B. 表面性　　C. 形象性　　D. 绝对性

22. 人可以辨别物体的颜色形状，分辨各种声音、气味、味道以及空间远近和时间长短等。这是由于（　　）

A. 感觉和知觉　　B. 听觉和运动觉

C. 感觉和推理　　D. 感觉和嗅觉

23. 幼儿在想象中常常表露出个人的愿望。例如，大班幼儿莉莉说："妈妈，我长大了也想和你一样，做一个老师。"这是一种（　　）

A. 经验性想象　　B. 情境性想象　　C. 愿望性想象　　D. 拟人化想象

24. 当刺激多次重复出现时，婴儿好像已经认识了它，会表现出和新异刺激不同的反应。这是（　　）

A. 条件反射　　B. 重学记忆　　C. 习惯化　　D. 有意记忆

25. 玲玲跳舞时，既能使自己的动作与音乐合拍，又能与同伴保持一致，还能配上适当的表情。这属于（　　）

A. 注意的分配　　B. 注意的广度　　C. 注意的范围　　D. 注意的稳定性

26. “小班幼儿保持注意力集中的时间大约是3～5分钟”指的是注意的(　　)(易混)

A. 稳定性　　B. 选择　　C. 范围　　D. 广度

27. 5～6岁幼儿能参加较复杂的集体游戏和活动,这说明幼儿注意的(　　)(易错)

A. 稳定性较好　　B. 分配能力强　　C. 范围较大　　D. 选择性较强

28. 对于方位,幼儿较难掌握的概念是(　　)

A. 前后　　B. 上下　　C. 左右　　D. 里外

29. 老师请小朋友把上周学过的歌曲《我的好妈妈》唱一唱,许多小朋友高兴地唱起来。这种记忆现象是(　　)

A. 保持　　B. 识记　　C. 回忆　　D. 遗忘

30. 下列说法有误的是(　　)

A. 无意记忆的效果优于有意记忆　　B. 无意记忆的效果不如有意记忆

C. 无意识记的效果随着年龄增长而提高　　D. 无意识记是积极认知活动的副产物

31. 因下雨,天很快黑了,幼儿哭着说:“爸爸妈妈怎么还不接我回家。”说明幼儿对时间的知觉依靠的是(　　)

A. 生活中接触到的周围环境变化　　B. 感受季节的变化

C. 观察钟表的行走　　D. 生活中发现日历的变化

32. 梦是一种奇怪的心理现象,属于想象的一种,是(　　)

A. 创造想象　　B. 再造想象　　C. 有意想象　　D. 无意想象

33. 根据遗忘的各种情况,不能再认也不能回忆的属于(　　)

A. 完全遗忘　　B. 不完全遗忘　　C. 临时性遗忘　　D. 永久性遗忘

34. 人们吃过糖以后再吃橘子,会感到橘子很酸。这种现象属于(　　)(易混)

A. 感觉适应　　B. 继时对比　　C. 同时对比　　D. 感觉相互作用

35. 下列关于注意力的特点,说法正确的是(　　)(易混)

A. 一般来说,小班儿童注意力能保持3～5分钟

B. 一般来说,中班儿童注意力能保持半小时以上

C. 一般来说,大班儿童注意力能保持一个小时

D. 幼儿园的集体活动和中小学的上课时间一样长

36. 炎炎听到歌曲《拔萝卜》时,高兴地说:“老师教我们唱过。”这种记忆现象是(　　)(常考)

A. 再认　　B. 识记　　C. 保持　　D. 回忆

37. 3岁左右的儿童,让他跨过前面一条线,他往往会踏在线上。这是因为(　　)(易错)

A. 形状知觉发展不完善　　B. 观察的持续性不完善

C. 距离知觉发展不完善　　D. 视神经的发育不完善

38. 儿童常常把没有发生或者期望发生的事情当作真实的。这说明儿童(　　)(常考)

A. 移情　　B. 说谎　　C. 好奇心强　　D. 将想象和现实混淆

39. 婴儿认识奶瓶、认识母亲等都是(　　)的表现。(易混)

A. 形象记忆　　B. 意义记忆　　C. 情绪记忆　　D. 语词记忆

40. 一个小女孩听爸爸说这次出国回来要给她买电动火车,于是,她到幼儿园对小伙伴说:"我爸爸从国外给我带回一个电动火车,可好玩了。"这是小女孩(　　)的表现。

A. 记忆　　B. 想象　　C. 知觉　　D. 撒谎

41. 春游过去两天了,小明还没有忘记当时的快乐感受,这种记忆属于(　　)(易混)

A. 语言记忆　　B. 运动记忆　　C. 情绪记忆　　D. 逻辑记忆

42. 下列不属于再造想象的类型的是(　　)

A. 经验性想象　　B. 创造性想象　　C. 愿望性想象　　D. 拟人化想象

43. 关于幼儿想象的说法,下列表述不正确的是(　　)

A. 想象容易受自身情绪的影响,也容易受别人情绪的影响

B. 想象容易受自身情绪的影响,不受别人情绪的影响

C. 无意想象占主要地位,实质上是自由联想

D. 不要求意志努力,意识水平低,是幼儿想象的典型形式

44. 我们阅读鲁迅的作品《祝福》中关于祥林嫂的文字描述时,想象出祥林嫂的形象属于(　　)

A. 再造想象　　B. 创造想象　　C. 无意想象　　D. 有意想象

二、多项选择题

1. 下列有关幼儿想象发展的表述正确的有(　　)

A. 幼儿想象以无意想象为主,有意想象开始发展

B. 幼儿想象以创造想象为主,再造想象开始发展

C. 幼儿想象有时与现实混淆

D. 幼儿的想象常常需要成人的言语描述

2. 下列有关幼儿的空间知觉的表述,正确的有(　　)

A. 空间知觉包括三个方面,即大小知觉、距离知觉和方位知觉

B. 幼儿可以分清物体或场所的远近,这指的是距离知觉

C. 幼儿方位知觉发展晚于方位词的掌握

D. 幼儿通常在3岁能够区别一些几何图形

三、判断题

1. 学前儿童比较的特点之一是逐渐找出事物的相应部分。(　　)

2. 无意记忆占优势,有意记忆逐渐发展是3~6岁幼儿记忆发展的特点。(　　)

3. 知觉是对事物的个别属性的反映,而感觉是对事物的整体反映。(　　)

4. 皮亚杰儿童认知发展阶段理论表明,具体运算阶段儿童的主要行为特征是能使用语言表达概念,但有自我中心倾向。(　　)

5. 在整个幼儿期,无意记忆与有意记忆都在发展,一般来说,学前儿童的无意记忆效果好于有意记忆。(　　)

6. 幼儿认识空间方位,体现出由近及远逐步扩展的趋势。（　　）

7. 幼儿注意的范围是比较大的,但随着年龄的增长,幼儿注意的范围会逐渐缩小。（　　）

8. 注意的转移指注意是被动的,受无关刺激的干扰而离开原先对象。（　　）

9.《西游记》中描写的孙悟空的形象属于无意想象。（　　）

四、填空题

1. 根据记忆内容的变化,记忆可分为________、________、形象记忆和________。

2. 人类记忆的广度约为________个信息单位。（常考）

3. 儿童根据自己看到了什么,认为别人也看到了什么,这体现儿童思维品质具有________。

4. 幼儿在识记与自己经验有关事物时,意义记忆的效果比________的效果好。

5. ________就是把许多同类的事物归为一类,将记忆材料整理成适当有序的材料库进行记忆。

6. 想象的两大特点是________和________。

7. ________是人脑对客观现实的间接的和概括的反映,是人认知的高级阶段。

五、简答题

1. 简述儿童记忆发展的趋势。

2. 简述学前儿童分类的类型。（常考）

3. 简述幼儿方位知觉的发展趋势。

4. 简述幼儿观察力发展的表现。（易错）

5. 简述幼儿想象夸张性的表现。

6. 简述幼儿颜色视觉的发展特点。

六、论述题

1. 为什么幼儿形象记忆和语词记忆的效果随年龄的增长而逐渐接近?

2. 试述注意对幼儿的活动和心理发展的意义。(易混)

3. 试述幼儿有意注意产生的条件。

七、材料分析题

1. 某幼儿园大班在室内组织语言教育活动，正当大家聚精会神地听老师讲故事时，外面出来一群别的班的孩子在玩耍，喧闹的声音马上把孩子们的注意吸引了过去，大家开始相互交谈，老师大声提醒保持安静，也没有吸引孩子们的注意，这时老师突然停了，不说话了，孩子们安静了下来，继续听老师讲故事。

   试分析这次活动中幼儿教育的有意注意和无意注意。

2. 幼儿常常看见小碗、小勺，就想拿来喂娃娃吃饭；看见小汽车，就要玩开汽车；看见书包，又想去当小学生。幼儿绘画常常画了“小人”，又画“螃蟹”；画了“汽车”，又画“海军”。

   这些说明了什么？请根据幼儿想象的特点来分析其原因。

3. 某幼儿园来了一位实习教师，她的任务是教小班的音乐课和中班的绘画课。她初步计划第一堂音乐课以自己的示范表演为主，每隔15分钟休息一次；绘画课主要让孩子们画太阳，每隔20分钟休息一次。虽然她做了精心准备，但效果不理想。孩子们有的讲话，有的跑出去，不理会她的要求，使这位实习教师非常沮丧。

   请分析导致这种结果的原因。你觉得这位老师怎样做效果会好些？

4. 离园时，三岁的小凯兴奋地对妈妈说：“妈妈，今天我得了一个‘小笑脸’，老师还贴在我的脑门儿上了。”妈妈听了很高兴。连续两天，小凯都这样告诉妈妈。后来妈妈和老师沟通后才得知，小凯并没有得到“小笑脸”。妈妈生气地责怪小凯：“你这么小，怎么就说谎呢？”

   小凯妈妈的说法是否正确？试结合幼儿想象的特点分析上述现象。

5. 幼儿教师在幼儿园教学中要使用大量直观形象的教具，以帮助幼儿理解教学内容。在给孩子讲故事时，教师讲到“大象用鼻子把狼卷起来”时，总是用手做出“卷”的动作，说到“大象把狼扔到河里去”时，又用手做出扔的样子，孩子们也学着老师的样子做出相应的动作，脸上露出会意的笑容。

(1)案例中体现了儿童思维发展的什么特点？

(2)根据该特点，教师应如何有针对性地对幼儿思维进行培养？

6. 明明是个3岁零3个月的孩子，十分活泼可爱，父母很喜欢他。可令其父母不解的是：明明做事情之前从不爱多思考。例如，玩插塑时，让他想好了再去插，而他却是拿起插塑就开始随便地插，插成什么样，就说插的是什么。在绘画或要解决别的问题时也是这样。夫妇俩认为这样不好，便总是要求孩子想好了再去行动，可明明却常常做不到。明明父母时常为此感到烦恼。

试问明明父母的态度和行为对吗？请从儿童思维发展的角度分析明明的这一类行为，并为明明的父母提出科学的教育建议。

7. 我们经常发现这样一种现象：幼儿教师花大力气教幼儿记住某首儿歌，有时候孩子们不能完全记牢，但他们偶尔听到的某首童谣，看到的某个电视广告，只需一两次他们就能熟记心中。

结合幼儿记忆的这一特点，请你分析一下影响幼儿无意记忆的因素。

8. 某幼儿园一位新教师在教幼儿10以内减法时，为了帮助幼儿理解，用非常形象的语言简述“3 - 1 = 2”：“森林里有三只漂亮的小白兔，一天来了一只大灰狼，把其中一只小白兔给叼走了，最后只剩下了两只。”老师刚说完，有个孩子突然大哭起来，整个课堂一下子乱了套。

结合案例，请分析幼儿理解发展的特点。

9. 三岁幼儿画画时总是随手涂鸦，偶尔画出图形，看着像什么就说是什么，拼图也是这样。比如幼儿涂鸦后会高兴地说：“我画了一只小鸟。”“我画了一个毛毛虫。”等等。有时候成人会责怪孩子：“你想画什么？要想好再画！”

请根据学前儿童的思维发展的相关知识回答下面的问题：

(1)3岁幼儿的这种行为反映了学前儿童思维发展的什么趋势？

(2)家长的做法合适吗？请对这一行为提出有效的建议。

10. 陈老师带小班幼儿到户外观察幼儿园的果树，幼儿瞧瞧这棵，看看那棵，摸摸那棵。集中谈话时，许多小朋友说不出其中任何一棵树的特征、形状等。但小朋友能说出，看到了天上有小鸟在飞，水池里有小金鱼在游来游去，果树上有蝴蝶在飞舞，操场上有小朋友在玩“老鹰抓小鸡”的游戏。陈老师很是困惑。

(1)请分析案例中所反映的幼儿注意发展的特点。

(2)结合案例，提出合理的教育建议。

第四章 学前儿童情绪的发展

命题要点	考查热度	考查难度	命题预测
情绪情感的分类	★	一般	激情、应激
学前儿童情绪发展的一般趋势	★★	难	情绪的社会化
幼儿情绪发展的特点	★★★	一般	情绪的不稳定性
幼儿情感发展的特点	★★★	中等	道德感、理智感
帮助幼儿控制情绪	★★	一般	转移注意法、冷处理法
教会幼儿调节自己的情绪表现	★★	中等	行为反思法、自我说服法

真题必刷

第 *8* 练 学前儿童情绪情感的分类、产生与发展

一、单项选择题

1.[天津南开]婴幼儿喜欢被成人接触、抚爱,这种情绪反应的动因是为满足儿童的(　　)(常考)

A. 生理性需要　　B. 情绪表达性需要

C. 社会性需要　　D. 自我调节性需要

2.[山东青岛]幼儿园举行猜谜语活动,硕硕冥思苦想,终于猜出其中一个,在这个过程中,他表现出沉醉、愉快、满足、自豪等情绪状态。这种体验是(　　)

A. 美感　　B. 道德感　　C. 理智感　　D. 本体感

3.[山东青岛]张老师发现小班幼儿告状会说"某某抢我的玩具"或"某某打我了",到了中班幼儿告状会说"某某不遵守规定"或"某某在欺负某某"。这表明(　　)

A. 幼儿的道德感随着年龄增长不断发展

B. 幼儿的效能感随着年龄增长不断发展

C. 幼儿的荣誉感随着年龄增长不断发展

D. 幼儿的美感随着年龄增长不断发展

4.[内蒙古赤峰]明明是个好奇心很强的孩子,喜欢打破砂锅问到底,当成人给他满意的答案时,他就觉得很愉悦。这种情感是(　　)

A. 道德感　　B. 理智感

C. 美感　　D. 实践感

5. [安徽统考]“破涕为笑”现象在学前儿童身上较为常见。这反映他们的情绪具有(　　)

A. 易冲动性　　B. 外露性　　C. 社会性　　D. 不稳定性

6. [安徽安庆](　　)是在出乎意料的紧张与危急状况下出现的情绪状态。(常考)

A. 心境　　B. 激情　　C. 惊悚　　D. 应激

7. [河南郑州]幼儿对其他小朋友违反规则的行为产生不满,对自己做错事感到内疚的情感属于(　　)

A. 道德感　　B. 理智感　　C. 义务感　　D. 责任感

8. [河北邢台]从两个月起,幼儿便开始出现对人脸的积极情绪反应,这体现了(　　)

A. 儿童情绪的社会化　　B. 儿童依恋的发展

C. 儿童道德情感的发展　　D. 儿童社会认知的发展

9. [山东滨州]身体变化和表情动作越来越失去控制,高度紧张使细微的动作发生紊乱,这是对哪种情绪状态的描述(　　)(易混)

A. 心境　　B. 激情　　C. 应激　　D. 躁狂

10. [山东滨州]有家长发现孩子最近出现一些破坏行为,刚买的玩具,一会就被拆得七零八落了,说明孩子的(　　)发展起来了。

A. 实践感　　B. 道德感　　C. 美感　　D. 理智感

11. [江西统考]以下关于儿童情绪的表述,不正确的是(　　)

A. 游戏带来的欢乐对儿童心理发展是有益的,成人应该高度重视

B. 身体和心理的分离是引起婴幼儿痛苦的重要原因

C. 婴幼儿的情绪非常不稳定,容易变化,常常破涕为笑

D. 6 岁左右幼儿情绪稳定性逐渐增强,基本可以不受家庭和老师感染

12. [安徽合肥]孩子看到陌生人开始会惧怕,但如果大人用微笑、点头等表情鼓励他,他就会慢慢接触从而对他不陌生,这个现象说明了情绪和情感的(　　)作用。

A. 适应　　B. 动机　　C. 调节　　D. 信号

13. [安徽宿州](　　)岁前是幼儿道德和道德感萌芽的时期。

A. 2　　B. 3　　C. 4　　D. 5

14. [山东临沂]有关婴幼儿的情绪,下列说法错误的是(　　)

A. 六七个月的婴儿开始怕生,也就是出现对陌生刺激物的恐惧反应

B. 4 岁左右的幼儿开始出现与想象相联系的恐惧情绪,分不清想象与现实之间的界线,往往把自己的想象当成现实来对待

C. 大部分孩子从六七个月开始起,会表现出分离焦虑

D. 分离焦虑容易导致儿童抵抗力下降

15. [福建统考]青青看到琪琪撞倒丽丽,就跑去向老师告状,青青的表现是(　　)

A. 理智感的体现　　B. 道德感的体现

C. 气质的体现　　D. 意志的体现

16. [江西南昌]甜甜上幼儿园时，看见奶奶走了就难过地哭了起来，旁边的小朋友也跟着哭了起来，这一现象反映了幼儿的情绪具有(　　)

A. 冲动性　　B. 外露性　　C. 科学性　　D. 传染性

17. 下列现象属于情绪的是(　　)

A. 看到美味佳肴会让人产生愉快的体验　　B. 解答出一道难题感到满足

C. 撒谎后心里感到不安　　D. 游历美好山川时让人心生美感

18. [江西统考]明明每天都有好多问题要问，有时还乱拆卸物品，妈妈很是烦恼，称他为"问题大王"和"破坏份子"。其实明明的行为是儿童好奇心、探究欲的正常表现，是其(　　)发展的体现，成人应科学评价，正面引导，积极对待。

A. 道德感　　B. 理智感　　C. 美感　　D. 正义感

19. [福建统考]中班小华抢了平平心爱的玩具，当他看到平平伤心地哭了感到内疚，这说明小华具有(　　)

A. 初步的道德感　　B. 成就感　　C. 美感　　D. 理智感

20. [陕西西安]5~6岁的幼儿理解到病菌能使人生病，从而害怕病菌，理解苍蝇带有病菌，于是讨厌苍蝇，这些惧怕、厌恶的情绪是与(　　)相联系的情绪。

A. 思维　　B. 自我意识　　C. 想象　　D. 感知觉

21. [安徽宿州]华生认为，新生儿天生的情绪反应包括(　　)

A. 喜、怒、哀、乐　　B. 兴奋、悲伤　　C. 恐惧、愤怒　　D. 怕、怒、爱

22. [陕西西安]3~4岁的幼儿情绪的动因处于(　　)

A. 以满足生理需要为主的阶段

B. 以满足社会性需要为主的阶段

C. 从以主要为满足生理需求向以主要为满足社会性需要的过渡阶段

D. 以满足与同伴交往的需要为主的阶段

23. [陕西西安]幼儿的理智感明显发展起来的年龄是(　　)

A. 2岁左右　　B. 3岁左右　　C. 4岁左右　　D. 5岁左右

24. [陕西西安]婴儿最初社会性微笑发生的标志是(　　)

A. 出声的笑的出现　　B. 无差别的笑的出现

C. 内源性的笑的出现　　D. 有差别的笑的出现

25. [山东临沂]两三岁以后的儿童，由于常被告知蛇会咬人、黑夜有鬼等而产生怕蛇、怕鬼等情绪，这反映了与(　　)相联系的情绪体验。

A. 记忆　　B. 想象　　C. 思维　　D. 感知觉

26. [福建统考]小班幼儿看到班上其他小朋友哭，自己也哭了起来，这说明他们(　　)

A. 出现了分离焦虑　　B. 情绪不稳定

C. 情绪开始分化　　D. 对事物的理解受情绪影响

二、多项选择题

1.［山东青岛］人园时小丁看着妈妈离开本来没有哭，但看到班里有几个幼儿在哭，也跟着哭了起来。老师过来给了他喜欢的玩具，他马上破涕为笑。这体现出幼儿情绪表现具有(　　)(常考)

A. 不稳定性　　B. 情境性　　C. 外显性　　D. 控制性

2.［广东高州］情绪和情感是人对客观事物的一种特殊的反映形式，其在幼儿心理发展中的作用包括(　　)

A. 动机作用　　B. 组织作用

C. 信号作用　　D. 感染作用

3.［安徽宿州］下列属于幼儿高级情感的有(　　)(常考)

A. 道德感　　B. 归属感　　C. 理智感　　D. 美感

4.［海南万宁］幼儿情绪情感的特点包括(　　)

A. 易控制　　B. 易冲动　　C. 易传染　　D. 易变换

三、判断题

1.［安徽滁州］激情是在出乎意料的紧迫情况下引起的急速而高度紧张的情绪状态。(易混)　(　　)

2.［福建统考］小班儿童在看图书时，常常把书中的“坏人”抠掉，造成这种行为的原因是幼儿的情绪具有冲动性。　(　　)

3.［安徽合肥］情绪的外部表现叫表情，儿童在掌握语言之前，主要是以表情作为交际的工具。　(　　)

四、填空题

［福建统考］幼儿喜欢欣赏日月星辰、艺术作品，装饰自己的娃娃屋。这说明幼儿高级情感中的________正在发展。

五、论述题

［山东菏泽］试论述幼儿情绪发展的特点，并结合《3～6岁儿童学习与发展指南》分析教师应如何维持幼儿的积极情绪。(常考)

第9练　学前儿童情绪的培养

一、单项选择题

1.［山东青岛］爸爸关掉电脑后，贝贝又哭又闹，爸爸没有理会，过了一会儿，贝贝慢慢地平静下来。爸爸采用的方法是(　　)

A. 转移法　　B. 自我说服法　　C. 冷处理法　　D. 反思法

2.[河南平顶山]幼儿园老师看到小朋友哭泣,就会自然地安慰,这种行为几乎成了下意识的表现,这属于( )

A. 表面扮演　　B. 失调扮演　　C. 深层扮演　　D. 自主调节

3.[江西统考]成人可以通过多种方式为幼儿提供机会,引导幼儿诉说心中感受,表达情绪情感,让他们获得适当的发泄。这种方法是(　　)(常考)

A. 合理宣泄法　　B. 自我疏导法　　C. 冷却处理法　　D. 注意转换法

4.[浙江统考]以下关于早期儿童情绪调节的描述中,不正确的是(　　)

A. 研究发现,2岁儿童已经能够使用积极活动、自我安慰、寻求他人安慰、被动行为、回避等情绪调节策略

B. 随着年龄的增长,儿童的情绪从主动的、内部的调节转向被动的、外部的调节

C. 随着年龄的增长,儿童的情绪从具体的、感觉运动调节转向抽象的认知调节

D. 3岁儿童已经表现出少许掩饰情绪的能力

5.[广东高州]高兴时语调高昂、语速加快,痛苦时语调低沉、语速慢。该情绪表达方式是(　　)

A. 面部表情　　B. 身段表情　　C. 语调表情　　D. 言语表情

6.[山东临沂]一名幼儿为了得到老师的表扬,虽然心里感到不高兴、很委屈,但在脸上没有表现出来。这反映了幼儿情绪调控中的(　　)类型。

A. 适应性调控　　B. 功能性调控　　C. 特征性调控　　D. 无序性调控

7.[江西统考]豆豆摔倒刚要大哭时,妈妈立即说:"我们豆豆很勇敢,摔倒从来不哭!"豆豆听了妈妈的话,一骨碌从地上爬了起来。豆豆妈妈运用(　　)的方式调控幼儿的情绪。

A. 耐心倾听　　B. 理解幼儿情绪　　C. 接纳幼儿情绪　　D. 积极暗示

二、多项选择题

[陕西西安]幼儿不能控制自己的情绪,成人帮助幼儿控制情绪的方法有(　　)

A. 宣泄法　　B. 转移法　　C. 冷却法　　D. 消退法

三、判断题

1.[广东高州]对于幼儿表达的各种情绪,教师应一律予以认可。(　　)

2.[广东高州]不同的幼儿有着不同的情绪表达方式,因此,教师要有意识地提高自身的观察能力、倾听能力,主动与幼儿交流,从而有效地觉察、把握他们的情绪状况。(　　)

3.[安徽合肥]"幼儿发脾气时不硬性压制,等其平静后告诉他什么行为是可以接受的"是帮助幼儿学会恰当表达和调控情绪的好方法。(常考)(　　)

四、简答题

[浙江临海]简述学前儿童控制情绪的方法。

实战演练

一、单项选择题

1. 与儿童最初的情绪反应相联系的需要是(　　)

A. 社会性需要　　B. 爱的需要　　C. 尊重的需要　　D. 生理需要

2. 有个孩子平时不爱说话,一天他主动发言,老师高兴地说:"太好了! 我知道你能行!"回到家,妈妈也给他鼓励,他非常高兴。从此以后,这个小朋友发言越来越大胆,越来越积极。这属于(　　)

A. 正面肯定和鼓励　　B. 耐心倾听幼儿说话

C. 正确运用暗示和强化　　D. 树立良好的榜样

3. 中班幼儿告状现象频繁,这主要是因为幼儿(　　)

A. 道德感的发展　　B. 羞愧感的发展

C. 美感的发展　　D. 理智感的发展

4. 幼儿园老师常常把刚入园的哭着要找妈妈的孩子与班内其他孩子暂时隔离开来。这主要是因为(　　)

A. 老师不喜欢哭闹的孩子　　B. 该幼儿不适合上幼儿园

C. 幼儿的情绪容易受感染　　D. 幼儿常常处于激动的情绪状态

5. 婴幼儿的情绪发展的形成主要依靠(　　)(易错)

A. 感知觉的发展　　B. 语言的发展

C. 周围情绪气氛的熏陶　　D. 自我意识的发展

6. 婴儿对看得见而又拿不到的玩具,产生不愉快情绪,但当玩具在眼前消失时,不愉快情绪也很快消失。这是(　　)

A. 情绪的内隐性　　B. 情绪的依赖性

C. 情绪的受感染性　　D. 情绪的情境性

7. 以下关于儿童情绪的描述不正确的是(　　)(易混)

A. 认知是情绪产生的基础,同时情绪也会影响认知过程

B. 婴儿期的儿童,情绪的自我调节能力差

C. 婴儿最初的笑是没有社会意义的

D. 新生儿听见他人哭泣而哇哇大哭,是移情的表现

8. "没有观众看戏,演员也没劲了",可以比喻运用(　　)帮助孩子控制情绪。

A. 冷处理法　　B. 转移法　　C. 想象法　　D. 反思法

9. 一种微弱的、持续时间长、带有弥散性的心理状态被称为(　　)

A. 激情　　B. 心情　　C. 应激　　D. 心境

10. 姥姥把受欺负而哭泣的小外孙带到枕头前,拿起枕头说:"这是打你的朵朵,揍它。"这体现了(　　)

A. 移情训练法　　B. 行为操练法　　C. 角色扮演法　　D. 合理宣泄法

二、判断题

1. 在幼儿园中常常一个人哭，其他人也跟着哭，这是因为幼儿的情绪容易受感染和暗示。 (　　)

2. 常言道“小孩的脸，六月的天”，说明儿童的情绪稳定性差。 (　　)

3. 与人的求知欲、认识兴趣、解决问题的需要等满足与否相联系的是道德感。 (　　)

4. 情绪是后继的、高级的态度体验，由对事物复杂意义的理解引起，较多地带有稳定性和持久性，与社会需要是否满足相联系。 (　　)

5. 在孩子情绪激动的时候，成人要保持冷静，不可对着孩子大声叫嚷，应该跟孩子讲道理或暂时置之不理，让孩子也冷静下来。 (　　)

三、简答题

1. 简述学前儿童情绪情感发展的一般趋势。

2. 父母和教师要保持幼儿健康的情绪，应该注意哪几方面问题？

3. 简述情绪情感在学前儿童心理发展中的作用。（常考）

4. 简述情绪自我调节化的表现。

四、材料分析题

1. 一个3岁的小男孩东东，原来一直和奶奶在一起，不愿上幼儿园，每次妈妈送他上幼儿园，当妈妈要离开时，东东总是又哭又闹，但当妈妈的身影消失后，东东很快和小朋友高兴地一起玩了起来，妈妈怕东东哭坏身体有时候又返回来看看，但当东东再次见到妈妈时，又立刻哭了起来。

   根据以上情景分析：

   (1)东东的行为说明幼儿情绪具有什么特点？并简要说明。

   (2)东东妈妈的担心是否必要？她应当怎么做才对？为什么？

2. 小班幼儿莉莉的妈妈是个善于帮助孩子控制情绪的母亲。一天，莉莉跟着妈妈逛商店时看到一个玩具，就要妈妈买，妈妈认为这与家里已有的一个玩具很类似，便不想给她买，可莉莉又哭又闹，一定要买这个玩具。这时，莉莉妈妈略一沉思，便对莉莉说："莉莉，走，咱们到另外一个地方去看看有没有比这更好的玩具。"说完便领着孩子迅速离开了，接着就给孩子讲故事、做游戏、一起唱歌……莉莉很快就沉浸在妈妈所引发的欢乐的情绪中。

   请根据学前儿童情绪发展的有关理论回答下列问题：

   (1)莉莉妈妈所采用的是哪种帮助幼儿控制情绪的方法？

   (2)联系实际说明成人帮助幼儿控制情绪的另外几种方法。

第五章　学前儿童社会性的发展

命题要点	考查热度	考查难度	命题预测
依恋的类型	★★★	难	焦虑—回避型、焦虑—反抗型
同伴关系的类型	★★	中等	被拒绝型儿童、被忽视型儿童
影响幼儿同伴关系发展的因素	★★	一般	幼儿自身的特征
性别概念的获得	★	一般	性别认同
幼儿的亲社会行为	★★★	中等	移情
幼儿的攻击性行为	★★	难	影响幼儿攻击性行为的因素
社会性行为培养	★★	中等	角色扮演法、榜样示范法

真题必刷

第 10 练　学前儿童亲子关系和同伴关系的发展

一、单项选择题

1. [山东青岛]“依恋”是指婴儿与母亲(或代理母亲)之间所形成的由爱连接起来的永久性心理联系,最先提出这一概念的心理学家是(　　)

A. 鲍尔比　　B. 埃里克森

C. 霍尔　　D. 格塞尔

2. [江西统考]以下关于早期依恋对儿童后期行为影响的表述,不正确的是(　　)

A. 安全型依恋的儿童遇到困难较少有消极情绪,既能向在场成人求助又不过分依赖于成人

B. 儿童期的安全型依恋将导致一个人的信赖、自信和稳定的情绪状态

C. 与母亲依恋关系安全性高的幼儿通常与教师也有相同特质的依恋关系

D. 亲子依恋和师生依恋关系得分高的幼儿,其同伴交往能力也比较强

3. [福建统考]花花依恋妈妈,妈妈离开之后会大哭,等到妈妈回来后会抱着妈妈、打妈妈。这属于什么依恋类型(　　)(易混)

A. 反抗型　　B. 安全型　　C. 回避型　　D. 混乱型

4. [浙江统考]以下对幼儿同伴关系影响最大的是(　　)

A. 幼儿的外貌　　B. 幼儿的衣着

C. 幼儿的交往技能　　D. 幼儿的名字

5.［广东高州］小白很喜欢和小朋友交往，在与同伴的交往中活跃、主动，但他经常被其他小朋友抱怨爱抢玩具和喜欢推打别人，因而常被同伴排斥。按照幼儿不同交往类型的心理特征划分，小白属于(　　)儿童。

A.被抛弃型　　B.被忽略型　　C.被拒绝型　　D.受欢迎型

6.［江西统考］受欢迎儿童在同伴交往中往往运用友好性的交往策略，如(　　)等。

A.发起、协商、让步　　B.协商、发起、退缩

C.协商、发起、支配　　D.发起、协商、顺从

7.［安徽合肥］焦虑—回避型依恋的儿童在游戏活动中容易(　　)

A.不愿与伙伴合作，带有破坏性

B.探究兴趣浓厚，对游戏主动认真和专注

C.对游戏不认真、不专注，并且缺乏乐趣

D.喜欢与同伴合作进行游戏，情绪愉快

8.［海南万宁］马斯洛的需要层次理论提到，归属与爱以及自尊的需要是人类基本需要，这种需要的满足要从同伴身上获得，表明同伴关系具有(　　)功能。

A.赋予社会知觉　　B.提供情感支持

C.培养自信品质　　D.帮助发现自我

9.［安徽滁州］在儿童的同伴交往中，影响同伴接纳性的主要因素是儿童交往的主动性和(　　)

A.独立性　　B.交往的能力　　C.移情能力　　D.亲和力

10.［重庆］某幼儿表现出相互矛盾的依恋行为，在陌生的环境中显得困惑和不安，对陌生情境不能很好适应，该幼儿的依恋类型是(　　)

A.安全型　　B.回避型　　C.拒绝型　　D.困难型

11.［江西南昌］贝贝上幼儿园与妈妈分开后就开始哭了起来，情绪稳定后依然很忧伤，傍晚妈妈来接她时，对妈妈的安慰也表现出抵触的情绪。这种行为属于(　　)

A.焦虑—回避型依恋　　B.安全型依恋

C.焦虑—抗拒型依恋　　D.焦虑—安全型依恋

12.［江西统考］英国心理学家谢弗认为，依恋形成的标志需要符合的原则是(　　)

A.代表性、稳定性和普遍性　　B.代表性、稳定性和整体性

C.代表性、普遍性和整体性　　D.稳定性、整体性和普遍性

13.［江西统考］有的幼儿在同伴交往中过度活跃、话多、好争论、不愿意分享和合作，为引起别人的注意，常常做一些破坏性的行为，制造各种麻烦。这类儿童在同伴交往关系类型中属于(　　)

A.受欢迎儿童　　B.被拒斥儿童　　C.被忽视儿童　　D.被回避儿童

14.［陕西西安］婴儿依恋的三个阶段是(　　)

A.无差别社会性反应—特殊情感连接—有差别社会性反应

B.有差别社会性反应—无差别社会性反应—特殊情感连接

C. 特殊情感连接—有差别社会性反应—特殊情感连接

D. 无差别社会性反应—有差别社会性反应—特殊情感连接

15. [山东临沂]婴儿的母亲在养育的过程中没有一定的主见,养育方式往往自相矛盾,对孩子的心态取决于自己的心境、情绪的好坏,有时热情、有时冷淡。这样的婴儿易形成( )

A. 安全型依恋　　B. 回避型依恋

C. 矛盾型依恋　　D. 对抗型依恋

16. [山东临沂]幼儿园的小朋友更喜欢与有着漂亮面孔的小朋友在一起玩,相貌平平的则处于玩伴的边缘地带。这反映了影响儿童同伴交往的( )因素。

A. 身体特征　　B. 行为特征　　C. 认知能力　　D. 成人的鼓励

17. [山东青岛]儿童在母亲离开时显得苦恼不安,母亲回来则立即与母亲接触,容易被抚慰并平静下来,这种亲子依恋关系属于( )

A. 回避型依恋　　B. 反抗型依恋　　C. 安全型依恋　　D. 混合型依恋

18. [安徽合肥]"清高孤傲,自命不凡"最容易在( )亲子关系的家庭中出现。

A. 专制型　　B. 溺爱型　　C. 民主型　　D. 放任型

19. [山东青岛]心理学家艾斯沃斯通过"陌生情境"实验研究母子依恋关系。丫丫既寻求与母亲接触,又拒绝母亲的爱抚,根据此研究结果,丫丫的依恋类型属于( )

A. 焦虑—回避型　　B. 安全型

C. 焦虑—反抗型　　D. 矛盾型

20. [山西长治]在专制型家庭中培养的孩子,其个性品质最可能表现为( )

A. 怯弱顺从、缺乏生气　　B. 胆小怯弱、自私自利

C. 有自信心、独立性好　　D. 自命不凡、孤高清傲

二、多项选择题

1. [海南万宁]儿童的依恋可分为( )(常考)

A. 焦虑—回避型　　B. 安全型　　C. 焦虑—抗拒型　　D. 忽视型

2. [山东青岛]北京师范大学教授庞丽娟将同伴交往类型划分为( )

A. 受欢迎型　　B. 被拒绝型　　C. 被忽视型　　D. 一般型

三、判断题

1. [山东菏泽]依恋是指婴儿寻求并企图保持与另一个人亲密的身体与情感联系的倾向。(常考)( )

2. [福建统考]母婴依恋有助于形成良好的亲子关系,但不利于培养孩子的独立性。(易错)( )

3. [安徽合肥]学前儿童同伴关系具有平等、互惠的特点。( )

四、填空题

1. [山东滨州]________指的是婴儿与其主要抚养人(主要是父母)之间的强烈的情感联结。

2. [福建统考]幼儿积极主动与同伴交往,常常表现出友好的交往行为,受到大多数同伴的接纳。这种同伴交往属于________型。

五、简答题

［安徽滁州］作为一名幼儿教师如何引导幼儿与同伴友好相处。

六、论述题

1.［陕西特岗］试述学前儿童亲子依恋的类型及其不同类型对儿童心理发展的影响。

2.［安徽滁州］简述幼儿同伴及师幼交往对幼儿社会性发展的影响。

七、材料分析题

1.［福建统考］中班的浩浩从不主动和小伙伴一起玩，也不拒绝别人的邀请。在老师眼里，浩浩是个不惹麻烦的孩子，他喜欢独处，很少主动发言，常常被老师和同学们遗忘。

问题：

(1)写出浩浩的同伴关系的类型。

(2)结合材料分析该类型同伴关系的可能成因并提出教育建议。

2.［浙江杭州］小班刚入园的陈陈性格孤僻，常常自言自语，不善于与他人交谈，总是游离于集体之外。请结合案例和自身的学习与工作经验，谈谈如何对陈陈进行引导。

第 11 练　学前儿童性别角色和社会性行为的发展

一、单项选择题

1.［天津南开］在有关邻居关系的故事中，教师让儿童对邻居张阿姨的心理状态进行分析，问："张阿姨心里怎么想的？有什么感觉？"该教师运用了移情法中的（　　）训练技术。（易错）

A. 情绪追忆　　B. 认知提示　　C. 巩固深化　　D. 情境表演

2.［山东青岛］小顺和小杭闹矛盾，小杭很生气推了小顺，小顺摔在地上。事后，老师问小杭："如果你是小顺，被别人推倒，会不会很疼，会不会很委屈呢？"老师试图培养小杭的（　　）

A. 移情能力　　B. 注意力　　C. 想象力　　D. 创造力

3.［山东青岛］引导幼儿讨论和角色扮演"假如你是一个盲人，在生活中遇到很多困难，你的心情会怎样？"这是移情训练的（　　）

A. 情绪追忆法　　B. 认知提示法　　C. 巩固深化法　　D. 情感换位法

4.［内蒙古赤峰］（　　）岁左右，儿童已经出现了亲社会行为的萌芽。

A. 1　　B. 2　　C. 3　　D. 3.5

5.［山东青岛］儿童从小表现出来的同情、帮助、分享、谦让等属于（　　）的社会行为。

A. 友爱　　B. 善良　　C. 利他　　D. 助人

6.［河南平顶山］教师提问幼儿："如果你是一位老年人，在生活中有很多不便，你的心情会怎样？该怎样对待老年人？"该教师主要是运用了（　　）的训练方法。

A. 认知提示　　B. 情绪追忆　　C. 情感换位　　D. 情境表演

7.［河南平顶山］下列选项中更有利于激发幼儿的亲社会行为的是（　　）

A. 父母的榜样　　B. 游戏　　C. 助人观念的灌输　　D. 自我强化

8.［江西统考］3～6 岁幼儿亲社会行为发展迅速，其中（　　）是幼儿亲社会行为发生频率最多的行为。（常考）

A. 合作行为　　B. 分享行为　　C. 助人行为　　D. 互助行为

9.［江西统考］以下减少幼儿攻击性行为的策略，正确的是（　　）

A. 创设良好环境，提供宣泄途径，教授解决方法

B. 创设良好环境，提供宣泄途径，约束幼儿行为

C. 创设良好环境，约束幼儿行为，教授解决方法

D. 约束幼儿行为，提供宣泄途径，教授解决方法

10.［浙江杭州］幼儿攻击性行为的主要特点是（　　）

A. 情绪性　　B. 破坏性　　C. 目的性　　D. 情境性

11.［浙江统考］豆豆看到丁丁一个人搬积木搬不动，他就跑过去帮忙。豆豆的这种行为属于（　　）（常考）

A. 亲社会行为　　B. 反社会行为　　C. 攻击性行为　　D. 依恋行为

12.［河北邢台］下列不属于影响学前儿童攻击性行为因素的是（　　）

A. 榜样　　B. 强化　　C. 移情　　D. 挫折

13.［河北邢台］幼儿能知道自己的性别，并初步掌握性别角色知识一般在（　　）

A. 1～2 岁　　B. 2～3 岁　　C. 3～4 岁　　D. 4 岁以后

14.［广东广州］小红看到小兰买了一个新的铅笔盒，觉得很喜欢，为了拿走小兰的铅笔盒便打了小兰，小红的行为属于（　　）

A. 敌意性攻击　　B. 工具性攻击　　C. 随意性攻击　　D. 自我攻击

15.［陕西特岗］婴幼儿发展期间，攻击别人的行为一般出现在（　　）

A. 5～6 个月　　B. 6～8 个月　　C. 1 岁　　D. 1～3 岁

16.［广东广州］在日常教育中，幼儿教师在运用干预攻击性行为常用方法中的（　　）时，会提醒幼儿向那些能够做出合作、分享和助人行为的幼儿学习，并用动画片、故事中的英雄形象鼓励幼儿，促使他们认可并接受良好的社会行为。（常考）

A. 强化法　　B. 角色扮演法　　C. 榜样示范法　　D. 转移注意法

17.［福建统考］幼儿甲为了得到玩具动手打了幼儿乙，这种行为属于（　　）（易混）

A. 敌意性攻击　　B. 工具性攻击

C. 交往性攻击　　D. 言语攻击

18.［福建统考］明明把自己喜欢的玩具带到幼儿园并愿意请其他小朋友一起玩。该行为是（　　）

A. 分享　　B. 合作　　C. 谦让　　D. 同情

19.［安徽合肥］帮助幼儿设身处地为他人考虑，“如果他们是你，会怎样想”是使用了（　　）的行为矫正技术。

A. 自然后果法　　B. 生活锻炼法　　C. 移情训练法　　D. 同伴交流法

20.［安徽合肥］幼儿的攻击性行为（　　）（易错）

A. 不存在性别的差异，也没有年龄的差异

B. 不存在性别的差异，但有年龄的差异

C. 存在明显的性别差异

D. 存在性别差异，但不太明显

21.［安徽宿州］多数研究认为，（　　）是儿童亲社会行为的正式发生期。

A. 1～4 岁　　B. 2～5 岁　　C. 3～5 岁　　D. 3～6 岁

22.［山东菏泽］孩子能区别一个人是男的还是女的，就说明他已经（　　）

A. 形成了性别角色习惯　　B. 具有了性别概念

C. 产生了性别行为　　D. 对性别角色有了明确的认识

23.［安徽宿州］下列关于惩罚作用于攻击性行为儿童的特点，下列说法正确的是（　　）

A. 老师的惩罚本身就给孩子树立了攻击性行为的榜样

B. 攻击型儿童受惩罚时其攻击性行为减弱

C. 惩罚对于攻击型的儿童能抵制攻击性

D. 惩罚一定是抵制儿童攻击性行为的有效手段

24. [重庆]学前儿童攻击性行为产生最直接的原因是( )

A. 榜样　B. 强化　C. 移情　D. 挫折

25. [安徽合肥]在儿童的亲社会行为中,( )最为常见,其次为分享行为、助人行为。

A. 安慰行为　B. 公德行为　C. 合作行为　D. 捐赠行为

26. [重庆云阳]儿童道德发展的核心问题是( )

A. 亲子关系的发展　B. 同伴关系的发展

C. 性别角色的发展　D. 亲社会行为的发展

27. [陕西西安]3 到 4 岁的儿童所处的性别角色发展阶段是( )

A. 自我中心地认识性别角色阶段　B. 初步掌握性别角色的阶段

C. 刻板地认识性别角色阶段　D. 已经认识性别角色阶段

28. [陕西西安]儿童移情能力发展的关键期是( )

A. 2~3 岁　B. 3~4 岁　C. 4~6 岁　D. 6 岁以上

29. [浙江杭州]幼儿分享水平提高出现在( )

A. 3~4 岁　B. 4~5 岁　C. 5~6 岁　D. 6~7 岁

30. [陕西西安]幼儿园大班儿童的攻击性行为的特点是( )

A. 工具性攻击行为显著大于敌意攻击行为

B. 敌意攻击行为显著大于工具性攻击行为

C. 以言语攻击行为为主

D. 没有性别阶段

31. [山东临沂]下列引起攻击性行为的原因,表述错误的是( )

A. 成人或环境对他们过于宽松,缺乏足够的身体活动

B. 通过攻击性行为的表现引起别人的注意

C. 儿童的自我价值受到打击、侵犯、伤害

D. 教师处理问题不公

二、多项选择题

1. [山东青岛]户外活动时小伟没有拿到皮球,看到小强正在玩就去抢。小强不给,小伟就把小强推倒在地。小伟的攻击性行为属于( )

A. 敌意性攻击　B. 主动性攻击

C. 身体攻击　D. 工具性攻击

2. [河南平顶山]对幼儿攻击性行为进行纠正的策略有( )

A. 给予榜样示范　B. 减少环境中易产生攻击性行为的刺激

C. 对幼儿的攻击性行为“冷处理”　D. 教幼儿解决问题

3. [山西特岗]研究表明,男孩比女孩更具有攻击性,导致这种说法的原因有(　　)

A. 父母和男孩玩的游戏,比和女孩玩得更具有攻击性

B. 男孩玩的玩具多是枪、炮、坦克等象征暴力的玩具,女孩则是毛绒娃娃等感性玩具

C. 和女孩相比,攻击性会给男生带来实际利益,并较少受到父母的谴责

D. 男孩比女孩更容易受到成人的攻击,所以在成人身上学会了攻击

4. [山东青岛]社会性行为的培养和训练,需进行相应的教育和培养,包括(　　)

A. 共情训练　　　　B. 移情训练

C. 交往技能和行为训练　　　　D. 善用精神奖励

三、判断题

1. [浙江杭州]移情是幼儿亲社会行为的基础。(常考)　(　　)
2. [广东广州]幼儿所有的竞争行为都可能导致攻击,因为在竞争的情景中,不能满足其期望目标的幼儿会受到暂时的挫折,这种挫折会导致攻击。(易错)　(　　)
3. [福建统考]幼儿亲社会行为的年龄差异不显著。　(　　)
4. [安徽合肥]1岁左右是幼儿性别行为初步产生的时期,具体体现在儿童的活动兴趣、同伴选择及社会性发展三个方面。　(　　)
5. [安徽合肥]美国心理学家认为,教师在儿童形成共情能力的过程中起着决定性作用。　(　　)
6. [安徽合肥]学前儿童的攻击性行为会随着年龄的增长呈现增多的态势,所以大班儿童攻击性行为最多。　(　　)
7. [山西长治]幼儿的攻击性行为存在明显的性别差异。一般来说,男孩比女孩更容易在受到攻击以后发动报复行为。(易错)　(　　)
8. [山西长治]助人行为是幼儿期望参加社会互动的结果,助人行为随着幼儿年龄的增长呈减少趋势。　(　　)
9. [浙江绍兴]小班阶段的幼儿逐步出现亲社会行为的萌芽。　(　　)

四、简答题

[福建统考]幼儿园中,男孩倾向于一起玩追逐游戏,女孩倾向于一起玩穿珠子的安静游戏,请简述幼儿性别角色形成的影响因素。

五、材料分析题

[江西南昌]壮壮是幼儿园小班的幼儿,爸爸妈妈都外出打工,照顾他的责任就留给了爷爷奶奶,奶奶对其十分溺爱,导致壮壮性格十分孤僻。上课的第一天就面无表情,生活中经常骂奶奶,打幼儿园的小朋友和老师,并认为老师和家长对他的关心都是理所当然的。为了不上幼儿园,他骗奶奶说肚子疼。不听

家长和老师对他的劝告和教导。

问题:阐述壮壮的问题并找出矫正的方法。

实战演练

一、单项选择题

1. 能显著提高儿童的角色承担能力和亲社会行为水平的方法是(　　)

A. 角色扮演法　　B. 语言法　　C. 讨论法　　D. 移情法

2. 儿童有不安全、焦虑退缩、怀疑、不喜欢与同伴交往等心理特征可能是在(　　)亲子关系下形成。

A. 放任型　　B. 专制型　　C. 民主型　　D. 自由型

3. 攻击性强的幼儿在规定时间内没有攻击行为,则可结合具体情况适当给予奖励。这是矫治严重的攻击行为的(　　)

A. 榜样法　　B. 阳性强化法　　C. 暂时隔离法　　D. 消退法

4. 儿童已经明白成人不在视野范围内后还会继续出现,所以他们以母亲为安全保障,在新环境中探索、冒险,然后又回来寻求保护。此时该幼儿的依恋属于(　　)

A. 无分化阶段　　B. 低分化阶段

C. 依恋形成阶段　　D. 修正目标的合作阶段

5. 被某些同伴喜欢,又被某些同伴讨厌的幼儿的同伴关系类型属于(　　)(易错)

A. 被忽视型儿童　　B. 受欢迎型儿童

C. 矛盾型儿童　　D. 一般型儿童

6. 小(2)班的欣欣从小身体就弱,经常生病,个头也很小,不喜欢和别人说话,经常会因为没有小朋友跟她一起玩而大哭。在同伴交友关系中,欣欣属于(　　)

A. 被排斥型的幼儿　　B. 被忽视型的幼儿

C. 被欣赏型的幼儿　　D. 被关注型的幼儿

7. 儿童在早期生活中,除亲子关系之外在同龄伙伴中建立的社会关系属于(　　)

A. 交往关系　　B. 师生关系　　C. 同伴关系　　D. 一般关系

8. 现在,有很多家庭都是独生子女,孩子都是"衣来伸手、饭来张口"的"小皇帝"。这些孩子不懂得体谅父母,只顾自己独占好吃的、好玩的。这体现出独生子女身上的问题是(　　)

A. 自私　　B. 贪婪　　C. 任性　　D. 不合群

9. (　　)是作为一个有特定性别的人在社会中的适当行为的总和,是人的社会性的一个重要方面。

A. 亲子关系　　B. 同伴关系　　C. 性别角色　　D. 攻击性行为

10. 关于攻击性行为的特点，下列说法不正确的是(　　)

A. 攻击型儿童受惩罚时其攻击性行为加剧

B. 惩罚对于非攻击型的儿童能抑制攻击性

C. 父母的惩罚本身就给孩子树立了攻击性行为的榜样

D. 惩罚是抑制儿童攻击性行为的有效手段

二、判断题

1. 学前儿童形成亲社会行为的主要影响因素是电视等媒体。(　　)
2. 移情法主要是针对儿童思维的自我中心性特点设计的。(　　)
3. 反抗型依恋的儿童不容易出现内隐的行为问题，如情绪抑郁、胆小、退缩、缺乏好奇心和探索欲望等。(　　)

三、填空题

1. 一个人可能对他人或群体造成损害的行为和倾向是________。
2. ________的亲子关系最有益于幼儿个性的良好发展。(常考)
3. 在所有的依恋类型中，________是较好的依恋类型。
4. 不喜欢交往，常一个人玩，在群体交往中显得退缩、害羞、不起眼，常常被冷落。这种同伴交往类型属于________型。

四、简答题

1. 简述儿童分享行为的发展特点。(常考)

2. 简述影响依恋的因素。

3. 简述学前儿童同伴关系的功能。(常考)

4. 简述幼儿期攻击行为的特点。

五、材料分析题

1. 5 岁的小强在幼儿园经常为了抢夺玩具与小朋友发生冲突，有时甚至对小朋友做出拳打脚踢等攻击性行为，在幼儿园其他人都躲着他，很不受小朋友欢迎。

请你从影响儿童攻击性行为的因素的角度分析并提出教育措施。

2. 每天睡觉前，倩倩必须把一条粉红色的毯子放在枕头边，她总是把脸贴在小毯子上才愿意入睡。如果哪天小毯子被妈妈洗了还没有干，倩倩就哭闹着不愿意睡觉。就这样持续了好长一段时间，现在她连上幼儿园也要带着她的小毯子。为此，倩倩的妈妈有些迷惑不解，女儿为什么睡觉时就要盯着平常的一条小毯子呢？

请你运用儿童心理发展的有关理论对上述材料进行分析。

3. 大(1)班有两位小朋友，一位叫明明，另一位叫强强。明明衣着整齐、乐于助人、有同情心、对人友好、有礼貌、善于与人分享合作、喜欢交往，深受同伴的喜爱。强强穿戴邋遢、脾气暴躁、对人很有敌意，还喜欢打人、骂人，经常欺负小朋友，班上小朋友见到他就远远地躲开，没人愿意与他在一起。

(1)请根据材料写出两位小朋友出现的是什么心理现象？

(2)请结合材料分析影响他们心理行为的主要因素。

4.2 岁的童童很懂事，也很活泼。可是每次不管她多高兴，只要看到妈妈抱别的小朋友就一个劲地哭闹。童童妈妈为此感到非常苦恼。

5 岁的东东一次在做早操时故意绊倒班里一个小朋友，被发现了还满脸无所谓，甚至有点幸灾乐祸。事后家长和教师仔细询问才知道，原来东东很不服老师表扬那个小朋友做操好，才故意让他当众出丑。

(1)分析童童和东东的心理。

(2)提出相应的建议和措施。

5. 区域活动开始时阳阳选择的是用打气筒打气的游戏，沐子高高兴兴地来到阳阳的身边，问："阳阳，我和你一起玩好吗？"阳阳毫不客气地说："不行。"并转身招呼其他孩子一起玩。沐子的笑容没有了，嘟起小嘴，眼泪吧嗒吧嗒地往下流。徐老师走到沐子身边询问情况，沐子说："我喜欢阳阳，想和他一起玩，可他不让……"老师抱着沐子说："你被阳阳拒绝了，心里难受是吗？"沐子哭着说："是的，我还想和阳阳一起玩……"徐老师继续抱着沐子，直到他的情绪逐渐平稳，不再哭泣。

请结合上述材料，分析教师的教育行为是否恰当，并说明理由，再提出促进沐子和阳阳同伴交往的策略。

6. 阳阳的父母在外地工作，把阳阳长期托付给爷爷奶奶抚养。爷爷奶奶之间关系不融洽。经常争吵，对阳阳也疏于照料，只注意让阳阳吃饱穿暖，很少关心亲近阳阳。渐渐地，阳阳变得越来越不爱说话，不爱和其他小朋友玩，情绪不稳定，性情越来越孤僻。活动的积极性大大降低，坚持性也变差……父母回来看望她，阳阳也显得很冷漠，并且回避父母。

请结合上述材料，分析阳阳所形成的依恋类型及其影响，并提出帮助阳阳形成安全型依恋的合理建议。

第六章　学前儿童个性的发展

命题要点	考查热度	考查难度	命题预测
个性概述	★★	中等	埃里克森的人格发展阶段理论
学前儿童气质的发展	★★★	难	气质的类型及其行为特征
学前儿童性格的发展	★★	一般	幼儿性格的年龄特点
学前儿童能力的发展	★★	一般	多元智能理论
学前儿童自我意识的发展	★★	中等	幼儿自我评价发展的特点

真题必刷

第 *12* 练　个性概述和学前儿童气质和性格的发展

一、单项选择题

1. [天津南开]埃里克森认为，人的(　　)发展持续一生，其形成和发展过程分为八个阶段。

A. 自我意识　　B. 人格　　C. 能力　　D. 心理品质

2. [天津南开]有的幼儿表现出对表演的兴趣，而有的幼儿表现出对画画的兴趣，这体现的是幼儿(　　)的差异。

A. 个性倾向系统　　B. 自我意识系统

C. 个性心理特征系统　　D. 自我评价系统

3. [山东青岛]刚刚出生几个月的婴儿因为肚子饿而哭闹，妈妈听到后快速来到婴儿身边喂食并安抚，婴儿的情绪逐渐平复下来。根据埃里克森的观点，妈妈的这种回应满足了婴儿的(　　)

A. 主动性需要　　B. 信任感需要

C. 自我同一性需要　　D. 自主性需要

4. [内蒙古赤峰]下列哪一项不属于幼儿性格的年龄特征(　　)

A. 好冲动　　B. 爱模仿　　C. 善于交际　　D. 好动

5. [内蒙古赤峰]孩子从刚出生开始，就表现出明显的个体差异性，这主要是(　　)的差异。

A. 言语特征　　B. 记忆过程　　C. 性格特点　　D. 气质类型

6. [河南平顶山]根据埃里克森的心理社会发展理论，13 岁儿童形成的人格是(　　)

A. 信任感　　B. 主动性　　C. 自主性　　D. 自我同一性

7. [江西统考]个性心理特征系统是个性的独特性的集中表现，包括多种心理成分，其中(　　)是个性最

核心的特征。

A. 气质　B. 能力　C. 性格　D. 情感

8. [福建统考]下列关于幼儿气质的说法,错误的是(　　)(常考)

A. 气质无好坏之分

B. 气质是天生的,不会发生变化

C. 气质是人最早表现出来的个性特征

D. 不能凭借幼儿的某些行为确定其气质类型

9. [安徽安庆]表现出"精力旺盛,表里如一,刚强,易感情用事"特征的气质类型是(　　)(常考)

A. 多血质　B. 抑郁质　C. 胆汁质　D. 黏液质

10. [山东青岛]不同流派的心理学家对心理发展阶段进行了划分,精神分析学派的心理学家(　　)重视自我与社会环境的相互作用。

A. 弗洛伊德　B. 埃里克森　C. 班杜拉　D. 罗杰斯

11. [山东青岛]婴儿的气质类型可以划分为(　　)三种。

A. 容易型、困难型、冲动型　B. 容易型、困难型、迟缓型

C. 容易型、困难型、稳定型　D. 容易型、稳定型、冲动型

12. [浙江临海]顾老师常用独立、依赖、勇敢、怯懦来形容班上幼儿的性格,其侧重的是幼儿性格的(　　)

A. 态度特征　B. 意志特征　C. 情绪特征　D. 理智特征

13. [陕西西安]儿童个性形成过程的开始时期是(　　)

A. 2 岁左右　B. 2 ~ 3 岁　C. 3 ~ 6 岁　D. 6 岁以后

14. [陕西西安]针对多血质儿童,教育时应注意(　　)

A. 培养其勇敢进取、豪放的品质,防止任性、粗暴

B. 培养其热情开朗的性格及稳定兴趣,防止粗枝大叶、虎头蛇尾

C. 培养其积极探索精神及踏实、认真的特点,防止墨守成规、谨小慎微

D. 培养其机智、敏锐和自信心,防止疑虑、孤独

15. [陕西西安]个性的调节系统以(　　)为核心。

A. 自我评价　B. 自我体验　C. 自我意识　D. 自我调控

16. [河北邢台]3 ~ 6 岁幼儿个性发展阶段的主要表现是(　　)(常考)

A. 先天气质差异　B. 个性特征萌芽

C. 个性开始形成　D. 个性基本定型

17. [山东滨州]根据埃里克森的人格发展阶段理论,6 ~ 11 岁的学生面临的主要发展任务是(　　)(常考)

A. 培养自主性　B. 培养勤奋感

C. 培养主动性　D. 培养自我同一性

18. [山东滨州]神经活动过程表现为强、不平衡的特性是哪种气质类型(　　)(常考)

A. 胆汁质　B. 多血质　C. 黏液质　D. 抑郁质

19. [山东滨州]周老师发现有个幼儿善于克制忍让,埋头苦干,注意力不易转移,缺乏激情,该幼儿气质类型应为(　　)

A. 胆汁质　B. 多血质　C. 黏液质　D. 抑郁质

20. [福建统考]对不同气质类型的幼儿应采取针对性的教育措施,发扬其气质中的长处,培养良好的性格。对黏液质的幼儿应培养的良好品质是积极精神,应防止的不良品质是(　　)(易错)

A. 粗暴任性　B. 粗枝大叶

C. 墨守成规　D. 疑虑孤独

21. [陕西特岗]埃里克森认为社会文化对儿童的发展起重要作用,影响着不同年龄阶段儿童应对"发展危机"的方式,3～6岁的儿童要应对的发展危机是(　　)(常考)

A. 基本的信任感对基本的不信任感　B. 自主感对羞怯感

C. 主动感对内疚感　D. 勤奋感对自卑感

22. [江西统考]根据托马斯和切斯的婴儿气质理论,(　　)的婴儿在幼儿期和童年期常常表现为焦虑退缩,或有较多的侵犯性行为,这类气质的婴儿约占研究样本的10%。

A. 容易照看型　B. 难以照看型

C. 缓慢发动型　D. 混合型

23. [福建统考]根据埃里克森人格发展阶段论,人在每一阶段都面临一种(　　)

A. 角色混乱　B. 信仰危机

C. 新的主要冲突　D. 自我评价混乱

24. [福建统考]大家都说小东喜欢交朋友,待人接物礼貌大方。这说的是小东的(　　)

A. 气质　B. 情感　C. 能力　D. 性格

25. [安徽合肥]儿童个体差异的最早表现是由气质决定的。气质是一个人所特有的心理活动的动力特征,主要特点有天赋性、遗传性和(　　)等。

A. 积极性　B. 突变性　C. 稳定性　D. 独立性

26. [海南万宁]中班的扬扬内心腼腆,上课玩游戏非常专注,而且经常能察觉到其他小朋友不易察觉的问题,但另一方面扬扬又不善于表现自己,没信心,不爱和别的小朋友一起玩。扬扬的气质类型属于(　　)

A. 胆汁质　B. 多血质　C. 黏液质　D. 抑郁质

27. [福建统考]一个热情豪爽的孩子,无论在家还是在幼儿园都表现出这种品质,这说明幼儿的个性具有(　　)

A. 稳定性　B. 独特性　C. 整体性　D. 社会性

28. [安徽滁州]根据埃里克森的人格发展阶段理论,2～3岁幼儿的发展任务是培养其(　　)(常考)

A. 主动性　B. 自主性　C. 勤奋感　D. 好奇心

29. [山东临沂]一个人在社会生活中交往越广泛，社会关系也就越复杂、越深刻，他的精神世界就越丰富。这反映了个性的(　　)特征。

A. 稳定性　　B. 整体性　　C. 社会性　　D. 个别性

30. [山西长治]张老师发现，班上的小红平日里稳重有余但灵活性不足，做事踏实但有些死板，性格沉着冷静但缺乏生气。据此，可推测小红的气质类型为(　　)(常考)

A. 抑郁质　　B. 黏液质　　C. 多血质　　D. 胆汁质

31. [山西长治]一个人经常性地表现出某些比较固定的心理特点和品质，在各种不同场合、不同情境、不同时候都表现出来某些共同的特点。这体现出心理活动的(　　)

A. 整体性　　B. 独特性　　C. 稳定性　　D. 积极能动性

32. [山东青岛]萱萱小朋友非常活泼，集体活动时小动作比较多，但是老师示意时能够停下正在进行的动作。请分析萱萱小朋友的气质类型和这种气质类型的神经活动类型是(　　)

A. 多血质；强、平衡、灵活型　　B. 多血质；强、不平衡型

C. 胆汁质；强、不平衡型　　D. 胆汁质；强、平衡、灵活型

33. [安徽合肥]埃里克森的心理社会发展理论认为，儿童人格的发展是一个逐渐形成的过程，必须经历八个顺序不变的阶段。0～1.5岁幼儿处于(　　)时期，该阶段的发展任务是发展对周围世界，尤其是对社会环境的基本态度，培养责任感。

A. 基本的信任感对基本的不信任感的冲突　　B. 自主感对羞耻感的冲突

C. 主动感对内疚感的冲突　　D. 勤奋感对自卑感的冲突

34. [江西南昌]以“安静沉稳，语言动作迟缓，情感含蓄”为主要心理特征，对应的气质类型是(　　)

A. 胆汁质　　B. 多血质　　C. 黏液质　　D. 抑郁质

35. [江西统考]以下关于气质的表述，正确的是(　　)

A. “强、平衡、灵活”的神经类型对应的气质类型是胆汁质

B. 气质具有稳定性，又有可塑性的说法是不对的

C. 气质类型没有好坏之分，不同气质类型的儿童都可以发展成社会的有用人才

D. 小说《红楼梦》中林黛玉的气质类型属于抑郁质，王熙凤则倾向于黏液质

二、多项选择题

1. [河南郑州]幼儿性格的典型特点有(　　)

A. 活泼好动　　B. 喜欢交往　　C. 好奇好问　　D. 依赖性强

E. 自制力差

2. [安徽合肥]托马斯和切斯将儿童的气质分为(　　)三种类型。(常考)

A. 容易型　　B. 困难型

C. 迟缓型　　D. 情绪不稳定型

3. [安徽合肥]幼儿个性倾向性包括(　　)特征。

A. 积极性　　B. 独特性　　C. 能动性　　D. 选择性

4.[陕西西安]学前儿童个性形成的标志是(　　)

A.心理活动整体性的形成　　B.心理活动稳定性的增长

C.心理活动独特性的发展　　D.心理活动积极能动性的发展

三、判断题

1.[内蒙古鄂尔多斯]性格受先天遗传影响,所以是无法改变的。(　　)

2.[福建统考]活泼好动,喜欢交往,好奇好问,模仿力强,易受暗示都属于幼儿的性格特点。(　　)

3.[河南郑州]气质本无所谓好坏,因此,不会成为形成不良个性的因素。(　　)

4.[安徽合肥]弗洛伊德认为,“俄狄浦斯情结”主要出现在幼儿阶段。(　　)

5.[福建统考]埃里克森提出人格发展八个阶段的发展顺序是不变的,每个阶段的冲突是先天固有的。(　　)

四、填空题

1.[福建统考]埃里克森的人格发展阶段理论中,第二个发展阶段的主要危机是_______。因此,这时期对儿童的态度要掌握分寸,既要给予适度的自由,又要加以适度的控制。(常考)

2.[山东滨州]埃里克森认为,2~3岁儿童的发展任务是_______。

3.[山西古交]一个人对现实和周围世界的态度以及习惯化的_______在心理学上称为性格。

五、简答题

1.[浙江统考]简述针对幼儿的气质特征采取的适宜教育措施。(常考)

2.[安徽滁州]简述幼儿性格的含义及其特点。(常考)

六、材料选择题

[安徽合肥]阅读下列案例,完成1~3题。

【案例】五岁的小凡平时在学校表现精力旺盛,爱打抱不平,做事急躁、马虎,喜欢指挥别人,稍不如意便大发脾气,甚至动手打人,事后虽然后悔,但遇事总是难以克制。

1.小凡的气质属于(　　)

A.胆汁质　　B.多血质　　C.黏液质　　D.抑郁质

2. 小凡这种气质类型容易形成什么个性品质(　　)

A. 孤僻、不太合群、敏感,具有明显的内倾性

B. 勇敢、热情或是粗暴、任性

C. 思维敏捷,情感外露

D. 稳重、安静,沉默、善于忍耐、反应慢等

3. 面对小凡这种情况,小凡老师应该采取什么策略(　　)

A. 与小凡进行沟通,说服小凡改正其错误

B. 告知小凡家长,带小凡去看心理医生

C. 对小凡进行惩罚,禁止他参加任何活动

D. 在游戏活动中,可以让小凡担任老师的小助手,帮助老师和同学完成活动

七、材料分析题

[广东广州]某日,家长李女士拨通了网易新闻的教育热线,十分焦灼地告诉编辑:“我的孩子总是沉默寡言,平时也不愿跟别的小朋友一起玩。别的孩子都上蹿下跳的,贪玩有好奇心,就他一个人成天呆呆的,像个闷葫芦一样,怎么鼓励都不愿意开腔,也不爱动。这哪里是正常的表现?会不会有什么毛病?”编辑表示,隔着手机都能感受到李女士的无奈和困惑。经过走访,编辑发现这个问题其实并不是个案。总结下来:主要表现为以下两个问题:一是“内向 = 毛病”?二是孩子是“真内向”还是“假内向”,是否重要?

问题:请从儿童气质发展的角度分析材料中提到的两个问题。

第 *13* 练　学前儿童能力和自我意识的发展

一、单项选择题

1. [内蒙古赤峰]研究儿童自我控制能力和行为的实验是(　　)

A. 点红实验　　B. 延迟满足实验

C. 陌生情境实验　　D. 视觉悬崖实验

2. [江西统考]以下关于自我意识系统的表述,正确的是(　　)(易错)

A. 自我意识系统是一系列自我完善的能动结构,包括自我认识、自我评价、自我监控三个方向

B. 自我认识是个体对自己的能力、道德品质、社会行为等方面的社会价值的认识和评价

C. 自我监控是人在对自己进行自我评价时产生的情绪体验

D. 幼儿自我意识发展的总趋势是随着年龄的增长而增长

3. [山东菏泽]个体自我意识萌芽最重要的标志是(　　)(常考)

A. 会叫妈妈　　B. 思维出现

C. 学会评价　　D. 掌握代名词“我”

4. [山东菏泽]“老师说我是好孩子”说明幼儿对自己的评价是(　　)

A. 具有独立性的　　B. 个别方面的　　C. 多方面的　　D. 具有依从性的

5. [福建统考]儿童各种主要能力中,最早出现的是(　　)

A. 模仿能力　　B. 操作能力　　C. 语言能力　　D. 认识能力

6. [福建统考]小明剪纸动作不协调,剪得不整齐,说明他的(　　)需要发展。

A. 认知能力　　B. 社会能力　　C. 操作能力　　D. 模仿能力

7. [浙江统考]幼儿自我认识的内容中,最先认识到的是(　　)

A. 行为自我　　B. 社会自我　　C. 生理自我　　D. 心理自我

8. [河南郑州]“我好开心,今天我当了值日生,老师表扬了我。”这句话反映的是幼儿自我意识心理结构中的(　　)(常考)

A. 自我认识　　B. 自我体验　　C. 自我评价　　D. 自我监控

9. [广东高州]小强从小就在正确辨识视觉世界并加以转换方面表现出突出的能力,据此,下列比较适合他的职业是(　　)

A. 诗人、新闻工作人员　　B. 作曲家、提琴家

C. 航海家、雕刻家　　D. 舞蹈家、运动家

10. [江苏淮安]提出多元智能理论的是美国心理学家(　　)

A. 皮亚杰　　B. 斯金纳　　C. 加德纳　　D. 罗杰斯

11. [浙江临海]微微妈妈发现微微具有优势智能,于是重点培养孩子,认为她会成为舞蹈演员。说明微微具有(　　)智能。

A. 语言　　B. 视觉—空间　　C. 音乐　　D. 身体—动觉

二、多项选择题

[河南平顶山]培养幼儿自我意识的措施包括(　　)

A. 对幼儿正确评价　　B. 明确行为要求

C. 增加交往机会　　D. 在专项活动中进行教育

三、判断题

1. [福建统考]灵灵音乐感受和表现能力强,这种能力属于特殊能力。(　　)

2. [安徽合肥]学前儿童自我控制能力结构主要由自制力、自觉性、坚持性、自我延迟满足四个方面组成。(　　)

3. [安徽宿州]学前儿童的自我评价主要还停留在对自己外部行为的评价上。(　　)

4. [河北邢台]多元智能理论评价的目的不是为发现小天才,而是对儿童进行选拔、排队。(　　)

5. [安徽宿州]加德纳倡导的幼儿智力观是情感智力观。(　　)

6.［安徽宿州］加德纳的多元智能理论认为儿童只存在6种智力类型。（　　）

四、填空题

［福建统考］幼儿初期的孩子还未形成独立的自我评价，他们常常依赖成人的评价，这种评价是________。

五、名词解释

［安徽滁州］自我意识

六、简答题

［海南万宁］简述学前儿童自我评价发展的特点。（常考）

实战演练

一、单项选择题

1.心理活动兴奋性高，不平衡，带有迅速而突发的色彩，与之对应的气质类型是（　　）

A.胆汁质　　B.多血质　　C.黏液质　　D.抑郁质

2.两岁半的红红还不会自己吃饭，可偏要自己吃；不会穿衣，偏要自己穿。这反映了幼儿（　　）

A.情绪的发展　　B.动作的发展

C.自我意识的发展　　D.认知的发展

3."不在公共场合给予批评指责，轻声细语与其说话，鼓励其勇气，使之有更多的计划参加集体活动。"这种教育方式针对的气质类型是（　　）

A.胆汁质　　B.多血质　　C.黏液质　　D.抑郁质

4.许多孪生兄弟、姐妹，虽然外貌非常相像，但只要细心观察他们的言谈举止就可以很快看出他们的不同。这反映了个性具有（　　）

A.独特性　　B.整体性　　C.稳定性　　D.社会性

5.下列对于托马斯—切斯的气质类型说法有误的是（　　）

A.托马斯和切斯把婴儿的气质分为三种类型

B.托马斯等人认为，容易型儿童的人数最多，占40%

C. 托马斯和切斯认为他们所研究的三种气质类型,涵盖了所有的研究对象

D. 托马斯和切斯发现,新生儿1~3个月就有明显、持久的气质特征

6. 4岁儿童认为“我不打架”或“我不抢玩具”就是好孩子。这种评价属于(　　)

A. 个别方面或局部的评价　　B. 内心品质的评价

C. 比较笼统的评价　　D. 比较细致的评价

7. 活泼开朗、乐观自信、积极主动、独立性较强、诚实勇敢、意志力坚强是幼儿(　　)的表现。

A. 智力发展正常　　B. 情绪特征良好

C. 个性特征良好　　D. 具有良好的社会适应能力

8. 从一个人行为的一个方面可看出他的个性,这是个性(　　)的表现。(易混)

A. 独特性　　B. 整体性　　C. 稳定性　　D. 社会性

9. 儿童在2~3岁的时候,掌握代名词“我”,是儿童(　　)

A. 个性形成的重要标志　　B. 自我意识萌芽的最重要标志

C. 同一感发展的最重要标志　　D. 自我感觉发展的重要标志

10. 对幼儿来说,个性发展的主要内容是(　　)开始形成。(易错)

A. 自我意识　　B. 个性特征　　C. 调控系统　　D. 情绪状态

11. 与幼儿自我意识的真正出现相联系的是(　　)

A. 开始对自己进行评价

B. 幼儿言语的发展

C. 幼儿开始知道自己长什么样

D. 幼儿开始把自己作为一个独立的个体来看待

12. 下列关于学前期儿童性格的形成和发展,说法不正确的是(　　)

A. 儿童的性格尚未表现出明显的个别差异

B. 儿童性格的发展具有明显受情境制约的特点

C. 学龄晚期开始,行为受内心制约,且习惯已经形成

D. 学龄晚期阶段,性格的改造更加困难

13. 下列关于个性的说法不正确的一项是(　　)

A. 它属于心理现象

B. 个性是相对稳定的

C. 个性心理特征包括能力、气质和性格三方面

D. 个性形成的基础是人的内在需要

14. 在人的各种个性心理特征中,最早出现也是变化最缓慢的是(　　)(常考)

A. 性格　　B. 气质　　C. 能力　　D. 兴趣

15. 个性结构中最活跃的因素是指(　　)(易错)

A. 个性倾向性　　B. 个性心理特征

C. 个性能动性　　　　D. 个性独特性

16. 客人问两岁半的康康:“你是个乖孩子吗?”康康回答:“乖的,老师都说我很乖的。”这说明 2 ~3 岁儿童的自我评价(　　)(常考)

A. 具有主观情绪性　　　　B. 主要依赖成人的评价

C. 具有自主性　　　　D. 具有情境性

二、判断题

1. 根据埃里克森的人格发展阶段理论,自主感对羞耻感发生在 4 ~5 岁。(　　)
2. 气质类型不能决定一个人的成就高低。(易错)(　　)
3. 在儿童自我意识和个性心理特征中,气质出现较晚,同时也是容易变化的一种心理现象。(易混)(　　)
4. 从对个别方面的评价发展到对内在品质的评价是幼儿自我评价的特点之一。(易错)(　　)
5. 3 ~4 岁的幼儿坚持性和自制力都很差,到了 5 ~6 岁,幼儿才有一定的坚持性和自制力。(　　)
6. 心理学所说的个性,又称人格,其概念与日常生活中所说的个性和人格的含义相同。(　　)

三、填空题

1. ________是对自己存在的察觉,即自己认识自己的一切,包括认识自己的生理状况(如身高、体重、形态等)、心理特征(如兴趣爱好、能力、性格、气质等)以及自己与他人的关系(如自己与周围人们相处的关系、自己在集体中的位置与作用等)。
2. 丽丽脾气急,在生活中还表现出:动作快,吃饭快,做事喜欢一口气做完,易冲动。这反映丽丽个性的________特征。
3. 儿童自我意识的发展主要表现为________的发展。

四、名词解释

1. 个性的独特性(易错)

2. 能力

3. 气质“掩蔽现象”

五、简答题

1. 简述学前儿童气质发展的特点。(易混)

2. 简述埃里克森的人格发展阶段理论。(常考)

六、材料分析题

1. 她易于察觉别人不易察觉的事情。在实验中,两根铁丝本应是等长的,但实际上有极细微的差异。先后参加实验的10个同龄小朋友,只有她一人注意到这个差异。

   她不喜欢说话,喜欢一个人玩。有时其他小朋友凑过来玩,她也不说话,只是厌烦地把他们推开,更不易与陌生人接触。

   她情绪不易外露,受到表扬时,也没有什么表示。在幼儿园里遇到不高兴的事,可以毫无表情,但回家后对着妈妈哭。

   她上课时很安静,总是一个姿势坐着。吃饭时,不管饭菜多么好,从不见她大口吃。

   午睡时,她总是把衣服一件件叠好放在椅子上。如果椅子稍歪一点,她要把它放正,还要看上几眼,然后才躺下。起床时,穿衣动作也很慢。

   根据材料描述,请指出孩子的气质类型,并谈谈如何根据此类气质进行教育。

2. 辉辉是个腼腆害羞的孩子，平时很少说话，几乎从不发言。在今天的美术欣赏活动中，小朋友的兴趣很高，纷纷举手回答问题，连辉辉也举起了小手。老师高兴极了，连忙请他发言。可辉辉站起来，小脸涨得通红，什么也不说，老师表扬辉辉有进步，能勇敢举手，并说没想好没关系，请他坐下来再想想。过一会儿老师想出新问题时，辉辉又举起了小手，老师再次请他回答，辉辉挠挠头还是什么也说不出来。老师依然鼓励他继续努力，想好了再举手。又过了一会儿，老师给了辉辉第三次机会，辉辉依然什么也没说出来。

综合上述材料，分析教师的教育行为和辉辉的行为表现，并提出帮助辉辉学会大胆表达自己想法的策略。

3. 明明是幼儿园大班的孩子，无论参加什么活动，他都十分积极主动，精力旺盛。明明平时做事很急，想干什么就立即行动，想要的东西也必须马上得到，否则会坐立不安。明明做事有闯劲，但时常马马虎虎。待人大方，热情直率，爱打抱不平。他喜欢别人听从他的支配，否则便大发脾气，甚至动手打人。事后虽也后悔，但当时总是难以克制。

(1)根据明明的上述行为表现，你认为他基本上属于什么气质类型？为什么？

(2)谈谈应如何根据幼儿四种不同的气质类型特点，有针对性地进行教育。

4. 幼儿东东，因打了人，没有拿到小红花，而其他小朋友都拿到了。当天妈妈来接他时，他不肯回家，非要拿到小红花才肯离园。经过说服，他明白了道理。从第二天起，他自觉控制自己的行为，每天都要问老师："我今天表现好吗？"一天，老师说他有进步，给他一朵小红花，东东高兴极了。

根据材料，试分析学前儿童自我意识发展主要表现在哪些方面。

第四部分 幼儿教育心理学

第一章 幼儿学习理论

命题要点	考查热度	考查难度	命题预测
行为主义学习理论	★★★	难	斯金纳的操作学习理论、班杜拉的社会学习理论
人本主义取向的学习理论	★★	中等	马斯洛的需要层次理论与幼儿需要的满足
认知主义学习理论	★	中等	奥苏贝尔的意义学习理论与幼儿的概念学习
建构主义学习理论	★	中等	建构主义的教学方式

真题必刷

第 *1* 练 行为主义学习理论和人本主义取向的学习理论

一、单项选择题

1. [天津南开]小萌上课总是睡觉，班主任得知此事后，取消了一次小萌观看学校文艺汇演的资格，之后她便很少在课堂上睡觉了。这是运用了(　　)行为塑造原理。

A. 正强化　　B. 负强化　　C. 正惩罚　　D. 负惩罚

2. [内蒙古鄂尔多斯]某种学习理论，主要强调某种刺激与某种反应间建立联系的过程。这种学习理论是(　　)

A. 联结主义学习理论　　B. 认知学习理论

C. 联结—认知学习理论　　D. 人本主义学习理论

3. [山东青岛]每次吃东西时小涵的爸爸妈妈总是先把最好的给爷爷奶奶，久而久之，小涵在吃东西时也会把最好的给爷爷奶奶。这表明(　　)

A. 幼儿可以通过操作性条件反射习得某种行为

B. 幼儿可以通过奖惩习得某种行为

C. 幼儿可以通过观察和模仿习得某种行为

D. 幼儿可以通过反复练习习得某种行为

4. [河南平顶山]幼儿改正不吃青菜的习惯，家长给予取消看动画片时间的限制，属于(　　)(常考)

A. 正强化　　B. 负强化

C. 正惩罚　　D. 负惩罚

5. [安徽安庆]（　　）提出了一种操作性条件反射理论，认为人和动物为了达到某种目的，会采取一定的行动作用于环境。

A. 巴甫洛夫　　B. 斯金纳　　C. 冯特　　D. 弗洛伊德

6. [陕西西安]行为主义学派的心理学家班杜拉发展了强化理论，提出了（　　）等概念。

A. 直接强化和间接强化　　B. 替代强化和自我强化

C. 直接强化和自我强化　　D. 直接强化和替代强化

7. [广东广州]小红看见小龙帮助他人获得了"小雷锋"的称号，于是她也主动帮助别人，此时，小红受到了（　　）

A. 替代强化　　B. 外部强化　　C. 直接强化　　D. 自我强化

8. [陕西特岗]王老师用发"代币"奖励幼儿符合规范的行为，那么用扣除"代币"惩罚不符合规范行为属于（　　）（易错）

A. 正强化　　B. 负强化　　C. 正惩罚　　D. 负惩罚

9. [广东广州]斯金纳在《美国教育之耻》中谈到："只有当我们提升对行为主义的理解时，当今世界的主要问题才能得到很好的解决。"行为主义的最主要特征是（　　）（易错）

A. 研究刺激反应之间联结的学习过程

B. 研究操作性条件作用原理

C. 研究社会学习理论

D. 研究经典行为主义到新行为主义的转变

10. [江西统考]（　　）的操作条件反射说是行为主义学习理论发展过程中的代表性学习观之一。

A. 巴甫洛夫　　B. 桑代克　　C. 赫尔　　D. 斯金纳

11. [安徽合肥]小朋友帮助同学受到了老师的表扬，以后该小朋友就经常做好事，其基本原理是（　　）

A. 无条件反射　　B. 经典条件反射

C. 模仿学习　　D. 操作性条件反射

12. [山东青岛]皮皮是个吃饭"困难户"，每天吃饭的时候总爱跑东跑西，妈妈要追着喂饭才行。后来，妈妈想了个好办法，如果皮皮吃饭时很乖就可以看动画片，睡觉前还可以听故事。该案例中，妈妈想到的好办法属于（　　）

A. 正强化　　B. 负强化　　C. 负惩罚　　D. 替代强化

13. [安徽合肥]认为儿童的侵犯行为是通过替代强化而获得的理论是（　　）

A. 生态系统理论　　B. 社会学习理论

C. 条件反射学说　　D. 知觉学习理论

14. [安徽合肥]一个人希望自己能够有实力、充满信心，能够独立自主，或者有地位、有威信，受到别人的信任和高度评价，这体现的是马斯洛需要层次理论中的（　　）

A. 生理需要　　B. 尊重需要

C. 情感和归属需要　　D. 自我实现需要

15.[陕西西安]下列属于儿童5岁开始出现的社会性需要是(　　)

A.求知的需要、劳动需要、求成的需要　　B.友谊的需要、劳动的需要

C.友谊的需要、求成的需要　　D.友谊的需要、求知的需要

16.[安徽合肥]“程序教学”“强化”等概念对应的学前教育活动的相关理论是(　　)(易错)

A.建构主义理论　　B.主动活动理论

C.主导活动理论　　D.行为主义学习理论

二、判断题

1.[内蒙古鄂尔多斯]为了让小丽好好练习钢琴,妈妈每次都会在小丽练完琴后奖励一支冰淇淋给她,小丽妈妈的这种行为是对罗杰斯理论的运用。(　　)

2.[安徽合肥]斯金纳的强化理论中,负强化和惩罚并无区别。(　　)

3.[安徽宿州]模仿是幼儿进行社会学习的重要方式。(　　)

三、简答题

1.[天津南开]桑代克提出的三条学习定律是什么,并做简要说明。(常考)

2.[浙江杭州]马斯洛的需要层次理论有哪几个方面?

第2练　认知主义学习理论和建构主义学习理论

一、单项选择题

1.[河南平顶山]上幼儿园前,彤彤见了陌生人就躲,上了幼儿园一个月后,彤彤的这种行为消失了。根据加涅的学习结果分类,这里发生了(　　)的学习。

A.言语信息　　B.智慧技能　　C.动作技能　　D.态度

2.[广东高州]初学弹吉他的乐谱上都附有“指法图”,帮助学习者能灵活记忆各种指法,这采用的是建构主义教学方式中的(　　)

A.支架式教学　　B.抛锚式教学

C.随机通达教学　　D.探索式教学

3. [山西长治]高老师发现，班上的幼儿往往在熟悉了“西红柿”“土豆”“白菜”等概念之后，再理解“蔬菜”这一概念会更加容易。幼儿的这种学习过程属于(　　)(常考)

A. 上位学习　　B. 并列结合学习

C. 派生类属学习　　D. 相关类属学习

4. [安徽宿州]以“最近发展区”为基础建立起来的一种新教学模式是(　　)

A. 直接教学　　B. 合作教学　　C. 支架式教学　　D. 启发式教学

二、多项选择题

[江苏淮安]建构主义的学习理论主要强调(　　)(易错)

A. 学习是一个主动的过程

B. 学习是学生建构自己的知识的过程

C. 要以学习者为中心并从学习者的经验出发

D. 要以教师为中心并从教师的教学经验出发

三、判断题

1. [河北邢台]幼儿的学习是否有意义，关键在于幼儿采用哪种学习方式。(　　)

2. [广东广州]支架式教学是以维果斯基最近发展区理论为基础而发展起来的一种教学模式。(　　)

四、填空题

1. [山东滨州]奥苏贝尔根据学习材料的复杂程度，将有意义学习分为________、________、________。

2. [福建统考]有利于激发幼儿内部学习动机，通过探索、尝试错误发现并解决问题的教学方法是________。

实战演练

一、单项选择题

1. 通过一定的榜样强化相应的学习行为或学习行为倾向。这是(　　)

A. 直接强化　　B. 替代强化　　C. 自我强化　　D. 特殊强化

2. 在心理发展过程中，属于人本主义心理学流派的心理学家是(　　)

A. 弗洛伊德　　B. 韦特海默　　C. 斯金纳　　D. 罗杰斯

3. 下列哪种现象不属于学习(　　)(易混)

A. 小孩到一定年龄变声　　B. 近朱者赤

C. 上行下效　　D. 吃一堑长一智

4. 奥苏贝尔依据(　　)，把学习分为接受学习和发现学习、机械学习和有意义学习。

A. 学习所得结果　　B. 学习的繁简程度

C. 主体所得经验的来源　　D. 学习的形式与性质

5. 根据加涅的学习分类理论，“学生闻老师呵斥而畏惧，见试卷获满分而欣慰”。这属于(　　)

A. 信号学习　　B. 刺激—反应学习

C. 连锁学习　　D. 言语联结学习

6. “其身正,不令而行;其身不正,虽令不从。”能够有效解释这一现象的是(　　)

A. 认知学习理论　　B. 社会学习理论

C. 人本主义理论　　D. 建构主义理论

7. 要求学生分辨勇敢和鲁莽、谦让和退缩是刺激的(　　)

A. 获得　　B. 消退　　C. 泛化　　D. 分化

8. 萌萌怕猫,当她看到青青和小猫一起玩得很开心时,她对小猫的恐惧也降低了。从社会学习理论的视角看,这主要是(　　)形式的学习。

A. 替代强化　　B. 自我强化

C. 操作性条件反射　　D. 经典条件反射

9. 在学习过程中,学习者为了提高学习的效果和效率,有目的、有意识地制定有关学习过程的复杂方案,称为(　　)

A. 学习策略　　B. 学习计划　　C. 学习方法　　D. 学习规律

10. 在行为学习理论中,(　　)认为人类学习是在做出某种行为后,受到环境或教育的某种强化而形成的。

A. 桑代克　　B. 巴甫洛夫　　C. 斯金纳　　D. 班杜拉

11. 在实际教学中,教师不能突袭(如应该学习新知识,却进行考试),这不利于学生学习。其做法依据的是学习的(　　)

A. 准备律　　B. 练习律　　C. 效果律　　D. 动机律

12. 一朝被蛇咬,十年怕井绳,这种现象最适宜的解释是(　　)(常考)

A. 刺激泛化　　B. 刺激分化　　C. 刺激恐惧　　D. 刺激评价

13. 满意的结果会促使个体趋向和保持某一行为,而烦恼的结果则会使个体逃避和放弃某一行为。这说明个体在学习中会遵循(　　)

A. 效果律　　B. 练习律　　C. 应用律　　D. 准备律

14. 马斯洛提出的“需要层次理论”中,将(　　)列为人的最高心理需要。

A. 审美需要　　B. 认知需要

C. 自我实现需要　　D. 归属与爱的需要

15. 提出结构主义教学论,并倡导发现学习的教育家是(　　)

A. 皮亚杰　　B. 布鲁纳

C. 卢梭　　D. 苏霍姆林斯基

16. 根据加涅的学习分类理论,儿童学唱《我爱北京天安门》时虽不懂其全义,但通过言语联想可掌握。这属于(　　)

A. 信号学习　　B. 言语联结学习

C. 多重识别学习　　D. 概念学习

17. 胡老师抱怨她班上的学生："当他们违反纪律时，我对他们大喊大叫，但他们却越来越不像话！"对于学生这种不良行为的增加，可以用行为主义的(　　)观点来加以解释。

A. 正强化　　B. 负强化　　C. 惩罚　　D. 消退

18. 桑代克认为动物的学习是由于在反复的尝试—错误过程中，形成了稳定的(　　)

A. 能力　　B. 认知　　C. 兴趣　　D. 刺激—反应联结

19. 儿童容易模仿影视片中反面人物的行为，结果导致不良品德的形成。为了避免影视片的消极影响，根据班杜拉社会学习理论，适当的做法是(　　)

A. 避免儿童观看这类影视片

B. 对有模仿行为的儿童进行说服教育

C. 影片中尽量少描写反面人物

D. 影视片应使儿童体验到"恶有恶报，善有善报"

20. 随机通达教学是由(　　)提出来的教学方式。

A. 斯皮尔曼　　B. 斯金纳　　C. 斯皮罗　　D. 皮亚杰

21. 皮亚杰提出的学习理论是(　　)

A. 行为主义理论　　B. 社会学习理论

C. 认知建构理论　　D. 操作性条件反射理论

22. (　　)强调"废除教师中心，一切以学生为中心"。

A. 认知结构学习理论　　B. 有意义接受学习理论

C. 建构主义学习理论　　D. 人本主义学习理论

23. 下列各项中搭配有误的是(　　)

A. 斯金纳—扇贝效应　　B. 桑代克—饿猫开箱实验

C. 班杜拉—认知地图　　D. 巴甫洛夫—狗喂食实验

24. 奥苏贝尔提出的学习理论是(　　)

A. 社会学习理论　　B. 认知结构理论

C. 认知目的理论　　D. 意义学习理论

25. 如果一个家长想用看电视作为奖励以强化儿童认真、按时完成作业的行为，最适合的安排应该是(　　)

A. 让儿童看完电视后立即督促其完成作业

B. 规定每周看电视的适当时间

C. 惩罚孩子过分喜欢看电视的行为

D. 只有按时完成作业后才能看电视

26. 根据学习材料与学习者认知结构中已有知识的关系，奥苏贝尔把学习分为(　　)

A. 机械学习和有意义学习　　B. 接受学习和发现学习

C. 概念学习和有意义学习　　D. 知识学习和技能学习

27. 妈妈在孩子给她拿鞋后奖励孩子一颗糖，孩子之后又多次重复这一行为，这属于（ ）

A. 惩罚　　B. 正强化　　C. 负强化　　D. 特殊强化

28. 小花小时候被家里的小猫挠伤过，后来她只要一看到猫就会被吓得大哭。这是由刺激的（ ）导致的。

A. 消退　　B. 分化　　C. 泛化　　D. 惩罚

29. 乘坐校车时，系好安全带就可以终止刺耳的提示噪音。这种强化属于（ ）

A. 负强化　　B. 正强化　　C. 替代强化　　D. 自我强化

二、多项选择题

1. 依照桑代克的试误—联结学习理论，学习的三条基本规律有（ ）

A. 准备律　　B. 刺激律　　C. 效果律　　D. 练习律

2. 斯金纳认为，人和动物的行为有（ ）

A. 应答性行为　　B. 反应性行为　　C. 攻击性行为　　D. 操作性行为

3. 信息加工心理学的学习理论提出，幼儿的三种长时记忆包括（ ）

A. 情景记忆　　B. 语义记忆　　C. 情绪记忆　　D. 程序记忆

4. 下列属于认知学派学习理论的是（ ）（易混）

A. 桑代克的联结理论　　B. 布鲁纳的学习理论

C. 格式塔学习理论　　D. 马斯洛的需要层次理论

三、简答题

1. 简述罗杰斯的个人中心学习理论。

2. 简述幼儿程序教学应遵循的原则。

3. 教师在讲解式教学中要注意哪些问题？（常考）

4. 简述建构主义学习理论的知识观。

5. 简述班杜拉的社会学习理论。

四、材料分析题

1. 某幼儿园大班李老师发现班上有几个同学的画本总是潦草脏乱。为了帮助这些学生，李老师专门雕刻了2枚印章和一些好孩子的小卡通画奖品，每当这几个同学的画本工整干净，她就在练习本上盖一个小红花印章，连续得到3次小红花就加盖一个“一级棒”，并奖励一个好孩子的小卡通画，连续获得3张好孩子的卡通画就把该学生的画本放在光荣榜上展览。

请结合斯金纳的儿童行为强化控制理论进行分析。

2. 在一个经典实验中，研究者将一群3～6岁的儿童分成三组，先让他们观看一个成年男子对玩偶进行攻击，如大声吼叫或拳打脚踢。然后，让第一组儿童看到成年男子攻击玩偶后受到另一成人的表扬和奖励；让第二组儿童看到成年男子攻击玩偶后受到另一成人的惩罚；第三组儿童则只看到成年男子攻击玩偶。之后，研究者把这些儿童一个个单独领到一个房间里去。房间里放着各种玩具，其中包括玩偶。对儿童的行为观察表明，第一组儿童产生较多的攻击性行为，第二组儿童则比第三组儿童表现出更少的攻击性行为。

请运用班杜拉的社会学习理论对该实验进行分析。

第二章 幼儿学习心理

命题要点	考查热度	考查难度	命题预测
幼儿学习动机	★★★	中等	幼儿学习动机的分类
幼儿学习迁移	★★	难	学习迁移的分类

真题必刷

第3练 幼儿学习动机和学习迁移

一、单项选择题

1. [天津南开]子曰:"温故而知新,可以为师矣。"其中的"温故而知新"属于( )

A. 顺向负迁移　　B. 逆向负迁移

C. 逆向正迁移　　D. 顺向正迁移

2. [河南平顶山]儿童时期表现最突出的是( )

A. 成就内驱力　　B. 自我提高内驱力

C. 认知内驱力　　D. 附属内驱力

3. [江西统考]豆豆每天都认真练琴,他说他将来要成为像郎朗一样的钢琴家。这反映了豆豆练琴的学习动机是属于( )(易混)

A. 坚持性动机　　B. 近景性动机　　C. 远景性动机　　D. 辅助性动机

4. [广东高州]一次小测验后,学生明明只得了80分。拿到成绩后,明明对张老师说:"张老师,我生病了,在这次考试中没有发挥好。"此处,明明的归因是( )(易混)

A. 内在的、不稳定的、不可控的　　B. 内在的、稳定的、可控的

C. 外在的、不稳定的、可控的　　D. 外在的、稳定的、可控的

二、多项选择题

[广东广州]学习迁移是指先前学习中所获得的知识、技能、情感和态度等对后来的学习和解决新问题的影响,因此,学习的有效迁移对幼儿学习新的知识技能等是有益的。为了促进幼儿的学习迁移,作为教师需要注意( )(常考)

A. 关注情感因素对幼儿学习迁移的影响

B. 幼儿学习迁移离不开具体事物的支持

C. 丰富幼儿的日常生活,使其在学习中发生迁移

D. 提高幼儿的分析与概括能力

三、判断题

1. [安徽合肥]儿童早期自我提高内驱力最为突出。(易错)　(　　)

2. [安徽合肥]幼儿认识到学习的重要意义而努力学习的动机是内在动机。　(　　)

3. [安徽宿州]幼儿的学习主动性表现为:好奇、好问、好探究、好模仿。　(　　)

四、论述题

[山西长治]请结合实际,谈谈幼儿教师应采取哪些措施有效激发幼儿的学习动机。

实战演练

一、单项选择题

1. 一种学习对另一种学习的影响称为学习的(　　)

A. 强化　　B. 迁移　　C. 反馈　　D. 联结

2. 幼儿为了得到奖励而进行学习的学习动机是(　　)

A. 普遍型学习动机　　B. 偏重型学习动机

C. 内在动机　　D. 外在动机

3. 幼儿园常采用发小红花等方式来激励小朋友。这主要是激发小朋友的(　　)

A. 成就动机　　B. 认知内驱力

C. 自我提高内驱力　　D. 附属内驱力

4. 学生经常说"书中自有黄金屋",这属于(　　)

A. 学习目的　　B. 学习动机　　C. 学习兴趣　　D. 学习热情

5. 根据动机产生的诱因来源,可以把学习动机分为(　　)

A. 内部学习动机和外部学习动机

B. 高尚的学习动机和低级的学习动机

C. 主导性学习动机和辅助性学习动机

D. 近景的直接性学习动机和远景的间接性学习动机

6. 下列情境中属于内在动机的是(　　)(易错)

A. 在课业压力下,小明在课间休息时在教室做作业

B. 李老师对小红的词语默写成绩表示满意

C. 教务主任在全校大会上为三好学生颁发奖状

D. 黄云每天独自看几个小时的电视

7. 小明学习不是为了获得家长的赞许,也不是为了赢得名次,只是他发觉知识学习过程本身很有乐趣。根据奥苏贝尔的成就动机理论,小明的学习动机属于( )

A. 认知内驱力
B. 自我提高内驱力
C. 附属内驱力
D. 自我效能感

8. 学习了“木”字和“林”字对学习“森”字有影响。这反映了( )(易混)

A. 横向迁移
B. 竖向迁移
C. 一般迁移
D. 具体迁移

9. 很多科学家都在自己的研究领域内进行不懈的探索,他们的动机主要是( )

A. 自我提高内驱力
B. 认知内驱力
C. 附属内驱力
D. 外部动机

10. 根据学校情境中的学业成就动机的不同,奥苏贝尔等人把动机分为( )

A. 内部学习动机和外部学习动机
B. 高尚的学习动机和低级的学习动机
C. 近景的直接性学习动机和远景的间接性学习动机
D. 认知内驱力、自我提高内驱力和附属内驱力

11. 有一种学习动机,它是幼儿学习的直接动力和需求,使幼儿对学习本身感兴趣,而不需要外界的诱因或惩罚,这种动机是( )

A. 普遍型动机
B. 偏重型动机
C. 外部学习动机
D. 内部学习动机

12. 诱因是幼儿学习的( )

A. 内部动机
B. 外部动机
C. 普遍型动机
D. 偏重型动机

13. 小刚学习非常刻苦主要是为了获得老师和家长的表扬,他的学习动机是( )

A. 认知内驱力
B. 自我提高内驱力
C. 附属内驱力
D. 求知欲

14. 如果一个学生将自己的失败归因于个体稳定的、不可控的内部特征时,他会产生一种( )的观念。

A. “我太笨了”
B. “我不够努力”
C. “问题太难”
D. “我运气不佳”

15. 老师要注重培养学生正确的归因观,那么正确的归因观主要是归因于( )

A. 内部稳定的因素
B. 内部可控的因素
C. 内部不可控的因素
D. 外部可控的因素

16. 下列关于学习动机的表述,错误的是( )(易错)

A. 学习动机回答的是“为什么”学习的问题,而学习目的是回答“为了什么”而学习的问题
B. 学习动机主要有激发行为、行为定向和维持行为三种作用
C. 学习动机作为人类行为动机之一,是直接推动学生进行学习以达到某种目的的心理动因
D. 按学习动机作用的主次不同,学习动机可划分为内部学习动机与外部学习动机

17. 下列关于动机的说法错误的是(　　)

A. 动机水平与行为效率呈 U 型曲线

B. "耶克斯—多德森定律"表明,动机不足或过分强烈都会影响学习效率

C. 在比较容易的任务中,工作效率随动机的提高而上升

D. 一般来说,最佳水平为中等强度的动机

18. 在英语学习中,学生在学习"eye"和"ball"后学习"eyeball"就比较容易。这种现象属于(　　)(常考)

A. 一般迁移　　B. 具体迁移　　C. 垂直迁移　　D. 负迁移

19. 对于幼儿来说,学习动机主要表现为好奇、兴趣和诱因三个方面。其中(　　)是幼儿学习最主要的动机。

A. 好奇　　B. 兴趣　　C. 诱因　　D. 三者都是

20. 学生已经有了"哺乳动物"的概念,然后再学习"鲸"这种动物。这种学习属于(　　)

A. 概念学习　　B. 上位学习

C. 下位学习　　D. 并列结合学习

21. 下列哪一项描述的是迁移(　　)(常考)

A. 学生学习解一元二次方程,老师测验一元二次方程

B. 学生学习古诗文后,老师让学生默写

C. 学生刚学习一篇文章,教师带领学生用真实情景演出来

D. 学生学习一位数加法,作业是两位数加法

22. 学生学习音符后,看乐谱越来越简单,这属于(　　)

A. 正迁移　　B. 负迁移　　C. 一般迁移　　D. 零迁移

23. 根据韦纳的归因理论,长期把失败归因于稳定的、内部原因,会导致(　　)

A. 自卑沮丧　　B. 骄傲自满　　C. 愈挫愈勇　　D. 气愤敌意

24. "为了赢得社会地位而学习"的学习动机属于(　　)

①附属内驱力　②自我提高内驱力　③内部动机　④外部动机

A. ①③　　B. ①④　　C. ②③　　D. ②④

26. 根据迁移的路径,可以将迁移分为(　　)

A. 正迁移和负迁移　　B. 一般迁移和具体迁移

C. 低路迁移和高路迁移　　D. 横向迁移和竖向迁移

27. 小贺在某次考试中考到了班级第一名,她认为这次能考这么好主要是因为运气好,很多不会做的题目都蒙对了。根据韦纳的归因理论,这属于(　　)的归因方式。

A. 不稳定、外在、不可控制　　B. 不稳定、内在、可控制

C. 稳定、外在、可控制　　D. 不稳定、外在、可控制

28. 根据韦纳的归因理论,下列属于个体把成功的原因归结为内部原因的是(　　)

A. 外界环境　　B. 任务难度　　C. 运气　　D. 努力

29.“学生之所以学习,是因为在学习过程中可以得到奖赏、赞扬和优异的成绩等报偿”,持这种观点的学习动机理论是(　　)

A. 归因理论　　B. 成就动机理论

C. 强化理论　　D. 自我效能感理论

30. 幼儿为了得到老师的表扬而坐好,其动机是(　　)

A. 消极动机　　B. 低级动机

C. 外在动机　　D. 内在动机

31.(　　)是最早的关于迁移的理论。

A. 形式训练说　　B. 关系转换说

C. 产生式理论　　D. 学习定势说

32. 形式训练说的基础是(　　)

A. 人本主义学说　　B. 建构主义学说

C. 官能心理学　　D. 行为主义学说

33. 明明是个很活泼的男孩,已经上幼儿园了,在幼儿园的活动中他对各项学习活动均有较强的内在学习动力。这表明他的动机类型是(　　)

A. 内在动机　　B. 外在动机

C. 普遍型学习动机　　D. 偏重型学习动机

34. 根据迁移内容的不同,一般将迁移分为(　　)(易混)

A. 正迁移和负迁移　　B. 水平迁移和垂直迁移

C. 一般迁移和具体迁移　　D. 近迁移和远迁移

35. 有意识地将某情境下习得的抽象知识运用到新的情境中,属于(　　)(易错)

A. 正迁移　　B. 高路迁移　　C. 顺向迁移　　D. 特殊迁移

36. 下列不属于早期迁移理论的是(　　)

A. 形式训练说　　B. 相同要素说

C. 认知迁移理论　　D. 元认知理论

二、多项选择题

1. 小明主动打扫教室,班主任当众对小明进行了表扬,以下说法正确的是(　　)

A. 班主任对小明的表扬属于正强化

B. 班主任对小明的表扬有助于培养小明热爱劳动的精神

C. 班主任对小明的表扬属于精神奖励

D. 班主任对小明的表扬有助于其他同学向小明学习

2. 由数学运算到字母运算的转化,属于(　　)(易错)

A. 正迁移　　B. 自上而下的迁移

C. 负迁移　　D. 自下而上的迁移

3. 归因对学生学习的影响有(　　)

A. 影响学生对学习结果的情感体验
B. 影响学生对后续学习的期望
C. 影响学生学习的努力程度
D. 影响学生对自身的认识与评价

4. 下列各项属于 20 世纪 80 年代后的迁移理论的是(　　)

A. 图式理论
B. 共同要素理论
C. 元认知理论
D. 认知灵活性理论

三、简答题

1. 简述幼儿创造性的表现。

2. 简述幼儿学习动机的主要特征。

3. 如何促进幼儿学习迁移?(常考)

4. 简述幼儿创造性的教育培养。(常考)

第五部分　幼儿教育法规与教师职业道德

第一章　幼儿教育法规

命题要点	考查热度	考查难度	命题预测
《幼儿园管理条例》	★	一般	二十七条、二十八条
《幼儿园工作规程》	★★	中等	第二条、五条、十八条、二十五条、四十一条
《幼儿园教育指导纲要(试行)》	★★★	难	五大领域的目标、内容与要求、指导要点
《3～6岁儿童学习与发展指南》	★★★	难	各年龄段幼儿的发展目标与教育建议
《幼儿园教师专业标准(试行)》	★★	中等	幼儿教师专业标准的基本内容、基本理念
其他常考的幼儿园法规	★	一般	《儿童权利公约》

真题必刷

第 *1* 练　《幼儿园管理条例》

一、单项选择题

1. [安徽宿州]行政法规中,关于幼儿教育的专门的法规是(　　)。这部行政法规,对幼儿园的管理做出了全面的规范,包括幼儿园保育教育工作的基本原则,幼儿园的管理体制,幼儿园的设置和审批规范,幼儿园的保育教育工作规范,幼儿园的行政事务规范等。

A.《幼儿园工作规程》　　B.《托儿所幼儿园卫生保健制度》

C.《幼儿园管理条例》　　D.《幼儿园教育指导纲要(试行)》

2. [江西统考]大班的陈老师检查幼儿餐后漱口和喝水情况时,发现有的幼儿没漱口和喝水,就采用不准睡觉的方式惩罚他们,陈老师的做法(　　)

A. 合适,利于幼儿良好习惯的养成　　B. 合适,利于幼儿不再犯同样错误

C. 不合适,违反了不得体罚幼儿的规定　　D. 不合适,侵犯了幼儿的自主权

3. [福建统考]根据《幼儿园管理条例》第二十七条规定,未经登记注册,擅自招生的幼儿园将面临的行政处罚不包括(　　)

A. 罚款　　B. 限期整顿　　C. 停止招生　　D. 停止办园

二、多项选择题

1. [海南万宁]具有下列条件的人员，可以在幼儿园工作的有(　　)

A. 身体健康，高中毕业，受幼儿保育职业培训

B. 有间歇性精神病，本科，受幼儿保育职业培训

C. 身体健康，医学院毕业，已获得相关资格证

D. 本科，没有通过教育行政考核

2. [安徽合肥]我国《幼儿园管理条例》中，关于幼儿园教育职能的说法正确的有(　　)

A. 幼儿园应当建立卫生保健制度，防止发生食物中毒和传染病的流行

B. 幼儿园可以根据本园的实际，安排和选择教育内容与方法

C. 幼儿园应当使用全国通用的普通话，任何情况下都禁止使用其他语言

D. 幼儿园的招生、编班应当符合教育行政部门的规定

三、判断题

1. [广东广州]根据《幼儿园管理条例》，幼儿园可以依据本省、自治区、直辖市人民政府制定的收费标准，向幼儿家长收取保育费、教育费。(　　)

2. [天津南开]幼儿园的管理实行地方负责、分级管理和各有关部门分工负责的原则。(　　)

3. [广东广州]在教育教学中体罚或变相体罚幼儿的个人，应由教育行政部门对直接责任人员给予警告、罚款的行政处罚，或者由教育行政部门建议有关部门对责任人员给予行政处分。(　　)

第 2 练　《幼儿园工作规程》

一、单项选择题

1. [安徽合肥]根据《幼儿园工作规程》，幼儿园应当制定合理的幼儿一日生活作息制度，正餐间隔时间为(　　)(常考)

A. 2～2.5 小时　　B. 2.5～3 小时

C. 3～3.5 小时　　D. 3.5～4 小时

2. [山西长治]《幼儿园工作规程》规定，幼儿膳食费应当实行(　　)，保证全部用于幼儿膳食，每月向家长公布账目。

A. 民主管理制度　　B. 园长裁决制定

C. 教师投票制度　　D. 家园合作制定

3. [安徽合肥]我国《幼儿园工作规程》规定，幼儿园一般为(　　)年制。

A. 一　　B. 二　　C. 三　　D. 四

4. [安徽合肥]幼儿园每年(　　)招生，一般不超过 360 人。

A. 春季　　B. 夏季　　C. 秋季　　D. 冬季

5. [河南郑州]《幼儿园工作规程》指出，幼儿园教师对本班工作全面负责，其主要职责不包括(　　)(易混)

A. 能够观察幼儿，合理安排幼儿一日生活

B. 指导调配幼儿膳食,检查食品卫生

C. 参加业务学习和保育教育研究活动

D. 与家长保持经常联系,相互配合共同完成教育任务

6. [安徽滁州]幼儿园行政事务管理实行(　　)

A. 教师负责制　　B. 董事会负责制

C. 园长负责制　　D. 家长负责制

7. [安徽滁州]为有效开展计划免疫工作,幼儿园应当建立(　　)、晨检、午检制度、病儿隔离制度。

A. 卫生消毒　　B. 安全检查　　C. 卫生培训　　D. 药品管理

8. [安徽滁州]在《幼儿园工作规程》所提出的教育目标中,"培养儿童活泼开朗的性格"属于(　　)

A. 体育　　B. 智育　　C. 德育　　D. 美育

9. [安徽合肥]幼儿园的品德教育应当以情感教育和培养良好(　　)为主,注重潜移默化的影响,并贯穿于幼儿生活以及各项活动之中。

A. 生活习惯　　B. 学习习惯　　C. 卫生习惯　　D. 行为习惯

10. [福建统考]我国幼儿园教育的任务是(　　)

A. 教育幼儿和为幼儿入学做准备

B. 保育幼儿和为幼儿入学做准备

C. 保育和教育幼儿,并为家长工作提供便利

D. 保育和教育幼儿,为家长提供育儿指导

11. [山东青岛]新修订的《幼儿园工作规程》自 2016 年(　　)起施行。

A. 3 月 1 日　　B. 6 月 30 日　　C. 9 月 1 日　　D. 12 月 31 日

12. [江西统考]幼儿园应当成立家长委员会,家长委员会的主要任务有(　　)

①参与幼儿园教育评价工作

②发挥家长的专业和资源优势,支持幼儿园保育教育工作

③帮助家长了解幼儿园工作计划和要求

④协助幼儿园开展家庭教育指导和交流

⑤协助幼儿园与社区建立合作互助的良好关系

⑥对幼儿园重要决策和事关幼儿切身利益的事项提出意见和建议

A. ②③④⑥　　B. ①②③④　　C. ①⑤⑥　　D. ②④⑤

13. [湖北黄冈]幼儿园应当严格执行国家和地方幼儿园安全管理的相关规定,建立健全门卫、房屋、设备、消防、交通、食品、药物、幼儿接送交接、活动组织和幼儿就寝值守等安全防护和(　　),建立安全责任制和应急预案。

A. 检查制度　　B. 管理制度　　C. 安全制度　　D. 消防制度

14. [山东威海]幼儿园应保证幼儿每天的户外活动时间不少于(　　)

A. 1 小时　　B. 1.5 小时　　C. 2 小时　　D. 2.5 小时

15.［山东临沂］下列各项中，哪一项与《幼儿园工作规程》第三十九条规定的职工素质要求不一致（　　）

A. 为人师表，忠于职责，身心健康

B. 幼儿园教职工患传染病期间暂停在幼儿园的工作

C. 有犯罪、吸毒记录的不得在幼儿园工作

D. 精神病患者治愈后可以在幼儿园工作，但不能从事保教工作

16.［山东临沂］对 2016 年 3 月 1 日起施行的《幼儿园工作规程》新增内容中，下列表述不正确的是（　　）

A. 发现幼儿遭受或疑似遭受家庭暴力的，应出面与家长交涉，制止这种行为，避免儿童进一步受到伤害

B. 发现幼儿遭受或疑似遭受家庭暴力的，应当依法及时向公安机关报案

C. 禁收赞助费和兴趣班费

D. 禁止任何形式的入园考试或测查

17.［安徽宿州］大班（5 周岁至 6 周岁）每班的幼儿人数应该为（　　）人。

A. 20　　B. 25　　C. 30　　D. 35

18.［安徽合肥］幼儿园保育员必须具备（　　）毕业以上学历，并受过幼儿保育职业培训。

A. 初中　　B. 高中　　C. 大专　　D. 本科

19.［江西南昌］幼儿园教师对本班工作全面负责，下列哪项属于幼儿园教师的职责（　　）

A. 负责与社区的联系和合作

B. 组织管理园舍、设备和经费

C. 负责本班房舍、设备、环境的清洁卫生和消毒工作

D. 结合本班幼儿的发展水平和兴趣需要，制订和执行教育工作计划

20.［天津南开］《幼儿园工作规程》规定，幼儿园的任务是：贯彻国家的教育方针，按照保育与教育相结合的原则，遵循幼儿身心发展特点和规律，实施德、智、体、美等方面全面发展的教育，促进幼儿（　　）

A. 身心和谐发展　　B. 身体健康发展

C. 身心尽快发展　　D. 个性化发展

21.［天津南开］《幼儿园工作规程》规定，幼儿园小班每班幼儿人数一般为（　　）（常考）

A. 15 人　　B. 20 人　　C. 25 人　　D. 30 人

22.［山东青岛］根据《幼儿园工作规程》规定，在正常情况下，寄宿制幼儿园幼儿户外活动时间每天不得少于（　　）

A. 1 小时　　B. 2 小时　　C. 3 小时　　D. 4 小时

23.［山东青岛］依据《幼儿园工作规程》规定，幼儿园适龄幼儿一般为（　　）

A. 3～7 周岁　　B. 3～6 周岁

C. 4～6 周岁　　D. 2～6 周岁

24.［江西统考］（　　）中指出：幼儿园的设备设施、装修装饰材料、用品用具和玩教具材料等，应当符合

国家相关的安全质量标准和环保要求。

A.《幼儿园管理条例》　B.《中小学幼儿园安全管理办法》

C.《幼儿园工作规程》　D.《托儿所幼儿园卫生保健管理办法》

25.[江西统考]幼儿园应当关注幼儿心理健康,注重满足幼儿的发展需要,保持幼儿积极的情绪状态,让幼儿感受到(　　)

A.关爱和接纳　B.尊重和接纳

C.关爱和尊重　D.愉悦和满足

26.[安徽安庆]《幼儿园工作规程》指出,幼儿园是对3周岁以上学龄前幼儿实施(　　)的机构。

A.教育和游戏　B.教养和养育

C.保育和教育　D.学习和活动

27.[安徽安庆]保育员应具备心理素质与(　　)

A.专业素质　B.爱心　C.合作精神　D.丰富的知识

28.[河北邢台]规定幼儿园教育要以游戏为基本活动,寓教育于各项活动之中的是(　　)(易混)

A.《幼儿园教育指导纲要(试行)》　B.《幼儿园工作规程》

C.《幼儿园工作暂行管理条例》　D.《中华人民共和国未成年人保护法》

29.[安徽安庆]幼儿园应当建立幼儿健康检查制度和幼儿健康卡或档案。每季度量(　　)一次。(常考)

A.身高　B.体重　C.视力　D.听力

30.[河北邢台]《幼儿园工作规程》将美育目标规定为:"培养幼儿初步感受美和(　　)的情趣和能力。"(常考)

A.热爱美　B.发现美　C.表现美　D.理解美

31.[安徽宿州]加强冬季锻炼,要充分利用(　　)等自然因素以及本地自然环境,有计划地锻炼幼儿肌体,增强身体的适应和抵抗能力。(易混)

A.雨水、阳光、地势　B.教室、操场

C.日光、空气、水　D.太阳、空气、水

32.[广东广州]根据《幼儿园工作规程》的规定,幼儿园应当建立幼儿健康检查制度和幼儿健康卡或档案,应(　　)体检一次。

A.每日　B.每周　C.每月　D.每年

33.[广东广州]从幼儿园的环境到一日生活的各个环节,安全隐患无处不在,在孩子离园的时候同样不能放松警惕。下列做法错误的是(　　)

A.必须严格确认接孩子的家长身份

B.要控制好家长接孩子的时间,让自己有足够的精力去接待每位家长

C.必须确保所有幼儿和家长都已安全离开后再离开

D.如果孩子的父母忙,可以将孩子交给别人,无须与孩子父母取得联系

34.［江西统考］《幼儿园工作规程》指出，幼儿园应当严格执行国家有关（　　）安全的法律法规，保障饮食饮水卫生安全。

A. 食品药品　　B. 食品　　C. 药品　　D. 餐饮

35.［福建统考］根据《幼儿园工作规程》第十条，幼儿入园前禁止（　　）

A. 幼儿入园健康检查　　B. 幼儿学习能力考试或智力测查

C. 向家长了解家庭教养方式　　D. 向家长了解幼儿的性格和爱好

36.［内蒙古鄂尔多斯］幼儿园应建立幼儿健康检查制度和幼儿健康卡或档案，幼儿身高、视力检查的时间间隔是（　　）

A. 每年一次　　B. 每半年一次

C. 每季度一次　　D. 每两个月一次

37.［安徽合肥］根据《幼儿园工作规程》的要求，寄宿制幼儿园应当增设（　　）（常考）

A. 寝室　　B. 食堂　　C. 隔离室　　D. 保健室

38.［安徽宿州］《幼儿园工作规程》中明确规定，幼儿园教育的基本任务是促进幼儿德、智、体、美的全面发展，这是符合幼儿身心发展规律的。应该重视（　　）的培养，即儿童的社会、情感、身体、智力和道德的发展之间是相互联系、不可分割的，不能片面追求儿童的特长和技能。

A. 整体儿童　　B. 完整儿童

C. 儿童整体性　　D. 儿童完整性

39.［安徽宿州］加强幼儿园科学管理，规范办园行为，提高保育和教育质量的法规是（　　）

A.《幼儿园工作规程》

B.《幼儿园管理条例》

C.《托儿所、幼儿园卫生保健制度》

D.《中华人民共和国未成年人保护法》

二、多项选择题

1.［安徽宿州］幼儿智育的目标是（　　）

A. 培养有益的学习兴趣和求知欲望　　B. 培养正确运用多种感官的能力

C. 培养运用语言交往的基本能力　　D. 培养初步的动手探究能力

2.［海南万宁］《幼儿园工作规程》中规定，幼儿园园长的工作包括（　　）

A. 组织管理园舍、设备和经费

B. 创设良好的教育环境，合理组织教育内容

C. 关心教职工的身心健康，维护他们的合法权益

D. 参加业务学习和保育教育研究活动

3.［重庆云阳］幼儿园教育应当贯彻的原则包括（　　）

A. 全面满足家长要求　　B. 遵循幼儿身心发展规律

C. 注重个体差异　　D. 因人施教

4. [山东滨州]幼儿一日活动的组织应当动静交替,注重幼儿的(　　),保证幼儿愉快的、有益的自由活动。

A. 直接感知　　B. 动手操作　　C. 实际操作　　D. 亲身体验

5. [山东滨州]幼儿园可分为(　　)等,上述形式可分别设置,也可混合设置。

A. 全日制　　B. 半日制　　C. 小时制　　D. 季节制

E. 寄宿制　　F. 定时制

6. [山东滨州]幼儿园教职工必须具有安全意识,掌握基本急救常识和(　　)的基本方法,在紧急情况下应当优先保护幼儿的人身安全。

A. 防范　　B. 逃生　　C. 避险　　D. 自救

三、判断题

1. [安徽滁州]当发现幼儿生病了,幼儿教师应当酌情给幼儿喂药。(　　)
2. [广东广州]根据《幼儿园工作规程》规定,幼儿园教师不享受寒暑假期的带薪休假。(常考)(　　)
3. [福建统考]《幼儿园工作规程》规定,幼儿园大部分是三年制,也可是一年制或两年制。(常考)(　　)
4. [福建统考]幼儿园园长任职条件之一是必须有两年以上的幼儿园工作经验。(　　)
5. [河南郑州]幼儿园不得提前教授小学教育内容,不得开展任何违背幼儿身心发展规律的活动。(　　)
6. [广东高州]幼儿园对烈士子女、家中无人照顾的残疾子女和单亲子女等入园,应予以照顾。(　　)
7. [安徽合肥]某幼儿园开设了多种兴趣班以培养幼儿的不同特长和技能,由于某些教师需要园外聘请,因此幼儿园可以向相关幼儿家长收取一定费用以支付外聘教师的课时经费。(　　)
8. [安徽宿州]幼儿教育主要是教师的事情,保育员只要安排好幼儿的生活就可以了。(　　)
9. [重庆云阳]幼儿园教育活动内容只要根据教育目标确定就行。(　　)
10. [山东滨州]幼儿园要严格按照年龄分别编班。(　　)
11. [山东滨州]幼儿园应当每月向家长公示幼儿食谱,并按照相关规定进行食品留样。(　　)
12. [山东滨州]幼儿园应当为在园残疾儿童提供更多的帮助和指导。(　　)
13. [山东滨州]幼儿园应当创造条件开辟沙地、水池、种植园地等,并根据幼儿活动的需要绿化、美化园地。(　　)
14. [安徽合肥]幼儿园的经费应当按照规定的使用范围合理开支,坚持专款专用,不得挪作他用。(　　)
15. [安徽合肥]幼儿园园长由举办者任命或聘任,并报当地主管的人事行政部门备案。(　　)
16. [安徽滁州]幼儿的饮食、睡眠等卫生保育工作都是保育员的任务,无需教师参与。(　　)
17. [安徽滁州]幼儿园教师因为日常工作劳累,只要做好园所教育教学事务即可。(　　)

四、填空题

1. [山东威海]《幼儿园工作规程》中明确规定幼儿园保育和教育的主要目标:促进幼儿身体正常发育和

机能的协调发展,增强________,促进心理健康,培养良好的________、________和参加体育活动的兴趣。

2.[江苏淮安]入园幼儿应当由________或者其委托的________接送。

3.[江苏淮安]《幼儿园工作规程》提出,幼儿园应当充分利用________和________的有利条件,丰富和拓展幼儿的教育资源。(常考)

4.[安徽合肥]幼儿园教师对本班工作全面负责,严格执行幼儿园安全、卫生保健制度,________并________保育员管理本班幼儿生活,做好卫生保健工作。

5.[山东滨州]幼儿园教职工应当尊重、爱护幼儿,严禁虐待、歧视、体罚和变相体罚、侮辱幼儿人格等损害________的行为。

6.[山东滨州]幼儿入园除进行健康检查外,禁止任何形式的________。

7.[山东滨州]幼儿园应当把________融入一日生活,并定期组织开展多种形式的安全教育和事故预防演练。

8.[山东滨州]幼儿园应当营造尊重、接纳和关爱的氛围,建立良好的________。

9.[山东滨州]幼儿园应当充分尊重幼儿的个体差异,根据幼儿不同的心理发展水平,研究有效的活动形式和方法,注意培养幼儿良好的________。

第 3 练 《幼儿园教育指导纲要(试行)》

一、单项选择题

1.[江苏淮安]幼儿园必须把(　　)放在工作的首位。(常考)

A. 幼儿的安全　　B. 幼儿的兴趣

C. 幼儿的启蒙　　D. 保护幼儿的生命和促进幼儿的健康

2.[江西南昌]在对幼儿进行科学启蒙教育时,应如何指导(　　)

A. 要尽量创造条件让幼儿实际参加探究活动,使他们感受科学探究的过程和方法,体验发现的乐趣

B. 应为幼儿提供人际间相互交往和共同活动的机会和条件,并加以指导

C. 应充分发挥艺术的情感教育功能,促进幼儿健全人格的形成

D. 激发幼儿感受美、表现美的情趣,丰富他们的审美经验,使之体验自由表达和创造的快乐

3.[重庆云阳]《幼儿园教育指导纲要(试行)》指出,我国幼儿园的教育内容具有启蒙性和(　　)(常考)

A. 社会性　　B. 全面性　　C. 发展性　　D. 灵活性

4.[江苏淮安]对幼儿发展状况评估的目的是(　　)

A. 了解幼儿的发展需要　　B. 提高保教质量

C. 教师反思性成长　　D. 评估幼儿的游戏水平

5.[山西长治]《幼儿园教育指导纲要(试行)》指出,能努力做好力所能及的事,不怕困难,有初步的责任感。这属于幼儿教育中(　　)领域的目标。(常考)

A. 体育　　B. 健康　　C. 科学　　D. 社会

6. [江苏淮安]幼儿园要利用重要的(　　),应通过环境的创设和利用,有效地促进幼儿的发展。

A. 幼儿园资源　　B. 社会资源　　C. 环境资源　　D. 学习资源

7. [重庆云阳]《幼儿园教育指导纲要(试行)》强调幼儿园与家庭是(　　)(易错)

A. 合作伙伴关系　　B. 指导与被指导关系

C. 教育者与被教育者的关系　　D. 行政关系

8. [安徽合肥]根据我国《幼儿园教育指导纲要(试行)》,幼儿园教育科学领域的目标之一是(　　)(常考)

A. 能运用各种感官,动手动脑,探究问题

B. 教育幼儿爱护玩具和其他物品,爱护公物和公共环境

C. 养成幼儿注意倾听的习惯,发展语言理解能力

D. 与家长配合,根据幼儿的需要建立科学的常规

9. [安徽合肥]教育幼儿爱父母长辈、老师和同伴,爱集体、爱家乡、爱祖国,符合《幼儿园教育指导纲要(试行)》中幼儿园教育(　　)领域的目标要求。

A. 健康　　B. 艺术　　C. 社会　　D. 语言

10. [江西南昌]幼儿园的教育活动,是教师以多种形式有目的、有计划地引导幼儿(　　)的教育过程。

A. 严肃、认真、积极向上　　B. 认真、刻苦、勤奋好学

C. 生动、活泼、主动活动　　D. 灵活、多变、完全自由

11. [江西南昌]教师直接指导的活动和间接指导的活动相结合,保证幼儿每天有适当的(　　)

A. 任务计划和个人活动时间　　B. 学习安排和自由复习时间

C. 组织活动和自我服务时间　　D. 自主选择和自由活动时间

12. [江西南昌]下列属于幼儿教育科学领域的内容与要求的是(　　)(易混)

A. 引导幼儿对周围环境中的数、量、形、时间和空间等现象产生兴趣,构建初步的数概念,并学习用简单的数学方法解决生活和游戏中某些简单的问题

B. 在共同的生活和活动中,以多种方式引导幼儿认识、体验并理解基本的社会行为规则,学习自律和尊重他人

C. 教育幼儿爱护玩具和其他物品,爱护公物和公共环境

D. 与家庭、社区合作,引导幼儿了解自己的亲人以及与自己生活有关的各行各业人们的劳动,培养其对劳动者的热爱和对劳动成果的尊重

13. [江西南昌]下列哪项属于幼儿园教育语言领域的内容与要求(　　)

A. 为每个幼儿提供表现自己长处和获得成功的机会,增强其自尊心和自信心

B. 利用图书、绘画和其他多种方式,引发幼儿对书籍、阅读和书写的兴趣,培养前阅读和前书写技能

C. 教育幼儿爱清洁、讲卫生,注意保持个人和生活场所的整洁和卫生

D. 与家长配合,根据幼儿的需要建立科学的生活常规

14. [陕西西安]《幼儿园教育指导纲要(试行)》明确提出,幼儿园教育应尊重幼儿身心发展的规律和学

习特点，以(　　)为基本活动。

A. 教学　　B. 劳动　　C. 游戏　　D. 体育

15. [江西统考]《幼儿园教育指导纲要(试行)》中指出：教育活动内容的选择应体现的原则是(　　)

A. 既适合幼儿的现有水平，又有一定的挑战性

B. 既符合幼儿的现实需要，又有利于其长远发展

C. 既贴近幼儿的生活来选择幼儿感兴趣的事情和问题，又有助于拓展幼儿的经验和视野

D. 以上都是

16. [福建统考]培养幼儿语言能力的关键是(　　)

A. 开展语言讲述活动　　B. 鼓励幼儿大声说话

C. 创设良好的语言环境　　D. 纠正幼儿的发音不准

17. [江西南昌]《幼儿园教育指导纲要(试行)》中提到了五个领域，每个领域都可以提炼出一个关键的能力，艺术是(　　)

A. 感受能力　　B. 表现能力　　C. 思维能力　　D. 创造能力

18. [安徽合肥]“知道必要的安全保健常识，学习保护自己”属于幼儿园(　　)的目标。

A. 健康领域　　B. 语言领域　　C. 科学领域　　D. 艺术领域

19. [安徽宿州]下列关于学前儿童社会教育内容的要求，说法错误的是(　　)

A. 幼儿园、家庭和社会密切合作，协调一致，共同促进幼儿良好社会性品质的形成

B. 幼儿社会教育目标必须通过系统上课的方式实现

C. 幼儿社会态度和社会情感的培养尤应渗透在多种活动和一日生活的各个环节之中

D. 应为幼儿提供人际间相互交往和共同活动的机会和条件，并加以指导

20. [山东青岛]《幼儿园教育指导纲要(试行)》语言教育领域内容与要求指出，应培养幼儿对生活中常见的(　　)的兴趣。

A. 简单标记和图画符号　　B. 简单标记和文字符号

C. 简单标记和标点　　D. 简单标记和语言

21. [湖北黄冈]《幼儿园教育指导纲要(试行)》是(　　)颁布的。(常考)

A. 1996 年 7 月　　B. 1996 年 9 月　　C. 2001 年 7 月　　D. 2001 年 9 月

22. [山东青岛](　　)应自然地伴随着整个教育过程进行。综合采用观察、谈话、作品分析等多种方法。

A. 教育评价　　B. 教师评价　　C. 教育反思　　D. 教师反思

23. [山东青岛]教育活动的组织与实施过程是教师(　　)地开展工作的过程。

A. 生动性　　B. 积极性　　C. 创造性　　D. 能动性

24. [浙江临海]通过引导幼儿积极参加小组讨论、探索等方式，培养幼儿合作学习的意识和能力，学习用多种方式表现、交流、分享探索的过程和结果。属于(　　)的内容。

A. 健康领域　　B. 社会领域　　C. 科学领域　　D. 艺术领域

25. [山东滨州]要承认和关注幼儿的(　　)，避免用划一的标准评价不同的幼儿，在幼儿面前慎用横向

的比较。

A. 个体差异　　B. 全面性　　C. 灵活性　　D. 发展性

26. [海南万宁]幼儿的科学教育是科学(　　)教育,重在激发幼儿的认识兴趣和探究欲望。(常考)

A. 发现　　B. 科普　　C. 启蒙　　D. 探究

27. [内蒙古赤峰]《幼儿园教育指导纲要(试行)》中教育目标较多使用“体验”“感受”“喜欢”“乐意”等词汇,这表明幼儿园教育强调(　　)

A. 知识取向　　B. 情感、态度取向

C. 能力取向　　D. 技能取向

28. [江西统考]《幼儿园教育指导纲要(试行)》指出:发展幼儿语言的重要途径是通过(　　)的各领域的教育,在丰富多彩的活动中去扩展幼儿的经验,提供促进语言发展的条件。(常考)

A. 有机结合　　B. 互相渗透　　C. 有机整合　　D. 相互衔接

29. [福建统考]下列有关教育评价的说法,与《幼儿园教育指导纲要(试行)》精神不一致的是(　　)

A. 教育评价是幼儿园教育工作的重要组成部分

B. 教育评价过程是教师自我成长的重要途径

C. 创设教育情境评价幼儿发展

D. 将教育评价作为改进工作的依据

30. [浙江统考]《幼儿园教育指导纲要(试行)》对幼儿园合作共育对象描述完整的是(　　)

A. 幼儿园应与家庭密切合作,与小学相互衔接

B. 幼儿园应与社区密切合作,与小学相互衔接

C. 幼儿园应与早教机构合作,与小学相互衔接

D. 幼儿园应与家庭、社区密切合作,与小学相互衔接

31. [浙江统考]以下不属于《幼儿园教育指导纲要(试行)》中规定的幼儿园健康教育内容的是(　　)

A. 在体育活动中,培养幼儿坚强、勇敢、不怕困难的意志品质和主动、乐观、合作的态度

B. 进行专门的体育训练,参加各级体育比赛

C. 建立良好的师生、同伴关系,让幼儿在集体生活中感到温暖,心情愉快,形成安全感、信赖感

D. 提高幼儿的自我保护意识和能力

32. [安徽安庆]幼儿园教育工作评价实行以(　　)为主。(常考)

A. 管理人员自评　　B. 教师自评　　C. 家长评价　　D. 社会评价

33. [海南万宁]艺术是实施(　　)的主要途径。

A. 美育　　B. 德育　　C. 体育　　D. 智育

34. [安徽宿州]幼儿艺术活动的能力是在大胆表现的过程中逐渐发展起来的,教师的作用主要在于激发幼儿感受美、表现美的情趣,丰富他们的(　　),使之体验自由表达和创造的快乐。

A. 认识水平　　B. 情感体验　　C. 创造思维　　D. 审美经验

35. [山东青岛]幼儿的生活按照一日流程进行,既要满足幼儿的合理需要,又要有助于幼儿秩序感的形

成,因此时间安排应遵循(　　)

A. 稳定性和灵活性相结合的原则　　B. 计划性和合理性相结合的原则

C. 科学性和合理性相结合的原则　　D. 计划性和灵活性相结合的原则

36. [山东青岛]《幼儿园教育指导纲要(试行)》中社会领域教育目标提出的维度是(　　)

A. 社会关系和心理结构维度　　B. 道德认知和道德行为维度

C. 社会关系和社会行为维度　　D. 心理结构和道德情感维度

37. [安徽安庆]下列关于我国学前教育的描述,不正确的是(　　)

A. 基础教育　　B. 启蒙教育

C. 属于义务教育　　D. 全面发展的教育

38. [安徽安庆]《幼儿园教育指导纲要(试行)》中指出,管理人员、教师、幼儿及其家长均是幼儿园教育评价工作的(　　)

A. 管理者　　B. 指导者　　C. 参与者　　D. 监督者

39. [安徽安庆]教育过程中,教师评价幼儿的适宜做法是(　　)

A. 用统一的标准评价幼儿　　B. 根据一次测评的结果评价幼儿

C. 标准化的测评工具评价幼儿　　D. 根据日常观察所获得的信息评价幼儿

40. [河南郑州]根据《幼儿园教育指导纲要(试行)》,下列表述中属于语言领域目标的是(　　)(常考)

A. 知道必要的安全保健常识,学习保护自己

B. 能主动地参与各项活动,有自信心

C. 注意倾听对方讲话,能理解日常用语

D. 能运用各种感官,动手动脑,探究问题

41. [河北邢台]《幼儿园教育指导纲要(试行)》的基本指导思想集中反映在总则里,贯穿在整个《纲要》的各部分,其基本指导思想不包括(　　)

A. 终身教育的理念　　B. “以知识为本”的幼儿教育

C. 面向世界的科学幼儿教育　　D. “以人为本”的幼儿教育

42. [河北邢台]幼儿的语言能力是在(　　)的过程中发展起来的。(常考)

A. 讲话　　B. 阅读　　C. 运用　　D. 倾听

43. [河北邢台]在幼儿生活经验的基础上,帮助幼儿了解自然、环境与人类生活的关系。从身边的小事入手,培养初步的(　　)和行为。

A. 感性认识　　B. 环保意识　　C. 人文意识　　D. 自然规律

44. [河北邢台]《幼儿园教育指导纲要(试行)》中关于科学领域的发展目标不包括以下哪一点(　　)

A. 能用适当的方式表达、交流探索的过程和结果

B. 能努力做好力所能及的事,不怕困难,有初步的责任感

C. 能运用各种感官,动手动脑,探究问题

D. 爱护动植物,关心周围环境,亲近大自然,珍惜自然资源,有初步的环保意识

45.［江西统考］《幼儿园教育指导纲要（试行）》中指出：评价的过程，是教师运用专业知识审视教育实践，（　　）问题的过程，也是其自我成长的重要途径。

A. 发现、分析、讨论、解决　　B. 寻找、思考、研究、解决

C. 发现、分析、研究、解决　　D. 寻找、思考、讨论、解决

46.［福建统考］建立良好家园关系的原则是（　　）（常考）

A. 尊重、平等、合作　　B. 尊重、平等、配合

C. 开放、平等、合作　　D. 理解、平等、配合

47.［安徽合肥］根据《幼儿园教育指导纲要（试行）》中关于健康领域的说法，下列错误的是（　　）

A. 教育幼儿爱清洁、讲卫生，注意保持个人和生活场所的整洁和卫生

B. 密切结合幼儿的生活进行安全、营养和保健教育，提高幼儿的自我保护意识和能力

C. 开展丰富多彩的户外游戏和体育活动，培养幼儿参加体育活动的兴趣和习惯

D. 用老师认为最科学的方式发展幼儿的基本动作，提高动作的协调性、灵活性

48.［安徽宿州］《幼儿园教育指导纲要（试行）》中将幼儿园教育内容分为健康、语言、社会、科学、（　　）等五个领域。

A. 音乐　　B. 美术　　C. 泥塑　　D. 艺术

49.［安徽宿州］健康领域的活动要（　　）幼儿生长发育的规律，严禁以任何名义进行有损幼儿健康的比赛、表演、训练。

A. 发扬　　B. 结合　　C. 充分尊重　　D. 关注爱护

二、多项选择题

1.［安徽宿州］《幼儿园教育指导纲要（试行）》提出的语言领域目标是（　　）（常考）

A. 乐意与人交谈，讲话礼貌　　B. 注意倾听讲话，能理解日常用语

C. 喜欢听故事、看图书　　D. 能听懂和会说普通话

2.［海南万宁］科学、合理地安排和组织一日生活包括（　　）

A. 时间安排应有相对的稳定性与灵活性，既有利于形成秩序，又能满足幼儿的合理需要，照顾到个体差异

B. 尽量减少不必要的集体行动和过渡环节，减少和消除消极等待现象

C. 建立良好的常规，避免不必要的管理行为，逐步引导幼儿学习自我管理

D. 教师要直接指导，避免时间的隐性浪费

3.［海南万宁］教育评价是幼儿园教育工作的重要组成部分，是了解教育的（　　），调整和改进工作，促进每一个幼儿发展，提高教育质量的必要手段。

A. 适宜性　　B. 合理性　　C. 有效性　　D. 生活性

4.［重庆云阳］《幼儿园教育指导纲要（试行）》对每个领域进行阐述时，“指导要点”说明了（　　）

A. 该领域的价值取向　　B. 教师该做什么、怎么做

C. 该领域应当注意的普遍性的问题　　D. 该领域教和学的特点

5.［重庆云阳］教师应成为幼儿学习活动的(　　)(常考)

A. 支持者　B. 引导者　C. 指导者　D. 合作者

6.［重庆云阳］教师应尊重幼儿在(　　)等方面的个体差异，因人施教，努力使每一个幼儿都能获得满足和成功。

A. 发展水平　B. 能力　C. 经验　D. 学习方式

7.［重庆云阳］教育活动内容的组织应充分考虑幼儿的学习特点和认识规律，各领域的内容要有机联系，相互渗透，注重(　　)，寓教育于生活、游戏之中。

A. 综合性　B. 全面性　C. 趣味性　D. 活动性

8.［安徽合肥］《幼儿园教育指导纲要(试行)》中提出，对幼儿发展状况的评估方面要注意(　　)(常考)

A. 明确评价的目的是了解幼儿的发展需要，以便提供更加适宜的帮助和指导

B. 教育的内容、方式、策略、环境条件，是否能调动幼儿学习的积极性

C. 以发展的眼光看待幼儿，既要了解现有水平，更要关注其发展的速度、特点和倾向等

D. 教育过程是否能为幼儿提供有益的学习经验，并符合其发展需要

9.［陕西西安］关于《幼儿园教育指导纲要(试行)》和《3～6岁儿童学习与发展指南》以下说法正确的是(　　)

A.《纲要》是指导性文件　B.《指南》是《纲要》的补充

C. 两者都包括五大领域的内容　D. 两者不能相互代替

10.［山东滨州］幼儿园各领域的内容相互渗透，从不同的角度促进幼儿情感、态度、(　　)等方面的发展。

A. 方法　B. 知识　C. 技能　D. 能力

11.［山东滨州］全面了解幼儿的发展状况，防止片面性，尤其要避免只重知识和技能，忽略(　　)的倾向。

A. 情感　B. 社会性　C. 态度　D. 实际能力

三、判断题

1.［安徽安庆］幼儿艺术教育应该引导幼儿接触周围环境和生活中美好的人、事、物，丰富他们的感性经验和审美情趣。(　　)

2.［湖北黄冈］幼儿园是小学的预备阶段，是人生学习的初始阶段。(易错)(　　)

3.［山东菏泽］除管理人员、教师、家长外，幼儿也是幼儿园教育评价工作的参与者。(　　)

4.［福建统考］幼儿园教育活动应以学习为基本活动，保教并重，关注个别差异，促进每个幼儿富有个性的发展。(易错)(　　)

5.［安徽宿州］幼儿艺术活动的能力是在标准化的艺术技能训练中形成的。(　　)

6.［河南郑州］幼儿同伴群体及幼儿园教师集体是宝贵的教育资源，应充分发挥这一资源的作用。(　　)

7.［河南郑州］幼儿园社会领域的教育具有潜移默化的特点，幼儿社会态度和社会情感的培养尤应渗透

在多种活动和一日生活的各个环节之中。（ ）

8.［广东高州］在教学活动计划中，教师应根据需要合理安排，灵活地运用各种教学形式和方法。（ ）

9.［安徽合肥］幼儿教师平时观察所获得的具有典型意义的幼儿行为表现和所积累的各种作品等，是评价幼儿发展状况的重要依据。（ ）

10.［重庆］培养幼儿前阅读和前书写的技能，就是教他们认字和写字。（ ）

11.［重庆云阳］社会领域的教育具有耳濡目染的特点。所以教师要经常告诉孩子一些社会规则。（ ）

12.［重庆云阳］幼儿园应当将环境作为重要的教育资源。（ ）

四、填空题

1.［江苏淮安］语言能力是在________的过程中发展起来的，发展幼儿语言的关键是创设一个能使他们________、敢说、喜欢说、________并能得到积极应答的环境。（常考）

2.［山东滨州］艺术是人类感受美、表现美和创造美的重要形式，也是表达自己对周围世界的认识和________的独特方式。

五、简答题

［江苏淮安］应怎样通过环境的创设和利用，有效地促进幼儿发展？

六、论述题

1.［天津南开］《幼儿园教育指导纲要（试行）》中指出，“利用图书、绘画和其他多种方式，引发幼儿对书籍、阅读和书写的兴趣，培养前阅读和前书写技能”。谈谈你对此的理解。在工作中，你会如何贯彻这一要求？

2.［浙江杭州］对幼儿发展状况的评估需注意哪些方面？（常考）

第 4 练 《3～6 岁儿童学习与发展指南》

一、单项选择题

1. [福建统考]中班幼儿每次连续看电视的时间不应该超过(　　)

A. 15 分钟　　B. 20 分钟　　C. 25 分钟　　D. 30 分钟

2. [江苏淮安]要保证幼儿每天睡(　　),其中午睡一般应达到 2 小时左右。

A. 8～9 小时　　B. 9～10 小时　　C. 10～11 小时　　D. 11～12 小时

3. [江苏淮安]5～6 岁的男孩子,身高应该达到(　　)

A. 95.1CM～105CM　　B. 106.1CM～125.8CM

C. 107.3CM～130.1CM　　D. 108CM～130CM

4. [重庆云阳]下列最能体现幼儿平衡能力发展的活动是(　　)

A. 跳远　　B. 跑步　　C. 投掷　　D. 踩高跷

5. [江苏淮安]能用简单的记录表和统计图等表示简单的数量关系的幼儿年龄段是(　　)

A. 3～4 岁　　B. 4～5 岁　　C. 5～6 岁　　D. 6～7 岁

6. [山西长治]根据《3～6 岁儿童学习与发展指南》,下列关于培养幼儿的语言能力的说法,不正确的是(　　)

A. 幼儿的语言能力是在交流和运用的过程中发展起来的

B. 应为幼儿创设自由、宽松的语言交往环境

C. 提供丰富、适宜的低幼读物,有助于培养幼儿的语言能力

D. 让幼儿独自阅读对于提升语言能力的效果比让其与同伴一起看书、讲故事效果更好

7. [江西南昌]经常与幼儿玩拉手转圈、秋千、转椅等游戏活动,让幼儿适应轻微的摆动、颠簸、旋转,促进其(　　)的发展。

A. 适应能力　　B. 平衡机能　　C. 应变能力　　D. 人际交往能力

8. [江西南昌]根据《3～6 岁儿童学习与发展指南》应该注意儿童平时健康保护,如不乱挖耳朵、鼻孔,看电视时保持(　　)米左右的距离。

A. 1　　B. 3　　C. 7　　D. 10

9. [江西统考]实施《3～6 岁儿童学习与发展指南》应把握(　　)四个方面。(常考)

A. 关注幼儿学习与发展的整体性,尊重幼儿发展的权益,理解幼儿的学习方式和特点,尊重幼儿的学习品质

B. 关注幼儿学习与发展的整体性,尊重幼儿发展的个体差异,理解幼儿的学习方式和特点,重视幼儿的学习品质

C. 尊重幼儿发展的权益,重视幼儿发展的个体差异,理解幼儿的学习方式和特点,关注幼儿的学习品质

D. 关注幼儿学习发展的整体性,尊重幼儿发展的权益,重视幼儿发展的个体差异,理解幼儿的学习方式和特点

10. [湖北黄冈]幼儿喜欢并适应群体生活是(　　)方面的培养目标。(易混)

A. 人际交往　　B. 社会适应

C. 人际交往与社会适应　　D. 感受与欣赏

11. [福建统考]"表达情绪的方式比较适度,不乱发脾气",该典型表现所属的年龄段是(　　)

A. 2~3 岁　　B. 3~4 岁　　C. 4~5 岁　　D. 5~6 岁

12. [福建统考]"对大家都喜欢的东西能轮流、分享",这体现的社会领域目标是(　　)

A. 具有自尊、自信、自主的表现　　B. 能与同伴友好相处

C. 愿意与人交往　　D. 关心尊重他人

13. [福建统考]《3~6 岁儿童学习与发展指南》指出,3~4 岁幼儿遵守基本行为规范的典型表现是(　　)

A. 不私自拿不属于自己的东西　　B. 知道说谎是不对的

C. 知道不经允许不能拿别人的东西　　D. 做了错事敢于承认,不说谎

14. [陕西西安]如果一个孩子用语言表达自己的内心感受,如"我不高兴""我生气",那么他的年龄在(　　)

A. 2~3 岁　　B. 3 岁　　C. 3~4 岁　　D. 4 岁以上

15. [安徽滁州]儿童能够熟练使用筷子,能使用简单的劳动工具或用具,属于(　　)

A. 语言目标　　B. 社会目标　　C. 健康目标　　D. 科学目标

16. [安徽滁州]在科学探究中,"能根据观察结果提出问题,并大胆猜测答案"这一教育目标主要适用于(　　)

A. 托班　　B. 小班　　C. 中班　　D. 大班

17. [安徽滁州]幼儿园教师引导幼儿理解数与数之间的关系,并用"加"或"减"的办法来解决问题,主要是通过(　　)

A. 实物操作　　B. 形式运算　　C. 数学训练　　D. 手指运算

18. [安徽合肥]关于早期阅读,下列说法正确的是(　　)

A. 为幼儿提供良好的阅读环境和条件　　B. 每天要有阅读量的要求

C. 阅读材料以文字为主　　D. 以识字为目的

19. [浙江绍兴]能在较窄的低矮物体上平稳地走一段距离是对(　　)幼儿提出的要求。

A. 托班　　B. 小班　　C. 中班　　D. 大班

20. [福建统考]能发现生活中许多问题都可以用数学的方法来解决,体验解决问题的乐趣。这一典型表现属于哪个年龄段的儿童(　　)

A. 2~3 岁　　B. 3~4 岁　　C. 4~5 岁　　D. 5~6 岁

21. [安徽阜阳]下列属于 3~4 岁儿童在社会适应方面的典型表现是(　　)

A. 对群体活动有兴趣

B. 知道说谎是不对的

C. 敢于尝试有一定难度的活动和任务

D. 能主动发起活动或在活动中出主意、想办法

22. [安徽阜阳]根据幼儿的理解水平有意识地使用一些反映因果、假设、条件等关系的句子是对以下哪一发展目标的教育建议(　　)

A. 具有文明的语言习惯　　B. 愿意讲话并能清楚地表达

C. 认真听并听懂常用语言　　D. 具有初步的阅读理解能力

23. [福建统考]幼儿具有初步的阅读理解能力,体现为(　　)

A. 反复看自己喜欢的图书　　B. 能大体讲出所听故事的主要内容

C. 喜欢用涂涂画画表达一定的意思　　D. 愿意用图画和符号表达自己的愿望和想法

24. [福建统考]在 5 ~ 6 岁幼儿探究动植物时,教师可以引导他们(　　)

A. 初步了解和体会动植物和人们生活的关系

B. 能感知和发现动植物的生长变化及其基本条件

C. 能察觉到动植物的外形特征、习性与生存环境的适应关系

D. 认识常见的动植物,能注意并发现周围的动植物是多种多样的

25. [山东青岛]《3 ~ 6 岁儿童学习与发展指南》指出,忽视幼儿(　　)培养,单纯追求知识技能学习的做法是短视而有害的。

A. 学习方法　　B. 学习能力　　C. 学习习惯　　D. 学习品质

26. [山东青岛]成人要充分尊重和接纳幼儿的说话方式,无论幼儿的表达水平如何,都应认真地(　　)并给予积极的回应。

A. 关注　　B. 等待　　C. 倾听　　D. 提问

27. [山东青岛]能单脚连续向前跳 5 米左右,是(　　)岁儿童的典型性行为。

A. 2 ~ 3　　B. 3 ~ 4　　C. 4 ~ 5　　D. 5 ~ 6

28. [山东滨州]幼儿艺术领域学习的关键在于充分创造条件和机会,在大自然和(　　)中萌发幼儿对美的感受和体验,丰富其想象力和创造力。

A. 区域活动　　B. 游戏

C. 社会文化生活　　D. 集体教学

29. [山东威海]在科学领域中,下列哪项内容为大班幼儿的发展目标(　　)

A. 能通过一一对应的方法比较两组物体的多少

B. 能通过数数比较物体的多少

C. 能通过实物操作或其它方法进行 10 以内的加减运算

D. 能感知和区分物体的粗细、厚薄、轻重等量方面的特点,并能用相应的词语描述

30. [山东威海]幼儿应具有良好的生活卫生习惯。3 ~ 4 岁幼儿连续看电视等不超过(　　)分钟。

A. 15　　B. 20　　C. 30　　D. 40

31. [山东威海]《3 ~ 6 岁儿童学习与发展指南》的目标部分分别对三个年龄段末期幼儿应该知道什么、

能做什么,大致可以达到什么发展水平提出了( )

A. 准确目标 B. 合理期望 C. 发展标准 D. 评价标准

32. [山东临沂]根据《3~6岁儿童学习与发展指南》社会领域的规定,下列哪一项属于4~5岁幼儿"遵守基本的行为规范"的目标( )

A. 知道接受了的任务要努力完成 B. 做了错事敢于承认,不说谎

C. 在成人提醒下,爱护玩具和其他物品 D. 爱护身边的环境,注意节约资源

33. [浙江临沂]下列哪项不属于大班幼儿"手的动作灵活协调"目标( )

A. 能熟练使用筷子 B. 能使用简单的劳动工具或用具

C. 能根据需要画出图形,线条基本平滑 D. 能双手抓杠悬空吊起20秒

34. [浙江临沂]能感受到家乡的发展变化并为此感到高兴,属于5~6岁幼儿( )表现之一。

A. 喜欢并适应集体生活 B. 具有自尊、自信、自主的表现

C. 具有初步的归属感 D. 具有初步的探究能力

35. [福建统考]下列对尊重幼儿发展个体差异的理解错误的是( )

A. 支持和引导幼儿从原有水平向更高水平发展

B. 每个幼儿的发展速度和到达某一水平的时间不完全相同

C. 幼儿按照自身方式达到《3~6岁儿童学习与发展指南》的合理期望

D. 以《3~6岁儿童学习与发展指南》为标准来衡量幼儿学习与发展的水平

36. [福建统考]"能随着活动的需要转换情绪"的典型表现属于( )年龄段。(易混)

A. 2~3岁 B. 3~4岁 C. 4~5岁 D. 5~6岁

37. [福建统考]《3~6岁儿童学习与发展指南》中"能结合情境感受到不同语气、语调所表达的不同意思"属于( )子领域。

A. 感受与欣赏 B. 表现与创作 C. 倾听与表达 D. 阅读与书写准备

38. [福建统考]下列选项体现出"幼儿能与同伴友好相处"的是( )

A. 对大家都喜欢的东西能轮流、分享 B. 喜欢承担一些任务

C. 做了好事后还想做得更好 D. 有问题愿意请教

39. [福建统考]幼儿参与升国旗、奏国歌等活动,能够发展其( )(易混)

A. 理智感 B. 道德感 C. 归属感 D. 成就感

40. [浙江杭州]四到五岁幼儿双手抓杠悬空吊起的时间是( )秒。(易混)

A. 10 B. 15 C. 20 D. 25

41. [天津南开]"主动要求成人讲故事、读图书,喜欢跟读韵律感强的儿歌、童谣"属于哪一年龄段的幼儿的关键经验( )

A. 2~3岁 B. 3~4岁 C. 4~5岁 D. 5~6岁

42. [湖北黄冈]能通过一一对应的方法比较两组物体的多少是( )幼儿的目标。(易错)

A. 2~3岁 B. 3~4岁 C. 4~5岁 D. 5~6岁

43. [内蒙古鄂尔多斯]幼儿的社会性主要是在日常生活和(　　)中通过观察和模仿潜移默化地发展起来的。

A. 游戏　　B. 教学活动　　C. 劳动　　D. 户外活动

44. [内蒙古鄂尔多斯]3~4岁幼儿喜欢自然界与生活中美的事物,这一目标的典型表现包括(　　)

A. 容易被自然界中的鸟鸣、风声、雨声等好听的声音所吸引

B. 在欣赏自然界和生活环境中美的事物时,关注其色彩、形态等特征

C. 喜欢倾听各种好听的声音,感知声音的高低长短强弱等变化

D. 乐于模仿自然界和生活环境中有特点的声音,并产生相应的联想

45. [内蒙古鄂尔多斯]"能感知和发现物体和材料的软硬、光滑和粗糙等特性"所属的科学领域目标是(　　)

A. 对周围的事物有好奇心　　B. 具有初步的探究能力

C. 亲近自然,喜欢探究　　D. 在探究中认识周围事物和现象

46. [安徽安庆]当幼儿讲述一件事或回答一个问题时,如果说话不流利,用词不当或发音不准时,教师应当(　　)

A. 让他想好了再说　　B. 立即纠正错误

C. 听完发言　　D. 耐心听,鼓励他说

47. [安徽安庆]下列不属于为幼儿创造交往的机会,让幼儿体会交往乐趣的是(　　)

A. 主动亲近和关心幼儿,经常和他一起游戏或活动,让幼儿感受到与成人交往的快乐,建立亲密的亲子关系和师生关系

B. 利用走亲戚、到朋友家做客或有客人来访的时机,鼓励幼儿与他人接触和交谈

C. 鼓励幼儿参加小朋友的游戏,邀请小朋友到家里玩,感受有朋友一起玩的快乐

D. 幼儿园应多为幼儿提供自由交往和游戏的机会,鼓励他们自主选择,自由结伴开展活动

48. [内蒙古赤峰]在教师的提醒下,幼儿能节约粮食、水电等,属于(　　)

A. 健康领域　　B. 科学领域　　C. 社会领域　　D. 语言领域

49. [江西统考]《3~6岁儿童学习与发展指南》中列举的(　　)的做法,能让幼儿保持有规律的生活,养成良好的作息习惯。

①早睡早起　②每天午睡　③按时进餐　④定量进餐

A. ①②③　　B. ②③④　　C. ①②④　　D. ①③④

50. [浙江统考]《3~6岁儿童学习与发展指南》中关于儿童书面表达技能目标,表述正确的是(　　)

A. 3~4岁儿童写画时姿势正确　　B. 3~4岁儿童会书写自己的名字

C. 4~5岁儿童会书写自己的名字　　D. 5~6岁儿童会书写自己的名字

51. [浙江统考]《3~6岁儿童学习与发展指南》中关于3~4岁幼儿科学领域"亲近自然,喜欢探究"的目标,表述正确的是(　　)(常考)

A. 常常动手动脑探索物体和材料,并乐在其中

B. 对自己感兴趣的问题总是刨根问底

C. 经常问各种问题,或好奇地摆弄物品

D. 探索中有所发现时感到兴奋和满足

52. [浙江统考]李老师带领中班孩子去参观了地方民俗文化馆,孩子们看了皮影戏,欣赏了捏面人和剪纸能人的现场表演。这最有助于哪条幼儿艺术教育目标的达成(　　)

A. 喜欢自然界与生活中美好的事物　　B. 具有初步的艺术表现与创造能力

C. 喜欢进行艺术活动并大胆表现　　D. 喜欢欣赏多种多样的艺术形式和作品

53. [浙江统考]"能用律动或简单的舞蹈动作表现自己的情绪或自然界的情景",这类艺术表现与创造适合的年龄段是(　　)

A. 3~4 岁　　B. 4~5 岁　　C. 5~6 岁　　D. 6~7 岁

54. [安徽安庆]《3~6 岁儿童学习与发展指南》指出,幼儿的发展是一个持续、渐进的过程,同时也表现出一定的(　　)

A. 稳定性特征　　B. 长期性特征

C. 阶段性特征　　D. 持续性特征

55. [安徽安庆]把教育融入(　　)是幼儿教育的规律,也是科学的幼儿教育必须遵循的原则。

A. 一日生活　　B. 集体教育活动　　C. 户外自由活动　　D. 区域活动

56. [安徽合肥]"能以匍匐、膝盖悬空等多种方式钻爬",这是(　　)幼儿动作发展的典型表现。

A. 3~4 岁　　B. 4~5 岁　　C. 5~6 岁　　D. 6~7 岁

57. [安徽安庆]为实现科学领域中(　　)的目标,在讨论春游去哪里玩时,可以让幼儿商量想去哪里玩?每个想去的地方有多少人?根据统计结果做出决定。

A. 感知和理解数、量及数量关系　　B. 感知形状与空间关系

C. 在探究中认知周围事物和现象　　D. 初步感知生活中数学的有用和有趣

58. [安徽安庆]《3~6 岁儿童学习与发展指南》的核心是(　　)

A. 促进幼儿体、智、德、美各方面的协调发展

B. 促进幼儿学习与发展的教育途径与方法

C. 帮助幼儿园教师和家长了解 3~6 岁幼儿学习与发展的基本规律和特点

D. 为幼儿后继学习和终身发展奠定良好素质基础

59. [安徽安庆]《3~6 岁儿童学习与发展指南》共有(　　)个学习和发展目标,(　　)条教育建议。(易错)

A. 23　87　　B. 23　78　　C. 32　87　　D. 32　78

60. [内蒙古鄂尔多斯]《3~6 岁儿童学习与发展指南》颁布的时间是(　　)

A. 2011 年　　B. 2012 年　　C. 2013 年　　D. 2014 年

61. [安徽安庆]健康是指人在身体、心理和(　　)适应方面的良好状态。

A. 环境　　B. 家庭　　C. 社会　　D. 物质

62.［安徽安庆］4～5岁幼儿能在较热或较冷的户外环境中连续活动（　　）

A.0.5小时左右　　B.1小时左右

C.1.5小时左右　　D.2小时左右

63.［安徽安庆］（　　）是幼儿重要的学习方式，是认识和态度形成的基础。

A.模仿　　B.体验　　C.观察　　D.同化

64.［安徽安庆］4～5岁幼儿在讲话和表达方面的典型性表现是（　　）

A.能有序、连贯、清楚地讲述一件事情

B.愿意与他人讨论问题，敢在众人面前说话

C.能基本完整地讲述自己的所见所闻和经历的事情，讲述比较连贯

D.能口齿清楚地说儿歌、童谣或复述简短的故事

65.［安徽安庆］人际交往和社会适应是社会学习的主要内容，也是其（　　）发展的基本途径。

A.社会性　　B.语言　　C.沟通能力　　D.身体

66.［安徽安庆］"结合情境感受到不同语气、语调所表达的不同意思"是（　　）幼儿在"认真听并能听懂常用语言"方面的具体目标。

A.3～4岁　　B.4～5岁　　C.5～6岁　　D.3～6岁

67.［安徽安庆］面对图画书，幼儿并不认识文字，但根据画面形象，他们能够讲述一个个生动的故事。这是幼儿（　　）

A.对自然美的艺术想象　　B.对艺术美的解读

C.表演艺术　　D.歌舞艺术

68.［安徽安庆］在游戏中，幼儿常常会自发地用唱歌或者舞蹈进行信息的交流与情感的表达。这体现出了幼儿艺术表现与创造的（　　）

A.稚拙感　　B.随意性　　C.自我性　　D.自发性

69.［安徽安庆］幼儿在弦乐齐奏《野蜂飞舞》的音乐声中，纷纷说出自己的感受："是旋风，又像龙卷风，是打仗追击，我听着像是一群蚊子嗡嗡地叫……"教师却说："你们都没说对，是野蜂，乐曲的名字叫《野蜂飞舞》。"教师的错误之处在于（　　）

A.没有为幼儿创设丰富的物质环境

B.没有引导幼儿关注事物的外在形式

C.没有注重幼儿的自主感知、想象与感受

D.没有创设问题情境

70.［安徽安庆］"有高兴的或有趣的事愿意与大家分享"这是（　　）的幼儿在"愿意与人交往"方面的具体发展目标。

A.3～4岁　　B.4～5岁

C.5～6岁　　D.3～6岁

71.［安徽安庆］艺术是人类感受美、表现美和（　　）重要形式，也是表达自己对周围世界的认识和情绪

态度的独特方式。

A. 表达美　　B. 欣赏美　　C. 创造美　　D. 发现美

72. [安徽安庆]教师在引导幼儿感知和理解事物"量"的特征时,恰当的做法是(　　)

A. 引导幼儿感知常见事物的大小、高矮、粗细等

B. 引导幼儿识别常见事物的形状

C. 和幼儿一起点数物体,一致说出总数

D. 为幼儿提供按数取物的机会

73. [安徽安庆]"在欣赏自然界和生活环境中美的事物时,关注其色彩、形态等特征"是艺术领域对(　　)幼儿发展水平提出的要求。

A. 2~3 岁　　B. 3~4 岁

C. 4~5 岁　　D. 5~6 岁

74. [河南郑州]下列关于艺术表现与创造能力的学习与发展目标中,适合4~5岁幼儿的是(　　)

A. 能模仿学唱短小歌曲

B. 能用自然的、音量适中的声音基本准确地唱歌

C. 能用基本准确的节奏和音调唱歌

D. 喜欢听音乐或者观看舞蹈、戏剧等表演

75. [广东广州]根据《3~6岁儿童学习与发展指南》的规定,3~6岁的儿童应具有一定的平衡能力,动作协调、灵敏。下列不属于3~4岁儿童动作发展的要求是(　　)(常考)

A. 能沿地面直线或在较窄的低矮物体上走一段距离

B. 能双脚灵活交替上下楼梯

C. 能躲避他人滚过来的球或扔过来的沙包

D. 分散跑时能躲避他人的碰撞

76. [陕西特岗]为了发展幼儿感知形状、空间的能力,教师引导幼儿制定按语言指示或根据简单示意图正确取放物品的活动,这种做法适合(　　)

A. 2~3 岁的幼儿　　B. 3~4 岁的幼儿

C. 4~5 岁的幼儿　　D. 5~6 岁的幼儿

77. [陕西特岗]根据《3~6岁儿童学习与发展指南》"情绪安定愉快"的健康领域目标,当幼儿发脾气时,作为教师应(　　)

A. 与幼儿一同表现出生气的样子　　B. 厉声斥责

C. 与幼儿一起谈论生气的事　　D. 硬性压制

78. [内蒙古鄂尔多斯]喜欢观看花草树木所体现的艺术领域目标是(　　)(易混)

A. 具有初步的艺术表现与创造能力　　B. 喜欢欣赏多种多样的艺术形式和作品

C. 喜欢进行艺术活动并大胆表现　　D. 喜欢自然界与生活中美的事物

79. [江西统考]"能说出自己家所在地的省、市、县(区)名称,知道当地有代表性的物产或景观。"是

(　　)岁幼儿"具有初步归属感"的典型表现。(常考)

A. 2～3　　B. 3～4　　C. 4～5　　D. 5～6

80. [福建统考]"能说出所阅读的幼儿文学作品的主要内容。"该典型表现所属的年龄段是(　　)

A. 2～3岁　　B. 3～4岁　　C. 4～5岁　　D. 5～6岁

81. [福建统考]4～5岁幼儿观察的目标是能发现(　　)(易错)

A. 事物的明显特征　　B. 并描述不同种类事物的特征

C. 事物的异同　　D. 某个事物前后的变化

82. [福建统考]"能通过简单的调查收集信息"所属的科学领域目标是(　　)

A. 对周围的事物有好奇心　　B. 具有初步的探究能力

C. 亲近自然,喜欢探究　　D. 在探究中认识周围事物和现象

83. [内蒙古鄂尔多斯]"具有文明的语言习惯",该目标属于《3～6岁儿童学习与发展指南》语言领域中的(　　)

A. 阅读与书写准备　　B. 阅读与理解

C. 倾听与书写准备　　D. 倾听与表达

84. [内蒙古鄂尔多斯]"与同伴发生冲突时,能在他人帮助下和平解决"该社会领域的典型表现所属的年龄班是(　　)

A. 小班　　B. 中班　　C. 大班　　D. 学前班

二、多项选择题

1. [内蒙古鄂尔多斯]教师和家长应如何锻炼幼儿适应生活环境变化的能力(　　)

A. 注意观察幼儿在新环境中的饮食、睡眠、游戏等方面的情况,采取相应的措施帮助他们

B. 多和不熟悉的小朋友玩

C. 让幼儿只和自己的兄弟姐妹玩

D. 经常带幼儿参加亲戚朋友聚会

2. [内蒙古鄂尔多斯]教师为幼儿创造说话的机会并让幼儿体验语言交往的乐趣的方式包括(　　)

A. 每天有足够的时间与幼儿交谈

B. 尊重和接纳幼儿的说话方式

C. 鼓励和支持幼儿与同伴一起玩耍、交谈

D. 方言和少数民族地区应积极为幼儿创设用普通话交流的语言环境

3. [山东青岛]关于《3～6岁儿童学习与发展指南》中健康领域的目标描述,正确的有(　　)

A. 具有健康的体态　　B. 具备基本的安全知识和自我保护能力

C. 具有一定的适应能力　　D. 情绪安定愉快

4. [内蒙古赤峰]《3～6岁儿童学习与发展指南》中,艺术领域分为(　　)模块。

A. 感受与欣赏　　B. 表现与创造

C. 音乐与美术　　D. 感受与体验

5. [内蒙古赤峰]在《3~6岁儿童学习与发展指南》中,指出4~5岁的幼儿可以(　　)

A. 感知和发现简单的物理现象,如物体形态或位置变化

B. 感知并了解季节变化的周期性,如知道变化的顺序

C. 察觉动植物的外形特征,习性与生存环境的适应关系

D. 初步感知常用科技产品与自己生活的关系,知道科技产品有利也有弊

6. [重庆云阳]实施《3~6岁儿童学习与发展指南》应把握哪几个问题(　　)

A. 尊重幼儿发展的个体差异　　B. 理解幼儿的学习方式和特点

C. 重视幼儿的学习结果　　D. 关注幼儿学习与发展的整体性

7. [重庆云阳]幼儿的学习应该是(　　)

A. 在日常生活中学习　　B. 在游戏中学习

C. 以直接经验为基础　　D. 以教师讲幼儿听为主要形式

8. [重庆云阳]幼儿艺术领域学习的关键在于(　　)(易错)

A. 引导幼儿学会用心灵去感受和发现美

B. 在大自然和社会文化生活中萌发幼儿对美的感受和体验

C. 丰富幼儿的想象力和创造力

D. 用自己的方式去表现和创造美

9. [重庆云阳]如何锻炼幼儿适应群体生活的能力(　　)

A. 幼儿每天要进行户外活动,季节交替时要坚持

B. 幼儿园组织活动时,可以经常打破班级的界限,让幼儿有更多机会参加不同群体的活动

C. 经常和幼儿一起参加一些群体性活动,让幼儿体会群体活动的乐趣

D. 气温过热或过冷的季节或地区应因地制宜,选择温度适当的时间段开展户外活动,也可根据气温的变化和幼儿的个体差异,适当减少活动的时间

10. [重庆云阳]幼儿动作发展的目标包括(　　)(常考)

A. 具有一定的平衡能力　　B. 手的动作灵活协调

C. 具有一定的力量和耐力　　D. 动作协调、灵敏

11. [重庆云阳]对"尊重幼儿发展的个体差异"的正确理解是(　　)

A. 在沿着相似进程发展的过程中,每个幼儿的发展速度各有不同

B. 不能用一把"尺子"衡量所有幼儿

C. 成人不应要求孩子在统一的时间达到相同的水平

D. 幼儿在不同学习与发展领域的表现存在明显差异

12. [重庆云阳]为有效促进幼儿身心健康发展,成人应(　　)(易错)

A. 为幼儿提供合理均衡的营养

B. 保证充足的睡眠和适宜的锻炼

C. 满足幼儿生长发育的需要

D. 创设温馨的人际环境，让幼儿充分感受到亲情和关爱

13. [重庆云阳]《3～6岁儿童学习与发展指南》中关于幼儿阅读与书写准备的目标有(　　)

A. 喜欢听故事，看图书　　B. 具有初步的阅读理解能力

C. 具有书面表达的愿望和初步技能　　D. 认真听并能听懂常用语言

14. [重庆]《3～6岁儿童学习与发展指南》强调，要最大限度地支持和满足幼儿通过(　　)获取经验的需要，严禁"拔苗助长"式的超前教育和强化训练。(常考)

A. 直接感知　　B. 模仿学习　　C. 实际操作　　D. 亲身体验

15. [重庆]幼儿科学学习的核心是(　　)

A. 学习科学知识　　B. 激发探究兴趣

C. 体验探究过程　　D. 发展初步的探究能力

16. [山东威海]幼儿教师要帮助幼儿逐步养成(　　)等良好学习品质。

A. 积极主动　　B. 认真专注

C. 不怕困难　　D. 敢于探究和尝试

E. 乐于想象和创造

17. [山东威海]儿童的发展是一个整体，要注重(　　)的相互渗透和整合，促进幼儿身心全面协调发展。

A. 领域之间　　B. 内容之间　　C. 目标之间　　D. 环节之间

18. [山东威海]幼儿身心健康的重要标志有(　　)

A. 发育良好的身体　　B. 愉快的情绪

C. 强健的体质　　D. 协调的动作

E. 良好的生活习惯和基本生活能力

三、判断题

1. [安徽安庆]幼儿园的午睡时间应随着年龄的增加而逐渐增加。(　　)

2. [安徽滁州]教师应以专业化的语言和幼儿沟通。(　　)

3. [安徽宿州]幼儿期的语言学习主要是指口头语言的学习。(　　)

4. [河南郑州]"会用数词描述事物的排列顺序和位置"适合小班的数学学习和发展目标要求。(　　)

5. [河北邢台]4～5岁的幼儿做了错事要敢于承认，不说谎。(　　)

6. [广东高州]《3～6岁儿童学习与发展指南》指出，在幼儿的动作发展中，对于拍球、跳绳等技能性活动，应尽量进行机械训练。(　　)

7. [福建统考]《3～6岁儿童学习与发展指南》就是《幼儿园教育指导纲要(试行)》的具体化。(　　)

8. [福建统考]了解家乡的名胜古迹能培养幼儿初步的归属感。(常考)(　　)

9. [山东威海]《3～6岁儿童学习与发展指南》健康领域的发展目标中提到，4～5岁幼儿能双手抓杠悬空吊起15秒左右。因此老师要通过各种手段让每一位幼儿都能达到这个标准。(　　)

10.[浙江杭州]克服自我中心思维,学会“设身处地”地了解他人的感受是幼儿形成良好社会行为的认知基础。 ( )

11.[安徽合肥]整理物品是幼儿生活自理的重要表现,幼儿期的发展阶段是小班能将玩具和图书放回原处,中班能整理自己的物品,大班能按类别整理自己的物品。 ( )

12.[重庆云阳]5~6岁幼儿能初步理解量的相对性。 ( )

13.[重庆]《3~6岁儿童学习与发展指南》指出,语言是交流和思维的工具。 ( )

14.[重庆云阳]《3~6岁儿童学习与发展指南》是评价和衡量幼儿发展快与慢、好与差的“标尺”。 ( )

15.[安徽合肥]幼儿的思维特点是以抽象思维为主。 ( )

16.[安徽阜阳]幼儿社会领域的学习与发展过程是其社会性不断完善并奠定健全人格基础的过程。 ( )

17.[山东威海]《3~6岁儿童学习与发展指南》以为幼儿后继学习和终身发展奠定良好素质基础为目标,以促进幼儿智力发展为核心。 ( )

18.[山东青岛]幼儿绘画时,不宜提供范画,特别不应要求幼儿按照范画来画。 ( )

19.[山东青岛]4~5岁幼儿,能够通过即兴哼唱、即兴表演或给熟悉的歌曲编词来表达自己的心情。 ( )

20.[山东滨州]可以引导4岁幼儿关注和思考动植物的外部特征、习性与生活环境对动植物生存的意义。 ( )

21.[山东滨州]利用生活和游戏中的实际情境,引导幼儿理解数概念。 ( )

22.[山东威海]幼儿对事物的感受和理解不同于成人,他们表达自己认识和情感的方式也有别于成人。 ( )

四、填空题

1.[内蒙古鄂尔多斯]《3~6岁儿童学习与发展指南》从健康、语言、社会、科学、艺术五个领域描述幼儿的学习与发展。每个领域按照幼儿学习与发展最基本、最重要的内容划分为若干方面。每个方面由________和________两部分组成。

2.[内蒙古鄂尔多斯]《3~6岁儿童学习与发展指南》科学领域指出,幼儿的思维特点是以________为主,应注重引导幼儿通过________、亲身体验和________进行科学学习。

3.[内蒙古鄂尔多斯]________岁幼儿会熟练使用筷子吃饭,并能单脚连续向前跳________米左右,能单手将沙包向前投掷________米左右。(易混)

4.[内蒙古鄂尔多斯]4~5岁的幼儿具有书面表达的愿望。他们愿意用图画和________表达自己的愿望和想法。

5.[江苏淮安]《3~6岁儿童学习与发展指南》将健康领域划分为________、________、________。

6.[山东滨州]《3~6岁儿童学习与发展指南》指出,5~6岁儿童能双手抓杠悬空吊起________秒左右。

7.[山东滨州]和幼儿讲话时,成人自身的语言要________、简洁。

五、简答题

1.［内蒙古鄂尔多斯］简述教师在实施《3～6岁儿童学习与发展指南》的过程中应把握哪些原则。（常考）

2.［内蒙古鄂尔多斯］4～5岁幼儿在“情绪安定愉快”方面的典型表现包括哪些？

3.［内蒙古鄂尔多斯］结合《3～6岁儿童学习与发展指南》“科学”领域的内容，谈谈如何支持和鼓励幼儿在科学探索的过程中积极动手动脑寻找答案或解决问题。（易错）

4.［安徽安庆］简述5～6岁的幼儿在“健康”领域中的“手的动作灵活协调”这个目标中所具有的典型表现。

5.［福建统考］简述《3～6岁儿童学习与发展指南》中语言领域的目标。

6. [重庆]《3～6岁儿童学习与发展指南》中提出的幼儿园健康领域目标包括哪些内容?

7. [浙江临沂]简述幼儿良好的社会适应能力主要表现在哪些方面。

六、论述题

[安徽合肥]《3～6岁儿童学习与发展指南》强调幼儿的学习是在日常生活中进行的,请以幼儿园的日常生活的某一环节为例(如进餐、午睡、盥洗等),说明蕴藏的各领域的学习机会。

七、材料分析题

1. [福建统考]阅读材料,按要求作答。

大一班的小朋友在玩角色游戏,平平认为自己最高,应该扮演警察的角色;涂涂也认为自己最高;丁丁站在台阶上说:"我才是最高的。"三个人僵持不下。王老师说:"怎么样才能知道谁是最高的呢?"孩子们一脸茫然。

(1)结合《3～6岁儿童学习与发展指南》分析材料中幼儿数学认知的典型表现。

(2)结合材料提出指导策略。

2. [浙江临沂]小苏是某幼儿园小班的幼儿,今年4岁,小苏是家里的“小公主”,小苏的奶奶认为小苏年龄还小,不愿让小苏上幼儿园,每次入园前,奶奶都抱着小苏不肯撒手。入园后,小苏要哭好一会儿才平静下来。在与小苏的接触中,陈老师发现小苏生活自理能力相比同班幼儿非常弱,不能独立吃饭,也不和别的小朋友交流。对于老师和小朋友的打招呼,小苏也没有反应,在幼儿园也不说话。在一次课间活动中,别的幼儿都能够排队洗手,只有小苏对老师的要求毫不理会。陈老师跟小苏说:“去排队洗手。”小苏既不理会也不做。直到陈老师发现小苏呆在原地不动,问小苏是不是想上厕所,小苏才点点头。

(1)请结合《3~6岁儿童学习与发展指南》中小班幼儿倾听与表达,说说小苏没有做到倾听与表达的哪些目标?

(2)如果你是陈老师,你有哪些教育建议。

3. [福建统考]中班的小萌是个爱看书的小姑娘。区域活动时,她总出现在阅读区,哪怕阅读区已经满了,她也要硬挤进去。班里最近新增了几本图书,小萌为了抢先看新书,匆匆忙忙地吃完午餐,就去阅读区了。小萌一下把两三本新书抱在身上,其他小朋友很想看,她也不愿意给。

问题:(1)结合《3~6岁儿童学习与发展指南》,分析材料中小萌在社会适应方面的行为表现。

(2)结合材料提出教师的指导策略。

4. [福建统考]疫情期间,大班小朋友新新非常想念前往武汉抗疫的妈妈。他每天画戴着口罩、穿着防护服的妈妈。他画妈妈给病人打针,喂病人吃药;画妈妈带着病人唱歌、跳舞;还画他梦到妈妈回家带他去公园玩。新新还让爸爸画新冠病毒,他在上面添画上超级针筒,把新冠病毒通通消灭。他还让爸爸把他的作品和作品介绍拍成视频,发给妈妈和老师。

问题:(1)结合《3~6岁儿童学习与发展指南》,说明新新小朋友绘画活动的典型表现。

(2)说明教师推进新新的绘画活动的措施。

5. [内蒙古鄂尔多斯]张老师组织了幼儿照着镜子画出自己开心表情的环节,小朋友兴奋地边看边谈论,只有多多没有照镜子,一直看自己衣服上的小猫图案。小朋友都开始画了,多多还是低头没有动笔。张老师走过来问道:"你怎么不画?"多多怯生生地说:"老师,我不会画自己,我想画衣服上的小猫,行吗?"老师说:"不行,你先画自己,以后再画小猫。"多多很不开心,一会摆弄小镜子,一会东张西望,活动结束了,他的画还是一张空白。

(1)根据实施《3~6岁儿童学习与发展指南》应把握的几个方面,分析该教师的教育行为。

(2)请提出合理的建议。

第5练 《幼儿园教师专业标准(试行)》

一、单项选择题

1. [江西南昌]下列哪项不属于《幼儿园教师专业标准(试行)》的基本理念( )

A. 师德为先　　B. 终身学习　　C. 教师为本　　D. 能力为重

2. [江西南昌]《幼儿园教师专业标准(试行)》规定,下列哪项属于幼儿园教师的专业能力( )

A. 熟悉幼儿园教育的目标、任务、内容、要求和基本原则

B. 了解关于幼儿生存、发展和保护的有关法律法规及政策规定

C. 了解幼儿发展中容易出现的问题与适宜的对策

D. 充分利用各种教育契机,对幼儿进行随机教育

3. [福建统考]下列不属于《幼儿园教师专业标准(试行)》中规定的专业能力维度的是( )

A. 诊断与治疗　　B. 激励与评价　　C. 反思与发展　　D. 沟通与合作

4. [安徽滁州]在《幼儿园教师专业标准(试行)》中,幼儿园教师专业标准的三个维度是专业知识、专业能力和( )

A. 师德　　B. 专业理念与师德

C. 专业理念　　D. 廉洁从教

5. [安徽滁州]下列关于"幼儿为本"的教育理念,说法错误的是( )

A. 调动幼儿的主动性　　B. 尊重幼儿权益

C. 让幼儿主动选择课程　　D. 为幼儿提供适合的教育

6. [安徽阜阳]依据《幼儿园教师专业标准(试行)》,作为一名幼儿教师,应具备充分利用各种教育契机,对幼儿进行随机教育的能力,这一基本要求所属领域是( )

A. 沟通与合作　　B. 环境的创设与利用

C. 激励与评价　　　　D. 一日生活的组织与保育

7. [福建统考]李老师在本班进行了关于绘本阅读的有效指导的教育行动研究,这体现了教师的专业能力是(　　)

A. 反思与发展　　　　B. 沟通与合作

C. 教育活动的计划与实施　　　　D. 一日生活的组织与保育

8. [福建统考]幼儿年龄小,难免会出现冲突行为,这就要求幼儿园教师应具备的专业知识是(　　)

A. 幼儿发展知识　　　　B. 幼儿保育知识

C. 幼儿教育知识　　　　D. 通识性知识

9. [浙江临海]《幼儿园教师专业标准(试行)》中对幼儿一日生活的组织与保育要求包括(　　)

①充分利用各种教育契机,对幼儿进行随机教育

②建立班级秩序与规则,营造良好的班级氛围,让幼儿感受到安全、舒适

③关注幼儿日常表现,及时发现和赏识每个幼儿的点滴进步,注重激发和保护幼儿的积极性、自信心

④有效保护幼儿,及时处理幼儿的常见事故,危险情况优先救护幼儿

A. ①②　　B. ②③　　C. ③④　　D. ①④

10. [河南平顶山]幼儿保育和教育的态度与行为应做到(　　)(易混)

A. 关爱幼儿,重视幼儿身心健康

B. 尊重幼儿人格,平等对待每一个幼儿

C. 信任幼儿,满足有益于幼儿身心发展的不同需求

D. 保护幼儿的好奇心,培养想象力

11. [江西统考]王老师通过认真学习《幼儿园教师专业标准(试行)》,了解到一名幼儿园教师在游戏活动的支持和引导方面应具备的能力主要有(　　)

①提供符合幼儿兴趣需要、年龄特点和发展目标的游戏条件

②充分利用与合理设计游戏活动空间,提供丰富、适宜的游戏材料,支持、引发和促进幼儿的游戏

③鼓励幼儿自主选择游戏内容、伙伴和材料,支持幼儿主动地、创造性地开展游戏,充分体验游戏的快乐和满足

④充分利用各种教育契机,对幼儿进行随机教育

⑤引导幼儿在游戏活动中获得身体、认知、语言和社会性等多方面的发展

A. ①②③④　　B. ②③④⑤　　C. ①③④⑤　　D. ①②③⑤

12. [福建统考]《幼儿园教师专业标准(试行)》提出的"勤于学习,不断进取"的基本要求,所属的领域是(　　)(常考)

A. 职业理解与认识　　　　B. 个人修养与行为

C. 对幼儿的态度与行为　　　　D. 幼儿保育和教育

13. [安徽安庆]教师要制定(　　)的教育活动计划和具体活动方案。

A. 阶段性　　B. 长期性　　C. 随机性　　D. 中长期

14. [安徽安庆]关爱幼儿，重视幼儿身心健康，将保护幼儿(　　)放在首位。(常考)

A. 好奇心　B. 兴趣爱好　C. 生命安全　D. 学习积极性

15. [广东高州]尊重幼儿权益，以幼儿为主体，充分调动和发挥幼儿的主动性；遵循幼儿身心发展特点和保教活动规律，提供适合的教育，保障幼儿快乐健康成长。这体现了《幼儿园教师专业标准(试行)》中(　　)的基本理念。(常考)

A. 幼儿为本　B. 师德为先　C. 能力为重　D. 终身学习

16. [江西统考]以下属于幼儿园教师"环境的创设与利用"专业能力内容的是(　　)(易错)

A. 建立班级秩序与规则，营造良好的班级氛围，让幼儿感受到安全、舒适

B. 科学照料幼儿日常生活，指导和协助保育员做好班级常规保育和卫生工作

C. 充分利用与合理设计游戏活动空间，提供丰富、适宜的游戏材料，支持、引发和促进幼儿的游戏

D. 在教育活动中观察幼儿，根据幼儿的表现和需要，调整活动，给予适宜的指导

17. [福建统考]了解和评价幼儿不适宜的方法是(　　)

A. 日常观察　B. 家庭调查　C. 统一测试　D. 幼儿谈话

18. [海南万宁]《幼儿园教师专业标准(试行)》对教师个人修养的要求是(　　)(易混)

A. 善于自我调节情绪，保持平和心态

B. 具有团队合作精神，积极开展协作与交流

C. 尊重幼儿人格，维护幼儿合法权益

D. 重视幼儿的身心健康，将保护幼儿生命安全放在首位

19. [湖北黄冈]教师要建立班级(　　)，营造良好的班级氛围，让幼儿感受到安全、舒适。(易错)

A. 常规要求　B. 行为流程

C. 日常守则　D. 秩序与规则

20. [湖北黄冈]教师要使用符合幼儿(　　)的语言进行保教工作。

A. 特殊需要　B. 身心特点　C. 随机喜爱　D. 年龄特点

二、多项选择题

1. [广东广州]根据《幼儿园教师专业标准(试行)》，幼儿教师要拥有良好的个人修养与行为，具体包括(　　)

A. 富有爱心、责任心、耐心和细心　B. 乐观向上、热情开朗、有亲和力

C. 善于自我调节情绪　D. 勤于学习，不断进取

2. [山东青岛]《幼儿园教师专业标准(试行)》的主要功能是(　　)

A. 各级教育行政部门要将《幼儿园教师专业标准(试行)》作为幼儿园教师队伍建设的基本依据

B. 开展幼儿园教师教育的院校要将《幼儿园教师专业标准(试行)》作为幼儿园教师培养培训的主要依据

C. 幼儿园要将《幼儿园教师专业标准(试行)》作为教师管理的重要依据

D. 幼儿园教师要将《幼儿园教师专业标准(试行)》作为自身专业发展的基本依据

三、判断题

1. [海南万宁]幼儿园教师只需要了解 3～6 岁幼儿的保教知识，不用关注 0～3 岁婴幼儿的相关知识。（　　）
2. [湖北黄冈]幼儿教师要制定专业发展规划，不断提高自身专业素质。（　　）
3. [湖北黄冈]幼儿教师需要熟知幼儿园的安全应急预案，掌握意外事故和危险情况下幼儿安全防护与救助的基本方法。（　　）
4. [海南万宁]教师与幼儿沟通时要善于倾听，和蔼可亲。（　　）
5. [福建统考]掌握了系统的幼儿园教育专业知识和专业技能，就能成为一名合格的教师。（　　）
6. [重庆云阳]《幼儿园教师专业标准（试行）》是幼儿园教师实施保教行为的基本规范。（　　）
7. [重庆云阳]能力为先是《幼儿园教师专业标准（试行）》的基本理念。（常考）（　　）
8. [重庆云阳]掌握不同年龄幼儿身心发展特点、规律和促进幼儿全面发展的策略与方法是幼儿教师必备的专业知识。（　　）

四、简答题

1. [江苏淮安]简述幼儿园教师应具有的专业能力。

2. [重庆]《幼儿园教师专业标准（试行）》中提出师德为先的具体要求是什么？

五、论述题

[浙江统考]根据《幼儿园教师专业标准（试行）》，论述幼儿园教师进行保育和教育的态度与行为。

第 6 练 其他常考的幼儿园法规

一、单项选择题

1.[天津南开]下列明确规定“儿童有权享有休息和闲暇,从事与儿童年龄相宜的游戏和娱乐活动”的是( )

A.《中华人民共和国未成年人保护法》 B.《中华人民共和国教育法》

C.《幼儿园工作规程》 D.《儿童权利公约》

2.[山东青岛]联合国《儿童权利公约》正式生效的时间是( )

A.1988 年 B.1989 年 C.1990 年 D.1991 年

3.[河南郑州]1989 年 11 月联合国大会通过的第一部具有法律效力的儿童权利法律文书是( )(易混)

A.《儿童权利宣言》 B.《儿童生存、保护和发展世界宣言》

C.《世界全民教育宣言》 D.《儿童权利公约》

4.[安徽安庆]《中小学幼儿园安全管理办法》指出,幼儿园应建立幼儿上下学时接送的( )制度,不得将晚离幼儿园的幼儿交与无关人员。

A.安全 B.留学 C.保障 D.交接

5.[安徽安庆]根据《托儿所幼儿园卫生保健工作规范》,幼儿园教职工体检的频率是( )

A.3 个月 B.半年 C.1 年 D.3 年

6.[江西统考]教育部办公厅《关于开展幼儿园“小学化”专项治理通知》中明确提出,幼儿园“去小学化”的专项治理的任务是( )

①严禁教授小学课程内容 ②纠正“小学化”的教育方式 ③整治“小学化”的教育环境

④解决师资能力不合格的问题 ⑤小学坚持零起点教学

A.①②③④ B.①②④⑤

C.①②③⑤ D.①②③④⑤

7.[福建统考]某幼儿园教师因存在违反职业道德行为受警告处分,该处分期限为( )(易错)

A.3 个月 B.6 个月 C.9 个月 D.12 个月

8.[福建统考]《中华人民共和国教育法》规定,国务院和地方各级人民政府领导和管理教育工作的原则是( )(易混)

A.集中管理,分工负责 B.分类管理,分工负责

C.授权管理,分工负责 D.分级管理,分工负责

9.[福建统考]《幼儿园教师违反职业道德行为处理办法》第三条规定,幼儿园教师违反师德规范的,可能受到的处分包括( )

A.警告、记过、记大过、降级、撤职、开除

B.警告、记过、降低岗位等级或撤职、开除

C. 批评教育、警告、罚款、降级、撤职、开除

D. 批评教育、检讨、取消资格

10. [福建统考]《中华人民共和国未成年人保护法》第四条规定，保护未成年人，应当坚持(　　)

A. 最有利于未成年人的原则　　B. 未成年人优先的原则

C. 保育和教育相结合的原则　　D. 尊重未成年人人格尊严的原则

11. [福建统考]《中华人民共和国未成年人保护法》第三十七条规定，未成年人在幼儿园或者本园组织的园外活动中发生人身伤害事故的，幼儿园应当(　　)(常考)

A. 通知家长　　B. 优先救护　　C. 及时救护　　D. 立即救护

12. [福建统考]《中华人民共和国教师法》第三十九条规定，幼儿园侵犯教师合法权益的，教师可以向(　　)

A. 教育行政部门提出申诉　　B. 幼儿园提出申诉

C. 教育行政部门提出诉讼　　D. 教育行政部门提出复议

13. [福建统考]《学校食品安全与营养健康管理规定》第十三条规定，幼儿园应当建立集中用餐陪餐制度，每餐均应当与幼儿共同用餐的人员是(　　)

A. 幼儿园教师　　B. 幼儿园相关负责人

C. 幼儿家长　　D. 幼儿园保教人员

14. [江西统考]督导评估周期为________年。在一个周期内，县级教育督导机构按属地原则对辖区内幼儿园(班、点)至少进行________次督导评估。(　　)(易混)

A. 1～2，一　　B. 3～5，两　　C. 2～3，两　　D. 3～5，一

15. [江西统考]江西省人民政府《关于加快发展学前教育的实施意见》中提出，依法保障幼儿教师地位和待遇，规定幼儿园园长、教师、保育员、保健保安人员实行(　　)

A. 定期培训　　B. 持证上岗

C. 准入制度　　D. 五年一轮全员培训

16. [江西统考]下列不属于山东省《2020 年加强师德师风建设十大行动计划》内容的是(　　)

A. 搭建师德涵养平台　　B. 开展师德失范整治

C. 抓实师德考核评价　　D. 大力推行特岗政策

17. [山东青岛]幼儿园可以在不影响正常教育教学的前提下开展以下工作，不包括(　　)

A. 勤工俭学　　B. 兴办校办产业

C. 社会服务　　D. 推销绘本

18. [山东青岛]2020 年 6 月 1 日起，我国卫生与健康领域第一部基础性、综合性的法律开始施行。该法律规定医疗卫生人员的人身安全、人格尊严不受侵犯，其合法权益受法律保护。这部法律是(　　)

A.《中华人民共和国健康促进法》

B.《中华人民共和国基本医疗卫生与健康促进法》

C.《中华人民共和国执业医师法》

D.《中华人民共和国基本医疗卫生法》

19.[山东青岛]2020年6月30日,为保持香港的繁荣和稳定,国家主席习近平签署第49号主席令予以公布的是( )

A.《中华人民共和国香港特别行政区基本法》

B.《中华人民共和国刑法修正案(十一)》

C.《中华人民共和国香港特别行政区维护国家安全法》

D.《中华人民共和国民法典》

20.[山东青岛]2019年11月,为更好地加强爱国主义教育,中共中央、国务院印发了( )

A.《新时代爱国主义教育实施纲要》 B.《新时代精神文明建设实施纲要》

C.《新时代公民道德建设实施纲要》 D.《全面推进依法治校实施纲要》

21.[安徽滁州]全日制幼儿园每班配备( )

A.2名专任教师和1名保育员 B.1名专任教师和2名保育员

C.2名专任教师和2名保育员 D.1名专任教师和1名保育员

22.[安徽滁州]中共中央国务院印发的《关于学前教育深化改革规范发展的若干意见》指出,国家继续实施学前教育行动计划,逐年安排建设一批( )(常考)

A.营利性幼儿园 B.普惠性幼儿园

C.民办幼儿园 D.乡村教学点

23.[安徽滁州]为有效开展户外活动,幼儿园室外活动场地的幼儿人均面积应不低于( )

A.4 m^2 B.3 m^2 C.2 m^2 D.5 m^2

24.[安徽滁州]为优化幼儿园教师队伍管理,需认真落实定期注册制度和( )制度。

A.教师资格准入 B.公开招聘

C.教师培训 D.监管考评

25.[安徽滁州]根据《幼儿园教职工配备标准(暂行)》(2013年)规定,全日制幼儿园的全园保教人员与幼儿比例为( )

A.1:5~1:7 B.1:8~1:10

C.1:7~1:9 D.1:11~1:13

26.[安徽滁州]非营利性民办园(包括普惠性民办园)收费具体办法是由( )制定。

A.国务院 B.省级政府

C.市级政府 D.县级政府

27.[安徽宿州]下列关于《中共中央国务院关于学前教育深化改革规范发展的若干意见》提出的主要目标说法有误的一项是( )

A.到2020年,全国学前三年毛入园率达到85%

B.到2020年,基本形成以本专科为主体的幼儿园教师培养体系

C.到2035年,全面普及学前三年教育,建成覆盖城乡、布局合理的学前教育公共服务体系

D. 到2035年，幼儿园产业结构趋于稳定，80%以上为公办园和普惠性民办园，约20%为中高端民办园

28. [安徽宿州]教育部等八部门关于印发的《综合防控儿童青少年近视实施方案》提出，到2030年，实现全国儿童青少年新发近视率明显下降，儿童青少年视力健康整体水平显著提升，6岁儿童近视率控制在(　　)左右，小学生近视率下降到38%以下，初中生近视率下降到60%以下，高中阶段学生近视率下降到70%以下。

A. 2%　　B. 3%　　C. 4%　　D. 5%

29. [安徽宿州]教育部办公厅印发的《关于开展幼儿园"小学化"专项治理工作的通知》指出，要强化园长教师培训。各地要按教育部有关要求，认真制定幼儿园教师专项培训方案，本着(　　)的原则，切实加强新教师入职培训、初任园长任职资格培训等。

A. "差什么，学什么"　　B. "缺什么，补什么"

C. "错什么，改什么"　　D. "少什么，增什么"

30. [安徽宿州]教育必须为社会主义现代化建设服务、为人民服务，必须与生产劳动和社会实践相结合，培养德、智、体、美等方面全面发展的社会主义建设者和接班人。以上一段教育目的的表述出自(　　)

A. 《关于教育工作的指示》　　B. 《中华人民共和国宪法》

C. 《中华人民共和国教育法》　　D. 《中共中央关于教育体制改革的决定》

31. [安徽安庆]《安徽省中长期教育改革和发展规划纲要(2010～2020年)》设定的2020年学前三年毛入园率达(　　)的目标，使"入园难"的问题得到进一步缓解，学前教育发展迈向新的台阶。

A. 80%　　B. 90%　　C. 70%　　D. 100%

32. [陕西特岗]《中华人民共和国教师法》适用于(　　)(易错)

A. 在中小学从事教学工作的教师

B. 在各级各类学校和其他教育机构中专门从事教育教学工作的教师

C. 在学校工作的所有人员

D. 在教育机构从事教学工作的教师

33. [福建统考]《中共中央国务院关于学前教育深化改革规范发展的若干意见》的指导思想中提出，推进学前教育普及普惠(　　)

A. 安全优质发展　　B. 安全均衡发展

C. 综合优质发展　　D. 优质均衡发展

34. [福建统考]《中共中央国务院关于学前教育深化改革规范发展的若干意见》中提出大力加强幼儿园教师队伍建设。下列说法错误的是(　　)

A. 各类幼儿园依法依规足额足项为教职工缴纳社会保险和住房公积金

B. 各地要及时补充公办园教职工，严禁"有编不补"、长期使用代课教师

C. 前移培养起点，大力培养初中毕业起点的五年制专科学历的幼儿园教师

D. 出台幼儿园教师培训课程指导标准，实行幼儿园园长、教师定期优先培训制度

35. [福建统考]下列符合《教育部办公厅关于开展幼儿园"小学化"专项治理工作的通知》措施的是(　　)

A. 在语言教育中渗透阅读与书写准备

B. 在幼儿园中教授识字、计算、英语

C. 以课堂集中授课为主安排一日活动

D. 以阅读、抄写、记忆等方式进行知识技能性强化训练

36. [浙江统考]《国务院关于当前发展学前教育的若干意见》中指出当前我国发展学前教育应该(　　)

A. 政府主导，社会参与，公办为主　　B. 社会主导，政府参与，公办为主

C. 社会主导，政府参与，民办为主　　D. 政府主导，社会参与，公办民办并举

37. [河南郑州]2019年2月，中共中央国务院颁发了我国第一个以教育现代化为主题的中长期战略规划的纲领性文件是(　　)

A.《关于学前教育深化改革规范发展的若干意见》

B.《国家中长期教育改革和发展规划纲要(2010—2020年)》

C.《加快推进教育现代化实施方案(2018—2022年)》

D.《中国教育现代化2035》

38. [河南郑州]2018年11月，中共中央国务院颁发了《关于学前教育深化改革规范发展的若干意见》，针对困扰家长的"入园难，入园贵"的问题，明确提出到2020年，普惠性幼儿园覆盖率达到(　　)(常考)

A. 50%　　B. 55%　　C. 80%　　D. 85%

39. [河南郑州]《中共中央国务院关于全面深化新时代教师队伍建设改革的意见》提出，要建立符合教育行业特点的中小学、幼儿园教师招聘办法，遴选优秀人才进入教师队伍。下列选项中，符合优秀人才要求的是(　　)

A. 乐教适教善教　　B. 乐教适教会教

C. 爱教能教会教　　D. 爱教适教能教

40. [河北邢台]《国务院关于当前发展学前教育的若干意见》规定：学前教育公共服务提供必须(　　)

A. 广覆盖、高质量　　B. 重点覆盖、保基本

C. 广覆盖、保基本　　D. 多覆盖、有质量

41. [广东广州]霍某是某中学的一名语文老师，在日常教学过程中，她常常带头践行社会主义核心价值观，弘扬真善美，传递正能量；面对学生在群体内部编造散布的虚假信息、不良信息，她也会第一时间进行纠正，从《新时代中小学教师职业行为十项准则》的内容来看，霍某的这一表现体现了其对(　　)的践行。

A. 传播优秀文化　　B. 潜心教书育人

C. 秉持公平诚信　　D. 加强安全防范

42.［广东广州］某市教育委员会制定办法，规定乡镇校外活动站及乡村学校少年宫面向农村未成年人免费开放，这贯彻了未成年人校外活动场所的（　　）原则。

A. 公益性　　B. 普及实用　　C. 地域特色　　D. 资源整合

43.［广东广州］班主任是中小学的重要岗位，下列不属于选聘班主任需突出考查的条件的是（　　）（易错）

A. 学历层次较高　　B. 师德作风正派

C. 健康的心理素质　　D. 良好的人际沟通和语言表达能力

44.［陕西特岗］根据《中华人民共和国义务教育法》规定，适龄儿童、少年因身体状况需要延缓入学或者休学的应该向当地（　　）申请。

A. 市人民政府　　B. 村委会（居委会）

C. 县级人民政府教育行政部门　　D. 学校

45.［陕西特岗］幼儿小明活泼好动、调皮捣蛋，在幼儿园进行室外滑滑梯活动时，经常推、打其他幼儿，老师考虑到其他幼儿的安全，每次室外活动时，都把小明留在室内不让他参与活动，根据《中华人民共和国教育法》，教师侵犯了小明的（　　）

A. 参与活动并使用教育资源的权利　　B. 财产权

C. 申诉权　　D. 公正评价权

46.［陕西特岗］《中华人民共和国宪法》规定，中华人民共和国公民有受教育的（　　）

A. 权利　　B. 义务　　C. 权利和义务　　D. 责任和义务

47.［陕西特岗］《陕西省中小学幼儿园安全管理办法》第十三条规定，严格执行大型活动审批制度，学校和幼儿园组织500人以上大型活动必须报县（区）批准后组织实施并做好预案。（　　）

A. 公安局　　B. 人民法院　　C. 教育局　　D. 人民政府

48.［陕西特岗］1981年，新中国第一部教育法例正式实施。（　　）

A.《中华人民共和国学位条例》　　B.《中华人民共和国教师法》

C.《中华人民共和国义务教育法》　　D.《中华人民共和国教育法》

49.［陕西特岗］学校及其他教育机构具备法人条件的，自（　　）起取得法人资格。

A. 申请之日　　B. 开学之日

C. 批准设立或者登记注册之日　　D. 第一次招生之日

二、多项选择题

1.［安徽宿州］《关于开展幼儿园"小学化"专项治理工作的通知》提出，专项治理阶段包括（　　）

A. 全面部署　　B. 自查与摸排　　C. 全面整改　　D. 专项督查

2.［河南郑州］2019年7月，国务院颁发的《关于实施健康中国行动的意见》提出的基本原则是（　　）

A. 普及知识、提升素养　　B. 自主自律、健康生活

C. 早期干预、完善服务　　D. 全民服务、人人健康

E. 全民参与、共建共享

3. [河南郑州]《中华人民共和国教师法》中规定教师要履行的义务有(　　)

A. 遵守宪法、法律和职业道德,为人师表

B. 制止有害于学生的行为或者其他侵犯学生合法权益的行为

C. 不断提高思想政治觉悟和教育教学业务水平

D. 对学校教育教学、管理工作提出意见和建议

E. 对教育行政部门的工作提出意见和建议

4. [陕西特岗]根据《中华人民共和国教育法》的规定,对教育的平等权利主要表现在(　　)

A. 入学方面　　B. 成绩方面　　C. 升学方面　　D. 就业方面

三、判断题

1. [福建统考]幼儿园在保证安全的前提下,可以组织幼儿参加商业性庆典。(　　)

2. [福建统考]被剥夺政治权利或者故意犯罪受到有期徒刑以上刑事处罚的教师要被撤销教师资格。(　　)

3. [福建统考]幼儿园对于幼儿伤害事故负有责任的,根据责任大小,适当予以经济赔偿,并承担解决户口、住房、就业等事项。(　　)

4. [安徽滁州]教师违反职业行为规范、影响恶劣的实行“一票否决”,终身不得从教。(常考)(　　)

5. [安徽安庆]《中小学幼儿园安全管理办法》从 2006 年 9 月 1 日开始实施。(　　)

6. [内蒙古鄂尔多斯]《中华人民共和国教师法》自 1996 年 1 月 1 日起施行。(　　)

7. [内蒙古鄂尔多斯]未成年人的父母或者其他监护人,应当为其未成年子女或其他被监护人受教育提供必要条件。(　　)

8. [福建统考]《中华人民共和国教育法》第三十六条规定,学校的管理人员和其他教学辅助人员实行专业技术职务聘任制度。(　　)

9. [福建统考]《中华人民共和国教师法》第十五条规定,师范学院毕业生毕业之后需从事教育教学工作。(　　)

10. [福建统考]王老师将班级幼儿正面活动照发至微信朋友圈还附上了班级幼儿的名字,获得家长大量的点赞,这有助于家园沟通。(　　)

11. [福建统考]根据《中小学幼儿园安全管理办法》第二十六条规定,幼儿园的校车要统一标识,标识样式由市级教育行政部门制定。(　　)

12. [福建统考]根据《幼儿园教师违反职业道德行为处理办法》第十条规定,教师受过处分之后暂缓他的教师资格定期注册。(　　)

13. [河南郑州]《中共中央国务院关于学前教育深化改革规范发展的若干意见》强调,办好学前教育、实现幼有所育,是党和政府为老百姓办实事的重大民生工程。(　　)

14. [河南郑州]《健康中国行动(2019—2030 年)》要求家长要有意识地控制孩子,特别是学龄前儿童使用电子屏幕产品,其以学习目的的电子屏幕产品使用单次不宜超过 15 分钟,每天累计不宜超过 1 小时。(　　)

15.［河南郑州］2019 年 7 月，国务院新闻办发表的《新疆的若干历史问题》白皮书指出，中国是统一的多民族国家，新疆各民族是中华民族血脉相连的家庭成员。（　　）

16.［河南郑州］教师李某带领小班幼儿玩滑滑梯时，背对幼儿玩手机，导致小朋友从滑梯上掉下来摔伤，应承担赔偿责任的主体是李某。（　　）

17.［广东广州］如遇校外人员冲击学校正常教学秩序，情况严重的，学校可向公安机关报案。（易混）（　　）

四、材料分析题

幼儿户外游戏时，一只小黄狗从围墙的铁栏杆间钻了进来，来到了操场，陈老师忙于指导幼儿游戏，没有发现。小明看到小黄狗十分喜欢，伸手去摸它，小黄狗受到惊吓，将小明的手臂抓出一道伤痕。陈老师听到小明的哭声忙赶走小黄狗，带小明到保健室处理伤口后，将其送往医院，经核查，小黄狗的主人是超市老板王某。

问题：请结合材料分析该事故的责任主体。

实战演练

一、单项选择题

1. 鼓励幼儿进行跑跳、钻爬、攀登、投掷、拍球等活动，主要是为发展幼儿的（　　）（易混）

A. 身体平衡能力　　B. 动作协调性和灵活性

C. 身体的力量　　D. 身体的耐力

2. “经常用绘画、捏泥、手工制作等多种方式表现自己的所见所想”这一目标适合的年龄班是（　　）

A. 小班　　B. 中班　　C. 大班　　D. 学前班

3. 针对民办幼儿园乱收费的现象，教育行政部门对其进行管理的依据是（　　）

A.《中华人民共和国教育法》　　B.《中华人民共和国教师法》

C.《中华人民共和国未成年人保护法》　　D.《中华人民共和国义务教育法》

4. 指导家长委员会工作的是（　　）（常考）

A. 幼儿教师　　B. 幼儿园园长　　C. 家长　　D. 教育督导员

5.《幼儿园教育指导纲要（试行）》指出，教师的态度和（　　）应有助于形成安全、温馨的心理环境。

A. 情绪　　B. 性格　　C. 管理方式　　D. 人格魅力

6. 幼儿园教师要树立正确的健康观念，在重视幼儿身体健康的同时，也要高度重视幼儿的（　　）

A. 思想健康　　B. 情绪健康　　C. 心理健康　　D. 道德健康

7.“喜欢参加体育活动”所体现的健康领域目标是(　　)

A.具有健康的体态　　B.具有基本的生活自理能力

C.具有良好的生活与卫生习惯　　D.具备基本的安全知识和自我保护能力

8.下列哪一项不是5~6岁幼儿亲近自然,喜欢探究的典型表现(　　)

A.对自己感兴趣的问题总是刨根问底

B.喜欢接触大自然,对周围的很多事物和现象感兴趣

C.能经常动手动脑寻找问题的答案

D.探索中有所发现时感到兴奋和满足

9.下列哪一项不是3~4岁幼儿感知和理解数、量及数量关系的典型表现(　　)(易混)

A.能通过一一对应的方法比较两组物体的多少

B.能通过实际操作理解数与数之间的关系,如5比4多1

C.能用数词描述事物或动作,如我有4本书

D.能手口一致地点数5个以内的物体

10.“具有一定的力量和耐力”这一目标归属于健康子领域的(　　)(易混)

A.动作发展　　B.身心状况　　C.生活能力　　D.自我保护

11.“能以手脚并用的方式安全地爬攀登架、网等”这一典型表现所属的年龄段是(　　)

A.2~3岁　　B.3~4岁　　C.4~5岁　　D.5~6岁

12.“愿意和别人分享、交流自己喜爱的艺术作品和美感体验”所体现的艺术领域目标是(　　)(易混)

A.喜欢自然界与生活中美的事物

B.喜欢进行艺术活动并大胆表现

C.具有初步的艺术表现与创造能力

D.喜欢欣赏多种多样的艺术形式和作品

13.“能用适当的方式表达、交流探索的过程和结果”是(　　)领域的目标。

A.社会　　B.语言　　C.科学　　D.艺术

14.“愿意在熟悉的人面前说话,能大方地与他人打招呼”是《3~6岁儿童学习与发展指南》语言领域对(　　)幼儿发展水平提出的要求。

A.2~3岁　　B.3~4岁　　C.4~5岁　　D.5~6岁

15.能达到“能连续行走1.5公里左右(途中可适当停歇)”这一目标的幼儿所属的年龄段是(　　)

A.2~3岁　　B.3~4岁　　C.4~5岁　　D.5~6岁

16.《幼儿园教师专业标准(试行)》指出:教师应注重(　　),培育幼儿良好的意志品质,帮助幼儿养成良好的行为习惯。

A.教育教学　　B.行为规范　　C.保教结合　　D.日常教育

17.下列不属于《幼儿园教育指导纲要(试行)》中艺术领域目标的是(　　)

A.能初步感受并喜爱环境、生活和艺术中的美

B. 喜欢参加艺术活动,并能大胆地表现自己的情感和体验

C. 能用自己喜欢的方式进行艺术表现活动

D. 对周围的事物、现象感兴趣,有好奇心和求知欲

二、多项选择题

1.《幼儿园工作规程》中对幼儿园玩教具投放的要求是(　　)(常考)

A. 符合安全要求　　B. 具有教育意义

C. 美观要求　　D. 符合卫生要求

2.《3～6 岁儿童学习与发展指南》将幼儿艺术学习与发展划分为"感受与欣赏""表现与创作"两个子领域,其中"感受与欣赏"包含的目标是(　　)

A. 喜欢自然界与生活中美的事物　　B. 具有初步的艺术表现与创造能力

C. 喜欢进行艺术活动并大胆表现　　D. 喜欢欣赏多种多样的艺术形式和作品

3.《3～6 岁儿童学习与发展指南》指出,幼儿倾听与表达能力的目标包括(　　)

A. 认真听并能听懂常用语言　　B. 愿意讲话并能清楚地表达

C. 具有文明的语言习惯　　D. 阅读与书写准备

4. 为了培养幼儿具有基本的生活自理能力,家长和教师应该(　　)

A. 鼓励幼儿做力所能及的事情,对幼儿的尝试与努力给予肯定,不因做不好或做得慢而包办代替

B. 指导幼儿学习和掌握生活自理的基本方法

C. 让幼儿保持有规律的生活

D. 提供有利于幼儿生活自理的条件

5. 为了培养幼儿具有初步的阅读理解能力,《3～6 岁儿童学习与发展指南》提出的建议包括(　　)

A. 经常和幼儿一起阅读,引导他以自己的经验为基础理解图书的内容

B. 在阅读中发展幼儿的想象和创造能力

C. 让幼儿在写写画画的过程中体验文字符号的功能,培养书写兴趣

D. 引导幼儿感受文学作品的美

6. 为了让儿童拥有健康的体态,《3～6 岁儿童学习与发展指南》提出的建议包括(　　)

A. 为幼儿提供营养丰富、健康的饮食

B. 保证幼儿每天睡 13～15 小时,其中午睡一般应达到 2 小时左右

C. 注意幼儿的体态,帮助他们形成正确的姿势

D. 每年为幼儿进行健康检查

三、判断题

1. 教师应引导幼儿在生活情境和阅读活动中自然地产生对文字的兴趣。(易错)　(　　)

2.《3～6 岁儿童学习与发展指南》以促进幼儿体、德、美各方面的协调发展为目标。　(　　)

3. 幼儿园应不定期进行火灾、地震等自然灾害的逃生演习。　(　　)

4. 地方各级人民政府应当根据本地区社会经济发展状况,制订幼儿园的发展规划。幼儿园的设置应当与

当地居民人口相适应。 ( )

5. 农村幼儿园的举办,由所在乡、镇人民政府登记注册,并报县人民政府教育行政部门备案。停办不需要。 ( )

6. 幼儿园应当使用全国通用的普通话。对招收少数民族为主的幼儿园也是同样的要求。 ( )

7. 幼儿园的教师、医师、保健员、保育员和其他工作人员,由幼儿园园长聘任,也可由举办幼儿园的单位或个人聘任。 ( )

8. 企业、事业单位和机关、团体、部队设置的幼儿园,仅招收本单位工作人员的子女。 ( )

9. 为了培养幼儿良好的大小便习惯,幼儿园应当规定幼儿便溺的次数、时间等。 ( )

10. 幼儿园的品德教育应当以情感教育和培养良好行为习惯为主,应该在专设的课堂活动中进行培养。 ( )

11. 对幼儿发展状况的评估,为了方便,可以用划一的标准评价幼儿。 ( )

12. 幼儿身心发育尚未成熟,所以需要成人的全面保护与关照,必要时可以包办替代。 ( )

13. 幼儿做错事时要冷静处理,不厉声斥责,更不能打骂。 ( )

14. 允许幼儿表达自己的情绪,并给予适当的引导。如幼儿发脾气时不硬性压制,等其平静后告诉他什么行为是可以接受的。 ( )

15. 幼儿园在布置娃娃家、商店等活动区时,多为其提供成品。 ( )

四、填空题

1.《3~6岁儿童学习与发展指南》语言领域分为两个子领域,分别是________、阅读与书写准备。

2. 幼儿园语言教育应为幼儿创造一个________、________的语言交往环境,支持、鼓励、吸引幼儿与________、________或其他人交谈,体验语言交流的乐趣,学习使用适当的、礼貌的语言交往。

3. 幼儿的科学学习是在________具体事物和解决实际问题中,尝试发现事物间的________和联系的过程。

4. 幼儿身心发展尚未成熟,需要成人的精心呵护和照顾,但不宜过度________和包办代替,以免剥夺幼儿自主学习的机会,养成过于依赖的不良习惯,影响其________性、独立性发展。

5. ________主管全国的幼儿园管理工作;地方各级人民政府的教育行政部门,主管本行政辖区内的幼儿园管理工作。

6. 幼儿园应当结合幼儿年龄特点和接受能力开展________,发现幼儿遭受或者疑似遭受家庭暴力的,应当依法及时向公安机关报案。

7. 幼儿园在开展体育活动时,应当对体弱或有残疾的幼儿予以________。

8. 幼儿一日活动的组织应当________,注重幼儿的直接感知、实际操作和亲身体验,保证幼儿愉快的、有益的自由活动。

9. 幼儿园日常生活组织,应当从实际出发,建立必要、合理的常规,坚持________和________相结合,培养幼儿的良好习惯和初步的生活自理能力。

10. 教育活动内容应当根据教育目标、幼儿的实际水平和兴趣确定,以________为原则,有计划地选择和

组织。

11. 寄宿制幼儿园应当增设________、________和________等。

12. 幼儿园教职工患________期间暂停在幼儿园的工作。有犯罪、吸毒记录和精神病史者不得在幼儿园工作。

13. 幼儿学习与发展的________主要表现在不同幼儿在学习兴趣、需要、经验、学习特点、学习能力、发展特点与水平等方面的差异。

14. ________是指人在身体、心理和社会适应方面的良好状态。

15. 发育良好的身体、愉快的情绪、强健的体质、协调的动作、________和________是幼儿身心健康的重要标志，也是其他领域学习与发展的基础。

五、简答题

1. 简述幼儿园保育和教育的主要目标。

2. 简述幼儿园教育应当贯彻的原则和要求。

3. 简述幼儿园园长的主要职责。

4. 简述《幼儿园教育指导纲要(试行)》中语言领域的指导要点。

5.《幼儿园教师专业标准(试行)》中幼儿教师的通识性知识包括哪些方面?

6.《幼儿园教师专业标准(试行)》中幼儿教师的幼儿发展知识包括哪些方面?

7. 简述幼儿园保育员的主要职责。

8. 简述《儿童权利公约》提倡的四项原则。(常考)

六、材料分析题

1. 亮亮在大班科学活动时,将几条细水管连接后,又用同样的方法将几条粗水管连接在一起。之后,亮亮把水倒入细水管中,水一下子从水管另一头流出,他高兴极了,又将水倒入粗水管里,但水从管口涌出,并未从另一头流出。亮亮反复观察、尝试,终于发现水管摆放在一个斜坡上,水无法自下而上流出。于是,亮亮马上调整水管的摆放位置,当水顺利地从水管流出时,亮亮欢呼雀跃,自豪地向同伴分享自己成功地让水从水管中流出的过程。

(1)根据《3~6岁儿童学习与发展指南》科学领域中幼儿科学学习的核心要素,结合案例分析亮亮小朋友的行为表现。

(2)请提出教师支持亮亮小朋友推进该活动的策略。

2. 在一次教学活动中,李老师正在给全班的孩子讲《萝卜回来了》的故事。月月总是不停地把头转向门口,并不认真听李老师讲故事。暗示了她几次都不见效果,于是李老师把月月叫到自己身边,看着她,以便让她安静地听故事。

请根据《幼儿园教育指导纲要(试行)》的内容,分析评价以上案例中教师的行为。

3. 大(1)班的孩子在户外活动时发现几只蝴蝶，林老师启发他们观察蝴蝶的色彩和形态。之后林老师引导孩子和家长一起收集蝴蝶的照片和标本并展示出来，还经常和孩子们一起欣赏、交流蝴蝶美在哪里。语言活动中，林老师还讲了《三只蝴蝶》的故事，并和孩子们一起玩“花儿和蝴蝶”的音乐游戏。林老师在美工区提供画笔、颜料、黏土、橡皮泥等材料，让孩子们自主表现蝴蝶。丽丽等一群孩子要表演“三只蝴蝶”，林老师就提议她们自己做头饰装扮，还扮演其中的角色参与游戏。

(1)论述《幼儿园教育指导纲要(试行)》艺术领域的目标。

(2)分析案例中林老师引导和支持幼儿开展艺术活动的有效措施。

4. 一次早餐时间，杜老师对孩子们说：“要好好吃饭哦！因为只有这样才能长得高，长得结实，就像植物一样每天喝水，才能长得好。”杜老师刚说完就有个声音响起来：“杜老师，植物又没有嘴巴，它是用什么喝水的呢？”“对呀，对呀。”许多孩子随声附和着。听到这个问题，杜老师的第一个反应是：“这个问题有意思，虽然看似简单，但却是孩子由自身经验有感而发的，且充满童趣。如果我告诉他是植物的根，他们一定又会问为什么根会喝水等等许多问题，这样一来，岂不是剥夺了孩子们一次观察和探究的机会吗？我何不抓住这个兴趣点，让他们自己寻找答案呢？”于是杜老师笑了笑说：“你们先吃饭，吃完了我就告诉你们。”饭后杜老师带着孩子们到自然角，看了许多植物的种子。说道：“你们不是很想知道植物是怎样喝水的吗？我们现在就来种一些植物吧，你们仔细观察就会得到答案的。”

请用《幼儿园教育指导纲要(试行)》有关知识，分析案例中杜老师的做法。

5. 青青上幼儿园已经有几个月了，可是，每次妈妈去接她的时候，她都是孤单的样子，不说话也不动，眼巴巴看着妈妈来的方向，看上去怪可怜的。别的小朋友都互相有说有笑，尤其是男宝宝们，可她一句话也不说。妈妈觉得女儿是个心思重的宝宝。询问老师，老师说：“青青特别乖，但她总一个人玩，不喜欢和小朋友们做游戏，也不喜欢说话。”妈妈对此真是百思不得其解。

请根据《幼儿园教育指导纲要(试行)》的内容，对以上案例进行评析。

第二章 教师职业道德概述

命题要点	考查热度	考查难度	命题预测
教师职业道德概述	★	一般	教师职业道德的功能、特点
《中小学教师职业道德规范》	★	一般	教师职业道德规范的要求、表现

真题必刷

第 7 练 教师职业道德概述

一、单项选择题

1. [广东广州]亚里士多德从亚历山大大帝13岁开始担任他的老师，对这位后来雄霸欧亚大陆的帝王进行了各方面的教育。尽管后来两人因政治观点上的分歧而疏远，但在亚里士多德的影响下，亚历山大大帝在建立了马其顿帝国后，始终尊重科学与知识，为文明的建设与发展做出了很大的贡献，这体现出教师对学生的影响具有( )

A. 自觉性　B. 层次性　C. 规范性　D. 深远性

2. [江西统考]教师职业道德的实践功能不包括( )

A. 认识功能　B. 教育功能　C. 调节功能　D. 社会促进功能

3. [安徽安庆]以下哪项不属于教师职业道德的基本原则( )

A. 忠于人民教育事业的原则　B. 教育民主的原则

C. 教育人道主义的原则　D. 行为典范的原则

4. [安徽安庆]教育民主原则是教师职业道德的基本原则之一。它的具体要求是( )

A. 教师要尊重每个学生的兴趣、爱好、个性和人格

B. 教师要以平等、宽容、博爱、友善和引导的心态对待学生

C. 教师要营造一种使学生能平等交流、主动参与、自由探索、大胆创新的民主氛围

D. 以上都是

5. [山东滨州]体现教师职业道德的本质属性，统帅教师职业道德体系的因素是( )

A. 教师职业道德基本原则　B. 教师职业道德规范

C. 教师职业道德修养　D. 教师职业道德评价

6. [江西统考]教师的人格、品性、德操对学生人格的形成起着奠基作用，这是教师职业道德( )的体现。

A. 教育作用　B. 导向作用　C. 评价作用　D. 示范作用

7. [安徽宿州]教师职业道德的功能具有多样性，其中(　　)是最基本、最主要的功能。

A. 调节功能　　B. 教育功能

C. 促进社会功能　　D. 认识功能

8. [海南万宁]幼儿教师的职业道德是幼儿教师在教育活动中必须履行的(　　)和必备的品德的总和。(常考)

A. 社会规范　　B. 行为规范　　C. 法律法规　　D. 价值标准

9. [海南万宁]教师职业道德不仅影响学生在校成长，还会影响其一生，不仅影响个体，还会影响家庭乃至社会。这体现了教师职业道德影响的(　　)

A. 深远性　　B. 高层次性　　C. 自觉性　　D. 示范性

10. [安徽合肥]下列不属于幼儿园教师加强自身道德修养行为的是(　　)

A. 积极向优秀模范教师学习　　B. 遇到问题向家长推卸责任

C. 增强尊重幼儿平等权利的意识　　D. 加强师德理论学习与实践

11. [陕西西安]教师职业道德特点包括(　　)

A. 教师行为的标准性　　B. 教师行为的示范性

C. 教师行为的道德性　　D. 教师行为的伦理性

12. [江西统考]教师职业道德的特点包括境界的高层次性、行为的典范性、影响的深远性及(　　)

A. 态度的高尚性　　B. 职业的专业性

C. 意识的自觉性　　D. 技能的示范性

13. [江西统考]卢梭在《爱弥儿》中对教师说："你要记住，在敢于担当培养一个人的任务之前，自己必须造就成一个人，自己必须是一个值得推崇的模范。"这句话说明教师职业道德具有(　　)的特点。

A. 境界的高层次性　　B. 影响的深远性

C. 行为的典范性　　D. 意识的自觉性

14. [福建统考]美术活动中，廖老师对绘画能力强的嘟嘟关爱有加，对无从下手的齐齐则不理睬，廖老师的行为违反了师德规范要求中的(　　)

A. 平等公正对待学生　　B. 尊重学生人格

C. 语言规范　　D. 不讽刺、挖苦、歧视学生

二、多项选择题

1. [陕西特岗]教师职业道德的主要范畴包括(　　)

A. 教师权利　　B. 教师义务　　C. 教师良心　　D. 教师公正

2. [陕西特岗]提升教师职业道德修养水平的方法主要有(　　)

A. 内省　　B. 确立目标，不懈努力

C. 践履　　D. 努力学习，提高认知

三、判断题

[安徽合肥]完善教师道德激励机制是教师道德建设的关键。(易混)　　(　　)

第 8 练 《中小学教师职业道德规范》

一、单项选择题

1. [河南郑州]户外活动中,小朋友们都拿着杯子站在饮水机前排队接水,李老师走了过来直接接了一杯水喝了起来,李老师的行为违背了职业道德中的(　　)

A. 为人师表　　B. 爱岗敬业　　C. 教书育人　　D. 依法执教

2. [河北邢台](　　)是调整教师与教师职业之间相互关系的道德规范。

A. 为人师表　　B. 教书育人　　C. 爱岗敬业　　D. 爱国守法

3. [山东滨州]教师自觉抵制有偿家教,不利用职务之便谋取私利体现了教师的哪种职业道德素养(　　)

A. 爱岗敬业　　B. 关爱学生　　C. 教书育人　　D. 为人师表

4. [广东广州]前苏联的一位教育学家曾说过:“漂亮的孩子人人都爱,爱不漂亮的孩子才是教师真正的爱。”这句话体现了教师职业道德中的(　　)(常考)

A. 爱国守法　　B. 教书育人　　C. 终身学习　　D. 关爱学生

5. [陕西特岗]教育部在修订《中小学教师职业道德规范》(旧规范)的基础上,于(　　)年正式颁布并实施新规范。

A. 1997　　B. 2004　　C. 2008　　D. 2012

6. [陕西特岗]赵老师在长期的教育教学工作中,既遵循了教育教学的基本规律,又严格遵守了相关的法律法规,赵老师的做法体现了教师职业道德(　　)规范的要求。

A. 爱岗敬业　　B. 为人师表　　C. 教书育人　　D. 依法执教

7. [陕西特岗]子曰:“其身正不令而行,其身不正虽令不从。”体现了教师职业道德的(　　)(常考)

A. 为人师表　　B. 爱国守法　　C. 爱岗敬业　　D. 终身学习

8. [陕西特岗]教师与同事的关系应该是(　　)的统一。

A. 和谐与温暖　　B. 协调与互助　　C. 合作与竞争　　D. 温暖与竞争

9. [陕西特岗]在下列先哲名言中,体现教师职业道德中重视严于律己、身体力行、模范作用的是(　　)

A. 躬自厚而薄责于人　　B. 三人行,必有我师焉

C. 学而时习之　　D. 见贤思齐

10. [陕西特岗]以前人们常说要给学生一杯水,教师要有一桶水,现在又有人说要给学生一杯水,教师要有一眼泉,这就要求教师严格遵守教师职业道德的(　　)规范。

A. 关爱学生　　B. 终身学习　　C. 依法执教　　D. 爱岗敬业

11. [江西统考]教师职业道德规范具体包括六大内容,其中(　　)是教师职业的内在要求。(常考)

A. 爱国守法　　B. 爱岗敬业　　C. 关爱学生　　D. 为人师表

12. [安徽宿州]下列哪一项违反了教师职业道德规范中为人师表的要求(　　)

A. 幼儿园小班张老师上班时间玩手机

B. 某幼儿园教师视每个幼儿的家庭条件而区别对待

C. 某幼儿教师在工作之余还对幼儿进行有偿家教

D. 某幼儿教师认为自己现有的教学技能和知识水平已足够应对幼儿园幼儿，故不需要继续探索创新

13. [海南万宁]（　　）是幼儿园教师职业道德的核心，是评价幼儿教师职业道德水准的重要指标。

A. 幼儿教育事业　B. 严于律己　C. 热爱幼儿　D. 与家长的密切配合

二、多项选择题

[江苏淮安]《中小学教师职业道德规范》中，对中小学教师职业道德规范的要求有（　　）

A. 爱国守法、爱岗敬业　B. 关爱学生、教书育人

C. 关注差异、多元评价　D. 为人师表、终身学习

三、材料分析题

1. [福建统考]刘园长是A镇中心幼儿园的新任园长，开学前，刘园长与家长进行座谈。家长反映，为了通过入园测试，我们和孩子都做了不少准备，上幼儿园后，孩子能背诵很多唐诗，还能进行乘法运算，幼儿园各方面都很好，唯一不足的是我们不知道孩子每顿吃些什么……开学后，刘园长组织全体教职员工系统学习了教育法律法规，提高思想认识，纠正了错误的行为举止，建章立制，以身作则，严格遵守。每一天刘园长都是第一个到园，最后一个离园，不到半年，刘园长就能叫出全园所有孩子的名字，掌握大部分孩子的学习与成长水平，并为家长提供了有针对性的科学育儿指导。

问题：(1)刘园长任职之前，该园存在哪些违反教育法律法规的现象？

(2)结合材料，分析刘园长践行了幼儿园教师哪些教师职业道德规范？

2. [福建统考]中(1)班的毕老师工作热情高，尊重幼儿，对幼儿有爱心和耐心。班上一名幼儿有轻微的自闭倾向，毕老师及时查阅相关资料，用专业知识开导幼儿。毕老师不断学习，提升自己的业务水平及工作能力与态度，赢得幼儿的喜爱和家长的认可。某年5月20日，毕老师看到微信上家长发来的金额不等的红包，他很烦恼，向其他教师请教，某教师对毕老师说："收下吧，不要辜负了家长的心意。"但毕老师经过深思熟虑后，还是决定拒绝接收任何一位家长的微信红包。

根据《中小学教师职业道德规范》《新时代幼儿园教师职业行为十项准则》来分析毕老师的行为。

3.［福建统考］阅读材料,回答问题

材料:中(1)班区域活动时间,厨房的"小厨师"正在用橡皮泥做蛋糕、包饺子,突然有一个"小厨师"来找方老师告状,说星星抢了许多小朋友的橡皮泥,还故意把它们乱七八糟地混在一起。方老师看到后问星星:"你自己也有橡皮泥,为什么又要拿别人的呢?"星星说:"我想做个粽子,可没有棕色橡皮泥呀。"方老师说:"你拿了别人的橡皮泥,别人就没法玩了!"星星认识到自己的错误,不好意思地低下头说:"我是想用调颜料的方法,用橡皮泥调出粽子的颜色。"方老师鼓励说:"这主意很好啊,有创意,那你把粽子做出来看看。"得到老师的鼓励后,星星兴致勃勃地做完了粽子,并把粽子与小朋友们分享。

问题:根据《中小学教师职业道德规范》的要求,评析方老师的行为所体现的师德品质。

实战演练

一、单项选择题

1.李老师的家人住院治疗,虽然他经常晚上在医院陪护,但第二天早晨,即使打车他也会准时出现在教室门口,也从未落下一节课。这表明李老师(　　)

A.爱岗敬业　　B.廉洁奉公　　C.诲人不倦　　D.公正待生

2.下列关于教师职业道德与一般道德的说法错误的是(　　)

A.道德作为社会共同生活中最基本、最普遍的善恶标准和观念,是教师职业道德的主要价值来源

B.道德与教师职业道德是共性与个性的关系,其中,道德是个性,教师职业道德是共性

C.教师职业道德是社会道德的重要组成部分,是道德在教师职业领域中的特殊表现

D.道德是随着社会集体的发展而发展的,教师职业道德更主要的、更具体的还是在教师职业领域中形成和发展的,是与教师这一行业密切相关的

3.下列不属于《中小学教师职业道德规范》对"关爱学生"方面所规定的具体职业行为的是(　　)

A.关心爱护全体学生,尊重学生人格,平等公正对待学生

B.对学生严慈相济,做学生良师益友

C.保护学生安全,关心学生健康,维护学生权益

D.培养学生良好品行,激发学生创新精神,促进学生全面发展

4.教师职业道德区别于其他职业道德的显著标志是(　　)

A.为人师表　　B.清正廉洁　　C.敬业爱业　　D.爱国守法

5.某教师一边要求幼儿安静地玩玩具,一边和同事聊天说笑。该教师的行为(　　)

A.正确,应该培养幼儿习惯　　B.错误,应该小声聊天

C. 正确，利于融洽同事关系　　D. 错误，应该以身作则

6. 某位刚参加工作的年轻女教师比较时尚，喜欢穿吊带衫，佩戴夸张的耳环、项链等饰物，还染指甲和头发。该校校长找她沟通，提醒她违反了(　　)的职业道德规范，并希望她今后在学校要衣着得体。

A. 爱岗敬业　　B. 关爱学生　　C. 教书育人　　D. 为人师表

7.《中小学教师职业道德规范》(2008 年修订)要求教师要"遵循教育规律，实施素质教育；循循善诱，诲人不倦，因材施教；培养学生良好品行，激发学生创新精神，促进学生全面发展"。这些要求比较明显地体现了教师(　　)的职业道德。

A. 教书育人　　B. 关爱学生　　C. 爱岗敬业　　D. 为人师表

8. 下列不属于《中小学教师职业道德规范》(2008 年)特点的是(　　)

A. 坚持"以人为本"　　B. 坚持继承与创新相结合

C. 坚持广泛性与先进性相结合　　D. 坚持典范性和示范性相结合

9. 关爱学生的关键是做到(　　)

A. 关心爱护全体学生　　B. 尊重学生人格

C. 平等公正对待学生　　D. 保护学生安全

10. 对于课堂上有可能引发争议的问题，高老师总是事先进行试验，检验各种假设，并请教相关学者。这突出体现了高老师具有(　　)

A. 独立自主意识　　B. 团结协作精神

C. 求真务实精神　　D. 人文关怀意识

11. 志存高远，勤恳敬业，甘为人梯，乐于奉献，这体现新时期教师职业道德规范内容中的(　　)(易错)

A. 爱岗敬业　　B. 关爱学生　　C. 为人师表　　D. 团结协作

12. 古人把教师的职责归结为"传道""授业""解惑"，其实质是(　　)

A. 传承和弘扬　　B. 改革和发展　　C. 教书和育人　　D. 实践和创新

13. "教书"和"育人"的关系是(　　)(易混)

A. 并列的　　B. 递进的

C. 互补的　　D. 相互联系、相互促进的辩证统一

14. 下列说法或做法中不符合现行《中小学教师职业道德规范》中"教书育人"的规定和要求的是(　　)

A. 学习教育的新理念，主动改变育人模式

B. 积极开展教学改革，提高课堂教学质量

C. 严格执行教学方案，照搬教材以及教参

D. 激发学生创新精神，促进学生全面发展

15. 下列对《中小学教师职业道德规范》(2008 年修订)的理解不正确的是(　　)(易错)

A.《中小学教师职业道德规范》是教师职业道德的基本要求

B.《中小学教师职业道德规范》是对教师的全部道德行为和教育教学工作的要求，可以取代学校的其他各项规章制度

C.《中小学教师职业道德规范》的基本内容继承了我国的优秀师德传统

D.《中小学教师职业道德规范》充分反映了新形势下经济、社会和教育发展对中小学教师应有的道德品质和职业行为的基本要求

16. 热爱教育、热爱学校、尽职尽责、教书育人,注意培养学生具有良好的思想品德。这体现了新时期教师职业道德规范内容中的(　　)(常考)

A. 为人师表　　B. 热爱学生

C. 爱岗敬业　　D. 团结协作

17. 坚守高尚情操、知荣明耻、严于律己、以身作则、关心集体、团结协作、尊重同事、尊重家长、作风正派、廉洁奉公。这体现了新时期教师职业道德规范中的(　　)

A. 身正为范　　B. 为人师表　　C. 爱岗敬业　　D. 教书育人

18. 每年王老师都会给自己制订读书计划,并严格执行。这体现了王老师注重(　　)

A. 团结协作　　B. 教学创新　　C. 终身学习　　D. 循循善诱

19. 李老师一个学期对父亲是副乡长的小壮家访了八次,却从未对需要帮助的留守儿童小龙家访过。李老师的做法(　　)

A. 符合主动联系家长的要求　　B. 有违平等待生的要求

C. 符合因材施教的教育要求　　D. 有违严慈相济的要求

20. 刚参加完培训的张老师自费将培训资料复印给同事,并将自己的心得与同事分享。对此,下列说法不正确的是(　　)

A. 张老师富有循循善诱的品德　　B. 张老师富有团结协作的精神

C. 张老师注重业务能力的提高　　D. 张老师重视专业素养的提升

21. 下列不属于教师真正践行"爱岗敬业"要遵循的基本要求的是(　　)(易混)

A. 忠诚于人民教育事业　　B. 乐于奉献

C. 甘为人梯　　D. 坚守高尚情操

22. "遵守教育法律法规"的职业行为要求是规范(　　)

A. 教师与国家社会关系　　B. 教师与学生关系

C. 教师与同事关系　　D. 教师与家长关系

23. 轩轩和涵涵在喝水时打打闹闹,李老师上前大声说道:"你俩再闹,我就打电话让妈妈不要来接你们!"该老师的做法(　　)

A. 合理,避免发生安全事故　　B. 合理,注重班级常规管理

C. 不合理,侵犯了幼儿言论自由　　D. 不合理,不利于幼儿心理健康

24. 教师要公正地对待学生,首先是要真正(　　)

A. 给学生权利　　B. 教给学生知识

C. 尊重和信赖学生　　D. 尊重学生家长

二、多项选择题

1. 教师在处理与家长的关系时应遵循的道德要求包括(　　)

A. 主动与学生家长联系　　B. 认真听取家长的意见和建议

C. 尊重学生家长的人格　　D. 教育学生尊重家长

2. 严谨治学的基本要求包括(　　)

A. 要有精深的专业知识　　B. 要有刻苦钻研、精益求精的精神

C. 要有谦虚谨慎的态度　　D. 要有锐意创新的品质

3. 《中小学教师职业道德规范》中关于"爱国守法"方面所规定的具体职业行为的要求有(　　)(常考)

A. 全面贯彻国家教育方针　　B. 自觉遵守教育法律法规

C. 不得有违背党和国家方针政策的言行　　D. 依法履行教师职责权利

三、判断题

1. 教师职业道德是一般社会道德在教师职业中的特殊体现。(　　)

2. 爱岗敬业是教师职业的基本要求。(　　)

3. 教师职业道德是由教师职业理想、职业责任、职业态度、职业纪律、职业技能、职业良心、职业作风和职业荣誉等因素构成的。(　　)

4. 我国古代《礼记》中"师也者,教之以事而喻诸德者也",体现的是教师职业道德内容的全面性。(　　)

5. 教师职业道德作为教师行为的善恶标准和观念意识,不仅是衡量教师职业行为及其水平的重要依据,对教师行为具有引导作用,而且是教师在职业活动中对各种关系和矛盾加以调节或解决的重要依据,体现了教师职业道德内容的全面性。(　　)

6. 行为的示范性是指教师的品德和行为对学生的思想品德的形成与行为具有榜样作用。(　　)

7. 教师所具备的职业道德广泛、深入地影响着整个社会成员乃至整个社会的进步体现了教师职业道德行为的示范性。(　　)

8. 夸美纽斯说:"教师应该是道德卓异的优秀人物。"说明了幼儿园教师职业道德建设的重要性。(　　)

9. 爱国守法是教师处理其与教育事业的关系时所应遵循的原则要求。(　　)

10. 关心爱护全体学生,尊重学生人格,平等公正对待学生是教书育人的职业行为要求。(　　)

11. 以"育人"为目的的教育,必须实施全面发展的教育,最终要达到学生全面发展的目的。(　　)

12. 有偿家教,是市场经济条件下出现的比较严重的违背教师职业行为规范的问题,新《规范》特别作为禁止性规定提出。(　　)

四、填空题

1. 教师职业道德的导向作用具体表现在它的激励作用、控制作用、调整作用和________。

2. ________是贯穿《中小学教师职业道德规范》的核心和灵魂。

3. 以分数作为评价学生唯一标准的做法,是教师职业行为明确禁止的,是因为这违背了________的要求。

4. 教师职业道德是教师在从业过程中进行道德选择、道德评价、________和________等实践活动必须遵

循的道德规范和要求，它反映了教师的职业义务，体现了教师所担负的道德责任。

5. 教师职业道德适用的________表现为教师职业道德对教育善恶的体现和专门要求，这是教师职业道德的一个基本特点。

6. 在教师职业道德中，________被视为教书的根本目的。

7. ________是指社会和他人对教师职业道德要求总是在整个社会道德体系中处于较高水平和较高层次。

8. ________是指教师因职业劳动的特点所决定的在职业道德意识上的更高的自觉性，它是教师职业情感和职业行为的基础。

9. ________是幼儿园教师职业区别于其他职业的本质特征。

10. 幼儿园教师职业道德建设是提升幼儿园教师________的重要途径

11. ________是教育学生的感情基础，是教师职业道德高低的试金石。

12. 严谨治学是教师必备的素质，是教师________的重要途径，是教师适应时代发展的需要。

13. ________是指"面向全体教师"，对教师职业道德提出基本要求，________是指"提出了反映社会主义核心价值体系的基本内容"的要求，将基本职业道德要求同先进的职业道德要求结合起来。

14. ________是时代发展的要求，也是由教师职业特点所决定的。

15. 作为一位人民教师，必须信奉之，遵循之，笃行之，并在此基础上升华之，力求达到________精神高尚、________水平高超、________品行高洁的"三高"境界。

五、材料分析题

1. "每一个儿童都有被爱的权利，都应该得到充分的发展。"这是幼儿园李老师对自己教育工作的体会。李老师在日常教学中不像有的老师那样频频去提问那些能说会道、反应机灵的孩子，她也经常关注那些比较胆小、很少回答问题的幼儿。有时这些幼儿可能由于过于紧张回答不出来，李老师就会让他先坐下来平静一下，语气温和地对小朋友说："没关系，以后经常锻炼锻炼就好了。"活动结束后，李老师还主动与幼儿交往，培养其语言表达能力，并经常与幼儿家长沟通，共同寻找适宜的培养方法。

   请运用所学的教师职业道德知识对李老师的做法进行分析。

2. 康康把牛奶洒了，他愣在那里不知所措，老师过来说："康康是不小心的吧？来，我们一起把桌面擦干净。"说着，老师挽起袖子，拿起抹布，开始擦桌子，康康见状也拿来一块抹布学着擦起了桌子。下午，该老师组织幼儿到植物园的田野旅行，孩子们对睡莲叶子很感兴趣，提出要把睡莲叶子摘下来带回班级，老师说不能那么做，并解释植物园是供大家观赏植物的地方，为了满足孩子们的探究愿望，老师向小朋

友们许诺会去市场买两棵睡莲,下周带到班上去。

请从教师职业道德规范的角度评析该老师的行为。

3. 明明在集体教学活动中注意力很难集中,是个"坐不住的孩子"。有时他会"骚扰"周围的小朋友而打断老师正在进行的教学活动;对于老师布置的任务,他常常不能很好地完成;他想和小朋友一起活动却因为采取不恰当的方式而被拒绝,周围的小朋友经常在老师面前告他的状。老师对于这个经常惹麻烦的孩子也很伤脑筋,经常在教室里批评他,甚至在盛怒之下勒令全班的孩子不要理睬他。但这种教育方式的效果并不好,时间一长,在其他孩子的眼中明明成了一个调皮、只知道惹老师生气的坏孩子。

请运用有关教师职业道德的知识对教师的做法进行分析。

4. 郭老师是某幼儿园公认人缘最好的老师,班上有几名外来的务工子女,她每天照顾未能及时接走的幼儿,从无怨言,还经常给他们买学习用品。她工作特别认真,每次活动前都花大量时间精心准备,参加市、区各种比赛屡屡获奖。她充满爱心,总是耐心、细心地对待每一个孩子。孩子们都亲切地称她为"天使老师"。

(1)郭老师践行了哪些教师职业道德规范?

(2)联系案例分析教师职业道德的规范。

5. 我在单位工作很有成就感,因此,在日常的生活和工作中,我不怕见父母,不怕见邻居,不怕见同事和领导,但是就怕见我孩子的老师。都怪我的儿子不争气,使我也总是挨这位老师的训。我儿子爱说爱动,在课堂上时常有"违反"纪律的现象,因为这事我被这位教师在电话里或当面训了两三次。"你这个家长是怎么当的,连个孩子都管不好!""孩子的毛病都是你们大人惯的,就你们这样的家长实在太多了!""不怎么样的家长,孩子都是这个样,瞎逞能!"等等。有一次,儿子因同学给他起外号,把一个学生鼻子打出了血,我在教师的催促下来到学校。当着一些老师的面,她的第一句话就是:"看你把你儿子教育的,都反了天了!""这么点的孩子都管不好,你也太无能了吧?这还用我教你吗……"她训人的时候,神态颇为自豪,总是趾高气扬、盛气凌人的样子,我心里对她已反感至极。要不是我儿子在她的手底下,我非要和她好好理论一番不可。

请分析上述案例中教师在职业道德上存在的主要问题和危害,你认为在教学中教师应怎样对待与学生家长的关系?

6. 晚饭后小朋友都到活动区玩玩具,等待家长的到来。只有媛媛小朋友躲在厕所里哭着不肯出来。我(老师)走过去,轻声问她:"你怎么了,可以告诉我吗?"她说:"刚才上厕所时,我的裤带儿太紧,脱不下来,所以……"听了孩子的一番话,我向她笑了笑,说:"没关系,别的小朋友不知道,老师替你保密,不跟别人说。"她听我这么一说,马上点了点头。为让她放心,我还跟她拉钩,发誓保密。我把她带到寝室,帮她把裤子换下来,盖上被子,等她家长接她。我看她表情很不自然,便问她:"你在家帮妈妈干活儿吗?"她马上兴奋地说:"我有时帮妈妈干活儿,妈妈夸我是个好孩子。"我说:"老师也觉得你很能干,是个好孩子。不小心尿一次裤子算不了什么,但是以后有尿要早点尿,如果解不开裤带要及时告诉老师。告诉你一个小秘密,老师小时候也尿过床呢,每个大人小时候都尿过床,也都尿过裤子!"她听了先是一脸的惊讶,随后露出了轻松的笑容,笑得那么真诚。

请从教师职业道德角度,评析这位教师的保教行为。

7. 小易的妈妈是服装店老板,经常给林老师送礼物,林老师非常喜欢小易,即使小易和小朋友打架,弄翻了小朋友的餐盘,老师也不会责备他。朵朵长得漂亮,林老师夸她是小公主,常抱着朵朵。小白也想让老师抱抱,于是对老师说:"老师,我也要抱抱。"林老师不屑地说:"没看我正忙着吗?去把鼻涕擦了,都成鼻涕虫啦!"小白转身哭着去擦鼻涕,还不忘回头看了老师一眼,老师说:"爱哭鬼,就会哭!"

请从教师职业道德的角度,评析林老师的保教行为。

下篇　学科专业知识

第一章　幼儿园课程

命题要点	考查热度	考查难度	命题预测
幼儿园课程概述、目标、内容的选择与组织	★	一般	幼儿园课程的特点、幼儿园课程目标的层次
幼儿园课程的实施、评价和中外著名的幼儿园课程方案	★★	中等	幼儿园课程实施的取向、幼儿园课程评价的主要模式

真题必刷

第 *1* 练　幼儿园课程概述、目标、内容的选择与组织

一、单项选择题

1.［河南郑州］幼儿园课程的社会学基础在更大程度上影响着幼儿园课程编制中(　　)的问题。

A. 为什么教　　B. 如何教　　C. 教什么　　D. 教得怎么样

2.［安徽合肥］幼儿园环境属于(　　)，所以幼儿园教师要注意环创。

A. 活动课程　　B. 综合课程　　C. 经验课程　　D. 潜在课程

3.［山西古交］(　　)是教师和幼儿共同建构的，运用各种教育资源，帮助幼儿获得有益的学习经验，促进其身心全面和谐发展的各种活动的总和。

A. 幼儿园课程　　B. 幼儿园游戏

C. 幼儿园教育目标　　D. 幼儿园教育内容

4.［浙江统考］提出幼儿园课程编制目标模式的教育家是(　　)

A. 蒙台梭利　　B. 泰勒　　C. 陈鹤琴　　D. 陶行知

5.［陕西西安］幼儿园环境创设、设施材料、教师言行举止会潜移默化地影响幼儿身心发展，说明幼儿园课程有(　　)特点。(常考)

A. 潜在性　　B. 全面性　　C. 生活性　　D. 基础性

6.［河南郑州］在幼儿园教学活动设计方案中，起到“指南针”和“方向盘”作用的是(　　)

A. 课程目标　　B. 活动准备　　C. 活动过程　　D. 活动延伸

7.［山西古交］幼儿园课程的实施，关键在于为幼儿创设丰富的(　　)，为幼儿的发展提供适宜的帮助。

A. 活动情境　　B. 活动材料

C. 物质环境　　D. 游戏场所

8.［安徽宿州］李老师在一次美术活动中的教育目标是：提供给幼儿一张硬纸和一些毛线，在教师的指导

下，制作一个相框。这种目标属于(　　)

A. 表现目标　　B. 行为目标　　C. 过程目标　　D. 教育目标

9. [山西古交]由核心行为、行为产生的条件、行为表现的标准这三个要素构成的目标是(　　)

A. 表现性目标　　B. 行为目标　　C. 具体目标　　D. 抽象目标

10. [安徽滁州]幼儿园课程目标制定的基本依据不包括(　　)

A. 幼儿发展的需要　　B. 社会的需要

C. 知识自身的逻辑体系　　D. 家长的需要

11. [江西南昌]幼儿园组织园内全体小朋友参观海底世界，满足幼儿对海底世界的好奇心，让幼儿交流海底世界的趣事或是表达对海底世界的喜爱，这是幼儿园教育活动中的(　　)目标。

A. 行为性　　B. 生成性　　C. 心理性　　D. 表现性

12. [浙江统考]从幼儿园课程目标层次看，处于第二层次的目标是(　　)

A. 年龄阶段(学年)目标　　B. 具体教育活动目标

C. 幼儿园课程总目标　　D. 单元目标

13. [山东青岛]选择课程内容时要适合幼儿现有发展水平，贴近幼儿现实生活经验的同时还要考虑幼儿可能的发展水平，引导其向着更高水平发展。这体现了内容选择的(　　)

A. 全面性与生活性原则　　B. 时代性与民族性原则

C. 适宜性与挑战性原则　　D. 生活性与适宜性原则

14. [河南平顶山]根据维果斯基的最近发展区理论，在选择与确定幼儿园课程的内容时应遵循(　　)

A. 目的性原则　　B. 基础性原则

C. 发展适宜性原则　　D. 兴趣性原则

15. [广东广州]《礼记·内则》中记载“十有三年，学乐，诵诗，舞勺，成孩舞象，学射御”，此处的“乐、诗、射、御”指的是(　　)(常考)

A. 课程内容　　B. 课程方法　　C. 课程形式　　D. 课程结构

16. [重庆江北]将课程内容看成是学习活动的取向，是把关注点放在(　　)方面。(常考)

A. 儿童学会什么　　B. 儿童做些什么

C. 儿童喜欢什么　　D. 向儿童传递知识

17. [浙江统考]体现卢梭、马斯洛、罗杰斯教育思想的幼儿园课程设计取向是(　　)(易混)

A. 学科中心取向　　B. 科目中心取向

C. 学习者中心取向　　D. 问题中心取向

18. [浙江临海]幼儿园课程要与幼儿的现实发展联系起来，适时而教，循序而育，体现了幼儿园课程的(　　)特点。

A. 启蒙性　　B. 基础性　　C. 义务性　　D. 潜在性

19. [浙江临海]在幼儿园课程设计中，选择以儿童兴趣为起点的是(　　)

A. 分科课程　　B. 核心课程　　C. 活动课程　　D. 户外课程

20. [浙江临海]幼儿园课程是高度整合的课程,是指( )

A. 课程要创设一个好的氛围　B. 课程应贯彻在生活中

C. 获得的知识包罗万象　D. 多个领域之间相互联系、相互促进

21. [安徽阜阳]张老师请幼儿把自己创作的内容编成歌词,很多幼儿都以自己的理解将画编成儿歌,唱了出来。张老师组织的教育活动属于( )

A. 领域课程　B. 学科课程　C. 核心课程　D. 生成课程

二、多项选择题

[山东青岛]设计学前教育课程时,我们应使其内容具有全面性、( )等特点。

A. 启蒙性　B. 社会性　C. 发展性　D. 思考性

三、判断题

1. [广东广州]幼儿园课程以幼儿的直接经验为基础,让幼儿以获得直接经验为主。(常考) ( )
2. [重庆云阳]幼儿园课程具体体现在教师组织的教育教学活动之中。 ( )
3. [重庆江北]幼儿在园的一切活动都属于幼儿园课程的范畴。 ( )
4. [内蒙古赤峰]每个幼儿在教育情境的种种"际遇"中所产生的个性化表现是生成性目标。 ( )
5. [安徽滁州]幼儿园课程内容的选择既要源于生活,又要高于生活。 ( )
6. [安徽阜阳]幼儿园课程的表现性目标是一种非特定的、较广泛的目标,它强调的是个性化,目标指向的是培养儿童的创造性。 ( )

四、填空题

[福建统考]学前教育课程的内容是根据学前教育课程的目标和儿童的年龄特点选择的,通过学前教育机构的一日生活使儿童获得基础知识、基本技能、________和基本行为。

五、简答题

1. [浙江统考]简述幼儿园课程的基本特点。

2. [浙江绍兴]简述幼儿园课程体系构成的五个要素。

第 2 练 幼儿园课程的实施、评价和中外著名的幼儿园课程方案

一、单项选择题

1. [福建统考]幼儿园一日活动作息固定，幼儿行动整齐划一，动作环节较多，这些影响幼儿学前教育课程实施的因素是( )

A. 时间因素　　B. 教师因素

C. 组织制度因素　　D. 物质空间因素

2. [浙江统考]决定幼儿园课程实施质量的关键是( )

A. 课程督导　　B. 教材质量

C. 课程计划　　D. 园长课程领导力及教师课程素养

3. [福建统考]幼儿在户外活动时玩吹泡泡游戏，回到活动室后还意犹未尽，林老师就把预定的谈话内容改为“我和泡泡玩游戏”，这体现课程实施的( )

A. 忠实取向　　B. 目标取向

C. 创生取向　　D. 相互适应取向

4. [广东高州]幼儿园课程的实施策略中，( )要求教师在组织幼儿园课程时，不应只考虑“显性”的教育影响，也应充分考虑幼儿可能获得的“隐性”经验；不应只重视直接教学，也应该重视间接教学等。

A. 独立性　　B. 整体性　　C. 生活化　　D. 主体性

5. [浙江统考]西方社会幼儿园课程实施的主要途径不包括( )

A. 家长助教　　B. 自我活动

C. 区域游戏活动　　D. 考察、探究

6. [天津南开]通过评价，可以及时发现现行课程与预定目标之间的差距和问题，明确努力方向，提高教育效果，改进今后的教育教学。这说明幼儿园课程评价具有( )作用。

A. 鉴定　　B. 诊断　　C. 改进　　D. 导向

7. [山东青岛]在对幼儿园的课程实施方案进行评价时，以“过程取向”为特征的评价方式是( )(常考)

A. 形成性评价　　B. 总结性评价

C. 诊断性评价　　D. 终结性评价

8. [山东青岛]教育主管部门使用分级验收标准对幼儿园进行等级验收，这种评价属于( )

A. 相对评价　　B. 绝对评价

C. 个体内差异评价　　D. 定量评价

9. [浙江统考]档案袋评价中，张老师在一段时间里持续而又系统地收集了能代表贝贝在测量主题活动中成长、进步和成就的作品，这种档案属于( )(易错)

A. 陈列性档案　　B. 文件性档案

C. 历程性档案　　D. 评鉴性档案

10. [广东高州]一个学期下来,老师对小明在课上与老师、小朋友之间的交流情况做了总结。这是老师对学前儿童(　　)进行的评价。

A. 课程中的参与度　　B. 课程中的学习能力

C. 学习方式　　D. 课程中的互动程度

11. [浙江统考]根据评价功能和评价进行的时间,可将课程评价分为(　　)

A. 整体评价与局部评价　　B. 相对评价与绝对评价

C. 形成性评价与终结性评价　　D. 自我评价与他人评价

12. [广东广州]学期末,明德中学各年级都举行了期末考试,这种评价方式属于(　　)(常考)

A. 诊断性评价　　B. 形成性评价

C. 总结性评价　　D. 绝对性评价

13. [安徽合肥]某老师给华华小朋友做出如下评价:这学期华华小朋友在自己吃饭、穿衣等方面进步明显,与上学期相比,更乐于与小朋友交往……这种评价属于(　　)(易混)

A. 相对评价　　B. 绝对评价

C. 个体内差异评价　　D. 诊断性评价

14. [广东广州]下列选项中,(　　)是对课程实施的效果进行评价,旨在了解儿童进步的情况及教育目标达到的程度。(易混)

A. 前评价　　B. 活动过程中的评价

C. 追踪评价　　D. 后评价

15. [安徽合肥]下列关于幼儿园课程评价的说法,错误的是(　　)

A. 评价的重要作用之一就是检查或判断教育目标是否达成

B. 课程评价应客观、真实并发挥幼儿的主导性

C. 课程评价是课程的重要组成部分,它的主要目的就是改进和完善课程

D. 教育效果的评价主要是对幼儿、教育活动和教师这三个方面做出评价

16. [安徽合肥]幼儿成长档案袋中,歌唱作品一般用(　　)形式记录。

A. 原始作品呈现　　B. 照片　　C. 文字表达　　D. 录音、录像

17. [浙江统考]以皮亚杰认知发展理论为基础的课程方案是(　　)

A. 蒙台梭利课程　　B. 瑞吉欧课程

C. 五指活动课程　　D. 高宽课程

18. [广东高州]五指活动课程是由我国著名的幼儿教育家陈鹤琴先生提出的,其课程内容由五个方面组成,下列属于五指活动课程内容中的社会活动的是(　　)

A. 健康检查　　B. 早操　　C. 手工　　D. 升降国旗

19. [浙江统考]下面关于经典课程方案的列举,不正确的是(　　)(易错)

A. 行为课程　　B. 瑞吉欧课程

C. 隐性课程　　D. 五指活动课程

20.［安徽滁州］下列关于幼儿园课程评价的原则，说法错误的是（　　）

A. 有利于改进与发展课程　　B. 评价中应以自评为主，充分发挥教师的主体性

C. 有利于幼儿的发展　　D. 评价应该科学、有效

21.［安徽合肥］瑞吉欧学前教育模式中被称为第三位老师的是（　　）（易错）

A. 环境　　B. 家长　　C. 保育员　　D. 游戏

22.［浙江临海］根据杜威的"教育即生活"和陶行知的"知行合一"，采用单元教学的方法，彻底打破各学科之间的界限的课程是（　　）

A. 蒙氏课程　　B. 五指课程　　C. 行为课程　　D. 瑞吉欧课程

23.［山东青岛］幼儿园课程实施的创生取向是把课程实施过程看成是（　　）在具体情境中联合创造、生成新的教育经验的过程。

A. 领导　　B. 专家　　C. 师生　　D. 家园

24.［福建统考］倡导现代儿童观的课程实施途径是（　　）

A. 生活活动　　B. 教学活动　　C. 区域活动　　D. 节日活动

25.［安徽合肥］蒙台梭利认为，动作教育主要训练幼儿（　　）

A. 跳的动作、跑的动作与抓握动作

B. 坐的动作、走的动作与跑的动作

C. 基本动作、大肌肉动作与小肌肉动作

D. 走的动作、抓握动作与书写动作

26.［山东青岛］瑞吉欧教育体系产生于意大利的一个富裕和资源丰富的小城市——瑞吉欧，（　　）是意大利早期教育系统的奠基人。

A. 克伯屈　　B. 马拉古兹　　C. 拜伯　　D. 乌索娃

27.［安徽宿州］（　　）是真实性评价的一种重要方法，它通过收集并分析儿童的作品，对幼儿的学习与发展做出评定，是一种在幼儿的学习和发展过程中为幼儿提供帮助的方法。

A. 档案袋评价法　　B. 个人学习资料册评价法

C. 多彩光谱评价法　　D. 以游戏为基础的评价

28.［浙江临海］在幼儿园课程评价中，往往会邀请幼儿对课程进行评价，一是检验课程的效果，二是完善课程实施的不足。这体现了课程评价的（　　）

A. 鉴定功能　　B. 诊断功能　　C. 选择功能　　D. 渗透功能

二、多项选择题

1.［安徽合肥］下列选项中，关于教育评价中终结性评价的说法错误的有（　　）（易错）

A. 终结性评价是形成性评价　　B. 终结性评价是绝对评价

C. 终结性评价是总结性的评价　　D. 终结性评价是相对评价

2.［陕西西安］课程评价的功能包括（　　）

A. 导向　　B. 改进　　C. 实施　　D. 评价

三、判断题

1.［福建统考］评价主体多元化是幼儿园课程评价改革的重要举措。　（　）

2.［广东广州］幼儿园科学课程实施途径很多，应该更多的重教学、轻游戏，这将有助于教育目标的实现。　（　）

3.［山西长治］学前教育课程实施的实质在于把静态的课程方案转化成动态的课程实施的过程，是课程的“再设计”过程。　（　）

4.［内蒙古赤峰］幼儿园课程评价中，教师既是被评价者又是评价者。　（　）

5.［安徽滁州］方案活动是海伊斯科普课程体系的主要特征之一。　（　）

6.［广东高州］学前教育机构在某项科研后进行成果验收和幼儿园办园等级评定均属于诊断性评价。　（　）

7.［安徽合肥］对幼儿的评价最重要的是阶段性评价。　（　）

8.［安徽合肥］幼儿园档案信息管理最重要的作用是见证幼儿园的成长。　（　）

9.［山东菏泽］幼儿成长档案应重点搜集幼儿常态学习过程中的作品，这样才能保证所搜集到的作品能够真实呈现幼儿的学习水平。（易错）　（　）

10.［安徽滁州］幼儿是成长档案袋的主体，无论是档案的建立、形成，还是制作，都应该让幼儿参与。　（　）

四、填空题

［福建统考］从评价的功能来分，评价分为诊断性评价、________和终结性评价。

五、简答题

1.［江西统考］简要回答幼儿成长档案袋评价的含义及基本内容。

2.［浙江临海］简述陈鹤琴活教育理论思想中方法论的原则。

实战演练

一、单项选择题

1. (　　)实质上是一个以幼儿园为基地进行课程开发的开放民主的决策过程,即园长、教师、课程专家、儿童及家长和社区人士共同参与幼儿园课程计划的制订、实施和评价等活动。

A. 国家课程　　B. 园本课程　　C. 地方课程　　D. 学科课程

2. 校园生活、班级人际关系、集体活动等属于(　　)

A. 显性课程　　B. 隐性课程　　C. 空无课程　　D. 狭义课程

3. 活动课程是以(　　)为中心来组织学习内容的。

A. 学科　　B. 问题　　C. 儿童　　D. 概念

4. 针对幼儿喜欢《西游记》的情况,教师设计的活动是由西游记故事贯穿起来的主题活动,这遵循了幼儿园课程内容选择的(　　)原则。

A. 适宜性　　B. 生活化　　C. 兴趣性　　D. 直接经验性

5. 幼儿园课程是实现幼儿园教育目的的(　　)

A. 形式　　B. 内容　　C. 手段　　D. 方法

6. 目前我国学校教育中的综合课程本质上还是属于(　　)

A. 活动课程　　B. 学科课程　　C. 悬缺课程　　D. 隐性课程

7. 强调围绕社会问题组织活动内容的课程类型是(　　)(常考)

A. 学科课程　　B. 核心课程　　C. 经验课程　　D. 综合课程

8. 按照课程的表现形态来划分,可将课程分为(　　)

A. 学科课程与经验课程　　B. 显性课程与隐性课程

C. 分科课程与综合课程　　D. 综合课程与学科课程

9. 目前我国幼儿园课程采用的是(　　)(易错)

A. 以学科为中心的组织形式　　B. 以社会问题为中心的组织形式

C. 以儿童为中心的组织形式　　D. 混合型的课程组织形式

10. 与显性课程相对的课程类型是(　　)

A. 综合课程　　B. 隐性课程　　C. 活动课程　　D. 分科课程

11. 下列对隐性课程特点的描述错误的是(　　)

A. 隐性课程的影响具有普遍性

B. 隐性课程的影响具有持久性

C. 隐性课程的影响具有集中性

D. 隐性课程的影响既可能是积极的,也可能是消极的

12. 在广义层面上,对幼儿园课程理解不正确的表述是(　　)

A. 幼儿园课程是“活动”

B. 幼儿园课程是“帮助幼儿获得有益的学习经验”的活动

C. 幼儿园课程是“幼儿教材”

D. 幼儿园课程是“各种活动的总和”

13. 强调不同学科门类之间的相对独立性，强调一门学科的逻辑体系的完整性的课程类型是(　　)

A. 综合课程　　B. 分科课程　　C. 活动课程　　D. 隐性课程

14. 在下列各项中，处于课程核心位置，既是课程设计的起点，也是课程评价标准的是(　　)

A. 课程目标　　B. 课程内容　　C. 课程组织　　D. 课程模式

15. 某次美术活动“画熊猫”的教学目标之一是让幼儿掌握画圆和椭圆的技能，这一目标属于幼儿园的(　　)

A. 活动目标　　B. 近期目标　　C. 中期目标　　D. 远期目标

16. 评价的目的在于将设计的课程标准与实际的课程表现加以评价，找出彼此之间的差距，找出造成差距的原因，作为改进课程的依据，并且决定是继续课程计划，还是重复或终止课程计划。这一评价模式是(　　)

A. 目标评价模式　　B. 差距评价模式

C. 目标游离评价模式　　D. 外观评价模式

17. 从课程评价的方法划分，可以将课程评价分为(　　)

A. 形成性评价和终结性评价　　B. 定性评价和定量评价

C. 内部评价和外部评价　　D. 整体评价和局部评价

18. 下列不属于幼儿园课程实施取向的是(　　)(易混)

A. 忠实取向　　B. 课程创生取向

C. 经验取向　　D. 相互适应取向

19. 把评价作为一种决策过程，主张这一决策过程应当由背景评价、输入评价、过程评价和成果评价几个环节构成。这一评价模式是(　　)

A. 外观评价模式　　B. CIPP 评价模式

C. 目的游离评价模式　　D. 目标评价模式

20. 科学的课程评价标准应具有的四个基本特征是(　　)

A. 准确性、有用性、合法性、可行性　　B. 准确性、导向性、合理性、可行性

C. 准确性、价值性、教育性、可行性　　D. 准确性、目的性、合理性、规范性

21. 在幼儿园课程评价的类型中，根据评价的主体不同，可将课程评价分为(　　)

A. 形成性评价和终结性评价　　B. 定性评价和定量评价

C. 整体评价、局部评价、单纯评价　　D. 内部评价和外部评价

22. 课程评价最重要的作用是(　　)

A. 检查或鉴定教育目标是否达成　　B. 及时发现现行课程与预定目标之间的差距

C. 确保其正确的方向　　D. 促进教育教学的改进

23.(　　)指的是把课程看成是教师与学生联合创造的教育经验,课程实施本质上是在具体教育情境中创生新的教育经验的过程,而课程计划只是选择的工具而已。

A. 课程创生取向　　B. 忠实取向

C. 相互适应取向　　D. 行为目标取向

24. 作品取样系统的评价包括三个基本部分:发展指引与发展检核表、作品集和(　　)(常考)

A. 综合报告表　　B. 评价指标　　C. 成长档案　　D.观察记录表

25.(　　)是评价者用语言文字作为收集、分析、评价资料和呈现评价结果的主要工具的评价方式。

A. 定量评价　　B. 总结性评价　　C. 诊断性评价　　D. 定性评价

26. 差距评价模式的四个部分是:确定课程标准、确定课程表现、对标准和表现进行比较和(　　)

A. 确定差别是否存在　　B. 分析结果

C. 反复验证　　D. 得出结论

27. 外观评价模式中,包括三个重要的因素:前提条件、相互作用和(　　)

A. 参照标准　　B. 结果　　C. 经验兴趣　　D. 能力基础

28. 把课程计划和课程实施的关系隐喻为“建筑图纸和具体施工”,反映的是幼儿园课程实施的(　　)取向。

A. 忠实　　B. 相互调适　　C. 创生　　D. 预设

29. 下列不属于幼儿园教育活动类型的是(　　)

A. 教育教学活动　　B. 教研活动　　C. 游戏活动　　D. 日常生活活动

30. 差距评价模式是由(　　)提出的。

A. 泰勒　　B. 普罗沃斯　　C. 斯克里文　　D. 斯塔克

31. 提出了“大自然、大社会是活教材”的学前教育家是(　　)

A. 陶行知　　B. 陈鹤琴　　C. 张雪门　　D. 蒙台梭利

32. 在蒙台梭利的感觉教育中,感官训练的重点是(　　)

A. 视觉训练　　B. 听觉训练　　C. 触觉训练　　D. 嗅觉训练

33. 在陈鹤琴的“活教育”理论中活教育方法的核心是(　　)

A. 做　　B. 做和学　　C. 教和学　　D. 教和做

34. 下列不属于瑞吉欧教育体系的理念来源的是(　　)

A. 欧洲和美国的进步主义思潮

B. 皮亚杰和维果斯基的心理学理论

C. 第二次世界大战后意大利的左派政治改革

D. 蒙台梭利的感觉教育

35. 在(　　)中,主题网和课程轮是课程设计和实施中常用的工具。

A. 瑞吉欧教学方案　　B. 蒙台梭利课程模式

C. 海伊斯科普课程　　D. 斑克街早期教育方案

36. 瑞吉欧的课程与教学展开的主要方式是(　　)(易错)

A. 项目活动　　B. 生活活动

C. 区域活动　　D. 集体教学活动

37. 下列不属于蒙台梭利教育法范畴的是(　　)

A. 有准备的环境　　B. 教师　　C. 教具　　D. 游戏

38. 陈鹤琴认为,(　　)是幼稚园课程第一重要的。

A. 儿童健康　　B. 幼儿园环境

C. 幼儿园老师　　D. 家长

39. 幼儿园课程组织应消除学科知识之间彼此孤立的局面,将学科知识有机地联系起来。这反映了幼儿园课程组织的(　　)

A. 连续性　　B. 顺序性　　C. 层次性　　D. 整合性

40. (　　)是指在编制课程时,将儿童生活中接触的事物,按照事物的性质和内容的深浅而分布在各个不同的年龄班中。

A. 直进法　　B. 活动法　　C. 混合法　　D. 游戏法

41. "要有研究的态度,充分的知识和表意的能力"属于五指活动课程里哪一方面的目标(　　)

A. 做人　　B. 情绪　　C. 智力　　D. 身体

42. 儿童发展具有敏感期是哪位教育家提出的观点(　　)

A. 陈鹤琴　　B. 洛克　　C. 裴斯泰洛齐　　D. 蒙台梭利

43. 海伊斯科普课程的设计者们认定,(　　)是儿童发展过程的核心。(易错)

A. 主动学习　　B. 机械学习　　C. 发现学习　　D. 意义学习

44. 瑞吉欧教育体系在教学方面的突出特点是(　　)

A. 合作研究　　B. 档案支持　　C. 图像语言　　D. 弹性计划

45. 下列不属于蒙台梭利教育方案局限性的是(　　)

A. 有相当程度的机械的和形式化的色彩

B. 教师比较被动,这不利于发挥教师的主导作用

C. 不重视实践

D. 偏重智力训练而忽视情感陶冶和社会化过程

46. 下列对各种课程方案的评价正确的是(　　)

A. 蒙台梭利教育方案是最好的课程方案

B. 五指活动是最好的课程方案

C. 意大利瑞吉欧教育体系是最好的课程方案

D. 各种课程方案均有利弊

47. 斑克街早期教育方案的设计者们提出了(　　)的概念。

A. 整个儿童　　B. 全面发展　　C. 综合教育　　D. 主题教育

48. 幼儿园教育活动内容广泛而复杂，所以必须根据实际情况和需要，灵活选择和运用适宜的评价方法。这体现(　　)的要求。(易错)

A. 评价取向多元化　　B. 评价情境自然化

C. 评价类型多样化　　D. 评价主体多元化

49. 下列对幼儿园课程的理解正确的一项是(　　)

A. 幼儿园课程是"幼儿教材"　　B. 幼儿园课程是"教师的教和学生的学"

C. 幼儿园课程是"各种活动的总和"　　D. 幼儿园课程是"上课"

50. 不规定儿童在完成学习活动后应该获得的行为，而是指向每一个儿童在教育情境的种种"际遇"中所产生的个性化表现。这是(　　)

A. 行为目标　　B. 生成性目标

C. 表现性目标　　D. 预设性目标

51. 幼儿园课程不仅体现在有目的、有计划的教育活动中，而且更重要的是体现在环境、生活、游戏及教师不经意的行为中。这体现了幼儿园课程的(　　)

A. 活动性　　B. 全面性　　C. 生活性　　D. 潜在性

52. 我国古代的"六艺"、欧洲中世纪的"七艺"和工业革命以后出现的物理、化学等课程属于(　　)

A. 分科课程　　B. 活动课程　　C. 综合课程　　D. 融合课程

53. 针对新冠肺炎疫情，中班教师开展了预防疫情的活动，这属于(　　)

A. 核心课程　　B. 综合课程　　C. 活动课程　　D. 分科课程

54. 下列表述属于行为目标的是(　　)(易错)

A. 体验分享食物的快乐，萌发初步的分享意识

B. 会使用订书机装订自制图书

C. 积极参与仿编活动，体验仿编活动的成功感

D. 喜欢参加制作指环的手工活动

55. 根据评价的参照体系，将全班幼儿入园初期的口语表达水平与学期末口语表达水平进行比较，判断幼儿的进步程度和教学效果。这属于(　　)

A. 个体内差异评价　　B. 绝对评价

C. 相对评价　　D. 外部评价

56. 将课程内容作为预设的东西，规定了教师应该教什么、儿童应该学什么，这是课程内容的什么取向(　　)

A. 课程内容即教材　　B. 课程内容即学习活动

C. 课程内容即学习经验　　D. 课程内容即社会要求

57. 幼儿园课程组织形式中根据知识本身的系统及内在联系来组织课程内容的一种方法称为(　　)(易混)

A. 心理顺序法　　B. 逻辑组织法　　C. 直线组织法　　D. 纵向组织法

二、多项选择题

1. 根据课程内容的组织是以学科知识为核心还是以儿童的经验为核心来划分，可将幼儿园课程分为(　　)

A. 分科课程　　B. 学科课程　　C. 活动课程　　D. 综合课程

2. 将当代社会生活需要转化为幼儿园课程目标时要遵守的原则主要包括(　　)

A. 民主性原则　　B. 民族性与国际性统一的原则

C. 教育先行原则　　D. 兴趣性原则

3. 在蒙台梭利课程模式中，教育内容由(　　)组成。(易错)

A. 日常生活练习　　B. 感官训练

C. 肌肉训练　　D. 初步知识的学习

4. 陈鹤琴先生的五指活动课程目标包括(　　)

A. 做人　　B. 智力　　C. 活动　　D. 情绪

5. 班克街早期教育方案的教育目标是促进儿童自主性和个性的发展，包括(　　)

A. 自我认同　　B. 接受帮助　　C. 自主行动　　D. 自行抉择

6. 幼儿园高结构化教学的主要特征表现为(　　)

A. 活动主要由儿童发起　　B. 以教师为中心

C. 活动动机主要是儿童需要　　D. 强调活动结果

7. 在海伊斯科普课程发展的第二个阶段，课程设计者们制定的总目标是教“皮亚杰式技能”，课程目标是依据日内瓦研究课题——(　　)而制定的。

A. 分类　　B. 时间关系　　C. 空间关系　　D. 排序

8. 从课程设计、开发和管理主体来看，可将课程分为(　　)

A. 国家课程　　B. 地方课程　　C. 园本课程　　D. 核心课程

9. 根据评价的参照体系分类，可将课程评价分为(　　)

A. 相对评价　　B. 绝对评价

C. 个体内差异评价　　D. 整体评价

三、判断题

1. 幼儿园课程不是体现在课表、教材、课堂中，而是体现在生活、游戏和其他儿童喜闻乐见的活动形式中，这体现了幼儿园课程生活性的特点。(　　)

2. 目标模式是以对社会有使用价值的目标作为课程开发的基础和核心，并在此基础上选择、组织和评价学习经验的课程编制模式。(　　)

3. 幼儿园课程是基础教育课程体系的基石。(　　)

4. 幼儿园课程的最核心要素是幼儿园课程目标。(　　)

5. 隐性课程具有非预期性、潜在性的特征，因此它的教育影响是毫无规律、不可控制的。(　　)

6. 分科课程易造成知识的不必要重复，浪费有限的教育资源。(　　)

7. 以明确而具体的行为目标作为课程设计的中心是课程设计目标模式的特征之一。（　　）
8. 经验中心课程关注学生的个性形成和自我实现。（易错）（　　）
9. 幼儿园课程目标与中小学课程目标相比，学科性及知识的系统性并不明显，课程目标更具整合性，对儿童更具一般发展性。（　　）
10. 表现性目标是一种可以用具体观察或测量的儿童行为来表示的课程目标。（易错）（　　）
11. 课程内容是实现课程目标的手段。（　　）
12. 幼儿园课程内容组织是指创设良好的课程环境，使幼儿园课程活动兴趣化、有序化、结构化，以产生适宜的学习经验和优化的教育效果，从而实现课程目标的过程。（　　）
13. 同一地区，不同类型、不同性质、不同物质条件、不同师资水平的托幼机构，课程内容应完全一致。（　　）
14. 在课程评价中，要以"具体性""鼓励性"作为开展儿童自我评价的基本原则。（　　）
15. 幼儿园课程的实施要通过拟定各层次的教育教学计划，并通过儿童在园的一日生活以及一系列具体的教育活动来进行。（常考）（　　）
16. 幼儿园课程评价本质上应是一种"对事不对人"的评价。（　　）
17. 我国 2001 年颁布的《幼儿园教育指导纲要（试行）》中以五大领域内容为版块，对原有的苏联分科模式进行了改造。实践中也出现了一些以"领域"形式编排的教材。这些都是学科课程的反映。（　　）
18. "能欣赏自然和艺术美，养成快乐精神，打消惧怕的情绪"属于陈鹤琴五指活动课程中情绪方面的目标。（　　）
19. 表现性目标关注的是儿童活动中表现出的思考问题和解决问题的过程，而不是特定的行动结果。（　　）
20. 瑞吉欧教育体系的特点是发展—互动。（　　）
21. 在蒙台梭利教育体系中，感官教育占有特别重要的地位。（　　）
22. 课程应是连续发展的，而不是孤立的，这体现了学前课程编制的连续发展性原则。（　　）
23. 蒙台梭利教育方案的核心在于教具的操作。（易混）（　　）
24. 蒙台梭利课程模式以培养儿童成为身心均衡发展的人为目标。（　　）
25. 在海伊斯科普课程中，编制课程的中心是儿童主动活动。（　　）
26. 斑克街早期教育方案强调让儿童进行有意义的学习，使他们感受到自己的能力。（　　）
27. 幼儿园课程具有义务性。（　　）
28. 行为目标过于细化和精确化的倾向，易使教师只见目标，不顾儿童的实际发展。（　　）

四、填空题

1. ________是无计划的、无组织的学习活动，学生在学习活动中主要获得的是隐含于课程中的经验。
2. ________注重将科学知识加以系统组织，使教材按一定的逻辑顺序加以编排，注重儿童在学习过程中对知识和技能的掌握。

3. 蒙台梭利坚信，遗传是第一位的，对儿童而言，生命力的表现就是________。

4. ________是依据一定的哲学或伦理观、意识形态和社会政治需要而引出的对课程进行原则性规范或总括性指导的目标。

5. ________注重的是过程，反映的是教育过程中儿童经验生长的要求，注重的是儿童问题解决的过程与结果，它的根本特点是________。（常考）

6. ________是根据学习者的心理发展特点，以适应学习者需要的一种组织课程内容的方法。该方法强调儿童的心理发展特点、经验、兴趣、需要，对调动儿童学习的积极性、主动性作用很大。

7. 课程目标是________在教育过程中的具体化，它指明了学习者通过课程的学习应该达到的成就。

8. “综合教育”是一种以________组织幼儿园课程内容的方式。

9. ________指的是按广义概念组织课程内容，即打破传统的知识体系，使课程内容与儿童已有的经验连为一体的方法。

10. ________是幼儿园课程实施的基本途径。（易混）

11. ________反对用预先确定的目标，尤其是行为目标来规定课程的进展和结果，把课程设计看成是一个不断发展的过程，是主张关注具有内在价值的课程内容及儿童实际的活动过程的课程设计模式。

12. 陈鹤琴提出了三个具体的课程编制方法：圆周法、直进法和________。

13. 陈鹤琴先生在对学前儿童心理和教育长期研究的基础上，提出了适合学前儿童发展的课程组织法，被称为________。

14. 行为课程的要旨是以________为中心的，强调“做”即行动的价值，提倡“做学教”打成一片。（常考）

15. 在蒙台梭利学校中，教师扮演的角色首先是________，蒙台梭利把教师称作“指导员”。

16. 在瑞吉欧教育体系中，教师是儿童的伙伴、________和指导者。（易错）

17. 活动课程打破了学科本身的逻辑，注重儿童的学习过程。很多学者也把经验课程称之为“________”。

18. 斑克街早期教育方案的基本理念是儿童认知发展和________与其社会化的过程不可分离。

19. 斑克街早期教育方案常以________的问题为综合性课程的主题，教师为儿童获取社会学习和掌握重要技能的经验提供机会。

五、简答题

1. 简述幼儿园课程的类型。（常考）

2. 简述幼儿园课程目标制定的依据。

3. 简述幼儿园课程目标的层次。

4. 简述幼儿园课程内容的范围。

5. 简述幼儿园课程目标的基本取向。

6. 简述幼儿园课程内容的取向。(易错)

7. 简述幼儿园教育活动的类型。(易错)

8. 简述幼儿园教育活动的方法。

9. 简述差距评价模式的五个阶段。

10. 简述建立档案袋评价的目的。

11. 简述档案袋的分类。

12. 简述斑克街课程的实施步骤。

13. 斑克街早期教育方案以社会学习为核心展开的课程,共分为哪几类?

14. 简述蒙台梭利教育体系中“一个有准备的环境”的特点。（常考）

15. 简述瑞吉欧教育体系中方案活动的特点。

16. 简述张雪门提出的选择教材的五条标准。

17. 简述斑克街早期教育方案的教育目标。

18. 瑞吉欧教育体系提出的关于个体和集体学习的关系问题有哪些？

19. 简述课程内容即学习经验的取向。

20. 简述张雪门先生行为课程的内容。

六、材料分析题

1. 一段时间内，男孩对用泥捏的枪特别感兴趣，而对于其它区域的材料，尤其是用来折叠的纸张理也不理。众所周知，在折纸的过程中可以潜移默化地获得相关的几何知识，这是积塑所不能代替的。为此一位教师精心用纸折出一把精致的手枪。当老师向孩子亮出枪时说："啊，这么棒的枪！""老师，让我玩一会儿！""你们这么多人，只有一把枪，怎么办呢？""那么，老师，你教我们做吧！"于是，孩子们心甘情愿地来到了美工区，全神贯注地投入折纸活动中。

   请用幼儿园课程内容选择的有关原则加以分析说明。

2. 中(2)班的张老师正在组织幼儿开展美术活动，活动室外突然飘起了雪花。这对于南方的幼儿来讲是非常稀奇的，很多幼儿很少甚至从未见过真正的下雪情景。因此，不少幼儿按捺不住，不时往外张望，甚至有个别幼儿已经离开座位跑到了活动室外。张老师看到这些之后，明确要求幼儿必须先画完画，不能往外看，更不准跑出去。就这样，很多幼儿心不在焉地画完了画。但此时，外面的雪停了。

   (1)幼儿园课程实施有哪三种取向？

   (2)案例中，张老师的做法属于哪种课程实施取向？并结合案例说明理由。

3. 李老师是一位新教师，她正在组织开展科学活动"各种各样的味道"。活动室四周摆放着幼儿搜集来的各种食品、调料、水果等。幼儿自由地感受、品尝、比较各种味道，气氛活跃。

   其中，幼儿感受最深的是辣味。经过一段时间的自由探索，幼儿开始交流自己的感受和体验。就在这时，一个幼儿突然站起来说："我感觉太辣了，我要喝水！"教室里随即沸腾起来："我也觉得太辣了，我也要喝水……"场面开始混乱。此时，李老师心里十分矛盾：如果同意他们出去喝水，活动还能顺利进行下去吗？如果不同意他们，又该如何往下引导？李老师最后还是说："请小朋友们坚持一下，上完课马上请大家喝水。"最后活动也在孩子们的"沸腾"声中匆匆结束。

请你以课程实施取向的相关理论回答：

(1)请分析李老师的做法属于哪种课程实施的取向。

(2)如果你是李老师，你将会如何处理这一情况？并说明理由。

4. 入园时，大(1)班王老师发现有的小朋友穿着雨衣，于是就抓住了这个机会向小朋友提问：你们知道为什么雨衣不透水吗？它是什么材料制成的？生活中还有哪些材料也是不透水的？……这些问题引发了幼儿的探究兴趣和求知欲，于是一个新的活动——"雨衣的秘密"产生了。

(1)本案例体现了幼儿园课程内容选择的什么原则？

(2)幼儿园课程内容的选择应遵循哪些原则？

5. 在一次大班集体教学中，教师出示了一张一只老虎在追几只兔子的图画，请小朋友想办法帮助兔子。当一个小朋友说"赶紧给猎人打电话，让猎人来打虎"时，一个男孩马上站起来反对："不行！老虎是一级保护动物，不能打！兔子还不是一级保护动物呢，连二级也不是！""对！应该让老虎吃一只兔子，不然，老虎会饿死的！"另一个男孩大声附和。这一下班里就像炸开了锅，孩子们的情绪一下子高涨了起来，围绕"该不该让老虎吃兔子"的话题热烈地辩论起来。这时，老师大声说："好了！好了！都别争了！咱们刚才的任务是什么来着？想办法帮助兔子！我看谁想的办法好！"活动又回到了老师预设的轨道上……

请分析上述案例中教师的课程实施取向，并谈谈你对该幼儿园课程实施取向的认识。

第二章　学前健康教育

命题要点	考查热度	考查难度	命题预测
学前健康教育概述、目标、内容与方法	★	一般	学前健康教育的内容、方法、原则
学前儿童体育活动、身体保健教育、心理健康教育及评价	★★	中等	学前儿童体育活动的目标、内容、指导要点

真题必刷

第 3 练　学前健康教育概述、目标、内容与方法

一、单项选择题

1.［江西统考］让学前儿童获取有益于健康行为和减少有害于健康行为的(　　)是学前儿童健康教育的任务。

A. 知识和态度　　B. 知识和能力　　C. 态度和能力　　D. 态度和技能

2.［浙江统考］幼儿园健康教育是指在幼儿园中，根据幼儿身心发展特点，以提高幼儿健康认识、改善幼儿健康态度、培养幼儿健康行为、保持和促进幼儿健康为目的的系统的(　　)

A. 认识活动　　B. 教育活动　　C. 游戏活动　　D. 自主活动

3.［浙江统考］下列不属于实施学前儿童健康教育应遵循的原则的是(　　)

A. 客观性原则　　B. 科学性原则

C. 发展性原则　　D. 全方位渗透原则

4.［江西统考］在学前儿童健康教育中，可供选择和运用的教育方法主要有(　　)

①动作与行为练习　②讨论、游戏　③参观访问　④情境演示、讲解示范

A. ①②　　B. ①②④　　C. ①④　　D. ①②③④

5.［广东广州］暑假前卢老师开展了一次健康教育活动，活动的主要目标是教育幼儿假期不要单独到水池边、河边玩耍，要在成人的陪伴下游泳，以及让幼儿了解防溺水的相关知识。该活动属于幼儿园身体健康教育内容中的(　　)(常考)

A. 体育锻炼　　B. 生活卫生习惯教育

C. 饮食与营养教育　　D. 安全自护教育

6.［安徽安庆］幼儿园健康教育活动目标的制定依据有(　　)

A. 幼儿园要求　　B. 幼儿身心发展特点

C. 家长要求　　D. 课程水平

7.［浙江临海］在学前儿童健康教育活动中,幼儿园教师让幼儿自己发现问题,发表自己的看法和意见,解决问题并得出结论,使用了(　　)

A. 讲解演示法　　B. 情境表演法

C. 感知体验法　　D. 讨论评议法

二、多项选择题

［安徽宿州］健康的内容包括(　　)

A. 生理健康　　B. 心理健康　　C. 社会健康　　D. 身体健康

三、材料分析题

［浙江统考］**材料**:小班的郑老师发现,有的小朋友要教师提醒才记得喝水;有的小朋友会把自己的小物件玩具带入寝室;有的男孩子经常把小便尿在便池外面。针对这些情况,郑老师与幼儿共同创设“能量加油站”,引导幼儿以刷卡的游戏来记录喝水的次数;放置收纳盒(“小房子”),让幼儿把自己的小物件、玩具分类放到“小房子”里面休息;在男生小便池里面贴上“怪兽”,引导幼儿对着怪兽射击。郑老师还会表扬做得对、做得好的幼儿。

问题:(1)结合材料,阐述郑老师培养幼儿良好的生活卫生习惯的行为。

(2)对郑老师现阶段的措施提出合理建议。

第 4 练　学前儿童体育活动、身体保健教育、心理健康教育及评价

一、单项选择题

1.［福建统考］以下属于幼儿园心理健康教育内容的是(　　)

A. 性教育　　B. 生活卫生习惯

C. 饮食与营养　　D. 人体认识和保护

2.［福建统考］在进行体育活动时,李老师引导幼儿按照“从易到难”“从简到繁”的顺序掌握动作。这遵循了幼儿园体育活动的(　　)原则。

A. 适量性　　B. 日常性　　C. 兴趣性　　D. 循序渐进

3.［广东广州］幼儿体操动作的编排应包括身体的各个部位和不同方向的动作,成套幼儿体操的编排程序是(　　)(常考)

A. 上肢或四肢的伸展动作→扩胸、转体的动作→腹背的动作→下肢及全身的动作→放松、整理的动作

B. 扩胸、转体的动作→腹背的动作→下肢及全身的动作→上肢或四肢的伸展动作→放松、整理的动作

C. 放松、整理的动作→上肢或四肢的伸展动作→扩胸、转体的动作→腹背的动作→下肢及全身的动作

D. 腹背的动作→上肢或四肢的伸展动作→扩胸、转体的动作→下肢及全身的动作→放松、整理的动作

4.［安徽合肥］下列不适合作为幼儿运动会项目的是（　　）

A. 基本体操　B. 两人三足　C. 跳绳　D. 百米短跑

5.［安徽宿州］掌握儿童体育活动的活动量时，一般要求（　　）

A. 高强度、高密度、时间较短　B. 低强度、低密度、时间长

C. 低强度、高密度、时间较短　D. 高强度、低密度、时间长

6.［广东广州］幼儿早操活动是幼儿锻炼身体、增强体质的良好手段。关于组织早操活动时应注意的问题，下列描述有误的是（　　）

A. 早操活动的队形、队列练习应尽量复杂一点

B. 冬季在室外进行早操活动时，可根据需要让幼儿戴上帽子

C. 在进行体操动作练习时，应尽可能要求幼儿做得认真、正确

D. 早操活动中所做的动作应是幼儿已经学会并掌握得较熟练的内容

7.［福建统考］下列最适合小班幼儿的早操是（　　）

A. 器械操　B. 创编操　C. 模仿操　D. 变换队列操

8.［福建统考］小班幼儿走的动作要求是（　　）（易混）

A. 上体正直，自然地走　B. 上体正直，上下肢协调地走

C. 上体正直，有精神地走　D. 步伐均匀，有精神地走

9.［福建统考］编排幼儿体操时，整套动作的活动量应（　　）

A. 由小到大　B. 由大到小

C. 由小到大，再由大到小　D. 由大到小，再由小到大

10.［安徽安庆］智力发展正常，情绪健康，反应适度，乐于与人交往，人际关系融洽，行为和谐统一，性格特征良好是学前儿童（　　）健康的特征。

A. 心理　B. 生理　C. 身心　D. 身体

11.［福建统考］跑的教学重点是腿的动作，基本要求是（　　）（常考）

A. 步子小，落地轻　B. 步子大，落地轻

C. 步子小，落地重　D. 步子大，落地重

12.［安徽合肥］下列属于学前儿童心理健康标志的是（　　）

A. 性格特征良好　B. 体育锻炼充足

C. 安全自护意识强烈　D. 性别角色认识及时

13.［广东广州］幼儿心理健康教育的内容中，帮助幼儿学会社会交往能力的内容不包括（　　）

A. 学会互助、合作　B. 恰当的自我评价

C. 随意发泄不良情绪　D. 感知和理解他人情感

14.［安徽宿州］幼儿园健康教育评价根据（　　）可以分为相对评价、绝对评价和个体内差异评价。

A. 评价功能　B. 评价性质　C. 评价范围　D. 评价基准

15. [浙江临海]幼儿身心保健教育活动过程的组织中,(　　)是幼儿自主学习、建构知识的重要环节。

A. 开始环节　B. 呈现环节　C. 操作环节　D. 巩固环节

16. [安徽宿州](　　)是针对是否形成某一健康行为或态度,对所有儿童进行逐一评估的方法。

A. 轶事记录法　B. 问卷法　C. 观察法　D. 核对名册法

17. [安徽阜阳]保证学前儿童每日户外体育活动时间不得少于1小时,这体现了幼儿园体育活动实施原则中的(　　)

A. 多样化原则　B. 全面性原则

C. 经常化原则　D. 适量的运动负荷原则

18. [山东青岛]人体在运动过程中,生理机能活动变化的状况通常分为上升阶段、(　　)阶段、下降阶段。

A. 平衡　B. 保持　C. 高潮　D. 平稳

19. [福建统考]幼儿开始空气浴的最佳季节是(　　)

A. 春　B. 夏　C. 秋　D. 冬

20. [安徽阜阳]能双脚熟练地改变方向,向前、后、左、右变换跳,是适用于(　　)幼儿体育活动的目标。

A. 小小班　B. 小班　C. 中班　D. 大班

二、判断题

1. [安徽合肥]能从25厘米的高处自然地跳下是小班幼儿体育活动的目标。(　　)

2. [山东菏泽]听信号左右分队走是小班幼儿在体育活动走步方面应达到的目标。(　　)

3. [安徽安庆]对于4岁的儿童,体操的节数可以增加到6~8节,并以轻器械操为主。(　　)

4. [广东广州]在幼儿心理健康教育中,应培养幼儿正确的性别认识和角色认识。(　　)

5. [福建统考]幼儿体育教学活动的活动量应由小到大,再逐渐减小,要合理安排运动负荷和强度,避免幼儿出现疲劳。(　　)

三、简答题

1. [浙江统考]简述体育活动实施与指导原则。(常考)

2. [广东广州]早操不仅能够锻炼幼儿身体,培养其形成良好的体育锻炼习惯,还可以激起幼儿对幼儿园快乐生活的向往,但当前很多幼儿园的早操仍存在问题。请为科学编排幼儿园早操提供一些可行性的策略。

3. [安徽宿州]幼儿园心理健康教育应注意哪些问题?

四、活动设计题

1. [福建统考]请以“真高兴”为主题设计一个中班健康教育活动。要求写出活动名称、活动目标、活动准备、活动过程、活动延伸。

附故事

真高兴

小鸟、青蛙、蝴蝶、小猫是好朋友。

小鸟说:“我愿意为朋友们唱歌,让它们高兴。”

青蛙说:“我愿意为朋友们讲故事,让它们高兴。”

蝴蝶说:“我愿意为朋友们跳舞,让它们高兴。”

小猫好着急,它能为朋友们做些什么呢?

一天,一群小蚂蚁正忙着搬东西,它们从小猫身边走过时,小猫对它们友好地微笑,一只小蚂蚁说:“小猫,你的微笑真甜啊。”小猫想:“对呀,我可以把微笑送给朋友们,让它们高兴啊。”小猫就画了很多张图画,每一张画上都是小猫甜甜的微笑,小动物们看了高兴地笑了。

2. [安徽宿州]随着幼儿年龄的增长,5岁儿童的走路速度基本与成人相同。平衡能力明显增强,可以用比较复杂的运动技巧进行活动,并且还能伴随音乐进行律动与舞蹈。手指小肌肉快速发展,已能自如地控制手腕,运用手指活动。合作意识逐渐增强,规则意识逐渐形成。

问题:根据幼儿体育运动的发展特点,请你设计一个大班的体育教育活动方案。

要求:写出活动名称、活动目标、活动准备、活动过程。

3.[安徽滁州]结合幼儿园五大领域教育与活动指导的主要内容,以“我与疫情”为主题设计一个具有一定整合性的中班教育活动。

设计要求:

(1)目标要明确、具体、恰当,符合幼儿的年龄特点。

(2)活动过程结构完整、思路清晰,列出活动过程每一环节的主要内容。

4.[江西统考]请设计一节大班健康活动“我的心情我做主”,要求:写出活动设计意图、活动目标、活动准备、活动重难点、活动过程。

5.[福建统考]根据4~5岁幼儿能单手将投掷物向前投掷4米左右的典型表现,设计一个中班体育活动方案。要求:自拟活动名称、活动目标、活动准备、活动过程、活动延伸。

实战演练

一、单项选择题

1.下列不属于幼儿健康特征的是(　　)

A.情绪反应适度　　B.身体器官组织的构造正常

C.社会适应良好　　D.身高、体重的增加速度与同年龄幼儿完全一致

2.下列对健康概念的表述,正确的是(　　)(常考)

A.身体健康及良好的社会适应能力　　B.心理健康及良好的环境适应能力

C.身心健康及良好的环境适应能力　　D.身心健康及良好的社会适应能力

3.确定儿童健康教育目标的根本依据是(　　)

A.健康教育的总目标　　B.儿童身心发展特点

C. 儿童体育活动目标　　D. 儿童教育目标

4. “愉快地参加户外活动,在有趣的游戏中充分锻炼,自然协调地走、跑,并初步掌握跳、爬、钻、投掷、平衡、攀登等基本动作。”这属于(　　)儿童的健康教育目标。

A. 小班　　B. 中班　　C. 大班　　D. 托班

5. 学前儿童健康教育包括学前儿童心理健康教育和(　　)

A. 学前儿童卫生教育　　B. 学前儿童身体健康教育

C. 学前儿童常规教育　　D. 学前儿童亲社会教育

6. 下列不属于儿童身体健康教育内容的是(　　)

A. 生活卫生习惯　　B. 安全自护

C. 体育锻炼　　D. 能听懂并理解多种游戏规则

7. 下列选项中不属于学前儿童体育活动主要特点的是(　　)

A. 学前儿童的体育活动强度较小、密度较大

B. 学前儿童的体育活动时间较短、急缓结合、动静交替

C. 应注意对学前儿童的体育活动随时做达标测试

D. 学前儿童体育活动的组织方式、方法灵活多样,约束性小,可以根据儿童的实际情况随机变动

8. 在幼儿跳跨栏活动中,要提供几种不同高度的跨栏,让幼儿自由选择;对肥胖的幼儿以及体弱幼儿,教师应和保健医生配合制定运动方案。这体现了幼儿园户外活动原则中的(　　)

A. 经常性原则　　B. 动静交替原则　　C. 全面锻炼原则　　D. 个别对待原则

9. 在体育活动中,教师不仅要观察幼儿动作发展的情况,还要善于进行设计和指导,让每位幼儿每天都有机会进行使用大肌肉和小肌肉的活动。下列活动中,属于发展幼儿小肌肉动作的活动是(　　)

A. 用手指拾起豆子　　B. 走高度、宽度适宜的平衡木

C. 投掷“沙包”练习　　D. 模仿动物走

10. 下列不完全属于学前儿童体育活动中基本动作的是(　　)(常考)

A. 跑、跳、钻　　B. 投掷、拉伸、攀登

C. 钻、爬、跑　　D. 跳、跑、爬

11. 幼儿园中班幼儿的体操一般(　　)

A. 以模仿操为主　　B. 以徒手操为主

C. 以轻器械操为主　　D. 以竹竿操为主

12. “游戏的动作、内容、情节比小班复杂,角色增多”属于(　　)幼儿的体育游戏特点。

A. 托班　　B. 小班　　C. 中班　　D. 大班

13. 学前儿童体育(　　),是幼儿园体育活动中最重要的内容。

A. 技能　　B. 锻炼　　C. 项目　　D. 游戏

14. 下列选项中属于中班幼儿跑的能力发展特点的是(　　)

A. 跑的步幅小,步伐不均匀,上下肢不协调,身体不平衡,速度慢、耐力差

B. 跑动中控制身体的能力差,不易立刻停止、转弯、躲闪障碍

C. 动作协调、自然,能听信号改变方向,速度快,追逐跑,一个一个地跑

D. 灵敏、协调、控制力高,转、停顿灵活

15. 下列不属于攀登类体育运动器械的是(　　)

A. 攀登架　　B. 秋千　　C. 攀网　　D. 肋木

16. 教师在投掷线前挂一条有一定高度的绳子,要求幼儿投沙包时,使沙包从绳子上飞过。这种练习法是(　　)(常考)

A. 整体练习　　B. 变化练习　　C. 条件练习　　D. 分解练习

17. 日常生活中愿意与人交往,知道轮流玩,初步体验与老师、小朋友相处、共同游戏的乐趣。这属于(　　)幼儿的健康教育活动目标。

A. 小班　　B. 中班　　C. 大班　　D. 学前班

18. 跳跃的教学重点是(　　)

A. 助跑和起跳　　B. 起跳和平衡　　C. 起跳和落地　　D. 落地和平衡

19. 下列口令中只有动令的是(　　)(易错)

A. 起步走　　B. 向左转　　C. 稍息　　D. 向前看齐

20. 科学安排学前儿童运动量应遵循的原则是(　　)

A. 以大运动量为主　　B. 适量的运动负荷

C. 由大到小　　D. 高难度

21. 体育活动中,影响儿童生理负荷的因素主要是(　　)

A. 运动的强度和老师的态度等　　B. 运动的密度和动作难度等

C. 运动强度和密度等　　D. 老师的态度和动作难度等

22. 调整幼儿体育游戏的活动量最主要应考虑(　　)(易错)

A. 幼儿生理变化　　B. 幼儿活动兴趣

C. 幼儿对游戏的掌握程度　　D. 幼儿对游戏的参与程度

23. 幼儿体育活动量是否适当,教师可以通过在活动中和活动后观察幼儿的(　　)来判断。

A. 面色、汗量、视力、动作等　　B. 面色、汗量、呼吸、视力等

C. 听力、汗量、呼吸、动作等　　D. 面色、汗量、呼吸、动作等

24. 在球类活动中,(　　)能自抛自接低(高)球;能两人近距离互抛互接大球;能滚球击物;能左右手拍球。

A. 托班幼儿　　B. 小班幼儿　　C. 中班幼儿　　D. 大班幼儿

25. 能文明、大方地与人交往,以积极恰当的方式参与或发起活动;尊重别人的意愿,比较自觉地控制自己的情绪和行为;学习解决活动中同伴间的纠纷,并学会评价自己与他人;愿意学习同伴的优点,与同伴建立起友好的关系。这属于(　　)儿童的健康教育目标。

A. 小班　　B. 中班　　C. 大班　　D. 学前班

26. 能在宽20厘米、高30厘米的平衡木(或斜坡)上走;能原地自转至少3圈不跌倒;能闭目向前走至少10步。这属于(　　)体育活动的目标。(易混)

A. 托班幼儿　B. 小班幼儿　C. 中班幼儿　D. 大班幼儿

27. 体操的功用是不同的,“编排的操节动作要全面,以便全面锻炼幼儿的身体”。这是对(　　)的要求。

A. 准备操　B. 表演操　C. 早操　D. 放松操

28. 以下关于幼儿园早操活动组织策略的表述,正确的是(　　)

A. 早操活动的时间段一年四季不能变更

B. 不同年龄段儿童做操时间不需要统一

C. 早操活动的单次持续时间不能超过15分钟

D. 早操的内容一年内最好不要更换

29. 幼儿体育锻炼需要坚持的原则不包括(　　)

A. 渐进性原则　B. 兴趣性原则　C. 持久性原则　D. 竞赛性原则

30. 幼儿园运动会的实施与指导策略中,不正确的是(　　)

A. 面向全体,人人参与

B. 重在参与和娱乐,满足幼儿的表演欲和参与积极性

C. 以集体和合作项目为主,注重团队精神的培养

D. 重在运动会前突击训练

31. 下列选项中不属于学前儿童身体保健教育的组织形式的是(　　)

A. 教育活动　B. 家园合作　C. 游戏活动　D. 生活活动

32. (　　)是指饮食营养教育活动应适合学前儿童的身心发展特点。

A. 可行性原则　B. 需要性原则　C. 一致性原则　D. 直接性原则

33. 在学前儿童身体保护和生活自理能力教育中,既不能顾此失彼,又要注意不要因为活动的繁多而使习惯的培养被忽略。这体现了学前儿童身体保护和生活自理教育活动的(　　)原则。

A. 全面性　B. 主体性　C. 安全性　D. 活动性

34. 学前健康教育活动评价的外貌模式是由(　　)提出的。

A. 斯塔克　B. 泰勒　C. 斯克里文　D. 普罗沃斯

35. 在饮食教育中,老师先让孩子初步认识一些食物,然后再培养他们合理搭配食物的能力,这遵循了饮食营养教育的(　　)

A. 可行性原则　B. 直接性原则　C. 一致性原则　D. 序列性原则

36. 能较熟练地听信号集合、分散、排成4路纵队(包括切断分队);能随音乐节奏准确地做徒手操和轻器械操。这属于(　　)幼儿的体育活动目标。

A. 小班　B. 中班　C. 大班　D. 学前班

37. 能快跑20米左右,走跑交替(或慢跑)200米左右。这属于(　　)幼儿体育活动的目标。

A. 小班　B. 中班　C. 大班　D. 学前班

二、多项选择题

1. 布拉姆提出影响学前儿童健康的因素主要包括(　　)(常考)

A. 环境　B. 生物学因素　C. 生活方式　D. 保健设施的易得性

2. 学前健康教育目标是使儿童的身心发展达到预期的健康水平,它包含着健康教育的(　　)等层次。

A. 终极目标　B. 分类目标

C. 年龄阶段目标　D. 教育活动设计目标

3. 考虑学前儿童身体及动作在运动过程中的变化特点,在学前儿童体育活动设计中,应遵循的规律包括(　　)

A. 人体机能适应性规律　B. 人体生理机能活动能力变化的规律

C. 动作技能形成的规律　D. 适量的运动负荷

4. 学前儿童操可分为(　　)(常考)

A. 模仿操　B. 徒手体操　C. 轻器械体操　D. 重器械体操

5. 下列选项中属于早操的内容的是(　　)

A. 走步、跑等排队和变换队形的练习　B. 一定时间和距离的跑、走交替健身活动

C. 模仿操、徒手体操和轻器械操等练习　D. 简单的舞蹈律动动作练习

6. 学前儿童体育活动的基本特点是(　　)

A. 身体养护为基本前提　B. 肢体运动为主要内容

C. 体育游戏为主要形式　D. 户外环境为主要场地

7. 下列选项中属于大班体育活动的年龄阶段目标的是(　　)

A. 热爱体育活动,有积极参加各种身体锻炼的习惯

B. 能熟练地听各种口令和信号并做出相应的动作

C. 能闭目向前走至少10米

D. 能独立或合作收拾各种小型体育器材

8. 学前儿童身体保护和生活自理教育活动的原则包括(　　)(常考)

A. 全面性原则　B. 主体性原则　C. 安全性原则　D. 教育性原则

9. 幼儿身心保健教育活动的过程一般由(　　)构成。

A. 开始环节　B. 基本环节　C. 结束环节　D. 延伸环节

10. 影响学前儿童心理健康的因素主要包括(　　)

A. 生物学因素　B. 心理社会因素　C. 环境和教育　D. 遗传

11. 学前儿童身体保健教育中良好的个人卫生习惯包括(　　)

A. 每天洗脸、洗脚、清洗外阴(尤其是女孩)

B. 学会自己吃饭,饭后擦嘴

C. 每天早晚刷牙

D. 不乱扔东西,不乱涂乱画

12. 在健康教育的实施过程中，当儿童的发展处于一种协调状态时，即达到了健康教育（ ）三个维度结合的境界。

A. 生理 B. 心理 C. 社会 D. 自身

13. 学前儿童体育活动常用的方法包括（ ）（易错）

A. 示范法 B. 讲解法 C. 练习法 D. 游戏法

三、判断题

1. 儿童教育和健康教育的总目标是确定儿童健康教育目标的根本依据。（易混） （ ）
2. 幼儿园教师经常在体育活动中通过语言示范帮助幼儿掌握动作要领。 （ ）
3. 学前健康教育目标的制定、内容的选择，要考虑略高于儿童现有水平，同时又是儿童经过努力可以完成的，这体现了学前健康教育实施的发展性原则。 （ ）
4. 了解身体主要器官及自身生长的需要，并初步掌握自我保健的有关常识和简单方法，这是中班儿童学前健康教育的目标。 （ ）
5. 走是学前儿童从爬到直立后在发展上最重要的一次飞跃，是人体移动位置最自然、最省力的活动，是锻炼身体的手段之一，是幼儿园一项重要的体育活动内容。 （ ）
6. 体育游戏的趣味性，是体育游戏具有生命力的重要因素。 （ ）
7. 在运动过程中，人体生理机能活动变化的状况通常分为上升阶段、保持阶段、下降阶段。 （ ）
8. 在投掷活动中要常变换投掷物，增加幼儿的兴趣。 （ ）
9. 能步行 1 千米左右，连续跑约半分钟属于中班体育活动的目标。 （ ）
10. 幼儿园体育应以增强幼儿体质为核心。 （ ）
11. 体育课的主要任务是：全面锻炼身体，增强学前儿童体质；传授简单的体育知识和技能；发展学前儿童智力；培养优良品质、锻炼意志、发展个性。 （ ）
12. 正确的跳跃姿势是两脚并齐，呈半蹲状，小屁股微翘，攥紧小拳头，然后开始起跳。 （ ）
13. 在具体设计和组织户外体育活动时，教师只能采用封闭式循环，不能采用其他形式。 （ ）
14. 3 ~6 岁是学前儿童的性别意识发生、发展的关键期。 （ ）
15. 大班幼儿横队走不齐，纵队能走齐。 （ ）

四、简答题

1. 简述《幼儿园教育指导纲要（试行）》中健康教育的总目标。

2. 简述学前健康教育的终极目标。

3. 简述学前健康教育的意义。

4. 简述选择学前健康教育内容时应注意的问题。

5. 简述学前健康教育的方法。

6. 简述实施学前健康教育应遵循的原则。(易错)

7. 简述学前儿童体育活动的总目标。

8. 学前儿童体育游戏进行中应注意哪些问题?(易错)

9. 简述选择和创编学前儿童体操的基本要求。

10. 简述学前儿童走的能力发展特点。

11. 简述学前儿童投掷能力的发展特点。

12. 简述幼儿园体育活动中常用的练习法的类型。

13. 简述幼儿健康教育的主要内容。

14. 简述学前儿童户外体育活动的意义。

15. 简述学前儿童体育活动的主要特点。（常考）

16. 简述体育课的实施与指导。

17. 简述早操的注意事项。（易错）

18. 简述户外体育活动的注意事项。

19. 简述学前儿童安全教育实施的原则。

20. 简述学前儿童饮食营养教育的原则。

21. 简述学前儿童心理健康教育活动应注意的问题。

22. 简述学前健康教育活动评价的内容。

23. 简述学前儿童体育节的意义。

24. 简述教师在学前儿童体育活动中运用讲解法时需注意的方面。

25. 简述锻炼学前儿童平衡能力的教学建议。(易错)

26. 简述学前健康教育评价的原则。

27. 简述学前儿童体育活动的基本内容。

五、材料分析题

1. 小张是一名大班的女孩,体型肥胖,平时不喜欢运动,对体育活动不感兴趣。
作为体育教师对该幼儿应该采用什么方法进行教学?

2. 在某园的一堂主题为"跳跃"的体育公开课上,小(2)班的王老师为了把课上好,想了不少办法。整堂课从开始到结束始终在紧张、活泼的游戏氛围中进行,既有集体的游戏,如青蛙妈妈(由教师扮演)带领小青蛙(由幼儿扮演)一起练习本领(随着音乐做蛙跳动作),也有分散游戏,如组织幼儿玩民间游戏"隔房子"(在地上划上方格,幼儿在其中蹦跳)等。课后,观摩的老师们发现,绝大多数孩子都满头大

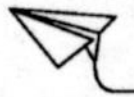

汗,许多孩子嘴里直叫:“哎呀,真好玩,可就是累死我了。”

请指出这节公开课的不足之处,并说明理由。

3. 中三班小朋友明明,坐在椅子上时,一直以来喜欢身体往前倾,只有臀部落座在椅面上;坐在桌前时,常会耸着肩。

请回答:

(1)明明的坐姿有哪些问题?

(2)这一坐姿直接影响明明的体态,你准备怎样帮助明明养成正确的坐姿?

4. 一位幼儿园老师教儿童跳绳之后,为使全体儿童学会跳绳,在下午的体育活动中开展跳绳活动,他发给每位儿童一根绳子后,让儿童自由四散练习,而自己则不断提醒儿童继续学跳,20 分钟后,还有部分儿童不会跳,老师又延迟了 10 分钟。

请用学前儿童体育教育的有关理论,分析其不足之处。

5. 统计数据显示,意外伤害占我国儿童死亡原因总数的 26.1%,而且这个数字还在以每年 7% ~10% 的速度增长,意外伤害已成为 0~14 岁儿童健康的第一“杀手”。历数近三年来国内所发生的灾难,在每次灾难中青少年都是受到伤害最严重的社会群体。据有关部门统计,迄今为止我国因意外伤害造成的儿童死亡人数占总数的比例在不断上升。儿童意外事故 52% 发生在家庭,19% 发生在街道,12% 发生在学校。专家认为意外伤害的特点是意外性和突然性,绝大多数儿童意外伤害事故是可以预防的。

请结合案例谈谈如何开展学前儿童安全教育。

六、活动设计题

1. 根据大班幼儿的年龄特点，设计一个有关“保护眼睛”的健康教育活动，要求写出活动目标、活动准备以及活动过程。

2. 根据中班幼儿的年龄特点，设计一个健康教育活动，要求写出活动目标、活动准备以及活动过程。

附儿歌：

刷牙歌

我刷我刷我刷刷刷，
我刷我刷我刷刷刷。
我上上下下，我前前后后，
我仔仔细细，我轻轻柔柔，
我快快乐乐，睡前起床，
三餐饭后，刷牙漱口，
因为牙齿是我的好朋友。
好吃的东西真多，
稀里哗啦通通塞入口，
最怕是满嘴的蛀虫，
什么好糖也都咬不动。
嘿嘿嘿嘿，
你的牙齿有一个大窟窿，
嘿嘿嘿嘿，
牙医永远和我不同国。

3. 根据大班幼儿的年龄特点，设计一个关于“传染病”的健康教育活动，要求写出活动目标、活动准备以及活动过程。

4. 根据下面案例，设计一份亲子运动会方案，要求写出亲子运动会的设计意图、两个运动项目（须写出运动项目的名称、材料和玩法）、家长工作要点以及实施注意事项。

在与本班家长的沟通会上，大(3)班教师发现，不少家长平时很少和孩子一起运动，因为不知道可以和孩子玩什么。为此，教师准备举行一场亲子运动会，让家长体验到生活中随手可得的一些废旧材料，都可以用来开展有趣的运动游戏，从而促进幼儿发展。

5. 请设计一个关于“玩圈”的中班健康活动，要求写出活动目标、活动准备及活动过程。

6. 请设计一份小班教育活动计划——在一定范围内追逐跑。要求：(1)题目自拟；(2)写出活动目标、活动准备、活动过程；(3)写出游戏的玩法和规则。

7. 夏天到了，请为中班幼儿设计“夏季防暑办法”的健康教育活动，要求写出活动目标、活动准备和活动过程。

第三章　学前语言教育

命题要点	考查热度	考查难度	命题预测
学前语言教育目标、内容和特点	★	一般	学前语言教育目标的层次结构、幼儿学习语言的特点
学前语言能力的发展与教育	★★	中等	学前儿童语言的获得理论、0～3岁儿童语言能力的发展
学前语言教育活动的设计、组织策略与评价	★★	中等	不同类型语言教育活动的基本特征、目标和设计与实施的步骤

真题必刷

第5练　学前语言教育目标、内容和特点

一、单项选择题

1.［安徽宿州］学前儿童语言教育主要是研究学前儿童（　　）的过程。

A. 语言获得、语言学习和语言教育　　B. 语言获得、语言探索和语言教育

C. 语言探索、语言学习和语言教育　　D. 语言获得、语言学习和语言观念

2.［安徽滁州］在谈话活动中将目标定为喜欢与同伴交谈，愿意在众人面前讲话的是（　　）

A. 托班　　B. 小班　　C. 中班　　D. 大班

3.［安徽安庆］学前儿童语言教育的总目标可划分为倾听、表述、（　　）和早期阅读四个方面。

A. 社会性　　B. 游戏　　C. 谈话　　D. 欣赏文学作品

4.［安徽阜阳］下列属于幼儿园专门的语言教育内容的是（　　）

A. 幼儿园入园的问候　　B. 晨间谈话

C. 睡前故事　　D. 听说游戏

5.［广东广州］宋老师将小班的语言教育活动融入幼儿的日常生活中，选择以“我的家”“过生日”等为主题的活动，而对大班幼儿则开展了“环保标志”“玩具展览”等涉及信息社会、信息科技类的语言活动。这表明宋老师在安排语言教育教学内容时考虑到（　　）（易混）

A. 按照语言教育目标有序地安排教学内容

B. 按照幼儿的年龄特征循序渐进地安排教学内容

C. 幼儿原有生活经验的内在联系

D. 以教师的个人喜好安排教学内容

6. [安徽宿州]对幼儿进行语言教育,既要考虑幼儿的原有知识经验,又要(　　)

A. 考虑幼儿的兴趣　　B. 达到预定的教育要求

C. 注意思想品德教育的要求　　D. 注意教育方法

7. [安徽合肥]一儿童在家里将布娃娃和玩具动物整齐地靠在沙发上,然后对它们说:"小朋友们请坐好,小脚并并拢,小手放放好,两只眼睛看着老师,嘴巴不要发出声音,嗯,很好,下面我们开始上课了。"这属于儿童在语言方面的哪种模仿(　　)

A. 即时的、完全模仿　　B. 延迟模仿

C. 即时的、不完全模仿　　D. 创造性模仿

8. [安徽滁州]老师说:"这个玩具小兔子是软软的。"幼儿模仿说:"小兔子是软软的。"这是经常发生在幼儿初期的(　　)(易混)

A. 即时的、完全的模仿　　B. 即时的、不完全的模仿

C. 延迟模仿　　D. 创造性模仿

二、判断题

1. [河北邢台]倾听是幼儿语言学习不可缺少的一种行为能力,在幼儿阶段,培养儿童倾听行为是十分重要的。(　　)

2. [山东菏泽]"有礼貌地倾听别人说话"这一活动目标属于认知目标。(　　)

第 *6* 练　学前儿童语言能力的发展与教育

一、单项选择题

1. [浙江统考]在学前儿童语言教育的理论取向中,主张给儿童提供丰富的读写环境,并将听、说、读、写整合在一起的是(　　)(易错)

A. 基本技能教学取向　　B. 全语言教育取向

C. 基于文学作品的教学取向　　D. 平衡化的语言教育取向

2. [浙江统考]认为儿童语言主要是在社会交往中学习和发展的代表人物是(　　)

A. 斯金纳　　B. 班杜拉　　C. 乔姆斯基　　D. 布鲁纳

3. [河南郑州]前语言发音阶段大致可分为单音发声、音节发声和(　　)

A. 语义发声　　B. 语调发声

C. 前词语发声　　D. 语气发声

4. [安徽滁州]儿童语言的基本发展顺序是(　　)

A. 听、说、读、写　　B. 听、读、说、写

C. 听、写、读、说　　D. 写、听、说、读

5. [安徽宿州]幼儿语音错误多集中在(　　)

A. 舌音　　B. 元音　　C. 辅音　　D. 鼻音

6. [安徽滁州]强调"强化"在儿童语言学习中的作用,认为儿童是通过不断强化习得语言的。这一观点

的提出者是(　　)

A. 斯金纳　　B. 乔姆斯基　　C. 维果斯基　　D. 皮亚杰

7. [安徽宿州](　　)认为在人脑中有一种先天的"语言获得装置"。

A. 皮亚杰　　B. 乔姆斯基　　C. 奥尔波特　　D. 斯金纳

二、判断题

1. [河北邢台]先天与后天相互作用论认为,个体的认知结构来源于主体和客体之间的相互作用。(　　)

2. [河北邢台]后天环境决定论,强调环境和学习对语言获得的决定性影响。(　　)

3. [河北邢台]学前儿童获得词义的过程比获得语音、语法的过程缓慢。(易错)(　　)

第7练　学前语言教育活动的设计、组织策略与评价

一、单项选择题

1. [浙江统考]给儿童充分机会进行分组讲述或个别交流所体现的讲述活动设计和实施的步骤是(　　)(易混)

A. 运用已有经验自由讲述　　B. 感知、理解讲述对象

C. 引进并学习新的讲述经验　　D. 巩固和迁移新的讲述经验

2. [浙江统考]在儿童的阅读经验中,下列不属于前图书阅读经验的是(　　)

A. 知道文字有具体的意义　　B. 图书制作的经验

C. 理解画面和文字与口语有对应关系的经验　　D. 翻阅图书的经验

3. [河北邢台]幼儿应学习的谈话规则不包括(　　)

A. 用适合角色的语言进行交谈　　B. 用轮流的方式交谈

C. 有中心、有顺序、有重点地谈话　　D. 用修补的方法延续谈话

4. [山东青岛]幼儿老师组织谈话活动时,应避免的是(　　)

A. 发现错误马上叫停　　B. 营造轻松的氛围

C. 鼓励幼儿表达　　D. 创设自由舒适的谈话环境

5. [浙江统考]下面不属于优秀幼儿故事语言特征的是(　　)

A. 有一致的段落结构　　B. 符合幼儿倾听的习惯

C. 有幼儿生活化的词汇　　D. 没有重复性语句

6. [河南郑州]作为语言教育活动设计中最重要的一环,将对整个活动设计产生决定性影响的是(　　)

A. 活动内容的选择　　B. 活动结构的研究

C. 活动目标的制定　　D. 活动过程的展开

7. [广东高州]在教授歌曲《小红帽》时,教师根据歌词大意和歌曲的情节内容,把它改编成一个故事,让幼儿通过故事来熟悉歌词和歌曲内容。这位教师运用了把歌唱活动与(　　)相结合的教学方式。

A. 学前儿童语言活动　　B. 学前儿童科学活动

C. 学前儿童美术活动　　D. 学前儿童体育活动

8. [广东高州]教师在选择故事时,要考虑幼儿是否能够接受,是否适合幼儿当前的发展,这说明选择的故事要(　　)

A. 与教学主题相联系　　B. 符合幼儿的年龄特点

C. 体现中国的传统文化　　D. 与时俱进,具有时代性

9. [广东广州]情境讲述对幼儿的有意注意、有意识记、有意想象等有目的的心理活动有积极的促进作用。在情境讲述的准备过程中,首先要做的是(　　)

A. 确定主题　　B. 准备道具

C. 排练表演内容　　D. 制订活动计划

10. [广东高州]大班的孩子已具备初步的逻辑推理能力,于是王老师经常在上阅读课前,组织大班幼儿"猜书名",猜的方法多种多样,有时让幼儿在"看图猜测"中猜,有时则在"教师指读"后猜,以帮助幼儿预测故事情节的发展。王老师的做法主要在于培养幼儿的(　　)

A. 假设技能　　B. 观察技能　　C. 概括技能　　D. 预期技能

11. [广东广州]小明在阅读时,每次都能够把书中角色的动作、表情与背景之间的关系串连起来,对照前后画面的变化,找出二者的共同点、不同点和衔接点,并在理解的基础上对图书的主要内容形成一个总的印象,最后以口语表达的形式表现出来。上述案例说明小明具备了良好的(　　)

A. 观察理解技能　　B. 概括技能

C. 预期技能　　D. 质疑、假设技能

12. [广东高州]在《狐狸和乌鸦》的故事中,教师问小朋友:"乌鸦的肉是怎么掉下去的? 如果不听狐狸的甜言蜜语,它的肉会不会掉呢?"这种启发幼儿想象的问题属于(　　)

A. 回忆性问题　　B. 体验性问题　　C. 创造性问题　　D. 离散性问题

13. [福建统考]幼儿阅读的主要材料是(　　)

A. 动画片　　B. 图画书　　C. 图片　　D. 玩具

14. [浙江杭州]小红能初步自主地集中注意力倾听他人谈话,表明她在谈话的学习与发展方面已处于(　　)

A. 初始阶段　　B. 稳定阶段　　C. 拓展阶段　　D. 萌芽阶段

15. [福建统考]以图片为凭借物开展语言教学活动的类型是(　　)(易错)

A. 故事讲述　　B. 情景讲述　　C. 看图讲述　　D. 实物讲述

16. [广东高州]教师在讲故事时可以根据不同的人物特征来选择适当的语调、语速等,以增强故事的感染力,如表现沙和尚说话时可以用________的语调,________的语速。(　　)

A. 平缓　较慢　　B. 顽皮　稍快　　C. 不屑　较快　　D. 冷漠　较慢

17. [福建统考]下列不属于幼儿前识字经验内容的是(　　)

A. 知道文字有具体意义　　B. 理解文字的功能用途

C. 粗晓文字的来源　　D. 掌握文字书写的能力

18.［广东高州］教师在向幼儿讲述长篇故事时，应该（　　）（常考）

A. 不停顿、一口气讲完

B. 设置固定的讲故事时间，时间一到就立即停止讲述

C. 在情节转折或扣人心弦处有意停下

D. 反反复复讲述，以免幼儿忘记前面的内容

19.［安徽滁州］一个完善的语言教育活动设计的核心是（　　）

A. 活动目标的确定　　B. 活动过程的设计

C. 活动方案的制定　　D. 活动内容的选择

20.［安徽合肥］幼儿参与语言教育活动的积极性可以从两方面进行评价，即幼儿参与活动的兴趣和（　　）

A. 独特见解　　B. 创造性表现　　C. 注意力　　D. 口语表述行为

21.［安徽阜阳］在幼儿故事编构教学中，小、中班应以________为主，大班以________为主。（　　）

A. 续编　创编　　B. 复述　改编　　C. 创编　续编　　D. 创编　表演

22.［安徽阜阳］幼儿知道汉字的基本框架结构，这属于早期阅读经验中的（　　）

A. 前识字经验　　B. 前图书阅读经验

C. 前书写经验　　D. 前绘画经验

23.［浙江临海］幼儿通过对话、动作、表情进行表演，体验作品和人物情感变化属于（　　）

A. 谈话活动　　B. 文学作品表演

C. 辩论活动　　D. 讲述活动

24.［安徽滁州］下列不属于学前儿童语言教育活动设计与实施的原则的是（　　）

A. 教育活动经验连续性原则　　B. 教育活动相互渗透性原则

C. 教育活动中主客体交互作用的原则　　D. 活动形式自由性原则

25.［浙江临海］早期阅读活动能够为幼儿提供三种经验，其中不包括（　　）

A. 前图书阅读经验　　B. 前绘画经验

C. 前识字经验　　D. 前书写经验

26.［安徽滁州］幼儿语言实践的最佳途径是（　　）

A. 故事教学　　B. 早期阅读　　C. 游戏活动　　D. 诗歌教学

27.［浙江临海］听说游戏中的描述练习的游戏是以练习用简单、生动、形象的语言描述事物特征，发展幼儿（　　）为目的的游戏。

A. 连贯性语言　　B. 一致性语言　　C. 积极性语言　　D. 象征性语言

二、多项选择题

［广东广州］为了更好地培养幼儿的语言运用能力，教师可以做的是（　　）

A. 创设宽松的支持性语言环境　　B. 严厉批评幼儿语言运用中出现的错误

C. 面向全体幼儿，注意个体差异　　D. 各领域要积极配合，共同提高幼儿的语言运用能力

三、判断题

1. [广东广州]教师在提高幼儿对文字的敏感程度时,专门让幼儿识字和机械记诵文字的方法是非常可取的。 ( )

2. [福建统考]学前儿童早期阅读活动是有计划、有目的地培养儿童学习书面语言的活动。 ( )

四、简答题

1. [浙江统考]简述幼儿园图画书阅读活动的组织策略。

2. [安徽滁州]简述学前儿童讲述活动的基本特征。

3. [浙江统考]简述对幼儿园语言教育活动本身进行评价的内容。

4. [安徽滁州]简述幼儿谈话活动的基本特点。

5. [浙江绍兴]简述幼儿前识字经验包括的内容。

五、不定项材料选择题

［山东青岛］

彩虹色的花

在还是一片积雪的原野上，开着一朵彩虹色的花！“早安，你是谁？”太阳问。花儿回答说：“早安，我是彩虹色的花。冬天时，我一直待在泥土里，可我再也等不及了。见到你，我很高兴！我想跟每个人分享我的快乐。”过了几天，好像有谁从花儿的身边走过。“早安，你是谁呀？你为什么那么难过？”“我是蚂蚁。我现在要去奶奶家，但路上有一个水洼。我怎么才能过去呢？”“那你爬上来，摘一片花瓣作船试试看。”又过了几天，好像又有谁走过。“你好，你是谁呀？你为什么那么难过？”“我是蜥蜴，今天我要去参加宴会，可是没有合适的衣服。怎么办呢？”“哦，也许我的哪一片花瓣与你的绿色相配。”……白天越来越短了，已经是秋天了。好像有谁从天空飞过。“你好，你是谁呀？你为什么那么难过？”“你好，我是鸟妈妈。我正在为女儿的生日礼物而发愁。”“那你看看我这儿有没有她喜欢的彩色花瓣呢？”……冬天到了，大地又被积雪覆盖。谁会想到，在这里曾经开过一朵彩虹色的花呢！

1. 如果该材料用于设计语言领域的教育活动，那么教学重点是（　　）

A. 理解故事内容　　B. 能基本复述《彩虹色的花》的故事内容

C. 体会助人为乐的情感，愿意帮助他人　　D. 知道蚂蚁、蜥蜴等小动物的特征

2. 对材料进行故事解读，说法正确的是（　　）

A. 体会和感受乐于助人的快乐　　B. 学会在别人需要帮助时伸出援助之手

C. 认识不同动物的需求　　D. 彩虹色的花是可怜的

3. 两位教师模仿彩虹色的花和小动物互相问候，然后让幼儿进行分组表演。教师运用的教学方法有（　　）

A. 示范法　　B. 讨论法　　C. 案例分析法　　D. 观察法

4. 如果该材料用于设计社会领域的教育活动，那么教学重点是（　　）

A. 能主动与同伴打招呼，养成与人交往的良好习惯

B. 能简单复述彩虹色花瓣的去处

C. 体验助人为乐的快乐

D. 能表演故事，并为表演选择和搭配服饰

5. 围绕该材料进行多元领域活动设计，可以生成的活动有（　　）

A. 科学活动：认识小动物　　B. 语言活动：理解作品、续编故事

C. 社会活动：学会分享　　D. 健康活动：学会表达自己的情绪

六、材料分析题

［福建统考］阅读材料，按要求作答。

大班的李老师带领孩子们在户外教学时，亮亮摘起一片花瓣说：“老师，这花瓣真好看！”这时其他小朋友围了过来，七嘴八舌地说了起来。李老师说：“这花瓣为什么好看呢？”亮亮说：“因为花瓣像小船一样，可以在水上漂。”李老师说：“亮亮把花瓣比作小船，还用上了‘像……一样’的句子，这句话说得真好！”……

(1)结合材料分析日常交谈活动的特点。

(2)写出教师进一步组织指导该交谈活动的策略。

七、活动设计题

1. [山东威海]请根据提供的故事制定活动目标,撰写一份大班教学活动设计。

附故事:

大熊的拥抱节

清晨,大熊早早就出了门。今天是森林城一年一度的拥抱节,和谁拥抱就表示愿意和谁做朋友。大熊给自己定了一个目标,要和100个朋友拥抱!

远远地,大熊看见袋鼠哥哥,他连忙张开双臂:“袋鼠哥哥,你好!”可袋鼠哥哥支吾着说:“嗯,我很忙。”说着,就跑了。

大熊尴尬地放下手臂,安慰自己说:“没关系,还有好多拥抱的机会呢。”

呀,前面一蹦一跳过来的不是漂亮的兔妹妹吗?大熊赶紧张开双臂:“亲爱的兔妹妹,你好!”兔妹妹停也不停,自顾自哼着歌儿过去了。

大熊愣了一下,生气地甩了甩手说:“哼,真没礼貌!”

大熊再往前走,看见了红狐狸。大熊张开双臂,红狐狸却赶紧绕了过去,连个招呼也没打。

大熊慢慢地把手臂放下来,不明白为什么大家都不跟他拥抱。

天快黑了,大熊一个朋友也没有拥抱到。“昨天,我把兔妹妹的萝卜全拔光了。我还老是揪袋鼠哥哥和红狐狸的尾巴。”大熊的眼泪一滴一滴落下来。

这时,小动物们手牵着手走过来,看见孤零零的大熊,他们都愣住了。大熊呢,马上站起来,捂着脸跑回家了。

“我今天没拥抱大熊。”兔妹妹说。

“大熊看上去很伤心呢!”袋鼠哥哥说。

小动物们你看看我,我看看你,然后,他们都往大熊家走去。

天黑了,大熊晚饭也没吃,一个人躺在床上想心事。

“笃笃笃!”是谁在敲门?

大熊慢吞吞地走过去开门。门一开,大熊惊呆了!

小动物们在门前排成了长长的队伍,一个个张开双臂,说:“大熊,祝你拥抱节快乐!我愿意做你的朋友。”

大家一个接一个地拥抱了大熊,大熊的眼泪越来越多,比刚才没人拥抱他时还要多。他在心里暗暗对自己说,从明天起一定要让大家看到一个不一样的大熊!

月亮的银光柔柔地洒在森林城，洒在互相拥抱着的小动物们身上，这真是一个令人难忘的拥抱节呀！

2.［福建统考］请以《摇篮》为活动内容，撰写一篇大班语言教育活动。要求写出活动名称、活动目标、活动准备、活动过程、活动延伸。

附诗歌：

摇　篮

蓝天是摇篮，摇着星宝宝，白云轻轻飘，星宝宝睡着了。
大海是摇篮，摇着鱼宝宝，浪花轻轻翻，鱼宝宝睡着了
花园是摇篮，摇着花宝宝，风儿轻轻吹，花宝宝睡着了。
妈妈的手是摇篮，摇着小宝宝，歌儿轻轻唱，小宝宝睡着了。

3.［安徽安庆］请结合以下材料设计一节大班语言活动，要求写明：活动设计意图、活动目标、活动准备、活动重难点、活动过程。

附诗歌：

毕业诗

时间时间像飞鸟，
滴答滴答向前跑，
今天我们毕业了，
明天就要上学校。
忘不了幼儿园的愉快欢笑，
忘不了老师们的亲切教导。
老师老师再见了，
幼儿园幼儿园再见了，
等我戴上红领巾，
再向你们来问好！

4.[山西古交]阅读下面的散文诗内容,设计一节大班语言教育活动方案。

附散文诗:

风在哪里

风在哪里?树儿说:当我的枝叶翩翩起舞,那是风在吹过。

风在哪里?花儿说:当我的花朵频频点头,那是风在吹过。

风在哪里?草儿说:当我的身体轻轻晃动,那是风在吹过。

风在哪里?风就在我身边。

春天,它吹绿了大地,夏天,它送来了凉爽。

秋天,它飘来了果香,冬天,它带来了银装。

实战演练

一、单项选择题

1.渗透的语言教育内容的核心是促进学前儿童与教师、同伴之间的有效(　　)

A.言语运用　　B.言语交流　　C.言语理解　　D.言语表达

2.喜欢看书,了解看书的基本方法,能初步看懂单幅儿童图画书的主要内容,这是对(　　)幼儿的要求。

A.小小班　　B.小班　　C.中班　　D.大班

3.能主动、积极、专注地倾听别人谈话,迅速掌握别人谈话的主要内容,并从中获取有用的信息。这是(　　)儿童谈话活动的目标。

A.小小班　　B.小班　　C.中班　　D.大班

4.培养幼儿在口头言语交往活动中快速、机智、灵活地运用语言的能力主要采用(　　)

A.谈话活动　　B.讲述活动　　C.听说游戏　　D.文学活动

5.下列属于渗透的语言教育发生的情景是(　　)(常考)

A.听说游戏中的语言交往　　B.自由游戏中的语言交往

C.课堂中的语言交往　　D.谈话活动中的语言交往

6.讲述活动所涉及的语言教育内容不包括(　　)

A.培养儿童认真倾听的习惯和完整、连贯、清楚的表述能力,促进其独白语言的发展,内容涉及用简单明了的语言,把某一实物的特征、功用解说清楚

B.用比较恰当的语言讲述图片或影片中的主要人物、事件

C.能学会倾听别人讲话,并拥有独立构思的能力

D.用生动形象的语言,讲述处在某一情境之中的人物的形态、动作

7. 在中班《小熊请客》语言教育活动中，其中的一条目标是“理解故事内容和情节”，这是儿童语言教育中的（　　）

A. 态度目标　　B. 情感目标

C. 能力与技能目标　　D. 认知目标

8. 幼儿园的早期阅读活动应当（　　）

A. 提供具有表意性质的材料帮助幼儿获得读写能力

B. 有目的、有计划地培养幼儿对书面语言的兴趣和敏感性

C. 创设丰富的阅读环境帮助幼儿识字和书写

D. 有目的、有计划地教幼儿认读一定数量的字

9. 下列前语言发音过程阶段对应的年龄段不正确的是（　　）

A. 单音发声阶段（0～4个月）　　B. 音节发声阶段（4～10个月）

C. 前词语发声阶段（10～12个月）　　D. 特殊的“小儿语”发音阶段（1～1.5岁）

10. 儿童的前言语阶段，是一个在语言获得过程中（　　）的核心期。（易错）

A. 语法　　B. 语义　　C. 语音　　D. 词汇

11. 儿童的认知结构来源于主体和客体之间的相互作用，主体作用于客体的活动和动作是一切知识的源泉。此观点属于（　　）

A. 先天决定论的语言学习模式　　B. 认知相互作用论的语言学习模式

C. 后天环境决定论的语言学习模式　　D. 社会交往说的语言学习模式

12. 下列有关学前儿童语言的获得理论及其代表人物对应正确的是（　　）

A. 先天能力说——乔姆斯基　　B. 后天环境决定论——勒纳伯格

C. 认知相互作用论——布鲁纳　　D. 社会交往说——皮亚杰

13. 儿童常常用“球球”表示“这是一个球”“我要球球”等，这说明他们的语法发展阶段处于（　　）

A. 电报句阶段　　B. 单词句阶段　　C. 复合句阶段　　D. 完整句阶段

14. 下列属于语音教育基本内容的是（　　）

①培养学前儿童辨析性的听音能力　②教会学前儿童正确发音

③培养学前儿童的言语表情　④培养学前儿童言语交往的文明修养

A. ①②③　　B. ①③④　　C. ②③④　　D. ①②③④

15. （　　）是儿童语言真正形成的时期，也是儿童语言发展最为迅速的阶段，此时期会出现“词语爆炸现象”。

A. 1.5～2岁　　B. 2～3岁　　C. 3～4岁　　D. 5～6岁

16. （　　）是以练习幼儿正确发音、提高幼儿辨音能力为目的的一种活动。

A. 词汇练习游戏　　B. 句子练习游戏

C. 语法练习游戏　　D. 语音练习游戏

17. 儿童在4～10个月内发展起来的前言语感知能力是（　　）（易混）

A. 辨义水平　　B. 单音发声　　C. 产生交际倾向　　D. 辨调水平

18. 儿童在10~18个月内发展起来的前言语感知能力是(　　)

A. 辨音水平　B. 辨义水平　C. 辨调水平　D. 单音发声

19. 小班语音教育的重点应该放在(　　)上,要尽量在日常生活和游戏中进行。(易错)

A. 词汇积累　B. 听力和发音练习

C. 语法完善　D. 词义理解

20. 着重培养幼儿独白语言的活动是(　　)

A. 听说游戏　B. 谈话活动　C. 文学活动　D. 讲述活动

21. 幼儿自然而然地接受语言,不立即模仿说出,隔一段时间后,或在类似情境出现时,幼儿才模仿说出类似的语言。这是(　　)

A. 即时的、完全模仿　B. 即时的、不完全模仿

C. 延迟模仿　D. 创造性模仿

22. 开展幼儿讲述故事活动首先要考虑的是(　　)

A. 内容选择　B. 方法运用　C. 材料准备　D. 情境创设

23. 教师向幼儿提问“房子为什么会动?”“这是一只什么样的松鼠?”这种提问属于(　　)

A. 创造性提问　B. 假设性提问　C. 思考性提问　D. 描述性提问

24. 在文学作品学习中,通过作品表演、观察、谈话等方式,帮助幼儿分析作品,该步骤属于的层次是(　　)(易混)

A. 第一层次:学习文学作品　B. 第二层次:理解体验作品

C. 第三层次:迁移作品经验　D. 第四层次:创造性想象和语言表述

25. 文学作品作为艺术品,首要的是(　　)

A. 审美价值

B. 多功能的其他认识价值

C. 娱乐价值

D. 促进想象力、创造力、情感体验等审美心理发展的价值

26. 讲述活动为幼儿提供的语境(　　)(易错)

A. 相对随意　B. 相对宽松　C. 相对愉快　D. 相对正式

27. 谈话活动的重点内容和核心是(　　)

A. 创设谈话情境,引出谈话话题

B. 鼓励儿童围绕话题自由交谈

C. 引导儿童围绕中心话题逐步拓展交谈内容

D. 教师隐性示范新的谈话经验

28. 文学作品的学习对学前儿童来说意味着不同层次的学习,其中最高层次的学习是(　　)

A. 理解具体的语言符号的意义　B. 认识一定的社会生活

C. 懂得一定的道理　D. 感受艺术结构语言符号的不同方式

29. 从讲述内容来划分，可以将讲述活动分为叙事性讲述、描述性讲述、说明性讲述和(　　)

A. 看图讲述　　B. 议论性讲述　　C. 实物讲述　　D. 谈论性讲述

30. 谈话活动是幼儿园语言教育的重要形式，以下关于谈话活动特点阐述不合适的是(　　)(易错)

A. 谈话活动有一个有趣的中心话题　　B. 谈话活动注重师幼双方的信息交流

C. 谈话活动拥有宽松的交谈气氛　　D. 谈话活动中教师起间接引导作用

31. (　　)是文学作品中通过其形象体系显示出来的中心思想。

A. 主题　　B. 题材　　C. 情节　　D. 结构

32. 下列不属于幼儿对谈话认知方面的目标是(　　)

A. 知道倾听在谈话中的意义、作用，知道倾听他人的谈话内容

B. 主动用适合自己角色的语言，自觉地运用听说轮换等基本的交谈规则、方式进行交谈

C. 知道与他人交谈时要围绕话题谈话不跑题，并且知道围绕中心话题不断扩展谈话内容

D. 知道运用语言进行交谈的基本规则，并知道在谈话中运用这些基本规则进行交谈

33. 幼儿语言教育活动中，锻炼幼儿独白语言能力的活动是(　　)

A. 谈话活动　　B. 讲述活动　　C. 早期阅读活动　　D. 文学活动

34. 幼儿早期阅读活动设计与实施的最后一个步骤是(　　)(常考)

A. 阅读活动的延伸　　B. 归纳阅读内容

C. 围绕阅读重点开展活动　　D. 儿童自己阅读

35. 通过观察图片，培养幼儿说反义词的能力。这种语言游戏的类型是(　　)

A. 语音练习游戏　　B. 词汇练习游戏

C. 句子和语法练习的游戏　　D. 描述练习游戏

36. 下列不属于谈话活动的主要类型的是(　　)

A. 日常生活中的谈话　　B. 有计划的谈话活动

C. 开放性的讨论活动　　D. 随机的谈话活动

37. 关于幼儿园听说游戏，说法正确的是(　　)

A. 听说游戏可以不考虑语言教育目标

B. 听说游戏就是语言游戏

C. 听说游戏是语言教学的游戏

D. 听说游戏是为培养幼儿参与游戏的能力而专门设计的

38. 幼儿园文学作品活动的特征是(　　)

A. 发展的是儿童的完整语言　　B. 创设丰富的阅读环境

C. 提供整合的阅读活动　　D. 提供一种与文学作品相互作用的途径

39. 语言教育活动的评价涉及许多方面，但概括起来主要是两个方面：一个是对幼儿的评价；另一个是对(　　)的评价。

A. 活动本身　　B. 教师的活动能力

C. 教师的语言使用规范　　　　D. 教师的能力

40. 在编构故事活动中，小班编构故事的重点是编构(　　)(易混)

A. 故事结局　　B. 故事人物　　C. 完整故事　　D. 有趣情节

41. 根据讲述活动对象的特点不同，幼儿园讲述活动可分为看图讲述、实物讲述和(　　)

A. 叙事性讲述　　　　B. 描述性讲述

C. 情景表演讲述　　　　D. 议论性讲述

42. 在谈话活动中出现谈话内容中断的时候，要想延续谈话，则谈话者可采用(　　)(易错)

A. 修补的方法　　B. 轮流的方法　　C. 传递的方法　　D. 导向的方法

43. (　　)主要针对亲子阅读中普遍存在的问题，利用接送孩子的时间进行小组辅导。

A. 定期培训　　B. 小组指导　　C. 材料展示　　D. 经验交流

44. 讲述"我喜欢的玩具"，要求说明玩具是什么样的、什么材料做的、怎么玩法等。这种方法属于(　　)

A. 议论性讲述　　B. 说明性讲述　　C. 叙事性讲述　　D. 描述性讲述

45. 幼儿的阅读技能主要包括理解观察的技能、概括的技能和(　　)

A. 书写的技能　　B. 识字的技能　　C. 预期的技能　　D. 理解意义的技能

46. "这只大花猫呀，长了一身黄毛，黑色的花一道一道，白色的胡子一翘一翘，看上去真有点儿像老虎呢。"这主要运用了(　　)的修辞方法。

A. 比喻　　B. 拟人　　C. 摹状　　D. 夸张

47. 文学作品学习的首要环节是(　　)文学作品。(常考)

A. 理解体验　　B. 传授　　C. 迁移　　D. 创造

48. 幼儿园文学活动是系列的、网络状的活动，其第二层次是(　　)

A. 理解体验作品　　　　B. 迁移作品经验

C. 学习文学作品　　　　D. 创造性想象和语言表述

49. 下列不属于学前语言教育评价作用的是(　　)

A. 反馈作用　　B. 诊断作用　　C. 增效作用　　D. 总结作用

50. 根据幼儿心理发展特点，"前读写"阶段主要完成的任务是(　　)

A. 严格要求　　　　B. 培养读写兴趣

C. 主要指出缺点和不足　　　　D. 尽可能多识字

51. 关于谈话活动的作用，下列说法不正确的是(　　)

A. 它能够激发幼儿与他人交谈的兴趣　　　　B. 它帮助幼儿习得谈话的基本规则

C. 它锻炼幼儿的独白语言　　　　D. 它增强幼儿通过交流获取信息的意识

52. 学会分辨言语声音和其他声音的区别，获得辨别不同话语声音的感知能力，属于前言语感知能力的(　　)阶段。

A. 辨调水平　　B. 辨音水平　　C. 辨义水平　　D. 辨声水平

53. 在幼儿园语言教育活动中，对教师行为的评价主要涉及活动目标的达成程度、活动内容和形式的适合

程度、活动内部要素的协调程度和(　　)

A. 效果分析　　B. 儿童与环境的互动

C. 材料利用　　D. 师生互动

54. 2岁的儿童说出“汽车”一词时，既可能是体现情感的功能，表示“我喜欢汽车”，也可能是表象意动的功能，表示“我想玩汽车”，3岁之后，儿童能把自己的想法准确表达出来。这反映出儿童的语法发展是(　　)

A. 从混沌一体到逐步分化　　B. 从简单到复杂

C. 从不完整到完整　　D. 从情境性到连贯性

55. 标志着理解性语言出现的是前语言阶段的儿童进入对语音的(　　)(易混)

A. 辨音水平　　B. 辨调水平　　C. 辨义水平　　D. 辨声水平

56. 教师通过自身语言潜移默化的影响、语言提示、眼神或手势的暗示等手段，引导儿童主动、积极地参与语言活动。这属于(　　)的方法。(易错)

A. 直接指导　　B. 间接指导

C. 环境条件的利用　　D. 直接指导和间接指导相结合

57. 后天环境决定论的语言学习模式认为，语言的本质是(　　)

A. 刺激－反应的联结　　B. 表达意图或意义、受规则制约的符号系统

C. 一种特殊认知能力　　D. 儿童与语言交往环境相互作用的结果

58. (　　)语言学习模式的出现，使人们开始关注语言发展的生理和心理基础，从根本上改变了人们对儿童被动模仿学习语言的看法。

A. 行为主义　　B. 先天论

C. 认知相互作用论　　D. 社会相互作用论

59. 帮助幼儿深入理解体验作品内涵时，最重要的是让幼儿切身地感受作品所展示的(　　)

A. 情感心理和精神世界　　B. 语言结构

C. 故事情节　　D. 人物形象

二、多项选择题

1. 专门的语言教育活动形式有(　　)

A. 谈话活动　　B. 讲述活动

C. 听说游戏　　D. 文学活动和早期阅读活动

2. 下列选项中属于语言教育必须坚持的基本原则有(　　)

A. 面向全体儿童　　B. 发挥儿童学习语言的主体性

C. 加强语言教育与其他领域教育的联系　　D. 重视幼儿身心发展特点

3. 下列属于学前阶段儿童倾听技能培养的是(　　)(常考)

A. 有意识倾听　　B. 辨析性倾听

C. 理解性倾听　　D. 无意识倾听

4. 下列属于小班幼儿讲述活动的目标是(　　)

A. 能够运用各种感官,按照要求去感知讲述内容

B. 理解内容简单、特征鲜明的实物、图片和情境

C. 养成先仔细观察,后表达的习惯

D. 能正确地讲述内容的主要特征或主要事件

5. 下列选项中属于幼儿园的早期阅读活动向儿童提供的前识字经验的是(　　)

A. 知道文字有具体的意义,可以念出声来,可以把文字和口语对应起来

B. 知道文字是一种符号,它与其他符号系统可以转换

C. 知道文字和语言的多样化

D. 粗晓文字的来源

6. 学前语言教育活动的指导主要包括(　　)

A. 直接指导　　B. 间接指导

C. 环境条件的利用　　D. 隐性指导

7. 幼儿文学创造活动中的创编可分为哪几种类型(　　)

A. 扩编与续编　　B. 仿编　　C. 转换编构　　D. 独立完整编构

8. 学前儿童文学作品学习活动主要包括(　　)(易错)

A. 文学欣赏　　B. 文学创造　　C. 文学写作　　D. 文学表现

9. 早期阅读活动利用图书、绘画为幼儿创设一个书面语言环境,使幼儿有机会接触书面语言,了解语言的基本文化内涵。因此,幼儿早期阅读的重点是(　　)

A. 培养幼儿倾听的习惯　　B. 培养幼儿对书面语言的兴趣

C. 培养幼儿对汉字的敏感性　　D. 丰富幼儿前阅读和前书写经验

三、判断题

1. 影响幼儿学习语言的内部因素是指幼儿本身的发展水平或状态。(　　)

2. 在教师的引导下,学习围绕主题谈话,能用短句表达自己的意思,是中班幼儿谈话活动的目标。(　　)

3. 面对图画书上的文字,幼儿并不认识。但根据图画形象,他们能描述出一个生动的故事,这是幼儿对艺术美的解读。(易错)(　　)

4. 要想在语言教育中充分发挥儿童的自主性,最根本的是建立一种平等而民主的同伴关系。(　　)

5. 对图书和文字产生兴趣,喜欢认读常见的简单的独体汉字属于早期阅读部分的认知目标。(　　)

6. 谈话活动着重培养儿童欣赏文学作品的能力以及利用文学语言表达想象、表达生活经验的能力。(　　)

7. 单词句是指用一个词代表的句子,所用的词不是单独和某种对象相联系,而是和某种情境相联系。此阶段一般出现在1~1.5岁。(　　)

8. 儿童在语言习得过程中是被动接受知识和能力的,听到什么才有可能说出什么。(　　)

9. “双词句”阶段的儿童年龄在1.5~2岁。(　　)

10. 从 2 岁半开始，儿童发音器官逐渐成熟，语音逐渐稳定和规范，发不出的语音逐渐减少，儿童的无意义发音现象已经消失。（ ）

11. 说多词句的句子时，常有说话不流畅、结结巴巴的现象，对 3 岁孩子而言，这属于口吃的现象。（ ）

12. 在儿童交谈中，常听到某一幼儿说了“鸡肉是肉”，另一幼儿马上说“牛肉也是肉”。这种情况是幼儿的创造性模仿。（易混）（ ）

13. 日常生活中的语言教育是发展儿童语言的重要途径。（ ）

14. 日常生活中语言教育的常见活动形式有：听一听、玩一玩、说一说和读一读。（ ）

15. 谈话活动中教师要随时纠正幼儿用词的错误。（ ）

16. 幼儿园早期阅读活动着重从情感态度、认识和能力三个方面培养儿童学习书面语言的行为。（ ）

17. 在儿童故事编构教学中，中班应以创编为主。（ ）

18. 幼儿对文字的敏感性，是他们通向阅读之路的最重要的一步。（ ）

19. 小班看图讲述活动要求选用的图片主题明确，线索单一，角色不宜太多。画面大，画面中角色的动作、神态、表情明显，背景简单，色彩鲜艳，主要突出角色特征。图片可选用多幅图，但不宜超过 4 幅，前后图片之间有一定联系。（ ）

20. 教师在组织语言教育活动时，必须坚持教师示范与学前儿童练习相结合的原则。（常考）（ ）

21. 教育评价的目的是改进教与学，所以对教育目标的达成只要考虑量的显示就行了。（ ）

22. 学习语言既包括学会听，也包括学会说和读、写，儿童语言是从学习听话和说话，特别是从学习听话开始的。（易错）（ ）

23. 幼儿园双语教育重点在于有计划、有目的地创设合适的两种语言环境，这些环境有时是正式的，有时是非正式的。（ ）

四、简答题

1. 简述中班幼儿讲述活动的目标。

2. 简述大班幼儿文学作品学习活动的目标。（易混）

3. 简述专门的语言教育内容的选择遵循的原则。

4. 简述小班幼儿听说游戏的目标。

5. 简述小班幼儿文学作品学习活动的目标。（常考）

6. 简述小班幼儿早期阅读活动的目标。

7. 简述中班幼儿谈话活动的目标。

8. 简述中班幼儿听说游戏的目标。

9. 简述中班幼儿文学作品学习活动的目标。（易错）

10. 简述大班幼儿谈话活动的目标。（易混）

五、材料分析题

1. 教师节的早上，王老师设计了“教师节”的主题谈话活动。在活动开始时，王老师便问：“今天是什么日子啊？”很多小朋友都没有回答上来，王老师有些生气地说：“今天不是教师节嘛，是老师们的节日啊！怎么连这个都不知道啊！那教师节，我们应该怎么样呢？”小朋友们回答道，“祝王老师节日快乐”“王老师，让您妈妈带您去买好吃的”“王老师，我们要听话”“老师，你要有节日礼物”……

   请分析王老师在此次谈话活动中的不足之处以及该如何恰当地进行谈话活动。

2. 阅读大班语言活动的诗歌《春天》，分析其教学的重难点，并阐述用什么方法来突出重点与突破难点。

   附诗歌：

春　天

春天是一本彩色的书——黄的迎春花，红的桃花，绿的柳叶，白的梨花……

春天是一本会笑的书——小池塘笑了，酒窝圆又大，小朋友笑了，咧开小嘴巴……

春天是一本会唱的书——春雷轰隆隆，春雨滴滴答，燕子唧唧唧，青蛙呱呱呱……

3. 大班的李老师在阅读区投放了绘本、广告、文字拼图，还有纸和笔等。洋洋经常光顾阅读区，一天洋洋说：“我要做一本自己的书。”他在纸上画了些线条和圆圈，李老师走过去问需不需要帮他在上面写一些字，洋洋用手指着他画的圆圈说：“就写在这里，这个是写给妈妈的话。”李老师就帮他在画圆圈的地方写了字。

   (1)结合材料，简述洋洋在阅读与书写准备方面的典型表现。

   (2)评析李老师的支持行为及对幼儿阅读与书写准备的意义。

六、活动设计题

1. 根据大班幼儿年龄阶段目标，设计一个关于“身边常用的工具”的语言活动。要求写出活动目标、活动准备以及活动过程。

2. 根据中班幼儿年龄阶段的特点，设计一个关于“娃娃”的讲述活动，要求写出活动目标、活动准备以及活动过程。

3. 根据小班幼儿年龄阶段的特点，设计一个《山上有个木头人》的听说游戏活动，要求写出活动目标、活动准备以及活动过程。

附游戏儿歌：

山上有个木头人

山，山，山，山上有个木头人。
三，三，三，3 个好玩的木头人。
不许说话，不许动。

4. 根据大班幼儿年龄阶段的特点，设计一个关于《蒲公英》的文学活动，要求写出活动目标、活动准备以及活动过程。

附散文：

蒲公英

草地上开着许多野花，我最喜欢蒲公英。

蒲公英开着黄色的小花朵，多么有趣的蒲公英。花朵凋谢后，花托上能结出雪白的绒毛似的球。田野的风吹着，那雪白的绒毛在天空中飞扬起来，比柳絮还要轻。飞着飞着，又像一朵朵雪花轻盈地降落下来。

5. 请根据大班幼儿的生活经验，让幼儿了解日记的基本知识，设计一个谈话活动，要求写出活动目标、活动准备以及活动过程。

6. 根据大班幼儿身心发展的特点，设计一个关于《春风》的语言活动。要求写出活动目标、活动准备以及活动过程。

附诗歌：

春　风

春风一刮，芽儿萌发。
吹绿了柳树，吹红了山茶。
吹来了燕子，吹醒了青蛙。
吹得小雨轻轻地下，孩子们河边去种瓜。

7. 根据小班幼儿的身心发展特点，组织一个关于《小铃铛》的故事活动。要求写出活动目标、活动准备、活动过程。

附故事：

小铃铛

小花猫今天真漂亮，脖子上戴了一个小铃铛，走起路来，铃铛会"丁零丁零"响。

小花狗看见了，说："哟，小铃铛圆溜溜，多好玩！给我戴一下，好吗？"小花猫说："不行，不行，会被你弄脏的。"

小白兔看见了，说："瞧，小铃铛亮晶晶，多好看！给我戴一下，好吗？"小花猫说："不行，不行，会被你弄坏的。"

小山羊看见了，说："小铃铛，丁零零，多好听！给我戴一下，好吗？"小花猫说："不行，不行，会被你弄丢的。"

小花猫蹦蹦跳跳走到河边，往水里照照自己的影子。嗨，多漂亮的小铃铛，圆溜溜、亮晶晶，还会"丁零丁零"响！他伸长脖子，想照照清楚，没想到脚下一滑，"扑通"一声，掉到河里去了。

小花狗正在河边玩，看见小花猫掉到河里去了，连忙去拉他。"嗨哟！——哎呀！"小花狗拉不动小花猫。小白兔和小山羊看见了，连忙跑过来帮忙。"嗨哟！嗨哟！嗨——"大家一起拉，才把小花猫拉上岸来。

小花猫多难为情呀。他低下头,拿下脖子上的小铃铛,说:"你们也戴戴小铃铛吧!"

8. 根据大班幼儿身心发展的特点,设计一个关于《秋天的颜色》的集体教学活动。要求写出活动目标、活动准备以及活动过程。

附诗歌:

秋天的颜色

秋天是一幅美丽的图画,美在哪儿呢?我乘上一片落叶做的小船,要去看看美丽的秋天。

一阵秋风吹来,我感到凉悠悠的,呀!秋天还送来一阵阵的香味,我看到秋天里有许许多多的颜色,真美!那秋天到底是什么颜色呢?

我问小草,小草轻轻地告诉我:"秋天是黄色的。"

我问枫叶,枫叶沙沙地告诉我:"秋天是红色的。"

我问菊花,菊花悄悄地告诉我:"秋天是白色的。"

我问松树,松树大声地告诉我:"秋天是绿色的。"

我问大地,大地骄傲地告诉我:"秋天是绚丽多彩的。"

啊!我终于明白了秋天美丽的颜色。

9. 根据大班幼儿的身心发展特点,组织一个关于《蒸笼》的绕口令的语言活动。要求写出活动目标、活动准备、活动过程。

附绕口令:

蒸　笼

我做蒸笼,你做灯笼,他做鸡笼。
做蒸笼的不做灯笼和鸡笼,
做灯笼的不做鸡笼和蒸笼,
做鸡笼的不做蒸笼和灯笼。

10. 根据小班幼儿的身心发展特点，组织一个关于《睡觉》的语言教育活动。要求写出活动目标、活动准备、活动过程。

附故事：

睡 觉

晚上，天都黑了，星星出来了，月亮也出来了，舒服的大床上一个人也没有。

啪嗒啪嗒啪嗒，小娃娃来了，嘟，钻进了被窝。哇，床上真舒服啊！

啪嗒啪嗒啪嗒，小猪来了，嘟，钻进了被窝。哇，床上真舒服啊！

啪嗒啪嗒啪嗒，小羊来了，嘟，钻进了被窝。哇，床上真舒服啊！

啪嗒啪嗒啪嗒，小白兔来了，嘟，钻进了被窝。哇，床上真舒服啊！

小娃娃、小猪、小羊、小白兔睡在一张大床上，盖着一个大被子，大家睡在一起真暖和啊！

11. 请设计中班语言活动《春雨的色彩》，要求写明设计意图、活动目标、活动准备、活动过程。

附散文：

春雨的色彩

春雨，像春姑娘纺出的线，没完没了地下到地上，沙沙沙，沙沙沙……

一群小鸟在屋檐下躲雨，他们在争论一个有趣的问题：春雨到底是什么颜色的？

小白鸽说："春雨是无色的，你们伸手接几滴瞧瞧吧。"

小燕子说："不对，春雨是绿色的。你们瞧！春雨落到草地上，草地绿了；春雨淋在柳树上，柳枝儿绿了……"

麻雀说："不对！春雨是红色的。你们瞧！春雨洒在桃树上，桃花红了；春雨滴在杏树上，杏花儿红了……"

小黄莺说："不对，不对，春雨是黄色的。不是吗？它落在油菜地里，油菜花黄了；它落在蒲公英上，蒲公英的花儿也黄了……"

春雨听了大家的争论，下得更欢了，沙沙沙，沙沙沙……它好像在说："亲爱的小鸟们，你们的话都对，但都没说全面。我本身是无色的，但我能给春天的大地带来万紫千红……"

12. **母鸡萝丝去散步**

母鸡萝丝出门去散步,她走过院子,狐狸紧紧地跟在后面。院子的中央有一把钉耙,狐狸一脚踩在钉耙上,钉耙一下子竖起来,“啪”地一声打在狐狸的脑门上,狐狸被打得头昏眼花。

母鸡继续往前走,她绕过池塘,狐狸还是紧紧地跟在后面。突然,狐狸脚下一滑,“扑通”一声,一头栽到池塘里,水花四溅,差点把狐狸淹死。

母鸡继续往前走,她越过干草堆,狐狸仍然紧紧地跟在后面。眼看就要靠近母鸡了,狐狸向前一扑,却一下子钻进了干草堆里。

母鸡继续往前走,她经过磨坊。面粉袋的绳子缠在了母鸡的脚上,当狐狸经过的时候,面粉袋的口“哗”地打开了,面粉洒在了狐狸的身上,压得狐狸动弹不得。

母鸡继续往前走,她穿过篱笆。狐狸看见篱笆的缝隙太小,钻不过去,就用力一跳,不偏不倚正好跳到山坡上的小推车上。小推车顺着山坡“咕噜咕噜”往下滚。

母鸡继续往前走,她钻过蜜蜂房,狐狸趴在小推车上,“轰”地一声撞倒了蜜蜂房。蜜蜂房里的蜜蜂“嗡嗡”地纷纷向狐狸飞去,狐狸撒开四条腿飞快地逃走了。

母鸡按时回到家吃晚饭。

请根据所提供的《母鸡萝丝去散步》的材料,设计一个大班早期阅读活动。要求写出活动目标、活动准备及活动过程等。

13. **冬爷爷的胡子**

冬爷爷的胡子:亮晶晶,硬邦邦。

挂在哪儿?树枝、屋檐、山崖……

风娃娃,很喜欢冬爷爷的胡子,吹呀吹,荡呀荡,吹得胡子响叮当!

响叮当,叮当响,掉下一根粗又长,送给爷爷当拐杖……

请根据上述短文设计中班活动,要求写出活动目标、活动准备以及活动过程。

14. 以诗歌《家》为内容，设计一个大班语言活动。

附诗歌：

家

蓝蓝的天空是白云的家，密密的树林是小鸟的家，
绿绿的草地是小羊的家，清清的河水是小鱼的家，
红红的花儿是蝴蝶的家，快乐的幼儿园是小朋友的家。

15. **春天的色彩**

一声春雷惊醒了正在冬眠的小熊，小熊在黑黑的树洞里睡了一个冬天，小熊想：过了一个黑色的冬天，春天来了，春天是黑色的吗？春天是什么颜色的呢？

小草告诉小熊："春天是嫩嫩的绿色。"

草莓告诉小熊："春天是甜甜的红色。"

小白兔告诉小熊："春天是跳跳的白色。"

小熊听了说："哦！我知道了，原来春天是嫩嫩的绿色、甜甜的红色、跳跳的白色。"

听了小朋友的诗歌，小熊突然激动地叫起来："我知道了，我知道了，春天是五彩缤纷的。"

请根据上面的材料，为中班幼儿设计一个主题为《春天的色彩》的语言活动，要求写出活动目标、活动准备以及活动过程。

16. 请根据所学的相关知识，设计一个早期阅读活动，设计内容包括：适合的年龄、活动目标、活动准备、活动过程以及设计意图等方面，其活动名称（即话题）自定。

17. 根据大班幼儿的年龄特点设计一个关于《聪明的乌龟》的语言教育活动，要求写出活动目标、活动准备以及活动过程。

附故事：

聪明的乌龟

一只狐狸，肚子饿得咕咕叫，他东奔西跑地找东西吃，看见一只青蛙正在捉害虫，心里想，先拿这只青蛙当点心，填填肚子也好。

狐狸一步一步轻轻地跑过去，再跑上两步就要捉到青蛙了，可是，青蛙正在捉害虫，一点儿也不知道。

这事儿让乌龟看见了，他急忙伸长脖子，一口咬住狐狸的尾巴。

"哎哟，哎哟，谁咬我的尾巴？"狐狸叫了起来。

乌龟不说话，一个劲儿地咬住狐狸的尾巴不放。

青蛙听见背后狐狸在叫，就连蹦带跳地跑到池塘边，"扑通"一声跳到水里去了。

狐狸没吃到青蛙，气坏了，回过头来一看："啊，原来是一只乌龟，我没吃到青蛙，就吃乌龟也行。"

乌龟可聪明了，把头一缩，缩到硬壳里去了。狐狸没咬着他的头，就去咬他的腿，乌龟又把四条腿一缩，缩到硬壳里去。狐狸没咬着他的腿，一看，还有条小尾巴呢，就去咬他的小尾巴，乌龟再把小尾巴一缩，也缩到硬壳里去了。

狐狸实在饿慌了，就去咬乌龟的硬壳，"格崩，格崩"，咬得牙齿都发酸了，还是咬不动。

狐狸说："乌龟，乌龟，我要把你扔到天上去，'啪嗒'一下摔死你。"

乌龟说："谢谢你，谢谢你，你扔吧，我正想到天上去玩玩呢！"

狐狸说："乌龟，乌龟，我要把你扔到火盆里去，'呼啦'一下烧死你。"

乌龟说："谢谢你，谢谢你，你扔吧，我身上发冷，正想找个火盆来烤烤火呢！"

狐狸说："乌龟，乌龟，我要把你扔到池塘里去，'扑通'一下淹死你。"

乌龟听到狐狸这么一说，"哇"地一声哭了："狐狸，狐狸，你行行好，千万别把我扔到池塘里去，我最怕水，掉在水里就没命了！"

狐狸才不理它呢，抓起它的硬壳，走到池塘旁边，"扑通"一声，把乌龟扔到水里去了。

乌龟下了水，就伸出四条腿来，划呀，划呀，一直划到青蛙身边。两个好朋友，一边笑，一边说："狐狸，狐狸，你还想吃我们吗？说呀，说呀！"

狐狸气昏了，身子一纵，向青蛙和乌龟扑去，"扑通"一声，掉到池塘里去了。青蛙和乌龟看见水面上冒了一阵子气泡，再没看见狐狸露出水面来。

18. 根据小班幼儿的年龄特点，设计一个关于《小树叶飘呀飘》的语言活动，要求写出活动目标、活动准备以及活动过程。

附儿歌：

小树叶飘呀飘

小树叶，飘呀飘，飘在我的头顶上。
小树叶，飘呀飘，飘在我的肩膀上。
小树叶，飘呀飘，飘在我的膝盖上。
小树叶，飘呀飘，飘到地上睡大觉。

19. 根据幼儿园大班幼儿身心发展特点，组织一个关于"旅游"的谈话活动。要求写出活动目标、活动准备、活动过程以及活动延伸。

20. 请根据故事《下雨的时候》设计小班幼儿的语言教育活动方案。要求写出活动目标、活动准备及活动过程等。

附故事：

下雨的时候

一天，小白兔在草地上蹦蹦跳跳，它看看花，采采蘑菇，玩得真高兴。忽然，刮起风，下起雨来。小白兔连忙摘了一片大叶子，顶在头上当作雨伞。小白兔淋不到雨了。

小白兔走呀走，看到前面有一只小鸡，被雨淋得"叽叽"叫。小白兔说："小鸡，小鸡，快到叶子下面来躲雨吧。"小鸡说："谢谢你。"它们一起在叶子下面躲雨。

它们走呀走，又看见前面有一只小猫被雨淋得"喵喵"叫。小白兔和小鸡一起叫："小猫，小猫，快到叶子下面来躲雨吧。"小猫说："谢谢你们。"它们一起在叶子下面躲雨。

过了一会儿，雨停了，太阳出来了。小猫、小鸡和小白兔三个好朋友一起做游戏，它们玩得真高兴。

第四章　学前社会教育

命题要点	考查热度	考查难度	命题预测
学前社会教育的目标、内容、原则与方法	★	一般	学前社会教育的原则和方法
学前儿童社会性发展的主要理论	★★	中等	科尔伯格的道德发展理论
学前社会教育的评价	★★★	难	价值表决法、投射测验法

真题必刷

第 *8* 练　学前社会教育的含义、目标、内容、途径、原则与方法

一、单项选择题

1. [安徽阜阳]周老师通过让幼儿观看情境表演,使幼儿产生愿意关心、帮助别人的社会行为,周老师运用的社会教育方法属于(　　)

A. 环境陶冶法　　B. 价值澄清法　　C. 角色扮演法　　D. 共情训练法

2. [山西古交]幼儿社会教育的主要内容是(　　)

A. 社会认知、社会情感、社会性　　B. 社会情感、社会行为、社会性

C. 社会认知、社会性、社会行为　　D. 社会认知、社会情感、社会行为

3. [浙江统考]开展"玩具分享日""小熊请客"等活动作为社会教育的内容,属于(　　)

A. 自我意识方面的教育　　B. 社会环境方面的教育

C. 社会文化方面的教育　　D. 人际交往方面的教育

4. [重庆江北]"引导幼儿初步了解自己身体主要部位的特征和功能,初步懂得自我保护"是(　　)的社会教育目标。(易错)

A. 托儿所　　B. 幼儿园小班　　C. 幼儿园中班　　D. 幼儿园大班

5. [重庆云阳]中班幼儿社会性教育的重点应放在(　　)上。

A. 培养集体责任感　　B. 解决同伴交往问题

C. 建立亲子依恋关系　　D. 建立班级常规

6. [安徽合肥]选择中秋节、重阳节、元宵节等题材作为社会教育的内容属于(　　)(常考)

A. 社会环境　　B. 社会文化　　C. 自我意识　　D. 人文交往

7. [安徽宿州]在学前社会教育中,教师以自身良好的思想和行为,影响幼儿的思想和行为的方法属于(　　)

A. 批评教育法　　B. 环境熏陶法　　C. 榜样示范法　　D. 兴趣诱导法

8.[福建统考]活动区域标识清晰，规则分明，能使幼儿体会到遵守规则带来的自由。这种教育方法是(　　)

A. 材料引导法　　B. 环境熏陶法　　C. 行为训练法　　D. 角色扮演法

9.[浙江统考]点心时间到了，阅读区的豆豆将手里的书往地上一扔就要离开。李老师看在眼里，提醒道："豆豆，请将书送回书架再离开，好吗？"李老师的教育行为所遵循的社会教育原则是(　　)

A. 正向引导性原则　　B. 生活性原则

C. 实践性原则　　D. 发展性原则

10.[福建统考]活动室区域布置合理，材料摆放有序，幼儿能自主选区并愉快游戏。这体现的教育方法是(　　)

A. 环境熏陶法　　B. 移情训练法　　C. 榜样示范法　　D. 价值澄清法

11.[山西长治]某教师在组织幼儿盥洗时对孩子们说："小朋友不要打闹，不要把衣服弄湿了。"这体现了学前儿童社会教育原则中的(　　)

A. 情感支持原则　　B. 正面教育原则

C. 一贯性原则　　D. 环境熏陶原则

12.[福建统考]幼儿入园时，幼儿园园长在门口向幼儿问好，幼儿也会微笑回应。这种教育方式为(　　)

A. 谈话法　　B. 榜样示范法　　C. 观察法　　D. 共情法

13.[安徽阜阳]幼儿观点选择能力的发展属于下列哪种学前儿童社会教育活动的内容(　　)

A. 幼儿自我教育活动　　B. 幼儿社会环境与社会规范认知教育活动

C. 幼儿多元文化教育活动　　D. 幼儿人际交往教育活动

14.[福建统考]教师应该根据社会教育的目标，组织和协调各方面的因素，为幼儿提供连续统一的教育影响，这要求教师保持教育态度的(　　)

A. 明确性　　B. 严谨性　　C. 一致性　　D. 灵活性

15.[安徽滁州]幼儿园开展"你怎么了""让我来帮助你""难过的时候怎么办"等活动，其内容所属的领域是(　　)

A. 科学领域　　B. 社会领域　　C. 健康领域　　D. 语言领域

二、多项选择题

[重庆云阳]幼儿园社会教育的内容包括(　　)

A. 自我意识　　B. 人际交往

C. 社会规则　　D. 社会情感和品德

三、判断题

1.[安徽宿州]品德教育在幼儿园中的体现是幼儿园社会教育的一部分。　　(　　)

2.[山东青岛]幼儿的社会化是指幼儿从一个生物个体到逐渐掌握社会的道德行为规范与社会行为技能，即从自然人转化为社会人的进程。　　(　　)

四、简答题

1. [浙江统考]简述学前儿童社会教育的原则。

2. [浙江临海]简述幼儿多元文化教育活动的实施途径。

五、材料分析题

[山东临沂]某幼儿园中(1)班的小朋友在各个区域内活动,在积木区活动的亮亮突然夺走了虎虎小朋友手中的积木,并用力推开虎虎,幸亏虎虎被老师及时扶住了。老师对亮亮说:“亮亮,你把虎虎推倒,虎虎摔伤流血会很痛的,你记得你在家摔在楼梯上磕破嘴,好长时间不能好好吃东西吗?你还记得自己当时有多痛吗?以后不能推小朋友啦!”亮亮看了看虎虎,不好意思地低下了头,小声说:“对不起,我再也不这样了。”

请分析,教师在处理问题时,运用了学前儿童道德教育的什么方法?请谈一谈还有哪些方式方法可以用来对学前儿童进行道德教育?

第9练　学前儿童社会性发展的主要理论、基本特点和评价

一、单项选择题

1. [浙江统考]评价者根据评价目的,预先设计好一定的情境诱发学前儿童表现出社会性行为并进行价值判断的方法是(　　)(易错)

A. 情境测验法　　B. 问卷调查法

C. 谈话法　　D. 自然观察法

2. [山东青岛]有一次小东拿了幼儿园的一本绘本回家,妈妈见后并未批评他,慢慢地小东经常拿幼儿园的一些物品回家。根据科尔伯格的道德发展阶段理论,小东的道德发展处于(　　)

A. 前习俗水平　　B. 习俗水平　　C. 后习俗水平　　D. 自律道德

3. [天津南开]科尔伯格在研究儿童道德发展水平时，采用的方法是(　　)

A. 自然实验法　B. 榜样塑造法　C. 对偶比较法　D. 两难故事法

4. [河南平顶山]通过设计道德两难问题，并在道德讨论中采用“引入性提问”和“深入性提问”的道德教育模式是(　　)(易错)

A. 认知模式　B. 社会模仿模式　C. 体谅模式　D. 活动模式

5. [江西统考]洋洋总是欺负胆小的咪咪，这天他又故意把咪咪的图画书弄破了，小明打抱不平把洋洋推倒在地，站在旁边的可可大声喊道：“老师说了不许打人！小明是坏孩子，我要去告诉老师！”由此可见，可可的道德发展处于(　　)

A. 前习俗道德水平，以服从和惩罚为取向阶段

B. 前习俗道德水平，以工具性目的为取向阶段

C. 习俗道德水平，以“好孩子”为取向阶段

D. 习俗道德水平，以维持社会秩序为取向阶段

6. [江西统考]科尔伯格把儿童道德发展划分为三个水平，六个阶段，其中，学前期至小学低、中年级儿童处于(　　)

A. 前运算阶段　B. 具体运算阶段

C. 前习俗道德水平　D. 习俗道德水平

7. [广东广州]3 岁的姗姗随地吐了一口痰，但她还不能以自己的价值标准判断是非，没有真正认识到自己的错误，只是老师说她做错了，她就觉得自己做错了。因此姗姗接受社会规范的过程处于(　　)

A. 自觉阶段　B. 意志阶段　C. 服从阶段　D. 模仿阶段

8. [山西长治]在科尔伯格的道德发展阶段理论中，寻求认可取向阶段，即“好孩子道德定向阶段”出现在(　　)，在这一阶段，儿童认为凡是取悦于别人，帮助别人以满足他人愿望的行为才是好的，否则就是坏的。(常考)

A. 前习俗道德水平　B. 中习俗道德水平

C. 后习俗道德水平　D. 习俗道德水平

9. [浙江统考]埃里克森把个体人格和社会性发展划分为 8 个阶段，其中 3 ~ 6 岁儿童所处的阶段是(　　)(常考)

A. 基本的信任感对不信任感　B. 自主感对羞耻感

C. 主动感对内疚感　D. 自我同一性对角色混乱

10. [江西南昌]根据科尔伯格的道德发展理论，下列哪个阶段在学前儿童身上有所体现(　　)(易错)

A. 以服从与惩罚为取向　B. 以“好孩子”为取向

C. 以维持社会秩序为取向　D. 以社会观念为取向

11. [江西统考]“约翰不小心打碎了 15 个杯子，亨利因为偷吃打碎了 1 个杯子，问哪个孩子的行为更坏？”根据皮亚杰的理论，处于他律性道德阶段的儿童通常会认为(　　)

A. 约翰更坏，因为他打碎了更多的杯子　B. 亨利更坏，因为他是偷吃而打碎了杯子

C. 都坏，因为都打碎了杯子　　D. 都不坏，因为杯子不贵

12. [广东广州]赵老师想通过画人物来测量班上儿童的社会性发展水平，于是他给每人一张白纸和一支铅笔，说："请画出你们脑袋里想的一个人，并且不可以用橡皮擦。"可见，赵老师主要是采用(　　)来对学前儿童社会学习进行观察。(易错)

A. 观察法　　B. 谈话法　　C. 投射法　　D. 调查法

13. [浙江临海]上课了，某幼儿看见同伴脖子上带了口琴，他很想玩，但意识到不能做和课堂无关的事情，因为那样会被老师批评，于是准备下课后向同伴借。这体现了(　　)

A. 本我　　B. 自我　　C. 超我　　D. 真我

14. [浙江临海]教师事先拟定一系列儿童关心的问题，让全体儿童一起来表达自己的意见。(　　)运用的目的就是向儿童提供公开自己价值观的机会，让儿童获得他对自己价值的态度。

A. 澄清应答法　　B. 价值表决法　　C. 价值排队法　　D. 展示自我法

15. [浙江临海]在幼儿园人际交往中，呈现一些反面事例，让幼儿讨论，引出人际关系技巧的方法是(　　)

A. 情境创设　　B. 理论学习　　C. 直接呈现　　D. 间接呈现

16. [山东青岛]教师评价幼儿的社会情感发展水平的适宜方法是(　　)

A. 游戏规则法　　B. 投射测验法　　C. 故事两难法　　D. 自然测验法

二、判断题

[安徽宿州]科尔伯格认为在前习俗道德水平时期，幼儿的道德倾向于避免惩罚、服从规则取向和相对功利取向。　　(　　)

三、活动设计题

1. [浙江杭州]请以"好听的故事"为主题内容，选择合适的年龄段和领域进行一课时的教学设计(包括目标、准备和过程等)。

2. [广东广州]列宁曾说："爱国主义就是千百年来巩固起来的对自己祖国的一种最深厚的情感。"幼儿爱祖国教育是幼儿德育内容之一。对幼儿进行爱国主义教育，在幼儿稚嫩的心里播种下爱国主义的种子，是帮助他们树立爱国主义信念、培养爱国主义情操，将来成长为四有新人的关键所在。为此，班级将开展"认识国歌、国旗和国徽"的教育活动，请你设计一份活动方案。

要求：主题鲜明，方案具有针对性和可操作性，步骤清晰，符合幼儿实际。

3. [安徽合肥]以“乌龟怪脾气”为活动内容，设计一节幼儿园集体教学活动。

(1)年龄段、领域自定，活动安排符合幼儿年龄特点；

(2)活动设计周密完整(包含设计意图，活动目标，活动准备，活动过程和活动延伸)；

(3)活动过程安排合理，有操作性和现实意义，启发性强。

乌龟怪脾气

乌龟怪脾气，见谁都不理。
太阳红艳艳，乌龟忙爬山。
蜗牛说：“山路陡！”乌龟不理蜗牛。
青蛙说：“山路滑！”乌龟不理青蛙。
乌龟爬到半山腰，四脚一滑喊：“不好！”
山路好像大滑梯，一滑滑到山谷底。
摔得头昏眼又花，乌龟还是不说话。
乌龟不说话，有谁来救他？

4. [浙江杭州]请以“谢谢”为主题内容，设计一个大班活动方案(包括目标、准备和过程)。

实战演练

一、单项选择题

1. (　　)的制定，是学前社会教育的起点和归宿，也是整个社会教育课程设计的首要环节。(常考)

A. 教育目的　　B. 教育目标　　C. 教育计划　　D. 教育过程

2. “使儿童初步了解和掌握基本的卫生要求，养成初步的卫生习惯”是(　　)的社会教育目标。

A. 托儿所　　B. 幼儿园小班　　C. 幼儿园中班　　D. 幼儿园大班

3. “引导儿童主动、准确地使用礼貌用语，能以恰当的方式与他人交往，和同伴友好相处”是(　　)的社会教育目标。

A. 托儿所　　B. 幼儿园小班　　C. 幼儿园中班　　D. 幼儿园大班

4. 下列不属于学前社会教育目标制定依据的是(　　)

A. 学前儿童的社会性发展水平　　B. 社会经济政治制度

C. 一定社会的培养目标　　D. 学前社会教育学科的发展

5. 下列不属于亲社会行为发展内容的是(　　)

A. 助人与分享　B. 合作　C. 赞许　D. 安慰与同情

6. 下列不属于学前社会教育主要内容的是(　　)(易错)

A. 增进社会认知　　B. 激发社会情感

C. 引导社会行为技能　　D. 发展社会态度

7. 精神分析理论认为,新生儿人格结构中唯一的成分是(　　)

A. 伊底　B. 自我　C. 他我　D. 超我

8. (　　)认为依恋是母亲对儿童的亲情投资的结果,是为避免生殖高昂代价"作废"而做的抚养努力的产物。

A. 精神分析理论　　B. 社会学习理论

C. 习性学理论　　D. 社会生物学的"亲情投资理论"

9. 在学前儿童社会性发展的主要理论中,社会学习理论主要的代表人物是(　　)

A. 弗洛伊德　B. 埃里克森　C. 班杜拉　D. 皮亚杰

10. 以下不属于弗洛伊德所划分的儿童心理发展阶段的是(　　)

A. 口唇期　B. 肛门期　C. 潜伏期　D. 发育期

11. 儿童学着黑猫警长的口气教训小朋友,体现了儿童品德发展的(　　)特点。(常考)

A. 模仿性　B. 他律性　C. 情境性　D. 具体性

12. 选取"清明节""端午节"等题材作为社会教育的内容。这属于(　　)方面的教育。

A. 自我意识　B. 人际交往　C. 社会环境　D. 社会文化

13. 下列不属于学前儿童社会教育内容选择原则的是(　　)

A. 生活性和适宜性　　B. 全面性和基础性

C. 系统性和专门性　　D. 时代性和民族性

14. (　　)是价值澄清中最基本、最灵活的方法。

A. 价值表决法　B. 价值排队法　C. 展示自我法　D. 澄清应答法

15. 对幼儿日常生活、游戏、活动、交往中存在的偶发事件、情境中教育机会的充分利用,以发挥其潜在的教育意义。这是学前社会教育的(　　)(易错)

A. 情感支持原则　　B. 生活教育原则

C. 行为实践性原则　　D. 一致性原则

16. 社会教育中最经常使用的方法是(　　)

A. 讲解法　B. 谈话法　C. 讨论法　D. 演示法

17. (　　)是通过优美的自然环境、良好的社会环境和教育者有意识创设的教育情境,对幼儿进行社会化培养的一种教育方法。

A. 行为练习法　B. 角色扮演法　C. 共情训练法　D. 环境熏陶法

18. 下列不属于学前社会教育特殊方法的是(　　)

A. 强化评价法　　B. 榜样示范法　　C. 角色扮演法　　D. 共情训练法

19. 下列不属于学前社会教育一般方法的是(　　)

A. 观察、演示法　　B. 榜样示范法　　C. 行为练习法　　D. 强化评价法

20. 在目前的学前教育实践中,有时会出现这样的问题:老师在幼儿园教育孩子要懂得分享、合作、谦让等,但是有些家长却告诉孩子喜欢的玩具可以占为己有……在很多方面,家长的观念与教师的观念有很大差异,这违背了学前社会教育的(　　)原则。(常考)

A. 行为实践　　B. 一致性　　C. 榜样作用　　D. 情感支持性

21. 通过一些形式让幼儿去理解和分享他人的情绪体验,以使幼儿在生活中对他人的类似情绪能主动、习惯地自然理解和分享的方法是(　　)

A. 陶冶法　　B. 角色扮演法　　C. 共情训练法　　D. 行为练习法

22. 教师看到一个学前儿童将剪纸的废纸丢在地上,对他说:"这里有一个纸篓,我们把剪下来的纸丢在里面!"这体现了学前儿童社会教育原则中的(　　)

A. 正面教育原则　　B. 情感支持原则

C. 环境熏陶原则　　D. 一贯性原则

23. 王老师要求幼儿见到他人要主动问好,而王老师自己却没有做到。这说明王老师没有贯彻社会教育的(　　)

A. 活动性原则　　B. 适宜性原则　　C. 一致性原则　　D. 强化性原则

24. 下列选项中不属于讨论法的优点的是(　　)

A. 能在一定时间内增加儿童口头表达自己认识的活动机会

B. 在与教师、同伴的讨论中,儿童的认识得以深化,情感能够自然流露出来

C. 可以使儿童在较短的时间内获得较多的知识

D. 有利于儿童在分析、比较各种意见中,提高独立思考的能力,分析问题、解决问题的能力和口头表达能力

25. 教师通过与儿童的交谈引起儿童的思考,在相互的交流中不知不觉让儿童进行内省与价值评价的方法是(　　)

A. 价值表决法　　B. 澄清应答法　　C. 价值排队法　　D. 展示自我法

26. (　　)是指在设计社会领域教育活动时要注重"实践",尽量鼓励学前儿童动手操作。(常考)

A. 活动性原则　　B. 针对性原则　　C. 全体性原则　　D. 整体性原则

27. (　　)主要是指评价学前社会教育活动的内容要全面,不能以点带面、以偏概全。

A. 过程性原则　　B. 针对性原则　　C. 全体性原则　　D. 全面性原则

28. 在回答"海因茨偷药"的两难问题时,红红认为海因茨"爱自己的妻子",为了"挽救一个生命",偷药是有理由的。药剂师太贪婪,不管别人死活,应该去坐牢。说明红红的道德属于(　　)

A. 以服从与惩罚为取向　　B. 以工具性目的为取向

C. 以“好孩子”为取向　　D. 以维护社会秩序为取向

29. 儿童对道德规则的认知和实践服从于父母和老师等权威人物，体现了幼儿品德发展的(　　)特点。

A. 具体性　　B. 情境性　　C. 他律性　　D. 模仿性

30. 下列不属于小班社会教育目标的是(　　)

A. 引导儿童逐步熟悉集体生活环境，认识集体中的同伴与成人，初步了解他们与自己的关系，使儿童初步适应集体生活

B. 使儿童保持愉快的情绪，不爱哭、不怕生，愿意与他人交往，鼓励儿童积极参与集体生活

C. 引导儿童初步掌握日常生活中常用的礼貌用语，使儿童能初步有礼貌地同他人交往，见了老师和长辈会问好

D. 使儿童能初步了解自己与他人的情绪，初步懂得同情和关心他人

31. 有些幼儿看多了电视上的打打杀杀镜头，很容易增加其以后的攻击性行为。影响幼儿攻击性行为的因素是(　　)(常考)

A. 挫折　　B. 榜样　　C. 强化　　D. 惩罚

32. 幼儿缺乏宽容、接纳伙伴的态度是由于(　　)

A. 缺乏独立生活的能力　　B. 缺乏完成任务的能力

C. 缺乏人际交往的能力　　D. 缺乏执行规则的能力

33. 教师应利用和创设各种情境，组织多种多样的活动，让学前儿童参与其中。这是学前儿童社会教育的(　　)

A. 情感支持原则　　B. 生活教育原则　　C. 行为实践原则　　D. 一致性原则

二、多项选择题

1. 下列属于儿童品德发展特点的是(　　)

A. 具体性　　B. 他律性　　C. 模仿性　　D. 情绪性

2. 影响幼儿品德形成的外部条件有(　　)

A. 家庭教育方式　　B. 道德认知　　C. 社会风气　　D. 同伴群体

3. 学前社会教育活动评价需要遵循的原则包括(　　)

A. 针对性原则　　B. 过程性原则　　C. 全面性原则　　D. 科学性原则

4. 学前社会教育常选用的教育活动形式包括(　　)

A. 参观　　B. 社会实践　　C. 谈话　　D. 游戏

三、判断题

1. 学前社会教育对公民的培养，既要注重优秀传统文化的继承，也要引导孩子为参与现代全球化生活做准备。(　　)

2. 学前社会教育能促进学前儿童的完整发展。(　　)

3. 儿童的助人行为是随着年龄的增长而增长的。(　　)

4. 引导儿童初步感受民间艺术及我国的传统文化精品属于大班社会教育目标。(　　)

5. 在社会性学习理论中，模仿由四个子过程组成，其中动机过程是模仿学习的第四个子过程。（　　）

6. 为儿童提供正面的榜样，是形成儿童道德行为的关键途径。（　　）

7. 幼儿园应加强师幼交往活动，培养学前儿童与教师交往的能力。与亲子交往活动有区别的是，师幼交往活动相对比较随意一些。（　　）

8. 由于学前儿童具体形象的思维特点，社会规范的认知更应该强调在社会环境中进行，并注重规范的直观性、情境性和易操作性。（　　）

9. 帮助幼儿知道中国的重大传统节日，初步了解祖国的文化，并为之感到自豪属于社会教育的内容。（　　）

10. 幼儿园园内教师间在对待幼儿的社会性发展上都应持有一致的观念，体现了学前社会教育的一致性原则。（　　）

11. 谈话法可以充分调动儿童学习的积极性、主动性，能够引起儿童的认识兴趣，在社会教育中宜单独使用。（常考）（　　）

12. 学前儿童社会学习是随机的和无意的，社会学习无处不在，无时不有。（　　）

13. 幼儿教师在运用讲解法时要注意讲解的直观形象性。（　　）

14. 学前社会教育活动是幼儿园对学前儿童进行社会教育的主要途径。（　　）

15. 他评是指教师在活动后总结活动进展过程中的优点，并反思活动进展过程中存在的问题以及改进的方法。（常考）（　　）

16. 学前社会教育年龄阶段目标是社会教育所期望的最终结果，是学前阶段社会教育任务和要求的总和，是对儿童社会教育目标最为概括的陈述，是其他层次目标的依据和基础。（　　）

17. 情境测验法可以针对评价的需要、评价对象的实践情况、时间、地点、场地、材料等条件进行设计，可能会得到更多较为实用的真实信息。（　　）

18. 情境测验法是由美国心理学家莫雷诺 1930 年提出的一种测定团体人际关系的理论和方法，我们将其引入学前儿童社会性发展评价之中。（　　）

四、简答题

1. 简述学前儿童社会环境与社会规范认知的培养目标。

2. 简述学前儿童自我意识的培养目标。（易混）

3. 简述学前儿童人际交往的培养目标。

4. 简述学前儿童多元文化的培养目标。

5. 简述幼儿品德发展的影响因素。

6. 简述学前儿童人际交往教育活动的主要类型。

7. 简述学前儿童自我教育活动的内容。

8. 简述教师运用环境熏陶法时应注意的问题。

五、活动设计题

1. 幼儿期是接受品德教育的最佳期，请根据大班幼儿的年龄特点，设计一个社会活动——粗鲁的小老鼠，要求写出活动目标、活动准备以及活动过程。

附故事：

粗鲁的小老鼠

有一只小老鼠，总觉得自己了不起，对别人很不礼貌。

一次他去上学，一只蜗牛迎面走了过来，挡住了他的去路。小老鼠凶巴巴地说："小不点儿，滚开，

别挡我的路！”小老鼠说着一脚踢了过去，把蜗牛踢得滚出去很远。

有一次，小老鼠到河边喝水，觉得河里的一条小鱼妨碍了他，于是，捡起一块石头就扔了过去。小鱼受到袭击，吓了一跳，慌忙躲避。小老鼠哈哈大笑说：“知道我的厉害了吧！”

一天晚上，小老鼠在回家的路上看见一只小猪躺在路边，就趾高气扬地说：“谁给你这么大的胆子，竟敢挡住我的路！”说着，一脚踢了过去。

“嘭”地一声，小老鼠正好踢到小猪的脚上，小猪倒没什么事，小老鼠却“唉哟，唉哟”地叫了起来，原来他的脚肿起了一个大包。

小猪站起来对小老鼠说：“你对别人傲慢无礼，不懂得尊重人，今天尝到苦头了吧？只有尊重别人，才能获得别人的尊重。”小老鼠羞愧地低下了头。

2. 人们的生活日益改善，生活在优越条件下的“小皇帝”“小公主”们，很少用到礼貌用语，结合孩子的经验，请设计一个关于“问路”的社会教育活动。要求写出活动目标、活动准备以及活动过程。

附故事：

鼠先生问路

一天，鼠先生和鼠妹妹遇见了，鼠先生问：“鼠妹妹，你好吗？”鼠妹妹说：“我很好，可是我一个人在家真无聊，你来我家玩吧！”

于是鼠先生开着红色的小轿车上路了，可是开着开着他迷了路。

他看到一幢淡绿色的房子，有一只小青蛙，鼠先生问：“请问去鼠妹妹的家怎么走？”小青蛙说：“我也不知道，你去问一下别人吧！”

鼠先生继续往前走，看到一幢红色的房子，有一只大公鸡，鼠先生问：“请问去鼠妹妹的家怎么走？”大公鸡说：“沿着这条路笔直向前走就到了。”

鼠先生继续向前走，看到一幢黄色的大城堡，有一个大老虎，鼠先生问：“请问去鼠妹妹的家怎么走？”大老虎说：“转弯就到了！”

鼠先生再往前走，看到了一幢红色屋顶黄色墙的房子，鼠妹妹出来了，鼠先生把蛋糕送给了鼠妹妹，他们开心地拥抱在一起。

3. 根据中班幼儿的身心发展特点，组织一个关于“幼儿输赢”的社会活动。要求写出活动设计意图、活动目标、活动准备、活动过程。

附故事：

输了也不哭

小明和妈妈下棋，他赢了就笑得合不拢嘴，要是输了，就会跺着脚大哭。妈妈只好说：“我不玩了，你一个人下吧！”

小明摆好棋子，对自己说：“红的棋子是我的，黑的棋子是妈妈的。”红子儿遇见黑的就吃，追得黑子儿没处逃。如果黑子儿追上了红子儿，小明就悔棋，重走，反正不让红子儿吃亏。一会儿，小明就赢了。他又拍手又跳：“妈妈输喽！”这样连赢了三盘，小明再也不想一个人下了，他觉得这样赢真没意思。

小明去求妈妈：“还是我们一起来下吧！”“输了哭不哭？”妈妈问。“保证不哭！”小明真的不哭了。不过他要是输了棋，脸还是涨得红红的，还是想哭。他还嘟着嘴说：“再下一盘，反正我不哭！”

4. 根据大班幼儿的身心发展特点，组织一个关于交通标志的社会教育活动。要求写出活动目标、活动准备、活动过程。

附故事：

乡下老鼠进城

有一只乡下老鼠新买了一辆小轿车，他整天开着它东逛逛西玩玩的，有一天在路上，他听见松鼠们在议论城里的公园可漂亮了：有成排的大树，五颜六色的鲜花，穿梭的人群，迷人的音乐会，还有香甜的蛋糕和诱人的饮料……他就想到城里的公园去看看。

于是，乡下老鼠开着小轿车进城了。

城里的一切让乡下老鼠看得眼花缭乱：马路上各种车子开得飞快，人们在马路中间穿来穿去，喇叭不停地响，车子不停地动，城里的路上还挂着各种各样不同的标志。

乡下老鼠想：我到底应该走哪条路才能到公园呢？算了，我就随便走一条吧！想到这，乡下老鼠也开着车向公园的方向走去了。

他刚驶入一条路口，就被一名交警给拦下了，“什么事？”乡下老鼠问。“小老鼠，你违反了交通规则，这条路禁止汽车驶入。”交警指着告示牌说，“你应该罚款5元。”小老鼠交了钱，又从原路退回，继续往前开，可一会儿又被交警拦下了，“又怎么了？”小老鼠又纳闷了。“小老鼠，你闯红灯了，这是提醒你注意信号灯的标志，你怎么没注意看标志呢？罚款5元。”又被罚了5元，小老鼠继续往前行，他提醒自己，这次我要注意看信号指示了。“咦，这是什么标志呢？噢！叫人不要带小号的，幸亏我没带。”小老鼠继续往前行，前面有人，“嘀……”小老鼠按了一下喇叭，又被罚款了，原来刚才那标志是禁止鸣喇叭的。

一路上，小老鼠因为不认识城里的各种马路标志，一直被警察罚款。到了公园门口，小老鼠的钱都

被罚光了,没钱买票,乡下老鼠抱怨了:"唉!城里的规定真多,路上到处是标志,可我又不懂,到处被交警罚款,钱都被罚光了,现在没钱上公园了。"

"噢!是这样子的呀,城里人多,车多,有了那些标志才能使人、车各行其道,走得又快又安全呀。"公园管理员说。

"可是我都不认识,怎么办呢?"

"这样吧,我们城里幼儿园的小朋友可厉害了,都认识这些标志的,让他们教你吧!"

公园管理员带着小老鼠来到了幼儿园。

5. 根据中班幼儿的身心发展特点,组织一个关于好朋友的中班社会教育活动。要求写出活动目标、活动准备、活动过程。

附故事:

小胖熊吹气球

小胖熊拿来五个气球,分给大家。小胖熊说:"这是顶顶好玩的气球。"

红色的气球给小狗,小狗不会吹气球,小胖熊帮他吹。哇!红色的气球像团火。

黄色的气球给小猫,小猫不会吹气球,小胖熊帮他吹。哇!黄色的气球像鸭梨。

绿色的气球给小兔,小兔不会吹气球,小胖熊帮他吹。哇!绿色的气球像个大苹果。

紫色的气球给小猪,小猪偏要自己吹气球,吹呀,吹呀,"啪!"吹爆了。紫色气球变成碎片片,小猪抹起了眼泪。

小胖熊拿出第五个气球。吹呀,吹呀,吹大了,气球像蓝天一样美丽。

小胖熊把蓝色气球送给小猪,小猪笑了。袋鼠阿姨走过来,把一束吹好的气球送给小胖熊,夸他是个好孩子。

6. **三只想生病的小狗**

花花、黄黄、灰灰是三只可爱的狗宝宝,他们都是狗妈妈的好孩子,狗妈妈非常爱他们。一天,花花生病了,躺在床上。狗妈妈很着急,想尽办法让花花好起来,可是没有用。花花想吃肉骨头,妈妈连忙拿来肉骨头;花花想吃苹果,妈妈连忙买来苹果;花花想玩玩具,妈妈连忙拿来玩具。黄黄和灰灰看到了,心想:"要是我能生病该多好啊!"黄黄和灰灰想啊想,真的生病了。于是,黄黄要看图书,灰灰想吃虾条。妈妈忙呀忙呀,忙着照顾三个宝宝,狗妈妈太累了,终于病倒了,妈妈不能照顾三只小狗,连自己

也无法照顾了。

看着妈妈痛苦的样子，三只狗宝宝非常内疚，觉得自己对不起妈妈。过了几天，三只小狗的病好了，他们都来照顾妈妈，狗妈妈开心地笑了。从此，三只小狗再也不想生病了。

请围绕该故事设计一个幼儿园大班的活动方案。要求写出活动目标、活动准备及活动过程等。

7. 阅读下列作品，分析作品中蕴含了哪些教育内容？请设计并画出一个与此教育内容相关的主题活动网，然后将其中的一个设想设计成一个具体的活动方案。

附故事：

小猫盖的新房子

小猫要盖新房子了，朋友们都来帮忙。

"咳哟咳哟！"大象到树林里，运来一根又一根圆木。

"哧啦哧啦！"山羊和小花狗把圆木锯成一样厚的木板。

"叮当叮当！"小熊和小公鸡，一会儿就用木板钉成了一座漂亮的小房子。

汗水湿透了朋友们的衣衫，小猫真感谢大家。他说："等我把房子装饰好，请大家来做客。"

小猫在墙上贴了一层奶白色壁纸，屋里亮堂多了；小猫给玻璃窗挂了一层鹅黄色窗帘，屋里光线变得真柔和；小猫在地上铺了花地毯，呀，走在上面真舒服。

好多天过去了，朋友们问小猫："小猫，今天可以到你家做客吗？"

小猫说："不行，不行，现在正下雨，你们会把新房子弄脏的。"

又过了几天，朋友们又说："小猫，今天不下雨了，可以到你家做客吗？"

小猫说："不行，不行，你们没看见天正在刮风，你们来会把新房子弄脏的。"

又过了几天，不下雨，也不刮风，太阳红红的，天气暖暖的，小猫说："朋友们，请到我家来做客吧！"

朋友们高兴极了，可是，大象想了想，却对朋友们说："小猫家铺了地毯，我们带着干净鞋子去吧！"

于是，有的夹着新鞋，有的包着刚刷过的干净鞋，笑嘻嘻地向小猫家走去。

到了小猫家门口，大家都换上了自己带来的干净鞋，刚要进门，小猫却端来一盆水说："穿鞋会踩坏地毯的。大家脱了鞋，洗洗脚再进去吧！"

大象和小熊看看自己的脚，又看看那个小脸盆，摇了摇头："算了，我们不进去了！"小山羊、小花狗、小公鸡见大象和小熊走了，说："我们也不进去了！"

从此，谁也再没到小猫家做过客，谁也不愿再找小猫玩，每天和小猫做伴的，只有他的那座新房子。

第五章　学前科学教育

命题要点	考查热度	考查难度	命题预测
学前科学教育的目标、内容、方法	★	一般	学前科学教育的目标、学前科学教育的内容
学前科学教育活动的设计与组织策略	★★	中等	科学讨论型科学教育活动、实验操作型科学教育活动
学前儿童学习科学的特点和学前科学教育活动评价	★	一般	学前儿童学习科学的特点
学前数学教育	★★	中等	学前数学教育的方法、学前数学教育的内容和原则

真题必刷

第 *10* 练　学前科学教育概述、目标、内容、方法与实施形式

一、单项选择题

1. [安徽宿州]学前儿童科学教育的实质是(　　)

A. 教师的指导　　B. 获取知识

C. 儿童的科学探索活动　　D. 主动建构初级科学概念

2. [广东广州]学前儿童的科学教育目标中,强调幼儿的好奇心和探究热情,并有初步的科学精神和态度,体现的是(　　)(常考)

A. 科学思维方式　　B. 情感态度目标　　C. 科学知识经验　　D. 科学知识态度

3. [安徽宿州]专门的学前科学教育活动不包括(　　)

A. 集体教学活动中的科学教育活动　　B. 区角活动中的科学教育活动

C. 偶发性科学教育活动　　D. 游戏活动中的科学教育活动

4. [重庆江北]学前儿童科学教育活动的主要途径有集体教学活动、区角活动和(　　)

A. 角色游戏　　B. 探索活动　　C. 规则游戏　　D. 科学游戏

5. [安徽宿州]用于科学教育的文艺作品范围很广,主要有文学作品和艺术作品。下列作品中不属于艺术作品的是(　　)

A. 图片　　B. 歌曲　　C. 谜语　　D. 科普画册

6.［福建统考］幼儿园科学教育的核心是（　　）（易错）

A. 让幼儿获得科学知识　　B. 发现有科学潜力的幼儿

C. 教幼儿学会操作技能　　D. 激发幼儿的认识兴趣和探究欲望

7.［安徽滁州］教师在组织幼儿认识春天时，不适合幼儿进行探究的是（　　）

A. 春天的景色　　B. 春天的气候成因

C. 春天的庄稼　　D. 春天的动植物

8.［福建统考］“我最喜欢的鸟儿”的科学活动最适合采用的教学方法是（　　）

A. 实验法　　B. 观察法　　C. 讨论法　　D. 制作法

9.［浙江统考］学前儿童科学教育中实施的生命教育不包括（　　）

A. 培养儿童尊重生命的意识　　B. 引导儿童解剖小动物

C. 引导儿童尊重生存的环境　　D. 引导儿童感受生命的历程

10.［安徽合肥］学前儿童科学教育中的实验区是指在人为控制条件下，教师或儿童利用一些材料、仪器或设备，通过简单演示或操作，对周围常见的科学现象加以（　　）的科学实验小园地。

A. 验证　　B. 研究　　C. 发现　　D. 探索

11.［安徽合肥］下列科学活动中，属于偶发性科学教育活动的是（　　）

A. 观察大雾天气　　B. 记录沉浮现象

C. 观察区角植物生长　　D. 制作蝴蝶标本

12.［山东青岛］幼儿进行区角游戏时，娜娜老师安静地拿出文件夹和笔，边走边看，进行记录，这种研究方法是（　　）

A. 科学实验法　　B. 自然观察法　　C. 实践测验法　　D. 随机考察法

13.［安徽滁州］引导幼儿理解昨天、今天和明天的含义，是（　　）的科学教育目标。

A. 大班　　B. 中班　　C. 小班　　D. 各年龄班都可以

14.［安徽阜阳］科学教育活动要能弘扬中国的传统科学文化，这遵循了选择幼儿园科学教育内容的（　　）原则。

A. 广泛性　　B. 时代性　　C. 科学性　　D. 民族性

15.［福建统考］感知沙、水特征的活动对象属于（　　）

A. 动植物　　B. 无生命物质　　C. 自然科学现象　　D. 生活中的科技

16.［河南郑州］下面哪个选项不适宜作为集体科学教育活动的内容（　　）

A. 动物的外观特征　　B. 观察露水

C. 蔬菜和水果　　D. 实验：水的净化

二、多项选择题

1.［广东广州］区域科学教育活动是幼儿园的一种教育途径，对幼儿的发展具有独特的价值，主要体现在（　　）

A. 培养幼儿探究科学的兴趣　　B. 幼儿自主探究能力的发展

C. 幼儿获得直接的科学经验和知识　　D. 促进每个幼儿得到不同程度的发展

2. [安徽宿州]对于学前儿童来说，他们的科学知识有两个层次，即(　　)

A. 科学经验　　B. 初级科学概念　　C. 感性的知识　　D. 理性的知识

3. [广东广州]自然角是指在幼儿园的教室内、廊沿或活动室的一角，供饲养小动物、栽培植物、陈列幼儿收集的生物样本的场地和场所。它对幼儿的特殊作用包括(　　)

A. 能培养幼儿的责任感　　B. 能激发幼儿的求知欲和探究热情

C. 能满足幼儿认识周围世界的需要　　D. 能树立幼儿的主人翁意识，培养幼儿的劳动习惯

三、判断题

1. [福建统考]幼儿科学教育的宗旨是对幼儿进行科学素质的早期培养。(　　)

2. [安徽阜阳]"光与影子""摩擦起电"等实验属于物理实验。(　　)

3. [安徽合肥]广泛性和代表性是学前儿童科学教育内容选择的首要要求。(常考)(　　)

4. [安徽阜阳]刘老师指导幼儿使用木棍、手指、步长等作为量具对物体进行测量，这种测量方法属于正式量具测量。(　　)

5. [安徽宿州]幼儿通过种植向日葵了解向日葵的生长变化过程，这属于个别物体的观察。(　　)

6. [广东高州]学前儿童科学教育的核心价值在于使幼儿乐学和会学，应顺应幼儿的需求和兴趣。(　　)

四、简答题

1. [山东滨州]幼儿园科学教育的总目标是什么？

2. [浙江绍兴]简述饲养蚕宝宝活动中幼儿用到的4种主要科学方法。

五、材料分析题

1. [浙江统考]雨后，小朋友在操场上发现一条粉红色、细细长长的东西，一个小朋友说："是蚯蚓！"另一个说："不是，是蛇！"又一个说："不，是毛毛虫！"他们开始讨论，它会不会动……小朋友们七嘴八舌地讨论了起来，然后有个小朋友伸手碰了一下它。这时老师看见了说："啊！好恶心！王老师，快把它丢掉！"保育员王老师拿了树枝将它丢进了垃圾桶。

(1)教师的做法合适吗？为什么？

(2)如果是你，你会怎么做？并说明理由。

2.[福建统考]一天，在大班的种植园。有一个小朋友看到土里钻出来一只蚯蚓，立即大声招呼："快看快看，这儿有一条蚯蚓。"这叫声吸引了许多小朋友聚拢过来，"它是怎么生活在土里的呢？""它吃什么长大的呢？""它是吃青菜的根。""它应该是吃土长大的。"小朋友们七嘴八舌地讨论开来。林老师见到了，建议小朋友们把蚯蚓带回班级，养在有土的透明玻璃皿里，并引导小朋友设计一张记录表，每天对它进行观察和记录。林老师还动员家长和孩子们一起上网查找蚯蚓的种类、生活习性等方面的资料，还在班级张贴了各种各样蚯蚓的图片。两周后，林老师组织大家开展一个交流讨论活动"我认识的蚯蚓"。

(1)结合材料分析林老师在组织该科学教育活动中的教育行为特点。

(2)结合材料为"我认识的蚯蚓"活动设计至少三个供幼儿交流讨论的问题。

第 *11* 练　学前科学教育有关理论、不同类型学前科学教育活动设计与组织策略

一、单项选择题

1.[浙江统考]维果斯基认为，儿童头脑里产生的高级类型的概念正是来自以前存在的较初级的和基本的概括类型，绝不是由外部植入儿童意识的。这种高级类型的概念是(　　)

A.自发概念　　B.日常概念　　C.基础概念　　D.科学概念

2.[河南平顶山]儿童能运用语言表现他们的世界所发生的事，从而获得知识，这种认知表征是(　　)(易错)

A.动作表征　　B.符号表征　　C.图像表征　　D.表象表征

3.[浙江统考]皮亚杰认为，影响儿童智力发展的关键知识类型是(　　)

A.社会知识　　B.物理知识　　C.生命知识　　D.逻辑－数理知识

4.[浙江统考]幼儿教师让家长和幼儿一起收集科学资料，并让幼儿通过交流的方式获取科学知识，积累科学经验，这是(　　)

A.科学讨论型科学教育活动　　B.技术操作型科学教育活动

C. 观察认识型科学教育活动　　D. 实验操作型科学教育活动

5.［福建统考］幼儿科学探究的正确步骤是(　　)(易错)

A. 问题—猜测—实验—结论—交流　　B. 问题—猜测—实验—交流—结论

C. 交流—问题—猜测—实验—结论　　D. 交流—猜测—问题—实验—结论

6.［福建统考］科学领域活动中交流讨论型活动较适合开展的年龄段是(　　)

A. 3～4 岁　　B. 4～5 岁　　C. 5～6 岁　　D. 4～6 岁

7.［福建统考］在实验操作中让幼儿经历“随意—探究—领悟”三个阶段。这种设计思路为(　　)

A. 自由——引导式　　B. 猜想——验证式

C. 感受——操作式　　D. 运用——操作式

8.［安徽滁州］幼儿经常用碗吃饭，渐渐理解了碗就是“用来吃饭的”。这里幼儿掌握“碗”的概念是(　　)

A. 下位概念　　B. 科学概念　　C. 上位概念　　D. 日常概念

9.［浙江临海］在幼儿科学教育活动中，尊重幼儿主体地位，让他们在丰富的实践活动中进行主动的探索，从而获取科学知识、发展科学能力、培养科学精神。符合科学教育(　　)

A. 科学性原则　　B. 发展性原则　　C. 整合性原则　　D. 活动性原则

10.［安徽阜阳］适用于观察变化的发生的科学教育活动是(　　)

A. 现象观察活动　　B. 物体观察活动

C. 展示观察活动　　D. 户外观察活动

11.［浙江统考］王老师在组织幼儿进行“各种各样的昆虫”科学活动时，幼儿对七星瓢虫产生了浓厚的兴趣，其中有一位孩子问：“王老师，我看到身上有 9 个斑点的瓢虫，是不是就叫九星瓢虫？”王老师愣了一下，心想这个问题还真不确定，但是她机智地表扬了该幼儿：“你说的很有道理，9 个斑点的就叫九星瓢虫啦。”王老师的做法违背了科学活动组织的(　　)

A. 开放性　　B. 趣味性　　C. 活动性　　D. 科学性

二、判断题

1.［安徽阜阳］科学讨论型活动一般用于三种科学教育活动，即参观调查后的汇报交流、收集资料后的共同分享、个别探究后的集中研讨。(　　)

2.［安徽宿州］学前儿童掌握的概念主要是科学概念，而不是日常概念。(　　)

三、简答题

［浙江杭州］简述幼儿科学探究与发现的基本环节与步骤。

四、活动设计题

1.［山东临沂］在幼儿园科学领域子领域“科学探究”的活动中，5～6 岁幼儿的活动目标是：能探究并发现常见的物理现象产生的条件或影响因素。

请以大班科学活动《奇妙的影子》为题，编写活动设计方案。

要求：

(1)活动设计周密完善（包含活动目标、活动重点、活动难点、活动准备、活动过程和活动延伸等），形式合理、方法得当。

(2)活动过程安排合理，体现科学领域操作实验类活动的特点。

2.［浙江统考］春雨沙沙沙，沙沙沙地落了，周围的花开了，草绿了，叶长了，鸟叫了……幼儿园小朋友们的好奇心也被激发了。

请在此情境中：

(1)尝试记下小朋友们可能问的关于科学探究子领域的 5 个问题。

(2)尝试设计 1 份主题活动一览表（表的标题为“×年龄班××主题活动一览表”，表格中必须包括活动名称、重点领域）。

(3)尝试设计 1 份中班科学探究集体教育活动计划（只需写明活动名称、设计意图、活动目标、活动准备、活动主要环节这 5 方面）。

3.［安徽合肥］以“我和大树交朋友”为主题，写出活动目标、活动准备和活动过程。

第 12 练 学前儿童学习科学的特点与教育原则、学前科学教育活动的评价

一、单项选择题

1.［河南平顶山］教师对小朋友说“在草地上走，会把小草踩疼的”，儿童就不去踩，反映儿童具有（　　）（常考）

A. 好奇的特点　　B. 好探索的特点

C. 自我中心的特点　　D. 好动的特点

2. [福建统考]辉辉一边拆卸遥控汽车一边说:“我想知道汽车是怎么跑起来的。”这说明辉辉(　　)

A. 好动　　B. 不爱惜玩具

C. 具有探索欲望　　D. 没有规则的意识

3. [河南平顶山]下列关于学前儿童科学教育的各种评价中,较多采用非正式评价的是(　　)

A. 诊断性评价　　B. 课程评价　　C. 终结性评价　　D. 形成性评价

4. [江西统考]教师组织大班科学活动“拱桥的秘密”,为幼儿提供了不同轻重的积木、不同大小的纸板等各种探究材料。活动中,幼儿反复进行实验来探究拱桥的承重力,兴趣浓厚。活动之后,教师围绕着幼儿在参与、操作、交流、态度等方面的状况进行了评价。这种教育活动评价体现了(　　)原则。

A. 尊重性　　B. 情境性　　C. 个别化　　D. 科学性

二、判断题

[安徽合肥]在幼儿园开展课题研究必须充分考虑和减少实验本身对实验对象的负面影响,这符合幼儿教育科学研究的严整性原则。(　　)

第 13 练　学前数学教育

一、单项选择题

1. [广东高州]年龄小的幼儿在完成数数的任务时往往要借助外显的动作,例如用手一一点数,扳手指数数。随着年龄的增大,才逐步把动作内化,在头脑中进行数和物的对应。这体现了儿童早期数学概念发展过程中具有(　　)的特点。

A. 从个别到一般　　B. 从外部动作到内部动作

C. 从抽象到具体　　D. 从不自觉到自觉

2. [广东广州]掌握 10 以内的加减运算,不只是理解的问题,还有一个巩固和熟练的问题,教师用两张画有不同数目小鱼的图片,让幼儿看图回答“一共有几条小鱼”,并说明是用什么方法算的,这运用的是(　　)

A. 教学游戏法　　B. 书面练习法　　C. 感知练习法　　D. 编题练习法

3. [福建统考]在分类活动中,强强把饼干、糖果、薯条归一类,把积木、布娃娃、球归一类,强强是按物体的(　　)

A. 名称分类　　B. 用途分类　　C. 形状分类　　D. 材料分类

4. [福建统考]幼儿计数能力发展的关键阶段是能够(　　)(易混)

A. 口头数数　　B. 按物点数　　C. 说出总数　　D. 按数取物

5. [福建统考]小班幼儿比较一组幼儿和他们面前摆放的一排椅子数量是否一致,应用的数学技能是(　　)

A. 分类　　B. 排序　　C. 计数比较　　D. 对应比较

6. [安徽滁州]教师通过语言和运用直观教具,把抽象的数、量、形等知识加以说明和解释,以帮助幼儿理解相关的数学知识。这种教法叫作(　　)

A. 讲解演示法　　B. 操作法　　C. 比较法　　D. 实验法

7.［福建统考］教师引导幼儿用手沿着图形的边缘触摸识记图形有几条边几个角，这种活动是（　　）

A. 感知图形特征　　B. 图形归类　　C. 制作图形　　D. 区分图形

8.［福建统考］对幼儿学习加减运算的特点叙述错误的是（　　）

A. 学习加法比减法容易　　B. 学习实物加减比算式加减容易

C. 理解和掌握应用题比算式容易　　D. 学习加大数、减大数比学习加小数、减小数容易

9.［安徽阜阳］数的组成包括两个过程：分解与组合，幼儿学习数的组成时，应该（　　）

A. 先学组合，再学分解　　B. 先学分解，再学组合

C. 只学分解，不学组合　　D. 只学组合，不学分解

10.［福建统考］幼儿指着苹果，从左到右，一边点着物体一边说数词："一个，二个……"在点到最后一个时，提高声音说4个。这种数数方法是（　　）

A. 口头数数　　B. 按物点数　　C. 接数　　D. 按群计数

11.［浙江绍兴］儿童最先掌握的守恒是（　　）

A. 长度守恒　　B. 数量守恒　　C. 体积守恒　　D. 容积守恒

12.［安徽合肥］数学活动时，教师请幼儿按要求拿出几个珠子。这属于幼儿数学活动中的（　　）

A. 口头数数　　B. 按数取物　　C. 按物点数　　D. 说出总数

13.［福建统考］教师带幼儿到超市体验购物过程，帮助幼儿学习并运用数学知识，这体现了幼儿学习数学的（　　）

A. 发展儿童思维结构的原则　　B. 让儿童操作、探索的原则

C. 重视个体差异的原则　　D. 密切联系生活的原则

14.［浙江临海］大部分（　　）幼儿能以自身为中心和以客体为中心区分并说出物体的左右方位。

A. 大班　　B. 中班　　C. 小班　　D. 托班

15.［福建统考］数学活动中为梳理幼儿零散的经验，提高对数学概念的认识，教师宜采用（　　）

A. 操作法　　B. 讨论法　　C. 游戏法　　D. 演示法

二、多项选择题

［安徽阜阳］比较法是通过对两个（组）或两个（组）以上物体的比较，让学前儿童找出它们在数、量、形等方面的相同和不同。其中，对应比较分为（　　）

A. 重叠式比较　　B. 并放式比较　　C. 单排式比较　　D. 连线式比较

三、判断题

1.［福建统考］幼儿数学教育活动具有情境性、可操作性、游戏化和生活化的特点。（　　）

2.［河北邢台］学习10以内的加减法应该是数学课程的中心。（　　）

3.［浙江杭州］儿童早期数学认知能力包括儿童对数、计算、空间/几何这三方面的认知能力。（易错）（　　）

4.［安徽滁州］年龄越小的幼儿在完成数数任务时越需要借助外部的动作，如用手一一点数。（　　）

5.［福建统考］当一个数用来表示集合中元素的个数时，叫作基数。（　　）

6.［浙江绍兴］5～6岁的幼儿学习按物体两个以上特征或特性进行分类，并学习按标记进行逐级分类。（　　）

四、活动设计题

1.［安徽滁州］请根据给出的活动目标设计一篇以“有趣的图形”为主题的小班科学活动。

活动目标：

(1)能够正确辨认圆形、三角形、正方形，并能说出图形的名称。

(2)掌握三种图形的特征，并能够利用三种图形组合变化出新形象。

(3)体验合作游戏的乐趣，发展创造力。

2.［江西统考］请设计一节大班数学活动“我们来测量”。要求写明：活动设计意图、活动目标、活动准备、活动重难点、活动过程。

3.［江西南昌］针对幼儿园中班的小朋友，设计一次垃圾分类的活动。要求明确活动设计意图、活动目的、活动重难点和活动过程。

实战演练

一、单项选择题

1.教师把孩子带到郊外，启发他们收集各种小石块，然后回到幼儿园，让孩子向同伴介绍自己收集的石头，互相交流，并进行各种分类、制作活动。活动过程中，孩子不仅认识了各种各样的石头，学习了分类方法，发展了他们的观察能力、思维能力、审美能力，同时还培养了他们探索大自然的兴趣和热爱大自然的情感。教师的这种做法是对幼儿实施的（　　）

A.科学教育　　B.社会教育　　C.艺术教育　　D.数学教育

2.下列有关科学的说法不正确的是（　　）

A.科学以改造自然为目的　　B.科学回答“是什么”“为什么”的问题

C.科学是探索的过程　　D.科学是将个别现象上升到一般原理

3.在儿童学科学诸要素中,处于核心地位的要素是(　　)

A.探索态度　　B.探索对象　　C.探索过程　　D.探索结果

4.关于学前儿童科学教育过程和结果的关系的论述,正确的是(　　)(易错)

A.过程重要,结果并不重要　　B.结果重要,过程并不重要

C.过程和结果是不可兼得的　　D.过程和结果是统一的

5.在"沉浮"的活动中,学前儿童在教师指导下能够获得的科学探索结果是(　　)(常考)

A.物体沉浮的现象　　B.物体沉浮的原因

C.浮力的概念　　D.比重的概念

6."帮助儿童学习运用简单的工具进行测量的方法",这一目标适合于(　　)

A.小班　　B.中班　　C.大班　　D.学前班

7."激发和培养儿童好奇、好问、好探索的态度。"这一目标适合于(　　)

A.小班　　B.中班　　C.大班　　D.学前班

8.学前儿童科学教育的目标必须具有年龄层次性,这是因为儿童的发展具有(　　)

A.整体性　　B.阶段性　　C.连续性　　D.个体差异性

9.学前科学教育的目标按其层次,可以分解为学前科学教育的总目标、年龄阶段目标、单元目标、(　　)

A.课程目标　　B.主题目标　　C.时间目标　　D.活动目标

10."发展儿童的好奇心,引导儿童探究周围生活中常见的自然现象、自然物和人造物,愿意参加制作活动",这一目标适合于(　　)

A.小班　　B.中班　　C.大班　　D.学前班

11."能对事物或现象进行观察比较,发现其相同与不同",这一目标涉及的年龄段是(　　)

A.3~4岁　　B.4~5岁　　C.5~6岁　　D.6~7岁

12.学前儿童科学素养主要包括三个方面即(　　)(常考)

A.科学技能的掌握、科学方法的学习、科学情感态度的培养

B.科学知识的获得、科学方法的学习、科学情感态度的培养

C.科学概念的理解、科学知识的获得、科学方法的学习

D.科学技能的掌握、科学概念的理解、科学情感态度的培养

13.(　　)是科学知识的最低的层次。

A.科学经验　　B.初级科学概念　　C.科学方法　　D.高级科学概念

14."初级科学概念"的含义是指(　　)(易错)

A.儿童对科学概念的理解处于初级的水平

B.儿童对科学概念的定义还没有牢固掌握

C.儿童对科学概念的理解建立在具体事物的基础上

D.儿童还不会用文字来表述科学概念

15. 儿童建构科学概念的基础是( )

A. 初级科学概念 B. 抽象科学概念 C. 科学经验 D. 科学理论体系

16. 渗透的学前儿童科学教育活动包括( )

A. 日常生活中的科学教育、游戏活动中的科学教育、偶发性的科学教育

B. 集体性的科学教育、游戏活动中的科学教育、其他教育活动中的科学教育

C. 日常生活中的科学教育、偶发性的科学教育、其他教育活动中的科学教育

D. 日常生活中的科学教育、游戏活动中的科学教育、其他教育活动中的科学教育

17. 在分类过程中理解类与子类、整体与部分的关系是( )的教育内容。

A. 小小班 B. 小班 C. 中班 D. 大班

18. 有一个幼儿园为了体现自身教育特色,开展了“探索昆虫”的科学教育活动,在一个学期里,教师让儿童认识了近 200 种昆虫。这种教育内容选择的不恰当之处在于( )

A. 违反了科学性、启蒙性要求 B. 违反了广泛性、代表性要求

C. 违反了地方性、季节性要求 D. 违反了时代性、民族性要求

19. 适宜于春季进行的学前儿童科学教育活动的内容是观察( )(常考)

A. 雾和霜 B. 落叶树 C. 彩虹 D. 小草

20. 在小班中开展“听声音、猜东西”“气味真多”等活动。这类活动主要是让幼儿观察和探索( )

A. 说话能力 B. 自然环境

C. 动手能力 D. 人体的外部结构、功能

21. 下列适宜于在冬季进行的科学教育活动内容是( )

A. 雪 B. 昆虫 C. 打雷 D. 小草

22. 适合学前儿童学习的科学内容是( )(常考)

A. 了解风形成的原因

B. 观察并记录不同种类的云和天气变化的关系

C. 观察和探索常见的天气现象:冰、雪、雾、雨等

D. 了解雨的成因

23. 以认识空间图形为例,小、中班幼儿以认识平面图形为主,大班幼儿可以学习认识几何体。这反映的是数学教育内容的( )(易错)

A. 科学性 B. 启蒙性 C. 系统性 D. 适时性

24. 学前儿童的环保教育不包括( )

A. 使儿童知道地球上的水资源是有限的,可以供人们饮用的淡水资源更加有限,懂得保护水资源,节约用水

B. 认识几种珍稀动植物,知道它们数量减少的原因,要懂得爱护野生动植物

C. 了解废弃物不处理对人类的危害,知道废弃物可以分类回收利用,变废为宝

D. 了解“工业三废”的概念及其对人类生存环境造成的危害

25.(　　)是指从许多物体中将具有某一种(或几种)特征的物体挑选出来。(常考)

A. 多种特征分类　　B. 多元分类　　C. 二元分类　　D. 挑选分类

26. 幼儿园科学教育活动设计中,为幼儿选择的科学教育内容必须是客观的、实在的、符合科学发展方向的。这体现的幼儿科学教育活动设计原则是(　　)

A. 趣味性　　B. 科学性　　C. 活动性　　D. 发展性

27. 下列物品中可以作为学前儿童非正式测量工具的是(　　)

A. 直尺　　B. 温度计　　C. 绳子　　D. 钟表

28. 自然角里的小乌龟死了,小朋友们问:"死了还会活过来吗?"为此,张老师组织幼儿讨论如何看待生命的问题。该做法体现了科学教育活动内容选择的(　　)

A. 季节性　　B. 地方性　　C. 生成性　　D. 民族性

29. 根据科学游戏的作用,可以将科学游戏分为分类游戏和(　　)

A. 感知游戏　　B. 数学游戏　　C. 互动游戏　　D. 口头游戏

30. 图片上画有数个斜度不同的面与玩具小汽车,西西看着这些图片,就准确地表述出车开得快或者慢的情况,这说明西西的认知水平处于(　　)阶段。(易混)

A. 动作表征　　B. 图像表征　　C. 符号表征　　D. 逻辑表征

31.(　　)倡导的"发现学习法",在教育学上,尤其是对科学教育有着极其显著的影响与贡献。

A. 布鲁纳　　B. 皮亚杰　　C. 布卢姆　　D. 科尔伯格

32. 幼儿在向成人的提问中,不但喜欢问"是什么",而且还爱问"为什么"。例如,会问:"为什么鸟会飞?""为什么洗衣机会转动?"还常常会刨根问底,探个究竟。这反映了儿童科学学习具有(　　)的特点。

A. 好奇好问　　B. 积极的求知欲望

C. 表面性和片面性　　D. 自我中心

33. 当儿童在观察和玩冰块的时候,就会感受到冰的性质:冷冷的、硬硬的、放到嘴里没有味道、还会发现冰化成了水等。这些感受和发现都是(　　)(易混)

A. 科学知识　　B. 科学经验　　C. 科学探索　　D. 科学概念

34. 关于儿童科学活动的组织形式,错误的看法是(　　)(易错)

A. 集体活动形式不能放弃,而要加以完善

B. 应以小组活动形式替代集体活动形式

C. 要灵活采用不同的组织形式

D. 各种组织形式都不要相互排斥

35. 儿童学科学的内在动机和原动力是(　　)

A. 受表扬　　B. 好奇心　　C. 学本领　　D. 活动身体

36. 皮亚杰将知识划分为社会知识、物理知识和(　　)

A. 生命知识　　B. 艺术知识　　C. 逻辑-数理知识　　D. 科学知识

37. 学前科学教育活动设计的原则不包括(　　)

A. 发展性　　B. 趣味性　　C. 开放性　　D. 集体性

38. 各年龄阶段进行比较性观察的要求有所不同，5～6岁年龄段的要求是(　　)

A. 比较物体明显的不同点　　B. 比较物体的不同点

C. 比较物体的相同点　　D. 比较物体的不同点和相同点

39. 符合可操作性要求的科学活动目标是(　　)

A. 对科学活动感兴趣　　B. 培养儿童的创造性

C. 能用动作表现蚕吃桑叶的动作　　D. 发展儿童的思维能力

40. 让幼儿观察向日葵或玉米、蚕豆、牵牛花等的生长发展过程；蝌蚪变成青蛙的过程；对各个季节特征的观察等。这一活动适合组织幼儿进行(　　)科学教育活动。

A. 一般性观察　　B. 比较性观察

C. 长期系统性观察　　D. 短期系统性观察

41. (　　)是学前科学教育活动中一种较为普遍的活动类型。

A. 科学讨论型科学教育活动　　B. 技术操作型科学教育活动

C. 实验操作型科学教育活动　　D. 观察认识型科学教育活动

42. 幼儿认识空间方位的发展顺序是(　　)(常考)

A. 上下、前后、左右　　B. 上下、左右、前后

C. 前后、上下、左右　　D. 前后、左右、上下

43. “学习用一一对应的方法比较两组物体的数量，感知多、少和一样多”，这一数学目标适合于(　　)幼儿。(常考)

A. 小班　　B. 中班　　C. 大班　　D. 学前班

44. 学习10以内的序数，这是(　　)学前儿童的数学教育目标。

A. 小班　　B. 中班　　C. 大班　　D. 学前班

45. 在分类活动中，小班幼儿往往会把要分的物体和特征标识碰一下。这说明幼儿学习数学(　　)(易错)

A. 最初是通过外部动作进行的　　B. 具有自我意识

C. 理解数学知识的抽象性质　　D. 在头脑中已经形成对事物类的认识

46. 这是一棵大树，那是一棵小树；今天班上有3个小朋友没有来；手帕是正方形的，毛巾是长方形的等。这说明学前数学教育活动内容具有(　　)

A. 启蒙性　　B. 生活性　　C. 可探索性　　D. 系统性

47. 通过儿童的探索和发现，他们获得了这样的经验：用某一物品排队，队列的长短不仅与物品数目多少有关，还与物品本身的体积大小有关。这体现了学前数学教育活动内容的(　　)

A. 可探索性　　B. 生活性　　C. 系统性　　D. 启蒙性

48. 儿童能够数出4个人、4个橘子、4本书，但并不能真正理解“4”的意义，在学习经验不断地积累过后，

儿童知道4可以代表任何四个物体。这说明儿童学习数学具有(　　)的特点。

A. 从具体到抽象　　B. 从外部动作到内部动作

C. 从不自觉到自觉　　D. 从个别到一般

49. 幼儿可以从一组不同颜色、不同大小和形状的几何图形中,拿出大的、红色的圆形片,说明幼儿已具备了(　　)

A. 多角度分类能力　　B. 比较能力

C. 计数能力　　D. 层级分类能力

50. 儿童最先认识的平面图形是(　　)

A. 圆形　　B. 正方形　　C. 长方形　　D. 三角形

51. 以下选项中,属于小班分类教育要求的是(　　)

A. 按物体的某一特征进行分类　　B. 按物体的数量进行分类

C. 概括物体(或图形)的两个特征　　D. 按两个特征进行分类

52. 关于学前儿童科学游戏规则的说法,错误的是(　　)

A. 规则应服从于科学教育要求和游戏展开的需要

B. 规则应有利于儿童的操作和智力活动

C. 规则应限制儿童的活动

D. 规则应简单,便于儿童执行

53. 在数的组成的教学中,幼儿首先需要的是(　　)(易错)

A. 教师讲解示范　　B. 分合实物的操作经验

C. 形成数的组成的表象　　D. 形成数的组成的概念

54. 根据幼儿学习数学的心理特点,幼儿数学学习的基本方法是(　　)

A. 观察法　　B. 操作法　　C. 讨论法　　D. 游戏法

55. 将5朵红花一朵朵地并放在4朵黄花的下面进行比较。幼儿采用的方法是(　　)

A. 并放比较　　B. 连线比较　　C. 重叠比较　　D. 双排比较

56. 某幼儿给一堆玩具分类,第一次按大小分类,第二次按颜色分类,第三次按材料分类。该幼儿的分类是按(　　)(常考)

A. 层级分类　　B. 多角度分类

C. 二维特征分类　　D. 三维特征分类

57. 将4只瓢虫一只只地重叠放在一片片树叶上,以比较它们的数量是相同还是不同。幼儿采用的方法是(　　)

A. 重叠比较　　B. 并放比较　　C. 连线比较　　D. 双排比较

58. 幼儿一般能从1数到10,但一般都像背儿歌似的背诵这些数字,带有顺口溜的性质,并没有形成每一个数词与实物间的一对一的联系,幼儿尚不理解数的实际意义。这属于(　　)

A. 说出总数　　B. 按物计数　　C. 口头数数　　D. 按数取物

59. 两排一样多的苹果一一对应摆放，老师把上面的一排间距拉开，小兵认为上面一排的苹果变多了。这说明小兵还没形成(　　)

A. 形状守恒　　B. 排序守恒　　C. 体积守恒　　D. 数的守恒

60. 教师做好若干"信封"，每个封面上写有一道10以内加减的算式题，再设置10个"信箱"，分别标上1~10的号码。游戏时发给幼儿每人一个信封，让幼儿按信封上算式的得数送到相应号码的"信箱"里。在投递之前先请幼儿念题，并算出正确得数，再将"信封"投到"信箱"中去。这运用的是(　　)

A. 教学游戏法　　B. 书面练习法　　C. 感知练习法　　D. 编题练习法

61. 关于科学，正确的说法是(　　)(易混)

A. 科学以改造自然为目的　　B. 科学回答的是"做什么"的问题

C. 科学是获得新发现的过程　　D. 科学是将理论应用于实践的过程

62. 下列不属于学前儿童科学教育中常用的评价方式是(　　)

A. 观察分析法　　B. 问卷调查法　　C. 实验法　　D. 作品分析法

63. 形成一和多的数概念，形成白天、晚上的时间概念。这属于哪个年龄段的科学教育目标(　　)

A. 2~3岁　　B. 3~4岁　　C. 4~5岁　　D. 5~6岁

二、多项选择题

1. 按教师指导程度的不同，专门的科学教育活动可分为(　　)

A. 预定性的科学教育活动　　B. 选择性的科学教育活动

C. 偶发性的科学教育活动　　D. 整合性的科学教育活动

2. 下列选项中属于大班幼儿科学教育活动目标中情感目标的是(　　)

A. 激发和培养儿童好奇、好问、好探索的态度

B. 激发儿童对自然环境和现代社会生活中的科技产品的广泛的兴趣，能自己发现问题、提出问题、寻求答案

C. 使儿童喜欢并能主动参与、集中于自己的科学探索活动和制作活动

D. 培养儿童关心、爱护动植物和周围环境的情感和行为

3. 学前儿童学习科学的要素包括(　　)

A. 探索态度　　B. 探索对象　　C. 探索过程　　D. 探索结果

4. 对儿童来说，能够成为探索对象的事物，必须具备的条件是(　　)

A. 这个对象的外部特征或表现要能激发儿童的兴趣，引发其积极的探索态度

B. 这个对象在教育过程中能引导幼儿主动探究

C. 教育活动的结果要使幼儿获得广泛的科学经验

D. 这个对象本身要具有一定的可探索性，也就是能够让儿童通过探索获得一定的结果

5. 渗透的数学教育活动主要包括(　　)

A. 日常生活中的数学教育渗透　　B. 主题及其他各科教育活动中的数学教育渗透

C. 游戏活动中的数学教育渗透　　D. 师生交往中的数学教育渗透

6. 学前数学教育目标制定的依据包括(　　)(常考)

A. 学科的特性　　B. 学习心理学的理论

C. 社会要求　　D. 儿童的发展

7. 排序是幼儿数学教育中的重要内容,排序活动能促进幼儿(　　)思维能力的发展。

A. 守恒性　　B. 可逆性　　C. 传递性　　D. 双重性

8. 教学活动中常见的分类形式包括(　　)

A. 按名称分类　　B. 按物体的两个特征分类

C. 多重角度分类　　D. 层级分类

9. 小班幼儿在数与量的内容上可以表现出(　　)典型行为。

A. 区分1和许多　　B. 区分物体的大小、高矮等

C. 一一对应比较两组物体　　D. 知道5比4多1

10. 从观察的对象分,可以把观察分为(　　)

A. 间或性观察　　B. 长期系统性观察

C. 个别物体的观察　　D. 比较性观察

11. 下列适合幼儿园饲养的动物是(　　)(常考)

A. 宠物狗　　B. 蜗牛　　C. 蝌蚪　　D. 金鱼

三、判断题

1. 科学教育的目标不仅在于促进儿童学习科学,其最终目的是通过科学学习,促进学前儿童科学知识的获得。(　　)

2. 有的人把科学经验与形成初级科学概念简单对立起来,或者只强调经验而忽视概念,或者只强调概念而忽视经验,这都是不对的。(　　)

3. 探索态度是科学活动中最活跃的,也是最不稳定的要素。(　　)

4. 探索结果是学前儿童学科学的物质前提。(　　)

5. 学前儿童科学教育活动包括集体性科学教育活动、区域性科学教育活动、整合性教育活动三类。(　　)

6. 帮助儿童获取有关季节、人类、动植物与环境等关系的感性经验,形成四季的初步概念属于中班儿童科学教育活动目标之一。(　　)

7. 种植和饲养、散步和采集是幼儿进行科学探索的一般方法。(　　)

8. 广泛性和代表性是指学前科学教育的内容应具有鲜明的地方特色和季节特点。(　　)

9. 在学前科学教育中,常用的分类类型有挑选分类、二元分类、多元分类三种。(易错)(　　)

10. 使用木棍、手臂、步长等作为量具进行的测量都属于正式量具测量。(　　)

11. 初步理解科学现象中比较内在的、隐蔽的因果关系是中班幼儿学习科学的特点。(　　)

12. 发现学习有利于激发智慧潜力。(　　)

13. "初步理解科学现象中表面的和简单的因果关系"是3~4岁儿童学习科学的特点。(　　)

14. 科学概念与日常概念最大的区别就在于前者具有系统性，而后者缺乏系统性。系统性是儿童在掌握系统知识的过程中得以实现的。（常考）（　　）

15. 维果斯基认为在概念体系的演绎中不断延伸出来的概念是科学概念。（　　）

16. 一般性观察是科学教育活动中最基本和普遍采用的观察形式。（　　）

17. 科学讨论型活动一般采用集体讨论的形式进行。（　　）

18. 自然角的陈列物要体现各年龄班儿童的认知特点，并利用自然角开展观察和探索活动。（　　）

19. 一般来说，教师设计的问题应以半封闭问题为主，主要指问题的答案是固定、唯一的。（　　）

20. 实验操作型科学教育活动大致分为三类：演示探究类；引导探究类；验证探究类。（　　）

21. 观察认识型科学教育活动更多地运用于中大班儿童的活动中。（　　）

22. 应在小班经常开展长期系统性观察活动。（　　）

23. 学前科学教育的知识目标主要是指让儿童通过活动获取知识，包括不太深奥的生活中不常见的儿童能够理解和接受的知识。（　　）

24. 数学教育目标应该重视儿童智力发展、思维的培养，可以忽略儿童良好个性等的整体发展。（　　）

25. 对于学前儿童来说，"去自我中心"，从自我中心到"社会化"，是其思维抽象性发展的重要标志之一。（　　）

26. 4 岁以后大多数幼儿都能达到数的守恒。（　　）

27. 5 ~ 6 岁儿童开始能够根据事物的本质属性，按照客观事物的分类标准进行初步的概括分类。（易混）（　　）

28. 能对同类物体按从矮到高或从高到矮，从宽到窄或从窄到宽的顺序排列是中班幼儿排序的教育目标。（　　）

29. 对幼儿来说，排序比对物体分类要简单一些。（　　）

30. 幼儿最先认识的立方图形是球体。（　　）

31. 在分类过程中理解类与子类、整体与部分的关系是小班的教育内容。（　　）

32. 在科学操作活动中，儿童与活动材料之间要进行很亲密的接触，因此，这些活动材料必须保证安全卫生，不会对孩子产生意外的伤害，把儿童的安全放在首位。（　　）

33. 学前科学教育中信息交流的类型，除了运用语言的方式以外，还运用手势、动作、表情及图像记录等非语言方式进行。（易错）（　　）

34. 教师对于科学的关心和主动态度可以极大地感染幼儿，促使幼儿好奇心的产生和发展。（　　）

四、简答题

1. 简述大班儿童科学教育活动目标中方法技能方面的目标。

2. 简述2~3岁儿童科学教育活动的目标。（易混）

3. 简述小班儿童科学教育活动目标中的情感方面的目标。

4. 简述小班儿童科学教育活动目标中方法技能方面的目标。

5. 简述学前儿童科学教育活动内容选择的依据。

6. 简述选择学前科学教育内容的要求。（常考）

7. 简述学前科学教育的内容。

8. 简述学前儿童科学教育的实施形式。

9. 简述学前儿童学习科学的一般特点。(常考)

10. 简述3～4岁儿童科学学习的特点。

11. 简述4～5岁儿童科学学习的特点。(易混)

12. 简述5～6岁儿童科学学习的特点。

13. 简述学前儿童科学教育的原则。

五、材料分析题

1. 某中班最近的活动主题是“泡泡”。孩子们已经有了很多吹泡泡的经验,而且他们也会用圆形的“吹泡泡器”(实际上就是用铁丝做成的一个环)来帮助自己吹出一个大“泡泡”。这天,老师给儿童提供了几种不同形状的“吹泡泡器”:三角形、方形、半圆形等。她引导儿童讨论:用它们可以吹出什么样的泡泡来呢? 大多数孩子都认为,三角形的“吹泡泡器”能吹出三角形的泡泡,方形的能吹出方形的泡泡……接下来是孩子们的实验,出乎意料的是,实验的结果和他们预先猜想的大不相同:吹出来的泡泡都是圆形!“为什么这些吹泡泡器吹出来的都是圆形的呢?”孩子们提出了这样的问题。老师对他们说:“我本来也以为会吹出各种形状的泡泡,没有想到却是这样的结果!我也觉得很奇怪呢!”带着这个奇怪的问题,活动结束了。

   你认为这个活动从哪些方面体现了学前儿童科学教育的目标要求?谈谈你的想法。

2. 一位教师在引导学前儿童研究“鸟的本领”时，制定的教育目标是：帮助学前儿童了解鸟的各种本领以及鸟的一些生活习性。可是活动刚刚进行不久，当小朋友看到一本有关鸟和飞机的图书时，忽然对飞机产生了浓厚的兴趣：“飞机这么重怎么能飞？”“飞机的翅膀不会动怎么飞呢？”教师认为这也是一个极好的探索内容，它不仅可以延续人和自然的关系问题——因为飞机就是从鸟的飞行中找到灵感而发明出来的，而且可以进一步发展学前儿童探索问题的能力。于是，就及时地调整了教育目标，提供了玩具飞机、图片、录像等材料，满足学前儿童探索飞机靠什么起飞、怎么飞的愿望。

通过材料你认为教师在制定学前儿童科学教育活动目标时应该怎样做？

3. 在一次大班数学的分类教学中，活动开始，老师出示了许多动物的卡片，请小朋友们上来把他认为具有相同特征的动物放在一起，航航上来将狮子、老虎与羊放到一起，其他小朋友马上大叫起来：“不对，不对，老虎和狮子会把羊吃掉的。”航航迟疑了一会儿，把羊去掉，然后将乌龟与狮子、老虎放在了一起。又有小朋友说：“不对，乌龟是生活在水里的，狮子和老虎是生活在陆地的。”航航有些为难了，用求助的眼神看着老师，但老师只是微笑地看着他并没有回应，他只好自己继续分下去，最后他把大象与狮子、老虎放在了一起。老师没有对航航的分类过程和结果进行评价，接着又请另一位小朋友上来操作，就这样，老师连续请四位小朋友上来操作结束后，总结说：“动物有很多的特点，所以我们可以有很多种不同的分类。”

请你根据上述内容分析幼儿学习数学的心理特点。你认为教师的教育行为是否恰当，并阐述理由。

六、活动设计题

1. 请以“花”为主题，设计一个大班科学教育活动。

要求：

(1)题目自拟。

(2)写出活动目标、活动准备、活动过程等。

2. 根据中班幼儿的年龄特点设计一个关于“蒜瓣发芽”的科学教育活动，要求写出活动目标、活动准备以及活动过程。

3. 为使幼儿通过观察、学习认识兔子的主要特征，了解兔子的生活习性。请为大班幼儿设计科学教育活动“长耳朵兔子”。要求写出活动目标、活动准备及活动过程。

4. 请根据下列素材设计一个中班科学活动，要求写出活动名称、活动目标、活动准备、活动过程。

中班的胡老师为幼儿提供了各种吹泡泡的工具，有吹管、铁丝绕成的圈、塑料吹泡泡棒等，让幼儿在户外活动时自己吹泡泡玩。幼儿在吹泡泡的时候，有的能吹出很大的泡泡，有的只能吹出小泡泡，有的能一次性吹出好多个泡泡，有的一次只能吹出一个泡泡。结果，有的幼儿得意，有的幼儿沮丧。

针对上述现象，胡老师打算组织一个科学教育活动，以引发幼儿深入探究的兴趣，并使幼儿了解不同吹泡泡工具与吹出的泡泡之间的关系。

5. 结合幼儿身心发展的特点，请设计一个关于“数的守恒”的中班儿童数学活动。要求：写出活动目标、活动准备和活动过程。

6. 结合幼儿身心发展的特点，请设计一个关于“测量”的大班儿童数学活动。要求：写出活动目标、活动准备和活动过程。

7. 结合幼儿身心发展的特点，请设计一个关于“分类”的大班儿童数学活动。要求：写出活动目标、活动准备和活动过程。

第六章　学前艺术教育

命题要点	考查热度	考查难度	命题预测
学前音乐教育的特点、类型、目标	★	一般	学前音乐教育的特点、学前音乐教育的类型
学前音乐教育的基本理论	★★	中等	奥尔夫音乐教育体系、达尔克罗兹音乐教育体系
学前音乐能力的发展阶段与特点	★	一般	学前儿童各年龄阶段音乐能力发展的特点
学前美术教育的目标、内容、方法	★★	中等	学前美术教育的目标、学前美术教育的内容
学前美术能力的发展阶段与特点	★	一般	涂鸦期、象征期、图式期
学前美术教育活动的设计与组织	★★	中等	学前美术教育的组织原则、幼儿园纸工活动的设计

真题必刷

第 *14* 练　学前音乐教育的特点、类型、目标和基本理论

一、单项选择题

1.［重庆江北］在进餐前后以及午睡前后播放背景音乐。这种音乐活动属于(　　)

A. 专门性的音乐活动　　B. 幼儿自发的音乐活动

C. 渗透性的音乐活动　　D. 强制性的音乐活动

2.［河南郑州］音乐作为一种独立的艺术，其基本特征之一是(　　)(易混)

A. 音乐是时间的艺术　　B. 音乐是视觉的艺术

C. 音乐是语言的艺术　　D. 音乐是空间的艺术

3.［浙江临海］奥尔夫音乐教育体系的课程内容包括嗓音造型、声音造型、动作造型，其中声音造型是指(　　)活动。

A. 乐器演奏　　B. 歌词朗读　　C. 身体韵律　　D. 声势节奏

4.［浙江临海］根据达尔克罗兹音乐教育体系理论，下列属于空间类型的律动词汇是(　　)

A. 唱歌　　B. 旋转　　C. 蹦跳　　D. 摇摆

5. [安徽阜阳]奥尔夫音乐教育体系中的教学组织形式有( )

①集体教学 ②综合教学 ③个别教学 ④小组教学

A. ①② B. ③④ C. ①③ D. ②④

6. [浙江统考]幼儿歌唱的基本形式中,“两个不同声部相配合的集体演唱”是( )(易混)

A. 齐唱 B. 轮唱 C. 合唱 D. 对唱

二、判断题

1. [河北邢台]在幼儿园歌唱教学中,两个小组(或声部)一先一后按一定间隔开始演唱同一首歌曲的演唱形式是对唱。 ( )

2. [福建统考]幼儿音乐教育应注重一日生活的渗透。 ( )

3. [河北邢台]从音乐实践类型的角度来看,歌唱活动、韵律活动、音乐欣赏活动属于音乐表现活动,打击乐器演奏活动属于音乐体验活动。 ( )

4. [福建统考]奥尔夫打击乐器是指有固定音高的一类乐器,可以分为金属类、皮革类、木质类、散响类。 ( )

5. [安徽阜阳]对唱是指个人与个人、小组与小组之间以问答的方式各自唱歌曲中的问句和答句。 ( )

三、填空题

[山东菏泽]幼儿园音乐教育活动包括歌唱活动、韵律活动、打击乐器演奏活动和________。

四、简答题

1. [浙江统考]简述奥尔夫音乐教育思想。

2. [浙江临海]简述幼儿园音乐活动的特点。

第 *15* 练 学前音乐能力的发展阶段与特点

一、单项选择题

1. [广东广州]童童的妈妈准备系统地为三岁的童童培养音乐审美能力,音乐审美能力不包括( )方面的内容。

A. 音乐美的感受 B. 音乐美的表达

C. 音乐美的创造　　D. 音乐美的节奏

2. [山西汾阳]除了能学会有节奏地跟随音乐做动作外，还能够初步学会对音乐的总体结构做出反应的幼儿，其年龄段是(　　)(易错)

A. 2~3 岁　　B. 3~4 岁　　C. 4~5 岁　　D. 5~6 岁

3. [江西统考](　　)是在儿童 2~3 岁时发展起来的，与早期儿童绘画中出现的"蝌蚪人"相似，只有一个大体的架构。

A. 元音表演　　B. 轮廓歌　　C. 本能歌　　D. 幼儿歌

4. [江西南昌]关于舒特—戴森 0~17 岁儿童音乐能力发展的一般特点，以下描述错误的是(　　)

A. 2~3 岁的儿童开始能把听到的歌曲片段模仿地唱出

B. 3~4 岁的儿童能感知旋律轮廓

C. 4~5 岁的儿童能辨别音高、音区，能重复简单的节奏

D. 5~6 岁的儿童有鉴赏协和音和不协和音的能力

5. [安徽宿州]学前儿童在歌唱活动中最难掌握的技能是(　　)

A. 音长　　B. 音高　　C. 音色　　D. 音准

6. [山西古交]能正确辨认熟悉的音乐作品的情绪、性质，感知作品中细节部分，区别不同类型的作品，这是(　　)幼儿音乐欣赏能力发展的特点。(易错)

A. 小小班　　B. 小班　　C. 中班　　D. 大班

7. [山东德州]能用正确的姿势唱歌，音域在 $c^1 \sim a^1$ 之间，是对(　　)龄段的要求。

A. 托班　　B. 中班　　C. 小班　　D. 大班

8. [安徽阜阳]小班的冉冉在唱歌时一字一换气、一字一顿，这主要是因为冉冉(　　)

A. 对歌曲节奏把握不准确　　B. 肺活量较小，呼吸较浅

C. 记不住歌词　　D. 音域偏窄

二、判断题

1. [山东菏泽]能借助一些词汇描述自己对音乐情绪的体验是中班幼儿音乐能力的发展特征。(　　)

2. [河北邢台]在韵律活动中，3~4 岁幼儿可以开始学习上下肢联合移动动作。(　　)

3. [河北邢台]3 岁幼儿的语言发展已有了许多进步，他们已经能够完整地再现一些短小和较长歌曲中比较完整的片段，在理解歌词含义方面也没有困难。(　　)

第 16 练　学前音乐教育活动的设计、组织策略、指导与评价

一、单项选择题

1. [浙江统考]下面不属于音乐活动有效示范特征的是(　　)

A. 时效性　　B. 反思性　　C. 目的性　　D. 准确性

2. [河南郑州]系列歌唱教学方案设计的主要目的是(　　)

A. 让儿童较好地理解歌曲　　B. 让儿童熟练地掌握歌曲

C. 发展儿童的创造能力　　D. 让儿童在学会歌曲的过程中获得全面发展

3. [广东广州]整体教唱法是指老师完整地、有表情地、一遍一遍地重复演唱歌曲，幼儿从头至尾、一遍遍地反复跟唱。关于该方法的优缺点，下列说法错误的是(　　)(易错)

A. 可以保全整首歌曲的意义、情绪和形象的完整性

B. 利于幼儿注意力集中地观察、倾听和模仿

C. 幼儿对于歌曲细节的把握可能比较粗

D. 能使幼儿的记忆、思维、想象等心理活动始终处于积极的状态

4. [河南郑州]幼儿园韵律活动的第一目的是(　　)

A. 发展幼儿运用身体动作进行艺术表现的能力

B. 发展幼儿感受音乐的能力

C. 让幼儿享受参与韵律活动的快乐

D. 积累一定的音乐语汇和艺术动作语汇

5. [江西统考]以下关于儿童音乐节奏能力发展的表述，正确的是(　　)(易混)

①儿童的节奏感和节奏技能是随着年龄的增长而提高的

②为3岁以前的儿童所选歌曲的节拍，最好以2拍子和4拍子为主

③为5岁前儿童选择歌曲，应以二分音符，四分音符，八分音符为主

④为4~6岁儿童选择歌曲时，可以选择含有少量的十六分音符，但不可以出现含有切分音符的节奏

A. ①②　　B. ③④　　C. ①④　　D. ②③

6. [安徽合肥]结构短小、内容紧凑、形象生动集中、音乐表现手法简单的歌曲如《小老鼠》歌唱教学最适应的方法是(　　)

A. 识谱教唱法　　B. 分句教唱法

C. 整体教唱法　　D. 歌词先行教唱法

7. [河南郑州]为3~4岁儿童选择配器方案时，一般宜在(　　)

A. 乐句之间变化音色　　B. 乐段之间变化音色

C. 乐句之中变化音色　　D. 乐段之中变化音色

8. [安徽宿州]韵律活动的材料包括(　　)(易错)

A. 动作、音乐、道具　　B. 音乐、道具、舞蹈

C. 动作、歌曲、道具　　D. 歌曲、音乐、道具

9. [河南郑州]3~4岁儿童在选择韵律动作时，最感兴趣的是(　　)

A. 基本动作　　B. 模仿动作　　C. 舞蹈动作　　D. 组合动作

10. [山西长治]在学前儿童音乐教育中，要注意选择符合幼儿音乐听觉审美需求的音乐作品。其特点不包括(　　)

A. 旋律朴素而富有表现力　　B. 调式特征明显

C. 节奏复杂而富于变换　　D. 曲式结构多重复

11. [福建统考]欣赏《四小天鹅舞曲》时教师引导幼儿用肢体动作来表现自己心目中的小天鹅。这种欣赏类型是(　　)

A. 语言参与　　B. 友情参与　　C. 视觉参与　　D. 运动参与

12. [福建统考]教师为幼儿选择歌曲时,首先关注的是曲调的(　　)

A. 音域适宜　　B. 节奏简单　　C. 旋律稳定　　D. 结构短小

13. [安徽滁州]教师用现场的演唱、演奏、做动作表演的方法向儿童提供活动范例,用到的教学方法是(　　)(常考)

A. 示范　　B. 演示　　C. 参与　　D. 提示

14. [安徽滁州]为5~6岁儿童选择的韵律动作主要为(　　)

A. 基本动作　　B. 模仿动作　　C. 创编动作　　D. 舞蹈动作

15. [广东广州]关于学前儿童音乐教育,以下说法错误的是(　　)

A. 幼儿唱歌时吐字清晰要比说话、念儿歌更为困难

B. 为幼儿学过的歌曲增编新的歌词不利于幼儿熟悉旋律与掌握音准

C. 培养幼儿的歌唱正确、准确、富有表情是幼儿园唱歌的一般要求

D. 帮助幼儿增加对歌曲的理解可提高歌唱的表现力

16. [安徽滁州]在幼儿歌唱活动中,教师的正确做法是(　　)

A. 提醒幼儿尽量大声歌唱　　B. 多用唱片替代自己范唱

C. 引导幼儿用自然的声音歌唱　　D. 引导幼儿反复练习歌唱

二、判断题

1. [河北邢台]为幼儿选择的韵律活动的音乐应具有节奏清晰、结构工整、旋律优美、形象鲜明等特点。(　　)

2. [广东广州]培养幼儿演奏打击乐的能力时,身体动作的参与是帮助幼儿感知、表现节奏的最直接的手段。(　　)

3. [河北邢台]一般来说,为4~6岁幼儿选择歌曲时,以2拍子和4拍子为主,可以开始较多地选择3拍子甚至6拍子的歌曲。(　　)

三、简答题

[福建统考]音乐作品可以提高幼儿欣赏美、表现美、创造美的能力。简述为幼儿选择音乐欣赏作品的要求。

四、材料分析题

[福建统考]以下是某老师开展“小青蛙唱歌”歌唱活动的片段。

“小青蛙们,大家互相打个招呼吧!”“妈妈先来跟你们打个招呼!”“呱呱!呱呱!”老师提示幼儿用不同的速度和节奏表现青蛙的叫声。

“小青蛙们,你们怎样向池塘里的新朋友介绍自己呢?说说自己长什么样?”老师清唱:“青蛙青蛙大嘴巴,唱起歌来呱呱呱呱……”引导幼儿理解歌词并能用自己的动作表现。

“我们练好本领用好听的歌声介绍自己。”老师提示幼儿听琴声,根据节奏快慢、音量大小歌唱。

“许多小动物们也来了,每个小青蛙找一个好朋友,用歌声向它们介绍自己吧。”

小青蛙一边游一边跟着琴声用好听的声音歌唱,琴声停止,小青蛙躲进水底。

(1)分析教师组织该歌唱活动的优点。

(2)简述组织这类歌唱活动应注意的问题。

第 17 练 学前美术教育的目标、内容、方法、类型和基本理论

一、单项选择题

1.[广东广州]下列选项中,属于幼儿园区域活动中的艺术领域的是(　　)

A.玩水区　　B.阅读区　　C.美术角　　D.发展区

2.[河南郑州]在我国幼儿园的美术教学实践中,最常见的方法是教师在黑板上画一幅范画,让孩子临摹下来。你觉得这种方法(　　)

A.能够使儿童很快地学会画画,画得较像

B.限制了儿童的创造力,将艺术的真正内涵排除在美术教育之外

C.能够培养儿童画画的兴趣

D.很好,因为教师肯定比儿童画得更好

3.[重庆江北]学前儿童美术教育的内容涉及(　　)、手工和欣赏三大板块,它们各自独立但又相互联系。(常考)

A.素描　　B.绘画　　C.色彩　　D.创作

4.[湖北黄冈]从教育的角度来说,儿童绘画的真谛是(　　)

A.内心的表现　　B.直观的表现

C.艺术的表现　　D.创造性的自我表现

5.[安徽安庆]下列不属于小班幼儿手工活动目标的是(　　)(易混)

A.初步熟悉泥工、纸工等工具材料　　B.通过玩泥、撕纸等活动体验手工活动的快乐

C. 了解纸的性质　　D. 能大胆地用纸按意愿撕、剪出物体轮廓

6. [福建统考]在美术活动中,教师引导幼儿将猪的身体比作大冬瓜,这种教学方法为(　　)

A. 用手抚摸　　B. 形象比喻　　C. 语言描述　　D. 几何图形概括

7. [安徽阜阳]学前儿童美术教育中的(　　)是指教师把美术过程中的重点、难点操作给儿童看。

A. 线索启迪法　　B. 范例法　　C. 感知欣赏法　　D. 示范法

8. [福建统考]教师专门组织幼儿欣赏莫奈的艺术作品《睡莲》,这种欣赏形式为(　　)

A. 专题性欣赏　　B. 随机性欣赏　　C. 渗透性欣赏　　D. 整体性欣赏

二、判断题

1. [河北邢台]学前儿童美术教育目标包含手工教育目标和欣赏教育目标两大类。(　　)

2. [安徽阜阳]中班泥工活动的内容主要是认识泥工的简单工具和材料,知道其名称,知道泥的性质是柔软的、可塑的。(　　)

3. [安徽滁州]学前儿童美术教育的重点在于培养儿童表现美、创造美的技能。(常考)(　　)

第 *18* 练　学前美术能力的发展阶段与特点

一、单项选择题

1. [江西南昌]定型期是儿童绘画的典型时期,又称(　　),儿童逐渐形成并发展其绘画表现的"样式"的阶段。

A. 涂鸦期　　B. 象征　　C. 图式期　　D. 写实期

2. [浙江统考]儿童绘画能力发展的四个阶段排序正确的是(　　)

A. 涂鸦期—象征期—概念画期—写实期

B. 象征期—涂鸦期—概念画期—写实期

C. 涂鸦期—概念画期—象征期—写实期

D. 涂鸦期—象征期—写实期—概念画期

3. [浙江统考]下面不属于图式期幼儿绘画表现特点的是(　　)

A. 强调式表现　　B. 拟人化表现

C. 实用性表现　　D. 装饰性表现

4. [浙江杭州]对称是(　　)的重要表现。

A. 涂鸦期　　B. 象征期　　C. 图式期　　D. 实物期

5. [安徽宿州]儿童绘画心理发展中的图式初期在 5~7 岁。这是儿童(　　)思维发展最敏感时期。(易错)

A. 空间　　B. 形象　　C. 抽象　　D. 逻辑

6. [安徽宿州](　　)构图是幼儿期水平最高的构图形式,以这种方式构图的画面有了清晰明确的前后关系。(易混)

A. 多层并列式　　B. 并列式　　C. 遮挡式　　D. 零乱式

7.[江西统考]帅帅在画戴了口罩的妈妈时,把口罩下面妈妈的鼻子嘴巴也画了出来,说明帅帅的绘画能力处于(　　)

A.涂鸦期　　B.象征期　　C.定型期　　D.写实期

8.[福建统考]幼儿对绘画作品中的形象不做空间安排,画面没有上下之分,更没有前后之别。这种构图方式是(　　)

A.平行式　　B.并列式　　C.零乱式　　D.开放式

9.[安徽合肥]某中班幼儿画的苹果比人的脑袋还大,画的舌头伸到了下巴下面,这表明此时儿童画的特点是(　　)

A.绘画技能稚嫩　　B.未掌握画面布局比例

C.表象符号的形成　　D.感觉的强调和夸张

10.[福建统考]4~5岁幼儿手工制作的发展阶段是(　　)

A.探索阶段　　B.直觉表现阶段

C.灵活表现阶段　　D.探索表现阶段

11.[浙江临海]不顾及画中形象的大小、比例、内容等是否合理,属于图式期(　　)的表现。

A.美梦式　　B.透明式　　C.展开式　　D.强调式

12.[安徽合肥]有的孩子本来想画小花,看到别的小朋友在画汽车,他也画汽车了。汽车刚画完几笔,听见另一个小朋友说:"我画飞机。"他也说:"我画飞机。"经常有这种情况,邻座的小朋友画的画都很像。这说明幼儿绘画具有(　　)的特点。

A.随意涂画穿插　　B.绘画内容转移

C.易受他人影响　　D.形象含义易变

13.[海南万宁]4岁以后被称为定型期,又称为图式期,对这一阶段幼儿绘画指导应(　　)

A.利用儿童读物、艺术环境、艺术品等,丰富儿童审美

B.选择适宜的刺激题材,增强儿童绘画动机

C.尽量以探索、了解的态度欣赏、解读儿童的作品

D.除鼓励创造外,教师无须其他指导

二、判断题

1.[河北邢台]线条是中小班儿童画中最基本的成分。(　　)

2.[天津南开]儿童绘画发展四个阶段中的第一阶段是写实期。(　　)

第19练　学前美术教育活动的设计、组织、评价的内容和标准

一、单项选择题

1.[浙江统考]儿童根据自己的生活经验,由自己独立确定绘画主题和内容,运用所掌握的美术知识和技能,自由地表达自己的情感、愿望的绘画形式是(　　)

A.命题画　　B.工笔画　　C.装饰画　　D.意愿画

2.［山东青岛］幼儿老师在组织“美味的蔬菜”绘画活动过程中，下列做法不恰当的是（　）

A.老师在黑板上画一个胡萝卜，要求幼儿照着画

B.提供各种蔬菜的图片，让幼儿欣赏

C.拿出仿真蔬菜教具，让幼儿观察

D.组织幼儿讨论对蔬菜的认知

3.［河南郑州］学前儿童美术教育中，教师应引导中班儿童在绘画中表现感受过物体的（　）

A.轮廓特征　　B.基本形态

C.基本结构和主要特征　　D.动态结构

4.［安徽宿州］学前儿童美术教育的组织原则有（　）

A.审美性原则、创造性原则、实用性原则

B.审美性原则、创造性原则、目的性原则

C.审美性原则、创造性原则、教育性原则

D.审美性原则、创造性原则、实践性原则

5.［河南郑州］学前儿童美术教育中，教师应引导小班儿童在泥工中塑造（　）

A.平面物象　　B.简单立体物象　　C.结构复杂物象　　D.物象主要特征和细节

6.［河南郑州］在儿童美术欣赏进入形式分析阶段时，主要分析（　）

A.作品的内容　　B.作品的题目

C.作品的造型、色彩　　D.作品的时代背景

7.［安徽合肥］幼儿园纸工活动是以不同性质的纸为主要材料，选用折、剪、撕、贴等各种技能进行造型活动。有关纸工活动，下列说法错误的是（　）

A.小班儿童的纸工活动主要以培养兴趣为主

B.中班的折纸多用单张纸进行简单的平面折叠

C.为中班儿童设计的课题主要是折纸和剪贴

D.大班剪纸课题的设计主要是让孩子自剪自贴，重点在“剪”

8.［福建统考］小班阶段开展意愿画美术活动的侧重点是（　）

A.自主选择绘画主题　　B.有创意地表现主题

C.自由涂画，宣泄情绪　　D.自由构思，大胆表现

9.［安徽滁州］儿童纸工活动的主要内容包括折纸、剪纸、撕纸和（　）

A.添画　　B.粘贴　　C.揉纸　　D.涂色

10.［安徽怀宁］幼儿用橡皮泥制作许多颜色的小圆球，该活动幼儿要运用到的泥工基本技能是（　）

A.拉伸　　B.抟圆　　C.压扁　　D.搓长

11.［安徽合肥］童趣是评价幼儿美术作品的主要标准之一，是否具有童趣，除了具有想象性外，最重要的标准是（　）（易错）

A.夸张　　B.色彩鲜艳　　C.线条流畅　　D.内容是幼儿眼中的世界

12. [安徽滁州]评价儿童意愿画时，首要目的是关注儿童的(　　)

A. 想象力　　B. 是否符合实际　　C. 创造性　　D. 颜色搭配

二、多项选择题

[安徽宿州]学前儿童手工活动的材料分为(　　)(常考)

A. 点状材料　　B. 线状材料　　C. 面状材料　　D. 块状材料

三、判断题

[广东广州]认识油画棒、蜡笔、水彩笔和画纸，掌握基本使用方法，养成正确的握笔和绘画姿势是大班美术绘画教育中的主要内容。(易混)　　(　　)

四、简答题

[江西统考]教师不能简单用像不像、好不好来评价幼儿的美术作品，简述评价幼儿美术作品的标准。

五、活动设计题

1. [浙江临海]为了促进幼儿艺术表现与创造能力，请根据中班幼儿的年龄特点，设计一次"可爱的小娃娃"泥工活动，包括活动名称、设计意图、活动目标、活动重难点、活动准备、活动过程等。

2. [福建统考]以"我设计的房子"为活动内容，拟订一个大班美术教育活动计划。

3. [河北邢台]请以"漂亮的年画"为题，设计一个幼儿园大班活动方案。要求：教案格式完整规范，语言清晰、简洁、明了，目标设计、内容选择、方法运用符合幼儿年龄特征和领域特点。

实战演练

一、单项选择题

1. 音乐教育的终极目标是(　　)(常考)

A. 促进幼儿音乐感的发展　　B. 促进幼儿学习能力的发展

C. 促进幼儿全面和谐整体的发展　　D. 促进幼儿音乐知识技能的发展

2. 学前儿童音乐教育单元目标分为时间单元和(　　)

A. 主题单元　　B. 空间单元　　C. 活动单元　　D. 目标单元

3. "在有伴奏的情况下,能独立而完整地演唱,并初步学会接唱和对唱",这是(　　)儿童歌唱目标。

A. 小班　　B. 中班　　C. 大班　　D. 学前班

4. 通过听听、唱唱、动动、玩玩的趣味活动来增强儿童的节奏感,促进儿童动作协调性的发展,从而使幼儿获得愉快的情绪情感体验。这体现了学前儿童音乐(　　)的特点。(常考)

A. 趣味性　　B. 技术性　　C. 形象性　　D. 感染性

5. 舒特—戴森归纳的 0~17 岁儿童音乐能力发展的一般特点中,以下描述错误的是(　　)

A. 1~2 岁儿童能自发地、本能地"创作"并唱歌

B. 2~3 岁儿童开始模仿唱出听到的歌曲片段

C. 3~4 岁儿童能感知旋律轮廓,可以培养绝对音高

D. 4~5 岁儿童能从简单的旋律或节奏模式中辨认出相同的部分

6. 综合性的音乐教育活动是帮助儿童自然而然地进入音乐天地的一个重要条件。唱歌、跳舞、奏乐、演戏、玩耍的综合一体是(　　)

A. 形式上的综合　　B. 目的上的综合　　C. 过程上的综合　　D. 内容上的综合

7. "喜欢歌唱,能大胆地、独立地在集体面前进行歌唱表演,并能在集体中尝试用不同的合作表演形式歌唱。"这是(　　)儿童歌唱目标。

A. 小班　　B. 中班　　C. 大班　　D. 学前班

8. 儿童在感受、表现音乐的过程中,最普遍的形式是(　　)

A. 倾听欣赏音乐　　B. 载歌载舞、唱唱跳跳

C. 参与奏乐　　D. 歌唱活动

9. 韵律活动的目标,重点是培养儿童的参与意识和(　　),尝试自由律动,培养幼儿的自我表现力。

A. 模仿能力　　B. 创造能力　　C. 发现能力　　D. 舞蹈能力

10. "喜欢自己歌唱,也喜欢与同伴一起歌唱,并能注意使自己的歌声与集体相一致。"这是(　　)年龄段的歌唱活动的目标。

A. 托班　　B. 小班　　C. 中班　　D. 大班

11. 在打击乐器演奏活动中,适用于主要声部创编导入的作品特点是(　　)(易混)

A. 原配器创作比较复杂、精美完善

B. 原设计比较单纯，可以让儿童有更多创造表达机会

C. 本身含有主次两个部分，其主要部分本身比较复杂、精美、完善

D. 本身含有主次两个部分，其主要部分比较单纯

12. 铃木教学法也被称为（　　）

A. 小组教学法　　B. 混合教学法

C. 母语教学法　　D. 听觉训练法

13. 下列在打击乐教学中，为发展幼儿的节奏感和肢体感而采取的做法中，错误的是（　　）

A. 选择节奏明晰的伴奏音乐

B. 引导幼儿倾听声部之间的相互关系

C. 教给有关的演奏技能

D. 创造适度紧张、态度认真、注意集中的演奏气氛

14. 提出“儿童生活音乐化”思想的是我国著名儿童教育家（　　）

A. 蔡元培　　B. 张雪门　　C. 陈鹤琴　　D. 张之洞

15. 达尔克罗兹音乐教育体系及教学实践的基本内容分为（　　）三个方面。（易错）

A. 合唱指挥、视唱练耳、即兴创作　　B. 体态律动、视唱练耳、即兴创作

C. 视唱练耳、讲练结合、即兴创作　　D. 体态律动、即兴创作、合唱指挥

16.（　　）认为才能是通过后天的有效教育发展起来的，为儿童提供优良的教育环境是才能发展的第一个必要条件。

A. 达尔克罗兹　　B. 柯达伊　　C. 铃木　　D. 奥尔夫

17. 铃木音乐教育体系中有许多独特的方法，其中最具特色的就是（　　）、集体教学以及音乐听觉训练。

A. 才能运动　　B. 母亲参与　　C. 教学六步　　D. 母语教学法

18. 美术作为艺术的一种，它的基本表现方法是（　　），即创造某种具体可视之物代表与之同形的另一事物或情感，这点也是幼儿思维的典型特点。

A. 象征　　B. 抽象　　C. 形式　　D. 灵动

19.（　　）是奥尔夫音乐教育体系的基本核心。（易混）

A. 项目活动　　B. 元素性音乐教育思想

C. 节奏第一　　D. 集体教学

20.（　　）的教学方法主要是“引导创作法”。

A. 达尔克罗兹音乐教育体系　　B. 奥尔夫音乐教育体系

C. 柯达伊音乐教育体系　　D. 铃木音乐教育体系

21. 3～4岁儿童歌唱的音域一般为（　　）

A. $e^1 \sim g^1$　　B. $d^1 \sim b^1$　　C. $c^1 \sim a^1$　　D. $c^1 \sim b^1$

22. 幼儿最容易掌握的音乐要素是（　　）（易混）

A. 歌词　　B. 旋律　　C. 音高　　D. 速度

23. 音乐教育体系中提倡“儿童自然发展法”的人是( )

A. 柯达伊　B. 奥尔夫　C. 达尔克罗兹　D. 铃木

24. 幼儿音乐能力主要包括( )

A. 感受与表达能力　B. 思维与探索能力

C. 平衡和协调能力　D. 分享和交流能力

25. 幼儿的动作可以和音乐完全一致是在( )

A. 1～2 岁　B. 2～3 岁　C. 3～4 岁　D. 5～6 岁

26. 幼儿园音乐欣赏活动的导入模式有多种，其中( )的模式比较适合于结构单纯、清晰的作品，以及不太注重感知体验细节的教学设计。

A. 从作品的某个部分开始　B. 从讲故事开始

C. 从某种辅助材料开始　D. 从完整作品开始

27. 在幼儿园音乐教育中，教师必须准确地把握好儿童原有的基础和能力水平，并以此为依据着眼于儿童身心全面发展。这一思想体现了幼儿园音乐教育活动设计的( )

A. 实践性原则　B. 发展性原则

C. 整合性原则　D. 审美性原则

28. 在幼儿园音乐教育中，教师要自然地将音乐领域的内容与其他学科领域的内容相互交融和渗透，同时也将各种不同领域的音乐内容、不同的音乐学习方法等作为一个互相联系的完整体系来看待。这体现了幼儿园音乐教育活动设计的( )

A. 发展性原则　B. 主体性原则

C. 审美性原则　D. 整合性原则

29. 学前音乐教育活动的设计与组织中要注意遵循发展性原则、( )、审美性原则和整合性原则。

A. 适宜性原则　B. 基础性原则

C. 主体性原则　D. 灵活性原则

30. 在韵律教学活动中，让儿童在观察具体事物的外部形象或运动状态后，立即用自己的动作创造性地进行表现活动的方法是( )

A. 回忆导入　B. 动作导入　C. 观察导入　D. 练习导入

31. 下列哪一项不是韵律动作( )（常考）

A. 舞蹈动作　B. 表演动作　C. 模仿动作　D. 基本动作

32. 下列属于具体表达的是( )

A. 谈话　B. 朗诵　C. 绘画　D. 讲述

33. 在韵律教学活动中，从复习某个熟悉的动作开始练习新动作学习的活动，或直接从观察新动作做示范开始的新动作学习活动的方法是( )

A. 观察导入　B. 回忆导入

C. 基本动作复习或练习导入　D. 队形复习或学习导入

34. 歌唱能力的发展主要包括：歌词、音域、情感体验与表达、独立性、合作性、创造性和（　　）

A. 曲调、节奏、音准　　B. 音准、节奏、呼吸

C. 曲调、音准、呼吸　　D. 节奏、曲调、呼吸

35. 在幼儿园目前的歌唱教学活动中，常见的创造性歌唱教学主要有：创编新歌词；创编歌表演动作；处理歌曲的演唱表情和（　　）；即兴歌唱和说话等。

A. 演唱形式　　B. 演唱动作　　C. 旋律　　D. 演唱风格

36. 幼儿园小班打击乐演奏的空间安排一般采用（　　）（易混）

A. 单马蹄形　　B. 双马蹄形　　C. 品字形　　D. 半圆形

37. 在学前音乐教育活动过程中，教师常用的范例指导方法主要有（　　）（易混）

A. 讲解、提问　　B. 示范、参与　　C. 示范、演示　　D. 示范、反馈

38. 在“教师将幼儿创编的动作进行组合并表演，请幼儿观看，并要求幼儿指出哪些人的动作被采用了”的教学过程中，教师运用的方法是（　　）

A. 提示　　B. 演示　　C. 退出　　D. 反馈

39. 教师在学前音乐教育活动中运用示范的目的不包括（　　）

A. 提供操作的材料和规则　　B. 维持幼儿参与活动的热情

C. 提供态度方面的榜样　　D. 提供更长远的追求目标

40. 在学前音乐教育活动中，教师运用角色变化的方法主要有（　　）

A. 参与、退出　　B. 讲解、示范　　C. 示范、演示　　D. 示范、反馈

41. “能初步学会运用线条、形状表现力度、节奏与和谐”是学前美术教育总目标中的（　　）

A. 认知目标　　B. 情感目标　　C. 技能目标　　D. 创造目标

42. “能使用色彩，自由表现自己的情感和幻想”是学前美术教育总目标中的（　　）

A. 认知目标　　B. 情感目标　　C. 技能目标　　D. 创造目标

43. 引导幼儿学习利用多种绘画工具和材料，运用不同技法表现自己独特的思想和感受，体验创造的快乐是针对（　　）岁幼儿绘画活动的目标。

A. 2 ~ 3　　B. 3 ~ 4　　C. 4 ~ 5　　D. 5 ~ 6

44. 根据对美术和教育这两个方面的不同侧重，我们可以相应地将学前儿童美术教育分为美术取向的学前儿童美术教育和（　　）的学前儿童美术教育。

A. 功能取向　　B. 发展取向　　C. 目标取向　　D. 教育取向

45. 非正规的美术教育活动不包括（　　）（常考）

A. 幼儿园环境布置活动　　B. 美术角和美术室活动

C. 绘画教学　　D. 随机的美术指导

46.（　　）是儿童期孩子的主要构图方式。

A. 平行式构图　　B. 零乱式构图

C. 并列式构图　　D. 散点式构图

47. (　　)是学前儿童手工发展从无目的的活动走向样式化时期的过渡阶段。

A. 无目的的活动期　　B. 基本形状期

C. 无样式化期　　D. 无基本形状期

48. 幼儿在画画时,开始时画小人,后来在头部——大圆圈上加上些小圆圈、小点点,就说成是大树。这说明此阶段幼儿绘画时(　　)(易错)

A. 内容易转移　　B. 形象含义易改变

C. 容易受他人影响　　D. 爱随意涂画穿插

49. 在手工活动中喜欢用各种工具和材料进行制作,以表达自己的意愿。这个特点所处的年龄阶段是(　　)

A. 2~4 岁　　B. 3~5 岁　　C. 4~6 岁　　D. 5~7 岁

50. 画面有清晰明确的前后关系是幼儿期最高的构图形式。这种构图形式称为(　　)(易混)

A. 零乱式构图　　B. 并列式构图　　C. 平行式构图　　D. 遮挡式构图

51. 幼儿绘画时,总认为是客观存在的东西就必须把它画出来,其视线就像 X 光一样能穿透任何东西似的。这种表现称为(　　)

A. 拟人化　　B. 透明式　　C. 展开式　　D. 夸张法

52. 为小班幼儿选择看图讲述的图片应是(　　)

A. 画面大,色彩鲜艳,角色不宜过多

B. 角色形象突出,能从图中了解角色的心理活动

C. 多幅图,不少于 4 幅

D. 画面内容较复杂,画面各个事物都有联系

53. 命题画可分为物体画和(　　)

A. 简笔画　　B. 写生画　　C. 情节画　　D. 临摹画

54. 对幼儿园泥工活动的指导中,(　　)行为是正确的。

A. 泥工活动安排在一年四季都是非常适宜的

B. 泥工的技能比较难,因此应该手把手地教孩子

C. 让孩子在创造活动中探索泥工塑造的基本规律

D. 当儿童做完泥工后,把儿童作品用的泥立即重新和在一起

55. 教师运用图谱帮助幼儿感知理解音乐。这种材料是(　　)(易混)

A. 语言材料　　B. 视觉材料　　C. 动作材料　　D. 声音材料

56. 儿童可以通过教师的指导帮助而掌握的简单装饰画技能不包括(　　)

A. 绘制简单花纹图案的技能　　B. 排列花纹和找位置的技能

C. 自由表达自己意愿的技能　　D. 使用色彩的技能

57. 观察时,要求幼儿能比较全面细致地观察物体的形状、大小、结构、颜色和物体的动态。这种要求主要针对的年龄班是(　　)

A. 小小班　　B. 小班　　C. 中班　　D. 大班

58. 学前儿童美术欣赏的对象可分为美术作品、(　　)和周围环境中的美好事物三大类。

A. 自然景观　　B. 人文景观　　C. 雕塑作品　　D. 实用工艺

59. 下列关于幼儿园泥工活动的说法，不正确的是(　　)

A. 小班儿童泥工活动的内容主要是认识泥工的简单工具和材料，知道其名称，知道泥的性质是柔软的、可塑的

B. 教师在评价儿童的泥工作品时不应把重点放在追求作品的精确与细致上，而应注重儿童泥工操作的过程及作品整体的稚拙感

C. 泥工活动安排在一年四季都是非常适宜的

D. 大班儿童在泥工活动中，应学会使用简单的工具和辅助材料塑造某些细节部分，学会塑造人物、动物的主要特征和动作，表现出主要的情节

60. 学前儿童手工活动包括泥工、纸工和(　　)(易错)

A. 雕塑　　B. 装饰　　C. 废旧材料制作　　D. 剪裁

61. 教师问："请看一看，画面上使用了哪些线条？"该问题适用于幼儿美术欣赏活动指导过程中的(　　)

A. 描述阶段　　B. 形式分析阶段

C. 解释阶段　　D. 评价阶段

62. 菲菲在幼儿园绘画中用很长的波浪线画小草，王老师认为她画得不像，叫她用三根小短线形成的三叉作为小草，这更像现实生活中的小草。老师的做法(　　)

A. 教会菲菲正确画小草的方法　　B. 尊重菲菲自己的想法

C. 矫正菲菲对小草的错误感知　　D. 过于强调画画技能，损害幼儿绘画兴趣

63. 下列选项中，不属于为儿童选择美术欣赏作品时应遵循的原则的是(　　)

A. 经典性原则　　B. 差异性原则

C. 逻辑性原则　　D. 题材的多样性原则

64. 儿童自己独立地确定绘画的具体内容、形式和表现方法，教师协助他们完成的绘画形式是(　　)

A. 装饰画　　B. 意愿画　　C. 临摹画　　D. 命题画

65. 下列关于幼儿园美术欣赏活动的指导，不正确的是(　　)

A. 教师应根据儿童的兴趣、经验和接受能力，在众多的美术作品中认真比较和鉴别，选择符合儿童年龄特点的美术作品

B. 教师可以根据个人的欣赏趣味，为儿童选择美术欣赏作品

C. 作品的选择应注意复制品的印刷质量尽可能与原作接近，并且画幅尽可能大一些，以便让儿童能清楚地看到

D. 在美术欣赏活动中，教师要激发儿童积极参与审美活动的主动性

66. 粘贴、剪贴、撕贴、剪纸等形式属于(　　)

A. 实用性手工活动　　B. 科技性手工活动

C. 平面手工活动　　D. 立体手工活动

67. 儿童将个别物体与其他物体相配合，表达一定的情节的绘画形式属于(　　)

A. 物体画　　B. 图案画　　C. 意愿画　　D. 情节画

二、多项选择题

1. 下列属于中班幼儿韵律活动目标的是(　　)

A. 能跟随音乐的节奏做简单的基本动作、模仿动作和舞蹈动作

B. 学习一些基本的舞蹈动作和集体舞

C. 享受并体验用动作、表情和姿态与他人交流的方法和乐趣，初步尝试用创造性的动作自发地随音乐自由舞蹈的乐趣

D. 能够在动作表演过程中学习使用一些简单的道具

2. 下列属于中班幼儿打击乐演奏活动目标的是(　　)

A. 能够用乐器为二拍子、三拍子、四拍子的歌曲和乐曲配不同的简单伴奏

B. 进一步学会识别指挥开始、结束和变化演奏

C. 能初步尝试部分地参与打击乐演奏配器方案的讨论

D. 能较自觉地遵守集体的打击乐演奏活动中的一些常规，养成爱护乐器的态度和习惯

3. 卡巴列夫斯基的“三个支柱”指的是(　　)

A. 歌唱　　B. 舞蹈　　C. 进行曲　　D. 律动

4. 在柯达伊的音乐教育体系中，给儿童所选的教材来自(　　)

A. 真正的儿童游戏和儿歌　　B. 真正的民间音乐

C. 名作曲家创作的音乐　　D. 儿童感兴趣的音乐

5. 为学前儿童选择歌曲应该兼顾(　　)

A. 节奏　　B. 音准　　C. 歌词　　D. 音域

6. 关于手工，下列说法正确的是(　　)(易错)

A. 手工不是美术　　B. 手工是美术

C. 手工不是造型活动　　D. 手工是造型活动

7. 涂鸦期分为(　　)

A. 无意涂鸦　　B. 有意涂鸦　　C. 控制涂鸦　　D. 命名涂鸦

8. 幼儿园音乐活动的功能包括(　　)

A. 愉悦幼儿的身心　　B. 可以培养幼儿的审美能力

C. 可以进行音乐的启蒙教育　　D. 培养幼儿丰富的生活情感

三、判断题

1. 教师在音乐学习的过程中安排、体现的是探索—模仿—即兴—创造的四步环节。(常考)　(　　)

2. 为儿童选择的歌曲，其歌词应是有趣、易记且能为儿童所熟悉的。(易错)　(　　)

3. 认为才能是通过后天的有效教育发展起来的，为儿童提供优良的教育环境是才能发展的第一个必要条件的音乐教育家是柯达伊。　(　　)

4. 幼儿学习一首歌曲时，首先学会的是歌词，然后学会旋律，最后学会节奏。（ ）

5. 基本动作组合是指以模仿动作为主的韵律动作组合。（ ）

6. 5～6岁儿童适合学习进退步、溜冰步、跑马步、秧歌十字步等。（常考）（ ）

7. 韵律活动能力的发展主要包括身体运动能力、合作性和创造性三个方面。（ ）

8. “引导儿童欣赏并感受作品中形象的造型美、色彩的色调及其情感表现性、构图的对称、均衡、韵律与和谐美。”这是大班幼儿美术欣赏的活动目标。（ ）

9. 小班儿童的绘画教育目标之一是引导儿童掌握基本的绘画技巧。（ ）

10. 学前儿童美术教育是以培养学前儿童审美创造能力为核心的一种创造性教育。（ ）

11. 学前儿童在未能作画之前，先能涂鸦。这时，儿童所画的是一些无意义的笔画。（ ）

12. 出现透明式绘画表现特征的幼儿处于图式期。（易错）（ ）

13. 并列式构图是儿童期孩子的主要构图方式，3岁以后开始出现，6岁以后完全消失。（ ）

14. 小班的折纸课题大多是用单张纸进行简单的平面折叠。（易混）（ ）

15. 为小班儿童设计泥工活动课题是塑造出比较复杂的物体形象，能表现出物体的基本部分和主要特征。（ ）

16. 幼儿园手工活动的材料应该丰富多变。（ ）

17. 指导学前儿童评价的重点宜放在对作品的审美判断以及揭示作品的寓意性方面。（ ）

18. 情节画活动有助于提高儿童绘画的基本技能，对培养儿童绘画的目的性、计划性，培养儿童构图、布局的能力，促进儿童思维综合性和表达能力的发展，具有特别重要的意义。（ ）

19. 感知欣赏法主要是通过感知事物的审美属性，其目的不是形成科学概念，而是让儿童获得敏锐的审美感知能力，强调的是“美”。（常考）（ ）

20. 学前儿童的手工活动属于艺术技能学习，不属于艺术创造范畴。（ ）

21. 在同一年龄阶段的学前儿童中，艺术偏好和艺术才能都差不多。（ ）

22. 学前儿童美术活动应以观察和模仿作为活动的先导。（ ）

四、填空题

1. ________是音乐教育方法中最具特色的一个方面。

2. ________不仅是具体、形象的，而且还具有很强的感染力。

3. 学前音乐教育活动从活动目的的角度可分为________、________、________。

4. ________主要适应于歌词内容所表现的是可以“一目了然”的情境或事件的歌曲。

5. ________主要是指教师用操作各种直观教具的方法向儿童提供活动的范例。

6. 音乐欣赏能力包括倾听、理解、创造性地表达和________等四个方面。

7. 音乐欣赏的辅助材料一般有：动作材料、语言材料、________三种。

8. ________是儿童必须具备的一个非常重要的基本技能。它是对儿童实施音乐教育的基本出发点，也是开展音乐欣赏的前提和基础。

9. 幼儿园音乐欣赏教学的导入方法包括从完整作品开始、从作品的某个部分开始、________。

10. ________是学前儿童美术欣赏教育的关键环节。

11. ________是教师帮助儿童在充分了解、体会某一物体的形象、色彩、结构、性质等的基础上，以绘画方式对该物体进行表达、表现的活动。

12. 幼儿园绘画活动的类型有物体画、情节画和________。

13. ________是教师把美术过程中的难点、重点直接操作给儿童看，利于儿童在直接模仿的条件下，学习一些参加美术活动必须的、关键的、技术性的措施。（常考）

14. ________是教师在某种刺激下，激活儿童的思路，唤醒他们沉睡的经验，进入美术创造的思考过程的方法。

五、简答题

1. 简述学前音乐教育总目标中歌唱活动的操作技能目标。

2. 简述小班儿童歌唱活动的目标。

3. 简述中班儿童音乐欣赏活动的目标。

4. 简述大班儿童打击乐演奏活动的目标。

5. 简述学前音乐教育总目标中打击乐演奏活动的情感与态度目标。

6. 简述学前音乐教育总目标中音乐欣赏活动的认知目标。

7. 简述铃木音乐教育体系的基本思想。

8. 简述铃木教学法在教学过程中的步骤。

9. 简述幼儿歌曲学习的一般过程的四个阶段。

10. 简述幼儿园韵律活动的导入方式。

11. 简述发展儿童音乐欣赏能力的方法。

六、论述题

1. 试述教师为儿童提供手工活动材料时应注意的问题。

2. 试述儿童意愿画活动的指导。

3. 试述儿童美术欣赏过程中各阶段的指导。

4. 试述引导儿童进行泥工活动时,教师应注意的问题。

七、材料分析题

材料一

背景:在一次绘画教学活动中,教师在猫脸的左右两边各画了对称的四根胡子。一男孩叫道:“老师,猫的胡子不是这样画的,猫的胡子是长在鼻子上的!”

教师:“嗯,我画错了吗?”老师愣了一下。

男孩:“不是这样画的,是长在鼻子上的。”

教师:“我看到的好像是长在脸上的,等会儿我们去看看好吗?”

男孩:“是长在鼻子上,好吧。”

结果:参加本次教学活动的所有孩子画的猫,胡子都是长在鼻子上的。

材料二

一次幼儿园大班绘画教学活动的幼儿操作环节,孩子们都在认真地作画。

一个男孩抬头看了一下对面女孩的画说:“画得这么难看!”女孩说:“你画得才难看。”相视一笑又继续作画,教师听到了严厉地说:“不要管人家!”两个孩子听了赶紧把头低下。

请分别就上述两个案例完成以下两个问题:

(1)就教师在美术活动不同教学环节中对幼儿的回应做出评析。

(2)就美术教学活动中教师与幼儿、幼儿与幼儿之间的言语互动价值以及操作策略谈谈自己的看法。

八、活动设计题

1. 根据小班幼儿的年龄特点设计一个《小马过河》的音乐欣赏活动,要求写出活动目标、活动准备、活动过程。

2. 请以“花”为主题设计一篇大班美术活动,要求写出活动目标、活动准备、活动过程。

3.

漱口歌

手拿花花杯，

喝口清清水，

抬起头，闭上嘴，

咕噜咕噜咕噜咕噜吐口水。

围绕该歌曲，请设计一个小班艺术教育活动。要求写出活动目标、活动准备和活动过程。

4. 最近，孩子们似乎对房子都特别感兴趣，大家凑在一起总在讨论自己家的房子是什么样的。有的孩子甚至会说，“等我长大了，我要买一栋别墅，里面要有各种各样的房间，我可以在里面跳舞，还可以在里面画画……”

请以房子为主题，设计一个大班美术教育活动，要求写出活动目标、活动准备和活动过程。

5. 请根据下面的素材，设计大班主题活动方案，要求写出主题活动名称，主题活动总目标，2 个子活动。每个子活动包括：活动名称、活动目标、活动准备和活动过程的主要环节。

周一早晨户外活动，幼儿被园子里五颜六色的花吸引了，有的在指认花的颜色，红的、黄的、白的、紫的；有的在数花瓣，三瓣、五瓣、六瓣的；有的在争论花的名字。他们发现有的花朵长得一样，但颜色不一样；有的花朵有香味，有的花朵没有香味……户外活动时间结束了，幼儿还一直很兴奋地谈论着……

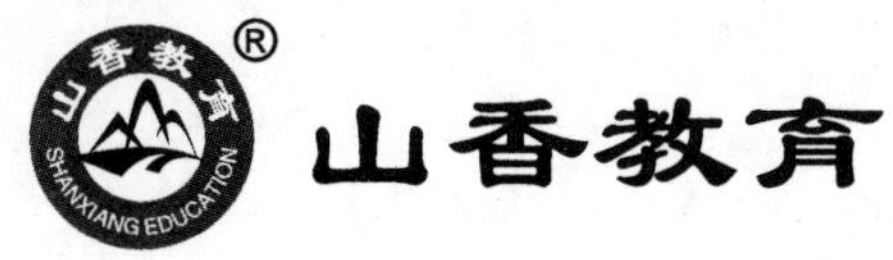

教师招聘考试

学霸必刷题库·幼儿园

（真题必刷+实战演练）

4200题 | 答案

山香教师招聘考试命题研究中心　主编

目 录

上篇 教育理论基础

第一部分 学前卫生学

第二部分 学前教育学

第四部分 幼儿教育心理学

第五部分 幼儿教育法规与教师职业道德

下篇 学科专业知识

参考答案及解析

上篇　教育理论基础

第一部分　学前卫生学

第一章　幼儿生长发育特点与卫生保健

真题必刷

第1练　幼儿各系统的生长发育特点与卫生保健

一、单项选择题

1. C 【解析】本题考查学前儿童生理性远视的特点。学前儿童的眼球前后距离较短，物体往往成像于视网膜的后面，称为生理性远视。随着眼球的发育，眼球前后距离变长，一般5岁左右，就可以达到正常的视力。

2. A 【解析】本题考查幼儿的触觉探究。1岁前，口腔探索是婴儿最重要的学习方式，3岁之前，婴儿仍以口腔探索作为手的探索的重要补充。

3. B 【解析】本题考查学前儿童视觉的发展。新生儿的视觉系统（包括眼睛和视神经系统）还没有发育成熟，他们所看到的东西还很模糊，视神经和其他皮层细胞等传送信息的通路还需要几年的时间才能发育完全。故A项错误。婴儿的一些视力功能的发展是很快的，6个月婴儿的视觉功能在许多方面已接近成人。故B项正确。儿童的视敏度发展很快，4~5岁后视力趋于稳定。故C项错误。视敏度的发展，首先依靠眼的晶状体的变化来调节；其次依靠中枢神经系统对视觉信号加以辨认。此外，还依靠控制眼动的能力，而不是单纯地依靠原始的视觉反映。故D项错误。

4. B 【解析】本题考查甲状腺素的生理功能。甲状腺是关系儿童生长发育和智力发展的内分泌腺，它是人体最大的内分泌腺，通过分泌甲状腺激素来调节新陈代谢，影响中枢神经系统的兴奋性，促进生长发育。

5. B 【解析】本题考查大脑皮质活动的特性。镶嵌式活动原则是指随着工作性质的转换，工作区与休息区不断轮换。好比镶嵌在一块板上的许多小灯泡，忽闪、忽灭，闪闪发光。使大脑皮质的神经细胞能有劳有逸、以逸待劳，维持高效率。故B项正确。

6. A 【解析】本题考查幼儿肌肉发展的特点。幼儿各肌肉群的发育是不平衡的。支配上、下肢的大肌肉群发育较早，而小肌肉群如手指和腕部的肌肉群发育较晚，3~4岁还不能运用自如，往往不会很好地拿笔和筷子，5岁以后这些小肌肉群才开始发育，能比较协调地做一些较精细的动作。

7. A 【解析】本题考查学前儿童心脏的特点。学前儿童心脏的特点包括：(1)心脏相对重量大于成人；(2)心脏排血量较少；(3)心率快。学前儿童年龄越小，心率越快。

8. D 【解析】本题考查学前儿童运动系统发展的特点。学前儿童骨骼含有机物比成人多，无机盐比成人少，故骨骼弹性大，可塑性强，容易变形。故A项正确。维持足弓主要靠韧带的强度和足底肌肉的力量。学前儿童过于肥胖，走路、站立时间过长，负重过度，都会引起足弓塌陷，形成扁平足。故B项正确。学前儿童的关节窝较浅，关节附近的韧带较松，肌肉纤维比较细长，所以关节的伸展性及活动范围比成人大。关节的牢固性较差，在外力作用下，如果用力过猛、悬吊或不慎摔倒，较易引起脱臼。故C项正确。学前儿童的肌肉柔嫩，肌纤维较细，间质组织相对较多，肌腱宽而短，肌肉中所含的水分较成人多，能量储备差。因此，学前儿童的肌肉收缩力较差，容易疲劳。但是，由于新陈代谢旺盛，疲劳后肌肉功能的恢复也较快。故D项错误。

9. C 【解析】本题考查学前儿童消化系统的特点。学前儿童的肝糖原储存量较少，饥饿时容易导致低血糖，

甚至会出现“低血糖休克”。故 A 项错误。由于学前儿童的肠壁薄、固定性差，若腹部受凉、饮食突然改变、腹泻等，可使肠蠕动加强并失去正常节律，从而诱发肠套叠。故 B 项错误。让幼儿养成定时排便的习惯。不要让幼儿憋着大便，以防形成习惯性便秘。故 C 项正确。纠正学前儿童的不良习惯，如托腮、咬舌、咬指甲、吃手指等，这些都可能使颌骨的发育或乳牙的萌出受影响，导致牙齿排列不齐。学前儿童若习惯于偏侧咀嚼，会导致另一侧的颌骨发育不好、两侧面颊不对称。故 D 项错误。所以答案选 C 项。

10. A 【解析】本题考查幼儿神经系统发展的特点。由于幼儿大脑皮质的神经细胞很脆弱——易疲劳，加之易兴奋，抑制过程发育不完善，所以注意力很难持久，需要较长的睡眠时间进行休整。2 岁的儿童每天需要睡眠 13 ~ 14 小时。

11. A 【解析】本题考查学前儿童各系统生长发育的特点。幼儿的咽鼓管比成人的短、粗，位置水平，倾斜度较小，所以咽、喉和鼻腔感染时，容易引起中耳炎。故 A 项正确。幼儿骨骼有机物多、无机盐少，柔韧性大而强度低，容易弯曲变形。故 B 项错误。新生儿脊柱除骶骨有弯曲外，其他弯曲还没有出现。故 C 项错误。婴幼儿胸廓短小呈圆桶形，呼吸肌较薄弱，肌张力差，呼气和吸气动作表浅，故吸气时肺不能充分扩张，换气不足，使每次呼吸量较成人少。而该年龄段代谢旺盛，需消耗较多的氧气，因此只能通过加快呼吸频率来满足生理需要，年龄越小，呼吸频率越快。故 D 项错误。

12. C 【解析】本题考查幼儿牙齿的保育要点。牙齿的主要构成物质是磷酸钙，应合理搭配营养，保证钙、磷的摄取。故 A 项正确。幼儿进食后应及时用温水漱口，及时清除掉口腔里的食物残渣，同时正确的刷牙能有效祛除牙菌斑。故 B 项正确。乳牙的牙根浅，牙釉质也不如恒牙坚硬，怕的是“硬碰硬”，一旦牙齿被硬东西硌伤了，就不能重新长好。受了损伤的牙齿就更容易龋齿。为了幼儿的乳牙健康，应避免外伤。故 D 项正确。应经常参加户外活动，适当接受紫外线的照射，保证身体中维生素 D 的含量，以免体内缺钙。故 C 项避免任何刺激的做法不利于乳牙健康。

13. D 【解析】本题考查幼儿大脑皮质活动的特性。幼儿大脑皮质活动过程的特点是兴奋过程强于抑制过程，即兴奋占优势。表现为容易激动，控制自己的能力较差。如让孩子做什么事情，他很乐意接受；但让他别做什么事情，就很困难，因为“别做”是一种抑制过程。

14. D 【解析】本题考查幼儿骨骼的特点。幼儿的关节窝较浅，关节附近的韧带较松，肌肉纤维比较细长，所以关节的伸展性及活动范围比成人大，尤其是肩关节、脊柱和髋关节的灵活性与柔韧性显著地超过成人。但是，关节的牢固性较差，在外力作用下，如果用力过猛、悬吊或不慎摔倒，较易引起脱臼。

15. C 【解析】本题考查幼儿皮肤的特点。幼儿皮肤的渗透能力强，所以应该避免大剂量、大浓度的药物。

16. A 【解析】本题考查幼儿大脑皮质活动的特性。若有关的大脑皮质区域处于兴奋状态，人们的注意力会比较集中，理解力、创造力也会大大增强，思维非常活跃，从而提高学习或工作的效率。否则，效果不理想。兴趣能促使“优势兴奋”状态的形成，人们对感兴趣的事物，往往表现为特别专注，对其他出现的无关刺激则可“视而不见”“听而不闻”。题干的描述利用了幼儿大脑皮质活动的优势原则。

17. A 【解析】本题考查幼儿耳的特点。幼儿耳郭血液循环差，易生冻疮。

18. B 【解析】本题考查幼儿消化系统发展的特点。幼儿肠壁肌层及弹力纤维发育不完善，肠的蠕动功能比成人弱，容易发生肠道功能紊乱，引起腹泻式便秘。再加上幼儿小肠内各种消化液的质量差，所以幼儿的消化能力较差。成人为幼儿提供的食物应该细软一些。

19. D 【解析】本题考查幼儿神经系统的发展特点。神经系统是发育最早的系统，妊娠 3 个月时，胎儿的神经系统就已经基本发育完善。

20. D 【解析】本题考查幼儿神经系统发展的特点。3 ~ 5 岁儿童每天的睡眠时间是 12 ~ 13 小时。

21. C 【解析】本题考查幼儿生殖系统发展的特点。生殖系统在出生头 12 年里几乎没什么发育，到青春期迅速发育，并很快达到成人水平。

22. B 【解析】本题考查幼儿消化系统发展的特点。幼儿肠管的总长度相对比成人长。其肠管总长度约为身长的 6 倍，成人则仅为 4.5 倍。幼儿肠黏膜的发育较好，有丰富的血管和淋巴管，因此吸收功能比成人强，

但屏障作用小，也容易吸收食物中的有害物质，从而引起中毒。

23. A 【解析】本题考查幼儿内分泌系统发展的特点。脑垂体分泌的生长激素促进机体生长发育。在学前期，若生长激素分泌不足，则生长迟缓，可患垂体性侏儒症，表现为身材矮小，但智力正常。相反，如果生长激素分泌过多，就会造成生长速度过快，导致巨人症。

24. B 【解析】本题考查幼儿各系统生长发育的特点。幼儿肠黏膜的发育较好，有丰富的血管和淋巴管，因此吸收功能比成人强。幼儿肠壁肌层及弹力纤维发育不完善，肠的蠕动功能比成人弱，容易发生肠道功能紊乱，再加上幼儿肠内各种消化液的质量差，所以幼儿的消化能力较差。故 B 项错误。

25. A 【解析】本题考查幼儿肌肉发育的特点。幼儿各肌肉群的发育是不平衡的。支配上、下肢的大肌肉群发育较早，而小肌肉群如手指和腕部的肌肉群发育较晚。故 A 项错误，B 项、D 项正确。幼儿的肌肉柔嫩，肌纤维较细，间质组织相对较多，肌腱宽而短，肌肉中所含的水分较成人多，能量储备差。因此，幼儿的肌肉收缩力较差，容易疲劳。但是，由于新陈代谢旺盛，疲劳后肌肉功能的恢复也较快。故 C 项正确。

26. D 【解析】本题考查幼儿耳的保育要点。A、B、C 选项是保护幼儿听力的措施。D 选项是幼儿视力的保育要点，故答案选 D 项。

27. D 【解析】本题考查幼儿骨骼的特点。幼儿的关节窝较浅，关节附近的韧带较松，肌肉纤维比较细长，所以关节的伸展性及活动范围比成人大，尤其是肩关节、脊柱和髋关节的灵活性与柔韧性显著地超过成人。故 D 项正确。

28. B 【解析】本题考查学前儿童斜视的含义。斜视是指由先天或后天的因素导致的眼外肌协调运动失常，双眼不能同时注视同一物体。故本题选 B 项。

29. C 【解析】本题考查儿童内分泌系统发展的特点。甲状腺功能低下的主要临床表现为：(1)智力发育落后，表情呆滞；(2)生长发育迟缓；(3)基础代谢低下。

30. A 【解析】本题考查大脑皮质活动的特性。若一系列的刺激总是按照一定的时间、顺序，先后出现，重复多次后（强化），这种时间和顺序就在大脑皮质上“固定”下来（神经联系的牢固建立），每到一定时间，大脑就自然地重现这一系列的活动，并提前做好准备。这种大脑皮质活动的特性就叫“动力定型”。题干的表述利用了大脑皮质活动中的动力定型。

31. C 【解析】本题考查学前儿童运动系统的保育要点。学前儿童运动系统的保育要点包括：(1)培养儿童各种正确的姿势，防止脊柱和胸廓畸形；(2)合理组织户外活动和体育锻炼；(3)供给足够的营养；(4)衣服、鞋帽应宽松适度。C 项不属于学前儿童运动系统的保育要点。

32. B 【解析】本题考查幼儿神经系统的发展特点。新生儿的小脑发育很差，这是婴儿早期肌肉活动不协调的重要原因。1 岁左右小脑的发育迅速，此时儿童动作发展特别快，已学会了许多基本动作。3 岁时小脑的发育基本和成人相同。故 B 项错误。

33. B 【解析】本题考查大脑皮质活动的特性。镶嵌式活动原则指随着工作性质的转换，工作区与休息区不断轮换。好比镶嵌在一块板上的许多小灯泡，忽闪、忽灭，闪闪发光。使大脑皮质的神经细胞能有劳有逸、以逸待劳，维持高效率。镶嵌式原则要求教师需经常变换活动内容和性质，以维持高效率。

二、多项选择题

1. BCD 【解析】本题考查学龄前期儿童保健内容的重点。学龄前期儿童保健内容的重点为：继续进行生长发育监测，重视早期教育，加强体格锻炼，预防意外伤害事故的发生。

2. ABCD 【解析】本题考查学前儿童看电视的卫生。为保护学前儿童的视力，应注意以下几方面：(1)电视机的调整：要求荧光屏上的图像清楚，亮度、浓度适宜。(2)照明：看电视时，应该有一定的照明，室内不宜太暗。(3)眼与荧光屏的距离：荧光屏上的字体和图像不宜太小，荧光屏的尺寸也要大，才便于看清。(4)看电视的时间：看电视持续时间太久会疲劳，因为视觉系统一直处于紧张状态。

3. ABC 【解析】本题考查学前儿童耳的保育要点。成人要教会幼儿用正确的方法擤鼻涕。感冒时，擤鼻涕不要用力，否则会将鼻咽部的分泌物挤入中耳，导致感染。故 D 项错误。ABC 三项均是幼儿耳的保育要点。

三、判断题

1. √ 【解析】本题考查大脑皮质活动的特性。条件反射的形成过程，是大脑皮质形成暂时神经联系的过程。若一系列的刺激总是按照一定的时间、顺序，先后出现，重复多次后（强化），这种时间和顺序就在大脑皮质上“固定”下来（神经联系的牢固建立），每到一定时间大脑就自然地重现这一系列的活动，并提前做好准备，这种大脑皮质活动的特性叫作动力定型。建立动力定型以后，脑细胞能以最经济的消耗，收到最大的工作效益。

2. × 【解析】本题考查幼儿斜视。斜视越早治疗，效果越好。治疗儿童斜视不仅为了外观，更主要的是为了恢复眼的正常功能。

3. × 【解析】本题考查幼儿运动系统的保育要点。幼儿形成足弓以后，因为肌肉、韧带还不结实，若运动量不合适，就容易形成平足。运动量过大，比如长时间站立、行走或负重，会使脚底肌肉过于疲劳而松弛；运动量太小，经常不运动，脚底的肌肉、韧带得不到锻炼，也不会结实。

4. × 【解析】本题考查幼儿呼吸系统发展的特点。呼吸系统由呼吸道和肺两部分组成。呼吸道是气体的通道，它包括鼻、咽、喉、气管和支气管，肺是主要的呼吸器官，是进行气体交换的主要场所。

5. × 【解析】本题考查幼儿肌肉发展的特点。幼儿各肌肉群的发育是不平衡的。支配上、下肢的大肌肉群发育较早，1岁左右会走，3岁时上、下肢的活动更加协调，5岁时下肢肌肉发育较快，肌肉的力量和工作能力都有所提高。而小肌肉群如手指和腕部的肌肉群发育较晚，3~4岁还不能运用自如，往往不会很好地拿笔和筷子，5岁以后这些小肌肉群才开始发育，能比较协调地做一些较精细的动作。

6. √ 【解析】本题考查大脑皮质活动的特性。幼儿大脑皮质活动过程的特点是兴奋过程强于抑制过程，即兴奋占优势。它表现为：容易激动，控制自己的能力较差。

7. × 【解析】本题考查幼儿运动系统的保育要点。幼儿的服饰应有别于成人，要便于骨骼的发育和动作的发展。幼儿不要穿戴过小、过紧的衣服、鞋帽，以免影响骨骼、肌肉的发育。反之，过肥、过大、过长的衣服、鞋帽，不仅造成活动不便，还会影响动作的发展。

四、填空题

反射

第2练 幼儿生长发育的规律与评价指标

单项选择题

1. C 【解析】本题考查幼儿生长发育的主要规律。在个体之间，生长类型上的差异明显地反映在身体生长发育的各项指标上。以儿童每年体重的增加为例，在早期，个体间的差异可能并不是很大，随着年龄的增加，体重的获得出现离散现象，表明了体重的测量值和生长发育的速度在儿童之间可出现很大的差异。题干的描述说明学前儿童的生长具有个体差异性规律。

2. B 【解析】本题考查影响幼儿生长发育的因素。影响学前儿童生长发育的后天因素主要包括：营养、体育锻炼和劳动、生活制度、疾病和环境。

3. D 【解析】本题考查幼儿生长发育的主要规律。幼儿生长发育具有不均衡性，体现在以下三个方面：(1)生长发育的速度不均等，各年龄阶段生长发育的速度不同，有快有慢，呈波浪式；(2)身体各部分的生长速度不均等；(3)人体各系统的发育不均衡，如神经系统发育最早，儿童在6岁时脑重已达成人的90%。

4. B 【解析】本题考查幼儿生长发育的主要规律。生长是指身体各个器官、系统以及全身的大小、长短和重量的增加与变化，是机体量的改变。发育是指细胞、组织、器官和系统功能的不断成熟与完善，属于质的变化。故A项正确。幼儿生长发育的主要规律包括：(1)生长发育是连续性（顺序性）和阶段性的统一。故C项正确。(2)幼儿生长发育的不均衡性（不平衡性）。各年龄阶段生长发育的速度不同，有快有慢，呈波浪式。故B项错误，D项正确。

5. A 【解析】本题考查幼儿生长发育的评价指标。幼儿生长发育常用的形态指标是身高、体重、头围、胸围和坐高。故本题选A项。

实战演练

一、单项选择题

1. D　【解析】新生儿脑重为 350 克 ~ 380 克，1 岁时脑重为 950 克，3 岁时脑重约为 1100 克，6 岁时脑重已达 1250 克，达到成人脑重的 90%。

2. D　【解析】生长发育具有个别差异性是指生长发育有其一般的规律，但每个儿童生长发育又有自身的特点。由于先天遗传以及后天环境条件的不同，个体在整个生长时期都存在着广泛的差异，呈现出高矮、胖瘦、强弱、智愚的不同。

3. C　【解析】家长或教师应教会幼儿正确的刷牙方法：(1)顺着牙缝竖刷，刷上牙自上而下，刷下牙自下而上；(2)磨牙的里外要竖刷，咬合面横刷；(3)刷牙时间不要太短，要使牙齿里外及牙缝都刷到。为有效祛除牙菌斑，每次刷牙的时间不宜少于 3 分钟。

4. B　【解析】生长发育具有程序性，即指生长发育遵循由上到下、由近到远、由粗到细、由简单到复杂的规律。

5. A　【解析】养成良好的用眼习惯是预防幼儿视力问题的最佳方法。

6. A　【解析】体格是指人体形态、结构和生理机能的发展状况。

7. C　【解析】学前儿童高级神经活动的特点包括：(1)兴奋过程占优势；(2)条件反射建立少；(3)第一信号系统发育早于第二信号系统。神经纤维逐渐髓鞘化不属于幼儿高级神经活动的特点。故 C 项错误。

8. D　【解析】光线照明较差、户外活动和身体锻炼较少、坐姿不良等都会造成视力衰退。

二、多项选择题

1. ABC　【解析】评价幼儿生长发育的指标包括形态指标、生理功能指标、心理指标。

2. ABCD　【解析】人体的骨骼由 206 块骨组成，约占体重的 20%。具有构成人体支架、支持体重、保护内脏器官和造血等功能。

3. AD　【解析】幼儿肾脏的重量相对地大于成人。在 1 岁和 12 ~ 15 岁两个阶段肾脏的发育最快。

4. ABD　【解析】幼儿心脏的特点包括：(1)心脏相对重量大于成人。(2)心脏排血量较少。(3)心率快。

5. ABCD　【解析】每一个健康的幼儿在迈向身体成熟的过程中，头颅增长了 1 倍，躯干增长了 2 倍，上肢增长了 3 倍，下肢增长了 4 倍。

6. ABCD　【解析】幼儿生长发育的主要规律包括：(1)生长发育是连续性(顺序性)和阶段性的统一；(2)幼儿生长发育的不均衡性(不平衡性)；(3)生长发育具有程序性；(4)个体学前儿童的发育等级在各发育阶段均相对稳定(生长发育具有个别差异性)。

三、判断题

1. ×　【解析】随着年龄的增长，大脑皮质的功能日趋完善，兴奋过程的加强使幼儿睡眠时间逐渐减少，觉醒时间不断延长。

2. ×　【解析】幼儿晶状体的弹性好，具有很强的调节能力，所以他们能看清很近的物体。

3. √　【解析】虽然矫治弱视的方法不同，但“常规遮盖法”被公认为是一种简便易行的方法，即平日遮盖健眼，以提高弱视眼的视力，配合一些需精细目力的作业(如串小珠子、剪纸等)，定期复查，以决定遮盖的时间长短。

4. √　【解析】6 岁左右，最先萌出的恒牙是“第一恒磨牙”(又称“六龄齿”)，上下左右共 4 颗。恒牙共 28 ~ 32 颗，其中 28 颗在 14 岁前全部出齐。六龄齿对建立正常的咬合关系最为重要。

5. √　【解析】幼儿年龄越小，体温调节能力越差，天气寒冷时应多穿衣服，注意防寒保暖。

6. ×　【解析】幼儿的听觉比较敏锐，平时教师和成人与幼儿讲话声音要适中。

7. ×　【解析】牙齿发育过程中，最先发育长出的牙叫乳牙。

8. ×　【解析】一般认为，味觉是儿童早期最发达的感觉，因为它具有保护生命的价值。

9. √　【解析】幼儿骨骼含有机物比成人多，无机盐比成人少，故骨骼弹性大，可塑性强，容易变形。一旦发生

骨折,常会出现折而不断的现象,称为“青枝骨折”。

10. √ 【解析】身高和体重是最基本的指标,不但测定简单,而且能较为准确地评定生长发育状况。身高是判断身体发育特征和评价生长发育速度时不可缺少的依据。体重是代表体格生长,尤其是营养状况最易取得的重要指标。

11. √ 【解析】定期检查幼儿的视力,以便及时发现,及时矫治。幼儿期(3~6岁)是视觉发育的关键时期和可塑阶段,也是预防和治疗视觉异常的最佳年龄段。

12. √ 【解析】在活动中应让幼儿的两臂交替使用,上、下肢均参与活动。避免经常单一地使用某些肌肉、骨骼,如让幼儿长时间站立等,幼儿园不宜开展拔河、长跑、长时间的踢球等剧烈运动。

13. √ 【解析】出生2周至1个月,就可以给小儿晒太阳。在日光照射下,周围血管扩张,循环加快,可促进心脏功能发育。所以应经常带小儿到户外进行活动和睡眠。

14. × 【解析】患弱视的儿童,不能建立双眼平视功能,难以形成立体视觉,故不能很好地分辨物体的远近、深浅等,难以完成精细活动,对生活、学习和将来的工作带来不良影响;当两眼向前平视时,两眼的黑眼珠位置不匀称,称为斜视。

四、填空题

1. 高级神经活动　2. 10　3. 3　4. 5~10

5. 4~6　6. 贫血　7. 呼吸道

8. 乳牙　9. 生理性流涎　10. 低血糖休克

11. 发育　12. 握力　13. 体格

第二章　幼儿膳食

真题必刷

第3练　营养基础知识

一、单项选择题

1. B 【解析】本题考查维生素D的作用。维生素D能调节钙、磷代谢,维持血钙浓度稳定,在促进骨骼和牙齿的正常生长和钙化过程中起着重要作用。维生素D有助于预防佝偻病,又称抗佝偻病维生素。

2. C 【解析】本题考查矿物质——锌。锌的缺乏会引起蛋白质合成障碍、细胞分裂减少,导致幼儿生长发育迟缓、停滞、性发育延迟、智力发育迟缓、伤口愈合不良、食欲减退,甚至发生异食癖。

3. B 【解析】本题考查脂类的生理功能。脂类的生理功能包括:(1)人体组织的重要组成成分;(2)供给机体能量;(3)保护机体组织、器官,维持体温恒定;(4)提供脂溶性维生素,并促进脂溶性维生素的吸收;(5)提供必需脂肪酸。故B项错误。

4. B 【解析】本题考查各类矿物质的作用。钙是构成人体骨骼和牙齿的重要成分,并在维持神经和肌肉的兴奋性、血液凝固、心动节律方面发挥重要作用。铁是人体内含量最高的微量元素,是合成血红蛋白的原料,参与维持正常造血功能和体内氧的运送。碘是合成甲状腺素的原料。

5. D 【解析】本题考查维生素D的来源。维生素D可从食物中摄取,也可由皮肤合成。人体皮肤中的7-脱氢胆固醇通过紫外线照射后,可转变为维生素D,晒太阳是人体获得充足有效维生素D的最好来源。

6. C 【解析】本题考查蛋白质的生理功能。人体对蛋白质的需要量比较恒定,儿童每千克体重的蛋白质需要量比成人高。膳食中蛋白质摄入量不足,会导致学前儿童生长发育迟缓、体重过轻、贫血、精神疲乏甚至产生智力发育障碍、营养不良性水肿等症状。

7. D 【解析】本题考查维生素B_1的生理功能及来源。维生素B_1缺乏常引起“脚气病”,表现为乏力、肢体麻木、水肿、感觉迟钝等。幼儿膳食应注意粗细搭配,每天吃豆类及其制品,以获取维生素B_1。

8. C 【解析】本题考查蛋白质营养价值的评价。评价蛋白质的营养价值应从“量”和“质”两个方面进行。量

就是看食物蛋白质的绝对含量，食物中蛋白质含量愈高，则营养价值愈高。质就是看食物中必需氨基酸的种类是否齐全，必需氨基酸的相互比例是否合适。

9.C 【解析】本题考查营养基础知识。营养素是指食物中所含的能够维持生命和健康并促进机体生长发育的化学物质。营养素分为蛋白质、脂肪、碳水化合物、矿物质（无机盐）、维生素和水六大类。

10.C 【解析】本题考查引起佝偻病的原因。佝偻病是由于维生素 D 不足引起全身性钙、磷代谢失常，以致钙盐不能正常沉着在骨骼的生长部分，最终发生骨骼畸形。

11.B 【解析】本题考查缺碘的危害。胎儿发育期缺碘，婴儿出生后就会生长发育迟缓、智力低下，严重者发生“呆小症”，即“克汀”，表现为聋、哑、矮、傻。缺碘对神经系统的损害是不可逆的。

12.B 【解析】本题考查幼儿营养基础知识。幼儿缺锌，会出现生长发育迟缓、体格矮小、伤口愈合慢、食欲不振、味觉和嗅觉减退等现象，严重时出现“侏儒症”。

13.D 【解析】本题考查幼儿营养基础知识。维生素 A 与正常视力有密切关系，是维持暗视力所必需的物质。另外，维生素 A 也是维持上皮细胞的健全、生长发育和机体的免疫力所不可缺少的物质。维生素 A 严重缺乏会造成夜盲症和干眼病。

14.B 【解析】本题考查幼儿营养基础知识。维生素 B_1 又称硫胺素，是一种水溶性维生素。它参与糖类的代谢，对维持神经系统正常功能起着重要作用。同时，维生素 B_1 可以促进肠蠕动，辅助消化。维生素 B_1 缺乏常引起“脚气病”，表现为乏力、肢体麻木、水肿、感觉迟钝等。故 B 项错误。

二、多项选择题

ABC 【解析】本题考查产能营养素。蛋白质、脂肪、碳水化合物是三大供热营养素，它们是机体热能的来源。

三、判断题

1.× 【解析】本题考查营养基础知识。由于幼儿处于生长发育的旺盛期，对蛋白质、脂肪、碳水化合物及其他营养素的需要量相对高于成人。

2.× 【解析】本题考查营养基础知识。维生素 A 与正常视力有密切关系，是维持暗视力所必需的物质。另外，维生素 A 也是维持上皮细胞的健全、生长发育和机体的免疫力所不可缺少的物质。维生素 A 严重缺乏会造成夜盲症和干眼病。还可引发皮肤干燥、粗糙，毛发干、脆，易于脱落，并易于反复发生呼吸道、消化道感染。营养不良性口角炎在营养缺乏和维生素 B 族缺乏者中常有发生，以维生素 B 族缺乏引起的口角炎最常见。还常伴有唇炎、舌炎。治疗应加强营养，补充复合维生素 B。

第 4 练　幼儿膳食与良好饮食习惯的培养

一、单项选择题

1.B 【解析】本题考查合理配膳。幼儿膳食中，蛋白质供给热能应占总热能的 12% ~15%，脂肪所供热能占总热能的 20% ~30%，糖类所供热能占总热能的 50% ~60%。

2.B 【解析】本题考查幼儿良好饮食习惯的培养。幼儿教师要培养幼儿各种有利于消化吸收的进食行为，告诉幼儿要细嚼慢咽每一口饭菜。

3.A 【解析】本题考查《中国学龄前儿童膳食指南（2016）》的内容。《中国学龄前儿童膳食指南（2016）》指出，学龄前儿童每天饮水 600 ~800mL，以白开水为主，少量多次饮用。

4.C 【解析】本题考查幼儿膳食的内容。通常，幼儿一日膳食次数可定为三餐两点或三餐一点。故 A 项不正确。当食物中任何一种必需氨基酸缺乏或过量，就会造成人体内氨基酸的不平衡，使其他氨基酸不能被利用，从而影响蛋白质的合成。所以不能每餐食物都加氨基酸，对氨基酸的摄入必须结合幼儿的需求来决定。故 B 项不正确。钙的食物来源首选牛奶，它含钙丰富，吸收率也较高，其次是豆类、豆制品和绿叶蔬菜。故 D 项不正确。幼儿膳食巧搭配的方法有粗细粮搭配、米面搭配、荤素搭配、谷类与豆类搭配、蔬菜五色搭配、干稀搭配。故 C 项正确。

5.D 【解析】本题考查幼儿良好进食的卫生要求。进食卫生的要求包括：（1）良好的物理环境；（2）良好的心理环境;(3)适当的进餐速度;(4)进餐时不谈笑打闹;(5)不强迫幼儿进食。故D项错误。

6.D 【解析】本题考查幼儿膳食的合理搭配。A项、B项、C项缺少碳水化合物。故D项正确。

7.C 【解析】本题考查幼儿园科学的膳食制度。三餐热量分布合理是指早、午、晚三餐食物的供热量比应分别占25%~30%、30%~35%、25%~30%,两次加餐占10%。

二、判断题

1.× 【解析】本题考查"点心"的种类。"点心"应以低脂肪、低热量为宜,不吃甜食和油煎炸的食物,着重补充维生素C,如半个苹果、一个橘子、几片水萝卜。

2.√ 【解析】本题考查幼儿进餐的环境。组织幼儿进餐时,可播放轻松愉快、悠扬悦耳的音乐,如果在餐厅就餐,餐厅的灯光应柔和,墙壁粘贴水果等壁画,释放香喷喷的气味等激发幼儿的食欲,促进副交感神经的兴奋,增强消化器官的功能。进餐前后不宜处理幼儿行为上的问题,以免影响幼儿的食欲。

3.√ 【解析】本题考查《中国学龄前儿童膳食指南(2016)》的内容。《中国学龄前儿童膳食指南(2016)》内容包括"食物多样,谷类为主;多吃新鲜蔬菜和水果;经常吃适量的鱼、禽、蛋、瘦肉;食量与体力活动要平衡,保证正常体重增长"等。

4.√ 【解析】本题考查《中国学龄前儿童膳食指南(2016)》的内容。《中国学龄前儿童膳食指南(2016)》指出,学龄前儿童每天应进行至少60分钟的体育活动,最好是户外游戏或运动,除睡觉外尽量避免让儿童有连续超过1小时的静止状态,每天看电视、玩平板电脑的累计时间不超过2小时。

三、简答题(参考答案)

1.根据《中国居民营养膳食指南》,简述3~6岁儿童膳食指导要点。

(1)食物多样,谷类为主;(2)多吃新鲜蔬菜和水果;(3)经常吃适量的鱼、禽、瘦肉;(4)每天饮奶,常吃大豆及其制品;(5)膳食清淡少盐,正确选择零食,少喝含糖量高的饮料;(6)进食量与体力活动要平衡,保证正常体重增长;(7)不挑食、不偏食,培养良好饮食习惯;(8)吃清洁卫生、未变质的食物。

2.幼儿进食的卫生要求有哪些?

(1)良好的物理环境;(2)良好的心理环境;(3)适当的进餐速度;(4)进餐时不谈笑打闹;(5)不强迫幼儿进食。

3.简述幼儿良好饮食习惯的内容。

(1)按时定位进食,食前有准备;(2)细嚼慢咽,专心进餐;(3)饮食定量,控制零食;(4)不偏食,饮食多样;(5)注意饮食卫生和就餐礼貌。

四、材料分析题(参考答案)

(1)该材料中的幼儿将瘦肉、青菜咀嚼后把渣吐出可能是幼儿有挑食、偏食的习惯,食物不够美味,平时零食可能过多等原因。小朋友拿勺子像拿铲子一样、没有扶碗的行为是因为幼儿没有养成良好的进餐习惯。

(2)①按时定位进食,食前有准备。3岁左右可以在吃饭前帮忙做一些就餐的准备,如擦桌子、摆筷子,放好自己用的小匙、小盘、小碗。看到固定的餐具,想到马上要吃饭了,会使幼儿食欲增加。②细嚼慢咽,专心进餐。每顿饭应有大致的时间限制,既要求幼儿细嚼慢咽,又不要拖得太久,应该专心吃饭。③饮食定量,控制零食。除了三顿饭、1~2次点心之外,要控制零食,使幼儿养成吃好三餐的好习惯。另外,教育幼儿不要贪食,以免消化不良。④不偏食,饮食多样。偏食是一种不良的饮食习惯,不仅影响幼儿的健康,而且形成固定的口味以后,长大成人也难再适应多样化的膳食。膳食多样化才能使人体获得全面的营养。⑤注意饮食卫生和就餐礼貌。注意饮食卫生,如食前洗手,食后漱口,不吃不清洁、不新鲜的食物,不喝生水,不捡掉在桌上或地下的东西吃,使用自己的水杯、餐具,等等。培养良好的就餐礼貌,如咀嚼、喝汤时不应发出大的声响,夹菜不可东挑西拣,不糟蹋饭菜等;特别是要懂得谦让,不应该把好吃的独占。

实战演练

一、单项选择题

1. D 【解析】钙的食物来源首选牛奶，它含钙丰富，吸收率也较高。其次是豆类、豆制品和绿叶蔬菜，如小白菜、油菜、芹菜等。海产品如小虾皮、小鱼干、紫菜等也是钙的良好来源。

2. C 【解析】维生素 C 是水溶性维生素，又名抗坏血酸。维生素 C 可以促进胶原合成，参与胆固醇代谢，增强机体免疫力，还能促进铁的吸收和利用。维生素 C 缺乏会造成毛细血管通透性增加，导致坏血病。

3. A 【解析】钙是人体需要量最多的矿物质。它是构成人体骨骼和牙齿的重要成分，并在维持神经和肌肉的兴奋性、血液凝固、心动节律方面发挥重要作用。

4. D 【解析】铁是人体内含量最高的微量元素，是合成血红蛋白的原料，参与维持正常造血功能和体内氧的运送。

5. C 【解析】碘是合成甲状腺素的原料。甲状腺素具有调节新陈代谢、促进神经系统发育的生理功能。碘缺乏会导致甲状腺素合成不足，造成碘缺乏病。碘缺乏的典型症状为甲状腺肿大。

6. A 【解析】维生素 C 是水溶性维生素，又名抗坏血酸。维生素 C 可以促进胶原合成，参与胆固醇代谢，增强机体免疫力，还能促进铁的吸收和利用。维生素 C 缺乏会造成毛细血管通透性增加，导致坏血病。

7. B 【解析】豆类蛋白质为优质蛋白质，谷类中的蛋白质营养价值较低。豆类与谷类混合食用，可起到“蛋白质的互补作用”。故 B 项正确。

8. A 【解析】维生素 B_1 广泛存在于瘦肉、动物内脏、豆类、坚果类食物中，粮谷类食物外皮中维生素 B_1 含量丰富，但米面碾磨过细、过分淘米或烹调中加碱，会丢失大量维生素 B_1。

9. D 【解析】维生素 D、乳糖和膳食中丰富的蛋白质有利于钙的吸收。

10. A 【解析】人体从食物中获得的维生素 A 有两大类，一类来源于动物性食物中的维生素 A，主要存在于动物肝脏、鱼肝油、蛋、牛奶中；另一类来自植物性食物中的胡萝卜素，一般橙黄色、深绿色蔬菜和水果中含量较高，如胡萝卜、西兰花、菠菜、豌豆苗、芒果等，胡萝卜素在人体内可以转化为维生素 A。

11. C 【解析】摄入充足的碳水化合物，可预防体内酮体生成过多。

二、多项选择题

1. CD 【解析】托幼机构内儿童的膳食应努力具备科学合理、营养平衡、增进食欲、清洁卫生、有利消化、安全新鲜的特点。

2. ABCD 【解析】具体在配膳时，可以按以下方法进行搭配：粗细粮搭配、米面搭配、荤素搭配、谷类与豆类搭配、蔬菜五色搭配、干稀搭配。

三、判断题

1. √ 【解析】添加辅食时应遵循由少到多，由稀到稠，由细到粗，由一种到多种的原则。

2. × 【解析】断奶后添加辅食要根据婴儿营养需要及消化能力循序渐进，适应一种食品后再增加另一种，从少到多，从稀到稠，从细到粗，逐步过渡。

3. √ 【解析】由于组成人体各种组织细胞蛋白质的氨基酸有一定的比例，因此人体对必需氨基酸的需求是非常严格的，不但要有量和质的保证，而且还要求各种必需氨基酸之间有适当的比例。也就是说膳食蛋白质中的必需氨基酸既要在数量上满足机体的需要，又要有符合机体要求的比例才能在体内被充分利用，满足机体合成组织蛋白质的需要。

4. × 【解析】1～2 岁小儿每日可进食 5 次，三餐加上、下午各一次点心，以后逐渐改为 4 次，三餐加午后点心一次。每次间隔约 4 小时。

5. × 【解析】幼儿需要的总能量约 50%～60% 来源于碳水化合物。

6. × 【解析】维生素 D 中毒的症状：起先是烦躁、睡眠不安、食欲减退，继而出现恶心、呕吐，严重的可损害心、肾功能。

7. √ 【解析】维生素C是水溶性维生素,又名抗坏血酸。维生素C可以促进胶原合成,参与胆固醇代谢,增强机体免疫力,还能促进铁的吸收和利用。维生素C缺乏会造成毛细血管通透性增加,导致坏血病。

8. √ 【解析】水是细胞的主要成分,促进细胞的新陈代谢,起着运输、润滑和调节体温的作用。幼儿对水的需要量相对比成人多,应让他们及时喝到符合卫生要求的水。各年龄儿童每日水的需要量大致如下:初生至1岁,120~160毫升/每千克体重;2~3岁,100~140毫升/每千克体重;4~7岁,90~110毫升/每千克体重。

9. × 【解析】托幼机构特别是寄宿制园所内的儿童处于集体教养的环境之中,膳食质量的优劣直接关系到儿童的生长发育和身心健康。因此托幼机构内儿童的膳食应努力具备科学合理、营养平衡、增进食欲、有利消化、清洁卫生、安全新鲜的特点。

10. √ 【解析】婴幼儿的消化系统尚未发育完善,托幼机构的膳食要根据这一特点,在烹调制备时既要尽力保持食物中的各种营养素,也要注意食物要煮熟、烧透,避免油腻、辛辣、刺激性食物,有利于儿童的消化吸收,做到碎、细、软、烂。

四、简答题(参考答案)

1. 简述蛋白质的生理功能。

(1)构成、更新和修复机体组织;(2)调节生理功能;(3)供给能量。

2. 简述碳水化合物的生理功能(可吸收部分)。

(1)供给能量;(2)构成细胞和组织;(3)节约蛋白质的作用;(4)抗酮体生成和解毒作用。

3. 简述脂类的生理功能。

(1)人体组织的重要组成成分。(2)供给机体能量。(3)保护机体组织、器官,维持体温恒定。(4)提供脂溶性维生素,并促进脂溶性维生素的吸收。(5)提供必需脂肪酸。(6)促进食欲,增加饱腹感。

4. 简述影响钙吸收的因素。

(1)谷类和豆类的外皮含有植酸,可与钙结合形成不溶性的植酸钙,蔬菜中的草酸与钙结合形成不溶性的草酸钙,这些钙盐均会降低钙的吸收率;(2)过多摄入脂肪,可因未消化的脂肪酸与钙结合形成不溶性的钙皂,使钙自粪便排出;(3)食物中的纤维素也会妨碍钙的吸收。

5. 简述幼儿对能量的需求。

(1)基础代谢。(2)食物的热效应。(3)活动。(4)生长发育。(5)排泄丢失热能。

五、材料分析题(参考答案)

(1)能吃完饭菜固然是最好。能把饭菜吃完的孩子占大多数,这些孩子没有挑食的习惯,能牢记老师的话,是老师眼中的乖孩子,小朋友的好榜样。对于这种孩子,应该在其他孩子面前加以鼓励,起到正面教育的作用。这样能激励类似于博伦的孩子继续保持这种好习惯,还能给其他孩子一种目标的定向。

(2)不能把老师的意愿强压于孩子的身上。为什么会有那么多孩子一到吃饭就会那么痛苦,不难发现一是有的孩子确实挑食,二是有的孩子确实是胃口不好,有的孩子胃容量不大,吃到一定限度就是吃不下了。如果一味地对孩子说:“不行,一定都要吃完。”对于这些孩子来说无疑就是一种压力。如果吃饭带着一种压力,那么本身很愉快的事情就变得痛苦。

(3)针对幼儿进餐应采取的措施:①指导家长,配合教育;②循循善诱,消除心结;③量身定做,尊重孩子身心发展的规律。

第三章　幼儿常见疾病和意外事故的防护

真题必刷

第5练　幼儿常见疾病及传染病

一、单项选择题

1. C 【解析】本题考查水痘的症状。水痘发病初期1~2天低烧,以后逐渐出现皮疹。皮疹先见于头皮、面部,

渐延及躯干、四肢。

2. A 【解析】本题考查单纯性肥胖。单纯性肥胖是一种热能代谢障碍，摄入热量超过消耗热量，引起体内脂肪积累过多。一般以体重超过同性别、同身高正常儿童均值20%以上称为肥胖。

3. D 【解析】本题考查甲型肝炎病毒的传播途径。甲型肝炎病毒可引起甲型传染性肝炎。病毒存在于病人的粪便中。粪便污染了食物、饮水，经口造成传染。由于水源受到污染，泥蚶或牡蛎等水产品有浓缩并贮存甲型肝炎病毒的能力，食用上述被污染的水产品可造成暴发性的甲型肝炎流行。

4. A 【解析】本题考查传染病的特性。病原体是指外界环境中的一些能侵袭人体的微生物和寄生虫，它是传染病的致病因素。各种传染病都有其特异的病原体。

5. A 【解析】本题考查维生素D缺乏性佝偻病的症状。当维生素D严重缺乏时，学前儿童可出现肋软骨区膨大，以第5～8肋软骨部位为主，因几个相连的肋骨都有隆起，故呈"串珠"样突起，如"串珠"向胸内扩大，可使肺脏受压造成局部肺不张。肋骨软化后，因受膈肌附着点长期牵引收缩，造成肋缘上部内陷，肋缘外翻，形成肋软沟。在第6～8肋骨与胸骨柄相连处内陷时，可使胸骨前凸，形成鸡胸。以剑突为中心内陷的漏斗胸亦可见到。故答案选A项。

6. A 【解析】本题考查预防学前儿童肥胖的措施。合理膳食和适量运动是预防肥胖的关键所在。肥胖症的治疗原则是减少摄入热能性食物和增加机体对热能的消耗，使体内过剩脂肪不断减少，从而达到体重减轻的目的。主要采取饮食疗法与运动疗法结合治疗。故答案选A项。

7. D 【解析】本题考查婴幼儿常见疾病。羊奶内缺乏叶酸，乳儿以羊奶为主食，应该补充含叶酸丰富的辅食，如绿叶蔬菜等。

8. C 【解析】本题考查传染病的预防。84消毒液是学前教育机构中最常用的消毒液。

9. B 【解析】本题考查细菌性痢疾的症状。细菌性痢疾的症状：发病急，高热、腹痛、腹泻，一日可腹泻几十次，有明显的里急后重（有总排不净大便的感觉），大便内有黏液及脓血。少数病人有高热，很快抽风、昏迷，为中毒型痢疾。

10. D 【解析】本题考查传染病的综合性预防措施。管理传染源预防措施包括：(1)早发现患儿；(2)早隔离患儿；(3)对传染病的接触者进行检疫。

11. D 【解析】本题考查病毒性肝炎的预防。煮沸法是简便可靠的消毒方法。被消毒的物品必须全部浸入水中。一般致病菌在煮沸1～2分钟后即可灭活。甲型或乙型肝炎病毒，煮沸15～30分钟方能灭活。

12. A 【解析】本题考查传染病的传播途径。空气传播是呼吸道传染病的主要传播方式。病原体由传染源的飞沫、唾液、痰以及鼻咽内的分泌物通过咳嗽、喷嚏、呼吸等方式从呼吸道排出体外污染空气，如被易感者吸入体内，就可感染上疾病。腮腺炎、流感、麻疹、结核病、百日咳等，就是以这种方式传播的。

13. C 【解析】本题考查学前儿童手足口病的预防措施。"吃熟食、喝开水、勤洗手、晒衣被"是针对幼儿的手足口病进行的预防措施。

14. B 【解析】本题考查传染病的传播途径。饭前便后洗手是为了切断传播途径。环境卫生、空气新鲜、饮食卫生、个人卫生习惯良好是很重要的预防措施。

15. C 【解析】本题考查预防传染病的主要措施。当黄老师接到家长告知孩子确诊为流行性腮腺炎的电话后，立即向本园医务人员进行了报告（早发现患儿）。医务人员立即嘱咐该患儿继续就医，痊愈后凭医院诊断证明方可入园（早隔离患儿），并要求教师从该幼儿发病起24天内密切关注班级其他孩子是否出现异常情况（对传染病的接触者进行检疫），属于管理传染源的内容。对该幼儿接触过的环境、日用品等严格、彻底清毒属于切断传播途径的内容。

16. D 【解析】本题考查小儿肥胖症的预防。关于小儿肥胖症的预防主要包括培养良好进食习惯；禁止暴饮暴食，禁止饮酒；积极参加体育活动。D项的做法不正确。

17. A 【解析】本题考查维生素D缺乏症。维生素D缺乏性佝偻病主要由于维生素D不足引起全身性钙、磷代谢失常，以致钙盐不能正常沉着在骨骼的生长部分，最终发生骨骼畸形。

18. B 【解析】本题考查幼儿常见传染病。流行性感冒(流感)是由流行性感冒病毒引起的常见急性呼吸道传染病。

19. D 【解析】本题考查手足口病的症状。手足口病的症状包括:在指(趾)的背面、侧缘、手掌、足跖,尤其是指(趾)甲的周围,有时在臀部、躯干四肢发生红色斑丘疹,很快发展为水疱。口腔内在舌、硬腭、颊黏膜、齿龈上发生水疱,破溃后形成浅在的糜烂等。

20. A 【解析】本题考查诺如病毒性胃肠炎的传播途径。诺如病毒性胃肠炎是由诺如病毒感染所引起的急性传染病,是最常见的急性非细菌性感染性胃肠炎。粪—口传播为诺如病毒性胃肠炎的主要传播方式,气溶胶传播和接触传播为诺如病毒性胃肠炎的辅助传播方式。

21. B 【解析】本题考查传染病的预防接种。婴儿出生后注射的卡介苗是为了预防结核病的发生。

22. D 【解析】本题考查佝偻病的症状。佝偻病的具体症状如下:(1)佝偻病的早期,以烦躁、夜啼、多汗、摇头和枕后秃发等表现为主。(2)佝偻病进入活动期,出现骨骼改变。儿童在3~6个月时,仅见颅骨软化(俗称乒乓球头,指按压顶骨或枕骨中部有弹性感);7~12个月后,可见方颅、肋串珠、肋软沟,也可呈鸡胸、漏斗胸畸形;会坐后可见脊柱后凸或侧弯;学爬行时,腕、踝处骺部胀大,呈手镯或脚镯状;会走后,下肢因负重而弯曲,呈O型或X型腿畸形。(3)动作发育迟缓。由于肌肉、韧带松弛,坐、站、走均较正常小儿迟缓。(4)大脑皮层兴奋性降低,条件反射形成迟缓,语言发展较晚。故D项错误。

23. B 【解析】本题考查手足口病的潜伏期。手足口病主要发生于学前儿童,尤以1~2岁婴幼儿为多。多在夏季流行,潜伏期为4~6日。

二、多项选择题

1. AB 【解析】本题考查传染病的种类。麻疹是一种由麻疹病毒引起的急性出疹性传染病,具有高度传染性。手足口病是一种由肠道病毒感染引起的急性传染病,以婴幼儿发病为主。蛔虫病是吞食蛔虫蚴卵后感染的一种最常见的肠道寄生虫病,不是传染病。贫血是指单位容积血液中的红细胞数目和血红蛋白浓度都比正常值显著减少,或两者之一有显著减少,不是传染病。故答案选A、B项。

2. ABCD 【解析】本题考查预防龋齿的有效方法。预防龋齿的方法包括:(1)从小注意口腔卫生;(2)注意正确的刷牙方法;(3)要根据儿童的年龄选择大小适宜的牙刷;(4)多晒太阳,注意营养;(5)定期进行口腔检查。

3. ABCD 【解析】本题考查流行性感冒的症状。流行性感冒潜伏期为数小时至1~2天。起病急,高热、头痛、咽痛、乏力、眼结膜充血。以胃肠道症状为主者,可有恶心、呕吐、腹痛、腹泻等症状;以肺炎症状为主者,发病1~2天后即出现咳嗽、气促、气喘、口唇发绀等症状。部分患儿有明显的精神症状,如嗜睡、惊厥等。婴幼儿常并发中耳炎。

三、判断题

1. √ 【解析】本题考查幼儿生病的迹象。发烧是疾病最常见的症状,是机体的一种积极防御反应。

2. √ 【解析】本题考查预防传染病的主要措施。预防传染病的主要措施包括发现和管理传染源、切断传播途径及保护易感者。

3. × 【解析】本题考查湿疹的病因。湿疹是婴幼儿常见的过敏性皮肤炎症,病因较为复杂,可由小儿的遗传过敏体质引发;也可由致敏食物引起,如鱼、虾、牛羊肉、鸡蛋、牛奶;还可由接触丝织品、人造纤维、外用药物等引起。

4. √ 【解析】本题考查疱疹性咽峡炎的传播途径。疱疹性咽峡炎是由肠道病毒引起的以急性发热和咽峡部疱疹溃疡为特征的急性传染性咽峡炎,以粪—口或呼吸道为主要传播途径,传染性很强,传播快,遍及世界各地,呈散发或流行,夏秋季为高发季节,主要以1~7岁小儿为多。

5. √ 【解析】本题考查传染病的特性。从出现一般传染病所共有的发热、头疼、疲乏、食欲缺乏等症状后到开始出现传染病所特有的明显症状,这段时期称为前驱期。如起病急可不出现前驱期,在前驱期已具有传染性。

6. × 【解析】本题考查学前儿童佝偻病的症状。儿童期恐惧是一种心理卫生问题。它是指儿童对某些物体或情景产生过分激烈的情感反应;恐惧强烈、持久,影响正常的情绪和生活,特别是到了某个年龄本该不再怕的事,仍表现惧怕。题干中多汗、夜惊、烦躁、睡眠不安等表现是佝偻病的症状。

四、简答题(答案要点)

结合幼儿园工作实际,谈谈手足口病的预防措施有哪些?

(1)手足口病流行季节,教室和宿舍等场所要保持良好通风。

(2)每日对玩具、个人卫生用具、餐具等物品进行清洗消毒。

(3)进行清扫或消毒工作(尤其清扫厕所)时,工作人员应穿戴手套;清洗工作结束应立即洗手。

(4)每日对门把手、楼梯扶手、桌面等物体表面进行擦拭消毒。

(5)教育指导儿童养成正确洗手的习惯。

(6)每日进行晨检,发现可疑患儿时,要对患儿采取及时送诊、居家休息的措施;对患儿所用的物品要立即进行消毒处理。

五、材料分析题(参考答案)

(1)原因:①细菌、糖类食物和机体的抗龋能力的联合作用是最主要的致病因素。材料中,在口腔细菌的侵蚀作用下会导致悦悦龋齿。②食物残渣是产生龋齿的物质基础,食物中含有大量的糖分,这些物质既供给细菌生活和活动的能量,又通过细菌代谢作用使糖发酵产生有机酸,致龋的糖类很多,最主要的是蔗糖。材料中悦悦在每次进餐后,没有及时漱口刷牙,导致食物残渣塞进龋齿。③机体的抗龋力降低是龋齿发生的重要条件,如果食物中含有的无机盐、维生素和微量元素(如钙、磷、维生素 D、氟等)不足,牙齿的抗龋力就低。材料中悦悦小朋友可能是机体的抗龋力降低造成龋齿的发生。

(2)预防:①教育儿童从小注意口腔卫生,养成早晚刷牙、吃东西后漱口、睡前不吃零食的习惯;②合理加强营养,增强机体的抗龋能力;③定期进行口腔检查,发现龋齿,及时治疗。

第6练　幼儿常见意外事故的防护和急救

一、单项选择题

1. B 【解析】本题考查咬伤的处理方法。儿童被咬伤时,教师要应采取以下措施:(1)皮肤没有破损的情况下可以轻轻按摩及用温热毛巾敷于患处;(2)皮肤破损流血的,要用温开水或生理盐水冲洗拭干后,以碘伏或酒精消毒、止血,并送至医院做消炎及病毒防治处理。

2. A 【解析】本题考查眼外伤的处理。沙子、谷皮、小飞虫等眯眼后,应嘱咐幼儿不要用力挤眼、揉眼,要安静地等着大人来处理。

3. C 【解析】本题考查幼儿脱臼后的处理办法。脱臼后不能随意搬动,应止痛固定后送医院处理。不能用药膏涂抹在脱臼部位,以防病情加重。

4. D 【解析】本题考查心脏停止的急救处理。对新生儿:用双手握住其胸,用两拇指压胸骨(乳头连线的中央),使胸骨下陷1厘米左右,然后放松,每分钟按压120次左右。

5. D 【解析】本题考查幼儿脱臼的知识。幼儿肩关节脱臼后,上肢就无法正常运动,局部疼痛并出现关节肿胀等现象。

6. B 【解析】本题考查止血的方法。指压止血法是用手指或手掌将出血的血管上端(近心端)用力压向相邻的骨骼上,以阻断血流,达到暂时止血的目的。手掌、手背出血:压迫腕部动脉跳动处。此法常用于紧急抢救时的动、静脉出血,不适用于长时间止血。

7. A 【解析】本题考查幼儿骨折的处理办法。如果骨折为开放性骨折伴有出血,首先要进行止血处理。肢体骨折时使用薄木板将伤肢固定,木板的长度必须超过伤处的上、下两个关节。

8. A 【解析】本题考查幼儿扭伤的处理办法。扭伤多发生在四肢的关节部位,肌肉、韧带等软组织因过度牵拉而受到损伤。损伤的局部充血、肿胀和疼痛,活动受到限制。初期应停止活动减少出血,采用冷敷,以达到止血、消肿、止痛的目的。1~2天后,可用热敷促进消肿和血液的吸收。

9. B 【解析】本题考查造成气管异物的原因。当人们在吞咽食物的时候,会厌软骨盖住气管口,以免食物误入“歧途”进入气管。但幼儿会厌软骨的工作不如成人机灵敏感,因此当幼儿正吃东西时突然大哭、大笑,会厌软骨来不及盖住气管,使食物呛入气管,形成气管异物。

10. D 【解析】本题考查学前儿童异物入眼的处理办法。处理眼内异物,不能用手或手帕揉擦,可让幼儿用力眨眼,利用泪水将异物带出。也可用温水或蒸馏水冲洗眼睛,还可翻开上、下眼睑,找到异物后用干净的棉签、纱布擦去。

11. B 【解析】本题考查学前儿童中暑的处理办法。一旦发生中暑,应将患儿迅速移到阴凉通风处,解开衣扣,让其好好休息,并用冷毛巾敷头部、扇扇子等帮助他散热。若患儿能自己饮水,则可让他多喝一些清凉的饮料,盐汽水最佳,也可服十滴水、人丹。较轻的中暑,经上述处理后,能够很快好转。较严重者,应及时就医。

12. D 【解析】本题考查气管异物的处理办法。异物进入气管后,幼儿会有剧烈的刺激性呛咳、呕吐、面色发紫、呼吸困难等症状出现。气管异物自然咳出的可能性极小,应送医院急救。

13. C 【解析】本题考查蜈蚣咬伤的急救措施。蜈蚣越大,毒性越强,毒液呈酸性。被蜈蚣咬伤,应立即用淡碱水或肥皂水、石灰水冲洗伤口,然后涂上较浓的碱水或30%的氨水。

14. B 【解析】本题考查骨折的处理办法。肢体骨折时使用薄木板将伤肢固定,木板的长度必须超过伤处的上、下两个关节。

15. C 【解析】本题考查鼻出血的处理办法。儿童发生鼻出血时,安慰儿童,不要紧张,安静坐下,头略向前低;压迫止血,捏住鼻翼,一般压住5~10分钟即可止血。

16. D 【解析】本题考查气管异物的处理方法。海姆里克腹部冲击法也称为海氏手技,是美国医生海姆里克先生发明的为气道阻塞(食物嵌顿或窒息)的人员进行现场急救的有效方法。操作方法为:急救者环抱患者,突然向其上腹部施压,迫使其上腹部下陷,造成膈肌突然上升,这样就会使患者的胸腔压力骤然增加,由于胸腔是密闭的,只有气管一个开口,故胸腔(气管和肺)内的气体就会在压力的作用下自然地涌向气管,每次冲击将产生450~500毫升的气体,从而就有可能将异物排出,恢复气道的通畅。

17. B 【解析】本题考查晕厥的症状。晕厥是由于脑缺血而失去知觉。疲劳、兴奋过度、失血、饥饿、煤气中毒、闷热等都可引起晕厥。晕厥发生前都有头晕、眼花、心慌等症状,继而眼前发黑、面色苍白、出冷汗、失去知觉,但很快能清醒过来。

18. C 【解析】本题考查学前儿童常见意外事故的处理措施。幼儿烫伤时可将损伤部位用凉水或冷开水反复冲洗,若手足灼伤可直接浸于冷水中,至疼痛缓解后去除冷水。故A项正确。被犬咬伤后,第一时间应快速彻底冲洗伤口。清洁流水冲洗15分钟,肥皂水冲洗15分钟,冲洗的水量要大,水流要急,最好对着自来水的水龙头急水冲洗,以最快速度把沾染在伤口上的狂犬病毒冲洗掉。个别伤口大,又伤及血管的,除了止血外,一般不上任何药物,也不要包扎。要及时送医院做进一步的救治处理,并在24小时内注射狂犬病疫苗。故B项正确。骨折的急救原则是限制伤肢再活动,避免断骨再刺伤周围组织,减轻疼痛,这种处理叫“固定”。故D项正确。发现煤气中毒者应立即打开门窗或尽快将病人移至通风好的房间内或户外,呼吸新鲜空气。注意保暖,给病人盖好被子,防止受寒发生感冒、肺炎。故C项错误。

19. B 【解析】本题考查狗咬伤的处理方法。被狗咬伤后,第一时间应快速彻底冲洗伤口。清洁流水冲洗15分钟,肥皂水冲洗15分钟,冲洗的水量要大,水流要急,最好对着自来水的龙头急水冲洗,以最快速度把沾染在伤口上的狂犬病毒冲洗掉。

20. A 【解析】本题考查外耳道异物处理的方法。若是苍蝇、蚂蚁等小昆虫钻入耳内,爬来爬去,使幼儿感到疼痛,较易被发现。此时可用灯光对着外耳道口,利用昆虫的趋光性,引诱它爬出来;也可将半茶匙稍加热后的食用油、甘油、酒精倒入耳内,再让幼儿病耳朝下,控制5~10分钟,被淹死的昆虫可随液体一道流出。

二、多项选择题

ABC 【解析】本题考查幼儿鼻出血的处理办法。学生因碰撞导致的鼻出血属于撕裂伤,不能用酒精及其

他消毒液“消毒”。故 D 项错误。A 项、B 项、C 项正确。

三、判断题

1. √　【解析】本题考查儿童创伤现场急救方法。基本生命支持(简称 BLS)指不使用特殊器材和药物的一系列徒手操作,不仅医务人员,而且普通人群也能熟练掌握,以提高现场和去医院前抢救水平,从外部支持心脏、呼吸已停止的患者的血液循环和通气。BLS 包括保持气道通畅,重建呼吸——人工呼吸和重建循环——胸外心脏按压。

2. ×　【解析】本题考查幼儿烫伤的处理办法。浅Ⅱ度烫伤尽量不要弄破水疱,可涂烫伤膏。一般主张水疱最好是自行吸收,如果水疱较大不易吸收,可等两天用消毒后的针将水疱底部刺破将水放出。皮肤的完整性对机体有保护和防感染的作用。

四、简答题(参考答案)

1. 简述幼儿鼻出血常见的原因和处理方法。

(1)病因:鼻出血的原因较多,鼻外伤、鼻炎、鼻腔异物、上呼吸道感染等都能导致鼻出血的发生。儿童期较为常见。

(2)处理方法:①儿童发生鼻出血时,安慰儿童,不要紧张,安静坐下,头略向前低;压迫止血,捏住鼻翼,一般压住 5 ~ 10 分钟即可止血。②如果仍然出血,可用 0.5% 麻黄碱或 1/1000 肾上腺素湿棉球填塞出血侧鼻孔,一定要深达出血部位,前额、鼻部用湿毛巾冷敷。

2. 某幼儿在户外活动时出现头晕、眼花、口渴、头冒虚汗等中暑症状,简述对幼儿的急救措施。

(1)一旦发生中暑,应将患儿迅速移到阴凉通风处,解开衣扣,让其好好休息,并用冷毛巾敷头部、扇扇子等帮助他散热。

(2)若患儿能自己饮水,则可让他多喝一些清凉的饮料,盐汽水最佳,也可服十滴水、人丹。

3. 某幼儿不小心将面条吸入气管,马上出现剧烈咳嗽、气急、憋气等症状。简述现场的急救措施。

救护者站在患儿背后,搂住他的腰,迅速用右手大拇指的背部顶住上腹部,左手重叠于右手之上,间断地向上、后方用力推压,使横膈肌压缩肺,产生冲击气流,将气管异物冲出。

五、材料分析题(参考答案)

(1)案例中老师的做法不正确,强强被面条烫伤,属于一度烧(烫)伤,只损伤皮肤表皮层,局部皮肤红肿、疼痛、无水疱。烧烫伤后,千万不要揉搓、按摩、挤压烫伤的皮肤,也不要急着用毛巾拭擦,以免表皮剥脱。不要给伤处涂抹酱油、醋、碱、牙膏或紫药水之类的东西,这样不但不能减轻伤情,而且会继续刺激创面,加深受伤程度,增加感染的机会,加重患儿的痛苦。

(2)学前儿童的皮肤娇嫩,同样的刺激对学前儿童的伤害比成人更严重。对烧、烫伤的急救处理可从以下几点入手:①立即清除造成烧伤、烫伤的根源。如遇火焰灼伤,应迅速将幼儿脱离火源,扑灭伤者身上的余火。对热汤、热粥烫伤幼儿,应立即脱去浸湿的衣服,不易脱去时,切忌强行撕拉,可用剪刀剪破撕开,充分暴露创面。若不慎沾有化学药品时,要用大量净水冲洗。②根据受伤的程度不同及时处理创面。对一度烧(烫)伤的患儿,处理时可将损伤部位用凉水或冷开水反复冲洗,若手足灼伤可直接浸于冷水中,至疼痛缓解后去除冷水。可在伤面上涂清凉油或烫伤药膏等,一般 4 ~ 5 天可痊愈,不留疤痕。千万不可随意乱抹肥皂水、牙膏、酱油等;对二、三度烧(烫)伤的患儿,可用干净的纱布、毛巾等覆盖创面,或用干净的床单包裹住,不要弄破水疱,及时送医院救治。有时烧(烫)伤面积较大,患儿可能烦躁口渴,可少量多次喝些淡盐水。

实战演练

一、单项选择题

1. B　【解析】黄蜂毒液呈碱性,可在伤口涂食醋等弱酸性液体。

2. A　【解析】病毒性肝炎主要症状有:食欲减退、恶心、乏力,或偶尔呕吐、腹泻,肝大并有压痛、肝功能异常,不喜欢吃油腻食物等。

3. D 【解析】正常小儿腋下测得的体温为36℃~37.4℃,体温波动的幅度约1℃。体温37.5℃~38℃为低烧,体温在39℃以上为高烧。体温升高是幼儿生病的迹象,应送往医务室查明原因。

二、判断题

1. √ 【解析】乙型肝炎病毒存在于患者的血液、粪便、唾液、鼻涕、乳汁等中。含有病毒的微量血液可通过输血、注射血制品、共用注射器等途径传播。由于患者的唾液和鼻咽分泌物中也含有病毒,所以通过牙刷、食具的传播途径也可传染。乙型肝炎病毒也可通过胎盘传播给胎儿。

2. × 【解析】超过标准体重50%以上者为高度肥胖症。

3. √ 【解析】预防接种又称人工自动免疫,是指运用人工的方法使人获得特异性免疫的能力,也就是将各种病原体的毒性降低,制成疫苗,通过适当的途径接种到人体内,从而达到预防传染病的目的。人工自动免疫后,人体免疫力可在1~4周内出现,并且可持续较长时间。预防接种是当前最有效、最经济、最简便的预防传染病的方法。

4. × 【解析】为了防止气管异物事故的发生,要让幼儿养成良好的习惯,告诉幼儿不要捡吃东西,不要躺在床上吃东西。当幼儿嘴中含有豆粒、花生米等食物时,成人不能一惊一乍,也不能吓唬他,而要同他讲道理,让他吐出来。幼儿在哭闹时,不要用吃东西来哄他。

5. √ 【解析】由于空气飞沫传播是呼吸道传染病的主要传播方式,日常生活中应注意环境卫生,加强室内通风换气,并宜采用湿式打扫。

6. × 【解析】日晒法是利用紫外线消毒灭菌。一般附着在衣服、被褥等物品表面的病原体,在阳光下暴晒3~6小时就可灭活。

7. × 【解析】幼儿发生骨折的时候,在急救处理前不能用手大力揉搓骨折处,以免造成粉碎性骨折。

8. √ 【解析】风疹出疹时,部分患儿可不出现皮疹;部分患儿表现为枕部、耳后和两侧颈部的淋巴结肿大。

9. × 【解析】一度冻伤时,在冻伤部位涂上凡士林、蓖麻油等,并缠上绷带;二度冻伤时,不要挑破水疱,水疱上面涂上青霉素或链霉素软膏,再缠上绷带;三度冻伤时,在受伤部位缠上干燥的无菌绷带,并立即把患儿送医院处理。

三、简答题(参考答案)

1. 简述煤气中毒的急救措施。

(1)立即打开门窗或尽快将病人移至通风好的房间内或户外,呼吸新鲜空气。(2)注意保暖,给病人盖好被子,防止受寒发生感冒、肺炎。(3)若呼吸、心跳已停止,立即进行胸外心脏挤压和口对口吹气,护送到医院。(4)不要浪费时间去找醋或酸菜汁,酸不能解煤气中毒。(5)对中、重度中毒者,速送医院,接受高压氧治疗。

2. 简述流行性感冒的预防措施。

(1)对流感患儿要尽早隔离,治疗一周或至热退后两天。患儿应多喝水,饮食注意有营养、易消化。
(2)对密切接触者要加强观察,并采取相应措施,中草药板蓝根、金银花等有一定的预防作用。
(3)室内应通风、有阳光照射。避免幼儿出入人群密集的公共场所,外出归来、饭前便后均应用肥皂洗手。
(4)托幼机构应定期消毒儿童玩具及其他用品,儿童被褥等不能交叉使用。

3. 简述急性上呼吸道感染的预防措施。

(1)应使学前儿童尽量避免接触急性上呼吸道感染者,隔离患者,以防传染他人;
(2)及时为患者治疗,防止并发症的发生(如中耳炎);
(3)加强营养,坚持“三浴”锻炼,增强儿童体质;
(4)注意室内通风换气,保持居室空气新鲜;
(5)注意根据气温的突然变化,及时增减儿童所穿、盖的衣物;
(6)小儿不宜穿着过多,以防出汗后吹风受凉。

4. 简述病原体的传播途径。

(1)空气飞沫传播。(2)水、食物、苍蝇传播。(3)接触传播。(4)医源性传播。(5)虫媒传播。(6)土壤传

播。(7)母婴传播。(8)自身传播。

5. 简述龋齿的预防措施。

(1)从小注意口腔卫生;(2)注意正确的刷牙方法;(3)要根据儿童的年龄选择大小适宜的牙刷;(4)多晒太阳,注意营养;(5)定期进行口腔检查。

四、材料分析题(参考答案)

1. (1)该幼儿患了流行性腮腺炎。

(2)护理:①注意口腔清洁,常用淡盐水漱口;②腮腺肿痛可用湿毛巾做冷敷,也可外敷清热解毒中药;③在腮肿期间饮食以流质、半流质为宜,避免吃酸的食物;④应用中药进行治疗。

(3)预防:①患儿需隔离至腮肿完全消退,并注意口腔清洁。对接触者应逐日进行检查,如有可疑症状,应隔离观察。②腮腺炎减毒活疫苗及腮腺炎—麻疹—风疹三联疫苗已用于预防,效果较为理想。

2. 针对材料中鼻腔异物的情况,可采用:

(1)要明确孩子鼻腔里进入了什么异物,是从鼻孔哪一侧进入的。

(2)压住没有异物的一侧鼻孔,让孩子闭上嘴,用力擤鼻,这样可以借助空气的压力,将异物擤出来。

(3)用羽毛、纸刺激幼儿鼻黏膜,引起喷嚏反射。

(4)如果上述方法排不出异物,则应到医院处理。

第四章　幼儿安全与心理卫生教育

真题必刷

第7练　安全教育、幼儿常见问题行为与心理卫生问题的预防与矫正

一、单项选择题

1. A 【解析】本题考查情绪障碍的类型。屏气发作又称呼吸暂停症,该症的主要特征是婴幼儿在情绪急剧变化时出现呼吸暂停的现象。屏气发作属于情绪障碍。

2. D 【解析】本题考查口吃的纠正方法。解除幼儿的心理紧张是矫治口吃的重要方法。如果对他的口吃现象加以斥责或过急要求改正,将会加剧其紧张情绪,使口吃现象恶性循环。所以家长和老师要关注但不评价,深入了解口吃的原因。

3. A 【解析】本题考查分离焦虑的含义。分离焦虑是孩子与其依恋对象分离时产生的一种消极的情绪体验。题干中小虎的表现属于分离焦虑。

4. A 【解析】本题考查说谎的防治措施。说谎的防治措施包括:(1)教育儿童要诚实做人;(2)营造和谐、融洽的环境气氛;(3)成人言传身教;(4)帮助减轻和消除其心理紧张;(5)及时揭穿谎言,不让其得逞。

5. B 【解析】本题考查幼儿恐惧心理的矫正方法。系统脱敏疗法又称交互抑制法。这种方法主要是诱导患者缓慢地暴露出导致焦虑或恐怖的情景,并通过心理的放松状态来对抗这种焦虑或恐怖情绪,从而达到消除焦虑或恐怖反应的目的。针对幼儿在体育活动中不敢尝试、害怕失败的现状,教师引导幼儿先尝试简单的练习,再尝试难度逐步加大的练习,多次练习后,幼儿对难度大的练习也不再害怕了,这体现了系统脱敏法。

6. C 【解析】本题考查孤独症的社会交往障碍的表现。孤独症的社会交往障碍主要表现为孤独、退缩,对亲人没有依恋之情,不能领会表情的含义,也不会表示自己的要求和情感。

7. A 【解析】本题考查幼儿多动症的特征及表现。儿童多动综合征(简称多动症),又名轻微脑功能失调(MBD),或"注意缺陷障碍"(ADD),是一类以注意障碍为最突出表现,以多动为主要特征的儿童行为问题。小动作多,易冲动,注意力有明显缺陷是多动症的主要表现。故答案A项不会体现在患有多动症的儿童身上。

8. C 【解析】本题考查幼儿的说谎现象。有的孩子是受到成人或同伴的影响而产生说谎,这种现象属于模仿

说谎。例如,孩子常看到成人长辈说:“你听话,就给你买糖果。”结果说了许多次却没有一次兑现,于是孩子也学会说谎。

9. B 【解析】本题考查神经性厌食症的表现。神经性厌食症主要是由心理因素引起的进食障碍,多见于年龄较大的学前儿童。最初表现为食欲减退,吃得极少,逐渐对任何食物都不感兴趣,经常回避或拒绝进食,甚至将食物暗中抛弃,若强迫进食会引起呕吐。

10. C 【解析】本题考查咬指甲癖的矫正。纠正咬指甲癖的关键在于消除儿童的紧张心理,而劝诫、惩罚、涂苦药或辣物等均不能取得良好效果。成人应为儿童创设良好的生活环境,适当安排儿童进行体育活动,使儿童心情愉快,注意力得到转移。同时应调动儿童的积极性进行自我矫正。

11. D 【解析】本题考查儿童多动症的症状。小动作多,易冲动,注意力有明显缺陷是多动症的主要表现。

12. B 【解析】本题考查幼儿品行障碍。幼儿品行障碍主要有说谎行为、偷窃行为、攻击性行为、破坏性行为、对抗性行为等。

13. A 【解析】本题考查学前儿童的语言障碍。儿童焦虑症是在儿童时期无明显原因下发生的发作性紧张、莫名恐惧与不安,常伴有自主神经系统功能的异常,是一种较常见的情绪障碍。故A项错误。B、C、D三项均属于学前儿童语言障碍。

14. C 【解析】本题考查引起神经性厌食症的原因。神经性厌食主要是由心理因素引起的进食障碍,多见于年龄较大的学前儿童。最初表现为食欲减退,吃得极少,逐渐对任何食物都不感兴趣,经常回避或拒绝进食,甚至将食物暗中抛弃,若强迫进食会引起呕吐。

15. A 【解析】本题考查幼儿的情绪障碍。幼儿初次上幼儿园,会出现一些情绪波动,这很正常。但有的幼儿情绪波动过大,持续时间过长,以至于害怕或者拒绝上幼儿园,或者一提到上幼儿园就说头痛或腹痛。总体来说,新入园幼儿的分离焦虑表现在:情绪方面、行为方面和生理方面。因此,题干中的表述属于学前儿童常见心理问题中的情绪障碍。

16. A 【解析】本题考查退缩行为。退缩行为是指孩子表现胆小、害怕、孤独、退缩,而无精神异常的一种行为障碍。大多数儿童在陌生环境中,可表现出短暂的退缩,随着时间的推移,能够较快适应新的环境。而有退缩行为的儿童,适应新的环境较困难。所以退缩行为属于社会交往问题。

二、多项选择题

BC 【解析】本题考查幼儿分离焦虑的治疗。针对分离焦虑,父母可以采取的有效措施包括:(1)事先为分离做好准备,事先告诉孩子你将离开他的时间,不要突然或偷偷离开。(2)告诉孩子你回来后会和他做些什么,这可以使幼儿产生美好的期待,可以减轻分离焦虑。(3)每次离家和回家要有一定的程序。(4)平时练习一些减少焦虑的活动。(5)增加孩子对老师的信任。

三、判断题

1. √ 【解析】本题考查遗尿症。幼儿在5岁或5岁以上,仍不能控制排尿,经常夜间尿床,白天尿裤,称“遗尿症”。所谓“经常”,是指5岁,每月至少有2次遗尿;6岁,每月至少有1次遗尿。

2. √ 【解析】梦魇是睡眠障碍的一种表现。它表现为儿童做噩梦(如从树上跌落、突然失足落水等),伴有呼吸急促、心跳加剧,自觉全身不能动弹,以致从梦中惊醒、哭闹。

四、简答题(参考答案)

为什么幼儿容易发生意外伤害事故?幼儿园应从哪些方面对幼儿进行安全教育?

幼儿产生意外事故的原因:

(1)幼儿自身特点:①幼儿缺乏生活经验,安全意识淡薄。他们不懂什么是危险,加上好奇心和一些本能行为,对一切事物都想亲身尝试。如看见东西就往嘴里送,从而有可能误食药物或变质食物。看见打火机、火柴就想点火,可能会引起火灾或烧伤。②幼儿运动系统发育不完善,平衡功能差,反应不够灵敏。同时,幼儿园人数多、活动场地狭小、地面不平整,这些都可能造成幼儿相互之间碰撞、摔伤甚至骨折。

(2)幼儿园安全管理的疏忽:①安全制度不严。有的幼儿园虽有较完备的规章制度,但执行落实不到位。

如门卫没有严格落实门卫管理制度，对来访者未进行盘问、登记，陌生人自由出入造成严重后果。有的幼儿园安全制度不完善，没有相应的交接班制度、饮食卫生制度等，管理松懈，导致严重后果。②安全管理不善。安全排查不到位，未定期对房屋建筑、设施、设备进行检查并及时保养、维护、整修，留下安全隐患；安全教育不够，没有定期加强对师幼的安全教育，教师、幼儿的安全意识淡薄，安全防范和自我保护能力差。尤其是幼儿年龄小，认识及自控能力差，不能感知危险，更容易引发意外伤害事故。

(3)教职工的自身素质存在问题：①教师的组织管理能力较差。教师扮演着班级领导者的角色，在班级教育活动、生活活动中起到组织、引导、协调等作用。如果教师的组织管理能力较差，则可以想象班级管理是比较混乱的，班级常规差容易导致幼儿意外事故的发生。②师德水平低下。网上连爆多起幼儿教师虐童事件，行为令人发指，表现出的暴戾、冷酷违背了幼儿教师的职业道德，也违背了基本的人性常识，这不仅暴露出个别幼儿教师自身师德素养的低下及人格的缺失，也暴露出幼儿园及上级部门监管的不到位及我国幼教资源的匮乏。

幼儿园应从以下几个方面对幼儿进行安全教育：

(1)传授安全知识。如看电影时告诉幼儿不能把手脚放到翻椅下，以免造成意外的压伤；外出活动时告诉幼儿有事要请假，不得擅自离开队伍，以防走失；课间休息时教育幼儿不能追逐打闹，以防摔伤；告诉幼儿不能到河边、粪坑等危险的地方玩；不能攀高跳低，防止摔伤或骨折；告诉幼儿不能乱扔碎砖瓦片，以免伤着头部等。

(2)加强晨间检查，消除意外事故的隐患。幼儿的口袋是个“百宝箱”，什么都往里放，晨间检查能帮助幼儿清理一些危险品，如小刀、玻璃片、别针、打火机等，并教育幼儿以后不能玩这些危险品，以免割伤、刺伤和烫伤。

(3)组织好户外活动，保证幼儿的安全。组织户外活动要做到散而不乱，要求幼儿严格遵守游戏规则。要科学地安排活动，以满足幼儿的好奇心和求知欲，要控制好幼儿活动量的大小，避免意外事故。

(4)教师要和幼儿生活在一起，发现问题及时解决，正确引导。

另外，加强与家长的联系，也是安全教育的重要内容之一。对离园的幼儿，要教育他们按时回家，不在马路上逗留，不能钻小巷，不要跟陌生人回家。

五、材料分析题(参考答案)

1. (1)兰兰的表现是拒绝上幼儿园的心理卫生问题。

(2)①幼儿自身因素。年龄越小就越难适应入托，或者幼儿先天适应能力差。②家庭因素。孩子与抚养者的关系越亲密就越不易适应入托。家长忽视让幼儿与同伴交往，或对于幼儿过分溺爱，或对幼儿过多干涉、批评，都会使幼儿产生退缩，从而难以适应新环境。此外，父母离婚等家庭不稳定因素也会使幼儿拒绝上幼儿园。

(3)①应先充分了解兰兰拒绝上幼儿园的原因，了解兰兰在幼儿园的心理状况。家园配合，减轻兰兰进入陌生环境的紧张、不安心理。②家长要多鼓励兰兰和同龄小伙伴一起玩，有机会多参加一些适宜的社交活动，增强兰兰的社会适应能力。③对拒绝上幼儿园的兰兰，尽量想办法使她能适应集体生活。否则，轻易就放弃去幼儿园，容易在学龄期发展成拒绝上学或逃学。

2. (1)小俊可能患有交往恐惧症。引起这种情况的原因，主要与先天遗传特质和后天环境有关。①生物学因素。有的儿童由于其遗传因素的影响生性腼腆胆小，好独处，性格内向。本案例中小俊行为的形成原因中有生物学因素，再加上其父亲、姑姑均患有此病，则家族遗传是很重要的因素。②社会因素。当儿童的生活环境发生变化时，儿童会因适应不良而出现社会交往退缩现象。本案例中小俊由外婆代养，周末接回自己家中很可能在面临不同的环境时出现了适应问题。

(2)①个性培养。创造一个开放式的家庭环境。更多倾听和尊重小俊的想法，为小俊创造与同龄人、成人交往的机会等。②改善生活环境。家长和老师应耐心引导与其建立起相互信任的关系，且鼓励小俊多与同伴交往，一起游戏。教师可以在日常生活中常常关心帮助他，建立良好亲密师生关系让小俊感到温暖，形成安全感、依赖感。教学活动中利用讲故事、表扬、鼓励的手段对他进行教育和引导，增强他的自信心，并带他与其他幼儿及教师多接触。③行为治疗：展示图片、录像，模仿学习，家长或教师与其一起观看有关"友好交往""集体玩耍的欢乐情景"的图片或影视片，让小俊感受到交往中的积极情绪，激起其参与的愿望；现场模仿学习，有意引导小俊观看同龄人的交往活动，使之了解他们在活动中是如何表达要求、欲望的，出现了不同意见后又是如何处理的。④循序渐进，让小俊逐步由简单到复杂，渐进地参与到同伴交往中。

3.(1)尿床的原因：①诱因多为精神方面的障碍，如精神紧张、不安，受过惊吓，大病一场之后，生活环境改变，不能适应等。保育老师当着小朋友的面批评该幼儿尿床，对该幼儿造成了心理压力，是幼儿尿床的原因之一。②睡眠过深，没有养成好的控制排尿习惯，也是主要诱因。

(2)①消除可致幼儿精神不安的因素，包括因遗尿带来的心理压力。帮助他们树立战胜遗尿症的信心，既不要自卑，也不该满不在乎。②绝不可耻笑、责骂有遗尿症的儿童，否则心理压力越来越大，遗尿也越加频繁。③白天避免过累。使幼儿的一日生活有规律，白天有午睡，避免过度疲劳使睡眠过深。④避免临睡前过度兴奋。⑤控制饮水。吃饭宜清淡，少吃稀的。饭后不再喝水。⑥唤醒排尿。掌握幼儿遗尿的时间（多数在睡熟后2～4小时内），提前将幼儿唤醒，起床排尿，也可利用闹钟、蜂鸣器或褥垫内的唤醒器（稍遇湿，即发出铃声）。经多次重复后，使幼儿形成有尿意可醒来的条件反射。⑦针灸、药物治疗。针灸有一定疗效。服药须在医生指导下进行。

实战演练

一、单项选择题

1. B 【解析】幼儿的不良习惯主要包括：(1)吮吸手指；(2)咬指甲癖；(3)习惯性阴部摩擦。口吃属于幼儿常见的语言发展障碍，儿童期恐惧属于幼儿常见的情绪障碍，神经性厌食症主要是由心理因素引起的进食障碍。
2. B 【解析】口吃出现的年龄以2～4岁为多。2～3岁，一般是口吃开始发生的年龄，3～4岁是口吃的常见期。
3. C 【解析】儿童孤独症的症状包括：(1)社会交往障碍；(2)语言发育障碍；(3)行为异常；(4)兴趣的范围十分狭窄，有独特的兴趣对象；(5)还可能伴有感知障碍、癫痫发作等表现。

二、多项选择题

1. ABD 【解析】功能性遗尿症主要由于大脑皮质功能失调所致。诱因多为精神方面的障碍，如精神紧张、不安，受过惊吓，大病一场之后，生活环境改变，不能适应等。睡眠过深，没有养成好的控制排尿习惯，也是主要诱因。躯体疾病是器质性遗尿症的病因。
2. ABCD 【解析】常见的学前儿童心理问题有：睡眠障碍、语言障碍、遗尿症、说谎、不良习惯、情绪障碍、孤独症、多动症等。其中不良习惯包括吮吸手指、咬指甲癖、习惯性阴部摩擦等。

三、判断题

1. × 【解析】发生屏气发作的多为3岁以下的幼儿，3岁以后很少发生，6岁以后更为罕见。
2. × 【解析】夜惊指睡眠中突然出现的短暂性惊扰症状。常见于4～7岁儿童，男孩多于女孩。通常青春期开始后消失。
3. √ 【解析】口吃表现为正常的语言节律受阻，无法控制地重复某些字音或词句，发音延长或停顿。常伴有跺脚、摇头、挤眼、歪嘴等动作，才能费力地将字迸出。有口吃的儿童大都性格内向、不开朗、自卑、羞怯、退缩、情绪易急躁、冲动。
4. × 【解析】儿童的"恋物瘾"是一种离了某一样陪伴惯了的东西就忐忑不安的行为，会使患者怕见生人，回避集体活动，不敢与人说话和交往，胆怯退缩，表情淡漠，与成人的恋物癖有本质的区别。
5. √ 【解析】教师要允许孩子犯错误，鼓励幼儿说实话，创造一种宽松的气氛。要及时揭穿谎言；大人不弄虚作假，彼此信任、坦诚，为幼儿树立榜样。

6. √　【解析】吮吸手指是一种幼稚动作，大多见于未满周岁的婴儿。婴儿饥饿时常吮吸手指，是生理上的习惯，但如持续时间太长，尤其是两三岁，以后，仍保留这种行为，则不易戒除。

7. √　【解析】对儿童孤独症患儿的教育和治疗是一项长期系统的工程，不仅需要幼儿园老师和家长的密切配合，更需要社会的关注和支持。

四、材料分析题（参考答案）

1. (1)该幼儿可能患有梦游症。

   (2)可能性原因有：①家族遗传；②大脑皮质内抑制功能减退；③白天过于兴奋或紧张、不安等不良情绪得不到缓解。

   (3)①消除引起紧张、恐惧的因素；②避免过度疲劳和睡眠不足；③注意加强对婴幼儿的保护，在患儿可能进行的通道上尽量清除障碍物、电线等，窗、门、厨房及热水瓶存放处最好临睡前上锁，各种危险品要经常检查和清除；④随着儿童年龄的增长，梦游症一般可自行消失，不必进行特殊的治疗。

2. (1)培养幼儿的安全及自我保护意识。①可通过各种有趣的游戏让幼儿掌握一些关于安全的基础信息，如记住自己、父母、老师的姓名、家庭住址、电话号码以及所在幼儿园的名称；懂得保护身体各部分器官；能够熟练运用各种求救电话等。②要让幼儿掌握一些简单的安全技巧，在幼儿成长过程中，安全的责任要逐步从大人手中转交到孩子自己手中，我们再细心也无法预见到孩子可能面临的危险，而且即使预见到危险，也并不意味着能代替孩子避开危险，所以安全教育中最好的办法是让幼儿掌握一些避开、应对危险的技巧和方法。

   (2)创设良好生活环境，培养幼儿良好的生活习惯。利用环境进行教育也是我们不能忽视的一种教育手段。因为环境可对幼儿进行生动、直观、形象而又综合性的教育。

   (3)引导幼儿找出身边的安全隐患。在日常生活中要注重调动幼儿的主动性、积极性，让他们亲自参与到安全教育之中。如让幼儿亲自找一找身边(室内、室外)哪些地方容易发生危险，怎样想办法消除这些危险，教师和幼儿一起设计标志，并把它们贴到适当的位置上。

   (4)利用生动的生活和游戏活动，增强幼儿处理应急情况的能力。幼儿总会遇到某些应急情况，缺乏社会生活锻炼的机会是幼儿不会正确应对危险的原因之一。因此，教师可设计一些角色扮演、情境模拟或实景演习来帮助幼儿掌握一些躲避、处理危险的简单方法，学会独立处理问题。

第二部分　学前教育学

第一章　学前教育与学前教育学

真题必刷

第1练　学前教育的概念和学前教育的性质、特点和价值

一、单项选择题

1. B　【解析】本题考查幼儿教育的年龄范围。关于幼儿教育的年龄范围，在不同的国家，人们可能有不同的看法。如在美国，幼儿教育是指从出生到8岁儿童的教育。

2. B　【解析】本题考查学前教育的基本要素。学前教育的构成要素主要包括学前儿童、教师、教育内容及教育环境。

3. B　【解析】本题考查中国历史上最早关于学前教育的记录。《内则》是《礼记》中的一篇，是中国教育史上最早关于学前教育的记录，对封建社会学前教育的实施产生过一定影响，对当代的家庭教育也有很深的影响。

4. D　【解析】本题考查经济发展对学前教育的影响。学前教育的目标，在不同的经济发展阶段中，经历了如下变化：(1)工业社会初期——主要为工作的母亲照管儿童；(2)工业社会——不限于看护儿童，促进儿童

身心发展；(3)现代社会初期——以发展儿童智力为中心；(4)现代社会(20世纪80年代以后)——促进儿童身体的、情绪的、智能的和社会性的全面发展。

5. C 【解析】本题考查学前教育的性质和特点。学前教育不属于义务教育，具有非义务性的特点。

6. B 【解析】本题考查社会政治对学前教育的制约作用。学前教育的性质受社会政治的影响，并为政治所决定。学前教育的目标和内容受政治的影响和制约。

7. B 【解析】本题考查学前教育的价值。学前教育的经济价值体现在：(1)提高劳动力素质，促进经济发展；(2)保护和解放(特别是妇女)劳动力；(3)提高社会经济效益。题干描述学前教育能够提供托幼服务，解放劳动生产力，提高社会的经济效益，体现了学前教育的经济价值。

8. A 【解析】本题考查学前教育学的研究对象。学前教育学是研究学前阶段的教育现象和教育问题、揭示这一特定阶段教育规律，以及阐明学前教育理论的科学。一般我们认为，学前教育是对胎儿至进入小学前的儿童所进行的教育、组织的活动和施加的影响。它的教育对象包括胎儿、婴儿(0~3岁)、幼儿(3~6、7岁)。

9. D 【解析】本题考查学前教育的性质和特点。学前教育的性质包括：(1)基础性；(2)公益性；(3)先导性。学前教育的特点包括：(1)非义务性；(2)保教结合性(保教并重)；(3)启蒙性；(4)直接经验性。

10. C 【解析】本题考查学前教育的特点。学前教育对幼儿的教育来说，具备启蒙性。因为幼儿对客观世界的认识尚处于蒙眬的阶段，还不能分门别类地接受系统的科学知识。学前教育的启蒙性是指对学前儿童的教育要与他们的现实发展需要联系起来，要启于未发、适时而教、循序渐进，不损伤"幼嫩的芽"，并且要促使其茁壮成长。

11. C 【解析】本题考查学前教育的效益。学前教育的社会精神效益是通过教育使人们对生活意义的理解，对人与人、人与自然、人与社会关系理解的提升，对人们道德水平的提高的作用，概言之，是对于人类生活质量全面提高的贡献。

二、多项选择题

ABC 【解析】本题考查社会经济发展与学前教育的关系。社会经济发展与学前教育的关系包括：社会经济的发展促进学前教育机构的产生与发展。经济最终决定、制约整个社会的发展，因而必然地决定、制约着教育的发展。经济水平为学前教育提供了发展的可能性和必要性。学前教育发展的规模和速度受社会经济水平的影响和制约。学前教育的目标、内容、手段和设施受社会经济发展水平的影响。

三、判断题

1. × 【解析】本题考查狭义的学前教育的含义。狭义的学前教育是指学前教育工作者整合儿童周围的资源，对0~6岁年龄阶段儿童的发展施以有目的、有计划、有系统的影响活动。如幼儿园、托儿所教育。

2. √ 【解析】学前教育也有广义和狭义之分，从广义上说，凡是能够影响和促进儿童身体成长和认知、情感、意志、性格和行为等方面发展的活动，如儿童在成人的指导下看电视、做家务、参加社会活动等，都可以说是学前教育。

3. × 【解析】本题考查我国学前教育的性质。我国现行的学校教育制度从层次上可分为学前教育、初等教育、中等教育和高等教育四个层次。我国的基础教育通常包括学前教育、初等教育与中等教育(包括初中阶段与高中阶段)。所以说学前教育是在我国学制之内的。学前教育不属于义务教育，学前儿童去学前教育机构接受教育是自愿的而非强制的，家长完全可以根据孩子和自己的情况，综合考虑是否送孩子进托儿所或者幼儿园，以及送孩子进哪所托儿所或者幼儿园。

第2练　学前教育机构的发展和学前教育学的研究方法

一、单项选择题

1. C 【解析】本题考查《奏定蒙养院章程及家庭教育法章程》的意义。根据癸卯学制对蒙养院总的要求，清政府于1904年颁布了《奏定蒙养院章程及家庭教育法章程》，这是中国第一个学前教育法规。它的颁布和实施标志着我国的学前教育已经开始进入了一个新的发展阶段。

2. C 【解析】本题考查早期的学前教育机构类型。1837年，福禄贝尔在德国勃兰根堡开办了一所招收1~7

岁儿童的教育机构,1840 年命名为幼儿园,是世界上第一所幼儿园,而且创立了一整套幼儿教育理论和相应的教育方法、教材、玩具等。

3. B 【解析】本题考查学前教育机构的产生和发展。1816 年,英国空想社会主义者欧文在苏格兰的纽兰纳克创办了一所幼儿学校,目的是寻求儿童特别是社会底层家庭儿童的生存、健康和幸福之路,这堪称欧洲最早的幼儿教育机构。

4. D 【解析】本题考查学前教育科学研究的方法。学前教育科学研究的方法主要有观察法、文献法、调查法、统计法和实验法等。

5. C 【解析】本题考查我国学前教育的主要形式。我国现行的学前教育制度主要由托儿所、幼儿园和学前班三种机构组成。其中,幼儿园是学前教育制度的主体,是其中最严密、最有效、最重要的组成部分。

6. C 【解析】本题考查学前教育机构的发展。SOS 是国际通用的呼救信号。SOS 国际儿童村是收养孤儿的国际慈善组织,1949 年由奥地利医学博士哥麦纳在维也纳创办,旨在给儿童"母爱"。

7. C 【解析】本题考查早教机构的概念。早教机构的通俗含义是为所有没有精力和时间引导教育孩子的家长提供上门式的一对一的专业服务机构。

8. D 【解析】本题考查我国第一所学前教育机构的产生。1904 年,由张之洞、张百熙、荣庆合订的《奏定学堂章程》即癸卯学制,其中就包括蒙养院制度。癸卯学制第一次用国家学制的形式把学前教育机构的名称定下来,把社会学前教育机构的地位固定下来,使蒙养院成为我国最早的学前教育机构。

9. D 【解析】本题考查我国第一所学前教育机构的诞生。湖北巡抚端方于 1903 年在武昌创办湖北幼稚园,我国第一所学前儿童教育机构正式诞生。

10. A 【解析】本题考查托幼机构教育的特点。托幼机构教育是幼儿公共教育的主要形式,它是由专职人员在专门的机构中根据社会要求实施的教育活动。托幼机构教育具备家庭教育所不具备的一些优势,体现了社会性、群体性、计划性和专业性等特点。

11. A 【解析】本题考查我国托儿所的性质及工作方式。托儿所是为 3 岁前儿童设立的集体保教机构,负有教养 3 岁前儿童及为其父母参加工作提供方便的任务。所以,托儿所既有社会福利性,又有保教性。托儿所集体教育活动是进行教养工作的一种方式,但不是唯一的方式,要根据婴儿生理心理发育的特点,只对两岁以后的婴儿进行集体教育活动。故 A 项错误。

二、判断题

√ 【解析】本题考查学前教育机构的发展。19 世纪二三十年代出现的学前教育机构基本上是为适应工业社会大工业生产的需要而出现的。

三、简答题(参考答案)

学前教育研究的具体方法有哪些?

(1)常用的研究方法包括观察法、调查法、实验法、个案研究法、人种学研究法。(2)研究新动向主要包括质的研究、行动研究等。

实战演练

一、单项选择题

1. B 【解析】行动研究法作为一种特殊的研究方法,着重于将教育科学研究和教育实践活动合二为一,用行动的方式来认识和解决教育活动中的实际问题。故学前教育行动研究的目的就是为了解决学前教育问题。

2. B 【解析】世界学前教育机构发展的特点包括:(1)学前教育机构规模的扩大化;(2)学前教育机构的多样化;(3)师资质量和教育质量的提高,这是学前教育机构发展的重要标志;(4)学前教育的手段不断现代化。

3. C 【解析】学前教育的启蒙性是指对学前儿童的教育要与他们的现实发展需要联系起来,要启于未发、适时而教、循序渐进,不损伤"幼嫩的芽",并且要促使其茁壮成长。把握幼儿教育的启蒙性质,在于严格区别于小学教育,防止小学化或成人化倾向,使教育目标确实建立在幼儿教育工作规律的基础上。

4. B 【解析】调查法是教师围绕某一教育现象,采用问卷、谈话、座谈等多种形式收集资料,并对所获得的资料进行定量、定性分析,指出所存在的问题,提出教育建议的一种研究方法。例如,教师通过与大班幼儿进行个别谈话,发现"庆祝活动"和"游戏活动"是引起幼儿愉快情绪体验的较强刺激物,在幼儿园的教育活动中,教师就可以加重这些活动的分量,以进一步发展幼儿的积极情绪。

二、多项选择题

1. BC 【解析】学前教育按照年龄可以分为婴儿教育和幼儿教育两种。

2. ACD 【解析】实验的实施阶段研究者应具体完成三个方面的任务,即操纵自变量;控制无关变量;观察和测量因变量。

三、判断题

1. × 【解析】学前教育的意义是指学前教育所具有的功能和作用,它具有客观性和多样性。学前教育的根本意义是促进个体和社会的发展。

2. √ 【解析】1816年,英国空想社会主义者欧文在苏格兰的纽兰纳克创办了一所幼儿学校,目的是寻求儿童特别是社会底层家庭儿童的生存、健康和幸福之路,这堪称是欧洲最早的幼儿教育机构。

3. √ 【解析】非义务性指的是学前儿童去学前教育机构接受教育是自愿的而非强制的,家长完全可以根据孩子和自己方面的情况,综合考虑是否送孩子进托儿所或者幼儿园以及送孩子进哪所托儿所或者幼儿园。

4. × 【解析】质的研究以描述性资料为主,以现场的观察记录、关键人物的访谈实录、图片、实物为主要资料来源。

四、简答题(参考答案)

1. 简述学前教育的性质和特点。

(1)学前教育的性质包括基础性、公益性、先导性。(2)学前教育的特点包括非义务性、保教结合性、启蒙性、直接经验性。

2. 简述行动研究法的特点。

(1)行动研究法有很强的实践性;(2)行动研究法有很强的开放性;(3)行动研究法有很强的灵活性;(4)行动研究伴随持续地对研究计划的修正。

第二章　著名幼儿教育家的学前教育思想

真题必刷

第3练　我国幼儿教育家的学前教育思想

一、单项选择题

1. B 【解析】本题考查陶行知的贡献。陶行知先生是我国伟大的人民教育家。在教育救国的思想影响下,他毕生从事旧教育的改革,推行生活教育、大众教育,为我国教育做出了重大贡献。在教育实践中,他创立了生活教育理论和教、学、做合一的教育方法。在南京郊区首创了中国第一所乡村幼稚园——南京燕子矶幼稚园,还创建了乡村幼儿师范教育,农村幼教研究会。

2. B 【解析】本题考查我国的幼儿教育思想家。陈鹤琴与张雪门有"南陈北张"之称。

3. C 【解析】本题考查《童蒙须知》的作者。《童蒙须知》,蒙学读本,由宋代大儒朱熹编订。

4. C 【解析】本题考查陈鹤琴的贡献。陈鹤琴先生于1923年创办了我国最早的幼儿教育实验中心——南京鼓楼幼稚园。

5. B 【解析】本题考查陈鹤琴的学前教育思想。陈鹤琴于1923年创办了我国最早的幼儿教育实验中心——南京鼓楼幼稚园,他创立了"活教育"理论,一生致力于探索中国化、平民化、科学化的幼儿教育道路。他被誉为"中国幼儿园之父"。

6. B 【解析】本题考查陈鹤琴的教育思想。陈鹤琴认为,"整个教学法,就是把儿童所应该学习的东西整个

地、有系统地去教儿童学”。

7. A 【解析】本题考查陶行知的教育思想。陶行知先生猛烈地批判旧中国幼儿教育的弊端，坚决主张改革外国化的、费钱的、富贵的幼儿园，建立适合中国国情的、省钱的、平民的幼儿园。

8. B 【解析】本题考查陶行知的学前教育思想。陶行知先生认为教育要启发、解放幼儿的创造力，为他们提供手脑并用的条件和机会。具体包括六个方面：(1)解放幼儿的头脑，把他们的头脑从迷信、成见、曲解和幻想中解放出来；(2)解放幼儿的双手，给幼儿动手的机会；(3)解放幼儿的眼睛；(4)解放幼儿的嘴，给幼儿说话的自由，尤其是要允许他们发问；(5)解放幼儿的空间，让他们接触大自然、大社会；(6)解放幼儿的时间，给他们自己学习、活动的时间，但不要把儿童的全部的时间占去，让儿童有学习人生的机会。

9. D 【解析】本题考查陈鹤琴的五指活动课程。行为课程是张雪门提出来的，他认为课程是经验，是适应生长的有价值的材料。陶行知提出了生活课程，“生活即教育”是生活教育理论的核心。陈鹤琴提出了五指活动课程，他主张应当把幼儿园的课程打成一片，成为有系统的组织，并以儿童所生活的环境为中心，这个环境就是自然的环境和社会的环境。他把这种课程称为五指活动——健康、社会、科学、艺术和语文活动，要求幼儿园的课程全部包括在五指活动中，采用单元课程模式进行教学。

10. A 【解析】本题考查陶行知的教育思想。陶行知注重“教学做合一”，强调做是学的中心，也是教的中心。

11. C 【解析】本题考查陶行知的教育思想。生活即教育是陶行知生活教育理论的核心。他认为，生活与教育是紧密相连、密不可分的。

12. A 【解析】本题考查我国的幼儿教育家。陶行知创立了生活教育理论和教、学、做合一的教育方法，主张办适合中国国情的、省钱的、平民的幼稚园。陈鹤琴创立了“活教育”理论，主张办中国化、平民化、科学化的幼儿教育。张雪门在他几十年的幼教理论钻研与实践中，注重课程研究，逐步形成了“行为课程”的理论体系，成为我国幼儿教育中的一份宝贵遗产。三者都属于中国近代幼教的开创者。黄炎培是我国职业教育的创始人，与题目要求的幼教开创者无关，故选A项。

二、多项选择题

1. ABD 【解析】本题考查陶行知的学前教育思想。在教育实践中，陶行知创立了生活教育理论和教、学、做合一的教育方法。他认为，生活即教育，游戏即工作。同时，陶行知先生认为教育要启发、解放幼儿的创造力，为他们提供手脑并用的条件和机会。具体包括六个方面：解放儿童的头脑；解放儿童的双手；解放儿童的眼睛；解放儿童的嘴；解放儿童的空间；解放儿童的时间。

2. ABC 【解析】本题考查陈鹤琴的教育思想。“儿童中心主义”是杜威的教育思想。故D项错误。

三、判断题

1. × 【解析】本题考查陈鹤琴的活教育思想。陈鹤琴先生反对埋没人性的、读死书的死教育。在抗战时代，他抱着实验新教育的使命，创建了活教育。其教育的三大目标之一是做人、做中国人、做现代中国人。实现活教育目标的教育方法，如陈鹤琴先生所说：“非从‘做’做起来不可，应当是‘做中教，做中学，做中求进步’。”

2. √ 【解析】本题考查康有为的教育思想。康有为在《大同书》中第一次提出在我国实施学前社会教育。

四、填空题

1. 张雪门　　2. 艺友制　　3. 生活　实际行动

五、名词解释

五指活动

陈鹤琴把课程内容划分为：健康活动、社会活动、科学活动、艺术活动、文学活动等五项，这五项活动是一个整体，如人的手指与手掌，手指只是手掌的一部分，其骨肉相连，血脉相通，因此被称为“五指活动”。

六、简答题(参考答案)

陶行知的生活教育理论源自对杜威思想的吸收和改造，请简述两位教育家的主要观点。

(1)陶行知的教育观点：重视幼儿教育；生活是教育的中心；教学做合一的教育方法；解放幼儿的创造力。

(2)杜威的教育观点:①杜威的儿童观:重视儿童的本能。儿童具有自我生长的能力。儿童与成人在心理上存在着很大的差异。②杜威的进步主义教育思想:“教育即生长”“教育即生活”“教育即经验的不断改造”。③杜威的教育原则:“儿童中心论”“从做中学”。

第4练 国外幼儿教育家的学前教育思想

一、单项选择题

1. D 【解析】本题考查裴斯泰洛齐的道德教育思想。在道德教育的过程中,裴斯泰洛齐反对空洞的道德说教,尤为重视教师的以身作则和学生的道德行为练习,认为用个人示范来影响儿童,远胜过说教和恐吓。他主张主要训练儿童的道德行为,让儿童学会自我控制,帮助他人;同时,让儿童对日常生活中的事例进行比较,判断是非,形成自己的道德观念。儿童道德行为练习的最好方法是做善事。

2. A 【解析】本题考查蒙台梭利的教学任务。在蒙台梭利学校任教的教师被称为指导员。他们的教学任务有别于其他的学校,因为在这里,教师只要做到三点就够了,即观察指导、示范、准备。

3. C 【解析】本题考查亚里士多德的教育思想。根据对儿童身心自然发展特点的观察研究,亚里士多德首次提出了按年龄划分受教育的阶段及在各年龄阶段教育的要求、组织、内容和方法。

4. B 【解析】本题考查卢梭的教育思想。卢梭在《爱弥儿》中开宗明义:“出自造物主之手的东西,都是好的,而一旦到了人的手里,就全坏了。”

5. D 【解析】本题考查福禄贝尔的贡献。福禄贝尔制作的玩具取名为“恩物”,意为“神恩赐之物”。“恩物”的基本形状是圆球、立方体和圆柱体,现在仍有很多幼儿园在使用。

6. D 【解析】本题考查蒙台梭利的教育思想。康内尔认为:“自由、工作和纪律是蒙台梭利为儿童营造的建筑物的三根主要支柱。”

7. C 【解析】本题考查夸美纽斯的著作。夸美纽斯编写了世界上第一本图文并茂的儿童读物《世界图解》,该书被誉为“儿童插图书的始祖”。

8. C 【解析】本题考查杜威的教育思想。杜威说过,“生活就是发展,而不断发展,不断生长,就是生活。”但是没有教育就不能生活,所以,教育即生活。

9. B 【解析】本题考查福禄贝尔的学前教育思想。福禄贝尔是第一个阐明游戏教育价值的人。他认为,游戏是儿童内部存在的自我活动的表现,是一种本能性的活动,是儿童内心世界的反映。

10. A 【解析】本题考查夸美纽斯的著作。夸美纽斯为父母们编写的学前家庭教育指南《母育学校》,是世界上第一部论述学前教育的专著,集中体现了他的学前教育思想。

11. A 【解析】本题考查蒙台梭利的学前教育思想。蒙台梭利根据自己的教育理论和教育实践,主要为儿童确立了感觉教育、语言教育、纪律教育、数学入门教育等教育内容。

12. D 【解析】本题考查杜威的教育思想。杜威认为,学校生活组织应该是以儿童为中心,一切需要的措施都应该是为了促进儿童的生长。

13. A 【解析】本题考查蒙台梭利的教育思想。蒙台梭利的教育思想主要包括:(1)幼儿自我学习的法则;(2)重视教育环境的作用;(3)教师的作用;(4)幼儿的自由和作业的组织相结合的原则;(5)重视感觉教育;(6)重视敏感期的价值。

14. C 【解析】本题考查福禄贝尔的贡献。福禄贝尔创办了世界上第一所幼儿园,而且创立了一整套幼儿教育理论和相应的教育方法、教材、玩具等。他推动了世界范围内的幼儿园运动的兴起和发展,因而被世人誉为“幼儿教育之父”(幼儿园之父)。

15. B 【解析】本题考查蒙台梭利的教育思想。在蒙台梭利教育中,一个有准备的环境是关键。

16. A 【解析】本题考查杜威的思想。杜威主张教育要以儿童为中心,基本方法是“从做中学”。

17. C 【解析】本题考查教育的原典精神。教育的原典精神是以“人”为本而非以“才”为本,关注人作为人的生存及其意义,努力从内在方面“唤醒”人、“生成”人和“提升”人,而不是从外在方面“训练”人、“塑造”人和“培养”人。

18. D 【解析】本题考查蒙台梭利的学前教育思想。蒙台梭利认为，儿童的心理发展既不是单纯的内部成熟，也不是环境、教育的直接产物，而是机体和环境交互作用的结果，是“通过对环境的经验而实现的”。

19. A 【解析】本题考查蒙台梭利的学前教育思想。蒙台梭利教育法是以感官为基础的幼儿教育教学体系。

20. C 【解析】本题考查柏拉图的学前教育思想。在西方教育史上，柏拉图最早论述了儿童的优生问题并倡导儿童的优生。柏拉图认为，幼儿教育的主要任务是对儿童进行道德熏陶，使他们养成良好的习惯和品格，例如，敬畏神明、推崇正义、有进取心、豁达大度、宁死不屈等。具体内容包括讲故事、音乐、绘画、体育、游戏等。值得注意的是，柏拉图在西方教育史上第一次对游戏进行了理论上的论述，指出儿童的本性是需要游戏的。

21. A 【解析】本题考查杜威的教育思想。杜威认为，儿童的能力、兴趣和习惯都是建立在他的原始本能上的，儿童心理活动实质上就是他的本能发展的过程。他认为儿童身上有四种潜在的本能，教育的本质就是促进儿童生物性本能和心理机能不断生长；教育就是改造或改组了的经验。

22. A 【解析】本题考查洛克的白板说。洛克像培根一样反对流行的“天赋观念”论，他从唯物主义的立场出发，提出了著名的“白板说”。他认为人出生后心灵如同一块白板，没有任何标记和观念；人的一切知识都是后天得来的，都建立在经验的基础上。

23. A 【解析】本题考查蒙台梭利的教育贡献。蒙台梭利相信把自己的方法和经验用于正常幼儿的教育一定会更有效，于是她就转向了正常幼儿的教育，于1907年在罗马贫民区创办了世界上第一所“儿童之家”。

24. B 【解析】本题考查蒙台梭利的教育思想。蒙台梭利教育方案的理论基础包括儿童观、教育观、敏感期和吸收性心智。

25. A 【解析】本题考查卢梭的教育思想。卢梭自然教育的核心思想是强调对幼儿进行教育，必须遵循自然的要求，顺应幼儿的自然本性，即顺应幼儿身心自然发展的特点进行教育。

26. A 【解析】本题考查福禄贝尔的学前教育思想。福禄贝尔是第一个阐明游戏教育价值的人。他认为，游戏是儿童内部存在的自我活动的表现，是一种本能性的活动，是儿童内心世界的反映，通过游戏可以表现和发展神的本源，“游戏是生命的镜子”。

27. C 【解析】本题考查福禄贝尔的学前教育思想。福禄贝尔认为儿童有四种本能，即活动的本能（创造的本能）、认识的本能（揭示万物的本能）、艺术的本能（进行艺术创作的本能）、宗教的本能。宗教的本能是前三类本能的归宿。教育的任务在于促进儿童内在本能的发展，以培养儿童的主动性和创造性。

28. D 【解析】本题考查裴斯泰洛齐的学前教育思想。裴斯泰洛齐第一个提出和谐教育，教育要适应自然的原则，使儿童的各种能力得到和谐发展。

29. B 【解析】本题考查蒙台梭利的教育思想。蒙台梭利认为，教育者应当为儿童创造一个自由活动的环境，即“有准备的环境”。

30. C 【解析】本题考查要素教育理论。裴斯泰洛齐认为智育的要素就是“对事物产生一种最初的印象”。而儿童在对事物产生最初的印象时，往往是对事物的数目、形状和名称（数、形、词）三个基本点产生较强的印象，即只要抓住了这三个要素来培养儿童的能力，就可以发展儿童的想象力、观察力和思维能力。裴斯泰洛齐认为，儿童对数、形、词的认识是智力活动的萌芽。

31. B 【解析】本题考查卢梭的教育观点。卢梭提出自然教育，即教育要顺应儿童的自然本性，反对成人不顾儿童的特点，强制儿童接受违反自然的教育；否定儿童天生是有罪的，认为儿童的心灵是纯真的、美好的。这可以说是第一次把儿童作为一个独立的、平等的人来看待。

32. C 【解析】本题考查学前教育学的发展。德国教育家福禄贝尔极为重视学前教育，他于19世纪中叶创办了世界上第一所幼儿园，系统地提出了学前教育理论，为学前教育学成为一门独立的学科做出了巨大贡献。学前教育学是从教育家福禄贝尔开始创立的。

二、判断题

1. √ 【解析】本题考查蒙台梭利的贡献。被誉为20世纪初的“幼儿园改革家”的蒙台梭利原是一名精神病

学的医生,她在研究和治疗弱智幼儿的实践中,取得了明显的效果。

2. × 【解析】本题考查杜威的教育思想。“教育即生长,教育即生活,学校即社会”是杜威提出的教育主张。

3. × 【解析】本题考查福禄贝尔的教育思想。福禄贝尔认为激励儿童自发的自我活动和自我表现的最佳手段是游戏,它是教师能够运用来组织儿童活动、释放儿童内在能力的最好工具。

4. × 【解析】本题考查蒙台梭利的教育思想。借鉴蒙台梭利教育思想就是运用蒙台梭利的思想、方法、教具进行教育。

5. √ 【解析】本题考查亚里士多德的教育思想。亚里士多德,在人类教育史上第一个提出“教育要遵循自然”的论点,为人类研究儿童、教育儿童指出了正确方向。

6. × 【解析】本题考查洛克的教育思想。洛克在《教育漫话》中认为,一个绅士要使自己的事业获得成功,达到个人幸福的目的,就必须要有强健的体魄。在西方教育史上,洛克是第一个提出并详细论述儿童体育问题的教育家。

7. × 【解析】本题考查蒙台梭利的教育理论。混龄教育是蒙氏教育中一种重要的教育形式。混龄教育就是在“儿童之家”不按年龄分班,在一个班级里,既有大龄孩子,也有小龄孩子,在教师的指导下共同学习、游戏、开展活动。这也可以看作是蒙氏教育的一个重要特点。

实战演练

一、单项选择题

1. B 【解析】卢梭自然教育的核心思想是:强调对幼儿进行教育必须遵循自然的要求,顺应幼儿的自然本性,即顺应幼儿身心自然发展的特点进行教育。

2. C 【解析】裴斯泰洛齐是提倡“爱的教育”和实施“爱的教育”的典范。

3. A 【解析】在蒙台梭利教育中,感觉教育是重要内容。她认为3~6岁是幼儿身心迅速发展的时期,幼儿的各种感觉先后处于敏感期,因此必须对幼儿进行系统的和多方面的感官训练,使他们通过与外部世界的直接接触发展敏锐的感觉和观察力,为高级的智力活动和思维发展奠定基础。

4. A 【解析】在蒙台梭利的感官训练中,触觉训练最为重要,因为蒙台梭利相信儿童常以触觉替代视觉或听觉。

5. A 【解析】张雪门的主要著作有《幼稚园教育概论》《新幼稚教育》《幼稚园的课程》《幼稚园的研究》《幼稚园组织法》等,对丰富和提高幼儿教育理论,做出了很大的贡献。

6. B 【解析】秩序感指的是对物体摆放的空间位置或生活起居习惯的时间顺序的适应性。未满1岁的儿童就有一种借助于某些可预测的事物秩序来了解和掌握外在世界的需要。2岁左右是儿童秩序感发展的高峰期,并延续到3岁。

二、判断题

1. × 【解析】卢梭提出了“自然后果法”。

2. √ 【解析】杜威认为教育应该把重心放在儿童的身上,以儿童为中心,即尊重儿童真正的面貌来熟悉儿童,尊重自我指导学习,尊重作为学习的刺激和中心活动。

3. √ 【解析】洛克认为,教育的目的就是培养绅士。所谓绅士,就是一种有德行、有学问、有能力、有礼貌的人。他认为一国之中的绅士教育是最应该注意的。

三、填空题

1. 做人、做中国人、做现代中国人　做中教、做中学、做中求进步　大自然、大社会是我们的活教材

2. 整个教学法　　3.《大教学论》　　4.“事物”

5. 裴斯泰洛齐　　6. 创设者　　7. 陈鹤琴

四、简答题(参考答案)

1. 简述福禄贝尔的教育思想。

(1)幼儿自我发展的原理;(2)游戏理论;(3)协调原理;(4)亲子教育。

2. 简述洛克的幼儿教育思想。

(1)提出了“白板说”;(2)提倡“绅士教育”;(3)论幼儿体育;(4)论幼儿德育;(5)论幼儿智育。

3. 简述杜威的进步主义教育思想。

(1)教育即生长;(2)教育即生活;(3)教育即经验的不断改造。

第三章　我国幼儿园教育的目标、任务和原则

真题必刷

第5练　学前教育的目标和原则

一、单项选择题

1. B　【解析】本题考查制定幼儿园教育目标的依据。社会要求和幼儿身心发展的规律是制定幼儿园教育目标的主要依据。

2. C　【解析】本题考查学前教育的原则。学前教育促进儿童的发展主要是通过活动来进行的。学前儿童通过参与各种活动使其得到各方面的发展。因此,在活动的设计、组织、实施过程中,教师要为儿童提供丰富的材料和充分的活动空间、时间,开展各种类型的活动,以及进行人际交往的机会,为儿童积极主动活动提供可能。题干中林老师的做法体现了活动性原则。

3. C　【解析】本题考查学前教育的一般原则。按维果斯基的理论来说,即是要找准每个孩子的“最近发展区”,使每个孩子通过教学活动都能在原有的基础上有所提高,即“跳一跳,摘个桃”,体现了学前教育原则中的发展适宜性原则。

4. D　【解析】本题考查学前教育的一般原则。整合性(综合性)原则是指将学前教育看作是一个完整的系统,保证学前儿童身心整体健全和谐的发展,综合化地整合课程的各要素实施教育。内容的整合最终应落实到具体的教育活动之中。例如,语言教育领域,不仅可以在语言教育领域内部对知识学习和能力培养进行整合,而且还可以将社会、科学、艺术等领域的学习内容整合在一起。

5. A　【解析】本题考查保教合一的原则。良好的工作伙伴与师生关系是实现保教合一的前提。

6. B　【解析】本题考查学前教育目标的层次。中期目标,即幼儿园小、中、大等各年龄班的教育目标。也就是说,在幼儿园教育总目标的指导下,对不同年龄班的幼儿提出不同的要求。题干的描述属于幼儿园教育的中期目标。

7. D　【解析】本题考查学前教育的主体性原则。儿童是学习的主体,只有儿童积极参与、主动建构,课程才能内化为他们的学习经验,促进其身心发展。发挥主体性原则,要尊重儿童人格、尊重儿童需要、激发儿童的主动性。

8. D　【解析】本题考查幼儿园教育的正面教育原则。教师对幼儿的评价必须客观、公正,不可褒扬过高,也不可随意贬损,要注意自己评价对幼儿的影响。坚持正面教育原则,应该以鼓励表扬为主,用积极因素克服消极因素。幼儿有自尊心和上进心,教师对他们的进步和优点及时给以肯定和表扬,可以强化幼儿良好的行为,增强其上进心。教师必须发展地看待每个幼儿,尤其缺点多的幼儿更要看到他的进步,通过发扬幼儿的积极因素,帮助幼儿克服消极因素。

9. A　【解析】本题考查生活教育化原则。生活教育化就是将学前儿童日常生活中已获得的原有经验,加以系统化、条理化,在生活中适时引导,促进学前儿童发展。题干中主要体现了教师遵循生活教育化的原则。

10. A　【解析】本题考查学前教育目标的含义。学前教育目标是教育目的在学前儿童阶段的具体化。它是根据学前教育机构的任务确定的对托幼机构或幼儿园培养孩子的质量规格的设想或规定。

11. A　【解析】本题考查学前教育的原则。发挥一日生活的整体教育功能原则指出,无论是儿童的生活活动,还是教学、参观访问等活动;无论是有组织的活动,还是儿童自主自由的活动,都具有重要的教育作用,对儿童的发展都是不可缺少的。因此,教师不能顾此失彼,随意忽视或取消任何一种活动。

12. A 【解析】本题考查保教结合原则。保教结合原则是我国幼儿教育中所特有的一条原则,可以说具有很强的中国特色。这一原则最早来源于中国共产党领导下的老解放区的幼儿教育工作中。

13. D 【解析】本题考查幼儿园教育的目标。《幼儿园工作规程》指出,我国幼儿园教育的目标是"对幼儿实施德、智、体、美等方面全面发展的教育,促进其身心和谐发展"。幼儿园教育的目标即幼儿教育阶段目标。各个幼儿园具体的教育目标既体现国家对幼儿园教育的一般要求,又具有本园特色。幼儿教师是实现幼儿园教育目标的重要保证。故D项错误。

14. A 【解析】本题考查学前教育的原则。教育的活动性包括:以活动为中介,通过各种活动促进儿童的发展;教育活动的多样性。

15. B 【解析】本题考查学前教育的原则。教育的活动性原则要求学前教育机构的教育,不能只让儿童静坐着看和听,而应该想尽各种办法,引导儿童主动活动。所以说这里的活动主要指儿童主动积极的活动。

16. C 【解析】本题考查学前教育的原则。儿童是学习的主体,只有儿童积极参与、主动建构,课程才能内化为他们的学习经验,促进其身心发展。

17. D 【解析】本题考查学前教育的原则。所谓独立自主性原则就是指在学前教育活动中,充分尊重儿童的主体性、独立性,让儿童凭借自己的经验和能力主动进行各种活动,杜绝包办代替。发展儿童自我服务、独立做事、独立思考,不屈从他人的压力,不受外界偶然因素的影响,给幼儿提供独立选择的机会,使他们意识到自己的力量,从而培养其独立性与自主性。

18. C 【解析】本题考查学前教育的原则。发展适宜性原则是美国幼儿教育协会1986年以后极力提倡的教育理念与实践,当时主要是针对美国幼教界普遍出现的幼儿教育"小学化"等倾向而提出来的。

19. C 【解析】本题考查幼儿园教育目标的层次。学前教育目标从抽象到具体,可以分成四个层次:(1)幼儿园教育目标(远期目标);(2)中期目标;(3)近期目标;(4)活动目标。活动目标即某次教育活动需要达成的目标。在一节课或一次活动中,教师可能会提出这些目标,这个层次的目标通常通过教师的活动计划或教案来体现。

20. B 【解析】本题考查学前教育的原则。尊重儿童人格尊严和合法权益的原则是指儿童从一出生就具有人格尊严,他们与我们是同样的社会成员,不能因为他们小而歧视他们,要杜绝对孩子随意敷衍、盲目指责、任意羞辱的粗暴行为,更不能拿儿童作为宠物玩耍,随意给他们起绰号,当众披露他们的缺陷。

21. C 【解析】本题考查学前教育目标的结构。从横向维度来看,根据我国体、智、德、美全面发展的总体教育目标的要求,我国的学前教育目标的结构要从德、智、体、美等方面来设计与制定相应的要求与规格。

二、多项选择题

1. ABC 【解析】本题考查学前教育目标的功能。学前教育目标仅指幼儿园和早期教育领域依据教育目的和受教育对象而提出、制定的培养人的具体的质量和规格,它不仅是教育实践的构成要素之一,还通过导向功能、调控功能和评价功能直接影响教育实践活动的方向和性质。因此,学前教育目标的功能包括:(1)导向功能;(2)调控功能;(3)评价功能。

2. BCD 【解析】本题考查学前教育的特殊原则。学前教育的特殊原则包括:(1)保教合一的原则;(2)以游戏为基本活动的原则;(3)教育的活动性和直观性原则;(4)生活化和一日活动整体性的原则。

三、判断题

1. × 【解析】本题考查学前教育保教合一的原则。幼儿园保育和教育不可分割的关系是由幼教工作的特殊性和幼儿身心发展的特点决定的。虽然保育和教育有各自的主要职能,但并不是完全分离的。教育中包含了保育的成分,保育中也渗透着教育的内容。

2. × 【解析】本题考查学前教育的保教合一原则,也称保教结合或保教并重,指对幼儿保育和教育要给予同等的重视,并使两者相互配合。

3. √ 【解析】本题考查幼儿园教育的保教合一原则。保教结合是全面发展教育方针在幼儿期的具体体现,也是我国幼教实践工作经验的总结。幼儿教育工作者要充分认识保教结合在幼儿全面发展中的意义,真正地

将保教结合的思想落实到幼儿园每一个环节的工作中。

4. × 【解析】本题考查学前教育的原则。为幼儿的学习和发展提供丰富的玩具材料体现的是学前教育以游戏为基本活动的原则。

5. √ 【解析】本题考查学前教育的原则。学前教育的原则是教师在向儿童进行教育时必须遵循的基本要求。这些要求是根据学前教育目标、任务和儿童身心发展的特点,并在总结了长期的学前教育实践经验的基础上提出来的。

6. × 【解析】本题考查学前教育保教合一的原则。幼儿园保育和教育不可分割的关系是由幼教工作的特殊性和幼儿身心发展的特点决定的。虽然保育和教育有各自的主要职能,但并不是完全分离的。教育中包含了保育的成分,保育中也渗透着教育的内容。

7. × 【解析】本题考查学前教育的原则。题干中的表述体现了尊重儿童的人格尊严和合法权益的原则。

8. √ 【解析】本题考查制定幼儿园教育目标的依据。教育目标体现了教育者和社会对于教育对象的期望,这种期望是以幼儿身心发展水平和规律为基础的。这是制定幼儿园教育目标的重要依据。因此,幼儿园教育目标的制定要根据幼儿发展的真实需要。

9. √ 【解析】本题考查学前教育的原则。学前教育的发展适宜性原则是指学前教育的出发点和最后归宿都是促进儿童身心和谐发展,促进每一个儿童在现有的水平基础上获得充分的最大限度的发展。教师进行学前教育与课程的设计、组织、实施都应着眼于促进儿童的发展。所提出的教育目标,既不可任意拔高,也不能盲目滞后,内容的安排应以儿童身心发展的成熟程度为基础,注重儿童的学习准备。象征性游戏是前运算阶段(2~7岁)儿童常进行的一类游戏,象征性游戏的初级阶段就是以物品的替代而获得乐趣,随着儿童年龄的增长和知识经验的不断丰富,儿童的象征功能也在不断发展。

10. × 【解析】本题考查学前教育的一般原则。教师要将儿童作为具有独立人格的人来对待,尊重他的思想感情、兴趣、爱好、要求和愿望等。儿童是不同于成人的正在发展中的社会成员,他们享有不同于成人的许多特殊的权利,如生存权、受教育权、受抚养权、发展权等,这反映了人类对儿童在社会中的地位和权利的认可与尊重。但是,不能说尊重幼儿的人格尊严和合法权益就意味着教师要以幼儿的意愿来安排教育活动。

四、材料分析题(参考答案)

1. (1)在本案例中,教师的做法是正确的。教师恰当地应用了保教结合的原则、生活化和一日活动整体性的原则与直观性的原则。

(2)①案例中教师利用幼儿日常行为的教学来启发幼儿,让幼儿掌握了一项基本的生活技能。幼儿教师不仅是幼儿的教育者,而且是生活上的看护者,要求教师在日常教学之余,还应该对幼儿的日常生活进行教育,做到保教结合。案例中教师很好地利用了教授幼儿洗手的机会,不仅贯彻了教学原则,还教会幼儿洗手的方法,做到了一举两得。

②教师运用了生活和一日活动整体性的原则来调动幼儿的学习积极性。案例中幼儿教师通过合理组织、科学安排,使其成为一个有机的整体,让幼儿在自然的生活中身心健康地发展。案例中的教师充分认识到洗手活动的教育价值,通过合理组织、科学安排,让一日活动发挥一致的、连贯的、整体的教育功能,寓教育于一日活动之中。

③案例中教师的做法还体现了直观性原则。由于学前儿童思维的具体形象性和第一信号系统占优势的特点,使得他们只有在获得丰富的感性经验的基础上,才能理解事物。学前儿童主要是通过各种感官来认识周围世界的,是通过直接感知认识周围事物,形成表象并发展为初级的概念。案例中"我让孩子们相互看看、摸摸自己和别人的手,比比谁的手干净""画了一些洗手的小图示"都是直观性原则的体现。

2. (1)王老师的做法体现了以游戏为基本活动的原则。

(2)将游戏与教育活动内容相结合。在游戏活动中易于唤起幼儿的学习兴趣,使幼儿在玩中学,学中玩,学得轻松愉快。教师要充分发挥游戏对幼儿发展的作用,通过游戏促进幼儿身心发展。如材料中,"本来两分

钟就能完成的点名,结果用了十来分钟”,而后,老师利用兔妈妈和大灰狼的角色,轻而易举地吸引了幼儿的注意,也激起了幼儿的兴趣。再有,幼儿害怕大灰狼用凶巴巴的声音念出自己的名字,就安静做好,这样有利于养成幼儿很好的行为习惯,也有利于教育活动的顺利开展。

第6练　幼儿园教育的特点与任务

一、单项选择题

A　【解析】本题考查幼儿园教育的双重任务。我国幼儿园具有为幼儿和幼儿家长服务的“双重任务”即幼儿园对幼儿实施保育和教育;幼儿园同时面向幼儿家长提供科学育儿指导。

二、多项选择题

ABC　【解析】新时期幼儿园教育双重任务的特点:(1)对幼儿身心素质的培养提出了更高的要求;(2)为家长服务的范围不断扩大;(3)家长对幼儿教育认识不断提高,要求幼儿园具有更高的教育质量。

三、简答题(参考答案)

简述幼儿园教育的特点。

(1)群体性;(2)专业性;(3)计划性;(4)组织性;(5)活动性。

实战演练

一、单项选择题

1. D　【解析】活动目标,即某次教育活动需要达成的目标。在一节课或一次活动中,教师可能会提出这些目标,这个层次的目标通常通过教师的活动计划或教案来体现。题干中老师制定的目标属于活动目标。

2. C　【解析】某一教育活动目标是指一个具体的教育活动所要达到的结果,或引起幼儿行为的变化,是最具操作性的目标。

3. D　【解析】幼儿园保育和教育不可分割的关系是由幼教工作的特殊性和幼儿身心发展的特点决定的。虽然保育和教育有各自不同的主要职能,但并不是完全分离的。教育中包含了保育的成分,保育中也渗透着教育的内容。故D项正确。

4. A　【解析】学前教育的一般原则包括:(1)尊重儿童的人格尊严和合法权益的原则;(2)发展适宜性原则;(3)目标性原则;(4)主体性原则;(5)科学性、思想性原则;(6)充分发掘教育资源,坚持开放办学的原则;(7)整合性原则。A项属于学前教育的特殊原则。

5. A　【解析】从学前教育目标的计划性、目的性程度上看,学前教育目标可分为学前教育机构的学前教育目标、学前社会教育其他机构的学前教育目标、学前家庭的教育目标。

6. D　【解析】保教合一的原则,也称保教结合或保教并重,指对幼儿保育和教育要给予同等的重视,并使两者相互配合。题干中教师的做法符合保教合一的原则。

7. D　【解析】学前教育的目标最终要落实到每个儿童的身上,因此只有正确认识并理解儿童身心发展的特点和规律,才能制定出科学的学前教育目标。

8. D　【解析】某一教育活动目标是月(或几周)目标在每日教学过程的具体反映,可以说是实现课程总目标的最小单位。

9. B　【解析】活动内容的整合是以目标的整合为前提,主要表现是使同一个领域的不同方面的内容或不同领域的内容之间产生有机的联系。内容的整合最终应落实到具体的教育活动之中。题干的表述体现了整合性原则中的活动内容的整合。

二、多项选择题

ABC　【解析】贯彻学前教育的科学性、思想性原则,要做到以下几点:(1)教育内容应是健康、科学的;(2)教育要从实际出发,对儿童健康发展有利;(3)教育设计和实施要科学、正确。

三、判断题

1. √　【解析】教育目标的确立要先于过程。目标决定着过程,影响着过程,在活动过程中具有指导性的功能,

不能本末倒置,先有活动再有目标。

2. √　【解析】幼儿园不仅是一个教育机构,也是一个社会福利机构,负有为在园幼儿家长服务的任务。

3. ×　【解析】近期目标,也称短期目标,指在某一阶段内要达到的教育目标,近期目标的制定是为完成最终目标服务的。短期目标一般是教师在日常生活的教育活动中制定的,往往在月计划和周计划中体现出来。

4. √　【解析】幼儿园保育和教育不可分割的关系是由幼教工作的特殊性和幼儿身心发展的特点决定的。虽然保育和教育有各自的主要职能,但并不是完全分离的。教育中包含了保育的成分,保育中也渗透着教育的内容。

5. √　【解析】教学设计、组织、实施既适合儿童的现有水平,又有一定的挑战性,这体现了发展适宜性原则。

6. ×　【解析】学前教育机构的活动不应当是单一的,因为活动的内容、形式不同,在儿童发展中的作用是不一样的。教师要注意教育活动的多样性,才能有效地促进儿童发展。

7. √　【解析】学前教育的出发点和最后归宿都是促进儿童身心和谐发展,促进每一个儿童在现有的水平上获得充分的最大限度的发展。教师进行学前教育与课程的设计、组织、实施都应着眼于促进儿童的发展。

8. ×　【解析】儿童是学习的主体,只有儿童积极参与、主动建构,课程才能内化为他们的学习经验,促进其身心发展。因此在作业课上儿童也是主体。

四、简答题(参考答案)

1. 简述遵循发展适宜性原则包含的几层含义。

(1)教育设计、组织、实施既符合儿童的现实需要,又有利于其长远发展。(2)教育设计、组织、实施既适合儿童的现有水平,又有一定的挑战性;教育活动内容的安排与要求、活动过程的推进应循序渐进。(3)教育必须促进儿童体、智、德、美诸方面全面发展。(4)为每个儿童着想,关注个体差异。

2. 简述现代幼儿园教育目标的特点。

(1)重视幼儿身体健康。幼儿阶段身体的发育和机能的健全发展是其他一切发展的基础。因此幼儿园教育把幼儿身体的健康发展放在首位。(2)幼儿智力教育不仅仅是知识的传授,而是强调利用感官,培养幼儿的动手能力、激发幼儿的学习兴趣和求知欲望。(3)幼儿品德教育强调从情感教育入手,重视幼儿良好性格和习惯的培养。(4)幼儿美育把培养幼儿感受美的情趣放在第一位,适合幼儿的年龄特点。

第四章　幼儿园全面发展教育

真题必刷

第7练　幼儿园全面发展教育

一、单项选择题

1. A　【解析】本题考查幼儿的道德认知。道德认知,即人们对是非、善恶、美丑的行为准则及其意义的认识。道德认知是道德情感和道德行为的基础,是道德品质的基本组成部分,对个人品德发展起导向作用。提高幼儿的道德认知,应注意以下几点:(1)以正面具体讲解为主,幼儿教师的讲解应尽可能的具体、浅显,要以正面讲解为主,教师应告诉幼儿好的道德行为"是什么""怎样做""为什么要这样做"之类的问题;(2)幼儿教师应利用各种榜样去说服和教育幼儿;(3)重视"变式"方法,即通过变换同类事物的非本质属性,突出事物的本质属性,使幼儿掌握道德观念的本质含义。题干中教师的做法是引导幼儿的道德认知。

2. C　【解析】本题考查幼儿全面发展的首要条件。良好的身体素质是促进幼儿全面发展的首要条件,在幼儿发展中起重要作用。

3. C　【解析】本题考查幼儿德育的目标。根据《幼儿园工作规程》第五条规定,萌发幼儿爱祖国、爱家乡、爱集体、爱劳动、爱科学的情感,培养诚实、自信、友爱、勇敢、勤学、好问、爱护公物、克服困难、讲礼貌、守纪律等良好的品德行为和习惯,以及活泼开朗的性格。这属于幼儿德育的目标。

4. D　【解析】本题考查幼儿德育实施的途径。日常生活是实施幼儿德育最基本的途径。

5. B 【解析】本题考查幼儿德育的内容。幼儿德育通常从情感入手,把重点放在道德行为习惯的养成上。故A项错误。体、智、德、美四育在幼儿的发展中具有各自独特的作用,具有各自不同的价值,不能相互取代。故C项错误。幼儿道德行为的培养需要循序渐进地练习。故D项错误。本题答案B项正确。

6. A 【解析】本题考查儿童美育的内涵。儿童在美感、审美能力和艺术表现能力上存在着个别差异,如有的儿童音乐听觉好,节奏感强;有的儿童对绘画的形象和色彩知觉好;有的儿童想象力十分丰富。

7. A 【解析】本题考查幼儿美育的实施。幼儿美育的实施包括:(1)创设和利用美的生活环境;(2)大自然是幼儿美育的丰富源泉;(3)社会生活是向幼儿进行美育的广阔天地;(4)艺术教育审美的有力手段。

8. A 【解析】本题考查幼儿美育的目标。幼儿美育的目标是培养幼儿初步感受美、表现美的情趣和能力。

9. C 【解析】本题考查幼儿美感的特点。题干的描述体现了幼儿美感具有行动性。故C项正确。

10. C 【解析】本题考查幼儿道德结构。幼儿德育必须从情感入手,重点放在道德行为的形成上。

11. C 【解析】本题考查幼儿园体育的作用。幼儿园体育应以增强幼儿体质为核心,全面、综合地为幼儿有一个强壮、健康的身体创造条件。

12. D 【解析】本题考查幼儿园全面发展教育的含义。幼儿园全面发展教育是指以幼儿身心发展的现实与可能为前提,以促进幼儿在体、智、德、美诸方面全面和谐发展为宗旨,并以适合幼儿身心发展特点的方式、方法、手段加以实施的,着眼于培养幼儿基本素质的教育。

13. B 【解析】本题考查幼儿智育的含义。幼儿智育是有目的、有计划地让幼儿获得粗浅的知识技能,发展智力,增进对周围事物的求知兴趣、学习"如何学习",并养成良好学习习惯的教育过程。幼儿智育应当根据幼儿发展的特点来进行。

二、多项选择题

1. ABD 【解析】本题考查幼儿智育的目标。幼儿智育的目标是:培养幼儿的学习兴趣和求知欲望,发展幼儿智力,培养正确运用多重感官和运用语言的基本能力,以及初步的动手能力。

2. ACD 【解析】本题考查幼儿美感发展的基本特点。幼儿美感发展的基本特点包括情绪性、差异性、多样性、表面性、行动性、直率性。

3. ABCD 【解析】本题考查幼儿道德的结构。幼儿道德结构一般包括:道德认知、道德情感、道德意志和道德行为。

三、判断题

1. √ 【解析】本题考查幼儿园全面发展教育。要培养全面发展的人,就必须建构全面发展的教育。

2. × 【解析】本题考查幼儿智力的核心。思维力是智力的核心。

3. × 【解析】本题考查幼儿德育。幼儿德育必须从情感入手,重点放在道德行为的形成上,具体应注意:直观、形象,切忌说教。由于幼儿思维能力的局限,德育内容和方法手段必须直观、形象、具体,才容易为幼儿所理解和接受。耳提面命并不是最有效的方法,空洞的说教是不可能有真正的效果的。

4. × 【解析】本题考查幼儿智育实施的途径。幼儿亲自动手、动脑的实践活动是进行智育的主要途径,并不是唯一的途径。

5. √ 【解析】本题考查幼儿体质好坏的标志。幼儿适应环境和抗疾病能力的强弱是体质好坏的主要标志。幼儿体育的真谛主要不在于让幼儿掌握体育的技能技巧,而在于通过体育提高幼儿参加体育活动的兴趣和发展基本的活动能力,促进其身心健康地成长。

6. √ 【解析】本题考查幼儿美育的作用。美育可以帮助儿童开阔视野,增长知识,发展智力。

7. × 【解析】本题考查学前儿童全面发展教育。幼儿园全面发展教育是指以幼儿身心发展的现实与可能为前提,以促进幼儿在体、智、德、美诸方面全面和谐发展为宗旨,并以适合幼儿身心发展特点的方式、方法、手段加以实施的,着眼于培养幼儿基本素质的教育。幼儿园全面发展教育强调幼儿体、智、德、美全面和谐发展,而不是平均的发展,故题干说法错误。

四、填空题

感受美　表现美

五、名词解释

1. 幼儿美育

幼儿美育是美育的一部分，是根据幼儿身心特点，利用美的事物和丰富的审美活动来培养幼儿感受美、表现美的情趣和能力的教育。

2. 幼儿园全面发展教育

幼儿园全面发展教育是指以幼儿身心发展的现实与可能为前提，以促进幼儿在体、智、德、美诸方面全面和谐发展为宗旨，并以适合幼儿身心发展特点的方式、方法、手段加以实施的，着眼于培养幼儿基本素质的教育。

六、材料分析题（参考答案）

1.（1）刘老师的教学行为是不合理的。首先，刘老师提的问题不具有创造性、启发性；其次，刘老师带小朋友反复朗诵比较枯燥，学前儿童的思维是具体形象的，刘老师的做法会使幼儿感到无趣；最后，刘老师要求幼儿背诵诗歌比赛也是不合理的，幼儿教育评价应是过程性评价，而不是比赛形式的终结性评价。

（2）①处理好智力与知识技能之间的关系。知识与智力有着密切的关系。知识、技能是智力发展的基础，智力发展又是获得知识与技能必备的条件。在智育过程中，教师必须认清知识和智力的关系，应将知识的获得与智力的发展高度统一起来。②重视幼儿非智力因素的培养。非智力因素是指不直接参与认识过程的心理因素，它包括情感、意志、性格、兴趣等方面，智力因素与非智力因素是智力活动的两个方面。它们虽有相对的独立性，但两者是相互联系、相互影响、相互制约的。非智力因素对智力的发展起着促进和保证作用。只有二者都处在最佳状态，幼儿的智力活动才能取得成功。③注意幼儿知识的结构化。幼儿智力发展的重大进展不是取决于个别知识和技能的掌握，而是看这些个别知识能否结合成一个反映事物或现象之间的规律或联系的“结构”。幼儿的知识结构是建立在幼儿感性经验基础上的。因此，它与中小学那种以科学概念为中心的学科知识体系有本质的不同。重视幼儿知识的结构化，能扩大幼儿的知识容量，能促进幼儿巩固已有的知识，并将获得的新知识迅速归入自己已有的结构中，使新旧知识结合成更大更好的知识结构，大大提高认识能力，举一反三，触类旁通。

2. 以上现象发生的原因：（1）社会上各类特长班的盛行和一些家长“望子成龙”的心理，是造成这一现象的主要原因。（2）家长对幼儿的身心发展规律缺乏科学认识，不考虑幼儿的兴趣和现实发展需求，盲目以自己的意愿逼迫幼儿参加各种兴趣班。（3）家族本位的儿童观，从家庭兴盛衰败角度对待幼儿的教育，没有认识到幼儿的发展具有个体差异性，未能做到尊重幼儿和正确地培养幼儿。（4）家长对全面发展的错误理解，认为给幼儿报各种特长班就能培养幼儿成为“全才”，忽视了除了特长，幼儿的全面发展还包括道德的发展和心理素质的发展等。

如何处理幼儿全面发展与因材施教的关系：

（1）全面发展和因材施教虽有区别，但二者又是一种不可分割的辩证统一关系，全面发展离不开因材施教，只有做到因材施教，才能适合学前儿童的特点，也才能提高教学效率，达到最佳教育效果，也才能真正体现人的全面发展，所以因材施教是实现人的全面发展的手段和方法。（2）因材施教也离不开全面发展，全面发展是因材施教的主要方向和根本目标，只有把教育教学的立足点放在为了青少年的全面发展，真正提高他们的全面素质上，那么，实施因材施教才有它的真正价值。（3）从一定意义上讲，全面发展和因材施教的关系是目的和手段的关系。没有全面发展，因材施教就失去了明确的方向，没有因材施教，全面发展也难以达到。所以，全面发展是因材施教所达到的全面发展，因材施教是全面发展的因材施教，没有无因材施教的全面发展，也没有无全面发展的因材施教。

实战演练

一、单项选择题

1. D 【解析】幼儿德育的目标强调从情感入手，符合幼儿品德形成和发展的规律，符合幼儿的年龄特点。

2.D 【解析】培养儿童对美的感受力就是培养他们对自然美、社会美和艺术美的较灵敏的感知能力和正确的理解评价能力以及相应的情感体验。要培养儿童对美的感受力,就要教他们欣赏一些美术作品、歌曲、乐曲和文学作品,评价人们的道德行为等。题干的表述体现了美的感受力在起作用。

3.A 【解析】对幼儿实施全面发展教育是我国幼儿教育的基本出发点。

4.C 【解析】体、智、德、美诸方面统一于幼儿个体的身心结构之中,体、智、德、美任何一方面的发展都与其他方面的发展相互促进、相互渗透、相互制约,不可分割,不存在作用最大或最小的问题。

5.D 【解析】幼儿各方面的健康发展首先需要身体的正常发育,这是幼儿健康发展的前提条件。

6.A 【解析】智育能满足幼儿认知的需求,帮助幼儿获得相应的知识,促进幼儿各项智力的发展,为日后学习打基础。

二、判断题

1.√ 【解析】幼儿园全面发展教育是指以幼儿身心发展的现实与可能为前提,以促进幼儿在体、智、德、美诸方面全面和谐发展为宗旨,并以适合幼儿身心发展特点的方式、方法、手段加以实施的,着眼于培养幼儿基本素质的教育。

2.√ 【解析】幼儿品德教育的内容主要包括发展幼儿的社会性与发展幼儿个性两个方面。

3.× 【解析】幼儿智育的重点不在于教给幼儿多少知识,而是让幼儿产生对学习的热爱,越学越想学,这对今后的学习至关重要。

4.√ 【解析】自然界是幼儿美育内容的天然宝库,它为幼儿提供的审美对象是丰富多彩、千变万化的。引导幼儿观察和感受大自然的美是幼儿美育的重要途径。

5.× 【解析】知识与智力是不同的概念,获得了知识不等于就发展了智力,但智力的发展离不开知识。

6.× 【解析】幼儿美育的特点是:通过活动,用具体鲜明的形象去引导幼儿直接感受美,而不要求对美的形象从逻辑上进行过多地理解和分析;以培养幼儿审美的情感、兴趣为主,而不以培养审美观念、概念为主;以培养表现美的想象力、创造力为主,而不以训练技能技巧为主。

三、填空题

1.生活　卫生习惯	2.感知能力	3.幼儿对体育活动的兴趣
4.专门组织的体育活动	5.道德认知	6.道德情感

四、名词解释

幼儿体育

幼儿体育是指幼儿园进行的,遵循幼儿身体生长发育的规律,运用科学的方法以增强幼儿的体质、保证幼儿健康为目的的一系列教育活动。

第五章　幼儿教师和幼儿

真题必刷

第8练　幼儿教师

一、单项选择题

1.A 【解析】本题考查教师劳动的特点。教师劳动的创造性主要是由劳动对象的特点决定的。这种创造性的主要表现不同于科学家在未知领域的探索和发现,而是体现在创造性地运用教育教学规律,在复杂多变的教育情境中塑造发展中的人。题干中教师学习各类直播软件,当起了"网红",对学生进行在线教学,体现了教师劳动的创造性。

2.A 【解析】本题考查幼儿教师的角色。幼儿教师是幼儿的养护者,幼儿教师不能只是一位教学工作者,教师的"养护者"或者说"照料者"的角色是至关重要的。"养护"不仅指对幼儿生理、生活上的照顾,而且包含着对其积极良好的情绪情感状态、健康人格、个性品质、社会性品质与行为等多方面心理发展予以积极的关

注与呵护。

3. D 【解析】本题考查幼儿教师劳动的特点。幼儿教师的劳动手段,带有很大的主体性,儿童的学习很大一部分是通过直接模仿和感染而展开的。幼儿教师和儿童朝夕相处,和儿童一同活动、游戏,教师的一言一行、一举一动都是儿童的榜样,有力地熏陶、影响着儿童。

4. D 【解析】本题考查幼儿教师的角色。教师要成为幼儿学习活动的合作者,要求教师要以"合作伙伴"的身份参与到幼儿的学习活动中去,共同促进学习活动的不断延伸。"教师和儿童一起工作,幼儿教师抓住儿童的皮球,再抛给儿童",教师与幼儿之间平等的"抛接"要比教师居高临下的"抛给"更有利于促进幼儿的学习与发展。题干中的描述体现了教师是幼儿学习的合作者。

5. B 【解析】本题考查幼儿教师劳动的特点。劳动对象的主动性主要表现为:在幼儿教师对儿童施加影响的教育过程中,儿童既是"教"的客体,又是"学"的主体。儿童不是消极被动地接受教师的教育影响,而是通过自身的内部作用来主动选择和接纳外界的影响,形成自己的经验和知识结构,发展自己的思想感情。

6. D 【解析】本题考查幼儿教师劳动的特点。教师劳动的创造性主要是由劳动对象的特点决定的。这种创造性的主要表现不同于科学家在未知领域的探索和发现,而是体现在创造性地运用教育教学规律,在复杂多变的教育情境中塑造发展中的人。

7. B 【解析】本题考查幼儿教师劳动的特点。题干的描述体现了幼儿园教师劳动的复杂性。

8. C 【解析】本题考查幼儿教师劳动的特点。与中小学相比,我国对幼儿教师的管理控制相对较松,幼儿教师可以自定教养目标,自选内容,自己组织安排各种活动。由于没有考试这一环节,加之孩子年幼,不会监督评价教师的工作,因而整个监测机制没有其他教育机构那么强。幼儿教师的工作在很大程度上取决于幼儿教师的独立自觉性。因此,幼儿教师的劳动具有较强的自主性。

9. B 【解析】本题考查幼儿教师的职业角色。教师除了扮演"教员"的角色,负责日常的教学活动外,更为主要的是充当儿童生活的"导师":儿童饮食起居的"导师";丰富儿童精神世界的"导师";丰富儿童情感生活的"导师"。

10. D 【解析】本题考查幼儿教师的能力结构。幼儿教师的能力结构包括观察和了解儿童的能力、设计教育活动的能力、组织管理能力(包含了组织分组活动能力)、对幼儿进行行为辅导的能力、沟通的能力、独立思维与创造的能力、适应新情境的能力、及时转变角色的能力、反思能力(不断评价和反思的能力)。

11. C 【解析】本题考查幼儿教师劳动的特点。幼儿正处在生长发育最快的时期,其身心发展变化极为迅速,想象力异常丰富,活泼好动。幼儿身心发展的特点决定了幼儿教育必然是一个充满创造性的过程。幼儿好奇心强,教学过程中任何一个小插曲都会吸引他们的注意力,因此需要教师机智、灵活地及时处理和解决。这都体现了教师工作过程的创造性和灵活性。

12. D 【解析】本题考查幼儿教师劳动的特点。幼儿教师的工作对象是 0 ~ 6 岁的儿童,这一年龄阶段的儿童好奇心强,好模仿,易受教师的感染影响,对教师无限信任和尊重,这就要求幼儿教师要为人师表,注意自己一言一行的示范性和感染性。幼儿教师要用自己的工作向幼儿展示世界的真、善、美,用自己的工作证明自己的真、善、美,从而在幼儿面前树立起较为完美的职业形象。

13. B 【解析】本题考查幼儿园教师劳动的特点。工作对象的主动性,使幼儿教师的工作比较复杂,幼儿教师必须了解儿童,针对每个儿童的发展水平,激发儿童的活动兴趣,使之积极投入到活动中去。工作对象的幼稚性体现在,幼儿教师工作的对象是初生至 6 岁前的儿童。他们正在慢慢长大,开始独立的行动,用语言表达自己的愿望和感情。他们的思维还处在具体形象的水平,知识经验还很少,许多事物还是第一次认识,许多行动还是第一次尝试。幼儿教师要了解儿童,尊重儿童的兴趣和愿望,从儿童的角度出发来考虑教育的内容和方法,才能很好地引导儿童在原有水平的基础上不断地向前发展。因此,龙应台的著作《孩子,你慢慢来》体现了幼儿园教师劳动对象的主动性和幼稚性。

14. D 【解析】本题考查教师劳动的特点。示范性指教师的言行举止,如人品、才能、治学态度等都会成为学生学习的对象。教师的示范作用能够对社会产生积极的影响。

15. D 【解析】本题考查教育机智。教师在遇到难以回答的问题时,往往会说“这个问题我也不知道,等我查了资料再告诉你们”。这一许诺幼儿会记在心里,教师一定要尽快兑现,不要把这句话当成对疑难问题的“挡箭牌”。

二、多项选择题

1. ABD 【解析】本题考查幼儿教师应具备的能力素养。幼儿教师应具备的能力素养包括语言表达能力、组织管理能力、组织教育和教学的能力、自我调控和自我反思能力(较高的教育机智)。要求教师有自学能力,不断提高自己的修养。此外,教师还应具备教育科研能力、学习能力、观察幼儿的能力、创新能力以及运用现代教育技术手段的能力。C项属于教师的知识素养。

2. ACD 【解析】本题考查教师的教育机智。题干表述的情况王老师可以引导幼儿逐渐学会自我约束,对吵闹的幼儿进行说服教育,引导幼儿参加感兴趣的活动。

3. ABDE 【解析】幼儿教师的职业道德素养包括:(1)对待事业,要爱岗敬业;(2)对待幼儿,要接纳热爱;(3)对待家长,要尊重合作;(4)对待同事,要团结协作;(5)对待自己,要以身作则。

三、判断题

1. √ 【解析】本题考查幼儿教师的职业素养。幼儿教师教育能力的高低,直接关系到教育任务能否完成以及幼儿园的办园质量。教师的教育能力主要包括确定教育内容的能力和选择教育策略的能力。

2. √ 【解析】本题考查幼儿教师劳动的特点。教师劳动的示范性是由儿童心理特征决定的。儿童富于模仿性和易受暗示,他们都把教师看作知识的化身、高尚人格的代表,是天然的模仿对象。

四、论述题(参考答案)

联系实际谈谈当代幼儿教师应具备怎样的职业素养。如果未来你成为一名幼儿教师,你将对自己进行怎样的职业规划。

幼儿教师的职业素养包括:

(1)幼儿教师的职业道德。①对待事业,要爱岗敬业;②对待幼儿,要接纳热爱;③对待家长,要尊重合作;④对待同事,要团结协作;⑤对待自己,要以身作则。(2)幼儿教师的儿童观和教育观。①儿童权利观和民主平等的师生观;②儿童特质观和适宜教育观;③幼儿主体观和幼儿教育方法观。(3)幼儿教师的专业知识和技能。①幼儿教师的知识结构。包括广博的文化基础知识和扎实的幼儿教育理论基础知识。②幼儿教师的能力结构。包括观察和了解儿童的能力;设计教育活动的能力;组织管理能力;对幼儿进行行为辅导的能力;沟通的能力;独立思维与创造的能力;适应新情境的能力;及时转变角色的能力;反思能力(不断评价和反思的能力)。(4)良好的心理素质。①幼儿教师的教育信念;②幼儿教师的情感特征;③幼儿教师的教育机智;④幼儿教师的个性。(5)健康的身体素养。幼儿教师应体貌端正、身体灵活、精力旺盛,且没有任何传染性疾病。

我的职业规划如下:

(1)新手阶段。新手阶段是教师获取所需知识和技能的阶段。我会努力学习所需知识和技能。(2)熟练的新手阶段。在这一阶段中,我能将自己的实践经验与所学的知识逐步联系起来,策略性知识得到发展。(3)胜任阶段。我能够学会如何在课程和教学上做出决策,并能对所做的事情承担更多的责任。我会更加频繁地强烈感受到成功与失败的体验。(4)精通阶段。从积累的丰富经验中,我能综合性地识别出情景的相似性。正是这种对相似情景整体性的认识,使我能更准确地预测事件。(5)专家阶段。我不但能对教学情景直觉地把握,而且能以非分析性、非随意性的方式,做出适当的反应。

五、材料分析题(参考答案)

(1)从案例中可以看出:①王老师正在引导儿童仔细观察花的颜色和形状,体现了观察和了解儿童的能力。②这时王老师也跟了过去说:“蝴蝶最喜欢花,我们看看蝴蝶都飞到了哪些颜色上?哪些形状的花上玩耍?喜欢和哪些花交朋友?”体现了设计教育活动的能力。③王老师改变教学方式,体现了组织管理能力。④王老师和幼儿沟通,了解幼儿的想法,体现了沟通的能力。⑤王老师根据蝴蝶让幼儿观察花和蝴蝶的关系,体现了独立思维与创造的能力。⑥王老师在材料中及时转变自己的角色。

(2)在学习和实践中提升专业素养,主要包括:①微格教学法;②“虚拟场景”培训;③参与式培训;④提升反思意识与能力;⑤赋予教师参与的权利。

第9练　儿童观与师幼关系

一、单项选择题

1. B　**【解析】**本题考查幼儿教师和幼儿沟通的技能。(1)教师要用恰当的言语或非言语方式热情地接纳和鼓励幼儿谈话、提问,让幼儿产生“老师很喜欢听我说”“老师觉得我的问题很有意思”的喜悦感和自信心,并相信老师是自己随时可以交谈的对象。(2)教师要与孩子建立平等关系,不要居高临下,如果教师想要接近孩子,必须放下自己的权威,同孩子建立一种平等的谈话方式,与孩子站在同样的高度,用孩子的眼光看问题。(3)教师用语应符合儿童的年龄特点和认知水平,因此,教师表述应该简单明了,从容不迫,使儿童容易听懂。(4)教师与儿童的非言语沟通主要是指教师运用微笑、点头、抚摸、搂、蹲下与儿童交谈等方式与儿童沟通。故B项错误。

2. B　**【解析】**本题考查儿童观的价值取向。所谓社会本位的儿童观,指的是仅以社会(或者国家、群体)的利益为标准看待儿童的地位和价值的观点:把儿童看作是国家的财富,家族延续和继承的工具,未来的劳动者和兵源。

3. C　**【解析】**本题考查建立和谐师幼关系的措施。幼儿教师和幼儿建立良好关系的策略包括:(1)树立正确的角色意识,营造轻松的互动氛围。(2)关爱、尊重每一位幼儿。(3)从细节着眼,从小处着手。在与幼儿的互动过程中,幼儿教师能以正面的、鼓励性的语言组织集体教学,以诚恳的微笑以及适当的肢体语言给幼儿提供宽松、民主的心理环境,且能积极应答和适当处理每位幼儿的询问、请求等,与幼儿平等对话,做幼儿学习活动的支持者、合作者和引导者。对幼儿纪律的遵守要求严格,不利于营造轻松的互动氛围,不利于尽快建立和谐师幼关系。

4. D　**【解析】**本题考查师幼关系。理想的师幼互动,应该建立在平等的师幼关系上。幼儿与成人都是人类个体生命存在的组成部分,师幼双方皆为具有独立人格的主体,一方不依附于任何一方,也不受任何一方的控制。互动双方对彼此间的平等关系要有清晰的认同,尤其是教师,要做到平视幼儿。教师用幼儿能理解的语言及时回应体现了平等的师幼关系。

5. D　**【解析】**本题考查现代社会的儿童观。儿童具有巨大的发展潜能,在适当的环境和教育的条件下,应最大限度地发展儿童的潜力。题干中教师的做法体现了儿童是有巨大发展潜能的人。

6. C　**【解析】**本题考查有效师幼互动的支持策略。启发思考是挑战式互动策略之一。教师作为活动的指导者,通过问题情景的创设,启发幼儿积极思考和交流是极其重要的策略之一。教师可以借助于具体情境,通过开放性的问题以及丰富多样的材料,激发幼儿不断思考、主动探索,从中培养幼儿良好的学习习惯和探索精神。

7. D　**【解析】**本题考查正确儿童观的树立。活动是幼儿发展的基础和源泉。幼儿的实践活动主要指幼儿与周围环境中的人或物直接相互作用的外部活动,它是与幼儿的生理、心理活动交融为一体,统合进行的最富有发展价值的综合性活动。

8. A　**【解析】**本题考查师幼关系。“亲其师而信其道”这一古训说明良好的师幼关系是顺利开展幼儿教育活动的重要保障。良好的师幼关系是沟通师生感情的桥梁,是保证教育活动顺利开展的重要条件。

9. A　**【解析】**本题考查师幼关系。与幼儿交往的原则主要包括理解的原则、尊重的原则、平等的原则、接纳的原则。贯彻理解这一原则,教师应做到以下几点:(1)教师对幼儿的行为具备一定的洞察力;(2)教师应站在幼儿的角度,用宽容、理解的态度与幼儿沟通。

10. B　**【解析】**本题考查儿童观的价值取向。个人本位的儿童观,即把儿童作为一个独立的、具有独特个性的个体来看待的儿童观。这种儿童观以儿童为价值主体,主张儿童的生活和学习均要符合儿童的天性,儿童利益至上。

11. C　**【解析】**本题考查师幼关系。在所表述的做法中,C项的做法是不妥的,没有考虑到幼儿的兴趣和需要。

12. C 【解析】本题考查师幼关系。相对于亲子关系和同伴关系，师幼关系对幼儿的学习和幼儿园适应方面的影响最为突出。

13. A 【解析】本题考查良好师幼关系的特征。教育性是指在师幼互动中，无论是师幼的身份互动的目的、内容和互动发生的途径、情景等，均体现出明显的教育性特点。师幼间互动的目的主要是为了促进幼儿学习、认知和社会性发展。题干中教师的话不能促进幼儿的学习、认知和社会性的发展，不能体现出教育性特点。

14. B 【解析】本题考查儿童观的历史演变。14～16 世纪欧洲的文艺复兴运动高举人文主义旗帜，把人从神的束缚下解放出来，形成以人为中心，一切为了人的利益的新型人类观，从而为儿童的命运带来重大转机。

15. C 【解析】本题考查现代儿童观的内涵。儿童是人，但不是“小大人”，而是有其独特的文化，即儿童文化。儿童文化是儿童表现其天性的兴趣、需要、活动与价值观念以及儿童群体共有的精神生活、物质生活的总和。儿童文化是儿童内隐的精神生活和外显的文化生活的集合。成年人在教育儿童时，首先要认识、尊重儿童文化。

16. B 【解析】本题考查儿童观的价值取向。国家本位的儿童观，是以国家利益为根本出发点，在国家利益和家族、个人利益出现矛盾时，将国家利益放在首位。这种儿童观将儿童看成是国家的财富、未来的劳动者，是国家延续与富强的一种“工具”，往往从国家兴亡的高度看待儿童选拔、教育等问题。

二、判断题

1. × 【解析】本题考查幼儿的活动类型。幼儿的活动可大致分为内部活动和外部活动两类。内部活动是指不可见的幼儿的生理、心理活动；外部活动指可见的幼儿的实践活动。

2. × 【解析】本题考查师幼关系。直接“教”的方式是指教师按照教育目的，直接把教育的内容传递给幼儿。这种方式的不足之处是幼儿自主学习机会少，其主动性、创造性难以发挥。

3. × 【解析】本题考查儿童观的发展演变。古代社会是以成人为本位的社会，一切活动都围绕着成人展开，儿童没有“地位”，没有作为人的基本权益，儿童只是成人的附属品，对成人具有依附关系，儿童自身的兴趣、愿望，根本得不到重视和理解，一切要听从成人的命令和安排，甚至连最基本的生存权利都得不到保障。

4. × 【解析】本题考查师幼关系。要建立良好、和谐的师幼关系，关键在于教师。

5. √ 【解析】本题考查儿童观。在教育过程中，儿童不是被动的加工对象，而是学习和发展的主体。任何教育影响必须经过儿童主体的主动吸收、转化才能生效。

6. × 【解析】本题考查师幼互动。师幼互动是指发生在师幼之间的交互作用和影响。幼儿园师幼互动是指发生在幼儿园的教师与幼儿之间的相互作用、相互影响的行为和过程的综合。

7. × 【解析】本题考查师幼关系中教师的“教”和幼儿的“学”。如果教师能按照幼儿的身心特点来讲课，让幼儿发挥主体性，学有兴趣，把教师传授的东西积极地消化、吸收，转化为自己的东西，而不是死记硬背，幼儿这样的学习是主动的、有意义的学习。把“教师讲、幼儿听”笼统地斥为机械灌输的说法是不对的。

8. √ 【解析】本题考查师幼关系中教师“教”的活动。间接“教”的不足之处：(1)幼儿获得的知识、经验容易陷入表面、缺乏系统，有时甚至会得出错误结论；(2)与直接“教”相比，间接“教”的指导困难得多，其虽有一定规律可循，但却没有一个固定、统一的模式可套用，要求教师有较高的技能技巧，特别是需要教育的灵活性、随机性。

9. × 【解析】本题考查儿童观的历史演进。“白板说”认为，儿童刚生下来的时候，其心灵就像一块白板，成人可以任意塑造他。这种说法是不正确的，认为儿童的发展仅仅是消极被动地接受外界刺激，完全忽视了儿童的主观能动性。

三、简答题(参考答案)

1. 人们对儿童的认识和看法随着时代的变化不断发展，简述现代儿童观的内涵。

(1)儿童是人，具有与成年人一样的人的一切基本权益，具有独立的人格；(2)儿童是一个不断发展的整体，应尊重并满足儿童各种发展的需要；(3)儿童的发展具有个体差异性；(4)儿童具有巨大的发展潜能，在适

当的环境和教育的条件下,应最大限度地发展儿童的潜力;(5)儿童具有主观能动性;(6)男女平等,不同性别的儿童应享有均等的机会和相同的权益,受到平等的对待。

2.幼儿教师应如何建立理想的师幼关系?

(1)关爱幼儿;(2)与幼儿经常性的平等交谈;(3)参与幼儿的活动;(4)与幼儿建立个人关系;(5)积极回应幼儿的社会性行为。

四、论述题(参考答案)

试述教师与幼儿交往应遵循的原则。

(1)教师与幼儿是相互信赖、相互尊重、平等的关系。教师把幼儿当成平等的独立的个体,热爱并尊重每一个幼儿,可以在日常生活中使用一些教育艺术,例如,用微笑、爱抚和拥他入怀来表示赞许和喜爱。(2)教师要最大限度地理解、宽容、善待幼儿。教师的每一个微笑,每一个眼神,每一个表情都会影响到幼儿。作为一名幼儿教师需要做到的是了解每一个孩子,并对孩子给予不同程度的理解、宽容。(3)教师面对幼儿要坦白诚实。教师不是完人,即便是面对幼小的孩子,也难免有过错。我们会用"诚实的列宁"这个故事教育幼儿,那如果自己说错了什么,做错了什么呢?很简单,坦白地告诉幼儿,并真诚地向幼儿道歉。幼儿能体会到:其实向别人坦白自己的错误是一种能使心情放松的事。(4)教师对幼儿应一视同仁,因人施教。教师首先要接纳每一个孩子,喜爱他们、关心他们,并能针对幼儿的差异,施加有益的、有差别的影响。因人施教还表现在尊重幼儿发展的个体差异。既要准确把握幼儿发展的阶段性特征,又要充分尊重幼儿发展的连续性进程上的个别差异,支持和引导每个幼儿从原有水平向更高水平发展。(5)教师应做到以身作则,为人师表。作为幼儿教师必须在情感、态度、能力、知识、技能等方面成为幼儿的表率。只有这样,才能发挥幼儿教师本身的教育价值,直接影响幼儿的发展,从而形成健康向上的师幼关系。

五、材料选择题

1.D　【解析】案例一中,老师沟通能力体现的方面包括熟记儿童的名字、运用适当的语言方式、与孩子进行眼神接触。D项不正确。

2.C　【解析】案例中老师对小阳进行劝说,让小阳学会相互理解。

3.A　【解析】幼儿教师和幼儿进行沟通时要以鼓励、肯定、引导为主,倾听孩子的内心,用眼神与孩子直接接触。幼儿教师应避免用严肃的表情、语气和幼儿沟通。

4.D　【解析】D项和题干的表述无关,故选D项。

5.C　【解析】幼儿教师帮助孩子建立良好的人际关系的措施包括让幼儿学会相互理解,为他人着想;让孩子为自己的行为负责,培养对自己与他人的责任感;让幼儿尝试自己解决问题,学会宽容和合作。C项的做法不正确。

六、材料分析题(参考答案)

1.案例中老师的处理方法是不正确的。

(1)案例中的老师缺乏观察和了解儿童的能力。在看到牛牛和笑笑边哭边吵的时候,案例中的老师没有仔细观察和了解事情发生的原因,而是凭自己的判断批评了牛牛。

(2)案例中的老师缺乏沟通的能力。幼儿的冲突是其沟通不畅的最激烈的表现形式,多发生在物的分配或活动机会的选择时。正确认识和对待幼儿的冲突,是教师的基本技能之一。帮助幼儿正确对待冲突、获得解决冲突的策略;通过冲突理解人际交往的规则,认识自己和别人的权利,克服自我中心,是幼儿园教育的重要内容。案例中的老师没有与幼儿沟通。

教育建议:(1)关爱幼儿是对幼儿教师的基本要求,也只有在关爱幼儿的基础上才有可能与幼儿建立良好的关系。(2)教师应在日常生活中对幼儿感兴趣的事物、话题与幼儿平等、亲切地交谈,这种形式的互动有利于良好师幼关系的形成。(3)参与幼儿的活动。(4)对于幼儿积极的社会性行为,教师应该给予肯定和赞赏,并设法引起社会性赞同,扩大其影响;对于幼儿消极的社会性行为,教师也应该做出恰当的反应,使幼儿感受到教师的态度和价值取向。

2.(1)①古埃及的谚语反映了儿童是“有罪的”。持这种观点的人认为,儿童一生下来,就充满了罪恶,是有罪的“羔羊”,卑贱无知,成人应该对他们严加管束、约制,使儿童能不断地进行赎罪。儿童体内的各种毒素,是儿童犯罪的根源,容易导致儿童的错误行为,而严酷的纪律则会减轻、消除儿童的这种行为,可以责骂、鞭打儿童,对儿童施行体罚是合法的。②中国的谚语反映了儿童是“私有财产”。在这种观点看来,儿童是父母婚姻的结晶,产生于母体,归父母所有,是父母的隶属品。儿童特别是男童被认为是家庭的希望、传宗接代的工具,开始重视儿童、关心儿童,但儿童仍然被视为家庭和家族的附属品,父母的私有财产,没有独立自主的人格和地位,与抚养人之间的关系只是一种依附关系。例如,“老子打儿子”被认为是天经地义的,是家庭的私事,别人无权干涉。③夸美纽斯的话反映了儿童是“无价之宝”,是上帝最珍贵的恩赐,是任何事物不能与之相比拟的宝物,因此,必须给以极大的关怀。无论对父母还是国家来说,都是如此。④洛克的话反映了儿童是“白板”。持这种观点的人认为,儿童刚生下来的时候,其心灵就像一块白板,成人可以任意塑造成各种各样的东西;就像是一张白纸,洁白无瑕,成人可以在上面画最新最美的图画;就像是一个空容器,成人可以任意填塞,把各种知识经验灌输进去,而不考虑儿童的需要。⑤蒙台梭利的话反映了儿童是“有能力的主体”。儿童是有能力的、积极主动的主体,应有主动发展自己潜能的机会,在出生、成长、发育的过程中,成为自主的行动者,能表达自己的主张和意见,充分行使自己的权利。

(2)儿童观的发展演变主要包括古代的儿童观、近代的儿童观、现代社会的儿童观。

古代的儿童观主要包括:①以成人为本,儿童对成人具有依附关系,儿童没有作为人的权利;②儿童是国家未来的兵源和劳动者,是家族香火的“延续”,是光宗耀祖的“希望”;③人们对儿童的特质和能力有了最初的认识,认为儿童是“无知无能”的,具有“可塑性”;④以男性为中心,男尊女卑,女童的地位极其低下。

近代的儿童观主要包括:①对儿童有了“新的发现”,人们开始意识到儿童作为一个独立个体所具有的价值和权益;②儿童具有天赋力量,具有可发展的潜能;③女子的地位有所改善,但男女不平等的问题依然存在。

现代社会的儿童观主要包括:①儿童是人,具有与成年人一样的人的一切基本权益,具有独立的人格;②儿童是一个不断发展的整体,应尊重并满足儿童各种发展的需要;③儿童的发展具有个体差异性;④儿童具有巨大的发展潜能,在适当的环境和教育的条件下,应最大限度地发展儿童的潜力;⑤儿童具有主观能动性;⑥男女平等,不同性别的儿童应享有均等的机会和相同的权益,受到平等的对待。

(3)学前工作者应该树立的儿童观有:①儿童有各种合法权利;②儿童的成长受制于多种因素;③儿童发展的潜力要及时挖掘;④儿童是连续不断发展的;⑤儿童发展具有差异性;⑥儿童通过活动得到发展;⑦儿童发展具有整体性。

举例:儿童通过活动得到发展,当4岁的幼儿具有了木头会在水面上漂浮,石头、铁棒会下沉的知识以后,向他呈现一个小铁盆,要他回答“这个铁盆是漂浮还是下沉”的问题时,他仍会感到很困难,但如果给他提供一池水,为他进行探究活动创造条件,幼儿就能容易作答:“当铁盆里没有进入水时,会漂浮;当铁盆里进入很多水以后,就会慢慢下沉。”并明白这是因为漂浮的方式不同所导致的道理,从中扩展到理解用很重的钢铁制作的船在海上漂浮的原理。(考生可结合实际加以阐述,言之有理即可)

实战演练

一、单项选择题

1.D 【解析】幼儿教师的劳动手段,带有很大的主体性,儿童的学习很大一部分是通过直接模仿和感染而展开的。幼儿教师和儿童朝夕相处,和儿童一同活动、游戏,教师的一言一行、一举一动都是儿童的榜样,有力地熏陶、影响着儿童。在学前教育中,身教重于言教,幼儿教师的自身活动和言行是重要的劳动手段。

2.A 【解析】由于幼儿的社会性发展水平不高,知识经验缺乏,自我控制力低,因此他们的情绪往往易冲动,难以有效地控制自己的情绪,往往表现出在成人看来不讲理的行为。教师在面对幼儿的冲动行为时不能受其影响,必须注意克制自己,以冷静沉着的方式、理性的教育方法解决问题。

3.C 【解析】受教育过程上的机会平等,是指幼儿进入幼儿园以后,幼儿园应该保障每个幼儿参加教育教学

计划内安排的各种活动，使用各种教学设施、设备、图书资料等，每个幼儿都是平等的。题干中教师因为乐乐活泼顽皮而不让其参与各种娱乐活动，剥夺了幼儿参与活动的权利，说明教师没有保证幼儿受教育过程中的机会平等，故教师的做法不正确。

4. D 【解析】幼儿教师的职业能力素养（能力结构）包括：（1）观察和了解儿童的能力；（2）设计教育活动的能力；（3）组织管理能力；（4）对幼儿进行行为辅导的能力；（5）沟通的能力；（6）独立思维与创造的能力；（7）适应新情境的能力；（8）及时转变角色的能力；（9）反思能力（不断评价和反思的能力）。

5. D 【解析】教师是社区资源的整合者。幼儿园是一个开放的体系，它的良好运行需要社区、家长的大力支持，作为一名幼儿教师，必须学会和家长、社区沟通，整合各种有用的资源为儿童发展做好服务。

6. B 【解析】儿童权利观和民主平等的师生观是指在教育上，教师应民主、平等地对待幼儿，应尊重他们的人格、尊严和基本权利，并保护他们的人格、尊严和基本权利免受剥夺和侵犯；不得任意处置、惩罚、虐待和歧视幼儿，应尊重他们的意愿、需要和兴趣，不可按自己的意志对他们采取任意的强制；每一个幼儿的基本权利是平等的，教师不可忽视对每一个幼儿的保护和教育。

7. D 【解析】发现学习是指幼儿通过动手操作、亲自实践、与人交往等去发现自己原来不知道的东西，从而获得各种直接经验、体验以及思维方法的学习方式。

8. C 【解析】设计教育活动的能力是指幼儿教师应善于运用教学理论，结合幼儿的心理特点和接受能力，对教育活动进行设计，并选择恰当的教学方法，促进幼儿全面的发展。

9. D 【解析】D 选项属于教师间接“教”的缺点。

10. A 【解析】在古代社会，国家重视儿童，儿童被看成是国家的财富、未来的劳动者和兵源。A 项属于古代社会的儿童观。

11. A 【解析】小刘老师因为家庭琐事心情不好而大声斥责孩子，把孩子当成坏情绪的发泄对象是不妥当的。小刘老师应该学会自我调节情绪。

12. A 【解析】现代儿童观认为：儿童是与成人平等的、独立的、发展中的个体，社会应当保障他们的生存和发展，应当尊重他们的人格尊严和权利，尊重他们的发展特点和规律，尊重他们的能力和个性，应当为他们创造参与社会生活的机会。

13. B 【解析】幼儿教师劳动任务是十分细致的。儿童独立生活能力较差，教师要精心地照料他们的生活，如喂养婴儿，帮助儿童洗手时把袖子卷起，随时按气温和活动量为儿童增减衣服，等等。

14. A 【解析】教师职业的最大特点是职业角色的多样化。

二、多项选择题

1. ABCD 【解析】作为一个幼儿教师应当具有宽阔、慈爱的心胸，主动的精神，乐观的心态，稳定的情绪，丰富的感情，活泼开朗的性格，良好的行为习惯，等等。这样的教师容易与幼儿打成一片，接纳幼儿，并潜移默化地让幼儿受到教师的感染，有利于幼儿身心的成长。

2. ABCD 【解析】幼儿教师的劳动，和其他劳动相比，具有自身的特点。主要包括：（1）劳动对象的主动性和幼稚性；（2）劳动任务的全面性（综合性）和细致性；（3）劳动过程的创造性和复杂性；（4）劳动手段的主体性和示范性；（5）劳动周期的长期性和间接性；（6）幼儿教师劳动的整体性。

3. ABC 【解析】作为专业的教育者，教师的爱应该是普遍而广泛的。每位幼儿都有各自不同的性格特征和学习特点，教师应该认识到这些差异的普遍存在，并充分尊重幼儿的差异，平等地对待每一位幼儿，促进他们富有个性地全面发展。因此 D 项是错误的。

4. ABCD 【解析】所谓完整儿童是指全面发展和谐平衡的儿童，其发展是身体的、认知的、情感的、社会的和人格的整合性的发展。

5. ABD 【解析】正确的儿童观包括：（1）儿童有各种合法权利；（2）儿童的成长受制于多种因素；（3）儿童发展的潜力要及时挖掘；（4）儿童是连续不断发展的；（5）儿童发展具有差异性；（6）儿童通过活动得到发展；（7）儿童发展的整体性。

三、判断题

1. √ 【解析】教师职业是由教育教学专业人员在社会分工条件下所从事的培养人的活动。

2. √ 【解析】儿童凭借感知觉认识外界事物,教师的简笔画可以给儿童提供直观具体的形象,帮助他们理解所学内容。

3. × 【解析】幼儿教师要不断丰富自身的知识和提高自身的能力,要积极参加业务学习和幼儿教育研究活动。

四、简答题(参考答案)

1. 简述现代幼儿教师的角色。

(1)教育者;(2)公共关系的协调者;(3)幼儿游戏的伙伴;(4)幼儿的第二任母亲,也是幼儿的知心朋友;(5)既是学前教育实践者,也是学前教育理论的研究者和建构者。

2. 简述间接"教"时要注意的问题。

(1)与直接"教"的方式相结合;(2)正确的角色定位;(3)环境适应幼儿的年龄特点和个别差异。

3. 简述直接"教"时要注意的问题。

(1)变单向的"教"为双向的交流;(2)变单一的言语传授为多样化的教育手段;(3)重视情感效应;(4)重视幼儿的个别差异,因材施教;(5)重视随机地"教";(6)直接"教"和间接"教"相结合。

五、材料分析题(参考答案)

(1)王老师的这种安排不妥当。因为幼儿教师应该对每一个孩子一视同仁,这是幼儿教师的职业道德。

(2)①幼儿的形象、气质和艺术才能不可能一样,但是有一点却是共同的:他们都有参与集体活动的权利。幼儿教师应当热爱每个孩子,关心、教育和帮助每个孩子成长。②王老师为了能够在表演中获奖,把几名较差的幼儿让保育员带着玩,不能作为演员上台表演,她的做法首先就违反了教师职业道德的基本要求:平等地对待每一个孩子,不管孩子的出生是贫穷还是富裕,长相是丑陋还是漂亮,都应该一视同仁。③教师的这种行为也会促使其他孩子对这些形象、气质和艺术才能不好的幼儿产生歧视,导致孩子之间关系的不融洽,最终也会影响师幼之间的关系。④作为新时代的一名幼儿教师,应该具备起码的职业道德标准,其中有一点就是要关心、热爱幼儿。这是做好教育工作的前提条件。它包括关心爱护全体幼儿,尊重幼儿的人格,平等、公正对待幼儿。王老师应让所有的幼儿都参加节目,上台表演。

第六章　幼儿园教育活动

真题必刷

第10练　幼儿园教学活动

一、单项选择题

1. B 【解析】本题考查幼儿园教学活动的方法。示范或范例是教师通过自己的或儿童的动作、语言、声音,或经过选择的图画、剪纸和典型事例,为儿童提供模仿的对象,是儿童模仿学习必要的方法。在教学过程中,则为儿童出示事先准备好的各种样品,如绘画、纸工、泥工样品等,供儿童观察、模仿学习。

2. A 【解析】本题考查教学活动的原则。贯彻教学活动中连续性和渗透性原则,对教育者提出了更高的要求。教师不仅要理解、熟悉各种教育活动内容的内在联系、连续性和体系,还要了解不同教育内容之间的相互渗透性,并把各种教育活动科学、合理地组织安排,从而保持各种教育活动的特定的体系、经验的连续,又互相渗透、有机联系,不绝然割裂,以使全部教学活动取得最佳效果。

3. A 【解析】本题考查幼儿园教育活动的手段。实物是最能让幼儿有真实感受的教具,对幼儿发展来说,这是最有价值的与环境互动的媒体。

4. A 【解析】本题考查幼儿园教育活动内容选择的最主要依据。幼儿园教育内容选择的依据:幼儿的发展、社会的需求、学科知识的特性,其中幼儿园教育活动内容选择的主要依据是幼儿的发展。

5. D 【解析】本题考查对幼儿园活动的理解。在幼儿园中,教育活动和游戏活动是融为一体的。幼儿是在与环境积极地相互作用过程中实现自身的发展的。

6. D 【解析】本题考查幼儿园常用的教学方法。幼儿园常用的教学方法有活动法、直观法、口授法。活动法包括实验法、游戏法、操作练习法。直观法包括观察法、参观法、演示和示范法。口授法包括谈话与讨论、讲解与讲述等。

7. B 【解析】本题考查幼儿园教学活动的原则。教师在运用讲解语时应遵循准确清晰、透彻流畅、生动活泼的要求。生动活泼要求教师应该有使自己语言成为幼儿审美对象的自觉追求。题干中教师在运用讲解语时遵循了生动活泼的要求。

8. C 【解析】本题考查幼儿园教学活动的原则。积极性原则是指教师在教学活动中应注意激发幼儿主动学习的愿望,引发和促进幼儿积极地与环境相互作用,得到发展。题干的描述体现了幼儿园教学活动的积极性原则。

9. C 【解析】本题考查幼儿园教学活动的方法。观察法是指儿童在教师或成人指导下,有目的地感知客观事物的过程和儿童自发的观察过程。观察法是儿童认识周围世界,取得直接经验的重要途径,是儿童教学活动的基本方法。案例中高老师运用的教学活动方法是观察法。

10. B 【解析】本题考查幼儿园教学活动的方法。使用谈话法需要符合的要求包括围绕主题、讲究艺术、态度友好、做好记录。

11. D 【解析】本题考查幼儿园教学活动的导入方法。在教育活动的组织与实施中,通过情境创设导入(环境创设导入)到活动主题之中的方法和策略在幼儿园经常可见。通过情境导入的方式可以较快、较顺利地将儿童引入到主题之中,避免了儿童因为对活动形式的厌倦而导致对活动内容和探索问题的厌倦。

12. A 【解析】本题考查幼儿园教学活动的特点。幼儿园教育活动整合性的特点主要体现在活动目标(多个领域、多种目标层级目标整合)、活动内容(同一活动领域内的整合、不同活动领域间的整合)、活动资源(家庭、社区、幼儿园资源)、活动方法、活动形式、活动手段(操作、实验、讨论、合作探究)等各方面、各个层次的整合。

13. D 【解析】本题考查幼儿园教学活动的特点。题干的描述体现了幼儿园教学活动的灵活性。

14. C 【解析】本题考查幼儿园教学活动的特点。幼儿园教学活动的广泛性是指幼儿园教学活动渗透在幼儿园一日生活各项活动之中。

15. A 【解析】本题考查幼儿园教学活动的方法。示范法是教师通过自己的或儿童的动作、语言、声音,为儿童提供模仿的对象,是儿童模仿学习必要的方法。

16. D 【解析】本题考查幼儿园教育活动的类型。幼儿园教育活动从学科领域的角度可以分为语言活动、数学活动、音乐活动、美术活动、科学活动、体育活动;从组织形式的角度可以分为集体活动、小组活动和个别活动;从活动性质的角度又可以分为以教师为中心的预设性活动和以幼儿为中心的自主生成性活动等。

17. D 【解析】本题考查幼儿园教学活动的特点。幼儿园教学活动由于受学前儿童身心发展特点制约,与中小学教学活动相比,有它自身的特点,具体来说表现为主体性、活动性、启蒙性、直观性、整合性和灵活多样性。整合性是指幼儿园教学应是综合的,全面的,而非单一的、分科的。

18. B 【解析】本题考查幼儿园教学活动的方法。实践法又称为活动法,是指幼儿园提供各种材料,让幼儿通过自己练习、操作、发现、感受,以获得知识或经验,养成行为习惯的方法。实践法是典型的"做中学"的方法,应用范围很广。实践法因具体应用情形的不同可分为操作法、行为练习法、实验法、参观法等多种方法。题干中教师运用的教学方法是实践法中的参观法。

19. D 【解析】本题考查幼儿园教育活动的方法。谈话法是教师和幼儿双方围绕一个问题或主题,自由地发表自己的想法、意见,表达自己的感受、体验,进行相互交流的过程。教师应鼓励幼儿大胆地说出自己想说的话,充分尊重幼儿的想法,帮助幼儿形成正确的、科学的观念。

20. A 【解析】本题考查幼儿园教学活动的方法。讨论法是儿童自我教育的一种方法。主要是儿童通过运用已有的知识经验,对一些不了解的问题、认识模糊不清的问题、相互关系中矛盾的问题,甚至有错误看法的问题等,发表意见,共同讨论商议,相互启发和补充,从而获得正确、统一的认识。

21. B 【解析】本题考查幼儿园教学活动的方法。语言法是儿童教师最常用的和最普遍使用的教育教学方法,即教师以语言为主要工具对儿童进行说教、指导、劝说等,以达到相应的教育目的。

22. C 【解析】本题考查幼儿园教学活动的方法。操作法是指儿童按照一定的要求和程序通过自身的实践活动进行学习的方法。

23. B 【解析】本题考查幼儿园教学活动的原则。教学中,教师要观察了解每个幼儿的发展水平、已有的知识经验、学习态度、独立工作能力和兴趣爱好,并针对每个幼儿的情况,区别对待。除了集体的教学活动外,尽可能给予幼儿个别的、小组的学习活动,使每个幼儿的兴趣、需要得到满足,能力得以发展,使每个幼儿在不同的发展水平上皆有所提高。对发展较差的幼儿要分析原因,给予鼓励、引导和帮助,加强个别教育。题干中有的幼儿对主题活动并不感兴趣,作为教师应该允许幼儿选择是否参加该活动。这体现了幼儿园教学活动中集体教学活动与个别教学活动相结合的原则。

二、多项选择题

1. ABD 【解析】本题考查幼儿园教学活动的方法。C项的说法错误,活动形式应多样化。

2. ABC 【解析】本题考查幼儿园教学活动的形式。从教师组织角度来看,可将幼儿园教学活动形式分为集体活动、小组活动、个别活动。

三、判断题

1. × 【解析】本题考查示范讲解法。示范讲解法是生活常规教育中最基本的方法,主要有整体示范讲解和分解示范讲解。

2. × 【解析】观察法是指儿童在教师或成人指导下,有目的地感知客观事物的过程和儿童自发的观察过程。

3. √ 【解析】本题考查幼儿园教学活动的方法。讨论法是有效提高儿童认识、情感、意志与行为水平的重要方法之一。由于儿童在讨论法的教育活动中是处在主体的地位,而不是传统教育模式中那种被动接受灌输的地位,所以其学习的积极性、主动性、能动性都比较高。

四、填空题

1. 生活活动　　2. 游戏法

五、论述题(参考答案)

1. 有家长认为幼儿园教学活动以游戏为主,对幼儿的教育不起作用,请针对这种观点说说幼儿园教学活动的教育作用。

幼儿园教学活动虽然在幼儿园一日活动中所占时间比例很小,但是,一些影响幼儿现实生活的至关重要的经验,以及一些保证终身可持续发展所需要的素质,如强烈的学习兴趣、良好的学习习惯、有效地与环境互动的能力、逻辑思维能力、责任感等,是不能仅靠游戏活动或生活活动来获得,还需要从教学活动中获得。而且幼儿园教学活动还为幼儿系统地提供新的知识经验,帮助幼儿把学习所得经验系统化,引导其心理水平向高一层次提升。所以,这种由教师组织和有步骤地引导幼儿学习的教学活动是游戏所不能取代的,也是幼儿园必不可少的活动。因而,为了充分发挥教学活动的教育作用就要求教师要依据一定的教育目标、遵循一定的教育原则、结合本班幼儿的实际需要、选择相应的内容、精心设计教学过程并组织实施,从而有效地促进幼儿在原有基础上向前发展。

2. 试述幼儿园教学活动过程中的基本要素及其作用。

(1)幼儿园教学活动过程中的基本要素包括教师、幼儿、幼儿园教学活动的内容、幼儿园教学活动的方法。

(2)①教师是教学活动过程的主导因素,是"教"的主体,通过教师的组织和指导,使幼儿积极参与到活动中来,获取有益的经验,发挥自身的潜能。②在教学活动中,幼儿是学习的主体。幼儿是主动的学习者,幼儿在学习方式上存在着种种差别。③教学活动的内容是教师对幼儿施加教育影响,完成教育目标的中介,教师所选择的教学内容合适与否,直接影响到教育目标的实现程度。④幼儿园教学活动的方法是教师激发幼

儿的学习兴趣、有效传递信息、帮助幼儿理解学习内容，保证教学活动的顺利进行，实现教育目标的一个重要的中介因素。

第11练　幼儿园主题活动

一、单项选择题

1. A 【解析】本题考查幼儿园主题活动的特点。主题活动打破了学科领域之间的界限，将各个方面的学习有机地联系起来，这样儿童所获得的经验是完整的。因为主题活动的中心是儿童生活中的一个具体的问题和事件，如水果、超市、蝴蝶、食物等，这些事物通常很自然地包含着多个学科领域。题干的描述反映了知识的横向联系的特点。

2. A 【解析】本题考查幼儿园主题活动中主题的选择和开发。选择、开发主题活动的依据包括：(1)儿童的兴趣、需要及其教育价值；(2)有可整合的教育内容和资源；(3)学前教育目标。

3. D 【解析】本题考查幼儿园主题活动的特点。幼儿园主题活动的特点包括：(1)知识的横向联系；(2)整合各种教育资源；(3)生活化、游戏化的学习；(4)富有弹性的计划；(5)需要刻意遵循儿童“前学科”知识经验的建构规律。A、B、C 三项均符合主题活动的特点，故答案选 D 项。

二、判断题

√ 【解析】本题考查幼儿园主题活动的教育功能。主题活动的教育功能包括：(1)儿童获得的知识经验是完整的；(2)能促使儿童在生活中主动学习；(3)有利于提高教师的专业化水平。

第12练　幼儿园区域活动

一、单项选择题

1. C 【解析】本题考查区域活动观察与指导的注意事项。教师在指导幼儿的区域活动时，应加强区域间的配合、渗透，加强横向联系。不同区域虽然是相对独立的，但它们之间可以相互联系起来，这可以增强活动的趣味性，使儿童保持活动的兴趣。

2. D 【解析】本题考查区域活动的组织流程。区域活动的流程大致可以分为三部分。(1)开始部分(引入)：教师可以介绍新的材料的玩法，让幼儿知道该怎么玩，也可以介绍被冷落的材料，以激发幼儿进一步玩的兴趣，亦可以谈谈活动中的注意点，如区域的选择是人数的控制问题，材料的取放问题以及一些区域常规的培养等。时间不宜太多，控制在 5 分钟以内。(2)中间部分(游戏操作)：组织幼儿进入各区活动，这是区域活动的核心部分。这里教师的主要任务是观察和分析，看看幼儿对材料是否感兴趣，是否会玩，哪些材料适合怎样能力的幼儿，反思我可以提供哪些不同层次的材料，幼儿游戏时是否需要帮助，并思考我以哪种形式帮助，等等。(3)结束部分(讲评)：主要是评价活动情况。引入部分对应的是开始部分，游戏操作对应的是中间部分，讲评部分对应结束部分。因此答案为 D 项。

3. D 【解析】本题考查区角活动内容的特点。区角活动作为幼儿园教育的一个重要组织形式，其活动内容的选取应奉行《幼儿园工作规程》及《幼儿园教育指导纲要(试行)》精神，体现目标性——依据发展目标选择活动内容；规律性——遵循幼儿身心发展规律选择活动内容；并列性——不同活动内容实现不同目标；整合性——多种活动内容指向一个目标，一个活动内容指向不同目标。除此之外，教师在设计和选取活动内容时，还应注意以下三个方面：(1)体现生活性；(2)注重实践性；(3)综合主题性。

4. B 【解析】本题考查区域活动导入的目的。区域活动的引入部分目的在于为区域活动做好相应的准备，包括明确区域的布局、内容、规则，了解新的操作内容，回顾前次学习活动的经验，激励幼儿大胆探索等等。区域活动本身幼儿兴趣就比较大，只是不懂规则，不能无计划、无规则的放任。

5. D 【解析】本题考查幼儿园区域活动的内容。材料是区域活动目标实现的根本。

6. B 【解析】本题考查区域活动的概念。区域活动指的是教师以教育目标、儿童感兴趣的活动材料和活动类型为依据，将活动室的空间相对划分为不同区域，吸引儿童自主选择并在活动区中通过与材料、环境、同伴的充分互动而获得学习与发展的活动。

7. D 【解析】本题考查幼儿园区角活动。区角活动是教师利用游戏特征创设环境，让幼儿以个别或小组的方式,自主选择、操作、探索、学习,从而在和环境的相互作用中,利用和积累、修正和表达自己的经验与感受,在获得游戏般体验的同时,身体、情感、认知及社会性等各方面取得发展的一种教育组织形式。幼儿园区角活动的分类一般没有统一的模式,在实践操作中普遍比较认可的一种分类是从幼儿活动的功能出发所做出的划分,即将区角活动分为"学习性"区角活动和"游戏性"区角活动两大类。故答案选 D 项。

二、多项选择题

BC 【解析】本题考查幼儿园区域活动的功能。幼儿园活动区中角色扮演区的作用包括:(1)帮助幼儿了解人际关系;(2)帮助幼儿学习友好交往的技能;(3)培养幼儿大胆表达,相互沟通,发展语言交流能力,实践和尝试幼儿自己解决问题的方法;(4)发展表征能力;(5)学习适度表达个人情绪,了解他人情感,能自我控制、调整与伙伴间的相互行为关系。

三、判断题

1. × 【解析】本题考查区域活动。教室内活动区域的创设并非是一成不变的,其种类和数量应体现出动态性。当某些角区已不能适应幼儿的实际发展需要时,要及时予以撤换,但并不需要经常调整活动区域。

2. √ 【解析】本题考查区域活动观察与指导的注意事项。区域活动组织和指导中的注意点包括:(1)把握分层指导与个性化指导的统一;(2)把握隐性指导与显性指导的切入点;(3)把握计划性指导与随机指导的灵活性。

3. √ 【解析】本题考查区域活动的规则。区域活动的规则可以由教师直接交代,也可由教师与儿童一起讨论、制定,让儿童了解"为什么要这样做",增强幼儿的自主性、秩序感和规则意识,起到事半功倍的效果。

四、论述题(参考答案)

活动材料是幼儿参与活动的外在准备,是幼儿学习的外部条件。适宜的材料可以支持、引导、激发幼儿展开多层次的探索与学习,它是幼儿实施主动学习的中介和桥梁。在准备材料时教师应怎么做?

(1)材料准备应服务于活动目标。材料准备首先考虑的是活动目标的要求,该活动预期提供给幼儿哪些有益的学习经验,教师紧扣这些目标设计材料,保证材料的科学性和典型性,使材料服务于教育目标和内容。

(2)材料准备应考虑结构化。材料准备除应服务于活动目标外,还要考虑材料本身的结构性。材料的结构性是一个或一组材料所具有的特征,在它被使用时能揭示自然现象间的某种关系以及不同材料之间的联系,材料蕴含着丰富的可探索性和可利用性。教师准备的材料结构和教师对材料结构的认识越丰富,越有利于幼儿的探索、发现、创造和获得有关的各种经验。此外,教师还要考虑同一组材料既服务于预期目标又可以为幼儿提供多层次选择的机会和引起幼儿的创造性使用。

(3)材料准备应充足。充足的材料是幼儿活动开展的保证,只有材料充足才能保证每个幼儿在活动中的操作需要。但是,不同的活动对材料数量的要求也不一样。

第13练 幼儿园一日生活

一、单项选择题

1. B 【解析】本题考查一问、二摸、三看、四查的内容。一问:即儿童入园时,询问家长,了解儿童在家的健康状况,如食欲、睡眠、大小便、精神等,以及有无传染病接触史。二摸:摸儿童额部、手心是否发烫,摸腮腺及淋巴有无肿大。三看:观察儿童的精神状态以及脸色是否正常、眼睛是否有流泪、眼结膜是否充血、皮肤是否有皮疹等。四查:检查儿童口袋里有无不安全的东西,如小刀、弹弓、别针、小钉子、玻璃片、黄豆等。

2. C 【解析】本题考查幼儿园的一日生活活动的组织原则。保教结合原则是指在幼儿一日生活中,教育者要将保育与教育结合。在幼儿生活中包含着许多有用的知识和促进幼儿智力发展的机会,而这往往会被教师所忽视。教师应充分把握生活活动中的教育机会,寓教育于日常生活活动中。题干的描述体现了保教结合原则。

3. D 【解析】本题考查一问、二模、三看、四查的内容。托幼机构应做好每日晨间检查,晨检内容包括:一问,询问儿童在家有无异常情况;二摸,有无发热;三看,咽部、皮肤和精神有无异常;四查,检查有无携带不安全物品等。

4. D 【解析】本题考查幼儿园一日生活活动应遵循的原则。一日生活如果安静活动过多,则容易导致神经细胞的疲劳,而一日活动中,如果身体运动过多(表现为身体练习间隔时间过短,运动时间过长),则容易发生机体过度疲劳,而影响恢复的效果。因此,根据大脑皮层镶嵌式的原则,安排和组织儿童的一日活动要注意动静交替、急缓结合,这样不仅有利于保护儿童的身心健康,也有利于提高儿童每日身体锻炼的效果。

5. C 【解析】本题考查幼儿入园接待。教师利用晨间接待的机会,与幼儿亲切交谈,了解幼儿在家的情况,有计划地进行个别教育。检查幼儿的身心状况,对不爱活动、性格孤僻的幼儿要具体关照,给予帮助,吸引幼儿参加集体生活。

6. D 【解析】本题考查幼儿园一日生活的特点。幼儿园应充分认识和利用一日生活中各种活动的教育价值,通过合理组织、科学安排,让一日活动发挥一致的、连贯的、整体的教育功能,寓教育于一日活动之中。老师围绕孩子们午睡前谈论的"恐龙"话题开展系列活动是寓教育于一日活动之中,体现了整体性。

7. C 【解析】本题考查照顾好幼儿睡眠的标志。照顾好幼儿睡眠的三条标志:一是按时睡,睡得好,按时醒,醒后精神饱满愉快;二是睡够应睡的时间,要以孩子为主,不能任意减少或增加睡眠时间;三是保持良好的睡眠姿势和习惯。

8. B 【解析】本题考查幼儿园日常生活的特点。在日常生活活动中,学前儿童的能力和习惯形成是日积月累的,并具有反复的特点。每天主动洗碗、洗手体现了日常生活的习惯性。

二、多项选择题

1. ABC 【解析】本题考查幼儿园一日生活中睡眠的知识。照顾好幼儿的睡眠需要做到:(1)睡眠的环境应保持安静和空气清新、温度适宜;(2)提醒幼儿睡前如厕,教会幼儿自己穿脱衣服;(3)教育幼儿不要蒙头睡;(4)睡眠的姿势也应注意;(5)幼儿在睡眠过程中,工作人员要经常巡视。对于入睡困难的幼儿,可以让他将家里陪睡的小被子或毛绒玩具等带来陪着自己入睡,但是不能在床上玩耍。床铺不应有杂物,特别是一些有可能伤害幼儿的物品,如别针、发夹等。

2. ABCD 【解析】本题考查幼儿园一日生活环节中睡眠前教师准备工作。托幼机构做好幼儿睡眠前的各项准备,可保证幼儿及时入睡,并有益于其良好睡眠习惯的养成,具体包括以下几点:(1)创设良好的睡眠环境;(2)准备舒适的睡眠用具;(3)睡眠前饮食要适量;(4)睡眠前提醒幼儿如厕小便;(5)平定幼儿的情绪;(6)给予幼儿准备睡眠的信号。

3. ABCD 【解析】本题考查晨检的检查步骤。晨检的检查步骤可概括为一问、二摸、三看、四查。一问:即儿童入园时,询问家长,了解儿童在家的健康状况,如食欲、睡眠、大小便、精神等,以及有无传染病接触史。二摸:摸儿童额部、手心是否发烫,摸腮腺及淋巴有无肿大。三看:观察儿童的精神状态以及脸色是否正常、眼睛是否有流泪、眼结膜是否充血、皮肤是否有皮疹等。四查:检查儿童口袋里有无不安全的东西,如小刀、弹弓、别针、小钉子、玻璃片、黄豆等。

三、判断题

1. √ 【解析】本题考查幼儿园一日生活中的间隙活动。间隙活动是使幼儿大脑获得休息,调节幼儿身心的有效方法。任何劳动都伴随着大脑皮层的机能消耗。经过一段时间有组织的教育活动后,会出现大脑皮层某区域机能活动性暂时降低,产生疲劳,这时就需要休息。

2. × 【解析】本题考查幼儿园的一日生活活动的组织原则。幼儿园日常生活组织,应当从实际出发,建立必要、合理的常规,坚持一贯性和灵活性相结合,培养幼儿的良好习惯和初步的生活自理能力。

四、简答题(参考答案)

1. 怎样科学、合理地安排和组织幼儿的一日生活?

(1)时间安排应有相对的稳定性与灵活性,既有利于形成秩序,又能满足幼儿的合理需要,照顾到个体差异;

(2)教师直接指导的活动和间接指导的活动相结合,保证幼儿每天有适当的自主选择和自由活动时间,教师直接指导的集体活动要能保证幼儿的积极参与,避免时间的隐性浪费;

(3)尽量减少不必要的集体行动和过渡环节,减少和消除消极等待现象;

(4)建立良好的常规,避免不必要的管理行为,逐步引导幼儿学习自我管理。

2. 简述幼儿园入园晨检的具体步骤。

(1)一问:即儿童入园时,询问家长,了解儿童在家的健康状况,如食欲、睡眠、大小便、精神等,以及有无传染病接触史。

(2)二摸:摸儿童额部、手心是否发烫,摸腮腺及淋巴有无肿大。

(3)三看:观察儿童的精神状态以及脸色是否正常、眼睛是否有流泪、眼结膜是否充血、皮肤是否有皮疹等。

(4)四查:检查儿童口袋里有无不安全的东西,如小刀、弹弓、别针、小钉子、玻璃片、黄豆等。

五、论述题(参考答案)

幼儿园一日生活包括入园、晨检、进餐、饮水、午睡、如厕、离园等,请你谈谈作为幼儿园老师应该怎样指导这一类活动。

(1)把幼儿园一日活动列入教育计划,保证幼儿身心得到全面的、充分的、主动的发展。对幼儿的一周活动要有通盘计划,克服片面性和盲目性。活动内容要丰富多彩,能吸引儿童,符合儿童特点,并能使儿童全面地、生动活泼健康地成长。

(2)要制定一日生活常规。常规的制订是贯彻《幼儿园教育指导纲要(试行)》的保证,常规是儿童社会化的一个方面。幼儿在一日生活中,只有按制定的常规努力养成各种良好的生活习惯、行为习惯,才能很好地在集体的共同生活中协调一致。教师介绍规则应在必要的时候进行,如休息前,第一次玩积木前等,并应注意把这些规则和幼儿的生活经验联系起来。

(3)要把组织的集体教育活动和分散的个体活动结合起来。在幼儿园中,集体的教育活动和分散的个体活动起着不同的作用,应当结合运用,交替进行,互相配合。

(4)处理好自由与纪律的关系。纪律是集体生活所必需的,但纪律必须服从于教育目的,它不应该是束缚儿童生动活泼发展的桎梏,而应当是儿童积极主动地成长的保证。要废除妨碍儿童健康成长的规定。在一日生活的组织中,教师应该管得合理,要放手让儿童通过自身的活动,克服困难,获得经验。应该管而不死,活而有序。

(5)要面向全体幼儿。教师应关心每个幼儿,不能偏爱,必须随时了解每个孩子在什么地方,在干什么,不应该有被遗忘的儿童。教师应给每个儿童留下幼儿园是温暖、快乐的场所这样一个美好印象。

(6)保教结合、教养并重。组织幼儿的一日生活,包括吃、喝、睡、学习等,事无巨细,既平凡又琐碎,然而就在这平凡、琐碎之事中,包含着大量的教育工作,育中有教,教中有育,这既是启蒙阶段教育工作的原则,也是幼儿教育工作的特点。领导好幼儿的一日活动,全园工作人员必须团结一致,对幼儿全面负责,既要明确分工,又要密切配合。要丰富幼儿的活动内容,也要组织好各个活动之间的过渡环节,保教人员要密切配合,使过渡环节组织得井然有序,更好地保证各项活动的顺利进行。

六、材料分析题(参考答案)

(1)《幼儿园教育指导纲要(试行)》指出,“科学、合理地安排和组织一日生活,尽量减少不必要的集体行动和过渡环节,减少和消除消极等待现象。”案例中“李老师逐一叫小朋友的姓名,叫到名字的小朋友就到李老师手中接过一盒油画棒和一张画纸”的行为,不但没有确保活动的有效开展,而且造成了前面已经领到油画棒和画纸的幼儿的消极等待现象,不利于活动的有效展开。

(2)消除幼儿在一日生活过渡环节中的消极等待,需要在合理、科学安排作息时间的基础上,考虑教师本身的能力和实际状况,从尊重幼儿的主体性出发,充分挖掘过渡环节的教育资源,抓住过渡环节的教育契机,找到组织过渡环节的有效方法。①提升教师专业水平,从细处入手,减少过渡环节的消极等待。在开展活动前做好充分的准备。例如:在集体教学前,教师就要将教具和幼儿需要的操作材料准备好,将幼儿的座位按照合理的教学需要安排妥当,这样师幼就能顺利地进行集体教学活动,减少不必要的消极等待。案例中,李老师可以提前分发油画棒和画纸。②尊重幼儿的个体差异,减少消极等待。在一日生活的过渡环节中,对于完成任务较慢的幼儿,教师可以采取鼓励、小游戏等方式,逐步提高幼儿做事的速度;对于完成任务比较快的幼儿,

可以让其打扫卫生、自主选择一些安静的游戏或阅读等，让“消极的等待”变成“积极的活动”，让过渡环节发挥其独有的教育功能。案例中，李老师要尊重幼儿的个体差异，对于动作较快的幼儿，进行提前讲解理论，并不是所有的幼儿一起讲解，在讲解的过程中，李老师还可以针对幼儿的个体差异进行个别指导。

实战演练

一、单项选择题

1. A 【解析】演示是教师通过向儿童展示各种实物或直观教具，引导儿童按一定的顺序注意物体的各个方面和各种特征，使他们获得对某一事物或现象较完整的认知。
2. A 【解析】活动性原则就是要让儿童在主动和真实的活动中，通过感知、操作、体验、交流来进行学习。
3. C 【解析】操作法是指儿童按照一定的要求和程序通过自身的实践活动进行学习的方法。
4. A 【解析】幼儿园教学活动的启蒙性是指幼儿园教学活动必须符合幼儿身心发展水平和年龄特征，使幼儿获得的知识是粗浅的、基础的、具体的、容易理解的、简单的知识和技能。启蒙性首先体现在活动的内容必须符合幼儿的年龄特征。其次，体现在活动方式上着重让幼儿感知、体验、具体操作及尝试。再次，教师的语言应生动形象，浅显易懂。
5. A 【解析】观察法是指儿童在教师或成人指导下，有目的地感知客观事物的过程和儿童自发的观察过程。
6. A 【解析】主题活动是指围绕着贴近儿童生活的某一中心内容即主题作为组织课程内容的主线来组织教育教学的活动。题干描述的是主题活动。
7. B 【解析】观察法是指儿童在教师或成人的指导下，有目的地感知客观事物的过程和儿童自发的观察过程。讨论法是指幼儿在教师的指导下，通过提出交流话题，引导幼儿在已有知识经验的基础上，围绕话题各抒己见，辨明是非真伪，以此提高认识或弄清问题的方法。教师带领幼儿去公园观赏桃花运用的是观察法，回来后教师组织幼儿交流桃花的特征运用的是讨论法。
8. A 【解析】直观法是一种让儿童直接感知认识对象的方法。演示、示范、运用范例属于直观法。

二、多项选择题

1. ABC 【解析】幼儿园区域活动的特点包括：(1)儿童自选活动内容；(2)儿童的自主性活动；(3)小组和个体活动。
2. AB 【解析】幼儿园教学活动的原则包括：活动性原则、发展性原则、科学性和教育性原则(科学性、思想性原则)、连续性和渗透性原则、集体教学活动与个别教学活动相结合的原则、整体性和一致性原则、直接指导与间接影响相结合的原则、巩固性原则。直观性和启蒙性是幼儿园教学活动的特点。

三、判断题

1. √ 【解析】在教学中，各年龄班运用游戏化教学的比重应有所不同，年龄越小，宜多采用游戏法，随着儿童年龄的增长，知识经验的丰富，语言和智力的发展，可以适当减少游戏法的比重，综合运用多种方法。
2. × 【解析】游戏法是指教师采用游戏或以游戏的口吻进行教育教学的方法，它体现学前儿童教学活动的显著特点，是学前教育机构教学活动的主要方法。
3. × 【解析】讲解是指教师用儿童能理解的语言来解释和说明某事某物的一种方法。
4. √ 【解析】在幼儿园中，集体的教育活动和分散的个体活动起着不同的作用，应当结合运用，交替进行，互相配合。
5. × 【解析】晨检的工作重点是“检”，即检查幼儿的身心状况。检查步骤可概括为一问、二摸、三看、四查。一问即儿童入园时，询问家长，了解儿童在家的健康状况，如食欲、睡眠、大小便、精神等，以及有无传染病接触史。

四、填空题

1. 1～2　　2. 提问　　3. 解释和说明

4. 讲解　谈话　　5. 中心内容

五、简答题(参考答案)

1. 简述区域活动观察与指导的注意事项。

(1)尽量让儿童自己去探索、发现、思考,不急于提供答案;(2)应加强区域间的配合、渗透,加强横向联系;(3)保证区域活动的时间和空间。

2. 简述班级幼儿饮用水管理的具体要求。

(1)教师要根据季节变化供应冷暖适度、符合卫生标准的生活饮用水;(2)按时组织学前儿童集体喝水,每日上下午各1~2次集中喝水;(3)保证学前儿童按需喝水,鼓励学前儿童用自己的杯子随渴随喝,引导不爱喝水的学前儿童喝水;(4)注意安全,谨防热水烫伤。

3. 简述运用口授法时应注意的问题。

(1)讲解的语言要生动形象、清晰准确、浅显易懂、简明扼要、富有感情,要让孩子愿意听,听得懂;(2)讲解时尽量与演示、示范结合,或辅以适当的肢体语言,做到形神兼备,利于儿童理解;(3)提问时要考虑提问的艺术,提问应围绕主题,由浅入深,具体明确,富有启发性和逻辑性,多提启发性、开放性问题,让孩子展开想象,运用已有经验大胆思考;(4)谈论的主题应在儿童的认知经验范围内,属于儿童感兴趣的内容,利于儿童丰富认知经验,发展语言表达能力。

4. 简述运用操作法时应注意的问题。

(1)要根据活动目标和儿童年龄特点,提供适合每一个儿童认知水平和技能的操作材料;(2)要使儿童明确操作的目的,启发儿童操作的积极性;(3)要教给儿童操作的基本方法和步骤,鼓励他们敢于动手,大胆操作;(4)操作的方式要多种多样,避免让儿童机械、简单地重复。

5. 简述运用发现法时应注意的问题。

(1)要为儿童创设良好的学习环境和物质条件,提供充分的活动时间,教给学前儿童感知、探索、观察等发现学习的方法;(2)要在儿童已有的知识经验的基础之上运用发现法,要符合儿童认知水平,引导儿童去发现周围生活中能理解的、容易捕捉到的事物和现象;(3)要引导儿童将发现结果,通过思考,加工整理成明确的概念或经验,并用语言的形式描述自己的发现成果;(4)应对儿童的发现多鼓励或赏识,鼓励儿童积极提问,大胆探索。

六、论述题(参考答案)

试述幼儿园教学活动的原则。

(1)活动性原则。活动性原则就是要让儿童在主动和真实的活动中,通过感知、操作、体验、交流来进行学习。

(2)发展性原则。发展性原则就是通过教学使儿童在原有的发展水平上,得到身心和谐的充分的发展和持续的发展。

(3)科学性和教育性原则(科学性、思想性原则)。教学内容要具有科学性和教育性,促使幼儿正确地感知客观事物和现象,帮助幼儿形成正确的概念,形成对事物的正确态度,并结合各科教学内容有机地进行道德品质教育。

(4)连续性和渗透性教学原则。教师不仅要理解、熟悉各种教育活动内容的内在联系、连续性和体系,还要了解不同教育内容之间的相互渗透性,并把各种教育活动科学、合理地组织安排,从而保持各种教育活动的特定的体系、经验的连续,又互相渗透、有机联系,不绝然割裂,以使全部教学活动取得最佳效果。

(5)集体教学活动与个别教学活动相结合的原则(个别对待原则)。为了使每个幼儿都能在原有基础上得到最大限度的发展,在教学中要从每个幼儿的实际出发,个别对待。

(6)整体性和一致性原则。为了使儿童个体得到整体、协调的发展,幼儿园的课程和教学活动贯彻整体性、一致性原则是很重要的。

(7)直接指导与间接影响相结合的原则。教师在活动中的直接指导与间接影响是相互联系、相辅相成的。在各种教育活动中都有直接指导与间接影响,但对不同的活动,指导的程度是不同的。在同一活动中,两者并

存,有时是直接指导,有时则是间接影响,二者相互交替。

(8)巩固性原则。儿童积累经验,储存信息,掌握简单的技能是学习新的知识技能的基础,是发展智力、进行活动的必要前提,也是进入小学后学习系统的科学文化知识需要具备的条件。但幼儿期大脑皮质形成新的暂时神经联系不稳定和不巩固,为使儿童学习的知识技能得到积累,在教学中必须贯彻巩固性原则。

第七章　幼儿园游戏

真题必刷

第14练　幼儿园游戏概述

一、单项选择题

1. D 【解析】本题考查幼儿游戏的特点。幼儿游戏的目的在于游戏活动本身,是为了好玩而游戏,除此之外,别无其他目的。幼儿在游戏的过程中能使自己获得体智德美某方面或某几方面的发展,但这种发展不是幼儿在游戏中有意追求的目的,幼儿在游戏活动过程中也并未意识到游戏的这种作用。题干的描述体现了幼儿游戏具有非功利性的特点。

2. B 【解析】本题考查学前儿童游戏的时间。保证幼儿充足的游戏时间是幼儿开展游戏活动的首要前提和重要保证,游戏时间的长短,直接影响儿童游戏的质量。

3. C 【解析】本题考查游戏的基本理论。弗洛伊德认为游戏也有潜意识成分,游戏是补偿现实生活中不能满足的愿望和控制创伤性事件的手段。在游戏中,幼儿可以“复活”他们的快乐经验,也能修复自己的精神创伤。这一理论已被应用于投射技术和心理治疗。

4. D 【解析】本题考查幼儿园游戏的特点。游戏是儿童自主自愿的活动。在游戏中,儿童是出于自己的兴趣和愿望、自发自愿自主地进行游戏,而不是在外在的强制下进行游戏,他们可以自由表达自己的内心,显露自己的潜力。题干中教师要求幼儿按照流程图来玩游戏,违背了游戏的自主自愿特征。

5. D 【解析】本题考查幼儿游戏的特点——轻松和紧张的统一。游戏确实可以使人放松,但这种放松恰恰是通过“紧张”获得的。如在“丢手绢”游戏中,游戏者往往是很“紧张”的,他们非常注意丢手绢者的一举一动,做好了当手绢丢在自己的身后能够立即站起来跑的准备。

6. B 【解析】本题考查“好的”教学游戏的特征。根据对幼儿园教学活动的现场观察研究并参照其他有关的研究,“好的”教学游戏应当具有如下特征:(1)选用的游戏因素符合幼儿的年龄特点;(2)选用的游戏因素与教学内容相匹配;(3)任务的难度与幼儿已有的经验相匹配;(4)考虑每个幼儿实际参与和心理参与的可能性;(5)幼儿自己能够判断活动的结果。

7. D 【解析】本题考查游戏中学前儿童社会化发展的特点。游戏中学前儿童情感的社会化主要通过两条途径实现:一是游戏的社会性使儿童的社会性情感增强,儿童必须根据游戏的社会要求调控自己的情绪,掌握情绪识别与表达的社会技能;二是从亲子游戏向同伴游戏扩展,儿童的人际情感不断复杂化并且获得多种情感寄托。

8. A 【解析】本题考查游戏在幼儿园中的地位。游戏是幼儿园的基本活动,是幼儿园课程的灵魂。

9. B 【解析】本题考查游戏的价值。游戏是幼儿进行社会交往的起点,并为幼儿提供了大量交往的机会,使幼儿逐步学会了认识自己和同伴,并能正确地处理自己和同伴之间的关系。题干的描述体现了游戏可以促进幼儿的社会交往能力。

10. C 【解析】本题考查幼儿园游戏的特点。游戏有助于幼儿掌握各种社会准则。幼儿在游戏中要遵守各种游戏规则,如在“红绿灯”游戏中幼儿要遵守交通规则,下棋要遵守下棋的规则。幼儿还逐渐学会如何制定规则,甚至他们会根据他们的理解修改规则,这使得幼儿对规则有了初步的了解和认识,有利于幼儿理解、适应各种社会生活。

11. C 【解析】本题考查幼儿园游戏的价值。游戏激发了幼儿的想象力。幼儿在游戏中要进行想象,把一个

物体想象成另外一个物体，把一个人想象成另外一个人，在此过程中，幼儿的想象力得到了发展。

12. C 【解析】本题考查幼儿游戏的兴趣性体验。幼儿游戏的乐趣体验主要包括：兴趣性体验、自主性体验、愉悦性体验、活动性体验、成就感或胜任感体验。其中，兴趣性体验是一种为外界刺激物所捕捉和占据的体验，是一种情不自禁地被卷入、被吸引的心理状态。

13. C 【解析】本题考查幼儿园游戏的价值。帕登认为儿童之间的社会性互动随着年龄的增长而增加，他把游戏分为六种。

14. C 【解析】本题考查幼儿园游戏的价值。游戏能激发学前儿童的创造力和思考力。学前儿童的创造力在游戏中表现得十分明显，若是在搭积木、做手工的时候就去想象，去思考：我想搭一个什么样的东西？它的主要特征是什么？用什么搭？怎样搭才像？然后搭造出一个新的"产品"，这个思考、想象的过程就是孩子发展创造力的过程。

15. C 【解析】本题考查幼儿园游戏的特点。游戏是在假象的情境中反映真实的生活，是虚构和现实的统一。儿童游戏分角色、情节、行动以及玩具或游戏材料，往往只有象征的，具有明显的虚构性。

16. C 【解析】本题考查幼儿园游戏的特点。儿童的游戏是对儿童生活的反映，其生活经验是幼儿游戏的基础和源泉。

17. C 【解析】本题考查幼儿游戏理论。霍尔的"复演说"，认为游戏是远古时代人类祖先的生活特征在幼儿身上的重演，不同年龄的幼儿以不同形式重演祖先的本能特征。

18. D 【解析】本题考查学前儿童的游戏理论。维果斯基提出，游戏是在学前期促进儿童认知发展的适应机制。在游戏中，儿童总是表现出超过实际年龄、高于日常水平的行为，儿童总是在试图超越现有的行为水平。在游戏中，儿童似乎比自己的原有水平高出了一大截。他们在游戏中凭借语言的功能，以角色为中介，了解、学习和掌握基本的人与人的社会关系。儿童心理发展的最重要变化，都是首先在游戏活动中表现出来的。在这样的情况下，游戏创造了最近发展区。

19. B 【解析】本题考查幼儿游戏理论。格罗斯的"生活预备说"把游戏看作是幼儿对未来生活的无意识的准备，是一种本能的练习活动。题干中女孩子喜欢过家家，男孩子喜欢争斗、打仗，"生活预备说"可以解释他们游戏的原因。

20. C 【解析】本题考查幼儿游戏理论。游戏的"生活预备说"又称游戏的练习说，是德国生物学家、心理学家格罗斯提出的一种游戏理论。这种理论认为，游戏是本能动作的一种，儿童游戏是为将来生活做准备，是为成熟做预备性练习。本能是天生即有的，但本能不能适应将来复杂的和竞争性的生活，需要有一个准备生活的阶段。儿童游戏是在生活准备阶段练习本能的一种手段。

21. D 【解析】本题考查幼儿园游戏的特点。幼儿的游戏离不开游戏材料。有的材料较接近于真实的事物，有的材料则和真实物体有较大的差异。幼儿在运用这些游戏材料时，需要把它们想象成为真的，并对其施加类似成人的真实动作。题干的表述反映了幼儿游戏充满了想象、创新。

22. A 【解析】本题考查游戏的含义。张燕在《幼儿园游戏探新》中指出：游戏是儿童为了寻求快乐而自愿参加的一种活动，其实质在于儿童的主体性、自主性能够在活动中实现。

易错警示：考生易混淆游戏与活动的概念。区分二者的关键在于游戏是为了寻求快乐而自愿参加的活动；游戏是幼儿园的基本活动。

23. D 【解析】本题考查幼儿游戏理论。席勒认为，美学活动可以使人产生愉悦，可以摆脱束缚获得自由，美学活动与游戏有着相似之处。因此，席勒把这种审美的活动称之为"游戏"。愉悦的产生正是源于体内过剩精力的消耗，进行游戏的状态是愉悦的。

24. B 【解析】本题考查幼儿园游戏的特点。儿童游戏没有任何功利的目的，既没有外部目标，也没有内在约定。儿童参加游戏就是为了享受游戏的过程，而非追求游戏的结果。一旦儿童的游戏活动被设定为达到某个目标，就会给儿童带来无形的压力，儿童就难以享受无拘无束的游戏过程了。这样的活动也终将被儿童贴上"非游戏"的标签。因此，成人在评价儿童的游戏时，应着重在儿童参与游戏过程的情况，而非最终

的成果或结果上。

25. C 【解析】本题考查幼儿游戏的价值。游戏在幼儿的情感发展中有着重要作用。它不仅能满足幼儿表达自己情感的需要,而且还能使幼儿的良好情感发扬光大,不良情感得到控制和矫正。题干中幼儿能够控制自己的欲望,轮流“当切西瓜的人”,体现了游戏能促进幼儿情感的发展。

二、多项选择题

1. ACD 【解析】本题考查构成游戏活动的心理成分。构成游戏活动的主要心理成分有想象、直接兴趣和愉快的情绪、动作和言语等。

2. ABD 【解析】本题考查游戏的虚构性。儿童游戏具有假想成分,是在假想的情景中反映社会生活,是虚构和现实统一的活动(虚构性和社会性)。题干中的儿童用橡皮当作药物、玩开轮船的游戏、用方形小木块搭建高楼大厦都体现了儿童在游戏中想象与现实相结合。

三、判断题

1. √ 【解析】本题考查游戏的价值。游戏是学前儿童最喜爱的活动方式,它是学前儿童对成人社会生活的想象和模仿,满足了他们渴望参加成人社会生活的愿望。从某种程度上说,游戏本身就是社会性活动,是学前儿童参与社会生活的独特方式。

2. × 【解析】本题考查影响儿童游戏发展的因素。影响儿童游戏发展的因素主要包括主观因素和客观因素。主观因素主要有年龄、性别差异、个别差异、健康和情绪。客观因素主要有物理环境和社会环境因素。

3. × 【解析】本题考查影响儿童游戏发展的因素。电视对儿童游戏的影响是积极的还是消极的,主要取决于电视节目本身的内容是否健康、是否适合于儿童,以及儿童每天观看电视节目时间的长短。

4. √ 【解析】本题考查幼儿游戏理论。席勒和斯宾塞的“精力过剩说”,把游戏看作是幼儿借以发泄体内过剩精力的一种方式。“精力过剩说”是最早出现的游戏理论之一。

5. √ 【解析】本题考查艾里康宁的游戏理论。艾里康宁于1978年出版了《游戏心理学》,他认为角色游戏是幼儿的典型游戏。

6. × 【解析】本题考查幼儿游戏的条件。幼儿是否在自主活动,是判断这种活动是否是幼儿游戏的重要条件。

7. × 【解析】本题考查幼儿游戏常规。幼儿教师合理安排并执行游戏的活动制度,还包括对于幼儿游戏常规的制定与执行。游戏常规是指在幼儿班级中开展游戏活动时,对幼儿不适宜行为予以禁止和对适宜行为允以许可和支持的经常性规定。在引导幼儿理解游戏常规后,我们应让幼儿参与游戏常规的制定。因为游戏是幼儿最喜欢的活动,幼儿参与制定游戏规则,能充分发挥幼儿的自主性,让幼儿做游戏的主人,提升幼儿的责任感,从而有效地减少幼儿违反游戏规则现象的发生。

8. √ 【解析】本题考查游戏的价值。游戏促进儿童的认知发展,游戏伴随儿童成长。儿童通过游戏探索环境,从接触物体中获得知识并解决问题。

四、填空题

1. 成功 失败　　2. 生活经验　　3. 虚构

4. 自主性 想象性　　5. 情感 认知

五、简答题(参考答案)

1. 游戏是幼儿的天性,幼儿游戏蕴藏着发展的需要和教育的契机。浅谈游戏在幼儿园活动中的价值。

(1)促进幼儿体力的发展。①游戏有利于幼儿大肌肉的发展;②游戏有利于幼儿小肌肉的发展;③游戏有利于幼儿躯干肌肉的发展;④游戏有助于幼儿感觉运动技能的提高;⑤游戏有助于幼儿对身体机能的认知。

(2)促进幼儿智力的发展。①游戏丰富了幼儿的知识;②游戏提高了幼儿的感知能力;③游戏激发了幼儿的想象力;④游戏发展了幼儿的思维能力;⑤游戏培养了幼儿的语言能力。

(3)促进幼儿创造力的发展。①游戏为幼儿提供了宽松的心理氛围;②游戏催发了幼儿的探究行为;③游戏激发了幼儿的发散性思维;④游戏提高了幼儿的创造性水平。

(4)促进幼儿情感的发展。①游戏使幼儿有机会表现自己的情感;②游戏能使幼儿充分体验到快乐;③游戏能帮助幼儿克服恐惧情绪;④游戏能使幼儿进行情感宣泄。

(5)促进幼儿社会性的发展。①游戏有助于克服幼儿的自我中心;②游戏培养了幼儿的合群行为;③游戏提高了幼儿的交往技能;④游戏发展了幼儿遵守规则的能力;⑤游戏锻炼了幼儿顽强的意志。

(6)发展幼儿的美感。①游戏的设施有利于幼儿领略美;②游戏的内容有益于幼儿欣赏美;③游戏的成果有助于幼儿再现美;④游戏的过程有利于幼儿大胆创造美。

2. 为什么游戏是幼儿的基本活动?

(1)游戏是幼儿最喜爱的活动,是幼儿生活的主要内容;(2)游戏是幼儿对生长的适应,符合幼儿身心发展的特点;(3)游戏是幼儿的自发学习。

3. 简述游戏对幼儿认知和语言的促进作用。

(1)游戏促进儿童语言发展:①游戏为儿童提供语言交往的机会,使儿童"有话想说";②游戏可以提高儿童语言使用的技能和技巧,使幼儿"有话会说"。(2)游戏有利于儿童的概念学习。(3)游戏促进儿童问题解决能力的提升。

4. 简述学前儿童游戏的主要特点。

(1)游戏是儿童自主自愿的活动(自由性);(2)儿童重视的是游戏的过程,而非游戏的结果,无强制性的外在目的(非功利性);(3)游戏是充满想象和创造的活动(想象性);(4)游戏具有假想成分,是在假想的情境中反映社会生活,是虚构和现实统一的活动(虚构性和社会性);(5)游戏是能给儿童带来积极情感体验的活动(愉悦性)。(6)游戏是具体的活动。

第15练　幼儿园游戏的类型

一、单项选择题

1. C　【解析】本题考查结构性游戏的含义。结构性游戏又称建构游戏或造型游戏,是指儿童运用积木、积塑、金属材料、泥、沙等各种材料进行建构或构造,从而创造性地反映现实生活的游戏。因此,用雪堆雪人属于结构性游戏。

2. D　【解析】本题考查幼儿游戏的分类。象征性游戏是处于前运算阶段(2~7岁)儿童常进行的一类游戏。它是把知觉到的事物用它的替代物来象征的一种游戏形式。儿童将一物体作为一种信号物来代替现实的客体,这就是象征游戏的开始。

3. C　【解析】本题考查幼儿游戏的分类。表演游戏又称为戏剧游戏,是以故事或童话情节为表演内容的一种游戏形式。在表演游戏中,儿童扮演故事或童话中的人物,并以故事中人物的语言、动作和表情进行活动。这种游戏也是以想象为基础的。

4. C　【解析】本题考查建构游戏的概念。结构性游戏又称建构游戏或造型游戏,是指儿童运用积木、积塑、金属材料、泥、沙等各种材料进行建构或构造,从而创造性地反映现实生活的游戏。

5. C　【解析】本题考查平行游戏的概念。平行游戏是指2岁半至3岁半以后的儿童,在其他儿童的旁边游戏,也许选择一个和旁边儿童一样的玩具、材料和活动,虽然把主要精力放在自己的游戏上,但其游戏的方式却类似于其他儿童。

6. B　【解析】本题考查常见游戏的分类。创造性游戏强调儿童的主动性和创造性,大都由儿童自由地玩。包括角色游戏、结构游戏和表演游戏。

7. B　【解析】本题考查常见游戏的分类。有规则游戏是成人在儿童自发游戏的基础上,为一定的教育目的而编制的,大都由教师组织儿童进行,有时也可以由儿童组织进行。包括体育游戏、智力游戏、音乐游戏等。

8. D　【解析】本题考查表演游戏的特点。表演游戏的一般特点包括:游戏性、表演性、创造性。

9. B　【解析】本题考查幼儿游戏的分类。象征性游戏是处于前运算阶段(2~7岁)儿童常进行的一类游戏。它是把知觉到的事物用它的替代物来象征的一种游戏形式。

10. C　【解析】本题考查以儿童社会性发展为依据的游戏分类。2岁半至3岁半以后的儿童属于平行游戏阶

段，在其他儿童的旁边游戏，也许选择一个和旁边儿童一样的玩具、材料和活动，虽然把主要精力放在自己的游戏上，但其游戏的方式却类似于其他儿童。

11. B 【解析】本题考查幼儿结构游戏的教育作用。结构游戏的教育作用是：(1)使幼儿了解各种结构材料的性质，增强对数量和图形的理解，获得对称、平衡、高度、长度厚薄、宽窄、上下、左右等概念和组合、堆积、排列各种形体的技能。(2)有利于幼儿感知，观察和思维能力的发展，并使手指小肌肉群得到锻炼，从而刺激大脑中枢，使幼儿智能得到发展。(3)拼插出来的成品色彩鲜艳，形象逼真，促进幼儿审美力的发展，同时成功的满足会不断增强幼儿的求知欲望和学习的兴趣。

12. B 【解析】本题考查结构游戏的含义。题干的描述属于结构游戏中玩泥的指导要点。因此，这类游戏属于结构游戏。

13. C 【解析】本题考查感觉机能性游戏的含义。感觉机能性游戏又称为练习性游戏或机械性游戏。它是儿童发展中最早出现的一种游戏形式，其动因来自感觉器官所获得的快感，由简单的重复运动所组成。

14. D 【解析】本题考查智力游戏的含义。智力游戏是以生动、新颖、有趣的游戏形式，使儿童在轻松愉快的活动中，增进知识、发展智力的游戏。

15. A 【解析】本题考查角色游戏的含义。角色游戏是指学前儿童以模仿和想象，通过扮演角色，创造性地反映周围现实生活的一种游戏，又称想象性游戏。

16. A 【解析】本题考查体育游戏的含义。以身体练习为主要内容，以发展基本动作为目的的游戏活动，属于体育游戏。

17. C 【解析】本题考查幼儿园游戏的类型。帕登认为儿童之间的社会性互动随着年龄的增长而增加，他把游戏分为以下六种：偶然的行为(0～2 岁)；游戏的旁观者(2 岁以后)；单独游戏(出生后头两年)；平行游戏(2～3 岁)；联合游戏(4 岁以后)；合作游戏(5～6 岁)，儿童在游戏中围绕一个共同的主题，有共同的目的，采取分工合作的有组织的方式游戏。

18. B 【解析】本题考查象征性游戏的发展。幼儿中期是儿童象征游戏的高峰期，儿童游戏内容逐渐扩展，同时游戏的水平也提高了。游戏情节丰富、内容多样化，游戏兴趣明显增加。

19. D 【解析】本题考查学前儿童游戏的分类。感觉运动游戏是学前儿童最早出现的一种游戏形式，一般发生在自出生到 2 岁时期。儿童主要通过感知和动作来认识环境，解决问题。在这一阶段，儿童主要以自己的身体为基础，逐渐地学会摆弄与操作具体物体，并反复练习已有动作，从简单的、重复的练习中，尝试发现、探索新的动作。在反复的摆弄和操作中，幼儿获得了愉快的体验，也促进了自身的发展。感觉运动游戏的主要表现形式为徒手游戏或重复操作物体的游戏。故 D 项正确。

20. B 【解析】本题考查创造性游戏的组织形式。创造性游戏强调儿童的主动性和创造性，大都由儿童自由地玩。包括角色游戏、结构游戏和表演游戏。所以，创造性游戏不适宜采取集体活动的组织形式。

21. A 【解析】本题考查感觉机能性游戏的含义。感觉机能性游戏又称为练习性游戏或机械性游戏。它是儿童发展中最早出现的一种游戏形式，其动因来自感觉器官所获得的快感，由简单的重复运动组成。题干中幼儿玩的游戏属于感觉机能性游戏。

22. B 【解析】本题考查平行游戏的含义。平行游戏是一种两人以上在同一空间里进行的，以基本相同的玩具玩着大致相同内容的个人独自游戏。所以，磊磊处于平行游戏阶段。

23. C 【解析】本题考查练习性游戏的含义。感知运动游戏(练习性游戏或机能性游戏)是儿童最早出现的一种游戏，一般发生在 0～2 岁这一阶段。他们通过自己的身体作为游戏的中心，逐渐地会摆弄与操作具体物体，并不断反复练习已有动作，从简单的、重复的练习中，尝试发现、探索新的动作，在反复的成功的摆弄和练习中，获得愉快的体验，游戏的驱动力就是获得“机能性的快乐”“动”即快乐。该游戏的主要表现形式为徒手游戏或重复地操作物体的游戏。故 C 项错误。

24. B 【解析】本题考查幼儿游戏的分类。联合游戏指 3 岁半至 4 岁半以上的儿童，在小组里与同伴交换材料，一起游戏，但事先没有确定游戏的目的。题干中禾禾和明明一起玩积木，借玩具等说明了禾禾此时的游戏处于联合游戏阶段。

25. B 【解析】本题考查皮亚杰的儿童游戏发展阶段理论。儿童(2~7岁)具有了象征性游戏的能力。最常见的象征性游戏包括儿童跨在棍子上“骑马”、坐在椅子上“开车”、哄布娃娃睡觉等。

26. A 【解析】本题考查皮亚杰的儿童游戏发展阶段理论。在练习性游戏阶段,儿童的游戏以动作为主,实质上是感知动作的自我训练。其作用是使已获得的技能巩固化,并将已经掌握的动作重新组织。儿童经过动作的反复练习,从控制自己动作和体验动作与结果之间的因果关系中得到快乐和满足。

二、多项选择题

1. ABC 【解析】本题考查幼儿游戏的分类。以皮亚杰等为代表的认知学派倾向于将认知发展作为儿童游戏分类的依据。依据儿童游戏的认知特点,可将游戏分为感觉机能性游戏、象征性游戏、结构性游戏、规则性游戏。

2. ABC 【解析】本题考查感觉机能性游戏的含义。感觉机能性游戏(感觉运动游戏)又称为练习性游戏或机械性游戏。它是儿童发展中最早出现的一种游戏形式,其动因来自感觉器官所获得的快感,由简单的重复运动组成。例如,奔跑、跳跃、攀登、拨浪鼓、骑木马、敲打和摆弄物体等。这类游戏往往以独自游戏或各自游戏的形式发生,随着儿童年龄的增长这类游戏的比例逐渐下降。

3. BC 【解析】本题考查幼儿园游戏的分类。根据功能游戏规则的内隐或外显,把游戏分为创造性和规则性两大类。创造性游戏的规则是内隐的,规则对游戏活动的制约是内隐式的,幼儿在游戏中自由度较大,创造的“余地”也很大。规则性游戏的规则是外显的,规则对游戏活动的制约是公开式的,幼儿必须严格按游戏规则开展活动,自由度较小,创造的“余地”也较小。当然,规则性游戏中也有创造性的存在。

三、判断题

1. × 【解析】本题考查表演游戏的基本原则。表演游戏的基本原则是游戏性先于表演性,游戏性与表演性应统一。

2. × 【解析】本题考查儿童结构性游戏的发展特点。结构游戏大致发生在2岁左右。象征性游戏是学前儿童的典型游戏,大约1岁半开始出现,2岁以后开始大量出现,4岁以后是比较成熟的发展阶段。已有研究发现结构性游戏和象征性游戏在学前阶段都有增加的趋势,因此,结构性游戏应当是和象征性游戏同时发展,而不是在象征性游戏之前发展。

3. √ 【解析】本题考查幼儿交往游戏。交往游戏指两个以上的儿童以遵守某些共同规则为前提而开展的社会性游戏。这类游戏以参与者之间的行为互动为其特点。

4. × 【解析】本题考查幼儿角色游戏。角色游戏是指学前儿童以模仿和想象,通过扮演角色,创造性地反映周围现实生活的一种游戏,又称想象性游戏。幼儿园的“娃娃家”游戏属于角色游戏。

5. × 【解析】本题考查幼儿游戏的分类。从游戏与教育教学的关系角度,可以把游戏分为“本体性游戏”和“工具性游戏”两大类。“本体性游戏”是指幼儿自主自发表现出的一种活动。其目的隐含于游戏活动本身,或者说游戏本身即是目的。这种游戏强调的是游戏本身的内在价值。如角色游戏、结构游戏、表演游戏、自由游戏都属于这一类。“工具性游戏”是指作为教育教学活动的手段或工具的游戏。其目的不在于游戏本身,而在于通过有利于儿童发展的游戏形式促使教育教学活动的有效进行。这种游戏强调的是游戏外在的工具价值。如音乐游戏、体育游戏、智力游戏。

四、名词解释(参考答案)

角色游戏

角色游戏是指学前儿童以模仿和想象,通过扮演角色,创造性地反映周围现实生活的一种游戏,又称想象性游戏。

五、简答题(参考答案)

1. 角色游戏的特点有哪些?

角色游戏与其他形式的游戏相比较,它更突出地表现出两个最基本的特点:

(1)高度的独立自主性。角色游戏是儿童高度独立自主的活动。

(2)特殊的想象活动。想象活动是角色游戏的支柱。幼儿的角色游戏是在想象的条件下,真实地反映现实生活中人与人之间的关系,但又不是刻板、机械地反映,而是在创造性地自由自在地反映。

2. 简述幼儿角色游戏的含义及其基本要素。

角色游戏也称象征性游戏,是幼儿按照自己的意愿,运用模仿和想象,借助真实或替代的材料,通过扮演角色,用语言、动作、表情等创造性地再现周围社会生活的游戏。角色游戏通常都有一定的主题,所以又称为主题角色游戏,是幼儿的一种最典型的、最有特色的游戏。

角色游戏的基本要素有角色扮演、对物质材料的假想、对游戏动作的假想、对角色互动的假想等。这四个基本要素之间是相互联系的,不同主题的角色游戏,其四个基本要素有不同的具体组合方式。

第16练 幼儿园游戏的条件创设

一、单项选择题

B 【解析】本题考查幼儿园游戏的条件创设。空间是开展游戏所必需的基本条件。时间是开展游戏的重要保证,材料与设备是游戏的物质基础,幼儿游戏的经验是开展游戏的源泉。故答案选B项。

二、多项选择题

1. ABCD 【解析】本题考查游戏材料的价值。最大限度地发掘材料的潜在价值:(1)把不相关的玩具放到一起;(2)逐渐引入新颖的玩具和材料;(3)轮换游戏的材料;(4)安排材料来鼓励儿童之间的互动;(5)介绍材料的新玩法,让儿童这样做。
2. ABCD 【解析】本题考查游戏准备的内容。游戏准备包括游戏时间、游戏场地、游戏材料与经验准备四个主要方面。

三、论述题(参考答案)

游戏是幼儿的基本活动。试分析在幼儿的游戏活动中,教师起什么样的作用,创设幼儿园游戏环境有哪些要求。

(1)教师的作用:①为游戏开展做好充分的前期准备,包括激发幼儿游戏的兴趣,丰富其相关经验,提供适宜的游戏材料,安排布置游戏场地等;②细致观察幼儿在游戏中的各种行为,了解幼儿在游戏中的表现,如游戏中的同伴关系,游戏的持续时间、专注程度,幼儿与材料的互动关系,等等;③根据上述观察的情况,结合幼儿的特点,适时、适度、适当地参与幼儿游戏,促进游戏顺利开展,帮助幼儿拓展和丰富游戏情节,提升游戏水平;④组织幼儿结束游戏,整理游戏材料,引导幼儿分享经验,提升游戏水平,酌情对幼儿开展游戏的情况进行总结。

(2)要求:①符合安全性要求。身体安全涉及游戏场所的宽敞,便于通行和游玩,游戏的玩具材料的摆放要安全可靠、牢固结实,没有导致幼儿碰倒、刺伤等危险因素的存在;心理安全是指让幼儿获得充分游戏活动的机会,让他们感到在集体中是受尊重、受欢迎的。安全的游戏环境是幼儿健康成长的保障,只有在安全的环境里,幼儿才能充分自由地开展游戏。②能吸引幼儿主动参与。游戏环境不应该仅仅是环境美化,更应该注重环境的参与性和互动性,为幼儿提供符合其年龄特点和个体需要的各种环境和材料,让幼儿能在与环境的相互作用中获得发展。③环境各异,能开展多样性游戏活动。游戏环境的规划应该综合考虑幼儿的活动需要和课程开展的需要,尤其是幼儿多样性游戏玩耍的需要。游戏环境无论是室内还是室外都应该尽可能丰富多样,并富有变化。④空间密度适宜。空间密度会影响幼儿的游戏和游戏中的交往行为。空间密度减少,就意味着拥挤程度增加,相应地必然会减少幼儿的大动作活动,增加幼儿相互之间的冲突。相反地,空间密度增加,幼儿的大运动游戏肯定会增加。⑤玩具材料丰富。无论是室内还是室外游戏环境,都应该尽可能提供充足的玩具和材料,并不断随幼儿的发展进行调整和补充。

第17练 幼儿游戏的指导

一、单项选择题

1. D 【解析】本题考查智力游戏的创编原则。幼儿教师在选择和创编智力游戏时,要考虑游戏的科学性,即保证游戏中蕴含的知识内容准确、难度适中,符合幼儿的身心发展特点和规律。

2. C 【解析】本题考查游戏中幼儿教师的角色。C项中教师没有参与到幼儿的游戏中，而是作为游戏的旁观者，这种做法是不恰当的。

3. A 【解析】本题考查幼儿角色扮演训练的发展阶段。内化是指儿童将外在的观念转化为自己的信念的过程。故答案选A项。

4. C 【解析】本题考查教师参与游戏的方式。合作式参与指教师加入幼儿正在进行的游戏之中，但仍让幼儿主宰游戏的进程。为了促进游戏的发展，教师会偶尔提出一些问题和建议，但不是直接教给幼儿任何新的游戏行为，幼儿可做出反应、予以接受；也可不予理睬、加以拒绝。在幼儿没有邀请教师参加游戏的情况下，教师可以根据游戏情节，利用角色的身份，主动参与进去。教师的合作式参与方式，能吸引更多的幼儿，给幼儿提供较多的谈话机会，提高幼儿游戏的水平和社会交往能力。

5. A 【解析】本题考查中班表演游戏的特点。中班表演游戏的特点包括：能独立进行角色分配，但进入游戏过程较慢；嬉戏性强，目的性弱；一般性表现为主，以动作为主要表现手段。

6. C 【解析】本题考查幼儿园游戏活动评价的要求。幼儿园游戏活动评价的要求主要包括：(1)幼儿是评价的主体，教师是评价的支架；(2)每次评价有重点，避免面面俱到；(3)承认和关注幼儿的个体差异。

7. B 【解析】本题考查小班幼儿结构游戏的教学目标。小班儿童结构游戏的教学目标：学会认识结构材料，能叫出其名称，如积木、积塑等，并能认识结构材料的大小、形状、颜色，学习铺平、延长、围合、盖顶、加宽、加高等建构技能，识别上下、中间、旁边等方向，学会用材料建构简单的物体，能将物体的主要特征表现出来。

8. A 【解析】本题考查幼儿游戏的指导。A项李老师的指导是不恰当的，玩沙的人数要根据场地的大小决定，并不是人越多越好。

9. C 【解析】本题考查教师对幼儿游戏的介入。材料指引是通过教师为儿童提供材料，引发游戏的兴趣，促进游戏的延续和提升的方法。材料可以是实物(成品、半成品和废旧品)和图片、图书等。

10. B 【解析】本题考查教师介入幼儿游戏的策略。直接介入(指导)是指在不影响幼儿游戏意愿的情况下，教师通过提示一个问题或建议，给出一个鼓励或参照，邀请一个同伴加入或营造一种气氛支持幼儿的游戏行为。

11. D 【解析】本题考查大班幼儿游戏的特点。合作游戏主要发生在5～6岁(大班)儿童之间，是指儿童在游戏中围绕一个共同的主题，有共同的目的，采取分工合作的有组织的方式游戏。

12. D 【解析】本题考查大班角色游戏的特点。大班角色游戏的特点包括：(1)随着幼儿对社会生活认知的不断积累，游戏经验丰富，主题新颖，内容丰富，游戏所反映的人际关系较为复杂；(2)处于合作游戏阶段，喜欢与伙伴共同游戏；(3)能按照自己的愿望主动选择游戏主题，并有计划地开展游戏；(4)在游戏中独立解决问题的能力增强。

13. D 【解析】本题考查教师介入幼儿游戏的时机。教师介入幼儿游戏的恰当时机主要有：(1)当幼儿游戏出现困难时介入；(2)当必要的游戏秩序受到威胁时介入；(3)当幼儿对游戏失去兴趣或准备放弃时介入；(4)在游戏内容发展或技能方面发生困难时介入。

14. B 【解析】本题考查定点观察法的概念。观察者固定在游戏中的某一区域定点进行观察，适合于了解某主题或区域幼儿的游戏情况，了解学前儿童的现有经验以及他们的兴趣点、学前儿童之间交往、游戏情节的发展等动态信息，并且让教师较为系统地了解某一事件发生的前因后果，避免指导的盲目性。定点观察法一般多在游戏过程中使用。

15. B 【解析】本题考查幼儿游戏的指导。游戏是幼儿自主的活动，并不是说幼儿的游戏不需要教师的指导。相反，教师在幼儿游戏中起着很重要的作用。教师对幼儿游戏的指导必须以保证幼儿游戏的特点为前提。否则，一切指导都可能是徒劳的，甚至可能成为幼儿发展的障碍。

16. D 【解析】本题考查教师介入幼儿游戏的时机。当必要的游戏秩序受到威胁时，教师可用游戏口吻自然地制止幼儿的干扰行为，并提出活动建议。教会幼儿方法，自己解决问题。

17. B 【解析】本题考查教师对幼儿游戏介入的方法。平行式介入法指教师在幼儿附近，和幼儿玩相同的或

不同材料和情节的游戏,目的在于引导幼儿模仿,教师起着暗示指导作用。交叉式介入法是指当幼儿有教师参与的需要或教师认为有指导的必要时,由幼儿邀请教师作为游戏中的某一角色或教师自己扮演一个角色进入幼儿的游戏,通过教师与幼儿角色之间的互动,起到指导幼儿游戏的作用。题干中叶老师以角色的身份参与游戏,并通过语言指导游戏的发展,属于交叉式介入法。

18. B 【解析】本题考查小班幼儿结构游戏的特点。小班幼儿结构游戏的特点包括:(1)游戏的目的性。结构游戏缺乏目的性和计划性。(2)游戏材料的选择。选用结构材料盲目、简单。(3)建构技能水平。建构技能简单、重复。小班幼儿结构游戏以简单的平铺、延伸、堆高为主,只是规则积砖的累加,没有任何顺序,游戏过程也是进行技能练习的过程。(4)游戏的社会性。对游戏的坚持性较差。

二、多项选择题

ABC 【解析】本题考查幼儿游戏的指导方法。幼儿游戏的指导方法主要有语言指导和行为指导。语言指导包括发问、提示、鼓励与表扬、建议。行为指导主要包括身体语言、提供材料、场地布置、动作示范。

三、判断题

1. × 【解析】本题考查幼儿教师介入游戏的时机。教师勤于观察、发现幼儿游戏中的问题并介入游戏的做法是正确的,但是要把握介入的时机,并不是不断的介入。

2. × 【解析】本题考查幼儿游戏的指导。游戏过程中并不是教师指导的频率越高,幼儿的游戏热情就越高,更不是教师参与幼儿游戏越积极,幼儿游戏发展得就越快。教师要把握关键的瞬间介入游戏,在幼儿需要帮助时做出正确的判断,满足幼儿的发展需要。

3. × 【解析】本题考查幼儿游戏的指导。教师对游戏的指导应有启发性,不能盲目地干涉。当必要的游戏秩序受到威胁时,教师可以采用游戏的口吻自然制止幼儿的干扰行为。

四、简答题(参考答案)

1. 通过游戏观察可以提升教师哪些方面的能力?

(1)教师通过游戏观察可以提升把握介入游戏时机的能力,提高幼儿对游戏的参与度;(2)教师通过游戏观察可以了解每一个幼儿,有助于教师因材施教;(3)教师通过游戏观察可以提高自身的设计游戏的能力;(4)教师通过游戏观察可以提高游戏环境创设的能力,让幼儿对游戏感兴趣;(5)教师通过游戏观察可以提高组织游戏的能力;(6)教师通过游戏观察可以提高反思能力。

2. 简述大班幼儿的游戏特点。

(1)游戏的自我评价能力逐步提升;(2)合作意识逐渐增强;(3)规则意识逐步形成;(4)动作灵活、控制能力明显增强。

3. "小快递员"向老师求助没人寄快件。简述教师适当介入游戏的方法。

(1)参与式介入。参与式介入是教师以游戏者的身份,介入幼儿游戏。一般采用的有平行式介入法、交叉式介入法。

(2)材料指引介入。材料指引是通过教师为儿童提供材料,引发游戏的兴趣,促进游戏的延续和提升的方法。

(3)语言指导介入。语言指导是教师通过运用"询问式""建议式""鼓励式""澄清式""邀请式""角色式""指令式"等不同形式的语言指导幼儿游戏的方法。

4. 简述幼儿教师如何指导各年龄班幼儿游戏。

(1)小班幼儿游戏的指导:①教师要注重对幼儿社会性交往的培养;②教师要注重对幼儿创造能力的开发;③教师要注重对幼儿游戏自主性的培养。

(2)中班幼儿游戏的指导:①教师创设情境游戏区促进幼儿社会交往;②教师结合幼儿的思维特点开发幼儿的创造能力;③教师鼓励幼儿自主游戏,提供相应均等的游戏机会。

(3)大班幼儿游戏的指导:①设计幼儿喜欢的游戏主题,以满足幼儿的游戏愿望;②营造宽松、和谐、自由游戏的环境;③投放操作的材料,提高幼儿游戏自主的水平。

5. 简述教师对幼儿游戏的指导策略。

(1)尊重幼儿游戏的自主性;(2)以间接指导为主;(3)按幼儿游戏发展的规律指导游戏;(4)按各种类型游戏的特点指导游戏;(5)正确评价幼儿的游戏;(6)使游戏成为幼儿园的基本活动。

五、论述题(参考答案)

游戏是儿童生活中最为重要的活动,除日常生活活动和集体教学活动之外,儿童都是在游戏中度过的,因此游戏活动的设计应满足一定要求。试述游戏活动的设计要求有哪些。

(1)游戏的时间。①充足的时间是儿童游戏的前提。教师应注意以下几点:巧妙利用各种时间进行游戏;力争每次有较长的时间进行游戏;使室内游戏时间与室外游戏时间基本均等;合理安排集体游戏、小组游戏和个人游戏的时间。②减少过渡环节,提高单位时间内儿童游戏的有效时间。

(2)游戏的环境与材料。①游戏的环境。游戏的空间环境包括户外游戏场地、室内游戏场地、游戏的心理环境。安排游戏空间的注意事项包括:维持适当的空间密度;开辟各种游戏区域;游戏场地要有吸引力;保证游戏场地的安全。游戏的心理环境主要包括:教师应建立与儿童民主、亲切、平等、和谐的关系;建立互助、友爱的伙伴关系;教师之间的真诚相待、友好合作,是儿童最好的榜样。②游戏的材料。游戏的材料主要包括:广泛收集废旧物品;要为儿童提供足够的游戏材料;根据儿童的年龄特点提供游戏材料;提供与阶段教育目标、内容相匹配的游戏材料;尽量提供无固定功能的游戏材料;多提供中等熟悉和中等复杂程度的游戏材料;将游戏材料放在可见位置;变换游戏材料的陈列;形成超级组合游戏材料单元;鼓励幼儿自由使用游戏材料。

(3)儿童的自主。游戏必须是儿童自由选择的,是以游戏活动本身为目的的愉快活动。经过学前儿童自由选择的游戏才能真正成为自主自发的、对学前儿童产生巨大教育影响价值的儿童游戏。反之,成人教师自上而下的、外力支配控制的就不是学前儿童的游戏,而只能是其他或者是走了样的“游戏”。①自主是儿童游戏的重要条件;②儿童在自主游戏中得到主动发展。

六、材料选择题

1. C 【解析】角色游戏是学前儿童以模仿和想象,通过扮演角色,创造性地反映周围现实生活的一种游戏,又称想象性游戏。

2. C 【解析】教学游戏是指在幼儿园中,游戏被作为一种教育手段和教育组织形式而加以运用。教学游戏就是根据幼儿园教育大纲和课程的要求,有目的、有计划地进行设计和开展的游戏。

3. B 【解析】内部干预是指成人以游戏中的角色身份参与幼儿的游戏,以游戏情节需要的角色动作和语言来引导幼儿的游戏行为。

4. B 【解析】B项老师的行为不正确。

5. C 【解析】无论采用何种干预方式,一旦幼儿开始表现出所期望的游戏行为,成人就应转而扮演无指导性的共同游戏者,或完全从游戏中退出,以便让幼儿重新控制游戏,从而培养幼儿的独立性和自信心。

七、材料分析题(参考答案)

1. (1)材料中的观察要点包括:

①游戏材料的投放,游戏材料的数量是否满足学前儿童的需要,有无争抢游戏材料的现象发生。例如,在材料中李老师提供了不同的头饰,并解决了争抢头饰的问题。②幼儿游戏中的行为,游戏中的行为主要是幼儿身心发展情况,如幼儿对游戏的专注程度、兴趣等。例如,在材料中很少主动选择表演区的小童这次也争抢进表演区。③幼儿游戏的水平,幼儿游戏中的社会交往水平如何,是否具有组织活动的能力。例如,在材料中小童拿了头饰不知道如何加入游戏,也不知道如何组织活动开始。

(2)观察的主要内容包括:①游戏与环境,主要观察游戏中的场地、游戏材料的投放和游戏时间的保证。②游戏中的幼儿,主要观察幼儿游戏中的行为和幼儿游戏的水平。③游戏与课程,游戏中有些什么主题,这些主题情节内容的进展情况,与现行教学之间的关系;新主题是怎样产生和发展的。④游戏中的教师,教师何时介入幼儿游戏会增强幼儿游戏的兴趣,并提升幼儿的游戏经验,何时介入游戏会干扰幼儿游戏并影响幼儿游戏的进展,这完全取决于该教师对幼儿游戏的观察与思考,以及在此基础上对游戏介入时机的判断

和把握。

观察的方法包括：

①扫描观察法是指观察者在相等的时间段里对观察对象依次轮流进行观察。②定点观察法是指观察者固定在游戏中的某一区域定点进行观察，适合于了解某主题或区域幼儿的游戏情况，了解学前儿童的现有经验以及他们的兴趣点、学前儿童之间交往、游戏情节的发展等动态信息，并且让教师较为系统地了解某一事件发生的前因后果，避免指导的盲目性。③追踪观察法是指观察者根据需要确定 1 ~ 2 个学前儿童作为观察对象，观察他们在游戏活动中的各种情况，固定人而不固定地点。

2.（1）①在游戏观察的过程中，教师应将观察的重点放在儿童的身上，要观察游戏中的儿童的各种行为表现和儿童在不同类型游戏中的发展水平，为下一步预设游戏、指导游戏做好准备。②教师应观察空间、时间以及游戏材料等游戏环境对游戏的影响，如游戏场地创设、游戏时间的长短、游戏材料的投放等对游戏的影响，以便准确掌握儿童当前的需要和游戏状况，从而提供与儿童发展水平相适应的条件，更好地为儿童游戏的开展提供支持。③游戏中的教师也是影响游戏的一个不容忽视的重要因素，教师的观念、态度、能力等因素直接决定着其对游戏的指导是否恰当，这对游戏有着重要影响。材料中，教师要观察佳佳、青青和玲玲等的行为表现，还要观察提供的材料等。

（2）①促进幼儿智力的发展。材料中，青青问："如果顾客要混合果汁怎么办？"佳佳看了看，拿来一个透明的瓶子说："就装在这里，它比较贵。"这体现了游戏激发了幼儿的想象力，促进智力的发展。②促进幼儿创造力的发展。材料中，玩游戏的过程中，佳佳想出了混合果汁的办法，青青用橙色雪花片和珠子制作了杯果汁等行为，都体现了游戏激发了幼儿的发散性思维，促进幼儿创造力的发展。③促进幼儿情感的发展。材料中，三位幼儿在得到龙龙的好评后都开心地笑了。这体现了游戏能使幼儿充分体验到快乐，促进幼儿情感的发展。④促进幼儿社会性的发展。材料中，果汁店游戏为幼儿提供了大量交往的机会，使幼儿逐步学会了认识自己和同伴，并能正确地处理自己和同伴之间的关系。

（3）①丰富幼儿生活经验。②创设适宜的游戏环境。③提出启发性的问题。④提出合理化建议。⑤平行介入游戏，巧妙扮演角色。

3.（1）李老师采用了参与式介入，即通过以游戏者的身份介入到幼儿的游戏中。

（2）①李老师的介入时间是恰当的。材料中李老师在观察了幼儿游戏一段时间之后，寻找到了可以对幼儿加以暗示、点拨的情节，即以"交警"的身份介入了幼儿游戏，并进行了及时的随机教育，使幼儿知道遵守交通规则的重要性。②教师介入儿童游戏的时机：其一，当幼儿游戏出现困难时介入。当幼儿不知道自己该做什么游戏、如何去游戏时，教师的介入是引导幼儿开始游戏的关键。其二，当必要的游戏秩序受到威胁时介入。当必要的游戏秩序受到威胁时，教师可用游戏口吻自然制止幼儿的干扰行为，并提出活动建议。其三，当幼儿对游戏失去兴趣或准备放弃时介入。这时教师的介入可以帮助幼儿拓展游戏内容，提高游戏技能，进一步激发幼儿游戏的兴趣。其四，在游戏内容发展或技巧方面发生困难时介入。在这种情况下，教师可以作为游戏同伴介入游戏给予幼儿示范，或者让幼儿相互启发，相互影响，以帮助幼儿克服困难，拓展游戏。

4.（1）①案例中王老师充分尊重幼儿游戏的氛围和游戏中的想象、探索、表现、创造。当幼儿提出游戏里没有小朋友扮演交警时，王老师没有立即停止游戏进行指导和说明，而是保持游戏的氛围，运用言语解决了这一问题，保证了幼儿游戏的积极性，同时也提高了幼儿游戏的自主性，保证了游戏的正常进行和游戏功能的实现。②王老师在看到幼儿游戏进程受阻的情况下才介入，同时以舞台管理者的角色介入游戏，积极地帮助幼儿为游戏做准备，并随时为正在进行的游戏提供帮助。没有破坏游戏进程，更没有控制游戏进程，在充分尊重幼儿游戏自主性的前提下保证游戏的顺利进行。（言之有理即可）

（2）如何指导幼儿开展角色游戏：

角色游戏前期准备：丰富幼儿的生活经验，提供适合的场所以及丰富的游戏材料，提供充足的游戏时间。

角色游戏过程中的现场指导：鼓励和启发幼儿按照自己的意愿自主确定游戏主题；教会幼儿分配游戏角色；

观察、参与幼儿游戏,尊重幼儿个体差异性,给予适宜的指导。

角色游戏结束环节的指导:愉快地结束游戏,培养幼儿对游戏的兴趣;引导幼儿收拾游戏材料和场地,培养幼儿良好的习惯;评价游戏,丰富幼儿的游戏经验,提升游戏水平。

实战演练

一、单项选择题

1. B 【解析】象征性游戏是学前儿童最典型的游戏形式,对儿童人格和情绪的发展都能发挥一定的功效。基于它的这一功效,现代的游戏治疗也是通过这种游戏形式得以实现的。

2. A 【解析】游戏可以促进幼儿体力、智力、创造力、情感、社会性和美感的发展。在游戏中幼儿能变换各种方式来对待物体,通过对同一游戏材料做出不同的设想和行为,或对不同的物体做出同一种思考和动作,就能扩大幼儿与游戏材料相互作用的范围,增加相互作用的频率,使求异思维得到充分的训练。儿童在游戏中玩出新玩法,这体现游戏可以促进儿童的创造力的发展。

3. A 【解析】霍尔的“复演说”,认为游戏是远古时代人类祖先的生活特征在幼儿身上的重演,不同年龄的幼儿以不同形式重演祖先的本能特征。

4. B 【解析】教师在对儿童游戏进行评价时应该是正面评价,这样才能保持儿童在游戏过程中的愉悦、成功的情绪体验,有利于激起儿童再次游戏的愿望。

5. A 【解析】合作游戏是幼儿后期出现的较高级的游戏形式,是一种有着共同需要、共同计划、共同协商完成的游戏活动。题干描述的游戏属于合作游戏。

6. A 【解析】游戏丰富了幼儿的知识。游戏是幼儿学习知识最有效的途径,幼儿在游戏中通过使用材料和器械,从中习得了许多关于周围世界的基本知识和主要概念。

7. C 【解析】游戏能促进幼儿社会性发展,游戏是幼儿进行社会交往的起点,并为幼儿提供了大量交往的机会,使幼儿逐步学会了认识自己和同伴,并能正确地处理自己和同伴之间的关系。社会交往能力的提高,加快了幼儿的社会化进程。故幼儿在结构性游戏中,由独自搭建发展为能与同伴联合搭建,反映了游戏中幼儿的社会性发展水平。

8. A 【解析】儿童游戏是对儿童生活的反映,所以生活经验是其基础与源泉。

9. C 【解析】结构性游戏又称建构游戏或造型游戏,是指儿童运用积木、积塑、金属材料、泥、沙等各种材料进行建构或构造,从而创造性地反映现实生活的游戏。

10. A 【解析】交叉式介入法是指教师以角色的身份参与游戏,以游戏情节需要的动作、语言来引导幼儿游戏的发展。题干描述的介入方法是交叉式介入法。

11. A 【解析】内部干预是指成人以游戏中的角色身份参与幼儿的游戏,以游戏情节需要的角色动作和语言来引导幼儿的游戏行为。

12. D 【解析】“造城堡”游戏属于结构游戏。

13. D 【解析】体育游戏是以身体练习为主要内容,以发展基本动作为目的的游戏活动。

14. C 【解析】拉扎鲁斯—帕特瑞克的“娱乐—放松说”认为游戏不是源于精力的过剩,而是来自于放松的需要。

15. C 【解析】追踪观察法是指观察者根据需要确定1~2个学前儿童作为观察对象,观察他们在游戏活动中的各种情况,固定人而不固定地点。它适合于观察了解个别学前儿童在游戏中的发展水平。教师可以自始至终地观察,也可以就某一时段或某一情节进行观察。

16. A 【解析】幼儿游戏有利于促进幼儿情感的发展。“游戏治疗”理论和实践表明,游戏是幼儿发泄自己不良情感的一种重要形式,通过游戏使幼儿的情绪变得平静、缓和,有利于抑制、降低消极情绪的负面作用。

17. D 【解析】儿童的游戏自有章法,游戏是儿童自我规则意识和能力的外显,同时也是社会规则的内化过程。题干的描述体现了游戏是有序的。

二、多项选择题

1. ABCD　【解析】中班幼儿的动作能力有明显发展，幼儿活动的范围大大扩展，活动积极性有了极大的提高。其游戏特点主要表现在以下几方面：(1)幼儿游戏水平极大提高，需要不断拓展游戏空间；(2)幼儿的自主性与主动性进一步发展，需要宽松、安全的探索环境；(3)幼儿同伴交往需求与能力进一步发展，需要良好的社会性发展氛围；(4)幼儿想象的有意性水平提高，需要更大的表达与创造的空间；(5)幼儿具体形象思维表现突出，需要具体的活动情境与活动形式。

2. AB　【解析】弗洛伊德认为游戏也有潜意识成分，游戏是补偿现实生活中不能满足的愿望和控制创伤性事件的手段。

3. ABC　【解析】表演游戏和角色游戏的区别在于：表演游戏中，幼儿扮演的角色是以一定的故事或童话为依据，情节内容也是对故事或童话情节内容的反映；而在角色游戏中，幼儿扮演的角色既是生活印象的再现，又是幼儿自由创造的表现。

4. ABD　【解析】小班幼儿的游戏具有目的性不强，兴趣不稳定，兴趣持续时间短，重内容、轻规则等特点。

5. ABCD　【解析】早期的传统游戏理论主要有：霍尔的"复演说"、席勒和斯宾塞的"精力过剩说"、拉扎鲁斯—帕特瑞克的"娱乐—放松说"、格罗斯的"生活预备说"、博伊千介克的"成熟说"等。

6. ABCD　【解析】游戏促进幼儿创造力的发展表现在：(1)游戏为幼儿提供了宽松的心理氛围；(2)游戏催发了幼儿的探究行为；(3)游戏激发了幼儿的发散性思维；(4)游戏提高了幼儿的创造性水平。

三、判断题

1. ×　【解析】合作游戏是儿童在游戏中围绕一个共同的主题，有共同的目的，采取分工合作的有组织的方式游戏。

2. ×　【解析】角色游戏是指学前儿童以模仿和想象，通过扮演角色，创造性地反映周围现实生活的一种游戏。建构游戏是指儿童运用积木、积塑、金属材料、泥、沙等各种材料进行建构或构造，从而创造性地反映现实生活的游戏。题干描述的是建构游戏。

3. ×　【解析】无规则游戏是发挥幼儿游戏的主动性，给幼儿一定的自由，但是教师也要给予适时的支持和引导。

4. ×　【解析】教师对游戏的指导以间接指导为主，并不代表有优劣之分。

5. √　【解析】幼儿的游戏往往依赖于具体的游戏材料或玩具。幼儿年龄越小，对玩具材料的逼真性程度要求越高。

6. √　【解析】当我们去判断幼儿是否在游戏时，可以从幼儿的表情、动作，言语和游戏材料等几方面来综合考虑，可以说这几方面构成了游戏的外部框架。

7. ×　【解析】教师应该遵循儿童身心发展的特点，组织儿童进行游戏活动，培养儿童的求知欲望和学习兴趣。

8. √　【解析】我们不应提供给幼儿带有尖角和锋利边缘的粗糙玩具和具有发射能力的枪炮、弓箭等玩具；室外的运动设备应定期进行卫生和安全检查，并且成人要让幼儿学会正确使用玩具。

9. √　【解析】尊重幼儿游戏的自主性就是要尊重幼儿游戏的意愿和兴趣，尊重幼儿游戏的氛围和游戏中的想象、探索、表现、创造。

10. ×　【解析】幼儿园应以游戏为主要活动。

11. √　【解析】室内活动场地是儿童在活动室内开展游戏的场所。活动室的空间大小不能过于拥挤，根据研究表明：空间密度会影响到儿童的游戏行为，空间过于宽大，会引发儿童的追赶和嬉闹行为，而空间过于拥挤会降低社会性游戏的层次。

12. ×　【解析】在儿童的游戏中，幼儿教师是游戏材料的准备者、游戏情节的献计人和游戏矛盾的协调人。但教师做的最多的应该是扮演游戏中的角色，做儿童游戏的伙伴。

13. ×　【解析】要为儿童提供足够的游戏材料。儿童是通过使用玩具材料在游戏中学习的。材料的种类对儿童游戏的具体选择有着某种定向的功能。如果教师提供的材料单一，儿童游戏情节的发展就会受到限制。

但这并不是说给予学前儿童的材料越多越好。重要的是要让这些材料真正地发挥作用,提高其利用率。

14. √ 【解析】无固定功能的游戏材料,往往可以使儿童按着自己的想象创造出游戏的多种玩法,有利于学前儿童通过探索接受丰富的感官刺激,利用不同的材料去替代和想象,在与材料的互动中促进发散性思维的发展。

15. × 【解析】幼儿的想象异常活跃,所以在游戏中应该鼓励和引导幼儿大胆想象。

四、填空题

创造性

五、名词解释(参考答案)

1. 游戏

游戏是一种主动、自愿、愉快、假想的社会性活动,是学前儿童获得知识的最有效手段。

2. 智力游戏

智力游戏是指以生动、新颖、有趣的游戏形式,使儿童在轻松愉快的活动中,增进知识、发展智力的游戏。

3. 定点观察法

定点观察法是指观察者固定在游戏中的某一区域定点进行观察,适合于了解某主题或区域幼儿的游戏情况,了解学前儿童的现有经验以及他们的兴趣点、学前儿童之间交往、游戏情节的发展等动态信息,并且让教师较为系统地了解某一事件发生的前因后果,避免指导的盲目性。

4. 语言游戏

语言游戏指儿童时期运用语音、语调、词语、字形而开展的游戏,如跟着语音、节奏的变化而展开的拍手游戏、绕口令、接龙等。

5. 扫描观察法

扫描观察法是指观察者在相等的时间段里对观察对象依次轮流进行观察。

6. 交往游戏

交往游戏指两个以上的儿童以遵守某些共同规则为前提而开展的社会性游戏。

六、简答题(参考答案)

1. 简述以儿童社会性发展为依据的游戏分类。

(1)非游戏行为;(2)旁观游戏;(3)独立游戏;(4)平行游戏;(5)联合游戏;(6)合作游戏。

2. 简述游戏促进幼儿情感的发展的主要表现。

(1)游戏使幼儿有机会表现自己的情感;(2)游戏能使幼儿充分体验到快乐;(3)游戏能帮助幼儿克服恐惧情绪;(4)游戏能使幼儿进行情感宣泄。

3. 简述游戏促进幼儿社会性的发展的主要表现。

(1)游戏有助于克服幼儿的自我中心;(2)游戏培养了幼儿的合群行为;(3)游戏提高了幼儿的交往技能;(4)游戏发展了幼儿遵守规则的能力;(5)游戏锻炼了幼儿顽强的意志。

4. 简述大班儿童表演游戏的特点。

(1)能独立完成角色分配任务,有很强的角色更换意识;(2)游戏的目的性、计划性较强,能自觉表现故事内容;(3)具有一定的表演意识,但尚待提高;(4)具备一定的表演技巧,能灵活运用多种表现手段,但表演水平尚待提高。

5. 简述智力游戏的组织与指导原则。

(1)选择和编制合适的智力游戏;(2)帮助幼儿构建规则意识;(3)培养幼儿的游戏策略意识,而不是教给幼儿游戏的策略。

6. 简述中班结构游戏的特点。

(1)目的比较明确,能初步了解结构游戏的计划;(2)对操作过程有浓厚的兴趣,关心结构成果;(3)能围绕结构物开展游戏,会按主题进行构建,初步利用材料美化结构物;(4)能独立地整理玩具。

七、论述题(参考答案)

1. 试述音乐游戏的指导原则及其内容。

(1)指导原则:①“漫不经心的娱乐”原则:强调幼儿自身的参与和感受,从幼儿身心特点出发,让幼儿在亲身参与和感受中体会音乐的魅力和内涵。②“幼儿主体、教师引导”原则:在了解幼儿的基础上,以促进幼儿的发展来设计游戏,确定游戏主题;充分发挥幼儿的想象力,与他们共同设计音乐游戏。

(2)指导内容:①自娱性音乐游戏的指导。自娱性音乐游戏的特点是“自发性、趣味性、随机性”,这决定了教师的指导应当少之又少,基本上只提供游戏材料,或者间接指导,尽量不干涉幼儿游戏。教师应创设丰富的音乐环境,提供自娱性音乐游戏的平台。②教学性音乐游戏的指导。教师要通过选择合适的、有趣的内容,通过教师的感染力来激发幼儿游戏的兴趣。注重游戏过程中的音乐体验,给幼儿充分地表现自我的机会。

2. 试述组织和指导表演游戏时应注意的问题。

(1)协助幼儿选择表演游戏的主题,选择适合表演的文学作品。幼儿表演游戏的题材主要来自童话、故事、语言等文学作品,还可以来自电影、电视以及幼儿的生活经验。适用于表演游戏的作品,应具有如下特征:思想内容健康活泼,具有明显的表演性;要有一定情境,适合小班表演的作品最好只有一个场面,要有明显的动作性,在小中班宜选择简单的,有重复动作的作品;起伏的情节,情节主线要简单明确,节奏要快;较多的对话,易于用动作来表演。

(2)激发儿童对表演游戏的兴趣。

(3)创设适合表演的游戏环境,提供表演游戏的物质条件。表演的舞台和布景,以及服饰和道具应当简单大方、经济适用。可以充分利用现有的游戏材料,同时因地制宜地利用废旧物品进行设计和改造。教师要充分信任幼儿的能力,充分发挥幼儿的积极性、主动性、创造性。

(4)帮助幼儿组织表演活动,指导幼儿分配角色。最初可先组织部分儿童练习表演,之后,再组织全班儿童参加表演游戏,可以同时组织几组,让儿童轮流当观众与演员。在表演过程中,教师要注意儿童表演的逼真性和教育性,还应特别注意吸引一些胆怯儿童参加表演游戏,教他们学会担任角色,充分发挥表演游戏对所有儿童的教育作用。分配角色时,要尊重幼儿的选择。小班可由教师指定角色,或幼儿自选;对于中、大班幼儿,应鼓励他们按照自己的意愿进行表演。

(5)指导幼儿表演的技能,鼓励幼儿自然生动地表演。指导幼儿表演技能的方法有:①引导幼儿观察、表现和交流;②教师示范表演;③教师与幼儿共同表演;④利用幼儿的生活经验,对幼儿进行口头语言、歌唱表演、形体表演等技能的训练;⑤启发并尊重幼儿的创造性表演。

(6)引导幼儿积累社会经验,提高表演水平。教师应注意在幼儿的日常生活、教育活动以及游戏活动中丰富幼儿的社会经验,不断提升幼儿表演游戏的水平。另外,教师可以以观众的身份,用提问、建议等方式指导幼儿顺利演出,并对幼儿演出加以评价,但是切莫变成“导演”。

八、材料分析题(参考答案)

1. (1)游戏是幼儿的自发学习。在观察实录的游戏中,贝贝看到老师拿雪花片当菜,在接下来的游戏中,也将雪花片当作菜,这是一种自发的学习。瓜瓜把手指当成筷子,夹起一片雪花片“啊呜啊呜”地吃起来,也是一种自发的学习。

(2)教师的回应策略:中班角色游戏重点是引导幼儿解决游戏冲突。①教师应结合幼儿的社会经验,为幼儿提供丰富且富有变化的游戏材料,鼓励幼儿不断丰富游戏主题;②仔细观察并认真分析幼儿发生冲突的起因,以游戏者的身份介入游戏,指导游戏;③通过幼儿讨论等形式展开游戏评价,增长游戏经验,丰富游戏内容;④指导幼儿在游戏中逐渐掌握社会规则和交往技能,逐渐学会独立解决问题。观察实录中,教师首先应该为幼儿提供足够量的“菜”,启发幼儿想象没有菜了,可以怎么办?其次,教师可以扮演卖菜的,丰富游戏主题。再者,在指导的过程中,让幼儿学会独立解决问题。最后,在游戏结束时,组织幼儿讨论游戏中遇到的问题,增长游戏经验。

2.(1)与幼儿一起准备游戏环境,侧重语言引导,培养幼儿的自主性;(2)认真观察游戏,给幼儿提供必要的条件和机会以及适当的引导;(3)允许并鼓励幼儿在游戏中进行创造,培养幼儿的创造性。材料中,刘老师观察幼儿游戏后发现,“理发店”里顾客少,生意不红火,于是带领幼儿去参观真实的理发店,为大班幼儿提供种类较多的游戏材料以鼓励和支持他们进行多样化探索。

3.老师对洋洋游戏的干预是不合适的。

(1)在这个材料中,洋洋用小椅子代替自行车,来实现他“摸特等奖”的情节构思。这表明:①洋洋能独立完成角色分配任务;②游戏的目的性、计划性较强,能自觉表现故事内容;③具有一定的表演意识;④具备一定的表演技巧,能灵活运用多种表现手段,但表现水平有待提高。这一阶段,幼儿能够成功地以物代物,表明幼儿象征思维的发展。替代物与被替代物越不像,越具有符号抽象的意义。而教师以角色身份对洋洋所选择的替代物提出了质疑,认为小椅子不像自行车,试图引导幼儿按真实的样子加以改装,结果阻碍了幼儿的游戏想象,中断了幼儿原来的游戏情节,因此这种干预是不恰当的。

(2)老师正确的做法:①为幼儿提供较多种类的游戏材料,鼓励和支持他们进行多样化探索;②在游戏初期应尽可能少地干预;③随着游戏的展开,及时给幼儿提供反馈,提高其表现故事、塑造角色的能力;④通过反思性谈话和小组讨论来帮助幼儿丰富游戏情节。

4.在幼儿游戏过程中,教师不仅是观察者、记录者,而且还应该是幼儿游戏的尊重者、支持者、参与者、引导者和干预者。教师作为幼儿游戏的引导者,应注意以下几个方面:

(1)教师要引发幼儿游戏的兴趣。教师可以通过在游戏场地放置一些新材料、新设备等来引起幼儿开展某种游戏的兴趣。材料中教师在“动动巧手”的活动里提供许多大小、形状都不同的螺丝,孩子们爱不释手,兴趣很浓厚。

(2)教师要适时提出开放性问题。在幼儿游戏的过程中,教师要善于把握时机,提出启发性的问题,以促进幼儿游戏的发展。材料中当吴艳楠向老师展示自己做的“蛋糕”时,老师表扬她并引导她再搭一个跟它不一样的东西。

(3)教师要及时提出合理化建议。当幼儿的游戏未能向前发展时,教师应给予提示、建议,以帮助幼儿更好地开展游戏。材料中老师表扬顾洋螺丝拧的好,并让他表演给其他小朋友看,一些小朋友也跟着拧螺丝,间接地给这些小朋友提供了游戏的方式,引导了更多的小朋友参与到游戏中去。

(4)教师要巧妙地扮演游戏中的角色。教师通过扮演一定的角色,自然而然地加入到幼儿的游戏中。材料中的教师是一个鼓励者,巧妙地引导更多的小朋友自觉进入游戏。

(5)教师要以间接方式为主指导幼儿的游戏。材料中,老师没有直接教孩子们怎么玩螺丝,而是让幼儿自己发现螺丝游戏的乐趣。

5.(1)游戏是学前儿童的基本活动,是学前儿童喜爱的、主动的活动,是学前儿童反映现实生活的活动。儿童的游戏具有以下特点:①游戏是儿童自主自愿的活动(自由性);②儿童重视的是游戏的过程,而非游戏的结果,无强制性的外在目的;③游戏是充满想象和创造的活动(想象性);④游戏具有假想成分,是在假想的情景中反映社会生活,是虚构和现实统一的活动(虚构性和社会性);⑤游戏是能给儿童带来积极情感体验的活动(愉悦性);⑥游戏是具体的活动。

(2)材料中的教师没有尊重幼儿的意愿,强制要求幼儿上台表演,违背了自主自愿的特点;材料中的教师不时地按照故事情节规范语言,纠正孩子们的动作,使得幼儿失去了创造的机会,也不会给幼儿带来愉悦性。

(3)综上所述,该材料中的老师组织的所谓“游戏”活动并不是真正的游戏,违背了游戏的本质特点。教师在组织儿童进行游戏的时候,应当充分尊重儿童游戏的兴趣和意愿,根据儿童的身心特点及生活经验进行游戏环境的创设,在儿童游戏的过程中,用心观察儿童在游戏中的表现,鼓励幼儿的自主性和创造性,在幼儿园中为幼儿提供他们感兴趣的游戏材料和游戏环境。

6.(1)材料中教师的指导行为是一种平行游戏指导方式。平行游戏策略,是指导教师接近幼儿,并与他们用相同的游戏材料一同玩一样的游戏,但教师不与幼儿相互交往,不参与幼儿游戏。这种指导策略往往用于结

构游戏与表演游戏之中，效果较显著。材料中老师没有参与小男孩的积木游戏，而是坐在小男孩身边也搭起积木，没有直接指导小男孩。

(2)材料中教师的指导方式，作为介入幼儿游戏的策略，属于隐性指导，也是一种间接指导。这种指导，不直接参与和干预幼儿游戏的过程，最大限度地保护了幼儿游戏的自主性体验。

(3)材料中教师的指导也是一种正向的指导，即给予幼儿游戏进行支持和解决问题的暗示。而不是直接制止幼儿原来的不恰当游戏行为，教师通过这种平行游戏的指导，给幼儿做出了适宜的、有效的游戏行为的示范，试图启发幼儿，给予幼儿一种积极的暗示，可以引发幼儿的效仿和学习。材料中教师没有直接指出小男孩为什么搭不起“大高楼”，而是边搭边自言自语怎么才能搭好大高楼，给予幼儿积极的暗示，更容易引发幼儿的模仿行为。

(4)教师指导行为的发起，是基于幼儿遇到问题即不能“搭高”和“搭稳”的时候，实际上也是把握住了介入的一个适宜时机。

7. (1)材料中的游戏类型是角色游戏。角色游戏的特点有两点：①与幼儿的社会生活密切联系。角色游戏是幼儿对现实生活积极主动的再现活动，游戏的主题、角色、情节、材料与规则均与幼儿的社会生活经验有密切关系。幼儿自身社会经验的丰富程度直接决定着游戏内容的丰富程度和游戏情节变换的可能性。②角色游戏是富有创造性的想象活动。想象活动是角色游戏得以进行和发展的重要支撑。角色游戏过程是创造性想象的过程，幼儿可以在角色游戏中自由地发挥其想象力和创造力，因而他们对角色游戏的兴趣最为浓厚，幼儿玩角色游戏的主题、角色、情节可以十分多样与新颖。

(2)材料中幼儿在游戏中出现不善于分配角色的问题。硕硕认为自己是男生不能当妈妈，但是洋洋要当爸爸，就需要再创建一个适合男生的角色。老师引导他们想出了“叔叔”这个角色，使游戏能顺利进行。在角色游戏过程中，幼儿往往非常关注自己扮演什么角色，但由于自身发展水平的限制，幼儿会表现出不善于分配角色的问题。为保证游戏顺利进行，教师在指导角色游戏时，要适当引导幼儿学会如何较好地分配角色，让幼儿明白角色的意义及轮换角色的必要性。这不仅可以提高幼儿的游戏能力，也有助于幼儿个性的健康发展。

8. (1)材料中邹老师采用的是平行游戏法的策略。邹老师和幼儿一起玩积木，偶尔用语言评价几句，起着暗示指导的作用，激发幼儿的思考，使游戏不断深入，促进游戏的发展。

(2)指导策略是指游戏过程中教师介入游戏的方式。主要还包括：①合作游戏法。合作游戏法是一种常用的游戏指导策略。当儿童专注于游戏时，教师以合作者的身份加入游戏过程，但仍然由儿童掌握游戏的进程。②指导游戏法。指导游戏法是由教师提议或事先设计一个游戏，并在指导游戏时扮演一个关键的角色，至少部分控制游戏的进程。③“真实发言人”。“真实发言人”是指教师处于游戏之外，使儿童保持游戏与外在真实世界的联系。

9. (1)材料中杨老师在幼儿游戏时的三次介入分析如下：

①材料中杨老师的第一次介入的时机是不适宜的。幼儿在确定结构游戏的主题时，教师使用指令性语言“那你们就搭个幼儿园吧！”对幼儿游戏进行介入指导的时间过早，且介入的方式不合理，导致幼儿迟疑了一下说：“好吧。”②第二次介入时机是适宜的，在孩子游戏出现困难时杨老师及时介入，通过语言指导“班上有什么东西能让我们迅速长高呢？”引发了豆豆的思考，使豆豆想出了用凳子垫脚的方法。③材料中杨老师的第三次介入是合理的，老师和幼儿一起游戏，帮忙扶好凳子，确保幼儿的安全，同时也帮助幼儿取得成功。

(2)教师介入幼儿游戏的适宜性策略：①参与式介入。参与式介入是教师以游戏者的身份，介入儿童游戏。一般采用的有平行式介入法、交叉式介入法。②材料指引介入。材料指引是通过教师为儿童提供材料，引发游戏的兴趣，促进游戏的延续和提升的方法。③语言指导介入。语言指导是教师通过运用“询问式”“建议式”“鼓励式”“澄清式”“邀请式”“角色式”“指令式”等不同形式的语言指导儿童游戏的方法。

第八章　幼儿园班级管理与环境创设

真题必刷

第18练　幼儿园班级管理工作

一、单项选择题

1. A 【解析】本题考查幼儿园班级管理方法。规则引导法是对班级幼儿最直接和最常用的管理方法。

2. D 【解析】本题考查幼儿园班级管理的环节。幼儿园班级管理工作中的组织与实施环节包括:(1)教师间要有明确分工;(2)对幼儿进行编组;(3)合理规划幼儿活动空间;(4)合理安排好幼儿在园时间;(5)班级物品的安排。

3. A 【解析】本题考查幼儿园班级管理的方法。互动指导法是指幼儿园教师、同伴、环境等相互作用的方法。因为班级活动的本质是由幼儿参与的、同指向的对象发生相互作用的活动,即班级活动过程就是幼儿同不同对象互动的过程。因此,指导幼儿主动地、积极地、有效地同他人交往是班级管理的一种重要方法。

4. C 【解析】本题考查幼儿园班级物品管理。幼儿园班级物品管理可以分为两大类:班级设施设备管理和班级用品管理。幼儿园班级的设施设备包括除了房屋之外的其他所有设施设备,如家具、钢琴等教学设施,幼儿园对于这些设施设备的管理都有全园性的规章制度。幼儿园班级用品一般指供幼儿在生活学习活动中使用的低值易耗品,包括幼儿玩具、读物、洗漱用品以及班级装饰品等。这些物品易消耗,因此要妥善保管、合理安排,提高物品的周转使用率。

5. B 【解析】本题考查幼儿园班级管理的原则。幼儿园班级管理的原则:主体性原则;整体性原则;参与性原则;高效性原则。

6. C 【解析】本题考查班级管理的方法。情感沟通法是指通过激发和利用师生间或幼儿间以及幼儿对环境的情感,以引发或影响幼儿行为的方法。题干中老师运用了情感沟通法。

7. B 【解析】本题考查幼儿的班级生活管理。班级生活管理,可以满足幼儿在园生活的物质需要,为其提供良好生长的物质环境。更重要的是通过对幼儿生活常规管理,使其养成良好的生活习惯、生活态度,提高幼儿的生活自理能力。

8. C 【解析】本题考查幼儿园班级的主体。幼儿园中的班级与其他学校教育阶段的班级不同,需要基于考虑每个幼儿的自身需要、特点和发展规律,将社会要求分解为各个具体的目标,以不同的方式渗透于幼儿的一日活动之中。此外,幼儿是班级的主体,其成长和发展直接取决于幼儿园班级保教工作的质量与成效。故答案选C项。

9. C 【解析】本题考查幼儿园班级信息管理。教师在收集家长信息的时候应注意只收集与幼儿教育有关的信息,不过多打探家长隐私,并且不随意公开家长信息。

10. D 【解析】本题考查幼儿园班级管理的方法。规则引导法是指用规则引导幼儿行为,使其与集体活动的方向和要求保持一致或确保幼儿自身安全并不危及他人的一种管理方法。规则引导法是对班级幼儿最直接和最常用的管理方法。

11. D 【解析】本题考查幼儿园班级管理的方法。规则引导法是指用规则引导幼儿行为,使其与集体活动的方向和要求保持一致或确保幼儿自身安全并不危及他人的一种管理方法。规则引导法是对班级幼儿最直接和最常用的管理方法。题干中王老师运用了规则引导法。

12. A 【解析】本题考查幼儿园班级管理的定义。幼儿园班级管理指班级保教人员充分利用幼儿园的人、财、物、时间、信息等资源,以班级为单位,通过计划、组织、实施、总结等环节,实现育人的目标。

二、多项选择题

BC 【解析】本题考查幼儿园班级管理的方法。情感沟通法是指通过激发和利用师生间或幼儿间以及幼儿对环境的情感,以引发或影响幼儿行为的方法。由于幼儿的情感是丰富的、纯真的、自由的,情感沟通法很

少有统一的实施步骤，但可以归纳出实施管理的主要着眼点：(1)教师在日常生活和教育活动中，要观察幼儿的情感表现；(2)教师要经常对幼儿进行移情训练；(3)教师要保持和蔼可亲的个人形象。情感沟通法的基础是教师对幼儿的理解和爱。

三、判断题

1. × 【解析】本题考查教师在班级管理中的作用。幼儿园班级管理的主要实施者是班级教师。
2. × 【解析】本题考查班级管理的环节。幼儿园班级工作的组织与实施包括：(1)教师间要有明确的分工；(2)对幼儿进行编组；(3)合理规划幼儿活动的空间；(4)合理安排好幼儿在园的时间；(5)班级物品的安排。
3. × 【解析】本题考查幼儿园班级管理的概念。幼儿园班级管理指班级保教人员充分利用幼儿园的人、财、物、时间、信息等资源，以班级为单位，通过计划、组织、实施、总结等环节，实现育人的目标。

四、材料分析题(参考答案)

(1)案例中教师运用了自我管理法。案例中教师"谁吃得干净，下次就请他当值日生。此外，在每周五都要评比哪组吃饭又快又干净"为目标，让幼儿养成了自主管理的能力。自我管理法的优点：①培养幼儿的规则意识和自我服务意识；②减少教师的工作负担，提高管理效率；③培养幼儿的独立性，形成良好的习惯。

(2)自我管理的方法主要有目标激励法和活动塑造法。①目标激励法是让幼儿养成自我管理、自我约束的能力和习惯。案例中教师用"在每周五都要评比哪组吃饭又快又干净"作为目标，激励幼儿养成良好的卫生习惯，体现了目标激励法的作用。②活动塑造法是班级管理者通过设计活动，培养幼儿自主管理的能力，要注意帮助幼儿挖掘自身的潜在能力，结合幼儿学习和生活的实际，提高幼儿自我教育的能力。案例中教师"我请幼儿轮流当值日生，吃饭的时候相互监督，吃完饭后值日生负责擦桌子并记录"，"偶尔有个别掉在桌子上的米粒，幼儿也会赶紧捡起来放进盛骨头的盘子里"等体现了活动塑造的方法，充分挖掘和发挥幼儿自我约束、控制、管理、教育的内在潜能。

第19练　幼儿园环境概述

一、单项选择题

1. D 【解析】本题考查教师在幼儿园环境创设中的作用。为了使幼儿能够更快乐、更轻松地学习和游戏，教师必须准备一个与教育相适宜的环境，这是教师的职责所在。教师的做法体现了幼儿园应为幼儿创设一个有准备的环境。
2. B 【解析】本题考查幼儿园环境创设的目的。幼儿园环境创设中使用易于识别的生活行为规范标识图，其主要目的是便于幼儿习得生活技能和行为准则。
3. A 【解析】本题考查幼儿园环境的教育作用。幼儿园环境是指在幼儿园内，幼儿身心发展所必须具备的一切物质条件和精神条件的总和。良好的幼儿园环境不仅能促进幼儿认知的发展，而且能促进幼儿社会性的发展。
4. B 【解析】本题考查幼儿园环境的分类。幼儿园环境按其性质可分为物质环境和精神环境两大类。
5. A 【解析】本题考查奥尔兹的环境创设理论。好的空间设计应该适应儿童的身形和能力，以便于他们自由运动，并在没有成人帮助的情况下自主实现活动目标。在教室里放置一些与幼儿高度相适宜的图书架、能够看懂的信息栏等，属于创设助长能力的环境。
6. B 【解析】本题考查幼儿园环境的创设。狭义的幼儿园环境是指在幼儿园中，对幼儿身心发展产生影响的物质与精神要素的总和。幼儿园的物质环境是指幼儿园内影响幼儿身心发展的物化形态的教育条件。幼儿园的精神环境主要是指幼儿交往、活动所需要的软质环境，即幼儿生活于其中的幼儿园的心理氛围。所以，幼儿园要为幼儿创设合格的物质条件和良好的精神环境。
7. B 【解析】本题考查适合幼儿生活的环境。A选项体罚容易造成伤害，损害师生关系；B选项家庭氛围愉悦温馨可以使儿童有依恋感和安全感；C选项良好的道德风貌影响幼儿的发展，邻居吵架动手不利于幼儿的发展；D选项小朋友的做法影响同伴关系的发展，不利于建设良好的心理环境。故选择B项。

8. C 【解析】本题考查幼儿园环境创设。环境的可控性具体表现在:一方面,社会上的精神和文化产品、各种儿童用品等在进入幼儿园时必须经过精心选择;另一方面,教师根据教育的要求及幼儿的特点,有效地调控环境中的各种要素,维护环境的动态平衡,使之始终保持在最适合幼儿发展的状态。

9. A 【解析】本题考查幼儿园生态环境创设原理。幼儿园生态环境设计的核心是具有童趣性。童趣性要求幼儿园环境的一切设计应依据幼儿的生理和心理特征,无论是为幼儿使用的各种生活用品,还是为幼儿准备的各种操作材料和供幼儿欣赏的作品都要考虑幼儿的身高,使其在幼儿的双手能触碰到和视线能达到的范围内。

10. C 【解析】本题考查幼儿园的精神环境。幼儿园的精神环境主要是指幼儿交往、活动所需要的软质环境,即幼儿生活于其中的幼儿园的心理氛围。它因园长的管理方式、人际关系、大众心理、教师的教育观念与行动、幼儿与物质环境等因素的影响而形成,是一种重要的潜在课程。所以,园风属于精神环境。

11. A 【解析】本题考查幼儿园的物质环境。狭义的物质环境是指幼儿园内对幼儿发展有影响作用的各种物质要素的总和。包括园舍建筑、园内装饰、场所布置、设备条件、物理空间的设计与利用及各种材料的选择与搭配等。

二、判断题

1. √ 【解析】本题考查幼儿园心理环境的概念。幼儿园心理环境是指幼儿园内对学前儿童发展产生影响的一切心理因素的总和,主要包括幼儿园人际关系、幼儿园精神氛围、教师的教育观念与行为等。

2. × 【解析】本题考查幼儿园环境的内涵。广义的幼儿园环境是指幼儿园教育赖以进行的一切条件的总和,包括幼儿园内部的小环境,又包括园外的家庭、社会、自然、文化等大环境。狭义的幼儿园环境是指在幼儿园中,对幼儿身心发展产生影响的物质与精神要素的总和。

3. × 【解析】本题考查幼儿园环境创设的概念。幼儿园环境按其性质可分为物质环境和精神环境两大类。狭义的物质环境是指幼儿园内对幼儿发展有影响作用的各种物质要素的总和。包括园舍建筑、园内装饰、场所布置、设备条件、物理空间的设计与利用及各种材料的选择与搭配等。狭义的精神环境指幼儿园内对幼儿发展产生影响的一切精神因素的总和。主要包括教师的教育观念与行为、幼儿园人际关系、幼儿园文化氛围等。题干的描述只体现了狭义的物质环境。

4. × 【解析】本题考查幼儿园环境的特点。幼儿园环境的特点包括:环境的教育性和环境的可控性。

第20练　幼儿园环境创设和利用

一、单项选择题

1. B 【解析】本题考查托幼机构室内活动环境安全管理。托幼机构室内活动环境安全管理包括:(1)托班、小班生活、活动用房宜在二层以下(含二层),中班、大班生活、活动用房宜在三层以下(含三层),严禁将学前儿童生活用房设在地下室或半地下室。(2)活动区设置应根据活动室空间(面积、格局、形状)科学合理规划,减少相互间干扰。任何提供给学前儿童操作的废旧材料都必须经过漂洗、曝晒、消毒并确定无毒无害后,才能提供给学前儿童使用。(3)托幼机构的班级物品较多,规范有序地摆放,不仅利于学前儿童养成良好的习惯,且能保障学前儿童不易受到伤害。

2. D 【解析】本题考查幼儿园环境创设的一般原则。开放性原则是指创设幼儿园环境时应把大、小环境有机结合,形成开放的幼儿教育系统。幼儿园主要是与家庭、社区合作,互相取长补短,同心协力,在一个开放的系统中,去培养适合新时代要求的幼儿。

3. C 【解析】本题考查幼儿园环境的创设。人在不同的环境往往会有不同的行为,空间环境对人的行为具有强烈的引导和暗示作用。换句话说,活动室的常规与幼儿的行为表现,在很大程度上是受制于环境的设计与空间规划的,而并不仅仅是与老师的引导和幼儿的个人特点有关。题干的表述是物理环境对幼儿行为的影响。

4. B 【解析】本题考查活动区材料投放的原则。区域材料投放的层次性的表现:要考虑不同能力的孩子,投放材料要有个别差异性。每个儿童都是一个独特的个体,这些个体之间难免会存在这样那样的差异。教师

要允许和支持儿童以适合自己的方式、速度去学习、探索。根据不同发展水平的需要提供不同层次、不同要求的材料，让每个儿童在自己原有的水平上有所提高。

5. D 【解析】本题考查室外游戏环境规划的原则。室外游戏环境规划的原则包括安全卫生原则、遵循自然原则、挑战性原则和整体性原则。

6. B 【解析】本题考查活动区的创设。小班幼儿喜欢玩平行游戏，所以老师给他们的玩具应该同种类的多一些，提供的材料体积大一些，防止幼儿塞入嘴巴，以免发生危险。

7. C 【解析】本题考查幼儿园环境创设的一般原则。幼儿园环境创设的一般原则包括：安全性原则、环境与教育目标的一致性原则、发展适宜性原则、幼儿参与性原则、开放性原则、经济性原则、启发性原则、动态性原则。

8. B 【解析】本题考查玩具选择的要求。玩具选择要有规划，要选活动性的、低结构的、结实耐用的，玩具选择不仅要符合幼儿年龄特点，还要注意安全卫生，并考虑经济实惠。一般形象化玩具随年龄的增加而递减，而低结构的材料随年龄的增长而递增。

9. B 【解析】本题考查幼儿园环境创设的原则。环境创设的过程是幼儿与教师共同参与合作的过程，同时也要关注幼儿参与创设环境的深度与广度。题干的描述体现了幼儿园环境创设的参与性原则。

10. D 【解析】本题考查幼儿园环境创设的原则。环保性原则指幼儿园环境设计要帮助幼儿在获得生活经验的基础上，去了解自然、环境与人类的关系，了解建构环境中的常用材料对人的利弊，了解怎样合理利用资源和珍惜资源，了解怎样利用废弃物再创美好环境，使幼儿养成勤俭节约的良好习惯，培养他们具有初步的环保意识和行为。题干中幼儿园的做法体现了幼儿园环境创设的环保性原则。

11. A 【解析】本题考查幼儿园物质环境创设的原则。动态性原则是指幼儿园物质环境创设要从空间、内容、材料、规则等方面关注环境的不断变化和生成。

12. A 【解析】本题考查幼儿园环境创设的一般原则。发展适宜性原则是指幼儿园环境创设要符合幼儿的年龄特征及身心健康发展的需要，促进每个幼儿全面、和谐地发展。

13. B 【解析】本题考查开放式材料。所谓开放式材料，指的是教师对材料的投放只做一个大致的规划，不需要对材料的具体玩法进行设计，幼儿完全可以根据自己的需要自行决定如何玩，实际玩法会因幼儿的个体差异而多种多样。这类开放性的材料从结构化程度来说也有两种，一种是非结构化的材料，另一种是低结构化的材料。非结构化的材料指的是，教师在投放时没有设定目标，也没有设计玩法，比如有的教师在活动区投放了百宝箱或设置了材料超市，有各种绳子、盒子、废纸、瓶瓶罐罐等，幼儿可以用这些材料玩出无限多种花样来。小汽车玩具不是开放性材料。

14. C 【解析】本题考查活动区材料投放的特点。熊老师在生活区为小班幼儿投入了不同洞眼的扣子、珠子，粗细不同的各类绳线，及妈妈们的画像、头饰等体现了材料投放的丰富性。熊老师提供的半成品材料能够引发幼儿动手动脑主动探索，体现了材料投放的探索性。幼儿给自己的妈妈制作漂亮的项链、手链等节日礼物，体现了材料投放的情感性。

15. A 【解析】本题考查玩教具的存放方式。玩教具应摆放在高度适宜的开放式的玩具架（柜）或容器中，存放玩具的容器应有明显标志，以便于幼儿找寻，如选择透明的容器或者在不透明的容器上贴上幼儿能识别的标签。

16. A 【解析】本题考查幼儿园活动区的布置。幼儿园在布置娃娃家、商店等活动区时，多提供原材料和半成品，让幼儿有更多机会参与制作活动。

17. B 【解析】本题考查幼儿园活动区的创设。建构区、表演区、音乐区等属于热闹的“动”区，而图书区、数学区等活动量较小，需要安静，这样两类区最好离得远些，以免相互干扰。

18. D 【解析】本题考查幼儿园环境创设的原则。安全性原则是指在幼儿园环境创设中，教师要把设施、设备、执教玩具、操作材料等所有物质材料的安全和卫生始终放在首位。

19. D 【解析】本题考查空间密度的含义。空间密度是指儿童在游戏场地中人均所占的面积，空间密度越大，表明越宽敞,反之,空间密度越小,则表明越拥挤。教师应创造条件,使空间密度保持在一个适中的位置上,让儿童有机会参加各种游戏活动。

20. B 【解析】本题考查幼儿园环境创设的原则。在园区的安全性上,应注意:幼儿园户外设备应固定在地上,以免翻倒;室外的插座及电线设备应设置在幼儿够不到的地方;楼梯的两边应设幼儿扶手,楼梯踏步不宜过高,以幼儿的跨度为准;在幼儿安全疏散和经常出入的通道上,不应设有台阶等。幼儿园小班不宜用过小的玩具,防止幼儿吞咽。

21. B 【解析】本题考查幼儿园环境创设的原则。在环境创设中,教师要始终把设施、设备、执教玩具、操作材料等所有物质材料的安全和卫生问题放在首位。体现了幼儿园环境创设的安全性原则。

22. D 【解析】本题考查填充式创设的含义。在填充式创设中,最初墙面上只有一些原始的记录或是一些简单的框架,随着活动的不断深入,逐步将幼儿的作品、学习成果布置到墙面上,对大片空白的墙面进行填充。

23. D 【解析】本题考查区域活动的分布。幼儿园区域分布规定动静分区:建构区、表演区、音乐区等属于热闹的"动"区,而图书区、数学区等活动量较小,需要安静,这样两类区最好离得远些,以免相互干扰。角色区和表演区属于热闹的动区,选项 A、B、C 均为静区。故答案选 D 项。

二、多项选择题

ABD 【解析】本题考查环境的创设的基本理念。环境的创设应该遵循的基本理念是:(1)环境与课程互生。(2)环境是有生命的。让环境会说话;幼儿园的环境要根据课程内容、季节变化、幼儿兴趣和心智不断变化。C 选项的做法违背了幼儿参与性原则。

三、判断题

1. × 【解析】本题考查幼儿园环境创设的原则。发展适宜性原则是指幼儿园环境创设要符合幼儿的年龄特征及身心健康发展的需要,促进每个幼儿全面、和谐地发展。因此,教师要根据幼儿不同的年龄特征为其提供适宜的发展环境。并不是幼儿需要什么,教师就提供什么。

2. × 【解析】本题考查幼儿园环境创设的要求。幼儿园环境中的色彩设计,应以幼儿身心发展规律为依据,做到既丰富又协调,艳而不繁,艳而不乱。幼儿园在进行户外活动时,红色的外墙更能激发幼儿活动的热情,提高幼儿的运动能力。但鲜亮的红色,长时间会刺激幼儿的眼睛,使幼儿产生视觉疲劳。因此,幼儿园外墙宜用黑、白、灰与暗红、粉红色调和。此外,幼儿园的户外场地应以绿色为宜。

3. × 【解析】本题考查活动区创设材料投放的要求。在幼儿园的区域活动中,投放材料要注意安全,给儿童提供木工工具要事先讲解钉子和锤子的用法以避免儿童的伤害,在投放如钉子、锤子、剪刀和锯子等容易引发危险的材料时,教师应强调安全使用方法,并在活动过程中不断渗透。

4. √ 【解析】本题考查幼儿园园舍建筑的原则。由于幼儿安全常识贫乏,自我保护能力差,因此,安全就成了幼儿园园舍建筑必须首先考虑的原则。首先,园舍建筑必须坚固安全。其次,除都市内因用地面积缺乏而建筑楼房外,应以建筑平房为主。再次,各种建筑物的墙壁、地面、楼梯、台阶、门窗及其他设备均应达到安全标准,防止对幼儿造成意外伤害。

5. √ 【解析】本题考查活动区的空间安排的材料投放。教师需要深入研究活动区的功能与价值,科学合理安排其空间与材料投放。

6. × 【解析】本题考查幼儿玩具柜的要求。玩具柜:放置玩具,一般为开架,便于儿童取放玩具,尺寸大小视需要而定。

7. × 【解析】本题考查大型玩具的创设要求。大型玩具的创设要求:(1)大型玩具是幼儿园必不可少的设备,如滑梯、秋千、木马、平衡木等都是大型玩具;(2)每样大型玩具应设置安全玩法的标志和说明;(3)提高大型玩具的利用率,不能以减少事故的发生为由,限制幼儿自由使用大型玩具和特殊的玩法。

8. × 【解析】本题考查幼儿园环境创设的内容。在环境创设中,教师要始终把设施、设备、执教玩具、操作材料等所有物质材料的安全和卫生问题放在首位。所采用的材料应该坚固性比较好,不易破碎,无锐边利角,

无毒、无害、无细小零件脱落。所以说幼儿园户外的器械设备多以木材、轮胎、绳网、塑钢等材料为主，这是为了贯彻安全性的要求。

四、简答题(参考答案)

1. 简述玩具利用的策略。

(1)充分研究玩具和幼儿；(2)给予幼儿充分的时间和机会进行自主选择和探索；(3)通过多种方式引导、促进幼儿反思；(4)根据幼儿的需要及课程的需要调整玩具；(5)抓住收放玩具的契机，引导幼儿学习。

2. 简述幼儿园环境创设的原则。

(1)安全性原则；(2)环境与教育目标的一致性原则；(3)发展适宜性原则；(4)幼儿参与性原则；(5)开放性原则；(6)经济性原则；(7)启发性原则；(8)动态性原则。

五、论述题(参考答案)

1. 结合实际，谈谈幼儿园物质环境创设应如何体现开放性原则。

(1)开放性原则是指创设幼儿园环境时应把大、小环境有机结合，形成开放的幼儿教育系统。(2)①创设幼儿园环境，要将幼儿园内环境和幼儿园外环境有机结合；②创设幼儿园环境，要有开放的时间、空间和心灵。

2. 幼儿园班级环境创设的意义体现在哪几个方面？

(1)有利于幼儿身心健康发展。幼儿身心发展包括生理和心理发展两个方面。他们的发展都要受到遗传、环境和教育等多种因素的影响。幼儿时期身体发育还不成熟，各个器官的功能还不完善，对环境的适应能力还很弱，抵御疾病的能力差。因此，幼儿园应为他们提供足够的生活和活动空间，提供安全可靠、清洁卫生的保教环境，以促进他们的身体健康成长。

(2)有利于开发幼儿智力，开阔幼儿视野，丰富幼儿想象力。环境不仅可以萌发幼儿良好的情感，促进幼儿心理健康成长，而且对于开发幼儿智力，开阔幼儿视野，丰富幼儿想象力，具有十分重要的作用。

(3)有利于幼儿良好品德行为、性格习惯的形成。社会知识、行为规范的形成离不开集体，离不开环境。人是生活在一定的物质环境和精神环境之中的，各种物质和精神的因素都会不同程度地对幼儿产生影响。在对幼儿进行品德行为的培养过程中，需要为幼儿创设良好的教育环境，特别是创设良好的精神环境。要让孩子生活在充满爱、相互尊重、宽松、没有压力的精神环境中。这种和谐愉快的社会环境和心理环境，有利于幼儿良好品德行为和性格习惯的形成。

(4)有利于陶冶和增强幼儿感受美和表现美的情趣。在幼儿园有目的、有计划地引导幼儿参加各种实践活动，进行美育，可以更有效地促进他们对美的感受力、理解力和表现力的发展。幼儿在各种活动中不断追求美、探索美、理解美和表现美，受到良好的美的熏陶，为他们形成良好的审美情趣打下基础。

3. 请根据对区域活动的认识与理解，谈谈如何为幼儿创设有价值的活动区？

(1)适宜于儿童年龄特点。我们应关注和理解不同年龄阶段幼儿的情感需要，尊重他们的实际年龄表现，给他们自主的空间，提供适宜儿童实际年龄需要的活动方式，让儿童做实际年龄水平力所能及的事情。

(2)根据目标来设置。从本质上看，区域活动是儿童的自主活动，游戏性、探索性强。但是活动区的创设不仅仅是新设置或多增设一个区，而更重要的是创设能鼓励儿童自由选择、便于操作、大胆探索的环境，更好地促进儿童身心全面和谐的发展。因此，在观察了解儿童的基础上力求使区域活动的内容、材料紧紧围绕这一目标，并根据这一目标决定活动区域的种类。这要求教师既要对各类活动区域的功能有清楚的认识，也要准确了解本班儿童的兴趣、水平和需要。应明确活动区域的功能，要根据本班儿童的基本发展水平、阶段性的教育目标和主要任务，以及儿童之间的个别差异，拟定各区的具体目标并考虑投放材料。每一项内容都应有层次性，以适应不同水平的儿童，顾及他们的学习能力、兴趣需要及个体差异。每隔一段时间，如一个学习单元即将结束时，视幼儿的实际需要和学习情况，代之以更高的要求或新的目标，并随时调整材料的投放。

(3)有利于激发儿童的主动性和兴趣。教师可以将时间和空间的自主权交给儿童，让他们自己决定一周内完成新活动的时间，教师不做硬性规定。教师每天可以安排一些集体区域活动，其余的时间，如来园、游戏、饭后、离园前等,儿童都可以自由进出各区域,开展新活动或继续未完成的探索。

(4)活动区的设置应遵循相容性原则。有的教师把区域弄得太花哨,把体现一个或近似功能的区域设置成好几个活动区。其实没有必要,完全可以把相似的内容整合在一个区域中。教师要将性质相似的区域设置在相邻的位置,使儿童之间能够产生互动。

(5)注意安全。减少和消除环境中不安全因素是教师不容忽视的问题。在投放如钉子、锤子、剪刀和锯子等容易引发危险的材料时,教师应强调安全使用方法,在活动过程中不断渗透。

六、材料分析题(参考答案)

1.(1)①王老师组织的活动体现了教师角色是一日生活的支持者、引导者和组织者。材料中,王老师支持幼儿的想法和意见,引导幼儿翻阅图书,上网查询、搜集相关资料,组织幼儿饲养金鱼、小乌龟等。②教师是儿童社会沟通的中介者。材料中,王老师和幼儿沟通养什么小动物合适体现了教师是幼儿与社会沟通的中介者。

(2)①安全性原则。在环境创设中,教师要把设施、设备、执教玩具、操作材料等所有物质材料的安全和卫生始终放在首位。材料中,王老师和幼儿讨论养什么动物合适,养金鱼、小乌龟等体现了幼儿环境创设的安全性原则。②幼儿参与性原则。幼儿参与性原则是指环境的创设过程是幼儿与教师共同合作、共同参与的过程。材料中,王老师和幼儿一起把收集的资料以主题的形式展示出来,并讨论教室里到底适合饲养哪些动物,幼儿纷纷发表了意见,得出的结论是,在教室里不可能饲养大象、狮子等,最适合饲养金鱼、小乌龟等体现了幼儿参与性原则。③开放性原则。开放性原则是指创设幼儿园环境时应把大、小环境有机结合,形成开放的幼儿教育系统。材料中,王老师建议大家回去问一下亲友或者爸爸妈妈,和他们一起翻阅图书,上网查询、搜集相关资料等体现了幼儿园环境创设的开放性原则。④发展适宜性原则。发展适宜性原则是指幼儿园环境创设要符合幼儿的年龄特征及身心健康发展的需要,促进每个幼儿全面、和谐地发展。材料中教师针对大班儿童的心理特点开展了此次动物饲养活动。

2.问题:(1)班级环境创设时没有考虑到幼儿的兴趣。环境要体现教育目标,也必须符合幼儿的需要和兴趣,但幼儿现存的兴趣无论广度和深度都有限,他们对自己的需要也往往不能意识到。因此,只要是幼儿发展所必需的东西,应当将其纳入环境中,并引导和发展幼儿的兴趣。材料中的李老师上网搜了许多"马路上的车"有关的文字和图片资料,并没有考虑到幼儿的兴趣和需要。(2)班级环境创设时没有体现幼儿参与性原则。环境毕竟是用来供幼儿活动的,因此贯彻幼儿参与原则是教师准备环境时最重要的内容之一,也是教师发挥作用的最重要的一个方面。很多幼儿园的成功实践证明,幼儿积极参与准备的环境,最受幼儿喜欢,最能引起幼儿关注和投入,而那些完全由教师包办的环境,却并不怎么吸引幼儿。(3)没有体现出发展适宜性原则。发展适宜性原则是指幼儿园环境创设要符合幼儿的年龄特征及身心健康发展的需要,促进每个幼儿全面、和谐地发展。材料中的李老师上网搜了许多"马路上的车"有关的文字和图片资料,不符合其年龄特征,导致孩子看不明白。

建议:(1)幼儿教师在环境创设时要让幼儿感兴趣,更使其增加兴趣。李老师在以后的环境创设中应使环境符合幼儿的需要和兴趣。(2)幼儿参与性原则是指环境的创设过程是幼儿与教师共同合作、共同参与的过程。李老师在以后的环境创设中让幼儿参与环境的创设,有助于培养幼儿的主体意识、责任感、合作精神。这是对幼儿最好的教育,其效果绝不亚于教师创设的现成环境。(3)李老师在以后的环境创设中还应遵循发展适宜性原则。根据幼儿不同的年龄特征为其提供适宜的发展环境。(4)环境与教育目标的一致性原则是指环境的创设要体现环境的教育性。即环境设计的目标要符合幼儿全面发展的需要,与幼儿园教育目标相一致。李老师在以后的环境创设中要符合幼儿全面发展的需要,与幼儿园教育目标相一致。

3.(1)教师同意将幼儿的作品贴在自由墙上是值得肯定的,这体现了环境创设中的幼儿参与性原则。幼儿参与性原则是指环境的创设过程是幼儿与教师共同合作、共同参与的过程。环境的创设过程应该是一个积极的教育过程。环境创设过程本身的教育意义主要体现在:培养幼儿的主体精神,发展幼儿的主体意识;培养幼儿的责任感。幼儿参与环境的创设,能切实地体验到自己做的事对集体的影响,从而培养幼儿的合作

精神。

(2)教师对儿童活动指导的时机是恰当的。题干中教师先让幼儿自由发挥,想办法装饰自由墙,在幼儿一筹莫展的时候,教师才介入幼儿的活动,既尊重了幼儿的主体性,又很好地解决了幼儿遇到的问题。儿童是学习的主体,只有儿童积极参与、主动建构,课程才能内化为他们的学习经验,促进其身心发展。发挥主体性原则,要尊重儿童人格、尊重儿童需要、激发儿童的主动性。

实战演练

一、单项选择题

1. D 【解析】幼儿园教师应为幼儿创设一个心理安全、自由的环境,要具体做到:(1)教师应经常表扬、鼓励幼儿;(2)教师应持肯定、支持的态度;(3)教师应多接纳、多欣赏幼儿。

2. D 【解析】狭义的幼儿园环境是指在幼儿园中,对幼儿身心发展产生影响的物质与精神要素的总和。

3. D 【解析】题干中,李老师不强迫幼儿画画,允许幼儿做黏土,体现了李老师对幼儿的尊重,发挥了幼儿的主动性。

4. A 【解析】经济性原则是指创设幼儿园环境应考虑不同地区、不同条件园所的实际情况,做到因地制宜、勤俭办园。贯彻经济性原则具体要做到少花钱多办事。故幼儿教师充分利用当地的自然优势,为幼儿修沙坑,让幼儿在沙坑里做造型、建构等游戏,用树枝在沙上画画、写字。这体现了幼儿园环境创设的经济性原则。

5. C 【解析】通风的形式有自然通风和人工通风两种,托幼机构多采用自然通风的形式。

6. A 【解析】在人的要素中,幼儿教师是幼儿园中对幼儿发展影响最大的因素。在一定的物质条件具备后,教师的观念和行为是影响幼儿园环境质量的决定因素。

7. D 【解析】A 项中对儿童的批评会伤害儿童,而不是对儿童抵抗挫折能力的培养。B 项中采取威胁和恐吓的教育方式是错误的,对幼儿来说,良好的心理环境的创设不能使用威胁和恐吓。C 项中教师的做法不符合教师的职业道德,幼儿教师必须对所有的孩子一视同仁,必须关注每一个孩子,这样才能促进儿童积极情绪的发展,才能创设良好的心理环境。D 项中教师的言语充满了鼓励性,有利于幼儿园心理环境的创设。

8. D 【解析】幼儿园的楼梯也要进行环境创设,只是创设要遵循安全原则,避免复杂的图案设计,可以画上几何图形,写上阿拉伯数字等,不能因为害怕幼儿受伤而放弃教育的机会。

9. C 【解析】环境与教育目标的一致性原则是指环境的创设要体现环境的教育性,即环境设计的目标要符合幼儿全面发展的需要,与幼儿园教育目标相一致。

10. C 【解析】幼儿园环境创设的启发性原则是指环境创设的内容应能刺激幼儿的好奇心,引起他们的求知欲,启发幼儿去思考、探索。题干中的描述体现了幼儿园环境创设的启发性原则。

11. D 【解析】活动区材料投放时应注意的问题:(1)按目标投放材料;(2)按主题投放材料;(3)投放不同层次的材料;(4)分期分批投放材料;(5)有些材料需随时投放。并不是说材料的数量越多越好。

12. C 【解析】益智区的游戏主要是桌面上的小型游戏,可以锻炼儿童的手部小肌肉,促进儿童思考问题。基本器材为:小型积木、拼图、飞行棋、六子棋、象棋、围棋、跳棋、七巧板、魔方、乐高玩具、大富翁游戏。

13. C 【解析】幼儿园投放的优秀活动材料的特征包括:(1)应该是能够引起幼儿反应的材料;(2)应该在提供时考虑到儿童的年龄,对于各种年龄阶段的儿童,提供不同的操作材料;(3)应该能够引起儿童参与和学习行为;(4)应该包括一些现实生活中触手可及的物品;(5)能够促进儿童某项技能的学习。

14. C 【解析】放大镜、天平、水箱等属于科学探究性材料,应投放在科学区。

二、多项选择题

1. ABD 【解析】教师在幼儿园环境创设中的作用是:准备环境、控制环境、调整环境。

2. ABC 【解析】幼儿生活用房包括活动室、寝室、乳儿室、配乳室、喂奶室、卫生间(包括厕所、盥洗、洗浴)、衣帽储藏室、音乐活动室等。幼儿园的保健室、隔离室和消毒室属于服务用房。

3. ABD 【解析】教师应该根据幼儿人数与活动室面积来决定活动区的数量和规模。一般来说,幼儿园要设置4~6个活动区,每个活动区的最佳容量是5~7人。活动室的结构也会影响到活动区的数量和规模。

三、判断题

1. × 【解析】创设环境的主体应该是幼儿。

2. × 【解析】环境必须随着幼儿的兴趣、需要、能力的变化以及教育目标、客观条件的变化而不断变化。因此,教师必须保持高度的敏感,随时审视环境,经常调整环境,使环境处于适宜幼儿发展的最佳状态。

3. √ 【解析】创设环境时不能偏重智力发展,而忽视幼儿社会性、情感、意志等方面的发展。

4. × 【解析】无论幼儿园的经济条件好坏,创设环境时都必须考虑经济性原则。

5. √ 【解析】从一般年龄特征来看,小班、中班、大班幼儿在身心发展特点上的差异是非常明显的,其身心发展所需要的环境也不尽相同。因此,教师要根据幼儿不同的年龄特征为其提供适宜的发展环境。

6. √ 【解析】整洁、优美的环境不仅有利于养成幼儿良好的生活习惯,而且也是美感教育的重要途径。但整洁、优美的环境布置并不一定需要花很多钱,也并非一定要陈设高级的玩具和物品。

7. × 【解析】各年龄班活动室的色彩不宜强求一致,如小班儿童游戏活动的时间较长,活动室的色彩应活泼一些。

四、简答题(参考答案)

教室墙面环境展示的形式主要有哪几种?

(1)平面创设、半立体创设和立体创设;(2)观赏性创设和操作性创设;(3)填充式创设和满幅式创设;(4)记录式创设和展览式创设;(5)幼儿作品创设和教师作品创设。

五、论述题(参考答案)

1. 试述创设活动区的具体要求。

(1)多样而丰富的内容。为适应儿童个别差异,要根据儿童的兴趣和身心发展水平或配合教育任务,设置多种活动区,并要经常更换活动区的内容。

(2)要易于观察或记录。无论活动区布置在室内任何角落,都必须方便教师的观察或记录。

(3)合乎安全原则。设备、材料的放置应合乎儿童的身高,并坚固耐用。

(4)类似的活动安排在一起,注意动静交替。如将安静的图书区、自然区放在一起,以免相互干扰。

(5)活动时所需材料应置于附近。各种设备、材料应尽量放在儿童伸手可及之处,刺激并便于儿童充分利用其开展活动。切忌束之高阁,限制儿童利用。活动区材料投放时应注意的问题:按目标投放材料;按主题投放材料;投放不同层次的材料;分期分批投放材料;有些材料需随时投放。

(6)有足够的自由活动空间。单纯追求活动区的多而全,造成每一区的活动空间和整个室内空间的过于拥挤、狭小,反而影响儿童活动的开展。如果空间有限,可根据儿童兴趣和教育的需要轮流安排活动区,不必同时设置所有的活动区。

(7)注意活动区之间的相对封闭与分割。活动区之间形成间隔,使每个区域独成一体,有利于儿童在区域内的活动,特别是对于一些独立操作性较强的活动区。但应注意的是,封闭的程度要以儿童之间互不干扰活动、教师置身于活动区外又能观察到儿童的活动为原则。

(8)注意光线的明暗。对于需要光线的活动区,如图书区、观察区,要将其安排在光线充足、照明好的位置上,使儿童在活动的过程中,不仅知识、技能上能得到发展,而且在健康上也得到保障。

2. 试述影响幼儿园环境质量的因素。

(1)物质因素。物质环境是幼儿园环境的重要组成部分,与幼儿园教育的关系十分密切,并对幼儿园环境质量产生重要影响。教师应结合幼儿园的各级教育目标,科学合理地选择材料与安排空间,满足幼儿活动的需要。

(2)精神因素。在影响幼儿园环境质量的各种精神因素中,人的要素和幼儿园文化的作用是十分巨大的。①人的要素。在人的要素中,幼儿教师是幼儿园中对幼儿发展影响最大的因素。在一定的物质条件具备

后，教师的观念和行为是影响幼儿园环境质量的决定因素。②幼儿园文化。相对于人与物等可见的因素而言，幼儿园文化比较抽象，但对幼儿园环境质量的影响却是巨大的。幼儿园文化对于幼儿园整体环境具有十分重要的影响作用，它影响着幼儿园的精神风貌，对全园的成人和幼儿都有潜移默化的作用。除此之外，幼儿园文化还在一定程度上决定了教育的价值取向、教育的内容和方法等。

六、材料分析题(参考答案)

1.(1)存在的主要问题是：

①区域设置过多过满，容易影响项目选择并引发纠纷。材料中每个班都至少设置了7~8个区域，内容过多，会影响幼儿的选择。②部分活动区域内容材料更换不及时，影响了孩子的活动积极性。材料中语言区的图片已经积了一层灰，智力区的拼图无人问津，这些材料对该班的幼儿没有起到实质性的作用，却没有及时被换掉，对幼儿的活动有一定的影响。③部分区域提供的活动材料过难，影响了孩子的活动兴趣。

(2)建议：

①将班上的区域进行整合，数量控制在6个左右；②及时根据幼儿活动进度和教育内容需要更换调整语言区的图片；③智力活动区内提供的拼图要符合本班大部分孩子的认知程度，避免因过难而影响幼儿操作的成就感。

2.(1)该教师的环境创设理念在主观上能考虑幼儿年龄特征，但是在实际操作中却是从自己工作的便利角度来考虑，没有突出幼儿作为使用者和创设者的主体需要，环境创设的针对性、教育性都不够。

(2)建议：

①活动区域设置要考虑幼儿的主体需要，引导幼儿参与墙饰的布置；②在区域中要提供足够便于幼儿自选的活动内容和材料，便于其与同伴互动；③环境创设要考虑与教育活动的衔接与整合。

第九章　幼儿园与家庭、社区及小学的衔接

真题必刷

第21练　学前儿童家庭教育

一、单项选择题

1.C　**【解析】**本题考查家庭教育的特点。与幼儿园教育相比，家庭教育表现出了它的随机性(随意性)。父母究竟应该对孩子进行哪些方面的教育，如何进行这些教育，并没有固定的模式和程序，都是由父母自己决定、自行解决的，其中父母的价值观、职业观、文化观、儿童观和教育观等因素起着关键性作用。同时，家庭教育的随机性还体现在不受时间和空间的限制，可随时随地对孩子进行教育。

2.D　**【解析】**本题考查家庭教育的特点。家庭教育的领域涉及范围很广，在不同的家庭生活环境、交往关系、生活方式中，儿童可随之获得不同的教育信息和生活经验，儿童可在家庭中学习行为规范、学习知识经验、学习生活技能等。这体现了学前儿童家庭教育具有丰富性的特点。

3.D　**【解析】**本题考查学前家庭教育的主要方法。活动探索法(实践活动法)指的是在家庭教育中，家长让孩子通过丰富多彩的活动，尝试探索，经受磨难，掌握多种技能，培养顽强意志的一种方法。题干中运用了家庭教育的实践活动法。

4.B　**【解析】**本题考查幼儿园对家庭教育指导的原则。幼儿园在进行家庭教育指导时，要根据幼儿和家长的不同特点，开展分类型和分层次的指导，注意灵活性。在贯彻这条原则时：(1)要从幼儿身心发展的年龄特征出发，进行分类指导；(2)要从家长的具体情况出发，进行分类指导；(3)要把如何发挥自身作用的策略教给他们。题干中幼儿园专门为新生家长开设的幼儿入园适应性讲座，体现了家庭教育指导的针对性原则。

5.D　**【解析】**本题考查家庭教育应遵循的原则。相对学校教育而言，家庭教育没有固定的设计和方式。家庭教育也没有像学校教育那么严密、刻板，家长在日常生活中“遇物而诲，相机而教”，并用言传身教、潜移默化的方法去影响孩子。家庭教育随时随地可以进行，教育方法灵活多样。“遇物而诲，相机而教”体现了家庭

教育的灵活性和情境性。

6. D 【解析】本题考查幼儿园家庭教育指导的原则。协调性原则是指幼儿园在进行家庭教育指导中,要经常和家长交流情况,相互沟通,互通有无,协调配合,形成教育的合力。

7. C 【解析】本题考查幼儿园家庭教育指导的原则。幼儿园家庭教育指导的方向性原则要求幼儿园在指导家庭教育时,要使家长认识到家庭教育是国民教育的重要组成部分,必须同国家的教育方针、幼儿教育法规的精神相一致,家长要考虑幼儿发展的特点和社会发展的要求,对孩子进行体、智、德、美全面发展的教育,使孩子的身心健康活泼地成长,为进入小学打好基础,为造就一代新人打好基础。

二、多项选择题

ABC 【解析】本题考查家庭教育的特点。家庭教育的特点包括影响时间的初始性和终身性、内容的全面性、方法的针对性和灵活性。

第22练 幼儿园与家庭的合作

一、单项选择题

1. C 【解析】本题考查家园合作的内容。家长是教师最好的合作者,是教师了解幼儿的最好的信息来源。

2. D 【解析】本题考查家园合作的注意事项。家园合作共育的注意事项主要包括:(1)要赢得家长的信任和真诚合作;(2)努力提高双方合作共育的能力;(3)追求合作共育效益最大化。

3. D 【解析】本题考查家园合作的形式。个别谈话(随机交流)是进行家长工作最简便、最经常、最及时的方法,教师可以利用家长到园接送孩子的时间与家长交谈有关教育孩子的情况,向家长反映问题,提出要求,商讨解决的办法。

4. C 【解析】本题考查家庭教育和幼儿园教育的差异。一般父母都偏爱自己的子女,并把子女的需求及利益放在第一位。相反,教师对儿童的态度则应力求一视同仁,必须兼顾个别儿童与全体儿童的需求及利益。这体现了两者在公平性上的差异性。

5. A 【解析】本题考查家园合作的知识。家园同步即指争取让家长在节假日也安排好儿童的一日生活,保持良好的卫生习惯,饮食、起居要有规律。许多孩子因节假日贪食,玩得过累,周一时发烧、消化不良、感冒,这种现象称为"星期一病"。

6. B 【解析】本题考查幼儿园与家长互动沟通的方式。家长会有全园的、年级的、班级的。全园性的家长会议要求全体家长都参加,一般安排在学年(或学期)初与学年(或学期)末。如开学初幼儿园要开展课程改革,进行全园部署,向家长传达课改精神,宣传教育新理念,指导家长配合,做好合作共育,共同促进儿童发展。

7. D 【解析】本题考查家园合作的基本原则。幼儿园与家庭合作的基本原则包括:(1)平等合作,相互尊重;(2)家园共建,责任共担;(3)协同配合,互惠互助。

8. B 【解析】本题考查幼儿园与家长互动沟通的方式。家长开放日指幼儿园定期或不定期地向家长开放,届时邀请家长来园观摩和参观幼儿园的活动。家长观摩或参加幼儿园的活动,可以从中具体了解幼儿园教育工作的内容、方法;可亲眼看到自己孩子在各方面的表现,得知孩子的发展水平与交友状况,特别是可以看到自己的孩子在与同龄幼儿相比较中显示出的优势与不足,从而有助于家长深入了解孩子,与教师合作有针对性的教育孩子。

9. B 【解析】本题考查家园合作的形式。家园合作的形式包括:(1)幼儿园与家长互动沟通的方式:①集体方式有家长会、家长学校、家长开放日、家长接待日和专家咨询、家园联系栏、小报小刊和学习材料提供。②个别方式有家庭访问、个别谈话、家园联系册或联系卡、书信、电话、网络等、接送孩子时的随机交流。(2)引导和组织家长参与幼儿园的教育:①与孩子一起参与班级的活动;②支持与参与幼儿园创设环境的各项活动;③参与教师的教学。B项,参观小学不属于家园合作的形式。

10. A 【解析】本题考查学前教育与家庭教育合作的形式。在家长开放日,家长可以亲自体验和参与幼儿园的教学活动,观察自己的孩子在幼儿园的学习生活情况,了解孩子的进步和差距,并及时同教师交流。请家长参加大班幼儿离园告别会适合在家长开放日进行,故A项正确。

11. C 【解析】本题考查幼儿园与家长互动沟通的方式。家长学校面向家长开放，其主要宗旨在于向家长系统宣传和指导教育孩子的正确方法，家长学校由园所管理，通过讲座、讨论、参观等形式提高家长教育孩子的能力。

12. D 【解析】本题考查家园合作的形式。家长接待日是幼儿园安排一个固定的时间，由主管领导接待家长的来访，解答家长对园所及班级保育教育、管理等方面工作的疑问，听取家长的意见和建议，或设意见箱收集家长的意见，从而更好地改进和完善园所工作，拉近家园之间的距离。

13. C 【解析】本题考查家园合作的方式。家庭访问的目的在于深入了解儿童在家中的真实情况，了解家长对学前教育的认识、态度和方法，了解家庭及其周围环境对儿童身心发展的影响。题干中林老师最适合的做法是家访。

14. C 【解析】本题考查家庭和家长的作用。家庭是儿童成长最自然的生态环境，家庭是人的第一所学校，家长是学前儿童第一任教师，家长更是重要的教育力量。

15. C 【解析】本题考查幼儿园与家长互动沟通的方式。集体方式的家庭教育指导形式主要有：家长委员会、家长学校、家长会议、家长开放日、家长园地、家园小报、家庭教育经验交流会、家长辨析会等。

二、多项选择题

1. BCD 【解析】本题考查家园合作的个别方式。家园合作的个别方式包括家庭访问、个别谈话、家园联系册或联系卡、书信、电话、网络等、接送孩子时的随机交流。

2. CD 【解析】本题考查家园合作的形式。直接合作指家长亲自参与、配合以及援助幼儿园活动，它可分为三种形式：(1)开展家长开放日活动；(2)制定“家长老师”制度，或者设立家长委员会；(3)开展亲子活动。

3. ABC 【解析】本题考查家长在幼儿教育中的作用。家长作为重要的教育力量表现在：(1)家长的参与极有利于幼儿的发展；(2)家长是教师最好的合作者，是教师了解幼儿的最好信息源；(3)家长参与幼儿在园的活动能够大大提高幼儿活动的兴趣和积极性；(4)家长与教师的配合使教育计划的可行性、幼儿园课程的适宜性、教育的连续性和有效性等都能更好地得到保证；(5)家长本身是幼儿园宝贵的教育资源。

三、判断题

1. √ 【解析】本题考查家访的内容。做好家访，首先，要有目的有计划地进行。其次，要实事求是地、全面地向家长介绍学生在校的情况、学生的优点与缺点。再次，要与家长互相尊重、信赖，以协作的态度与家长一道研究教育问题，落实教育措施，要帮助家庭改善学生在家学习与生活的条件。最后，改变过去以教师为主体，学生、家长为客体的刻板做法。

2. × 【解析】本题考查家园和谐。题干的描述并不能增进家园和谐。

3. × 【解析】本题考查家长开放日的内涵。家长开放日指幼儿园定期或不定期地向家长开放，届时邀请家长来园观摩和参观幼儿园的活动。家长观摩或参加幼儿园的活动，可以从中具体了解幼儿园教育工作的内容、方法；可亲眼看到自己孩子在各方面的表现，得知孩子的发展水平与交友状况，特别是可以看到自己的孩子在与同龄幼儿相比较中显示出的优势与不足，从而有助于家长深入了解孩子，与教师合作有针对性的教育孩子。同时，家长在观摩与参与活动的过程中，还可以观察到教师的教养态度、教养方法、教养技能，领会教师的教育要求和方法，增进家长对幼儿园工作的认同感，以更好的借鉴和改进家庭教育方法。

4. √ 【解析】本题考查家园合作的概念。在家园合作中，幼儿园应该处于主导地位。

5. √ 【解析】本题考查家园合作的目标。家园合作要考虑幼儿园和家庭双方的需求，但家园合作围绕的核心是儿童，他们是幼儿园和家庭服务的共同对象，促进儿童的全面发展是家园合作追求的最终目标。

四、填空题

家长

五、名词解释(参考答案)

家园合作

家园合作是指幼儿园和家庭(含社区)都把自己当作促进儿童发展的主体，双方积极主动地相互了解、相互配合、相互支持,通过幼儿园和家庭的双向互动,共同促进儿童的身心发展。

六、简答题(参考答案)

简述幼儿园与家庭联系的内容。

(1)了解学前儿童的家庭及在家表现情况;(2)向家长介绍幼儿园的各项工作;(3)向家长宣传学前儿童教育知识;(4)向家长传授正确的教育观念和方法;(5)吸收家长参加幼儿园工作。

七、论述题(参考答案)

论述家园合作的方式。

(1)集体方式。①家长会。全园性的家长会议要求全体家长都参加,一般安排在学年(或学期)初与学年(或学期)末。②家长学校。家长学校是普及家教知识的有效渠道,其主要任务是系统地向家长讲授教育子女的科学知识。③家长开放日。家长开放日指幼儿园定期或不定期地向家长开放,届时邀请家长来园观摩和参观幼儿园的活动。④家长接待日和专家咨询。家长接待日是幼儿园安排一个固定的时间,由主管领导接待家长的来访,解答家长对园所及班级保育教育、管理等方面工作的疑问,听取家长的意见和建议,或设意见箱收集家长的意见,从而更好地改进和完善园所工作,拉近家园之间的距离。专家咨询是幼儿园聘请一些学前教育专家定期对家长进行现场咨询,为家长提供直接有效的服务。⑤家园联系栏。大部分幼儿园都设有家园联系栏或家教园地,有面向全体家长的,也有各班办的。⑥小报小刊和学习材料提供。

(2)个别方式。①家庭访问。家庭访问是加强幼儿园与家庭联系的一种常用方式。②个别谈话。个别谈话是进行家长工作最简便、最经常、最及时的方法,教师可以利用家长到园接送孩子的时间与家长交谈有关教育孩子的情况,向家长反映问题,提出要求,商讨解决的办法。③家园联系册或联系卡。家园联系册是教师与家长围绕孩子的发展与教育进行书面联系与交流的形式,也可以制作成联系卡,用于教师与家长经常性的联系,简便易行,传递信息及时。④书信、电话、网络等。⑤接送孩子时的随机交流。

八、材料分析题(参考答案)

1. 如果我是该老师,我的做法如下:教师有针对性的指导将缩短教师与家长的距离,使家长在活动中获得正确的育儿观念和育儿方法,并将观念和方法融入与孩子相处的每一刻,从而最终实现孩子健康和谐的发展。指导方式有如下几种:

   (1)直接指导。开展亲子活动时,教师介绍一些教育观念及方法,或者直接告诉家长该怎样协助孩子完成游戏。开展亲子活动时,我会告诉家长怎样参与亲子活动,而不仅仅是拍照片。

   (2)个别指导。在父母指导孩子游戏的过程中,教师采用个别指导方法协助父母怎样做。对于"有些家长则陪在幼儿旁边,看到幼儿操作有困难,要么直接上阵,亲自解决。"这种情况要告诉家长要放手让孩子亲自操作,亲自体验。

   (3)评价性指导。在每次活动的结束部分,教师可以将活动观察到的父母指导孩子的一些好的例子介绍给大家,然后分析其中一些科学的观念及想法,以此带给大家一些启发。鼓励做得好的家长,对于不妥的行为指出来,与家长一起解决。

   (4)点拨式指导。在父母指导孩子活动有一点小困难时,教师应帮助父母提供解决问题的方法,并告诉他为什么要这样做,使家长在以后碰到此类问题时有可借鉴的经验。

   (5)归结性指导。在活动结束时,教师要将本次活动的目的和家长应如何指导孩子的方法加以小结并加以归纳,帮助家长巩固练习。亲子教育是在一种真实情景下的示范式的参与指导,是实践活动与指导活动的融合。

2. (1)存在的问题及原因:①过分满足孩子的任何要求。材料中每天来园铭铭总是黏着奶奶的手,不肯松手。②缺乏同伴交流经验,属于被忽视型幼儿。材料中的铭铭和其他孩子玩不到一起,经常独自看着同伴游戏,老师鼓励他去参加小朋友的游戏,他也不愿意。③自理能力弱。材料中的铭铭吃饭、穿衣、动作很慢,还经常把饭菜掉在桌子上,衣服穿反。

   ④老人缺乏必要的教育幼儿的知识,且对铭铭过于溺爱。

   (2)措施:①幼儿园方面:教师要及时关心铭铭,入园时积极接待铭铭,玩游戏或者看图书转移其注意力,让

其减弱与奶奶分离的焦虑。对于铭铭这样害羞和孤僻的儿童，可以引导他们与更小的儿童提前活动，从而增强其交往的信心，提高他们的社会交往能力。在保育的过程中锻炼其自理能力。②家庭方面：创设良好的家庭环境不仅仅要在物质上满足要求，也要满足精神需求，比如，让孩子多动手操作，促进自理能力的发展，家长要有意识地培养孩子的人际交往能力，多和同伴交往，锻炼孩子的交往能力。父母对孩子缺乏关心和教育，老一辈过分宠爱孩子，要改变这种现状，父母多抽出时间关心、教育幼儿，奶奶也要改变其过分溺爱孩子的行为，让铭铭自己动手处理自己的事情。

3.（1）①有利于学前教育整体功能的发挥，提高教育的整体效率。材料中，教师利用教育契机，培养幼儿集体意识、分享意识，有利于学前教育整体功能的发挥，提高教育的效率。②有利于幼儿身心的全面和谐发展，形成健全的人格。材料中，教师利用教育契机，培养幼儿集体意识、分享意识，有利于幼儿身心全面和谐发展。③有利于教育影响的一致性，为幼儿营造最佳发展环境。④有利于更好地利用家庭资源为学前教育注入新鲜血液。材料中，教师鼓励孩子带玩具到幼儿园进行教学活动，就是利用家庭资源的重要表现。⑤有利于促进家长、教师和幼儿的共同发展。

（2）①家长要直接或间接地参与幼儿园教育，与幼儿园同心协力培养幼儿。如材料中，家长可以通过幼儿园的教育活动（玩具分享活动）间接地参与到幼儿的教育中，了解幼儿的发展，促进幼儿的发展。②帮助家长树立正确的教育观念和教育方法，以走出家教观念的误区。材料中，孩子说，妈妈不让带等，说明幼儿园家长存在着一定的教育误区，不利于幼儿身心的全面和谐发展。因此，家长应树立正确的教育观念，运用适当的教育方法，促进幼儿的全面健康发展。③优化家庭教育的物质环境和精神环境。材料中，孩子说，妈妈不让带等，不利于幼儿身心的发展。因此，家长需结合实际情况，改善和优化幼儿的家庭教育环境，促进幼儿的全面和谐发展。

第23练　幼儿园与小学衔接

一、单项选择题

1. D　**【解析】**本题考查幼小衔接的内容。幼儿园教师应定期参观小学一年级的教学活动，主动参与一年级教师的教研活动，并向小学一年级教师介绍幼儿园的教育方法，展示幼儿的学习水平，在教育工作上做到衔接；幼儿园教师还应带领幼儿参观小学，使幼儿了解小学生的一般情况，让幼儿参加小学生的某些活动，同小学生联欢，举办作品交流展览，以引起幼儿入学的兴趣，激发他们求学和效法小学生的愿望。D项提早学习小学的知识是不正确的做法。

2. B　**【解析】**本题考查幼小衔接工作的策略。幼儿园应当注意培养幼儿的规则和任务意识，特别在大班阶段。教师可以通过开展规则游戏或其他活动，让幼儿逐步懂得生活、学习、游戏等都是有规则的，并让他们有机会体验到如果不遵守规则会造成怎样的后果，有意识地发展他们的自我控制能力。同时，幼儿园可在生活制度、作业课纪律等方面有所改变，让幼儿逐步养成遵守规则的习惯，以有利于缩短入学后适应小学规则的时间。

3. B　**【解析】**本题考查幼小衔接的主要任务。心理适应，即帮助儿童在心理方面做好入小学的积极准备。小学的学习环境和生活环境与幼儿园有诸多不同，这需要儿童树立积极的心理准备，调整好心态去适应小学。幼儿园和家庭要让儿童对小学有正确的、积极的认知，憧憬和向往小学生活。让儿童知道小学的主要任务和要求，了解小学的人员构成和环境。同时让儿童树立正确的学习态度，认真地对待学习，有问题及时向老师请教。题干中杨老师的做法有助于提高幼儿对小学生活的心理适应能力。

4. A　**【解析】**本题考查幼儿园与小学衔接的含义。幼小衔接期是指由幼儿园大班进入到小学一年级，此时期恰好是结束幼儿园生活，开始接受正规小学教育的初期，也是幼儿心理发展的一个转折期。

5. C　**【解析】**本题考查幼小衔接的知识。A项，幼儿入学适应困难不仅仅是在“智”的方面，更多的是由于身体、态度、习惯、意志、人际关系、交往能力、独立自理能力等方面的准备不足而造成的。B项，对小学来讲，也不能仅仅把衔接工作看成是幼儿园的事情。D项，幼小衔接在内容上要涉及幼儿发展的各个方面而不仅仅是知识准备。

6. A 【解析】本题考查幼小衔接工作的策略。对大班幼儿开展专门的入学准备工作包括:(1)采取多种形式培养幼儿对小学生活的向往之情,激发良好的入学动机与愿望(培养入学意识);(2)合理改变作息制度和环境布置,缩小与小学之间的差异;(3)培养幼儿良好的学习品质,提高幼儿的学习能力;(4)加强幼儿独立生活和劳动习惯的培养。题干的做法是激发了大班儿童的入学动机和愿望。

7. C 【解析】本题考查培养幼儿对小学生活的适应性的内容。题干的表述说明幼儿的独立性、生活自理能力对入学后的适应影响很大。在培养幼儿对小学生活的适应性方面,应注意培养幼儿的独立性。

8. A 【解析】本题考查幼儿园实施幼小衔接工作的指导思想。幼儿园实施幼小衔接工作指导思想包括:(1)长期性而非突击性;(2)整体性而非单项性;(3)培养入学的适应性而非小学化;(4)家、园、校的一致性而非孤立化的原则。

9. D 【解析】本题考查幼小衔接不衔接的原因。D项不属于造成我国幼儿园与小学不衔接的原因。

10. D 【解析】本题考查幼儿园实施幼小衔接工作的指导思想。长期性而非突击性是指我们不应当把幼小衔接工作仅仅视为两个教育阶段的过渡问题,而应把它置身于终身教育的大背景下去考虑。对幼儿园来讲,在时间上要把幼小衔接工作贯穿于幼儿园教育的各个阶段而不仅仅是大班后期;在内容上要涉及幼儿发展的各个方面而不仅仅是知识准备;在人员上要包括幼儿园全体人员、家长及有关成人而不仅仅是大班老师。对小学来讲,也不能仅仅把衔接工作看成是幼儿园的事情,而应当遵循素质教育的精神,改革不适合幼儿发展的教育形式、方法等。

11. C 【解析】本题考查幼儿园与小学的差异。学前阶段与小学阶段的差异包括:办学性质、教学内容、教学方法、主导活动方面、作息制度及生活管理、师幼关系、环境设备的选择与布置、社会及成人对幼儿的要求和期望。

二、多项选择题

1. ABCDE 【解析】本题考查培养幼儿对小学生活的社会适应性的内容。培养幼儿对小学生活的适应性主要包括:(1)培养幼儿的主动性;(2)培养幼儿的独立性;(3)发展人际交往能力;(4)培养幼儿的规则意识和任务意识;(5)发展动作,增强体质。

2. ABD 【解析】本题考查幼小衔接工作的策略。幼小衔接工作的策略包括培养幼儿对小学生活的热爱和向往、培养幼儿对小学生活的适应性(培养幼儿的主动性;培养幼儿的独立性;发展人际交往能力;培养幼儿的规则意识和任务意识;发展动作,增强体质)、帮助幼儿做好入学前的学习准备、加强幼儿园教师业务能力培养、建立和健全幼儿园与小学的联系。

三、判断题

1. √ 【解析】本题考查幼小衔接的正确理解。对幼儿园来讲,在时间上要把幼小衔接工作贯穿于幼儿园教育的各个阶段而不仅仅是大班后期;在内容上要涉及幼儿发展的各个方面而不仅仅是知识准备;在人员上要包括幼儿园全体人员、家长及有关成人而不仅仅是大班老师。

2. × 【解析】本题考查幼小衔接的意义。幼小接的意义在于帮助幼儿更好地适应小学的学习与生活,如培养幼儿的主动性;培养幼儿的独立性;发展幼儿的人际交往能力;培养幼儿的规则意识和任务意识;发展动作,增强体质等。

3. √ 【解析】本题考查幼儿园小学化现象的含义。幼儿园小学化现象是通过一些“小学化”的表现来定义的,简单来说包括幼儿园的教学内容、教学形式、教室布置、评价方式和生活方式等方面。题干中教师提前教孩子读写算等内容,属于教学内容的小学化。

四、填空题

0~3岁儿童的保育教育

五、简答题(参考答案)

1. 幼小衔接工作中应注意哪些问题?

(1)进行幼儿园与小学教育的双向改革;(2)转变观念,提高教师素质;(3)结合地区特点及幼儿身心发展的

个别特点有针对性地进行幼小衔接工作；(4)加强家、园、学校、社区力量的相互配合。

2. 试述幼儿从幼儿园进入小学，将面临哪些方面的转变。

(1)办学性质。小学是义务教育，有严格的教育要求，学校对学生学习成绩要进行考试、检查。(2)教学内容。小学的教育内容是以符号为媒介的学科知识，其抽象水平相对较高，这种学习内容只有当学习者的思维具有一定的抽象、概括能力时才能理解和接受。(3)教学方法。小学教师多采用演绎法，即教师教学生一些规律性的知识，然后用例题来证明此规律是正确的，这一过程与幼儿阶段的学习过程正好相反。(4)主导活动方面。小学阶段的主导活动是各种学科文化知识的学习，以上课为主要的教学形式，教学方法相对固定、单一，有一定的家庭作业及必要的考试制度。(5)作息制度及生活管理。小学的生活节奏快速、紧张；作息制度非常严格，每天上课时间较长；纪律及行为规范带有强制性；教师对儿童在生活上的照料明显减少。(6)师生关系。小学阶段的师生接触主要是在课堂上，个别接触少，涉及面较窄。(7)环境设备的选择与布置。小学教室的环境布置相对严肃，成套的课桌椅排列固定，教室内没有玩具，学生自由选择活动的余地较少。(8)社会及成人对儿童的要求和期望。对小学生的要求相对严格、具体，家长对小学生具有很高的期望，儿童的学习压力大，自由少，要负担一定的社会责任。

六、论述题(参考答案)

1. 幼小衔接教师应做好哪些准备工作？

(1)全面的入学准备。①促进幼儿身体和动作的发展。②培养幼儿的学习兴趣和求知欲。③发展幼儿的智力。④培养幼儿动手操作的能力。⑤培养幼儿良好的个性品质。

(2)对大班进行的专门的入学准备工作。①培养幼儿向往入小学学习的感情，激发良好的入学动机和学习态度。②注意发展幼儿心理活动的有意性、稳定性，培养幼儿的责任感。③不断提高幼儿的学习能力，特别重视培养幼儿前读写能力。④锻炼意志，培养自制力，形成良好的学习习惯。

2. 请结合实际谈谈当前幼小衔接工作中存在的问题，并以幼儿园的角度提出解决的方法。

(1)存在的问题：①幼小衔接重知识轻能力。我国当前的幼小衔接工作重视“智”的衔接，忽视德、智、体、美的衔接，特别是忽视社会适应能力的衔接。许多幼儿园和小学学前班甚至提早使用小学的教材，照小学的样子排出课程表，形成幼儿教育的“小学化”。②幼小衔接形式化。幼儿园或学前班多是在外部的环境和条件上改变。小学和幼儿教师的相互交流多吸取对方在教学方法、课堂组织形式方面的特点，而在教育观念、师生关系等方面很少沟通。③幼小衔接时间不充足。一些幼儿园在幼儿将要入学的前半年才进行衔接工作。急于求成，致使幼儿在生理、心理各方面压力骤然加大，难以适应，不但教育效果不佳，而且使幼儿对小学和未来的学习产生畏惧和抵触情绪。④家长对幼小衔接工作重视不够、认识不清。一些家长缺乏与幼儿园、学校的配合意识，忽视了家长对孩子的支持、引导作用。由于传统的教育观念与教养态度等多方面的偏差与不当，造成很多家长重视技能技巧的训练而忽视幼儿的全面发展，重视短期成效而忽视幼儿的终身发展。

(2)解决方法：①培养幼儿对小学生活的热爱和向往。幼儿阶段应注意培养幼儿愿意上学、对小学的生活怀着兴趣和向往、为做一名小学生感到自豪的积极态度，并让幼儿有机会获得对小学生活的积极情感体验。为此，幼儿园应当通过多种教育活动，特别是加强与家长、小学的合作，来让幼儿逐步了解小学，喜欢小学，渴望上小学，最后愉快、自信地跨进小学。②培养幼儿对小学生活的适应性。主要包括：培养幼儿的主动性；培养幼儿的独立性；发展人际交往能力；培养幼儿的规则意识和任务意识；发展动作，增强体质。③帮助幼儿做好入学前的学习准备。幼儿园在帮助幼儿做好学习准备方面需要做好以下工作：培养良好的学习习惯；培养良好的非智力品质；发展思维能力和基础能力；适当调整课程结构和内容。④加强幼儿园教师业务能力培养。⑤建立和健全幼儿园与小学的联系。

七、材料分析题(参考答案)

1. (1)材料中教师的做法主要问题有：①长期性而非突击性。对幼儿园来讲，在时间上，要把幼小衔接工作贯穿于幼儿园教育的各个阶段而不仅仅是大班后期。例如，材料中幼儿进入大班下学期后，该班教师开始了

幼小衔接工作。②整体性而非单项性。幼小衔接是全面素质教育的重要组成部分,做好幼小衔接工作,必须促进幼儿的体、智、德、美的全面发展。③培养入学的适应性而非小学化,教师环境创设可以参考小学,但是教学内容不能小学化。例如,材料中对幼儿进行认字、写字的做法。

(2)教师的做法对幼小衔接的不良影响:①不利于幼儿正常发育,危害幼儿的身体健康;②不利于幼儿健全人格的形成,危害幼儿的心理健康;③不利于幼儿智力的全面发展,错过幼儿教育的“关键期”;④不利于儿童天性的发展,容易形成错误的儿童观。

(3)幼小衔接工作的建议:

幼儿园角度:①培养幼儿对小学生活的热爱和向往。②培养幼儿对小学生活的适应性:培养主动性;培养独立性;发展人际交往能力;培养幼儿的规则意识和任务意识;发展动作,增强体质。③帮助幼儿做好入学前的学习准备。培养良好的学习习惯、培养良好的非智力品质、发展思维能力和基础能力、适当调整课程结构和内容。④加强幼儿园教师业务能力培养。⑤建立和健全幼儿园与小学的联系。

从家长角度:①与幼儿园合作,激发孩子对小学的向往之情。②配合幼儿园适当改变孩子的作息制度。③配合幼儿园培养幼儿的任务意识和规则意识。④配合幼儿园帮助幼儿养成良好的学习习惯。

2.(1)奶奶的做法不对。儿童身心发展的内在规律决定了教育应从连续性、整体性出发,从生理、心理等各方面做好充分准备,实现从一个教育阶段到另一个教育阶段的自然、顺利过渡。儿童身心发展的特点决定了幼儿园教师应该采取多种多样、丰富多彩的游戏,使幼儿在“玩”中学习与自身生活紧密相关的浅显知识,直接让幼儿在幼儿园学习小学知识违背了幼儿的认知特点和身心发展规律,会造成幼儿园“小学化”的倾向,给幼儿造成很大的危害。

(2)幼儿园帮助幼儿做好入学准备应做到以下几点:

①培养幼儿对小学生活的热爱和向往。幼儿对小学生活的态度、看法、情绪状态等,对其入学后的适应性影响很大。因此,幼儿阶段应注意培养幼儿愿意上学、对小学的生活怀着兴趣和向往、为做一名小学生感到自豪的积极态度,并让幼儿有机会获得对小学生活的积极情感体验。为此,幼儿园应当通过多种教育活动,特别是加强与家长、小学的合作,来让幼儿逐步了解小学,喜欢小学,渴望上小学,最后愉快、自信地跨进小学。②培养幼儿对小学生活的适应性。幼儿入学后,是否适应小学新的环境、新的人际关系,对其身心健康影响很大。培养幼儿的社会适应性,特别是主动性、独立性、人际交往能力等,不仅关系着幼儿入学后的生活质量,也关系着他们在小学的学习质量,是幼小衔接的重要内容。③帮助幼儿做好入学前的学习准备。具体包括培养良好的学习习惯、培养良好的非智力品质、发展幼儿的思维能力和基础能力、适当调整课程内容和结构。④加强幼儿园教师业务能力培养。幼儿园的教育工作者,要了解幼小衔接阶段幼儿的心理变化规律,采取因势利导的策略激发学习兴趣,及时发现幼儿表现出的不利于适应小学学习生活的习惯和行为,尽早给孩子矫正。幼儿园教师要准确把握小学初始阶段的教学方法和内容,在对幼儿拼音、识字、算数等基础知识的教学方面,做到引导正确、规范。⑤建立和健全幼儿园与小学的联系。幼儿园教师应定期参观小学一年级的教学活动,主动参与一年级教师的教研活动,并向小学一年级教师介绍幼儿园的教育方法,展示幼儿的学习水平,在教育工作上做到衔接;幼儿园教师还应带领幼儿参观小学,使幼儿了解小学生的一般情况,让幼儿参加小学生的某些活动,同小学生联欢,举办作品交流展览,以引起幼儿入学的兴趣,激发他们求学和效仿小学生的愿望。

3.(1)幼儿教育与小学教育的不同:

①办学性质的不同。幼儿园教育是非义务教育,没有统一的教材,没有成套的考核条例,办学与教学随意性较强。小学是义务教育,有严格的教育要求,学校对学生学习成绩要进行考试、检查。②教学内容的不同。幼儿园所学的内容是与幼儿生活紧密相关的浅显知识。小学的教育内容是以符号为媒介的学科知识,其抽象水平相对较高,这种学习内容只有当学习者的思维具有一定的抽象、概括能力时才能理解和接受。③教学方法的不同。幼儿园教师多采用归纳法,即让幼儿看到许多有关的现象,让幼儿开动脑筋,自己去归纳、发现其中的规律。小学教师则多采用演绎法,即教师教学生一些规律性的知识,然后用例题来证明此规律

是正确的，这一过程与幼儿阶段的学习过程正好相反。④主导活动方面的不同。幼儿园的主导活动是多种多样、丰富多彩的游戏，幼儿在玩中"学"，教师指导方法比较直观、灵活、多样，没有家庭作业及考试制度。小学的主导活动是各种学科文化知识的学习，以上课为主要的教学形式，教学方法相对固定、单一，有一定的家庭作业及必要的考试制度。⑤作息制度及生活管理的不同。幼儿园生活节奏是宽松的。一日生活中游戏活动时间较多；生活管理不带强制性，没有出勤要求；教师对幼儿在生活上的照顾比较周到和细致。小学生活节奏快速、紧张；作息制度非常严格，每天上课时间较长；纪律及行为规范带有强制性；教师对儿童在生活上的照料明显减少。⑥师幼关系的不同。幼儿园教师与幼儿个别接触机会多，时间长，涉及面广，关系密切、具体。小学师生接触主要是在课堂上，个别接触少，涉及面较窄。⑦环境设备的选择与布置的不同。幼儿园教室的环境布置生动活泼，有许多活动区域，在其中有丰富的玩具和材料供幼儿动手操作、摆弄，幼儿可以自由选择游戏及进行同伴交往。小学教室的环境布置相对严肃，成套的课桌椅排列固定，教室内没有玩具，学生自由选择活动的余地较少。⑧社会及成人对幼儿的要求和期望不同。对幼儿的要求相对宽松，幼儿的学习压力小，自由多，没有非完成不可的社会任务。对小学生的要求相对严格、具体，家长对小学生抱有很高的期望，儿童的学习压力大，自由少，要负担一定的社会责任。

(2)如何做好幼小衔接工作：

幼儿园角度：①培养幼儿对小学生活的热爱和向往。②培养幼儿对小学生活的适应性：培养主动性；培养独立性；发展人际交往能力；培养幼儿的规则意识和任务意识；发展动作，增强体质。③帮助幼儿做好入学前的学习准备。培养良好的学习习惯、培养良好的非智力品质、发展思维能力和基础能力、适当调整课程结构和内容。④加强幼儿园教师业务能力培养。⑤建立和健全幼儿园与小学的联系。

从家长角度：①与幼儿园合作激发孩子对小学的向往之情。②配合幼儿园适当改变孩子的作息制度。③配合幼儿园培养幼儿的任务意识和规则意识。④配合幼儿园帮助幼儿养成良好的学习习惯。

第24练　幼儿园与社区的合作

一、单项选择题

1. C　【解析】本题考查社区学前教育的特点。社区学前教育主要具有区域性、开放性、融合性和互动性特点。
2. D　【解析】本题考查幼儿园与社区合作的价值。幼儿园与社区合作，可以在一定程度上优化社区学前教育功能，具体表现为两方面：(1)向社区普及优生、优育、优教的知识，指导家庭优生、优育、优教；(2)提高社区成员的文化素养水平，改进其陈旧观念与不良习惯，创造良好的社区生活环境与气氛。故D项不属于幼儿园为社区提供的支持。
3. A　【解析】本题考查社区文化资源。教师可带领儿童到社区内的文化机构，如图书馆、美术馆、展览馆等场所去参观，使之初步感知民族文化、艺术、历史、体育等方面的知识。

二、判断题

√　【解析】本题考查幼儿园与社区的合作。将幼儿园教育扩展到社区的大背景下进行，充分利用社区中富有教育意义的自然环境和人文环境资源，可以拓展幼儿的生活和学习空间，增长幼儿的见识，促进幼儿的成长和发展。社区的积极参与使幼儿园教育由封闭走向开放，教育的空间扩大，教育的内容丰富和深化。

三、简答题(参考答案)

简述社区能为幼儿园发展提供的支持。

(1)发挥社区的人力资源优势，支持幼儿园教育活动的开展；(2)将社区的文化资源融入到幼儿园的教育内容之中；(3)利用社区的物质资源，为幼儿园教育提供便利；(4)社区应充分发挥评价、监督与反馈作用。

实战演练

一、单项选择题

1. A　【解析】家庭、幼儿园、社区是幼儿发展的三大环境和可利用资源。

2. A 【解析】幼小衔接教育的实质是主体的适应性问题,幼小衔接的目的是帮助儿童做好入学准备。

3. D 【解析】社区文化对幼儿园教育具有重要的意义,它无形地影响着幼儿园的教育,优秀的社区文化更是幼儿园教育的宝贵资源。题目中有的幼儿园将社区的历史、风俗、革命传统等作为乡土教材来利用,丰富了教育内容,发挥了社区文化对幼儿园教育的意义。

4. B 【解析】家长委员会是家长和幼儿园之间的桥梁,促进家园的合作。

5. D 【解析】为了儿童的健康成长,为了家庭生活的幸福和睦,家庭生活的某些方面儿童是不宜参与、不必知道的,这就是适当回避,不要认为一切公开的家庭是最民主的。因此,答案选 D 项。

6. A 【解析】家长对孩子的教育和影响作用是通过家长集体的努力实现的。要想顺利地进行素质教育,来自家庭的所有成员的要求就必须协调统一,具有一致性和一贯性,这是保证家庭教育成功的重要条件。

7. A 【解析】幼儿园大班可以更集中、更有针对性地对幼儿进行一些专门性的入学准备活动,以激发幼儿渴望上学、向往小学生活的愿望和做一名小学生的自豪情感,并通过体验式的活动让幼儿获得直接的、积极的情感体验。为此,幼儿园可以开展以下的教育活动:(1)引导幼儿设想自己的未来,培养上学意识;(2)通过游戏,使幼儿熟悉小学生的生活,因势利导加强学习意识的培养;(3)组织幼儿参观小学,直接尝试小学生的学习活动;(4)参加小学生的有意活动,激发幼儿对小学学习生活的向往;(5)组织幼儿毕业告别会,开展毕业离园教育。

8. A 【解析】入学前教幼儿拼音、识字、做算术是小学化的表现,是不正确的。

9. A 【解析】儿童受教育的第一个场所是家庭。

10. C 【解析】电话联系最快捷、最能及时与家长沟通儿童在园所的情况,迅速处理一些应急事件。

二、多项选择题

1. ABD 【解析】重视培养创新精神是学前教育面临的社会发展需求之一。A 项、B 项、D 项属于学前教育小学化倾向。

2. AB 【解析】影响幼儿入园不适应的因素:(1)个体原因:①过去的生活经验。②幼儿的个性特点。(2)外部原因:①环境变化因素。②家庭因素。③教师的因素。

3. ABC 【解析】幼儿对小学生活的态度、看法、情绪状态等,对其入学后的适应性影响很大。因此,幼儿阶段应注意培养幼儿愿意上学、对小学的生活怀着兴趣和向往、为做一名小学生感到自豪的积极态度,并让幼儿有机会获得对小学生活的积极情感体验。

4. ABD 【解析】幼儿入学后的适应性问题主要表现为:(1)身体方面的睡眠不足、身体疲劳、食欲不振、体重下降等现象;(2)心理方面的精神负担重、心理压力大、情绪低落、自信心不足、学习兴趣降低等现象;(3)社会性方面的人际交往不良、人际关系紧张等现象,有的学生甚至还出现怕学、厌学的情绪。

5. ABC 【解析】为了解决幼儿园与小学衔接中的问题,使儿童更快更好地适应小学生活,我国的幼教工作者曾做过多种努力,也取得了一定的成绩,但还存在以下三种问题:(1)小学化现象严重;(2)活动开展的表面化;(3)教育内容的片面化。

三、判断题

1. √ 【解析】社区学前教育是指以学前儿童及其家庭为对象开展的各种形式的优生、优育、优教活动,目的在于尽可能使社区内所有学前儿童获得良好的教育与发展。

2. × 【解析】家长与教师应该相互配合,共同教育孩子,促进孩子的全面和谐发展。

3. √ 【解析】书信多用于向留守儿童的家长汇报孩子的成长情况,这种做法不仅能密切家园联系,往往也能促使家长虽然不在孩子身边,但仍然关注着孩子的发展,起到配合教育的作用。

4. √ 【解析】家园联系栏应设置在家长接送孩子的必经之处,内容经常更断,方便家长与教师的沟通交流。

5. × 【解析】幼儿园与小学的衔接工作是指幼儿园和小学根据儿童身心发展的阶段性和连续性规律及儿童可持续发展的需要,做好两个阶段的衔接工作,使幼儿尽快地适应新的学习生活,避免或减少因两个学习阶

段间存在的差异给幼儿身心发展带来的负面影响，为其入小学后的发展及终身发展打好基础。幼小衔接工作的重点应当放在培养幼儿的入学适应性上。故幼小衔接主要是参加各类兴趣班学习的说法是错误的。

6. √ 【解析】许多幼小衔接的研究结果证明，提高教师的素质是幼小衔接工作取得成功的保证。

7. √ 【解析】家长应该从以下几个方面去尊重儿童：(1)重视儿童，尊重儿童的独立人格：倾听儿童的意见；帮助儿童学会独立。(2)满足儿童生理的和精神的需要：游戏的需要；求知的需要；交往的需要。(3)耐心对待，不粗暴、不歧视。(4)尊重儿童自然成长规律，循序渐进地诱导。

8. × 【解析】对幼儿园来讲，在时间上要把幼小衔接工作贯穿于幼儿园教育的各个阶段而不仅仅是大班。

9. √ 【解析】学前教育机构是社区建设的支持者、为社区提供教育和文化服务。

四、填空题

1. 家长与幼儿　　2. 专家咨询　　3. 父母

五、名词解释

1. 家长接待日

家长接待日是幼儿园安排一个固定的时间，由主管领导接待家长的来访，解答家长对园所及班级保育教育、管理等方面工作的疑问，听取家长的意见和建议，或设意见箱收集家长的意见，从而更好地改进和完善园所工作，拉近家园之间的距离。

2. 社区学前教育

社区学前教育是指以学前儿童及其家庭为对象开展的各种形式的优生、优育、优教活动，目的在于尽可能使社区内所有学前儿童获得良好的教育与发展。

3. 家长开放日

家长开放日指幼儿园定期或不定期地向家长开放，届时邀请家长来园观摩和参观幼儿园的活动。

六、简答题(参考答案)

1. 简述幼小衔接工作中的矛盾。

(1)小学和幼儿园对衔接工作不重视，相互之间缺少沟通；(2)把幼小衔接看作是单纯的物质准备和知识准备；(3)小学教师偏重教学技能、教学内容的研究；(4)家庭和学校的相互理解配合不够。

2. 简述幼儿园对家庭教育指导的原则。

(1)了解性原则；(2)方向性原则；(3)科学性原则；(4)尊重性原则；(5)协调性原则；(6)针对性原则；(7)直观性原则；(8)艺术性原则。

3. 简述学前教育与家庭教育合作中出现的问题。

(1)家长和教师之间存在矛盾与冲突；(2)合作不够深入，合作内容脱节；(3)家长参与配合不够好，援助学前教育更少；(4)母亲参与度明显高于父亲，不利于儿童阳刚性格的培养。

七、材料分析题(参考答案)

1. (1)评析："过于保护"的家庭教育模式，造成孩子缺乏自信。在家里，父母对孩子过于保护；孩子的日常生活事务都由家长包办代理，而且活动中还受到父母的诸多限制，不允许"玩"这，不准"做"那，怕有危险、出意外。因此养成了晨晨过度依赖他人及胆小怕事的个性。

(2)措施：①给予信任，帮其战胜胆怯心理。针对晨晨畏惧、怯懦的特点，教师应该采取树立榜样和耐心帮助相结合的方法，促使晨晨克服胆怯心理，以勇敢、无畏的精神去锻炼自己。②家园配合，共施良策，促其转变。主动与家长联络交流，共同研究探索出一套科学的、适应晨晨特点的教育方案。如让晨晨动手做自己能做的事；关注和支持晨晨有益的兴趣和爱好，并为之提供方便，培养他的主动性和参与意识；多以积极肯定的态度来帮助晨晨树立自强、自立、自信的信念。

2. (1)这位家长的话不正确。割裂了幼儿园与家庭的合作关系。

(2)家园合作是指幼儿园和家庭(含社区)都把自己当作促进儿童发展的主体，双方积极主动地相互了解、相互配合、相互支持,通过幼儿园和家庭的双向互动,共同促进儿童的身心发展。在家园合作中,幼儿园应该处于主导地位。幼儿园与家庭合作有益于学前儿童全面发展,有利于家长教育素质的增强。

3.(1)该幼儿超前教育违背了发展适宜性原则、以游戏为基本活动的原则、教育的活动性和直观性原则以及一日活动整体性原则。幼儿园超前教育的弊端:①扼杀了幼儿的天性;②不利于幼儿身体的正常发育,危害了幼儿的身体健康;③不利于幼儿健全人格的形成,危害了幼儿的心理健康;④不利于幼儿智力的全面发展;⑤忽视幼儿非智力因素的培养;⑥拔苗助长,对幼儿进入小学后的学习造成负面影响。

(2)教师应从以下方面做好幼小衔接工作:

①培养幼儿对小学生活的热爱和向往;②培养幼儿对小学生活的适应性:培养幼儿的主动性;培养独立性;发展人际交往能力;培养幼儿的规则意识和任务意识;发展动作,增强体质;③帮助幼儿做好入学前的学习准备:培养良好的学习习惯;培养良好的非智力品质;发展思维能力和基础能力;适当调整课程结构和内容;④加强幼儿园教师业务能力培养;⑤建立和健全幼儿园与小学的联系。

4.材料中两位老师的做法是不完全正确的。

(1)幼儿园实施幼小衔接工作的指导思想是长期性而非突击性。新学期开学时,教师们就开始准备幼小衔接工作,是值得肯定的。

(2)幼小衔接工作具有整体性而非单项性。幼小衔接是全面素质教育的重要组成部分,应当从幼儿德、智、体、美各方面全面进行,不应仅仅偏重某一方面。在幼小衔接中,偏重"智"的倾向比较严重。材料中的教师让幼儿认汉字、学拼音、做算术题。而对于德、体、美等方面的准备重视不够。要搞好幼小衔接工作,必须促进幼儿的德、智、体、美的全面发展,在全面发展教育过程中培养他们入学所必需的各种基本素质。

(3)幼小衔接是培养幼儿入学的适应性而非小学化。在幼小衔接工作中的另一误区就是小学化倾向严重。材料中的教师认为,要与小学搞好衔接工作就要提前用小学的教育方式对待幼儿,让幼儿园像小学。幼小衔接工作的重点应当放在培养幼儿的入学适应性上。教师要针对过渡期幼儿的特点及实际情况,着重培养幼儿适应新环境的各种素质,帮助幼儿顺利完成幼小过渡,而不是把小学的一套简单地下放到幼儿园。

(4)幼小衔接要遵循家、园、校的一致性而非孤立化的原则。材料中教师在幼儿离园后还要让幼儿预习、复习功课或做作业。虽然体现了家园合作,但这些方法是不可取的。

5.(1)这是幼儿教育小学化的现象。它的危害主要表现在以下几个方面:①扼杀了幼儿的天性;②不利于幼儿身体的正常发育,危害了幼儿的身体健康;③不利于幼儿健全人格的形成,危害了幼儿的心理健康;④不利于幼儿智力的全面发展;⑤忽视幼儿非智力因素的培养;⑥拔苗助长,对幼儿进入小学后的学习造成负面影响。

(2)避免幼儿教育小学化的措施:①改变家长及社会的观念。②教育行政部门加强对幼儿园和小学的管理。教育行政部门应对幼儿园加强管理,加强质量评估以及惩罚力度,幼儿园必须按照规定开展教学,这样才能从根源上杜绝"小学化"的倾向。同时教育行政部门要严格规范小学招生和起始年级教学,严禁小学以各种名义进行选拔性入学考试,一年级严格实行"零起点"教学,教学进度不得提前,解除家长"怕跟不上"的担心。③继续加大对贫困地区的学前教育投入,优化办园条件,促进教育公平,提高贫困地区的学前教育质量。

(3)园长,对于您说的"园所里的孩子能力都特别强,不仅认识拼音、会写拼音,还会20以内的加减法",我认为这不该成为我们幼儿园发展的方向。幼儿园应遵循幼儿身心发展的规律,面向全体幼儿,关注个别差异,坚持以游戏为基本活动,保教结合,寓教于乐,促进幼儿健康成长。这才是幼儿园对幼儿发展的方向,而不是在学前阶段让幼儿学习小学阶段的知识。我们应当充分认识到游戏是幼儿园的基本活动。通过游戏来发展幼儿的各种能力,为幼儿一生的发展奠定良好的基础。

第三部分　学前心理学

第一章　学前心理学概述和学前儿童的心理发展

真题必刷

第1练　学前心理学概述

单项选择题

1. C 【解析】本题考查学前心理学的研究原则。研究学前儿童心理的基本原则有发展性原则、客观性原则、教育性原则和理论与实际相结合原则。
2. C 【解析】本题考查学前心理学的研究内容。学前儿童的发展是一个系统的整体。但在研究和学习中，我们会初步将儿童的发展划分为生理发展、认知发展、情感和社会性发展三大领域。
3. A 【解析】本题考查儿童心理学的发展。科学儿童心理学诞生于19世纪的后半期。德国生理学家和实验心理学家普莱尔是儿童心理学的创始人。其编著的《儿童心理》被公认为第一本科学的、系统的儿童心理学著作。
4. C 【解析】本题考查学前儿童心理学的研究对象。学前儿童心理学是研究从出生到入小学前儿童心理发生、发展规律的科学。从出生到进入小学是广义的学前时期(0～6岁)。学前儿童心理学的研究对象是在这个年龄范围内的儿童心理的发展规律。
5. A 【解析】本题考查学前儿童心理研究的方法。日记法或传记法是一种长期的全面的观察。
6. C 【解析】本题考查学前儿童心理研究的方法。作品分析法是通过分析幼儿的作品(如手工、图画等)去了解幼儿心理的方法。
7. B 【解析】本题考查学前儿童心理研究的方法。观察法是通过有目的、有计划地观察幼儿在日常生活、游戏、学习和劳动过程中的表现，包括其言语、表情和行为，并根据观察结果分析幼儿心理发展的规律和特征的方法。
8. A 【解析】本题考查学前儿童心理研究的方法。观察法是通过有目的、有计划地观察幼儿在日常生活、游戏、学习和劳动过程中的表现，包括其言语、表情和行为，并根据观察结果分析幼儿心理发展的规律和特征的方法。观察法是研究幼儿最基本的方法。早期的幼儿心理研究大都利用观察法。因为幼儿的心理活动有突出的外显性，通过观察其外部行为，就可以了解他们的心理活动。
9. A 【解析】本题考查学前儿童心理研究的方法。问卷法的优点是可以在较短时间内获得大量资料，所得资料便于统计，较易做出结论。但是编制问卷表并非容易的事情，即使是较好的问卷，也容易流于简单化，其题目也可能被回答者误解。

第2练　学前儿童的心理发展

一、单项选择题

1. D 【解析】本题考查儿童心理发展的敏感期。敏感期是指个体比其他时候更容易获得新行为模式的发展阶段，换句话说，敏感期就是儿童学习某种知识和行为比较容易，儿童心理某个方面发展最为迅速的时期，又叫最佳期。
2. B 【解析】本题考查儿童心理发展的年龄特征。儿童心理发展的年龄特征是指在一定的社会和教育条件下，幼儿在每个不同的年龄阶段中表现出来的一般的、本质的、典型的特征。“童言无忌”是符合儿童年龄特征的表现。
3. D 【解析】本题考查学前儿童心理发展的基本趋势。学前儿童的心理活动最初是零散杂乱的，心理活动之间缺乏有机的联系。随着学前儿童年龄的增长，他们的心理活动逐渐组织起来，有了系统性，形成了整体，

并且有了稳定的倾向,出现每个人特有的个性。题干的描述说明幼儿心理发展的趋势是从零乱到成体系的。

4.C 【解析】本题考查幼儿的本能反射。抓握反射又称达尔文反射,是指当物体触及掌心时,新生儿立即把它紧紧握住。

5.A 【解析】本题考查最近发展区的含义。最近发展区是指一种儿童无法依靠自己来完成,但可在成人和更有技能的儿童帮助下来完成的任务范围,也就是儿童能够独立表现出来的心理发展水平,和儿童在成人指导下能够表现出来的心理发展水平之间的差距。A项运用了“最近发展区”的理论。

6.A 【解析】本题考查儿童“认生”出现的年龄。5~6个月的孩子开始认生,也就是说,他对交往的人有所选择。有的成人在孩子3~4个月时曾到他家做客,和他玩得很高兴,再过2个月,即孩子5~6个月时又来看他。成人满以为他和孩子已经有过“交情”,热情地一手把他搂过来,孩子却睁大眼睛看着他,大人还笑着说:“认得我吗?”出乎意料,婴儿大哭起来,挣扎着要离开,要找妈妈。这一事例说明,孩子开始认生了,他对亲近和陌生的人已经有了明显不同的反应。

7.D 【解析】本题考查最近发展区的含义。最近发展区是指一种儿童无法依靠自己来完成,但可在成人和更有技能的儿童帮助下来完成的任务范围,也就是儿童能够独立表现出来的心理发展水平,和儿童在成人指导下能够表现出来的心理发展水平之间的差距。

8.D 【解析】本题考查影响学前儿童心理发展的基本因素。遗传素质为学前儿童的发展提供可能性。学前儿童的发展总是以遗传获得的生理组织、一定的生命力为前提的。

9.B 【解析】本题考查有关儿童心理发展阶段的重要概念。关键期是指由生物学因素决定的、个体做好最充分准备来获得新的行为模式的发展时期,换句话说,它是儿童在某个时期最容易学习某种知识技能或形成某种心理特征,但过了这个时期,发展的障碍就难以弥补。从不会说话到掌握母语的全部会话大约要四年,这段时期是学习语言的关键期。

10.D 【解析】本题考查影响幼儿心理发展的因素。幼儿自身内部矛盾是影响幼儿心理发展的最直接的因素。

11.D 【解析】本题考查儿童语言发展的关键期。一般来说,2~3岁是儿童口头语言发展的关键期。也有儿童教育心理学研究表明,2岁前后是儿童口头语言发展的关键期。

12.D 【解析】本题考查心理发展原则。题干中,教师提供多层次活动材料,让幼儿自选。这遵循了差异性原则。

13.A 【解析】本题考查维果斯基的最近发展区理论。最近发展区是指一种儿童无法依靠自己来完成,但可在成人和更有技能的儿童帮助下来完成的任务范围,也就是儿童能够独立表现出来的心理发展水平,和儿童在成人指导下能够表现出来的心理发展水平之间的差距。

14.B 【解析】本题考查影响学前儿童心理发展的因素。格塞尔的双生子爬梯实验证明了生理成熟的作用。

15.C 【解析】本题考查学前儿童心理发展的关键期。儿童心理发展的关键期现象主要表现在语言发展和感知觉方面。

16.B 【解析】本题考查幼儿晚期(5~6岁)的心理特点。幼儿晚期(5~6岁)的心理特点包括:(1)好学、好问;(2)抽象概括能力开始发展;(3)个性初具雏形;(4)开始掌握认知方法。A项和D项属于幼儿初期(3~4岁)的心理特点,C项属于幼儿中期(4~5岁)的心理特点。

17.C 【解析】本题考查儿童心理发展的敏感期。敏感期是指个体比其他时候更容易获得新行为模式的发展阶段,换句话说,敏感期就是儿童学习某种知识和行为比较容易,儿童心理某个方面发展最为迅速的时期,又叫最佳期。

18.D 【解析】本题考查影响儿童的环境因素。人类最初的教育是由家庭承担的,父母是孩子首要和最重要的环境影响因素。

19.D 【解析】本题考查学前儿童心理发展的特点。个体身心发展的个别差异性,是指个体之间的身心发展

以及个体身心发展的不同方面之间,存在着发展程度和速度的不同。题干的描述体现了个体身心发展的个别差异性。

20. C 【解析】本题考查影响儿童身心发展的因素。遗传素质是指个体从上代继承下来的生理解剖方面的特点,如体貌、身体的内部构造、神经类型等。遗传素质是学前儿童身心发展的生理基础和物质前提。

21. B 【解析】本题考查儿童形状知觉的敏感期。4 岁是幼儿形状知觉发展的敏感期,以后逐渐减弱。

22. D 【解析】本题考查维果斯基的最近发展区理论。最近发展区决定着教学的可能性,而教学也应当以它为目标。维果斯基写道:“教学不应以儿童发展的昨天而应以儿童发展的明天为目标。”只有在这种条件下,教学才会走在发展的前面。

23. A 【解析】本题考查维果斯基的最近发展区理论。“鹰架教学”是在运用维果斯基的最近发展区理论的过程中提出来的,它是指为儿童提供教学,并逐步转化为提供外部支持的过程。

24. A 【解析】本题考查最近发展区的概念。最近发展区是指儿童无法依靠自己来完成,但可在成人和更有技能的儿童帮助下来完成的任务范围,也就是儿童能够独立表现出来的心理发展水平,和儿童在成人指导下能够表现出来的心理发展水平之间的差距。其上限是儿童无法依靠自己来完成的任务。

25. C 【解析】本题考查学前儿童心理发展的趋势。学前儿童心理发展发展具有不均衡性,表现在:(1)不同阶段发展的不均衡;(2)不同方面发展的不均衡;(3)不同学前儿童心理发展的不均衡。

26. C 【解析】本题考查儿童身心发展的阶段。心理学家把青春期(女孩 12 岁左右,男孩 14 岁左右)称为“第二断乳期”。进入青春期(中学时期)的少男少女们,开始从心理上摆脱对家长的依赖,即使对于家长正确的建议,有时也会有逆反心理。

27. B 【解析】本题考查环境决定论的观点。行为主义的创始人华生是环境决定论的主要代表人物。环境决定论者认为幼儿心理的发展完全是外界影响的被动结果,强调环境教育的作用。

28. B 【解析】本题考查影响学前儿童心理发展的因素。由于遗传及先天、后天环境的千差万别,儿童生理成熟的时间、速度等方面都存在个别差异。这些差异影响并制约着儿童心理发展的个别差异。例如,女孩的语言发展比男孩早,是和女孩的相应部分生理成熟较早有关。

29. B 【解析】本题考查影响人身心发展的因素。“染于苍则苍、染于黄则黄”这句话的意思是白布在青染料里染一染就变成了青色,在黄染料里染一染就变成了黄色,形容环境对个体发展起决定性作用。

30. D 【解析】本题考查最近发展区的含义。最近发展区是指一种儿童无法依靠自己来完成,但可在成人和更有技能的儿童帮助下来完成的任务范围,也就是儿童能够独立表现出来的心理发展水平,和儿童在成人指导下能够表现出来的心理发展水平之间的差距。“跳一跳,摘桃子”就是最近发展区的具体表现。

31. C 【解析】本题考查学前儿童心理发展的基本趋势。幼儿心理活动最初是被动的,心理活动的主动性后来才发展起来,并逐渐提高,直到成人所具有的极大的主观能动性。这种发展趋势主要表现在两个方面:(1)从无意向有意发展;(2)从主要受生理制约发展到自己主动调节。题干的描述体现了幼儿心理从被动到主动的发展趋势。

32. C 【解析】本题考查最近发展区的提出者。最近发展区是维果斯基对儿童心理学的一个突出贡献。维果斯基写道:“教学不应以儿童发展的昨天而应以儿童发展的明天为目标。”只有在这种条件下,教学才会走在发展的前面。

33. C 【解析】本题考查幼儿学习语言的关键期。1 ~ 3 岁是幼儿言语的发生阶段,也是幼儿学习语言的关键期。这一时期,幼儿能有意识地说“mama”或“baba”,能听懂自己的名字,会说一些成人听不懂的话,会用代词“你”“我”说简单的句子。大部分幼儿在 3 岁时已经掌握基本口语,在词汇、句子和口语表达等方面都迅速发展,为入学后学习书面语言打好基础。

34. C 【解析】本题考查影响学前儿童心理发展的因素。遗传是一种生物现象,提供发展人类心理的最基本的自然物质前提。题干中的同卵双胞胎虽然生活在不同的环境中,但是智商测试分数很接近,说明遗传对智商的影响较大。

35. A 【解析】本题考查儿童心理发展的年龄特征。儿童心理发展的年龄特征是指在一定的社会和教育条件下,幼儿在每个不同的年龄阶段中表现出来的一般的、本质的、典型的特征。

36. C 【解析】本题考查儿童口语发展的关键期。儿童学简单口语,2~4岁是最佳期;年龄越大,效率越低,而且在掌握口语发音上,敏感性越来越差。

37. A 【解析】本题考查影响学前儿童心理发展的因素。宏观的社会环境和教育从根本上制约着儿童心理发展的水平和方向。这里所说的"宏观的社会环境",主要是指儿童生活于其中的社会大环境、生产力发展水平、生产关系、社会风气等根本社会生活条件。

38. D 【解析】本题考查幼儿本能反射的内容。巴宾斯基反射是指物体轻轻地触及新生儿的脚掌时,他本能地竖起大脚趾,伸开小趾,这样5个脚趾形成扇形。

39. B 【解析】本题考查婴幼儿的条件反射。A项婴幼儿的拥抱反射属于怀抱反射。C项婴幼儿的踏步反射属于迈步反射,D项婴幼儿触碰到物体握住属于抓握反射。A、C、D三项均属于本能反射。B项婴幼儿看见奶瓶流口水属于条件反射。故B项正确。

40. D 【解析】本题考查发展的含义。发展是指个体成长过程中生理和心理两方面有规律的量变和质变的过程。

41. C 【解析】本题考查维果斯基的教育思想。维果斯基认为,任何教学都存在最佳的时期。对这个时期的任何或早或晚的偏离,对儿童的智力发展将会产生不良影响。在最佳学习期内,实施相应的教学,才会对儿童的认知发展有更大的效果。

42. C 【解析】本题考查儿童手的运动技能的发展。从6~8个月开始,婴儿在同物体的反复接触中,兴趣中心逐渐从自身的动作转移到动作的对象。这时他会将各种东西乱敲、乱撕或扔在地上,想以此来了解自己的动作能带来什么影响。

43. D 【解析】本题考查学前儿童心理发展的基本特点。发展具有不均衡性包括:(1)不同阶段发展的不均衡;(2)不同方面发展的不均衡;(3)不同学前儿童心理发展的不均衡。题干中语言学习关键期的存在体现了儿童心理发展的不均衡性。

二、多项选择题

1. ABCD 【解析】本题考查新生儿的无条件反射。天生的本能表现为无条件反射,它们是不学而会的本能,主要包括吸吮反射、眨眼反射、怀抱反射、抓握反射、巴宾斯基反射、惊跳反射、击剑反射、迈步反射又称行走反射、游泳反射、巴布金反射、蜷缩反射。

2. ABC 【解析】本题考查小班幼儿的心理特点。幼儿初期(3~4岁)的心理特点包括:最初步的生活自理,生活目标扩大;行为具有强烈的情绪性;爱模仿;思维仍带有直觉行动性。

三、判断题

1. × 【解析】本题考查学前儿童心理发展的特点。题干的描述说明心理发展具有个别差异性。

2. √ 【解析】本题考查影响学前儿童心理发展的因素。微观的社会环境是影响儿童心理个别差异的最重要的条件。

3. √ 【解析】本题考查学前儿童心理发展的基本趋势。学前儿童的心理活动最初是非常具体的,以后越来越抽象和概括化。两三岁的儿童知道家里有爸爸、妈妈、自己三个人,但却不能说出总数。这体现了幼儿学习数学具有从具体到抽象的特点。

4. √ 【解析】本题考查影响学前儿童心理发展的因素。二因素论认为发展是由遗传和环境两个因素共同决定的,其中的代表人物美国心理学家吴伟士认为,儿童心理的发展等于遗传和环境的乘积。若设遗传为长,环境为宽,那么发展就等于二者所构成的长方形的面积。

5. × 【解析】本题考查影响学前儿童心理发展的因素。遗传为儿童的生长发育提供了最初的物质前提和可能性。

6. × 【解析】本题考查学前儿童心理发展的特点。学前儿童心理发展不是匀速上升,而是呈波浪形发展的,

具有不平衡性。不同的儿童其心理发展速度不同，有的发展快，有的发展慢；有的在这一方面发展得快，有的则在另一方面发展得快。

7. √　【解析】本题考查影响学前儿童心理发展的因素。遗传因素和生理成熟是影响儿童心理发展的生物因素，其中，对心理发展具有最重要意义的是神经系统的结构和机能的特征，这些遗传的生物特征也叫遗传素质。

8. √　【解析】本题考查爬行动作的发展。由于婴儿发展的个体差异性，在实际的爬行动作发展中，不同个体的爬行姿势及其发展过程都各不相同，比如有的婴儿只出现腹地爬，有的婴儿只表现出手膝爬的姿势，有的婴儿甚至在学会行走之前都不会表现出爬行动作。

四、填空题

1. 0～6　　　　2. 幼儿心理发展潜能

五、名词解释

最近发展区

最近发展区是指一种儿童无法依靠自己来完成，但可在成人和更有技能的儿童帮助下来完成的任务范围，也就是儿童能够独立表现出来的心理发展水平，和儿童在成人指导下能够表现出来的心理发展水平之间的差距。

六、简答题(参考答案)

1. 简述5～6岁儿童心理发展的特点。

(1)好学、好问；(2)抽象概括能力开始发展；(3)个性初具雏形；(4)开始掌握认知方法。

2. 简述学前儿童心理发展的特点。

(1)发展具有方向性和顺序性；(2)发展具有连续性和阶段性；(3)发展具有不均衡性；(4)发展具有个别差异性。

七、材料选择题

1. B　【解析】转折期是指在儿童心理发展的两个阶段之间，有时出现的心理发展在短时期内急剧变化的情况。危机期是指在发展的某些年龄时期，儿童心理常常发生紊乱，表现出各种否定和抗拒行为的现象，如经常与人发生冲突，违抗成人要求等。亮亮各种反抗行为或执拗行为表明他正处在转折期和危机期。

2. C　【解析】结合上述案例，亮亮的主要心理特点是容易产生强烈的情绪表现。

3. A　【解析】针对亮亮的情况，老师或家长应该对亮亮进行合理引导，不对亮亮进行预先限制或强行制止。

八、材料分析题(参考答案)

(1)案例中教师设计的教学活动不合适。因为教师教学未考虑到幼儿的原有发展水平，组织的教学内容是幼儿已经掌握的内容，并未促进幼儿向更高水平发展，不符合最近发展区理论。

(2)代表人物：维果斯基。

理论观点：最近发展区是指一种儿童无法依靠自己来完成，但可在成人和更有技能的儿童帮助下来完成的任务范围，也就是儿童能够独立表现出来的心理发展水平，和儿童在成人指导下能够表现出来的心理发展水平之间的差距。①在最近发展区中，儿童最容易掌握新的学习内容；②在这个区域内，一切新的智力技能都首先经历儿童与成人共同完成的阶段，再最终被儿童掌握和内化；③在这个区域内，儿童缺乏独立完成任务的能力，但是成年人可以通过适当的、逐步的要求来帮助儿童提高能力，使得儿童可以逐渐独立承担完成任务的责任。

(3)建议：①教师应该在幼儿已有的经验上提出更高的要求，例如，让幼儿知道橘子的营养价值。②教师可以利用橘子，让幼儿学会画橘子等。

依据：教育教学的作用就在于创造"最近发展区"，推动或加速儿童内部的发展过程，为儿童的心理发展创造条件。教育应该超前于发展，教育者不仅要了解儿童的现状，还要判断儿童发展的动态和趋势，让孩子"跳一跳，够得着"，帮助儿童勇敢地迎接挑战，激发思考力、创造力和意志力，体验成功的快乐。

实战演练

一、单项选择题

1. D 【解析】转折期是指在儿童心理发展的两个阶段之间,有时会出现心理发展在短期内急剧变化的情况。这一时期的儿童容易产生强烈的情绪表现,常常出现对成人的反抗行为和不符合社会行为准则的表现,也可能出现儿童和成人关系的恶化。题干中的童童正处于幼儿心理发展的转折期。

2. D 【解析】关键期是指由生物学因素决定的、个体做好最充分准备来获得新的行为模式的发展时期,换句话说,它是儿童在某个时期最容易学习某种知识技能或形成某种心理特征,但过了这个时期,发展的障碍就难以弥补。

3. A 【解析】行走的敏感期。这是在幼儿的发展中最容易观察到的一个敏感期。

4. B 【解析】一般来说,儿童心理发展的年龄特征具有相对的稳定性。题干描述的现象说明儿童心理年龄阶段特征具有稳定性。

5. D 【解析】斯腾在《早期儿童心理学》一书中提到:"心理的发展并非单纯由于受外界影响,而是内在本性和外在条件辐合的结果。""两种因素同为发展的不可缺少的成分,虽然其所占比重可因事而异。"即会合论。

6. A 【解析】最近发展区存在于儿童心理发展的每时每刻。

7. A 【解析】从简单到复杂是指学前儿童最初的心理活动,只是非常简单的反射活动,以后越来越复杂化。这种发展趋势又表现在两个方面:(1)从不齐全到齐全。学前儿童的各种心理过程在出生的时候并非已经齐全,而是在发展过程中先后形成的。(2)从笼统到分化。学前儿童的情绪种类的增加说明了其心理活动从简单到复杂的趋势。

8. C 【解析】学龄中期又称少年期,年龄范围在 11 至 15 岁。

9. B 【解析】关键期是指儿童在某个时期最容易学习某种知识技能或形成某种心理特征,但过了这个时期,发展障碍就难以弥补。难以弥补并不是无法弥补,选项 B 说法过于绝对。

10. B 【解析】重复连锁动作是儿童手的动作的发展表现之一。婴儿晚期,喜欢拿着物体做重复的动作。如果让他在小床上玩,他会把小玩具扔到地上,然后要成人来捡,你捡起来,交给他,他又扔下。他喜欢的是这种动作。

11. B 【解析】遗传素质是人的身心发展的前提,为个体的身心发展提供了可能性。

二、多项选择题

1. ABCD 【解析】幼儿中期(4 ~ 5 岁)的心理特点:(1)更加活泼好动、爱玩、会玩;(2)思维具体形象;(3)开始接受任务;(4)开始自己组织游戏。

2. ABCD 【解析】客观因素主要指儿童心理发展必不可少的外在条件,主要是生物因素和社会因素,遗传因素和生理成熟是影响儿童心理发展的生物因素,教育和家庭是影响儿童心理发展的社会因素。

3. ABCD 【解析】科学心理学创立以来,关于遗传和环境问题的争论大体经历了三个时期:(1)第一个时期——谁起决定作用(遗传决定论和环境决定论);(2)第二个时期——各起多少作用(二因素论);(3)第三个时期——如何起作用(相互作用论)。

4. ABCD 【解析】影响儿童心理发展的因素可概括为客观因素和主观因素两大方面。客观因素主要指儿童心理发展必不可少的外在条件,主要是生物因素和社会因素,遗传因素和生理成熟是影响儿童心理发展的生物因素,环境和教育是影响儿童心理发展的社会因素。其中家庭环境,一般指家庭的物质生活条件,家庭人口和社会关系、家长职业和文化水平以及家庭教育。主观因素则指儿童心理本身的特点。主客观因素又总是处于相互作用中。

三、判断题

1. √ 【解析】维果斯基认为,教育教学的作用就在于创造"最近发展区",推动或加速儿童内部的发展过程,为儿童的心理发展创造条件。教育应该超前于发展,教育者不仅要了解儿童的现状,还要判断儿童发展的

动态和趋势，让孩子"跳一跳，够得着"，帮助儿童勇敢地迎接挑战，激发思考力、创造力和意志力，体验成功的快乐。

2. × 【解析】儿童心理年龄特征是指儿童心理在一定年龄阶段中的那些一般的、典型的、本质的特征，是从许多个别儿童的心理特征中概括出来的。它只能代表这一年龄阶段儿童心理发展的一般趋势和典型的特点，而不能代表这一年龄阶段中每一个儿童所有的心理特点。

3. √ 【解析】无条件反射是建立条件反射的基础。儿童的各种心理活动，即用以应答外界环境刺激的条件反射，是在无条件反射的基础上建立的。

4. √ 【解析】独立性的出现是开始产生自我意识的明显表现，是儿童心理发展上非常重要的一步，也是人生头2~3年心理发展成就的集中表现。

四、填空题

1. 怀抱反射	2. 高尔顿	3. 环境
4. 客观现实	5. 实验室实验法　自然实验法	6. 5~5.5岁
7. 5~6岁	8. 巴布金反射	
9. 高尔顿	10. 吴伟士	

五、简答题(参考答案)

1. 简述儿童心理发展的年龄特征的含义。

(1)儿童心理发展的阶段，往往以年龄为标志；

(2)儿童心理年龄特征是在一定的社会和教育条件下形成起来的；

(3)儿童心理年龄特征是指儿童心理在一定年龄阶段中的那些一般的、典型的、本质的特征，是从许多个别儿童的心理特征中概括出来的。

2. 简述运用观察法时应注意的问题。

(1)观察前观察者要做好准备；(2)观察时尽量使幼儿保持自然状态；(3)观察记录要求详细、准确、客观，不仅要记录行为本身，还应记录行为的前因后果；(4)观察应排除偶然性，一般应在较长时间内系统地反复进行。

六、材料分析题(参考答案)

(1)4~5岁儿童的心理发展发生了较大的飞跃，而5~6岁则是新的特点继续巩固和发展的时期。这一时期儿童的心理活动概括性和有意性表现更为明显，都很好奇，但5岁以后儿童的好奇心有所不同。他们不再满足于了解表面现象，而要追根问底，其活跃性主要不是停留在身体的活动上，而是表现在智力活动的积极性上。同时，他们有强烈的求知欲和认识兴趣。

(2)该年龄阶段的儿童经常提出各种各样的问题，喜欢学习，愿意上课，学到一些新的知识或技巧以后就会感到满足，而且喜欢对别人讲。案例中的明明兴趣广泛，明明的妈妈对孩子的提问总是很认真地对待，很好地培养了明明好奇、好问的性格特点。

(3)正确的教育措施如下：针对该阶段儿童好问好学的特点，家长和教师要为幼儿多提供能产生问题的情境和条件，并对幼儿的问题高度关注，尽可能做出科学的解答，以满足他们的好奇心，为今后发展打下良好基础。讨厌孩子提问或对孩子提问加以指责，则会对孩子的心理发展特别是智力发展产生极为不利的影响。

第二章　学前儿童动作和语言的发展

真题必刷

第3练　学前儿童动作的发展

单项选择题

1. B 【解析】本题考查儿童动作发展的规律。儿童动作的发展先从头部和躯干的动作开始，然后发展双臂和

腿部的动作，再后是手的精细动作。也就是靠近中央部分（头和躯干，即脊椎）动作先发展，然后才发展边缘部分（臂、手、腿）的动作。这种从身躯的中央部位再到远离身躯中央的边缘部位的发展规律，即"近远规律"。

2.C 【解析】本题考查学前儿童动作发展的规律。动作可以分为粗大动作和精细动作。儿童动作的发展，先从粗大动作开始，而后才学会比较精细的动作。粗大的动作是指活动幅度较大的动作，也是大肌肉群的动作，包括抬头、翻身、坐、爬、走、跑、跳、踢、走平衡等。大肌肉动作常常伴随强有力的大肌肉的伸缩和全身运动神经的活动，以及肌肉活动的能量消耗。精细动作是指小肌肉动作，如吃、穿、画画、剪纸、玩积木、翻书、穿珠子等。

3.C 【解析】本题考查儿童动作发展的规律。学前儿童动作发展的规律：从整体到局部规律（由整体到分化）；首尾规律（从上至下）；近远规律（由近及远）；大小规律（由粗到细，或者说由大到小）；无有规律（从无意到有意）。

4.A 【解析】本题考查儿童动作发展的顺序。儿童动作发展阶段依次是反射动作阶段—最初动作阶段—基础动作阶段—专门化动作阶段。

5.D 【解析】本题考查儿童基础移位动作。儿童基础移位动作有走、跑、跳等。

6.B 【解析】本题考查学前儿童动作发展的规律。学前儿童动作发展的规律包括从整体到局部规律（由整体到分化）、首尾规律（从上至下）、近远规律（由近及远）、无有规律（从无意到有意）、大小规律（由粗到细，或者说由大到小）。

第4练　学前儿童语言的发展

一、单项选择题

1.A 【解析】本题考查幼儿自言自语的功能。幼儿的自言自语在功能上带有过渡性。它既带有外部言语所具有的交往的功能，同时又具有自我调节的功能。题干中幼儿通过自言自语来指导自己当前的行动，使行动与言语相配合，体现的是幼儿言语的自我调节功能。

2.D 【解析】本题考查幼儿言语的发展。1.5 岁 ~2 岁幼儿的言语发展处于双词句（电报句）阶段。1 岁半以后，孩子说话的积极性高涨起来，在很短的时间内，会从不大说话变得很爱说话。说出的词大量增加，2 岁时可达 200 多个。这一阶段幼儿言语的发展主要表现在开始说由双词或三词组合在一起的句子。这种句子的表意功能虽较单词句明确，但其表现形式是断续的、简略的、结构不完整的，好像成人的电报式文件，故也称为"电报句"或"电报式语音"。

3.A 【解析】本题考查幼儿语音的发展。3 ~4 岁的儿童由于生理上不够成熟，不能恰当地支配发音器官。他们发出的元音错误少，错误往往在发辅音上。

4.D 【解析】本题考查幼儿语言发展的类型。瑞瑞跟妈妈的对话属于社会性语言，玩游戏时的自言自语属于自我中心语言。

5.B 【解析】本题考查儿童口语发展的阶段。在单词句阶段（1 ~1.5 岁），儿童言语的发展主要反映在言语理解方面。同时，他们开始主动说出有一定意义的词。

6.D 【解析】本题考查学前儿童言语的特点。儿童心理学家皮亚杰将 2 ~7 岁儿童的言语归为两大类：自我中心言语和社会化言语。自我中心言语是指儿童把注意力集中在自己的动作和观点上的现象。在言语方面表现为讲话时不考虑自己在同谁讲话，也不在乎对方是否在听自己讲话，他或是自言自语，或是由于和一个偶然在身边的人共同活动感到愉快而说话。自我中心言语的三个范畴为：(1)重复（无意义字词的重复）；(2)独白；(3)双人或集体的独白。

7.D 【解析】本题考查儿童口语的发展。幼儿时期的内部言语在发展过程中，常出现一种介乎外部言语和内部言语的过渡形式，即出声的自言自语。

8.A 【解析】本题考查情境性言语的概念。情境性言语是指幼儿在独自叙述时不连贯、不完整并伴有各种手势、表情，听者需结合当时的情境，审察手势表情，边听边猜才能懂得意义的言语。题干中的这种语言被称

为情境性言语，故答案选A项。

9. B 【解析】本题考查幼儿语音的发展。随着幼儿生理上的成熟和言语知觉的发展，幼儿的发音能力也迅速发展，特别是3～4岁期间发展尤为迅速，是幼儿最容易学习语言发音的年龄阶段。

10. B 【解析】本题考查完整句阶段儿童语言的发展。儿童最初掌握的是陈述句。在整个学前期，简单的陈述句仍然是基本的句型。幼儿使用句型除陈述句外，还有疑问句、祈使句、感叹句等。

11. B 【解析】本题考查幼儿言语发展的主要特征。小班幼儿由于认知水平有限，对语言的理解能力也弱，还不能理解否定句、反问句等复杂语法结构的句子，因此教师在与幼儿交谈或者讲课中应避免使用这些语句。

12. C 【解析】本题考查前语言发音阶段。前语言发音是指婴儿正式说话前的各种语音发声，类似于说话之前的语音操练。这个过程大致分为四个阶段：(1)单音发声阶段(0～4个月)；(2)音节发声阶段(4～10个月)；(3)前词语发声阶段(10～18个月)；(4)特殊的"小儿语"发音阶段(1～1.5岁)。

13. B 【解析】本题考查儿童的语言形式。语言形式是指儿童语言中的约定俗成的符号系统和系列规则。儿童语言形式的发展主要包括语音和语法的发展。

14. C 【解析】本题考查儿童词汇的发展。积极词汇是指儿童自己能说能用的词汇。

15. A 【解析】本题考查社会化言语的内容。儿童心理学家皮亚杰早在20世纪20年代，就对儿童的言语做了详尽研究。着重研究了2～7岁儿童的言语，并将其归为两大类：自我中心言语和社会化言语。社会化言语涵盖了以下四个方面的内容：(1)适应性告知；(2)批评和嘲笑；(3)命令、请求(祈使)和威胁；(4)问题与回答。

16. C 【解析】本题考查幼儿口语的发展。独白言语是一个人独自向听者讲述。菁菁在全班小朋友面前完整讲述去迪士尼乐园的趣事属于独白言语。

17. D 【解析】本题考查儿童词汇的发展。儿童先掌握的是实词，然后是虚词。在实词中，儿童掌握的顺序是名词—动词—形容词。

18. C 【解析】本题考查幼儿语音的发展。我国心理学工作者对3～6岁幼儿语音的发展进行研究，总结出我国幼儿语音发展的特点如下：(1)幼儿发音的正确率随年龄的增长而提高，错误率随年龄的增长而不断下降；(2)3～4岁为语音发展的飞跃期；(3)对韵母发音的正确率高于声母；(4)大多数3岁以上幼儿对声母发音没有困难，部分3岁幼儿不容易发清辅音；(5)幼儿语音的正确率受教育条件、家庭环境和社会环境的影响；(6)语音意识逐渐发展起来，出现对语音的意识，开始能够自觉地、有意识地对待语音。

19. B 【解析】本题考查儿童语言内容的相关知识。A项，学前儿童期是语言可塑性最大的时期。心理学研究发现，4岁以上的儿童一般能掌握本民族的全部语音。B项，儿童言语发展的基本规律是：先听懂，后会说。C项，儿童心理学家皮亚杰早在20世纪20年代，就对儿童的言语做了详尽研究。他着重研究了2～7岁儿童的言语，并将其归为两大类：自我中心言语和社会化言语。D项，外部语言包括口头语言和书面语言。

20. C 【解析】本题考查幼儿语言发展。句子的平均长度(以词为单位计算)是幼儿语言发展的一项指标，2～6岁幼儿使用句子的长度随儿童年龄的增长而增长。2岁幼儿主要使用单词句，其次是双词句；2.5岁仍以单词句为主，但三词句已上升到第二位；3岁幼儿主要使用三词句；3.5岁幼儿的句子长度发展到6～10个词；到了4岁，幼儿使用句子的长度有较大的发展，出现了11个词以上的句子。

21. A 【解析】本题考查幼儿言语发展的主要特征。幼儿时期的内部言语在发展过程中，常出现一种介乎外部言语和内部言语的过渡形式，即出声的自言自语。这种自言自语有两种形式，一种是"游戏言语"；另一种是问题言语。

22. D 【解析】本题考查"造词现象"。"造词现象"就是自己制造新词，如把"灰色"说成"小黑"，这个"小黑"就是儿童自己制造出来的。题干表述的语言现象称为造词现象。

23. A 【解析】本题考查内部言语的含义。内部言语是在外部言语的基础上形成的。人们在说话过程中，内部言语向外部言语转化——外化。外部言语也向内部言语转化——内化。言语对儿童心理活动和行为的调节功能,使儿童有了心理的自我调节功能。

24. C 【解析】本题考查儿童语音的发展。3~4岁的儿童已初步掌握本民族、本地区的全部语音,但在实际使用语音时,对有些音往往发不正确。

25. A 【解析】本题考查学前儿童言语的发展趋势。语音知觉发展在先,正确语音发展在后,理解语言发生发展在先,语言表达发生发展在后。

26. B 【解析】本题考查儿童实词的掌握顺序。儿童先掌握的是实词,然后是虚词。在实词中,儿童掌握的顺序是名词—动词—形容词。

27. B 【解析】本题考查内部言语的出现。4岁以后,幼儿开始出现内部言语。

28. A 【解析】本题考查儿童口语发展的阶段。双词句(电报句)阶段(1.5~2岁)。这一阶段幼儿言语的发展主要表现在开始说由双词或三词组合在一起的句子。这种句子的表意功能虽较单词句明确,但其表现形式是断续的、简略的,结构是不完整的,好像成人的电报式文件,故也称为“电报句”或“电报式语音”。

29. C 【解析】本题考查儿童口语发展的阶段。双词句(电报句)阶段(1.5~2岁)。1岁半以后,孩子说话的积极性高涨起来,在很短的时间内,会从不大说话变得很爱说话。说出的词大量增加,2岁时可达200多个。这一阶段幼儿言语的发展主要表现在开始说由双词或三词组合在一起的句子。这种句子的表意功能虽较单词句明确,但其表现形式是断续的、简略的,结构是不完整的,好像成人的电报式文件,故也称为“电报句”或“电报式语音”。

30. B 【解析】本题考查学前儿童言语发生阶段。学前儿童言语发生阶段的两个小阶段包括:(1)理解语言迅速发展阶段(1~1岁半)。在这个阶段,儿童理解的语言大量增加,但是说出的语词很少,甚至出现一个短暂的相对停顿或沉默期。这时,儿童只用点头、摇头或手势和行动示意,不开口说话,甚至停止了独处时的自发发音活动。(2)积极说话发展阶段(1岁半~2岁或3岁)。这一阶段,儿童似乎突然开口,说话的积极性很高,语词大量增加,语句的掌握也迅速发展。

31. A 【解析】本题考查幼儿句型的发展趋势。语序策略指儿童完全根据句子中词的顺序来理解句子。国内外的研究发现,5~6岁儿童在经常使用主动语态句的过程中,已形成一种把句子中出现的名词—动词—名词的词序当作施事—动作—受事来进行句子加工的策略。

32. C 【解析】本题考查学前儿童语言的培养。学前儿童语言的培养包括:(1)创造条件,让儿童有充分交往与活动的机会;(2)帮助儿童扩大眼界,丰富生活,增加词汇;(3)加强对学前儿童语言的训练;(4)成人语言规范。故答案选C项。

二、多项选择题

1. ABD 【解析】本题考查外部言语的分类。外部言语主要包括口头言语和书面言语。口头言语又分为对话言语和独白言语。

2. BCD 【解析】本题考查婴幼儿语言发展的有效促进策略。在促进婴幼儿学习语言时,最重要的是要调动婴幼儿的多种感官来学习语言。主要包括:(1)积极回应;(2)运用非言语交流;(3)使用儿化语——指向婴幼儿的语言;(4)帮助婴幼儿拓展语言;(5)适应每个婴幼儿的发展与需要;(6)运用图画书和讲故事;(7)使用语言游戏;(8)创设良好环境。指导幼儿掌握正确的语音属于3~6岁幼儿语言发展的有效促进策略。

3. AB 【解析】本题考查言语在儿童心理发展中的意义。言语在儿童心理的发展中有极为重要的意义。掌握言语之后,儿童的心理机能发生了重大变化,形成了新的意识系统,具体体现为:高级心理机能开始形成,低级心理机能得到改造。意识和自我意识产生,个性开始萌芽。故答案选AB项。

三、判断题

1. × 【解析】本题考查自言自语的表现形式。游戏言语的特点是比较完整、详细,有丰富的情感和表现力。儿童一边做各种游戏,一边说话,用言语补充和丰富自己的行动。题干描述的是游戏言语。

2. × 【解析】本题考查幼儿复合句结构。大班幼儿已经能够使用复合句进行表达,复合句是指由两个或两个以上的意思关联比较密切的单句合起来而构成的句子。

3. × 【解析】本题考查儿童言语发音的特点。儿童发声母比发韵母更困难。

4. × 【解析】本题考查儿童语言的形成。1～3 岁是儿童语言真正形成的时期，也是儿童语言发展最迅速的阶段。

5. √ 【解析】本题考查不完整句阶段儿童言语的发展。儿童最初的句子结构是不完整的。儿童的不完整句大多发生在 2 岁以前，主要是单词句和双词句。大约在 2 岁以后，儿童逐渐出现比较完整的句子。

6. × 【解析】本题考查儿童语言的发展。3 岁前儿童的言语主要是情境言语，3～4 岁儿童的言语仍带有情境性，4～5 岁儿童说话是断断续续的，6～7 岁儿童已能完整地、连贯地说话，开始从叙述外部联系发展到叙述内部联系。随着年龄的增长，儿童情境言语比重逐渐下降，连贯性言语的比重逐渐上升。

7. × 【解析】本题考查幼儿词汇量的发展。儿童的词汇量随着年龄的增长不断增加。3～4 岁幼儿的词汇量为 1730 个，4～5 岁为 2853 个，5～6 岁为 3562 个。由此结果可看出，4～5 岁是幼儿词汇量增长的活跃期。

四、简答题(参考答案)

简述如何在实践中提高幼儿的言语能力。

(1)有目的、有计划的幼儿园语言教育活动是发展学前儿童言语能力的重要途径；(2)创设良好的语言环境，提供学前儿童交往的机会；(3)把言语活动贯穿于学前儿童的一日活动之中；(4)教师良好的言语榜样；(5)注重个别教育。

实战演练

一、单项选择题

1. A 【解析】幼儿前期的孩子，大多是在成人的陪伴下进行活动的，他们的交际多采用对话形式。

2. C 【解析】3～4 岁的儿童由于生理上不够成熟，不能恰当地支配发音器官。他们发出的元音错误少，错误往往在发辅音上。这是因为辅音要依靠唇、齿、舌等运动的细微变化。由于小班幼儿唇和舌的运动不够有力，下颚不灵活，因而发出辅音时往往分化不明显，他们的发音往往不够清楚，说出来的常常是两个语音之间的音，而不是用一个语音代替另一个语音。吐字不够有力，也造成发音不准确。

3. C 【解析】游戏言语是一种在游戏、绘画活动中出现的言语。其特点是一边做动作，一边说话，用言语补充和丰富自己的行动。这种言语通常比较完整、详细，有丰富的情感和表现力。

4. A 【解析】皮亚杰认为，7 岁以下的儿童，其思想是自我中心的，他们缺少持久的社会化交谈，他们不能隐秘任何简单的思维，因此，他们没有个人化。又由于缺少真正的思想交流，因此，他们也没有达到真正的社会化。直到 7、8 岁，儿童的自我中心语言才逐渐失去了它的重要性。

5. B 【解析】幼儿时期的内部言语在发展过程中，常出现一种介乎外部言语和内部言语的过渡形式，即出声的自言自语。

6. B 【解析】题干描述的是从身躯的中央部位再到远离身躯中央的边缘部位的发展规律，即“近远规律”。

7. B 【解析】儿童言语发展的基本规律是：先听懂，后会说。

8. C 【解析】幼儿期主要是学习口头言语的时期，在书面言语方面，只是处于准备时期。此时期在为读写做准备中，最重要的是培养读写兴趣，而不要在入学前已使孩子对学习读写产生厌烦心理。

9. A 【解析】从整体到局部规律(由整体到分化)是指儿童最初的动作是全身性的、笼统的、弥漫性的，以后动作逐渐分化、局部化、准确化和专门化。

10. D 【解析】“电报句”的表意功能虽较单词句明确，但其表现形式是断续的、简略的，结构不完整，好像成人的电报式文件。

11. A 【解析】随着年龄的增长，幼儿情境言语的比重不断下降，连贯言语的比重不断上升，逻辑言语与对话言语的比重也随着年龄的增长而上升。

二、多项选择题

1. ACD 【解析】儿童动作发展分四个阶段，前三个阶段处于学前期。(1)反射动作阶段(0～4 个月)；(2)最

初动作阶段(4 个月 ~2 岁);(3)基础动作阶段(2~7 岁);(4)专门化动作阶段(7~14 岁)。

2. ACD 【解析】由于言语活动的表现形式各有不同,可分为三类:(1)口头言语;(2)书面言语;(3)内部言语。

3. ABCD 【解析】除了五指分工动作以外,半岁以后,手的动作的发展还表现在以下几个方面:双手配合;摆弄物体;重复连锁动作。

三、填空题

1. 首尾规律 近远规律　　2. 社会 心理　　3. 言语理解　　4. 内部言语
5. 符号固着功能　　6. 代词

四、名词解释

1. 口头言语

口头言语是通过人的发音器官所发出的语言声音来表达思想和感情的言语。

2. 自我中心言语

自我中心言语是指儿童在讲话时不考虑自己在同谁讲话,也不在乎对方是否在听自己讲话,他或是自言自语,或是由于和一个偶然在身边的人共同活动感到愉快而说话。

3. 连贯性言语

连贯性言语指句子完整、前后连贯,能反映完整而详细的思想内容,使听者从语言本身就能理解所讲述的意思的言语。

五、材料分析题(参考答案)

1. (1)案例中的现象涉及在学前儿童言语发展中易出现的问题——方言的影响。学前儿童在言语发展中发音除受生理成熟的影响以外,更受环境和教育影响。方言,是学前儿童发音不准的又一影响因素。环境中的方言,对学前儿童发音影响极大。

(2)针对丽丽出现的问题,应对的矫治方法是在日常教育活动中,要坚持普通话教学。在幼儿园平时的教育活动中,教师要坚持说普通话,尽量做到吐字清晰、正确,潜移默化地去影响学前儿童的语言发展。鼓励丽丽多用普通话与小朋友和老师交流。在日常生活中,家庭也应配合教育,为学前儿童创设良好的语音环境,以促进其语音的良好发展,因此丽丽的爸爸需要注意多用普通话与人交流,减少方言对丽丽的影响。

2. (1)从交际的方式而言,口语可分为对话式和独白式两种。对话是在两个人之间互相交谈;独白则是一个人独自向听者讲述。幼儿 2 岁以后,开始逐步用语言来表达自己的需要和情感,用语言来调节自己的动作和行为,基本上能用语言与人交往,语言成了这一阶段幼儿社会交往和思维的工具。

(2)幼儿前期的孩子,大多是在成人的陪伴下进行活动的,他们的交际多采用对话形式。进入幼儿期,对话言语进一步发展。他们不但能回答问题,或提出问题和要求,还会在协调行动中进行商议性对话。

(3)3 岁以后,幼儿总喜欢问"这是什么"或"为什么"之类的问题,他们从成人的答案中学到许多新词。在幼儿初期,幼儿只能主动讲述自己生活中的事情,且表达时常显得不流畅,叙述时有较多的无用词,如"这个……这个……""后来……后来……"等来帮助缓解表达的困难。到幼儿末期,幼儿不但能系统叙述,而且能大胆自然地、生动有感情地描述事情。

第三章　学前儿童认知的发展

真题必刷

第 5 练　学前儿童注意和感知觉的发展

一、单项选择题

1. D 【解析】本题考查注意的分配。在同一时间内,把注意分配到两种或几种不同的对象与活动上,这就是注意的分配。幼儿注意的稳定性受外界因素的影响较大,其注意的分配能力比较差。题干的描述体现了幼儿的注意分配能力差。

2. C 【解析】本题考查幼儿形状知觉的发展。通常 3 岁(小班)的幼儿能区别一些几何图形。如圆形、正方形、三角形等。

3. D 【解析】本题考查注意的分配。注意的分配是指人在进行两种或多种活动时能把注意指向不同对象的现象。事实证明,注意的分配是可行的,人们在生活中可以做到“一心二用”,甚至“一心多用”。题干描述的现象属于注意的分配。

4. A 【解析】本题考查感觉对比的含义。同一分析器的各种感觉会因彼此相互作用而使感受性发生变化,这种现象叫作感觉的对比。感觉的对比分为先后对比(继时对比)和同时对比两种。先后对比是同一分析器所产生的前一感觉和后一感觉之间的相互作用。

5. B 【解析】本题考查学前儿童时间知觉的发展。时间知觉是一个比较复杂的认识过程,只有抽象逻辑思维有了一定的发展才能逐步掌握。由于时间关系比较抽象,不如空间知觉那样有具体形象作为支柱,所以学前儿童时间知觉发展水平还比较低,时间理解概念上既不准确也不稳定,7 岁前不会使用时间标尺。

6. C 【解析】本题考查注意的分散。注意的分散是与注意的稳定相反的一种状态,它是指幼儿的注意离开了当前应该指向的对象,而被一些与活动无关的刺激物所吸引的现象,俗语叫作分心。

7. C 【解析】本题考查幼儿时间知觉的特点和发展趋势。生活制度和作息制度在儿童的时间知觉中起着极为重要的作用,幼儿常以作息制度作为时间定向的依据。

8. A 【解析】本题考查感觉的概念。感觉是人脑对直接作用于感觉器官的客观事物的个别属性的反映。如题干中的苹果,它是红色的、摸起来滑滑的、闻起来香香的、吃起来甜甜的等属性,这些个别属性在我们头脑中的反映,就是感觉。

9. D 【解析】本题考查注意的分配。在同一时间内,把注意分配到两种或几种不同的对象与活动上,这就是注意的分配。幼儿注意的稳定性受外界因素的影响较大,其注意的分配能力比较差。

10. D 【解析】本题考查幼儿方位知觉的发展。幼儿方位知觉发展早于方位词的掌握。当幼儿还不能很好地掌握左右方位的相对性和方位词的时候,幼儿园教师往往把左右方位词与实物结合起来。题干描述的现象就是教师将左右方位词与实物结合起来。

11. B 【解析】本题考查注意的分散。注意的分散是与注意的稳定相反的一种状态,是指幼儿的注意离开了当前应该指向的对象,而被一些与活动无关的刺激物所吸引的现象,俗语叫作分心。

12. D 【解析】本题考查幼儿的时间知觉。幼儿初期,儿童不仅有生物性的时间知觉,还有了与具体事物和事件相联系的时间知觉。幼儿的时间知觉,主要是依靠生活中接触到的周围现象的变化,他们逐渐学习了借助于某种生活经验(生活作息制度、有规律的生活事件等)和环境信息反映时间。如他们有时也会用一些带有相对性的时间概念,如“昨天”“明天”,但往往用错。

13. A 【解析】本题考查幼儿对时间的感知。心理学的研究发现,幼儿估计时间长短的能力很差。对他们来说,在进行有趣的活动时,感觉时间很短,相反,若要他们等待,就觉得时间很长,说明幼儿对时间的感知带有很大的主观性和情绪性。

14. B 【解析】考查幼儿注意发展的规律。定向性注意是人与动物共有的无条件反射,它是一种不学而会的生理反应。定向性注意是儿童最早出现的最初级的注意,这种定向性注意随着年龄的增长占据的地位日益缩小。

15. B 【解析】本题考查幼儿观察力发展的表现。随着年龄的增长,幼儿观察的目的性逐渐增强。任务越具体,幼儿观察的目的就越明确,观察的效果就越好。教师让幼儿重复自己的任务,这有助于增强幼儿观察的目的性。

16. A 【解析】本题考查幼儿方位知觉的发展趋势。3 岁辨别上下方位,4 岁开始辨别前后方位,5 岁开始能以自身为中心辨别左右方位,6 岁幼儿虽然能完全正确地辨别上下前后四个方位,但以左右方位的相对性来辨别左右仍然感到困难。7 岁才开始能够辨别以别人为基准的左右方位,以及两个物体之间的左右方位。

17. B 【解析】本题考查幼儿注意的稳定性。注意的稳定性是指注意力在同一活动范围内所维持的时间长

短。题干中,“教育教学方式的多样性和新颖性”可以有效地提高幼儿注意的稳定性。

18. B 【解析】本题考查幼儿注意的稳定性。实验证明:在良好的教育环境下,3 岁幼儿能够集中注意 3 ~ 5 分钟,4 岁幼儿注意可持续 10 分钟左右,5 ~ 6 岁的幼儿注意能保持 20 分钟左右。幼儿的注意稳定性比较差,与幼儿的自制能力差有密切关系。

19. C 【解析】本题考查幼儿的知觉活动。知觉是人脑对直接作用于感受器官的客观事物的整体反映。“这有个苹果”直接体现了幼儿的知觉活动。

20. B 【解析】本题考查注意的选择性。婴儿注意的选择性带有规律性的倾向。这些倾向主要表现在视觉方面,也称为视觉偏好。婴儿注意的选择性有如下主要规律或特点:(1)偏好复杂的刺激物。(2)偏好曲线多于直线。(3)偏好不规则的模式多于规则的模式。(4)偏好密度大的轮廓多于密度小的轮廓。(5)偏好集中的刺激物多于分散的刺激物。(6)偏好对称的刺激物多于不对称的刺激物。

21. C 【解析】本题考查幼儿观察力的培养。观察力培养的方法主要包括:(1)明确观察目的。(2)学习观察方法。其中,观察方法主要包括顺序观察法、比较观察法、追踪观察法。其中,比较观察法指对两个或两个以上的事物或现象进行比较,让幼儿找出不同之处,进行分析、判断、思考,从而正确、细致、完整地认识事物。题干的表述属于比较观察法,这一行为能够发展儿童的观察力和洞察力。

22. A 【解析】本题考查幼儿形状知觉的发展。5 岁幼儿能正确辨别各种基本的几何图形,儿童最容易辨别的图形是圆形,幼儿叫出图形名称比辨认图形要晚。

23. A 【解析】本题考查注意的分散。题干描述的现象属于无关的刺激。幼儿很容易被新异、多变、强烈的刺激物所吸引,这些都容易使幼儿的注意分散。

24. C 【解析】本题考查培养幼儿注意稳定性的方法。活动中影响幼儿注意稳定性的因素包括:(1)注意的对象新颖、生动,形象鲜明;(2)活动的游戏化;(3)注意与幼儿操作活动的结合;(4)幼儿的身体状况。

25. C 【解析】本题考查幼儿听觉的发展。新生儿出生后就能听到声音,但听觉阈限在最好的情况下也比成人高 10 ~ 20 分贝,最差时要比成人高 40 ~ 50 分贝。随着年龄的增长,婴儿的听觉阈限逐步下降。

26. C 【解析】本题考查幼儿大小知觉的发展。4 ~ 5 岁的幼儿在判别积木大小时,要用手逐块地摸积木的边缘,或把积木叠在一起去比较。而 6 ~ 7 岁的幼儿,由于经验的作用,已经可以单凭视觉辨别出积木的大小。

27. B 【解析】本题考查感觉的适应。适应是在刺激物持续作用下引起感受性的变化。这种变化可以是感受性的提高,也可以是感受性的降低。通常强刺激可以引起感受性降低,弱刺激可以引起感受性提高。此外,一个持续的刺激可引起感受性的下降。题干的描述体现了感觉的适应。

28. B 【解析】本题考查幼儿有意注意的发展。由于幼儿的有意注意发展水平不足,需要依靠活动来维持。把智力活动与实际操作结合起来,让注意对象成为幼儿的直接行动对象,使幼儿处于积极的活动状态,有利于有意注意的形成和发展。

29. C 【解析】本题考查感觉对比的类型。刺激物先后作用于同一感受器会产生继时对比。继时对比又叫先后对比,是同一分析器所产生的前一感觉和后一感觉之间的相互作用。例如:吃过糖之后吃橘子,会觉得橘子特别酸;手放进热水之后,再放到温水中,会觉得温水很凉。

30. C 【解析】本题考查注意的分散。注意的分散是指幼儿的注意离开了当前应该指向的对象,而被一些与活动无关的刺激物所吸引的现象,俗语叫作分心。

31. C 【解析】本题考查注意的类型。有意注意是指有预定目的,需要一定意志努力的注意。有意注意是我们自觉控制的注意,它服从于我们生活、学习的需要与任务。题干体现了小明的有意注意。

32. D 【解析】本题考查注意的品质。在同一时间内,把注意分配到两种或几种不同的对象与活动上,这就是注意的分配。幼儿注意的分配能力比较差,例如,幼儿吃饭时,如果注意听别人说话,就会停止吃饭;如果幼儿自己说话,他就会把碗筷都放下,甚至还站起来,手脚一起比划。因此,幼儿园要求幼儿专心吃饭,不许随便说话,以保证幼儿吃好、消化吸收好。

33. C 【解析】本题考查有意注意的内涵。有意注意是指有预定目的,需要一定意志努力的注意。有意注意是我们自觉控制的注意,它服从于我们生活、学习的需要与任务。C 项为幼儿有意注意的表现。

34. A 【解析】本题考查注意的稳定性。在良好的教育环境下,3 岁幼儿能够集中注意 3～5 分钟,4 岁幼儿注意可持续 10 分钟左右,5～6 岁的幼儿注意能保持 20 分钟左右。幼儿的注意稳定性比较差,与幼儿的自制能力差有密切关系。

35. D 【解析】本题考查幼儿形状知觉的发展。幼儿的形状知觉发展得很快。有实验证明,5 岁幼儿能正确辨别各种基本的几何图形,儿童最容易辨别的图形是圆形,幼儿叫出图形名称比辨认图形要晚。

36. D 【解析】本题考查幼儿视觉的发展。视敏度是指精确地辨别物体在形体上最小差异的能力,俗称"视力"。幼儿视敏度发展最快的时期是在 7 岁左右,学龄中期增长速度又有些加快。

37. C 【解析】本题考查注意的品质。注意的广度也叫注意的范围,它是指一个人在同一时间内能够清楚地察觉和把握对象的数量。

38. A 【解析】本题考查儿童颜色知觉的发展。幼儿期对颜色的辨别往往和掌握颜色名称结合起来。

39. D 【解析】本题考查幼儿注意力的发展。在良好的教育环境下,3 岁的幼儿能够集中注意 3～5 分钟,4 岁的幼儿注意可持续 10 分钟左右,5～6 岁的幼儿注意能保持 20 分钟左右。

40. D 【解析】本题考查注意分配的含义。在同一时间内,把注意分配到两种或几种不同的对象与活动上,这就是注意的分配。

41. D 【解析】本题考查注意的分配。在同一时间内,把注意分配到两种或几种不同的对象与活动上,这就是注意的分配。题干描述的现象表明幼儿注意的分配能力较差。

42. A 【解析】本题考查感觉的含义。感觉是人脑对直接作用于感觉器官的客观事物的个别属性的反映。

43. C 【解析】本题考查注意的广度。注意的广度也叫注意的范围,它是指一个人在同一时间内能够清楚地察觉和把握对象的数量。"一目十行""眼观六路""耳听八方",指的都是注意的范围(广度)。

44. B 【解析】本题考查注意的稳定性。幼儿注意的稳定性比较差,但随着幼儿年龄的增长,其注意的稳定性逐渐提高。幼儿在不同的年龄阶段,其注意的稳定性是有明显差异的。

45. C 【解析】本题考查研究深度知觉的实验。为了了解婴幼儿深度知觉的发展状况,吉布森和沃克设计了"视崖"实验。"视觉悬崖"是一种测查婴儿深度知觉的有效装置,这种装置把婴儿放在厚玻璃板的平台中央,平台一侧下面紧贴着方格图案。

46. A 【解析】本题考查幼儿时间知觉的发展。幼儿初期,儿童不仅有生物性的时间知觉,还有了与具体事物和事件相联系的时间知觉。

47. D 【解析】本题考查幼儿注意发展的特征。3～6 岁幼儿注意发展的特征是无意注意占优势地位,有意注意逐渐发展。

48. D 【解析】本题考查幼儿颜色视觉的发展。幼儿晚期(5～6 岁)能正确地说出黑、白、红、蓝、绿、黄、棕、灰、粉红、紫等颜色的名称,6 岁儿童在按照明度和饱和度选取相同的图片中,正确率已达 80%。

49. B 【解析】本题考查幼儿时间知觉的发展。幼儿的时间知觉,主要是依靠生活中接触到的周围现象的变化,他们逐渐学习了借助于某种生活经验(生活作息制度、有规律的生活事件等)和环境信息反映时间。题干中小米是以自身的生活经验认识时间的。

方法技巧:幼儿时间知觉的发展是常考点,考生要牢牢识记 3～4 岁幼儿是根据生活经验和环境信息反映时间的。

50. D 【解析】本题考查幼儿形状知觉的发展。通常 3 岁的幼儿能区别一些几何图形,如圆形、正方形、三角形等。有的研究发现,4 岁至 4 岁半是辨认几何图形正确率增长最快的时期。又有实验证明,5 岁幼儿能正确辨别各种基本的几何图形,儿童最容易辨别的图形是圆形,幼儿叫出图形名称比辨认图形要晚。曹成刚等人认为,幼儿认识形状由易到难的顺序是:圆形→正方形→三角形→长方形→半圆形→梯形→菱形→平行四边形→椭圆形。

51. C 【解析】本题考查幼儿观察力的发展。幼儿观察的目的性随年龄的增长有所增强。小班幼儿还不善于有目的、有计划地观察，特别是在不相干因素的影响下，会离开成人提出的目的；中大班幼儿能按成人提出的目的和任务进行观察。一般，幼儿的活动任务越具体，观察的目的越明确，其观察效果越好。故开始能按成人的要求进行观察的孩子处于中班阶段。

52. B 【解析】本题考查感觉对比的含义。感觉的对比是同一感受器接受不同的刺激而使得感受性发生变化，分为同时对比和相继对比。题干中刘老师的教育行为符合感知规律中的感觉对比。

53. B 【解析】本题考查有意注意的含义。有意注意是指有预定目的，需要一定意志努力的注意，是注意的一种积极、主动的形式。有意注意是我们自觉控制的注意，它服从于我们生活、学习的需要与任务。题干中张老师的提问引起了幼儿的有意注意。

54. C 【解析】本题考查幼儿时间知觉的发展。幼儿的时间知觉，主要是依靠生活中接触到的周围现象的变化，他们逐渐学习了借助于某种生活经验（生活作息制度、有规律的生活事件等）和环境信息反映时间。故答案选 C 项。

55. D 【解析】本题考查感知觉规律在幼儿教育中的运用。同一分析器的各种感觉会因彼此相互作用而使感受性发生变化，这种现象叫作感觉的对比。教师在制作和使用直观教具时，掌握对比现象的规律，对提高幼儿感受性具有重要的意义。题干中教师的做法忽视了感觉对比的规律，白色与浅黄色对比不强烈。

56. A 【解析】本题考查幼儿方位知觉的发展。幼儿方位知觉的发展趋势是：3 岁辨别上下方位，4 岁开始辨别前后方位，5 岁开始能以自身为中心辨别左右方位，6 岁幼儿虽然能完全正确地辨别上下前后四个方位，但以左右方位的相对性来辨别左右仍然感到困难。因此，教师在音乐、体育等教学活动中要用“镜面示范”，即从幼儿的角度来做示范动作。

二、多项选择题

1. BC 【解析】本题考查新生儿感觉的发展。新生儿不仅能听见声音，还能区分声音的高低、强弱、品质和持续时间。新生儿明显“偏爱”甜食，且其对酸、甜、苦和白水的面部表情已有明显不同。幼儿对各种气味的辨别能力较差，故 D 项错误。有人认为，年龄越小，视力越好，此话对幼儿来说并非如此。随着幼儿年龄的增长，视敏度也在不断提高。但发展速度不是均衡的。故 A 项错误。

2. BD 【解析】本题考查幼儿观察力的发展特点。观察力的发展在 3 岁后比较明显，幼儿期是观察力初步形成的时期，观察力的发展主要表现在以下几个方面：(1)观察目的性不强；(2)观察持续的时间较短；(3)观察缺乏系统性；(4)观察缺乏概括性；(5)缺乏观察方法。

3. ABCD 【解析】本题考查引起幼儿注意分散的原因。幼儿的无意注意占优势，自我控制能力差，注意力容易分散，这是幼儿注意比较突出的一个特点。一般来说，引起幼儿注意分散的原因有以下几点：(1)无关刺激过多；(2)疲劳；(3)目的要求不明确；(4)注意不善于转移；(5)无意注意和有意注意没有并用。

4. ABCDE 【解析】本题考查注意分散。防止幼儿注意分散的方法有：(1)防止无关刺激的干扰；(2)制定合理的作息制度；(3)培养幼儿良好的注意习惯；(4)灵活地交互运用无意注意和有意注意；(5)提高教学质量。

5. BCD 【解析】本题考查学前儿童注意发展的趋势。学前儿童注意发展的趋势包括：(1)定向性注意的发生先于选择性注意的发生。定向性注意随着年龄的增长而占据的地位日益缩小。选择性注意范围的扩大，注意的事物日益增加。(2)无意注意的发生和发展早于有意注意的发生和发展。(3)注意的适应性逐渐增强。(4)注意控制的时间在延长，持续性注意在发展。(5)注意越来越有计划性。(6)注意分配能力在增强，分配性注意在发展。(7)对注意的监控和调节在增强。

6. ABCD 【解析】本题考查幼儿颜色视觉的发展。幼儿初期（3 ~ 4 岁），已能初步辨认红、橙、黄、绿、蓝等基本色，但在辨认紫色等混合色和蓝与天蓝等近似色时，往往较困难，也难以说出颜色的正确名称。幼儿中期（4 ~ 5岁），大多数能认识基本色、近似色，并能说出基本色的名称。幼儿晚期（5 ~ 6 岁），不仅能认识颜色，而且在画图时，能运用各种颜色调出需要用的颜色，并能正确地说出黑、白、红、蓝、绿、黄、棕、灰、粉红、紫等颜色的名称。幼儿期，颜色视觉的发展主要表现在区别颜色细微差别能力的继续发展。

7. ABD 【解析】本题考查幼儿空间方位的知觉。3 岁辨别上下,4 岁开始辨别前后方位,5 岁开始能以自身为中心辨别左右方位。

8. ACD 【解析】本题考查幼儿时间知觉的发展。幼儿前期(1 ~ 3 岁),主要以人体内部的生理状态来反映时间,所以 B 项的说法错误。

9. AC 【解析】本题考查引起幼儿无意注意的原因。容易引起幼儿无意注意的诱因有如下两大类:(1)刺激比较强烈,对比鲜明,新异和变化多动的事物;(2)与幼儿兴趣、需要和生活经验有关系的事物。

10. ACD 【解析】本题考查注意的品质。注意的品质包括注意的稳定性、注意的广度、注意的分配、注意的转移。

三、判断题

1. × 【解析】本题考查无意注意的含义。无意注意也称不随意注意,是没有预定目的、无需意志努力、不由自主地对一定事物所发生的注意。题干的描述属于无意注意。有意后注意也叫随意后注意,是指有预定目的,但不需要意志努力的注意。

2. × 【解析】本题考查无意注意的含义。无意注意就是事先没有预定目的,也不需要意志努力的注意。题干中幼儿的表现属于无意注意。

3. √ 【解析】本题考查幼儿方位知觉的发展趋势。幼儿方位知觉的发展趋势是:3 岁辨别上下方位,4 岁开始辨别前后方位,5 岁开始能以自身为中心辨别左右方位,6 岁幼儿虽然能完全正确地辨别上下前后四个方位,但以左右方位的相对性来辨别左右仍然感到困难。7 岁才开始能够辨别以别人为基准的左右方位,以及两个物体之间的左右方位。题干描述的方位名词幼儿是可以理解的。

4. × 【解析】本题考查感觉的含义。感觉是人脑对直接作用于感觉器官的客观事物的个别属性的反映。如讲台,它具有凉、滑、硬等属性,这些个别属性在我们头脑中的反映,就是感觉。

5. √ 【解析】本题考查幼儿触觉的发展。触觉是肤觉和运动觉的联合,是幼儿认识世界的重要手段。

6. × 【解析】本题考查有意注意的含义。有意注意是指有预定目的,需要一定意志努力的注意。题干的描述属于无意注意。

7. × 【解析】本题考查幼儿方位知觉的发展趋势。幼儿方位知觉的发展趋势是:3 岁辨别上下,4 岁开始辨别前后方位,5 岁开始能以自身为中心辨别左右方位,6 岁幼儿虽然能完全正确地辨别上下前后四个方位,但以左右方位的相对性来辨别左右仍然感到困难。

8. √ 【解析】本题考查幼儿注意的发展特点。3 ~ 6 岁幼儿注意的特点是无意注意占优势,有意注意逐渐发展。

9. × 【解析】本题考查幼儿观察力发展的表现。幼儿观察力发展的表现包括:(1)观察的目的性不强;(2)观察持续的时间较短;(3)观察缺乏系统性;(4)观察缺乏概括性;(5)缺乏观察方法。其中,观察缺乏系统性是指幼儿的观察一般是笼统的,看得不细致是幼儿观察的特点和突出问题。

四、填空题

1. 镜面示范　　2. 对比　　3. 有意注意　无意注意

4. 有意注意　　5. 集中

五、简答题(参考答案)

某幼儿很快观察完竹子,但只能说出竹子是长长直直的。简述该幼儿观察的特点。

(1)幼儿初期,观察持续的时间很短,很容易受主体当时的情绪、兴趣的影响,也容易受客体变化的影响,而转移观察的对象。题干中某幼儿很快观察完竹子,说明其观察的时间很短。

(2)幼儿观察事物,最初十分笼统、粗略,通常只看到事物的大概轮廓就提出结论,不再深入观察。另一方面,幼儿又从自己的兴趣出发,对某些并不重要的细节却又仔细观察。他们的观察往往只注意事物表面的、明显的、面(体)积较大的部分,不容易注意事物较隐蔽的、细微的特征;注意事物的轮廓而不太注意事物各部分之间的关系。题干中某幼儿只观察到竹子是长长直直的,说明他的观察往往只注意事物表面的、明显的、面

(体)积较大的部分。

(3)年龄小的幼儿的知觉往往仍然孤立、零碎,仅仅知觉事物的表面特征和现象,不善于从整个事物中去发现其内在的联系,观察的概括性水平低。题干中某幼儿只观察到竹子是长长直直的,也说明了其仅仅知觉事物的表面特征和现象。

六、材料分析题(参考答案)

1.(1)幼儿注意分散的原因:①无关刺激的干扰。幼儿很容易被新异、多变、强烈的刺激物所吸引,这些都容易使幼儿的注意分散。材料中,新布置的场地,摇动的灯笼,老师的新裙子等,都容易使幼儿注意力分散。②连续进行的单调活动。幼儿如果长时间处于单调的活动状态下,容易发生疲劳。材料中,幼儿对活动的任务和目的不明确,缺乏兴趣,王老师为了完成教学任务,匆匆走完了活动流程。活动中没有引起幼儿的注意,使其缺乏兴趣。

(2)①防止无关刺激的干扰。上课时运用的挂图等教具不要过早呈现,用过后应立即收起;对年幼的幼儿不要出示过多的教具。教师本身的装束要整洁大方,不要有过多的装饰,以免分散幼儿的注意。材料中,教室四周挂满了彩带和红灯笼,王老师穿着红色新裙子都是无关刺激。教师在教学之前应将彩带和灯笼等收好,穿着打扮要符合幼儿常见的形象,以免分散幼儿的注意。②使幼儿明确活动的目的和要求。在活动前,教师或家长应向幼儿提出明确的活动目的和要求。幼儿对活动的目的要求越明确,注意的有意性越强,越容易保持注意。材料中,王老师在活动前没有向幼儿提出明确的活动目的和要求,幼儿容易注意分散。教师在活动前,应该向幼儿提出明确的活动目的和要求。使幼儿做好开始活动的准备。③提高教学质量。教师要积极提高教学质量,这是防止幼儿注意分散的重要保证,教师要多方面改善教学内容,改进教学方法。在活动的过程中,王老师不时停止活动,匆匆走完活动流程等都是教学质量不高的表现。教师在活动中要多方面改善教学内容,改进教学方法,提高幼儿参与活动的兴趣。

2.(1)在固定不变的背景上,活动的刺激物容易被知觉为对象。婴幼儿爱看活动的东西,与此规律有关。材料中陈老师出示的大白鹅的红色脚掌是抽拉式的,容易被幼儿知觉。

(2)刺激物本身各部分的组合(相邻性原则)。在视觉刺激中,凡是距离上接近或形态上相似的各部分容易组成知觉的对象。材料中陈老师出示了一幅挂图,挂图中有一只仰着脖子的大白鹅,红色的脚掌划着清澈的湖水(红色的脚掌是抽拉式的)。陈老师突出需要观察的对象,周围没有附加类似的线条或图形。

(3)教师的言语与直观材料相结合。材料中陈老师先富有表情、绘声绘色地朗读,接着结合挂图,一边讲解古诗一边演示能移动的抽拉式的红色脚掌。

第6练　学前儿童记忆和想象的发展

一、单项选择题

1.B 【解析】本题考查再造想象的含义。再造想象是依据词语或符号的描述、示意在头脑中形成与之相应的新形象的过程。人在阅读文艺作品、历史文献,工人看建筑或机械图纸,学生听教师对课文生动形象的描述时,头脑中出现的有关事物的形象,都属于再造想象。题干的描述属于再造想象。

2.A 【解析】本题考查幼儿的记忆现象。再认是指识记过的事物重新出现时,感到熟悉,确知是以前感知过或经历过的。题干中当鹏鹏听到《粉刷匠》时,记得老师教他唱过,这种记忆现象是再认。

3.D 【解析】本题考查再造想象的含义。再造想象是根据语言文字的描述或图形、图解、符号等非语言文字的描绘,在头脑中形成相应的新形象的过程。题干中幼儿因老师讲的故事从而在头脑中呈现出乌龟和兔子赛跑的生动形象,这种心理活动属于再造想象。

4.D 【解析】本题考查幼儿记忆的发展。有意识记的发展是幼儿记忆发展中最重要的质的飞跃,2~3岁儿童出现有意记忆的萌芽,但是有意记忆在学前末期才真正发展起来。

5.D 【解析】本题考查小班幼儿想象的特点。幼儿的想象往往不追求达到一定目的,只满足于想象进行的过程。幼儿在游戏中的想象更是如此,游戏的特点是不要求创造任何成果,只满足于游戏活动的过程,这也是幼儿想象活动的特点。例如,听故事,大班儿童对听过的故事不感兴趣,而小班则不然,他们对"小兔乖乖"

“拔萝卜”等故事百听不厌。

6. A 【解析】本题考查记忆的分类。从记忆的内容看，记忆可以分为运动记忆、情绪记忆、形象记忆和语词记忆。从记忆保持的时间来看，记忆可分为瞬时记忆、短时记忆、长时记忆。

7. A 【解析】本题考查无意想象的含义。无意想象是指没有预定目的和意图，在一定的刺激影响下，不由自主地进行的想象。题干的表述属于无意想象。

8. B 【解析】本题考查幼儿想象的夸张性。幼儿时期，常将想象的东西和现实进行混淆，在参加游戏或欣赏文艺作品时，往往身临其境，与角色产生同样的情绪反应。

9. C 【解析】本题考查幼儿想象力的培养。幼儿园开展的多种艺术教育活动，是培养幼儿想象发展的有利条件。如美术活动中的主题画，要求幼儿围绕主题开展想象，而意愿画能活跃幼儿的想象力，使他们无拘无束地构思、创造出各种新形象。C 项让幼儿先观察蝴蝶，然后自己画，有助于培养幼儿的想象力。

10. C 【解析】本题考查幼儿（幼年）健忘的概念。幼儿（幼年）健忘是指 3 岁前儿童的记忆一般不能永久保持。有研究者认为这种现象与幼儿脑的发育有关。幼儿脑的各个区域的成熟不是同时完成的，而是有先后的。

11. D 【解析】本题考查幼儿想象的特点。幼儿想象夸张性的表现之一是夸大事物某个部分或某种特征。幼儿在想象中常常把事物的某个部分或某种特征加以夸大。

12. A 【解析】本题考查学前儿童想象的发展。在有意想象中，按想象内容的新颖性、独立性和创造性，想象可分为再造想象和创造想象。再造想象是根据语言文字的描述或图形、图解、符号等非语言文字的描绘，在头脑中形成相应的新形象的过程。创造想象是指根据一定的目的和任务，不依赖现存的描述而独立创造出新形象的过程。故 A 项正确。

易错警示：再造想象和创造想象的概念常以单项选择的形式考查，考生要注意二者的区别。再造想象是根据语言文字、图形等在头脑中形成新形象，创造想象是根据目的和任务创造新形象的过程。

13. B 【解析】本题考查创造想象的概念。创造想象是指根据一定的目的和任务，不依赖现存的描述而独立创造出新形象的过程。幼儿期是创造想象开始发生的时期。随着幼儿知识经验的丰富和抽象概括能力的提高，幼儿创造想象的水平逐渐提高。他们常常提出一些不平常的问题，有时会自己编新的故事，创造性的绘画，游戏内容也日益丰富，游戏想象的空间距离日益扩大。

14. C 【解析】本题考查再认的概念。再认是指经历过的事物再次出现时，能够重新识别和确认。题干的表述体现了记忆环节中的再认。

15. C 【解析】本题考查促进幼儿想象发展的策略。教师促进幼儿想象力的发展措施包括：(1)丰富学前儿童的表象，发展其言语表现力；(2)在文学艺术等多种活动中，创造学前儿童想象发展的条件；(3)在游戏中，鼓励和引导学前儿童大胆想象；(4)创造自由宽松的气氛，鼓励每个学前儿童的自由创造。C 项教师给幼儿提供范画并做好示范不利于促进幼儿想象力的发展。

16. C 【解析】本题考查再造想象的概念。再造想象是根据语言文字的描述或图形、图解、符号等非语言文字的描绘，在头脑中形成相应的新形象的过程。题干描述的心理现象是再造想象。

17. A 【解析】本题考查幼儿想象夸张性的表现。幼儿常将想象的东西和现实进行混淆，表现在三个方面：(1)把渴望得到的东西说成已经得到。(2)把希望发生的事情当成已发生的事情来描述。(3)在参加游戏或欣赏文艺作品时，往往身临其境，与角色产生同样的情绪反应。题干中幼儿的表现是想象与现实混淆。

18. A 【解析】本题考查记忆的类型。形象记忆是以感知过的事物的具体形象为内容的记忆。形象记忆可以是视觉的、听觉的、嗅觉的、味觉的、触觉的。如我们看过的人、物和画面，听过的音乐、闻过的气味、尝过的味道和触摸过的物体等的记忆，都是形象记忆。题干中萍萍忘不了叔叔煮的鸡汤的味道属于形象记忆，故答案选 A 项。

19. C 【解析】本题考查记忆恢复（回涨）现象的概念。记忆恢复（回涨）现象是指在一定条件下，学习后过几天测得的保持量比学习后立即测得的保持量要高。故答案选 C 项。

20. D 【解析】本题考查学前儿童记忆的发展趋势。在幼儿的记忆中，形象记忆占主要地位，语词记忆逐渐发展。

21. C 【解析】本题考查幼儿无意想象的特点。幼儿初期的孩子，想象不能按一定的目的坚持下去，很容易从一个主题转换到另一个主题，这主要是由幼儿初期孩子的直觉行动性思维决定的。想象主题极不稳定，易受外界干扰而变化。

22. A 【解析】本题考查幼儿想象发展的特点。4～5岁幼儿的无意想象中出现了有意成分，但仍以无意想象为主。具体来说有以下特点：(1)想象仍以无意性为主；(2)想象出现了有意成分；(3)想象的目的计划非常简单；(4)想象内容较以前丰富，但仍然零碎。

23. C 【解析】本题考查幼儿记忆的发展。幼儿的形象记忆是依靠表象进行的，其中起主要作用的是视觉表象。

24. B 【解析】本题考查幼儿想象的夸张性。幼儿想象夸张性的表现：(1)夸大事物某个部分或某种特征；(2)混淆假想与现实。题干的描述说明幼儿把渴望得到的东西说成已经得到，体现了其想象的夸张性。

25. C 【解析】本题考查幼儿的记忆策略。视觉复述策略是儿童在记忆过程中使用的一个最为简单的策略，就是将自己的注意力有选择地集中在所要记住的事物上，如不断地注视目标刺激，以加强记忆，这可以视为一种“视觉复述”。

26. B 【解析】本题考查常用的记忆方法。归类记忆法即把许多同类的事物归为一类，将记忆材料整理成有适当次序的材料系统来记忆。在教学中教师应经常启发和引导幼儿对材料进行归类记忆进而使幼儿逐步掌握这种策略。形词结合法指幼儿在记忆字词材料时应紧密结合字词所代表的形象，在记忆形象时应用字词帮助理解的记忆策略。例如：在教幼儿认识数字时，引导他们利用某些形象的事物为中介来识记，如“1”像粉笔；“2”像鸭子；“3”像耳朵；“4”像小旗；“5”像钩子；“6”像哨子；“7”像镰刀；“8”像葫芦；“9”像烟斗等。线索记忆法是指在记忆材料时，教幼儿快速找出材料的内在线索来帮助识记和回忆的策略。协同记忆法即记忆时让多种感觉器官参与活动，在大脑皮层上建立多方面的暂时神经联系。题干中李老师运用了形词结合法来培养幼儿的识记能力。

27. C 【解析】本题考查常用的记忆方法。直观形象记忆法就是应用形象代替语言、文字以提高记忆效果的方法。因为学前儿童的语言理解力和概念抽象能力较差，所以，在识记中特别是数字的识记中，搭配一些直观的形象是非常必要的。题干中咪咪采用的记忆方法是直观形象记忆法。

28. B 【解析】本题考查再造想象的含义。再造想象是根据言语的描述或图样的示意，在头脑中形成相应的新形象的过程。再造想象的形成要求有充分的记忆表象做基础，表象越丰富，再造想象的内容也就越丰富，同时再造想象离不开词语思维的组织作用。题干中糖糖的想象属于再造想象。

29. A 【解析】本题考查记忆的类型。意义记忆是指根据对所记材料的内容、意义及其逻辑关系的理解进行的记忆，也称为理解记忆或逻辑记忆。题干描述的是意义记忆。

30. B 【解析】本题考查幼儿想象的夸张性。幼儿想象夸张性的表现之一：混淆假想与现实。幼儿时期，常将想象的东西和现实进行混淆，把希望发生的事情当成已发生的事情来描述。题干的描述体现了想象的夸张性。

31. A 【解析】本题考查想象的类型。无意想象是指没有预定目的和意图，在一定的刺激影响下，不由自主地进行的想象。无意想象是最简单最初级形式的想象。题干中小朋友的想象属于无意想象。

32. B 【解析】本题考查幼儿记忆的发展。随着年龄的增长，儿童记忆意识性开始逐渐萌芽、发展。有意记忆的出现意味着记忆意识性的萌芽，题干的描述体现了该幼儿的有意识记已开始萌芽。

33. B 【解析】本题考查幼儿记忆的类型。机械记忆指对所记材料的意义和逻辑关系不理解，采用简单、机械重复的方法进行记忆。题干中鹏鹏运用的记忆方法属于机械记忆。

34. D 【解析】本题考查幼儿记忆力的培养。题干中教师通过培养幼儿对学习的兴趣和信心来培养幼儿的记忆力。

35. C 【解析】本题考查幼儿想象的特点。幼儿想象主题极不稳定，易受外界干扰而变化。幼儿绘画常常有这种情况，画了"小人"，又画"螃蟹"；先画了"海军"，然后又画了一把"牙刷"，显然是一串无系统的自由联想。

36. A 【解析】本题考查有意想象的含义。有意想象是指根据一定的目的、自觉地创造出新形象的过程。人们在实践活动中，为实现某个目标，完成某项任务所进行的活动，都属于有意想象。题干中妞妞绘画前确定了画爸爸的主题，而且按照自己想的去画了，所以，妞妞在绘画过程中的想象属于有意想象。

37. B 【解析】本题考查幼儿想象的发展。想象的发生和儿童大脑皮质的成熟有关，也和儿童表象的发生、表象数量的积累以及儿童言语的发生发展有关。1 岁半到 2 岁儿童出现想象的萌芽，主要是通过动作和语言表现出来的。

38. B 【解析】本题考查幼儿记忆发展的特点。机械记忆指对所记材料的意义和逻辑关系不理解，采用简单、机械重复的方法进行记忆。题干的描述说明了幼儿以机械记忆为主。

39. B 【解析】本题考查前摄抑制的含义。前摄抑制是先学习的材料对识记和回忆后学习材料的干扰作用。

40. D 【解析】本题考查学前儿童记忆的发展趋势。从儿童记忆发生发展的顺序来看，最早出现的是运动记忆（出生后 2 周左右），然后是情绪记忆（6 个月左右），再后是形象记忆（6 ~ 12 个月左右），最晚出现的是语词记忆（1 岁左右）。儿童这几种记忆的发展，并不是用一种记忆简单代替另一种记忆，而是一个相当复杂的相互作用的过程。

41. A 【解析】本题考查提高记忆的方法。多种感官参与复习可以更好地提高记忆效果。因此，在复习时应尽量运用多种感官参与，要眼看、耳听、口读、手写相互配合，在头脑中构成它们之间的神经联系，形成记忆痕迹，以后遇到其中的一种刺激信息，就可以激活多种相关的记忆痕迹，提高记忆效果。

42. D 【解析】本题考查语义记忆的含义。语义记忆又称语词逻辑记忆，是个体对以各种有组织的知识为内容的记忆。语义记忆是以语词所概括的事物的关系以及事物本身的意义和性质为内容的记忆。例如，概念、定理、公式和规则等。

43. C 【解析】本题考查幼儿想象具有夸张性的表现。幼儿想象具有夸张性表现之一为混淆假想与现实，即把希望发生的事情当成已发生的事情来描述。题干所述明明的行为不算说谎，是想象夸张的表现。

44. A 【解析】本题考查经验性想象的含义。经验性想象是幼儿凭借个人生活经验和个人经历开展想象活动。"小姐姐坐在河边，天热，她想洗澡，她还想洗脸，因为脸上淌汗。"这种想象是经验性想象。

45. A 【解析】本题考查幼儿想象发展的特点。幼儿常常混淆假想与现实，在参加游戏或欣赏文艺作品时，往往身临其境，与角色产生同样的情绪反应。

46. B 【解析】本题考查幼儿记忆的发展。随着年龄增长，两种记忆效果的差距逐渐缩小，意义记忆的优越性似乎降低了。这种现象并不表明机械记忆的发展越来越迅速，而是由于年龄增长后，意义记忆和机械记忆效果的差异减少，机械记忆中加入了越来越多的理解成分，机械记忆中的理解成分使机械记忆的效果有所提高。

47. C 【解析】本题考查机械记忆的含义。机械记忆指对所记材料的意义和逻辑关系不理解，采用简单、机械重复的方法进行记忆。因此，题干所述是幼儿机械记忆的表现。

48. A 【解析】本题考查艾宾浩斯的遗忘规律。德国心理学家艾宾浩斯最早对遗忘现象做了比较系统的实验研究。实验得出，遗忘是有规律的，即遗忘的进程是不均衡的，其趋势是先快后慢、先多后少，呈负加速，且到一定的程度就不再遗忘了。

49. D 【解析】本题考查愉快记忆法。情绪直接指导、调控着儿童的行为，驱动、促使儿童去做出这样或那样的行为，或不去做某种行为。教师的表扬使甜甜形成愉快的情绪，有助于其记忆的发展。

50. B 【解析】本题考查短时记忆的含义。短时记忆是指一分钟以内的记忆。

51. D 【解析】本题考查幼儿记忆的发展特点。在很大程度上，幼儿记忆的效果取决于客观对象的显著特征和外界刺激的强度。比如，一个调皮好动的孩子，在观看长刺的仙人球时，你告诉他不要去碰，他或许转身

就忘记你的告诫,但如果他不小心被仙人球扎痛了手指,你再去叮嘱他,他一定能牢牢记住你的话。事物鲜明的特征往往能给孩子留下深刻的印象,从而产生较好的记忆效果。比如叫孩子记住拼音字母"o"的写法,可以用红色笔,用鲜艳刺眼的颜色突出"o"字像圆圈的特征,帮助孩子记忆。因此,在培养孩子记忆力时,要从小培养抓典型特征,有重点地识记事物的习惯。

52. B 【解析】本题考查艾宾浩斯的遗忘曲线。艾宾浩斯遗忘曲线表明,遗忘过程在学习后20分钟内进展最快。

53. B 【解析】本题考查机械记忆的含义。机械识记是指对所记材料的意义和逻辑关系不理解,采用简单、机械重复的方法进行识记。

54. A 【解析】本题考查形象记忆的含义。形象记忆是以感知过的事物的具体形象为内容的记忆。

55. A 【解析】本题考查艾宾浩斯的遗忘曲线。德国心理学家艾宾浩斯最早对遗忘现象做了比较系统的实验研究。结果表明,遗忘的发展是不均衡的,遗忘在学习后立即开始,最初遗忘得快,随着时间的推移,遗忘的速度逐渐下降,到了相当时间,几乎不再遗忘。因此说,遗忘是有规律的,遗忘的进程是不均衡的,即先快后慢,呈负加速型。

56. D 【解析】本题考查再认的含义。再认是指识记过的事物重新出现时,感到熟悉,确知是以前感知过或经历过的。

57. D 【解析】本题考查组织性策略的含义。主体在记忆过程中将记忆材料按不同的意义组织成各种类别,编入各种主题,使它们产生意义联系,或对内容进行改组,以便于记忆的方法,称为组织性策略。

58. A 【解析】本题考查幼儿想象发展的特点。幼儿想象夸张的原因包括:(1)由于认知水平尚处于感性认识占优势的阶段,因此往往抓不住事物的本质。(2)情绪对想象过程有影响。他感兴趣的东西、他希望的东西,往往在其意识中占据主要地位。(3)幼儿想象在认知中的地位。(4)想象表现能力的局限。

59. A 【解析】本题考查愿望性想象的含义。愿望性想象是指在想象中表露出个人的愿望。题干中小华说长大后要当个画家属于愿望性想象。

60. C 【解析】本题考查幼儿记忆发展的基本特点。3~6岁幼儿记忆发展的基本特点是:无意记忆占优势,有意记忆逐渐发展;记忆的理解和组织程度逐渐提高;形象记忆占优势,语词记忆逐渐发展。

61. A 【解析】本题考查3~4岁幼儿想象的特点。想象在3~4岁时迅速发展,这一时期的想象基本上是无意的,是一种自由联想。

62. C 【解析】本题考查学前儿童记忆的发展。从儿童记忆发生发展的顺序来看,最早出现的是运动记忆(出生后2周左右),然后是情绪记忆(6个月左右),再后是形象记忆(6~12个月左右),最晚出现的是语词记忆(1岁左右)。

63. C 【解析】本题考查学前儿童想象的分类。再造想象是根据语言文字的描述或图形、图解、符号等非语言文字的描绘,在头脑中形成相应的新形象的过程。题干中幼儿根据故事在头脑中浮现小女孩的生动形象属于再造想象。

64. A 【解析】本题考查幼儿想象的特点。幼儿初期的孩子,想象不能按一定的目的坚持下去,很容易从一个主题转换到另一个主题,这主要是由幼儿初期孩子的直觉行动性思维决定的。想象主题极不稳定,易受外界干扰而变化。

65. D 【解析】本题考查意义识记的含义。意义识记是指根据对所记材料的意义和逻辑关系的理解进行的识记,又称理解识记或逻辑识记。意义识记比机械识记更为牢固深刻,识记效果更好。题干中小明对这组数据的识记属于意义识记。

66. A 【解析】本题考查幼儿记忆出现的年龄。2岁以后,幼儿的有意记忆开始萌芽,同时,无意记忆也得到进一步的发展。

二、多项选择题

1. AC 【解析】本题考查幼儿记忆的类型。形象记忆是以感知过的事物的具体形象为内容的记忆。情绪记忆是对体验过的情绪情感的记忆。

2. ABE　【解析】本题考查幼儿记忆的特点。幼儿记忆发展的特点包括:(1)无意记忆占优势,有意记忆逐渐发展;(2)记忆的理解和组织程度逐渐提高;(3)形象记忆占优势,语词记忆逐渐发展;(4)幼儿记忆的意识性和记忆方法逐渐发展。

3. ABC　【解析】本题考查学前儿童想象发展的特点。学前儿童想象发展的特点包括:(1)无意想象为主,有意想象开始发展;(2)再造想象为主,创造想象开始发展;(3)幼儿想象的夸张性。所以,学前儿童以无意性、再造性想象为主,有意想象和创造性想象开始发展。故 A、B 项正确。幼儿时期,常将想象的东西和现实混淆。故 C 项正确。D 项属于幼儿想象力的培养。故答案选 ABC 项。

4. ABCD　【解析】本题考查幼儿记忆力的培养方法。培养幼儿记忆力的方法包括:(1)明确记忆目的,增强记忆的积极性;(2)通过各种感官参与识记;(3)教授幼儿运用记忆的方法和策略;(4)引导幼儿按照遗忘规律进行复习;(5)培养幼儿对学习的兴趣和信心;(6)选择最佳的记忆时间。

三、判断题

1. √　【解析】本题考查记忆能力的发展。记忆能力强弱的关键之一在于是否会运用记忆策略。成人在向儿童传授知识技能的同时,要培养他们运用记忆方法的意识,并且教一些常用的识记策略。

2. ×　【解析】本题考查常见的记忆方法。直观形象记忆法是应用形象代替语言、文字以提高记忆效果的方法。常见的直观形象法有图形形象法、物体形象法、数字形象法、字母形象法等。题干中运用的是直观形象记忆法中的数字形象法。

3. ×　【解析】本题考查幼儿记忆的发展特点。在整个幼儿期,无论是机械记忆还是意义记忆,其效果都随着年龄的增长而有所提高。

4. √　【解析】本题考查遗忘规律。遗忘是有规律的,即遗忘的进程是不均衡的,其趋势是先快后慢、先多后少,呈负加速,且到一定的程度就不再遗忘了。幼儿记忆保持的时间较短,记忆的正确性差,容易发生遗忘,因此,帮助幼儿及时复习是十分重要的。

5. ×　【解析】本题考查无意想象的含义。无意想象是指没有预定目的和意图,在一定的刺激影响下,不由自主地进行的想象。题干描述的是无意想象。

6. √　【解析】本题考查学前儿童想象夸张性的原因。幼儿想象的夸张性是其心理发展特点的一种反映。

四、填空题

1. 短时　　2. 再认　　3. 记忆恢复(回涨)现象　　4. 表象

五、简答题(参考答案)

1. 简述幼儿想象发展的一般趋势。

(1)从想象的无意性,发展到开始出现有意性;(2)从想象的单纯的再造性,发展到出现创造性;(3)从想象的极大夸张性,发展到合乎现实的逻辑性。

2. 简述幼儿无意想象的特点。

(1)想象的目的性不明确;(2)想象的主题易受外界的干扰而变化,内容零散,无系统;(3)想象过程受兴趣和情绪的影响;(4)以想象的过程为满足。

3. 如何促进幼儿想象力的发展?

(1)丰富幼儿的表象,发展幼儿的语言表现力;(2)在文学艺术等多种活动中,创造幼儿想象发展的条件;(3)在游戏中,鼓励和引导幼儿大胆想象;(4)在活动中进行适当的训练,提高幼儿的想象力;(5)抓住日常生活中的教育契机,引导幼儿进行想象;(6)引导幼儿的想象符合客观规律。

4. 简述幼儿记忆力的培养。

(1)明确记忆目的,增强记忆的积极性;(2)通过各种感官参与识记;(3)教授幼儿运用记忆的方法和策略;(4)引导幼儿按照遗忘规律进行复习;(5)培养幼儿对学习的兴趣和信心;(6)选择最佳的记忆时间。

5. 简述学前儿童的记忆策略。

(1)视觉复述策略。儿童在记忆过程中使用的一个最为简单的策略,就是将自己的注意力有选择地集中在所要记住的事物上,如不断地注视目标刺激,以加强记忆,这可以视为一种“视觉复述”。

(2)定位策略。儿童对目标刺激“贴上”某种特定的标签以便于记忆。

(3)复述策略。在记忆过程中,儿童不断重复需要记忆的内容,以便准确、牢固地记住这些信息。

(4)组织性策略。主体在记忆过程中将记忆材料按不同的意义组织成各种类别,编入各种主题,使它们产生意义联系,或对内容进行改组,以便于记忆的方法。

(5)提取策略。个体在回忆过程中,将贮存于长期记忆中的特定信息回收到意识水平上的方法和手段。

六、论述题(参考答案)

简要比较学前儿童形象记忆和语词记忆的效果。

表1　学前儿童形象记忆和语词记忆的效果比较(一)

年龄	平均再现数量		
	熟悉的物体	熟悉的词	生疏的词
3~4岁	3.9	1.8	0
4~5岁	4.4	3.6	0.3
5~6岁	5.1	4.3	0.4
6~7岁	5.6	4.8	1.2

表2　幼儿形象记忆和语词记忆的效果比较(二)

年龄	平均再现数量			
	熟悉的物体	熟悉的词	生疏的形象	生疏的词
4~5岁	4.3	2.4	1.9	0.4
6~7岁	6.1	4.0	3.7	2.1

从表1中可以看到,幼儿两种记忆发展的特点是,3~7岁儿童形象记忆的效果都比语词记忆的效果好,且都是随年龄增长而逐渐提高,而语词记忆的发展速度较形象记忆快,由儿童对熟悉物体的记忆来看,再现数量由3.9发展到5.6,增长了1.7;而语词记忆的再现数量则由1.8发展到4.8,增长了3.0。这种不相同的发展速度,使两种记忆的效果由3岁时的较大差距(2.1)缩小为7岁时的较小差距(为0.8)。

比较表2中儿童对熟悉的物体与熟悉的词、生疏的形象与生疏的词的记忆再现数量,可看出形象记忆的效果更好。

第7练　学前儿童思维的发展和皮亚杰的心理发展观

一、单项选择题

1. A　【解析】本题考查发散思维的含义。发散思维,也叫求异思维、分散思维、辐射思维,是指人们解决问题时,思路朝着各种可能的方向扩散,从而求得多种答案。发散思维的过程是从给予的信息中产生多种信息的过程。题干中老师让学生尽可能多地列举由“大海”一词所想到的事物,是为了训练学生的发散思维。

2. C　【解析】本题考查直观行动思维的活动方式。直观行动思维活动的典型方式是尝试错误,其活动过程是依靠具体动作展开的,而且有许多无效的多余动作。

3. D　【解析】本题考查皮亚杰的“自我中心”思维的实验。皮亚杰曾设计了著名的“三山实验”来测验儿童“自我中心”的思维特征。

4. B　【解析】本题考查儿童的思维发展水平。根据思维的内容凭借物、任务的性质、发展水平以及解决问题的方式,可以分为直观动作思维(1~3岁)、具体形象思维(3~6、7岁)和抽象逻辑思维(7岁以后)。小学低年级学生的具体形象思维仍占有相当大的比重。只有到了小学中年级或中年级以后,抽象逻辑思维才开始发展,并随着年龄的增长所占比重逐渐加大,最后成为思维的主要形式。

5. A　【解析】本题考查“客体永久性”的含义。“客体永久性”即知道某人或某物虽然现在看不见但仍然是存

在的。在感知运动阶段的后期,完整清晰的客体永久性已经形成。此时,尽管儿童并没有看见这些物体放在某个特定的地方,但也能积极地寻找他们认为被藏起来的东西。

6. B 【解析】本题考查前运算阶段儿童思维的发展特点。前运算阶段儿童的思维具有泛灵论的特点,即将人类的特征赋予无生命的物体。前运算阶段的儿童会认为任何物体都是有生命的。例如,让处于前运算阶段的儿童把洋娃娃扔到地上去,他会说不能扔到地上,会摔疼洋娃娃的。

7. A 【解析】本题考查儿童思维的发展阶段。所谓自我中心就是指儿童往往只注意主观的观点,不能向客观事物离中,只能考虑自己的观点,无法接受别人的观点,也不能将自己的观点与别人的观点协调。儿童还不能设想他人所处的情境,常以自己的经验为中心,从自己的角度出发来观察和理解世界。题干中月月认为自己把脸遮住,爸爸就找不到她了,这表明月月的思维处于自我中心阶段。

8. B 【解析】本题考查具体形象思维的特点。幼儿思维的形象性表现在幼儿依靠事物在头脑中的形象来思维。幼儿的头脑中充满着颜色、形状、声音等生动的形象。幼儿认为儿子就是年龄较小的孩子,他无法理解"叔叔""爷爷"也是"儿子"。

9. A 【解析】本题考查幼儿思维发展的特点。学前儿童的思维常根据自己的生活经验来进行。学前儿童是从他自己的具体生活经验去思维的,因此,题干的描述体现了幼儿思维的经验性。

10. B 【解析】本题考查皮亚杰的认知发展阶段理论。皮亚杰认为,前运算阶段儿童的思维有以下特点:(1)自我中心性;(2)前概念性;(3)泛灵论;(4)直觉思维;(5)分类能力。

11. A 【解析】本题考查直观行动思维的发展。直观行动思维是最低水平的思维。这种思维方式在2~3岁儿童身上表现最为突出。在3~4岁儿童身上也常有表现。这些儿童离开了实物就不能解决问题,离开了玩具就不会游戏。

12. C 【解析】本题考查幼儿思维的发展特点。在幼儿末期即6~8岁这一时期,幼儿开始出现抽象思维的萌芽。幼儿开始获得可逆性思维。例如,幼儿开始认识到如果在一堆珠子中减去几个,然后增加相同数目的珠子,这堆珠子的总数将保持不变。题干中妞妞的思维属于可逆性思维。

13. D 【解析】本题考查学前儿童掌握概念的一般特点。学前儿童掌握概念通常表现在掌握概念的内涵不精确、外延不恰当上,也就是说,儿童有时会说一些词,但不代表他能理解其中的真正含义。题干中幼儿分不清楚蜻蜓和蚊子,说明其对蚊子的概念不明确。

14. D 【解析】本题考查思维工具的变化。直观行动思维所用的工具主要是感知和动作,具体形象思维所用的工具主要是表象,而抽象逻辑思维所用的工具则是语词所代表的概念。

15. C 【解析】本题考查儿童思维的发生。出现最初的用语词的概括,是儿童思维发生的标志。

16. A 【解析】本题考查儿童数概念的形成。林崇德的研究表明:儿童形成数概念,经历了口头数数→给物说数→按数取物→掌握数概念等四个发展阶段。

17. C 【解析】本题考查学前儿童概念的掌握。学前儿童掌握的概念主要是日常概念、具体概念。

18. A 【解析】本题考查学前儿童的具体形象思维的主要表现特点。幼儿思维的表面性是指学前儿童只从表面理解事物,因而不理解词的转义,也难以理解"反话"。

19. C 【解析】本题考查幼儿思维的特点。幼儿思维的表面性是指学前儿童只从表面理解事物,因而不理解词的转义。题干的描述主要反映了青青思维的表面性。

20. C 【解析】本题考查幼儿思维的发展。思维是对事物概括的反映。思维不像感知觉那样只反映事物的个别属性或个别具体的事物,而是反映一类事物共同的本质属性,或事物之间的规律性联系。题干的描述反映了思维的概括性。

21. A 【解析】本题考查儿童思维发展的趋势。具体形象思维阶段的学前儿童在开展游戏活动、扮演各种角色、遵守规则等活动时,主要是依靠在他们头脑中的有关角色、规则和行为方式的表象。选项中,在游戏活动中遵守交通规则过马路即是儿童形象思维的表现。

22. C 【解析】本题考查幼儿判断、推理能力的发展。幼儿初期,儿童常常是根据事物的表面联系和外部特点

来进行判断、推理的,因而时常出现判断和推理错误。例如,把画有牛、人、船、猪的4张图片分别呈现给3~13岁的儿童,要求他们从其中取出一张与其他三张不属于同一类的图,并要求幼儿解释挑取的原因。研究结果表明,较小幼儿解释取出"船"的原因时,其判断推理的依据是人、马、虎的外表特性,例如说都有头、身子、脚等。这种判断随年龄的增长而降低。在幼儿晚期,儿童开始能按事物内在的本质联系做出判断、推理。如6~7岁的儿童就能根据人、马、虎都是活的、有生命的、能生长的等属性来进行判断和推理。故答案选C项。

23. D 【解析】本题考查学前儿童比较的发展。各年龄班进行比较性观察时的要求有所不同:中班可以仅比较物体明显的不同点;大班不仅比较物体的不同点和相同点,并可以在此基础上进行分类。

24. C 【解析】本题考查皮亚杰的认知发展阶段理论。具体运算阶段(6、7~11、12岁)的儿童获得了各种守恒观念(如物质、重量、长度、面积等的守恒),能理解二维空间以及其间的补偿关系,出现了初步的逻辑思维。

25. C 【解析】本题考查皮亚杰的认知发展阶段理论。守恒,即儿童认识到客体在外形上发生了变化,但特有的属性不变。处于具体运算阶段的儿童能够去中心化并能逆向运算,因此守恒能力迅速发展。

26. B 【解析】本题考查学前儿童概念的发展。每个概念都有一定的内涵和外延。内涵即含义,是指概念所反映的事物的本质特征。概念的外延,则是指概念所反映的具体事物,即适用范围。

27. B 【解析】本题考查皮亚杰的认知发展阶段理论。前运算阶段(2~7周岁)的儿童还无法掌握守恒。守恒是指尽管物体的外观发生改变,但它特定的自然特征仍保持不变。皮亚杰认为,儿童无法掌握守恒的原因是他们缺乏可逆性。

28. A 【解析】本题考查皮亚杰的发生认识论。同化是指有机体在面对一个新的刺激情境时,把刺激整合到已有的图式或认知结构中。通过这一过程,主体才能对新刺激做出反应,动作也得以加强和丰富。题干的描述属于同化。

29. B 【解析】本题考查皮亚杰的认知发展阶段理论。前运算阶段(2~7岁)的儿童已获得了心理表征,他们可以将不在眼前的事物表征为图片、声音、表象、单词或其他形式,进而能运用符号进行思维和推理,但是他们的思维还缺乏逻辑性。皮亚杰认为,该阶段儿童的思维有以下特点:(1)自我中心性;(2)前概念性;(3)泛灵论;(4)直觉思维;(5)分类能力。

30. D 【解析】本题考查幼儿思维的不可逆性。儿童观察事物时往往只能注意表面的、显著的特征,倾向于注意事物的静止状态。思维活动表现的关系单一,不能进行可逆运算。题干的描述体现了该男童思维的不可逆性的特点。

31. C 【解析】本题考查幼儿掌握概念的一般特点。题干的表述体现了儿童还不能从事物的具体特征中摆脱出来,从而抽象出数量特征,这种由事物的具体特征而带来的干扰,将随着他们对数学知识的抽象性质的理解而逐渐减少。

32. A 【解析】本题考查皮亚杰的认知发展阶段理论。儿童从1.5岁到2岁(直觉行动思维阶段)这个时期内,发生了一次皮亚杰称之为"哥白尼式的革命"。如果说在这一阶段的前期,儿童处于极端的自我中心,他不能区别自己与客体之间的关系,那么到了后期,儿童获得了客体永久性。在皮亚杰理论中,客体永久性是一个重要概念。

33. D 【解析】本题考查思维的不可逆性。不可逆性,即单向性,不能转换思维的角度。题干中禾禾只能理解小兰的妈妈是陈老师却不知道陈老师的女儿是谁,这体现了禾禾思维的不可逆性。

34. A 【解析】本题考查学前儿童思维发展的一般趋势。儿童最初的思维是以直观行动思维为主。这种思维方式在2~3岁儿童身上表现最为突出。3~6、7岁儿童的思维,以具体形象思维为主。学前儿童晚期时,出现了抽象逻辑思维的萌芽。故A项正确。

35. A 【解析】本题考查幼儿认识活动的特征。学前儿童往往把动物或一些物体当人来对待。他们赋予小动物或玩具以自己的行动经验和思想感情和它们说话,把它们当作好朋友。萌萌的言行说明幼儿的认识活

动具有拟人性的特征。

36. B 【解析】本题考查客体永久性。客体永久性即当某一客体在儿童视野中消失的时候，儿童知道该客体并非真的不存在了。

37. B 【解析】本题考查幼儿认知发展水平的阶段。图像表征层次的儿童，能直接通过看图片上的影像（图片上画有数个斜度不同的面与玩具小汽车），就能理解和表达谁快谁慢。

38. B 【解析】本题考查皮亚杰的发生认识论。皮亚杰认为每一个认识活动都含有一定的认知结构，认识活动涉及图式、同化、调节和平衡四个基本范畴。儿童最初的认知图式是遗传性的，以后在适应环境的过程中，通过同化、顺应和平衡，不断地变化和丰富起来。

39. B 【解析】本题考查儿童思维方式的变化。具体形象思维是指儿童依靠事物在头脑中的具体形象进行的思维，即依靠具体事物的表象以及对具体形象的联想而进行的思维。具体形象思维是学前儿童思维的典型方式。

40. C 【解析】本题考查数概念的形成。掌握数的组成是幼儿形成数概念的关键。

41. B 【解析】本题考查皮亚杰的认知发展阶段的特征。皮亚杰的认知发展阶段具有三个特点：（1）阶段出现的顺序固定不变，既不能跨越，也不能颠倒；（2）每一阶段都有其独特的认知图式，这些相对稳定的图式决定了个体行为的一般特征。（3）认知图式的发展是一个连续不断建构的过程，每一个阶段都是前一阶段的延伸。

42. A 【解析】本题考查幼儿思维的发展。3～6、7岁儿童的思维，以具体形象思维为主，所谓具体形象思维是指儿童依靠事物在头脑中的具体形象进行的思维，即依靠具体事物的表象以及对具体形象的联想而进行的思维，而不是凭借对事物的内在本质和关系的理解（即凭借概念、判断和推理）来进行的。

43. A 【解析】本题考查幼儿思维的特点。幼儿思维的形象性表现在幼儿依靠事物在头脑中的形象来进行思维。幼儿头脑中充满了形状、颜色、声音等事物的生动的形象。例如：奶奶总是白头发的，儿子总是小孩，兔子总是“小白兔”。题干中的东东认为儿子就一定是小孩子，所以听说30多岁的李叔叔是儿子时感到不可思议，这体现了其思维具有形象性。

44. C 【解析】本题考查思维的种类。思维主要包括直观行动思维、具体形象思维、抽象逻辑思维。

45. A 【解析】本题考查幼儿思维的发展。抽象思维是指利用抽象的概念或词，根据事物本身的逻辑关系解决问题的思维。在幼儿末期即幼儿6～8岁这一时期，幼儿开始出现抽象思维的萌芽。主要特点包括：第一，幼儿开始获得可逆性思维。例如，幼儿开始认识到如果在一堆珠子中减去几个，然后增加相同数目的珠子，这堆珠子的总数将保持不变。第二，幼儿的思维开始能够去自我中心化。第三，幼儿开始能够同时将注意集中于某一物体的几个属性，并开始认识到这些属性之间的关系。第四，幼儿开始使用逻辑原则。

46. D 【解析】本题考查皮亚杰的认知发展阶段理论。形式运算阶段的思维已超越了对具体的可感知的事物的依赖，儿童的思维是以命题形式进行的，并能发现命题之间的关系；能够根据逻辑推理、归纳或演绎的方式来解决问题；能理解符号的意义、隐喻和直喻；能做一定的概括，其思维发展水平已接近成人的水平。

47. C 【解析】本题考查皮亚杰的认知发展阶段理论。前运算阶段分为两个小阶段：（1）前概念阶段或象征性阶段；（2）直觉思维阶段。前概念思维的特点之一表现在儿童认为个别成分并不是在整体中。儿童不能理解从一堆小钱中拿出来的小钱，是这一堆小钱中的一部分。题干中的小孩不能理解从一捆游戏棒中拿出来的一根小棒是这捆游戏棒的一部分，说明他认为个别成分并不是在整体中，其思维处于前运算阶段。

48. A 【解析】本题考查幼儿思维发展的趋势。具体形象思维是指儿童依靠事物在头脑中的具体形象进行的思维，即依靠具体事物的表象以及对具体形象的联想而进行的思维。

49. C 【解析】本题考查幼儿思维发展的特点。幼儿的思维具有自我中心性的特点，它还伴随有其他一些表现：（1）不可逆性，即单向性。通俗地说是指不能翻过来倒过去地考虑问题，不能转换思维的角度。（2）拟人化或泛灵论。自我中心的特点常使儿童由己推人。（3）经验性。经验性是指幼儿的思维常常根据自己的生活经验来思考问题。

50. B 【解析】本题考查儿童思维发展的趋势。儿童最初的思维是以直观行动思维为主。直观行动思维是指以直观的、行动的方式进行的思维。2 岁左右儿童的思维方法是依靠详尽的、展开的实际行动。思维的每一步都和实际行动分不开,而且常常是由行动中的"顿悟"解决问题。题干中涵涵的思维处于直观行动思维阶段。

51. B 【解析】本题考查学前儿童思维发展的特点。学前儿童思维发展具有拟人性的特点,学前儿童往往把动物或一些物体当人来对待。题干中说明幼儿的思维具有拟人性的特点。

52. D 【解析】本题考查皮亚杰的认知发展阶段理论。皮亚杰认为,儿童的认识来自于主体和客体之间的相互作用。儿童早期不能很好地区分主体和客体,因此,他们的认识常常表现出"泛灵论"的特点,即认为万物是有灵的,任何东西都是动的,是活的。

53. C 【解析】本题考查皮亚杰的认知发展阶段理论。具体运算阶段的儿童思维可以依靠概念进行,有可逆性,有守恒概念,逐渐非中心化,具有灵活性。

54. A 【解析】本题考查幼儿思维发展的趋势。幼儿晚期(5~6 岁)抽象逻辑思维开始萌芽。

55. C 【解析】本题考查幼儿比较的发展。先学会找物体的不同处,后学会找物体的相同处,最后学会找物体的相似处。

56. B 【解析】本题考查学前儿童掌握概念的方式。学前儿童获得的概念几乎都是通过实例的方式来学习的。学前儿童在日常生活中经常接触各种事物,其中有些就被成人作为概念的实例(变式)而特别加以介绍,同时用词来称呼它。学前儿童通过词(概念的名称)和各种实例(概念的外延)的结合,逐渐理解和掌握概念。题干中糖糖的妈妈是通过实例的方式帮助糖糖获得概念的。

57. B 【解析】本题考查学前儿童概括的发展阶段。学前儿童概括的发生发展经过了三个阶段:第一阶段,直观的概括。儿童最初是对物体最鲜明和突出的外部特征(主要是颜色特征)加以概括。第二阶段,动作的概括。儿童学会操作各种物体,逐渐掌握各种物体的用途。第三阶段,语词的概括。两岁左右,儿童出现了语词的概括,开始能按照物体的较稳定的主要特征加以概括,舍弃那些可变的次要特征。

58. A 【解析】本题考查幼儿思维发展的特点。由于学前儿童的思维只是从事物的表面出发,不能反映事物的本质,因此,学前儿童思维常常具有片面性,不善于全面地看问题。在解决问题的过程中,儿童常常只照顾到事物的一个维度,而不能同时兼顾两个维度。题干的描述反映了幼儿思维的片面性。

59. A 【解析】本题考查儿童心理发展的重大质变。思维是认识活动的核心,是一种高级的认识过程。思维的发生是学前儿童心理发展的重大质变,它的产生和发展不仅对学前儿童其他认识活动的发展有推动和促进作用,还对学前儿童的情绪情感活动和意志活动的发展起着重要作用,在学前儿童心理发展中具有里程碑意义。

60. C 【解析】本题考查幼儿思维发展的特点。对于小班幼儿更要注意正面教育,讲反话常常引起违反本意的不良效果。对儿童提要求也要注意具体,最好说:"眼睛看着老师!"而不要说:"注意听讲!"因为儿童不容易接受这种一般性的抽象的要求。故答案选 C 项。

61. C 【解析】本题考查学前儿童掌握概念的方式。学前儿童掌握概念的方式之一是通过实例获得概念。学前儿童在日常生活中经常接触各种事物,其中有些就被成人作为概念的实例(变式)而特别加以介绍,同时用词来称呼它。学前儿童通过词(概念的名称)和各种实例(概念的外延)的结合,逐渐理解和掌握概念。故 C 项错误。

62. D 【解析】本题考查皮亚杰的客体永久性的含义。皮亚杰认为,婴儿在出生后的头几个月里不存在客体永久性观念,具体表现在当一个原先存在于婴儿视野中的物体从他们的视野中消失后,婴儿就不会再去寻找或抓握,表明他们以为物体已经没有了。7 个月以后的婴儿才会继续寻找从他们视线中消失的物体,表明他们已经知道物体虽然从视线中消失,但一定在什么地方,表明他们已经获得了客体永久性。

63. C 【解析】本题考查儿童思维发展的趋势。直观行动思维是最低水平的思维。这种思维的概括水平低,它更多依赖感知动作的概括。这种思维方式在 2~3 岁儿童身上表现最为突出。在 3~4 岁儿童身上也常

有表现。这一阶段的儿童离开了实物就不能解决问题,离开了玩具就不会游戏。

64. A 【解析】本题考查儿童思维发展的趋势。儿童最初的思维是以直观行动思维为主,这种思维方式在 2 ~ 3 岁儿童身上表现最为突出。3 ~ 6、7 岁儿童的思维以具体形象思维为主。6、7 岁以后,儿童的思维开始进入抽象逻辑思维阶段。

二、多项选择题

1. ABCD 【解析】本题考查学前儿童具体形象思维的特点。学前儿童的具体形象思维主要表现出以下几个方面的特点:(1)具体性;(2)形象性;(3)经验性;(4)拟人性;(5)表面性;(6)片面性;(7)固定性;(8)近视性。

2. ABC 【解析】本题考查学前儿童思维发展的特点。学前儿童的思维以具体形象性为主,抽象逻辑思维开始萌芽。在幼儿期的每一个年龄段,其思维特点是不同的。在儿童最初的思维中,语言只是行动的总结,往往在行动之后,儿童根据感知和联想,说出行动的结果。以后,语言仍然离不开直观形象,直观和行动在思维中还有相当大的比重,但是,语言对思维的调节作用越来越大,而直观和行动变为引起注意、补充和加强语言,并作为语言的支柱。

3. BCD 【解析】本题考查前运算阶段(2 ~ 7 周岁)儿童的表现。前运算阶段的特点是儿童的思维已表现出了符号性的特点,他们能够通过表象和言语等符号形式来表征内心世界和外部世界。因此,儿童会进行象征游戏、喜欢画画和语言发展迅速。但此时儿童思维具有绝对性、不可逆性、自我中心性和刻板性,因此不能解决守恒的问题。

4. BCD 【解析】本题考查导致幼儿错误概念的原因。导致幼儿错误概念的原因主要有:接受错误信息、迷信、经验局限、缺乏识辨能力、错误推理、想象活跃和语言理解错误。

5. ABD 【解析】本题考查皮亚杰的发生认识论。皮亚杰认为认知发展是个体在和环境的交互作用中,认知结构不断形成和更新的结果。新的认知结构的建构要通过三个不同的心理过程:同化、顺应和平衡。

6. ABCD 【解析】本题考查幼儿思维能力的培养。培养幼儿思维的措施包括:(1)不断丰富学前儿童的感性知识;(2)帮助学前儿童丰富词汇,正确理解和使用各种概念,发展语言;(3)开展分类练习活动,培养学前儿童的抽象逻辑思维能力;(4)在日常生活中,鼓励学前儿童多想、多问,激发其求知欲,保护其好奇心;(5)开展各种游戏(智力游戏、教学游戏),培养学前儿童的创造性思维。

7. ABCD 【解析】本题考查直觉行动思维的特点。直觉行动思维的特点包括:(1)直观性和行动性;(2)出现了初步的间接性和概括性;(3)缺乏行动的计划性和对行动结果的预见性;(4)思维的狭隘性。

8. ABD 【解析】本题考查学前儿童抽象逻辑思维的特点。抽象逻辑思维是借助人脑的最高产物——概念来完成的,是人类特有的思维方式。学前儿童尚不具备这种思维方式,但在学前儿童晚期,出现了抽象逻辑思维的萌芽。故 A 项正确。随着抽象逻辑思维的萌芽,儿童自我中心的特点逐渐开始消除,即开始“去自我中心化”。故 B 项正确。儿童开始学会从他人以及不同的角度考虑问题,开始获得“守恒”概念,开始理解事物的相对性。故 D 项正确。C 项属于具体形象思维的特征,故 C 项错误。

三、判断题

1. √ 【解析】本题考查皮亚杰提出的儿童思维发展阶段理论。在皮亚杰看来,各阶段出现的年龄,因个体和环境的差异而有所不同,或提前或推迟;但无论差异多大,都不能改变智力发展的定向性。

2. √ 【解析】本题考查儿童思维发展的趋势。儿童最初的思维是以直观行动思维为主。直观行动思维是指以直观的、行动的方式进行的思维。幼儿掰手指属于直观行动思维。

3. × 【解析】本题考查皮亚杰的认知发展阶段理论。皮亚杰将儿童认知发展分为四个阶段:(1)感知运动阶段(0 ~ 2 周岁);(2)前运算阶段(2 ~ 7 周岁);(3)具体运算阶段(7 ~ 11 周岁);(4)形式运算阶段(11 ~ 15 周岁)。

4. √ 【解析】本题考查感知运动阶段儿童的发展特点。感知运动阶段(0 ~ 2 周岁)是智力的萌芽期,是以后发展的基础。儿童通过不断地和外界交往,动作慢慢地协调起来,并逐渐知道自己的动作及其对外物所引

起的效果之间的关系,开始有意识地做某活动。

5. √ 【解析】本题考查皮亚杰的发生认识论。人是一个发展中的开放认识系统,在适应外部世界的过程中,不断地同化外界信息,形成和营建自己的认知结构,同时,又不断地改变着认知结构自身以顺应外界环境。
6. × 【解析】本题考查皮亚杰的发生认识论。皮亚杰认为,从认知活动的本质来看,游戏的特征是"同化"超过了"顺应"。
7. √ 【解析】本题考查前运算阶段儿童的认知特点。前运算阶段的儿童思维的特点之一是自我中心,即儿童只会从自己的立场与观点去认识事物,而不能从客观的、他人的立场和观点去认识事物。日常生活中我们可以发现很多幼儿有自我中心思维的特点。
8. √ 【解析】本题考查幼儿表象思维的特点。幼儿的表象思维具有象征性、经验性、拟人性、表面性和刻板性等特点。
9. √ 【解析】本题考查直观行动思维的含义。直观行动思维活动的典型方式是尝试错误,其活动过程依靠具体动作展开,而且有许多无效的多余动作。

四、名词解释

具体形象思维

具体形象思维是指儿童依靠事物在头脑中的具体形象进行的思维,即依靠具体事物的表象以及对具体形象的联想而进行的思维。

五、简答题(参考答案)

1. 简述幼儿教师应如何训练幼儿的思维。

(1)不断丰富学前儿童的感性知识;(2)帮助学前儿童丰富词汇,正确理解和使用各种概念,发展语言;(3)开展分类练习活动,培养学前儿童的抽象逻辑思维能力;(4)在日常生活中鼓励学前儿童多想、多问,激发其求知欲,保护其好奇心;(5)开展各种游戏(智力游戏、教学游戏),培养学前儿童的创造性思维。

2. 简述皮亚杰的儿童心理发展阶段。

(1)感知运动阶段(0~2周岁);(2)前运算阶段(2~7周岁);(3)具体运算阶段(7~11周岁);(4)形式运算阶段(11~15周岁)。

六、材料分析题(参考答案)

1. (1)冬冬的认知发展属于前运算阶段(2~7周岁)。

(2)皮亚杰认为,该阶段儿童的思维有以下特点:

①自我中心性。这一时期思维的特点之一是自我中心,即儿童只会从自己的立场与观点去认识事物,而不能从客观的、他人的立场和观点去认识事物。

②前概念性。该阶段儿童的语言能力得到很好的发展,他们已经掌握了很多词汇。但这个阶段,词汇所代表的概念不是抽象的、概括的,而是具体的、动作的。例如,案例中冬冬在日常生活中能流利地用语言与父母和小伙伴交流,也能玩过家家、扮医生等游戏。

③泛灵论。该阶段思维的另一个特点是泛灵论。3~4岁的儿童认为,所有的物体都是有生命的、有意义的。4~5岁以后,儿童开始认识到,移动着的物体才有生命。6岁的儿童认识到,有自发运动状态的物体才可能有生命。例如,案例中,冬冬兴奋地告诉幼儿园老师:"我家的花开了,因为它想看看我。"

④直觉思维。皮亚杰认为,儿童无法掌握守恒的原因是他们缺乏可逆性。儿童的思维缺乏可逆性,他们不能从心理上反向思考所见到的过程。例如,案例中把一个圆饼切成4片,冬冬会认为切成4片的圆饼会比整块的多。问冬冬:"你有兄弟吗?"他回答:"有。"又问他:"他叫什么名字?"回答:"叫小军。"再问:"小军有兄弟吗?"他回答:"没有。"

⑤分类能力。儿童已经表现出分类的能力。

2. (1)3~6、7岁儿童的思维,以具体形象思维为主,所谓具体形象思维是指儿童依靠事物在头脑中的具体形象进行的思维,即依靠具体事物的表象以及对具体形象的联想而进行的思维。思维的具体形象性是在直观

行动性的基础上形成和发展起来的。具体形象思维是学前儿童思维的典型方式。案例中翟女士的女儿五岁半，还处于具体形象思维阶段，给孩子报奥数班的行为违背了幼儿的思维发展特点。

(2)6、7岁以后，儿童的思维开始进入逻辑思维阶段。抽象逻辑思维反映事物的本质特征，是指运用概念、根据事物的逻辑关系来进行的思维。它是靠语言进行的思维，是人类所特有的思维。幼儿阶段只有抽象逻辑思维的萌芽。案例中"贾女士说，跟女儿同班的一个孩子对三位数加减法已经很熟练了，而自己的女儿两位数加减法还比较困难"，6、7岁以后儿童才开始进入逻辑思维阶段，让儿童过早学习二位数和三位数的加减法，不利于幼儿的思维发展。

3. (1)三种条件下儿童所使用的思维方式及原因：第一种：直觉行动思维。直觉行动思维是指以直观的、行动的方式进行的思维。材料中，在儿童面前摆放木棍和糖果，引导幼儿依靠动作和实物解决问题，是直觉行动思维。第二种：具体形象思维。具体形象思维是指儿童依靠事物在头脑中的具体形象进行的思维，即依靠具体事物的表象以及对具体形象的联想而进行的思维。材料中，给幼儿提供图画，引导幼儿利用木棍和糖果的形象进行思考，是具体形象思维。第三种：抽象逻辑思维。抽象逻辑思维反映事物的本质特征，是指运用概念、根据事物的逻辑关系来进行的思维。材料中，利用口头语言布置任务，需要幼儿理解，是抽象逻辑思维。

(2)儿童思维方式的变化如下：①从思维发展的方式来看，幼儿的思维最初是直觉行动思维，然后出现具体形象思维，最后发展起来的是抽象逻辑思维。案例中，第一种条件下，完成任务的成功率均最高，第二种条件次之，第三种条件只有大班能够成功，符合三种思维方式的水平。②三种思维方式随着年龄的增长逐渐发展。直觉行动思维从小班开始就有明显表现，中班具体形象思维明显，大班抽象逻辑思维萌芽。

4. (1)轩轩处于具体形象思维水平。案例中妈妈生气地对轩轩说玩个够吧，别吃饭了，轩轩信以为真，听不懂妈妈话中的意思体现了具体形象思维的表面性，因此处于这一水平。

(2)具体形象思维的特点包括：①思维动作的内隐性。整个思维过程在头脑中进行，不需借助动作辅助。案例中轩轩在挑选桥面的时候，只是看了看桥墩，又瞅瞅桥面，就选到了适合桥墩的桥面，体现了这一特点。②具体形象性。具体形象性又包括表面性和绝对性。案例中轩轩听不懂妈妈的反话，还以为妈妈真的同意他玩耍，体现了具体形象性中的表面性。③自我中心性。自我中心性又包括不可逆性、拟人化或泛灵论、经验性。案例中轩轩乱丢玩具小狗，轩轩妈妈就说玩具小狗会感冒，轩轩立马捡起来并盖上了小毛巾。轩轩将小狗玩具当成人来看待，体现了自我中心中的拟人化。

实战演练

一、单项选择题

1. D 【解析】幼儿的观察一般是笼统的，看得不细致是幼儿观察的特点和突出问题。例如，6岁左右的孩子往往在认识"N"和"M"、"工"和"土"、"日"和"月"等相似符号时出现混淆。

2. B 【解析】注意的分配是指在同一时间内，把注意分配到两种或几种不同的对象或活动上。幼儿边听音乐边做动作体现了注意的分配。

3. A 【解析】学前儿童记忆发展的特点：(1)无意记忆占优势，有意记忆逐渐发展；(2)记忆的理解和组织程度逐渐提高；(3)形象记忆占优势，语词记忆逐渐发展；(4)记忆的意识性和记忆方法逐渐发展。

4. B 【解析】前运算阶段的儿童认识不到在事物的表面特征发生某些改变时，其本质特征并不发生变化。不能守恒是前运算阶段儿童的重要特征，他们通常被事物的表面现象所蒙蔽。

5. C 【解析】在幼儿记忆的发展过程中，还存在着一种被称为偶发记忆的现象。这种现象是指当要求幼儿记住某样东西时，他往往记住的是和这件东西一道出现的其他东西。题干中的描述就是偶发记忆现象。

6. D 【解析】学前儿童掌握的各种概念中以实物概念为主。在实物概念中，又以掌握具体实物概念为主，即以掌握基本概念为主。随着学前儿童年龄的增长，幼儿晚期，他们开始能够掌握一些生活中常见的抽象概念，但学前儿童对这类概念的掌握也离不开事物的形象和具体活动的支持。学前儿童可借助床、桌子、椅子

等具体实物掌握对应的概念,但对家具这一较为抽象的概念掌握起来较为困难。

7. B 【解析】注意的集中性是指心理活动在指向某一事物的同时,就会对这个事物全神贯注,把精神都集中到这一事物上,使人的活动得以进行下去并使活动得以完成。

8. B 【解析】题干中,婷婷把没有的玩具说成有,是想象与现实的混淆现象,多出现于小班。婷婷的自控能力不强,对故事不感兴趣,就和其他小朋友讲话,体现了她强烈的情绪性,这是小班幼儿典型的心理特点。可推测出婷婷是小班幼儿。

9. A 【解析】注意的稳定性是指注意力在同一活动范围内所维持的时间长短。注意的稳定性对幼儿活动的完成具有重要意义。

10. B 【解析】机械识记是指对所记材料的意义和逻辑关系不理解,采用简单、机械重复的方法进行识记。

11. A 【解析】同一分析器的各种感觉会因彼此相互作用而使感受性发生变化,这种现象叫作感觉的对比。感觉的对比分为先后对比(继时对比)和同时对比两种。先后对比是同一分析器所产生的前一感觉和后一感觉之间的相互作用。

12. C 【解析】想象是对头脑中已有的表象进行加工改造,建立新形象的过程。题干描述的正是想象的表现。

13. A 【解析】无意想象没有预设目的,由外界直接刺激引起,占据儿童想象的主要地位。

14. C 【解析】幼儿记忆的发展特点之一是形象记忆占优势,语词记忆逐渐发展。幼儿最容易记住的是那些具体的、直观形象的材料,其次是那些关于某些事物的名称、事物的形象和行动的语言材料。C 项表述错误。

15. A 【解析】再认是指识记过的事物重新出现时,感到熟悉,确知是以前感知过或经历过的。

16. D 【解析】拟人性是指学前儿童往往把动物或一些物体当人来对待。他们赋予小动物或玩具以自己的行动经验和思想感情与它们说话,把它们当作好朋友。

17. B 【解析】注意的指向性是指人在清醒的每一瞬间,心理活动都指向某个对象,而离开其他对象。

18. C 【解析】幼儿想象的一个突出特点是喜欢夸张,他们常常把事物的某个部分或某种特征加以夸大和强调。

19. D 【解析】注意的分配是指人在进行两种或多种活动时能把注意指向不同对象的现象。事实证明,注意的分配是可行的,人们在生活中可以做到“一心二用”,甚至“一心多用”。“学生在上课时对学习内容用眼看、用耳听、用心记、用嘴说”体现的是注意的分配。因此,这样做可以提高学生注意的分配能力。

易错警示:注意的分配、注意的转移与注意的分散不同。注意的分配是主动的、有目的的,注意力仍集中在当前任务上。注意的转移是主动的、有目的的、符合当前活动需要的过程。注意的分散却是受无关事物吸引,心理活动离开了当前的任务,是被动的、不符合当前活动需要的过程。

20. A 【解析】形象记忆是以感知过的事物的具体形象为内容的记忆。情绪记忆是对体验过的情绪情感的记忆。

21. B 【解析】幼儿理解的发展趋势之一是:从对事物做简单、表面的理解,发展到理解事物较复杂、较深刻的含义。对幼儿,尤其是小班幼儿千万不要说反话,要坚持正面的教育。幼儿对语言中的转义、喻义和反义现象也比较难理解。

22. A 【解析】感觉是人脑对直接作用于感觉器官的客观事物的个别属性的反映。知觉是人脑对直接作用于感受器官的客观事物的整体反映。题干的描述运用的是感觉和知觉。

23. C 【解析】题干描述的想象表达了幼儿的愿望。

24. C 【解析】如果同样的刺激反复出现,对它注意的时间就会逐渐减少甚至完全消失。随着刺激物出现频率的增加而对它的注意时间逐渐减少甚至消失的现象,心理学家称之为“习惯化”。

25. A 【解析】在同一时间内,把注意分配到两种或几种不同的对象与活动上,这就是注意的分配。如幼儿一边唱歌,一边跳舞;同学们一边记笔记,一边听老师讲课等都是注意的分配。

26. A 【解析】注意的稳定性是指注意力在同一活动范围内所持续的时间长短。

27. B 【解析】在良好的教育条件下，随着年龄的增长，幼儿注意分配的能力逐渐提高。5～6 岁幼儿就能参加较复杂的集体游戏和活动，并能和其他小朋友协调一致，说明注意的分配能力强。

28. C 【解析】幼儿方位知觉的发展趋势是：3 岁辨别上下方位，4 岁开始辨别前后方位，5 岁开始能以自身为中心辨别左右方位，6 岁幼儿虽然能完全正确地辨别上下前后四个方位，但以左右方位的相对性来辨别左右仍然感到困难。7 岁才开始能够辨别以别人为基准的左右方位，以及两个物体之间的左右方位。故对于方位，幼儿较难掌握的概念是左右。

29. C 【解析】回忆是指识记过的事物并没有再次出现，由于其他事物的影响而使这些事物在头脑里呈现出来的过程。

30. B 【解析】无意记忆的效果优于有意记忆。

31. A 【解析】幼儿的时间知觉，主要是依靠生活中接触到的周围现象的变化，他们逐渐学会了借助于某种生活经验（生活作息制度、有规律的生活事件等）和环境信息反映时间。

32. D 【解析】梦是无意想象的极端形式，是完全无目的被动的想象。

33. A 【解析】遗忘有各种情况：(1)能再认不能回忆，叫不完全遗忘；(2)不能再认也不能回忆，叫完全遗忘；(3)一时不能再认或回忆，叫临时性遗忘；(4)永远不能再认或回忆，叫永久性遗忘。

34. B 【解析】感觉的对比分先后对比（或继时对比）和同时对比两种，先后对比是同一分析器所产生的前一感觉和后一感觉之间的相互作用，例如，吃过甜食以后再吃苹果，会感到苹果发酸，尝过苦味之后再喝纯净水，会感到纯净水带有甜味。

35. A 【解析】在良好的教育环境下，3 岁幼儿能够集中注意 3～5 分钟左右，4 岁幼儿注意可持续 10 分钟左右，5～6 岁幼儿注意能保持 20 分钟左右。

36. A 【解析】再认是指识记过的事物重新出现时，感到熟悉，确知是以前感知过或经历过的。题干描述的现象是再认。

37. C 【解析】距离知觉是辨别物体远近的知觉。幼儿可以分清他们所熟悉的物体或场所的远近，对于比较广阔的空间距离，他们还不能正确认识。幼儿常常不懂得近物大、远物小，近物清楚、远物模糊等感知距离的视觉信号。

38. D 【解析】幼儿时期，常将想象的东西和现实进行混淆，表现在三个方面：(1)把渴望得到的东西说成已经得到；(2)把希望发生的事情当成已经发生的事情来描述；(3)在参加游戏或欣赏文艺作品时，往往身临其境，与角色产生同样的情绪反应。

39. A 【解析】形象记忆是以感知过的事物的具体形象为内容的记忆。

40. B 【解析】幼儿时期，常将想象的东西和现实进行混淆，表现在三个方面：(1)把渴望得到的东西说成已经得到；(2)把希望发生的事情当成已经发生的事情来描述；(3)在参加游戏或欣赏文艺作品时，往往身临其境，与角色产生同样的情绪反应。

41. C 【解析】情绪记忆是对体验过的情绪情感的记忆。儿童喜爱什么、依恋什么、厌恶什么都是情绪记忆的表现。

42. B 【解析】再造想象的类型包括：经验性想象、情境性想象、愿望性想象、拟人化想象。

43. B 【解析】幼儿想象容易受自身情绪的影响，也容易受别人情绪的影响。

44. A 【解析】再造想象是根据语言文字的描述或图形、图解、符号等非语言文字的描绘，在头脑中形成相应的新形象的过程。

易错警示：考生易混淆创造想象和再造想象，遇到此类试题时，可通过以下关键点进行区分：

再造想象强调记忆表象的丰富，以丰富的表象为基础，利用词语思维的组织作用，在头脑中形成新形象；

创造想象强调想象的首创性、新颖性，根据一定的目的、任务，对感性材料进行分析、综合、加工、改造，创造出新形象。

二、多项选择题

1. ACD 【解析】幼儿想象的特点是以无意想象为主，有意想象开始发展；再造想象为主，创造想象开始发展；

幼儿想象的夸张性。幼儿想象的夸张性主要包括:想象有时和现实混淆;幼儿的想象常常依赖于成人的言语描述。

2. BD 【解析】空间知觉包括形状知觉、大小知觉、方位知觉和距离知觉,是用多种感官进行的复合知觉。距离知觉是辨别物体远近的知觉。通常 3 岁的幼儿能区别一些几何图形。幼儿方位知觉发展早于方位词的掌握。

三、判断题

1. √ 【解析】学前儿童对物体进行比较,有以下特点和发展趋势:(1)逐渐学会找出事物的相应部分;(2)先学会找物体的不同处,后学会找物体的相同处,最后学会找物体的相似处。

2. √ 【解析】3 ~ 6 岁儿童记忆特点:(1)无意记忆占优势,有意记忆逐渐发展;(2)记忆理解和组织程度逐渐提高;(3)形象记忆占优势,语词记忆逐渐发展;(4)幼儿记忆的意识性和记忆方法逐渐发展。

3. × 【解析】感觉是对事物的个别属性的反映,而知觉却是对事物的整体反映。

4. × 【解析】前运算阶段(2 ~ 7 岁)的儿童认知特点是以"自我中心"去认识和感知世界的。

5. √ 【解析】幼儿的记忆和其他心理过程一样,是随着年龄的增长而逐渐发展的。幼儿记忆的基本特点是无意记忆占优势,有意记忆逐渐发展。无意记忆的效果优于有意记忆。

6. √ 【解析】幼儿认识空间方位,体现出由近及远逐步扩展的趋势,即先只限于判断自身范围的位置,再是确定与自身靠近的空间物体的方位定向,最后才能确定与自身较远的空间方位定向。

7. × 【解析】幼儿注意的范围比较小,但随着年龄的增长,注意的范围在逐渐扩大。

8. × 【解析】注意的转移是指根据任务,主动、及时地从一个对象或一种活动转移到另一个对象或另一种活动中去。

9. × 【解析】创作孙悟空具有很大的独创性,是创造想象。

四、填空题

1. 动作记忆　情绪记忆　语词记忆　2. 7 ± 2　3. 自我中心性

4. 机械记忆　5. 归类记忆法

6. 形象性　新颖性　7. 思维

五、简答题(参考答案)

1. 简述儿童记忆发展的趋势。

(1)记忆保持时间的延长;(2)记忆容量的增加;(3)记忆内容的变化;(4)记忆的意识性与记忆策略的形成。

2. 简述学前儿童分类的类型。

(1)不能分类;(2)依感知特点分类;(3)依生活情景分类;(4)依功用分类;(5)依概念分类。

3. 简述幼儿方位知觉的发展趋势。

幼儿方位知觉的发展趋势是:3 岁辨别上下方位,4 岁开始辨别前后方位,5 岁开始能以自身为中心辨别左右方位,6 岁幼儿虽然能完全正确地辨别上下前后四个方位,但以左右方位的相对性来辨别左右仍然感到困难。7 岁才开始能够辨别以别人为基准的左右方位,以及两个物体之间的左右方位。

4. 简述幼儿观察力发展的表现。

(1)观察的目的性不强;(2)观察持续的时间较短;(3)观察缺乏系统性;(4)观察缺乏概括性;(5)缺乏观察方法。

5. 简述幼儿想象夸张性的表现。

(1)夸大事物某个部分或某种特征。(2)混淆假想与现实。幼儿时期,幼儿常将想象的东西和现实进行混淆,表现在三个方面:①把渴望得到的东西说成已经得到。②把希望发生的事情当成已经发生的事情来描述。③在参加游戏或欣赏文艺作品时,往往身临其境,与角色产生同样的情绪反应。

6. 简述幼儿颜色视觉的发展特点。

(1)幼儿初期(3 ~ 4 岁),幼儿已能初步辨认红、橙、黄、绿、蓝等基本色,但在辨认紫色等混合色和蓝与天蓝

等近似色时，往往较困难，也难以说出颜色的正确名称。

(2)幼儿中期(4～5岁)，大多数幼儿能认识基本色、近似色，并能说出基本色的名称。

(3)幼儿晚期(5～6岁)，幼儿不仅能认识颜色，而且在画图时，能运用各种颜色调出需要用的颜色，并能正确地说出黑、白、红、蓝、绿、黄、棕、灰、粉红、紫等颜色的名称。

幼儿期对颜色辨别力的发展，主要依靠生活经验和教育。研究表明，6岁前的中国幼儿基本上都喜欢亮度大的红、橙、黄色，性别差异不明显。7岁前的儿童对颜色的爱好基本上不受物体固定颜色的影响，7～8岁是转折期。

六、论述题(参考答案)

1. 为什么幼儿形象记忆和语词记忆的效果随年龄的增长而逐渐接近？

(1)各种研究显示，形象记忆和语词记忆的差距日益缩小。两种记忆效果之所以逐渐缩小，是因为随着年龄的增长，形象和语词都不是单独在儿童头脑中起作用，而是有越来越密切的联系。一方面，幼儿对熟悉的物体能够叫出名称，那么物体的形象和相应的词就紧密联系在一起；另一方面，幼儿熟悉的词，也必然建立在具体形象的基础上，词和物体的形象是不可分割的。

(2)形象记忆和语词记忆的区别只是相对的。在形象记忆中，物体或图形起主要作用，语词在其中也起着标志和组织记忆形象的作用。在语词记忆中，主要记忆内容是语言材料，但是记忆过程要求语词所代表的事物的形象做支柱。随着儿童语言的发展，形象和语词的相互联系越来越密切，两种记忆的差别也相对缩小。

2. 试述注意对幼儿的活动和心理发展的意义。

(1)注意对幼儿活动的意义：①游戏是幼儿的主要活动形式，注意是幼儿游戏活动开展的保证；②注意是幼儿学习活动的保证。幼儿集中注意时，学习效果就好，容易记住新知识，能力提高也快。

(2)注意对幼儿心理发展的意义：①注意能使幼儿从环境中接受大量的信息，调整自己的行为；②注意对幼儿认识过程的发展有重要意义，凡是幼儿注意到的事物，幼儿对该事物的感知就最清晰、也最容易记住；③注意对幼儿坚持性发展具有重要的影响作用。

3. 试述幼儿有意注意产生的条件。

(1)幼儿的有意注意依赖于丰富多彩的活动的开展。幼儿的有意注意是在活动中发展起来的。在活动中，幼儿通过参与活动、体验活动的趣味性，努力把自己的注意力集中于活动中，使自己的活动有目的，并在老师的提醒下完成活动。

(2)幼儿对活动目的、活动任务的理解程度。幼儿如果明白老师、成人让他做的事，而且知道具体的任务是什么，他就会按要求完成任务，这一过程中幼儿是需要有意注意的。

(3)幼儿对活动的兴趣与良好的活动方式。幼儿如果对所进行的游戏或活动感兴趣，那么，幼儿就会自觉地使自己投入活动，并且主动参与活动。

(4)言语指导和言语提示。成人对幼儿注意的组织常是通过言语指示来实现的。通过言语指示可以提醒幼儿必须完成的动作，注意哪些情况。此外，幼儿自我言语指示，也有助于幼儿有意注意的发展。

(5)幼儿的性格与意志特点。性格中细心、坚持性强、不爱认输的幼儿，一般易于使自己的注意服从于当前的活动和任务。因此，教师要注意到幼儿的这种个别差异，在活动中有目的地发展幼儿的注意力。

七、材料分析题(参考答案)

1. (1)有意注意是指有预定目的，需要一定意志努力的注意。有意注意是我们自觉控制的注意，它服从于我们生活、学习的需要与任务。案例中，教师组织语言教育活动，大家聚精会神地听老师讲故事，这就是有意注意的表现。

(2)无意注意就是事先没有预定目的，也不需要意志努力的注意。案例中，听到喧闹声，孩子们的注意被吸引了，及老师突然不说话了，都引起了孩子们的无意注意。

2. (1)案例中的描述说明了幼儿的想象缺乏目的性。

(2)原因：①想象受感知形象的直接影响。幼儿的想象表象往往是由感知的形象联想到某种表象而构成，不

过,幼儿构成新形象时所需时间比以前短些。在绘画过程中,想象主题的多变和感知形象的影响直接有关。幼儿往往随所画出的形象让想象主题任意变化。幼儿常常受直接感知的外界环境的变化的影响而改变想象主题。案例中,幼儿画了小人,又画螃蟹;画了汽车,又画海军,说明了幼儿绘画的主题易变化,没有目的性。②不追求想象成果。幼儿在想象活动中不追求达到目的,不试图做出预定成品,以想象过程为满足,幼儿不要求想象的形象符合实际,只要求满足自己的情绪需要。案例中,幼儿看见小勺就想拿来喂娃娃吃饭,看见小汽车就要玩开汽车等,表现出了幼儿想象没有预设的目的,往往以想象过程为满足。

3. (1)这位老师在上课中遇到这样的问题,主要原因是没有考虑到幼儿注意稳定性的特点。具体包括以下几点:①单调的活动不利于维持幼儿注意的稳定性。在小班儿童的课上,尽管老师为自己的示范表演做了精心准备,但是儿童却只是观看,脱离了自身的实际活动,所以很难维持其注意的稳定性。②活动的难度与注意的稳定性也有密切关系。让中班儿童画太阳,这种活动的难度远远低于这个年龄段儿童的心理发展水平。所以也很难维持他们的注意。③虽然老师总体的时间安排符合幼儿的年龄特征,但根据实验研究,在良好的教育环境下3岁幼儿只能集中注意3~5分钟,4岁幼儿只能集中注意10分钟,所以案例中的老师很难使这些小班、中班幼儿长时间保持注意。

(2)对上述情况,这位老师可以从以下几个方面入手:①应适当减少单纯的演示活动的时间,并且要同时安排一些儿童自身参与的活动。例如,在演示过程中请儿童进行模仿,提问并请儿童回答等。②避免让幼儿从事难度过低的活动,活动难度应稍高于儿童原有的水平。例如,在要求孩子们画太阳之前,通过谈话,想象一些在灿烂阳光下的生活场景等,然后再通过画画加以表现。

4. (1)小凯妈妈的说法是不正确的。

(2)幼儿想象的特点:①无意想象为主,有意想象开始发展;②再造想象为主,创造想象开始发展;③想象有时和现实混淆。

(3)幼儿时期,常将想象的东西和现实进行混淆,表现在三个方面:①把渴望得到的东西说成已经得到的;②把希望发生的事情当成已经发生的事情来描述;③在参加游戏或欣赏文艺作品时,往往身临其境,与角色产生同样的情绪反应。

案例中的描述是小凯混淆想象和现实的情况,被成人误认为孩子在说谎。事实上是幼儿期的想象特点所致。

5. (1)案例中体现了幼儿思维发展的具体形象性的特点。具体性是指幼儿思维的内容是很具体的。幼儿思考问题总是借助于具体事物或具体事物的表象,对具体的语言容易理解,对抽象的语言则不易理解。形象性是指依靠事物的形象来思维。事物可以在眼前也可以不在眼前,但头脑中必须有事物的表象。

(2)根据幼儿思维具体形象性的特点进行教育,需要教师多采用直观、形象的方法,尽量避免抽象、空洞的说教。案例中教师讲到"大象用鼻子把狼卷起来"时,用手做出"卷"的动作,可以有助于幼儿更好地理解"卷"的意思。教师在讲到"大象把狼扔到河里去"时,又用手做出扔的样子。该教师采用具体形象的方法,并且让幼儿跟着学习也做出相应的动作,这样会使幼儿更好地理解教学内容,掌握教学知识。由于幼儿思维具有具体形象的特点,不善于分析事物的内在含义,不能理解语言的寓意、转义,因此,在对幼儿进行教育时,教师一定要坚持正面引导的原则,切忌讲反话,或嘲笑、讽刺幼儿。

6. (1)明明父母的态度和行为是不对的。

(2)幼儿初期的思维还带有较大的直观行动性,他们的思维离不开直接感知和行动,行动的目的性、计划性很差。明明正处于幼儿初期,他的行为正好符合这一特征,因而是正常的。明明父母不了解幼儿初期思维的这一特点,提出了过高的要求,明明是很难达到的。

(3)对明明父母的教育建议:①依据心理发展规律,正确理解幼儿初期思维发展的特征;②创设情境,丰富玩具和提供实际操作机会;③循序渐进地提出行动目的和计划性要求;④抓住合理时机进行思维能力的培养。

7. (1)在整个学前期,幼儿的无意记忆占优势,影响幼儿无意记忆的因素有:客观事物的性质,客观事物与幼儿主体的关系,幼儿认知活动的主要对象或活动所追求的事物,幼儿认知活动中感官参加的数量以及活动的动机等。

(2)幼儿对听到的某首童谣,看到的某个电视广告记忆效果较好是因为他对童谣和广告的记忆是一种无意记忆,电视画面具有具体、生动形象的特点,给予幼儿视觉、听觉等多种感官刺激。广告简明的语言,符合儿童的兴趣和需要,很容易成为儿童无意记忆的对象,而教师要求记忆的任务属于有意记忆。

8. (1)学前儿童的理解主要是直接理解,幼儿期逐渐出现间接理解。学前儿童对事物的理解有以下发展趋势:①从对个别事物的理解,发展到理解事物之间的关系;②从主要依靠具体形象来理解,发展到依靠语言说明来理解;③从对事物做简单、表面的理解,发展到理解事物较复杂、深刻的含义;④从理解与情感密切联系,发展到比较客观的理解;⑤从不理解事物的相对关系,发展到逐渐能理解事物的相对关系。

(2)通过案例可以看出:①幼儿在听完老师的讲述后,立即哭了起来。他对小白兔被大灰狼叼走了感到非常难过,这体现了幼儿的理解与情感的密切联系。也就是说幼儿对事物的理解带有强烈的感情色彩,而不是从客观问题出发。②从案例中可以看出,幼儿对语言的理解更多地停留在表面,而并没有将此转化成一个比较抽象的数学运算过程。

9. (1)材料中幼儿随手涂鸦,偶尔画出图形,看着像什么就说是什么,拼图也这样。比如幼儿涂鸦后会高兴地说:"我画了一只小鸟。""我画了一个毛毛虫。"等等。体现了幼儿思维的直观行动性。直观行动思维是指以直观的、行动的方式进行的思维。直观行动思维的主要特征为:①思维是在直接感知中进行的。思维不能离开直观的事物,要紧紧依靠对事物的直接感知。②思维是在实际行动中进行的。思维不能离开儿童自己的动作。

(2)家长的做法不合适。3 岁的幼儿正处于直观行动思维阶段,这个阶段思维的概括水平低,它更多依赖感知动作的概括。这种思维方式在 2 ~ 3 岁儿童身上表现最为突出。

作为家长:①要不断丰富学前儿童的感性知识;②帮助学前儿童丰富词汇,正确理解和使用各种概念,发展语言;③开展分类练习活动,培养学前儿童的抽象逻辑思维能力;④在日常生活中鼓励学前儿童多想、多问,激发其求知欲,保护其好奇心;⑤开展各种游戏(智力游戏、教学游戏),培养学前儿童的创造性思维。

10. (1)幼儿注意发展的特点是无意注意占优势,有意注意初步形成,但处于较低水平。

(2)①幼儿无意注意占优势。容易引起幼儿无意注意的因素主要有刺激物的物理特性,儿童容易被那些颜色鲜艳、声音动听、造型奇异、变化显著的刺激物吸引,所以幼儿容易看到天上飞的小鸟、水里游的金鱼等。另外,那些符合幼儿自身的兴趣和需要的刺激物也更容易引起幼儿的无意注意。教师在带领幼儿观察的过程中尽量避开一些无关的刺激,以免引起幼儿的无意注意。

②幼儿有意注意初步形成,处于较低水平。有意注意是有预定目的,需要意志努力的注意,这一时期幼儿有意注意的发展水平还比较低,因此在户外观察果树时,小朋友们说不出果树的特征、形状等。教师应该引导幼儿观察果树的某一特征,引起幼儿的有意注意。

第四章　学前儿童情绪的发展

真题必刷

第 8 练　学前儿童情绪情感的分类、产生与发展

一、单项选择题

1. C 【解析】本题考查情绪的社会化。成人要满足婴幼儿的社会性需要。婴儿出生后感到最愉快、最渴望的是母亲肌体的温暖,最初的社会性需要是接触(身体)及抚爱、搂抱婴儿,和婴儿身体接触是婴儿的心理和社交活动正常发展最重要的因素,婴儿喜欢逗引、抱、摇,这些动作可以使婴儿产生满足的情绪。

2. C 【解析】本题考查幼儿情感发展的特点。对一般儿童来说,5 岁左右,幼儿的理智感已明显地发展起来,突出表现在幼儿很喜欢提问题,并由于提问和得到满意的回答而感到愉快。6 岁幼儿喜爱进行各种智力游戏或所谓"动脑筋"活动,如下棋,猜谜语等,这些活动能满足他们的求知欲和好奇心,促进理智感的发展。

3. A 【解析】本题考查幼儿情感发展的特点。道德感是因自己或别人的言行举止是否符合社会道德标准而

引起的情感体验。小班的孩子道德感主要是指向个别行为的，如知道打人、咬人是不好的。中班孩子不但关心自己的行为是否符合道德标准，而且开始关心别人的行为，并由此产生相应的情感。到了大班，幼儿的道德感进一步发展和复杂化。他们对好与坏、好人与坏人，有鲜明的不同感情。题干的表述表明幼儿的道德感随着年龄增长不断发展。

4. B 【解析】本题考查对理智感的理解。幼儿期是幼儿理智感开始发展的时期。幼儿的理智感有一种特殊的表现形式，即好奇好问。另一种表现形式是与动作相联系的“破坏”行为。对一般儿童来说，5 岁左右，这种情感已明显地发展起来，突出表现在幼儿很喜欢提问题，并由于提问和得到满意的回答而感到愉快。

5. D 【解析】本题考查幼儿情绪发展的特点。婴幼儿期的情绪是非常不稳定的，容易变化，表现为两种对立的情绪在短时间内互相转换。如当幼儿由于得不到喜爱的玩具而哭泣时，成人递给他一块糖，他就立刻会笑起来。这种“破涕为笑”的现象，在小班尤为明显。

6. D 【解析】本题考查幼儿情绪的分类。心境是一种微弱的、持续时间较长的、带有弥散性的心理状态。激情是一种爆发式、猛烈而短暂的情绪状态，例如，狂喜、暴怒、恐惧、绝望等都是激情的表现。应激是在出乎意料的紧迫情况下引起的急速而高度紧张的情绪状态。

7. A 【解析】本题考查幼儿情感的分类。道德感是因自己或别人的言行是否符合社会道德标准而引起的情绪体验。题干中幼儿的表现属于道德感。

8. A 【解析】本题考查学前儿童情绪发展的一般趋势。随着年龄的增长，儿童逐渐产生了社会交往的需要，从两个月起，便开始出现对人脸的积极情绪反应，这体现了儿童情绪的社会化。

9. B 【解析】本题考查幼儿情绪的分类。激情是一种爆发式的、猛烈而时间短暂的情绪状态。例如，狂喜、暴怒、恐惧、绝望、剧烈的悲痛等，都是激情的表现。它往往带有特定的指向性和较明显的外部行为表现，如暴跳如雷、浑身战栗、手舞足蹈等。

10. D 【解析】本题考查幼儿情感的分类。幼儿的理智感有一种特殊的表现形式，即好奇好问。另一种表现形式是与动作相联系的“破坏”行为。

11. D 【解析】本题考查儿童情绪的发展趋势。幼儿晚期（5~6 岁），孩子情绪的稳定性会逐渐增强，但仍受家长和教师的感染，所以家长和教师在幼儿面前必须控制自己的不良情绪。

12. D 【解析】本题考查情绪和情感的作用。情绪和情感是人向他人表达、传递自身需要及状态（如愉快、愤怒等）的信号。这种信号功能主要通过情绪情感的外显形式——表情及言语来实现。

13. B 【解析】本题考查幼儿情感发展的特点。幼儿 3 岁前只有某些道德感的萌芽，进入幼儿园以后，特别是在集体生活环境中，孩子逐渐掌握了各种行为规范，道德感也逐步发展起来。

14. B 【解析】本题考查婴幼儿情绪的发展。六七个月的婴儿开始怕生，也就是出现对陌生刺激物的恐惧反应。怕生与依恋同时产生，婴儿对母亲的依恋感越强烈，怕生情绪也越强烈。故 A 项正确。随着想象的发展，2 岁左右的婴儿开始出现与想象相联系的恐惧情绪。婴幼儿分不清想象与现实之间的界线，往往把自己的想象当作现实来对待。故 B 项错误。大部分孩子从六七个月起，就会明显表现出分离焦虑，随着年龄的增大，分离焦虑的强度逐渐减弱。故 C 项正确。长时间的分离焦虑，容易导致儿童抵抗力下降，例如，刚入园的孩子常常很容易感冒、发烧、肚子疼等。故 D 项正确。

15. B 【解析】本题考查幼儿情感的分类。情感分为道德感、理智感、美感。道德感是因自己或别人的言行举止是否符合社会道德标准而引起的情绪体验。题干中青青的告状表现是道德感的体现。

易错警示：考生容易混淆道德感、理智感和美感，在做此类试题时，可以根据以下关键点进行区分：

道德感——用一定的道德标准去评价自己或他人的思想和言行时产生的情感体验。道德感产生的关键是运用道德标准去评价，它会受到社会规范、社会价值体系的影响。

理智感——在智力活动中，认识、探求或维护真理的需要是否得到满足而产生的情感体验。理智感产生的关键与认知活动、智力活动相关。

美感——用一定的审美标准来评价事物时所产生的情感体验。

16. D 【解析】本题考查幼儿情绪发展的特点。幼儿情绪的易受感染与暗示有关。如新入园的幼儿哭着要妈妈，会引起已经适应幼儿园生活的其他孩子也跟着哭；有一个孩子笑，其他幼儿也会莫名其妙地跟着笑，如果老师问“你为什么笑”，幼儿往往说“不知道”，或者指别人说“他也笑”，这些现象在小班较为明显。

17. A 【解析】本题考查幼儿情感的发展。BCD 三项分别属于情感中的理智感、道德感和美感，故本题选 A。

18. B 【解析】本题考查幼儿情感发展的特点。幼儿期是儿童理智感开始发展的时期。幼儿的理智感有一种特殊的表现形式，即好奇好问。另一种表现形式是与动作相联系的“破坏”行为。

19. A 【解析】本题考查幼儿情感发展的特点。道德感是因自己或别人的言行是否符合社会道德标准而引起的情绪体验。幼儿的羞愧感或内疚感也开始发展起来。特别是羞愧感从幼儿中期，开始明显发展，幼儿对自己出现的错误行为会感到羞愧，这对幼儿道德行为的发展具有非常重要的意义。

20. A 【解析】本题考查幼儿思维与情绪的关系。题干中幼儿惧怕、厌恶的情绪是与思维相联系的情绪。

21. D 【解析】本题考查学前儿童原始情绪的分类。行为主义的创始人华生根据对医院 500 多名婴儿的观察提出：新生儿有三种天生的情绪反应，即怕、怒和爱。

22. C 【解析】本题考查幼儿情绪的动因。3 ~ 4 岁是儿童情绪的动因从主要为满足生理需要向以主要为满足社会性需要的过渡阶段。

23. D 【解析】本题考查幼儿高级情感的发展。对一般儿童来说，5 岁左右，理智感已明显地发展起来，突出表现在幼儿很喜欢提问题，并由于提问和得到满意的回答而感到愉快。

24. D 【解析】本题考查社会性微笑的标志。研究发现，从第五周开始，婴儿对社会性物体和非社会性物体的反应不同，人的出现，包括人脸、人声，最容易引起婴儿的笑，即婴儿开始出现“社会性微笑”。婴儿三四个月前的诱发性社会性微笑是无差别的。4 个月左右，婴儿出现有差别的微笑。婴儿只对亲近的人笑，他们对熟悉的人脸比对不熟悉的人脸笑得更多。有差别微笑的出现，是婴儿最初的有选择的社会性微笑发生的标志。

25. B 【解析】本题考查幼儿情绪情感发展的水平。学前儿童情感的深刻化，与其认知发展水平有关。根据与认知过程的联系，情绪情感的发展可以分为以下几种水平：(1) 与感知觉相联系的情绪情感。与生理性刺激联系的情绪，多属此类。(2) 与记忆相联系的情绪情感。陌生人表示友好的面孔，可以引起 3 ~ 4 个月儿童的微笑，但对于 7 ~ 8 个月的儿童，则可能引起惊奇或恐惧。这是因为前者的情绪尚未和记忆相联系，而后者则已有记忆的作用。(3) 与想象相联系的情绪情感。两三岁以后的儿童，常常由于被告知蛇会咬人、黑夜有鬼等，而产生怕蛇、怕黑等情绪，这些都是和想象相联系的情绪体验。(4) 与思维相联系的情绪情感。5 ~ 6 岁儿童理解病菌能使人生病，从而害怕病菌；理解苍蝇带有病菌，于是讨厌苍蝇。这些惧怕，厌恶的情绪，是与思维相联系的情绪。(5) 与自我意识相联系的情绪情感。受到别人嘲笑而感到不愉快，对活动的成败感到自豪、焦虑，对别人的怀疑和妒忌等，都属于与自我意识相联系的情感体验。

26. B 【解析】本题考查幼儿情绪的发展趋势。婴幼儿情绪的不稳定与情绪的受感染性有关。一个新入托儿所的孩子哭着要找妈妈，会引起早已习惯了托儿所生活的其他孩子都哭起来。故答案选 B 项。

二、多项选择题

1. AC 【解析】本题考查幼儿情绪的发展特点。幼儿情绪发展的特点包括易冲动性、不稳定性、外露性(外显性)。题目中幼儿先是哭，得到老师的玩具后立马破涕为笑，体现了幼儿情绪的不稳定性和外显性。

2. ABCD 【解析】本题考查情绪情感在学前儿童心理发展中的作用。情绪情感在学前儿童心理发展中的作用包括动机作用、组织作用、信号作用与感染作用。

3. ACD 【解析】本题考查高级情感的分类。高级情感发展主要体现在道德感、理智感、美感。

4. BCD 【解析】本题考查幼儿情绪情感发展的特点。幼儿情绪情感的特点包括易变换、易冲动、易传染、易外露。

三、判断题

1. × 【解析】本题考查应激的含义。激情是一种爆发式、猛烈而短暂的情绪状态，例如，狂喜、暴怒、恐惧、绝

望等都是激情的表现。应激是在出乎意料的紧迫情况下引起的急速而高度紧张的情绪状态。

2. √ 【解析】本题考查儿童情绪的发展特点。儿童情绪的冲动性常常表现在他用过激的动作和行为表现自己的情绪。例如,儿童看到故事书中的"坏人",常常会把他抠掉。

3. √ 【解析】本题考查情绪情感在学前儿童心理发展中的作用。每一种情绪都有其外部表现——表情。表情是人与人之间进行信息交流的重要工具之一,在婴幼儿与人的交往中,占有特殊的重要的地位。

四、填空题

美感

五、论述题(参考答案)

试论述幼儿情绪发展的特点,并结合《3~6岁儿童学习与发展指南》分析教师应如何维持幼儿的积极情绪。

(1)特点:①情绪的易冲动性。年龄越小,冲动越明显。随着年龄的增长、语言的发展,幼儿逐渐学会接受成人的语言指导,调节控制自己的情绪。②情绪的不稳定性。婴幼儿期的情绪是非常不稳定的,容易变化,表现为两种对立的情绪在短时间内互相转换。幼儿晚期,孩子情绪的稳定性会逐渐增强,但仍受家长和教师的感染,所以家长和教师在幼儿面前必须控制自己的不良情绪。③情绪的外露性。婴儿期的孩子的情绪完全表露在外,丝毫不加控制和掩饰。幼儿晚期,幼儿调节自己情绪表现的能力已有一定的发展。在正确的教育下,随着幼儿对是非观念的掌握,幼儿对情绪的调节能力会很快发展起来。

(2)维持幼儿的积极情绪:①营造温暖、轻松的心理环境,让幼儿形成安全感和信赖感。如保持良好的情绪状态,以积极、愉快的情绪影响幼儿;以欣赏的态度对待幼儿,注意发现幼儿的优点,接纳他们的个体差异,不简单与同伴做横向比较;幼儿做错事时要冷静处理,不厉声斥责,更不能打骂。②帮助幼儿学会恰当表达和调控情绪。如成人用恰当的方式表达情绪,为幼儿做出榜样。如生气时不乱发脾气,不迁怒于人;成人和幼儿一起谈论自己高兴或生气的事,鼓励幼儿与人分享自己的情绪;允许幼儿表达自己的情绪,并给予适当的引导。如幼儿发脾气时不硬性压制,等其平静后告诉他什么行为是可以接受的;发现幼儿不高兴时,主动询问情况,帮助他们化解消极情绪。

第9练 学前儿童情绪的培养

一、单项选择题

1. C 【解析】本题考查情绪的控制方法。冷处理法是指,孩子情绪十分激动时,可以采取暂时置之不理的办法,孩子自己会慢慢地停止哭喊。当孩子处于激动状态时,成人切忌激动起来。

2. D 【解析】本题考查情绪控制的策略。情绪控制的四种策略:(1)自主调节。这种策略把情绪看作一种自主的体验过程,当事人没有必要去刻意扮演,以自动模式来完成情感表达即可。在感觉到某种情绪时就自然流露、产生相应的情绪反应,这种情绪劳动不需要有意识的努力。如幼儿园老师看到小朋友哭泣,就会很自然地进行安慰。当医生看到被病痛折磨的病人,他可能本能地想用自己的医术去帮助他。这种行为被认为是自发的情感行为,是情绪劳动者在外界相关因素刺激下的一种本能的反应。(2)表面扮演。表面扮演,就是尽量调控表情行为以表现组织所要求的情绪,而内心的感受并不发生改变。(3)深层扮演。深层扮演策略就是按照组织要求进入角色,尽量去体验必然产生的情绪,采取各种方式影响自己内心的感受,在这种情况下,表情行为是发自内心的。(4)主动的深度表演。深度表演是指人对情绪工作的目标有高度的认同,因而将特定规则内化为自己的成就目标,进而能够在工作中自发地、真诚地表现出组织期望的情绪。幼儿园老师看到小朋友哭泣,就会自然地安慰,这种行为几乎成了下意识的表现,这属于自主调节。

3. A 【解析】本题考查幼儿的情绪调控方法。合理宣泄法是指教师做一个认真的倾听者,让幼儿通过言语或非言语的方式表达自己的情绪、情感,通过倾诉、游戏等宣泄心中的不快,及时释放内心的压力,调整好情绪,以轻松的心情,快乐地生活。

4. B 【解析】考查早期儿童情绪的调节。王莉和陈会吕发现,2岁儿童已经具有使用复杂的调节策略的能力。这其中主要的情绪调节策略包括积极活动策略、自我安慰策略、寻求他人抚慰策略、被动行为策略、回避策

略等，其中，积极活动策略在中国2岁儿童中使用的频率最高。随着年龄的增长，儿童的情绪从被动的、外部的调节到主动的、内部的情绪调节。随着年龄的增长，儿童的情绪从具体的、感觉运动调节到抽象的认知调节。3岁儿童已经表现出少许掩饰情绪的能力。故B项错误。

5. C 【解析】本题考查情绪表达方式。语调是表达情绪的一种重要形式，语调表情是通过言语的声调、节奏和速度等方面的变化来表达的，如高兴时语调高昂、语速快，痛苦时泣不成声、语调低沉、语速缓慢。

6. B 【解析】本题考查幼儿情绪调控的类型。情绪调控是个体对情绪反应的监控、评估和改变。通常，将个体情绪调控的方式分为以下三类：第一类：适应性调控。指的是以社会能够容忍或接受的方式来表达或延缓表达某种情绪。第二类：功能性调控。这类情绪调控服从于个人的目的，以有利于自身的存在和发展。第三类：特征性调控。主要反映个体对情绪的调控手段。题干中幼儿为了得到老师的表扬而控制自己的情绪，这反映了幼儿情绪调控中的功能性调控。

7. D 【解析】本题考查调控幼儿情绪的方法。幼儿的情绪在很大程度上受成人的暗示，成人应正确运用暗示和强化。题干中豆豆妈妈运用积极暗示的方式调控幼儿的情绪。

二、多项选择题

BCD 【解析】本题考查成人帮助幼儿控制情绪的方法。幼儿不会控制自己的情绪，成人可以用各种方法帮助他们控制情绪，主要有转移注意法、冷处理法、消退法。

三、判断题

1. × 【解析】本题考查学前儿童情绪的培养。如果儿童犯错误时教育者给予较少的注意，当他改正了错误，则予以适时的鼓励，这种积极引导的方式会使儿童获得积极的情绪规则认知。对于学前儿童的消极情绪，教育者要及时处理，不应采取置之不理的态度，应当利用这个机会增进与学前儿童的情感交流，认真对待他们的情绪，努力了解他们苦恼的原因，帮助他们学会正确处理情绪问题。故题干的说法是错误的。

2. √ 【解析】本题考查学前儿童情绪的培养。不同的幼儿有着不同的情绪表达方式。有的明显外露、热烈奔放，喜怒哀乐都呈现在脸上，这些幼儿的情绪，教师能很快地觉察到。而有的幼儿低调内敛，温婉含蓄，没有明显的表情和行为，不易被教师觉察到，因此，教师要有意识地提高自身的观察能力、倾听能力，主动与幼儿交流，从而有效地觉察、把握他们的情绪状况。

3. √ 【解析】本题考查调控幼儿情绪的方法。对待发脾气的幼儿要找出原因，帮助幼儿分析问题，解除孩子心中的忧虑，同时，允许孩子以适当的方式表达自己的心情。

四、简答题(参考答案)

简述学前儿童控制情绪的方法。

(1)行为反思法；(2)想象法；(3)自我说服法。

实战演练

一、单项选择题

1. D 【解析】最初表现出来的情绪反应具有两个突出特点：(1)与生理需要是否得到满足直接相关；(2)是儿童与生俱来的遗传本能，具有先天性。

2. A 【解析】题干中老师和幼儿家长的话，都是对幼儿的正面鼓励和肯定。

3. A 【解析】中班幼儿的告状行为就是幼儿对别人行为方面的评价，它是基于一定的道德标准而产生的。

4. C 【解析】幼儿的情绪具有不稳定性的特点，容易受到外界刺激的影响，容易被他人的情绪感染。所以，教师要把哭着找妈妈的孩子和其他孩子暂时隔离开来，以免影响其他孩子的情绪。

5. C 【解析】婴幼儿情绪发展的形成主要依靠的是周围情绪气氛的熏陶。

6. D 【解析】婴幼儿的情绪不稳定，与其情绪的情境性有关。婴幼儿的情绪常常被外界情境支配，情绪往往随着某种情境的出现而产生，又随着情境的变化而消失。

7. D 【解析】移情是指从他人的角度来考虑问题。不论是社会生活环境的影响，还是儿童具体生活环境的影

响,最终都要通过儿童的移情起作用。新生儿的哭泣不是移情的表现。

8. A 【解析】冷处理法是孩子情绪十分激动时,可以采取暂时置之不理的办法,孩子自己会慢慢地停止哭喊。

9. D 【解析】心境是一种微弱的、持续时间较长的、带有弥散性的心理状态。心境一经产生就不只表现在某一特定对象上,而是在相当长的一段时间内,使人的整个心理活动都染上某种情绪色彩,影响人的整个行为表现,成为情绪生活的背景。

10. D 【解析】当孩子遇到挫折、受到委屈、心里有气的时候,要让他发泄出来,以减轻心理上的压力。

二、判断题

1. √ 【解析】情绪的感染作用是指在一定的条件下,一个人的情绪可以影响别人,使之产生同样的情绪。此种以情动情的现象,称为情绪的感染作用。

2. √ 【解析】婴幼儿期的情绪是非常不稳定的,容易变化,表现为两种对立的情绪在短时间内互相转换。

3. × 【解析】道德感是因自己或别人的言行举止是否符合社会道德标准而引起的情绪体验。而理智感是在认知客观事物的过程中所产生的情感体验,它与人的求知欲、认识兴趣、解决问题的需要等满足与否相联系。

4. × 【解析】情感是后继的、高级的态度体验,由对事物复杂意义的理解引起,较多地带有稳定性和持久性,与社会需要是否满足相联系。

5. √ 【解析】孩子情绪十分激动时,可以采取暂时置之不理的办法,孩子自己会慢慢地停止哭喊。当孩子处于激动状态时,成人切忌激动。

三、简答题(参考答案)

1. 简述学前儿童情绪发展的一般趋势。

(1)情绪的社会化;(2)情绪的丰富和深刻化;(3)情绪的自我调节化。

2. 父母和教师要保持幼儿健康的情绪,应该注意哪几方面问题?

(1)使幼儿经常处于愉快的情绪状态;(2)不要给孩子造成过重的压力;(3)让幼儿充分活动,与小伙伴交往;(4)允许幼儿适当地宣泄;(5)让幼儿学会认识自己和他人。

3. 简述情绪情感在学前儿童心理发展中的作用。

(1)情绪的动机作用;(2)情绪对认知发展的作用;(3)情绪是人际交往的重要手段;(4)情绪对儿童性格形成的作用;(5)情绪影响身心健康。

4. 简述情绪自我调节化的表现。

(1)情绪的冲动性逐渐减少;(2)情绪的稳定性逐渐提高;(3)情绪从外显到内隐。

四、材料分析题(参考答案)

1. (1)东东的行为表现说明幼儿情绪具有不稳定性的特点。婴幼儿的情绪是非常不稳定的,容易变化,表现为两种对立的情绪在短时间内互相转换。案例中,东东妈妈送东东上幼儿园,妈妈离开时他总是又哭又闹,妈妈走后,他很快能和小朋友玩耍,再次看见妈妈又开始哭泣,这突出表现了幼儿情绪的不稳定性。

(2)东东妈妈的担心完全没有必要。东东妈妈把东东送入幼儿园应立刻离开,不要表现出不舍的样子,为幼儿做出情绪自控的示范,采取积极的教育态度,运用正面肯定和鼓励,帮助幼儿学会控制自己的情绪。因为幼儿的情绪具有不稳定性,东东妈妈离开后,看不到妈妈的身影,在老师的安抚下,东东不但立刻停止哭闹,还会高兴地同别的小朋友玩起来。

2. (1)莉莉妈妈所采用的是转移注意法。在莉莉看到新玩具又哭又闹时,妈妈说带她到别的地方看看,就赶紧带她离开了,然后给她讲故事、做游戏、一起唱歌,转移了莉莉的注意力。

(2)①冷处理法。例如,孩子情绪十分激动时,可以采取暂时置之不理的办法,孩子自己会慢慢地停止哭喊。当孩子处于激动状态时,成人切忌激动起来。例如,对孩子大声喊叫"你再哭!我打你"或"你哭什么?不准哭,赶快闭上嘴"之类的。这样做会使孩子情绪更加激动,无异于火上浇油。

②消退法。对孩子的消极情绪可以采用消退法。例如,有个孩子总不愿意把水果分给爸爸妈妈吃,父母要

吃他手中的水果,他总要哭闹。后来父母商量好,采用消退法,对他的哭闹不予理睬。第一天吃水果时,父母把一个水果分成几块,孩子拿着水果哭了很久,看着父母不理会他。只好把手中的水果吃了。第二天他哭的时间缩短了。以后哭闹时间逐渐减少,最后看着父母把他手中的水果拿去分成几块给大家吃也不哭了。

第五章　学前儿童社会性的发展

真题必刷

第10练　学前儿童亲子关系和同伴关系的发展

一、单项选择题

1. A 【解析】本题考查依恋的概念提出者。依恋是由鲍尔比最先提出的一个心理概念,是指婴儿与母亲(或能够代理母亲的人)之间所组成的由爱连接起来的永久性心理联系。

2. C 【解析】本题考查早期依恋对后期行为的影响。安全型依恋的儿童对问题表现出好奇探索的倾向,他们会主动地接近问题,遇到困难时较少有消极情绪的反应,他们既能够向在场的成人请求帮助,又不太依赖成人。儿童期的安全型依恋将导致一个人的信赖、自信和稳定的情绪状态。有研究结果表明:第一,与母亲依恋关系安全性高的幼儿不一定与教师也有相同特质的依恋关系,反之亦然;第二,早期入托经验不能有效地预测亲子依恋关系;第三,亲子依恋和师生依恋关系得分高的幼儿,其同伴交往能力也比较强。

3. A 【解析】本题考查依恋的类型。反抗型幼儿在母亲要离开之前,总显得很警惕,有点大惊小怪。如果母亲要离开他,他就会表现出极度的反抗。但是与母亲在一起时,又无法把母亲作为他安全探究的基地。这类幼儿见到母亲回来时就寻求与母亲的接触,但同时又反抗与母亲接触,甚至还有点发怒的样子。

4. C 【解析】本题考查幼儿同伴关系的影响因素。对幼儿同伴交往关系影响最大的是其在交往中的积极主动性、交往行为和交往技能。故选 C 项。

5. C 【解析】本题考查同伴关系的类型。被拒绝型儿童表现为交往活跃,但常做出不友好的、攻击性的举动(强行加入、争夺玩具、大声喊叫等),为大多数同伴所不喜欢或常被拒绝。题干中小白属于被拒绝型儿童。

6. A 【解析】本题考查同伴关系的类型。受欢迎儿童通常性格活泼,对同伴有较多的注意,态度明朗,明确地表达感情,行为方式符合社会规范,他们在交往中较多地表现出尊重对方的友好性,运用发起、协商、让步等策略,在交往中表现出较高的建设性、合作性。

7. A 【解析】本题考查依恋类型的表现。梅因在婴儿 12 个月时,按照安斯沃斯的方法评定依恋类型,然后在 20 个月时,实施贝克莱婴儿发展量表测验,在 21 个月时观察婴儿在游戏中的行为表现,结果发现:焦虑—回避型依恋的儿童在游戏活动中显得孤僻,不愿与伙伴合作,带有破坏性。安全型儿童在测验上得分高,在游戏过程中更为主动认真和专注,探究兴趣浓厚,显得愉快高兴。焦虑—抗拒型依恋儿童测验分数较低,对游戏不认真、不专注,中断次数多,不稳定并且缺乏游戏乐趣。

8. B 【解析】本题考查同伴关系的功能。归属、爱以及尊重是儿童的基本需要,儿童通过与同伴关系的交往,表达交流情感,得到同伴接受,产生安全感和归属感,并成为儿童的一种情感依赖,对学前儿童具有重要的情感支持作用。良好的同伴关系是学前儿童积极情感的重要后盾。

9. B 【解析】本题考查影响同伴交往的因素。对幼儿同伴交往关系影响最大的是其在交往中的积极主动性、交往行为及交往技能。在儿童的同伴交往中,幼儿自身对交往的主动性和交往的能力是影响同伴接纳性的主要因素。

10. C 【解析】本题考查幼儿依恋的类型。不安全—拒绝型儿童表现出相互矛盾的依恋行为,他们在陌生情境中显得困惑和谨慎,对陌生情境不能很好地适应。怯于探索环境,过分依附母亲,对母亲的离开表现出极大的伤感;与母亲团聚时,同时表现出寻求亲近与拒绝联系两种相互矛盾的行为,对母亲表示愤怒。

11. C 【解析】本题考查儿童依恋的类型。焦虑—抗拒型依恋的儿童在陌生情境中,难以主动地探究周围环境,而且探究活动很少,表现出明显的陌生焦虑。母亲离开时儿童相当忧伤,但重逢时又难以被安慰。

12. A 【解析】本题考查依恋形成的标志。心理学家谢弗认为,依恋形成的标志需要符合以下三条原则:(1)代表性,即能反映依恋这一行为表现不同于其他社会关系的本质规定性;(2)稳定性,即在依恋一般应出现的时期内能保持相对稳定的存在,如孩子的行为今日出现,明日消失,则不具有稳定性;(3)普遍性,即不因个体间的差异而影响该依恋现象的普遍存在,如在一般情况下某种行为甲具有,而乙在同期并不出现,那么这种标志就很难认为具有普遍性。

13. B 【解析】本题考查儿童同伴交往的类型。被拒斥儿童的表现:许多破坏行为,好争论,极度活跃,说话过多,反复试图接近,合作游戏少、不愿分享,许多单独活动,不适当的行为。

14. D 【解析】本题考查婴儿依恋的发展阶段。鲍尔比提出依恋的发展分为四个阶段。婴儿经历了前三个阶段。第一阶段:无分化阶段(0~3个月)(无差别社会反应的阶段);第二阶段:低分化阶段(3~6个月)(有差别社会反应的阶段);第三阶段:依恋形成阶段(6个月至2.5岁)(特殊情感连接阶段)。

15. C 【解析】本题考查依恋类型的形成。矛盾型依恋婴儿的母亲具有以下三个显著特点:(1)好像对婴儿感兴趣,也愿接触婴儿甚至进行密切的身体接触,如搂、抱、亲吻婴儿;(2)对婴儿发出的信号、需求常错误理解,或捉摸不定,不能做出及时、恰当的反应;(3)对待婴儿的行为、态度多变且不稳定,有时高兴得很,充满热情、亲近,有时则不是,甚至怒气冲冲、不予理睬,对婴儿的态度与方式取决于自己的心境、情绪好坏,随自己情绪、心境而定。

16. A 【解析】本题考查影响幼儿同伴关系发展的因素。幼儿自身的特征是影响幼儿同伴关系发展的因素之一。幼儿的身心特征一方面制约着同伴对他们的态度和接纳程度,另一方面也决定着他们在交往中的行为方式。(1)性别、长相、年龄等生理因素和姓名影响着幼儿被同伴选择和接纳的程度;(2)幼儿的气质、情感、能力、性格等个性、情感特征影响着他们对同伴的态度和交往中的行为特征,由此影响同伴对他们的反应和其在同伴中的关系类型;(3)对幼儿同伴交往关系影响最大的是其在交往中的积极主动性、交往行为和交往技能。

17. C 【解析】本题考查学前儿童依恋的类型。安全型依恋的儿童表现为:当母亲离开时,探索性行为会受影响,明显地表现出一种苦恼。当母亲回来时,他们会立即寻求与母亲的接触,但很快又平静下来,继续做游戏。

18. D 【解析】本题考查亲子关系类型对幼儿发展的影响。亲子关系通常分成三种:民主型、专制型和放任型。不同的亲子关系类型对幼儿的影响是不同的。在放任型的亲子关系中,父母对孩子的态度一般关怀过度、百依百顺、宠爱娇惯;或是消极的、不关心、不信任、缺乏交谈、忽视他们的要求;或只看到他们的错误和缺点,对子女否定过多;或任其自然发展。这类家庭培养的孩子,往往形成好吃懒做、生活不能自理、胆小怯懦、蛮横胡闹、自私自利、没有礼貌、清高孤傲、自命不凡、害怕困难、意志薄弱、缺乏独立性等许多不良品质;但也可能使孩子发展自主、独立、创造性强等性格特点。

19. C 【解析】本题考查依恋的类型。焦虑—反抗型的幼儿在母亲要离开之前,总显得很警惕,有点大惊小怪。如果母亲要离开他,他就会表现出极度的反抗。但是与母亲在一起时,又无法把母亲作为他安全探究的基地。见到母亲回来时就寻求与母亲的接触,但同时又反抗与母亲接触,甚至还有点发怒的样子。故丫丫的依恋类型属于焦虑—反抗型。

20. A 【解析】本题考查家庭的教养方式。专制型家庭中培养的孩子或是变得顺从、缺乏生气,创造性受到压抑,无主动性、情绪不安,甚至带有神经质,不喜欢与同伴交往,忧虑、退缩、怀疑;或是变得自我中心和胆大妄为,在家长面前和背后言行不一。

二、多项选择题

1. ABC 【解析】本题考查依恋的类型。儿童依恋行为可以分为焦虑—回避型、安全型、焦虑—抗拒型三种。

2. ABCD 【解析】本题考查同伴关系的类型。北京师范大学教授庞丽娟根据同伴关系的不同,一般将儿童划分为受欢迎型、一般型、被拒绝型、被忽视型四种。

三、判断题

1. √　【解析】本题考查依恋的含义。依恋是指婴儿寻求并企图保持与另一个人亲密的身体与情感联系的倾向。

2. ×　【解析】本题考查依恋的类型。母婴依恋中安全型儿童在2岁时表现出更强的好奇心和更高的解决问题的能力,3岁时在幼儿园表现出更强的自信心,5岁时他们的移情能力和独立性也更突出。

3. √　【解析】本题考查同伴关系的特点。同伴关系是指儿童与其他孩子之间的关系,是年龄相同或相近的儿童之间的一种共同活动并相互协作的关系。具有平等、互惠的特点。

四、填空题

1. 依恋　　　　　　　　　　2. 受欢迎

五、简答题(参考答案)

作为一名幼儿教师如何引导幼儿与同伴友好相处。

(1)教会儿童合作,增强儿童的自信感;(2)教会儿童游戏,提高儿童的参与度;(3)教会儿童接纳,融洽儿童的同伴关系;(4)教会儿童表达,培养儿童的积极情感。

六、论述题(参考答案)

1. 试述学前儿童亲子依恋的类型及其不同类型对儿童心理发展的影响。

(1)依恋类型主要包括:①焦虑—回避型。母亲在场或不在场对这类幼儿影响不大。②安全型。这类幼儿与母亲在一起时,能安逸地玩弄玩具,对陌生人的反应比较积极,并不总是依偎在母亲身旁。③焦虑—反抗型。这类幼儿遇到母亲要离开之前,总显得很警惕,有点大惊小怪。在所有的依恋类型中,安全型依恋是较好的依恋类型。

(2)焦虑—回避型和焦虑—反抗型统称为不安全依恋。不同的依恋类型对儿童未来心理发展影响不同。安全型依恋的儿童比较自信、乐观、在与人交往中容易信任别人,人际交往易形成良性循环,他们往往自尊心强、有才干、对他人的需要更敏感、合群,心理和人格发展也更健康。不安全依恋的儿童常常持怀疑态度,容易悲观,不敢表达自己的期望和要求,常常比较沉默、悲观。这种不自信会影响他们的人际交往,形成恶性循环。他们会变得孤独、退缩,幼儿不同的依恋心理对幼儿未来发展的影响是不同的,安全型的依恋对幼儿是极其重要的。

2. 简述幼儿同伴及师幼交往对幼儿社会性发展的影响。

(1)幼儿与同伴的交往对幼儿社会性发展的影响。在与同伴的交往中,幼儿可以学会责任,学会合作和分配,学会竞争,可以表现自我的才能。同伴由于身心特点的相似,具有交往的平等性和体验的共鸣性,其相互模仿和支持可以促进幼儿社会行为的发展。

(2)师幼交往对幼儿社会性发展的影响。①师幼交往有效、良好,可以促进幼儿健全人格的发展。在幼儿园中,教师是幼儿的主要交往对象,教师的情感态度对幼儿的社会性发展有着重要影响。②良好的师幼交往可以促进幼儿间积极的互动与交往。③良好的师幼交往有利于增强幼儿对新环境的适应能力。

七、材料分析题(参考答案)

1. (1)浩浩属于一般型儿童。表现一般,既不主动、友好,也不消极、敌对,既不为同伴特别喜爱,也不令人讨厌。

(2)可能的原因:①早期亲子交往的经验。浩浩可能与父母亲的关系紧张。②幼儿自身的特征。对幼儿来说,影响同伴关系的主要因素有以下两个方面:外表及个人性格。幼儿的身心特征一方面制约着同伴对他们的态度和接纳程度,另一方面也决定着他们在交往中的行为方式。浩浩的外表和性格也可能导致一般型同伴关系。③教师的影响。一个儿童在教师心目中的地位如何,会间接地影响到同伴对这个儿童的评价。教师的忽视也可能加重这种行为。

教育建议:①教会儿童合作,增强儿童的自信感。对于那些害羞和孤僻的儿童,可以引导他们与更小的儿童提前活动,从而增强其交往的信心,提高他们的社会交往能力,“大带小”的混龄教育活动是一种很有效的方法;把被忽略的儿童和其他儿童分在一起,或是在特定的情境中将他们安排到乐于接纳他人的小组中去,也可以增加被忽略儿童与同伴交往的信心。②教会儿童游戏,提高儿童的参与度。③教会儿童接纳,融洽儿

童的同伴关系。帮助被忽略型儿童和被拒绝型儿童积极和适当地对待同伴的参与,接纳他人的加入,有助于帮助他们形成良好的人际关系。④教会儿童表达,培养儿童的积极情感。

2.(1)为幼儿创设充满爱与温暖的环境。在幼儿入园前,教师要为小班活动室创设符合小班幼儿年龄特点的环境。要营造一种充满关爱的心理环境。对于新入园的小班幼儿,老师要时刻留意自己的行为,特别是在清晨幼儿入园时,要能主动上前几步迎接幼儿,蹲下来和他们打招呼,尽量配合爱抚的动作,让幼儿感受到老师的爱,他们就会主动离开父母爱的怀抱而投身到新的环境中;否则,当幼儿内心充满恐惧和未知感时,他们就会害怕老师,害怕幼儿园,害怕入园。(2)在幼儿入园初,教师每天要利用多种方式有针对性地与家长沟通。利用离园时间主动、及时地反馈幼儿入园情况,以便家长及时掌握幼儿在进餐、睡眠、大小便、情绪等方面的情况。(3)合理安排幼儿入园之初的活动,使幼儿真正感受到幼儿园生活的快乐,真正喜欢幼儿园。由于幼儿的个性不尽相同,对待新环境的反应各异,因此,教师需要根据在入园前对幼儿的了解,对全班幼儿在不同的时期分别进行分组管理、分组教育。

第11练　学前儿童性别角色和社会性行为的发展

一、单项选择题

1.B　**【解析】**本题考查移情训练法的技术。认知提示是通过成人的言语提示、分析、讲解、组织儿童讨论、游戏、表演等形式帮助儿童学会辨别各种不同的情感及其面部表情,理解不同的人在不同的社会情境中的想法、观点和情感,促进儿童辨别他人情感和设想他人观点及进入他人角色能力的发展,从而促进儿童认知水平和社会理解水平的提高,为产生移情奠定认知基础。例如:在有关邻居关系的故事中,让儿童对王阿姨的心理状态进行分析。问:"王阿姨心里怎么想的?有什么感觉?"对此,儿童大多可以正确地把握主人公的心理状态。如答道:"王阿姨想,这是谁呀,吵得我都睡不好觉了";"王阿姨心里觉得很生气,她想,这是谁家的小孩呀,怎么光想着自己,不想别人呀,真不懂事"等等。

2.A　**【解析】**本题考查移情能力的发展。移情在儿童早期发展起来,是儿童观察他人情绪反应时体验到的与他人相似的情绪反应。题干中教师试图培养小杭的移情能力。

3.D　**【解析】**本题考查移情训练的方法。情感换位是通过提供一系列由近及远的社会情境(家庭—父母—老人—邻居,幼儿园—同伴—老师等),让儿童进行分析讨论和角色扮演,从而使儿童转换到他人的位置去体验情境中不同的情绪、情感状态,并促进其角色转换能力的发展。题干的表述体现了移情训练的情感换位法。

4.B　**【解析】**本题考查亲社会行为的发展阶段。研究证明,2岁左右,儿童的亲社会行为已萌芽。

5.C　**【解析】**本题考查亲社会行为的含义。亲社会行为又称为积极的社会行为,指一个人帮助或打算帮助他人,做有益于他人的事的行为和倾向。儿童在很小的时候就通过多种方式表现出亲社会行为,尤其是同情、帮助、分享、谦让等利他行为。

6.C　**【解析】**本题考查移情训练的方法。情感换位是通过提供一系列由近及远的社会情境(家庭—父母—老人—邻居,幼儿园—同伴—老师等),让儿童进行分析讨论和角色扮演,从而使孩子转换到他人的位置去体验情境中不同的情绪、情感状态,并促进其角色进入能力的发展。

7.A　**【解析】**本题考查亲社会行为的培养。父母如果做出了亲社会行为的榜样,同时又为儿童提供了表现这些亲社会行为的机会,则更有利于激发幼儿的亲社会行为。

8.A　**【解析】**本题考查学前儿童亲社会行为的发展特点。有研究发现,在儿童的亲社会行为中,合作行为的发生频率最高,占一半以上。

9.A　**【解析】**本题考查减少幼儿攻击性行为的策略。控制和减少儿童攻击性行为的方法包括:(1)创设良好环境,控制环境和传媒的影响;(2)改善亲子关系,纠正家长不正确的教育方法;(3)提高儿童的自控能力和交往技能,帮助儿童掌握解决社会性冲突的技能;(4)提高儿童的社会认知水平和移情能力;(5)引导儿童掌握合理的心理宣泄方法;(6)及时表扬和奖励儿童亲社会行为。

10.C　**【解析】**考查幼儿攻击性行为的特点。攻击性行为是一种以伤害他人或他物为目的的行为,是一种不

受欢迎但却经常发生的行为。攻击性行为最大的特点是其目的性。

11. A 【解析】考查亲社会行为的概念。亲社会行为又称为积极的社会行为，指一个人帮助或打算帮助他人，做有益于他人的事的行为和倾向。幼儿的亲社会行为主要有：同情、关心、分享、合作、谦让、帮助、抚慰、援助、捐献等。题干中豆豆帮助丁丁搬积木属于亲社会行为中的帮助。

12. C 【解析】本题考查影响学前儿童攻击性行为的因素。影响学前儿童攻击性行为的因素主要有父母的惩罚、大众传播媒介（榜样）、强化、挫折。

13. B 【解析】本题考查学前儿童性别角色认知的发展阶段与特点。2～3 岁的幼儿知道自己的性别，并初步掌握性别角色知识。

14. B 【解析】本题考查幼儿的攻击性行为。工具性攻击行为指幼儿为了获得某个物品所做出的抢夺、推搡等动作，这类攻击本身指向于一个主要的目标或某一物品的获取。题干中小红的行为属于工具性攻击。

15. C 【解析】本题考查幼儿攻击性行为的发展。1 岁左右幼儿开始出现工具性攻击行为，到 2 岁左右幼儿之间表现出一些明显的冲突，如打、推、咬等。

16. C 【解析】本题考查儿童亲社会行为的培养方法。榜样示范法是指在学前社会教育中，教师用他人的好思想、好行动和英雄事迹去影响和教育儿童，促使其形成良好社会品质的方法。

17. B 【解析】本题考查幼儿的攻击性行为。工具性攻击行为指幼儿为了获得某个物品所做出的抢夺、推搡等动作，这类攻击本身指向于一个主要的目标或某一物品的获取。幼儿甲为了得到玩具动手打了幼儿乙是工具性攻击的表现。

18. A 【解析】本题考查幼儿的亲社会行为。题干中幼儿的做法属于分享行为。

19. C 【解析】本题考查移情训练法。移情一方面可以使儿童从他人的角度考虑问题，产生利他思想，另一方面可以引起儿童的情感共鸣，产生同情心和羞愧感。

20. C 【解析】本题考查幼儿期攻击行为的特点。幼儿期攻击行为有如下特点：(1) 幼儿攻击性行为频繁，主要表现为为了玩具和其他物品而争吵、打架，行为更多是直接争夺或破坏玩具和物品。(2) 幼儿更多依靠身体上的攻击，而不是言语的攻击。(3) 从工具性攻击向敌意性攻击转化，小班幼儿的工具性攻击行为多于敌意性攻击行为，而大班幼儿的敌意性攻击则显著多于工具性攻击。(4) 幼儿的攻击性行为有着明显的性别差异，幼儿园男孩比女孩更多地怂恿和卷入攻击性事件。

21. D 【解析】本题考查幼儿亲社会行为。目前，多数研究认为，3 岁前是亲社会行为的萌芽期，3～6 岁是亲社会行为的正式发生期。

22. B 【解析】本题考查学前儿童性别概念的获得。孩子能区别一个人是男的还是女的，就说明他已经具有了性别概念。

23. A 【解析】本题考查幼儿攻击性行为的知识。研究发现，有攻击性行为男孩的父母对他们惩罚更多，而且即使他们行为正确也经常受到惩罚。惩罚对攻击型和非攻击型的幼儿能产生不同的影响。惩罚能抑制非攻击型幼儿的攻击性，却不能抑制攻击型幼儿的攻击性，反而会加重他们的攻击性行为。故 B、C、D 三项错误。因此，以惩罚作为抑制幼儿攻击性行为的方法往往给幼儿树立了攻击性行为的榜样。故 A 项正确。

24. D 【解析】本题考查影响学前儿童攻击性行为的因素。学前儿童攻击性行为产生的最直接原因主要是挫折。

25. C 【解析】本题考查学前儿童的亲社会行为。在儿童的亲社会行为中，合作行为最为常见，其次为分享行为、助人行为。

26. D 【解析】本题考查儿童的道德发展。亲社会行为的发展是儿童道德发展的核心问题。

27. A 【解析】本题考查儿童性别角色的认知发展的阶段。儿童性别角色的认知经历了四个发展阶段，对于学前儿童而言，主要经历了前三个阶段的发展：知道自己的性别，并初步掌握性别角色知识（2～3 岁）；自我中心地认识性别角色（3～4 岁）；刻板地认识性别角色（5～7 岁）。

28. C 【解析】本题考查儿童移情能力的发展。儿童移情能力发展的关键期可能在 4～6 岁。

29. C 【解析】本题考查幼儿分享行为发展的阶段和特点。儿童的“均分”观念占主导地位。其中,4~5岁时分享观念增强,表现为从不会均分到会均分。5~6岁时分享水平提高,表现为慷慨行为的增多。

30. B 【解析】本题考查儿童攻击性行为的特点。小班幼儿的工具性攻击行为多于敌意性攻击行为,而大班幼儿的敌意性攻击则显著多于工具性攻击。

31. A 【解析】本题考查影响攻击性行为的因素。幼儿产生攻击性行为的原因有很多,主要包括:(1)家庭教育不当;(2)幼儿自身的人格因素;(3)社会环境影响;(4)为了引起别人的注意;(5)遭受挫折等等。故B项属于引起攻击性行为的原因,C项和D项属于幼儿遭受的挫折,也属于引起攻击性行为的原因,A项不属于引起攻击性行为的原因。

二、多项选择题

1. CD 【解析】本题考查工具性攻击的概念。工具性攻击行为指儿童为了获得某个物品所做出的抢夺、推搡等动作,这类攻击本身指向于一个主要的目标或某一物品的获取。儿童更多依靠身体上的攻击,而不是言语的攻击。

2. ABCD 【解析】本题考查幼儿攻击性行为的纠正策略。对幼儿攻击性行为的纠正策略有:(1)减少环境中易产生攻击性行为的刺激;(2)培养幼儿丰富的情感;(3)给予榜样示范;(4)对幼儿的攻击性行为进行“冷处理”;(5)教给幼儿解决问题的方法。

3. ABC 【解析】本题考查幼儿攻击性行为性别差异的原因。导致男孩比女孩更具攻击性的原因主要包括:父母与男孩玩的游戏比与女孩玩的游戏更野蛮,他们对女孩表现出攻击行为的反应比对男孩的反应更消极,而且,家长通常鼓励男孩玩机枪、坦克、大炮以及其他象征性的暴力玩具,这种以攻击为主题的演练活动会在一定程度上促进攻击行为的发展。学前阶段,在儿童的性别图式中,攻击逐渐成为一种男性特质,到童年中期,男孩认为攻击行为能够给自己带来更实际的利益,而且与女孩相比,他们也较少会因此受到父母和同伴的谴责,因此,尽管生物因素可能会起作用,但攻击行为的性别差异在很大程度上还是依赖于儿童在社会学习中所获得的性别图式和性别差异。

4. BCD 【解析】本题考查社会性行为的培养和训练。要减少儿童的攻击性行为,促进其亲社会行为,需要进行相应的教育和培养,主要包括移情训练、交往技能和行为训练、角色扮演、善用精神奖励。

三、判断题

1. √ 【解析】考查移情的作用。关于亲社会行为的形成,人们普遍认为,幼儿的亲社会行为的形成是在从别人的角度考虑(移情)的基础上,产生情感反应(同情),进而产生安慰、援助等亲社会行为。从这个意义上说,移情是亲社会行为产生的基础。

2. √ 【解析】本题考查幼儿攻击性行为的成因。所有的竞争行为都可能导致攻击,因为在竞争的情境中,不能满足其期望目标的幼儿会受到暂时的挫折,这种挫折会导致攻击。成人和教育者要对幼儿进行及时的疏导与指点。

3. × 【解析】本题考查幼儿期亲社会行为的发展特点。幼儿亲社会行为的年龄差异显著。

4. × 【解析】本题考查儿童性别行为。2岁左右是儿童性别行为初步产生的时期,具体体现在儿童的活动兴趣、同伴选择和社会性发展三个方面。

5. × 【解析】本题考查同伴关系对儿童的亲社会行为的影响。同伴关系对儿童的亲社会行为具有非常重要的影响。美国心理学家对此有较为一致的看法,即在儿童的安慰、帮助、同情等能力形成过程中,同龄人起着决定性的作用。

6. × 【解析】本题考查幼儿攻击性行为。从频率上看,4岁之前,攻击性行为的数量逐渐增多,到4岁最多,之后数量就逐渐减少。

7. √ 【解析】本题考查幼儿攻击性行为的发展。幼儿的攻击性行为有着明显的性别差异,幼儿园男孩比女孩更多地怂恿和卷入攻击性事件。男孩比女孩更容易在受到攻击以后发动报复行为,碰到对方是男性比对方是女性时更容易发生攻击性行为。

8. × 【解析】本题考查儿童助人行为的发展。从幼儿期到小学中期，儿童的助人行为呈增长趋势并且逐渐达到最高峰，到了青少年早期，则呈下降趋势，到成年早期开始又有所增加。

9. × 【解析】本题考查幼儿亲社会行为的发展阶段。研究表明，2 岁左右，儿童的亲社会行为已经萌芽。

四、简答题（参考答案）

幼儿园中，男孩倾向于一起玩追逐游戏，女孩倾向于一起玩穿珠子的安静游戏，请简述幼儿性别角色形成的影响因素。

（1）生物因素对幼儿性别行为有一定的影响。（2）父母的行为对幼儿性别角色和行为起着引导、被模仿和强化的作用。（3）大众媒体的强化。（4）教学环境。（5）模仿与扮演游戏。

五、材料分析题（参考答案）

（1）问题：幼儿园小班（3 岁）处于第一反抗期，从材料中可以看出壮壮具有攻击性行为、撒谎行为以及拒绝上幼儿园等问题。攻击性行为是一种以伤害他人或他物为目的的行为。攻击性行为的发展状况既影响儿童人格和品德发展，同时也是个体社会化成败的一个重要指标。材料中壮壮经常骂奶奶，打小朋友和老师体现了攻击性行为。壮壮为了不上幼儿园，骗奶奶说肚子疼，说明壮壮爱撒谎和拒绝上幼儿园。

（2）矫正：①对待攻击性行为，应该改变亲子、师幼之间以及同伴之间的关系。壮壮的父母应该多与壮壮沟通，培养亲子关系，引导壮壮与其他幼儿友好相处。

②对待说谎行为，正确引导和对待，成人要以身作则。家长及教师应该正确看待壮壮的行为，给予重视，及时矫正。不要过于严厉，营造诚实表达的气氛；及时表扬诚实行为，教育孩子勇于正视、承认错误；借助文学作品，克服说谎的心理。

③对于壮壮拒绝上幼儿园的问题，针对不同情况，应该有不同的应对方案。材料中针对壮壮在幼儿园的情况，家长要尽量寻找原因，对症处理。如果是在幼儿园遇到困难，可以帮助孩子寻找克服困难的方法，鼓励孩子有勇气、坚强面对。如果孩子确实是身体不舒服，可以暂时在家休息，也可以送去幼儿园跟老师说明情况，以便老师必要时给予照顾安排。总的来说，多鼓励孩子与伙伴交往，多与老师沟通，寻找孩子的闪光点，帮助孩子在幼儿园感到自信、快乐，融入集体生活。

④树立正确的教养方式。家长要以身作则，合理管束；接纳孩子，适当期望；感受关爱，适度挫折；平等沟通，循循善诱。

实战演练

一、单项选择题

1. A 【解析】角色扮演是一种使人暂时置身于他人的社会位置，并按这一位置所要求的方式和态度行事，以增进对他人社会角色及自身原有角色的理解，从而更有效地履行自己角色的心理学技术。

2. B 【解析】专制型家庭中培养的孩子或是变得顺从、缺乏生气，创造性受到压抑，无主动性、情绪不安，甚至带有神经质，不喜欢与同伴交往，忧虑、退缩、怀疑；或是变得自我中心和胆大妄为，在家长面前和背后言行不一。

3. B 【解析】攻击性强的幼儿在规定时间内没有攻击行为，则可结合具体情况适当给予奖励。这是阳性强化法。

4. C 【解析】鲍尔比把依恋的发展分为四阶段：（1）无分化阶段（0 ~ 3 个月）。婴儿开始探索周围环境，尤其是人，表现为倾听、追视、吸吮。（2）低分化阶段（3 ~ 6 个月）。婴儿继续探索环境，开始识别熟悉的人（如父母）与不熟悉的人的差别，也能区别一个熟悉的人与另一个熟悉的人。（3）依恋形成阶段（6 个月至 2.5 岁）。从这时候起，孩子对母亲的存在尤其关注，特别愿意与母亲在一起，与母亲在一起就很高兴，而当母亲离开时则非常不安，表现出一种分离焦虑。不过，这时候的孩子已经明白成人不在视野范围内后还会继续出现，所以他们以母亲为安全保障，在新环境中探寻、冒险，然后又回来寻求保护。（4）修正目标的合作阶段（2.5 岁以后）。随着认知水平和语言能力的提高，儿童的自我中心减少，能从母亲的角度看待问题。

5. C 【解析】题干描述的是矛盾型儿童的同伴关系特点。

易错警示：考生易混淆被拒绝型儿童、被忽视型儿童和矛盾型儿童，在做类似试题时，可通过以下方法进行区分：

被拒绝型——交往活跃，但行为具有攻击性，为大多数同伴所不喜欢或常被拒绝；

被忽视型——不喜欢交往，常常被冷落；

矛盾型——被某些同伴喜爱，同时又被其他同伴所不喜欢。

6. B 【解析】被忽视型幼儿体质弱、力气小、能力较差；积极行为与消极行为均较少，性格内向、慢性、好静、不太活泼、胆小、不爱说话、不爱交往，在交往中缺乏积极主动性，且不善交往；孤独感较重，对没有同伴与自己玩感到比较难过与不安。

7. C 【解析】同伴关系是指儿童与其他孩子之间的关系，是年龄相同或相近的儿童之间的一种共同活动并相互协作的关系。具有平等、互惠的特点。

8. A 【解析】独生子女的自私行为表现为：孩子只考虑自己，不顾别人，有好吃的、好玩的只想一个人独占；不懂得体谅父母，也不懂得与其他人分享。

9. C 【解析】性别角色是作为一个有特定性别的人在社会中适当行为的总和，是社会性的主要方面。

10. D 【解析】惩罚能抑制非攻击型幼儿的攻击性，却不能抑制攻击型幼儿的攻击性，反而会加重他们的攻击性行为。因此，以惩罚作为抑制幼儿攻击性行为的方法往往给幼儿树立了攻击性行为的榜样。

二、判断题

1. × 【解析】家庭是儿童形成亲社会行为的主要影响因素。

2. √ 【解析】移情可以使儿童摆脱自我中心，产生利他思想，从而导致亲社会行为。因此，移情法是针对儿童思维的自我中心性特点设计的。

3. × 【解析】反抗型依恋的儿童容易出现内隐的行为问题，如情绪抑郁、胆小、退缩、缺乏好奇心和探索欲望等。

三、填空题

1. 反社会行为　　2. 民主型　　3. 安全型依恋　　4. 被忽视

四、简答题(参考答案)

1. 简述儿童分享行为的发展特点。

(1)儿童的“均分”观念占主导地位；

(2)儿童的分享水平受分享物品数量的影响；

(3)当物品在人手一份之外有多余的时候，儿童倾向于将多余的那份分给需要的儿童，非需要的儿童则不被重视；

(4)当分享对象不同时，儿童的分享反应也不同；

(5)儿童更注重于食物，对这些东西，儿童的均分反应高，而慷慨反应少，而对玩具，儿童慷慨反应稍多。

2. 简述影响依恋的因素。

(1)教养方式；(2)儿童的气质特点；(3)家庭的因素。

3. 简述学前儿童同伴关系的功能。

(1)同伴关系给予安全感和归属感；

(2)同伴交往有利于儿童学习社交技能和策略，促进其社会性行为向友好、积极的方向发展；

(3)同伴交往有利于促进学前儿童认知能力的发展；

(4)同伴交往有助于儿童自我意识和人格的发展；

(5)同伴交往可以帮助儿童去自我中心。

4. 简述幼儿期攻击行为的特点。

(1)幼儿攻击性行为频繁，主要表现为为了玩具和其他物品而争吵、打架，行为更多是直接争夺或破坏玩具

和物品；

(2)幼儿更多依靠身体上的攻击,而不是言语的攻击；

(3)从工具性攻击向敌意性攻击转化；

(4)幼儿的攻击性行为有着明显的性别差异,幼儿园男孩比女孩更多地怂恿和卷入攻击性事件。

五、材料分析题(参考答案)

1.(1)父母的惩罚。惩罚对于非攻击型的儿童能抑制攻击性,但对于攻击型的儿童则不能抑制攻击性,反而会加重攻击性行为。因此,以惩罚作为抑制孩子攻击性行为的方法往往并不奏效,因为,父母的惩罚本身就又给孩子树立了攻击性行为的榜样。所以,父母在处理幼儿的攻击性行为时,要慎用惩罚手段。

(2)大众传播媒介(榜样)。大众传播媒介里的攻击性榜样会增加儿童以后的攻击性行为,儿童会从这些电视、电影暴力节目中观察学习到各种具体的攻击性行为。儿童不仅能从暴力节目中学习到攻击性行为,更为重要的是,电视、电影人物的经历会使许多孩子将武力视为解决人际冲突的有效手段,并在现实生活中依靠攻击性行为来解决与他人的矛盾。因此,要有意识引导孩子看电视。

(3)强化。在孩子出现攻击性行为时,父母或教师不加制止或听之任之,就等于强化了孩子的侵犯行为。同伴之间也能学会攻击性行为,如果一个孩子成功地运用了攻击策略来控制同伴,可以加强和增加他以后的攻击性。因此,要注意恰当处理幼儿的攻击性行为,切不可听之任之,强化幼儿的攻击性行为。

(4)挫折。攻击性行为产生的直接原因主要是挫折。挫折是人在活动过程中遇到障碍或干扰,使自己的目的不能实现,需要不能满足时的情绪状态。研究认为,一个受挫折的孩子很可能比一个心满意足的孩子更具攻击性。对孩子来说,家长或教师的不公正是挫折产生的主要原因之一。因此,教师和家长在处理问题时,要保持公正的态度和采用公正的方式。

2.这是一种明显的依恋行为的表现,倩倩将小毯子看成是获取心理安全的替代物。依恋对行为的影响:对社会性、情感、认知发展都有重要的影响,需要认真对待。作为家长要关注孩子平时的行为表现,给予更多的关爱,包括身体上的触抚和语言、目光上的交流等,使孩子有更多的安全感。材料中,倩倩晚上睡觉、上幼儿园都要有小毯子,对小毯子的依恋是缺乏安全感的一种表现。

3.(1)①喜欢与人交往,主动积极并表现较好,被大多数同伴所接纳、喜欢;他们在同伴中的交往地位高,影响力大。材料中明明衣着整齐、乐于助人、有同情心、对人友好、有礼貌、善于与人分享合作、喜欢交往,反映了明明属于受欢迎型儿童。②交往活跃,但常做出不友好的、攻击性的举动(强行加入、争夺玩具、大声喊叫等),为大多数同伴所不喜欢或常被拒绝。材料中强强穿戴邋遢、脾气暴躁、对人很有敌意,还喜欢打人、骂人,经常欺负小朋友,反映了强强属于被拒绝型儿童。

(2)材料中影响他们的因素主要是早期的亲子交往的经验和父母的鼓励。由明明的行为表现可以看出,明明的父母对孩子的教育是属于民主型的亲子关系,父母与子女关系融洽,孩子的独立性、主动性、自我控制、信心、探索性等方面发展较好。强强的行为表现说明父母对他的照顾很少,属于放任型的教育方式,这类家庭培养的孩子,往往形成好吃懒做,生活不能自理,胆小怯懦、蛮横胡闹、自私自利等品质。

4.(1)童童和东东的行为是幼儿嫉妒情感的具体表现。幼儿的嫉妒情感一方面表明幼儿自我意识开始发展。如材料中,童童看到妈妈抱别的小朋友就会使劲儿地哭闹。另一方面表明幼儿的自我控制能力不够强。如材料中的东东,已经有强烈的自尊感,希望能得到老师的表扬,看到老师表扬其他的小朋友时,会绊倒他让其当众出丑从而缓释自己心中的不平。

(2)建议和措施:

①了解幼儿心理变化的起因,倾听幼儿内心的真实感受。材料中,妈妈要注意观察童童,了解童童因自己抱了别的小朋友而哭泣的原因,然后采取实际措施,改变童童哭闹的状况。

②培养幼儿的移情能力,帮助幼儿正确分析与他人产生差距的原因。材料中,老师应该全面分析造成东东产生嫉妒的原因,以及寻求缩短差距的方法,从而帮助幼儿建立良好的同伴关系。

5.(1)从材料中可以看出徐老师的教育行为是恰当的。材料中徐老师抱着沐子,耐心倾听沐子诉说自己的情绪,直到沐子情绪逐渐平稳,体现了徐老师控制幼儿情绪的方法。

(2)帮助儿童建立良好同伴关系的策略包括:①教会儿童合作,增强儿童的自信感。材料中徐老师应该教沐子和同伴交往,学会和同伴相处。②教会儿童游戏,提高儿童的参与度。材料中徐老师应该让沐子参与到阳阳的游戏中,学会处理同伴关系之间的问题。③教会儿童接纳,融洽儿童的同伴关系。材料中徐老师应该教阳阳接纳沐子,而不是把沐子排斥在外,影响了同伴关系的发展。④教会儿童表达,培养儿童的积极情感。材料中徐老师应该教会阳阳和沐子沟通交流,培养他们积极的情感。

6.(1)材料中阳阳所形成的依恋类型是焦虑—回避型依恋。焦虑—回避型依恋的幼儿,母亲离开时,儿童不表现出明显的分离焦虑;母亲返回时,也不主动寻求接触;材料中阳阳孤僻、不爱说话、父母回来看望表现出冷漠正是焦虑—回避型依恋的体现。

(2)①对阳阳的社会行为产生影响,社会性交往水平降低,阳阳逐渐不爱说话,不爱和其他小朋友玩;

②对阳阳的情绪产生影响,导致阳阳情绪不稳定;

③对阳阳的个性产生影响,使阳阳性情变得越来越孤僻,活动的积极性大大降低,坚持性也变差。

(3)①稳定的照看者是儿童依恋形成的必要条件。通常,这个人是母亲。母亲在婴儿依恋的形成过程中扮演着重要的角色。阳阳需要有稳定的照看者,父母应该尽量避免与阳阳的长期分离,即使分离,也需要注意给予阳阳关心,如多打电话、多视频聊天等,保持与阳阳情感上的沟通。

②照看的质量(包括照看的态度和环境)。爷爷奶奶逐渐修复关系,给阳阳提供充满爱的成长环境,尽量不在阳阳面前争吵,多给予阳阳一些情感上的支持与关注。

③阳阳的父母与阳阳之间要保持经常的身体接触,对阳阳发出的信号要及时做出反应。

④家庭因素。正常家庭,尤其是婚姻美满、成人之间充满温馨的氛围、较少有家庭摩擦,会使儿童依恋的安全感增强。

第六章 学前儿童个性的发展

真题必刷

第12练 个性概述和学前儿童气质和性格的发展

一、单项选择题

1.B 【解析】本题考查埃里克森的心理社会发展阶段论。美国精神分析学家埃里克森认为,人格发展是一个逐渐形成的过程,必须经历八个顺序不变的阶段,其中前五个阶段属于儿童成长和接受教育的时期。

2.A 【解析】本题考查广义的个性心理结构。个性倾向性包括需要、动机、兴趣、理想、信念、世界观等,表明人对周围环境的态度,是个性心理结构中最活跃的成分。题干描述的是兴趣不同,故体现了幼儿的个性倾向系统的差异。

3.B 【解析】本题考查埃里克森的心理发展阶段理论。埃里克森的心理社会发展阶段论第一阶段是基本的信任感对基本的不信任感(0~1岁)。本阶段的发展任务是发展对周围世界,尤其是对社会环境的基本态度,培养信任感。如果父母或照料者给予婴儿适当的、稳定的与不间断的关切、照顾、哺育和抚摸,婴儿就会对父母产生一种信任感,认为这个世界是安全且可信赖的地方。

4.C 【解析】本题考查幼儿性格的年龄特点。幼儿性格的年龄特点包括:(1)活泼好动;(2)好奇好问;(3)喜欢交往;(4)独立性不断发展;(5)易受暗示,模仿性强;(6)坚持性随年龄增长不断提高;(7)易冲动,自制力差,同时自制力不断发展。

5.D 【解析】本题考查气质发展的特点。婴儿出生后即表现出气质的个体差异。到幼儿期,儿童已经比较明显地表现不同的气质类型。

6.D 【解析】本题考查埃里克森的人格发展阶段理论。自我同一性对角色混乱(12~18岁)阶段的发展任务是培养自我同一性。自我同一性是指个体组织自己的动机、能力、信仰及活动经验而形成的有关自我的一

致性形象。

7. C 【解析】本题考查个性心理特征系统。个性心理特征系统是个性的独特性的集中表现，包括气质、能力、性格等心理成分。其中，性格是个性最核心的特征，反映一个人对现实的稳定性态度和习惯化了的行为方式。

8. B 【解析】本题考查学前儿童气质发展的特点。儿童的气质类型具有相对稳定的特点，但并不是一成不变的，其后天的生活环境与教育可以改变原来的气质类型。

9. C 【解析】本题考查气质的类型及其行为特征。胆汁质以精力旺盛、表里如一、刚强、易感情用事为特征，整个心理活动笼罩着迅速而突发的色彩。

10. B 【解析】本题考查埃里克森心理社会化发展理论。美国精神分析学家埃里克森的个性发展渐成说，不再过分强调弗洛伊德的本能论和泛性论，而是强调自我在个性发展中的决定作用，强调自我与社会环境相互作用的心理社会机制，强调文化和社会因素对个性的影响，重视自我教育的作用，重视家庭、社会对儿童教育的作用。

11. B 【解析】本题考查托马斯—切斯的气质类型。托马斯和切斯发现，新生儿1~3个月就有明显、持久的气质特征，不大容易改变，一直持续到成年。他们根据儿童活动水平、生理活动的规律性、对新异刺激反应的害怕或抑制等九个维度，把婴儿的气质分为三种类型：(1)容易型；(2)迟缓型；(3)困难型。

12. B 【解析】本题考查性格的结构特征。性格的意志特征包括：(1)对行为目的的明确程度（冲动性、独立性、纪律性等）；(2)对行为的自觉控制水平（主动性、自制力等）；(3)在长期工作中表现出来的特征（恒心、坚韧性、顽固性等）；(4)在紧急或困难情况下表现出来的特征（勇敢、果断、镇定、顽强等）。

13. C 【解析】本题考查儿童个性的发展。2岁左右，个性逐步萌芽。3~6岁幼儿的个性开始形成。

14. B 【解析】本题考查儿童气质的类型。对于多血质的孩子，要培养热情开朗的性格及稳定的兴趣，防止粗枝大叶、虎头蛇尾。

15. C 【解析】本题考查个性的调控系统。个性的调控系统包含两方面，即个性的调节系统和个性倾向性。个性的调节系统以自我意识为核心。

16. C 【解析】本题考查幼儿个性发展阶段。2岁左右，个性逐步萌芽。3~6岁幼儿的个性开始形成。

17. B 【解析】本题考查埃里克森的人格发展理论。根据埃里克森的心理社会发展阶段论，6~11岁的学生面临的主要发展任务是培养勤奋感。

18. A 【解析】本题考查气质类型。神经活动过程表现为强、不平衡的特性是胆汁质。

19. C 【解析】本题考查气质类型。黏液质是以稳重，但灵活性不足；踏实，但有些死板；沉着冷静，但缺乏生气为特征。题干的描述体现了该幼儿的气质类型倾向于黏液质。

20. C 【解析】本题考查儿童气质的类型。对于黏液质的孩子，要培养积极探索精神及踏实、认真的优点，防止墨守成规、谨小慎微。

21. C 【解析】本题考查埃里克森的心理社会发展阶段论。埃里克森的心理社会发展阶段论的第三阶段：主动感对内疚感（3~6岁）。本阶段的发展任务是培养主动性。

22. B 【解析】本题考查托马斯和切斯的婴儿气质理论。难以照看型的婴儿经常大惊小怪，生理活动没有规律，害怕生人，对新环境表现出强烈的退缩和激动，反应迟缓。他们心情不愉快，与成人关系不密切，并且缺乏教育。而且，这类儿童在幼儿期和童年期表现为焦虑退缩，或有较多的侵犯性行为。

23. C 【解析】本题考查埃里克森人格发展阶段论。埃里克森人格发展阶段的基本观点之一：每个发展阶段有一种新的冲突（社会心理危机）。

24. D 【解析】本题考查性格的含义。性格是人对现实的态度和行为方式中比较稳定的心理特征的总和。大家描述的是小东的性格。

25. C 【解析】本题考查气质的特性。气质具有以下三个特性：(1)天赋性。气质是出生就有的，在新生儿期就有表现。(2)遗传性。气质与人的神经系统联系密切，因此，和其他心理现象相比，气质和遗传的关系更

为密切。(3)稳定性。气质与性格、能力等其他心理特征相比,更具有稳定性。但气质也不是完全不能改变的,在环境、教育影响下,在一定程度上是可以改变的。

26. D 【解析】本题考查气质类型。抑郁质的人以敏锐、稳重、体验深刻、外表温柔、怯懦、孤独、行动缓慢为特征。扬扬内心腼腆,不善于交际,行为孤僻且感受性高,说明其气质类型倾向于抑郁质。

27. A 【解析】本题考查个性的特点。个性具有稳定性。个人偶然的行为不能代表他真正的个性,只有比较稳定的、在行为中经常表现出来的心理倾向和心理特征才能代表一个人的个性。

28. B 【解析】本题考查埃里克森的人格发展阶段理论。根据埃里克森的人格发展阶段理论,自主感对羞耻感(2~3岁)阶段的发展任务是培养自主性。

29. C 【解析】本题考查个性的基本特征。个性的社会性是指一个人在社会中生活,受到周围环境和人际关系的影响,形成对世界、社会、劳动、他人、自己的认识和观点。这些个人的认识和观点的形成反映着社会集团的意识形态和各种社会关系,如生产关系、政治关系、团体关系、家庭关系等。一个人在社会生活中交往越广泛,社会关系也就越复杂和越深刻,他的精神世界也就越丰富。

30. B 【解析】本题考查儿童的气质类型。黏液质是以稳重,但灵活性不足;踏实,但有些死板;沉着冷静,但缺乏生气为特征。因此,小红的气质类型是黏液质。

31. C 【解析】本题考查儿童性格的特点。个性具有稳定性。个人偶然的行为不能代表他真正的个性,只有比较稳定的、在行为中经常表现出来的心理倾向和心理特征才能代表一个人的个性。

32. A 【解析】本题考查气质类型和气质类型的神经活动类型。多血质的幼儿表现为反应迅速、有朝气、活泼好动、动作敏捷、情绪不稳定。多血质的神经活动类型为强、平衡、灵活。题干中萱萱的气质类型属于多血质,气质类型的神经活动类型是强、平衡、灵活型,故答案选A项。

33. A 【解析】本题考查埃里克森的心理社会发展理论。0~1.5岁幼儿处于基本的信任感对基本的不信任感。本阶段的发展任务是发展对周围世界,尤其是对社会环境的基本态度,培养信任感。

34. C 【解析】本题考查儿童气质的类型。黏液质以稳重,但灵活性不足;踏实,但有些死板;沉着冷静,但缺乏生气为特征。

35. C 【解析】本题考查儿童气质的类型。"强、平衡、灵活"的神经类型对应的气质类型是多血质。幼儿的气质具有很大的稳定性,但这并不是说气质是绝对不可变的。气质本身没有好坏之分,每一种气质既有优点,又有缺点。教育的目的不是设法改变儿童原有的气质,而是要克服缺点,发展优点,使儿童在原有气质的基础上建立优良的个性特征。《红楼梦》中王熙凤则倾向于胆汁质。

二、多项选择题

1. ABCE 【解析】本题考查幼儿性格的特点。幼儿性格的年龄特点主要有活泼好动;好奇好问;喜欢交往;独立性不断发展;易受暗示,模仿性强;坚持性随年龄增长不断提高;易冲动,自制力差,同时自制力不断发展。

2. ABC 【解析】本题考查幼儿的气质类型。托马斯和切斯根据儿童活动水平、生理活动的规律性、对新异刺激反应的害怕或抑制等九个维度,把婴儿的气质分为三种类型。(1)容易型。他们情绪稳定,活泼、爱玩、愉快,睡眠和饮食都有规律,容易适应新的环境,容易接近陌生人,容易接受新事物。(2)迟缓型。他们平时不够活泼,有时大惊小怪,表现为安静和退缩,对新环境和新事物适应缓慢。(3)困难型。他们经常大惊小怪,生理活动没有规律,害怕生人,对新环境表现出强烈的退缩和激动,反应迟缓。

3. AD 【解析】本题考查幼儿个性。幼儿个性倾向性的发展主要反映在需要、动机及兴趣的发展方面。个性倾向性有两个基本特征,即积极性和选择性。

4. ABCD 【解析】本题考查学前儿童个性形成的标志。个性开始形成的主要标志包括:心理活动整体性的形成、心理活动稳定性的增长、心理活动独特性的发展、心理活动积极能动性的发展。

三、判断题

1. × 【解析】本题考查性格的影响因素。性格是后天形成的,由现实生活经历与个人实践决定,可塑性较大,虽然相对稳定,但较易改变。

2. √　【解析】本题考查幼儿性格的年龄特点。幼儿性格的年龄特点有:(1)活泼好动;(2)好奇好问;(3)喜欢交往;(4)独立性不断发展;(5)易受暗示,模仿性强;(6)坚持性随年龄增长不断提高;(7)易冲动,自制力差,同时自制力不断发展。

3. ×　【解析】本题考查气质的相关内容。气质无所谓好坏,但是由于它影响到儿童的全部心理活动和行为,如果不加以正确对待,将会成为形成不良个性的因素。

4. √　【解析】本题考查弗洛伊德提出的"俄狄浦斯情结"。弗洛伊德认为学前期或游戏期,从4岁到7岁左右,是产生"俄狄浦斯情结"的时期。

5. √　【解析】本题考查埃里克森人格发展阶段理论。埃里克森认为儿童每个阶段发展的顺序是不变的,所标明的冲突是先天预定的,是生物性成熟的表现。但是冲突的形成是渐进的,每个阶段的主要冲突都在前面的阶段发生,在关键时间到来之前已经以某种形式存在,在特定阶段变为主要冲突,得到充分表现,然后又合并到后来的阶段中。

四、填空题

1. 自主感对羞耻感　　2. 培养自主性　　3. 行为方式

五、简答题(参考答案)

1. 简述针对幼儿的气质特征采取的适宜教育措施。

(1)对于容易兴奋的儿童,要教会他们自制,午睡先醒时要安静地躺着,养成安静、遵守纪律的习惯;(2)对于行动畏怯的儿童,要多肯定他们的成绩,培养他们的自信心,激发他们活动的积极性;(3)对于热情活泼、难于安静下来的儿童,要着重培养他们专心工作、耐心做事的习惯;(4)对于反应迟缓、沉默寡言的儿童,要鼓励他们多参加集体活动,引导他们多与同伴交往,教给他们各种活动技能和工作方法。

2. 简述幼儿性格的含义及其特点。

(1)含义:性格是人对现实的态度和行为方式中比较稳定的心理特征的总和。

(2)特点:①活泼好动;②好奇好问;③喜欢交往;④独立性不断发展;⑤易受暗示,模仿性强;⑥坚持性随年龄增长不断提高;⑦易冲动,自制力差,同时自制力不断发展。

六、材料选择题

1. A　【解析】胆汁质以精力旺盛、表里如一、刚强、易感情用事为特征,整个心理活动笼罩着迅速而突发的色彩。小凡的表现是胆汁质的体现。

2. B　【解析】对于胆汁质的孩子,要培养勇于进取、豪放的品质,防止任性、粗暴。小凡有可能形成勇敢、热情或是粗暴、任性的个性品质。

3. D　【解析】面对小凡这种情况,小凡老师应该在游戏活动中,让小凡担任老师的小助手,帮助老师和同学完成活动。

七、材料分析题(参考答案)

(1)气质无所谓好坏。

(2)气质无所谓好坏,但影响成人的教养方式,应积极引导形成良好的个性特征。真内向,可能是黏液质或迟缓型气质类型,家长和老师应多加鼓励、探索、帮助幼儿去适应新环境,引导和建立良好的同伴关系。假内向,则可能是缺乏社交技能和情绪表达能力。其主要是自闭症的症状,应合理预防,对症下药。

第13练　学前儿童能力和自我意识的发展

一、单项选择题

1. B　【解析】本题考查幼儿自我控制能力发展的特点。随着幼儿年龄的增长,他们逐渐学会使用简单的策略进行自我控制。如关于延迟满足的研究表明,有少数4~5岁的孩子能运用小声地唱歌、把头藏在手臂里、用脚敲打地板或睡觉等许多分心的策略不去碰诱惑物。而五六岁的孩子已懂得如何将诱惑物盖起来。

2. D　【解析】本题考查学前儿童自我意识的发展。自我意识是一个有着复杂结构的系统,它包括自我认识、自我体验、自我监控。自我认识包括自我观察、自我分析和自我评价。自我评价建立在自我观察和自我分

析基础之上,是对自己的能力、品德及其他方面的社会价值的判断。自我意识在意志和活动方面的表现称为自我监控,包括自我检查、自我监督和自我控制。自我意识在情感上的表现称为自我体验或自我感受,主要有自尊感和自信感。

3. D 【解析】本题考查幼儿自我意识产生和发展的阶段。儿童在 2 ~ 3 岁的时候,掌握代名词"我",是儿童自我意识萌芽的最重要标志。

4. D 【解析】本题考查幼儿自我评价发展的特点。幼儿初期对自己或别人的评价带有依从性,往往都是成人评价简单的复述。

5. B 【解析】本题考查儿童能力的发展。孩子出生以后逐渐发展并表现各种能力,其中,操作能力最早表现,并逐步发展。操作能力是在抓握反射的基础上逐渐发展起来的。

6. C 【解析】本题考查能力的类型。操作能力是操纵、制作和运动的能力。题干描述的是操作能力。

7. C 【解析】考查幼儿自我认识发展的趋势。自我认识的发展是从反映外部的、可直接观察到的、具体的自我特点到反映内部的、不能直接观察的、抽象的自我特点,如幼儿最初的自我认识是生理的自我,然后才逐渐认识行为自我、社会自我。

8. B 【解析】本题考查幼儿自我意识的心理结构。自我体验是自我意识在情感方面的表现。题干的描述反映了幼儿的自我体验。

9. C 【解析】本题考查加德纳的多元智能理论。多元智能理论中的视觉—空间智力主要是指感受、辨别、记忆、改变物体的空间关系并借此表达思想和情感的能力,表现为对线条、形状、结构、色彩和空间关系的敏感以及通过平面图形和立体造型将它们表现出来的能力。这种智力在画家、雕刻家、建筑师、航海家、博物学家和军事战略家的身上有比较突出的表现。小强比较适合航海家、雕刻家的职业。

10. C 【解析】本题考查多元智能理论。美国心理学家加德纳提出了多元智能理论,他把智力看作是有待于环境和教育激活及培养的潜能,并把智力的本质看作是个体的实践能力和创造能力,而这种实践能力和创造能力是置于一定的文化环境之中的,具有明显的文化属性。

11. D 【解析】本题考查多元智能理论。身体—动觉智能主要是指运用四肢和躯干的能力,表现为能够较好地控制自己的身体,或对事件能够做出恰当的身体反应以及善于利用身体语言来表达自己的思想和情感的能力。舞蹈演员的优势是身体—动觉智能。

二、多项选择题

ABCD 【解析】本题考查培养幼儿自我意识的措施。培养幼儿的自我意识应从以下几方面入手:(1)对幼儿进行正确恰当的评价。(2)明确行为要求。(3)增加交往机会。(4)在专项活动中进行教育。

三、判断题

1. √ 【解析】本题考查能力的类型。特殊能力指某项专门活动所必需的能力,又称专门能力,它只在特殊领域内发挥作用,是完成有关活动不可缺少的能力。灵灵的音乐感受和表现能力属于特殊能力。

2. √ 【解析】本题考查学前儿童自我控制能力结构。学前儿童自我控制能力结构主要由自觉性、坚持性、自制力和自我延迟满足四个方面组成。

3. √ 【解析】本题考查学前儿童的自我评价。幼儿基本上是对自己的外部行为进行自我评价,而不能深入到对自己内心品质进行自我评价。

4. × 【解析】本题考查多元智能理论评价的目的。多元智能理论所主张的教育评价,旨在通过多种渠道、多种方式对儿童进行评价,使每个儿童都能通过适合其智能特点和学习方式的途径展现自己的知识和能力,并使他们的优势智能充分展示出来,进而促进儿童的全面发展。

5. × 【解析】本题考查加德纳倡导的幼儿智力观。加德纳倡导的幼儿智力观是多元智力观。

6. × 【解析】本题考查加德纳的多元智能理论。加德纳最早提出的多元智能框架中主要包括七种智力,后来又增加到八种,这八种智力分别是言语—语言智力、音乐—节奏智力、逻辑—数理智力、视觉—空间智力、身体—动觉智力、自知—自省智力和交往—交流智力,以及后又增加的自然观察智力。

四、填空题

依从性评价

五、名词解释

自我意识

自我意识是人对自己身心状态及对自己同客观世界的关系的意识。

六、简答题(参考答案)

简述学前儿童自我评价发展的特点。

(1)从依从性的评价发展到对自己独立性的评价；

(2)从对个别方面的评价发展到对多方面的评价；

(3)先有对自己外部行为的评价，逐渐出现对内心品质的评价；

(4)从主观情绪性的评价到初步客观的评价；

(5)从只有评价没有依据发展到有论据的评价。

实战演练

一、单项选择题

1.A 【解析】胆汁质以精力旺盛、表里如一、刚强、易感情用事为特征，整个心理活动笼罩着迅速而突发的色彩。

2.C 【解析】自我意识是人对自己身心状态及对自己同客观世界的关系的意识。题干描述的是自我意识的发展。

3.D 【解析】抑郁质的人以敏锐、稳重、体验深刻、外表温柔、怯懦、孤独、行动缓慢为特征。题干中，该教育方式是针对抑郁质气质类型。

4.A 【解析】个性的独特性是指人与人之间没有完全相同的，人的个性千差万别。在现实生活中，我们无法找到两个完全一样的人。

5.C 【解析】托马斯和切斯认为，他们所研究的三种气质类型只涵盖了65%的研究对象，另有35%的婴儿不能简单地划归到任何一种气质类型中去。

6.A 【解析】4岁的儿童可以进行自我评价，但主要是个别方面或局部的自我评价。例如，问幼儿为什么说自己是好孩子时，他会说“我不骂人”“我帮助老师收玩具”。

7.C 【解析】个性是指一个人比较稳定的、具有一定倾向性的各种心理特点或品质的独特组合。题干的描述是个性特征良好的表现。

8.B 【解析】从个体行为的一个方面往往可以看出他的个性，这就是个性整体性的具体表现。

9.B 【解析】儿童在2～3岁的时候，掌握代名词“我”，是儿童自我意识萌芽的最重要标志。

10.B 【解析】对于幼儿来说，个性发展的主要内容就是个性特征开始形成。

11.B 【解析】自我意识的真正出现是和儿童言语的发展相联系的。

12.A 【解析】儿童的性格是在先天气质类型的基础上，在儿童和父母相互作用中逐渐形成的。儿童性格的最初表现是在婴儿期，3岁左右，儿童间出现了最初的性格方面的差异，主要体现在合群性、独立性、自制力、活动性、坚持性、好奇心及情绪等方面。

13.D 【解析】个性属于心理现象，故A项正确。个性是指一个人比较稳定的、具有一定倾向性的各种心理特点或品质的独特组合。故B项正确。个性心理特征包括气质、性格、能力等，这些特征最突出地表现出人的心理的个别差异。故C项正确。个性形成的基础不是人体的内在需要，动机的基础才是人体的内在需要。故D项错误。

14.B 【解析】人的各种个性心理特征中，气质是最早出现的，也是变化最缓慢的。

15.A 【解析】个性倾向性包括需要、动机、兴趣、理想、信念、世界观等，表明人对周围环境的态度，是个性心

理结构中最活跃的成分。

16. B 【解析】幼儿初期对自己或别人的评价带有依从性，往往都是成人评价的简单复述。例如，要幼儿评价他是好孩子时，他会说："妈妈说我是好孩子。""老师说我乖。"这种自我评价还不是真正的自我评价，只能算作"前自我评价"。

二、判断题

1. × 【解析】自主感对羞耻感的阶段是 1 ~ 3 岁。
2. √ 【解析】气质类型不决定一个人成就的高低，但能影响工作的效率。
3. × 【解析】人的各种个性心理特征中，气质是最早出现的，也是变化最缓慢的。
4. × 【解析】从对个别方面的评价发展到对多方面的评价是幼儿自我评价的特点之一。
5. √ 【解析】幼儿自我控制能力的发展和其品质的发展水平密切相关。3 ~ 4 岁的幼儿坚持性和自制力都很差，到了 5 ~ 6 岁，幼儿才有一定的坚持性和自制力。
6. × 【解析】个性是指一个人比较稳定的、具有一定倾向性的各种心理特点或品质的独特组合。心理学所说的个性，又称人格，其概念与日常生活中所说的个性和人格的含义不同。

三、填空题

1. 自我意识　　2. 整体性　　3. 自我评价

四、名词解释

1. 个性的独特性

个性的独特性是指人与人之间没有完全相同的个性，人的个性千差万别。

2. 能力

能力是指人们成功地完成某种活动所必需的个性心理特征。

3. 气质"掩蔽现象"

所谓气质"掩蔽现象"就是指一个人气质类型没有改变，但是形成了一种新的行为模式，表现出一种不同于原来类型的气质外貌。

五、简答题（参考答案）

1. 简述学前儿童气质发展的特点。

(1)学前儿童的气质具有相对稳定性；(2)学前儿童的气质类型有一定变化；(3)气质无所谓好坏但它影响父母的教养方式；(4)具有个体差异。

2. 简述埃里克森的人格发展阶段理论。

(1)基本的信任感对基本的不信任感（0 ~ 1 岁）；(2)自主感对羞耻感（1 ~ 3 岁）；(3)主动感对内疚感（3 ~ 6 岁）；(4)勤奋感对自卑感（6 ~ 11 岁）；(5)自我同一性对角色混乱（12 ~ 18 岁）。

其他三个阶段分别为：亲密感对孤独感（成年早期）、繁殖感对停滞感（成年中期）、自我整合对绝望感（成年晚期）。

六、材料分析题（参考答案）

1. (1)她是偏抑郁质的孩子。

(2)对于发展中的学前儿童来说，家长和教师应当在了解、尊重儿童气质差异的前提下实施教育，才能有的放矢，取得实效。抑郁质的儿童以敏锐、稳重、体验深刻、外表温柔、怯懦、孤独、行动缓慢为特征。因此，对抑郁质的儿童，则应注意发扬他的长处，及时给予肯定，鼓励他的自信心等。

2. (1)案例中的教师表现出较高的职业道德素养和合理运用教学策略和师幼互动策略的能力。具体而言，教师能够热爱幼儿，尊重幼儿，并以平常的态度对待幼儿的个体差异。活动过程中在言行上对幼儿进行鼓励，并耐心对待幼儿的回答。

(2)案例中的辉辉是一个性格腼腆、害羞，但敢于尝试，突破自我局限的幼儿，从气质类型上看，属于抑郁类型。

(3)针对辉辉的气质特征和性格特点,教师应采用如下几种策略:①注重言语上的鼓励、表扬;②创设多样化,有趣的环境和氛围,激发辉辉表达的欲望;③教会辉辉具体的言语表达的策略和方法。

3.(1)材料中的明明基本上属于胆汁质的气质类型。胆汁质的典型特征是精力旺盛、表里如一、刚强、易感情用事。而材料中明明参加活动积极主动,精力旺盛,想干什么就立即行动,做事有闯劲,但时常马马虎虎,待人大方,热情直率,爱打抱不平,喜欢别人听从他的支配,否则就会大发脾气,甚至动手打人,易感情用事,自控能力差等都体现了胆汁质的气质类型。

(2)气质本身没有好坏之分,每一种气质既有优点,又有缺点。教育的目的不是设法改变儿童原有的气质,而是要克服缺点,发展优点,使儿童在原有气质的基础上建立优良的个性特征。①对于胆汁质的孩子,要培养勇于进取、豪放的品质,防止任性、粗暴;②对于多血质的孩子,要培养热情开朗的性格及稳定的兴趣,防止粗枝大叶、虎头蛇尾;③对于黏液质的孩子,要培养积极探索精神及踏实、认真的优点,防止墨守成规、谨小慎微;④对于抑郁质的孩子,要培养机智、敏锐和自信心,防止疑虑、孤独。

4.从本案例中可以看出东东的自我意识发展的基本特点,具体表现在如下几个方面:(1)自我认识的发展。东东在经过劝服后,明白了道理,这说明东东能够根据教师的劝说来反思自己的行为。(2)自我评价的发展。东东没有得到小红花,所以不肯回家。后来每天都要问老师:“我今天表现好吗?”当老师说他有进步,给他一朵小红花时,东东高兴极了,表明他还没有独立的自我评价,主要依赖于成人对他的评价。(3)自我控制的发展。东东从第二天起,自觉控制自己的行为,表明他不但能够根据成人的指示调节自己的行动,而且能够主动控制自己的行为。

第四部分　幼儿教育心理学

第一章　幼儿学习理论

真题必刷

第1练　行为主义学习理论和人本主义取向的学习理论

一、单项选择题

1.D 【解析】本题考查负惩罚的含义。移除性惩罚也称为负惩罚,当有机体做出某种反应以后,取消愉快刺激,以降低反应频率。题干中班主任对小萌上课睡觉进行惩罚,运用了负惩罚行为塑造原理。

2.A 【解析】本题考查联结主义学习理论。联结学习理论认为,一切学习都是通过条件作用,在刺激和反应之间建立直接联结的过程。

3.C 【解析】本题考查班杜拉的社会学习理论。班杜拉认为,观察学习是幼儿通过观察、模仿榜样而习得某种行为的学习活动,但它不是简单、刻板地模仿榜样行为。

4.B 【解析】本题考查强化原理。负强化是通过消除或终止厌恶、不愉快的刺激来增强反应概率。题干描述的是负强化。

5.B 【解析】本题考查斯金纳操作性条件反射理论。斯金纳是美国心理学家,新行为主义心理学的创始人之一,操作性条件反射理论的奠基者。斯金纳认为人类的学习是在做出某种行为后,受到环境或教育的某种强化而形成的。

6.B 【解析】本题考查班杜拉的强化理论。按照班杜拉的理解,对于有机体行为的强化方式有三种:一是直接强化,即对学习者做出的行为反应当场予以正或负的刺激;二是替代强化,指学习者通过观察其他人实施这种行为后所得到的结果来决定自己的行为指向;三是自我强化,指儿童根据社会对他传递的行为判断标准,结合个人的理解对自己的行为表现进行正或负的强化。自我强化,参照的是自己的期望和目标。第一种直接强化的概念不是班杜拉直接提出来的。

7. A 【解析】本题考查班杜拉的社会学习理论。替代强化是指观察者因看到榜样的行为被强化而受到强化。题干中,小红受到了替代强化。

8. D 【解析】本题考查负惩罚。负惩罚指撤除反应所伴随的喜爱性刺激,间接造成该反应被消除或抑制。题干中王老师用的是负惩罚。

9. B 【解析】本题考查行为主义的最主要特征。斯金纳的行为主义最主要的特征是操作性条件作用理论。

10. D 【解析】本题考查斯金纳的操作性条件反射理论。斯金纳是美国心理学家,新行为主义心理学的创始人之一,操作性条件反射理论的奠基者。

11. D 【解析】本题考查斯金纳的操作性条件反射原理。斯金纳认为个体有目的的行为是通过操作性条件作用逐渐形成的。正强化是通过呈现想要的愉快刺激来增强反应频率,如教师或家长的奖励性刺激。题干中老师运用表扬强化了小朋友做好事的行为,其基本原理是操作性条件反射。

12. A 【解析】本题考查正强化的含义。正强化是通过呈现想要的愉快刺激来增强反应频率。题干中妈妈想到的好办法属于正强化。

13. B 【解析】本题考查班杜拉的社会学习理论。班杜拉的社会学习理论认为,儿童的侵犯行为是通过替代强化而获得的。

14. B 【解析】本题考查马斯洛的需要层次理论。尊重需要是在生理、安全、归属与爱的需要得到基本满足后产生的对自己社会价值追求的需要,包括自尊和受到别人的尊重(他尊)两个方面。自尊是指个人渴求力量、成就、自强、自信和自主等。他尊是指个人希望别人尊重自己,希望自己的工作和才能得到别人的承认、赏识、重视和高度评价,也即希望获得威信、实力、地位等。

15. A 【解析】本题考查学前儿童需要发展的特点。5 岁开始儿童开始出现求知的需要、劳动需要、求成需要等社会性需求。

16. D 【解析】本题考查行为主义学习理论。“程序教学”“强化”等都属于斯金纳操作学习理论的内容,而斯金纳是行为主义学习理论的代表人物,故本题选 D 项。

二、判断题

1. × 【解析】本题考查斯金纳的强化理论。斯金纳认为,强化是塑造行为的有效而重要的条件,塑造行为的过程就是学习的过程。题干中小丽妈妈的行为运用了正强化。正强化也称积极强化,是通过呈现想要的愉快刺激来增强反应频率。

2. × 【解析】本题考查斯金纳的强化理论。负强化是通过消除或终止厌恶、不愉快的刺激来增强反应概率。惩罚是指能够减弱行为或者降低反应频率的刺激或事件。两者是不同的。

3. √ 【解析】本题考查幼儿进行社会学习的方式。班杜拉认为,观察、模仿是幼儿进行社会学习的重要方式。

三、简答题(参考答案)

1. 桑代克提出的三条学习定律是什么,并做简要说明。

桑代克的三条学习定律指准备律、练习律、效果律。

准备律:准备律指学习者在学习开始时的预备定势。

练习律:练习律指联结的强度决定于使用联结的频次,即 S-R 联结受到练习和使用的频次越多,联结得就越强;反之,就变得越弱。

效果律:如果一个动作跟随情境中一个满意的变化,那么,在类似的情境中这个动作重复的可能性将增加;反之,如果跟随的是一个不满意的变化,那么,这个行为重复的可能性将减少。

2. 马斯洛的需要层次理论有哪几个方面?

马斯洛把需要分成了五个层次,即生理需要、安全需要、归属与爱的需要、尊重需要和自我实现的需要。后来他又补充了求知需要和审美需要,即需要由五个层次扩充为七个层次。

第2练　认知主义学习理论和建构主义学习理论

一、单项选择题

1. D 【解析】本题考查加涅关于学习的划分。态度指影响个人对人、事、物采取行动的内部状态。

2. B 【解析】本题考查抛锚式教学。在运用抛锚式教学过程中教师应遵循两个基本原则：一是学与教的活动应该围绕“锚”来进行，以激发幼儿主动探究与解决问题；二是课程组织材料应该允许幼儿互动与探索。例如，初学弹吉他的乐谱上都附有指法图，以帮助学习者灵活记忆各种指法。

3. A 【解析】本题考查上位学习的含义。上位学习又称总括学习，是在学生掌握一个比认知结构中原有概念的概括和包容程度更高的概念或命题时产生的。幼儿学习了“西红柿”等概念，理解了“蔬菜”，就是上位学习的表现。

4. C 【解析】本题考查建构主义的教学方式。围绕教师和幼儿在教和学过程中的作用，建构主义者提出了支架式教学。支架原意是指建筑行业中的脚手架，这里用来形象地说明一种教学模式：教师为幼儿搭建向上发展的平台，引导教学的进行，使幼儿掌握并内化所学的知识技能，并为下一阶段的进一步发展再构建平台。这种教学思想来源于维果斯基的“最近发展区”理论。

二、多项选择题

ABC 【解析】本题考查建构主义学习理论。建构主义学习理论的基本主张包括：(1)知识是生成的。哈勒尔曾总结为，知识是由学习者主动建构的，而不是由教师直接传授的。(2)幼儿是主体性的。儿童不是消极、被动，有待教师填充知识的客体，不是“装知识的容器”而是有主观能动性的学习者。建构主义学习理论认为儿童的主体性表现在两个方面：①幼儿在学习中不是一块“白板”。教学不能无视幼儿的原有经验与前结构，而要把幼儿的原有经验作为新信息或新知识的生长点或平台。②幼儿是主动的建构者。(3)学习是主动建构的。建构主义学习理论把儿童看作是知识经验的主动建构者，看作是在不断进化的经验世界中主动活动的主体。

三、判断题

1. × 【解析】本题考查有意义学习。幼儿的学习是否有意义，关键是教师能否激发幼儿的主动性，而不在于教给幼儿采用哪种学习方式。

2. √ 【解析】本题考查支架式教学。支架式教学来源于维果斯基的“最近发展区”理论。建构主义者正是从维果斯基的思想出发，借用建筑行业中使用的“脚手架”作为上述概念框架的形象化比喻。

四、填空题

1. 符号学习　概念学习　命题学习　　2. 发现法

实战演练

一、单项选择题

1. B 【解析】班杜拉提出，不必亲身经历，只凭观察所见产生学习的现象，称为替代学习或替代强化。

2. D 【解析】人本主义心理学兴起于20世纪50年代，代表人物有马斯洛、罗杰斯等。该学派猛烈冲击着在美国很有势力的精神分析学派和行为主义学派，形成了心理学中的“第三势力”。

3. A 【解析】学习是个体在特定情境下由于练习或反复经验而产生的行为或行为潜能的相对持久的变化。但并非所有的行为变化都是由学习产生的，如生理成熟、疲劳、药物等因素亦可引起行为的变化，而A项就属于生理成熟的表现。

4. D 【解析】按照学习的形式和性质，奥苏贝尔将学习分为：接受学习和发现学习、机械学习和有意义学习。其中，接受学习和发现学习是按照学习的形式，即所得经验用何种形式得来划分的。

5. A 【解析】信号学习是指学习者对某种信号刺激做出一般性和弥散性的反应。

6. B 【解析】题干引用的一段话的意思是“当政者本身言行端正，不用发号施令，大家自然起身效法，政令将会畅行无阻；如果当政者本身言行不正，虽下命令，大家也不会服从遵守。”强调的是榜样的示范作用。对榜

样的观察学习,是班杜拉提出的社会学习理论的内容。

7. D 【解析】刺激分化指的是通过选择性强化和消退使有机体学会对条件刺激和与条件刺激相类似的刺激做出不同的反应。分化是对事物的差异的反应,分化能使我们对不同的情境做出不同的恰当反应,从而避免盲目行动。

易错警示:考生易混淆刺激泛化和刺激分化的概念。刺激泛化和刺激分化是互补的过程。泛化是对事物的相似性的反应,分化则是对事物的差异的反应。

8. A 【解析】班杜拉认为,习得的行为是否被表现出来,会受到强化的影响。替代强化是指观察者通过观察他人行为所带来的后果而受到强化。题干中萌萌因为看到青青和小猫玩得很开心,从而降低了自己对小猫的恐惧,是观察他人行为所带来的后果受到强化,属于替代强化。

易错警示:班杜拉的社会学习理论认为强化分为三种类型:直接强化、替代强化和自我强化。这三者的区别在于:

直接强化:自身表现出观察行为受到强化。直接强化强调的是观察者已经做出了观察的行为。

替代强化:观察他人行为的后果受到强化。替代强化强调的是观察者看到了他人行为所带来的后果,从而表现出观察行为。

自我强化:根据自己设立的标准评价自己的行为。自我强化强调的是自己和自己进行对比。

9. A 【解析】所谓学习策略,就是学习者为了提高学习的效果和效率,有目的、有意识地制定的有关学习过程的复杂方案。

10. C 【解析】斯金纳认为人类的学习是在做出某种行为后,受到环境或教育的某种强化而形成的。

11. A 【解析】准备律指学习者在学习开始的预备定势。学习者有准备而又给予活动就感到满意,有准备而不活动就感到烦恼,学习者无准备而强制给予活动也感到烦恼。良好的准备状态是学习顺利进行的基础。

12. A 【解析】刺激泛化指人和动物一旦学会对某一特定的条件刺激做出反应以后,其他与该条件刺激相类似的刺激也能诱发其条件反应。题干的描述体现了刺激泛化。

13. A 【解析】效果律是指如果一个动作跟随情境中一个满意的变化,那么,在类似的情境中这个动作重复的可能性将增加;反之,如果跟随的是一个不满意的变化,那么,这个行为重复的可能性将减少。题目描述的是效果律。

14. C 【解析】自我实现的需要是最高层次的需要,是在其他几种需要得到满足后产生的。

15. B 【解析】布鲁纳是美国著名的心理学家和教育家,提出结构主义教学理论,倡导发现学习。

16. B 【解析】言语联结学习是指形成一系列的言语单位的联结,即言语连锁化。

17. A 【解析】正强化是通过呈现想要的愉快刺激来增强反应频率。教师对学生大喊大叫是关注了学生,对于学生来说是愉快刺激,所以学生为了继续得到老师的关注,才会频频表现出违反纪律的行为。这属于正强化。

18. D 【解析】桑代克认为动物的学习是由于在反复的尝试—错误过程中,形成了稳定的刺激—反应联结。

19. D 【解析】根据替代强化原理,当儿童发觉“坏人”通常不能得到好的下场时,为了避免这种不良后果,自己也会远离破坏性行为。

20. C 【解析】随机通达教学以认知灵活性理论为基础,它最早由斯皮罗提出。

21. C 【解析】皮亚杰提出了认知发展理论,也可称为认知建构理论。

22. D 【解析】人本主义学习理论倡导学生中心的教学观和有意义的自由学习观。

23. C 【解析】认知地图是托尔曼的观点。

24. D 【解析】奥苏贝尔对幼儿的概念学习进行了大量研究,其对教育心理学的重要贡献是提出了“后括学习”。在分析“后括学习”的基础上,他提出了“意义学习”,即发生意义联系的学习。

25. D 【解析】普雷马克原理,又称为“祖母法则”,即用高频活动作为低频活动的有效强化物。简单地说,每个人都有一个强化等级,在强化等级中,处于较高一级的强化物比处于较低一级的强化物更容易引发操作

行为,所以,处于较高一级的活动可以强化较低一级的活动。但是要注意行为和强化的关系不能颠倒,必须先有行为,再有强化。所以要想用看电视强化儿童认真完成作业的行为,一定要儿童完成作业后才能看电视。

26. A 【解析】奥苏贝尔从学习内容与学习者认知结构的关系上,将学习分为有意义学习和机械学习。

27. B 【解析】正强化是通过呈现想要的愉快刺激来增强反应频率。题干所述属于正强化。

28. C 【解析】刺激泛化指人和动物一旦学会对某一特定的条件刺激做出反应以后,其他与该条件刺激相类似的刺激也能诱发其条件反应。题干所述属于刺激泛化的典型事例。

29. A 【解析】负强化是通过消除或终止厌恶、不愉快的刺激来增强反应概率,通过终止刺耳的提示噪音来增加学生系好安全带的行为运用了负强化。

二、多项选择题

1. ACD 【解析】桑代克认为,学习要遵循三条重要的原则:准备律、练习律、效果律。

2. AD 【解析】斯金纳把人和动物的行为分为两类:应答性行为和操作性行为。

3. ABD 【解析】信息加工心理学的学习理论提出,幼儿有三种长时记忆:情景记忆、语义记忆和程序记忆。

4. BC 【解析】A 选项,桑代克的试误—联结学习理论属于行为主义学习理论,D 选项,马斯洛的需要层次理论属于人本主义取向的学习理论。B、C 选项都属于认知主义学习理论。

三、简答题(参考答案)

1. 简述罗杰斯的个人中心学习理论。

(1)人类生来就有学习的潜能;(2)在安全氛围中的学习效果最好;(3)涉及学习者个体因素(包括情感与理智)的学习最持久、深刻;(4)意义学习大多数是做中学;(5)幼儿的意义学习包括四个要素。

2. 简述幼儿程序教学应遵循的原则。

(1)小步递进原则;(2)积极反应原则;(3)及时强化原则;(4)自定步调原则;(5)减少错误率原则。

3. 教师在讲解式教学中要注意哪些问题?

(1)师生之间应有大量的互动;(2)大量运用例证;(3)运用演绎方法;(4)逐步深化。

4. 简述建构主义学习理论的知识观。

(1)知识不是对外在世界的真实摹写,而是人们对客观世界的一种解释或假设,因此,它必然随着人们认识活动的深入而不断得到升华和改写;(2)知识不是通过感觉或交流被个体被动地接受,而是由认知主体主动建构生成的;(3)在建构过程中,为了适应不断扩展的经验,个体的图式会不断进化,所有的知识都是在这种个体与经验世界的对话中建构起来的。

5. 简述班杜拉的社会学习理论。

(1)学习的实质——观察学习;(2)观察学习的过程:注意、保持、复现和动机四个子过程;(3)对强化的重新解释:直接强化、替代强化、自我强化。

四、材料分析题(参考答案)

1. (1)斯金纳认为,有机体做出的行为与随后出现的条件刺激之间的关系对行为起着控制作用,它能影响以后该行为发生的概率。他把凡是能增强行为频率的刺激或事件称作强化物。他认为,学习需要两个必要条件:一是必须有反应;二是必须在一个反应出现之后立即给予强化。正强化是通过呈现想要的愉快刺激来增强反应频率,负强化是通过消除或终止厌恶、不愉快刺激来增强反应频率,反之,凡是能够减弱行为或者降低反应频率的刺激或事件叫作惩罚。斯金纳认为“教育就是塑造行为”,复杂的行为也可以通过塑造而获得。

(2)李老师采取一次作业干净印一个小红花,连续三次得到小红花就盖一个“一级棒”的大印章等措施,这是通过正强化的作用,使幼儿改正不良行为,充分体现了斯金纳的操作学习理论。

2. (1)班杜拉以儿童的社会行为习得为研究对象,形成了其关于学习的基本思路,即观察学习是人的学习最重要的形式。班杜拉认为,学习是个体通过对他人的行为及其强化结果的观察,从而获得某些新的行为反应

或已有的行为反应得到修正的过程。案例中儿童出现攻击性行为,是因为他们观看成年男子对充气玩偶进行攻击(如大声吼叫或拳打脚踢)后,发生了观察学习。(2)替代强化是指观察者因看到榜样的行为被强化而受到强化。案例中"第一组儿童产生较多的攻击性行为,第二组则比第三组表现出更少的攻击性行为",是因为第一组儿童和第二组儿童在观看过程中出现了替代强化。

第二章　幼儿学习心理

真题必刷

第3练　幼儿学习动机和学习迁移

一、单项选择题

1. D 【解析】本题考查正迁移和顺向迁移的含义。正迁移也叫"助长性迁移",是指一种学习对另一种学习的促进作用。顺向迁移是指先前学习对后继学习产生的影响。"温故而知新"体现了顺向正迁移。

2. D 【解析】本题考查附属内驱力。一般来讲幼儿年龄越小,附属内驱力越突出,特别是在儿童时期,他们学习得到好成绩主要是为了得到父母、教师的肯定和赞扬,而随着年龄的增大,附属内驱力在强度上逐渐减弱,开始转向认知内驱力和自我提高的内驱力,而且附属内驱力也不再来自父母、教师的赞扬,来自同伴的赞许才是一个强有力的动机因素。

3. C 【解析】本题考查远景性动机的内涵。远景性动机是指向长远目标的动机。例如,幼儿为将来成为钢琴家而练琴。远景性动机一旦形成,往往不容易为情境中的偶然因素而改变,能在较长的时间内起作用,因而具有较高的稳定性和持久性。

4. A 【解析】本题考查韦纳的成败归因理论。明明认为自己生病了,没有发挥好,属于身心状况的原因。身心状况属于不稳定的、内在的、不可控制的归因。

二、多项选择题

ABCD 【解析】本题考查幼儿的学习迁移。幼儿学习迁移的促进主要包括:(1)关注情感因素对幼儿学习迁移的影响;(2)幼儿学习迁移离不开具体事物的支持;(3)丰富幼儿的日常生活,使其在学习中发生迁移;(4)提高幼儿的分析与概括能力。

三、判断题

1. × 【解析】本题考查儿童学习动机——附属内驱力。在儿童早期,附属内驱力最为突出,他们努力学习获得学业成就,主要是为了实现家长的期待,并得到家长的赞许。

2. √ 【解析】本题考查儿童学习动机。认知内驱力是指要求了解、理解和掌握知识以及解决问题的需要。这种动机指向学习任务本身(为了获得知识),满足这种动机的奖励(知识的实际获得)是由学习本身提供的,属于内部动机。

3. √ 【解析】本题考查幼儿学习的主要特点。幼儿学习的主动性表现为:(1)好奇;(2)好问;(3)好探究;(4)好模仿。

四、论述题(参考答案)

请结合实际,谈谈幼儿教师应采取哪些措施有效激发幼儿的学习动机。

(1)设置问题情境,激发幼儿的认知兴趣与求知欲。教师应创设激发幼儿探索的问题情境,即在活动内容与幼儿已有的认知结构之间产生一种不协调或矛盾,激发幼儿产生"这是为什么""为什么是这样的呢"等一些冲突性问题,从而激发幼儿主动探索与发现。

(2)重视幼儿学习活动中的游戏动机。游戏是幼儿认知世界的重要方式。游戏适应幼儿心理发展的需要,符合幼儿心理发展的水平。形式多样的游戏可以在最大程度上淡化教育痕迹。

(3)为幼儿学习创设安全、开放、温馨的氛围。根据马斯洛的需要层次理论,幼儿在产生求知需求前,必须满足其基本的生理、安全、归属与爱的需要。因此,为激发幼儿学习与探索的主动性,教师必须创设安全、开

放、温馨的学习氛围。

(4)让幼儿体验学习的成功与快乐。获得成功与快乐是幼儿学习的重要动力。教师必须针对幼儿学习的个别差异，使每个幼儿获得成功的体验，以期在努力之后获得满足，肯定自己的价值。教师在评定幼儿学习时，应该重视幼儿学习的努力与进步，并予以积极表扬。教师不能用“一刀切”的标准，使在集体中处于下游的幼儿总是受到批评。

(5)运用适宜反馈激发幼儿的学习动机。韦纳的归因理论指出，幼儿内部或外部归因的形成与教师的评价和影响有关，教师的反馈对幼儿的学习归因与学习动机有很大影响。教师的反馈无论是正面的（赞许或鼓励），还是负面的（批评或训斥），均会成为幼儿对自己学习成败归因的根据。

实战演练

一、单项选择题

1. B 【解析】一般认为，迁移是一种学习对另一种学习的影响。
2. D 【解析】外部学习动机是指诱因来自学习者外部的某种因素，即在学习活动以外由外部的诱因激发出来的学习动机。奖励属于外在动机。
3. D 【解析】附属内驱力是指个体为了获得长者们（如家长、教师）的赞许或认可而表现出把工作、学习做好的一种需要。题干中幼儿园奖励的小红花是来自教师的认可，故这种方式是为了激发小朋友的附属内驱力。
4. B 【解析】学习动机是指直接推动幼儿进行学习、维持学习，并使该学习活动趋向教师所设定目标的内在心理过程。“书中自有黄金屋”属于外部学习动机。
5. A 【解析】按学习动机产生的诱因来源可以分为内部学习动机和外部学习动机。
6. D 【解析】内部动机是指诱因来自学习者本身的内在因素，即学生因对活动本身发生兴趣而产生的动机。
7. A 【解析】认知内驱力是指要求了解、理解和掌握知识以及解决问题的需要。在有意义学习中，认知内驱力是最重要而且稳定的动机。这种动机指向学习任务本身（为了获得知识），满足这种动机的奖励（知识的实际获得）是由学习本身提供的，属于内部动机。
8. D 【解析】具体迁移是指学习迁移发生时，学习者原有经验的组成要素及其结构没有变化，只是将一种学习中习得的经验要素重新组合并移用到另一种学习中。
9. B 【解析】科学家的不懈探索主要是为了了解知识以及解决问题的需要，这种动机是指向学习任务本身，因此属于认知内驱力。
10. D 【解析】根据学校情境中的学业成就动机的不同，奥苏贝尔等人把动机分为认知内驱力、自我提高内驱力和附属内驱力三个方面。
11. D 【解析】内部学习动机是指诱因来自学习者本身的内在因素，即学生因对活动本身发生兴趣而产生的动机。
12. B 【解析】如果说好奇与兴趣是幼儿学习的内在动机的话，那么诱因则是幼儿学习的外在动机。诱因是指诱发个体行为的外在原因。
13. C 【解析】根据学校情境中的学业成就动机的不同，奥苏贝尔等人把动机分为认知内驱力、自我提高内驱力和附属内驱力三个方面。A项认知内驱力是指要求了解、理解和掌握知识以及解决问题的需要。B项自我提高内驱力是指个体因自己的胜任或工作能力而赢得相应地位的需要。C项附属内驱力是指个体为了获得长者们（如家长、教师）的赞许或认可而表现出把工作、学习做好的一种需要。D项求知欲属于认知内驱力。根据题干描述可判断小刚的学习动机是附属内驱力，故选C项。
14. A 【解析】根据韦纳的成败归因理论可知，个体稳定的不可控的内部特征为能力因素，因此，将失败归因于能力因素会产生“我太笨了”的观念。
15. B 【解析】正确的归因观应该归因于内部可控因素，这样才能使学生发挥主观能动性；而归因于稳定、不可控、外部因素容易使学生产生无助感,从而慢慢放弃自己。

16.D 【解析】按学习动机产生的诱因来源,可分为内部学习动机和外部学习动机。

17.A 【解析】动机水平与行为效率呈倒U型曲线,一般来讲,中等程度的动机水平下行为效率最高。

18.B 【解析】具体迁移也称特殊迁移,是指学习迁移发生时,学习者原有的经验组成要素及其结构没有变化,只是将一种学习中习得的经验要素重新组合并移用到另一种学习之中。

19.A 【解析】对于幼儿来说,学习动机主要表现在好奇、兴趣以及诱因三个方面。其中,好奇是幼儿学习最主要的动机,它促使幼儿积极主动地参加学习活动,从而满足其内心对探索问题的需要,积极的情绪体验也伴随出现。

20.C 【解析】题干的描述属于下位学习。下位学习又称类属学习,是指将概括程度或包含程度较低的新概念或命题归属到认知结构中已有的、概括程度或包含程度更高的适当概念或命题之下的学习,从而获得新概念或新命题的意义。是一种把新的观念归属于认知结构中原有观念的某一部分,并使之相互联系的过程。

21.D 【解析】D项属于把计算一位数加法的方法迁移到两位数加法的计算方法上。

22.A 【解析】正迁移是指一种学习对另一种学习积极、正向的影响,包括一种学习使幼儿具备了进行另一种学习活动的良好准备状态,一种学习节约了另一种学习所需要的时间,或是已具备的知识经验使幼儿有效地解决面临的新问题。

23.A 【解析】如果学习者将成功归因于内在的、稳定的因素,会增强他们的自豪感、自信心;如果将失败归因于稳定的、内在的因素会产生失落感、自卑感。

24.D 【解析】自我提高内驱力是指个体因自己的胜任或工作能力而赢得相应地位的需要。自我提高内驱力并非直接指向学习任务本身,而是把成就看作赢得地位与自尊心的根源,属于外部动机。因此,"为了赢得社会地位而学习"的学习动机既属于自我提高内驱力,又属于外部动机。

25.D 【解析】实验证明,不同的情绪状态对婴幼儿的智力操作有不同的影响。愉快的强度与操作效果之间为倒U形关系。

26.C 【解析】根据迁移的路径,可分为低路迁移和高路迁移。

27.A 【解析】美国心理学家韦纳对归因进行了系统的研究。他把人经历过事情的成败归结为六种原因,即能力、努力程度、工作难度、运气、身心状况、外界环境。运气属于不稳定、外在、不可控制因素。

28.D 【解析】努力、能力和身心状况属于内在的因素。

29.C 【解析】行为主义的强化理论认为,行为主义的动机强化理论与实践在促进幼儿学习上有一定效果,特别对年龄尚小的幼儿,他们非常重视身边"重要他人"的奖励与批评,因此外部强化确实能起到维持学习动机的效果。

30.C 【解析】外部学习动机是指诱因来自学习者外部的某种因素,即在学习活动以外由外部的诱因激发出来的学习动机。

31.A 【解析】形式训练说是最早的关于迁移的理论。

32.C 【解析】形式训练说是最早的关于迁移的理论,以官能心理学为基础。

33.C 【解析】普遍型学习动机是指幼儿对各项学习活动均有较强的内在学习动力。

34.C 【解析】根据迁移内容的不同,可分为一般迁移和具体迁移。

易错警示:根据迁移发生的方向,可分为顺向迁移和逆向迁移。

根据迁移的性质和结果,可分为正迁移、负迁移和零迁移。

根据迁移内容的抽象和概括水平不同,可分为横向迁移和竖向迁移。

根据迁移的路径,可分为低路迁移和高路迁移。

根据迁移内容的不同,可分为一般迁移和具体迁移。

35.B 【解析】高路迁移是需要个体有意识地将某种情境中学到的抽象知识应用于另一种情境中的迁移。

36. D 【解析】早期的迁移理论主要包括:形式训练说、相同要素说、概化理论、认知迁移理论。元认知理论属于20世纪80年代后的迁移理论。

二、多项选择题

1. ABCD 【解析】正强化是通过呈现想要的愉快刺激来增强反应频率。在学习过程中,强化物有很多种类,如表扬、奖励、自我强化等。班主任表扬小明属于正强化。表扬是精神奖励的一种形式,班主任对小明的表扬能促进其他同学的模仿,而这种表扬有助于培养小明热爱劳动的精神。

2. AD 【解析】数字运算对字母运算的影响是积极的,因此是正迁移;数字运算是下位的较低层次的,因此是自下而上的迁移。

3. ABCD 【解析】归因对学生学习的影响有:(1)学生对学习结果的情感体验的影响;(2)对学生后续学习的期望的影响;(3)对学生学习的努力程度的影响;(4)对学生自身的认识和评价的影响。

4. ABCD 【解析】20世纪80年代后的迁移理论有:(1)图式理论;(2)共同要素理论;(3)元认知理论;(4)认知灵活性理论。

三、简答题(参考答案)

1. 简述幼儿创造性的表现。

(1)幼儿创造性的前提是了解和接触事物的心向;(2)幼儿创造性就是善于组织自己的材料;(3)幼儿的创造性突出表现在想象力上;(4)幼儿的创造性常常体现在游戏活动中。

2. 简述幼儿学习动机的主要特征。

(1)内在动机以好奇与兴趣为主;(2)外在动机逐渐增长;(3)形成较稳定的学习成败归因。

3. 如何促进幼儿学习迁移?

(1)关注情感因素对幼儿学习迁移的影响;(2)幼儿学习迁移离不开具体事物的支持;(3)丰富幼儿的日常生活,使其在学习中发生迁移;(4)提高幼儿的分析与概括能力。

4. 简述幼儿创造性的教育培养。

(1)创设情境,激发求知欲;(2)营造宽松的活动环境;(3)有意识支持并促进幼儿的创造性思维;(4)培养幼儿的好奇心与想象力;(5)蒙台梭利的感知训练,培养幼儿的创造力。

第五部分　幼儿教育法规与教师职业道德

第一章　幼儿教育法规

真题必刷

第1练　《幼儿园管理条例》

一、单项选择题

1. C 【解析】本题考查《幼儿园管理条例》。目前,我国全国性的专门幼教法规是《幼儿园管理条例》,它对幼儿园的管理做出了全面规范,包括幼儿园保育教育工作的基本原则,幼儿园的管理体制,幼儿园的设置和审批规范,幼儿园的保育教育工作规范,幼儿园的行政事业规范等。

2. C 【解析】本题考查《幼儿园管理条例》的内容。根据《幼儿园管理条例》第十七条规定,严禁体罚和变相体罚幼儿。题干中教师发现幼儿餐后没漱口和喝水,就采用不准睡觉的方式惩罚他们,违反了《幼儿园管理条例》中不得体罚幼儿的规定。

3. A 【解析】本题考查《幼儿园管理条例》的内容。根据《幼儿园管理条例》第二十七条规定,违反本条例,具有下列情形之一的幼儿园,由教育行政部门视情节轻重,给予限期整顿、停止招生、停止办园的行政处罚:(一)未经登记注册,擅自招收幼儿的;(二)园舍、设施不符合国家卫生标准、安全标准,妨害幼儿身体健康

或者威胁幼儿生命安全的;(三)教育内容和方法违背幼儿教育规律,损害幼儿身心健康的。故不包括A项。

二、多项选择题

1. AC 【解析】本题考查《幼儿园管理条例》的内容。根据《幼儿园管理条例》第九条规定,举办幼儿园应当具有符合下列条件的保育、幼儿教育、医务和其他工作人员:(一)幼儿园园长、教师应当具有幼儿师范学校(包括职业学校幼儿教育专业)毕业程度,或者经教育行政部门考核合格;(二)医师应当具有医学院校毕业程度,医士和护士应当具有中等卫生学校毕业程度,或者取得卫生行政部门的资格认可;(三)保健员应当具有高中毕业程度,并受过幼儿保健培训;(四)保育员应当具有初中毕业程度,并受过幼儿保育职业培训。慢性传染病、精神病患者,不得在幼儿园工作。

2. ABD 【解析】本题考查《幼儿园管理条例》的内容。根据《幼儿园管理条例》第十八条规定,幼儿园应当建立卫生保健制度,防止发生食物中毒和传染病的流行。故A项正确。第十六条规定,幼儿园应当以游戏为基本活动形式。幼儿园可以根据本园的实际,安排和选择教育内容与方法,但不得进行违背幼儿教育规律,有损于幼儿身心健康的活动。故B项正确。第十五条规定,幼儿园应当使用全国通用的普通话。招收少数民族为主的幼儿园,可以使用本民族通用的语言。故C项错误。第十四条规定,幼儿园的招生、编班应当符合教育行政部门的规定。故D项正确。故答案选ABD。

三、判断题

1. √ 【解析】本题考查《幼儿园管理条例》的内容。根据《幼儿园管理条例》第二十四条规定,幼儿园可以依据本省、自治区、直辖市人民政府制定的收费标准,向幼儿家长收取保育费、教育费。幼儿园应当加强财务管理,合理使用各项经费,任何单位和个人不得克扣、挪用幼儿园经费。

2. √ 【解析】本题考查《幼儿园管理条例》的内容。根据《幼儿园管理条例》第六条规定,幼儿园的管理实行地方负责、分级管理和各有关部门分工负责的原则。国家教育委员会主管全国的幼儿园管理工作;地方各级人民政府的教育行政部门,主管本行政辖区内的幼儿园管理工作。

3. √ 【解析】本题考查《幼儿园管理条例》的内容。根据《幼儿园管理条例》第二十八条规定,违反本条例,具有下列情形之一的单位或者个人,由教育行政部门对直接责任人员给予警告、罚款的行政处罚,或者由教育行政部门建议有关部门对责任人员给予行政处分:(一)体罚或变相体罚幼儿的;(二)使用有毒、有害物质制作教具、玩具的;(三)克扣、挪用幼儿园经费的;(四)侵占、破坏幼儿园园舍、设备的;(五)干扰幼儿园正常工作秩序的;(六)在幼儿园周围设置有危险、有污染或者影响幼儿园采光的建设和设施的。前款所列情形,情节严重,构成犯罪的,由司法机关依法追究刑事责任。

第2练 《幼儿园工作规程》

一、单项选择题

1. D 【解析】本题考查《幼儿园工作规程》的内容。根据《幼儿园工作规程》第十八条规定,幼儿园应当制定合理的幼儿一日生活作息制度。正餐间隔时间为3.5~4小时。

2. A 【解析】本题考查《幼儿园工作规程》的内容。根据《幼儿园工作规程》第五十条规定,幼儿膳食费应当实行民主管理制度,保证全部用于幼儿膳食,每月向家长公布账目。

3. C 【解析】本题考查《幼儿园工作规程》的内容。根据《幼儿园工作规程》第四条规定,幼儿园适龄幼儿一般为3周岁至6周岁。幼儿园一般为三年制。

4. C 【解析】本题考查《幼儿园工作规程》的内容。根据《幼儿园工作规程》第八条规定,幼儿园每年秋季招生。平时如有缺额,可随时补招。第十一条规定,幼儿园规模应当有利于幼儿身心健康,便于管理,一般不超过360人。

5. B 【解析】本题考查《幼儿园工作规程》的内容。根据《幼儿园工作规程》第四十一条规定,幼儿园教师对本班工作全面负责,其主要职责如下:(1)观察了解幼儿,依据国家有关规定,结合本班幼儿的发展水平和兴趣需要,制订和执行教育工作计划,合理安排幼儿一日生活;(2)创设良好的教育环境,合理组织教育内容,提

供丰富的玩具和游戏材料，开展适宜的教育活动；(3)严格执行幼儿园安全、卫生保健制度，指导并配合保育员管理本班幼儿生活，做好卫生保健工作；(4)与家长保持经常联系，了解幼儿家庭的教育环境，商讨符合幼儿特点的教育措施，相互配合共同完成教育任务；(5)参加业务学习和保育教育研究活动；(6)定期总结评估保教工作实效，接受园长的指导和检查。

6. C 【解析】本题考查《幼儿园工作规程》的内容。根据《幼儿园工作规程》第五十六条规定，幼儿园实行园长负责制。幼儿园应当建立园务委员会。园务委员会由园长、副园长、党组织负责人和保教、卫生保健、财会等方面工作人员的代表以及幼儿家长代表组成。园长任园务委员会主任。

7. A 【解析】本题考查《幼儿园工作规程》的内容。根据《幼儿园工作规程》第二十条规定，幼儿园应当建立卫生消毒、晨检、午检制度和病儿隔离制度，配合卫生部门做好计划免疫工作。幼儿园应当建立传染病预防和管理制度，制定突发传染病应急预案，认真做好疾病防控工作。

8. C 【解析】本题考查《幼儿园工作规程》的内容。根据《幼儿园工作规程》第五条规定，幼儿园保育和教育的主要目标之一是：萌发幼儿爱祖国、爱家乡、爱集体、爱劳动、爱科学的情感，培养诚实、自信、友爱、勇敢、勤学、好问、爱护公物、克服困难、讲礼貌、守纪律等良好的品德行为和习惯，以及活泼开朗的性格。这属于德育的目标。

9. D 【解析】本题考查《幼儿园工作规程》的内容。根据《幼儿园工作规程》第三十一条规定，幼儿园的品德教育应当以情感教育和培养良好行为习惯为主，注重潜移默化的影响，并贯穿于幼儿生活以及各项活动之中。

10. D 【解析】本题考查《幼儿园工作规程》的内容。根据《幼儿园工作规程》第三条规定，幼儿园的任务是：贯彻国家的教育方针，按照保育与教育相结合的原则，遵循幼儿身心发展特点和规律，实施德、智、体、美等方面全面发展的教育，促进幼儿身心和谐发展。幼儿园同时面向幼儿家长提供科学育儿指导。故 D 项正确。

11. A 【解析】本题考查《幼儿园工作规程》的施行时间。《幼儿园工作规程》已于 2015 年 12 月 14 日第 48 次部长办公会议审议通过，自 2016 年 3 月 1 日起施行。

12. A 【解析】本题考查《幼儿园工作规程》的内容。根据《幼儿园工作规程》第五十四条规定，幼儿园应当成立家长委员会。家长委员会的主要任务是：对幼儿园重要决策和事关幼儿切身利益的事项提出意见和建议；发挥家长的专业和资源优势，支持幼儿园保育教育工作；帮助家长了解幼儿园工作计划和要求，协助幼儿园开展家庭教育指导和交流。家长委员会在幼儿园园长指导下工作。

13. A 【解析】本题考查《幼儿园工作规程》的内容。根据《幼儿园工作规程》第十二条规定，幼儿园应当严格执行国家和地方幼儿园安全管理的相关规定，建立健全门卫、房屋、设备、消防、交通、食品、药物、幼儿接送交接、活动组织和幼儿就寝值守等安全防护和检查制度，建立安全责任制和应急预案。

14. C 【解析】本题考查《幼儿园工作规程》的内容。根据《幼儿园工作规程》第十八条规定，幼儿园应当制定合理的幼儿一日生活作息制度。正餐间隔时间为 3.5 ~ 4 小时。在正常情况下，幼儿户外活动时间(包括户外体育活动时间)每天不得少于 2 小时，寄宿制幼儿园不得少于 3 小时；高寒、高温地区可酌情增减。

15. D 【解析】本题考查《幼儿园工作规程》的内容。根据《幼儿园工作规程》第三十九条指出，幼儿园教职工应当贯彻国家教育方针，具有良好品德，热爱教育事业，尊重和爱护幼儿，具有专业知识和技能以及相应的文化和专业素养，为人师表，忠于职责，身心健康。幼儿园教职工患传染病期间暂停在幼儿园的工作。有犯罪、吸毒记录和精神病史者不得在幼儿园工作。故 D 项错误。

16. A 【解析】本题考查《幼儿园工作规程》的内容。2015 年新修订的《幼儿园工作规程》第十五条规定，幼儿园应当结合幼儿年龄特点和接受能力开展反家庭暴力教育，发现幼儿遭受或者疑似遭受家庭暴力的，应当依法及时向公安机关报案。故 A 项错误，B 项正确。第四十七条规定，幼儿园不得以培养幼儿某种专项技能、组织或参与竞赛等为由，另外收取费用；不得以营利为目的组织幼儿表演、竞赛等活动。故 C 项正确。第十条规定，幼儿入园前，应当按照卫生部门制定的卫生保健制度进行健康检查，合格者方可入园。幼儿入园除进行健康检查外，禁止任何形式的考试或测查。故 D 项正确。

17. D 【解析】本题考查《幼儿园工作规程》的内容。根据《幼儿园工作规程》第十一条规定，幼儿园规模应当有利于幼儿身心健康，便于管理，一般不超过360人。幼儿园每班幼儿人数一般为：小班（3周岁至4周岁）25人，中班（4周岁至5周岁）30人，大班（5周岁至6周岁）35人，混合班30人。寄宿制幼儿园每班幼儿人数酌减。

18. B 【解析】本题考查《幼儿园工作规程》的内容。《幼儿园工作规程》第四十二条规定，幼儿园保育员应当符合本规程第三十九条规定，并应当具备高中毕业以上学历，受过幼儿保育职业培训。

19. D 【解析】本题考查《幼儿园工作规程》的内容。《幼儿园工作规程》第四十一条规定，幼儿园教师必须具有《教师资格条例》规定的幼儿园教师资格，并符合本规程第三十九条规定。幼儿园教师实行聘任制。幼儿园教师对本班工作全面负责，其主要职责如下：（一）观察了解幼儿，依据国家有关规定，结合本班幼儿的发展水平和兴趣需要，制订和执行教育工作计划，合理安排幼儿一日生活；（二）创设良好的教育环境，合理组织教育内容，提供丰富的玩具和游戏材料，开展适宜的教育活动；（三）严格执行幼儿园安全、卫生保健制度，指导并配合保育员管理本班幼儿生活，做好卫生保健工作；（四）与家长保持经常联系，了解幼儿家庭的教育环境，商讨符合幼儿特点的教育措施，相互配合共同完成教育任务；（五）参加业务学习和保育教育研究活动；（六）定期总结评估保教工作实效，接受园长的指导和检查。故D项正确。

20. A 【解析】本题考查《幼儿园工作规程》的内容。根据《幼儿园工作规程》第三条规定，幼儿园的任务是：贯彻国家的教育方针，按照保育与教育相结合的原则，遵循幼儿身心发展特点和规律，实施德、智、体、美等方面全面发展的教育，促进幼儿身心和谐发展。幼儿园同时面向幼儿家长提供科学育儿指导。

21. C 【解析】本题考查《幼儿园工作规程》的内容。根据《幼儿园工作规程》第十一条规定，幼儿园规模应当有利于幼儿身心健康，便于管理，一般不超过360人。幼儿园每班幼儿人数一般为：小班（3周岁至4周岁）25人，中班（4周岁至5周岁）30人，大班（5周岁至6周岁）35人，混合班30人。寄宿制幼儿园每班幼儿人数酌减。幼儿园可以按年龄分别编班，也可以混合编班。

22. C 【解析】本题考查《幼儿园工作规程》的内容。根据《幼儿园工作规程》第十八条规定，幼儿园应当制定合理的幼儿一日生活作息制度。正餐间隔时间为3.5～4小时。在正常情况下，幼儿户外活动时间（包括户外体育活动时间）每天不得少于2小时，寄宿制幼儿园不得少于3小时；高寒、高温地区可酌情增减。

23. B 【解析】本题考查《幼儿园工作规程》的内容。根据《幼儿园工作规程》第四条规定，幼儿园适龄幼儿一般为3周岁至6周岁。幼儿园一般为三年制。

24. C 【解析】本题考查《幼儿园工作规程》的内容。根据《幼儿园工作规程》第十三条规定，幼儿园的园舍应当符合国家和地方的建设标准，以及相关安全、卫生等方面的规范，定期检查维护，保障安全。幼儿园不得设置在污染区和危险区，不得使用危房。幼儿园的设备设施、装修装饰材料、用品用具和玩教具材料等，应当符合国家相关的安全质量标准和环保要求。入园幼儿应当由监护人或者其委托的成年人接送。

25. B 【解析】本题考查《幼儿园工作规程》的内容。根据《幼儿园工作规程》第十九条规定，幼儿园应当建立幼儿健康检查制度和幼儿健康卡或档案。每年体检一次，每半年测身高、视力一次，每季度量体重一次；注意幼儿口腔卫生，保护幼儿视力。幼儿园对幼儿健康发展状况定期进行分析、评价，及时向家长反馈结果。幼儿园应当关注幼儿心理健康，注重满足幼儿的发展需要，保持幼儿积极的情绪状态，让幼儿感受到尊重和接纳。

26. C 【解析】本题考查《幼儿园工作规程》的内容。根据《幼儿园工作规程》第二条规定，幼儿园是对3周岁以上学龄前幼儿实施保育和教育的机构。幼儿园教育是基础教育的重要组成部分，是学校教育制度的基础阶段。

27. A 【解析】本题考查保育员的要求。保育员是幼儿园中主要负责儿童身体保育和生活的工作人员。《幼儿园工作规程》明确规定保育员的主要职责如下：（一）负责本班房舍、设备、环境的清洁卫生和消毒工作；（二）在教师指导下，科学照料和管理幼儿生活，并配合本班教师组织教育活动；（三）在卫生保健人员和本班教师指导下，严格执行幼儿园安全、卫生保健制度；（四）妥善保管幼儿衣物和本班的设备、用具。由此可

见,幼儿园的保育人员应该同教师一样具有相应的专业素质。所以本题正确答案为A项。

28. B 【解析】本题考查《幼儿园工作规程》的内容。根据《幼儿园工作规程》第二十五条规定,幼儿园教育应以游戏为基本活动,寓教育于各项活动之中。

29. B 【解析】本题考查《幼儿园工作规程》的内容。根据《幼儿园工作规程》第十九条规定,幼儿园应当建立幼儿健康检查制度和幼儿健康卡或档案。每年体检一次,每半年测身高、视力一次,每季度量体重一次;注意幼儿口腔卫生,保护幼儿视力。

30. C 【解析】本题考查《幼儿园工作规程》的内容。根据《幼儿园工作规程》第五条规定,幼儿园保育和教育的主要目标是:(一)促进幼儿身体正常发育和机能的协调发展,增强体质,促进心理健康,培养良好的生活习惯、卫生习惯和参加体育活动的兴趣。(二)发展幼儿智力,培养正确运用感官和运用语言交往的基本能力,增进对环境的认识,培养有益的兴趣和求知欲望,培养初步的动手探究能力。(三)萌发幼儿爱祖国、爱家乡、爱集体、爱劳动、爱科学的情感,培养诚实、自信、友爱、勇敢、勤学、好问、爱护公物、克服困难、讲礼貌、守纪律等良好的品德行为和习惯,以及活泼开朗的性格。(四)培养幼儿初步感受美和表现美的情趣和能力。故C项正确。

31. C 【解析】本题考查《幼儿园工作规程》的内容。根据《幼儿园工作规程》第二十三条规定,幼儿园应当积极开展适合幼儿的体育活动,充分利用日光、空气、水等自然因素以及本地自然环境,有计划地锻炼幼儿肌体,增强身体的适应和抵抗能力。

32. D 【解析】本题考查《幼儿园工作规程》的内容。根据《幼儿园工作规程》第十九条规定,幼儿园应当建立幼儿健康检查制度和幼儿健康卡或档案。每年体检一次,每半年测身高、视力一次,每季度量体重一次;注意幼儿口腔卫生,保护幼儿视力。

33. D 【解析】本题考查《幼儿园工作规程》的内容。根据《幼儿园工作规程》第十三条规定,入园幼儿应当由监护人或者其委托的成年人接送。如果孩子的父母忙,可以将孩子交给父母委托的其他人接,同时要与孩子的父母联系确认。故D项错误。

34. A 【解析】本题考查《幼儿园工作规程》的内容。根据《幼儿园工作规程》第十四条规定,幼儿园应当严格执行国家有关食品药品安全的法律法规,保障饮食饮水卫生安全。

35. B 【解析】本题考查《幼儿园工作规程》的内容。根据《幼儿园工作规程》第十条规定,幼儿入园前,应当按照卫生部门制定的卫生保健制度进行健康检查,合格者方可入园。幼儿入园除进行健康检查外,禁止任何形式的考试或测查。

36. B 【解析】本题考查《幼儿园工作规程》的内容。根据《幼儿园工作规程》第十九条规定,幼儿园应当建立幼儿健康检查制度和幼儿健康卡或档案。每年体检一次,每半年测身高、视力一次,每季度量体重一次。

37. C 【解析】本题考查《幼儿园工作规程》的内容。根据《幼儿园工作规程》第三十四条规定,寄宿制幼儿园应当增设隔离室、浴室和教职工值班室等。

38. B 【解析】本题考查《幼儿园工作规程》解读。《幼儿园工作规程》中明确规定幼儿园教育的基本任务是促进儿童德、智、体、美的全面发展,这是符合儿童身心发展规律的。应该重视"完整儿童"的培养,即儿童的社会、情感、身体、智力和道德的发展之间是相互联系、不可分割的,不能片面追求儿童的特长和技能。

39. A 【解析】本题考查《幼儿园工作规程》的内容。根据《幼儿园工作规程》第一条规定,为了加强幼儿园的科学管理,规范办园行为,提高保育和教育质量,促进幼儿身心健康,依据《中华人民共和国教育法》等法律法规,制定本规程。

二、多项选择题

1. ABCD 【解析】本题考查《幼儿园工作规程》的内容。根据《幼儿园工作规程》第五条规定,幼儿智育的目标为:发展幼儿智力,培养正确运用感官和运用语言交往的基本能力,增进对环境的认识,培养有益的兴趣和求知欲望,培养初步的动手探究能力。

2. AC 【解析】本题考查《幼儿园工作规程》的内容。根据《幼儿园工作规程》第四十条规定,幼儿园园长由举

办者任命或者聘任,并报当地主管的教育行政部门备案。幼儿园园长负责幼儿园的全面工作,主要职责如下:(一)贯彻执行国家的有关法律、法规、方针、政策和地方的相关规定,负责建立并组织执行幼儿园的各项规章制度;(二)负责保育教育、卫生保健、安全保卫工作;(三)负责按照有关规定聘任、调配教职工,指导、检查和评估教师以及其他工作人员的工作,并给予奖惩;(四)负责教职工的思想工作,组织业务学习,并为他们的学习、进修、教育研究创造必要的条件;(五)关心教职工的身心健康,维护他们的合法权益,改善他们的工作条件;(六)组织管理园舍、设备和经费;(七)组织和指导家长工作;(八)负责与社区的联系和合作。

3. BCD 【解析】本题考查《幼儿园工作规程》的内容。根据《幼儿园工作现程》第二十五条规定,幼儿园教育应当贯彻的原则之一是“遵循幼儿身心发展规律,符合幼儿年龄特点,注重个体差异,因人施教,引导幼儿个性健康发展”。

4. ACD 【解析】本题考查《幼儿园工作规程》的内容。根据《幼儿园工作规程》第二十六条规定,幼儿一日活动的组织应当动静交替,注重幼儿的直接感知、实际操作和亲身体验,保证幼儿愉快的、有益的自由活动。

5. ABDEF 【解析】本题考查《幼儿园工作规程》的内容。根据《幼儿园工作规程》第七条规定,幼儿园可分为全日制、半日制、定时制、季节制和寄宿制等。上述形式可分别设置,也可混合设置。

6. ABCD 【解析】本题考查《幼儿园工作规程》的内容。根据《幼儿园工作规程》第十五条规定,幼儿园教职工必须具有安全意识,掌握基本急救常识和防范、避险、逃生、自救的基本方法,在紧急情况下应当优先保护幼儿的人身安全。

三、判断题

1. × 【解析】本题考查《幼儿园工作规程》的内容。根据《幼儿园工作规程》第二十条规定,幼儿园应当建立患病幼儿用药的委托交接制度,未经监护人委托或者同意,幼儿园不得给幼儿用药。

2. × 【解析】本题考查《幼儿园工作规程》的内容。根据《幼儿园工作规程》第六十三条规定,幼儿园教师依法享受寒暑假期的带薪休假。幼儿园应当创造条件,在寒暑假期间,安排工作人员轮流休假。具体办法由举办者制定。

3. × 【解析】本题考查《幼儿园工作规程》的内容。根据《幼儿园工作规程》第四条规定,幼儿园适龄幼儿一般为3周岁至6周岁。幼儿园一般为三年制。

4. × 【解析】本题考查《幼儿园工作规程》的内容。根据《幼儿园工作规程》第四十条规定,幼儿园园长应当符合本规程第三十九条规定,并应当具有《教师资格条例》规定的教师资格、具备大专以上学历、有三年以上幼儿园工作经历和一定的组织管理能力,并取得幼儿园园长岗位培训合格证书。

5. √ 【解析】本题考查《幼儿园工作规程》的内容。根据《幼儿园工作规程》第三十三条规定,幼儿园不得提前教授小学教育内容,不得开展任何违背幼儿身心发展规律的活动。

6. × 【解析】本题考查《幼儿园工作规程》的内容。根据《幼儿园工作规程》第八条规定,幼儿园对烈士子女、家中无人照顾的残疾人子女、孤儿、家庭经济困难幼儿、具有接受普通教育能力的残疾儿童等入园,按照国家和地方的有关规定予以照顾。

7. × 【解析】本题考查《幼儿园工作规程》的内容。根据《幼儿园工作规程》第四十七条规定,幼儿园收费按照国家和地方的有关规定执行。幼儿园实行收费公示制度,收费项目和标准向家长公示,接受社会监督,不得以任何名义收取与新生入园相挂钩的赞助费。幼儿园不得以培养幼儿某种专项技能、组织或参与竞赛等为由,另外收取费用;不得以营利为目的组织幼儿表演、竞赛等活动。

8. × 【解析】本题考查《幼儿园工作规程》的内容。根据《幼儿园工作规程》第四十二条规定,“在教师指导下,科学照料和管理幼儿生活,并配合本班教师组织教育活动”是保育员的职责之一。

9. × 【解析】本题考查《幼儿园工作规程》的内容。根据《幼儿园工作规程》第二十八条规定,教育活动内容应当根据教育目标、幼儿的实际水平和兴趣确定,以循序渐进为原则,有计划地选择和组织。

10. × 【解析】本题考查《幼儿园工作规程》的内容。根据《幼儿园工作规程》第十一条规定,幼儿园规模应当有利于幼儿身心健康,便于管理,一般不超过360人。幼儿园每班幼儿人数一般为:小班(3周岁至4周

岁)25人,中班(4周岁至5周岁)30人,大班(5周岁至6周岁)35人,混合班30人。寄宿制幼儿园每班幼儿人数酌减。幼儿园可以按年龄分别编班,也可以混合编班。

11. ×　【解析】本题考查《幼儿园工作规程》的内容。根据《幼儿园工作规程》第二十一条规定,供给膳食的幼儿园应当为幼儿提供安全卫生的食品,编制营养平衡的幼儿食谱,定期计算和分析幼儿的进食量和营养素摄取量,保证幼儿合理膳食。幼儿园应当每周向家长公示幼儿食谱,并按照相关规定进行食品留样。

12. √　【解析】本题考查《幼儿园工作规程》的内容。根据《幼儿园工作规程》第三十二条规定,幼儿园应当充分尊重幼儿的个体差异,根据幼儿不同的心理发展水平,研究有效的活动形式和方法,注重培养幼儿良好的个性心理品质。幼儿园应当为在园残疾儿童提供更多的帮助和指导。

13. √　【解析】本题考查《幼儿园工作规程》的内容。根据《幼儿园工作规程》第三十五条规定,幼儿园应当有与其规模相适应的户外活动场地,配备必要的游戏和体育活动设施,创造条件开辟沙地、水池、种植园地等,并根据幼儿活动的需要绿化、美化园地。

14. √　【解析】本题考查《幼儿园工作规程》的内容。根据《幼儿园工作规程》第四十八条规定,幼儿园的经费应当按照规定的使用范围合理开支,坚持专款专用,不得挪作他用。

15. ×　【解析】本题考查《幼儿园工作规程》的内容。根据《幼儿园工作规程》第四十条规定,幼儿园园长由举办者任命或者聘任,并报当地主管的教育行政部门备案。

16. ×　【解析】本题考查《幼儿园工作规程》的内容。根据《幼儿园工作规程》第四十一条规定,幼儿园教师要严格执行幼儿园安全、卫生保健制度,指导并配合保育员管理本班幼儿生活,做好卫生保健工作。

17. ×　【解析】本题考查《幼儿园工作规程》的内容。根据《幼儿园工作规程》第四十一条规定,幼儿园教师对本班工作全面负责,其主要职责如下:(一)观察了解幼儿,依据国家有关规定,结合本班幼儿的发展水平和兴趣需要,制订和执行教育工作计划,合理安排幼儿一日生活;(二)创设良好的教育环境,合理组织教育内容,提供丰富的玩具和游戏材料,开展适宜的教育活动;(三)严格执行幼儿园安全、卫生保健制度,指导并配合保育员管理本班幼儿生活,做好卫生保健工作;(四)与家长保持经常联系,了解幼儿家庭的教育环境,商讨符合幼儿特点的教育措施,相互配合共同完成教育任务;(五)参加业务学习和保育教育研究活动;(六)定期总结评估保教工作实效,接受园长的指导和检查。所以,题干的表述是错误的。

四、填空题

1. 体质　生活习惯　卫生习惯　　2. 监护人　成年人　　3. 家庭　社区
4. 指导　配合　　5. 幼儿身心健康　　6. 考试或测查
7. 安全教育　　8. 同伴和师生关系　　9. 个性心理品质

第3练　《幼儿园教育指导纲要(试行)》

一、单项选择题

1. D　【解析】本题考查《幼儿园教育指导纲要(试行)》的内容。《幼儿园教育指导纲要(试行)》健康领域的指导要点指出,幼儿园必须把保护幼儿的生命和促进幼儿的健康放在工作的首位,树立正确的健康观念,在重视幼儿身体健康的同时,要高度重视幼儿的心理健康。

2. A　【解析】本题考查《幼儿园教育指导纲要(试行)》的内容。《幼儿园教育指导纲要(试行)》第二部分科学领域的指导要点指出,教师要尽量创造条件让幼儿实际参加探究活动,使他们感受科学探究的过程和方法,体验发现的乐趣。

3. B　【解析】本题考查《幼儿园教育指导纲要(试行)》的内容。《幼儿园教育指导纲要(试行)》指出,“幼儿园的教育内容是全面的、启蒙性的,可以相对划分为健康、语言、社会、科学、艺术等五个领域,也可作其它不同的划分”。

4. A　【解析】本题考查《幼儿园教育指导纲要(试行)》的内容。《幼儿园教育指导纲要(试行)》第四部分教育评价第八条指出,明确评价的目的是了解幼儿的发展需要,以便提供更加适宜的帮助和指导。

5. D　【解析】本题考查《幼儿园教育指导纲要(试行)》的内容。《幼儿园教育指导纲要(试行)》指出,能努力

做好力所能及的事,不怕困难,有初步的责任感。这属于幼儿教育中社会领域的目标。

6. C 【解析】本题考查《幼儿园教育指导纲要(试行)》的内容。《幼儿园教育指导纲要(试行)》第三部分组织与实施第八条指出,环境是重要的教育资源,应通过环境的创设和利用,有效地促进幼儿的发展。

7. A 【解析】本题考查《幼儿园教育指导纲要(试行)》的内容。《幼儿园教育指导纲要(试行)》指出,"家庭是幼儿园重要的合作伙伴,应本着尊重、平等、合作的原则,争取家长的理解、支持和主动参与,并积极支持、帮助家长提高教育能力。"

8. A 【解析】本题考查《幼儿园教育指导纲要(试行)》的内容。《幼儿园教育指导纲要(试行)》中科学领域的目标包括:(1)对周围的事物、现象感兴趣,有好奇心和求知欲;(2)能运用各种感官,动手动脑,探究问题;(3)能用适当的方式表达、交流探索的过程和结果;(4)能从生活和游戏中感受事物的数量关系并体验到数学的重要和有趣;(5)爱护动植物,关心周围环境,亲近大自然,珍惜自然资源,有初步的环保意识。故A项正确。

9. C 【解析】本题考查《幼儿园教育指导纲要(试行)》的内容。《幼儿园教育指导纲要(试行)》中社会领域的目标包括:(1)能主动地参与各项活动,有自信心;(2)乐意与人交往,学习互助、合作和分享,有同情心;(3)理解并遵守日常生活中基本的社会行为规则;(4)能努力做好力所能及的事,不怕困难,有初步的责任感;(5)爱父母长辈、老师和同伴,爱集体、爱家乡、爱祖国。故C项正确。

10. C 【解析】本题考查《幼儿园教育指导纲要(试行)》的内容。《幼儿园教育指导纲要(试行)》第三部分组织与实施第二条指出,幼儿园的教育活动,是教师以多种形式有目的、有计划地引导幼儿生动、活泼、主动活动的教育过程。

11. D 【解析】本题考查《幼儿园教育指导纲要(试行)》的内容。《幼儿园教育指导纲要(试行)》第三部分组织与实施第九条指出,教师直接指导的活动和间接指导的活动相结合,保证幼儿每天有适当的自主选择和自由活动时间,教师直接指导的集体活动要能保证幼儿的积极参与,避免时间的隐性浪费。

12. A 【解析】本题考查《幼儿园教育指导纲要(试行)》的内容。《幼儿园教育指导纲要(试行)》第二部分科学领域的内容与要求指出,引导幼儿对周围环境中的数、量、形、时间和空间等现象产生兴趣,建构初步的数概念,并学习用简单的数学方法解决生活和游戏中某些简单的问题。B项、C项、D项属于社会领域的内容与要求。故A项正确。

13. B 【解析】本题考查《幼儿园教育指导纲要(试行)》的内容。《幼儿园教育指导纲要(试行)》第二部分语言领域的内容与要求指出,利用图书、绘画和其他多种方式,引发幼儿对书籍、阅读和书写的兴趣,培养前阅读和前书写技能。A项属于社会领域的内容与要求,C项和D项属于健康领域的内容与要求。故B项正确。

14. C 【解析】本题考查《幼儿园教育指导纲要(试行)》的内容。《幼儿园教育指导纲要(试行)》总则第五条指出,幼儿园教育应尊重幼儿的人格和权利,尊重幼儿身心发展的规律和学习特点,以游戏为基本活动,保教并重,关注个别差异,促进每个幼儿富有个性的发展。

15. D 【解析】本题考查《幼儿园教育指导纲要(试行)》的内容。《幼儿园教育指导纲要(试行)》第三部分组织与实施中第五条指出,教育活动内容的选择应遵照本《纲要》第二部分的有关条款进行,同时体现以下原则:(一)既适合幼儿的现有水平,又有一定的挑战性;(二)既符合幼儿的现实需要,又有利于其长远发展;(三)既贴近幼儿的生活来选择幼儿感兴趣的事物和问题,又有助于拓展幼儿的经验和视野。

16. C 【解析】本题考查《幼儿园教育指导纲要(试行)》的内容。《幼儿园教育指导纲要(试行)》语言领域的指导要点指出,语言能力是在运用的过程中发展起来的,发展幼儿语言的关键是创设一个能使他们想说、敢说、喜欢说、有机会说并能得到积极应答的环境。

17. D 【解析】本题考查《幼儿园教育指导纲要(试行)》的解读。各领域提炼出的关键能力主要有:健康——自我保护能力;语言——表达能力;社会——人际交往能力;科学——思维能力;艺术——创造能力。

18. A 【解析】本题考查《幼儿园教育指导纲要(试行)》的内容。《幼儿园教育指导纲要(试行)》提出健康领

域的目标是:(1)身体健康,在集体生活中情绪安定、愉快;(2)生活、卫生习惯良好,有基本的生活自理能力;(3)知道必要的安全保健常识,学习保护自己;(4)喜欢参加体育活动,动作协调、灵活。

19. B 【解析】本题考查《幼儿园教育指导纲要(试行)》的内容。《幼儿园教育指导纲要(试行)》社会领域指导要点指出,社会学习是一个漫长的积累过程,需要幼儿园、家庭和社会密切合作,协调一致,共同促进幼儿良好社会性品质的形成。故 A 项正确。社会领域的教育具有潜移默化的特点。幼儿社会态度和社会情感的培养尤应渗透在多种活动和一日生活的各个环节之中,要创设一个能使幼儿感受到接纳、关爱和支持的良好环境,避免单一呆板的言语说教。故 B 项错误,C 项正确。幼儿与成人、同伴之间的共同生活、交往、探索、游戏等,是其社会学习的重要途径。应为幼儿提供人际间相互交往和共同活动的机会和条件,并加以指导。故 D 项正确。

20. B 【解析】本题考查《幼儿园教育指导纲要(试行)》的内容。《幼儿园教育指导纲要(试行)》语言教育领域的内容与要求指出,培养幼儿对生活中常见的简单标记和文字符号的兴趣。

21. C 【解析】本题考查《幼儿园教育指导纲要(试行)》的颁布时间。《幼儿园教育指导纲要(试行)》颁布于 2001 年 7 月,并于 2001 年 9 月实施。

22. A 【解析】本题考查《幼儿园教育指导纲要(试行)》的内容。《幼儿园教育指导纲要(试行)》第四部分教育评价指出,评价应自然地伴随着整个教育过程进行。综合采用观察、谈话、作品分析等多种方法。

23. C 【解析】本题考查《幼儿园教育指导纲要(试行)》的内容。《幼儿园教育指导纲要(试行)》第三部分组织与实施指出,教育活动的组织与实施过程是教师创造性地开展工作的过程。教师要根据本《纲要》,从本地、本园的条件出发,结合本班幼儿的实际情况,制定切实可行的工作计划并灵活地执行。

24. C 【解析】本题考查《幼儿园教育指导纲要(试行)》的内容。《幼儿园教育指导纲要(试行)》科学领域的内容与要求中指出,通过引导幼儿积极参加小组讨论、探索等方式,培养幼儿合作学习的意识和能力,学习用多种方式表现、交流、分享探索的过程和结果。

25. A 【解析】本题考查《幼儿园教育指导纲要(试行)》的内容。《幼儿园教育指导纲要(试行)》教育评价部分指出,对幼儿发展状况的评估,要注意:承认和关注幼儿的个体差异,避免用划一的标准评价不同的幼儿,在幼儿面前慎用横向的比较。

26. C 【解析】本题考查《幼儿园教育指导纲要(试行)》的内容。《幼儿园教育指导纲要(试行)》科学领域指导要点指出,幼儿的科学教育是科学启蒙教育,重在激发幼儿的认识兴趣和探究欲望。

27. B 【解析】本题考查《幼儿园教育指导纲要(试行)》解读的内容。《幼儿园教育指导纲要(试行)》在目标表述上较多地使用了“体验”“感受”“喜欢”“乐意”等词汇,突出了情感、兴趣、态度、个性等方面的价值取向,着眼于培养终身学习的基础和动力。

28. B 【解析】本题考查《幼儿园教育指导纲要(试行)》的内容。《幼儿园教育指导纲要(试行)》语言领域的指导要点指出,发展幼儿语言的重要途径是通过互相渗透的各领域的教育,在丰富多彩的活动中去扩展幼儿的经验,提供促进语言发展的条件。

29. C 【解析】本题考查《幼儿园教育指导纲要(试行)》的内容。《幼儿园教育指导纲要(试行)》教育评价部分指出,教育评价是幼儿园教育工作的重要组成部分,是了解教育的适宜性、有效性,调整和改进工作,促进每一个幼儿发展,提高教育质量的必要手段。评价的过程,是教师运用专业知识审视教育实践,发现、分析、研究、解决问题的过程,也是其自我成长的重要途径。幼儿的行为表现和发展变化具有重要的评价意义,教师应视之为重要的评价信息和改进工作的依据。对幼儿发展状况的评估,要注意:在日常活动与教育教学过程中采用自然的方法进行,平时观察所获的具有典型意义的幼儿行为表现和所积累的各种作品等,是评价的重要依据。故 C 项错误。

30. D 【解析】本题考查《幼儿园教育指导纲要(试行)》的内容。《幼儿园教育指导纲要(试行)》第一部分总则第三条指出,幼儿园应与家庭、社区密切合作,与小学相互衔接,综合利用各种教育资源,共同为幼儿的发展创造良好的条件。故答案选 D 项。

31. B 【解析】本题考查《幼儿园教育指导纲要(试行)》的内容。《幼儿园教育指导纲要(试行)》第二部分教育内容与要求指出,健康领域的内容与要求为:(1)建立良好的师生、同伴关系,让幼儿在集体生活中感到温暖,心情愉快,形成安全感、信赖感;(2)与家长配合,根据幼儿的需要建立科学的生活常规,培养幼儿良好的饮食、睡眠、盥洗、排泄等生活习惯和生活自理能力;(3)教育幼儿爱清洁、讲卫生,注意保持个人和生活场所的整洁和卫生;(4)密切结合幼儿的生活进行安全、营养和保健教育,提高幼儿的自我保护意识和能力;(5)开展丰富多彩的户外游戏和体育活动,培养幼儿参加体育活动的兴趣和习惯,增强体质,提高对环境的适应能力;(6)用幼儿感兴趣的方式发展基本动作,提高动作的协调性、灵活性;(7)在体育活动中,培养幼儿坚强、勇敢、不怕困难的意志品质和主动、乐观、合作的态度。故不包括B项。

32. B 【解析】本题考查《幼儿园教育指导纲要(试行)》的内容。《幼儿园教育指导纲要(试行)》第四部分教育评价指出,幼儿园教育工作评价实行以教师自评为主,园长以及有关管理人员、其他教师和家长等参与评价的制度。

33. A 【解析】本题考查《幼儿园教育指导纲要(试行)》的内容。《幼儿园教育指导纲要(试行)》艺术领域指导要点指出,艺术是实施美育的主要途径,应充分发挥艺术的情感教育功能,促进幼儿健全人格的形成。

34. D 【解析】本题考查《幼儿园教育指导纲要(试行)》的内容。《幼儿园教育指导纲要(试行)》指出,幼儿艺术活动的能力是在大胆表现的过程中逐渐发展起来的,教师的作用主要在于激发幼儿感受美、表现美的情趣,丰富他们的审美经验,使之体验自由表达和创造的快乐。

35. A 【解析】本题考查《幼儿园教育指导纲要(试行)》的内容。《幼儿园教育指导纲要(试行)》指出,幼儿园要科学、合理地安排和组织一日生活。时间安排应有相对的稳定性与灵活性,既有利于形成秩序,又能满足幼儿的合理需要,照顾到个体差异。

36. A 【解析】本题考查《幼儿园教育指导纲要(试行)》解读的内容。幼儿社会领域教育的目标维度包括社会关系的维度和心理结构的维度。

37. C 【解析】本题考查《幼儿园教育指导纲要(试行)》的内容。《幼儿园教育指导纲要(试行)》指出,幼儿园教育是基础教育的重要组成部分,是我国学校教育和终身教育的奠基阶段。幼儿园的教育内容是全面的、启蒙性的,可以相对划分为健康、语言、社会、科学、艺术等五个领域,也可作其它不同的划分。另外,学前教育具有非义务性。学前儿童去学前教育机构接受教育是自愿的而非强制的,家长完全可以根据孩子和自己方面的情况,综合考虑是否送孩子进托儿所或者幼儿园以及送孩子进哪所托儿所或者幼儿园。

38. C 【解析】本题考查《幼儿园教育指导纲要(试行)》的内容。《幼儿园教育指导纲要(试行)》第四部分教育评价指出,管理人员、教师、幼儿及其家长均是幼儿园教育评价工作的参与者。

39. D 【解析】本题考查《幼儿园教育指导纲要(试行)》的内容。《幼儿园教育指导纲要(试行)》第四部分教育评价指出,对幼儿发展状况的评估,在日常活动与教育教学过程中采用自然的方法进行,平时观察所获的具有典型意义的幼儿行为表现和所积累的各种作品等,是评价的重要依据。

40. C 【解析】本题考查《幼儿园教育指导纲要(试行)》的内容。《幼儿园教育指导纲要(试行)》语言领域的目标包括:(1)乐意与人交谈,讲话礼貌;(2)注意倾听对方讲话,能理解日常用语;(3)能清楚地说出自己想说的事;(4)喜欢听故事、看图书;(5)能听懂和会说普通话。A项属于健康领域的目标,B项属于社会领域的目标,D项属于科学领域的目标。

41. B 【解析】本题考查《幼儿园教育指导纲要(试行)》的指导思想。《幼儿园教育指导纲要(试行)》一方面是在《幼儿园工作规程》精神的指导下制定的,另一方面也反映了21世纪世界幼儿教育的新理念,即终身教育的理念、以人为本的幼儿教育、面向世界的科学幼儿教育。

42. C 【解析】本题考查《幼儿园教育指导纲要(试行)》的内容。《幼儿园教育指导纲要(试行)》语言领域的指导要点指出,语言能力是在运用的过程中发展起来的,发展幼儿语言的关键是创设一个能使他们想说、敢说、喜欢说、有机会说并能得到积极应答的环境。

43. B 【解析】本题考查《幼儿园教育指导纲要(试行)》的内容。科学领域的内容与要求指出,在幼儿生活经

验的基础上，帮助幼儿了解自然、环境与人类生活的关系。从身边的小事入手，培养初步的环保意识和行为。

44. B 【解析】本题考查《幼儿园教育指导纲要（试行）》的内容。《幼儿园教育指导纲要（试行）》科学领域的目标包括：（1）对周围的事物、现象感兴趣，有好奇心和求知欲；（2）能运用各种感官，动手动脑，探究问题；（3）能用适当的方式表达、交流探索的过程和结果；（4）能从生活和游戏中感受事物的数量关系并体验到数学的重要和有趣；（5）爱护动植物，关心周围环境，亲近大自然，珍惜自然资源，有初步的环保意识。B 项属于社会领域的目标。

45. C 【解析】本题考查《幼儿园教育指导纲要（试行）》的内容。《幼儿园教育指导纲要（试行）》第四部分教育评价第三条指出：评价的过程，是教师运用专业知识审视教育实践，发现、分析、研究、解决问题的过程，也是其自我成长的重要途径。

46. A 【解析】本题考查《幼儿园教育指导纲要（试行）》的内容。《幼儿园教育指导纲要（试行）》第三部分组织与实施第八条规定，家庭是幼儿园重要的合作伙伴，应本着尊重、平等、合作的原则，争取家长的理解、支持和主动参与，并积极支持、帮助家长提高教育能力。

47. D 【解析】本题考查《幼儿园教育指导纲要（试行）》的内容。《幼儿园教育指导纲要（试行）》健康领域的内容与要求指出，用幼儿感兴趣的方式发展基本动作，提高动作的协调性、灵活性。故 D 项错误。

48. D 【解析】本题考查《幼儿园教育指导纲要（试行）》的内容。《幼儿园教育指导纲要（试行）》指出，幼儿园的教育内容是全面的、启蒙性的，可以相对划分为健康、语言、社会、科学、艺术等五个领域，也可作其他不同的划分。

49. C 【解析】本题考查《幼儿园教育指导纲要（试行）》的内容。《幼儿园教育指导纲要（试行）》健康领域的指导要点指出，健康领域的活动要充分尊重幼儿生长发育的规律，严禁以任何名义进行有损幼儿健康的比赛、表演或训练等。

二、多项选择题

1. ABCD 【解析】本题考查《幼儿园教育指导纲要（试行）》的内容。《幼儿园教育指导纲要（试行）》指出，语言领域的目标为：（1）乐意与人交谈，讲话礼貌；（2）注意倾听对方讲话，能理解日常用语；（3）能清楚地说出自己想说的事；（4）喜欢听故事、看图书；（5）能听懂和会说普通话。

2. ABC 【解析】本题考查《幼儿园教育指导纲要（试行）》的内容。《幼儿园教育指导纲要（试行）》第三部分第九条规定，科学、合理地安排和组织一日生活应做到：（1）时间安排应有相对的稳定性与灵活性，既有利于形成秩序，又能满足幼儿的合理需要，照顾到个体差异；（2）教师直接指导的活动和间接指导的活动相结合，保证幼儿每天有适当的自主选择和自由活动时间，教师直接指导的集体活动要能保证幼儿的积极参与，避免时间的隐性浪费；（3）尽量减少不必要的集体行动和过渡环节，减少和消除消极等待现象；（4）建立良好的常规，避免不必要的管理行为，逐步引导幼儿学习自我管理。

3. AC 【解析】本题考查《幼儿园教育指导纲要（试行）》的内容。《幼儿园教育指导纲要（试行）》第四部分教育评价第一条规定，教育评价是幼儿园教育工作的重要组成部分，是了解教育的适宜性、有效性，调整和改进工作，促进每一个幼儿发展，提高教育质量的必要手段。

4. CD 【解析】本题考查《幼儿园教育指导纲要（试行）》的解读。《幼儿园教育指导纲要（试行）》对每个领域进行阐述时，“指导要点”主要的功能有两方面：一是点明该领域的教和学的特点；二是点明该领域特别应当注意的普遍性的问题。

5. ABD 【解析】本题考查《幼儿园教育指导纲要（试行）》的内容。《幼儿园教育指导纲要（试行）》指出，教师应成为幼儿学习活动的支持者、合作者、引导者。

6. ABCD 【解析】本题考查《幼儿园教育指导纲要（试行）》的内容。《幼儿园教育指导纲要（试行）》指出，尊重幼儿在发展水平、能力、经验、学习方式等方面的个体差异，因人施教，努力使每一个幼儿都能获得满足和成功。

7. ACD 【解析】本题考查《幼儿园教育指导纲要(试行)》的内容。《幼儿园教育指导纲要(试行)》第三部分组织与实施第六条指出,教育活动内容的组织应充分考虑幼儿的学习特点和认识规律,各领域的内容要有机联系,相互渗透,注重综合性、趣味性、活动性,寓教育于生活、游戏之中。

8. AC 【解析】本题考查《幼儿园教育指导纲要(试行)》的内容。《幼儿园教育指导纲要(试行)》第四部分教育评价第八条指出,对幼儿发展状况的评估,要注意:(一)明确评价的目的是了解幼儿的发展需要,以便提供更加适宜的帮助和指导;(二)全面了解幼儿的发展状况,防止片面性,尤其要避免只重知识和技能,忽略情感、社会性和实际能力的倾向;(三)在日常活动与教育教学过程中采用自然的方法进行,平时观察所获的具有典型意义的幼儿行为表现和所积累的各种作品等,是评价的重要依据;(四)承认和关注幼儿的个体差异,避免用划一的标准评价不同的幼儿,在幼儿面前慎用横向的比较;(五)以发展的眼光看待幼儿,既要了解现有水平,更要关注其发展的速度、特点和倾向等。

9. ACD 【解析】本题考查《幼儿园教育指导纲要(试行)》的内容。《幼儿园教育指导纲要(试行)》是指导性的文件,《幼儿园教育指导纲要(试行)》和《3～6 岁儿童学习与发展指南》都包括五大领域的内容,两者不能相互代替。

10. BCD 【解析】本题考查《幼儿园教育指导纲要(试行)》的内容。《幼儿园教育指导纲要(试行)》教育内容与要求部分指出,幼儿园的教育内容是全面的、启蒙性的,可以相对划分为健康、语言、社会、科学、艺术等五个领域,也可作其他不同的划分。各领域的内容相互渗透,从不同的角度促进幼儿情感、态度、能力、知识、技能等方面的发展。

11. ABD 【解析】本题考查《幼儿园教育指导纲要(试行)》的内容。《幼儿园教育指导纲要(试行)》教育评价部分指出,对幼儿发展状况的评估,要注意:全面了解幼儿的发展状况,防止片面性,尤其要避免只重知识和技能,忽略情感、社会性和实际能力的倾向。

三、判断题

1. √ 【解析】本题考查《幼儿园教育指导纲要(试行)》的内容。《幼儿园教育指导纲要(试行)》艺术领域的内容与要求指出,引导幼儿接触周围环境和生活中美好的人、事、物,丰富他们的感性经验和审美情趣,激发他们表现美、创造美的情趣。

2. × 【解析】本题考查《幼儿园教育指导纲要(试行)》的内容。《幼儿园教育指导纲要(试行)》指出,幼儿园教育是基础教育的重要组成部分,是我国学校教育和终身教育的奠基阶段。

3. √ 【解析】本题考查《幼儿园教育指导纲要(试行)》的内容。《幼儿园教育指导纲要(试行)》指出,管理人员、教师、幼儿及其家长均是幼儿园教育评价工作的参与者。评价过程是各方共同参与、相互支持与合作的过程。

4. × 【解析】本题考查《幼儿园教育指导纲要(试行)》的内容。《幼儿园教育指导纲要(试行)》第一部分总则指出,幼儿园教育应尊重幼儿的人格和权利,尊重幼儿身心发展的规律和学习特点,以游戏为基本活动,保教并重,关注个别差异,促进每个幼儿富有个性的发展。

5. × 【解析】本题考查《幼儿园教育指导纲要(试行)》的内容。《幼儿园教育指导纲要(试行)》指出,幼儿艺术活动的能力是在大胆表现的过程中逐渐发展起来的,教师的作用应主要在于激发幼儿感受美、表现美的情趣,丰富他们的审美经验,使之体验自由表达和创造的快乐。

6. √ 【解析】本题考查《幼儿园教育指导纲要(试行)》的内容。《幼儿园教育指导纲要(试行)》第三部分组织与实施第八条指出,幼儿同伴群体及幼儿园教师集体是宝贵的教育资源,应充分发挥这一资源的作用。

7. √ 【解析】本题考查《幼儿园教育指导纲要(试行)》的内容。《幼儿园教育指导纲要(试行)》社会领域指导要点指出,社会领域的教育具有潜移默化的特点。幼儿社会态度和社会情感的培养尤应渗透在多种活动和一日生活的各个环节之中,要创设一个能使幼儿感受到接纳、关爱和支持的良好环境,避免单一呆板的言语说教。

8. √ 【解析】本题考查《幼儿园教育指导纲要(试行)》的内容。《幼儿园教育指导纲要(试行)》第三部分组织与实施第七条指出,教育活动的组织形式应根据需要合理安排,因时、因地、因内容、因材料灵活地运用。

9.√　【解析】本题考查《幼儿园教育指导纲要(试行)》的内容。《幼儿园教育指导纲要(试行)》第四部分教育评价第八条指出:在日常活动与教育教学过程中采用自然的方法进行,平时观察所获的具有典型意义的幼儿行为表现和所积累的各种作品等,是评价的重要依据。

10.×　【解析】本题考查《幼儿园教育指导纲要(试行)》的内容。《幼儿园教育指导纲要(试行)》指出,“利用图书、绘画和其他多种方式,引发幼儿对书籍、阅读和书写的兴趣,培养前阅读和前书写技能”。

11.×　【解析】本题考查《幼儿园教育指导纲要(试行)》的内容。《幼儿园教育指导纲要(试行)》指出,社会领域的教育具有潜移默化的特点。幼儿社会态度和社会情感的培养尤应渗透在多种活动和一日生活的各个环节之中,要创设一个能使幼儿感受到接纳、关爱和支持的良好环境,避免单一呆板的言语说教。

12.√　【解析】本题考查《幼儿园教育指导纲要(试行)》的内容。《幼儿园教育指导纲要(试行)》指出,环境是重要的教育资源,应通过环境的创设和利用,有效地促进幼儿的发展。

四、填空题

1.运用　想说　有机会说　　　　　　2.情绪态度

五、简答题(参考答案)

应怎样通过环境的创设和利用,有效地促进幼儿发展?

(1)幼儿园的空间、设施、活动材料和常规要求等应有利于引发、支持幼儿的游戏和各种探索活动,有利于引发、支持幼儿与周围环境之间积极的相互作用;

(2)幼儿同伴群体及幼儿园教师集体是宝贵的教育资源,应充分发挥这一资源的作用;

(3)教师的态度和管理方式应有助于形成安全、温馨的心理环境,言行举止应成为幼儿学习的良好榜样;

(4)家庭是幼儿园重要的合作伙伴,应本着尊重、平等、合作的原则,争取家长的理解、支持和主动参与,并积极支持、帮助家长提高教育能力;

(5)充分利用自然环境和社区的教育资源,扩展幼儿生活和学习的空间,幼儿园同时应为社区的早期教育提供服务。

六、论述题(参考答案)

1.《幼儿园教育指导纲要(试行)》中指出,“利用图书、绘画和其他多种方式,引发幼儿对书籍、阅读和书写的兴趣,培养前阅读和前书写技能”。谈谈你对此的理解。在工作中,你会如何贯彻这一要求?

(1)我对此的理解:题干强调了教师在教学活动中要以引发幼儿对书籍、阅读和书写的兴趣为主要目标,在激发幼儿兴趣的过程中培养幼儿的前阅读和前书写技能。因此,教师关注的重心应是激发幼儿学习的动机。

(2)①在丰富幼儿口语的过程中增加幼儿对语音和语法的敏感性。我们在认识自主阅读核心能力时,已经充分了解了儿童口语对阅读能力建立的重要作用。教师和家长可以在听说游戏、谈话活动、讲述活动、故事阅读和续编故事等活动中,引导幼儿运用口头语言表达自己的想法。这样当幼儿阅读中遇及各种词汇的时候,就可以辨认出这些词汇,并且理解这些词汇的意义。与此同时,教师和家长需要引导幼儿提高对语音和语法的敏感性。家长和教师可以有意识地组织一些活动,指导幼儿学习感知和辨识语音以及词序,比如玩一些要求语言押韵的游戏、念儿歌童谣、随机指认相同字音的字,或者是让幼儿仿编和创编儿歌及歌曲等等。这些活动都将有效地提高幼儿对语音和语法的敏感程度,从而在阅读学习时可以敏锐地发现口语和书面语的对应关系。②围绕故事的活动,培养幼儿的阅读策略。从学前阶段到小学低年级,故事是儿童阅读的主要材料。因此让幼儿慢慢适应故事文体特征以及其中包含的一些基本成分,都会有助于儿童建立起基本的阅读策略。家长和教师应当注意每天给幼儿看故事书的时间,养成阅读图书的习惯,让幼儿口述自己听到的或者看到的故事,让幼儿扮演“讲故事人”的角色来编和讲自己的故事。在幼儿听完故事或者看完图书之后,适当提出有利于他们反思和质疑的问题,帮助他们理解阅读内容。在幼儿4岁之后,家长和教师的故事阅读指导活动进入第二个阶段。这个阶段除了延续上个阶段的有关活动,并不断提高要求之外,还可以开展分享阅读的活动,即成人和幼儿一起阅读有趣的图书。在与幼儿共同读书的过程中,成人可以帮助幼儿认识书上的文字与口头语言的对应关系,并且在读的过程中进行认读文字的初步尝试。与此同时,增加预期和假设的提问,或者用绘画和表演的方式来帮助幼儿预期故事结局,假设不同的事件发展情景。③创建有文字的学习环境,提高幼儿对文字的敏感性。教师和家长要创设这样的环境,让幼儿感受到文字无所不在地环绕在周围世界。丰富的早期阅读教育环境包括:提供幼儿随手可取的品质优良的书籍、书写材料,以及一些拼字积木和拼字磁铁玩具;在幼儿周围的重要物品上贴上一些文字标签;给幼儿做一些有自己名字的标志。在这样的环境中,通过指导幼儿观察不同的印刷品来帮助幼儿了解文字的功能和重要意义,比如观察信件、账单,查看报纸所登天气预报或者是写购物单;通过指导幼儿认识文字书写的最基本规则来帮助他们建立基本的文字概念,比如知道看书要先看封面标题,文字阅读是从上到下从左往右的顺序,以及认识最常见的字等等。④尽早发现幼儿阅读困难,提供支持性帮助。教师和家长可以为这些儿童建立比较特殊的个别教学计划,针对他们在阅读活动中出现的问题给予特别的帮助。⑤让幼儿在写写画画的过程中体验文字符号的功能,培养书写兴趣。如:准备供幼儿随时取放的纸、笔等材料,也可利用沙地、树枝等自然材料,满足幼儿自由涂画的需要,等等。在绘画和游戏中做必要的书写准备。如:鼓励幼儿学习书写自己的名字。提醒幼儿写画时保持正确姿势。

2. 对幼儿发展状况的评估需注意哪些方面?

(1)明确评价的目的是了解幼儿的发展需要,以便提供更加适宜的帮助和指导;

(2)全面了解幼儿的发展状况,防止片面性,尤其要避免只重知识和技能,忽略情感、社会性和实际能力的倾向;

(3)在日常活动与教育教学过程中采用自然的方法进行,平时观察所获的具有典型意义的幼儿行为表现和所积累的各种作品等,是评价的重要依据;

(4)承认和关注幼儿的个体差异,避免用划一的标准评价不同的幼儿,在幼儿面前慎用横向的比较;

(5)以发展的眼光看待幼儿,既要了解现有水平,更要关注其发展的速度、特点和倾向等。

第4练 《3~6岁儿童学习与发展指南》

一、单项选择题

1. B 【解析】本题考查《3~6岁儿童学习与发展指南》的内容。《3~6岁儿童学习与发展指南》健康领域中"生活习惯与生活能力"目标1"具有良好的生活与卫生习惯"指出,中班幼儿知道保护眼睛,不在光线过强或过暗的地方看书,连续看电视等不超过20分钟。

2. D 【解析】本题考查《3~6岁儿童学习与发展指南》的内容。《3~6岁儿童学习与发展指南》健康领域中身心状况目标1的教育建议指出,保证幼儿每天睡11~12小时,其中午睡一般应达到2小时左右。午睡时间可根据幼儿的年龄、季节的变化和个体差异适当减少。

3. B 【解析】本题考查《3~6岁儿童学习与发展指南》的内容。《3~6岁儿童学习与发展指南》健康领域中身心状况目标1"具有健康的体态"指出,5~6岁的男孩子,身高和体重适宜。参考标准:男孩:身高:106.1~125.8厘米。

4. D 【解析】本题考查《3~6岁儿童学习与发展指南》的内容。《3~6岁儿童学习与发展指南》健康领域中"动作发展"的目标1"具有一定的平衡能力,动作协调、灵敏"的教育建议指出,利用多种活动发展身体平衡和协调能力。如:走平衡木,或沿着地面直线、田埂行走。玩跳房子、踢毽子、蒙眼走路、踩小高跷等游戏活动。

5. C 【解析】本题考查《3~6岁儿童学习与发展指南》的内容。《3~6岁儿童学习与发展指南》科学领域中数学认知目标2"感知和理解数、量及数量关系"指出,5~6岁的儿童能用简单的记录表、统计图等表示简单的数量关系。

6. D 【解析】本题考查《3~6岁儿童学习与发展指南》的内容。《3~6岁儿童学习与发展指南》语言领域指出,幼儿的语言能力是在交流和运用的过程中发展起来的。应为幼儿创设自由、宽松的语言交往环境,鼓励和支持幼儿与成人、同伴交流,让幼儿想说、敢说、喜欢说并能得到积极回应。为幼儿提供丰富、适宜的低幼读物,经常和幼儿一起看图书、讲故事,丰富其语言表达能力,培养阅读兴趣和良好的阅读习惯,进一步拓展

学习经验。故 D 项错误。

7. B 【解析】本题考查《3 ~ 6 岁儿童学习与发展指南》的内容。《3 ~ 6 岁儿童学习与发展指南》健康领域“身心状况”中目标 3“具有一定的适应能力”教育建议指出，经常与幼儿玩拉手转圈、秋千、转椅等游戏活动，让幼儿适应轻微的摆动、颠簸、旋转，促进其平衡机能的发展。

8. B 【解析】本题考查《3 ~ 6 岁儿童学习与发展指南》的内容。《3 ~ 6 岁儿童学习与发展指南》健康领域“生活习惯与生活能力”中目标 1“具有良好的生活与卫生习惯”教育建议指出，帮助幼儿养成良好的个人卫生习惯。如：早晚刷牙、饭后漱口。勤为幼儿洗澡、换衣服、剪指甲。提醒幼儿保护五官，如不乱挖耳朵、鼻孔，看电视时保持 3 米左右的距离等。

9. B 【解析】本题考查《3 ~ 6 岁儿童学习与发展指南》的内容。《3 ~ 6 岁儿童学习与发展指南》说明部分第四条指出，关注幼儿学习与发展的整体性，尊重幼儿发展的个体差异，理解幼儿的学习方式和特点，重视幼儿的学习品质。

10. B 【解析】本题考查《3 ~ 6 岁儿童学习与发展指南》的内容。《3 ~ 6 岁儿童学习与发展指南》社会领域社会适应的目标 1“喜欢并适应群体生活”。

11. D 【解析】本题考查《3 ~ 6 岁儿童学习与发展指南》的内容。《3 ~ 6 岁儿童学习与发展指南》健康领域身心状况目标 2“情绪安定愉快”指出，5 ~ 6 岁的幼儿表达情绪的方式比较适度，不乱发脾气。

12. B 【解析】本题考查《3 ~ 6 岁儿童学习与发展指南》的内容。《3 ~ 6 岁儿童学习与发展指南》社会领域人际交往中目标 2“能与同伴友好相处”指出，中班的幼儿对大家都喜欢的东西能轮流、分享。

13. C 【解析】本题考查《3 ~ 6 岁儿童学习与发展指南》的内容。《3 ~ 6 岁儿童学习与发展指南》社会适应目标 2“遵守基本的行为规范”指出，3 ~ 4 岁的幼儿知道不经允许不能拿别人的东西，借别人的东西要归还。故 C 项正确。A 项、B 项是 4 ~ 5 岁幼儿遵守基本行为规范的表现，D 项是 5 ~ 6 岁幼儿遵守基本行为规范的表现。

14. C 【解析】本题考查《3 ~ 6 岁儿童学习与发展指南》的内容。《3 ~ 6 岁儿童学习与发展指南》语言领域中目标 2“愿意讲话并能清楚地表达”指出，3 ~ 4 岁的幼儿愿意表达自己的需要和想法，必要时能配以手势动作。

15. C 【解析】本题考查《3 ~ 6 岁儿童学习与发展指南》的内容。《3 ~ 6 岁儿童学习与发展指南》健康领域动作发展中目标 3“手的动作灵活协调”5 ~ 6 岁幼儿的发展目标指出，能熟练使用筷子，能使用简单的劳动工具或用具。

16. C 【解析】本题考查《3 ~ 6 岁儿童学习与发展指南》的内容。《3 ~ 6 岁儿童学习与发展指南》科学领域科学探究部分目标 2“具有初步的探究能力”指出，4 ~ 5 岁幼儿的目标为：(1) 能对事物或现象进行观察比较，发现其相同与不同；(2) 能根据观察结果提出问题，并大胆猜测答案。(3) 能通过简单的调查收集信息；(4) 能用图画或其他符号进行记录。

17. A 【解析】本题考查《3 ~ 6 岁儿童学习与发展指南》的内容。《3 ~ 6 岁儿童学习与发展指南》科学领域数学认知目标 2“感知和理解数、量及数量关系”的教育建议指出，幼儿园教师通过实物操作引导幼儿理解数与数之间的关系，并用“加”或“减”的办法来解决问题。

18. A 【解析】本题考查《3 ~ 6 岁儿童学习与发展指南》的内容。《3 ~ 6 岁儿童学习与发展指南》语言领域“阅读与书写准备”部分中，目标 1“喜欢听故事，看图书”的教育建议包括：(1) 为幼儿提供良好的阅读环境和条件；(2) 激发幼儿的阅读兴趣，培养阅读习惯；(3) 引导幼儿体会标识、文字符号的用途。早期阅读主要是为了激发幼儿阅读兴趣，培养幼儿阅读习惯，发展幼儿的阅读理解能力，培养幼儿书面表达的愿望，并不是以识字为目的。在进行早期阅读时一定要考虑幼儿的年龄特征，针对幼儿注意力不易集中和认知发展尚未完善的特点，每天不应该有阅读量的要求，阅读材料也应该是一些简单易懂、富有童趣的图画书。故 B、C、D 项说法错误。答案选 A 项。

19. C 【解析】本题考查《3 ~ 6 岁儿童学习与发展指南》的内容。《3 ~ 6 岁儿童学习与发展指南》健康领域动作发展中目标 1“具有一定的平衡能力，动作协调、灵敏”指出，4 ~ 5 岁幼儿能在较窄的低矮物体上平稳地

走一段距离。故答案选 C 项。

20. D 【解析】本题考查《3～6 岁儿童学习与发展指南》的内容。《3～6 岁儿童学习与发展指南》科学领域数学认知目标 1“初步感知生活中数学的有用和有趣”指出,5～6 岁的幼儿能发现事物简单的排列规律,并尝试创造新的排列规律。能发现生活中许多问题都可以用数学的方法来解决,体验解决问题的乐趣。

21. A 【解析】本题考查《3～6 岁儿童学习与发展指南》的内容。《3～6 岁儿童学习与发展指南》社会领域中“社会适应”目标 1“喜欢并适应群体生活”提出,3～4 幼儿的行为表现包括:(1)对群体活动有兴趣;(2)对幼儿园的生活好奇,喜欢上幼儿园。

22. C 【解析】本题考查《3～6 岁儿童学习与发展指南》的内容。《3～6 岁儿童学习与发展指南》语言领域倾听与表达部分目标 1“认真听并能听懂常用语言”的教育建议指出,要根据幼儿的理解水平有意识地使用一些反映因果、假设、条件等关系的句子。

23. B 【解析】本题考查《3～6 岁儿童学习与发展指南》的内容。《3～6 岁儿童学习与发展指南》语言领域阅读与书写准备中,A 项属于目标 1“喜欢听故事,看图书”的内容。C 项、D 项属于目标 3“具有书面表达的愿望和初步技能”的内容。B 项属于目标 2“具有初步的阅读理解能力”的内容。故 B 项正确。

24. C 【解析】本题考查《3～6 岁儿童学习与发展指南》的内容。《3～6 岁儿童学习与发展指南》科学领域科学探究目标 3 是“在探究中认识周围事物和现象”。A 项和 D 项属于此目标中 3～4 岁幼儿的发展内容。B 项属于此目标中 4～5 岁幼儿的发展内容。C 项属于此目标中 5～6 岁幼儿的发展内容,故 C 项正确。

25. D 【解析】本题考查《3～6 岁儿童学习与发展指南》的内容。《3～6 岁儿童学习与发展指南》指出,重视幼儿的学习品质。幼儿在活动过程中表现出的积极态度和良好行为倾向是终身学习与发展所必需的宝贵品质。要充分尊重和保护幼儿的好奇心和学习兴趣,帮助幼儿逐步养成积极主动、认真专注、不怕困难、敢于探究和尝试、乐于想象和创造等良好学习品质。忽视幼儿学习品质培养,单纯追求知识技能学习的做法是短视而有害的。

易错警示:本题容易混淆学习习惯和学习品质,考生要准确记忆《3～6 岁儿童学习与发展指南》中学习品质的具体内容。

26. C 【解析】本题考查《3～6 岁儿童学习与发展指南》的内容。《3～6 岁儿童学习与发展指南》语言领域倾听与表达部分目标 2 的教育建议指出,尊重和接纳幼儿的说话方式,无论幼儿的表达水平如何,都应认真地倾听并给予积极的回应。

27. C 【解析】本题考查《3～6 岁儿童学习与发展指南》的内容。《3～6 岁儿童学习与发展指南》健康领域,“动作发展”中目标 2“具有一定的力量和耐力”指出,4～5 岁儿童能单脚连续向前跳 5 米左右。

28. C 【解析】本题考查《3～6 岁儿童学习与发展指南》的内容。《3～6 岁儿童学习与发展指南》艺术领域指出,每个幼儿心里都有一颗美的种子。幼儿艺术领域学习的关键在于充分创造条件和机会,在大自然和社会文化生活中萌发幼儿对美的感受和体验,丰富其想象力和创造力,引导幼儿学会用心灵去感受和发现美,用自己的方式去表现和创造美。

29. C 【解析】本题考查《3～6 岁儿童学习与发展指南》的内容。在《3～6 岁儿童学习与发展指南》科学领域数学认知部分,目标 2“感知和理解数、量及数量关系”中,5～6 岁幼儿的发展目标为:(1)初步理解量的相对性;(2)借助实际情境和操作(如合并或拿取)理解“加”和“减”的实际意义;(3)能通过实物操作或其它方法进行 10 以内的加减运算;(4)能用简单的记录表、统计图等表示简单的数量关系。

30. A 【解析】本题考查《3～6 岁儿童学习与发展指南》的内容。在《3～6 岁儿童学习与发展指南》健康领域生活习惯与生活能力部分,目标 1“具有良好的生活与卫生习惯”中指出,3～4 幼儿不用脏手揉眼睛,连续看电视等不超过 15 分钟。

31. B 【解析】本题考查《3～6 岁儿童学习与发展指南》的内容。《3～6 岁儿童学习与发展指南》从健康、语言、社会、科学、艺术五个领域描述幼儿的学习与发展。每个领域按照幼儿学习与发展最基本、最重要的内容划分为若干方面。每个方面由学习与发展目标和教育建议两部分组成。目标部分分别对 3～4 岁、4～5 岁、5～6 岁三个年龄段末期幼儿应该知道什么、能做什么,大致可以达到什么发展水平提出了合理期望,

指明了幼儿学习与发展的具体方向；教育建议部分列举了一些能够有效帮助和促进幼儿学习与发展的教育途径与方法。

32. A 【解析】本题考查《3～6岁儿童学习与发展指南》的内容。《3～6岁儿童学习与发展指南》社会领域社会适应部分，4～5岁幼儿"遵守基本的行为规范"的发展目标包括：(1)感受规则的意义，并能基本遵守规则；(2)不私自拿不属于自己的东西；(3)知道说谎是不对的；(4)知道接受了的任务要努力完成；(5)在提醒下，能节约粮食、水电等。

33. D 【解析】本题考查《3～6岁儿童学习与发展指南》的内容。《3～6岁儿童学习与发展指南》健康领域动作发展中目标3"手的动作灵活协调"中，大班幼儿的学习与发展目标包括：(1)能根据需要画出图形，线条基本平滑；(2)能熟练使用筷子；(3)能沿轮廓线剪出由曲线构成的简单图形，边线吻合且平滑；(4)能使用简单的劳动工具或用具。D项属于"具有一定的力量和耐力"的目标，故D项错误。

34. C 【解析】本题考查《3～6岁儿童学习与发展指南》的内容。《3～6岁儿童学习与发展指南》社会领域社会适应中目标3"具有初步的归属感"5～6岁幼儿学习与发展目标包括：(1)愿意为集体做事，为集体的成绩感到高兴；(2)能感受到家乡的发展变化并为此感到高兴；(3)知道自己的民族，知道中国是一个多民族的大家庭，各民族之间要互相尊重，团结友爱；(4)知道国家一些重大成就，爱祖国，为自己是中国人感到自豪。故C项正确。

易错警示：《3～6岁儿童学习与发展指南》的内容是常考点，考生要准确识记幼儿各年龄段的发展目标，防止混淆各年龄段的目标。

35. D 【解析】本题考查《3～6岁儿童学习与发展指南》的内容。尊重幼儿发展的个体差异。幼儿的发展是一个持续、渐进的过程，同时也表现出一定的阶段性特征。每个幼儿在沿着相似进程发展的过程中，各自的发展速度和到达某一水平的时间不完全相同。要充分理解和尊重幼儿发展进程中的个别差异，支持和引导他们从原有水平向更高水平发展，按照自身的速度和方式到达《3～6岁儿童学习与发展指南》所呈现的发展"阶梯"，切忌用一把"尺子"衡量所有幼儿。故D项错误。

36. D 【解析】本题考查《3～6岁儿童学习与发展指南》的内容。《3～6岁儿童学习与发展指南》"健康领域"中"身心状况"中目标2"情绪安定愉快"指出，5～6岁幼儿能随着活动的需要转换情绪和注意。

37. C 【解析】本题考查《3～6岁儿童学习与发展指南》的内容。《3～6岁儿童学习与发展指南》"语言领域"中"倾听与表达"中目标1"认真听并能听懂常用语言"指出，4～5岁幼儿能结合情境感受到不同语气、语调所表达的不同意思。

38. A 【解析】本题考查《3～6岁儿童学习与发展指南》的内容。《3～6岁儿童学习与发展指南》"社会领域"中"人际交往"中目标2"能与同伴友好相处"指出，4～5岁幼儿对大家都喜欢的东西能轮流、分享。

39. C 【解析】本题考查《3～6岁儿童学习与发展指南》的内容。《3～6岁儿童学习与发展指南》"社会领域"中"社会适应"中目标3"具有初步的归属感"教育建议部分指出，利用电视节目或参加升旗等活动，向幼儿介绍国旗、国歌以及观看升旗、奏国歌的礼仪。

40. B 【解析】本题考查《3～6岁儿童学习与发展指南》健康领域的年龄阶段目标。《3～6岁儿童学习与发展指南》健康领域动作发展目标2指出，4～5岁儿童能双手抓杠悬空吊起15秒左右。

41. B 【解析】本题考查《3～6岁儿童学习与发展指南》的内容。《3～6岁儿童学习与发展指南》语言领域"阅读与书写准备"中目标1"喜欢听故事，看图书"指出，3～4岁的幼儿能主动要求成人讲故事、读图书。喜欢跟读韵律感强的儿歌、童谣。爱护图书，不乱撕、乱扔。

42. B 【解析】本题考查《3～6岁儿童学习与发展指南》的内容。《3～6岁儿童学习与发展指南》科学领域数学认知目标2"感知和理解数、量及数量关系"提出，3～4岁幼儿能通过一一对应的方法比较两组物体的多少。

43. A 【解析】本题考查《3～6岁儿童学习与发展指南》的内容。《3～6岁儿童学习与发展指南》社会领域指出，幼儿的社会性主要是在日常生活和游戏中通过观察和模仿潜移默化地发展起来的。成人应注重自己言行的榜样作用，避免简单生硬的说教。

44. A 【解析】本题考查《3~6岁儿童学习与发展指南》的内容。《3~6岁儿童学习与发展指南》艺术领域"感受与欣赏"目标1"喜欢自然界与生活中美的事物"指出,3~4岁幼儿喜欢观看花草树木、日月星空等大自然中美的事物。容易被自然界中的鸟鸣、风声、雨声等好听的声音所吸引。

45. D 【解析】本题考查《3~6岁儿童学习与发展指南》的内容。《3~6岁儿童学习与发展指南》科学领域"科学探究"目标3"在探究中认识周围事物和现象"指出,3~4岁幼儿能感知和发现物体和材料的软硬、光滑和粗糙等特性。

46. D 【解析】本题考查《3~6岁儿童学习与发展指南》的内容。《3~6岁儿童学习与发展指南》语言领域倾听与表达目标2的教育建议提出,当幼儿因为急于表达而说不清楚的时候,提醒他不要着急,慢慢说;同时要耐心倾听,给予必要的补充,帮助他理清思路并清晰地说出来。

47. A 【解析】本题考查《3~6岁儿童学习与发展指南》的内容。《3~6岁儿童学习与发展指南》社会领域人际交往目标1的教育建议提出,创造交往的机会,让幼儿体会交往的乐趣。如:(1)利用走亲戚、到朋友家做客或有客人来访的时机,鼓励幼儿与他人接触和交谈。(2)鼓励幼儿参加小朋友的游戏,邀请小朋友到家里玩,感受有朋友一起玩的快乐。(3)幼儿园应多为幼儿提供自由交往和游戏的机会,鼓励他们自主选择、自由结伴开展活动。

48. C 【解析】本题考查《3~6岁儿童学习与发展指南》的内容。《3~6岁儿童学习与发展指南》社会领域中"社会适应"目标2"遵守基本的行为规范"指出,中班幼儿在提醒下,能节约粮食、水电等。

49. A 【解析】本题考查《3~6岁儿童学习与发展指南》的内容。《3~6岁儿童学习与发展指南》健康领域"生活习惯与生活能力"中目标1的教育建议:让幼儿保持有规律的生活,养成良好的作息习惯。如:早睡早起、每天午睡、按时进餐、吃好早餐等。

50. D 【解析】本题考查《3~6岁儿童学习与发展指南》的内容。《3~6岁儿童学习与发展指南》语言领域"阅读与书写准备"目标3"具有书面表达的愿望和初步技能"指出,5~6岁幼儿愿意用图画和符号表现事物或故事;会正确书写自己的名字;写画时姿势正确。

51. C 【解析】本题考查《3~6岁儿童学习与发展指南》的内容。《3~6岁儿童学习与发展指南》中科学领域"科学探究"的目标1指出,3~4岁幼儿喜欢接触大自然,对周围的很多事物和现象感兴趣;经常问各种问题,或好奇地摆弄物品。

52. D 【解析】本题考查《3~6岁儿童学习与发展指南》的内容。《3~6岁儿童学习与发展指南》艺术领域"感受与欣赏"目标2"喜欢欣赏多种多样的艺术形式和作品"的教育建议指出,创造条件让幼儿接触多种艺术形式和作品。如:(1)经常让幼儿接触适宜的、各种形式的音乐作品,丰富幼儿对音乐的感受和体验。(2)和幼儿一起用图画、手工制品等装饰和美化环境。(3)带幼儿观看或共同参与传统民间艺术和地方民俗文化活动,如皮影戏、剪纸和捏面人等。(4)有条件的情况下,带幼儿去剧院、美术馆、博物馆等欣赏文艺表演和艺术作品。

53. C 【解析】本题考查《3~6岁儿童学习与发展指南》的内容。《3~6岁儿童学习与发展指南》艺术领域"表现与创造"的目标2指出,5~6岁的幼儿能用基本准确的节奏和音调唱歌。能用律动或简单的舞蹈动作表现自己的情绪或自然界的情景。能自编自演故事,并为表演选择和搭配简单的服饰、道具或布景。能用自己制作的美术作品布置环境、美化生活。

54. C 【解析】本题考查《3~6岁儿童学习与发展指南》的内容。《3~6岁儿童学习与发展指南》指出,幼儿的发展是一个持续、渐进的过程,同时也表现出一定的阶段性特征。

55. A 【解析】本题考查《3~6岁儿童学习与发展指南》解读。把教育融入一日生活是幼儿教育的规律,是科学的幼儿教育必须遵循的原则。

56. B 【解析】本题考查《3~6岁儿童学习与发展指南》的内容。《3~6岁儿童学习与发展指南》健康领域动作发展中目标1指出,4~5岁幼儿能以匍匐、膝盖悬空等多种方式钻爬。

57. D 【解析】本题考查《3~6岁儿童学习与发展指南》的内容。《3~6岁儿童学习与发展指南》科学领域数学认知目标1"初步感知生活中数学的有用和有趣"的教育建议中指出,鼓励和支持幼儿发现、尝试解决日

常生活中需要用到数学的问题,体会数学的用处。如讨论春游去哪里玩时,让幼儿商量想去哪里玩?每个想去的地方有多少人?根据统计结果做出决定。

58. A 【解析】本题考查《3～6岁儿童学习与发展指南》的内容。《3～6岁儿童学习与发展指南》说明部分指出,《指南》以为幼儿后继学习和终身发展奠定良好素质基础为目标,以促进幼儿体、智、德、美各方面的协调发展为核心,通过提出3～6岁各年龄段儿童学习与发展目标和相应的教育建议,帮助幼儿园教师和家长了解3～6岁幼儿学习与发展的基本规律和特点,建立对幼儿发展的合理期望,实施科学的保育和教育,让幼儿度过快乐而有意义的童年。

59. C 【解析】本题考查《3～6岁儿童学习与发展指南》的内容。《3～6岁儿童学习与发展指南》共有32个学习和发展目标,87条教育建议。

60. B 【解析】本题考查《3～6岁儿童学习与发展指南》的颁布时间。《3～6岁儿童学习与发展指南》是2012年10月颁布的。

61. C 【解析】本题考查《3～6岁儿童学习与发展指南》的内容。《3～6岁儿童学习与发展指南》健康领域指出,健康是指人在身体、心理和社会适应方面的良好状态。

62. A 【解析】本题考查《3～6岁儿童学习与发展指南》的内容。《3～6岁儿童学习与发展指南》健康领域身心状况目标3指出,4～5岁幼儿能在较热或较冷的户外环境中连续活动半小时左右。

63. B 【解析】本题考查《3～6岁儿童学习与发展指南》解读。体验是幼儿重要的学习方式,是认识和态度形成的基础。

64. C 【解析】本题考查《3～6岁儿童学习与发展指南》的内容。《3～6岁儿童学习与发展指南》语言领域倾听与表达目标2指出,4～5岁幼儿能基本完整地讲述自己的所见所闻和经历的事情。讲述比较连贯。

65. A 【解析】本题考查《3～6岁儿童学习与发展指南》的内容。《3～6岁儿童学习与发展指南》社会领域指出,人际交往和社会适应是幼儿社会学习的主要内容,也是其社会性发展的基本途径。

66. B 【解析】本题考查《3～6岁儿童学习与发展指南》的内容。《3～6岁儿童学习与发展指南》语言领域倾听与表达目标1指出,4～5岁幼儿能结合情境感受到不同语气、语调所表达的不同意思。

67. B 【解析】本题考查《3～6岁儿童学习与发展指南》解读。面对图画书,幼儿并不认识文字,但根据画面形象,他们能够讲述一个个生动的故事(对艺术美的解读)。

68. D 【解析】本题考查《3～6岁儿童学习与发展指南》解读。幼儿艺术的表现与创造首先起源于自发性。也就是说,儿童生来具有艺术潜能,自由哼唱和涂鸦活动几乎发生在每一个适龄儿童的身上。在游戏中,幼儿常常会自发地用唱歌或者舞蹈进行信息的交流与情感的表达。

69. C 【解析】本题考查《3～6岁儿童学习与发展指南》解读。在具体的欣赏过程中,教师尤其注重幼儿自主的感知、想象和感受。题干中教师的做法忽视了幼儿自主的感知、想象和感受。

70. C 【解析】本题考查《3～6岁儿童学习与发展指南》的内容。《3～6岁儿童学习与发展指南》社会领域人际交往目标1指出,5～6岁幼儿有高兴的或有趣的事愿意与大家分享。

71. C 【解析】本题考查《3～6岁儿童学习与发展指南》的内容。《3～6岁儿童学习与发展指南》艺术领域指出,艺术是人类感受美、表现美和创造美的重要形式,也是表达自己对周围世界的认识和情绪态度的独特方式。

72. A 【解析】本题考查《3～6岁儿童学习与发展指南》的内容。《3～6岁儿童学习与发展指南》科学领域数学认知目标2教育建议指出,引导幼儿感知和理解事物"量"的特征。如:感知常见事物的大小、多少、高矮、粗细等量的特征,学习使用相应的词汇描述这些特征。结合具体事物让幼儿通过多次比较逐渐理解"量"是相对的。如小亮比小明高,但比小强矮。收拾物品时,根据情况,鼓励幼儿按照物体量的特征分类整理。如整理图书时按照大小摆放。

73. C 【解析】本题考查《3～6岁儿童学习与发展指南》的内容。《3～6岁儿童学习与发展指南》艺术领域感受与欣赏目标1指出,4～5岁幼儿在欣赏自然界和生活环境中美的事物时,关注其色彩、形态等特征。

74. B 【解析】本题考查《3～6岁儿童学习与发展指南》的内容。《3～6岁儿童学习与发展指南》艺术领域表

现与创造中目标2“具有初步的艺术表现与创造能力”指出,4~5岁幼儿能用自然的、音量适中的声音基本准确地唱歌。

75. C 【解析】本题考查《3~6岁儿童学习与发展指南》的内容。《3~6岁儿童学习与发展指南》健康领域“动作发展”中目标1“具有一定的平衡能力,动作协调、灵敏”指出,3~4岁儿童的目标为:(1)能沿地面直线或在较窄的低矮物体上走一段距离;(2)能双脚灵活交替上下楼梯;(3)能身体平稳地双脚连续向前跳;(4)分散跑时能躲避他人的碰撞;(5)能双手向上抛球。

76. D 【解析】本题考查《3~6岁儿童学习与发展指南》的内容。《3~6岁儿童学习与发展指南》科学领域“数学认知”中目标3“感知形状与空间关系”指出,5~6岁的幼儿“能按语言指示或根据简单示意图正确取放物品”。

77. C 【解析】本题考查《3~6岁儿童学习与发展指南》的内容。《3~6岁儿童学习与发展指南》健康领域“身心状况”中目标2“情绪安定愉快”的教育建议指出,成人和幼儿一起谈论自己高兴或生气的事,鼓励幼儿与人分享自己的情绪。允许幼儿表达自己的情绪,并给予适当的引导。如幼儿发脾气时不硬性压制,等其平静后告诉他什么行为是可以接受的。故C项正确。

78. D 【解析】本题考查《3~6岁儿童学习与发展指南》的内容。《3~6岁儿童学习与发展指南》“艺术领域”中感受与欣赏目标1“喜欢自然界与生活中美的事物”指出,3~4岁幼儿喜欢观看花草树木、日月星空等大自然中美的事物。

79. C 【解析】本题考查《3~6岁儿童学习与发展指南》的内容。《3~6岁儿童学习与发展指南》社会领域中社会适应目标3“具有初步的归属感”指出,4~5岁的幼儿能说出自己家所在地的省、市、县(区)名称,知道当地有代表性的物产或景观。

80. D 【解析】本题考查《3~6岁儿童学习与发展指南》的内容。《3~6岁儿童学习与发展指南》语言领域阅读与书写准备中目标2“具有初步的阅读理解能力”指出,5~6岁幼儿能说出所阅读的幼儿文学作品的主要内容。

81. C 【解析】本题考查《3~6岁儿童学习与发展指南》的内容。《3~6岁儿童学习与发展指南》科学领域科学探究中目标2指出,4~5岁幼儿能对事物或现象进行观察比较,发现其相同与不同。

82. B 【解析】本题考查《3~6岁儿童学习与发展指南》的内容。《3~6岁儿童学习与发展指南》科学领域科学探究中目标2“具有初步的探究能力”指出,4~5岁幼儿能通过简单的调查收集信息。

83. D 【解析】本题考查《3~6岁儿童学习与发展指南》的内容。《3~6岁儿童学习与发展指南》“语言领域”中“倾听与表达”的目标3“具有文明的语言习惯”。

84. B 【解析】本题考查《3~6岁儿童学习与发展指南》的内容。《3~6岁儿童学习与发展指南》“社会领域”中“能与同伴友好相处”的目标指出,4~5岁幼儿与同伴发生冲突时,能在他人帮助下和平解决。

二、多项选择题

1. ABD 【解析】本题考查《3~6岁儿童学习与发展指南》的内容。《3~6岁儿童学习与发展指南》健康领域“身心状况”目标3“具有一定的适应能力”的教育建议指出,锻炼幼儿适应生活环境变化的能力。如:注意观察幼儿在新环境中的饮食、睡眠、游戏等方面的情况,采取相应的措施帮助他们尽快适应新环境。经常带幼儿接触不同的人际环境,如参加亲戚朋友聚会,多和不熟悉的小朋友玩,使幼儿较快适应新的人际关系。

2. ABCD 【解析】本题考查《3~6岁儿童学习与发展指南》的内容。《3~6岁儿童学习与发展指南》语言领域“倾听与表达”目标2“愿意讲话并能清楚地表达”的教育建议指出,为幼儿创造说话的机会并体验语言交往的乐趣。每天有足够的时间与幼儿交谈。尊重和接纳幼儿的说话方式,无论幼儿的表达水平如何,都应认真地倾听并给予积极的回应。鼓励和支持幼儿与同伴一起玩耍、交谈,相互讲述见闻、趣事或看过的图书、动画片等。方言和少数民族地区应积极为幼儿创设用普通话交流的语言环境。

3. ABCD 【解析】本题考查《3~6岁儿童学习与发展指南》的内容。《3~6岁儿童学习与发展指南》健康领域的目标包括:具有健康的体态;情绪安定愉快;具有一定的适应能力;具有一定的平衡能力,动作协调、灵敏;具有一定的力量和耐力;手的动作灵活协调;具有良好的生活与卫生习惯;具有基本的生活自理能力;具备

基本的安全知识和自我保护能力。

4. AB 【解析】本题考查《3~6岁儿童学习与发展指南》的内容。《3~6岁儿童学习与发展指南》中，艺术领域分为感受与欣赏、表现与创造两个模块。

5. AD 【解析】本题考查《3~6岁儿童学习与发展指南》的内容。《3~6岁儿童学习与发展指南》科学领域科学探究中目标3"在探究中认识周围事物和现象"指出，4~5岁的幼儿能感知和发现动植物的生长变化及其基本条件；能感知和发现常见材料的溶解、传热等性质或用途；能感知和发现简单物理现象，如物体形态或位置变化等；能感知和发现不同季节的特点，体验季节对动植物和人的影响；初步感知常用科技产品与自己生活的关系，知道科技产品有利也有弊。

6. ABD 【解析】本题考查《3~6岁儿童学习与发展指南》的内容。《3~6岁儿童学习与发展指南》说明部分第四条指出，实施《指南》应把握以下几个方面：(1)关注幼儿学习与发展的整体性；(2)尊重幼儿发展的个体差异；(3)理解幼儿的学习方式和特点；(4)重视幼儿的学习品质。

7. ABC 【解析】本题考查《3~6岁儿童学习与发展指南》的内容。《3~6岁儿童学习与发展指南》说明部分第四条指出，幼儿的学习是以直接经验为基础，在游戏和日常生活中进行的。

8. ABCD 【解析】本题考查《3~6岁儿童学习与发展指南》的内容。《3~6岁儿童学习与发展指南》艺术领域指出，幼儿艺术领域学习的关键在于充分创造条件和机会，在大自然和社会文化生活中萌发幼儿对美的感受和体验，丰富其想象力和创造力，引导幼儿学会用心灵去感受和发现美，用自己的方式去表现和创造美。故答案选ABCD。

9. BC 【解析】本题考查《3~6岁儿童学习与发展指南》的内容。《3~6岁儿童学习与发展指南》社会领域社会适应部分目标1"喜欢并适应群体生活"的教育建议指出：(1)经常和幼儿一起参加一些群体性活动，让幼儿体会群体活动的乐趣。如：参加亲戚、朋友和同事间的聚会以及适合幼儿参加的社区活动等，支持幼儿和不同群体的同伴一起游戏，丰富其群体活动的经验。(2)幼儿园组织活动时，可以经常打破班级的界限，让幼儿有更多机会参加不同群体的活动。(3)带领大班幼儿参观小学，讲讲小学有趣的活动，唤起他们对小学生活的好奇和向往，为入学做好心理准备。故答案选BC。

10. ABCD 【解析】本题考查《3~6岁儿童学习与发展指南》的内容。《3~6岁儿童学习与发展指南》健康领域动作发展部分的目标1"具有一定的平衡能力，动作协调、灵敏"，目标2"具有一定的力量和耐力"，目标3"手的动作灵活协调"。故答案选ABCD。

11. ABCD 【解析】本题考查《3~6岁儿童学习与发展指南》的内容。《3~6岁儿童学习与发展指南》说明部分第四条指出，每个幼儿在沿着相似进程发展的过程中，各自的发展速度和到达某一水平的时间不完全相同。要充分理解和尊重幼儿发展进程中的个别差异，支持和引导他们从原有水平向更高水平发展，按照自身的速度和方式到达《指南》所呈现的发展"阶梯"，切忌用一把"尺子"衡量所有幼儿。

12. ABCD 【解析】本题考查《3~6岁儿童学习与发展指南》的内容。《3~6岁儿童学习与发展指南》健康领域指出，为有效促进幼儿身心健康发展，成人应为幼儿提供合理均衡的营养，保证充足的睡眠和适宜的锻炼，满足幼儿生长发育的需要；创设温馨的人际环境，让幼儿充分感受到亲情和关爱，形成积极稳定的情绪情感；帮助幼儿养成良好的生活与卫生习惯，提高自我保护能力，形成使其终身受益的生活能力和文明生活方式。故答案选ABCD。

13. ABC 【解析】本题考查《3~6岁儿童学习与发展指南》的内容。《3~6岁儿童学习与发展指南》语言领域阅读与书写准备部分包括三个目标：(1)喜欢听故事，看图书；(2)具有初步的阅读理解能力；(3)具有书面表达的愿望和初步技能。

14. ACD 【解析】本题考查《3~6岁儿童学习与发展指南》的内容。《3~6岁儿童学习与发展指南》指出，要最大限度地支持和满足幼儿通过直接感知、实际操作和亲身体验获取经验的需要，严禁"拔苗助长"式的超前教育和强化训练。

15. BCD 【解析】本题考查《3~6岁儿童学习与发展指南》的内容。《3~6岁儿童学习与发展指南》指出，幼儿科学学习的核心是激发探究兴趣，体验探究过程，发展初步的探究能力。

16. ABCDE 【解析】本题考查《3～6岁儿童学习与发展指南》的内容。《3～6岁儿童学习与发展指南》指出，要重视幼儿的学习品质。幼儿在活动过程中表现出的积极态度和良好行为倾向是终身学习与发展所必需的宝贵品质。要充分尊重和保护幼儿的好奇心和学习兴趣，帮助幼儿逐步养成积极主动、认真专注、不怕困难、敢于探究和尝试、乐于想象和创造等良好学习品质。忽视幼儿学习品质培养，单纯追求知识技能学习的做法是短视而有害的。

17. AC 【解析】本题考查《3～6岁儿童学习与发展指南》的内容。《3～6岁儿童学习与发展指南》指出，要关注幼儿学习与发展的整体性。儿童的发展是一个整体，要注重领域之间、目标之间的相互渗透和整合，促进幼儿身心全面协调发展，而不应该片面追求某一方面或几方面的发展。

18. ABCDE 【解析】本题考查《3～6岁儿童学习与发展指南》的内容。《3～6岁儿童学习与发展指南》健康领域指出，健康是指人在身体、心理和社会适应方面的良好状态。幼儿阶段是儿童身体发育和机能发展极为迅速的时期，也是形成安全感和乐观态度的重要阶段。发育良好的身体、愉快的情绪、强健的体质、协调的动作、良好的生活习惯和基本生活能力是幼儿身心健康的重要标志，也是其他领域学习与发展的基础。

三、判断题

1. × 【解析】本题考查《3～6岁儿童学习与发展指南》的内容。《3～6岁儿童学习与发展指南》健康领域中身心状况目标1的教育建议指出，保证幼儿每天睡11～12小时，其中午睡一般应达到2小时左右。午睡时间可根据幼儿的年龄、季节的变化和个体差异适当减少。

2. × 【解析】本题考查《3～6岁儿童学习与发展指南》的内容。《3～6岁儿童学习与发展指南》语言领域倾听与表达部分目标1的教育建议指出，“与幼儿交谈时，要用幼儿能听得懂的语言”。幼儿对专业化的语言理解起来比较困难。因此，教师不能使用专业化的语言与幼儿沟通。

3. √ 【解析】本题考查《3～6岁儿童学习与发展指南》的内容。《3～6岁儿童学习与发展指南》语言领域指出，幼儿期是语言发展，特别是口语发展的重要时期。

4. × 【解析】本题考查《3～6岁儿童学习与发展指南》的内容。《3～6岁儿童学习与发展指南》科学领域数学认知中目标2“感知和理解数、量及数量关系”指出，中班幼儿会用数词描述事物的排列顺序和位置。

5. × 【解析】本题考查《3～6岁儿童学习与发展指南》的内容。《3～6岁儿童学习与发展指南》社会领域社会适应中目标2“遵守基本的行为规范”指出，5～6岁幼儿做了错事敢于承认，不说谎。

6. × 【解析】本题考查《3～6岁儿童学习与发展指南》的内容。《3～6岁儿童学习与发展指南》健康领域中动作发展的教育建议指出，对于拍球、跳绳等技能性活动，不要过于要求数量，更不能机械训练。

7. × 【解析】本题考查《3～6岁儿童学习与发展指南》与《幼儿园教育指导纲要（试行）》的关系。《3～6岁儿童学习与发展指南》与《幼儿园教育指导纲要（试行）》的主要内容都是通过健康、社会、语言、科学、艺术等五个领域来展开的，且二者各领域的目标均以幼儿为主语来表述，其指向与内容也基本保持一致。不同的是《3～6岁儿童学习与发展指南》目标部分增加了各年龄阶段表现的具体描述。《幼儿园教育指导纲要（试行）》是对幼儿园教育的全面指导与规范，其对幼儿园教育的一系列指导原则都是《3～6岁儿童学习与发展指南》根本没有涉及的。因此，不能简单地说《3～6岁儿童学习与发展指南》就是《幼儿园教育指导纲要（试行）》的具体化。

8. √ 【解析】本题考查《3～6岁儿童学习与发展指南》的内容。《3～6岁儿童学习与发展指南》社会领域社会适应中目标3的教育建议指出，运用幼儿喜闻乐见和能够理解的方式激发幼儿爱家乡、爱祖国的情感。如：(1)和幼儿说一说或在地图上找一找自己家所在的省、市、县（区）名称；(2)和幼儿一起外出游玩，一起看有关的电视节目或画报等；和他们一起收集有关家乡、祖国各地的风景名胜、著名的建筑、独特物产的图片等，在观看和欣赏的过程中激发幼儿的自豪感和热爱之情；(3)利用电视节目或参加升旗等活动，向幼儿介绍国旗、国歌以及观看升旗、奏国歌的礼仪；(4)向幼儿介绍反映中国人聪明才智的发明和创造，激发幼儿的民族自豪感。

9. × 【解析】本题考查《3～6岁儿童学习与发展指南》的内容。实施《3～6岁儿童学习与发展指南》时要尊重幼儿发展的个体差异。幼儿的发展是一个持续、渐进的过程，同时也表现出一定的阶段性特征。每个幼

儿在沿着相似进程发展的过程中，各自的发展速度和到达某一水平的时间不完全相同。要充分理解和尊重幼儿发展进程中的个别差异，支持和引导他们从原有水平向更高水平发展，按照自身的速度和方式到达《指南》所呈现的发展"阶梯"，切忌用一把"尺子"衡量所有幼儿。所以老师不应该要求每个幼儿都达到这个标准，要考虑班级每个幼儿的具体情况，提出合理目标。

10. √　**【解析】**本题考查《3～6岁儿童学习与发展指南》的解读。《3～6岁儿童学习与发展指南》解读中指出幼儿社会学习的指导要点：(1)师幼互动的质量直接影响幼儿的社会性和个性；(2)同伴交往对幼儿的社会学习有着极为重要的作用；(3)克服自我中心思维，学会"设身处地"地了解他人的感受是幼儿形成良好社会行为的认知基础；(4)幼儿对社会规则的遵从有一个从他律向自律发展的过程，从小培养幼儿的自律更为重要。

11. √　**【解析】**本题考查《3～6岁儿童学习与发展指南》的内容。《3～6岁儿童学习与发展指南》健康领域中的生活习惯与生活能力目标中的目标2指出：3～4岁幼儿能将玩具和图书放回原处；4～5岁幼儿能整理自己的物品；5～6岁幼儿能按类别整理好自己的物品。

12. √　**【解析】**本题考查《3～6岁儿童学习与发展指南》的内容。《3～6岁儿童学习与发展指南》科学领域数学认知目标2"感知和理解数、量及数量关系"指出，5～6岁幼儿能初步理解量的相对性。

13. √　**【解析】**本题考查《3～6岁儿童学习与发展指南》的内容。《3～6岁儿童学习与发展指南》语言领域指出，语言是交流和思维的工具。幼儿期是语言发展，特别是口语发展的重要时期。

14. ×　**【解析】**本题考查《3～6岁儿童学习与发展指南》的内容。《3～6岁儿童学习与发展指南》以为幼儿后继学习和终身发展奠定良好素质基础为目标，以促进幼儿体、智、德、美各方面的协调发展为核心，通过提出3～6岁各年龄段儿童学习与发展目标和相应的教育建议，帮助幼儿园教师和家长了解3～6岁幼儿学习与发展的基本规律和特点，建立对幼儿发展的合理期望，实施科学的保育和教育，让幼儿度过快乐而有意义的童年。因此，《指南》并不是评价和衡量幼儿发展的标尺。

15. ×　**【解析】**本题考查《3～6岁儿童学习与发展指南》的内容。《3～6岁儿童学习与发展指南》指出，幼儿的思维特点是以具体形象思维为主，应注重引导幼儿通过直接感知、亲身体验和实际操作进行科学学习，不应为追求知识和技能的掌握，而对幼儿进行灌输和强化训练。

16. √　**【解析】**本题考查《3～6岁儿童学习与发展指南》的内容。《3～6岁儿童学习与发展指南》社会领域指出，幼儿社会领域的学习与发展过程是其社会性不断完善并奠定健全人格基础的过程。

17. ×　**【解析】**本题考查《3～6岁儿童学习与发展指南》的内容。《3～6岁儿童学习与发展指南》以为幼儿后继学习和终身发展奠定良好素质基础为目标，以促进幼儿体、智、德、美各方面的协调发展为核心，通过提出3～6岁各年龄段儿童学习与发展目标和相应的教育建议，帮助幼儿园教师和家长了解3～6岁幼儿学习与发展的基本规律和特点，建立对幼儿发展的合理期望，实施科学的保育和教育，让幼儿度过快乐而有意义的童年。

18. √　**【解析】**本题考查《3～6岁儿童学习与发展指南》的内容。《3～6岁儿童学习与发展指南》艺术领域中"表现与创造"目标2教育建议指出，幼儿绘画时，不宜提供范画，特别不应要求幼儿完全按照范画来画。

19. √　**【解析】**本题考查《3～6岁儿童学习与发展指南》的内容。《3～6岁儿童学习与发展指南》艺术领域中"表现与创造"目标2"具有初步的艺术表现与创造能力"指出，4～5岁幼儿的发展目标是，能通过即兴哼唱、即兴表演或给熟悉的歌曲编词来表达自己的心情。

20. ×　**【解析】**本题考查《3～6岁儿童学习与发展指南》的内容。《3～6岁儿童学习与发展指南》科学领域科学探究部分，目标3"在探究中认识周围事物和现象"的教育建议指出，引导5岁以上幼儿关注和思考动植物的外部特征、习性与生活环境对动植物生存的意义。

21. √　**【解析】**本题考查《3～6岁儿童学习与发展指南》的内容。在《3～6岁儿童学习与发展指南》科学领域数学认知部分，目标2提出的教育建议包括：(1)引导幼儿感知和理解事物"量"的特征；(2)结合日常生活，指导幼儿学习通过对应或数数的方式比较物体的多少；(3)利用生活和游戏中的实际情境，引导幼儿理解数概念；(4)通过实物操作引导幼儿理解数与数之间的关系，并用"加"或"减"的办法来解决问题。

22.√ 【解析】本题考查《3～6岁儿童学习与发展指南》的内容。《3～6岁儿童学习与发展指南》艺术领域指出，幼儿对事物的感受和理解不同于成人，他们表达自己认识和情感的方式也有别于成人。幼儿独特的笔触、动作和语言往往蕴含着丰富的想象和情感，成人应对幼儿的艺术表现给予充分的理解和尊重，不能用自己的审美标准去评判幼儿，更不能为追求结果的“完美”而对幼儿进行千篇一律的训练，以免扼杀其想象与创造的萌芽。

四、填空题

1.学习与发展目标　教育建议　　2.具体形象思维　直接感知　实际操作

3.5～6　8　5　　4.符号　　5.身心状况　动作发展　生活习惯与生活能力

6.20　　7.清楚

五、简答题(参考答案)

1.简述教师在实施《3～6岁儿童学习与发展指南》的过程中应把握哪些原则。

(1)关注幼儿学习与发展的整体性。儿童的发展是一个整体，要注重领域之间、目标之间的相互渗透和整合，促进幼儿身心全面协调发展，而不应片面追求某一方面或几方面的发展。

(2)尊重幼儿发展的个体差异。幼儿的发展是一个持续、渐进的过程，同时也表现出一定的阶段性特征。

(3)理解幼儿的学习方式和特点。幼儿的学习是以直接经验为基础，在游戏和日常生活中进行的。

(4)重视幼儿的学习品质。幼儿在活动过程中表现出的积极态度和良好行为倾向是终身学习与发展所必需的宝贵品质。

2.4～5岁幼儿在“情绪安定愉快”方面的典型表现包括哪些?

(1)经常保持愉快的情绪，不高兴时能较快缓解；

(2)有比较强烈情绪反应时，能在成人提醒下逐渐平静下来；

(3)愿意把自己的情绪告诉亲近的人，一起分享快乐或求得安慰。

3.结合《3～6岁儿童学习与发展指南》“科学”领域的内容，谈谈如何支持和鼓励幼儿在科学探索的过程中积极动手动脑寻找答案或解决问题。

(1)鼓励幼儿根据观察或发现提出值得继续探究的问题，或成人提出有探究意义且能激发幼儿兴趣的问题。如：皮球、轮胎、竹筒等物体滚动时都走直线吗？怎样让橡皮泥球浮在水面上？

(2)支持和鼓励幼儿大胆联想、猜测问题的答案，并设法验证。如：玩风车时，鼓励幼儿猜测风车转动方向及速度快慢的原因和条件，并实际去验证。

(3)支持、引导幼儿学习用适宜的方法探究和解决问题，或为自己的想法收集证据。如：想知道院子里有多少种植物，可以进行实地调查；想知道球在平地上还是在斜坡上滚得快，可以动手试一试；想证明影子的方向与太阳的位置有关，可以做个小实验进行验证等。

4.简述5～6岁的幼儿在“健康”领域中的“手的动作灵活协调”这个目标中所具有的典型表现。

(1)能根据需要画出图形，线条基本平滑。(2)能熟练使用筷子。(3)能沿轮廓线剪出由曲线构成的简单图形，边线吻合且平滑。(4)能使用简单的劳动工具或用具。

5.简述《3～6岁儿童学习与发展指南》中语言领域的目标。

(1)倾听与表达：①认真听并能听懂常用语言；②愿意讲话并能清楚表达；③具有文明的语言习惯。

(2)阅读与书写准备：①喜欢听故事、看图书；②具有初步的阅读理解能力；③具有书面表达的愿望和初步技能。

6.《3～6岁儿童学习与发展指南》中提出的幼儿园健康领域目标包括哪些内容?

(1)身心状况：①具有健康的体态；②情绪安定愉快；③具有一定的适应能力。

(2)动作发展：①具有一定的平衡能力，动作协调、灵敏；②具有一定的力量和耐力；③手的动作灵活协调。

(3)生活习惯与生活能力：①具有良好的生活与卫生习惯；②具有基本的生活自理能力；③具备基本的安全知识和自我保护能力。

7. 简述幼儿良好的社会适应能力主要表现在哪些方面。

《3～6岁儿童学习与发展指南》社会领域中，幼儿良好的社会适应能力主要表现在：(1)喜欢并适应群体生活；(2)遵守基本的行为规范；(3)具有初步的归属感。

六、论述题(参考答案)

幼儿园一日生活中的午睡蕴含着多领域的学习机会，具体表现如下：

(1)针对个别幼儿不喜欢午睡的情况，可在午睡之前开展健康教育，告诉幼儿午睡时，身体各部位和脑及神经系统都在进行调节，氧和能量的消耗最少，利于恢复疲劳，内分泌系统释放的生长激素比平时增加3倍。所以，睡眠的好坏直接影响着幼儿的生长发育、身体健康、学习状况，以此为契机教给幼儿健康知识，以促进幼儿健康生长发育。

(2)幼儿教师在幼儿午睡之前经常给幼儿讲故事，在讲故事的过程中，幼儿教师可以通过表情、动作和抑扬顿挫的声音传达书中的情绪情感，让幼儿体会作品的感染力和表现力，提高自己的阅读理解能力和言语感知能力。

(3)在午睡过程中，幼儿教师可以制定一系列规则，比如禁止幼儿睡别人床上、午睡过程中不得大声喧哗、午睡结束要起床配合老师开展接下来的活动。对幼儿表现出的遵守规则的行为要及时肯定，对违规行为给予纠正，不断提升幼儿遵守规则的意识。

(考生可结合实际加以阐述，言之有理即可)

七、材料分析题(参考答案)

1. (1)《3～6岁儿童学习与发展指南》提出：数学认知的目标是初步感知生活中数学的有用和有趣；感知和理解数、量及数量关系；感知形状与空间关系。材料中幼儿不会比较高矮，不能理解量的相对性。

(2)①教幼儿目测比较物体。教幼儿区别物体的大小、长短、厚薄、粗细、高矮等特征时，让幼儿用视觉观察比较。物体的大小、长短、粗细、厚薄、宽窄等都具有不变性和相对性，所以幼儿感知这些特点，一般来说是比较困难，因此在教学中，应该先让幼儿进行实物比较。②教幼儿触摸比较物体。引导幼儿直接感知区别物体的特征。③教幼儿运用自然测量的方法比较物体。王老师可以引导平平和涂涂先站在同一个平面上比较，选出高的小朋友；再让选出的这位小朋友同样站在同一个平面上跟丁丁比较，再次选择出最高的小朋友。一步步引导幼儿能够理解每个人的“高”或“矮”不是固定的，具有相对性，跟不同高矮的人比较时，这个量可能会发生变化；或者可以拿绳子来测量每个小朋友的身高，再进行比较。

2. (1)《3～6岁儿童学习与发展指南》语言领域小班幼儿倾听与表达的目标包括：①认真听并能听懂常用语言；②愿意讲话并能清楚地表达；③具有文明的语言习惯。案例中小苏没有做到认真听，不能听懂常用语言，不愿意讲话，不能清楚地表达。

(2)如果我是陈老师，我的教育建议：①多给幼儿提供倾听和交谈的机会；②引导幼儿学会认真倾听；③对幼儿讲话时，注意结合情境使用丰富的语言，以便于幼儿理解；④为幼儿创造说话的机会并体验语言交往的乐趣；⑤引导幼儿清楚地表达。

3. (1)小萌在社会适应方面的表现如下：①愿意并主动参加群体活动。材料中小萌喜欢阅读，积极参加区域活动。②不能遵守基本的规则。材料中小萌在阅读区已经满了的情况下，仍要挤进去；一下把两三本新书抱在身上，不愿意分享。

(2)教师的指导策略：结合社会生活实际，帮助幼儿了解基本行为规则或其他游戏规则，体会规则的重要性，学习自觉遵守规则。如：①经常和幼儿玩带有规则的游戏，遵守共同约定的游戏规则。②利用实际生活情境和图书故事，向幼儿介绍一些必要的社会行为规则，以及为什么要遵守这些规则。材料中，教师可生成一节以遵守规则为主题的社会教育活动，引导幼儿体验遵守规则的重要性。③在幼儿园的区域活动中，创设情境，让幼儿体会没有规则的不方便，鼓励他们讨论制定规则并自觉遵守。④对幼儿表现出的遵守规则的行为要及时肯定，对违规行为给予纠正。如材料中，当小萌出现遵守规则行为时，可采用正强化法及时肯定。当小萌出现违规行为时，可采用负强化法暂停幼儿游戏。⑤结合具体情境，引导幼儿换位思考，学习理解别人。如材料中，当小萌出现不愿意分享的行为时，可以引导她想想：假如你是别的小朋友，你有什么

感受。

4.(1)新新小朋友绘画活动的典型表现:①积极参与艺术活动,有自己比较喜欢的活动形式。材料中大班小朋友新新每天画戴着口罩、穿着防护服的妈妈。用自己喜欢的绘画形式来表达对妈妈的思念。②能用多种工具、材料或不同的表现手法表达自己的感受和想象。材料中新新用各种绘画内容来表达自己对妈妈的想念。③艺术活动中能与他人相互配合,也能独立表现。新新先是自己每天画戴着口罩、穿着防护服的妈妈等。还让爸爸画新冠病毒,他在上面添画上超级针筒,把新冠病毒通通消灭。说明了他能与他人相互配合,也能独立表现。

(2)①创造机会和条件,支持幼儿自发的艺术表现和创造。如:教师可以给新新提供丰富的绘画材料、工具或物品,支持幼儿进行自主绘画活动。经常和新新一起绘画,共同分享绘画活动的乐趣。②营造安全的心理氛围,让幼儿敢于并乐于表达表现。如:教师应欣赏和回应新新的绘画作品,赞赏他独特的表现方式。了解并倾听新新绘画表现的想法或感受,领会并尊重新新的创作意图,不简单用"像不像""好不好"等成人标准来评价。展示新新的作品,鼓励新新用自己的作品或艺术品布置环境。③尊重幼儿自发的表现和创造,并给予适当的指导。鼓励新新在生活中细心观察、体验,为艺术活动积累经验与素材。根据新新的生活经验,与他共同确定艺术表达表现的主题,引导他围绕主题展开想象,进行艺术表现。不宜提供范画,特别不应要求新新完全按照范画来画。肯定新新作品的优点,用表达自己感受的方式引导其提高。

5.(1)实施《指南》应把握以下几个方面:①关注幼儿学习与发展的整体性;②尊重幼儿发展的个体差异;③理解幼儿的学习方式和特点;④重视幼儿的学习品质。首先该老师的这堂课已经违背了幼儿园教育最基本的目的:让幼儿萌发对事物的喜爱之情,并进一步激发其表现创作的欲望。老师对作画的统一要求就限制了孩子的创作欲望与机会。案例中多多作为一个"特例"却没有得到老师的"特殊对待",这没有尊重幼儿发展的个体差异。该老师还硬性要求一个不愿意按照老师要求画画的孩子去画,会使孩子产生不愉快的情绪,进而可能使孩子对画画产生反感。

(2)建议:①创造机会和条件,支持幼儿自发的艺术表现和创造;②营造安全的心理氛围,让幼儿敢于并乐于表达、表现;③尊重幼儿自发的表现和创造,并给予适当的指导。

第5练　《幼儿园教师专业标准(试行)》

一、单项选择题

1.C　【解析】本题考查《幼儿园教师专业标准(试行)》的内容。《幼儿园教师专业标准(试行)》的基本理念包括师德为先、幼儿为本、能力为重、终身学习。

2.D　【解析】本题考查《幼儿园教师专业标准(试行)》的内容。A、B、C项属于专业知识的内容。D项属于专业能力的内容。故D项正确。

3.A　【解析】本题考查《幼儿园教师专业标准(试行)》的内容。《幼儿园教师专业标准(试行)》专业能力维度主要包括环境的创设与利用、一日生活的组织与保育、游戏活动的支持与引导、教育活动的计划与实施、激励与评价、沟通与合作、反思与发展。故不包括A项。

4.B　【解析】本题考查《幼儿园教师专业标准(试行)》的内容。《幼儿园教师专业标准(试行)》的基本内容包括专业理念与师德、专业知识、专业能力三个维度的内容。

5.C　【解析】本题考查《幼儿园教师专业标准(试行)》的内容。《幼儿园教师专业标准(试行)》中"幼儿为本"主要包括:尊重幼儿权益,以幼儿为主体,充分调动和发挥幼儿的主动性;遵循幼儿身心发展特点和保教活动规律,提供适合的教育,保障幼儿快乐健康成长。故C项错误。

6.D　【解析】本题考查《幼儿园教师专业标准(试行)》的内容。《幼儿园教师专业标准(试行)》指出,一日生活的组织与保育的基本要求包括:(1)合理安排和组织一日生活的各个环节,将教育灵活地渗透到一日生活中。(2)科学照料幼儿日常生活,指导和协助保育员做好班级常规保育和卫生工作。(3)充分利用各种教育契机,对幼儿进行随机教育。(4)有效保护幼儿,及时处理幼儿的常见事故,危险情况优先救护幼儿。

7.A　【解析】本题考查《幼儿园教师专业标准(试行)》的内容。《幼儿园教师专业标准(试行)》中反思与发展

的内容包括:(1)主动收集分析相关信息,不断进行反思,改进保教工作;(2)针对保教工作中的现实需要与问题,进行探索和研究;(3)制定专业发展规划,不断提高自身专业素质。题干中李老师关于绘本阅读的有效指导的教育行动研究,体现了教师专业能力中的反思与发展。

8. A 【解析】本题考查《幼儿园教师专业标准(试行)》的内容。《幼儿园教师专业标准(试行)》"专业知识"中"幼儿发展知识"的内容包括:了解关于幼儿生存、发展和保护的有关法律法规及政策规定;掌握不同年龄幼儿身心发展特点、规律和促进幼儿全面发展的策略与方法;了解幼儿在发展水平、速度与优势领域等方面的个体差异,掌握对应的策略与方法;了解幼儿发展中容易出现的问题与适宜的对策;了解有特殊需要幼儿的身心发展特点及教育策略与方法。幼儿出现冲突行为需要教师想出适宜的对策去解决,故答案选 A 项。

9. D 【解析】本题考查《幼儿园教师专业标准(试行)》的内容。《幼儿园教师专业标准(试行)》中对幼儿一日生活的组织与保育要求包括:(1)合理安排和组织一日生活的各个环节,将教育灵活地渗透到一日生活中;(2)科学照料幼儿日常生活,指导和协助保育员做好班级常规保育和卫生工作;(3)充分利用各种教育契机,对幼儿进行随机教育;(4)有效保护幼儿,及时处理幼儿的常见事故,危险情况优先救护幼儿。

10. D 【解析】本题考查《幼儿园教师专业标准(试行)》的内容。《幼儿园教师专业标准(试行)》提出,专业理念与师德包括:职业理解与认识、对幼儿的态度与行为、幼儿保育和教育的态度与行为和个人修养与行为。其中,幼儿保育和教育的态度与行为的基本要求包括:(1)注重保教结合,培育幼儿良好的意志品质,帮助幼儿养成良好的行为习惯;(2)注重保护幼儿的好奇心,培养幼儿的想象力,发掘幼儿的兴趣爱好;(3)重视环境和游戏对幼儿发展的独特作用,创设富有教育意义的环境氛围,将游戏作为幼儿的主要活动;(4)重视丰富幼儿多方面的直接经验,将探索、交往等实践活动作为幼儿最重要的学习方式;(5)重视自身日常态度言行对幼儿发展的重要影响与作用;(6)重视幼儿园、家庭和社区的合作,综合利用各种资源。所以,D项符合题意。A、B、C 项属于对幼儿的态度与行为的基本要求。

11. D 【解析】本题考查《幼儿园教师专业标准(试行)》的内容。①②③⑤是《幼儿园教师专业标准(试行)》游戏活动的支持与引导的内容,④是《幼儿园教师专业标准(试行)》一日生活的组织与保育的内容。故 D 项正确。

12. B 【解析】本题考查《幼儿园教师专业标准(试行)》的内容。《幼儿园教师专业标准(试行)》提出的"勤于学习,不断进取"的基本要求,所属的领域是个人修养与行为。

13. A 【解析】本题考查《幼儿园教师专业标准(试行)》的内容。《幼儿园教师专业标准(试行)》"专业能力"部分指出,教师要"制定阶段性的教育活动计划和具体活动方案"。

14. C 【解析】本题考查《幼儿园教师专业标准(试行)》的内容。《幼儿园教师专业标准(试行)》"专业理念与师德"部分指出,教师要"关爱幼儿,重视幼儿身心健康,将保护幼儿生命安全放在首位"。

15. A 【解析】本题考查《幼儿园教师专业标准(试行)》的内容。《幼儿园教师专业标准(试行)》中幼儿为本的基本理念,主要表现:尊重幼儿权益,以幼儿为主体,充分调动和发挥幼儿的主动性;遵循幼儿身心发展特点和保教活动规律,提供适合的教育,保障幼儿快乐健康成长。

16. A 【解析】本题考查《幼儿园教师专业标准(试行)》的内容。《幼儿园教师专业标准(试行)》"专业能力"中"环境的创设与利用"的内容为:(1)建立良好的师幼关系,帮助幼儿建立良好的同伴关系,让幼儿感到温暖和愉悦;(2)建立班级秩序与规则,营造良好的班级氛围,让幼儿感受到安全、舒适;(3)创设有助于促进幼儿成长、学习、游戏的教育环境;(4)合理利用资源,为幼儿提供和制作适合的玩教具和学习材料,引发和支持幼儿的主动活动。

17. C 【解析】本题考查《幼儿园教师专业标准(试行)》的内容。《幼儿园教师专业标准(试行)》指出,教师应有效运用观察、谈话、家园联系、作品分析等多种方法,客观地、全面地了解和评价幼儿。

18. A 【解析】本题考查《幼儿园教师专业标准(试行)》的内容。《幼儿园教师专业标准(试行)》基本内容中的个人修养与行为指出,幼儿教师要善于自我调节情绪,保持平和心态。

19. D 【解析】本题考查《幼儿园教师专业标准(试行)》的内容。《幼儿园教师专业标准(试行)》中专业能力维度"环境的创设与利用"部分指出,幼儿教师要建立班级秩序与规则,营造良好的班级氛围,让幼儿感受

到安全、舒适。

20. D 【解析】本题考查《幼儿园教师专业标准(试行)》的内容。《幼儿园教师专业标准(试行)》中专业能力维度"沟通与合作"部分指出,教师要使用符合幼儿年龄特点的语言进行保教工作。

二、多项选择题

1. ABCD 【解析】本题考查《幼儿园教师专业标准(试行)》的内容。《幼儿园教师专业标准(试行)》指出,幼儿教师要拥有良好的个人修养与行为,具体包括:(1)富有爱心、责任心、耐心和细心;(2)乐观向上、热情开朗,有亲和力;(3)善于自我调节情绪,保持平和心态;(4)勤于学习,不断进取;(5)衣着整洁得体,语言规范健康,举止文明礼貌。

2. ABD 【解析】本题考查《幼儿园教师专业标准(试行)》的主要功能。《幼儿园教师专业标准(试行)》的主要功能包括:(1)各级教育行政部门要将《幼儿园教师专业标准(试行)》作为幼儿园教师队伍建设的基本依据。(2)开展幼儿园教师教育的院校要将《幼儿园教师专业标准(试行)》作为幼儿园教师培养培训的主要依据。(3)幼儿园要将《幼儿园教师专业标准(试行)》作为教师管理的重要依据。(4)幼儿园教师要将《幼儿园教师专业标准(试行)》作为自身专业发展的基本依据。

三、判断题

1. × 【解析】本题考查《幼儿园教师专业标准(试行)》的内容。《幼儿园教师专业标准(试行)》指出,幼儿教师要了解0~3岁婴幼儿保教和幼小衔接的有关知识与基本方法。

2. √ 【解析】本题考查《幼儿园教师专业标准(试行)》的内容。《幼儿园教师专业标准(试行)》反思与发展部分指出,幼儿教师要制定专业发展规划,不断提高自身专业素质。

3. √ 【解析】本题考查《幼儿园教师专业标准(试行)》的内容。《幼儿园教师专业标准(试行)》幼儿保育和教育知识部分指出,幼儿教师要"熟知幼儿园的安全应急预案,掌握意外事故和危险情况下幼儿安全防护与救助的基本方法"。

4. √ 【解析】本题考查《幼儿园教师专业标准(试行)》的内容。《幼儿园教师专业标准(试行)》指出,幼儿教师要善于倾听,和蔼可亲,与幼儿进行有效的沟通。

5. × 【解析】本题考查《幼儿园教师专业标准(试行)》的内容。《幼儿园教师专业标准(试行)》指出,幼儿园教师是履行幼儿园教育工作职责的专业人员,需要经过严格的培养与培训,具有良好的职业道德,掌握系统的专业知识和专业技能。

6. √ 【解析】本题考查《幼儿园教师专业标准(试行)》的内容。《幼儿园教师专业标准(试行)》是国家对合格幼儿园教师专业素质的基本要求,是幼儿园教师开展保教活动的基本规范,是引领幼儿园教师专业发展的基本准则,是幼儿园教师培养、准入、培训、考核等工作的重要依据。

7. × 【解析】本题考查《幼儿园教师专业标准(试行)》的内容。《幼儿园教师专业标准(试行)》的基本理念包括:师德为先、幼儿为本、能力为重、终身学习。

8. √ 【解析】本题考查《幼儿园教师专业标准(试行)》的内容。《幼儿园教师专业标准(试行)》专业知识维度中"幼儿发展知识"指出,掌握不同年龄幼儿身心发展特点、规律和促进幼儿全面发展的策略与方法是幼儿教师必备的专业知识。

四、简答题(参考答案)

1. 简述幼儿园教师应具有的专业能力。

(1)环境的创设与利用;(2)一日生活的组织与保育;(3)游戏活动的支持与引导;(4)教育活动的计划与实施;(5)激励与评价;(6)沟通与合作;(7)反思与发展。

2.《幼儿园教师专业标准(试行)》中提出师德为先的具体要求是什么?

(1)热爱学前教育事业,具有职业理想,践行社会主义核心价值体系,履行教师职业道德规范。(2)关爱幼儿,尊重幼儿人格,富有爱心、责任心、耐心和细心;为人师表,教书育人,自尊自律,做幼儿健康成长的启蒙者和引路人。

五、论述题(参考答案)

根据《幼儿园教师专业标准(试行)》,论述幼儿园教师进行保育和教育的态度与行为。

(1)注重保教结合,培育幼儿良好的意志品质,帮助幼儿形成良好的行为习惯。

(2)注重保护幼儿的好奇心,培养幼儿的想象力,发掘幼儿的兴趣爱好。

(3)重视环境和游戏对幼儿发展的独特作用,创设富有教育意义的环境氛围,将游戏作为幼儿的主要活动。

(4)重视丰富幼儿多方面的直接经验,将探索、交往等实践活动作为幼儿最重要的学习方式。

(5)重视自身日常态度言行对幼儿发展的重要影响与作用。

(6)重视幼儿园、家庭和社区的合作,综合利用各种资源。

第6练 其他常考的幼儿园法规

一、单项选择题

1.D 【解析】本题考查《儿童权利公约》的内容。根据《儿童权利公约》第三十一条规定,缔约国确认儿童有权享有休息和闲暇,从事与儿童年龄相宜的游戏和娱乐活动,以及自由参加文化生活艺术活动。缔约国应尊重并促进儿童充分参加文化和艺术生活的权利,并应鼓励提供从事文化、艺术、娱乐和休闲活动的适当和均等的机会。

2.C 【解析】本题考查《儿童权利公约》正式生效的时间。《儿童权利公约》于1989年11月20日第44届联合国大会第25号决议通过,是第一部有关保障儿童权利且具有法律约束力的国际性约定。1990年9月2日生效。截至2015年10月,缔约国为196个。该公约旨在为世界各国儿童创建良好的成长环境。

3.D 【解析】本题考查《儿童权利公约》的颁布时间和地位。《儿童权利公约》于1989年11月20日获得联合国大会通过,是第一部有关保障儿童权利且具有法律约束力的国际性约定。

4.D 【解析】本题考查《中小学幼儿园安全管理办法》。《中小学幼儿园安全管理办法》第三十一条指出,小学、幼儿园应当建立低年级学生、幼儿上下学时接送的交接制度,不得将晚离学校的低年级学生、幼儿交与无关人员。

5.C 【解析】本题考查《托儿所幼儿园卫生保健工作规范》。《托儿所幼儿园卫生保健工作规范》规定,托幼机构在岗工作人员必须按照《管理办法》规定的项目每年进行一次健康检查。

6.D 【解析】本题考查幼儿教育法规。教育部办公厅《关于开展幼儿园"小学化"专项治理通知》中明确提出,幼儿园"去小学化"的专项治理的任务是:(1)严禁教授小学课程内容;(2)纠正"小学化"的教育方式;(3)整治"小学化"的教育环境;(4)解决师资能力不合格的问题;(5)小学坚持零起点教学。

7.B 【解析】本题考查幼儿教育法规。《幼儿园教师违反职业道德行为处理办法》第三条规定,本办法所称处理包括处分和其他处理。处分包括警告、记过、降低岗位等级或撤职、开除。警告期限为6个月,记过期限为12个月,降低岗位等级或撤职期限为24个月。是中共党员的,同时给予党纪处分。

8.D 【解析】本题考查《中华人民共和国教育法》的内容。《中华人民共和国教育法》第十四条规定,国务院和地方各级人民政府根据分级管理、分工负责的原则,领导和管理教育工作。

9.B 【解析】本题考查《幼儿园教师违反职业道德行为处理办法》的内容。《幼儿园教师违反职业道德行为处理办法》第三条规定,本办法所称处理包括处分和其他处理。处分包括警告、记过、降低岗位等级或撤职、开除。警告期限为6个月,记过期限为12个月,降低岗位等级或撤职期限为24个月。是中共党员的,同时给予党纪处分。

10.A 【解析】本题考查《中华人民共和国未成年人保护法》的内容。根据《中华人民共和国未成年人保护法》第四条规定,保护未成年人,应当坚持最有利于未成年人的原则。

11.D 【解析】本题考查《中华人民共和国未成年人保护法》的内容。《中华人民共和国未成年人保护法》第三十七条规定,未成年人在校内、园内或者本校、本园组织的校外、园外活动中发生人身伤害事故的,学校、幼儿园应当立即救护,妥善处理,及时通知未成年人的父母或者其他监护人,并向有关部门报告。

12. A 【解析】本题考查《中华人民共和国教师法》的内容。《中华人民共和国教师法》第三十九条规定，教师对学校或者其他教育机构侵犯其合法权益的，或者对学校或者其他教育机构作出的处理不服的，可以向教育行政部门提出申诉，教育行政部门应当在接到申诉的三十日内，作出处理。

13. B 【解析】本题考查《学校食品安全与营养健康管理规定》的内容。《学校食品安全与营养健康管理规定》第十三条规定，中小学、幼儿园应当建立集中用餐陪餐制度，每餐均应当有学校相关负责人与学生共同用餐，做好陪餐记录，及时发现和解决集中用餐过程中存在的问题。

14. D 【解析】本题考查《幼儿园办园行为督导评估办法》的内容。《幼儿园办园行为督导评估办法》第四条规定，督导评估周期为 3 ~ 5 年。在一个周期内，县级教育督导机构按属地原则对辖区内幼儿园（班、点）至少进行一次督导评估。

15. B 【解析】本题考查江西省人民政府《关于加快发展学前教育的实施意见》的内容。江西省人民政府《关于加快发展学前教育的实施意见》中提出，依法保障幼儿教师地位和待遇，规定幼儿园园长、教师、保育员、保健保安人员实行持证上岗。切实维护幼儿教师在职称评聘、专业培训和表彰奖励等方面的合法权利。

16. D 【解析】本题考查《2020 年加强师德师风建设十大行动计划》的内容。《2020 年加强师德师风建设十大行动计划》的内容包括加强理想信念教育、搭建师德涵养平台、开展应知应会测评、开展师德失范整治、开展满意度调查、开展师德标兵选树、推广师德工作案例、抓实师德考核评价、推行教师荣退活动、大力推行优师政策。

17. D 【解析】本题考查《中华人民共和国教育法》的内容。根据《中华人民共和国教育法》第五十九条规定，国家采取优惠措施，鼓励和扶持学校在不影响正常教育教学的前提下开展勤工俭学和社会服务，兴办校办产业。

18. B 【解析】本题考查《中华人民共和国基本医疗卫生与健康促进法》。2020 年 6 月 1 日起，我国卫生与健康领域第一部基础性、综合性法律——《中华人民共和国基本医疗卫生与健康促进法》正式实施，人民的健康权利从此有了立法保障。

19. C 【解析】本题考查《中华人民共和国香港特别行政区维护国家安全法》。2020 年 6 月 30 日，十三届全国人大常委会第二十次会议表决通过了《中华人民共和国香港特别行政区维护国家安全法》，国家主席习近平签署第 49 号主席令予以公布，它有助于维护香港的长期繁荣与稳定。

20. A 【解析】本题考查《新时代爱国主义教育实施纲要》的内容。2019 年 11 月，中共中央、国务院印发了《新时代爱国主义教育实施纲要》，《纲要》指出，爱国主义精神深深植根于中华民族心中，维系着中华大地上各个民族的团结统一，激励着一代又一代中华儿女为祖国发展繁荣而自强不息、不懈奋斗。

21. A 【解析】本题考查《幼儿园教职工配备标准（暂行）》的内容。《幼儿园教职工配备标准（暂行）》指出，全日制幼儿园每班配备 2 名专任教师和 1 名保育员，或配备 3 名专任教师；半日制幼儿园每班配备 2 名专任教师，有条件的可配备 1 名保育员。寄宿制幼儿园至少应在全日制幼儿园基础上每班增配 1 名专任教师和 1 名保育员。单班学前教育机构，如村学前教育教学点、幼儿班等，一般应配备 2 名专任教师，有条件的可配备 1 名保育员。

22. B 【解析】本题考查《中共中央国务院关于学前教育深化改革规范发展的若干意见》的内容。《中共中央国务院关于学前教育深化改革规范发展的若干意见》第六条提出，实施学前教育专项。国家继续实施学前教育行动计划，逐年安排建设一批普惠性幼儿园，重点扩大农村地区、脱贫攻坚地区、新增人口集中地区普惠性资源。

23. C 【解析】本题考查《托儿所、幼儿园建筑设计规范》的内容。《托儿所、幼儿园建筑设计规范》规定，幼儿园每班专用室外活动场地人均面积不应小于 2 平方米；托儿所室外活动场地人均面积不应小于 3 平方米，城市人口密集地区改、扩建的托儿所，设置室外活动场地确有困难时，应保证人均面积不小于 2 平方米。

24. A 【解析】本题考查《中共中央国务院关于学前教育深化改革规范发展的若干意见》的内容。《中共中央国务院关于学前教育深化改革规范发展的若干意见》第十七条指出，严格教师队伍管理。认真落实教师资格准入与定期注册制度，严格执行幼儿园园长、教师专业标准，坚持公开招聘制度，全面落实幼儿园教师持

证上岗，切实把好幼儿园园长、教师入口关。非学前教育专业毕业生到幼儿园从教须经专业培训并取得相应教师资格。

25. C 【解析】本题考查《幼儿园教职工配备标准(暂行)》的内容。《幼儿园教职工配备标准(暂行)》规定，全日制幼儿园的全园保教人员与幼儿比例为1∶7～1∶9。

26. B 【解析】本题考查《中共中央国务院关于学前教育深化改革规范发展的若干意见》的内容。《中共中央国务院关于学前教育深化改革规范发展的若干意见》第十一条指出，非营利性民办园(包括普惠性民办园)收费具体办法由省级政府制定。营利性民办园收费标准实行市场调节，由幼儿园自主决定。地方政府依法加强对民办园收费的价格监管，坚决抑制过高收费。

27. D 【解析】本题考查《中共中央国务院关于学前教育深化改革规范发展的若干意见》的内容。《中共中央国务院关于学前教育深化改革规范发展的若干意见》提出，到2020年，全国学前三年毛入园率达到85%，普惠性幼儿园覆盖率(公办园和普惠性民办园在园幼儿占比)达到80%。到2020年，基本形成以本专科为主体的幼儿园教师培养体系，本专科学前教育专业毕业生规模达到20万人以上；到2035年，全面普及学前三年教育，建成覆盖城乡、布局合理的学前教育公共服务体系，形成完善的学前教育管理体制、办园体制和政策保障体系，为幼儿提供更加充裕、更加普惠、更加优质的学前教育。ABC三项均为《中共中央国务院关于学前教育深化改革规范发展的若干意见》的原文内容，D选项约20%为中高端民办园不是原文内容。

28. B 【解析】本题考查《综合防控儿童青少年近视实施方案》的内容。《综合防控儿童青少年近视实施方案》提出，到2030年，实现全国儿童青少年新发近视率明显下降，儿童青少年视力健康整体水平显著提升，6岁儿童近视率控制在3%左右，小学生近视率下降到38%以下，初中生近视率下降到60%以下，高中阶段学生近视率下降到70%以下，国家学生体质健康标准达标优秀率达25%以上。

29. B 【解析】本题考查《关于开展幼儿园“小学化”专项治理工作的通知》的内容。《关于开展幼儿园“小学化”专项治理工作的通知》提出，要强化园长教师培训。各地要按教育部有关要求，认真制定幼儿园教师专项培训方案，本着“缺什么，补什么”的原则，切实加强新教师入职培训、初任园长任职资格培训、民办幼儿园园长专项培训、幼儿园转岗教师岗位培训、幼儿园教师专业技能补偿培训、师德师风和安全意识全员培训等，在2020年12月底前，要对幼儿园园长和教师进行一轮全员培训。要完善区域教研和园本教研制度，确保基层幼儿园园长和教师能够得到经常性的业务指导，切实提高园长教师科学保教能力。

30. C 【解析】本题考查《中华人民共和国教育法》的内容。《中华人民共和国教育法》第五条指出，教育必须为社会主义现代化建设服务、为人民服务，必须与生产劳动和社会实践相结合，培养德智体美劳方面全面发展的社会主义建设者和接班人。

31. A 【解析】本题考查《安徽省中长期教育改革和发展规划纲要(2010～2020年)》。《安徽省中长期教育改革和发展规划纲要(2010～2020年)》第二章战略目标和战略主题部分指出：实现更高水平的普及教育。到2020年，全面普及15年基础教育。学前三年毛入园率达80%，义务教育巩固率达98%，高中阶段毛入学率达90%。

32. B 【解析】本题考查《中华人民共和国教师法》的内容。根据《中华人民共和国教师法》第二条规定，本法适用于在各级各类学校和其他教育机构中专门从事教育教学工作的教师。

33. A 【解析】本题考查《中共中央国务院关于学前教育深化改革规范发展的若干意见》。《中共中央国务院关于学前教育深化改革规范发展的若干意见》的指导思想中提出，推进学前教育普及普惠安全优质发展，满足人民群众对幼有所育的美好期盼，为培养德智体美劳全面发展的社会主义建设者和接班人奠定坚实基础。

34. D 【解析】本题考查《中共中央国务院关于学前教育深化改革规范发展的若干意见》。《中共中央国务院关于学前教育深化改革规范发展的若干意见》“大力加强幼儿园教师队伍建设”部分提出，“各地要及时补充公办园教职工，严禁‘有编不补’、长期使用代课教师”“各类幼儿园依法依规足额足项为教职工缴纳社会保险和住房公积金”“前移培养起点，大力培养初中毕业起点的五年制专科学历的幼儿园教师”“出台幼

儿园教师培训课程指导标准,实行幼儿园园长、教师定期培训和全员轮训制度”。

35. A 【解析】本题考查《教育部办公厅关于开展幼儿园“小学化”专项治理工作的通知》。《教育部办公厅关于开展幼儿园“小学化”专项治理工作的通知》指出,对于提前教授汉语拼音、识字、计算、英语等小学课程内容的,要坚决予以禁止。纠正“小学化”教育方式。针对幼儿园不能坚持以游戏为基本活动,脱离幼儿生活情景,以课堂集中授课方式为主组织安排一日活动;或以机械背诵、记忆、抄写、计算等方式进行知识技能性强化训练的行为,要坚决予以纠正。

36. D 【解析】本题考查《中共中央国务院关于当前发展学前教育的若干意见》。《中共中央国务院关于当前发展学前教育的若干意见》第一条指出,把发展学前教育摆在更加重要的位置。必须坚持政府主导,社会参与,公办民办并举,落实各级政府责任,充分调动各方面积极性。故答案选 D 项。

37. D 【解析】本题考查《中国教育现代化 2035》的作用。中共中央、国务院印发《中国教育现代化 2035》,这是我国第一个以教育现代化为主题的中长期战略规划,与以往的教育中长期规划相比,时间跨度更长,重在目标导向。

38. C 【解析】本题考查《中共中央国务院关于学前教育深化改革规范发展的若干意见》的内容。中共中央国务院颁发的《关于学前教育深化改革规范发展的若干意见》的主要目标指出,到 2020 年,全国学前三年毛入园率达到 85%,普惠性幼儿园覆盖率(公办园和普惠性民办园在园幼儿占比)达到 80%。

39. A 【解析】本题考查《中共中央国务院关于全面深化新时代教师队伍建设改革的意见》的内容。《中共中央国务院关于全面深化新时代教师队伍建设改革的意见》提出,要建立符合教育行业特点的中小学、幼儿园教师招聘办法,遴选乐教适教善教的优秀人才进入教师队伍。按照中小学校领导人员管理暂行办法,明确任职条件和资格,规范选拔任用工作,激发办学治校活力。

40. C 【解析】本题考查《国务院关于当前发展学前教育的若干意见》的内容。《国务院关于当前发展学前教育的若干意见》指出,大力发展公办幼儿园,提供“广覆盖、保基本”的学前教育公共服务。加大政府投入,新建、改建、扩建一批安全、适用的幼儿园。

41. A 【解析】本题考查《新时代中小学教师职业行为十项准则》的内容。《新时代中小学教师职业行为十项准则》指出,传播优秀文化。带头践行社会主义核心价值观,弘扬真善美,传递正能量;不得通过课堂、论坛、讲座、信息网络及其他渠道发表、转发错误观点,或编造散布虚假信息、不良信息。

42. A 【解析】本题考查《关于进一步加强和改进未成年人校外活动场所建设和管理工作的实施意见》的内容。人民政府办公厅《关于进一步加强和改进未成年人校外活动场所建设和管理工作的实施意见》指出,青少年宫、少年宫、青少年学生活动中心、儿童活动中心、科技馆等公益性未成年人校外活动场所是对未成年人进行教育的重要阵地。

43. A 【解析】本题考查《中小学班主任工作规定》的内容。根据《中小学班主任工作规定》第七条规定,选聘班主任应当在教师任职条件的基础上突出考查以下条件:(1)作风正派,心理健康,为人师表;(2)热爱学生,善于与学生、学生家长及其他任课教师沟通;(3)爱岗敬业,具有较强的教育引导和组织管理能力。

44. C 【解析】本题考查《中华人民共和国义务教育法》的内容。根据《中华人民共和国义务教育法》第十一条规定,适龄儿童、少年因身体状况需要延缓入学或者休学的,其父母或者其他法定监护人应当提出申请,由当地乡镇人民政府或者县级人民政府教育行政部门批准。

45. A 【解析】本题考查《中华人民共和国教育法》的内容。根据《中华人民共和国教育法》第四十三条规定,受教育者享有下列权利:(1)参加教育教学计划安排的各种活动,使用教育教学设施、设备、图书资料;(2)按照国家有关规定获得奖学金、贷学金、助学金;(3)在学业成绩和品行上获得公正评价,完成规定的学业后获得相应的学业证书、学位证书;(4)对学校给予的处分不服向有关部门提出申诉,对学校、教师侵犯其人身权、财产权等合法权益,提出申诉或者依法提起诉讼;(5)法律、法规规定的其他权利。

46. C 【解析】本题考查《中华人民共和国宪法》的内容。根据《中华人民共和国宪法》第四十六条规定,中华人民共和国公民有受教育的权利和义务。

47. C 【解析】本题考查《陕西省中小学幼儿园安全管理办法》的内容。《陕西省中小学幼儿园安全管理办法》

第十三条规定，严格执行大型活动审批制度。学校（幼儿园）组织 500 人以上大型活动必须报县（区）教育局批准后组织实施并做好预案。

48. A 【解析】本题考查《中华人民共和国学位条例》的颁布。1981 年 1 月 1 日，新中国第一部教育法例《中华人民共和国学位条例》正式实施。

49. C 【解析】本题考查《中华人民共和国教育法》的内容。根据《中华人民共和国教育法》第三十二条规定，学校及其他教育机构具备法人条件的，自批准设立或者登记注册之日起取得法人资格。

二、多项选择题

1. ABCD 【解析】本题考查《关于开展幼儿园"小学化"专项治理工作的通知》的内容。《关于开展幼儿园"小学化"专项治理工作的通知》提出，专项治理分四个阶段进行。第一阶段：全面部署。地方各级教育行政部门要认真制定治理方案，明确工作要求，于 2018 年 8 月底前完成。第二阶段：自查与摸排。幼儿园、小学、培训机构按要求进行自查，教育行政部门组织抽查和摸排，于 2018 年 12 月底完成。第三阶段：全面整改。根据自查和摸排的情况，坚持边查边改、及时整改，坚决纠正"小学化"倾向的各种错误行为。总体整改工作于 2019 年 4 月底前完成。第四阶段：专项督查。国务院教育督导委员会办公室、教育部及各省级教育督导机构和教育行政部门开展专项督查，于 2019 年 6 月底前完成。

2. ABCE 【解析】本题考查《国务院关于实施健康中国行动的意见》的内容。《国务院关于实施健康中国行动的意见》的基本原则包括：（1）普及知识、提升素养；（2）自主自律、健康生活；（3）早期干预、完善服务；（4）全民参与、共建共享。

3. ABC 【解析】本题考查《中华人民共和国教师法》的内容。根据《中华人民共和国教师法》第八条规定，教师应当履行下列义务：（一）遵守宪法、法律和职业道德，为人师表；（二）贯彻国家的教育方针，遵守规章制度，执行学校的教学计划，履行教师聘约，完成教育教学工作任务；（三）对学生进行宪法所确定的基本原则的教育和爱国主义、民族团结的教育，法制教育以及思想品德、文化、科学技术教育，组织、带领学生开展有益的社会活动；（四）关心、爱护全体学生，尊重学生人格，促进学生在品德、智力、体质等方面全面发展；（五）制止有害于学生的行为或者其他侵犯学生合法权益的行为，批评和抵制有害于学生健康成长的现象；（六）不断提高思想政治觉悟和教育教学业务水平。DE 属于教师的权利。

4. ACD 【解析】本题考查《中华人民共和国教育法》的内容。根据《中华人民共和国教育法》第三十七条规定，受教育者在入学、升学、就业等方面依法享有平等权利。

三、判断题

1. × 【解析】本题考查《中小学幼儿园安全管理办法》的内容。《中小学幼儿园安全管理办法》第三十三条规定，学校不得组织学生参加抢险等应当由专业人员或者成人从事的活动，不得组织学生参与制作烟花爆竹、有毒化学品等具有危险性的活动，不得组织学生参加商业性活动。

2. √ 【解析】本题考查《幼儿园教师违反职业道德行为处理办法》的内容。《幼儿园教师违反职业道德行为处理办法》第十一条规定，教师被依法判处刑罚的，依据《事业单位工作人员处分暂行规定》给予降低岗位等级或者撤职以上处分。其中，被依法判处有期徒刑以上刑罚的，给予开除处分。教师受到剥夺政治权利或者故意犯罪受到有期徒刑以上刑事处罚的，丧失教师资格。

3. × 【解析】本题考查《学生伤害事故处理办法》的内容。《学生伤害事故处理办法》第二十六条规定，学校对学生伤害事故负有责任的，根据责任大小，适当予以经济赔偿，但不承担解决户口、住房、就业等与救助受伤害学生、赔偿相应经济损失无直接关系的其他事项。

4. √ 【解析】本题考查《中共中央国务院关于学前教育深化改革规范发展的若干意见》的内容。《中共中央国务院关于学前教育深化改革规范发展的若干意见》第十七条指出，强化师德师风建设，通过加强师德教育、完善考评制度、加大监察监督、建立信用记录、完善诚信承诺和失信惩戒机制等措施，提高教师职业素养，培养热爱幼教、热爱幼儿的职业情怀。对违反职业行为规范、影响恶劣的实行"一票否决"，终身不得从教。

5. √ 【解析】本题考查《中小学幼儿园安全管理办法》。《中小学幼儿园安全管理办法》自 2006 年 9 月 1 日

起施行。

6. × 【解析】本题考查《中华人民共和国教师法》施行的时间。《中华人民共和国教师法》于1993年10月31日第八届全国人民代表大会常务委员会第四次会议通过,自1994年1月1日起施行。

7. √ 【解析】本题考查《中华人民共和国教育法》的内容。《中华人民共和国教育法》第五十条规定,"未成年人的父母或者其他监护人应当为其未成年子女或者其他被监护人受教育提供必要条件。未成年人的父母或者其他监护人应当配合学校及其他教育机构,对其未成年子女或者其他被监护人进行教育。学校、教师可以对学生家长提供家庭教育指导"。

8. × 【解析】本题考查《中华人民共和国教育法》的内容。《中华人民共和国教育法》第三十六条规定,学校及其他教育机构中的管理人员,实行教育职员制度。学校及其他教育机构中的教学辅助人员和其他专业技术人员,实行专业技术职务聘任制度。

9. √ 【解析】本题考查《中华人民共和国教师法》的内容。《中华人民共和国教师法》第十五条规定,各级师范学校毕业生,应当按照国家有关规定从事教育教学工作。国家鼓励非师范高等学校毕业生到中小学或者职业学校任教。

10. × 【解析】本题考查《中华人民共和国民法典》的内容。《中华人民共和国民法典》第一百一十一条规定,自然人的个人信息受法律保护。任何组织或者个人需要获取他人个人信息的,应当依法取得并确保信息安全,不得非法收集、使用、加工、传输他人个人信息,不得非法买卖、提供或者公开他人个人信息。题干中教师做法侵犯了幼儿的隐私权。

11. × 【解析】本题考查《中小学幼儿园安全管理办法》的内容。《中小学幼儿园安全管理办法》第二十六条规定,接送学生专用校车应当粘贴统一标识。标识样式由省级公安机关交通管理部门和教育行政部门制定。

12. × 【解析】本题考查《幼儿园教师违反职业道德行为处理办法》的内容。《幼儿园教师违反职业道德行为处理办法》第十条规定,教师受到处分的,符合《教师资格条例》第十九条规定的,由县级以上教育行政部门依法撤销其教师资格。教师受处分期间暂缓教师资格定期注册。

13. √ 【解析】本题考查《中共中央国务院关于学前教育深化改革规范发展的若干意见》的内容。《中共中央国务院关于学前教育深化改革规范发展的若干意见》强调,学前教育是终身学习的开端,是国民教育体系的重要组成部分,是重要的社会公益事业。办好学前教育、实现幼有所育,是党的十九大作出的重大决策部署,是党和政府为老百姓办实事的重大民生工程,关系亿万儿童健康成长,关系社会和谐稳定,关系党和国家事业未来。

14. × 【解析】本题考查《健康中国行动(2019—2030年)》的内容。《健康中国行动(2019—2030年)》指出,中小学生非学习目的使用电子屏幕产品单次不宜超过15分钟,每天累计不宜超过1小时。

15. √ 【解析】本题考查时政热点。国务院新闻办发表的《新疆的若干历史问题》白皮书指出,中国是统一的多民族国家,新疆各民族是中华民族血脉相连的家庭成员。在漫长的历史发展进程中,新疆的命运始终与伟大祖国和中华民族的命运紧密相连。

16. × 【解析】本题考查《学生伤害事故处理办法》的内容。根据《学生伤害事故处理办法》第九条规定,学校教师或者其他工作人员体罚或者变相体罚学生,或者在履行职责过程中违反工作要求、操作规程、职业道德或者其他有关规定的,造成的学生伤害事故,学校应当依法承担相应的责任。

17. √ 【解析】本题考查《中华人民共和国教育法》的内容。根据《中华人民共和国教育法》第七十二条规定,结伙斗殴、寻衅滋事,扰乱学校及其他教育机构教育教学秩序或者破坏校舍、场地及其他财产的,由公安机关给予治安管理处罚;构成犯罪的,依法追究刑事责任。侵占学校及其他教育机构的校舍、场地及其他财产的,依法承担民事责任。

四、材料分析题(参考答案)

该事故的责任主体有幼儿园、陈老师和超市老板王某。

(1)幼儿园方面分析:根据《学生伤害事故处理办法》第九条规定,因学校的校舍、场地、其他公共设施,以

及学校提供给学生使用的学具、教育教学和生活设施、设备不符合国家规定的标准,或者有明显不安全因素造成的学生伤害事故,学校应当依法承担相应的责任。材料中幼儿园的围墙显然不符合国家规定标准,存在安全隐患。

(2)陈老师方面分析:根据《中华人民共和国未成年人保护法》第二十二条规定,学校、幼儿园、托儿所应当建立安全制度,加强对未成年人的安全教育,采取措施保障未成年人的人身安全。陈老师在指导幼儿活动时,并未强调安全事宜,也没有关注到所有幼儿的活动状况,导致了事故的发生。

(3)超市老板王某方面分析:根据《幼儿园管理条例》第二十八条规定,违反本条例,具有干扰幼儿园正常工作秩序的单位或者个人,由教育行政部门对直接责任人员给予警告、罚款的行政处罚,或者由教育行政部门建议有关部门对责任人员给予行政处分。王某没有看管好自己的小狗,导致小狗抓伤小明,王某也负有一定的责任。

实战演练

一、单项选择题

1. B 【解析】《3～6岁儿童学习与发展指南》“健康领域”动作发展中目标1“具有一定的平衡能力,动作协调、灵敏”的教育建议指出,发展幼儿动作的协调性和灵活性,如鼓励幼儿进行跑跳、钻爬、攀登、投掷、拍球等活动。

2. B 【解析】《3～6岁儿童学习与发展指南》“艺术领域”中表现与创造部分目标1指出,4～5岁幼儿的发展目标为:(1)经常唱唱跳跳,愿意参加歌唱、律动、舞蹈、表演等活动;(2)经常用绘画、捏泥、手工制作等多种方式表现自己的所见所想。

3. A 【解析】根据《中华人民共和国教育法》第三十条规定,遵照国家有关规定收取费用并公开收费项目是学校及其他教育机构应当履行的义务。依据《中华人民共和国教育法》等法律法规,制定《幼儿园工作规程》。根据《幼儿园工作规程》第四十七条规定,幼儿园收费按照国家和地方的有关规定执行。幼儿园实行收费公示制度,收费项目和标准向家长公示,接受社会监督,不得以任何名义收取与新生入园相挂钩的赞助费。幼儿园不得以培养幼儿某种专项技能、组织或参与竞赛等为由,另外收取费用;不得以营利为目的组织幼儿表演、竞赛等活动。所以,本题答案选A项。

4. B 【解析】根据《幼儿园工作规程》第五十四条规定,家长委员会在幼儿园园长指导下工作。

5. C 【解析】《幼儿园教育指导纲要(试行)》第三部分第八条规定,教师的态度和管理方式应有助于形成安全、温馨的心理环境;言行举止应成为幼儿学习的良好榜样。

6. C 【解析】《幼儿园教育指导纲要(试行)》健康领域的指导要点提出,幼儿园必须把保护幼儿的生命和促进幼儿的健康放在工作的首位。树立正确的健康观念,在重视幼儿身体健康的同时,要高度重视幼儿的心理健康。

7. C 【解析】《3～6岁儿童学习与发展指南》“健康领域”中“生活习惯与生活能力”部分目标1具有良好的生活与卫生习惯指出3～4岁幼儿目标为:(1)在提醒下,按时睡觉和起床,并能坚持午睡;(2)喜欢参加体育活动;(3)在引导下,不偏食、挑食。喜欢吃瓜果、蔬菜等新鲜食品;(4)愿意饮用白开水,不贪喝饮料;(5)不用脏手揉眼睛,连续看电视等不超过15分钟;(6)在提醒下,每天早晚刷牙、饭前便后洗手。

8. B 【解析】《3～6岁儿童学习与发展指南》“科学领域”中“科学探究”部分目标1亲近自然,喜欢探究指出5～6岁幼儿的发展目标为:(1)对自己感兴趣的问题总是刨根问底;(2)能经常动手动脑寻找问题的答案;(3)探索中有所发现时感到兴奋和满足。

9. B 【解析】《3～6岁儿童学习与发展指南》“科学领域”中“数学认知”部分目标2感知和理解数、量及数量关系指出,3～4岁幼儿的发展目标为:(1)能感知和区分物体的大小、多少、高矮长短等量方面的特点,并能用相应的词表示。(2)能通过一一对应的方法比较两组物体的多少。(3)能手口一致地点数5个以内的物体,并能说出总数。能按数取物。(4)能用数词描述事物或动作,如我有4本图书。

10. A 【解析】《3～6岁儿童学习与发展指南》"健康领域"中"动作发展"部分目标2"具有一定的力量和耐力"。

11. D 【解析】《3～6岁儿童学习与发展指南》"健康领域"中动作发展部分目标1具有一定的平衡能力，动作协调、灵敏指出，5～6岁幼儿的发展目标为：(1)能在斜坡、荡桥和有一定间隔的物体上较平稳地行走；(2)能以手脚并用的方式安全地爬攀登架、网等；(3)能连续跳绳；(4)能躲避他人滚过来的球或扔过来的沙包；(5)能连续拍球。

12. D 【解析】《3～6岁儿童学习与发展指南》"艺术领域"中"感受与欣赏"部分目标2"喜欢欣赏多种多样的艺术形式和作品"指出，5～6岁幼儿愿意和别人分享、交流自己喜爱的艺术作品和美感体验。

13. C 【解析】《幼儿园教育指导纲要(试行)》指出，科学领域的目标为：(1)对周围的事物、现象感兴趣，有好奇心和求知欲；(2)能运用各种感官，动手动脑，探究问题；(3)能用适当的方式表达、交流探索的过程和结果；(4)能从生活和游戏中感受事物的数量关系并体验到数学的重要和有趣；(5)爱护动植物，关心周围环境，亲近大自然，珍惜自然资源，有初步的环保意识。

14. B 【解析】《3～6岁儿童学习与发展指南》"语言领域"中"倾听与表达"部分中目标2"愿意讲话并能清楚地表达"提出3～4岁幼儿的发展目标为：(1)愿意在熟悉的人面前说话，能大方地与人打招呼；(2)基本会说本民族或本地区的语言；(3)愿意表达自己的需要和想法，必要时能配以手势动作；(4)能口齿清楚地说儿歌、童谣或复述简短的故事。

15. C 【解析】《3～6岁儿童学习与发展指南》"健康领域"中动作发展部分目标2指出，4～5岁幼儿的发展目标为：(1)能双手抓杠悬空吊起15秒左右；(2)能单手将沙包向前投掷4米左右；(3)能单脚连续向前跳5米左右；(4)能快跑20米左右；(5)能连续行走1.5公里左右(途中可适当停歇)。

16. C 【解析】《幼儿园教师专业标准(试行)》基本内容部分指出，教师应注重保教结合，培育幼儿良好的意志品质，帮助幼儿形成良好的行为习惯。

17. D 【解析】《幼儿园教育指导纲要(试行)》指出，艺术领域的目标为：(1)能初步感受并喜爱环境、生活和艺术中的美；(2)喜欢参加艺术活动，并能大胆地表现自己的情感和体验；(3)能用自己喜欢的方式进行艺术表现活动。

二、多项选择题

1. ABD 【解析】根据《幼儿园工作规程》第三十六条规定，玩教具应当具有教育意义并符合安全、卫生要求。幼儿园应当因地制宜，就地取材，自制玩教具。

2. AD 【解析】《3～6岁儿童学习与发展指南》"艺术领域"中"感受与欣赏"部分包含的目标为：(1)喜欢自然界与生活中美的事物；(2)喜欢欣赏多种多样的艺术形式和作品。

3. ABC 【解析】《3～6岁儿童学习与发展指南》"语言领域"中"倾听与表达"部分包含的目标为：(1)认真听并能听懂常用语言；(2)愿意讲话并能清楚地表达；(3)具有文明的语言习惯。

4. ABD 【解析】《3～6岁儿童学习与发展指南》"健康领域"生活习惯与生活能力部分为培养幼儿具有基本的生活自理能力，提出了以下教育建议：(1)鼓励幼儿做力所能及的事情，对幼儿的尝试与努力给予肯定，不因做不好或做得慢而包办代替；(2)指导幼儿学习和掌握生活自理的基本方法，如穿脱衣服和鞋袜、洗手洗脸、擦鼻涕、擦屁股的正确方法；(3)提供有利于幼儿生活自理的条件。如：提供一些纸箱、盒子，供幼儿收拾和存放自己的玩具、图书或生活用品等。幼儿的衣服、鞋子等要简单实用，便于自己穿脱。

5. ABD 【解析】《3～6岁儿童学习与发展指南》"语言领域"阅读与书写准备部分为培养幼儿具具有初步的阅读理解能力，提出了以下教育建议：(1)经常和幼儿一起阅读，引导他以自己的经验为基础理解图书的内容；(2)在阅读中发展幼儿的想象和创造能力；(3)引导幼儿感受文学作品的美。

6. ACD 【解析】《3～6岁儿童学习与发展指南》"健康领域"中身心状况部分，目标1具有健康的体态的教育建议包括：(1)为幼儿提供营养丰富、健康的饮食；(2)保证幼儿每天睡11～12小时，其中午睡一般应达到2小时左右；(3)注意幼儿的体态，帮助他们形成正确的姿势；(4)每年为幼儿进行健康检查。

三、判断题

1. √　【解析】《3～6岁儿童学习与发展指南》语言领域指出：应在生活情境和阅读活动中引导幼儿自然而然地产生对文字的兴趣，用机械记忆和强化训练的方式让幼儿过早识字不符合其学习特点和接受能力。

2. ×　【解析】《3～6岁儿童学习与发展指南》以为幼儿后继学习和终身发展奠定良好素质基础为目标，以促进幼儿体、智、德、美各方面的协调发展为核心。

3. ×　【解析】《3～6岁儿童学习与发展指南》中生活习惯与生活能力目标3具备基本的安全知识和自我保护能力的教育建议指出：教给幼儿简单的自救和求救的方法。如幼儿园应定期进行火灾、地震等自然灾害的逃生演习。

4. √　【解析】《幼儿园管理条例》第一章总则第四条指出：地方各级人民政府应当根据本地区社会经济发展状况，制订幼儿园的发展规划。幼儿园的设置应当与当地居民人口相适应。乡、镇、市辖区和不设区的市的幼儿园的发展规划，应当包括幼儿园设置的布局方案。

5. ×　【解析】《幼儿园管理条例》第二章举办幼儿园的基本条件和审批程序第十二条指出：城市幼儿园的举办、停办，由所在区、不设区的市的人民政府教育行政部门登记注册。农村幼儿园的举办、停办，由所在乡、镇人民政府登记注册，并报县人民政府教育行政部门备案。

6. ×　【解析】《幼儿园管理条例》第三章幼儿园的保育和教育工作第十五条指出：幼儿园应当使用全国通用的普通话。招收少数民族为主的幼儿园，可以使用本民族通用的语言。

7. √　【解析】《幼儿园管理条例》第四章幼儿园的行政事务第二十三条指出：幼儿园的教师、医师、保健员、保育员和其他工作人员，由幼儿园园长聘任，也可由举办幼儿园的单位或个人聘任。

8. ×　【解析】《幼儿园工作规程》第二章幼儿入园和编班第九条指出：企业、事业单位和机关、团体、部队设置的幼儿园，除招收本单位工作人员的子女外，应当积极创造条件向社会开放，招收附近居民子女入园。

9. ×　【解析】《幼儿园工作规程》第四章幼儿园的卫生保健第二十二条指出：幼儿园应当培养幼儿良好的大小便习惯，不得限制幼儿便溺的次数、时间等。

10. ×　【解析】《幼儿园工作规程》第五章幼儿园的教育第三十一条指出：幼儿园的品德教育应当以情感教育和培养良好行为习惯为主，注重潜移默化的影响，并贯穿于幼儿生活以及各项活动之中。

11. ×　【解析】《幼儿园教育指导纲要（试行）》第四部分教育评价指出：承认和关注幼儿的个体差异，避免用划一的标准评价不同的幼儿，在幼儿面前慎用横向的比较。

12. ×　【解析】《3～6岁儿童学习与发展指南》健康领域指出：幼儿身心发育尚未成熟，需要成人的精心呵护和照顾，但不宜过度保护和包办代替，以免剥夺幼儿自主学习的机会，养成过于依赖的不良习惯，影响其主动性、独立性的发展。

13. √　【解析】《3～6岁儿童学习与发展指南》健康领域目标2"情绪安定愉快"的教育建议指出：营造温暖、轻松的心理环境，让幼儿形成安全感和信赖感。如：保持良好的情绪状态，以积极、愉快的情绪影响幼儿。以欣赏的态度对待幼儿。注意发现幼儿的优点，接纳他们的个体差异，不简单与同伴做横向比较。幼儿做错事时要冷静处理，不厉声斥责，更不能打骂。

14. √　【解析】《3～6岁儿童学习与发展指南》健康领域目标2"情绪安定愉快"的教育建议指出：帮助幼儿学会恰当表达和调控情绪。如：允许幼儿表达自己的情绪，并给予适当的引导。如幼儿发脾气时不硬性压制，等其平静后告诉他什么行为是可以接受的。

15. ×　【解析】《3～6岁儿童学习与发展指南》健康领域目标3"手的动作灵活协调"的教育建议指出：创造条件和机会，促进幼儿手的动作灵活协调。如：幼儿园在布置娃娃家、商店等活动区时，多提供原材料和半成品，让幼儿有更多机会参与制作活动。

四、填空题

1. 倾听与表达　　2. 自由　宽松　教师　同伴

3. 探究　异同　　4. 保护　主动　　5. 国家教育委员会

6. 反家庭暴力教育　　7. 特殊照顾　　8. 动静交替

9.一贯性　灵活性　10.循序渐进　11.隔离室　浴室　教职工值班室
12.传染病　13.个体差异　14.健康
15.良好的生活习惯　基本生活能力

五、简答题（参考答案）

1.简述幼儿园保育和教育的主要目标。

(1)促进幼儿身体正常发育和机能的协调发展,增强体质,促进心理健康,培养良好的生活习惯、卫生习惯和参加体育活动的兴趣;(2)发展幼儿智力,培养正确运用感官和运用语言交往的基本能力,增进对环境的认识,培养有益的兴趣和求知欲望,培养初步的动手探究能力;(3)萌发幼儿爱祖国、爱家乡、爱集体、爱劳动、爱科学的情感,培养诚实、自信、友爱、勇敢、勤学、好问、爱护公物、克服困难、讲礼貌、守纪律等良好的品德行为和习惯,以及活泼开朗的性格;(4)培养幼儿初步感受美和表现美的情趣和能力。

2.简述幼儿园教育应当贯彻的原则和要求。

(1)德、智、体、美等方面的教育应当互相渗透,有机结合;

(2)遵循幼儿身心发展规律,符合幼儿年龄特点,注重个体差异,因人施教,引导幼儿个性健康发展;

(3)面向全体幼儿,热爱幼儿,坚持积极鼓励、启发引导的正面教育。

(4)综合组织健康、语言、社会、科学、艺术各领域的教育内容,渗透于幼儿一日生活的各项活动中,充分发挥各种教育手段的交互作用;

(5)以游戏为基本活动,寓教育于各项活动之中;

(6)创设与教育相适应的良好环境,为幼儿提供活动和表现能力的机会与条件。

3.简述幼儿园园长的主要职责。

(1)贯彻执行国家的有关法律、法规、方针、政策和地方的相关规定,负责建立并组织执行幼儿园的各项规章制度;(2)负责保育教育、卫生保健、安全保卫工作;(3)负责按照有关规定聘任、调配教职工,指导、检查和评估教师以及其他工作人员的工作,并给予奖惩;(4)负责教职工的思想工作,组织业务学习,并为他们的学习、进修、教育研究创造必要的条件;(5)关心教职工的身心健康,维护他们的合法权益,改善他们的工作条件;(6)组织管理园舍、设备和经费;(7)组织和指导家长工作;(8)负责与社区的联系和合作。

4.简述《幼儿园教育指导纲要(试行)》中语言领域的指导要点。

(1)语言能力是在运用的过程中发展起来的,发展幼儿语言的关键是创设一个能使他们想说、敢说、喜欢说、有机会说并能得到积极应答的环境;

(2)幼儿语言的发展与其情感、经验、思维、社会交往能力等其他方面的发展密切相关,因此,发展幼儿语言的重要途径是通过互相渗透的各领域的教育,在丰富多彩的活动中去扩展幼儿的经验,提供促进语言发展的条件;

(3)幼儿的语言学习具有个别化的特点,教师与幼儿的个别交流、幼儿之间的自由交谈等,对幼儿语言发展具有特殊意义;

(4)对有语言障碍的儿童要给予特别关注,要与家长和有关方面密切配合,积极地帮助他们提高语言能力。

5.《幼儿园教师专业标准(试行)》中幼儿教师的通识性知识包括哪些方面?

(1)具有一定的自然科学和人文社会科学知识;(2)了解中国教育基本情况;(3)具有相应的艺术欣赏与表现知识;(4)具有一定的现代信息技术知识。

6.《幼儿园教师专业标准(试行)》中幼儿教师的幼儿发展知识包括哪些方面?

(1)了解关于幼儿生存、发展和保护的有关法律法规及政策规定;

(2)掌握不同年龄幼儿身心发展特点、规律和促进幼儿全面发展的策略与方法;

(3)了解幼儿在发展水平、速度与优势领域等方面的个体差异,掌握对应的策略与方法;

(4)了解幼儿发展中容易出现的问题与适宜的对策;

(5)了解有特殊需要幼儿的身心发展特点及教育策略与方法。

7. 简述幼儿园保育员的主要职责。

(1)负责本班房舍、设备、环境的清洁卫生和消毒工作;(2)在教师指导下,科学照料和管理幼儿生活,并配合本班教师组织教育活动;(3)在卫生保健人员和本班教师指导下,严格执行幼儿园安全、卫生保健制度;(4)妥善保管幼儿衣物和本班的设备、用具。

8. 简述《儿童权利公约》提倡的四项原则。

(1)儿童最大利益原则;(2)尊重儿童权利与尊严原则;(3)无歧视原则;(4)尊重儿童观点的原则。

六、材料分析题(参考答案)

1. (1)《3~6岁儿童学习与发展指南》指出:幼儿科学学习的核心是激发探究兴趣,体验探究过程,发展初步的探究能力。①案例中亮亮在科学活动中,将粗细水管连接在一起,表现出积极的兴趣;②在操作过程中将水从细管倒入,让水从另一头流出时感到非常开心,最后成功将倒入粗水管的水也引流出后,自豪地向同伴分享,这都表现出亮亮在体验整个探究过程中,得到了成功的体验,积累了相关的经验;③在发现水从粗水管倒入但无法流出时,亮亮反复观察尝试,最后发现问题并且解决了问题,发展了初步的探究能力。

(2)策略:教师要善于发现和保护幼儿的好奇心,充分利用自然和实际生活机会,引导幼儿通过观察、比较、操作、实验等方法,学会发现问题、分析问题和解决问题,帮助幼儿不断积累经验,并运用于新的学习活动,形成受益终身的学习方法和能力。

2. (1)《幼儿园教育指导纲要(试行)》中指出:"教师应成为幼儿学习活动的支持者、合作者、引导者。""关注幼儿在活动中的表现和反应,敏感地察觉他们的需要,及时以适当的方式应答,形成合作探究式的师生互动。"

(2)若以平常所理解的教育者的职责来衡量,可以肯定:案例中的李老师是一位很负责任的老师,她之所以会把月月叫到自己身边、强迫她集中精力认真听讲,是因为在她看来,月月的表现只是一种简单的注意力不够集中、不能专心听讲的行为。

(3)作为教育者,为了帮助月月,必须在这个时候对月月加以干预。但是,如果李老师能够转换一下思路,去探究一下月月行为的理由,可能就会结合月月的其他表现,或者通过直接的询问了解到,此时在月月的内心之中或许体验着某种焦虑,了解到这一背景,不难推断,对于月月而言,教师在此时最应该提供的是情绪上的安慰,而不是纪律方面的约束。

(4)因为即使真的坐到了教师的身边,月月也不一定就像教师预想的那样认真听故事,相反,也许由于教师的干预,月月原本已经在体验着焦虑的内心又会被追加上羞愧、畏惧与委屈。如此说来,在师幼互动行为过程中,教师开始的本意是出于履行教育者职责的施动行为,很可能会由于教师自身的成人感而变成伤害幼儿情感的一个根源。

3. (1)①能初步感受并喜爱环境、生活和艺术中的美;②喜欢参加艺术活动,并能大胆地表现自己的情感和体验;③能用自己喜欢的方式进行艺术表现活动。

(2)①引导幼儿接触周围环境和生活中美好的人、事、物,丰富他们的感性经验和审美情趣,激发他们表现美、创造美的情趣。案例中林老师启发她们观察蝴蝶的色彩和形态,激发了幼儿的兴趣。②在艺术活动中面向全体幼儿,要针对他们的不同特点和需要,让每个幼儿都得到美的熏陶和培养,对有艺术天赋的幼儿要注意发展他们的艺术潜能。案例中丽丽等一群孩子要表演"三只蝴蝶",林老师就提议她们自己做头饰装扮,还扮演其中的角色参与游戏,发展了幼儿的艺术潜能。③提供自由表现的机会,鼓励幼儿用不同艺术形式大胆地表达自己的情感、理解和想象,尊重每个幼儿的想法和创造,肯定和接纳他们独特的审美感受和表现方式,分享他们创造的快乐。④在支持、鼓励幼儿积极参加各种艺术活动并大胆表现的同时,帮助他们提高表现的技能和能力。案例中在语言活动中,林老师讲了《三只蝴蝶》的故事,并和孩子们一起玩"花儿和蝴蝶"的音乐游戏。林老师在美工区提供画笔、颜料、黏土、橡皮泥等材料,让孩子们自主表现蝴蝶。林老师鼓励幼儿用不同艺术形式来表现蝴蝶,加深了他们的认识,提高了他们的表现技能。⑤指导幼儿利用身边的物品或废旧案例制作玩具、手工艺品等来美化自己的生活或开展其他活动。⑥为幼儿创设展示自己作品的条件,引导幼儿相互交流、相互欣赏、共同提高。案例中林老师引导孩子和家长一起收集蝴蝶的照片和标本并展示出来，还经常和孩子们一起欣赏、交流蝴蝶美在哪里，使孩子们相互交流，共同提高。

4.《幼儿园教育指导纲要（试行）》中指出，幼儿园的科学教育是科学启蒙教育，重在激发幼儿的认知兴趣和探究欲望。要尽量创造条件让幼儿实际参加探究活动，使他们感受科学探究的过程和方法，体验发现的乐趣。案例中，“植物用什么喝水”引起了幼儿的极大兴趣，杜老师没有急于告诉幼儿答案，而是为幼儿创造了一个动手操作的机会，让孩子们亲自种植植物并从中去观察、发现，最后得出结论。孩子的兴趣是一切活动的根源，杜老师没有直接告诉孩子们问题的答案，而是充分激发起孩子探索的兴趣，让他们主动地去观察、去发现，让孩子们从活动中得到最大程度的发展。

5.（1）入园之后，有的宝宝没多久就完全适应了，可有些宝宝，入园都好几个月了，还是孤独的样子，没有好朋友。其实让宝宝更快地适应幼儿园生活、感受到幼儿园带给他的快乐，一个很有效的方法就是指导幼儿学会与人交往。

（2）《幼儿园教育指导纲要（试行）》指出：“引导幼儿参加各种集体活动，体验与教师、同伴等共同生活的乐趣，帮助他们正确认识自己和他人，养成对他人、社会亲近、合作的态度，学习初步的人际交往技能。”案例中青青小朋友特别乖，可她总是一个人玩，不喜欢和小朋友们做游戏，也不喜欢说话，是因为她还不善于和小朋友们交往，没有体会到和小伙伴们一起游戏的快乐。青青学会和小朋友交往，才能体会到同伴交往的乐趣。让她学会如何与老师交往和沟通，才能形成更好的师幼互动。能够与小朋友、老师友好相处的宝宝就会更喜欢幼儿园了。

第二章　教师职业道德概述

真题必刷

第7练　教师职业道德概述

一、单项选择题

1.D 【解析】本题考查教师职业道德的特点。教师对学生的影响具有深远性，这种影响不会因学生的毕业而随之结束，还将延续到毕业之后，有时甚至伴随学生的一生。

2.A 【解析】本题考查教师职业道德的实践功能。教师职业道德的实践功能包括教育功能、调节功能和社会促进功能。

3.D 【解析】本题考查教师职业道德基本原则。教师职业道德基本原则的内容主要有：(1)集体主义原则；(2)教育人道主义原则；(3)教书育人原则；(4)乐教勤业原则；(5)教育民主原则；(6)教育公正原则；(7)人格示范原则；(8)依法执教原则。D项不属于教师职业道德基本原则。

4.D 【解析】本题考查教育民主原则的具体要求。教育民主原则指在教育教学过程中教师要以平等友善的态度对待学生、尊重学生、引导学生，激励学生发展。教育民主原则的具体要求：(1)教师要尊重每个学生的兴趣、爱好、个性和人格；(2)教师要以平等、宽容、博爱、友善和引导的心态对待学生；(3)教师要营造一种使学生能平等交流、主动参与、自由探索、大胆创新的民主氛围。

5.A 【解析】本题考查教师职业道德基本原则。教师职业道德基本原则指明了教师职业实践中道德行为的总方向，体现了教师职业道德的本质属性，统帅整个教师职业道德体系，是衡量和判断教师行为善恶的最高道德标准。

6.A 【解析】本题考查教师职业道德的教育作用。教师职业道德的教育作用主要包括：(1)教师的人格、品性、德操对学生人格的形成起着奠基作用；(2)教师良好的职业道德对学生思想品德的形成和学业的发展起着催化和激励作用；(3)教师文明的言谈举止对学生行为习惯的形成起着修正的作用；(4)教师良好的心理素质对学生心理品质的形成起着完善作用。

7.A 【解析】本题考查教师职业道德的作用。对教育过程的调节作用是教师职业道德最基本、最重要的作用。

8. B 【解析】本题考查幼儿园教师的职业道德的含义。幼儿园教师的职业道德是幼儿园教师在从事幼儿教育工作中应履行的行为规范和必备的品德的总和。

9. A 【解析】本题考查教师职业道德的特点。教师职业道德影响的深远性是指教师的道德品质和行为将给学生留下深刻久远的印象,它不会因学生的毕业而随之结束,还将延续到毕业之后,有时甚至伴随学生的一生。

10. B 【解析】本题考查教师职业道德修养。教师职业道德修养特指教师在职业活动中按照一定的职业道德原则和规范,进行自我锻炼和自我改造所形成的道德品质和所达到的道德境界。所以,ACD 项属于幼儿园教师加强自身道德修养的行为,B 项中的做法是错误的。

11. B 【解析】本题考查教师职业道德的特点。教师职业道德行为具有典范性和示范性的特点。

12. C 【解析】本题考查教师职业道德的特点。教师职业道德的特点包括境界的高层次性、意识的自觉性、行为的典范性以及影响的深远性。

13. C 【解析】本题考查教师职业道德的特点。行为的典范性是指教师的品德和行为对学生的思想品德的形成与行为具有榜样作用。教师职业道德的典范性是由教师劳动的示范性决定的。

14. A 【解析】本题考查教师职业道德规范。题干中廖老师的行为违反了师德规范要求中的平等公正对待学生。

二、多项选择题

1. BCD 【解析】本题考查教师职业道德的范畴。教师职业道德的主要范畴包括:(1)教师义务;(2)教师良心;(3)教师公正;(4)教师荣誉;(5)教师幸福;(6)教师人格。

2. ABCD 【解析】本题考查提升教师职业道德修养水平的方法。教师职业道德修养的方法主要有:(1)加强学习;(2)勤于实践磨炼,增强情感体验(践履);(3)树立榜样,虚心向他人学习;(4)确立可行目标,坚持不懈努力;(5)学会反思(内省);(6)努力做到“慎独”。

三、判断题

× 【解析】本题考查教师道德建设。教师道德建设在方法、内容和途径上的创新主要包括:(1)建构教师道德教育机制,这是教师道德建设的基础;(2)健全教师道德运行机制是教师道德建设的关键;(3)加强教师道德约束机制,这是教师道德建设的保障;(4)形成教师道德激励机制,这是教师道德建设的重点;(5)完善教师道德保障机制,这是教师道德建设的前提。

第8练 《中小学教师职业道德规范》

一、单项选择题

1. A 【解析】本题考查《中小学教师职业道德规范》的内容。李老师的行为明显有悖于为人师表的教师职业道德规范。为人师表要求教师要坚守高尚情操,知荣明耻,严于律己,以身作则。

2. C 【解析】本题考查《中小学教师职业道德规范》的内容。爱岗敬业是调整教师与职业之间相互关系的道德规范。爱岗敬业是任何职业最基本的道德要求,是否热爱岗位,决定着一个人在职业活动中的积极性、表现和成效。

3. D 【解析】本题考查《中小学教师职业道德规范》的内容。2008 年修订的《中小学教师职业道德规范》中关于“为人师表”方面所规定的具体职业行为要求有以下几点:(1)坚守高尚情操,知荣明耻;(2)严于律己,以身作则;(3)衣着得体,语言规范,举止文明;(4)关心集体,团结协作,尊重同事,尊重家长;(5)作风正派,廉洁奉公;(6)自觉抵制有偿家教,不利用职务之便谋取私利。

4. D 【解析】本题考查《中小学教师职业道德规范》的内容。关爱学生的关键是做到对学生平等公正。平等,是师生之间的平等、生生之间的平等;公正,是将关爱给每一个学生,不论这些学生的发展状况如何、社会背景和家庭背景如何。

5. C 【解析】本题考查《中小学教师职业道德规范》的内容。为适应时代发展的需要,2008 年 9 月,教育部、中国教科文卫体工会全国委员会联合发布了重新修订的《中小学教师职业道德规范》,新《规范》基本内容有

六条,体现了教师职业特点对师德的本质要求和时代特征。

6. D 【解析】本题考查《中小学教师职业道德规范》的内容。题干中,赵老师的做法体现了1997年修订的《中小学教师职业道德规范》中“依法执教”的内容。

7. A 【解析】本题考查《中小学教师职业道德规范》的内容。题干的描述体现了教师职业道德中的为人师表。为人师表是教师在处理其与自己的关系时应遵循的原则要求。教师职业劳动不只是同别人交往,也是同自己交往,即教师也把自己作为职业行为所要调节的对象,就是对自己提出道德的要求,在自己的心中树立起一种职业行为的形象。

8. B 【解析】本题考查《中小学教师职业道德规范》的内容。1997年修订的《中小学教师职业道德规范》中“团结协作”要求,谦虚谨慎、尊重同志,相互学习、相互帮助,维护其他教师在学生中的威信。关心集体,维护学校荣誉,共创文明校风。

9. A 【解析】本题考查《中小学教师职业道德规范》的内容。A项的意思是做一个人,尤其是做一个君子,重要的是要严格地要求和责备自己,而对人则采取宽容的态度,在责备和批评别人的时候应该尽量能够做到和缓宽厚。即严于律己,宽以待人。故答案选A项。

10. B 【解析】本题考查《中小学教师职业道德规范》的内容。新《规范》中关于“终身学习”方面所规定的具体职业行为要求有以下几点:(1)崇尚科学精神,树立终身学习理念,拓宽知识视野,更新知识结构;(2)潜心钻研业务,勇于探索创新,不断提高专业素养和教育教学水平。题干的描述要求教师严格遵守教师职业道德中终身学习的规范。

11. D 【解析】本题考查《中小学教师职业道德规范》的内容。教师职业道德规范具体包括爱国守法、爱岗敬业、关爱学生、教书育人、为人师表、终身学习六大内容。其中,为人师表是教师职业的内在要求。

12. C 【解析】本题考查2008年修订的《中小学教师职业道德规范》。2008年修订的《中小学教师职业道德规范》中关于“为人师表”方面所规定的具体职业行为要求有以下几点:(1)坚守高尚情操,知荣明耻;(2)严于律己,以身作则;(3)衣着得体,语言规范,举止文明;(4)关心集体,团结协作,尊重同事,尊重家长;(5)作风正派,廉洁奉公;(6)自觉抵制有偿家教,不利用职务之便谋取私利。

13. C 【解析】本题考查《中小学教师职业道德规范》的内容。热爱幼儿是幼儿园教师职业道德的核心,是评价幼儿园教师职业道德水准的重要指标。

二、多项选择题

ABD 【解析】本题考查教师职业道德规范的主要内容。教师职业道德规范的主要内容包括爱国守法、爱岗敬业、关爱学生、教书育人、为人师表和终身学习。

三、材料分析题(参考答案)

1. (1)该园存在的违反教育法律法规的现象:①《幼儿园工作规程》第十条规定,幼儿入园除进行健康检查外,禁止任何形式的考试或测查。材料中家长反映,入园前进行了入园测试。②《幼儿园工作规程》第二十一条规定,幼儿园应当每周向家长公示幼儿食谱,并按照相关规定进行食品留样。材料中,幼儿家长不知道孩子每顿吃些什么。③《幼儿园工作规程》第三十三条规定,幼儿园不得提前教授小学教育内容,不得开展任何违背幼儿身心发展规律的活动。材料中,该幼儿园的幼儿可以背诵唐诗、进行乘法运算,这是幼儿园小学化的表现。

(2)①刘园长践行了爱国守法的教师职业道德规范。爱国守法要求教师全面贯彻国家教育方针,自觉遵守教育法律法规,依法履行教师职责权利。不得有违背党和国家方针政策的言行。材料中,刘园长组织全体教职员工系统学习了教育法律法规,提高思想认识,纠正了错误的行为举止,建章立制,以身作则,严格遵守。这体现了爱国守法的职业道德规范。

②刘园长践行了爱岗敬业的教师职业道德规范。爱岗敬业要求教师忠诚于人民教育事业,志存高远,勤恳敬业,甘为人梯,乐于奉献。材料中,刘园长每天第一个到园,最后一个离园,体现了其勤恳敬业、认真负责。这符合爱岗敬业的职业道德规范。

③刘园长践行了关爱学生的教师职业道德规范。关爱学生要求教师关心爱护全体学生,尊重学生人格,平

等公正对待学生。材料中，刘园长能叫出全园所有孩子的名字，掌握大部分孩子的学习与成长水平。这体现了关爱学生的职业道德规范。

④刘园长践行了为人师表的教师职业道德规范。为人师表要求教师关心集体，团结协作，尊重同事，尊重家长。材料中，刘园长掌握大部分孩子的学习与发展情况，为家长提供了有针对性的育儿指导。这体现了为人师表的职业道德规范。

2.（1）案例中毕老师的做法遵循了《中小学教师职业道德规范》中爱岗敬业、关爱学生、为人师表、终身学习的要求。

①案例中毕老师工作热情高，体现了爱岗敬业。

②案例中毕老师尊重幼儿，对幼儿有爱心和耐心，班上一名幼儿有轻微的自闭倾向，毕老师及时查阅相关资料，用专业知识开导幼儿，体现了关爱学生。

③案例中毕老师拒绝接收任何一位家长的微信红包，体现了为人师表。

④案例中毕老师不断学习，提升自己的业务水平及工作能力与态度，赢得幼儿的喜爱和家长的认可，体现了终身学习。

（2）案例中毕老师的做法遵循了《新时代幼儿园教师职业行为十项准则》中潜心培幼育人、关心爱护幼儿、坚守廉洁自律的要求。

①案例中毕老师工作热情高，体现了潜心培幼育人。

②案例中毕老师尊重幼儿，对幼儿有爱心和耐心，班上一名幼儿有轻微的自闭倾向，毕老师及时查阅相关资料，用专业知识开导幼儿，体现了关心爱护幼儿。

③案例中毕老师拒绝接收任何一位家长的微信红包，体现了坚守廉洁自律。

3.（1）方老师的行为体现了关爱幼儿。材料中方老师用语言劝说星星，让星星认识到自己的错误，同时鼓励星星用自己的创意做粽子。这体现了方老师关爱幼儿的教师职业道德。

（2）方老师的行为体现了教书育人。材料中方老师鼓励星星的创意，激发了星星的创新精神，促进了孩子的全面发展。

实战演练

一、单项选择题

1. A 【解析】爱岗敬业就是要求教师对教育事业具有强烈的责任感和深厚的感情。李老师即便面临困难，依旧坚持给学生上好每一堂课，这表明了李老师爱岗敬业。

2. B 【解析】道德与教师职业道德是共性与个性的关系，其中，道德是共性，教师职业道德是个性。

3. D 【解析】新《规范》中关于“关爱学生”方面所规定的具体职业行为要求有以下几点：（1）关心爱护全体学生，尊重学生人格，平等公正对待学生；（2）对学生严慈相济，做学生的良师益友；（3）保护学生安全，关心学生健康，维护学生权益；（4）不讽刺、挖苦、歧视学生，不体罚或变相体罚学生。D选项培养学生良好品行，激发学生创新精神，促进学生全面发展属于新《规范》中关于“教书育人”方面所规定的具体职业行为要求。

4. A 【解析】教师要以身作则、为人师表，这是教师职业道德区别于其他职业道德的显著标志。

5. D 【解析】“为人师表”要求教师在职业活动中对自己要严格要求，要以自己的行为作为他人，特别是学生的楷模。

6. D 【解析】为人师表要求教师衣着得体，该老师显然违背了这一要求。

7. A 【解析】题干描述的是教师教书育人的职业道德。

8. D 【解析】2008年修订的《中小学教师职业道德规范》具有以下特点：（1）坚持“以人为本”；（2）坚持继承与创新相结合；（3）坚持广泛性与先进性相结合；（4）倡导性要求与禁行性规定相结合；（5）他律与自律相结合。

9. C 【解析】关爱学生的关键是做到对学生平等公正。平等，是师生之间的平等、生生之间的平等；公正，是

关爱每一个学生,不论这些学生的发展状况如何、社会背景和家庭背景如何。

10. C 【解析】高老师对待课堂上有可能引发争议的问题,事先运用试验、检验假设、请教学者等方式以求得到问题的正确解答。这是一种求真务实的精神。

11. A 【解析】新《规范》中关于"爱岗敬业"方面所规定的具体职业行为要求有以下几点:对工作高度负责,认真备课上课,认真批改作业,认真辅导学生,不得敷衍塞责。题干中的描述体现了教师爱岗敬业的职业道德规范。

12. C 【解析】"传道""授业""解惑"是指传授道理、教给学业和解答疑难问题。出自唐代韩愈《师说》。其实质是教书和育人。

13. D 【解析】教书和育人是教师职业道德规范的重要内容,两者的关系是相辅相成、相互联系、相互促进的辩证统一关系。

14. C 【解析】教书育人要求教师遵循教育规律,实施素质教育。循循善诱,诲人不倦,因材施教。培养学生良好品行,激发学生创新精神,促进学生全面发展。不以分数作为评价学生的唯一标准。C选项"严格执行教学方案,照搬教材以及教参"的行为不利于因材施教,不利于培养学生的创新精神。

15. B 【解析】《中小学教师职业道德规范》(2008年修订)的基本内容继承了我国的优秀师德传统,并充分反映了新形势下经济、社会和教育发展对中小学教师应有的道德品质和职业行为的基本要求。《规范》对教师的职业道德起指导作用,是调节教师与学生、教师与学校、教师与国家、教师与社会相互关系的基本行为准则。《规范》不是对教师的全部道德行为和教育教学工作的要求,不能取代学校的其他各项规章制度。

16. C 【解析】热爱教育、热爱学校是指教师热爱岗位;尽职尽责、教书育人是兢兢业业为教育奉献精神的体现,是敬业的表现。

17. B 【解析】题干描述的是为人师表的内容。

18. C 【解析】终身学习要求教师通过不断的自主学习、自我监控、实践反思、探究和研修,实现自我的更新与发展。题干中王老师的做法符合终身学习的教师职业道德要求。

19. B 【解析】关爱学生的关键是做到对学生平等公正。平等,是师生之间的平等、生生之间的平等;公正,是将关爱给每一个学生,不论这些学生的发展状况如何、社会背景和家庭背景如何。题干中李老师的做法不符合关爱学生的职业道德规范要求。

20. A 【解析】张老师"参加培训"是注重业务能力提高和专业素质提升的表现,"将自己的心得与同事分享",是富有团结协作精神的表现。A项并未在题干中体现。

21. D 【解析】爱岗敬业要求教师忠诚于人民教育事业,志存高远,勤恳敬业,甘为人梯,乐于奉献。对工作高度负责,认真备课上课,认真批改作业,认真辅导学生。不得敷衍塞责。

22. A 【解析】爱国守法是教师处理其与国家社会的关系时所应遵循的原则要求。教师与国家社会的关系是教师必须首先面对的关系,也是在职业行为上必须首先要协调的关系。在教师与国家社会的关系上,教师需要处理自己作为一个公民和自己作为社会职业者与国家社会的关系。

23. D 【解析】关爱学生的师德规范要求教师保护学生安全,关心学生健康,维护学生权益。不讽刺、挖苦、歧视学生,不体罚或变相体罚学生。题干中李老师用威胁的方式处理学生的打闹行为,会对学生的心理健康造成不良影响。

24. C 【解析】从伦理学的角度看,教师要公正地对待学生,首先是要真正尊重和信赖学生。

二、多项选择题

1. ABCD 【解析】在处理与家长的关系时应遵循的道德要求如下:(1)主动与学生家长联系;(2)认真听取家长的意见和建议;(3)尊重学生家长的人格;(4)教育学生尊重家长。

2. ABCD 【解析】严谨治学是教师必备的素质,是教师自我完善的重要途径,是教师适应时代发展的需要。严谨治学的基本要求如下:(1)要有精深的专业知识;(2)要有刻苦钻研、精益求精的精神;(3)要有谦虚谨慎的态度;(4)要有锐意创新的品质。

3. ABCD 【解析】2008年修订的《中小学教师职业道德规范》中关于"爱国守法"方面所规定的具体职业行为

要求有以下几点：(1)全面贯彻国家教育方针；(2)自觉遵守教育法律法规，依法履行教师职责权利；(3)不得有违背党和国家方针政策的言行。

三、判断题

1. √ 【解析】教师职业道德是一般社会道德在教师职业中的特殊体现，在教师素质中居于核心地位。

2. × 【解析】爱岗敬业是教师职业的本质要求，爱国守法是教师职业的基本要求。

3. √ 【解析】教师职业道德是教师在从业过程中进行道德选择、道德评价、道德教育和道德行为等实践活动必须遵循的道德规范和要求，它反映了教师的职业义务，体现了教师所担负的道德责任。从总体上来说，教师职业道德是由教师职业理想、职业责任、职业态度、职业纪律、职业技能、职业良心、职业作风和职业荣誉等因素构成的。

4. × 【解析】"师也者，教之以事而喻诸德者也"，意思是教师的职责是既要教学生有关具体事物的知识，又要让学生知晓立身处世的品德。体现的是教师职业道德要求的双重性。

5. × 【解析】教师职业道德作为教师行为的善恶标准和观念意识，不仅是衡量教师职业行为及其水平的重要依据，对教师行为具有引导作用，而且是教师在职业活动中对各种关系和矛盾加以调节或解决的重要依据，它能提高教师对其职业道德的评价能力，促进教师职业道德修养水平的不断提高……这都说明了教师职业道德功能具有多样性。

6. × 【解析】行为的典范性是指教师的品德和行为对学生的思想品德的形成与行为具有榜样作用。教师职业道德的典范性是由教师劳动的示范性决定的。

7. √ 【解析】教育机构自古以来就被认为是道德高尚的场所和人间净土。人们对教师在道德上的要求一般都高于从事其他职业的人员。因此，教师所具备的职业道德广泛、深入地影响着整个社会成员乃至整个社会的进步。这是教师职业道德行为示范性的内容。

8. √ 【解析】夸美纽斯说："教师应该是道德卓异的优秀人物。"可见，幼儿园教师的职业行为对于其职业道德修养的提高存在客观的要求。

9. × 【解析】爱岗敬业是教师处理其与教育事业的关系时所应遵循的原则要求。

10. × 【解析】关心爱护全体学生，尊重学生人格，平等公正对待学生是关爱学生的职业行为要求。

11. √ 【解析】"教书育人"方面所规定的具体职业行为要求：以"育人"为目的的教育，必须实施全面发展的教育，最终要达到学生全面发展的目的。

12. √ 【解析】新《规范》中关于"为人师表"方面所规定的具体职业行为要求：自觉抵制有偿家教，不利用职务之便谋取私利。有偿家教，是市场经济条件下出现的比较严重的违背教师职业行为规范的问题，新《规范》特别作为禁止性规定提出。

四、填空题

1. 矫正作用　　2. 爱与责任　　3. 教书育人

4. 道德教育　道德行为　　5. 针对性　　6. 育人

7. 境界的高层次性　　8. 意识的自觉性　　9. 师德

10. 个人职业素养　　11. 热爱学生　　12. 自我完善

13. 广泛性　先进性　　14. 终身学习　　15. 爱岗敬业　教书育人　为人师表

五、材料分析题（参考答案）

1. (1)李老师模范地践行了教师职业道德规范，是值得每一位老师学习的。(2)李老师不仅关注胆大的孩子，也关注胆小的孩子，并促使其不断进步的做法践行了热爱学生这一教师职业道德规范。热爱学生要求教师要平等对待每一位学生，要始终信任每一位学生。(3)李老师经常与幼儿家长沟通，共同寻找适宜的培养方法，这种做法践行了尊重家长，团结协作这一教师职业道德规范。尊重家长，团结协作对于调动家长的教育潜能、形成教育共识、提高家长的素质、形成教育优势和形成教育的合力具有积极意义。(4)李老师能根据比较胆小、很少回答问题的幼儿的情况采取恰当的措施，循循善诱，因材施教，促进学生全面发展，这种做法符合教书育人的教师职业道德规范。教师职业劳动行为应当是"耐心"的、"引导"的、充满教育"热情"的，

而且能够实施针对每一个学生"量身定做"的教育。

2.(1)案例中老师的做法体现了"关爱学生"这一原则。康康把牛奶洒了,老师过来没有责备他,而是帮助他一起把桌子擦干净。体现了老师对康康的关爱和尊重。

(2)案例中老师的做法体现了"为人师表"的原则,康康把牛奶洒了,老师帮助他一起擦桌子,当孩子们想要摘植物园的睡莲时老师及时阻止,并给予引导。这些都体现了教师为人师表、以身作则,为幼儿做良好的榜样示范。

(3)案例中老师的做法体现了"教书育人"的原则,老师为了满足孩子们探究睡莲的兴趣,许诺会买睡莲放在班里,该教师善于引导孩子,保护幼儿的探究兴趣。

3.(1)教师的做法违背了教师职业道德规范中的关爱学生。作为教师要关心爱护全体学生,尊重学生人格,平等公正对待学生。不讽刺、挖苦、歧视学生,不体罚或变相体罚学生。而案例中的老师对孩子批评,不让其他孩子理睬他,造成了明明在其他孩子眼中是个调皮、惹老师生气的坏孩子。(2)作为一名教师要做到教书育人,循循善诱,诲人不倦,因材施教,而不是一味地批评和惩罚。

4.(1)郭老师主要践行的教师职业道德规范有:爱岗敬业、关爱学生、教书育人、终身学习。

(2)①爱岗敬业:郭老师认真履行岗位职责,勤奋工作,敬业乐业,主动帮助外来务工子女,是对工作岗位职责的高度负责。

②关爱学生:郭老师每天照顾没有及时接走的幼儿,从无怨言,还经常买学习用品,是关爱学生的体现。

③教书育人:郭老师充满爱心,总是耐心、细心地对待每个孩子,承担了循循善诱、诲人不倦、教书育人的光荣职责。

④终身学习:郭老师工作特别认真,每次活动前都花大量时间精心准备,参加区、市各种比赛屡屡获奖,表明郭老师不断更新知识结构,促进个人教学水平的不断提高。

5.(1)该教师在对待家长方面的行为是不正确的。

(2)该教师违反了教师职业道德中"关爱学生、教书育人、为人师表"的要求。

(3)在处理与家长的关系方面,教师应遵循的基本道德规范是:①在理想层面要热情相待,积极参与。即教师在与学生家长交往时,应该表现出一种对学生的纯洁的关爱之心,对家长的积极热情的沟通愿望。②在原则层面要平等相待。即要求教师应当把家长看成是平等交往的对象,尊重家长,不能因学生的原因,训斥、侮辱家长和其他相关人员。

6.这位教师的行为践行了教师职业道德规范要求的教书育人,为人师表,爱岗敬业,关爱学生。

(1)面对媛媛出现的问题,教师以素质教育观念为出发点,遵循教育规律,坚持教书育人,尊重幼儿人格,坚守高尚情操,帮助幼儿树立正确的人生观和价值观。

(2)教师对待幼儿的态度一视同仁,不讽刺或挖苦幼儿,用积极的话语去引导幼儿,帮助幼儿树立信心。

(3)教师根据幼儿的具体特点和需要,以感情为基础,以爱为核心。"老师替你保密""老师小时候也尿过床"之类的语言给孩子以无比的鼓励,语气平和,态度和蔼,拉近了与幼儿的距离,增加亲和力,促使教育取得好的效果。

(4)教师在与幼儿的交往中,热爱幼儿,尊重幼儿的人格和情感;客观地对待和评价幼儿尿裤子的行为,关心幼儿的成长;没有体罚和变相体罚幼儿。

7.林老师的做法违背了教师职业道德规范中教书育人,为人师表,关爱幼儿的要求。

(1)林老师的行为不符合教书育人,为人师表的规范。因为小易妈妈经常送礼物,朵朵漂亮,林老师就喜欢他们,林老师没有做到关爱每一个幼儿,公正公平地对待每一个幼儿,在具体的教育实践活动中没有做到教书育人,更没有树立正确的人生观和价值观,违反了教书育人,为人师表的职业道德。

(2)林老师的行为不符合关爱学生的规范。因为学生家境和相貌不同,林老师喜欢学生的标准也不同。"即使小易和小朋友打架,弄翻了小朋友的餐盘,老师也不会责备他。"但林老师会挖苦讽刺小白,给小白起绰号"鼻涕虫、爱哭鬼",没有做到一视同仁,损害了幼儿的人格。

下篇　学科专业知识

第一章　幼儿园课程

真题必刷

第1练　幼儿园课程概述、目标、内容的选择与组织

一、单项选择题

1. A　【解析】本题考查幼儿园课程编制。社会文化不仅与幼儿园课程编制中涉及的“教什么”和“如何教”等问题有关联，而且在很大的程度上影响着甚至决定着幼儿园课程编制中的“为什么教”的问题。

2. D　【解析】本题考查幼儿园课程的类型。隐性课程也称为隐蔽课程、潜在课程。它是“这样一些教育实践及成果，它们在学校政策、课程计划上并没有明确规定，然而又是学校经验中常规的、有效的一部分”。幼儿园的环境属于潜在课程。

3. A　【解析】本题考查幼儿园课程的内涵。幼儿园课程是实现幼儿园教育目的的手段，是帮助幼儿获得有益的学习经验，促进其身心全面和谐发展的各种活动的总和。

4. B　【解析】本题考查幼儿园课程编制模式。20世纪30年代以后，美国课程论专家泰勒在总结多年研究经验的基础上提出了课程编制的基本程序、步骤和方法。在泰勒的代表作《课程与教学的基本原理》一书中，泰勒系统地阐述了课程编制的目标模式的基本观点，被誉为“泰勒原理”。

5. A　【解析】本题考查幼儿园课程的特点。儿童感受到的更多是环境、活动、材料和教师的行为，而不是教育者的教育目的和期望。也就是说，幼儿园课程蕴含在环境、材料、活动和教师的行为中，潜移默化地对儿童起作用。这都说明了幼儿园课程的潜在性特点。

6. A　【解析】本题考查幼儿园课程目标制定的依据。课程目标是幼儿园教育课程的“指南针”和“方向盘”，在课程中，目标处于核心位置：它既是课程设计的起点，也是它的终点；它既是选择课程内容、课程组织方式和教学策略的依据，也是课程评价的标准。

7. A　【解析】本题考查幼儿园课程的特点。幼儿园课程的实施，关键在于为幼儿创设丰富的活动情境，创设有利于幼儿自发、主动探究的活动氛围，为幼儿提供各种探究与互动的机会，使儿童在一日生活活动中获得直接经验。

8. B　【解析】本题考查行为目标取向。行为目标是以显性化、精确性、具体的、可操作的行为的形式加以陈述的课程目标。

9. B　【解析】本题考查行为目标取向。行为目标一般包括三个构成要素：核心行为、行为产生的条件、行为表现的标准。

10. D　【解析】本题考查幼儿园课程目标制定的依据。就目前而言，教育界对课程目标的来源问题已基本达成共识。比较认同的依据有三个方面：学习者的需要、当代社会生活的需要和学科的发展。

11. D　【解析】本题考查表现性目标取向。表现性目标不是事先规定幼儿在完成某一学习活动后应该获得的行为，而是指向每个幼儿在与环境的交互作用中所具有的个性化的表现，而这种个性化的表现教师是无法准确预知的，但它对于幼儿个性的充分展示和发展又是有益的。如对于一次参观“海底世界”的活动，如果从表现性目标的角度设计，教师关注的就不是“幼儿能够说出海底世界鱼的种类”，而是“讨论海底世界有趣的事情”或“表达对海底世界的喜爱”等。

12. A　【解析】本题考查幼儿园课程目标的层次。一般来说，幼儿园课程目标可划分为五个层次：(1)幼儿园课程总目标；(2)年龄阶段目标；(3)学期目标；(4)月(或几周)计划(主题活动)的教育目标；(5)某一教

育活动目标。

13. D 【解析】本题考查幼儿园课程内容选择的基本原则和要求。适宜性原则(考虑发展的适应性)是指课程内容既要符合儿童已有的发展水平,又要促进其进一步发展,即难度水平处在儿童的“最近发展区”之内。生活性原则(源于生活、并加深对生活的认识)要求在选择课程内容时,应尽可能从幼儿的生活中寻找适合目标的内容,不要舍近求远,求新求奇。要在生活中挖掘课程内容,让孩子亲身感受,自然学习,再通过生活化的课程内容,帮助幼儿整理、提升经验,促使他们进一步发展。因此题干的描述体现了生活性和适宜性原则。

14. C 【解析】本题考查选择幼儿园课程内容时应遵循的原则。发展适宜性原则按维果斯基的理论来说,即是要找准每个孩子的“最近发展区”,使每个孩子通过教学活动都能在原有的基础上有所提高,即“跳一跳,摘个桃”。

15. A 【解析】本题考查幼儿园课程的内容。此处的“乐,诗,射,御”指的是学习的内容,即课程内容。

16. B 【解析】本题考查幼儿园课程内容的取向。将课程内容看成是学习活动的取向,是把其关注点放在儿童做些什么方面,强调儿童在学习中的主动性。对课程内容持这种取向,会使课程编制者设计和安排大量的活动,并让儿童在参与活动的过程中去探索和发现。

17. C 【解析】本题考查幼儿园课程设计取向。学习者中心设计(取向)的端倪见于18世纪卢梭的教育思想。这种学习者中心设计主要包括经验中心设计、人本主义设计、开放教室设计、浪漫(激进)设计等。其中,人本主义设计的基础大部分与人本主义心理学或第三势力心理学有联系,强调的中心是个人和集体的经验、兴趣和需要,主要哲学基础理论是改造主义和存在主义,主要代表人物有阿瑟·库姆斯、亚伯拉罕·马斯洛和卡尔·罗杰斯等。

18. A 【解析】本题考查幼儿园课程的基本特点。幼儿园课程的对象是3~6岁的儿童,处于这个年龄阶段的儿童,身体发育迅速,好奇好问,表现出强烈的求知欲望,这些都为他们探索周围奇妙的世界提供了基本的条件。幼儿园教育应该成为睿智的引导者,幼儿园课程也就自然担负起启蒙的任务——开启儿童的智慧与心灵,萌发他们优良的个性品质。所以,题干中适时而教,循序而育体现的是启蒙性的特点。

19. C 【解析】本题考查幼儿园课程的类型。经验课程也叫活动课程,是以儿童的兴趣、需要和能力为出发点,通过儿童自己组织的活动而实施的课程。活动课程打破了学科本身的逻辑,注重儿童的学习过程。

20. D 【解析】本题考查幼儿园课程的基本特点。儿童身心发展的水平和学习特点决定了幼儿园的课程应该是高度整合的课程。幼儿园课程不应追求将现实生活割裂的或与现实生活不一致的知识系统,而应使多个学科、多个发展领域之间相互联系、相互促进,从而构成一个有机的发展整体,更好地促进儿童的发展。

21. A 【解析】本题考查幼儿园课程的类型。幼儿园领域课程是指那些涉及发展的核心课程领域,如言语领域、运动领域、认知领域、操作领域、社会领域、艺术领域等,是为了个体全面发展、和谐发展而设置的,主要目标是确定个体发展的维度。各领域内的不同项目构成本领域的综合课程内容,每单元或每个年龄段同一领域课程可按需要进行不同组合,并根据重点突破的原则,在单元计划中设计单元重点内容。故张老师组织的这次教育活动属于领域课程。

二、多项选择题

ABC 【解析】本题考查学前教育课程内容的特点。在设计学前教育课程时,我们应使其内容具有全面性、启蒙性、社会性、发展性和灵活性等特点。

三、判断题

1. √ 【解析】本题考查幼儿园课程的特点。幼儿园课程以幼儿的直接经验为基础,让幼儿以获得直接经验为主。这是因为,幼儿主要是通过感官来认识环境中的事物,即用眼睛看到物体的外形,耳朵听到声音,舌头尝到味道,鼻子嗅到气味,皮肤感到温度和质地等。因此,幼儿只有通过感官确切地接触到事物,并操作它们,才会比较容易真正达到理解。

2. × 【解析】本题考查幼儿园课程的类型。幼儿园课程蕴含在环境、材料、活动和教师的行为中,潜移默化地对儿童起作用。总体来说,幼儿园课程基本以活动课程为主要形式,同时隐性课程的特点非常突出。

3. √ 【解析】本题考查幼儿园课程的内涵。幼儿园课程可定义为:"幼儿园课程是实现幼儿园教育目的的手段,是帮助幼儿获得有益的学习经验,以促进其身心全面和谐发展的各种活动的总和。"这个定义从广义的角度指明了幼儿园课程的全部内容,也就是说,幼儿在园的一切活动都属于幼儿园课程的范畴。
4. × 【解析】本题考查表现性目标取向。表现性目标是艾斯纳提出的一种目标取向。表现性目标多被运用于艺术领域中,它强调的是个性化,指每一个幼儿在教育情境的种种"际遇"中所产生的个性化表现及反应的多元性。
5. √ 【解析】本题考查幼儿园课程内容选择的基本原则。在选择课程内容时,应尽可能从幼儿的生活中寻找适合目标的内容,不要舍近求远、求新求奇。要在生活中挖掘课程内容,让孩子亲身感受,自然学习,再通过生活化的课程内容,帮助幼儿整理、提升经验,促使他们进一步发展。但生活化的课程内容不能等同于生活本身,要注意课程内容基于生活而又高于生活的原则要求。
6. √ 【解析】本题考查幼儿园课程目标的取向。表现性目标是指每个儿童在具体的教育情境中所产生的个性化表现,它追求的是儿童反应的多元性,而不是同质性。它强调儿童的个性化,关注儿童创造性的培养。

四、填空题

基本态度

五、简答题(参考答案)

1. 简述幼儿园课程的基本特点。

(1)基础性与启蒙性;(2)全面性与生活性;(3)游戏性;(4)整合性;(5)活动性与直接经验性;(6)潜在性。

2. 简述幼儿园课程体系构成的五个要素。

(1)教育理念;(2)课程目标;(3)课程内容;(4)课程实施;(5)课程评价。

第2练　幼儿园课程的实施、评价和中外著名的幼儿园课程方案

一、单项选择题

1. A 【解析】本题考查影响学前教育课程实施的因素。课程实施中对时间利用上最大的问题就是时间浪费现象,而造成时间浪费的主要原因:过分整齐划一的集体行动;固定而不可改变的时间表;时间分割得过于零碎,环节过渡多而不适当;活动内容与组织形式配合得不好;活动本身不适合儿童;儿童缺乏参与的机会,丧失积极性;教师"照顾过度"而又忙不过来;教育过程缺乏灵活性;工作的计划性不够,准备工作未做好;忽视必要的常规的培养;等等。
2. D 【解析】本题考查决定幼儿园课程实施质量的关键。园长课程领导力是幼儿园课程改革和实践的关键因素,影响着幼儿园课程的顺利实施。教师作为课程实施的主体,在幼儿园课程的落实中发挥着决定性的作用。
3. D 【解析】本题考查学前教育课程计划和实施的关系。课程实施的相互适应取向是指教师可根据课程实施中的具体情况适当、适时加以调整。题干中林老师把预定的谈话内容改为"我和泡泡玩游戏"是课程实施的相互适应取向。
4. B 【解析】本题考查幼儿园课程的实施策略。课程实施的整体性,集中体现在对幼儿园课程结构的思考和对课程所涉及的各种关系的处理上。比如,根据这一策略,我们不应把幼儿园课程实施仅仅理解成集体教育活动,而要把集体教育活动与生活活动、自由游戏等各种活动有机地结合起来;不应只考虑"显性"的教育影响,而应充分考虑幼儿可能获得的"隐性"经验;不应只重视直接教学,而应该重视间接教学;不应把幼儿园课程看作幼儿园内部的教育工作,而应把家庭、社区的教育资源尽量发掘出来等。
5. A 【解析】本题考查幼儿园课程实施的途径。西方社会幼儿园课程实施的途径主要有自我活动;区域游戏活动;考察、探究。
6. B 【解析】本题考查课程评价的意义。课程评价具有诊断作用。通过评价,可以及时发现现行课程与预定目标之间的差距和问题,对明确努力方向,提高教育效果,改善今后的教育教学有很大意义。这如同医生看病一样,先要诊断出毛病,然后对症下药。
7. A 【解析】本题考查形成性评价的内涵。形成性评价也称过程评价。它是在课程系统运作、发展过程中收

集课程各个要素的相关材料，加以科学分析和判断，以此调整和改进课程方案，使正在运作中的课程更为完善的一种评价方式。

8. B 【解析】本题考查绝对评价的概念。绝对评价是以某种既定的目标为参照，目的在于判断个体是否达到这些目标。该评价不计个体在群体中的位置，只考察个体达到标准的程度。例如，某市教育主管部门使用本市幼儿园分级验收标准对某幼儿园进行验收，就属于绝对评价的类型。

9. D 【解析】本题考查档案袋评价的类型。按照档案袋的作用可将档案袋划分为：(1)陈列性档案，用以展示幼儿的最佳作品。(2)文件性档案，用以保存幼儿的作品和进步的证据，放入这类档案中的作品要有幼儿看得懂的描述。(3)历程性档案，用以保存幼儿在某项大型工作中持续产出的作品，通常由幼儿记录和判断。(4)评鉴性档案，指的是在一段时间里持续而又系统地收集到的能代表幼儿成长、进步和成就的作品，让幼儿和教师依据教师的期望与幼儿的发展，共同评鉴幼儿的学习和进步。

10. D 【解析】本题考查幼儿园课程的评价。幼儿在教育活动中的互动程度主要涉及对幼儿在教育活动过程中与他人(幼儿和教师)互动交流状况的评价，包括活动中与他人的合作交流与互动的次数、形式以及有效性等方面。

11. C 【解析】本题考查幼儿园课程评价的类型。从评价的功能和进行的时间上划分，可以将课程评价分为形成性评价和终结性评价。

12. C 【解析】本题考查幼儿园课程评价的类型。总结性评价也称为终结性评价，是在一个大的学习阶段、一个学期或一门课程结束时对学生学习结果的评价。

13. C 【解析】本题考查幼儿园课程评价的类型。个体内差异评价是将评价对象的过去与现在进行比较，或将评价对象的各个方面进行比较。

14. D 【解析】本题考查幼儿园课程评价的类型。后评价，即对课程实施的效果进行评价，并与前评价的资料进行比较，以此了解儿童进步的情况及教育目标达到的程度。对于集体教学来说，效果评价要以 3/4 以上的儿童通过为准。

15. B 【解析】本题考查幼儿园课程的评价。课程评价应客观、真实并发挥幼儿的主体性。

16. D 【解析】本题考查档案袋评价的内容。档案袋覆盖的内容可包括：幼儿在幼儿园中的各种作品，如绘画、泥塑、折纸、数学作业等；幼儿在活动中的照片或录像；语言和音乐表现的录音；教师对幼儿活动的观察记录；幼儿自己通过语言录音、图画或文字的方式表达的自我反思、探究设想和活动过程；轶事记录等。歌唱作品一般用录音、录像形式记录。

17. D 【解析】本题考查中外著名的幼儿园课程方案。美国海伊斯科普课程(高宽课程)是一个以皮亚杰的认知发展理论为基础的课程方案。

18. D 【解析】本题考查陈鹤琴的课程方案。“升降国旗”属于社会活动，“健康检查”和“早操”属于健康活动，“手工”属于艺术活动。

19. C 【解析】本题考查中外著名的幼儿园课程方案。国内经典课程方案主要有陈鹤琴的五指活动课程、张雪门的行为课程、张宗麟的社会化课程。国外经典课程方案主要有蒙台梭利的课程理论、意大利瑞吉欧的课程方案、海伊斯科普课程(高宽课程)。隐性课程是一种课程类型。

20. D 【解析】本题考查幼儿园课程评价的原则。幼儿园课程评价的原则包括：(1)评价应有利于改进与发展课程；(2)评价中应以自评为主，充分发挥教师的主体性；(3)评价应有利于幼儿的发展；(4)评价应具有客观性。

21. A 【解析】本题考查瑞吉欧学前教育模式。在瑞吉欧学前教育理论中，环境被视为儿童的第三位老师，原因是：(1)环境对幼儿、教师、家长均具有重要意义；(2)环境应体现儿童文化性和多种选择性。

22. C 【解析】本题考查行为课程理论。行为课程的要旨是以行为为中心，以设计为过程。行为课程的教学方法是采取单元教学，它一般是先根据幼儿的学习动机，决定其学习目的，再根据目的估量行为的内容。包括幼儿的工作、游戏、音乐、故事、儿歌，以及常识等学科的教材。但在实施时，则应彻底打破各学科的界限。

23. C 【解析】本题考查幼儿园课程实施的取向。课程实施的创生取向指的是把课程看成是教师与学生联合创造的教育经验,课程实施本质上是在具体教育情境中创生新的教育经验的过程,而课程计划只是选择的工具而已。故C项正确。

24. C 【解析】本题考查课程实施的途径。区域活动指的是教师以教育目标、儿童感兴趣的活动材料和活动类型为依据,将活动室的空间相对划分为不同区域,吸引儿童自主选择并在活动区中通过与材料、环境、同伴的充分互动而获得学习与发展的活动。区域活动体现了儿童的主观能动性,与现代儿童观的理念相符合,故答案选C项。

25. C 【解析】本题考查蒙台梭利的动作教育的内容。动作教育又称日常生活教育或肌肉教育,主要训练幼儿的基本动作、大肌肉动作和小肌肉动作。

26. B 【解析】本题考查瑞吉欧教育体系的创始人。瑞吉欧教育课程产生于意大利的一个富裕和资源丰富的小城市——瑞吉欧。洛里斯·马拉古兹是意大利早期教育系统的奠基人。他从20世纪60年代开始,建立婴儿中心和学前学校,形成了儿童保育和教育服务系统,包括高质量的早期儿童保育和教育条件、目标、教师职责以及儿童的家庭和邻居对教育事业参与的权利。

27. A 【解析】本题考查幼儿园课程评价的实例。档案袋评价法,又称"文件夹评价法",是指收集儿童在学习过程中有代表性的作品和典型的表现记录,以儿童的现实表现作为判断儿童学习质量依据的评价方法。这种评估活动从多种渠道收集资料,旨在提供有关学生学习的实际水平的各种材料,重视儿童发展的过程,能从多角度、多侧面来判断儿童的优点和发展可能性,为描绘每个儿童的学习情况剖面图和发展过程提供了真实而详细的资料。

28. B 【解析】本题考查课程评价标准的意义。幼儿园课程评价的诊断作用之一就是检查或鉴定教育目标是否达成,或者判断达到目标的程度。通过评价,可以及时发现现行课程与预定目标之间的差距和问题,对明确努力方向,提高教育效果,改善今后的教育教学有很大意义。

二、多项选择题

1. ABD 【解析】本题考查终结性评价。终结性评价也称总结性评价、结果评价。它是一种对课程实施以后所获得的实际效果进行验证的评价方式。

2. AB 【解析】本题考查幼儿园课程评价的功能。从评价对课程实施过程的影响看,它具有导向、鉴定、诊断、改进等作用。

三、判断题

1. √ 【解析】本题考查幼儿园课程评价。评价主体多元化是幼儿园课程评价改革的重要举措。

2. × 【解析】本题考查幼儿园课程实施的途径。游戏活动和教学活动的不可替代性,正是它们能相互补充、相得益彰的前提。在幼儿园教育活动设计和编制中,实现游戏活动和教学活动的结合,不论是设计的教育活动,还是创设的游戏/教学环境,都能够反映教师为幼儿学习而设计的计划,同时,也能反映幼儿的需要和兴趣。因此,需要将游戏和教学进行最优化的结合,使幼儿园课程变得更为完善,从而从根本上改变"放羊式"的或者"灌输式"的教育。

3. √ 【解析】本题考查幼儿园课程的实施。学前教育课程实施是把静态的课程方案转化为动态的课程实施的过程,是教师以课程计划为依据组织幼儿活动的过程,是达到预期课程目标的基本途径。课程实施本质上是课程的"再设计"过程,是教师富有创造性的劳动。

4. √ 【解析】本题考查幼儿园课程评价的主体。教师和儿童既是课程评价的"对象",又是课程评价的主体,而在多元评价的主体中,教师与儿童则是主体中的主体。

5. × 【解析】本题考查瑞吉欧的教育体系。方案活动是瑞吉欧教育体系的课程的主要特征之一。

6. × 【解析】本题考查终结性评价。终结性评价也称总结性评价、结果评价。它是一种对课程实施以后所获得的实际效果进行验证的评价方式。题干的描述属于终结性评价。

7. × 【解析】本题考查过程性评价。对幼儿的评价最重要的是过程性评价,注重幼儿在教育教学过程中的表现,这更有助于其成长。

8. × 【解析】本题考查幼儿园档案资料管理。幼儿园的信息资料记录了幼儿园的建立、成长和发展，可以说完整的档案信息就是幼儿园的发展史，因而将幼儿园各个阶段所发生的大事、行政领导的变动、党务管理者的变动等信息进行及时、妥善的记录，对于幼儿园的发展意义非常重大。档案资料管理主要表现在以下两个方面：(1)为正确决策提供依据；(2)加强业绩考核的合理性和科学性。

9. √ 【解析】本题考查档案袋评价。档案袋是一种以儿童为中心的、可靠的评价，是以儿童真实生活的环境为背景的，而且表现儿童在一段时间内获得的成绩。档案的资料可以真实地包含任何事物，它们有助于提供教师和儿童一学期或一学年来所进行的学习过程的广泛图像。

10. √ 【解析】本题考查档案袋评价。幼儿是成长档案袋的主体，无论是档案的建立、形成还是制作都应该让幼儿参与，让幼儿知道什么是档案袋、为什么要有档案袋、怎样制作自己的档案袋等。

四、填空题

形成性评价

五、简答题(参考答案)

1. 简要回答幼儿成长档案袋评价的含义及基本内容。

(1)含义：档案袋评价，又称为“文件夹评价”，是指收集儿童在学习过程中有代表性的作品和典型的表现记录，以儿童的现实表现作为判断儿童学习质量依据的评价方法。这种评估活动从多种渠道收集资料，旨在提供有关学生学习的实际水平的各种材料，重视儿童发展的过程，能从多角度、多侧面来判断儿童的优点和发展可能性，为描绘每个儿童的学习情况剖面图和发展过程提供了真实而详细的资料。

(2)基本内容：①幼儿在幼儿园中的各种作品，如绘画、泥塑、折纸、数学作业等；②幼儿在活动中的照片或录像；③语言和音乐表现的录音；④教师对幼儿活动的观察记录；⑤幼儿自己通过语言录音、图画或文字的方式表达的自我反思、探究设想和活动过程；⑥轶事记录等。

2. 简述陈鹤琴活教育理论思想中方法论的原则。

方法论是：“做中教，做中学，做中求进步。”陈鹤琴依据儿童心理学和教育学原理，结合其自身的教育经验，总结出17条活教育的教学原则：(1)凡是儿童自己能够做的，应当让他自己做；(2)凡是儿童自己能够想的，应当让他自己想；(3)你要儿童怎样做，就应当教儿童怎样学；(4)鼓励儿童去发现他自己的世界；(5)积极的鼓励胜于消极的制裁；(6)大自然、大社会是我们的活教材；(7)比较教学法；(8)用比赛的方法来增进学习的效率；(9)积极的暗示胜于消极的命令；(10)替代教学法；(11)注意环境，利用环境；(12)分组学习，共同研究；(13)教学游戏化；(14)教学故事化；(15)教师教教师；(16)儿童教儿童；(17)精密观察。

实战演练

一、单项选择题

1. B 【解析】园本课程实质上是一个以幼儿园为基地进行课程开发的开放民主的决策过程，即园长、教师、课程专家、儿童及家长和社区人士共同参与幼儿园课程计划的制订、实施和评价等活动。在园本课程开发的过程中，教师应当是参与性的，而最终的决策应当由所有参与教育实践的人共同决定。

2. B 【解析】隐性课程主要是通过学校环境(包括物质环境、社会环境和文化影响等)而得到的知识、态度和价值观。校园生活、班级人际关系、集体活动等属于隐性课程。

易错警示：考生应注意显性课程和隐性课程的区别与联系。显性课程是通过课堂教学而获得知识和技能的，而隐性课程是通过学校环境而得到知识、态度和价值观的。

3. C 【解析】活动课程是以儿童的兴趣、需要和能力为出发点，通过儿童自己组织的活动而实施的课程。活动课程打破了学科本身的逻辑，注重儿童的学习过程。很多学者也把经验课程称之为“儿童中心课程”。

4. C 【解析】兴趣性原则是基于儿童学习成效的一种考虑。儿童要学习的内容很多，有些他们感兴趣，在学习过程中会表现得兴致勃勃、不知疲倦；反之，则注意力不集中、没精打采、无所事事。题干中老师设置的主题活动是基于幼儿的兴趣，所以遵循了兴趣性原则。

5. C 【解析】幼儿园课程是实现幼儿园教育目的的手段,是帮助幼儿获得有益的学习经验,促进其身心全面和谐发展的各种活动的总和。

6. B 【解析】由于我国学校教育中的综合课程较多还是预定的、外在于学生的学科内容的整合,而非源于学生在学习过程中产生的对相关内容的兴趣和认识需要,因此,它本质上还是属于学问中心课程,理当归为学科课程,只不过不是单一学科,而是被整合在一起的多种学科。

7. B 【解析】核心课程是指围绕社会问题来组织内容,目的在于通过课程使儿童获得完整的生活经验,增强儿童对生活的适应性。

8. B 【解析】按照课程的表现形态划分,课程可以划分为显性课程与隐性课程这两种在性质和功能上都不同的课程类型。

9. D 【解析】目前我国幼儿园基本采用的是混合型的课程组织,以综合课程或广域课程为主,辅之以其他形式。

10. B 【解析】隐性课程(又叫潜隐课程、潜在课程),是一种与显性课程相对应的课程类型。

11. C 【解析】隐性课程的特点包括:(1)隐性课程的影响具有弥散性和普遍性。只要存在教育就存在隐性课程的影响,因为每一个主体的心理特征都是独特的。(2)隐性课程的影响具有持久性。许多隐性课程都是意识层面对人产生影响的,像对情感态度、价值观念的影响、对性别角色形成的影响等,都是潜移默化的,这些影响一经确立,就持久地影响人的心理与行为,难以改变。(3)隐性课程的教育影响既可能是积极的,也可能是消极的。(4)隐性课程的内容既可能是学术性的,也可能是非学术性的。故C项的说法是错误的。

12. C 【解析】幼儿园课程是实现幼儿园教育目的的手段,是帮助幼儿获得有益的学习经验,促进其身心全面和谐发展的各种活动的总和。这个定义说明,幼儿在园的一切活动都属于幼儿园课程的范畴。对于这个定义,我们可以这样分层理解:(1)幼儿园课程是"活动";(2)幼儿园课程是"帮助幼儿获得有益的学习经验"的活动;(3)幼儿园课程是"各种活动的总和"。故C项错误。

13. B 【解析】分科课程是一种单学科的课程组织模式,它强调不同学科门类之间的相对独立性,强调一门学科的逻辑体系的完整性。

14. A 【解析】课程目标处于课程的核心位置,是幼儿园课程设计的出发点和归宿,是课程设计的第一步,也是最为关键的一环。

15. A 【解析】某一教育活动目标,它表述的是一个具体的教学活动所期望达到的成果,是月(或几周)目标在每日教学过程的具体反映,可以说是实现课程总目标的最小单位。题目中教师通过"画熊猫"这一具体活动使幼儿掌握画圆和椭圆的技能,故这一目标属于幼儿园的活动目标。

16. B 【解析】差距评价模式是由普罗沃斯提出的。他认为,学校在课程实践中,往往不是完全执行课程计划,而是会有所偏差。因此,如果就各种不同的课程计划本身进行比较和评价,是没有什么意义的。为此他提出差距评价模式,目的在于将设计的课程标准与实际的课程表现加以评价,找出彼此之间的差距,找出造成差距的原因,作为改进课程的依据,并且决定是继续课程计划,还是重复或终止课程计划。

17. B 【解析】从课程评价的方法划分,可以将课程评价分为定性评价和定量评价。

18. C 【解析】幼儿园课程实施的取向包括忠实取向、课程创生取向、相互适应取向。不包括C项。

19. B 【解析】CIPP评价模式是由斯塔佛尔比姆等学者提出的。他们认为,课程评价不仅是对课程目标实现的状况做出判断,而且应当为课程改革服务。CIPP评价模式是背景评价、输入评价、过程评价、结果评价这四种评价英文名称首字母的缩写。

20. A 【解析】科学的课程评价标准应具有以下四个基本特征:(1)准确性;(2)有用性;(3)合法性;(4)可行性。

21. D 【解析】根据评价主体的不同,可以将课程评价划分为内部评价和外部评价。

22. D 【解析】评价最重要的作用就是促进教育教学的改进。在评价过程中会发现不足和问题,可以及时地通过信息反馈,引起注意,促进保教工作的改进,提高教育质量。

23. A 【解析】课程创生取向指的是把课程看成是教师与学生联合创造的教育经验,课程实施本质上是在具体教育情境中创生新的教育经验的过程,而课程计划只是选择的工具而已。

24. A 【解析】作品取样系统的评价包括三个基本部分:发展指引与发展检核表、作品集、综合报告表。

25. D 【解析】定性评价是评价者用语言文字作为收集、分析、评价资料和呈现评价结果的主要工具的评价方式。定性评价来自社会学和人类学的传统,强调对现象的描述、解释和归纳,具有人文主义的价值判断倾向。

26. A 【解析】差距评价模式的四个部分是:确定课程标准、确定课程表现、对标准和表现进行比较、确定差别是否存在。故A项正确。

27. B 【解析】外观评价模式是斯塔克提出的。他认为,目标评价模式忽视了教育的前提条件和相互作用,以及这些因素对教育的影响。在外观评价模式中,包括三个重要的因素:前提条件、相互作用和结果。外观评价模式是以这三个因素为基础建立起来的。

28. A 【解析】有人把课程实施的忠实取向比喻为建筑施工:课程计划是一张建筑设计图纸(课程实施则是具体施工)。

29. B 【解析】幼儿园教育活动的类型包括:(1)生活活动;(2)游戏活动;(3)教学活动;(4)自我活动。不包括B项。

30. B 【解析】差距评价模式是由普罗沃斯提出的,故B项正确。目标评价模式的代表人物是泰勒。目标游离评价模式是由斯克里文提出的。外观评价模式是斯塔克提出的。

31. B 【解析】陈鹤琴先生提出了:"大自然、大社会是活教材。"他认为,学前儿童是在周围的环境中学习的,应该以大自然、大社会为中心组织课程。

32. C 【解析】在蒙台梭利的感官训练中,触觉训练最为主要,因为蒙台梭利相信儿童常以触觉替代视觉或听觉。

33. A 【解析】"做"是陈鹤琴的"活教育"理论中活教育方法的核心。

34. D 【解析】瑞吉欧教育体系的理念来自三个方面:欧洲和美国的进步主义思潮,皮亚杰和维果斯基的心理学理论,第二次世界大战后意大利的左派政治改革。

35. D 【解析】在斑克街早期教育方案中,主题网和课程轮是课程设计和实施中常用的工具。

36. A 【解析】瑞吉欧的课程与教学主要是以"项目工作"或"项目活动"的方式展开的。项目活动是瑞吉欧教育方案的灵魂和核心。

37. D 【解析】蒙氏著名的教育方法的三个要素都是围绕着如何为幼儿创造自我活动的条件展开的。三要素主要包括有准备的环境、作为导师的教师和作为活动对象的作业材料。D项属于福禄贝尔的教育思想,故答案选D项。

38. A 【解析】陈鹤琴认为,儿童健康是幼稚园课程第一重要的。强国需先强种,强种先要强身,强身先要重视年幼儿童的身体健康。

39. D 【解析】幼儿园课程的整合性是指幼儿园课程不应追求将现实生活割裂的或与现实生活不一致的知识系统,而应使多个学科、多个发展领域之间相互联系、相互促进,从而构成一个有机的发展整体,更好地促进儿童的发展。题干所述将各学科有机地联系起来,这属于幼儿园课程组织的整合性。

40. A 【解析】直进法就是将儿童生活中接触的事物,按照事物的性质和内容的深浅而分布在各个不同的年龄班中,如小班研究猫和狗,中班研究羊和牛,大班研究马和虎。即不同班的课题和要求不相同。

41. C 【解析】五指活动课程的目标有:(1)做人:要有合作的精神、同情心、服务的精神;(2)身体:要有健康的体格,养成卫生习惯,并有相当的运动技能;(3)智力:要有研究的态度,充分的知识和表意的能力;(4)情绪:能欣赏自然和艺术美,养成快乐精神,打消惧怕的情绪。

42. D 【解析】蒙台梭利认为,生命力不仅通过自发活动呈现和发展,还表现出不同感官的敏感期。

43. A 【解析】海伊斯科普课程的设计者们认定,主动学习是儿童发展过程的核心。

44. A 【解析】在教学方面,瑞吉欧教育体系突出的特点在于强调师生合作对某一问题进行研究。

45. C 【解析】蒙台梭利是一个偏重于实践的教育家。蒙台梭利的教育体系决定了蒙台梭利教学法带有相当程度的机械的和形式化的色彩，该课程模式中教师的作用是比较被动的和消极的，这不利于发挥教师的主导作用。此外，还有人批评该课程模式偏重智力训练而忽视情感陶冶和社会化过程。故 C 项错误。

46. D 【解析】各种课程方案均有利弊是对各种课程方案的正确评价。故 D 项正确。

47. A 【解析】斑克街早期教育方案的设计者们认为，儿童的发展包括身体的、智力的、社会的、情感的和审美的各个方面，"整个儿童"的概念能够表明这个教育方案的最主要方面。

48. C 【解析】评价类型的多样化是指幼儿园教育活动具有广泛和复杂的内容，因此，要根据实际情况与需要，灵活选择、运用适宜的评价方法。

49. C 【解析】对于幼儿园课程的定义，我们可以这样分层理解：(1)幼儿园课程是"活动"；(2)幼儿园课程是"帮助幼儿获得有益的学习经验的活动"；(3)幼儿园课程是"各种活动的总和"。故 C 项正确。

50. C 【解析】表现性目标多被运用于艺术领域，它强调的是个性化，指每一个幼儿在教育情境的种种"际遇"中所产生的个性化表现及反应的多元性。

51. D 【解析】从本质上讲，幼儿园教育是有目的、有计划的教育过程，幼儿园课程也有明确的课程目标和基本的学习领域，但是由于儿童身心发展和学习的特点，使得幼儿园课程不是体现在课表、教材、课堂中，而是体现在生活、游戏和其他儿童喜闻乐见的活动形式中。也就是说，幼儿园课程蕴含在环境、材料、活动和教师的行为中，潜移默化地对儿童起作用。

52. A 【解析】按课程内容的组织形式划分，课程可以划分为分科课程和综合课程两大类。分科课程又称科目课程，指的是根据培养目标和科学发展水平，从各门学科中选择适合一定年龄阶段儿童的发展水平的知识，组成教学科目。故"六艺""七艺"和物理、化学等课程都属于分科课程。

53. A 【解析】核心课程是指围绕社会问题来组织内容，目的在于通过课程使儿童获得完整的生活经验，增强儿童对生活的适应性。老师针对新冠病毒这一社会关注的话题开展相关活动，属于核心课程。

54. B 【解析】行为目标是以具体的、可被观察与操作的行为来表述的课程目标。它具体、明确，具有客观性和可操作性的特点。故 B 项正确。

55. A 【解析】个体内差异评价是将评价对象的过去与现在进行比较，或将评价对象的各个方面进行比较。题干表述属于个体内差异评价。

56. A 【解析】课程内容即教材的取向，将课程内容作为预设的东西，规定了教师应该教什么、儿童应该学什么，其长处在于知识和技能的系统性和可操作性强，使教师在教育、教学过程中有据可依。

57. B 【解析】逻辑组织法是指根据知识本身的系统及内在联系来组织课程内容的一种方法。该方法对儿童掌握系统的知识是有益的。

二、多项选择题

1. BC 【解析】根据课程内容的组织是以客体为核心还是以主体为核心，或者说是以学科知识为核心还是以儿童的经验为核心来划分，可将幼儿园课程分为学科课程与经验课程(活动课程)。故 BC 项正确。按课程内容的组织形式划分，课程可以划分为分科课程和综合课程两大类。故 AD 项错误。

2. ABC 【解析】将当代社会生活需要转化为幼儿园课程目标时要遵守以下三条原则：(1)民主性原则；(2)民族性与国际性统一的原则；(3)教育先行原则。

3. ABCD 【解析】在蒙台梭利课程模式中，教育内容由四个方面组成，它们是日常生活练习、感官训练、肌肉训练和初步知识的学习。

4. ABD 【解析】五指活动课程的目标有：(1)做人：要有合作的精神、同情心、服务的精神；(2)身体：要有健康的体格，养成卫生习惯，并有相当的运动技能；(3)智力：要有研究的态度，充分的知识和表意的能力；(4)情绪：能欣赏自然和艺术美，养成快乐精神，打消惧怕的情绪。

5. ABCD 【解析】班克街早期教育方案的教育目标是促进儿童自主性和个性的发展，包括自我认同、自主行动、自行抉择、承担责任和接受帮助的能力。

6. BD 【解析】结构化程度高的幼儿园学科(领域)课程反映的是以教师为中心、以课程的行为目标为导向、以

结果为评价标准的课程特征，在这种课程中，教育活动以学科（领域）所具有的特点为教育活动设计的重要依据，教育活动以学科特有的方式得以展开。

7. ABCD 【解析】在海伊斯科普课程发展的第二个阶段，课程设计者强调的是运算要素，他们将皮亚杰的研究结果看作课程目标的直接来源，他们制定的总目标是教“皮亚杰式技能”，课程目标是依据日内瓦研究课题——分类、排序、时间关系和空间关系而制定的。

8. ABC 【解析】从课程设计、开发和管理主体来看，可将课程分为国家课程、地方课程和园本（幼儿园）课程。

9. ABC 【解析】根据评价的参照体系分类，可将课程评价分为相对评价、绝对评价、个体内差异评价。

三、判断题

1. × 【解析】题干的表述体现了幼儿园课程潜在性的特点。

2. √ 【解析】目标模式是以对社会有使用价值的目标作为课程开发的基础和核心，并在此基础上选择、组织和评价学习经验的课程编制模式。

3. √ 【解析】从教育体制的角度来看，幼儿园教育是学制的最初环节，幼儿园教育是基础教育的重要组成部分，是学校教育和终身教育的奠基阶段。课程是学校教育的核心和载体，幼儿园教育在整个教育体系中的位置，也就决定了幼儿园课程在整个课程体系中的位置——是整个基础教育乃至学校教育课程体系的基石。

4. × 【解析】幼儿园课程最为核心的方面是该课程所依据的教育哲学以及所反映的教育目的，这是幼儿园课程的价值取向，也即教育理念之所在，幼儿园课程的其他成分都是在此基础上产生和发展的。幼儿园课程目标是幼儿园课程的基本要素，教育理念是幼儿园课程的最核心要素。

5. × 【解析】隐性课程尽管具有非预期性、模糊性、潜在性、不易察觉性等特征，但却不是毫无规律可循、不可认识、不可控制的。

6. × 【解析】综合课程是指打破传统分科课程的知识界限，组合两个或两个以上的学科领域构成的课程。它持知识统一性的观点。易造成知识的不必要重复，浪费有限的教育资源等。

7. √ 【解析】目标模式具有两个最显著的特征：(1)以明确而具体的行为目标作为课程设计的中心，其他设计步骤都要围绕着预先制定的行为目标来进行；(2)强调目标的行为导向，要求确立明确、可以测量的外显性行为目标。也就是说，目标模式的最大特点在于把一般的、宽泛的教育目的分解成具体的行为目标，并根据这些行为目标来选择和组织课程内容，最后根据目标的实现程度来评价课程的成效。

8. √ 【解析】经验中心课程是以学生的主体性活动及活动经验为中心组织的课程。它关注的重心是学生的个性形成和自我实现。

9. √ 【解析】幼儿园课程目标与中小学课程目标相比，学科性及知识的系统性并不明显，课程目标更具整合性，对儿童更具一般发展性。

10. × 【解析】行为目标指的是一种可以用具体观察或测量的儿童行为来表示的，描述的是对教育效果的预期，即教师在活动后，能通过儿童的行为表现，看到目标的达成程度。

11. √ 【解析】在选择幼儿园课程内容时必须遵循目的性原则。课程内容是实现课程目标的手段。课程目标确定后，就要求选择与课程目标相符的内容来保证它。

12. √ 【解析】幼儿园课程内容组织是指创设良好的课程环境，使幼儿园课程活动兴趣化、有序化、结构化，以产生适宜的学习经验和优化的教育效果，从而实现课程目标的过程。

13. × 【解析】在设计学前教育课程时，我们应使其内容具有灵活性的特点。同一地区，不同类型、不同性质、不同物质条件、不同师资水平的托幼机构，课程内容也不应完全一致。

14. √ 【解析】2～3岁儿童逐步发展起自我意识和模仿判断能力，带有很强的成人权威性，随着年龄的增长，儿童对自己的评价是从依存性评价到自主性评价，他们的评价常常表现出两种倾向：一种倾向是趋向于成人对自己的评价，当被问及自己表现情况时，常常回答：“老师说我……”或“妈妈说我……”另一种倾向是对自己的评价过高，认为自己是最好的，时时处处总是比别人强，还未能从主观上对自己形成客观的评价。因此，在课程评价中，要以“具体性”“鼓励性”作为开展儿童自我评价的基本原则，从儿童生活的细小处入

手,可尝试开展一些有效的儿童自我评价活动,知道自己是怎样,应该怎样,怎样更好,以增进自我意识、社会性的发展。

15. √　【解析】幼儿园课程的实施要通过拟定各层次的教育教学计划,并通过儿童在园的一日生活以及一系列具体的教育活动来进行。

16. √　【解析】幼儿园课程评价的最终目的在于,以儿童的行为反应与发展变化作为课程评价的重要信息与证据,而且,这一过程又有效地促进了儿童的自主发展。评价儿童不是为了鉴别儿童,评价教师的教育行为也不是为了给教师评定等级。课程评价的目的是完善课程,提高教育质量。因此,幼儿园课程评价本质上应是一种"对事不对人"的评价。

17. √　【解析】学科课程是一种以学科知识为中心来编排的课程。它主张应该教给儿童基本知识、概念和基本科学规律,教学内容应适合儿童智力发展水平和已有的生活经验,教材应精选具有典型性和范例性的内容。我国2001年颁布的《幼儿园教育指导纲要(试行)》中以五大领域内容为版块,对原有的苏联分科模式进行了改造。实践中也出现了一些以"领域"形式编排的教材。这些都是学科课程的反映。

18. √　【解析】五指活动课程的目标有:(1)做人:要有合作的精神、同情心、服务的精神;(2)身体:要有健康的体格,养成卫生习惯,并有相当的运动技能;(3)智力:要有研究的态度,充分的知识和表意的能力;(4)情绪:能欣赏自然和艺术美,养成快乐精神,打消惧怕的情绪。

19. ×　【解析】表现性目标强调儿童的个性化,关注儿童创造性的培养。表现性目标不是规定儿童在完成一项或多项学习活动后准备获得的行为,而是描述教育情境中的"际遇",即儿童在教育中作业的情境、将要处理的问题以及将要从事的活动任务等。

20. ×　【解析】斑克街早期教育方案的特点是"发展—互动"。

21. √　【解析】在蒙台梭利教育体系中,感官教育占有特别重要的地位。这是因为,从心理学角度讲,感官教育符合该时期的心理发展状况;从教育学的角度讲,感官教育能引发出算术、语言、书写、实际生活能力等。

22. √　【解析】1951年,陈鹤琴发表了《幼稚园的课程》一文。在这篇文章中,他批判了欧美国家所实行的完全从儿童出发,缺乏系统性的单元教学的课程编制模式,提出了适合我国国情的幼稚园课程编制应遵循的十大原则。其中课程的连续发展性原则是指课程应是连续发展的,而不是孤立的。

23. ×　【解析】蒙台梭利教育方案的核心在于观察、了解儿童发展和内在的需要,而后提供适宜的环境以满足他们。"孩子"是课程组织的中心,而不是教具操作。

24. √　【解析】蒙台梭利课程模式以培养儿童成为身心均衡发展的人为目标,通过作业的方式,让儿童把内在的生命力表现出来,在作业过程中培养儿童的注意力。在自由和主动的活动中让儿童自我纠正,使儿童在为其设置的环境中成为具有特质的人。

25. √　【解析】在海伊斯科普课程中,教师主要是儿童解决问题活动的积极鼓励者。课程的设计者们根据皮亚杰理论中已被广为接受的原理,认定经验是由儿童自己在主动的活动中获得的,主动学习是儿童发展过程的核心,因此,他们将儿童主动活动作为编制课程的中心。

26. √　【解析】斑克街早期教育方案强调让儿童进行有意义的学习,使他们感受到自己的能力;强调帮助儿童理解对他们成长而言是最为重要的事物,而不是与学业成绩有关的东西。

27. ×　【解析】幼儿园课程虽然是基础性课程,但是,由于学前教育的非义务性质,幼儿园课程也就具有了非义务性。因此,幼儿园课程具有义务性的说法是错误的。

28. √　【解析】行为目标克服了普遍性目标模糊性的缺陷,对儿童基础知识和技能的熟练掌握,对保证一些相对简单的教育目标的达成是有益的。但是,行为目标过于细化和精确化的倾向,易使教师只见目标,不顾儿童的实际发展。

四、填空题

1. 隐性课程　　2. 分科课程　　3. 自发冲动
4. 普遍性目标　　5. 生成性目标　过程性　　6. 心理组织法
7. 教育目的　　8. 心理顺序　　9. 横向组织法

10. 专门的教学活动　11. 过程模式　12. 混合法
13. 整个教学法　14. 行为　15. 观察者
16. 养育者　17. 儿童中心课程　18. 个性发展
19. “社会学习”

五、简答题(参考答案)

1. 简述幼儿园课程的类型。

(1)根据课程内容的组织是以客体为核心还是以主体为核心,或者说是以学科知识为核心还是以儿童的经验为核心来划分,可将幼儿园课程分为学科课程与经验课程。
(2)按课程内容的组织形式划分,课程可以划分为分科课程和综合课程两大类。
(3)按照课程的表现形态划分,课程可以划分为显性课程与隐性课程这两种在性质和功能上都不同的课程类型。
(4)从课程设计、开发和管理主体来看,可将课程分为国家课程、地方课程和园本(幼儿园)课程。
(5)核心课程。

2. 简述幼儿园课程目标制定的依据。

(1)对儿童的研究是基础和前提;(2)对当代社会生活的研究是参考和依据;(3)对学科知识的研究是保障。

3. 简述幼儿园课程目标的层次。

(1)幼儿园课程总目标;(2)年龄阶段目标;(3)学期目标;(4)月(或几周)计划(主题活动)的教育目标;(5)某一教育活动目标。

4. 简述幼儿园课程内容的范围。

(1)有助于儿童获得基础知识的内容;(2)有助于掌握基本活动方式的内容;(3)有助于发展儿童的智力和能力的内容;(4)有助于培养儿童情感态度的内容。

5. 简述幼儿园课程目标的基本取向。

(1)普遍性目标取向;(2)行为目标取向;(3)生成性目标取向;(4)表现性目标取向。

6. 简述幼儿园课程内容的取向。

(1)课程内容即教材;(2)课程内容即学习活动;(3)课程内容即学习经验。

7. 简述幼儿园教育活动的类型。

(1)生活活动;(2)游戏活动;(3)教学活动;(4)自我活动。

8. 简述幼儿园教育活动的方法。

(1)观察;(2)实验;(3)游戏操作;(4)参观;(5)谈话与讨论;(6)讲解、讲述。

9. 简述差距评价模式的五个阶段。

(1)设计阶段;(2)装置评价阶段;(3)过程评价阶段;(4)成果评价阶段;(5)成本效益评价阶段。

10. 简述建立档案袋评价的目的。

(1)记录儿童各个方面的成长历程;(2)反映儿童在某一方面的发展水平和过程;(3)让以后的老师了解儿童先前的表现;(4)为课程开发提供必要的信息;(5)反思教师的教育活动;(6)评价教育方案;(7)与家长交流。

11. 简述档案袋的分类。

(1)根据档案袋收集的作品内容可以将档案袋分为:①过程型档案;②成果型档案;③综合型档案。(2)根据档案袋的作用可以将档案袋分为:①陈列性档案;②文件性档案;③历程性档案;④评鉴性档案。

12. 简述斑克街课程的实施步骤。

(1)选择主题;(2)确定目标;(3)教师学习与主题有关的内容,并收集资料;(4)开展活动;(5)家庭参与;(6)高潮活动;(7)观察和评价。

13. 斑克街早期教育方案以社会学习为核心展开的课程,共分为哪几类?

(1)人类与环境的互动;(2)人类为生存而产生的从家庭到国家的各级社会单位及其与人的关系;(3)人类

世代相传；(4)通过宗教、科学和艺术等，了解生命的意义；(5)个体和群体的行为；(6)变化的世界。

14. 简述蒙台梭利教育体系中“一个有准备的环境”的特点。

(1)一个自由发展的环境，有助于儿童创造自我和自我实现；(2)一个有秩序的环境，儿童能在那里安静而有规律地生活；(3)一个生气勃勃的环境，儿童在那里充满生气、欢乐和可爱，毫不疲倦地生活，精神饱满地自由活动；(4)一个愉快的环境，几乎所有的东西都是为儿童设置的，适合于儿童的年龄特点，对儿童有极大吸引力。

15. 简述瑞吉欧教育体系中方案活动的特点。

(1)创造性表现和表达是知识建构的基本要素；(2)共同建构在方案活动中有重要的地位；(3)记录既是学习的过程，又是学习的结果。

16. 简述张雪门提出的选择教材的五条标准。

(1)“应合于儿童的需要”；(2)“应顾到社会生活的意义”；(3)“应在儿童自己的环境里搜集材料”；(4)“应顾到社会生活的重要”；(5)“上面所述还没有道及的一切冲动习惯态度”。

17. 简述斑克街早期教育方案的教育目标。

(1)培养儿童有效地作用于环境的能力，包括各方面的能力以及运用这些能力的动机；(2)促进儿童自主性和个性的发展，包括自我认同、自主行动、自行抉择、承担责任和接受帮助的能力；(3)培养儿童的社会性，包括关心他人、成为集体的一员、关爱同伴等；(4)鼓励儿童的创造性。

18. 瑞吉欧教育体系提出的关于个体和集体学习的关系问题有哪些？

(1)瑞吉欧教育体系的“集体学习”中的“集体”，不仅仅指的是儿童，还包括成人；(2)在瑞吉欧的“集体学习”过程中，强调了记录儿童学习过程的重要性，也强调了儿童和教师重温学习时刻的重要性；(3)“集体学习”的内容能把认知、情感、美学等各个方面的学习联系起来；(4)“集体学习”会超越个体学习，创造一个获得知识的集合体。

19. 简述课程内容即学习经验的取向。

课程内容即学习经验的取向把课程内容看成是儿童的学习经验，认定儿童是主动的学习者，决定学习的质和量的主要方面是儿童而不是教材，换言之，儿童是否能够真正理解和获得课程内容，主要取决于儿童已有的心理结构，取决于儿童与环境之间的有意义的交互作用。根据这种取向，知识是儿童自己“学”会的，而不是教师“教”会的；课程内容应由儿童决定，而不是由学科专家支配。

20. 简述张雪门先生行为课程的内容。

(1)儿童自发的诸般活动，即儿童自身发展中所进行的一些活动；

(2)儿童的自然环境，即儿童周围生活中一切有关自然界的事物与知识，如植物、动物、旅行，儿童对各种自然现象的活动；

(3)儿童的社会环境，即与儿童现在生活与未来生活相关的社会生活知识，如家庭、临近的地方、各种职业活动等。

六、材料分析题(参考答案)

1. (1)在选择幼儿园课程内容时应该遵循兴趣性原则。兴趣性原则是基于儿童学习成效的一种考虑。儿童要学习的内容很多，有些他们感兴趣，在学习过程中会表现得兴致勃勃、不知疲倦；反之，则注意力不集中、没精打采、无所事事。兴趣的高低直接影响课程内容的学习效果，如果儿童的兴趣与我们所选择的内容相一致，兴趣就会大大促进内容的学习。案例中，教师通过用纸折出的一把手枪吸引幼儿的注意力，使幼儿产生了折纸的兴趣。

(2)幼儿园课程内容的选择要兼顾“均衡”与“优先”的原则(要有利于儿童的全面发展)。课程内容整体之间的比例要适当。案例中，幼儿原本只选择自己喜欢的泥工活动，对其他类型的活动几乎不参与，教师通过自己的引导，使幼儿主动开展折纸活动，促进幼儿各方面能力的综合发展。

2. (1)幼儿园课程实施的取向包括：①忠实取向；②相互适应取向；③课程创生取向。

(2)张老师的做法属于课程实施的忠实取向。课程实施的忠实取向指的是把课程实施过程看成是忠实地执

行课程计划的过程。案例中张老师看到不少幼儿开始按捺不住,不时往外张望,甚至有个别幼儿已经离开座位跑到了活动室外之后,明确要求幼儿必须先画完画,不能往外看,更不准跑出去。表明了教师这一角色的实质是课程专家所制订的课程实施计划的忠实执行者。

3.(1)李老师的做法属于课程实施的忠实取向,课程实施的忠实取向指的是把课程实施过程看成是忠实地执行课程计划的过程。

(2)新时代的幼儿教师除了要加强知识储备,还应有意识地积累并运用教育机智,力求在预设的课程中随着幼儿即时生成的事件,不断调整、补充和发展原有的设计,在尊重幼儿的前提下达成教育目标。

这个突发事件中隐含了丰富的教育价值,教师应及时接住这个"球"并积极引导。首先,请反应强烈的幼儿说说自己品尝了多少辣的东西,感觉如何;再请反应不强烈的幼儿说说自己的感觉,通过引导幼儿比较,融入安全常识教育,品尝自己不熟悉的食品时要先浅尝一点,再决定可否食用;接着,请幼儿讨论消除辣味的方法。如果可行,请保育老师现场准备热水和凉水,或者请幼儿回家试验,第二天交流,或者吃苹果、喝牛奶等解辣。幼儿可当场品尝试验,获得新经验。至此,有序代替了混乱,活动不但能顺利开展,而且可得到有效拓展。

4.(1)王老师根据小朋友穿雨衣,生成了"雨衣的秘密"的活动,体现了幼儿园课程内容选择的生活化原则(源于生活、并加深对生活的认识)。

(2)幼儿园课程内容的选择应遵循以下原则:①目的性原则(与课程目标一致);②适宜性原则(考虑发展的适应性);③生活化原则(源于生活、并加深对生活的认识);④兴趣性原则(是儿童感兴趣的、关心的);⑤基础性原则(要有利于儿童的长远发展);⑥逻辑性原则;⑦价值性原则;⑧直接经验性原则(能够让儿童获得直接经验);⑨兼顾"均衡"与"优先"的原则(要有利于儿童的全面发展)。

5.(1)案例中教师阻止幼儿讨论"该不该让老虎吃兔子"的话题,而是让幼儿回到任务上来,体现了教师对课程的忠实取向(教师在课程实施过程中忠于课程计划)。

(2)课程实施的忠实取向指的是把课程实施过程看成是忠实地执行课程计划的过程。在课程实施的忠实取向者看来,教师这一角色的实质是课程专家所制订的课程变革计划的忠实执行者。案例中,老师大声说:"好了!好了!都别争了!咱们刚才的任务是什么来着?想办法帮助兔子!我看谁想的办法好!"活动又回到了老师预设的轨道上……都体现了课程忠实取向的特点。

第二章　学前健康教育

真题必刷

第3练　学前健康教育概述、目标、内容与方法

一、单项选择题

1.B 【解析】本题考查学前儿童健康教育的任务。学前儿童健康教育的任务是让学前儿童获取有益于健康行为和减少有害于健康行为的知识和能力。

2.B 【解析】本题考查幼儿园健康教育。幼儿园健康教育是指在幼儿园中,根据幼儿身心发展特点,以提高幼儿健康认识、改善幼儿健康态度、培养幼儿健康行为、保持和促进幼儿健康为目的的系统的教育活动。

3.A 【解析】本题考查实施学前健康教育应遵循的原则。实施学前儿童健康教育应遵循的原则包括主体性原则、科学性原则、发展性原则、整合性原则、全方位渗透原则。

4.D 【解析】本题考查学前健康教育的方法。健康教育的方法主要包括:动作与行为练习、情境演示、游戏、讨论、讲解示范、参观访问。(此说法出自朱家雄,汪乃铭,戈柔编著.学前儿童卫生学[M].上海:华东师范大学出版社,1999.07.)

5.D 【解析】本题考查学前儿童身体健康教育的内容。儿童身体健康教育的内容包括:(1)体育锻炼;(2)生活卫生习惯;(3)饮食与营养;(4)安全自护。题干描述的内容属于安全自护的教育内容。

6. B　【解析】本题考查健康教育活动目标的制定依据。确定幼儿园健康教育目标的依据包括：(1)幼儿身心发展特点是确定幼儿园健康教育目标的根本依据；(2)幼儿教育和健康教育的总目标是确定幼儿园健康教育目标的直接依据。

7. D　【解析】本题考查学前儿童健康教育的方法。讲解演示法是指教师边讲解边结合动作演示，或以实物、模型演示，具体而形象地向幼儿传授有关健康的知识和技能，提高幼儿对健康的认识水平。情境表演法是指通过现场或录像向幼儿展示生活情景，让幼儿观察和分析情景中所涉及的健康问题。感知体验法是指让幼儿通过各种感官来认识和判别事物的特性。讨论评议法是指幼儿参与健康教育的过程中，让他们提出问题，发表自己的看法和意见，最后得出结论，形成共识。故答案选 D 项。

二、多项选择题

ABCD　【解析】本题考查健康的内容。世界卫生组织提出"健康不仅是躯体没有疾病，还要具备心理健康、社会适应良好和有道德"。因此，现代人的健康内容包括：躯体健康、心理健康、心灵健康、社会健康、智力健康、道德健康、环境健康等。身体健康属于生理健康的一种。

三、材料分析题(参考答案)

(1)郑老师培养幼儿良好的生活卫生习惯的行为有：①培养幼儿良好的饮水习惯。材料中，郑老师与幼儿共同创设"能量加油站"，引导幼儿以刷卡的游戏来记录喝水的次数。②养成良好的睡眠习惯，睡觉时不带小物品进入寝室。材料中郑老师放置收纳盒("小房子")，让幼儿把自己的小物件、玩具分类放到"小房子"里面休息。③培养良好的如厕习惯，正确使用便池和抽水马桶，排便时不弄脏便池和衣裤。材料中郑老师在男生小便池里面贴上"怪兽"，引导幼儿对着怪兽射击。

(2)建议：①严格执行。作息制度一旦制定，必须严格执行，不得随意更改，持之以恒，才能起到预期的效果。②家园同步。争取让家长在节假日也安排好儿童的一日生活，保持良好的卫生习惯，饮食、起居要有规律。③个别照顾。对体弱多病，有生理缺陷或体力、智力较强的儿童要给予个别照顾。④预防为主。学前儿童对疾病的抵抗力差，在集体生活中儿童接触密切，若发生传染病，很容易蔓延；儿童好奇心重，探索欲望强，自我保护能力差，容易发生意外伤害。所以，要采取积极措施，加强儿童体格锻炼和户外活动，注意培养儿童良好的卫生习惯，防患于未然，促使儿童健康成长。

第 4 练　学前儿童体育活动、身体保健教育、心理健康教育及评价

一、单项选择题

1. A　【解析】本题考查幼儿心理健康教育的内容。幼儿心理健康教育包括：(1)学习表达和调节自己情绪的方法；(2)培养社会交往能力；(3)锻炼独立生活和学习的能力；(4)学习养成良好的习惯；(5)性教育；(6)预防心理障碍和行为异常。

2. D　【解析】本题考查幼儿园体育活动的原则。循序渐进的含义是指教学的内容、方法和运动负荷等方面的安排，都要根据人们认识事物的规律，由易到难，由简到繁，逐步深化，不断提高。

3. A　【解析】本题考查幼儿体操的编排程序。编排成套的学前儿童体操的程序是：上肢或四肢的伸展动作→扩胸、转体的动作→腹背的动作→下肢及全身的动作→放松、整理的动作。其动作的速度应该由慢到快，再由快到慢。整套动作的活动量也应由小到大，再由大到小。

4. D　【解析】本题考查学前儿童体育节的内容。学前儿童体育节(又称学前儿童运动会)既是学前儿童体育活动的组织形式之一，又是学前儿童体育活动的节日。学前儿童体育节是全体学前儿童都参加，以体育游戏、基本体操为主要内容，以丰富学前儿童生活、培养集体意识、感受运动乐趣为目的的一种全园性的体育盛会。百米短跑不适合幼儿运动会。

5. C　【解析】本题考查儿童体育活动开展的合理安排运动负荷的原则。幼儿正处于人体生长发育的高峰期，在运动中主要表现出运动连续时间较短，自我控制能力、自我评估能力较差的特点。教师在安排运动内容时，应考虑到幼儿的年龄特点，多采用低强度、高密度的活动内容。同时，在运动中更多运用间歇的方式进行操作，以保证幼儿能在长时间内，逐步增大运动量。

6. A　【解析】本题考查早操的注意事项。早操是幼儿园在早晨开展的、以基本体操为主要内容的一种体育活

动的组织形式,而不是复杂的队列练习。学前儿童体操的动作应简单易做,活泼欢快,可将反映学前儿童年龄特点的点头、拍手、跳跃等动作融合到操节之中。

7. C 【解析】本题考查小班幼儿体操的特点。小班幼儿以模仿操为主,每套操4~6节,每节四四拍或二八拍,节奏较慢,活动量较小。

8. A 【解析】本题考查学前儿童走的动作要求。小班幼儿走的动作要求:上体正直、自然走,不要求整齐与规格。

9. C 【解析】本题考查幼儿体操编排的活动量。编排幼儿体操时,整套动作的活动量应由小到大,再由大到小。

10. A 【解析】本题考查学前儿童心理健康的标志。学前儿童心理健康的标准应该包括以下五方面:(1)正常发展的智力;(2)稳定、反应适度的情绪;(3)乐于与人交往,有良好的人际关系;(4)思想和行为协调一致;(5)良好的性格特征。

11. B 【解析】本题考查腿动作的基本要求。“步子大,落地轻”是腿动作的基本要求。

12. A 【解析】本题考查学前儿童心理健康的标志。学前儿童心理健康的标准应该包括以下五方面:(1)正常发展的智力;(2)稳定、反应适度的情绪;(3)乐于与人交往,有良好的人际关系;(4)思想和行为协调一致;(5)良好的性格特征。

13. C 【解析】本题考查学前儿童心理健康教育的内容。帮助学前儿童学习社会交往技能的内容包括:(1)学会移情;(2)学会分享与合作;(3)学会尊重与互助;(4)恰当的自我评价。

14. D 【解析】本题考查幼儿园健康教育评价的类型。幼儿园健康教育评价按评价的基准可以分为相对评价、绝对评价和个体内差异评价。

15. C 【解析】本题考查幼儿身心保健教育活动过程的组织。幼儿身心保健教育活动的过程一般由导入(开始)环节、基本环节和结束环节构成。基本环节又可以分为呈现、操作、巩固等几个部分。呈现环节是教学活动的核心部分,是教师展开内容、实施“教—学”的过程。教师通过问题、实物、动作、画面、情境等的呈现,使幼儿从模糊走向清晰,从疑问走向理解。操作环节又称练习环节,是幼儿自主学习、建构知识的重要环节。巩固环节也被称为应用环节,即教师帮助幼儿加深对学习内容的印象,或者使幼儿能迁移、运用所学知识解决问题的环节,可以组织幼儿进行表演、经验迁移、游戏等。故C项正确。

方法技巧:幼儿身心保健教育活动过程的组织是易错点,也是难点。考生需把握呈现、操作、巩固是基本环节的过程。

16. D 【解析】本题考查幼儿健康教育评价的方法。核对名册法是针对是否形成某一健康行为或态度以及行为或态度水平,对所有幼儿进行逐一评价。

17. C 【解析】本题考查幼儿园体育活动实施的原则。经常化原则是指幼儿园体育活动应融于儿童的每日活动之中,应避免“三天打鱼,两天晒网”的现象。在具体落实这一原则时应注意:(1)每日让儿童进行适当的身体锻炼活动,且保证儿童“每日户外体育活动时间不得少于1小时”。(2)动静交替安排儿童的一日生活。

18. D 【解析】本题考查人体生理机能活动能力变化的规律。人体在运动过程中,生理机能活动能力是不断变化的,而且有一定规律。一般在开始时,能力逐步上升,然后达到和在一定时间内保持较高的水平,最后又逐渐下降。这个过程可分为上升、平稳和下降三个阶段,这个变化过程是一个客观规律。

19. B 【解析】本题考查空气浴的开始时间。空气浴锻炼最好从夏季开始,使机体逐步适应冷空气,气温慢慢降至15℃左右为空气浴的最低温度。

20. D 【解析】本题考查学前儿童体育活动的年龄阶段目标。大班幼儿要能原地蹬地起跳连续纵跳触物(物体离学前儿童举手指尖25厘米左右);能双脚熟练地改变方向(前、后、左、右、转身)跳。

二、判断题

1. √ 【解析】本题考查小班幼儿体育活动的目标。小班幼儿体育活动的目标之一是能较轻松自然地双脚同时向前跳、向上跳;能从25厘米的高处自然地跳下。

2. × 【解析】本题考查小班幼儿体育活动的目标。听信号向指定方向走、一个跟一个走是小班幼儿在体育活动走步方面的内容和应达到的目标。

3. × 【解析】本题考查中班儿童体操的特点及教学要求。中班(4 岁)以徒手操为主,学习简单的轻器械操,动作有一定的难度;每套操 7 ~ 8 节,每节二八拍,节奏有快有慢,活动量比小班增大。

4. √ 【解析】本题考查学前儿童心理健康教育的内容。在幼儿心理健康教育中,对学前儿童进行初步的性教育,应培养幼儿正确的性别认识和角色认识。

5. √ 【解析】本题考查幼儿体育教学活动的指导要点。幼儿体育教学活动的活动量应由小到大,再逐渐减小,要合理安排运动负荷和强度,避免幼儿出现疲劳。

三、简答题(参考答案)

1. 简述体育活动实施与指导原则。

(1)经常化原则;(2)适量的运动负荷原则;(3)多样化原则;(4)全面发展的原则。

2. 早操不仅能够锻炼幼儿身体,培养其形成良好的体育锻炼习惯,还可以激起幼儿对幼儿园快乐生活的向往,但当前很多幼儿园的早操仍存在问题。请为科学编排幼儿园早操提供一些可行性的策略。

(1)活动的全过程应遵循人体生理机能能力变化的规律,尤其是活动量的安排,应由小到中等,再由中等到小,绝不能过大。(2)早操活动的内容应丰富多样。(3)早操活动的形式应灵活多样。(4)合理地安排早操的时间和地点。

3. 幼儿园心理健康教育应注意哪些问题?

(1)教师及周围成人自身心理素质的提高;(2)渗透在日常教育工作中;(3)善于观察,适时疏导;(4)师生平等,尊重学前儿童人格,不要妄下结论;(5)正确看待学前儿童个性差异;(6)幼儿园与家庭、社会密切配合。

四、活动设计题(参考答案)

1. (一)活动名称

真高兴(中班健康教育活动)

(二)活动目标

1. 懂得微笑能带来快乐,学会用微笑为他人带来快乐;

2. 逐渐养成积极乐观的生活态度;

3. 学会保持愉快的心情,培养幼儿热爱生活的情感。

(三)活动准备

《真高兴》配套课件,小鸟、青蛙、蝴蝶、小猫、蚂蚁的头饰。

(四)活动过程

1. 导入活动

引导幼儿结合生活经验,玩游戏"谁笑得最甜"。

师:小朋友们,还记得你们最开心的时候是什么样子的吗?我们一起来玩游戏,看看谁笑得最甜。

2. 讲述故事,引导幼儿理解微笑能带来快乐

(1)结合配套课件,讲述《真高兴》故事。

师:小猫今天有点不高兴,我们一起来看看发生了什么吧。

(2)以提问、讨论等形式,引导幼儿理解微笑能带来快乐。

师:故事中哪些小动物是好朋友?它们在讨论什么事情呢?小猫为什么不高兴呢?小猫想出什么方法让大家高兴地笑了?

(3)讨论自己和朋友高兴的事情,引导幼儿体验他人的情绪。

师:你们什么时候最高兴呢?你的朋友什么时候最高兴呢?当你的朋友不高兴的时候,你会做些什么呢?当你的朋友看到你的微笑时,他会不会也很高兴呢?

3. 组织幼儿表演故事

引导幼儿利用头饰扮演故事中的各种角色,表现小动物们的对话、动作、表情,以及使用不同的方法为朋友

们带来快乐。

(五)活动延伸

在表演区创设情境，并投放不同的小动物头饰，引导幼儿在表演区创编《真高兴》的故事。

2.(一)活动名称

两人三足(大班体育教育活动)

(二)活动目标

1.学习两人三足走，锻炼腿部力量及身体的平衡；

2.提升动作协调与配合能力；

3.愿意与同伴合作，体验协作游戏的乐趣。

(三)活动准备

两人一根长布条。

(四)活动过程

1.热身运动：身体放松操。

师：冬天到了，让我们跟着音乐一起做运动吧。

上肢——体转——扭挎——抬腿——压腿——跳跃，幼儿在教师的带领下听着音乐有精神地做热身运动。

2.讲解活动规则。

找个好朋友，把自己的一条腿和朋友的一条腿绑在一起，在户外的平地上走一走，感受怎样才能走好，不摔跤，而且走得快。

老师示范并讲解：一左一右靠靠紧，拿根布条扣系牢，站直身体迈大脚，预备出发一二一，不急不急安全第一。(示范时走的节奏要慢)

3.幼儿自由尝试练习，教师巡回了解情况。

4.集中交流学习。

请几对小朋友来表演一下，一起说说该怎样走才能走得既快又稳？

有好方法请大家及时学一学，如：两人同时喊口令，保持同一节奏；被绑的腿走一步，另一条腿并一步的方法等。

5.分小组比赛，鼓励幼儿再次练习两人三足走。可根据情况重复进行几次。

6.敲打按摩腿部，做放松运动。

3.(一)活动名称

我与疫情(中班健康教育活动)

(二)活动目标

1.初步了解新型冠状病毒的危害和传播途径；

2.掌握预防新型冠状病毒的方法，养成良好的卫生习惯；

3.感受病毒传播的强大力度，激发自我保护意识。

(三)活动准备

新型冠状病毒的图片、戴口罩的人的图片、金粉、喷壶、预防病毒做法的图片等。

(四)活动过程

1.问题导入，引出“新型冠状病毒”

(1)教师引导幼儿讨论假期时人们的变化。

师：小朋友们，你们的假期都是怎么过的，有没有出去玩耍呢？(幼：没有)是待在家里的时间多一点，还是出去玩的时间多呢？(幼：待在家里的时间更多一点)

师：你出去的时候有没有发现我们周围有什么变化呢？(教师可以出示一些图片来提醒幼儿)

师总结：小朋友们发现，大家出去的时候都戴上了口罩；进入超市的时候有穿着白色衣服，戴着眼镜的阿姨量体温；公园里出来玩的小朋友也少了……

(2)引导幼儿思考:大家为什么会有这样的变化？为什么不能经常出门玩耍？为什么出去了还要戴口罩,量体温？引出“新型冠状病毒”。

师:这是因为我们的生活中出现了一群坏家伙。这群坏家伙来自一个叫病毒的大家庭,有时候小朋友们身体不舒服,有可能是“病毒”和它的同伴在我们的体内捣乱。

(3)教师出示“新型冠状病毒”图片,引导幼儿认识新型冠状病毒。

师:①这次出现在我们生活中的病毒就是它们。你们看它们像什么呢？(幼:像花瓣)

②大人们把花瓣叫“花冠”,所以这些病毒就叫“长得像花冠的病毒——新型冠状病毒”。

2.初步了解新型冠状病毒的危害和传播途径,掌握预防的方法

(1)教师讲述新型冠状病毒的危害。

师:新型冠状病毒是一群坏家伙,它们会悄悄溜进不注意卫生的小朋友的身体里,让他咳嗽、发烧,感觉不舒服,然后他就生病了。

(2)通过游戏,初步了解新型冠状病毒的传播途径和预防方法。

游戏①:喷嚏雨

玩法:

师:有时,病毒也会藏在小朋友们的口水里,我们打喷嚏或咳嗽时,嘴巴里的口水就会喷出来。

教师面对幼儿,用喷壶模仿打喷嚏或咳嗽时的状态。感受到水雾喷洒的小朋友就“中招了”。

教师引导幼儿讨论:如何避免别人将打喷嚏或咳嗽的口水落在我们的身上？打喷嚏或咳嗽的人应该怎么做？

师总结:我们在出门时戴上口罩(教师可示范讲解口罩的正确佩戴方法),这样打喷嚏或咳嗽时喷出的口水就会落到口罩上,而不会落在我们的皮肤上了;而我们在打喷嚏或咳嗽时要用卫生纸捂住自己的鼻子和嘴巴,用过的卫生纸要丢入垃圾桶。

游戏②:“病毒”传传看

玩法:

教师将金粉涂在小朋友A的手上(要多涂一点,效果更直观),揉搓一下,然后让这位小朋友摸摸自己的小椅子,再摸摸小桌子。

师:小朋友A身上的“病毒”被带到了哪里？(幼:桌子和椅子上)

请小朋友B将小朋友A摸过的位置再摸一遍。

师:现在“病毒”被带到了哪里？(幼:小朋友B的手上)

让小朋友B与小朋友C握握手。

师:这次“病毒”去了哪里？(幼:小朋友C的手上)

让小朋友C摸摸自己的脸蛋和鼻子。

师:现在,病毒又到哪里了？(幼:小朋友C的脸蛋和鼻子上)

教师引导幼儿讨论这些情况如何避免。

3.通过判断不同做法的正确性,加深印象

教师出示图片,请幼儿判断哪个小朋友的做法是正确的,哪个小朋友的做法是错误的。

师总结:小朋友们,今天我们认识了病毒的威力,真是太强大了。如果我们不注意个人卫生,这群坏家伙就会悄悄溜进我们的身体里,使小朋友们生病。所以啊,我们出门时要戴口罩;如果想打喷嚏或咳嗽时,要用卫生纸捂住口鼻,然后将卫生纸扔进垃圾桶;还要经常按照正确的步骤,用香皂或洗手液把我们的小手洗干净,这样,病毒大军就不会轻易找上门啦。

(五)活动延伸

(1)开展美术活动“画一画新型冠状病毒”。

(2)开展科学活动“认识口罩”。

(3)开展语言活动“洗手歌”。

(4)日常练习:提醒并监督幼儿按照正确步骤洗手。

4. 我的心情我做主(大班健康教育活动)

(一)设计意图

拥有好的心情,会让我们多一点笑容而改变形象,而我们的笑容就像快乐的信使,能照亮所有看到它的人。笑容就像穿过乌云的太阳,笑容能帮助人们了解一切都是有希望的,世界是有欢乐的。于是,我设计了幼儿心理健康教育活动“我的心情我做主”,旨在让幼儿从小学会保持较好的情绪,激发幼儿乐观向上的生活态度,体验理解、原谅、帮助等积极行为给自己及他人带来的愉悦感受,引导幼儿快乐生活的良好情感。

(二)活动目标

1.了解人的喜、怒、哀、愁等基本情绪;

2.初步学会用正确的方式排解不开心的情绪;

3.培养开朗的性格和乐观的情绪。

(三)活动准备

《表情歌》音乐,相关课件,爱心包、手鼓各一个,大表情卡一套(喜、怒、哀、愁),心情颜色卡及小表情卡人手一套。

(四)活动重难点

重点:了解人的喜、怒、哀、愁等基本情绪。

难点:学会用正确的方式排解不开心的情绪。

(五)活动过程

1.跟随音乐表演《表情歌》

导语:小朋友们,让我们跟随音乐一起来表演《表情歌》,好吗?

2.引导幼儿了解人的基本情绪特征、分类及成因

导语:小朋友们,毛毛、妮妮、琪琪、安安遇到了一些事情,让他们有了不同的心情,我们一起来看大屏幕。仔细观察他们到底遇到了什么事情,心情怎么样?

(1)观看多媒体课件,了解不同的情绪

(毛毛)喜:妈妈告诉毛毛,星期天要带他到游乐园玩,毛毛脸上露出了甜甜的笑容。

(妮妮)怒:妮妮的玩具被小伙伴摔坏了,她很生气。

(琪琪)哀:在回家的路上琪琪不小心和妈妈走散了,她非常伤心。

(安安)愁:上幼儿园的时间到了,安安因不会系鞋带而发愁。

小结:每个人在遇到各种各样的事情时,都会有不同的感受,比如喜、怒、哀、愁,这种感受叫心情。

(2)玩“击鼓传心包”游戏,表达感受过的喜、怒、哀、愁

①交代游戏玩法:听到手鼓响,幼儿从左往右开始传递装有喜、怒、哀、愁大表情卡的爱心包,手鼓声停,手上持有爱心包的幼儿从中抽出一张表情卡,然后与大家分享一件与这张表情卡相符的事件。

②幼儿游戏,鼓励幼儿结合生活经验联想喜、怒、哀、愁的心情经历,并用语言或动作表达心情特征,教师根据幼儿的讲述在磁性黑板上分类罗列。

(3)操作活动:给心情配色

导语:我们认识了喜、怒、哀、愁几种心情。请大家给不同的心情配色,好吗?

①请幼儿思考,表情娃娃喜、怒、哀、愁分别配什么颜色卡最合适?(引导孩子了解好心情配暖色,坏心情配冷色)

②请幼儿按自己的意愿为表情卡喜、怒、哀、愁配颜色卡,并说出配色的原因。

3.引导幼儿为自己的心情做主

导语:你最喜欢哪种心情?是什么原因让你喜欢这种心情的?

(1)充分讨论自己最喜欢的心情及理由

小结:“喜”是一种好心情,好心情利于我们健康成长,还能带给别人快乐;而“怒”“哀”“愁”是坏心情,坏心情不仅不让人喜欢,还会对我们身体产生不好的影响,我们在心情不好的时候,会吃不下饭,睡不好觉,身体

越来越差，同时还会妨碍别人，所以我们要尽量让自己保持好心情，做一个快乐的人！

(2)说说自己不同心情时候的做法

①当你心情很好的时候你会怎么样？

②心情不好时你会用什么方式让自己心情好起来？

(3)学习处理生活中的不愉快

观看多媒体课件。

①一群小朋友很开心地邀请瑶瑶参加游戏，瑶瑶因为心情不好而粗暴拒绝，这群小朋友也变得很不开心。

②佳佳过生日收到很多玩具，他将玩具带到幼儿园，和小朋友一起分享他的快乐。

提问1：谁做得对，为什么？(重点引导幼儿去理解瑶瑶——心情不好时确实不想参加游戏，但不能对同伴发脾气，否则就会影响别人的情绪)

提问2：如果你是瑶瑶，你会怎么做？(重点引导幼儿体谅他人的心情，学会宽容)

方法一：告诉小朋友"我现在不想玩，过一会儿再说"。

方法二：告诉小朋友"我心情不好，只想去情绪角唱歌"。

方法三：愉快地接受邀请，因为和小朋友一起玩一定会让自己快乐起来。

提问3：你喜欢谁？这样好在哪里？(重点引导幼儿懂得快乐、成功、友爱要让大家分享，让好心情像糖一样甜到大家心上)

(4)讨论如何做自己心情的主人

导语1：你喜欢开心的自己还是不开心的自己？如果你想买玩具妈妈不给你买；如果你想和别人交朋友，别人却不愿意，你会开心吗？那么当你不开心的时候，你将会用什么办法调整情绪？

导语2：当别人心情不好时，如何帮助别人有一个好心情？

4. 游戏"心情碰碰碰"

玩法：两名幼儿一组，手拉手对站，当听到舒缓的音乐响起，就闭上眼睛想一种自己最喜欢的心情。并用表情表现出来，然后轻轻地捏一下对方的手指尖，互相猜心情(根据表情判别)，并给对方讲述想的那件事。如果对方讲的是不开心的事，就要想办法帮助对方，让对方心情好起来。

5.

投掷对垒战(中班体育活动)

(一)活动目标

1. 在抛、投、掷、扔与躲避的游戏中，锻炼投准和躲闪能力，提高身体的协调性、灵敏性；

2. 感受游戏规则的意义，愿意遵守游戏规则；

3. 体验对垒游戏(单手投掷)的乐趣。

(二)活动准备

1. 请幼儿用气球灌水、扎紧，制作水球若干；音乐《青蛙与蛤蟆》；

2. 用警戒桩和小旗绳围成宽5米、长8米左右的长方形池塘；1.5米×3米不透光的布一块；

3. 根据幼儿人数事先分好A、B、C、D四队。

(三)活动过程

1. 律动热身，进入情境

(1)慢跑热身

教师带领幼儿绕池塘慢跑，同时进行身体各部位的热身。

(2)自由律动

播放音乐《青蛙与蛤蟆》。师幼一起自由律动。

(音乐《青蛙与蛤蟆》趣味十足，能带领幼儿很快进入游戏情境)

2. 情境学习，提升能力

(1)情境对垒，自主尝试

请AB两队、CD两队分别选择做青蛙或蛤蟆，面对面站在池塘两侧的长边，想办法用水球攻击对方。教师仔细观察幼儿的探索行为,如抛、投、掷、扔等动作尝试。

(中班幼儿投掷能力一般在4米左右,池塘的宽度可设置为5米左右。这样在第一轮尝试中,幼儿投掷的水球一般不会攻击到其他幼儿身上。同时,借助向前滚的力量,水球又大致可以滚到对面幼儿的旁边,幼儿可以随手捡起身边的水球多次尝试)

(2)分享展示,发现多种方法

请个别幼儿示范自己的方法,教师注意引导其他幼儿仔细观察。

(相同动作可以请两边的幼儿分别展示,让同伴从两个角度进行观察学习。在幼儿分享自己的方法时,教师重点强调出手的角度、站立的方式、身体和手臂的动作)

(3)再次练习,寻找适合自己的方法

幼儿再次练习的过程中,教师巡视,并进行个别化的指导。

(鼓励幼儿在尝试多种方法的过程中进行自我比较和调整,寻找到自己目前比较擅长的方法)

3.游戏巩固,拓展锻炼

两队青蛙在池塘里游来游去,一队蛤蟆做裁判,举起不透光的布,遮挡住另一队蛤蟆。开始时,水球全部给躲在遮挡布后面的蛤蟆做炸弹。

游戏规则:青蛙在池塘里游来游去,并唱歌,等躲在布后的蛤蟆发出口令“停”,所有青蛙停止歌唱,并蹲在地上。裁判选一只青蛙发出叫声,请遮挡布后的蛤蟆猜猜他是谁。每只蛤蟆一次机会,猜对为止。猜对的蛤蟆有一次机会在布的后面根据发出声音的位置发射水球炸弹,如果一次击中,便获胜。一次不中,裁判撤掉遮挡布,青蛙开始在池塘里四处游动躲避,蛤蟆在池塘外攻击。落在池塘里的水球炸弹,青蛙可以捡起来回击蛤蟆,被击中的退出游戏。最后,留下的队员多的一队获胜。

(游戏有静有动,可以让幼儿在激烈的活动中有机会静下来调整身体的运动负荷。同时,也通过游戏的调整,让青蛙进入池塘,增加蛤蟆击中目标的可能性,以及相互之间更进一步的互动机会,从而引发幼儿持续练习的欲望。在游戏中,如果个别水球迸裂,炸开的水花会进一步引起幼儿游戏的兴趣。教师可以根据幼儿的游戏兴趣和运动负荷调整游戏次数)

每一轮游戏结束后,引导幼儿从自己的投掷方法、动作以及如何更进一步投准、投远几个方面共同讨论,分享经验。

(四)活动延伸

教师引导幼儿活动后整理器械,并及时更换衣物,让幼儿懂得在游戏过程中注意身体健康及安全。

实战演练

一、单项选择题

1.D 【解析】幼儿健康的特性包括:(1)幼儿健康主要包含身心层面的健康,对于幼儿个体而言,身体的健康与心理的健康不可截然分开,尽管两者的外在表现常常并不一致。(2)幼儿健康首先指向幼儿身体器官组织的构造正常,各个生理系统的主要功能的良好发挥,能有效抵抗各种疾病。(3)幼儿各个器官的大小、重量的变化以及身高、体重的增加速度,不同的幼儿可以不完全一致,同一幼儿在不同时期也可以不一致,但总体发展水平必须保持在正常范围内,与同年龄幼儿的发展水平接近。(4)幼儿心理健康的重要前提是智力发展正常,这是因为正常的智力水平是幼儿生活、学习、交往的基本条件。(5)幼儿心理健康的重要标志是情绪反应适度、社会适应良好,主要表现在能较快适应托幼机构新环境、新生活。(6)总体地看,无论是幼儿的身体发育还是心理的发展都应呈上升趋势,否则应视为不健康。

2.D 【解析】健康是指生理、心理及社会适应三个方面全部良好的一种状况,而不仅仅是指没有生病或者体质健壮。

3.B 【解析】学前儿童健康教育目标的确定,首先要考虑到儿童身心发展的特点,这是确立学前儿童健康教育目标的根本依据。

4. A 【解析】小、中、大班儿童的身心发展各有其典型特征,学前健康教育目标应充分考虑儿童的年龄特点,对不同年龄段的儿童提出不同层次的要求。其中小班阶段的目标是:(1)学习洗手、洗脸、整理衣物,喜欢自己进餐、如厕、入睡,有一定的独立性,养成喝水的习惯。(2)了解自己身体的各种器官及功能,知道身体不舒服时要告诉成人,并乐于接受疾病的治疗;爱吃各种食物;接受成人有关的提示,学习避开活动中可能出现的危险因素。(3)日常生活中愿意与人交往,知道轮流玩,初步体验与老师、小朋友相处、共同游戏的乐趣。(4)愉快地参加户外活动,在有趣的游戏中充分锻炼,自然协调地走、跑,并初步掌握跳、爬、钻、投掷、平衡、攀登等基本动作。

5. B 【解析】学前健康教育的内容随着"健康"和"健康教育"内涵的扩展而扩展,主要内容大致包括儿童身体健康教育和儿童心理健康教育两大方面。

6. D 【解析】儿童身体健康教育包括:(1)体育锻炼;(2)生活卫生习惯;(3)饮食与营养;(4)安全自护。故D项错误。

7. C 【解析】学前儿童体育活动与学校体育活动有很大的区别。学前儿童体育活动的主要特点表现如下:(1)学前儿童的体育活动是让他们学习基本活动技能(走、跑、跳、投掷等基本动作)和简单的体操动作,不教授专项运动和技术动作。(2)体育游戏是学前儿童的主要活动内容和方式,特别是年龄越小的孩子,越是占有重要的地位。(3)学前儿童体育活动的运动负荷的特点是:强度较小、密度较大、时间较短、急缓结合、动静交替。故AB项正确。(4)在学前儿童体育活动中,不仅体育课是教学的重要组织形式,而且早操活动、户外体育活动等也都具有一定的教学因素。(5)学前儿童体育活动的组织方式、方法灵活多样,约束性小,可以根据儿童的实际情况随机变动。故D项正确。(6)在学前儿童阶段中不搞考试,不搞达标测验。故C项错误。(7)学前儿童体育活动的阶段性强,小、中、大班的年龄不同,在教材、教法等方面有明显区别。

8. D 【解析】个别对待原则是指根据幼儿体质、能力、健康状况及对刺激的反应要区别对待。题干描述的是个别对待原则。

9. A 【解析】精细动作是指小肌肉动作,如吃、穿、画画、剪纸、玩积木、翻书、穿珠子等。用手指拾起豆子属于小肌肉动作。粗大动作是指活动幅度较大的动作,也是大肌肉群的动作,包括抬头、翻身、坐、爬、走、跑、跳、踢、走平衡木等。

10. B 【解析】学前儿童体育活动中基本动作的种类有走、跑步、跳、投掷、平衡、钻爬与攀登等。拉伸不属于基本动作。

11. B 【解析】中班幼儿以徒手操为主,学习简单的轻器械操,动作有一定的难度;每套操7~8节,每节二八拍,节奏有快有慢,活动量比小班增大。

12. C 【解析】题干描述的是中班阶段体育游戏的特点。

13. D 【解析】学前儿童体育游戏,是幼儿园体育活动中最重要的内容。它是以基本动作为主要内容,以游戏活动为主要形式,以增强学前儿童体质为主要目的的一种活动。

14. C 【解析】学前儿童跑的能力发展如下:①小班:跑的步幅小,步伐不均匀,上下肢不协调,身体不平衡,速度慢、耐力差,跑动中控制身体的能力差,不易立刻停止、转弯、躲闪障碍;②中班:动作协调、自然,能听信号改变方向,速度快,追逐跑,一个一个地跑;③大班:灵敏、协调、控制力高,转、停顿灵活。

15. B 【解析】攀登类体育运动器械指用手和脚做攀爬上升或登高的运动设备,如各类攀登架、攀网、肋木等。

16. C 【解析】条件练习法是变化练习法的一种,它是设置一定的具体条件,要求学前儿童按规定的条件做动作。题干的表述即条件练习法。

17. A 【解析】题干描述的是小班儿童健康教育活动的目标。

18. C 【解析】跳跃教学的重点是起跳和落地。起跳是决定跳跃远度和高度的主要因素;落地轻、稳,保持平衡,是保证活动安全的重要条件。

19. C 【解析】排队和变换队形练习中的口令,一般由预令和动令组成。例如,"向前看——齐"的口令中,"向前看"是预令,"齐"是动令,但也有口令中没有预令的,如"立正""稍息"等。

20. B 【解析】适量的运动负荷原则是指在组织儿童进行身体锻炼时,教师应合理安排及注意调节儿童身体

练习时身体和心理所承受的负荷量,保证儿童在运动后能取得超量恢复的最佳效果,提高身体运动的机能能力,达到增强体质的目的。

21. C 【解析】影响儿童生理负荷大小的因素很多,主要包括运动的数量、运动的强度、运动的时间、运动的密度、运动的质量和运动项目的特点等。

22. A 【解析】幼儿教师在选择幼儿体育游戏活动时,最主要考虑的是幼儿生理的变化。

23. D 【解析】在活动中,心率在每分钟 130 ~ 160 次是比较合理的运动负荷参考数据(恢复正常心率的时间约 3 ~ 5 分钟)。面色稍红,汗量不多,呼吸中速、稍快,动作协调、准确,注意力集中、反应快,情绪愉悦,这些都表明儿童正处于轻度疲劳状态。这时结束活动,能获得比较适宜的运动负荷。

24. C 【解析】中班幼儿体育活动的目标之一:能肩上挥臂投掷轻物;能自抛自接低(高)球;能两人近距离互抛互接大球;能滚球击物;能左右手拍球。

25. C 【解析】题干描述的是大班幼儿健康教育的目标。

26. C 【解析】根据幼儿的身心发展特点,题干中描述的是中班幼儿体育活动的目标。

27. C 【解析】早操属于保健操,且每天都要做,因此编排的操节动作要全面,以便全面锻炼幼儿的身体。如果是准备活动操,则所选用的动作随意性较大,只要求能起到准备活动的作用。假如是表演操,则在锻炼身体的同时,更应强调操节的艺术性和表演效果。故 C 项正确。

28. B 【解析】寄宿制托幼单位的早操一般在起床后,洗漱前进行为好,全日制单位一般在早饭前或上课前进行。数九隆冬,北方气温严寒,可以改在课间进行。故 A 项错误。各个班级早操所用的具体时间不做统一要求,早操时间一般是 10 ~ 30 分钟不等。故 B 项正确,C 项错误。早操活动的内容应丰富多样。故 D 项错误。

29. D 【解析】幼儿进行体育锻炼时应遵守以下基本原则,即循序渐进性的原则;恒常性、持久性的原则;多样性、兴趣性的原则;个别对待的原则。

30. D 【解析】学前儿童体育节表演和比赛的内容,难度不宜过高和过于花哨,不要搞突击排练,应将表演和比赛的内容贯穿在日常体育活动之中,减少因表演和比赛而付出额外的时间和精力。

31. C 【解析】学前儿童身体保健教育的组织形式主要有教育活动、家园合作、生活活动。

32. A 【解析】可行性原则是指饮食营养教育活动应适合学前儿童的身心发展特点。饮食营养教育的内容、方法等是否适合不同年龄阶段的学前儿童,是否为不同发展水平的学前儿童所认知、所接受,这是教育活动开展前必须认真考虑的问题。

33. A 【解析】学前儿童身体保护和生活自理教育活动的全面性原则是指学前儿童全面发展的培养目标要求在实施每个具体的教育时,从内容、形式和方法上都要考虑全面性的问题。在学前儿童身体保护和生活自理能力教育中,既不能顾此失彼,又要注意不要因为活动的繁多而使习惯的培养被忽略。

34. A 【解析】外貌模式是由斯塔克提出的,强调考察评价的全貌,主张适宜的评价必须进行详尽的描述,并进行适宜的判断,只有把描述和判断相结合,才能完成对课程的全面、完整的评价。

35. D 【解析】序列性原则是指饮食营养教育应注意循序渐进。在饮食营养教育中,需要先让学前儿童对各类食物有一个初步的认识,然后才能培养其合理搭配食物的能力。因此我们在选择饮食营养教育内容时,应注意其间的逻辑顺序。

36. B 【解析】题干描述的是中班儿童体育活动的目标。

37. B 【解析】能快跑 20 米左右,走跑交替(或慢跑)200 米左右属于中班幼儿体育活动的目标。

二、多项选择题

1. ABCD 【解析】健康是许多相互交叉渗透、彼此关联制约的因素综合作用的结果。布拉姆将影响健康的因素归纳为环境(包括自然环境和社会环境)、保健设施的易得性程度、生物学因素以及人的生活方式等 4 个类别。

2. ABCD 【解析】学前健康教育目标是使儿童的身心发展达到预期的健康水平,它包含着健康教育的终极目标、分类目标、年龄阶段目标以及教育活动设计的目标等层次。

3. ABC 【解析】学前儿童体育活动应遵循的规律:(1)人体机能适应性规律;(2)人体生理机能活动能力变化的规律;(3)动作技能形成的规律。
4. ABC 【解析】学前儿童操可分为模仿操、徒手体操、轻器械体操等不同类别。
5. ABCD 【解析】早操的内容包括:(1)走步、跑等排队和变换队形的练习;(2)一定时间和距离的跑、走交替健身活动(根据季节变化,调节跑、走的时间和距离);(3)模仿操、徒手体操和轻器械操等练习;(4)简单的舞蹈律动动作练习;(5)负荷量不大的游戏或自选活动内容等。
6. ABCD 【解析】学前儿童体育活动的基本特点包括身体养护为基本前提、肢体运动为主要内容、体育游戏为主要形式、户外环境为主要场地。
7. ABD 【解析】能闭目向前走至少 10 米属于中班体育活动的年龄阶段目标,故 C 项错误。ABD 都是大班体育活动的年龄阶段目标。
8. ABC 【解析】学前儿童身体保护和生活自理教育活动的原则:(1)全面性原则;(2)主体性原则;(3)安全性原则。
9. ABC 【解析】幼儿身心保健教育活动的过程一般由导入(开始)环节、基本环节和结束环节构成。
10. ABCD 【解析】影响学前儿童心理健康的因素:(1)生物学因素:①遗传;②先天环境;③后天因素。(2)心理社会因素。(3)环境和教育:①家庭;②幼儿园;③社会环境和生活事件。
11. ACD 【解析】良好的个人卫生习惯包括:每天洗脸、洗脚、清洗外阴(尤其是女孩);每天早晚刷牙;进食后漱口;饭前便后洗手;手脏了及时洗干净;经常洗澡、洗头;保持服装整洁;保持环境整洁;不乱扔东西,不乱涂乱画。B 选项学会自己吃饭,饭后擦嘴属于生活自理能力的内容。
12. ABC 【解析】在健康教育的实施过程中,当儿童的发展处于一种协调状态时,即达到了健康教育生理、心理、社会三个维度结合的境界。这种结合能够保证学前健康教育的切实有效性。
13. ABCD 【解析】学前儿童体育活动常用的方法包括:示范法、讲解法、练习法、游戏法与比赛法、口头指示和具体帮助法、领做法、信号法。

三、判断题

1. × 【解析】儿童教育和健康教育的总目标是确定儿童健康教育目标的直接依据。
2. × 【解析】幼儿园教师经常在体育活动中通过动作示范帮助幼儿掌握动作要领。
3. √ 【解析】学前儿童健康教育实施的发展性原则体现在:(1)学前健康教育目标的制定、内容的选择,要考虑略高于儿童现有水平,同时又是儿童经过努力可以完成的;(2)要注重个别差异,活动的组织,以小组、个别活动为主,集体活动为辅,从而加强对个别学生的指导,实现每个儿童的发展;(3)学前健康教育不仅仅要促进孩子现实的发展,同时更要为孩子的终身发展担负责任,不能只顾眼前学到了什么或眼前是否快乐。
4. × 【解析】题干的描述体现了大班儿童的学前健康教育目标。
5. √ 【解析】走是学前儿童从爬到直立后在发展上最重要的一次飞跃,是人体移动位置最自然、最省力的活动,是锻炼身体的手段之一,是幼儿园一项重要的体育活动内容。
6. √ 【解析】体育游戏的趣味性,是体育游戏具有生命力的重要因素。
7. × 【解析】人体在运动过程中,生理机能活动能力是不断变化的,而且有一定规律。一般在开始时,能力逐步上升,然后达到和在一定时间内保持较高的水平,最后又逐渐下降。这个过程可分为上升、平稳和下降三个阶段,这个变化过程是一个客观规律。
8. √ 【解析】投掷活动的教学建议:(1)常讲多练,运用各种游戏方法;(2)贯彻循序渐进的原则,逐步提高难度;(3)不能长期运用一只手抛;(4)常变换投掷物,增加幼儿的兴趣。
9. × 【解析】能步行 1 千米左右,连续跑约半分钟属于小班体育活动的目标。
10. √ 【解析】科学的适合于幼儿的体育活动是增强幼儿体质最积极、最有效的因素之一。幼儿园体育应以增强幼儿体质为核心。
11. √ 【解析】体育课的主要任务是:全面锻炼身体,增强学前儿童体质;传授简单的体育知识和技能;发展学前儿童智力;培养优良品质、锻炼意志、发展个性。

12. × 【解析】正确的跳跃姿势是:两脚稍稍分开,呈半蹲状,小屁股微翘,攥紧小拳头,然后开始起跳。

13. × 【解析】在具体设计和组织户外体育活动时,教师只有根据不同的活动内容灵活运用多种形式,才能使学前儿童户外体育活动开展得更加丰富多彩,户外体育活动的功能发挥得更加完善。

14. √ 【解析】研究表明,3~6岁是学前儿童的性别意识发生、发展的关键期。学前儿童早期形成的性概念和性准则,将影响其成年后的性观念和性行为的形成,从而影响心理健康。因此,从小进行性教育,使学前儿童懂得性别差异和性别角色,知道一些简单的性知识,纠正不良性行为习惯是非常重要的。

15. √ 【解析】大班幼儿走的能力发展特点为:动作发展好,走得轻松、自然、平稳有力、协调,走时基本能控制速度,但不具备齐步走的能力。横队走不齐,纵队能走齐。

四、简答题(参考答案)

1. 简述《幼儿园教育指导纲要(试行)》中健康教育的总目标。

(1)身体健康,在集体活动中情绪安定、愉快;(2)生活、卫生习惯良好,有基本的生活自理能力;(3)知道必要的安全保健常识,学习保护自己;(4)喜欢参加体育活动,动作协调、灵活。

2. 简述学前健康教育的终极目标。

(1)促进儿童身体的正常发育,增强儿童的体质,促进儿童身心健康发展;(2)培养儿童对体育活动的兴趣和积极参加体育锻炼的习惯,发展儿童的基本动作,同时培养儿童活泼、开朗、勇敢、不怕困难等心理品质;(3)帮助儿童获得基本的健康常识,培养良好的生活习惯以及自我保护的初步意识和能力。

3. 简述学前健康教育的意义。

(1)学前健康教育是保护学前儿童健康成长的特殊需要;(2)学前健康教育将为学前儿童一生的健康和生活奠定良好的基础;(3)学前健康教育是对学前儿童进行全面素质教育的重要组成部分;(4)学前儿童的身心健康是国家、民族发展的需要。

4. 简述选择学前健康教育内容时应注意的问题。

(1)教育的内容与目标要保持一致;(2)教育内容与儿童身心发展及生活经验相关联;(3)教育内容与儿童的接受能力相吻合;(4)教育内容适当考虑社会因素;(5)教育内容要为儿童一生发展服务;(6)教育内容要具有时代性。

5. 简述学前健康教育的方法。

(1)动作与行为练习法;(2)讲解演示法;(3)情境表演法;(4)感知体验法;(5)讨论评议法;(6)讲解示范法;(7)练习法;(8)语言提示和具体帮助法;(9)游戏法。

6. 简述实施学前健康教育应遵循的原则。

(1)主体性原则;(2)科学性原则;(3)发展性原则;(4)整合性原则;(5)全方位渗透原则。

7. 简述学前儿童体育活动的总目标。

(1)激发学前儿童参加体育活动的兴趣,提高学前儿童对体育活动的积极性、主动性和创造性,开发学前儿童的运动潜能;(2)激发学前儿童活泼、愉快的情绪和乐观开朗的性格,培养学前儿童坚强、勇敢、不怕困难的意志品质和主动、乐观、合作的态度;(3)促进学前儿童身体正常发育、机能协调发展,提高机体对环境的适应能力。

8. 学前儿童体育游戏进行中应注意哪些问题?

(1)调节活动量,注意孩子的发展;(2)注意动作的发展;(3)注意培养学前儿童遵守规则,重视品德教育;(4)注重安全问题。

9. 简述选择和创编学前儿童体操的基本要求。

(1)学前儿童体操的动作应简单易做,活泼欢快,可将反映学前儿童年龄特点的点头、拍手、跳跃等动作融合到操节之中;(2)要注意学前儿童身体的全面锻炼与发展;(3)合理地安排动作程序及活动量;(4)注重兴趣性,要有美感。

10. 简述学前儿童走的能力发展特点。

小班:学前儿童头重脚轻,腿部力量差,靠上体前倾移动重心,步幅小,速度不均匀,因而走跑分不清,走的

步伐不均，落地重，走时注意力分散，东张西望，走不成队，不能形成整齐的队伍走，不能一个跟着一个走。

中班：学前儿童有变化，上下肢较协调，动作较平稳，但步伐不匀，节奏感不强。

大班：学前儿童动作发展好，走得轻松、自然、平稳有力、协调，走时基本能控制速度，但不具备齐步走的能力。横队走不齐，纵队能走齐。

11. 简述学前儿童投掷能力的发展特点。

小、中班：学前儿童掌握的投掷动作还很少，动作不够协调，多余动作多，力量小，不准确。做肩上挥臂动作时，往往只是靠一臂之力，出手晚，投不远。

大班：学前儿童投掷能力有所提高，逐渐能用上转体和蹬地的力量，动作比较协调，但出手角度仍偏小，投掷方向不稳定。

12. 简述幼儿园体育活动中常用的练习法的类型。

（1）重复练习法；（2）变化练习法；（4）条件练习法；（5）完整练习法和分解练习法。

13. 简述幼儿健康教育的主要内容。

幼儿健康教育的内容大致包括身体健康和儿童心理健康教育两大方面。

（1）儿童身体健康教育：①体育锻炼；②生活卫生习惯；③饮食与营养；④安全自护。

（2）儿童心理健康教育：①学习表达和调节自己情绪的方法；②培养社会交往能力；③锻炼独立生活和学习的能力；④学习养成良好的习惯；⑤性教育；⑥预防心理障碍和行为异常。

14. 简述学前儿童户外体育活动的意义。

（1）学前儿童在户外活动，不仅能锻炼身体，而且能直接受到阳光、空气和温度等自然因素的刺激，对学前儿童运动系统、呼吸系统、循环系统、神经系统的健康发育尤为重要；

（2）户外体育活动这种形式还能弥补早操和体育课的不足，以分散的小组和个人活动为主，可以充分考虑和兼顾学前儿童的不同兴趣、爱好和能力水平，学前儿童还可以自选活动项目和运动器械，在活动中发展自己的动作和身体素质，学前儿童不会感到有什么压力，从而能轻松、愉快、自由地尽情活动；

（3）学前儿童户外体育活动尊重学前儿童的选择，也可以培养学前儿童独立性、自主性和创造性，学前儿童自由结伴游戏，有助于学前儿童社会性的发展。

15. 简述学前儿童体育活动的主要特点。

（1）学前儿童的体育活动是让他们学习基本活动技能（走、跑、跳、投掷等基本动作）和简单的体操动作，不教授专项运动和技术动作。

（2）体育游戏是学前儿童的主要活动内容和方式，特别是年龄越小的孩子，越是占有重要的地位。

（3）学前儿童体育活动的运动负荷的特点是：强度较小、密度较大、时间较短、急缓结合、动静交替。

（4）在学前儿童体育活动中，不仅体育课是教学的重要组织形式，而且早操活动、户外体育活动等也都具有一定的教学因素。

（5）学前儿童体育活动的组织方式、方法灵活多样，约束性小，可以根据儿童的实际情况随机变动。

（6）在学前儿童阶段中不搞考试，不搞达标测验。

（7）学前儿童体育活动的阶段性强，托儿、小、中、大班的年龄不同，在教材、教法等方面有明显区别。

16. 简述体育课的实施与指导。

（1）做好活动前的准备工作；（2）教师的情绪、语调和态度等将直接影响到学前儿童的情绪和兴趣；（3）灵活运用多种指导方式，既面向全体，又应注意个体差异，做好个别教育；（4）控制好活动的时间；（5）重视在活动中发展学前儿童的智力，并通过建立活动常规，利用活动的有关内容，培养学前儿童良好的品质和个性，促进学前儿童身心全面健康地发展；（6）注意做好活动后的复习辅导和检查评价工作，总结经验教训，不断提高自身的组织指导能力和教育质量。

17. 简述早操的注意事项。

（1）根据季节的特点，要选择、安排好早操时间和内容；（2）早操中的排队和队形变换内容要简单易行，不要搞小学化、军事化，不要把时间过多地用在排队和变换队形上，排队和队形变化要为学前儿童形成集体

意识和做操服务;(3)学前儿童操内容的选择,要面向全体学前儿童,使全体学前儿童能在较短时间内都学会和掌握,不要将操节内容安排得太复杂、太难或表演化;(4)要创造条件和充分利用室内体育活动室和教室,形成一套室内早操活动的方式、内容和要求,不要降低早操的质量,更不要轻易占用早操的时间。

18. 简述户外体育活动的注意事项。

(1)要自力更生,废旧物品利用,制作出各种各样有健身价值、并深受学前儿童喜爱的自制运动器材;(2)要经常清扫和检查户外体育活动的场地,使场地保持干净,没有沙、石、碎玻璃等物;(3)在户外体育活动时,卫生保健医生可参加卫生监督工作;(4)在户外体育活动时可播放一些活泼、轻快的学前儿童音乐,增添活动的气氛,使学前儿童感到轻松和愉快;(5)制定和准备好在下雨、下雪等不利于户外活动的室内体育活动方案。

19. 简述学前儿童安全教育实施的原则。

(1)倡导安全氛围;(2)重在自我保护;(3)发挥教育合力;(4)实现模式转变。

20. 简述学前儿童饮食营养教育的原则。

(1)需要性原则;(2)可行性原则;(3)安全性原则;(4)一致性原则;(5)直接性原则;(6)序列性原则;(7)整合性原则。

21. 简述学前儿童心理健康教育活动应注意的问题。

(1)教师及周围成人自身心理素质的提高;(2)渗透在日常教育工作中;(3)善于观察,适时疏导;(4)师生平等,尊重学前儿童人格,不要妄下结论;(5)正确看待学前儿童个性差异;(6)幼儿园与家庭、社会密切配合。

22. 简述学前健康教育活动评价的内容。

(1)对学前健康教育活动准备工作的评价;(2)对学前健康教育活动设计和实施过程的评价;(3)对学前健康教育活动所产生的近期影响的评价;(4)对学前健康教育总目标的评价。

23. 简述学前儿童体育节的意义。

(1)学前儿童体育节可使学前儿童感受体育节的气氛和欢乐,激发学前儿童运动兴趣,提高运动积极性;(2)增进不同年龄、不同班级学前儿童之间的了解和交往,丰富学前儿童的生活、活动内容;(3)有利于家长观察和了解自己孩子的运动健康状况,增加家园之间的沟通和合作。

24. 简述教师在学前儿童体育活动中运用讲解法时需注意的方面。

(1)讲解的内容不仅要正确,而且要符合学前儿童的接受能力;(2)讲解要简明扼要,重点突出;(3)讲解要富有启发性;(4)讲解要注意时机和效果。

25. 简述锻炼学前儿童平衡能力的教学建议。

(1)通过各种有情节的游戏进行,让学前儿童被情节所吸引,减少孩子的紧张,提高效率;
(2)在有一定高度时,鼓励孩子勇敢,又要有一定帮助;
(3)在有间隔物上走,以孩子的小步为适;
(4)创造、利用现有的条件、环境,多给孩子练习;
(5)坚持循序渐进的原则。

26. 简述学前健康教育评价的原则。

(1)单项评价和综合评价相结合;(2)定性评价和定量评价相结合;(3)筛查性评价和诊断性评价相结合;(4)形成性评价和终结性评价相结合;(5)绝对评价与个体内差异评价相结合;(6)自我评价和他人评价相结合。

27. 简述学前儿童体育活动的基本内容。

(1)基本动作;(2)体育游戏;(3)基本体操;(4)器械活动;(5)有关冰、雪、水等的活动;(6)学前儿童体育专项启蒙训练。

五、材料分析题(参考答案)

1.(1)针对肥胖幼儿,应制定科学合理的饮食习惯,量身制定运动方法。在平时活动中,应以鼓励表扬为主,逐

步增强其对体育活动的信心。(2)作为体育教师,最重要的就是消除她的心理障碍,利用体育游戏的方式,让小张产生对体育活动的兴趣。(3)通过一段时间的锻炼,在教学方法、教学手段、教学设施特别是教学内容上开设一些适合该幼儿的项目,在活动中应多用鼓励表扬的语言给予支持,增加幼儿参加体育活动的兴趣。

2.(1)不足之处:运动密度太大,表现在绝大多数孩子课后满头大汗,许多孩子直叫"累死我了"。

(2)基本理由:

①违背了儿童运动量应以中等强度为最佳选择的原则;

②违背了动静交替、强弱交替的原则;

③整节课游戏氛围始终紧张违背了人体机能适应性规律。开展学前儿童体育活动,要有效地提高他们的身体机能水平,增强体质,一定要合理地安排运动负荷和休息。

3.(1)案例中明明坐在椅子上的时候,身体前倾,只有臀部落在椅面上,坐在桌前时,常会耸着肩,这些坐姿是不正确的。

(2)①在班级醒目位置布置正确坐姿图片,把幼儿在进餐、看书、绘画时的正确坐姿拍成照片展示在主题墙上或制作成 DVD,让幼儿观察、讨论,了解什么是正确的坐姿。

②通过说儿歌、讲故事等方式帮助幼儿学习正确的坐姿,养成良好的礼仪习惯。儿歌:坐椅子,头抬起。眼平视,背挺直。腿靠拢,脚并齐。两小手,轻抚膝。

③为幼儿提供适宜的桌椅,根据幼儿的身高随时调整桌椅高度(椅子高度:以幼儿写画时双脚能自然着地为宜;桌子高度:以幼儿写画时身体坐直、不驼背、不耸肩为宜)。

④利用家长园地、微信平台等方式帮助家长认识正确坐姿对幼儿身体发展的重要性,提醒家长在生活中以身作则,鼓励幼儿在进餐、阅读、绘画时保持正确坐姿。

⑤平时注意观察幼儿的坐姿,要及时提醒坐姿不正确的幼儿。可让坐姿正确的幼儿成为大家的榜样,让其他幼儿模仿和学习。

4.(1)该教师要求交代不具体,要重新强调动作要领后再四散练习;

(2)教师未准确了解儿童的表现,应在观察儿童跳绳状况的基础上,给予具体的指导;

(3)幼儿练习时间过长,应处理好练习和间歇问题;

(4)幼儿运动负荷过大,应处理好运动负荷和休息的关系;

(5)活动形式单一,应采取形式多样的锻炼方式,提高儿童的练习兴趣和练习效果。

5.开展学前儿童安全教育应做到以下几点:

(1)倡导安全氛围。各种社会媒介的宣传,电视、广播、网络、报刊、书籍等形式的安全知识的传播,能帮助学前儿童逐渐改变其不良的生活行为,以避免意外事故的发生。专家认为绝大多数儿童意外伤害事故是可以预防的。所以我们要为儿童营造良好的安全生活环境。

(2)要发挥教育合力。儿童意外事故 52% 发生在家庭,19% 发生在街道,12% 发生在学校。说明学前儿童安全教育是一个系统工程,要有学前儿童、家长、教师、医生、心理学家、社会活动家、警察等的共同努力;还要有家长、相关管理人员、看护人员、教师的警觉性和责任心。只有这样,才能做好学前儿童伤害的防范和教育工作。

(3)加强学前儿童自我保护能力的培养。意外伤害的特点是意外性和突然性,这就导致了日常的预防工作难免疏漏,教师和家长应对学前儿童加强行为规范的教育,培养他们独自应对环境、适应环境的能力。要启发和诱导学前儿童,让他们认识到什么是安全的、什么是不安全的,以及不安全的后果。要采用学前儿童乐于接受的形式,使学前儿童有兴趣接受教育。

六、活动设计题(参考答案)

1.　**眼睛的秘密(大班健康教育活动)**

(一)活动目标

1.了解眼睛的作用以及眼睛各部分的名称;

2. 创编“眼保健操”,体验大胆表达的成功感;
3. 懂得保护眼睛的重要性,掌握更多保护眼睛(视力)的知识。
(二)活动准备
1. 物质准备
(1)每人一面小镜子;
(2)眼睛的结构图,挂图《眼睛生病了》;
(3)每人一副自制的太阳镜,幼儿自制的小老鼠指偶人手一个。
2. 经验准备
活动前带幼儿玩“捉迷藏”的游戏。
(三)活动过程
1. 黑暗体验,感受眼睛的重要性
幼儿戴上自制的眼镜,体验看不见东西时的感受。认识眼睛在生活中的重要性。
2. 初步了解眼睛的功能
师:在捉迷藏的时候,眼睛被蒙住你有什么感受?我们的眼睛能够看到哪些东西?
3. 了解眼睛各部分的名称
(1)先让幼儿用镜子观察自己的眼睛:眼睫毛有什么用处?眼睛里面像黑葡萄的是什么?眼睛最中间的小黑点是什么?
(2)出示眼睛结构图,引导幼儿观察。
教师小结:眼睫毛对眼睛有保护作用,能防止紫外线对眼睛的伤害,也可防止尘土落入眼内。眼睛里面像黑葡萄的是眼珠,眼珠最中间的小黑点叫瞳孔。
4. 讨论学习保护眼睛的方法
(1)师:认识了眼睛,明白了眼睛的用处,我们应好好地保护眼睛,应该怎样保护呢?
(2)出示挂图《眼睛生病了》,提问:这个小朋友为什么要揉眼睛?他的眼睛怎么了?眼睛会生什么病呢?(近视眼、红眼病、沙眼、结膜炎等)
(3)讨论:眼睛为什么会生病?(如用脏手帕擦眼睛,用脏手揉眼睛,看书或看电视时间太长,坐姿不端正等)
(4)讨论:日常生活中,我们应怎样保护眼睛?
看电视时,距离电视2米以上,看电视时间不能过长;看书时身体要坐正,不能趴着或仰着看书,看书时间长了,要休息或向远处看或看绿颜色的植物;不能在太强或太弱的光线下看书;画画、写字时身体要与桌子保持一拳的距离;平时毛巾、脸盆等要专人专用,并定期消毒和清洗,防止相互传染;眼睛生病了可以点眼药水等进行治疗;每样菜都要吃,食品应多样化,荤素合理搭配,这样对我们的眼睛、身体有好处。
5. 创编“眼保健操”
(1)教师请幼儿取出小老鼠指偶,引导幼儿想象自己是黑猫警长,将指偶呈至眼前,眼珠随着小老鼠上、下、左、右移动,不让老鼠逃跑。这一过程,简单达到让幼儿手眼一致、活动眼球的目的。
(2)教师鼓励幼儿随音乐节拍设计、创编运动眼球、放松眼睛的活动。
(3)幼儿分组设计、创编眼保健操。
(4)用图示方法记录“眼保健操”。教师及时给予支持、引导、帮助,鼓励幼儿大胆表现,用自己喜欢的方式记录。最后,展示幼儿的记录。
(5)教师小结:这一次我们明白了许多有关眼睛的秘密。老师希望每个小朋友都有一双明亮的眼睛。从此刻起,改掉那些不好的习惯,好好地保护我们的眼睛。
(四)活动延伸
幼儿将“眼保健操”设计图带回家,提醒自己和家长要保护视力。

2. 洗刷刷(中班健康教育活动)

(一)活动目标

1. 了解牙齿的作用和保护牙齿的一些简单常识,具有保护牙齿的意识;

2. 掌握正确的刷牙方法;

3. 培养良好的用牙卫生习惯。

(二)活动重难点

1. 活动重点:理解故事内容,知道保护牙齿的重要性,学习如何刷牙。

2. 活动难点:掌握正确的刷牙方法,并知道如何保护自己的牙齿。

(三)活动准备

1. 多媒体课件;

2. 每人小镜子一面,漱口杯、牙刷一副。

(四)活动过程

1. 导入活动

观看动画片《牙齿逃跑了》,引导幼儿了解牙齿的用处。

师:今天给小朋友们带来了一部好看的动画片,我们一起来欣赏吧!

(1)看片段一

师提问:皮皮睡觉前都做了些什么?

接下来会发生什么事呢?

(2)看片段二

师提问:你看到了什么?

牙齿遭到破坏会受得了吗?

接下来又会发生什么事呢?

(3)看片段三

师提问:牙齿为什么逃跑了?(因为不刷牙,会变成蛀牙,牙齿生气了就逃跑了)

没有了牙齿,人会怎么样?(引导幼儿回答牙齿的用处)

牙齿有哪些作用呢?幼儿讨论回答,教师出示课件图片展示牙齿的功能。(咀嚼、发音、美观)

小结:牙齿的用处可大了,可以帮助我们咬断、嚼碎食物;还可以帮助我们正确发音,使我们说话清楚;让我们变得漂亮。所以,小朋友一定要注意保护牙齿。

2. 探究保护牙齿的方法

(1)小朋友们有蛀牙吗?请幼儿同伴间互相看看、说说。

(2)每人拿一面小镜子看看自己有没有蛀牙。

(3)出示课件图片,认识蛀牙。

师:牙齿非常有用,我们要保护自己的牙齿,那么该怎样保护我们的牙齿呢?小朋友和小伙伴讨论一下吧!

(4)结合课件图片,教师小结保护牙齿的方法:早晚刷牙、不咬硬物、少吃糖、定期检查。

(5)今天我们就来学习一下正确的刷牙方法。观看课件《乐乐学刷牙》,每位幼儿跟随动画一起学刷牙。

(6)看完动画课件,老师结合模型带领幼儿练习正确的刷牙方法。

(老师先示范,再请个别幼儿尝试)

(7)表演《刷牙歌》。

3. 活动结束

(1)播放刷牙方法的图片,幼儿在图片提示下体验巩固正确的刷牙方法。

(2)幼儿刷牙,老师巡视指导。

3. 预防传染病(大班健康教育活动)

(一)活动目标

1. 了解有关幼儿容易患传染病的情况,根据自己的生活经验说出预防疾病的方法;

2. 培养语言表达能力；
3. 掌握一些基本的预防传染病的方法,增强预防疾病的意识。
(二)活动准备
1. 有关传染病的资料与图片；
2. 幼儿用书。
(三)活动过程
1. 师幼谈话,由幼儿比较熟悉的手足口病谈到传染病。
①讨论春秋季为什么是流行性传染病的多发季节?(春天和秋天气候乍暖还寒,阴雨绵绵,潮湿多雾,气候多变)
②教师告诉幼儿春秋季会有哪些流行性传染病出现。(如:感冒、麻疹、咳嗽、腮腺炎、水痘、手足口病等)
③重点介绍手足口病的临床表现。
④请幼儿讲述自己生病时的经历和感受。(如请医生诊治,要定时服药,多休息,多喝水,痊愈后才能回幼儿园上课等)
2. 教师讲述手足口病的传播途径。
①幼儿运用自己的已有经验讨论。
②请语言能力强的幼儿到前面来讲一讲小朋友们的经验。
③老师小结:咳嗽、打喷嚏、吐口水、毛巾及手摸过的用具上都会留下细菌,都有可能会传染手足口病。
④很多传染病的传播途径和手足口病是一样的。
3. 幼儿讨论:如何预防手足口病?
①提问:我们应该怎样预防传染病?
②幼儿自由回答。
③老师小结:多喝开水,多吃蔬菜水果、不挑食,勤洗手,勤剪指甲,不喝生水,打预防针,不接触患传染病的人群。
4. 带幼儿到洗手池洗手,结束活动。

4.

亲子运动会(大班)

(一)设计意图
我国《幼儿园教育指导纲要(试行)》中指出:“家庭是幼儿园重要的合作伙伴。应本着尊重、平等、合作的原则,争取家长的理解、支持和主动参与,并积极支持、帮助家长提高教育能力。”亲子运动在家庭教育中,往往被爸爸妈妈所忽视。这对密切亲子关系和促进孩子身心健康发展是极大的损失。为了帮助家长进一步学习亲子游戏的方式、方法,设计本次亲子运动会,使家长对亲子活动的材料、目的、准备、过程,以及如何引导活动有更详尽的了解。家长通过观察、亲身体验,感受如何引导孩子参与亲子活动,从而促进幼儿发展。
(二)运动项目
活动一
名称:蜈蚣竞走
材料:无
玩法:
(1)每班16名幼儿、16名家长,分两组进行,每组16人。分别站在场地两侧的起跑线后。
(2)听到老师口令,各组一路纵队蹲下,后面人双手扶前面人的腰间,听到信号后,幼儿组同时由起点出发,步调一致到达对面,家长按幼儿组的口令退回起点。
(3)先到达终点的组为胜。
规则:
(1)在行进过程中,必须保持下蹲姿势,手扶在前面人腰间,不得松开,若松开,退回起点重新开始。
(2)每组最后一个人过线后,另一组方可进行。

活动二
名称:接力赛跑
材料:皮球四个
玩法:
(1)每班 11 名幼儿、11 名家长,分别站在场地的两侧,成一列纵队。
(2)听到裁判口令,家长抱球送到对面的幼儿手中。
(3)幼儿接住球后抱球跑到对面,把球传给家长。依次往返。
(4)最先跑完为胜。
规则:
(1)双手抱球,若中途球落地,捡起后返回原地重新跑。
(2)传球过程中不得抛球,必须过终点线方可传球。
(三)家长工作要点
(1)家长要按照园内要求的时间准时带孩子到达运动会地点。活动前一天请保证幼儿充足的休息睡眠时间,以保证运动会当天幼儿以饱满的情绪参加运动会。
(2)做升旗、亲子操及亲子运动项目时,务必根据教师指令快速到达指定地点,请家长全身心投入到运动会中,为幼儿做良好的榜样。
(3)比赛期间请家长照看好自己的孩子,不要带幼儿在运动场地上随意走动,配合保持会场秩序。
(4)本次活动的主题是"我运动,我健康。我运动,我快乐",本着"友谊第一,比赛第二"的良好心态参加比赛,一定要注意孩子的安全。
(5)为了给孩子建立环保意识,请保持场地卫生,家长提前准备一个垃圾袋,结束后把自己所在区域的垃圾整理干净。
(6)运动会项目结束后,请家长(穿亲子服)配合集体合影留念,然后领取运动会礼物,并到本班教师处签到后方可自由活动。
(四)实施注意事项
(1)事先熟悉活动地点环境,了解周围是否有安全隐患,若有应及时整改。
(2)做好活动的组织工作,强化活动纪律,确定负责人,事先制订好计划。照顾幼儿安全,注意幼儿离园的安全。
(3)对幼儿进行安全教育、纪律教育,各班教师随时清点幼儿人数,游戏活动强度适中,教师应时刻关注幼儿在游戏中的表现,发现异常,及时给予关注。
(4)活动时,要及时提醒幼儿"安全第一,比赛第二"。

5.

玩圈(中班健康教育活动)

(一)活动目标
1. 能以各种方式玩圈;
2. 用圈做多种动作的练习。
(二)活动准备
教师准备活动所需的圈若干。
(三)活动过程
教师发出各种指令,让幼儿根据教师的示范动作,进行滚圈、套圈、跳圈、钻圈和投圈等活动。
1. 滚圈
玩法:将圈竖立,用力向前推,使圈滚向对面的同伴,或由自己边推边跑。
2. 套圈
玩法:将圈从头部套入,从脚下取出或从脚下套入、从头上取出。
3. 跳圈
玩法:把几个圈摆成一条直线,让幼儿单、双脚向前跳。

(1)把圈摆成之字形,让幼儿左右脚交替行进跳;
(2)把圈摆成单双数,让幼儿单双脚行进跳;
(3)把圈摆成圆形,让幼儿听信号围圈跳。
4. 钻圈
玩法:将圈竖立起来,让幼儿正着身体、侧着身体钻过。
5. 投圈
玩法:将圈悬挂,用沙包、皮球、飞镖等投过圈。

6. **捉星星(小班健康教育活动)**

(一)活动目标
1. 在一定范围内四散追逐跑,提高躲闪能力;
2. 发展身体灵敏、协调能力。
(二)活动准备
1. 宇宙飞船头饰一个;
2. 事先学会儿歌《小星星》。
(三)活动过程
1. 交代游戏名称。
教师讲解,请一个幼儿当小科学家,戴上宇宙飞船头饰,站在场外,其余幼儿扮小星星,四散地站在操场上。
2. 游戏开始,"小星星"一起念儿歌:"小星星,在天空,一闪一闪眨眼睛。""小科学家"接着念:"我坐宇宙小飞船,飞到天上捉星星。"说完最后一句话,"小科学家"就跑进场内捉"星星"。"星星"四散跑着躲闪。被捉到的"星星"站到场外,捉到数颗"星星"(据情况而定),游戏结束。
3. 游戏重新开始,更换"小科学家"。
(四)活动的玩法和规则
玩法:念儿歌《小星星》结束,"小科学家"跑进场捉"星星",被捉到的"星星"要站在场外。
规则:"小科学家"不准提前跑进场内,被捉到的"星星"要站在场外,捉到一定数量的"星星",游戏结束。

7. **夏季防暑办法(中班健康教育活动)**

(一)活动目标
1. 了解在夏天戴草帽的好处,用各种方法制作大草帽;
2. 探索防暑降温的各种办法。
(二)活动准备
收集各种防暑用品,各色毛根扭扭棒若干,彩纸若干。
(三)活动过程
1. 幼儿互相观察并谈谈有哪些防暑用品
你们这几天带来了很多防暑用品,看看都有些什么?这些用品有几种?
2. 说说用它们怎样使人们感到凉快
你用过哪些?感觉怎么样?有没有让你感觉到凉快?
重点介绍遮阳帽:夏天太阳光很强,我出门时会戴一顶遮阳帽。你们戴过吗?是什么感觉?
在夏天戴遮阳帽可使人们避免阳光的直射,感觉不那么热,脸上的皮肤不容易晒伤。说说你们带来的各种遮阳帽都有什么特别的地方(幼儿介绍)。如果让你来做一顶遮阳帽你会怎么做?选用什么材料、样式等。
3. 引导幼儿使用不同材料制作草帽
教师引导幼儿仔细观察草帽,发现草帽的特征:大大的帽檐,还有一个大圆顶。根据草帽的特点带领幼儿利用毛根扭扭棒和彩纸制作草帽。
4. 幼儿讨论还有哪些防暑降温的方法
除了我们今天带来的,在夏天还有哪些防暑降温的好方法?我们还可以回去问问爸爸妈妈,看他们有什么

好办法。

爱心贴士：最佳的饮料

白开水——中医称白开水是“百药之王”。喝白开水应选择沸腾后自然冷却的新鲜凉开水（20℃至25℃），这种白开水具有特异的生物活性，容易透过细胞膜进入细胞内，很快被吸收利用。喝白开水时最好加些盐，盐可以补充人体内丢失的钠。

爱心贴士：最佳的蔬果

苦瓜——中医称苦瓜味苦、性寒冷、能清热泻火。苦瓜的微苦滋味，吃后能刺激人体唾液、胃液分泌，使食欲大增，清热防暑，因此，夏天食苦瓜是最佳的选择。用鲜苦瓜捣汁或煮汤，对肝火目赤、胃热烦渴、胃脘痛、湿热痢疾，皆为辅助食疗佳品。苦瓜泡制的凉茶，饮后消暑怡神。我国民间自古就有“苦味能清热”“苦味能健胃”的经验之谈。

第三章　学前语言教育

真题必刷

第5练　学前语言教育目标、内容和特点

一、单项选择题

1. A 【解析】本题考查学前语言教育的研究内容。学前儿童语言教育主要是研究学前儿童语言获得、语言学习和语言教育的过程。

2. B 【解析】本题考查小班幼儿谈话活动的目标。喜欢与同伴交谈，愿意在众人面前讲话是小班谈话活动的目标。

3. D 【解析】本题考查学前儿童语言教育的目标。学前语言教育的终期目标有时也称为学前语言教育目标。它是语言教育所期望的最终结果，是学前阶段语言教育任务要求的总和。可以将总目标划分为四个方面：倾听、表述、欣赏文学作品和早期阅读。

4. D 【解析】本题考查幼儿园专门的语言教育内容。幼儿园专门的语言教育内容分别蕴含在谈话活动、讲述活动、听说游戏、文学活动、早期阅读活动这几种形式的活动之中。

5. B 【解析】本题考查幼儿语言教育的内容。教师应从以下几个方面科学、合理地安排语言教育教学内容：(1)按照幼儿的年龄特征循序渐进；(2)体现幼儿原有生活经验的内在联系；(3)根据语言教育目标有序地安排教学内容；(4)遵循幼儿本身的发展和语言能力的发展规律。题干的描述表明宋老师在安排语言教育教学内容时考虑了幼儿的年龄特征。

6. C 【解析】本题考查幼儿语言教育。对幼儿进行语言教育，既要考虑幼儿的原有知识经验，又要注意思想品德教育要求。

7. B 【解析】本题考查儿童语言学习的特点。延迟模仿是指儿童从各种途径自然而然地接受语言，不立即模仿说出，只是隔一段时间后，或在类似情境出现时，才模仿说出相类似的语言。如儿童在家模仿老师上课说话就是一例典型。当然，这种模仿经常不是原汁原味，已被儿童无意识地增加或遗漏了一些。

8. B 【解析】本题考查儿童语言学习的特点。题干描述的是即时的、不完全的模仿，这种情况常发生在幼儿初期。

二、判断题

1. √ 【解析】本题考查学前语言教育总目标的倾听目标。倾听是儿童感知和理解语言的行为表现。就儿童的语言学习和发展而言，倾听是不可缺少的一种行为能力，良好的倾听行为习惯的养成也是从学前期开始的。

2. × 【解析】本题考查学前语言教育总目标的倾听目标。分析情感目标的达成情况，即了解幼儿是否形成了耐心倾听别人说话的态度，是否乐意在集体面前讲述自己经历的事和图片内容，是否懂得并遵守语言交往中的一般规则。故有礼貌地倾听别人说话属于情感、态度目标。

第6练 学前儿童语言能力的发展与教育

一、单项选择题

1. B 【解析】本题考查学前儿童语言教育的理论取向。全语言教育,也称之为整体语言教育、完整语言教育,是近年来语言教育当中较重要的一种理论思潮。美国全语言教育思想的研究者 Genesee 强调语言教学应从整体着手,听、说、读、写应同时教。故题干的表述体现了全语言教育取向。

2. D 【解析】本题考查社会交往说的代表人物。社会交往说是布鲁纳、贝茨等学者的理论观点。布鲁纳等人指出,和成人交往是儿童获得语言的关键因素。

3. C 【解析】本题考查幼儿前语言发音能力的发展。前语言发音是指婴儿正式说话前的各种语音发声,类似于说话之前的语音操练。这个过程大致分为四个阶段:(1)单音发声阶段(0~4个月);(2)音节发声阶段(4~10个月);(3)前词语发声阶段(10~18个月);(4)特殊的"小儿语"发音阶段(1~1.5岁)。

4. A 【解析】本题考查幼儿语言的发展。在儿童言语活动发生发展的过程中,感知和理解语言先于语言表达的发生发展。儿童语音知觉发生发展在先,正确语音发生发展在后,即儿童先听懂,后会说。儿童书面语言的产生如同口头语言,即先会认字,后会写字,先会阅读,后会写作。儿童语言的基本发展顺序是听、说、读、写。

5. C 【解析】本题考查学前儿童言语发展中易出现的问题。3~4岁的儿童由于生理上不够成熟,不能恰当地支配发音器官。他们发出的元音错误少,错误往往在发辅音上。这是因为辅音要依靠唇、齿、舌等运动的细微变化。由于小班幼儿唇和舌的运动不够有力,下颚不灵活,因而发出辅音时往往分化不明显,他们的发音往往不够清楚,说出来的常常是两个语音之间的音,而不是用一个语音代替另一个语音。

6. A 【解析】本题考查学前儿童语言获得理论。强化论是行为主义解释儿童语言发展的最有影响的理论,特别强调"强化"在儿童语言学习中的作用,认为儿童是通过不断的强化学会语言的。强化论的主要代表人物是美国心理学家斯金纳。

7. B 【解析】本题考查学前儿童语言获得理论。语言先天获得论者认为语言的获得基本上是由先天决定的,这种理论有多种形式。主要代表人物是乔姆斯基。乔姆斯基认为,儿童生来就具有一个语言学习装置,这个装置具有一套语法系统和语言分析能力。当儿童接触一定数量的成人语言之后,就会利用这种装置对语言现象进行分析,尽快地选择词和句子,而不管这些词是以哪种语言听到、说出和理解的,这样儿童就学会了各种具体的语言。

二、判断题

1. √ 【解析】本题考查学前儿童语言的获得理论。先天与后天相互作用论,其代表性观点是皮亚杰的认知相互作用论,他认为认知结构是语言发展的基础,语言结构随着认知结构的发展而发展,个体的认知结构既不是环境强加的,也不是人脑先天具有的,而是来源于主体和客体之间的相互作用。

2. √ 【解析】本题考查学前儿童语言的获得理论。后天环境决定论,强调环境和学习对语言获得的决定性影响,这一理论是在美国心理学家华生的行为主义心理学的基础上提出的。

3. √ 【解析】本题考查学前儿童词义的发展。学前儿童获得词义的过程比获得语音、语法的过程缓慢,严格地说,词义的发展贯穿人的一生。

第7练 学前语言教育活动的设计、组织策略与评价

一、单项选择题

1. A 【解析】本题考查讲述活动设计和实施的步骤。在儿童感知理解讲述对象的基础上,教师指导儿童运用已有的经验进行讲述。这一步骤的活动组织,要求教师尽量放手让儿童自由讲述,给他们以充分的机会,实践并运用已有的经验讲述。组织儿童运用已有经验自由讲述的方式有很多,主要包括集体讲述、分组讲述、个别交流等。

2. A 【解析】本题考查学前儿童早期阅读活动的内容。在儿童阅读图书的过程中,至少要帮助儿童学习几种行为经验:翻阅图书的经验、读懂图书内容的经验、理解画面和文字与口语有对应关系的经验、图书制作的经验等。

3. C　【解析】本题考查幼儿应学习的谈话规则。概括起来，我们要求幼儿学习的谈话规则主要包括：一是用适合角色的语言进行谈话。二是用轮流的方式交谈。三是用修补的方法延续谈话。

4. A　【解析】本题考查谈话活动时应注意的问题。如果在谈话活动中，教师一味地去纠正和指出儿童用词造句或表达内容上的对错，势必会降低儿童表达的积极性。谈话活动不要求儿童一定要使用正确的词汇、准确无误的句式、合乎情理的知识经验，完整连贯地表达，只要大多数儿童能主动积极地参与到谈话活动中来就已经达到谈话活动的目标了。

5. D　【解析】本题考查优秀幼儿故事的语言特征。幼儿故事追求趣味性，是由阅读对象的审美情趣所决定的。因为儿童阅读或聆听故事，并非为接受教育，而是为了从中寻求愉悦，即符合幼儿倾听的习惯。幼儿故事有引人入胜的情节，有重复多变、多样统一、均衡圆满的整体结构，可以满足幼儿多方面的精神需求。幼儿故事常常在语言上最突出的特点就是口语化，要求故事的语言必须和儿童所具备的听学语言的能力相适应，在词汇、句法、节奏等方面要合乎儿童的言语表达习惯。

6. C　【解析】本题考查语言教育活动的设计与组织。确定语言教育活动的目标，是语言教育活动设计中最重要的一环。它的恰当与否，将对整个活动设计产生决定性影响，包括影响活动设计的方向、范围和程度。

7. A　【解析】本题考查语言教育活动的设计与组织。“教师根据歌词大意和歌曲的情节内容，把它改编成一个故事”，运用了把歌唱活动与语言活动相结合的教学方式。

8. B　【解析】本题考查儿童故事的选材要点。幼儿的年龄是选择故事时必须考虑的因素。对于低龄幼儿，宜选择重复率高（包括词、句与段落的重复）且朗朗上口的故事。这对幼儿牢固掌握基本的词汇和句型结构以及形成正确的节奏感很有帮助。

9. A　【解析】本题考查学前儿童讲述活动的设计与实施。组织进行情境讲述活动的准备：(1)选择内容，组织排练；(2)准备道具，布置场景；(3)设计活动计划及提问。选择内容也即确定主题。

10. D　【解析】本题考查幼儿早期阅读的技能和方法。预期的技能是幼儿预测故事情节发展的能力。这种预期的技能对幼儿的分析、推理、判断能力提出了更高的要求，因此，一般在大班以后才开始培养。

11. B　【解析】本题考查早期阅读的方法和技能。教给幼儿早期阅读的方法和技能主要包括：(1)观察理解的技能。(2)概括的技能。概括技能是幼儿在阅读完一本书后，能讲出图书的主要意思。幼儿在阅读时，需要对照前后画面的变化，寻找出二者的共同点、不同点和衔接点，并在理解的基础上对图书的主要内容形成一个总的、概括性的印象，以口头表达的形式表现出来。(3)预期的技能。题干的表述说明小明具备了良好的概括技能。

12. C　【解析】本题考查儿童故事活动的组织方法。在续编故事中，教师可以采用创造性提问的方法，以启发幼儿的想象力。创造性提问只适合于年龄较大的幼儿，对小班幼儿，一般采用回忆性提问和体验性提问，以帮助幼儿理解并体验故事的主要内容。

13. B　【解析】本题考查学前儿童早期阅读活动的设计与实施。在整个学前阶段，图画书都是幼儿阅读的主要材料。

14. B　【解析】本题考查学前儿童谈话学习的发展阶段。“初步自主地集中注意力倾听他人谈话”表明小红在谈话的学习与发展方面处于稳定阶段。

15. C　【解析】本题考查讲述活动的类型。看图讲述就是通过观察图片，儿童需要将一张或几张图片的主要内容准确、完整地表达出来。

16. A　【解析】本题考查语言教育活动的指导。根据沙和尚的性格特点，可以用平缓的语调，缓慢的语速。

17. D　【解析】本题考查幼儿前识字经验的内容。幼儿园的早期阅读活动向儿童提供的前识字经验包括：知道文字有具体的意义，可以念出声来，可以把文字和口语对应起来；理解文字的功能；粗晓文字的来源；知道文字是一种符号，它与其他符号系统可以转换；知道文字和语言的多样化；了解文字的构成规律等。

18. C　【解析】本题考查儿童故事活动的组织方法。中断法可运用于中、长篇故事的讲述中。这些故事由于篇幅较长无法一次讲完，因此教师在情节扣人心弦处有意停下，且每次中断时巧妙设置疑问、悬念，让幼儿猜想，可以发展幼儿的思维能力。短篇故事讲述中也可以采用这种方法以引导幼儿进行思考、联想。

19. D 【解析】本题考查幼儿园语言教育活动设计的内容。一个完善的语言教育活动设计的步骤包括确定活动目标、选择活动内容、策划活动流程、拟定活动方案。语言教育活动内容是实现教育目标的手段,是将目标转化为幼儿发展的中间环节,也是活动设计和活动组织的主要依据。因此,活动内容的选择是一个完善的语言教育活动设计的核心。

20. C 【解析】本题考查对学前儿童语言学习行为的评价。对学前儿童语言学习行为评价的内容之一是儿童参与活动的积极性。对儿童参与活动积极性的评价主要用于考查儿童对活动的情感投入程度,可以从儿童参与活动的兴趣和注意力情况进行分析。

21. A 【解析】本题考查儿童故事活动过程的设计。创编和续编虽然对儿童的创造想象有共同的促进作用,但创编的难度更大,对儿童的知识、能力的要求更高,故在儿童故事编构教学中,小、中班应以续编为主,大班以创编为主。

22. C 【解析】本题考查早期阅读活动的内容。早期阅读活动的内容包括为儿童提供三个方面的阅读经验,即前图书阅读经验、前识字经验和前书写经验。在早期阅读活动中,儿童要学习的前书写经验包括:(1)认识汉字的独特书写风格,如能将汉字书写区别于其他的文字;(2)知道汉字的基本框架结构,如左右结构、上下结构等;(3)了解书写的最初步规则,学会按规则去写字;(4)知道书写汉字的工具,知道使用铅笔、钢笔、圆珠笔、毛笔书写时的不同要求;(5)学会用正确的书写姿势写字等。

23. B 【解析】本题考查文学作品表演的含义。文学作品表演一般是在幼儿欣赏理解作品的基础上,引导幼儿通过语言、动作、表情再现作品,帮助幼儿深入地理解与体验作品的一种活动方式。

24. D 【解析】本题考查学前儿童语言教育活动设计与实施的原则。学前儿童语言教育活动设计与实施的原则包括教育活动经验连续性原则、教育活动中主客体交互作用的原则、教育活动相互渗透性原则、活动内容和活动方式相适应原则。

25. B 【解析】本题考查早期阅读活动的内容。从学前儿童早期阅读活动的目标出发,早期阅读活动的内容包括为儿童提供三个方面的阅读经验,即前图书阅读经验、前识字经验和前书写经验。故B项错误。

26. C 【解析】本题考查幼儿园语言教育活动设计与指导的内容。游戏活动是幼儿的主导活动,也是幼儿语言实践的最佳途径。在游戏中幼儿可以自由地支配自己,自主选择项目,愉快地和同伴交往、合作。

27. A 【解析】本题考查听说游戏的主要类型。描述练习的游戏是以训练儿童用比较连贯的语言,具体形象地描述事物,提高口语表达能力为目的的活动。

二、多项选择题

ACD 【解析】本题考查学前儿童语言教育活动的设计与指导。为了更好地培养幼儿的语言运用能力,教师可以做的有:(1)创设宽松的支持性语言环境,教师要理解、关心、尊重、接纳每一位幼儿表达的愿望和诉求。(2)面向全体幼儿,注意个体差异。(3)各领域要积极配合,共同提高幼儿的语言运用能力。

三、判断题

1. × 【解析】本题考查学前儿童早期阅读行为的培养。幼儿园有计划、有组织地开展早期阅读活动,可以帮助幼儿学习获得前识字经验,提高幼儿对文字的敏感性。值得特别注意的是,我们反对在幼儿园里专门集中地、大量地、快速地让幼儿识字。在各年龄班早期阅读活动中,前识字的活动提供有关文字信息,但是绝不应当要求幼儿机械记忆和认读那些文字,尤其给幼儿规定一定的识字量。

2. √ 【解析】本题考查学前儿童早期阅读活动的概念。学前儿童早期阅读活动是有计划、有目的地培养儿童学习书面语言的活动。

四、简答题(参考答案)

1. 简述幼儿园图画书阅读活动的组织策略。

(1)儿童自己阅读;(2)教师与儿童一起阅读;(3)围绕阅读重点开展活动;(4)归纳阅读内容;(5)阅读活动的延伸。

2. 简述学前儿童讲述活动的基本特征。

(1)讲述活动拥有一定的凭借物;(2)讲述活动的语言是独白语言;(3)讲述活动具有相对正式的语言情境;

(4)讲述活动中需要调动儿童的多种能力。

3. 简述对幼儿园语言教育活动本身进行评价的内容。

(1)目标的评价。①在评价教育活动的目标时,主要分析这一活动目标的提出是否以幼儿园语言教育的目标和各个活动类型的目标为依据;②是否从本班幼儿的实际情况出发,提出恰当的教育要求;③在目标中是否包含了认知、情感、能力等三个方面的内容;④整个活动的设计与组织是否围绕教育目标而进行。

(2)内容的评价。①在评价教育活动的内容时,主要分析内容的选择与目标的要求是否相一致;②活动内容是否符合科学性和思想性;③内容的分量是否适当,有无过多或过少的情况;④内容的组织是否分清了主次、突出了重点,是否抓住了关键内容;⑤内容的布局是否合理,各要点之间的衔接是否自然流畅;⑥与幼儿的发展状况是否适合。

(3)方法的评价。①在评价教育活动的方法时,主要分析方法的运用是否刻板划一;②方法的选择与运用是否随着活动目标、活动内容及幼儿实际而变化;③各种具体活动的方法与幼儿学习方式的适合情况如何;④有没有采用有效的方式保障幼儿积极参与教育活动。

(4)组织形式的评价。①在评价教育活动的组织形式时,主要分析在活动展开过程中,是否适当地进行了集体活动——分组活动——个别活动的组合与变换;②是否只是局限于采用一种特定的活动形式;③在活动的组织过程中,有没有考虑到因材施教的问题;④在分组时,是否考虑到人际关系以及幼儿的情感因素。

(5)环境材料的评价。①在对其进行评价时,主要分析是否创设或选择了适合于活动内容和幼儿实际的环境材料;②利用这些环境材料是否适合于教育活动的展开;③选择的材料、学具等是否适合于幼儿的操作;④教具和学具是否做出若干组合;⑤是否最大限度地利用了环境、材料、教具和学具所具有的功能。

(6)师幼互动评价。①在评价教师与幼儿的互动关系时,主要分析是否正确发挥了教师的主导作用;②是否创造条件使幼儿成为活动的主体;③教师与幼儿在活动过程中的交往是否和谐融洽,是否积极主动地相互交往;④幼儿的注意力、兴趣、情绪、意志、性格等非智力因素是否得到充分的激发。

4. 简述幼儿谈话活动的基本特点。

(1)谈话活动应拥有一个具体的、幼儿感兴趣的中心话题;(2)拥有较丰富的谈话素材;(3)注重谈话的多方交流;(4)谈话活动应拥有宽松自由的交流语境与交流气氛;(5)谈话活动中教师起间接引导的作用。

5. 简述幼儿前识字经验包括的内容。

(1)知道文字有具体的意义;(2)理解文字的功能;(3)粗晓文字的来源;(4)知道文字是一种符号,它与其他符号系统可以转换;(5)了解文字的构成规律等。

五、不定项材料选择题

1. AB　**【解析】**幼儿园的语言活动"彩虹色的花"目标重点是认知目标理解故事内容,能基本复述故事内容。

2. AB　**【解析】**"彩虹色的花"的故事是让幼儿体会和感受乐于助人的快乐,学会在别人需要帮助时伸出援助之手。

3. A　**【解析】**题干中教师运用的教学方法是示范法。

4. AC　**【解析】**社会领域的教育活动重点是培养幼儿的社会交往能力,体验助人为乐的快乐。

5. BC　**【解析】**该材料还可以生成语言活动和社会活动。

六、材料分析题(参考答案)

(1)①谈话活动应拥有一个具体的、幼儿感兴趣的中心话题。材料中教师让学生说说花瓣为什么好看,就是中心话题的体现。②拥有较丰富的谈话素材。材料中的谈话素材是幼儿知识经验范围内的。③注重谈话的多方交流。让幼儿调动起自己各个方面的经验参与交谈,提供运用语言的机会。④谈话活动应拥有宽松自由的交流语境与交流气氛。材料中教师及时对学生所说的句子进行评价和表扬,幼儿感到开心。⑤谈话活动中教师起间接引导的作用。材料中教师以参与者的身份参加谈话,给儿童以平等的感觉。教师的间接引导主要体现在用提问的方式引出话题或转换话题,引导儿童谈话的思路,把握谈话活动的方式。材料中教师及时提问,引出幼儿谈话的主题。

(2)①创设谈话情境,引出谈话话题。教师需要营造出一个宽松自由的谈话氛围,创设生动、有趣的谈话情境。材料中的教师可以就幼儿谈话的主题深入进行,探索更多的表达方法。②鼓励幼儿围绕话题自由交谈。材料中的教师可以鼓励幼儿围绕花瓣的主题,自由谈话。③引导幼儿围绕中心话题逐步拓展交谈内容。在儿童运用已有的知识经验充分地交谈后,教师要适时地将儿童集中起来,以提问或启发的方式帮助儿童学习新的谈话技能和谈话规则,掌握正确的谈话思路和方法。教师可以在幼儿谈论时,适时提问,引导主题。④教师隐性示范新的谈话经验。在通过逐层深入拓展儿童谈话内容的基础上,教师可以通过隐性示范向儿童提供谈话范例,帮助儿童掌握新的谈话经验,使儿童的谈话水平进一步提高。

七、活动设计题(参考答案)

1.(一)活动名称

大熊的拥抱节(大班语言活动)

(二)设计意图

因为幼儿年龄小不懂事,小朋友之间常常会发生一些小争吵,有时也不知道怎样相处。而《大熊的拥抱节》这个故事会让幼儿明白一个道理:平时欺负人,会失去很多好朋友。但如果发现身边的朋友有缺点的时候,要帮助他,多关心他,陪他改正错误。而且故事里的动物对话亲切、动听、优美,更能激发幼儿学习语言的欲望。

(三)活动目标

(1)在倾听与欣赏中体会理解大熊在拥抱节拥抱失败的原因,明白平时欺负人,会失去朋友的信任和支持;

(2)理解体会大熊的心情变化,通过角色表演用肢体语言表演故事;

(3)懂得作为朋友要在朋友犯错误的时候,帮助他、关心他,陪他改正错误和缺点。

(四)活动重难点

重点:用肢体语言表演故事。

难点:理解体会大熊的心情变化。

(五)活动准备

多媒体课件。头饰:大熊、袋鼠、小兔子、狐狸。

(六)活动过程

1.情景导入,了解拥抱

播放“大熊的拥抱节”课件首页,了解拥抱节

师:拥抱节大家会做一些什么事?这会是一个什么样的节日呢?

师:拥抱节是一个快乐、温暖的、和抱一抱有关的节日,和谁拥抱就和谁是好朋友。

2.听故事,理解故事内容

(1)倾听故事内容,了解故事

师:那天大熊早早地出门,他想干吗?100是什么意思?如果你去拥抱节,你想和多少个人拥抱?

(2)引导幼儿尝试说出大熊的想法

师:大熊说要和100个朋友拥抱,大熊的愿望会实现吗?

师:大熊怎么了,为什么难过呢?大家都不和他拥抱,他会怎么想?怎么做呢?如果小朋友不和你玩,你会怎么做?

(3)再次播放课件,引导幼儿说说自己的经历

师:大熊做了哪些对不起小动物们的事?你做过哪些对不起别人的事呢?

师:做了对不起别人的事,但是又想跟别人拥抱,应该怎么办呢?

(4)引导幼儿学会怎么去原谅自己的朋友

师:大熊做了对不起小动物的事,小动物们可能会怎么样,会做什么呢?

幼儿现场和朋友道歉,互相原谅。

小结:每个人都有可能有意或无意地做对不起别人的事情,但是做了错事要及时改正,作为朋友也要原谅他。

(5)播放完整课件,引导幼儿体会重获友谊的欢乐

大熊第一次哭和第二次哭有什么不一样呢?

3.情感迁移,让幼儿现场过拥抱节

师:小朋友们,你们想过拥抱节吗?从现在开始我们开始过拥抱节,跟谁拥抱就是谁的朋友。

4.角色表演,加深对故事的理解

教师组织幼儿利用头饰分角色表演故事,在故事表演过程中适时对幼儿进行指导。

(七)活动延伸

请幼儿回家跟家长复述《大熊的拥抱节》的故事。

2.

摇篮(大班语言活动)

(一)活动目标

(1)对周围生活中美好的事物感兴趣,感受和体会诗歌中"摇篮"的优美意境;

(2)在理解诗歌内容的基础上,学习用"……是摇篮,摇着……宝宝"的句式仿编诗歌;

(3)能大胆说出自己想象中的摇篮和宝宝。

(二)活动准备

(1)经验准备:教师在活动前引导幼儿观察认识诗歌中所提到的这些事物,如天空、花园、大海,让幼儿亲身感受生活中大自然的美。

(2)物质材料准备:小鱼、星星、花朵的模型;《睡觉歌》音频;吊床十个。

(3)环境准备:根据诗歌内容,创设出蓝天、大海、花园的游戏情景。

(三)活动过程

1.导入活动

听《睡觉歌》,边自由表演边进入活动室。(走过三个场景,并说"我们飞到蓝天上、我们游到大海里、我们来到花园中")进入活动室。

2.理解活动

(1)情景游戏"送宝宝"。

师:"我的宝宝们都在妈妈的怀里睡着了,妈妈的手像摇篮一样,睡得真舒服!小朋友们看看这些宝宝的摇篮在哪里呢?我们来帮他们找到自己的摇篮吧。"

幼儿自由选取场地上散放的星星、鱼、花,边放到相应的背景上,边表述。教师及时肯定孩子的想象。

(2)完整欣赏课件,教师提问。

诗歌里有哪些宝宝?(星宝宝、鱼宝宝、花宝宝)

谁是这些宝宝的摇篮?(蓝天——星宝宝、大海——鱼宝宝、花园——花宝宝)

它们是怎么哄宝宝睡觉的?(用语言、动作表现动词:飘、翻、吹)

(3)完整欣赏课件——幼儿边欣赏,边用动作表现诗歌。

3.仿编活动

(1)请幼儿在环境布置中自选图片进行仿编。

师:"蓝天是摇篮,还可以摇哪些宝宝?大海是摇篮,还可以摇哪些宝宝?花园是摇篮,还可以摇哪些宝宝?"(蝴蝶、蜻蜓、风筝、蜗牛、蚂蚁、海里的各种小动物、海星、海龟、月亮、太阳、火星等等)

(2)鼓励、启发幼儿用生活中的其他事物进行简笔画仿编,并相互讲述。

师:"除了蓝天、大海、花园、妈妈的手是摇篮,还有哪些东西可以当摇篮和宝宝呢?我们一起来画画吧。"

(3)将幼儿作品布置在展板上,每组请一名幼儿讲一讲自己小组仿编的内容。

(4)游戏《摇啊摇》。幼儿三人一组玩吊床。

(四)活动延伸

在艺术活动中,请幼儿将自己仿编的诗歌用绘画、文字符号等形式表现出来,以班级为单位,制成一本连环画。

3. **毕业诗(大班语言活动)**

(一)设计意图

大班幼儿即将结束幼儿园生活进入小学校园,三年的幼儿园生活,给孩子们留下了美好的印象,师生之间、幼儿之间结下了深厚的情谊。为了让幼儿了解三年来自己的成长变化,感受自己已经长大,体验毕业离园时的惜别之情,特设计本次活动。希望通过学习诗歌表达自己对幼儿园的依依不舍之情及对老师的深深谢意,知道自己即将面临毕业,萌发做小学生的愿望。

(二)活动目标

(1)能够理解诗歌的内容,丰富词汇:毕业了,忘不了;

(2)能有感情地朗诵诗歌,并能把记忆最深刻的人或事编入诗歌中进行诗歌创编;

(3)体会诗歌表达的情感,激发对老师、幼儿园的留恋之情。

(三)活动准备

(1)教师提前搜集幼儿在幼儿园三年内的照片(可让幼儿参与搜集),并制作成幻灯片。

(2)自录诗歌音频。

(四)活动重难点

(1)重点:引导幼儿在理解诗歌的基础上,初步学习朗诵并创编。

(2)难点:体会诗歌表达的情感。

(五)活动过程

1. 图片导入,引起回忆,激发兴趣

(1)教师播放制作好的幼儿在幼儿园三年内的PPT幻灯片。

(2)提问,引导幼儿回忆在幼儿园的生活:能说一说你印象最深的一件事吗?

(3)请一两个幼儿回答。

2. 学习诗歌,初步理解

(1)过渡句:小朋友们都想起了自己印象深刻的事情,咱们从小班到大班,都长大了,马上就要毕业上小学了,老师把你们的讲话编成了一首诗,名字叫《毕业诗》,送给你们,希望你们牢牢地记住它,好不好?

(2)教师示范朗诵诗歌1~2次,注意感情。

(3)让幼儿说说听了诗歌的感受。(加深对诗歌的理解,感受诗歌中对幼儿园、老师、同伴那份依依不舍的情感)

(4)老师分三段朗诵诗歌,指导幼儿学习朗诵诗歌。

①老师朗诵第一段“时间时间像飞鸟,滴答滴答向前跑,今天我们毕业了,明天就要上学校”。幼儿可以根据自己的印象与老师一起念。

②老师朗诵第二段“忘不了幼儿园的愉快欢笑,忘不了老师们的亲切教导”。

③老师朗诵第三段“老师老师再见了,幼儿园幼儿园再见了,等我们戴上红领巾,再向你们来问好”。

(5)老师和幼儿一起整体朗诵诗歌,注意引导幼儿朗诵的语气语调。

3. 创编诗歌,萌生留恋

(1)回忆在幼儿园里最忘不了的事,并能用“忘不了……”的句式进行创编。

(2)集体朗诵诗歌前四句,从“忘不了”开始由教师帮助幼儿填入自己创编的人或事。如忘不了滑梯上的欢笑,忘不了草地上的奔跑,忘不了老师的拥抱,忘不了我们曾经有过的争吵……

(3)分小组讨论,把小组成员中最忘不了的两件事编入诗歌中。

4. 分小组集体表演小组创编的诗歌,结束活动

(六)活动延伸

(1)参观小学;

(2)画出心中的幼儿园;

(3)和爸爸妈妈说出幼儿园难忘的一件事。

4. 风在哪里(大班语言活动)

(一)活动目标

(1)初步感知、理解散文《风在哪里》,学习用抒情、优美的声音朗读;

(2)根据生活经验和图片的暗示,仿编诗歌,探索用动作、体态、表情来表现诗歌;

(3)大胆表达自己的感受,在朗诵时努力与同伴保持一致和协调。

(二)活动准备

课件《风在哪里》,散文诗内容音频,录音机,树、花、草胸饰若干,自制风车一个。

(三)活动过程

1. 谈话导入

(1)教师:小朋友,今天老师给你们带来了一样东西,看看是什么。为什么风车转了?风在哪里?风车说:当我的车轮轻轻转动,那是风在吹过。

(2)教师提问,引导幼儿回答。

2. 欣赏散文诗《风在哪里》

(1)播放课件,第一遍欣赏散文诗并提问

教师提问:这首散文诗很优美,谁来说说它的名字。刚才在散文诗里都有谁在说话?

(2)第二遍欣赏散文诗

教师提问并引导幼儿完整说出树、花、草的话。

3. 师幼有感情地朗诵散文诗

(1)第一遍幼儿学习散文诗。幼儿齐声跟读散文诗。

(2)第二遍幼儿巩固学习散文诗。

4. 教师创设情境分角色对话朗诵

幼儿带上树、花、草的胸饰,集体听录音表演朗诵散文诗。

5. 看图创编诗歌

(1)利用课件图片,教师引导幼儿创编诗歌。

(2)请幼儿有感情地朗诵诗歌(包括创编诗歌),教师进行录音,请幼儿欣赏。

(四)活动延伸

我们去外面找找风吧!

实战演练

一、单项选择题

1. B 【解析】渗透的语言教育内容的核心是促进儿童与教师、同伴之间的有效言语交流。所以,从某种意义上说,渗透的语言教育内容更加重要。

2. B 【解析】小班儿童早期阅读活动的目标:(1)喜欢看书,了解看书的基本方法,能初步看懂单幅儿童图画书的主要内容;(2)能用口头语言将儿童图画书的主要内容说出来,开始感受语言和其他符号的转换关系;(3)对文字感兴趣,能在成人的启发下认读最简单的文字;(4)在活动中以描画图形的方式练习基本笔画。

3. D 【解析】大班幼儿谈话活动的目标是:(1)能主动、积极、专注地倾听别人谈话,迅速掌握别人谈话的主要内容,并从中获取有用的信息;(2)能主动地用普通话与同伴交流,态度自然大方;(3)能围绕话题谈话,会用轮流的方式交谈,并用恰当的语言表达自己的情感,与同伴分享感受;(4)逐步学会用修补的方法延续谈话,进一步提高语言交往水平。

4. C 【解析】听说游戏为儿童提供一种游戏情景,使儿童在游戏中按一定规则练习口头语言,培养儿童在口语交往活动中的快速、机智、灵活的倾听和表达能力。

5. B 【解析】渗透的语言教育主要发生在日常生活中的语言交往、自由游戏中的语言交往、其他领域活动中

的语言交往、随机渗透在日常生活环节中的语言学习。

6. C 【解析】讲述活动主要为儿童创设正式的口语表达情景，使儿童有机会在集体面前表达自己对某一图片、实物或情景的认识、看法等，学习表述的方法和技能。讲述活动涉及的语言教育内容包括：(1)培养儿童认真倾听的习惯和完整、连贯、清楚的表述能力，促进其独白语言的发展，内容涉及用简单明了的语言，把某一实物的特征、功用解说清楚；(2)用比较恰当的语言讲述图片或影片中的主要人物、事件；(3)用生动形象的语言，讲述处在某一情境之中的人物的形态、动作，故 C 项错误。

7. C 【解析】欣赏文学作品部分中的能力与技能目标：(1)理解文学作品的内容，体会文学语言的美，积累文学语言；(2)初步了解文学常识，会区别不同类型的文学作品及其构成要素；(3)能用动作、语言、美术、音乐等不同表现方式，积极反映对文学作品的理解；(4)学会编构故事，表演故事以及诗歌、散文的欣赏与仿编活动等。

8. B 【解析】早期阅读活动重点培养儿童对书面语言的兴趣，引导他们逐渐产生对汉字的敏感性，丰富他们前阅读和前书写的经验。故 B 项正确。

9. C 【解析】前语言发音是指婴儿正式说话前的各种语音发声，类似于说话之前的语音操练。这个过程大致分为四个阶段：(1)单音发声阶段(0～4 个月)；(2)音节发声阶段(4～10 个月)；(3)前词语发声阶段(10～18 个月)；(4)特殊的“小儿语”发音阶段(1～1.5 岁)。故 C 项不正确。

10. C 【解析】一般把儿童从出生到能够说出第一个具有真正意义的词之前的这一时期(0～1 岁)，划为前言语阶段，它是一个在语言获得过程中语音的核心期。

11. B 【解析】皮亚杰的认知相互作用论认为，认知结构是语言发展的基础，语言结构随着认知结构的发展而发展，个体的认知结构既不是环境强加的，也不是人脑先天具有的，而是来源于主体和客体之间的相互作用。

12. A 【解析】后天环境决定论，强调环境和学习对语言获得的决定性影响，这一理论是在美国心理学家华生的行为主义心理学的基础上提出的。先天与后天相互作用论，其代表性观点是皮亚杰的认知相互作用论。社会交往说是布鲁纳、贝茨等学者的理论主张。故 BCD 项不正确。

13. B 【解析】单词句是指用一个词代表的句子，所用的词不是单独和某种对象相联系，而是和某种情境相联系。此阶段一般出现在 1～1.5 岁。用“球球”表示“这是一个球”“我要球球”，说明幼儿的语法发展处于单词句阶段。

14. D 【解析】学前儿童语音教育的基本内容包括：(1)培养学前儿童辨析性的听音能力；(2)教会学前儿童正确发音；(3)培养学前儿童的言语表情；(4)培养学前儿童言语交往的文明修养。

15. A 【解析】1.5～2 岁是儿童语言发展最为迅速的时期，也是儿童掌握词汇的第一个转折期。词汇数量迅速增加，出现“词语爆炸现象”。

16. D 【解析】语音练习游戏是以练习正确发音，提高辨音能力为目的，形式和结构都较简单。

17. D 【解析】辨调水平阶段(4～10 个月)：能注意一句话或一段话的语调，从整块语音的不同音高、音长变化中体会所感知的话语声音的社会性意义。

18. B 【解析】辨义水平阶段(10～18 个月)：能将人们说话时语音表征和语义表征联系起来，去分辨一定语音的语义内容。开始学习通过对声、韵、调的整体感知来接受语言，为正式使用语言与人交往做好“理解在先”的准备。

19. B 【解析】小班是语音教育的关键期，培养学前儿童正确发音是小班语音教育的重点任务。小班语音教育的重点应该放在听力和发音练习上。

20. D 【解析】讲述活动的语言交流有别于其他类型的语言活动，它要求儿童使用的是独白语言，是培养锻炼儿童独白语言的特别途径。

21. C 【解析】延迟模仿是指幼儿从各种途径自然而然地接受语言，不立即模仿说出，只是隔一段时间后，或在类似情境出现时，才模仿说出相似的语言。

22. A 【解析】幼儿故事教学活动首要问题是选材问题(内容选择)，幼儿故事教学所选的故事除了要遵循文

学作品的文学性、教育性等一般特点以外,还要考虑故事本身的一些条件。

23. C 【解析】教师通过挂图、教具、故事表演和描述性、思考性、假设性的三层次提问等方式,帮助儿童理解故事的主题、情节、人物性格特征等。其中,在第二遍讲述完故事后教师可进行思考性提问,如“房子为什么会动”“这是一只什么样的小松鼠,你喜欢它吗,为什么”,引导儿童理解故事的主题、人物性格和心理特征等。

24. B 【解析】理解体验作品是通过作品表演、观察、谈话等方式帮助儿童体验作品。这一层次的学习是在儿童学习和欣赏文学作品的基础上,根据作品内容范畴设计相关的活动,帮助儿童理解作品内容,体验作品人物形象的情感心理,以便儿童进一步认识作品中展示的生活和精神境界。

25. A 【解析】文学作品向儿童进行的教育有多元价值,作为艺术品首要的是审美价值:语言美、形象美、心灵美、意境美;其次是多功能的其他认识价值:科学知识的、人际关系的、行为品质的;第三是娱乐价值:引起美感享受,愉悦身心;第四是促进想象力、创造力、情感体验等审美心理发展的价值。上述均能够产生审美效应,应作为教育目标让儿童去实现。

26. D 【解析】与宽松、自由的交谈不同,讲述活动为儿童提供的是一种相对正式、规范的语言运用场合。它不仅要求儿童能在小组中发表自己的见解和观点,还要求儿童能在集体面前用规范的语言大胆地表达自己的认识。

27. C 【解析】引导儿童围绕中心话题逐步拓展交谈内容,这是谈话活动的重点内容和核心。在儿童运用已有的知识经验充分地交谈后,教师要适时地将儿童集中起来,以提问或启发的方式帮助儿童学习新的谈话技能和谈话规则,掌握正确的谈话思路和方法。

28. D 【解析】幼儿学习文学作品,有三个不同的层次:理解作品、借助文学作品来认识周围世界、在上述基础上感受艺术结构语言符号的不同方式。

29. B 【解析】从讲述的内容来分,可分为叙事性讲述、描述性讲述、说明性讲述和议论性讲述。

30. B 【解析】谈话活动的基本特征有:(1)谈话活动应拥有一个具体的儿童感兴趣的中心话题;(2)拥有较丰富的谈话素材;(3)注重谈话的多方交流;(4)谈话活动应拥有宽松自由的交谈语境与交流氛围;(5)谈话活动中教师起间接引导的作用。故B项不正确。

31. A 【解析】主题是文学作品中通过其形象体系显示出来的中心思想。

32. B 【解析】幼儿对谈话认知方面的目标有:(1)知道倾听在谈话中的意义、作用,知道倾听他人的谈话内容;(2)知道与他人交谈时要围绕话题谈话不跑题,并且知道围绕中心话题不断扩展谈话内容;(3)知道运用语言进行交谈的基本规则,并知道在谈话中运用这些基本规则进行交谈。B选项主动用适合自己角色的语言,自觉地运用听说轮换等基本的交谈规则、方式进行交谈属于对谈话情感态度方面的目标。

33. B 【解析】讲述活动的语言交流有别于其他类型的语言活动,它要求儿童使用的是独白语言,是培养锻炼儿童独白语言的特别途径。

34. A 【解析】儿童早期阅读活动设计与实施的步骤:(1)儿童自己阅读;(2)教师与儿童一起阅读;(3)围绕阅读重点开展活动;(4)归纳阅读内容;(5)阅读活动的延伸。

35. B 【解析】词汇练习游戏是以丰富儿童词汇和正确运用词汇为目的的活动。观察图片,培养幼儿说反义词的能力属于词汇练习游戏。

36. D 【解析】谈话活动主要类型有日常生活中的谈话、有计划的谈话活动、开放性的讨论活动,不包括随机的谈话活动。

37. C 【解析】听说游戏是一种特殊形式的语言教育活动,它是用游戏的方式组织儿童进行的语言教育活动,含有较多的规则游戏的成分,能够较好地吸引儿童参与到语言学习的活动中去,并使儿童在积极愉快的活动中完成语言学习的任务。其活动目标是以培养儿童倾听和表述能力为主,活动的内容主要集中在听和说的理解和表达方面。

38. A 【解析】幼儿园文学作品活动的特点包括:(1)幼儿园文学作品活动是围绕文学作品开展的一个系列活动;(2)幼儿园文学作品活动发展的是儿童的完整语言;(3)幼儿园文学作品活动整合、渗透于其他教育活动中。

39. A 【解析】语言教育活动的评价涉及许多方面,但概括起来主要是两个方面,一个是对幼儿的评价;另一个是对活动本身的评价。

40. A 【解析】小班编构故事活动的重点是编构故事结局,即幼儿依据个人对故事语言、情节、人物、主题的理解,在故事行将结束时为故事编构一个结局。

41. C 【解析】从讲述对象的特点来分,可分为看图讲述、实物讲述和情景表演讲述。

42. A 【解析】谈话者可采用修补的方法延续谈话。

43. B 【解析】小组指导主要针对亲子阅读中普遍存在的问题利用接送孩子的时间进行小组辅导。

44. B 【解析】说明性讲述即用简单明了的语言,把事物的形状、特征、用途等解说清楚的讲述形式。

45. C 【解析】幼儿的阅读技能主要包括理解观察的技能、概括的技能和预期的技能。

46. C 【解析】摹状就是摹写事物的形状和声音。题干的描述运用了摹状的修辞方法。

47. B 【解析】以文学作品为学习内容的网络活动,首先要将作品传授给幼儿,这是任何一类或任何一个文学作品学习所不可缺少的首要环节。

48. A 【解析】由于时间有限,儿童故事活动过程设计应将重点放在第一、二层次,即学习欣赏、理解体验上,第三层次迁移和第四层次创造性运用语言可安排在延伸活动环节或者主题活动中。

49. D 【解析】学前语言教育评价的作用包括反馈作用、诊断作用和增效作用。

50. B 【解析】幼儿期主要是学习口头语言的时期,在书面语言方面,只是处于准备时期。此时期在为读写做准备中,最重要的是培养读写兴趣,而不要在入学前已使孩子对学习读写产生厌烦心理。既然以培养读写兴趣为重点,对幼儿读写的要求就不要过于严格,而要多鼓励幼儿的学习积极性,肯定他的学习态度和成绩。

51. C 【解析】谈话活动注重的是儿童的交往语言和对白语言,侧重于师生间、同伴间的信息交流与补充。讲述活动是锻炼儿童独白语言的特别途径。故C项错误。

52. B 【解析】辨音水平阶段(0~4个月)是学会分辨言语声音和其他声音的区别,获得辨别不同话语声音的感知能力。大约两个月后,开始比较清楚地感知“语音学”意义上的单纯的语音,能感知由发声位置和方法变化造成的语音差别。

53. A 【解析】在幼儿园语言教育活动中,对教师行为的评价主要涉及语言教育活动目标的达成程度、活动内容和形式的适合程度、活动内部要素的协调程度和效果分析。

54. A 【解析】幼儿的语法发展是从混沌一体到逐步分化。幼儿早期的语言功能有表达情感、意动(语言和动作结合表示意愿)和指物三个方面。最初这三个方面紧密结合,以后才逐渐分化。

55. C 【解析】辨义水平(10~18个月)能将人们说话时语音表征和语义表征联系起来,去分辨一定语音的语义内容。开始学习通过对声、韵、调的整体感知来接受语言,为正式使用语言与人交往做好“理解在先”的准备。

56. B 【解析】题干的表述属于间接指导的方法。

57. A 【解析】以行为主义为理论的后天环境决定论指出,儿童掌握语言,就是在后天的环境中通过学习获得语言习惯的,语言习惯的形成是一系列“刺激—反应”的结果。

58. B 【解析】乔姆斯基的先天论认为,语言是由无限多个句子构成的,句子的无限性决定了儿童不可能对一种语言的所有句子都进行模仿;但是儿童却可以听懂或说出他从未听到过的句子。这就从根本上否定了儿童是通过模仿学习语言的这种经典性理论。

59. A 【解析】理解作品的内涵即理解作品的情感心理和精神世界。

二、多项选择题

1. ABCD 【解析】专门的语言教育内容分别蕴含在谈话活动、讲述活动、听说游戏、文学活动和早期阅读这几种形式的活动之中。

2. ABC 【解析】语言教育必须坚持的基本原则包括:(1)面向全体儿童;(2)发挥儿童学习语言的主体性;

(3)加强语言教育与其他领域教育的联系。

3. ABC 【解析】“倾听行为技能的培养”在不同年龄,其具体目标要求是有差异的。对幼儿的要求可以有所提高,分为:有意识倾听(小班),辨析性倾听(中班),理解性倾听(大班)。

4. ABD 【解析】C 项属于中班幼儿的讲述活动目标。

5. ABCD 【解析】幼儿园的早期阅读活动向儿童提供的前识字经验包括:(1)知道文字有具体的意义,可以念出声来,可以把文字和口语对应起来;(2)理解文字的功能;(3)粗晓文字的来源;(4)知道文字是一种符号,它与其他符号系统可以转换;(5)知道文字和语言的多样化;(6)了解文字的构成规律等。

6. ABC 【解析】学前语言教育活动的指导主要包括:直接指导、间接指导和环境条件的利用(借助教具指导)。

7. ABCD 【解析】儿童的作品创造是作品与儿童各种经验的结合。创编大致可分为四种类型:扩编和续编;仿编;转换编构;独立完整编构。

8. AB 【解析】学前儿童文学作品学习活动主要包括文学欣赏和文学创造两种类型。

9. BCD 【解析】早期阅读活动重点培养儿童对书面语言的兴趣,引导他们逐渐产生对汉字的敏感性,丰富他们前阅读和前书写的经验。

三、判断题

1. √ 【解析】影响幼儿学习语言的内部因素是指幼儿本身的发展水平或状态。

2. × 【解析】题干描述的是小班幼儿谈话活动的目标。

3. × 【解析】题干描述的是幼儿对语言领域早期阅读能力的表现。

4. × 【解析】要想在语言教育中充分发挥儿童的自主性,最根本的是建立一种平等而民主的师生关系。

5. × 【解析】题干的表述属于早期阅读部分的情感、态度目标。

6. × 【解析】文学活动着重培养儿童欣赏文学作品的能力以及利用文学语言表达想象、表达生活经验的能力。

7. √ 【解析】单词句是指用一个词代表的句子,所用的词不是单独和某种对象相联系,而是和某种情境相联系。此阶段一般出现在 1 ~ 1.5 岁。

8. × 【解析】儿童的语言学习是主动进行的。

9. √ 【解析】双词句是由两个单词组成的不完整句,有时也由三个词组成。这种句子的表意功能虽较单词句明确,但其表现形式是断续的、简略的,结构不完整,好像成人的电报式文件,故也称为“电报句”或“电报式语音”。此阶段一般出现于 1.5 ~ 2 岁。

10. × 【解析】从 1 岁半开始,儿童发音器官逐渐成熟,语音逐渐稳定和规范,发不出的语音逐渐减少,儿童的无意义发音现象已经消失。

11. × 【解析】说多词句的句子时,常有说话不流畅、结结巴巴的现象,对 3 岁孩子而言,这是正常的自然现象。

12. × 【解析】题干描述的是幼儿即时的、完全的模仿。

13. √ 【解析】日常生活是儿童一日活动的主要环节。在日常生活中,儿童有大量的言语交往机会,这种交往没有固定的组织形式,不受时间、地点、人数、内容的限制,儿童语言实践的机会很多。儿童的语言正是在这种交往过程中,在丰富多彩的生活实践中不断发展的,因此,日常生活中的语言教育是发展儿童语言的重要途径。

14. √ 【解析】日常生活中语言教育的常见活动形式有:听一听、玩一玩、说一说和读一读。

15. × 【解析】谈话活动的主要目的是鼓励儿童大胆、自由地与他人交谈,自由地表达自己的观点和认识,因此,在儿童表达时对语言的要求在其次。如果在谈话活动中,教师一味地去纠正和指出儿童用词造句或表达内容上的对错,势必会降低儿童表达的积极性。谈话活动不要求儿童一定要使用正确的词汇、准确无误的句式、合乎情理的知识经验,完整连贯地表达,只要大多数儿童能主动积极地参与到谈话活动中来就已经达到谈话活动的目标了。

16. √ 【解析】幼儿园早期阅读活动着重从情感态度、认识和能力三个方面培养幼儿学习书面语言的行为。

17. × 【解析】创编和续编虽然对儿童的创造想象有共同的促进作用,但创编的难度更大,对儿童的知识、能力的要求更高,故在儿童故事编构教学中,小、中班应以续编为主,大班以创编为主。

18. √ 【解析】幼儿对文字的敏感性,是他们通向阅读之路的最重要的一步。

19. × 【解析】小班看图讲述的图片篇幅少,一般为1~2幅。

20. √ 【解析】教师在组织语言教育活动时,必须坚持教师示范与学前儿童练习相结合的原则。

21. × 【解析】教育评价的目的是改进教与学,所以对教育目标的达成既要有量的显示,也要有质的评定。

22. √ 【解析】学习语言,既包括学会听,也包括学会说和读、写。儿童语言发展是从学习听话和说话,特别是从学习听话开始的。

23. √ 【解析】幼儿园双语教育重点在于有计划、有目的地创设合适的两种语言环境,这些环境有时是正式的,有时是非正式的。

四、简答题(参考答案)

1. 简述中班幼儿讲述活动的目标。

(1)养成先仔细观察,后表达的习惯;(2)逐步学会理解图片和情境中展示的事件顺序;(3)能主动地在众人面前讲述,声音响亮,句式完整;(4)学习按照一定的顺序讲述实物、图片和情境的内容;(5)能积极地倾听别人的讲述内容,善于发现异同,并从中学习好的讲述方法。

2. 简述大班幼儿文学作品学习活动的目标。

(1)乐意欣赏不同体裁、不同风格的文学作品,在文学活动中积累文学语言,并尝试在适当场合运用;(2)在理解文学作品人物、情节或画面情境的基础上,学习理解作品的主题或感受作品的情感脉络;(3)初步感知文学作品语言和结构的艺术表现特点,开始接触文学作品的艺术语言构成方式;(4)依据文学作品提供的想象线索,联系个人已有经验扩展想象,并创造性地进行表述。

3. 简述专门的语言教育内容的选择遵循的原则。

(1)根据语言教育目标选择内容;(2)根据儿童心理发展的特点选择内容;(3)在儿童的新旧语言经验间建立联系。

4. 简述小班幼儿听说游戏的目标。

(1)乐于参加游戏活动,在游戏中大胆地说话;

(2)发准某些难发的音,初步掌握方位词及人称代词,学习正确运用动词;

(3)在游戏中尝试按照规则运用简单句说话;

(4)养成在集体活动中倾听别人讲话的习惯,能听懂并理解较简单的语言游戏规则。

5. 简述小班幼儿文学作品学习活动的目标。

(1)喜欢欣赏文学作品,愿意参加文学活动,对文学作品的语言感兴趣;

(2)能初步感受文学作品的语言,了解故事、诗歌和散文是不同体裁的文学作品;

(3)学习理解文学作品的情节内容或画面情节,能用语言、动作、表情等方式表达自己对文学作品的理解;

(4)在文学作品原有的基础上扩充想象,仿编诗歌、散文中的一句或续编故事结尾。

6. 简述小班幼儿早期阅读活动的目标。

(1)喜欢看书,了解看书的基本方法,能初步看懂单幅儿童图画书的主要内容;

(2)能用口头语言将儿童图画书的主要内容说出来,开始感受语言和其他符号的转换关系;

(3)对文字感兴趣,能在成人的启发下认读最简单的文字;

(4)在活动中以描画图形的方式练习基本笔画。

7. 简述中班幼儿谈话活动的目标。

(1)能集中注意力,耐心地倾听别人谈话,不打断别人的话;

(2)乐意与同伴交流,能大方地在众人面前说话;

(3)能说普通话,较连贯地表达自己的意思;

(4)学会围绕一定的话题谈话,不跑题;

(5)学会用轮流的方式谈话，不抢话，不乱插嘴；

(6)继续学习交往语言，提高语言交往能力。

8. 简述中班幼儿听说游戏的目标。

(1)在游戏中巩固练习发音，正确运用代词、方位词、副词、动词、连词和介词等；

(2)能说简单而完整的合成句；

(3)能听懂并理解多种游戏规则；

(4)学习较迅速地领悟游戏中的语言规则，并能及时做出相应的反应。

9. 简述中班幼儿文学作品学习活动的目标。

(1)喜欢不同形式的文学作品，主动积极地参加文学活动；

(2)了解文学作品语言与日常生活语言的不同，进一步感受文学作品的语言美；

(3)学习理解文学作品的人物形象，感受作品的情感基调，能运用较恰当的语言、动作、绘画形式表达自己的理解；

(4)能根据文学作品提供的线索，扩展想象，仿编或续编一个情节或一幅画面。

10. 简述大班幼儿谈话活动的目标。

(1)能主动、积极、专注地倾听别人谈话，迅速掌握别人谈话的主要内容，并从中获取有用的信息；

(2)能主动地用普通话与同伴交流，态度自然大方；

(3)能围绕话题谈话，会用轮流的方式交谈，并用恰当的语言表达自己的情感，与同伴分享感受；

(4)逐步学会用修补的方法延续谈话，进一步提高语言交往水平。

五、材料分析题(参考答案)

1. (1)王老师设计的这次谈话活动的主题是“教师节”，从与小朋友的谈话中可以看出，“教师节”这个主题不是孩子们已有的经验，也可以知道王老师在日常的教育中没有涉及此类的知识。教师选择的主题应该是与儿童以往的经验相联系的，这样才能引起幼儿的兴趣。

(2)教师在谈话中的角色是非常重要的，如果教师引导得不好，很容易使整个谈话漫无边际，脱离了主题。王老师的提问过于大，孩子们无法回答好，而且容易脱离主题。教师要注意提问的逻辑性、层次性和具体性，否则无逻辑、空泛无意义、翻来覆去或模棱两可的提问会扰乱幼儿的思维。

2. 教学重点：理解诗歌的内容及诗歌中表现的春天的气息。

教学难点：能有感情地朗读诗歌，并尝试仿编诗歌。

(1)突出教学重点的方法：

①活动实施前，教师可带领幼儿到户外去发现春天的变化，感受春天美丽的景色，积累丰富的感性经验。

②教师制作《春天》的多媒体课件，展示春天的色彩与声音，让幼儿对诗歌有具体、形象的认识与理解。

课件内容：

春天来了，春姑娘给我们送来了三本书：第一本“彩色的书”。春天到了，黄色的迎春花、红色的桃花、白色的梨花都相继开放了，绿色的柳叶也长出来了，到处都是五颜六色的，春天真漂亮！第二本“会笑的书”。微风徐徐，春的气息扑面而来，小池塘里的水融化了，迎着阳光，水面波光粼粼；看，那一头，孩童们在自由自在地放着风筝，欢乐的声音传荡在整个草地上。第三本“会唱的书”。看，小燕子在天上飞得好低啊，好像蹦一蹦就能抓住它似的，忽然，轰隆隆、轰隆隆……这是什么声音？原来是快要下雨了，快快躲到屋檐下来。小雨滴答滴答地下着，好凉快啊！不一会儿，雨停了，池塘边的小青蛙呱呱呱地叫着……

③教师通过提问“春天为什么是一本彩色的书？”“春天为什么是一本会笑的书？”“春天为什么是一本会唱的书？”来加深幼儿对诗歌的理解，感受春天的美丽。

(2)突破教学难点的方法

①教师引导幼儿观察、发现诗歌句子的结构特征。

②教师总结诗歌句子的结构特征。句子的前半部分是说春天是怎样的，然后围绕这个特征做解释。

③教师示范创编。

④幼儿自由创编,教师给予适当的评价与指导。

3.(1)①专注地阅读图书。材料中,洋洋经常光顾阅读区,说明洋洋有阅读的习惯、喜欢读书等。

②对图书和生活情境中的文字符号感兴趣,知道文字表示一定的意义。材料中,洋洋让老师帮忙写下对妈妈说的话,体现了这一点。

③愿意用图画和符号表现事物或故事。材料中,洋洋说,我要做一本自己的书;在纸上画了些线条和圆圈等,都表现出了洋洋愿意用图画和符号表现事物或故事。

(2)①为幼儿提供良好的阅读环境和条件,激发幼儿的阅读兴趣,培养阅读习惯。材料中,李老师在阅读区投放了绘本、广告、文字拼图,还有纸和笔等,为幼儿创设了良好的阅读环境和条件,有利于激发幼儿的阅读兴趣,培养阅读习惯。

②在阅读中发展幼儿的想象和创造能力。材料中,李老师走过去问洋洋需不需要帮他在上面写一些字,鼓励和激发洋洋自编故事,为洋洋的故事配上文字等,有利于发展洋洋的想象和创造能力。

③让幼儿在写写画画的过程中体验文字符号的功能,培养书写兴趣。材料中,李老师走过去问洋洋需不需要帮他在上面写一些字,意为让洋洋在这个过程中体验文字符号的功能,培养书写兴趣。

六、活动设计题(参考答案)

1.

造房子(大班语言活动)

(一)活动目标

(1)理解故事的主要内容,知道不同工具的主要用途;

(2)能够在集体面前大胆讲述小动物们使用的劳动工具;

(3)愿意探索生活中的其他工具,对工具产生兴趣。

(二)活动准备

儿歌《粉刷匠》及图片、各种工具图片、故事视频、动物头饰。

(三)活动过程

1.活动导入

儿歌导入,激发兴趣。

教师播放儿歌《粉刷匠》,然后呈现粉刷匠的图片,请幼儿观察粉刷匠的工具,进而引出活动主题。

2.活动展开

(1)借助图片和讲述,初步感知故事

教师借助一些工具的图片,带领幼儿学习故事《造房子》。

(2)幼儿讲述,深入理解故事内容

请幼儿讲述故事中谁帮助小羊建造了房子?它们都带来了什么工具?这些工具有什么作用?

(3)视频讲解,续编故事

使用动画视频再次播放故事,请幼儿思考为什么小鸡带来的是小铲子?小熊带来的是铁锹?使用这些工具的时候需要注意什么?你会使用这些工具吗?请幼儿思考,如果你要去帮小羊建房子,你会使用什么样的工具呢?为什么?

3.活动结束

通过角色扮演,请幼儿选择故事中自己喜欢的动物头饰,表演故事。

(四)活动延伸

请幼儿回到家里和爸爸妈妈讨论,除了今天了解到的工具,生活中还有哪些有用的工具。

2.

娃娃(中班语言活动)

(一)活动目标

(1)用描述性的语言,完整、连贯地讲述“娃娃”。丰富相应的形容词,如:漂亮、可爱、胖嘟嘟等。

(2)通过有趣的“猜猜谁不见了”“改错”游戏,对“娃娃”进行由特征到一般的有序感知和表述。

(3)形成“听清楚了再回答”的倾听表达习惯。

(二)活动准备

(1)物质准备:每组 1 个神态、性别、衣饰不同的玩具娃娃。

(2)经验准备:已放在“娃娃家”游戏角中让幼儿玩了几天。

(三)活动过程

1.运用游戏“猜猜谁不见了”,引导幼儿感知理解“娃娃”。

(1)老师将 6 个娃娃展示在幼儿面前。请幼儿闭上眼睛然后拿走 1 个娃娃。教师提问:哪个娃娃不见了?让幼儿集体回答。

(2)幼儿回答后,老师也可以进一步启发幼儿从某娃娃的特征到一般形态进行描述。可以提问:第几个娃娃长得什么样?

(3)游戏可以进行多次,由老师藏娃娃大家猜,然后可以请几位幼儿上来藏娃娃,大家猜“谁不见了”。

2.运用“抱一抱,亲一亲”,让幼儿结伴讲述。

(1)幼儿分组进行讲述(每组 1 个娃娃),大家传着抱娃娃,当抱着娃娃时,可以亲一亲、搂一搂娃娃,并说“我最喜欢娃娃×××(特征部分),因为娃娃穿着×××(长着×××)”。或“我的小宝宝,你的嘴长得像一朵小花,你的×××长得像×××”(抓住“从特征到一般”进行描述)。

(2)老师以参与者的身份加入幼儿的讲述中去,以平行示范的方式引导幼儿用合适的形容词来形容娃娃。

3.运用“改错”游戏,提供讲述思路。

(1)老师抱起娃娃:我的娃娃真好看,你看,他长着像苹果一样的鼻子,绿绿的嘴唇,两个大大的耳朵,我真喜欢我的娃娃。

(2)幼儿运用集中讲述的方式,纠正老师不正确的讲述,同时说出正确的表达方式和思路。老师可以这样启发幼儿:哪里说得不合适?为什么?如果你要说,又应该怎样说?怎样说才能让别人一下找到你的娃娃?

4.从说“娃娃”到“夸”同伴。

(1)请出一位幼儿。

(2)大家以集中讲述的方式“夸夸××小朋友”。老师注意引导幼儿运用先特点再其他的讲述思路进行“夸同伴”。

3.　**山上有个木头人(小班语言活动)**

(一)活动目标

(1)正确发出“山(shān)、上(shàng)、三(sān)”等字音,区别 s 和 sh,an 和 ang 等音;

(2)听懂并理解简单的游戏规则,提高对指令性语言的倾听水平;

(3)自我控制能力以及听说应变能力。

(二)活动准备

拉线木偶玩具一个(或用纸板制成的活动拉线木偶人)。

(三)活动过程

1.出示木偶人,创设游戏情境,引起幼儿的兴趣

(1)教师以小木偶的口吻向大家自我介绍:“我是木头人,今天我想和小朋友一起玩一个游戏,名字叫‘山上有个木头人’。”接着,教师边操作木偶拉线,边念儿歌,帮助幼儿了解儿歌的基本内容。

(2)表演结束后,教师继续以木偶的口吻与幼儿交谈。例如:“谁想和我玩游戏呢?那你必须先告诉我,刚才我说了些什么?”引导幼儿回忆游戏儿歌内容,学会念游戏儿歌,正确发出每个字音,特别是“山(shān)、上(shàng)、三(sān)”。

2.向幼儿介绍游戏的规则及玩法

(1)游戏时须念儿歌,并可自由做动作。儿歌念完后,就不能动,也不能发出声音。

(2)如果谁动了或发出了声响,就必须将手伸给同伴,而同伴则拉住他的手说:“本来要打千千万万下,因为时间来不及,马马虎虎打 3 下。”然后边轻拍同伴的手心边数数:“1、2、3。”

3.教师参与游戏

教师以游戏参与者的身份分别与全体或个别幼儿进行交往活动,给幼儿观察和练习的机会。

(1)教师带领全体幼儿边念儿歌,边坐在椅子上自由做动作,鼓励幼儿做出各种动作以增加游戏的趣味性。儿歌念完后,教师自己故意先动,然后伸出一只手让班内幼儿边说边打3下,给幼儿以练习游戏语言的机会。

(2)教师与个别幼儿游戏,及时纠正个别发不准的音。

4.幼儿自主游戏

教师安排幼儿与同伴结对,自由组合,自主地开展游戏活动。注意提醒幼儿遵守游戏规则,与同伴友好合作游戏。

(四)活动延伸

(1)在日常活动中,教师可启发幼儿想象,进行简单的听指令仿编儿歌的游戏活动。教师可提下列问题,如"除了木头人,你还看见过用其他材料做成的人吗?还可以用什么材料做人呢?"引导幼儿说出"铁皮人""石头人""稻草人"等。

(2)游戏时,幼儿必须听指令改编游戏儿歌,如发令人说"稻草人",幼儿就念"山上有个稻草人"的游戏儿歌。

4. **蒲公英(大班语言活动)**

(一)活动目标

(1)在观察认识蒲公英的基础上,欣赏散文,理解散文优美的词句和形象的比喻;

(2)学会有感情地朗诵散文,并能用绘画等形式表达自己对作品的理解;

(3)扩展想象,运用积累的经验与词汇,仿编新的散文。

(二)活动准备

(1)幼儿观察过蒲公英,了解它的外形特征;

(2)散文录音、水彩笔、油画棒、白纸。

(三)活动过程

(1)教师提出话题"我们看到的蒲公英是什么样的",引出散文的名字。

(2)幼儿听一遍录音,教师提问:蒲公英在什么季节开花?散文里说草地上怎么样?我最喜欢什么?蒲公英开着什么颜色的小花朵?散文里说"多么有趣的蒲公英",它什么地方有趣?

(3)教师朗诵一遍散文,事先要求幼儿注意倾听,找一找散文里是怎么说蒲公英有趣的。提问:田野的风吹来,它怎么样?(帮助幼儿理解"飞扬"和"比柳絮还轻"一句)飞着飞着,它又怎么样了?为什么说它像一朵朵雪花?(帮幼儿理解"轻盈地降落",可请幼儿用动作表演出来)

(4)举例说明什么是比喻句,让幼儿学说比喻句。然后继续讨论:①为什么说花托结出的种子像雪白的绒毛似的球?②为什么飞着飞着,又像一朵朵雪花?③你觉得散文听起来怎么样?为什么很优美呢?教师帮助幼儿归纳词语丰富、语句优美的特点。

(5)提出问题:"春天除了蒲公英开花外,还有哪些花儿也开放了?"

(6)教师和幼儿一起讨论:阳光照在上面,花怎么样?春风吹过,它会怎么样?像什么?如果春雨打在花上,花儿会怎么样?手摸上去、蜜蜂飞来呢?启发幼儿充分想象,鼓励幼儿说出与别人不一样的话。要求幼儿运用恰当的词语进行描述。

(四)活动延伸

(1)带领幼儿外出观察,观察后谈话:"你看到什么花儿也开放了,它们开着什么样的小花朵?"

(2)在观察、谈话的基础上,提出绘画要求,请幼儿画出自己最喜欢的花,在绘画中表现出它们的特征。

5. **班级日记(大班语言活动)**

(一)活动目标

(1)能感知、理解、讲述班级日记中某一事件发生的过程,并描述一些细节;

(2)尝试用丰富的词汇表达自己的观点与感受,体验班级朋友之间的友情。

(二)活动准备

班级日记一本,PPT,故事结构提示图卡。

(三)活动过程

1. 导入:介绍班级日记

调动经验:你们有没有看过这类有关日记的书?

提问:什么叫日记?为什么要记日记呢?

根据幼儿所述小结:日记可以记录开心的事情、难过的事情,什么都可以成为你的日记。班级日记是给大家看的,所以你们还要把它说清楚。

2. 学习:说说别人的日记

(1)读读班级日记。

日记可以记事,可以写人,可以说说景色,也可以记录某个活动过程,凡是自己在一天中看到的、听到的、想到的、做过的,都可以是日记的内容。

班级日记是大家写的,不仅要记录,还要讲清楚。来看看这篇日记记的是什么?

(2)理清顺序,幼儿自由讲述。老师应关注倾听幼儿的水平。

(3)老师用图卡显示所讲到的内容层次。

(4)老师示范讲述,注重过程顺序及人物所想、所说、所做。

(5)幼儿学讲。

3. 巩固:聊聊你喜欢的日记

(1)选择一篇你感兴趣的班级日记,分组共同阅读班级日记。

(2)幼儿按图卡要求讲述。

(3)集体点评。

(四)活动延伸

每天,在班级中发生许许多多的故事,需要我们用眼睛去捕捉,用心去感受,用嘴说清楚,班级日记就是我们成长的记录。

6. **春风吹(大班语言活动)**

(一)活动目标

(1)了解春天景物的主要变化,知道春天的季节特征;

(2)能用完整的语句描述春天美丽的景色;

(3)感受春天的美,萌发对大自然的喜爱之情。

(二)活动准备

教育挂图《春天真美》;儿歌《春风》的录音;图画纸;画笔。

(三)活动过程

1. 活动导入

教师提问,引出活动主题。

师:小朋友们,春天是什么样子的呀?谁来说一说?

2. 活动展开

(1)图片形式,初步感知春天的景色

教师出示教育挂图《春天真美》,引导幼儿观察,鼓励幼儿用完整的句子描述春天美丽的景色。

(2)儿歌形式,深入理解春天的变化

教师播放儿歌《春风》,让幼儿听 1 ~ 2 遍,启发幼儿配合音乐的节奏,跟着教师一起朗诵儿歌《春风》。引导幼儿说一说儿歌中说了些什么,哪些句子描写了春天美丽的景色。

(3)创编形式,巩固提高幼儿对春天的认识

鼓励幼儿根据自己的经验和兴趣,改编或创编有关春天的儿歌,并与同伴交流分享。

3. 活动结束

教师总结,幼儿可进行补充。

(四)活动延伸

鼓励幼儿为儿歌《春风》或自己创编的儿歌画一幅画,引导幼儿向同伴介绍自己的绘画作品。

7. 小铃铛(小班语言活动)

(一)活动目标

(1)喜欢听故事,了解故事内容;

(2)喜欢跟说故事中的角色语言,能进行模仿表演。

(二)活动准备

(1)礼物一个,小铃铛若干;

(2)小花猫、小花狗、小白兔、小山羊的头饰;

(3)提前在活动内布置出小白兔、小花狗、小山羊的家。

(三)活动过程

1. 出示小铃铛,引出故事主题

教师出示神秘的礼物盒,里面放一个小铃铛。

教师:猜一猜盒子里是什么?它是什么样子的?

教师:你喜欢小铃铛吗?不仅小朋友喜欢,小花猫也喜欢。今天,我们一起听一个好听的故事,叫《小铃铛》。

2. 教师有表情地讲述故事,引导幼儿初步理解故事内容

教师:你们喜欢这个故事吗?故事中有哪些小动物?

引导幼儿初步理解故事情节,找出故事的主要角色。

教师:这些小动物喜欢小铃铛吗?为什么喜欢?小花猫开始不给小动物戴小铃铛,后来为什么又给戴了呢?

3. 教师再次讲故事,鼓励幼儿学说故事中的角色对话

教师:小动物们都想戴小花猫的小铃铛,它们说的话一样吗?它们分别是怎么说的?

鼓励幼儿学说故事中的角色语言,尝试创编动作。

教师扮演小动物,幼儿扮演小花猫,学说故事中的对话。

幼儿扮演小动物,教师扮演小花猫,学说故事中的对话。

4. 引导幼儿进行故事表演

教师:小朋友想不想演一演这个故事?后面是小动物的家,快去选择你自己喜欢的小动物头饰,小猫要选择一个小铃铛,然后演一演吧。幼儿根据故事内容进行表演,巩固学说故事中的角色语言。

8. 秋天的颜色(大班语言活动)

(一)活动目标

(1)理解诗歌的内容,知道秋天是美丽多彩的,学习词语"黄色的""红色的""白色的""绿色的";

(2)尝试运用已有经验替换诗歌中的事物,进行诗歌仿编活动;

(3)感受诗歌的乐趣。

(二)活动重难点

重点:了解秋天的特征,掌握一些形容秋天颜色的词。

难点:诗歌的仿编。

(三)活动准备

有小草、枫叶、菊花、松树的背景图,诗歌录音,油画棒、水彩笔,画纸,红、黄、白、绿篮子各一个,香蕉、白菜、棉花、松树叶模型若干。

(四)活动过程

1. 开始部分

今天,老师把丰富多彩的秋天请到我们教室来了,大家想不想看呀?(出示背景图)红红的枫叶、黄黄的小草、绿油油的松树,原来秋天里有这么多美丽的颜色。有一个小诗人也去寻找了秋天,还编了一首好听的诗歌,名字叫作《秋天的颜色》,大家想不想听?嗯,让我们竖起小耳朵,听听诗歌里面都有谁?

2. 基本部分

(1)播放诗歌录音,第一遍欣赏,感受秋天的五颜六色。

提问:谁来说说你听到诗歌里都有谁呀?

(2)欣赏第二遍,学习词语:黄色的、红色的、白色的、绿色的。

提问:听听诗歌里面都有谁,他们说了什么话?等会儿用诗歌里面的话来告诉大家,小草怎么说的?枫叶是怎么说的?菊花是怎么说的?松树又是怎么说的?大地为什么说秋天是绚丽多彩的?

(3)小朋友说得真好,秋天的颜色可真美呀,我们一起用好听的声音来朗诵小诗人写的这首诗歌。(分组,分角色朗读)

(4)运用已有经验替换诗歌中的事物,进行诗歌仿编活动。

①刚才诗歌里的小朋友说秋天是绚丽多彩的,那除了诗歌里说的"黄色的""红色的""白色的""绿色的",你看到的秋天还有什么颜色?根据幼儿的讲述在纸上用彩色的油画棒或水彩笔记录。

②刚才小朋友说的话,老师把它编成了一首诗歌,我们一起来听听:

苹果说:"秋天是红色的。"

白菜说:"秋天是绿色的。"

香蕉说:"秋天是黄色的。"

棉花说:"秋天是白色的。"

③带领幼儿有感情地朗诵仿编诗歌。

3. 结束部分

原来我们看到的很多东西都可以用好听的词语、好听的句子编成好听的诗歌,小朋友们真是太棒了。

小朋友回家以后也可以让自己的爸爸妈妈带你们去感受秋天,看看秋天里还有哪些景物,然后可以用自己喜欢的词语把秋天记下来与大家一起分享,看谁写得最好。

(五)活动延伸

老师准备四个小篮子。它们的颜色分别是红色、黄色、白色、绿色,一组的小朋友是枫叶队,二组的小朋友是香蕉队,三组的小朋友是棉花队,四组的小朋友是松树队,老师说开始后,各队就把自己的物品运到相应颜色的篮子里面。看哪队最先运完,老师有奖励哦,好了,我们一起去做游戏吧。

9.

蒸笼(大班语言活动)

(一)活动目标

(1)学习绕口令;

(2)能清楚、准确地发出下列汉字的音"蒸笼、灯笼、鸡笼";

(3)通过读图,发现绕口令中前后句子循环相接的规律。

(二)活动准备

(1)幼儿已有关于绕口令的学习经验;

(2)图谱,蒸笼、灯笼、鸡笼的图片,汉字卡"我、你、他"。

(三)活动过程

1. 朗诵绕口令,引发幼儿对绕口令的兴趣

教师:你们听过绕口令吗?你们会念哪些绕口令呢?

请2~3名幼儿朗诵各自会念的绕口令。

教师:你们觉得绕口令是什么样子的?绕口令需要读得又快又清楚,其中有些字的字音相近,读得快容易念错,但读起来却有趣好玩。

2. 引导幼儿学习绕口令汉字的正确发音

教师:我特别喜欢念绕口令。最近,我学了一首绕口令,念了好久,终于念好了。我念给你们听一听,看我能不能一口气念完?

教师快速念绕口令。

教师：我的绕口令念完了，你们都听到了什么？我再念一遍绕口令。念完之后，你们告诉我，你听到了什么？

教师出示蒸笼图片，提问：蒸笼里面藏着小秘密，我们一起来喊一喊，看看蒸笼里面藏着什么？

幼儿根据教师的手势，由慢到快、由轻到重，清晰练习发音"蒸笼"。

教师以同样方式引导幼儿练习发音"灯笼"和"鸡笼"。

教师：蒸笼、灯笼、鸡笼是三个人分别做出来的，绕口令是怎么说的？

教师先后出示三个人物，再出示汉字"我、你、他"，引导幼儿进行图文匹配，形象感知"我做蒸笼、你做灯笼、他做鸡笼"。

教师：谁做蒸笼？谁做灯笼？谁做鸡笼？我们一起连起来读一读"我做蒸笼，你做灯笼，他做鸡笼"。

3. 引导幼儿发现绕口令中前后句子循环相接的规律

教师：做蒸笼的不做什么？做灯笼的不做什么？做鸡笼的不做什么？你们说得都很好，但顺序有点不一样，有的说"做蒸笼的不做灯笼和鸡笼"，有的说"做灯笼的不做鸡笼和蒸笼"，到底绕口令里的顺序是怎么样的？

教师念绕口令后提问：你们记住绕口令的顺序了吗？我们再一起来读一读。

幼儿边看图边读，尝试寻找记忆绕口令顺序的方法。

教师出示图谱，提问：你们是这样想的吗？幼儿尝试完整地朗读绕口令。

4. 引导幼儿感受读绕口令的乐趣

教师：我们边拍手边读一读这首绕口令。教师先拍手设定速度，幼儿与教师一起边拍手边念绕口令。

教师：我们还可以边做什么动作边念绕口令？请每个小朋友找一个好朋友，两人互相边拍手边念绕口令。我们边走（跑）边念绕口令，好不好？

幼儿跟随教师，边走（跑）边念绕口令，走得慢、念得慢，走得快、念得快，跑一跑、念一念。

10. **睡觉（小班语言活动）**

（一）活动目标

（1）喜欢并掌握"啪嗒啪嗒啪嗒，××来了，嘟，钻进了被窝。哇，床上真舒服啊！"的句型；

（2）在教师的帮助下，能够运用上述句型进行简单的表演和讲故事；

（3）体验大家一起睡觉的温馨感觉。

（二）活动准备

（1）背景图一张，背景图上有星星、月亮、大树和温馨的家；

（2）活动垫子若干；

（3）小娃娃、小猪、小羊、小白兔等动物的图片和头饰。

（三）活动过程

1. 导入

教师：天黑了，晚上静悄悄的，月亮出来了，好困哦！该干什么了？

出示背景图。

教师：猜猜这张大床上有谁要睡觉啊？有什么感觉啊？

引导幼儿讨论。

2. 呈现

讨论之后，教师轻声、清晰地讲故事《睡觉》。

教师一边讲故事一边出示动物图片，帮助幼儿理解故事。如一边出示小娃娃，一边讲述：啪嗒啪嗒啪嗒，谁来了？小娃娃钻进哪里了？哇，睡在床上真舒服呀！

教师：还会有谁来呢？我说你们猜。

教师可以用语言或者动作提示动物的特征，引导幼儿感受并说出句型"啪嗒啪嗒啪嗒，（小白兔来了），嘟，（钻进了被窝）哇，（床上真舒服啊！）"

最后，教师总结：小娃娃、小猪、小羊、小白兔睡在一张大床上，盖着一个大被子，大家睡在一起真暖和啊！

3. 操作

这是一个关于睡觉的故事！我们一起来说一说都有谁来睡觉啦？

教师与幼儿先共同看图说故事，让幼儿进一步感知并熟悉故事。然后，自己说半句，将句型的主语让幼儿补上，并请一些幼儿把动物图片贴到大床上。

4. 巩固

教师：你们想不想自己扮演动物来睡觉啊？

幼儿自愿举手，教师每次选择若干幼儿，让幼儿选择自己喜欢的动物图片进行故事表演，一个个睡到垫子上。其他幼儿与教师一起用轻柔的语气讲述睡觉的故事，强调"啪嗒啪嗒啪嗒，××来了，嘟，钻进了被窝。哇，床上真舒服啊！"句型。重复几遍后让幼儿想出新的动物编进故事里。

5. 结束

教师：小朋友们都很爱动脑筋！把小牛（或小狗、小猫）也编进了故事里面，它们一定很开心！

教师：你们还想请什么动物来睡觉啊？老师把这幅图放在这里，你们有空的时候可以自己去邀请喜欢的小动物，并说说它睡觉的故事，好吗？

11. **春雨的色彩（中班语言活动）**

（一）设计意图

春天来了，蒙蒙的春雨真漂亮啊，为了使孩子们加深对春雨的认识，萌发对春天的喜爱之情，设置了以下活动。

（二）活动目标

（1）认知目标

①通过电教手段，欣赏散文中优美的意境，理解散文含义，学习新词："万紫千红""色彩"，丰富想象；

②学习用优美的语言描述春天的景色，知道春雨绵绵是春天独有的景致，并用自己的话完整地表达出来，培养思维的流畅性；

③学习观察春雨的颜色，培养思维的批判性、求异性和发散性。

（2）情感目标

通过伴随优美的音乐朗诵散文，培养对文学语言的感受力和欣赏力。

（3）动作技能

通过角色表演，大胆表述角色中的对话，并以抒情优美的动作进行情境表演，培养创造性的动作技能和动作协调性。

（三）活动准备

（1）知识经验准备：幼儿了解春天的基本特征。

（2）环境及物质准备：散文配套课件及影片，故事中的小鸟头饰若干。

（四）活动过程

（1）运用电教手段，播放影片，启发幼儿说说春天的景色，丰富词语："万紫千红""色彩"。

①师：请小朋友看一看片中有些什么？（引导幼儿逐一细致观察并描绘草地、柳树、桃树、杏树、油菜地、蒲公英）

②师：谁能说一说，它们是什么颜色的？（引导幼儿语言连贯、用词恰当，教师重点提示植物各自的色彩）学习词语："万紫千红""色彩"。

③师：春天为什么这么美？（启发幼儿明白是气温、阳光、春天等各种自然条件，促进万物生长，形成春天美丽的景色）

（2）教师播放视频，出示小鸟，引导幼儿观察。

①师：看，这里有几只鸟？它们是什么鸟？停在什么地方？这些小鸟在干什么？

②师：原来小鸟都在争论一个有趣的问题，知道是什么吗？（引出主题——春雨到底是什么颜色的）

（3）播放配乐散文，让幼儿欣赏。

①师：你认为他们的话对不对？

②欣赏最后一段,师:“那你们知道春雨到底是什么颜色了吗?”

③再次一边欣赏配乐散文录音,一边播放投影片,加深幼儿对散文的理解。

(4)角色表演。

师:小朋友们,刚才小鸟们的话,你们还记得吗?现在请你们来做小鸟吧。

12. **母鸡萝丝去散步(大班语言活动)**

(一)活动目标

(1)仔细观察,分析画面,初步认识“走过”“绕过”“穿过”“钻过”四组汉字;

(2)理解口头语言与书面语言之间的联系;

(3)通过加入适当的拟声词去感受故事的诙谐、幽默,能大胆表述自己对故事内容和情节发展的理解。

(二)活动准备

(1)《母鸡萝丝去散步》图书若干及 PPT 课件;

(2)《母鸡萝丝去散步》大图片 6 幅;

(3)“走过”“绕过”“穿过”“钻过”字卡。

(三)活动过程

1. 出示封面,猜测故事情节,引起兴趣

(1)今天我们一起来看一本有趣的图画书,书名叫《母鸡萝丝去散步》。

(2)你从封面上看到了谁?(母鸡萝丝,一只狐狸)

(3)那你来猜一猜这个故事可能讲些什么?(幼儿大胆阐述自己的猜想)

2. 观察图片,并尝试根据观察来猜测故事的情节发展

(1)演示图片 1 ~ 2,教师讲述故事 1 ~ 2 页。“母鸡萝丝走出鸡舍去散步,一只饿得发慌的狐狸从后面悄悄跟了上来。萝丝走出院子,你在这幅画里看到了什么?”

(2)提问:母鸡萝丝会被吃掉吗?可能会是什么结果,你来猜一猜?说一说?(请幼儿猜测故事的发展)

小结:原来故事里还藏着这么多秘密,如果你仔细看画面,还能讲出更好听、更有趣的故事。

(3)出示池塘、干草堆、磨坊、篱笆和蜜蜂房的大图片,让幼儿分组猜测。

①萝丝还绕过池塘、越过干草堆、经过磨坊、穿过篱笆、钻过蜜蜂房,在这些地方可能会发生什么有趣的事情呢?请你先挑一幅自己最喜欢的画面站在下面,然后仔细看一看,再猜一猜可能会发生什么事情?

②幼儿分组自由交流;

③教师请一个幼儿讲述每幅图片;

④讨论:萝丝散步时去过池塘、干草堆、磨坊、篱笆和蜜蜂房等地方,她是怎样来到这些地方的?你看到了哪些动作?

⑤出示字卡,集体念读“走过”“绕过”“穿过”“钻过”。

3. 师幼完整阅读,感受作品的幽默和风趣

(1)演示 PPT 课件,请个别幼儿完整讲述故事。

(2)幼儿边看图边听教师示范加入拟声词,声情并茂地讲述图片 1 ~ 3 页。母鸡萝丝出门去散步,一只狐狸跟在她后面。萝丝走过院子,狐狸扑上来(停顿一下),“啪”,钉耙狠狠地打在狐狸的脸上。萝丝又来到池塘,狐狸又扑向萝丝,“扑通”,狐狸掉进了池塘里。

(3)演示剩余图片,引导幼儿用相同的方法讲述故事的后半部分。

幼儿交流讨论故事情节,加入适当的表示声音的词语进行讲述(“哗”“咕噜”“轰”“嗡嗡”),教师请个别幼儿选择喜欢的情节加入拟声词讲述。

(4)教师加入拟声词,声情并茂完整地讲述故事。幼儿边看书边感受故事的诙谐幽默。

4. 演示 PPT 课件,师幼共同讲述,体验阅读的快乐

现在老师来讲母鸡萝丝散步的故事,小朋友们来讲狐狸发生的故事,讲的时候加入拟声词和动作。

(四)活动延伸

(1)可以和幼儿继续讨论:你喜欢这个故事吗? 为什么?

(2)在语言区进行角色表演。

13. 冬爷爷的胡子(中班语言活动)

(一)活动目标

(1)欣赏、理解散文《冬爷爷的胡子》,能通过想象大胆表述散文内容;

(2)知道冰挂有潜在危险,学习保护自己。

(二)活动准备

(1)材料准备:大图片《冬爷爷的胡子》、配乐《冬爷爷的胡子》。

(2)经验准备:带幼儿到户外玩冰,接触冰挂。

(三)活动过程

1.欣赏、理解散文

(1)教师出示大图片,并朗诵散文《冬爷爷的胡子》。

问题:你听见了什么? 看到了什么?

(2)观察大图片,帮助幼儿理解画面展示的散文内容。

问题:①冬爷爷的胡子是什么样的?

②冬爷爷的胡子挂在哪里?

③风娃娃吹着冬爷爷的胡子发出什么样的声音?

④风娃娃喜欢冬爷爷吗? 为什么?

(3)播放配乐《冬爷爷的胡子》,引导幼儿欣赏。

问题:为什么这篇散文的名字叫《冬爷爷的胡子》? 冬爷爷的胡子到底是什么?

(4)师幼共同跟诵配乐散文《冬爷爷的胡子》。

2.启发想象、大胆表述

问题:(1)冬爷爷的胡子除了挂在树枝、屋檐、山崖……还会挂在哪里?

(2)如果你拾到一根冬爷爷的胡子,又粗又长,你会送给谁? 为什么?

提示:想象的内容要符合冰溜儿又长又结实的特性。例如,送给小兔抬箩筐;送给妈妈晒衣裳;送给小猴当金箍棒;送给小鸟荡秋千;送给小猫当警棍……

3.师幼谈话

问题:(1)冬天里,除了冬爷爷的胡子,你还发现了什么有趣的事情?

(2)生活中经常有冰溜儿融化砸到人的事情,我们应该怎么办?

(四)活动延伸

(1)在美术角让幼儿画一画“冬爷爷的胡子”。

(2)带领孩子们自制“冻冰花”,进一步体验结冰的现象。

14. 家(大班语言活动)

(一)活动目标

(1)理解诗歌内容,感受诗歌的画面美和语言美;

(2)尝试仿编诗歌,培养幼儿想象力、创造力和尝试精神;

(3)知道幼儿园是个大家庭,每个小朋友都要关心爱护幼儿园。

(二)活动准备

(1)背景音乐。

(2)背景图:森林、天空、小河、草地、花朵等,教学挂图。

(三)活动过程

1.情境引出诗歌

温暖的春天到了,小草发芽了,五颜六色的花都开放了,小燕子也飞回来了,大自然变得更加美丽了,你们

想不想看一看？（放背景音乐，出示背景图，师幼一起来到美丽的大森林，边走边欣赏）

这里可真美，有茂密的大树、青青的小草，还有……（鼓励幼儿积极思考、大胆地说，最好也能运用形象的形容词，例如，漂亮的房子、清清的小河、红红的花儿、漂亮的花园……）

2. 出示挂图，分析诗歌

引导幼儿理解"家"的含义：在这个美丽的地方，住着一位聪明的小姑娘，她写的诗歌非常好听！你们听！

师：真好听，小姑娘说了那么多小动物的家，其中都有什么啊？（教师出示挂图，并逐一分析，引导幼儿理解"家"的含义）

"家"是什么地方？家是每一个人感到最舒服的地方，所有的动物，包括我们人类在自己的"家"里，会感觉到很舒服、很自在、很安全。

3. 创编诗歌

小朋友知道其他动物的家在哪里吗？（引导幼儿说出自己知道的动物的家：例如，狗熊的家在山洞、老虎的家在森林）

我们也试着编一首关于"家"的诗歌，一定很好听！

(1)由教具引导，教师出示挂图，引导幼儿学习创编。

（在幼儿没有充分放开的时候，教师要运用幼儿熟悉的画面引导。例如，教师出示竹林，引导幼儿说：密密的竹林是大熊猫的家！或者幼儿说出绿绿的、大大的、绿色的等都要及时肯定）

(2)幼儿独立创编，教师为幼儿记录。

为幼儿提供较充足的时间，让每一个幼儿都有表现的机会，体验成功的快乐。教师为幼儿做符号记录，是为了展现幼儿的劳动成果，让孩子们进一步感受到成功和满足。从而体验语言活动的快乐。

绿绿的池塘是青蛙的家，黑黑的山洞是狗熊的家，漂亮的大房子是小姑娘的家，茂密的大树是小鸟的家，（当出现非生物的家时，教师要及时并且热情的肯定，鼓励幼儿的大胆创意）美丽的花园是蝴蝶、蜜蜂、蜻蜓的家、美丽的××是我的家！

15. **春天的色彩（中班语言活动）**

（一）活动目标

(1)感受春天的色彩美，萌发热爱春天的情感；

(2)能根据春天的事物的特征仿编诗句。

（二）活动准备

将诗歌内容制作成PPT，小草、小兔、草莓、紫藤花、油菜花等图片若干。

（三）活动过程

1. 导入

打开PPT。

师：请幼儿看大屏幕。画面上，你看到了什么？（小熊、黑乎乎的）在这黑乎乎的地方，小熊可能在做什么呢？（幼儿猜测）让我们一起来仔细听一听，散文诗里的小熊到底在做什么？

2. 幼儿欣赏理解散文诗，感受散文诗的色彩美

(1)欣赏散文。（一边演示PPT，一边朗诵，从"一声春雷"至"睡了一个冬天"）

提问：原来小熊在什么地方？做什么呀？（原来小熊在树洞里冬眠）是谁把它惊醒的？（春雷）

师：小熊想，过了一个黑色的冬天，春天来了，春天是黑色的吗？春天是什么颜色的呢？

谁来告诉小熊，春天是什么颜色的？（幼儿讲述）

师：刚才小朋友们告诉了小熊春天里有各种各样的颜色，听一听散文诗里谁告诉了小熊春天是什么颜色的呢？它们是怎么说的？

(2)教师随课件朗诵散文诗第二段至第四段。（从"小草告诉小熊"至"春天是跳跳的白色"）

提问：①散文诗里谁告诉了小熊春天是什么颜色的？它们是怎么说的？（根据回答出示相应的图片）

②小草为什么说春天是嫩嫩的绿色呢？（结合图片集体练习句式）

③草莓为什么说春天是甜甜的红色呢？（结合图片集体练习句式）
④小兔为什么说春天是跳跳的白色呢？（结合图片集体练习句式）
(3)引导幼儿结合图片完整朗诵。
3.集体仿编诗句
(1)教师引导幼儿进行仿编诗句。
师:小熊知道了,原来春天是嫩嫩的绿色、甜甜的红色、跳跳的白色。除了散文诗里的这些颜色外,还会有谁告诉小熊春天是什么颜色呢？（PPT 出示紫藤花、油菜花等,仿编诗句）
(2)提问:这是什么花？什么颜色？长得什么样子的？
紫藤花告诉小熊,春天是什么样的颜色呢？
油菜花是什么颜色的？闻起来是什么味道？油菜花是怎么告诉小熊的？
(3)引导幼儿将创编诗句串联起来完整朗读。
4.个别仿编诗句
(1)提出要求:刚才我们把紫藤花……编进了散文诗。原来,春天还有许许多多美丽的色彩。老师为你们准备了许多好看的图片,请小朋友看看图片上是什么？请你告诉小熊春天是什么颜色？
(2)幼儿自选图片并尝试仿编。
(3)交流分享。请个别幼儿讲述,教师适时引导。
5.活动小结
师:刚才我们告诉了小熊春天有那么多的色彩,听了小朋友们的诗歌,小熊突然激动地叫起来:“我知道了,我知道了,春天原来是五彩缤纷的。”接下来,我们再到外面一起去找一找春天还有哪些色彩？把它画下来,再来告诉小熊。

16.

大口袋(大班语言活动)

(一)设计意图
“袋鼠妈妈”一直是幼儿很喜欢的一个动物形象。孩子们都知道,袋鼠妈妈的大口袋里藏着可爱的袋鼠宝宝。所以,用“袋鼠妈妈”这个形象来贯穿整个故事,激发了幼儿浓厚的兴趣。在这个故事里,情节有趣、画面生动,请幼儿通过课件中的文字和图片匹配认读“妈妈”“娃娃”。让文字和图片、故事内容结合起来,使幼儿在理解的基础上认识生字。同时也让幼儿在活动中体验快乐。
(二)活动目标
(1)通过阅读画面,理解故事内容,并大胆地讲述袋鼠的大口袋;
(2)通过开展给动物匹配汉字的游戏,初步认读汉字:妈妈和娃娃,喜欢阅读图书,引起幼儿对阅读汉字的兴趣;
(3)体会父母劳动的辛苦,知道关心父母并帮助父母做力所能及的事。
(三)活动准备
(1)配套课件,音乐《小袋鼠》,“妈妈”和“娃娃”字卡若干;
(2)袋鼠头饰和有口袋的围裙一个。
(四)活动过程
1.教师打扮成袋鼠妈妈,情景导入
师:小朋友看看我是谁？（袋鼠妈妈）
谁愿意做我的袋鼠娃娃呢？我有这么多的袋鼠娃娃真开心,我们一起唱歌吧！（音乐起,师幼边唱歌边表演《小袋鼠》）
师:袋鼠娃娃,你知道妈妈身上有一个什么吗？（大口袋）袋鼠妈妈的大口袋里可以装些什么呢？我们一起来看一本书,名字叫《大口袋》。
2.看课件阅读并理解故事
(1)幼儿自由阅读画面
师:这本书总共有几页？看看这本书里有什么？猜猜看发生了什么事情？（引导幼儿根据自己看到的画面

依次讲述)

(2)看动画课件理解故事

师:我们一起来看一看到底怎么回事。(完整欣赏动画课件一遍)

①袋鼠妈妈的大口袋里装了什么?袋鼠妈妈买了哪些东西?

②袋鼠妈妈的口袋装不下了,怎么办呢?袋鼠娃娃看到袋鼠妈妈拿不下东西了是怎样做的?又是怎样说的呢?(引导幼儿笑嘻嘻地对妈妈说:别急,我们也有大口袋)

(3)他们是怎么回家的?一个跟着一个像什么?(学一学)

(4)教师带领幼儿重点学习认读汉字:妈妈、娃娃。

师:在看动画故事的时候你还发现了什么?老师害怕小朋友把袋鼠妈妈和袋鼠娃娃搞错了,就给它们做了个标记,你有没有发现啊?哪个是娃娃,哪个是妈妈呢?(通过课件中的文字和图片匹配认读"妈妈""娃娃"。"妈妈"和"娃娃"这几个字中什么地方是一样的?(它们都有一个"女"字旁)

(5)继续看课件中的图文匹配

师:小朋友看这是谁?谁是妈妈?谁是娃娃?(分别有猫妈妈、猫娃娃、鸡妈妈、鸡娃娃、鸭妈妈、鸭娃娃的图片和文字,集体认读练习)

师:我们一起来看看故事里还有没有这些字,如果你发现了就跟着一起说一说!(教师和幼儿共同阅读,找出"妈妈""娃娃")

3. 讨论总结活动

袋鼠妈妈拿不下东西,娃娃是怎么做的?(幼儿自由讲述)

平时,在家里,爸爸妈妈做事的时候,你是怎么做的?你怎么帮助他们的?

4. 游戏活动

(教师在自己身上贴上字卡"妈妈",幼儿贴"娃娃")

师:袋鼠娃娃,跟妈妈一起来开火车吧!(开火车音乐起,教师带领幼儿在教室里走一圈,开到室外结束活动)

17. **聪明的乌龟(大班语言活动)**

(一)活动目标

(1)理解故事内容,重点了解乌龟是怎样机智地对付狐狸的;

(2)学习用语言和动作大胆地表现自己对作品的理解,尽量表现作品所蕴含的幽默感。

(二)活动准备

故事录音、图片。

(三)活动过程

1. 完整欣赏故事

有一只聪明的乌龟战胜了狡猾的狐狸。今天,老师就讲一讲聪明的乌龟的故事。

完整欣赏故事录音一遍。

故事里有谁?乌龟对付狐狸的办法聪明吗?

2. 幼儿看图片分段讨论

观察第一、二、三幅图,说说狐狸和乌龟发生了什么事?

观察第四幅图。狐狸想吃乌龟,乌龟怎么办?

观察第五幅图,引导幼儿重点讨论:乌龟怕摔、怕火,为什么还让狐狸把它摔到天上,扔进火盆呢?(鼓励幼儿两两结伴有表情地分角色对话)

观察第六幅图,引导幼儿讨论:乌龟喜欢水,为什么狐狸说要把它扔到水里,它反而哭了呢?你认为乌龟听了狐狸的话心里会怎么想?它的心情又会是什么样的呢?

观察第七、八幅图,引导幼儿看看最后的结局是什么。

3. 角色对白

教师既当叙述人,又当狐狸,与理解力、表现力都比较强的幼儿进行绘声绘色的对白。

在前一轮对白的示范下，教师引导幼儿学习对白。重点引导幼儿注意讲述时的语气、语调和表情。帮助幼儿理解乌龟的聪明机智。

(四)活动建议

(1)活动前幼儿已对乌龟的身体特征和生活习性有了一些了解，这样幼儿就能理解乌龟的聪明与机智了。

(2)为了使讨论的问题情境集中在乌龟如何机智地对付狐狸上，开头的乌龟救青蛙这一部分可以一带而过。

(3)"角色对白"要将狐狸貌似狡猾，实乃愚蠢，乌龟表面可怜，实则机智的内涵表现出来。角色对白可集中在"狐狸实在饿慌了"直到结尾这部分进行。

18.　　小树叶飘呀飘(小班语言活动)

(一)活动目标

(1)愿意跟着老师一起念儿歌；

(2)能边念儿歌边做动作。

(二)活动准备

卡纸做成的小树叶人手一片。

(三)活动过程

(1)谈话导入，引出主题。

小朋友们，你们知道秋天的树叶是什么样的吗？(幼儿回答)

你们见过秋天的树叶吗？(幼儿回答)

看，老师这里的树叶你们见过吗？(幼儿回答)

儿歌里小树叶都飘到了哪些地方呢？(幼儿回答)

(2)双手套上"树叶"，边示范念儿歌边做相应的动作。

(3)让幼儿将"树叶"套在手指上玩。

老师这里好多的树叶，每个小朋友都上来拿一片树叶，我们一起念儿歌。

(4)和幼儿一起边念儿歌边做动作。

小朋友们，跟着老师一边念儿歌一边带树叶旅游。

19.　　旅游见闻(大班语言活动)

(一)活动目标

(1)能用连贯的语言有条理地进行讲述，乐意把自己的旅游见闻与别人分享；

(2)培养安静倾听同伴讲话、大胆交谈的良好习惯；

(3)通过交流萌发热爱家乡的情感。

(二)活动准备

(1)幻灯片：世界自然遗产，北京旅游景点视频；

(2)收集和家人旅游的照片，景点的纪念品或土特产。

(三)活动过程

1. 观看幻灯片，引发幼儿对旅游的回忆

(1)教师：今天，老师请小朋友欣赏几处秀丽如画的风景区，这里有很美很美的自然景观，这些地方，有的小朋友去过，大家仔细看看有谁去过这些美丽的地方。

(2)幼儿自由交流，引发谈话的兴趣。

2. 讲述旅游见闻

(1)提问。

你去过什么地方？你和谁一起去的？乘什么交通工具？在什么地方拍的照？风景怎样？(要求幼儿安静倾听同伴讲话、轮流交谈)

(2)教师参与幼儿交谈，帮助幼儿围绕内容清楚、正确地交谈。

3.集体分享

(1)教师介绍自己的旅游经历,示范讲述。

(2)提问。

旅游时你看到些什么?你觉得最有趣的事是什么?为什么?哪些事情是你第一次经历的?你带了什么纪念品或土特产?它们有什么特点?你为什么喜欢?(分享与品尝)

(3)教师小结。

小朋友去旅游遇到了很多有趣的事,看到许多美丽的风景,也交到了许多朋友,长了许多见识。

4.游戏:到北京来旅游

(1)观看风景旅游视频。

师幼讨论行程和路线。

(2)游戏。

每到一个景点,停下来,用语言完整、连贯地讲述景点的特点。当幼儿表述不够丰富或不知如何表述时,请同伴根据旅游经验对该幼儿的谈话进行补充。

5.教师评价

幼儿能否主动大胆地讲述自己的旅游见闻。

(四)活动延伸

收集有关景点的图片供幼儿进行讲述。

20.

下雨的时候(小班语言活动)

(一)活动目标

(1)在成人的帮助下,感受关心同伴的快乐;

(2)乐意学说故事中的对话。

(二)活动准备

下雨的背景图一张,插图动物小鸡、小猫、小兔各一只,小白兔头饰一个,故事相关场景录音。

(三)活动过程

1.情景表演,引起兴趣

(1)教师戴小白兔头饰:小朋友,你们瞧,我是谁?

小兔们,我们一起去草地上玩,好吗?(放录音:小兔跳)

(2)听"打雷下雨"声。

教师展示下雨的背景图:哎呀!不好啦,下雨了!这么大的雨,我们该怎么办?(幼儿发言讨论避雨的办法)

你们瞧!地上有许多树叶可以请它来帮忙吗?(教师示范,并引导幼儿把树叶当伞顶在头上)

(3)教师:小白兔,我们快回家吧!

你们听到谁在叫呀?它怎么了?为什么叫?

小鸡被雨淋湿了,它会怎么样?

我们快想办法帮助它呀!(引导幼儿集体学说对话)

我们快往前走吧!小白兔,你们看那是谁呀?(小猫)

小猫被雨淋得"喵喵"叫,我们该怎么办?(引导幼儿集体学说对话)

(4)雨停了,我们找个地方休息一下。(幼儿回座位)

2.幼儿看图片,学对话

老师把刚才的事编成了一个很好听的故事,你们想听吗?

教师边讲述边出示图片。

提问:

(1)故事的名字叫什么?

(2)故事里有谁?

(3)下雨了,小白兔想了什么办法避雨?

(4)小白兔走呀走,看见了谁,它是怎么对小鸡说的?(我们一起来说说)

(5)小白兔和小鸡顶着大叶子往前走遇到了小猫,他们是怎么对小猫说的?

(6)小兔,小鸡真会关心人,我们也一起来帮帮小猫吧!(集体、个别对话练习)

(7)小猫说:谢谢你们。

(8)雨停了,太阳出来了,小白兔、小鸡、小猫玩得真高兴!

3.活动总结

听了这个故事以后,你最喜欢故事里的谁?为什么?(讨论)

第四章　学前社会教育

真题必刷

第8练　学前社会教育的含义、目标、内容、途径、原则与方法

一、单项选择题

1.D 【解析】本题考查学前儿童社会教育的方法。共情训练法是指通过一些形式让学前儿童去理解和分享他人的情绪体验,以使学前儿童在以后的生活中对他人的类似情绪能主动、习惯性地自然理解和分享的方法。共情训练的方式是多样的,讲故事、续编故事、情境演示、生活情境体验、主题游戏等都可以被用来进行共情训练。

2.D 【解析】本题考查幼儿社会教育的主要内容。幼儿社会教育的内容是广泛的,它涉及很多方面。从生活的维度看,它涉及个人生活、家庭生活、社会生活、社区生活、人类生活的内容;从心理结构的维度看,它涉及社会认知、社会情感、社会行为三方面的内容;从社会关系的维度看,它涉及儿童与自我的关系、儿童与他人的关系、儿童与社会的关系。

3.D 【解析】本题考查学前社会教育活动的内容。幼儿园应多为幼儿提供自由交往和游戏的机会,鼓励他们自主选择、自由结伴开展游戏;让他们知道如何与他人友好相处,学会自己解决问题及控制自己的情绪行为,能把生活经验融入游戏活动中来,在游戏活动中发展想象力、语言等各种能力,并培养一些简单的与人相处的人际交往能力。如表演游戏:小熊请客等。

4.B 【解析】本题考查学前社会教育的目标。题干的表述是小班社会教育目标之一。

5.B 【解析】本题考查学前社会教育的目标。中班社会教育目标之一是初步激发儿童与他人交往的愿望,引导儿童在与同伴及成人交往中,能初步准确地使用礼貌用语。因此,中班幼儿社会性教育的重点应放在解决同伴交往问题上。

6.B 【解析】本题考查学前社会教育的内容。各种重要的节日、纪念日都是宝贵的多元文化教育资源,幼儿园要适时地加以利用。

7.C 【解析】本题考查学前儿童社会教育的方法。榜样示范法是指在学前社会教育中,教师用他人的好思想、好行动和英雄事迹去影响和教育儿童,形成良好社会品质的方法。对儿童影响较大的榜样有以下三种:(1)伟人和英雄模范人物;(2)教师本人;(3)同伴。题干中教师以自身良好的思想和行为,影响幼儿的思想和行为体现了教师本人的榜样示范。

8.B 【解析】本题考查环境熏陶法。环境熏陶法是指利用环境条件、生活氛围和教师本身的言行举止,对幼儿进行积极感化、熏陶,潜移默化地影响幼儿社会态度和行为的方法。潜移默化是环境熏陶法区别于其他方法的独特之处,因此要尽可能让环境说话,避免过多的言语说教。如区域划分明确,空间适宜;在每个区域的入口都张贴清晰明确的行为规范,用醒目的标识标记出哪些行为是可以接受的,尽量关注积极行为,避免“不要……”“禁止……”这样的字眼和句子。

9. A 【解析】本题考查学前社会教育的原则。对幼儿提出合理要求,希望他做什么、怎样做,教师要从正面直接向幼儿说明,避免用命令式、禁止类、否定的言语和神情阻止幼儿的不良行为,这种方式就是符合正面教育原则的积极的方式。所谓积极的方式,即我们在希望学前儿童做一件事情而不是做另一件事情,按照这样的方式去做而不是按照那样的方式去做的时候,我们直接告诉学前儿童具体如何去做和做什么,而不是告诉他不要去做什么。题干中李老师的教育行为所遵循的社会教育原则是正向引导性原则。

10. A 【解析】本题考查环境熏陶法。环境熏陶法是指利用环境条件、生活氛围和教师本身的言行举止,对幼儿进行积极感化、熏陶,潜移默化地影响幼儿社会态度和行为的方法。

11. B 【解析】本题考查学前儿童社会教育的原则。正面教育原则就是要求教师就事论事地引导儿童知道什么是对的,什么是错的,直接告诉他应该掌握的社会行为规范,慎用批评、惩罚等消极手段,以免给幼儿的心理发展造成不良影响。题干中教师的做法体现了学前儿童社会教育原则中的正面教育原则。

12. B 【解析】本题考查学前儿童社会教育的方法。榜样示范法是指在幼儿园社会教育中,教师用他人的好思想、好行动和英雄事迹去影响和教育儿童,形成良好社会品质的方法。因为儿童的模仿性很强,具体、生动、直观的典型易于感染儿童,激发他们向榜样学习的热情,对于如何做也有了示范。题干中幼儿园园长的教育方式是榜样示范法。

13. B 【解析】本题考查学前儿童社会教育活动的内容。学前儿童社会教育活动的内容包括自我教育活动、人际交往教育活动、社会环境与社会规范认知教育活动、多元文化教育活动。其中,学前儿童社会环境与社会规范认知活动的内容主要包括:(1)社会环境的认知;(2)道德规范与行为准则的认知;(3)观点采择能力的发展;(4)理解人与环境之间相互依存的关系,形成爱护、保护环境的意识,逐渐萌发社会小公民的意识。

14. C 【解析】本题考查幼儿园社会教育的原则。一致性原则主要包括:(1)教师自身态度的一致性;(2)幼儿园园内教师间的一致性;(3)家园一致性。题干的表述表明教师要保持教育一致性的原则。

15. B 【解析】本题考查学前儿童社会领域的内容。学前儿童社会教育活动的内容包括自我教育活动、人际交往教育活动、社会环境与社会规范认知活动、多元文化教育活动。人际交往教育活动是指教师通过创造一定的情境和条件,引导学前儿童学习某种人际交往能力的教育活动,其目的在于通过为学前儿童提供交往的机会,构建人际交往的平台,培养儿童关心、理解、尊重和赞赏他人的人际交往态度。题干中的"你怎么了""让我来帮助你""难过的时候怎么办"等活动是为了锻炼幼儿的人际交往能力与关心、理解他人的能力,故该内容属于社会领域。

二、多项选择题

ABCD 【解析】本题考查幼儿园社会教育的内容。幼儿园社会教育的内容包括自我意识、人际交往、社会规则及社会情感和品德。

三、判断题

1. √ 【解析】本题考查幼儿园社会教育。学前社会教育是指以儿童的社会生活事务及其相关的人文社会知识为基本内容,以社会及人类文明的积极价值为引导,在尊重儿童生活,遵循儿童社会性发展的规律与特点的基础上,由教育者通过多种途径,创设有教育意义的环境和活动,陶冶儿童性灵,培育有良好社会理解力、社会情感、品德与行动能力的完整和健康的儿童。

2. √ 【解析】本题考查社会性发展的概念。社会性发展(有时也称幼儿的社会化)是指幼儿从一个生物个体到逐渐掌握社会的道德行为规范与社会行为技能,成长为一个社会人并逐渐步入社会的过程。

四、简答题(参考答案)

1. 简述学前儿童社会教育的原则。

(1)情感支持性原则;(2)行为实践原则;(3)正面教育原则;(4)一致性原则;(5)随机教育原则(生活教育原则)。

2. 简述幼儿多元文化教育活动的实施途径。

(1)在环境布置中营造多元文化的氛围;(2)在日常生活中渗透多元文化教育;(3)在节日庆祝活动中感受

多元文化；(4)在学习和娱乐活动中体验多元文化；(5)在社会教育活动日中挖掘和利用多元文化资源。

五、材料分析题(参考答案)

(1)教师运用了移情训练法。移情，指设身处地地站在他人的位置和立场上考虑问题，理解他人的感情和需要。移情训练法通过故事、情景表演等形式使幼儿理解和分享别人的情绪体验，使幼儿在以后的生活中对他人类似的情绪体验会主动地、“习惯性”地产生理解和分享。材料中教师对亮亮说的话，运用了移情训练的方法。

(2)对学前儿童进行道德教育还有以下方法：

①榜样引导。榜样是指用别人的好思想、好行为来影响儿童的一种教育方法。在学前儿童品德形成过程中，家长、教师、同伴、文艺作品中的优秀人物等都可以成为学前儿童的榜样。

②说服讲解。说服和讲解是由教师带着一定的情感倾向性，耐心细致地向学前儿童讲清一些简单的道理，让他们知道什么是对的，什么是错的，哪些事该做，哪些事不该做等等。

③反复实践。组织学前儿童按照正确的行为准则去反复实践是形成良好道德行为的有效方法。学前儿童要掌握和遵守行为准则，必须经过反复实践练习。练习是形成和巩固学前儿童道德行为习惯的一种基本方法，只有讲道理的形式而不注重实践，往往会导致孩子说空话、说大话，也容易使孩子出现认识可以达到标准，但是行动却相差甚远的现象。注重实践，注重自主参与，让学前儿童在行动中明理，在实践中锻炼和感悟可以解决这个问题。

④善用表扬。表扬是对学前儿童良好道德行为表现的肯定。批评是对学前儿童不良道德行为表现的否定。通过表扬，使学前儿童明白自己的优点和长处，并得到巩固和发扬。如果出现错误时，需要通过批评使学前儿童明白自己的缺点和错误行为，并体验由这种行为引起的不愉快，产生羞愧感，从而改正错误。

⑤互教法。互教法就是教师与家长和学前儿童之间采取平等的态度，在道德教育中，互相帮助，互相讨论，互相启导的方法。在家庭中进行德育时采用比较多。

第9练　学前儿童社会性发展的主要理论、基本特点和评价

一、单项选择题

1. A 【解析】本题考查学前社会教育活动评价的方法。情境测验法是指评价者根据评价目的，预先设计好一定的情境诱发学前儿童表现出社会性行为并进行价值判断的方法。
2. A 【解析】本题考查科尔伯格的道德发展理论。前习俗水平大约出现在幼儿园及小学中低年级。该时期的特征是：个体着眼于人物行为的具体结果及其与自身的利害关系，认为道德的价值不决定于人及准则，而是决定于外在的要求。小东拿了幼儿园的绘本，因为没有受到批评从而养成经常拿幼儿园物品回家的习惯，其道德发展处于前习俗水平。
3. D 【解析】本题考查科尔伯格的道德发展理论。科尔伯格在皮亚杰理论的基础上，运用两难故事对儿童道德判断进行研究，提出了自己的品德发展理论，将儿童的品德发展划分为三个水平六个阶段。
4. A 【解析】本题考查道德教育的认知模式。认知模式围绕道德两难问题的小组讨论可分为起始阶段和深入阶段，与之相适应，教师的提问也可以分为“引入性提问”和“深入性提问”。
5. A 【解析】本题考查科尔伯格的道德发展理论。可可属于前习俗道德水平，以服从与惩罚为取向(服从与惩罚定向)。处于这个水平上的儿童认为规则是权威制定的，必须无条件地服从。服从权威或规则只是为了避免惩罚。违背了规则认为应该受罚。题干中可可说的话体现了服从老师的权威，认为老师说的话都是对的，故答案选A项。
6. C 【解析】本题考查科尔伯格的道德发展理论。科尔伯格把儿童道德发展划分为三个水平主要包括：前习俗道德水平(大约在学前期至小学低、中年级)；习俗道德水平(大约自小学高年级开始)；后习俗道德水平(大约自青年末期接近人格成熟时开始)。
7. C 【解析】本题考查科尔伯格的道德发展理论。服从阶段，幼儿出于对教育者的依恋和崇拜或者因害怕可能受到某种惩罚，去服从和遵守教育者所提出的行为要求。一般来讲，4岁以前的儿童主要处于这一阶段。在这一时期，幼儿基本不能以自己的价值标准判断是非，没有真正认识到社会规范的意义和必要性，只是被

动地服从。

8.D 【解析】本题考查科尔伯格的道德发展理论。习俗道德水平(大约自小学高年级开始)包括阶段三以“好孩子”为取向和阶段四以维持社会秩序为取向。

9.C 【解析】本题考查埃里克森的人格发展阶段理论。埃里克森的人格发展阶段理论的第三阶段是主动感对内疚感(3~6岁)。本阶段的发展任务是培养主动性。

10.A 【解析】本题考查科尔伯格的道德发展理论。科尔伯格认为儿童品德发展水平一为:前习俗道德水平(大约在学前期至小学低、中年级)。该水平分为两个阶段,其中阶段一为:以服从与惩罚为取向(服从与惩罚定向)。儿童一般都认为海因茨偷药是错误的。理由是:“这是违法的。”“偷东西是坏的。”进一步询问时,儿童会说:“因为你将受到惩罚。”可见,这一阶段儿童是根据外部标准来判断好坏的。

11.A 【解析】本题考查皮亚杰的认知发展理论对儿童道德的研究。“他律”指按照外在的他人的标准判断事物的好坏。“他律性道德”表明,这个阶段的儿童把规则看作由权威人士传下来的(神、父母和教师),是一个永久的存在,是不可改变的,是需要严格遵守的。处于他律性道德阶段的儿童通常会认为约翰更坏,因为他打破了更多的杯子,尽管他的意图是单纯的。

12.C 【解析】本题考查学前社会教育活动评价的方法。投射法是一种间接地探察儿童心理的方法,主要用于测量儿童社会交往状况和性别意识的发展。学前儿童社会性观察最常见的投射法是画人测验,画人测验可用于测量儿童社会性发展水平。

13.B 【解析】本题考查弗洛伊德的人格结构理论。弗洛伊德认为人格有三个层次:本我、自我和超我。本我是最原始的、先天的本能、欲望,属于无意识的结构部分,是人格形成的基础,它遵循快乐原则,总是追求快乐;自我是从本我中分化出来的,是意识的结构部分,处于本我和外部世界之间,根据外部世界的需要,对本我进行压抑和控制,它遵循现实原则;超我是从自我中分化出来,起到道德、良心的监督作用,它遵循伦理原则。题干中幼儿能压抑和控制自己的想法体现了自我。

14.B 【解析】本题考查价值表决法的教育方法。价值表决法是指教师事先拟定一系列儿童关心的问题,让全体儿童一起来表达自己意见的一种方法。价值表决的目的就是通过向儿童提供公开自己价值观的机会,让儿童获得他对自己价值的态度。故B项正确。

15.D 【解析】本题考查人际交往的技巧。情境创设一方面要依据活动目标和幼儿的发展水平,另一方面要使幼儿产生认知冲突,激发其学习、探索的欲望,从而了解什么是合理、得体的行为,什么是不得体、不礼貌的行为。直接呈现是通过展示、示范和直接教导的方式,让幼儿直接了解人际交往技巧,让幼儿感受到这种交往技巧能够给人带来快乐,从而使他们愿意使用交往技巧。间接呈现是指教师通过呈现一些反面事例,让幼儿进行讨论,逐步引出人际交往技巧。故D项正确。

16.B 【解析】本题考查幼儿园社会教育评价的方法。当教师要评价幼儿的社会认知发展水平时,可采用游戏规则法和故事两难法。故A、C项错误。当教师要评价幼儿的社会行为发展水平时,可运用自然测验法和情景测验法。故D项错误。当教师要评价幼儿的社会情感发展水平时,可选用投射测验法和移情测验法。故答案选B项。

二、判断题

√ 【解析】本题考查科尔伯格的品德发展阶段理论。在科尔伯格的品德发展阶段理论中,前习俗水平大约出现在幼儿园及小学中低年级。该时期的特征是:个体着眼于人物行为的具体结果及其与自身的利害关系,认为道德的价值不决定于人及准则,而是决定于外在的要求。前习俗水平包括两个阶段:(1)服从与惩罚的道德定向阶段;(2)相对功利的道德定向阶段。

三、活动设计题(参考答案)

1. **三只蝴蝶(大班社会活动)**

(一)设计思路

这个故事叙述了三只蝴蝶是好朋友,它们出去玩遇到大雨,寻求避雨的地方,但每次花朵们只让它们其中的一个避雨,但它们谁都不抛弃谁。故事的目的是引导小朋友们明白互相帮助、团结友爱的重要性,培养他们

的集体意识。

（二）活动目标

（1）通过看故事、听故事、角色扮演等形式了解故事内容，学习讲述故事中反复出现的对话和短句。

（2）体会好朋友之间相互关心的美好情感。

（三）活动准备

（1）动画故事视频、生字卡片；

（2）故事挂图。

（四）活动过程

1. 引入故事

师：今天来了三位可爱又特别的朋友和我们一起上课。它们是谁呢？请小朋友猜谜语：头上两根须，身穿花衣裳，飞舞花丛中，快乐又逍遥。

师：对，是三只可爱的蝴蝶，今天老师要给小朋友讲一个关于三只蝴蝶的故事。它们分别是什么颜色的呢？出示挂图。

师：嗯，小朋友们真聪明！这三只蝴蝶在花园里遇到了什么烦恼的事情呢？先请小朋友看一段视频好吗？

师：大家可要认真看哦，等一下老师可要考考你们！

2. 看动画视频《三只蝴蝶》的故事，创设问题情境，激发幼儿兴趣

师：故事看完了，你们还记得故事的题目是什么吗？

师：对呀，回答得太好了，故事里都有谁呀，谁能用"有……有……还有……"来回答？

师：你们还记得三只蝴蝶是什么颜色的吗？

教幼儿认读生字：红、黄、白。

师：嗯，我们小朋友记性真好！这三只蝴蝶在花园里遇到了什么烦恼的事情呢？

师：那它们怎么办呢？小朋友再听老师讲一遍故事。

3. 老师讲整个故事，边讲故事边展示挂图，并针对故事内容提问，让幼儿进一步熟悉故事情节与重复的语段

师：三只蝴蝶齐声向红花请求什么？（鼓励幼儿和老师一起说）

师：红花说什么？三只蝴蝶又齐声说什么？（引导幼儿练习学说"红花说"和"三只蝴蝶齐声说"的话）

三只蝴蝶说："我们三个好朋友，相亲相爱不分手，要来一块来，要走一块走。"

师：后来谁帮助了三只蝴蝶？三只蝴蝶、三朵花、太阳，你们喜欢谁？

师：你们觉得三只蝴蝶好在什么地方？太阳怎么好了？三朵花的做法对吗？

4. 引导幼儿讨论，感知三只蝴蝶相互关心、相互关爱的形象

师：你喜欢三只蝴蝶吗？它们讲的哪句话最让你们感动呢？

师：平时，小朋友们在一起玩游戏，吃东西的时候，应该怎么做呢？

（五）结束部分

小结：孩子们要向三只蝴蝶学习，要团结友爱。

2. **认识国歌、国旗和国徽（中班社会活动）**

（一）活动目标

（1）认识国旗，知道升国旗、奏国歌时，应肃立、行注目礼；

（2）培养幼儿对祖国的热爱之情。

（二）活动准备

（1）中国国旗一面。

（2）国歌音频。

（3）歌曲《国旗，国旗，多美丽》。

（4）故事《岳母刺字》及相关图片一张。

（三）活动过程

1. 导入活动

出示各国国旗，让幼儿找出中国的国旗，引出活动主题。

2. 基本活动

（1）认识五星红旗。

提问：五星红旗的旗面是什么颜色的？（红色）旗面上有什么图案？（有五角星）五角星是什么颜色？有几颗大五角星？几颗小五角星？

讨论：为什么要有国旗？国旗代表什么？知道五星红旗是我们国家的国旗，它代表中华人民共和国。

提问：你有没有看到过升旗仪式？（看到过，奥运会上运动员得奖牌时就有升旗的；还有小学的哥哥姐姐们每周一早上在学校也有升国旗仪式）你在什么地方见过国旗？（在电视上面，在小学里面……）说一说国旗是怎样升起的？（由护旗队护旗，由升旗手升旗，其他人行注目礼）

（2）参加园内升旗活动，知道升国旗时要立正、严肃，并要向国旗行注目礼。

（3）参加完升旗仪式后提问。

在升旗时，大家是怎样行礼的？站立端正、不讲话、行注目礼。

你们知道少先队员、军人是怎样行礼的吗？（行少先队礼和行军礼）

（4）学习歌曲《国旗，国旗，多美丽》。

3. 故事欣赏

教师讲述历史典故《岳母刺字》。通过故事的讲述，使幼儿知道岳母和岳飞"精忠报国"的感人故事，从而激发幼儿的爱国热情。

（四）活动延伸

（1）认识国徽的活动。

（2）观看影片片段，欣赏国歌。

（3）游戏：国旗连连看。

（4）用皱纹纸折成花朵，在幼儿园举行的升旗活动中，将自己亲自制作的礼物献给国旗。

3.

乌龟怪脾气（中班社会活动）

（一）设计意图

中班幼儿渴望与同伴交流，但是由于幼儿年龄较小，不会与同伴交流或者交流的方式有问题，通过本次活动，使幼儿学会正确与人沟通的方式。

（二）活动目标

（1）理解诗歌中乌龟不愿意说话，给它造成的麻烦。

（2）在玩指偶的过程中，再现诗歌情景，并学习边玩指偶边朗诵诗歌。

（3）体验同伴交流带给自己的快乐，珍惜同伴间的友好关系。

（三）活动准备

（1）挂图三幅。

（2）事先做好乌龟、青蛙、蜗牛的角色指偶。

（四）活动过程

1. 引题，乌龟不理我

（1）猜谜语

师：今天我们班来了一位小客人，是谁呢，别着急，猜出谜语你就知道啦。听好了：长寿公公慢慢爬，爱缩脑袋穿马甲。（乌龟）

（2）请出小客人"乌龟"，引出诗歌《乌龟怪脾气》

师：哟，真棒。一猜就中，让我们用热烈的掌声欢迎乌龟的到来吧。

师：我们可以向小乌龟打招呼，怎么打招呼呢？（幼儿自由回答）

师:可能没听见,再请一个小朋友来大声地跟它打招呼。(幼儿:小乌龟好)

师:奇怪了,我们跟他打招呼,问问题,小乌龟怎么都不理人啊。这脾气可真怪。

(乌龟怪脾气,见谁都不理)

师:乌龟不爱说话的怪脾气会给它带来什么样的麻烦呢?我们一起来看看。

2. 乌龟怪脾气

(1)教师出示图片帮助幼儿理解诗歌的内容

师:图片(1)上太阳怎么样?乌龟要去干吗啊?我们用一个好听的词来形容太阳叫红艳艳。

师:太阳红艳艳,乌龟忙爬山。

师:乌龟碰到了谁,蜗牛是怎么说的?(蜗牛说:"山路陡!")咦,陡是什么意思?陡是山坡坡度很大,不容易爬上去。那乌龟会听吗?为什么不听,它又是怎么做的?一直往前爬。(蜗牛说:"山路陡!"乌龟不理蜗牛)

教师出示图片(2)。看,这回它又碰到了谁,猜猜看它又会怎么说?(青蛙说:"山路滑!")咦,滑是什么意思?对,滑是路滑,容易摔倒的意思,这回乌龟听了吗?(没有,青蛙说:"山路滑!"乌龟不理青蛙)

教师出示图片(3)。乌龟爬到半山腰,呀,发生什么事情了?(山路好像大滑梯,一滑滑到山谷底。摔得头昏眼又花)小朋友的眼睛真亮,看乌龟的头上都冒金星了。

乌龟摔到山谷底,有没有朋友来救它?为什么?(没有人来救它,因为乌龟还是不说话)

对,乌龟还是不说话,乌龟不说话,有谁来救它?

(2)学念诗歌

师:这是一只怪脾气的乌龟,老师把它爬山坡的故事编成了一首诗歌,名字叫《乌龟怪脾气》,小朋友们一起来听一听,请仔细听。

(教师朗诵诗歌,幼儿倾听)

师:这只乌龟呀脾气可真是怪,我们也一起来念念诗歌。

(教师和幼儿一起朗诵)

(3)玩游戏,巩固诗歌

师:看,老师给你们准备了乌龟、青蛙、蜗牛的指偶,我们一边玩指偶,一边念诗歌,把乌龟的指偶套在这只手的大拇指上,把青蛙和蜗牛的指偶分别套在另外一只手的食指和中指上,(事先在凳子下面放好指偶)准备好了吗?我们一起边玩指偶边念儿歌,开始。

师:小朋友们念的都很不错,但我发现有几个小朋友当念到蜗牛时,没有拿出蜗牛的指偶,当我们念到蜗牛时,蜗牛的指偶出来,青蛙的指偶藏起来,当念到青蛙时,青蛙的指偶出来,蜗牛的指偶藏起来,我们再来试试看看,看这次玩的是不是比第一次好。

师:现在请女孩子边玩指偶边念诗歌,男孩子仔细听,仔细看,看看女孩子玩的好不好,念的好不好。

师:现在请男孩子边玩指偶边念诗歌,女孩子仔细听,仔细看,看看男孩子玩的怎么样。

(4)教师总结

师:小朋友们说的都很棒,老师为你们拍拍手。

师:小乌龟这个怪脾气好不好?(不好)刚才好多小朋友都摇头了。我们怎样帮小乌龟改掉这个怪脾气?请小朋友们仔细想一想。

(5)开展讨论,引导幼儿用正确的方式进行沟通

师:现在,小朋友们可以和自己的小伙伴讨论一下你们的想法,看看哪一组的讨论过程最顺利。

师:小朋友们在和小伙伴讨论时要有礼貌,不要突然打断别人的发言,也要在恰当的时候说出自己的想法。

(五)活动延伸

幼儿将学到的诗歌朗诵给爸爸妈妈听。

4. **说句谢谢你(大班社会活动)**

(一)设计意图

从新生命孕育的那一刻起,孩子们一直被包围在爱的海洋里。在他们周围有多少人在辛勤地付出,帮助每

个孩子健康地成长。让我们衷心地对他们说一声"谢谢",孩子们用心去体验发自心底的感谢,而不是理所当然地接受来自各方面的爱。本活动围绕"最要感谢的人",用讨论、交流等方式,帮助孩子感悟"感谢"的意义,学习表达感谢的方法。

(二)活动目标

(1)知道在自己的成长中有许多的人在付出,知道要感谢他们;

(2)初步培养感激之情,感恩之心;

(3)尝试用自己喜欢的方式向关心、爱护自己的人表示感谢。

(三)活动准备

新闻图片,录音机、磁带,作画工具,彩带、皱纹纸,各种小盒子、剪刀、浆糊等材料。

(四)活动过程

1.出示照片,引出课题

师:"看看这张照片上的小朋友在做什么?""他为什么会这么做?"(幼儿讨论)

师:"让我们一起来听一听这则新闻吧!

2.听新闻故事

师:"图中的小朋友和这位阿姨是什么关系?小朋友得到了阿姨的什么帮助?小朋友在得到阿姨的帮助后是怎么做的?说了些什么?他为什么这么说?"

师:"你得到过别人的关心与帮助吗?他(她)是怎么关心与帮助你的?你得到了关心与帮助之后心里是怎么想的?怎么做的?你想对他(她)说什么?在小朋友们健康成长的过程中,还有哪些人在关心着我们?"

小结:在小朋友们的成长过程中,有许许多多的人在关心着你,爱护着你。有的就在你身边,天天与你在一起,比如你的亲人;也有不与你住在一起,却经常默默地关心、帮助着你,比如老师、阿姨、朋友;还有是在你需要的时候帮助你,比如医生、警察等等。在你得到他们的关心与帮助时请不要忘记说声"谢谢你"。

3.用自己喜欢的方式向关爱自己的人表达感谢

师:"在这些人中,你最想感谢的人是谁?你想对他(她)说些什么?除了说感谢的话语,你还想用什么方法来感谢他(她)?"

小结:你可以用简短的话,把要感谢的话说清楚,对着录音机录下来;也可以用画画的方法,把你想感谢他(她)的事情画出来,让对方看出你对他(她)的感谢;也可以做一些特别的、有意义的东西送给他(她)。

4.展示自己感谢的内容与方式

师:"你是用什么方法来表示感谢的?你做了什么?是送给谁的?对他们表达感谢的时候还可以说些什么?"

小结:小朋友们都知道自己能健康快乐地成长,是因为有许多人在关心自己,我们为他们做了许多礼物表示感谢,我们还想对他们说声"谢谢你"。

(五)活动延伸

将幼儿的作品布置成"我想说声谢谢你"的主题墙饰。

实战演练

一、单项选择题

1.B 【解析】教育目标的制定,是学前社会教育的起点和归宿,也是整个社会教育课程设计的首要环节。

2.B 【解析】题干的描述是幼儿园小班的社会教育目标。

3.D 【解析】题干的描述是幼儿园大班的社会教育目标。

4.B 【解析】学前社会教育目标制定的依据包括:(1)以学前儿童的社会性发展水平为依据;(2)以一定社会的培养目标为依据;(3)以学前社会教育学科的发展为依据。故B项错误。

5.C 【解析】儿童的亲社会行为主要有:同情、关心、分享、合作、谦让、帮助、抚慰、援助、捐献等。

6. D 【解析】学前社会教育是教师有目的、有计划地对儿童施加教育影响,引导他们积极主动地参与活动,并促进其社会认知、社会情感和社会行为等方面健康发展的过程。

7. A 【解析】精神分析理论认为,人格是由本我(伊底)、自我和超我三部分组成。新生儿人格结构中的唯一成分是本我(伊底)。

8. D 【解析】社会生物学的"亲情投资理论"认为,依恋是母亲对儿童的亲情投资的结果,是为避免生殖高昂代价"作废"而做的抚养努力的产物。

9. C 【解析】学前儿童社会性发展的主要理论包括精神分析理论、社会学习理论、道德发展理论、依恋的有关理论。社会学习理论的代表人物是班杜拉和沃尔特斯。故 C 项正确。弗洛伊德和埃里克森是精神分析学派的代表人物,皮亚杰属于道德发展理论的代表人物。

10. D 【解析】弗洛伊德把儿童心理发展划分为五个阶段:口唇期、肛门期、性器期、潜伏期和生殖期。

11. A 【解析】爱模仿是儿童心理的年龄特点,周围的人、事、物、境都会成为他们模仿的对象,通过对榜样行为的模仿,儿童学习到良好的或不良的道德行为方式。题干中儿童学着黑猫警长的口气教训小朋友,体现了儿童品德发展的模仿性特点。

12. D 【解析】题干选取的题材属于我国社会文化的内容。

13. C 【解析】学前儿童社会教育内容选择的原则包括:(1)生活性和适宜性;(2)全面性和基础性;(3)时代性和民族性。

14. D 【解析】澄清应答法是指教师通过与儿童的交谈引起儿童的思考,在相互的交流中不知不觉地让儿童进行内省、进行价值评价的方法。它是价值澄清中最基本、最灵活的方法。

15. B 【解析】随机教育原则(生活教育原则)是指教师在儿童日常生活、交往中随时随地抓住一定的时间或时机对幼儿进行即时教育。换句话说,就是对幼儿日常生活、游戏、活动、交往中存在的偶发事件、情境中教育机会的充分利用,以发挥其潜在的教育意义。

16. A 【解析】讲解法是指教师以口头言语对社会教育内容进行系统和生动的解释,以使儿童较系统地理解社会教育的内容和意义,掌握正确的行为准则和方法,也便于指导其行为。这是社会教育中最经常使用的一种方法。

17. D 【解析】环境熏陶法是指利用环境条件、生活氛围和教师本身的言行举止,对幼儿进行积极感化、熏陶,潜移默化地影响幼儿社会态度和行为的方法。优美的自然环境、良好的社会环境和教育者有意识创设的教育情境为幼儿社会性发展与教育提供了有利的条件。

18. A 【解析】学前儿童社会教育的特殊方法包括榜样示范法、角色扮演法、陶冶渲染法、共情训练法、价值澄清法。强化评价法属于社会教育的一般方法。

19. B 【解析】学前儿童社会教育的一般方法包括强化评价法、行为练习法、参观法、讨论法、谈话法、讲解法以及观察、演示法等,而榜样示范法属于学前儿童社会教育的特殊方法。

20. B 【解析】题干违背了学前社会教育的一致性原则。一致性原则主要包括:(1)教师自身态度的一致性;(2)幼儿园园内教师间的一致性;(3)家园一致性。

21. C 【解析】共情训练法是指通过一些形式让学前儿童去理解和分享他人的情绪体验,以使学前儿童在以后的生活中对他人的类似情绪能主动、习惯性地自然理解和分享的方法。共情训练法的方式是多样的,讲故事、续编故事、情境演示、生活情境体验、主题游戏等都可以被用来进行共情训练。

22. A 【解析】正面教育原则就是要求教师就事论事地引导儿童知道什么是对的,什么是错的,直接告诉他应该掌握的社会行为规范,慎用批评、惩罚等消极手段,以免给幼儿的心理发展造成不良影响。针对幼儿乱丢废纸的情况,教师积极引导幼儿正确的做法,这属于正面教育原则。

23. C 【解析】一致性原则是指在学前社会教育过程中,教师应有目的、有计划地对来自各方面的教育影响加以组织和调节,使其互相配合、协调一致,使幼儿社会性按教育目标健康发展。题干中教师的做法没有贯彻社会教育的一致性原则。

24. C 【解析】讨论法的优点包括:(1)讨论法最大的优点,就在于它能在一定时间内增加儿童口头表达自己

认识的活动机会,尤其是成对交换意见、分小组讨论形式,为儿童提供表达意见的机会更多,甚至不必考虑自己意见的对错;(2)在与教师、同伴的讨论中,儿童的认识得以深化,情感能够自然流露出来;(3)讨论法还可以使儿童听到各种不同的意见;(4)有利于儿童在分析、比较各种意见中,提高独立思考的能力、分析问题、解决问题的能力和口头表达能力。C选项可以使儿童在较短的时间内获得较多的知识属于讲解法的优点。

25. B 【解析】澄清应答法是指教师通过与儿童的交谈引起儿童的思考,在相互的交流中不知不觉地让儿童进行内省、进行价值评价的方法。

26. A 【解析】活动性原则是指在设计社会领域教育活动时要注重"实践",尽量鼓励学前儿童动手操作,如引导学前儿童积极地与人交往、动手、体验、观察、思考、表现,主动地发展社会性。

27. D 【解析】全面性原则是指评价学前社会教育活动的内容要全面,不能以点带面、以偏概全。评价时要考虑到活动设计的目标、活动内容、活动过程、活动效果等,各方面因素统一于教师和学前儿童的互动活动之中。

28. C 【解析】题干的描述说明红红处于第三阶段:"好孩子"定向(以"好孩子"为取向)。十岁的孩子按照"善良的人应该怎样做"来行事。他们认为善行是由每一个善良而聪明的人所称赞的善意行为组成的。他们认为海因茨"爱自己的妻子",为了"挽救一个生命",偷药是有理由的。药剂师太贪婪,不管别人死活,应该去坐牢。

29. C 【解析】他律性道德占主导地位,儿童认为道德和道德规范是绝对的,来自于外在的权威,不能不服从;判断是非的标准也来自成人。同时,他们只注意行为的外部结果,而不考虑行为的内在动机。

30. D 【解析】"使儿童能初步了解自己与他人的情绪,初步懂得同情和关心他人"是中班社会教育目标。

31. B 【解析】大众传播媒介里的攻击性榜样会增加幼儿以后的攻击性行为,幼儿会从这些电视、电影、暴力节目中观察学习到各种具体的攻击性行为。

32. C 【解析】幼儿缺乏人际交往的能力的具体表现:(1)不能与伙伴友好和睦地相处,不能控制自己与方法。(2)缺乏宽容、接纳伙伴的态度。(3)胆小,不能主动地与小朋友交往。(4)不能与保育员主动交往。

33. C 【解析】行为实践原则是指教师在幼儿社会性教育中,不仅要重视向幼儿传递社会认知观念、技能、知识,而且必须为幼儿提供大量实践的机会,并对其行为实践进行指导。

二、多项选择题

1. ABCD 【解析】儿童品德发展的特点包括:具体性、他律性、模仿性、情绪性。

2. ACD 【解析】影响幼儿品德形成的一般条件包括:(1)外部条件:家庭教养方式、社会风气、同伴群体。(2)内部条件:认知失调、态度定势、道德认知。

3. ABC 【解析】学前社会教育活动评价需要遵循的原则包括:(1)针对性原则;(2)过程性原则;(3)全面性原则。

4. ABCD 【解析】学前社会教育常选用的教育活动形式包括:(1)参观;(2)社会实践;(3)谈话;(4)游戏;(5)综合活动。

三、判断题

1. √ 【解析】为社会培养合格公民是学前社会教育的一项重要任务。公民是承载了一定文化传统,并积极参与现实生活的人。这决定了学前社会教育对公民的培养,既要注重优秀传统文化的继承,也要引导孩子为参与现代全球化生活做准备。

2. √ 【解析】学前社会教育能促进学前儿童的完整发展。所谓完整发展是指儿童在发展的内容、结构与时间上的完整发展。(1)从发展的内容看,儿童的完整发展是指体、智、德、美的全面发展;(2)从结构看,儿童的完整发展是指认知、情感、意志的统整发展;(3)从时间上看,儿童的完整发展是指终身的完整发展。

3. × 【解析】学前阶段儿童的助人行为呈增长趋势,在小学中期逐渐达到最高峰,到青少年早期则呈下降趋势,到成年早期又有所增加。

4. × 【解析】引导儿童初步感受民间艺术及我国的传统文化精品,属于中班社会教育目标。

5.√　【解析】在社会学习理论中，模仿作为儿童掌握社会行为的一种主要机制或途径，是一个复杂的过程，它是由四个子过程组成被模仿事件，即注意过程、保持过程、动作表征与再现过程、动机过程。

6.√　【解析】为儿童提供正面的榜样，是形成儿童道德行为的关键途径。

7.×　【解析】幼儿园应加强师幼交往活动，培养学前儿童与教师交往的能力。与亲子交往活动有区别的是，师幼交往活动相对比较正式一些。

8.√　【解析】由于学前儿童具体形象的思维特点，社会规范的认知更应该强调在社会环境中进行，并注重规范的直观性、情境性和易操作性。

9.√　【解析】了解祖国传统的民俗节日，对祖国的传统文化感兴趣；感受周围自然环境、文化环境的美，萌发爱周围环境、爱家乡、爱祖国的情感，是学前社会教育中多元文化教育活动的内容。

10.√　【解析】学前社会教育的一致性原则包括教师自身态度的一致性、幼儿园园内教师间的一致性、家园的一致性。

11.×　【解析】谈话法在幼儿园社会教育中虽然非常重要，但只有单调的一问一答谈话，很容易使儿童的注意力分散。因此，不要独立地采用谈话法，还应与其他方法结合使用，尤其是要和讲解法结合起来，对谈话的内容用准确的语言进行总结。

12.√　【解析】学前儿童随时都在观察，他们每天都在观察成人的言行举止和态度，观察周围环境中的一切，而且这种观察常常是在无意中、在成人未意识到的情况下发生的。由此可见，学前儿童社会学习是随机的和无意的，社会学习无处不在，无时不有。

13.√　【解析】因为儿童的语言水平发展比较低，对一些观念性的、概括性的内容很难理解。所以，教师在学前儿童的社会教育中，应当具体、直观、形象、简单明了地对他们进行讲解，使抽象的内容具体化，以利于儿童理解和接受。

14.√　【解析】学前社会教育活动是幼儿园对学前儿童进行社会教育的主要途径。

15.×　【解析】自评是指教师在活动后总结活动进展过程中的优点，并反思活动进展过程中存在的问题以及改进的方法。

16.×　【解析】学前社会教育总目标是社会教育所期望的最终结果，是学前阶段社会教育任务和要求的总和，是对儿童社会教育目标最为概括的陈述，是其他层次目标的依据和基础。

17.√　【解析】因为情境测验是由评价者自己设计的，可以针对评价的需要、评价对象的实践情况、时间、地点、场地、材料等条件进行设计，可能会得到更多较为实用的真实信息，所以情境测验法对学前儿童个体的社会性发展评价有着更大的实用意义。

18.×　【解析】社会测量法是由美国心理学家莫雷诺1930年提出的一种测定团体人际关系的理论和方法，我们将其引入学前儿童社会性发展评价之中。

四、简答题(参考答案)

1. 简述学前儿童社会环境与社会规范认知的培养目标。

(1)知道自己的成长与家人的关系，感激父母长辈的辛勤养育之恩；(2)初步了解家庭、幼儿园，认识周围不同职业人们的劳动及其与自己生活的关系，尊重他们的劳动，产生初步的热爱劳动者的情感；(3)引导儿童初步了解并逐步掌握基本的交通规则、学习活动规则、生活规则等；(4)引导儿童初步了解并掌握基本的公共卫生规则，树立环境保护意识；(5)逐步懂得正确与错误之分，激发儿童初步的是非感、爱憎感。

2. 简述学前儿童自我意识的培养目标。

(1)引导儿童初步了解有关自己成长的最基本的知识；

(2)初步培养儿童的自信心、自尊心及独立性，以及最基本的自我控制和应变能力；

(3)引导儿童正确认识自己，能够进行准确的自我评价；

(4)学会用恰当的方法表达自己的爱好、需求、情绪和情感。

3. 简述学前儿童人际交往的培养目标。

(1)愿意与他人共同游戏、活动并友好相处；(2)善于与人交往，懂得问候、交谈、与人合作及参与活动的技

巧,掌握几种交往策略;(3)能主动帮助弱小同伴,乐于帮助有困难的小朋友、老人和残疾人,经常自愿地与他人分享玩具、食物等;(4)鼓励儿童主动地参与各项活动,培养诚实、勇敢、守纪等基本品质,培养儿童开朗的性格;(5)引导儿童初步了解自己所在的集体,使儿童逐步适应并喜欢集体生活,初步产生对集体的关心喜欢之情。

4. 简述学前儿童多元文化的培养目标。

(1)初步感受具有代表性的社区文化;

(2)初步了解祖国传统的民俗节日、人文景观、少数民族和文化精品等,对祖国的传统文化感兴趣;

(3)初步感受世界著名的人文景观及优秀的艺术作品,对世界文化感兴趣;

(4)初步了解世界是由许多国家和民族组成的,萌发热爱和平的情感;

(5)愿意接触或了解不同国家、不同种族的外国人,感受他们的风俗习惯。

5. 简述幼儿品德发展的影响因素。

(1)认知能力;(2)家庭及其父母;(3)游戏及其活动;(4)同伴及其交往;(5)社会榜样;(6)教师及其环境。

6. 简述学前儿童人际交往教育活动的主要类型。

(1)亲子交往;(2)同伴交往;(3)师幼交往;(4)与其他社会成员的交往。

7. 简述学前儿童自我教育活动的内容。

(1)帮助儿童认识和接纳自己,增进儿童的自我价值感和自信心;(2)帮助儿童学习认识、理解和适当地表达自己的情绪,控制自己的行为;(3)帮助儿童学习自由选择、自我决断,培养其独立性、自主性和自己对自己的行为负责的意识;(4)支持、鼓励儿童大胆地表达自己的意志、想法和态度;(5)帮助儿童主动地参与各项活动,体验与同伴交往的快乐;(6)帮助儿童努力做好力所能及的事,不怕困难,有初步的责任感。

8. 简述教师运用环境熏陶法时应注意的问题。

(1)环境熏陶法利用的是整个幼儿园环境条件、生活氛围,提供一个接纳、温暖及开放的环境是首要的条件。

(2)潜移默化是环境熏陶法区别于其他方法的独特之处,因此要尽可能让环境说话,避免过多的言语说教。

(3)让幼儿参与环境创设。(4)教师应主动和幼儿聊天,认真倾听幼儿的想法并做出回应,也可以通过拥抱或手势、口头鼓励,使幼儿感受到保教人员对自己的关心与爱护。

五、活动设计题(参考答案)

1.

粗鲁的小老鼠(大班)

(一)活动目标

(1)能主动、准确地使用礼貌用语,以恰当的方式与他人交往,和同伴友好相处;

(2)通过游戏,增强讲文明、懂礼仪的意识;

(3)培养观察、分析和探索的能力。

(二)活动准备

(1)故事《粗鲁的小老鼠》课件;

(2)小老鼠、蜗牛、小鱼、小猪的头饰各一个;

(3)幼儿日常行为(包括文明的和不文明的)图片若干,即时贴做的哭脸、笑脸幼儿人手一个。

(三)活动过程

1. 播放课件中的儿歌《小老鼠》,导入课题

(老师带领幼儿随儿歌的节奏,做身体律动进入活动室,引发幼儿参与活动的兴趣)提问:(1)儿歌中说的是谁?(小老鼠、小猫)

(2)小老鼠平时喜欢干什么?(偷吃别人的东西;挖别人的墙角……)

(3)小老鼠见了猫会怎样?(会害怕,然后逃跑,是个胆小的家伙)

小结:一般的小老鼠比较胆小,见到有动静就赶快逃跑。可是有一只小老鼠可不是这样,它总觉得自己了不起,结果吃到苦头了,我们一起来看看,这只小老鼠身上到底发生了什么故事。

2. 播放课件《粗鲁的小老鼠》,引导幼儿了解故事内容

提问:(1)故事中的小老鼠是什么样的?(自以为了不起,说话粗鲁,对别人很不礼貌)

(2)小老鼠是怎么对蜗牛的?(凶巴巴地让蜗牛滚开,并一脚把蜗牛踢得很远)

(3)小老鼠对河里的小鱼做了什么?(用石头扔小鱼,把小鱼吓跑了)

(4)小老鼠后来碰到了谁?(小猪)小老鼠的脚怎么肿起来了?(小老鼠踢到了硬硬的猪蹄上)

(5)小老鼠为什么低下了头?(小老鼠知道自己对别人不礼貌,结果尝到苦头了,觉得自己做错了)

小结:小老鼠自以为了不起,说话粗鲁,对人很没礼貌,最后得到了教训。

3. 展开故事,分角色扮演,引导幼儿懂得正确与人交往的方法

小朋友们,你们有过对别人不礼貌的行为吗?如果你是小老鼠,你会怎样有礼貌地对待蜗牛、小鱼和小猪?(教师分别依次请出蜗牛、小鱼和小猪,引导幼儿探索正确的与人交往的方式)

(1)你碰到正在慢慢爬行的蜗牛,应该怎么做?(可以这样说:"对不起,请让一下可以吗?我想先过去!")

(2)你想喝水时,有小鱼在游泳时怎么说比较好?(这样说比较好:"小鱼,你好!我口渴想喝水,你能等我喝完水再过来游泳吗?")

(3)小猪睡觉挡住了你的去路,你该怎么办?(应该这样做:先叫醒小猪,然后对它说:"打扰一下了,小猪,你睡在这里可不好,别人路过会不小心踩到你的,你还是换个地方去睡吧,你说呢?")

(4)如果小老鼠很有礼貌地对待别人,那它的脚会不会受伤?(不会,你不去伤害别人,别人也不会伤害你的)

(5)在生活中,我们还应该怎样做个文明懂礼的人呢?(鼓励幼儿畅所欲言。如:不要瞧不起别人,要学会谦让;别人有困难时要出手相助;和朋友要友好相处等等)

4. 游戏:《我是小法官》,增强幼儿讲文明、懂礼仪的意识

游戏规则:将幼儿分成五组,每组八人,五组依次进行。教师出示图片,请幼儿判断对错,对的在图片上贴笑脸,不对的贴哭脸。

5. 总结

小朋友们从小要学习文明礼仪,和别人说话时要轻声细语,不要说脏话、粗话,做人要谦虚,可不要像小老鼠那样,自以为了不起,最后吃亏了才后悔。只有懂得尊重别人的人,才能得到别人的尊重。

(四)活动延伸

(1)幼儿根据自己所知道的交往礼仪,自编儿歌。

(2)家长可以请朋友或同事来家做客,让幼儿学习待客礼仪。

2.

问路(中班)

(一)活动目标

(1)在理解故事的基础上,了解迷路后摆脱困境的各种好办法;

(2)尝试用较完整的语言大胆表达自己的想法,积累自我保护的经验。

(二)活动准备

故事《鼠先生问路》课件。

(三)活动过程

1. 认识与猜想——观察角色,表达对角色和迷路的理解

(1)出示角色(鼠先生):这是一位怎样的鼠先生?如果请你用好听的话赞美他,可以怎么说?

(2)今天鼠先生要到他的朋友鼠妹妹家去,但是,他走了好久都没有到,提问:什么是迷路,你有什么好的建议?

引导幼儿表达自己迷路时会怎么样,引发幼儿表达自己的经验和想法。

2. 感知与理解——理解问路和指路的过程

(1)出示一幢淡绿色的小房子(青蛙家)

鼠先生开着小汽车,穿过小树林,来到池塘边,看到了什么呀?(房子)

①这是一间什么样的房子?(绿绿的屋子)

②这么漂亮的房子会是谁的房子？为什么？你们猜这是不是鼠妹妹的家？你是怎么看出来的？我们来看看到底是不是鼠妹妹的家。

③鼠先生是怎么问路的？小青蛙是怎么回答的？

(2)鼠先生又来到了谁的家？公鸡是怎么回答的？笔直往前走是什么意思？(公鸡家)

让幼儿用手示意“笔直”，观察幼儿对方向的理解。

(3)鼠先生笔直往前走来到了谁的家？你们来扮演鼠先生吧。(老虎的家)

①观察幼儿是否有礼貌地问路。是否能清晰表达。

②让幼儿举起自己的手表示方向：左边。

3.完整欣赏故事——提升并拓展经验

(1)鼠先生找到鼠妹妹一共问了几次路？遇见了谁？

(2)鼠先生迷路后他做了什么事情，想到了什么办法？为什么他问了好多次才找到？鼠先生是怎么获得成功的？

4.思考探讨——迷路之后的办法

(1)小朋友们想一想如果是你在外面迷路了，你会怎么办？

(2)请小朋友们和你的小伙伴一起来讨论一下，如果你迷路了有什么好办法？

3.

输了也不哭(中班)

(一)设计意图

幼儿心理发展尚不成熟，他们感情脆弱，意志力薄弱，对挫折的承受力很差，加上现在的孩子是家庭的“中心”，成人处处哄着他们，事事迁就他们，导致他们碰上事情赢了便罢，输了或号啕大哭，或灰心丧气。这样下去，幼儿会形成消极、不思进取等不良的个性品质。所以，成人要引导幼儿正确看待生活中的输赢问题，让他们懂得“胜不骄，败不馁”的道理，鼓励幼儿敢于拼搏，用自己的努力去赢得胜利。

(二)活动目标

(1)感受生活中总会碰到“输”和“赢”，能够正确看待输赢问题；

(2)具有敢于拼搏的精神和遇到困难不灰心、努力争取胜利的意识。

(三)活动准备

(1)故事《输了也不哭》课件。

(2)幼儿活动用具：红旗、皮球、动物棋、塑料圈各若干。

(3)歌曲《嘿呦，加把劲》。

(四)活动过程

1.开始部分

幼儿随音乐玩“猜拳游戏”。幼儿在音乐声中去邀请一名同伴，音乐停，两人通过“石头、剪刀、布”猜拳，谁赢谁做邀请者。

2.基本部分

(1)教师提问：刚才游戏时，你是赢了还是输了？赢的感觉怎么样？输的感觉又怎么样？

(2)幼儿讨论：生活中，你还遇到过哪些事情也有“输”和“赢”？

(3)演示课件故事《输了也不哭》，请幼儿仔细观察，故事中讲了什么。

(4)提问：

①妈妈为什么不和小明下棋了？小明这样做好不好？

②现在小明输了棋还会哭吗？

③如果你遇到这样的事情会哭吗？光哭能取得胜利吗？

④平时你遇到过这样的事情吗？你是怎么做的？

(5)幼儿自由竞赛游戏：幼儿自由结伴开展活动，请几位幼儿担任活动裁判。

①插红旗：同时起跑，看谁最先插好红旗。

②拍皮球:比比同一时间内谁拍的个数最多。

③下棋:比比谁的棋艺高。

④跳圈:双脚并拢,依次跳圈,看谁先到达终点。

幼儿游戏时,教师观察、指导幼儿活动,看看他们是怎样对待输赢的。

(6)游戏后,请幼儿讲一讲:刚才你和谁一起进行了什么比赛,你们的输赢怎么样,你觉得输了应该怎么办,怎样才能取得胜利。

(7)教师总结:在比赛中输了不要紧,如果今后能多多练习,锻炼本领,那么在以后的比赛中就会取得胜利,记住:要通过自己的努力去争取胜利。

3.结束部分

齐唱歌曲《嘿哟,加把劲》,鼓励幼儿在生活中也能"加把劲",通过自己的努力争取胜利,增强幼儿日常生活中的自信心。

(五)活动延伸

(1)在日常生活、游戏活动中注意观察幼儿相处的情况,针对幼儿存在的问题,及时进行教育。

(2)与家长沟通,正确对待幼儿,避免对幼儿的迁就。

4.

有趣的标志(大班)

(一)活动目标

(1)认识常见的交通标志,了解标志的图形、底色与形状的含义;

(2)能根据交通标志的用途进行分类;

(3)乐意与同伴团结协作,形成自觉遵守行为规范的意识。

(二)活动准备

各种交通标志卡片、小老鼠玩偶。

(三)活动过程

1.活动导入

故事导入,引起幼儿兴趣。

师:小朋友,今天早上小老鼠委托我们帮它一个忙,到底是什么事情呢?它遇到了什么困难呢?我们一起来听一听吧。

教师出示小老鼠玩偶并讲述故事。

2.活动展开

(1)教师出示图片,引导幼儿观察标志

师:我们一起来看一看它们是什么标志,都代表什么意思吧!

教师出示各种交通标志的图片,请幼儿仔细观察。

(2)幼儿讨论,自由发表自己的意见

引导幼儿讨论每个标志的名称、意义;标志中底色与图形所代表的不同含义。

(3)教师讲解标志并总结

教师详细讲解每个交通标志的名称及意义。

师:红色圆框加上斜杠的标志表示禁止;黄色三角形的标志是警告标志,提醒大家要注意了,要小心了;蓝色的标志有指示的作用,可以告诉大家这是什么地方、需要做什么。

(4)通过游戏,引导幼儿根据标志的特征进行分类

教师分发标志图片,让幼儿根据自己手中标志的用途找朋友,完成游戏。

3.活动结束

教师总结:如果没有标志、没有规则,大家想做什么就做什么,社会将陷入混乱,我们的生命也会受到威胁,所以我们每一个人都要懂标志、守规则。

（四）活动延伸

教师布置亲子任务，引导幼儿在外出游玩或平常的生活中，记录常见的交通标志以及其他标志，鼓励家长帮助幼儿认识标志。

5.

好朋友，陪我走（中班）

（一）活动目标

（1）初步学会与不同性格和爱好的小朋友交朋友，知道好朋友在生活中的重要角色；

（2）与其他小朋友发生小矛盾时，能够自己初步使用一些简单的方法；

（3）喜欢与性格爱好不同的小朋友做朋友，并且愿意与自己的好朋友分享快乐，深入体验与好朋友相处的快乐。

（二）活动准备

故事《小胖熊吹气球》；挖好两个洞的报纸若干张；小兔、小猫、小猪、小狗的头饰若干个。

（三）活动过程

1. 导入部分

教师讲述《小胖熊吹气球》的故事，并提问：故事中有哪些小动物，其他小动物和小胖熊发生矛盾时，小胖熊是怎样做的呢？

2. 基本部分

（1）引导幼儿谈谈自己有哪些好朋友，为什么喜欢和他们做好朋友。

教师：我们在小故事中发现小胖熊有很多的好朋友，那小朋友们先想想，然后告诉老师你们有哪些好朋友。

教师：你为什么喜欢跟他做好朋友呢？

（2）引导幼儿思考要想和别人做好朋友，自己应该怎么做。

教师：小朋友们知道小胖熊为什么有那么多好朋友吗？

教师：小朋友们要想有很多很多好朋友的话，应该怎么做？

（3）引导幼儿思考应该怎样与性格爱好不同的小朋友交朋友。

教师：有的小朋友发现了，就算有不乖的、有和自己不一样的小朋友，有困难时我们也应该帮助他们，和他们做朋友。那我们应该怎样和他们做朋友呢？

教师：嗯，小朋友们都很善良，都愿意也知道怎样与自己不一样的小朋友做朋友。

（4）引导幼儿思考，当和其他小朋友发生矛盾时应该怎么做。

教师：那要是有一天，你和其他小朋友闹矛盾了，如其他小朋友喜欢的玩具不给你玩，抢你的小板凳，或者不给你看你喜欢的图书，你会是怎样的心情？

教师：有的小朋友说，不和他一起玩了，可是老师觉得呀，这样做的话没有解决问题。我们一起来想想，该怎么做呢？

3. 结束部分

讲述游戏规则，幼儿寻找新朋友组队，进行游戏活动。

讲述连体人游戏规则。发给幼儿头饰，有的一样，有的不一样。幼儿必须选择和与自己头饰不一样的小朋友为一队，组好队后，开始进行连体人游戏。

附：连体人游戏规则。两人一组，将挖好两个洞的报纸分别套在两个人的脖子上，将两人连在一起。两人一组沿指定路线走跑。如果报纸中途破碎则停止游戏，报纸不破碎且先到达终点者胜。

6.

三只想生病的小狗（大班）

（一）活动目标

（1）激发幼儿爱妈妈的情感，让他们初步懂得妈妈关心自己，自己更要关心妈妈；

（2）鼓励幼儿大胆地在同伴面前表达自己的想法。

（二）活动准备

（1）熟悉童话《三只想生病的小狗》；

(2)幼儿操作材料《三只想生病的小狗》;
(3)各种制作礼物的材料。
(三)活动过程
(1)让幼儿欣赏故事,教师有感情地讲述故事《三只想生病的小狗》,引发幼儿对故事的兴趣。
(2)让幼儿看操作材料,引导幼儿讨论故事中三只小狗的行为:小狗为什么想生病?他们生病了,狗妈妈是怎么照顾他们的?结果狗妈妈怎么啦?他们这样做对吗?狗妈妈病倒以后,这三只小狗又是怎样想的呢?他们是怎样做的?
(3)引导幼儿联系自己的实际情况,有感情地讲述自己应该如何去关心妈妈。
①你的妈妈平时是怎么照顾你的?为你做了哪些事?
②妈妈这么爱我们,我们应该怎样爱妈妈呢?如果妈妈上班累了,回到了家,我们应该怎样关心妈妈?
(4)为妈妈开个"小小音乐会",在音乐会上让幼儿唱有关妈妈的歌。
(5)为妈妈制作礼物。
(四)活动延伸
(1)活动后布置墙饰,贴上每个幼儿和家里人一起活动的照片(如为孩子过生日、陪孩子在公园玩等),从而激发幼儿爱父母的情感。
(2)要求幼儿回家表演节目给妈妈看。
(3)在美工活动时,制作一件礼物送给妈妈或其他关心过自己的人。

7.(1)幼儿社会教育内容:朋友之间要互相帮助,保持良好的同伴关系。
(2)主题活动网
健康领域——小猫爱干净
语言领域——真正的好朋友
社会领域——小猫盖的新房子
科学领域——结实的新房子
艺术领域——漂亮的家

小猫盖的新房子(大班)

(一)活动目标
(1)理解故事的内容,感受小猫从开始有很多的朋友到后来孤单单一个人的过程及小猫的情感变化。
(2)通过故事让幼儿懂得在生活中我们不能小气、自私,要做到和朋友团结友爱,互相帮助,这样我们才会有更多的好朋友。
(3)通过情景表演使幼儿学会做一个有礼貌的客人和热情招待朋友的小主人。
(二)活动准备
课件、图片、情景表演所需的道具。
(三)活动过程
1.大家一起盖房子
(1)(出示小猫的新房子)小朋友你们看!这座房子漂亮吗?你们猜这是谁的新房子?(幼儿通过看新房子的外观猜出是小猫的新房子)
(2)小猫有很多好朋友,他盖新房的时候,大家都来帮忙,你们看!他们是谁呢?
(3)幼儿看课件。
提问:①谁来帮助小猫盖房子了?(大象、山羊、小狗、小熊、小公鸡)
②大象帮小猫干什么了?(运木头)
③山羊和小花狗在干什么?(把圆木锯成一样厚的木板)
④小熊、小公鸡帮了什么忙?(用木板钉成了一座漂亮的小房子)
⑤漂亮的房子终于盖好了,可大家都累得怎么样?(满头大汗、衣服湿透了)

⑥看到这么漂亮的新房子和自己的好朋友,小猫开心吗?

⑦小猫的新房子是大家共同努力盖成的,如果你是小猫的话,你会怎么做?(幼儿大胆讲述自己的想法)

2.小动物们来做客

小猫会怎么做呢?我们一起来听一听。教师讲故事小花猫在墙上贴了一层奶白色壁纸开始到最后。

(1)好朋友想到小猫家做客,小猫是怎么样说的?(不行,不行,现在正下雨,你们会把新房子弄脏的)

(2)过了几天,天没有下雨,小动物要到小猫家做客,小猫又是怎么说的?(不行,不行,你们没看见天正在刮风,你们来会把新房子弄脏的)

(3)后来小猫请小动物来他家做客了吗?(请了)那为什么小动物都不愿进小猫的家玩?

(4)现在这只小猫快乐吗?

3.小气的小花猫

(1)你喜欢故事中的小猫吗?为什么?

(2)你们觉得这是一只怎样的小猫?(小气、自私、不懂感恩的小猫)

(3)如果你的好朋友想到你家来玩,你会怎么说?怎么做?

4.情景表演《做客》

幼儿通过表演学做一个有礼貌的客人、学做一个热情招待朋友的小主人。

第五章　学前科学教育

真题必刷

第10练　学前科学教育概述、目标、内容、方法与实施形式

一、单项选择题

1.C　【解析】本题考查学前儿童科学教育的实质。学前儿童科学教育是指学前儿童在教师的引导(包括直接引导和间接引导)下,通过自身的活动,对周围的自然界(包括人造自然)进行感知、观察、操作、发现,以及提出问题、寻找答案的探索过程。学前儿童科学教育的实质是儿童的科学探索活动。

2.B　【解析】本题考查学前儿童科学教育的目标。在学前科学教育中,情感的目标非常广泛。我们将其分为以下四个方面:(1)发展儿童的好奇心和积极的科学态度;(2)培养儿童对自然的积极情感和态度;(3)培养儿童对科学技术及其对社会的作用的关注;(4)发展儿童良好的个性品质。

3.D　【解析】本题考查专门的学前科学教育活动。专门的科学教育活动,是教师按计划安排专门时间组织全体幼儿参加的活动。按教师指导程度以及组织方式的不同,又可以将专门的科学教育活动分为集体教学活动、区角活动和偶发性活动等。

4.D　【解析】本题考查学前科学教育的实施形式。学前科学教育的实施形式包括集体科学教育活动、科学区角活动、生活中的科学教育和科学游戏。幼儿园一日活动的四个主要构成部分都可以进行科学教育,无论集体教育活动、区角活动,还是生活、游戏都是科学教育的途径或实施形式。

5.C　【解析】本题考查可用于科学教育的艺术作品类型。可以用于科学教育的文艺作品的范围很广,主要有文学作品和艺术作品两大类,文学作品包括诗歌、童话、故事、谜语等;艺术作品包括图片、画册、录像、歌曲与律动等。

6.D　【解析】本题考查幼儿园科学教育的核心。幼儿的科学教育是科学启蒙教育,重在激发幼儿的认识兴趣和探究欲望。

7.B　【解析】本题考查学前儿童科学教育的内容。幼儿的思维特点是以具体形象思维为主,因此在引导幼儿进行科学探究时应注重引导幼儿通过直接感知、亲身体验和实际操作进行科学学习,不应为追求知识和技能的掌握,对幼儿进行灌输和强化训练。ACD三项,幼儿通过亲身体验和直接感知都可以进行探究,B选项春天的气候成因对于幼儿来说比较抽象,不适合幼儿进行探究。

8. C 【解析】本题考查科学活动的方法。讨论法是指幼儿在教师的指导下，围绕某一活动主题与老师、同伴进行平等的交流，陈述表达自己的观点和发现，倾听他人的意见和想法，在协商中求同存异、达成共识，并在这一过程中丰富科学经验、提升科学探究能力的方法。

9. B 【解析】本题考查学前儿童科学教育中生命教育的内容。幼儿园生命教育的内容包括：(1)认识生命。通过各种生动、有趣的活动让学前儿童了解动、植物及人类生命的来源，认识生命体的基本特征，知道并懂得生命成长的历程，认识到生命的可贵。(2)关爱生命。关爱是生命教育的情感基石，关爱生命即在了解生命、尊重生命的基础上关心生命的发展，给生命赋予有责任的情感关注和行为帮助。关爱生命不仅仅是对自己生命的关爱，还包括对他人、对整个人类、对整个自然生命的关爱。在幼儿园开展“关爱环境，珍爱生命”的主题教育活动，对学前儿童进行自然环境与人类生命之间关系的教育，让学前儿童形成保护自然的意识。(3)保护生命。

10. A 【解析】本题考查科学教育中的实验区。科学实验区是在人为控制条件下，教师或幼儿利用一些材料、仪器或设备，通过简单的演示或操作，对周围常见的科学现象加以验证的科学实验小园地。

11. A 【解析】本题考查偶发性科学教育活动。偶发性科学教育活动是指教育活动由外界情境诱发引起，并围绕着偶然发生的科学现象展开的一种科学探究活动，是科学教育中特有的一种活动。

12. B 【解析】本题考查自然观察法的概念。自然观察法是指在自然状态下所进行的观察，即对要观察的事物存在的条件不加控制或改变。

13. B 【解析】本题考查学前科学教育目标。中班(4～5岁)幼儿科学教育目标之一是在日常生活中，引导幼儿理解昨天、今天、明天的含义，正确辨认前、后方位。

14. D 【解析】本题考查学前儿童科学教育内容选择的要求。民族性是指科学教育的内容应对保存、传播和发展我国优秀的民族传统文化有所体现。故答案选D项。

15. B 【解析】本题考查学前儿童科学教育的内容。幼儿周围的物质世界即大自然，包括：有生命物质(动物、植物、微生物)；无生命物质(岩石、沙、土、水等)；宇宙和星球(日、月、星辰等)。

16. D 【解析】本题考查学前儿童科学教育的实施形式。集体教育活动是指教师有目的、有计划地组织全班儿童进行的教育活动，这是我国目前幼儿园教育中最普遍的形式，这一形式运用于科学教育领域，即集体科学教育活动。集体科学教育活动可分为以下几个类型：观察认识活动、实验探究活动、科技制作活动、讨论交流活动。A、B、C三项属于观察认识活动，D项属于实验活动，对幼儿实施起来比较困难。

二、多项选择题

1. ABCD 【解析】本题考查区域科学教育活动的价值。区域科学教育活动的价值主要表现在：(1)有利于培养幼儿探究科学的兴趣；(2)有利于幼儿自主探究能力的发展；(3)有利于幼儿获得直接的科学经验和知识；(4)有利于促进每个幼儿得到不同程度的发展。

2. AB 【解析】本题考查学前儿童的科学知识的层次。学前儿童的科学知识有两个层次，即科学经验和初级科学概念。

3. ABD 【解析】本题考查自然角的特点。自然角是一种重要而特殊的幼儿学科学的场所。它具有以下特点：(1)自然角能为幼儿园增添自然美；(2)自然角能使幼儿萌发探索的欲望；(3)自然角能增强幼儿对周围事物的责任感；(4)让幼儿做自然角的日常管理的主人。鼓励他们把自己家里的好东西带到幼儿园的自然角，让他们轮流照料和看管自然角的物品，这样不仅可以培养幼儿的良好习惯，还能加深幼儿对自然角的兴趣和责任感。

三、判断题

1. √ 【解析】本题考查儿童科学教育的目的。儿童科学教育的目的是对儿童进行科学素质的早期培养。

2. √ 【解析】本题考查学前科学教育的内容。“光与影子”“摩擦起电”等实验属于物理实验，说法是正确的。

3. × 【解析】本题考查学前儿童科学教育内容选择的原则。科学性和启蒙性是学前儿童科学教育内容选择的首要要求。

4. × 【解析】本题考查学前儿童科学教育的方法。学前儿童科学教育中的测量是指通过观察或运用简单的

测量工具,对物体进行简单的、初级的测定。非正式量具测量也称自然测量,指不采用通用标准的量具,而是运用一些自然物,如木棍、积木、绳子、手指、手臂、步长等作为量具,对物体进行直接测量的方法。

5. √ 【解析】本题考查个别物体的观察。个别物体观察是指幼儿对某一自然物、自然现象或科技产品进行观察、探索。个别物体观察的对象包括:一是观察个别物体的外部结构、特征和功能。二是观察物体或现象的变化。包括自然物的生长周期。三是观察物体存在的周围环境及其位置、关系。故题干中观察向日葵的生长变化过程属于个别物体的观察。这种说法是正确的。

6. √ 【解析】本题考查学前儿童科学教育的核心价值。学前儿童科学教育的核心价值在于使幼儿乐学和会学。教育目标的构成应以幼儿探究解决问题的思维过程和发展过程为线索。科学教育中应顺应幼儿的需求和兴趣,开发和利用幼儿需求和兴趣中的教育价值。

四、简答题(参考答案)

1. 幼儿园科学教育的总目标是什么?

(1)对周围的事物、现象感兴趣,有好奇心和求知欲;(2)能运用各种感官,动手动脑,探究问题;(3)能用适当的方式表达、交流探索的过程和结果;(4)能从生活和游戏中感受事物的数量关系并体验到数学的重要和有趣;(5)爱护动植物,关心周围环境,亲近大自然,珍惜自然资源,有初步的环保意识。

2. 简述饲养蚕宝宝活动中幼儿用到的4种主要科学方法。

(1)观察法;(2)饲养法;(3)测量法;(4)信息交流法。

五、材料分析题(参考答案)

1. (1)教师的做法不合适。因为教师的做法扼杀了幼儿的好奇心和探究兴趣。好奇心是儿童学科学的内在动机和原动力。儿童学科学,离不开他们的好奇心。儿童生活中所发生的科学探索行为,大多出于儿童对这个事物的好奇。教师要引导儿童学科学,如果不能有效地激发儿童探索对象的好奇心,也很难达到效果。

(2)如果是我,我会和小朋友一起讨论他们的发现,抓住这次教育机会,让幼儿认识蚯蚓的外部特征、生活习性等。我会正确对待儿童的好奇心,满足他们的好奇心,使他们的好奇心在成长过程中得以保持、并且不断地发展。

2. (1)①利用自然和实际生活机会,引导幼儿通过观察、比较、操作、实验等方法,学习发现问题、分析问题和解决问题,帮助幼儿不断积累经验,并运用于新的学习活动,形成受益终身的学习态度和能力。材料中,林老师借助自然界中的蚯蚓,引导幼儿通过做计划、观察、搜索资料等方式帮助幼儿自己建构经验,并将不断积累的经验运用到新的交流讨论活动中。②支持和鼓励幼儿在探究过程中积极动手动脑探究问题答案,为自己的想法搜集证据。材料中,林老师利用家园合作,动员家长和孩子一起上网搜集蚯蚓各方面的资料,引导幼儿自己发现问题、寻找答案。③鼓励引导幼儿学习做简单的计划和记录,并与他人交流。材料中,林老师采用间接引导的方式,引导幼儿设计记录表,并进行长期系统的观察,在观察中不断认识蚯蚓。④为幼儿提供宽松的心理氛围,教师在探究活动中以间接指导为主,重在激发幼儿的探索欲望。材料中,针对幼儿的偶发性观察,教师接纳幼儿各种奇思妙想,并采用一系列的支持措施,引导幼儿多方式进行探索,激发幼儿自主科学学习。

(2)①蚯蚓喜欢什么样的生活环境?②蚯蚓喜欢吃什么?③蚯蚓的本领有哪些?④蚯蚓的运动方式是什么?

第11练 学前科学教育有关理论、不同类型学前科学教育活动设计与组织策略

一、单项选择题

1. D 【解析】本题考查维果斯基关于概念形成的理论。维果斯基认为真正有意义的科学概念的发展,只有到学龄期才有可能,但是这并不意味着对学龄前儿童实施的科学教育没有价值,维果斯基断言:“儿童头脑里产生的高级类型的科学概念正是来自以前存在的较初级的和基本的概括类型,绝不是由外部植入儿童意识的。”

2. B 【解析】本题考查布鲁纳的学习理论。处于符号表征层次的儿童,不必通过具体操作,也不必通过观看图片,当对他提出问题时,儿童就能在心中思考或运算,并能以口头语言或文字符号表达他的理解。

3. D 【解析】本题考查皮亚杰的知识分类理论。1970年,皮亚杰根据知识的最终来源和获取方式不同,将知识划分为三种类型:社会(或习俗)知识、物理知识和逻辑 - 数理知识。在皮亚杰看来,这三类知识中,逻

辑－数理知识最为重要，因为它是物理知识和社会知识建构与发展的基础，也是智力发展的关键。

4. A　【解析】本题考查科学讨论型科学教育活动的含义。科学讨论型科学教育活动是指学前儿童在亲自探究与收集资料、整理资料的基础上，通过集体的交流讨论等手段获取科学知识的一种科学教育活动。尽管它不是一种直接的探究活动，但仍是儿童获取科学知识的一种非常重要的手段，常与其他方式结合使用，是学前科学教育活动中一种较为普遍的活动类型。故幼儿教师让家长和幼儿一起收集科学资料，并让幼儿通过交流的方式获取科学知识，积累科学经验，这是科学讨论型科学教育活动。

5. A　【解析】本题考查幼儿科学探究的正确步骤。幼儿科学探究活动中从探究过程来看，包括提出问题、观察探索、思考猜测、调查验证、收集信息、得出结论、合作交流等基本环节。

6. D　【解析】本题考查交流讨论型活动。交流讨论型活动更多地运用于中大班儿童的活动中。

7. A　【解析】本题考查实验操作型科学探究活动的设计。自由——引导式探究活动把幼儿的探究过程分为三个阶段："随意"阶段（表现为无目的地摆弄物体）、"探究"阶段（表现为尝试性摆弄物体）和"领悟"阶段（表现为验证性地摆弄物体）。即教师先提供材料引起幼儿探究的兴趣，再让幼儿先自由探究，然后组织幼儿进行交流，讨论自己在探究过程中获得的经验或发现的问题，最后引导幼儿进行有目的、有计划的探究活动。

8. D　【解析】本题考查维果斯基关于概念形成的理论。日常概念与"科学概念"相对，指个体通过日常生活经验的积累而形成的概念。受个人知识经验的限制，往往不能把握事物的本质属性，而包含一些非本质的东西。题干中幼儿通过长时间用碗吃饭的经历，逐渐获得了碗就是"用来吃饭的"概念。所以说这里掌握的概念属于日常概念。

9. D　【解析】本题考查学前儿童科学教育活动设计的原则。活动性原则是指在设计与组织幼儿科学教育活动时，应该尊重幼儿的主体地位，为他们提供丰富的活动材料，保证充足的活动时间和空间，让他们在丰富的实践活动中进行主动的探索，从而获取科学知识、发展科学能力、培养科学精神。

10. A　【解析】本题考查观察认识型活动的设计。现象观察活动适用于观察变化的发生。教师可将观察、指导和交流相结合，可在观察之后引导幼儿对观察到的现象加以讨论，形成科学经验。

11. D　【解析】本题考查学前科学教育活动设计的原则。科学性是指学前儿童科学教育的内容应符合科学原理，不违背科学事实。题干中王老师的做法违背了科学活动组织的科学性原则。

二、判断题

1. ×　【解析】本题考查科学讨论型科学教育活动过程的设计。科学讨论型活动不同于操作型的科学探究活动，同时也区别于单纯的语言讲述类活动。它是一种建立在儿童的直接或间接的经验基础上的科学交流学习活动。因此，教师应该把儿童的交流讨论活动和他们获得经验的求知活动结合起来设计。科学讨论型活动主要用于实验操作——交流讨论式、观察参观——汇报交流式、收集资料——共同分享式、设疑提问——相互讨论式、科学文艺——交流讨论式。

2. ×　【解析】本题考查学前儿童概念的发展。学前儿童所掌握的概念，主要是日常概念，而不是科学概念。日常概念可以不经过专门教学而在日常和别人交往中或个人积累经验过程中掌握，科学概念则要经过专门教学才能掌握。

三、简答题（参考答案）

简述幼儿科学探究与发现的基本环节与步骤。

（1）提出问题；（2）观察探索；（3）思考猜测；（4）调查验证；（5）收集信息；（6）得出结论；（7）合作交流。

四、活动设计题（参考答案）

1.

奇妙的影子（大班科学教育活动）

（一）活动目标

（1）探究影子的成因，初步了解影子的变化与光之间的关系。

（2）能合理进行光与影子关系的猜想，并乐于操作，验证。

（二）活动准备

光线较暗的教室，手电筒、玻璃片、透光纸、纸、布娃娃、剪刀、记录纸。

(三)活动重难点

活动重点:引导幼儿积极且有兴趣地探索影子的产生。

活动难点:引导幼儿通过实验观察获得对影子变化的经验。

(四)活动过程

1. 猜谜导入,激发幼儿活动兴趣

请幼儿猜谜语:有个好朋友,天天跟我走,有时走在前,有时走在后,我和他说话,就是不开口。

2. 组织幼儿操作实验,了解影子的成因

(1)引导幼儿回顾经验,理解影子的成因之一:光。

教师可结合幼儿的经验进行提问:"你们都在什么地方见过影子?为什么会有影子?在什么地方没有影子?"

教师小结:有光的地方有影子,没有光就没有影子。

(2)幼儿进行探究实验,发现影子的成因之二:不透光的物体遮住了光才会形成影子。

教师出示各种材料,如手电筒、玻璃片、透光纸、纸、布娃娃、剪刀等,指导幼儿两人一组,用手电筒做光源,分别照射物体进行实验,并做好记录(有影子的用对号表示)。

引导幼儿交流实验结果,并思考为什么纸、布娃娃、剪刀有影子,当光照射在玻璃片、透光纸这些透光的物体时,没有影子。

小结:当光照在纸、布娃娃、小玩具这些不透光物体上时,就会产生影子,当光照射玻璃片、透光纸这些透光的物体时,没有影子,光线能穿透过去。

3. 幼儿操作探究,探究影子的变化与光和物体的距离、位置有关

(1)操作验证,探究影子的变化与光和物体距离位置的关系。

幼儿两人一组,用手电筒做光源从远近不同距离、高低不同角度照射布娃娃,观察布娃娃影子的大小变化,并做好记录。

(2)幼儿交流分享实验结果。

小结:当光离物体近时,影子变大;离物体远时,影子变小;光从低处照向物体时,物体变大;从高处照向物体时,物体变小。

(五)活动延伸

科学区提供各种用卡纸剪的《西游记》中的人物卡片、手电筒等,组织幼儿玩皮影戏的游戏,继续探究光与影的秘密。

2. (1)①春雨是什么颜色的?

②春雨的声音是什么样的?

③春雨有什么作用?

④春雨是什么样子的?

⑤春雨是怎么来的?

(2)

中班春雨主题活动一览表

活动序号	活动名称	重点领域
1	春雨沙沙沙	音乐
2	春天到了	语言
3	下雨的秘密	科学
4	春雨嬉戏	社会
5	春雨的营养	健康

(3)　　下雨的秘密(中班科学教育活动)

(一)设计意图

春天到了,春雨沙沙沙下个不停,中班的幼儿对雨水充满了好奇,教师根据幼儿的年龄特点,组织了幼儿感兴趣的教学活动——下雨的秘密。

(二)活动目标

(1)引导幼儿自己尝试做小实验,初步感知"水蒸气蒸发"以及"雨是怎样形成的"等一些科学现象;

(2)了解雨与人类的关系;

(3)激发幼儿观察、发现、探索自然的兴趣。

(三)活动准备

(1)木偶台、木偶小兔、兔妈妈;

(2)酒精灯、烧杯、玻璃片、玻璃杯、火柴;

(3)投影机、故事《小水滴旅行记》、有关幻灯片、磁带。

(四)活动过程

1. 教师木偶表演,提出尝试问题

教师:兔妈妈带小兔出去玩,忽然,天下雨了,小兔问妈妈:"天上为什么会下雨?"

根据故事情境播放幻灯片,提出问题:"小朋友,你知道天上为什么会下雨吗?"

2. 小朋友做小实验(幼儿第一次尝试,分组活动)

(1)幼儿点燃酒精灯,把水加热。

(2)教师提出尝试问题:仔细观察一下,你发现了什么?

(3)小结:水热了就会有水蒸气,许多水蒸气向上跑的现象叫作"蒸发"。

(4)讨论:你平时看到过"蒸发"现象吗?

3. 观察水蒸气遇冷变成小水珠的现象(幼儿第二次尝试,集中活动)

(1)请你摸一下,玻璃片是冷的还是热的?

(2)倒热水在杯里,问:杯子里冒出来的是什么?(水蒸气)

(3)把玻璃片盖在杯上,会出现什么?

为什么玻璃片上会有小水珠?得出实验结果:水蒸气遇冷就会变成小水珠。

4. 放幻灯(通过直观教学,重点理解"为什么会下雨"的科学现象

(1)太阳是一个大火球,又像一个奇怪的炉子,衣服、手帕、江河、土地里的水被太阳一晒,都变成了水蒸气,这么多的水蒸气都到哪里去了呢?

(2)请小朋友听一个有趣的故事《小水滴旅行记》(结合幻灯片)。

(3)请小朋友把"天上为什么会下雨"的小秘密告诉兔妈妈和小兔。

5. 了解雨与人类的关系

(1)请幼儿试着说出雨的好处。

(2)请幼儿试着说出雨的危害。

3.　　我和大树交朋友(大班科学教育活动)

(一)活动目标

(1)观察认识合欢的花、树、皮;

(2)简单了解其各部分的功用;

(3)培养锻炼幼儿动脑、动手及想象、思维能力。

(二)活动准备

(1)查资料,搜图片,制作幻灯片;

(2)纸笔、颜料、胶水;

(3)合欢树的花、叶若干(分别放在小筐里)。

(三)活动过程

先放幻灯片给幼儿看,进一步激发他们的活动兴趣和探究欲望;然后组织全体幼儿聚到合欢树下,从观察入手,一步步来引导他们认识合欢树,了解合欢树。

1.了解合欢树

(1)提问幼儿合欢树的名称。

(2)简单了解它的别名:夜合树、马缨花、绒花树、扁担树、芙蓉树。

2.对照实物,观察、讲述、认识

(1)了解合欢树的基本形态。

树干:树干的颜色一般是浅灰褐色。

树皮:树皮轻度纵裂。

树枝:枝粗而疏生,幼枝带棱角。

叶子的颜色:绿色。

叶子的特性:叶子日落而合,日出而开,给人以友好的象征。

花的形状、颜色:花美,形似绒球,花丝上部为红色或粉红色丝状,簇结成球。

花的气味:清香袭人。(让孩子们亲自闻一闻,说一说)

果实:果实为荚果,成熟期在十月。(留下悬念:小朋友可要留心观察啊,看它什么时候结荚)

(2)对于知识点比较难的地方只让幼儿简单了解。

3.简述其价值

师幼讨论,教师总结。

合欢树姿态优美,花叶清奇,绿荫如伞,气味芳香,可供观赏;木材坚实,纹理通直,结构细密,经久耐用,可供制家具、农具、建筑、造船之用;合欢树阴阳有别,被称为敏感性植物,被列为地震观测的首选树种;合欢皮、合欢花有很大的药用价值。

4.捡落花

老师和孩子们一块捡拾落在地上的合欢花,一边捡一边数数。

5.粘贴、添画

让幼儿大胆想象、自由发挥,利用花、梗和叶片进行粘贴、添画。

6.活动结束

展评幼儿作品。

第12练　学前儿童学习科学的特点与教育原则、学前科学教育活动的评价

一、单项选择题

1.C 【解析】本题考查学前儿童学习科学的一般特点。学前儿童学科学具有自我中心的特点,在情感方面,儿童容易移情,也容易受感染。他们经常以自己的情感代替别人的情感,甚至以自己的情感理解动植物的情感。例如,老师说,小朋友在草地上把小草踩疼了,儿童就信以为真,都不去踩小草了。

2.C 【解析】本题考查学前儿童科学学习的特点。学前儿童学科学具有好探索的特点,辉辉拆卸遥控汽车的行为是他好探索的表现。

3.D 【解析】本题考查学前儿童科学教育的评价。根据教育评价的不同功能,以及它们的运行时间,可将学前儿童科学教育的评价分为三种类型,即诊断性评价、形成性评价和终结性评价。形成性评价一般都是非正式的评价,它是在教育过程中持续进行的评价,其目的在于及时了解教育活动的反馈和成效,以便及时调整教育策略,优化教育过程。

4.B 【解析】本题考查科学教育活动评价的原则。作为评价者,应当根据儿童的真实生活和学习情境,观察与记录他们在实际情境问题中的参与、操作、实验、交流、合作、态度等方面的状况并做出分析和评价。把握和提倡评价中的情境性原则,更关注的是儿童的学习过程而非学习结果,更强调的是评价的过程性、现场性和即时性。教师采用的教育活动评价体现了情境性原则。

二、判断题

×　【解析】本题考查幼儿教育科学研究的原则。在幼儿园开展课题研究必须充分考虑和减少实验本身对实验对象的负面影响,这符合幼儿教育科学研究的伦理性原则。

第13练　学前数学教育

一、单项选择题

1. B　【解析】本题考查学前儿童早期数学概念的发展。对学龄前儿童而言,对数概念的理解和学习是一个从外显的、具体的动作运算水平逐步向内化的、抽象的心理运算水平过渡的过程。题干所述体现了儿童早期数学概念发展过程中具有从外部动作到内部动作的特点。
2. C　【解析】本题考查感知练习法。感知练习法是指通过视觉——看一看、算一算,通过听觉——听一听、算一算,通过触摸觉——摸一摸、算一算。题干中教师让幼儿看图片进行计算是感知练习法。
3. B　【解析】本题考查学前儿童的分类。按物体的用途分类(如吃的、穿的、用的)。强强的分类是按吃的、玩的分类,属于按物体的用途分类。
4. C　【解析】本题考查幼儿计数能力的发展。能够说出总数,这是计数能力发展的关键,它表明幼儿能运用数目和理解数目的实际意义。
5. D　【解析】本题考查对应比较的含义。对应比较是指将两个(组)物体一一对应地排列并加以比较。题干中幼儿比较一组幼儿和他们面前摆放的一排椅子数量是否一致,应用的数学技能是对应比较。
6. A　【解析】本题考查幼儿数学教育的方法。讲解演示法是教师通过语言和运用直观教具,把抽象的数、量、形等知识加以说明和解释,具体地呈现出来的一种教学方法。它是讲解与演示相结合的方法。
7. A　【解析】本题考查认识几何形体。幼儿认识图形的教学,首先要让幼儿感知图形特征,在充分感知而获得有关图形的感性经验的基础上,再配合说出词,达到正确命名图形的要求。因此,教师应引导幼儿用观察、触摸的方法感知图形。开始时,教师应尽量选用生活中接近平面图形的物体,让幼儿从实物出发感知图形,然后再用标准的图形。如,小班幼儿认识圆形,教师可以先让幼儿观察圆形的物体,如圆盘子、圆镜子,提出“镜子是什么形状的”这样的问题,并让幼儿用手指沿着镜子的边缘和镜面触摸,让幼儿感知到镜子的面是平的,边缘是光滑的,没有棱角的,它是圆形的。这一过程重在发展幼儿的图形知觉,重在让幼儿在头脑中建立各种图形的直观形象,使之成为正确认识图形的感性基础,也为他日发展空间想象力做好准备。故A项正确。
8. D　【解析】本题考查幼儿学习加减运算的特点。幼儿学习加减运算的特点包括:(1)学习加法比减法容易;(2)理解和掌握应用题比算式容易。故A项、C项正确。B项幼儿学习实物加减比算式加减容易,因为幼儿初期是根据实物进行加减运算的。故B项正确。D项幼儿学习加小数、减小数比学习加大数、减大数容易,故D项错误。
9. B　【解析】本题考查数的组成教学。数的组成包括分解与组合两个过程,又称数的分合,它是指一个数(总数)可以分成几个部分数,几个部分数又可以合成一个数(总数)。幼儿学习数的组成,要学分又学合,先学分再学合。故答案选B项。
10. B　【解析】本题考查幼儿计数能力的发展。按物点数,即把数词与可数的物体联系起来。学习按物点数,重要的是能够运用一一对应的技巧。题干中幼儿用的数数方法是按物点数。
11. B　【解析】本题考查儿童守恒的发展。儿童掌握各种守恒有一定的顺序:最先掌握的是数量守恒(6~7岁),接着依次是长度守恒(7~8岁),面积和重量守恒(10岁),体积的守恒一般要到12岁才会形成。
12. B　【解析】本题考查学前儿童掌握数概念的特点。儿童数概念的形成,经历口头数数→给物说数→按数取物→掌握数概念等四个阶段。按数取物指教师说出一个数,或出示一个数字卡片,让幼儿取出相应数量的东西来。它是巩固幼儿对数的实际含义的理解的一种方法。故本题选B项。
13. D　【解析】本题考查幼儿园数学教育的原则。数学教育联系儿童的生活,具体地应表现在:教育内容应和儿童的生活相联系,要从儿童的生活中选择教育内容,还要引导儿童用数学,让儿童感受到数学作为一种工具在实际生活中的应用和作用。题干中教师运用了密切联系儿童生活的原则对幼儿进行数学教育。

14. A 【解析】本题考查大班幼儿的数学教育目标。大班幼儿的数学教育目标之一是学习以自身为中心和以客体为中心区分左右。

15. B 【解析】本题考查学前儿童数学教育的方法。在数学教育中,讨论是引导儿童有目的、探讨性地主动学习数学的一种重要方法,它是一种多边的活动过程,可以是教师与儿童,也可以是儿童与儿童间的讨论。题干中教师适合用归纳性讨论的方法,归纳性讨论的目的在于帮助儿童归纳操作中的体验,使之条理化、概念化。

二、多项选择题

ABD 【解析】本题考查对应比较法的分类。从比较的排列形式上看,有对应比较和非对应比较两种。对应比较又可分为重叠式比较、并放式比较和连线式比较三种;非对应比较分为单排比较、双排比较和不同排列形式的比较三种。

三、判断题

1. √ 【解析】本题考查幼儿数学教育活动的特点。幼儿数学教育活动具有情境性、可操作性、生活化和游戏化的特点,能较好地将教育目标和内容转化为幼儿自己的需求,激发幼儿学习数学知识的积极性和主动性,培养幼儿浓厚的学习兴趣和良好的态度。

2. × 【解析】本题考查学前数学教育。解决问题应该是数学课程的中心。密切数学与现实世界的联系,使儿童从生活经验和客观事实出发,在研究现实问题的实践活动中学习数学、理解数学、发展数学。

3. × 【解析】本题考查儿童早期数学认知能力。儿童早期数学认知能力包括儿童对数、计算、空间/几何、测量和模式这五方面的认知能力。

4. √ 【解析】本题考查学前儿童计数能力的发展。年龄小的幼儿在完成数数的任务时往往要借助外显的动作,如用手一一点数、扳手指数等。

5. √ 【解析】本题考查基数的概念。自然数用来表示集合中元素的个数(多少)时,叫作基数。

6. √ 【解析】本题考查学前数学教育的年龄阶段目标。在学前数学教育的各年龄段目标中,大班(5~6岁)幼儿的数学目标之一是学习按物体两个以上特征或特性进行分类,并学习按标记进行逐级分类。

四、活动设计题(参考答案)

1. (一)活动名称

有趣的图形(小班科学教育活动)

(二)活动目标

(1)能够正确辨认圆形、三角形、正方形,并能说出图形的名称;

(2)掌握三种图形的特征,并能够利用三种图形组合变化出新形象;

(3)体验合作游戏的乐趣,发展创造力。

(三)活动准备

三种图形的大小卡片若干、自制图形拼摆图2幅、用三种图形拼图布置的墙饰。

(四)活动过程

1. 活动导入

师:今天老师带来了图形宝宝和小朋友们做游戏,猜猜会有谁呢?(幼儿根据已有认知大胆猜测)

2. 逐一出示圆形、三角形、正方形大卡片,引导幼儿观察并说出图形特征

(1)认识圆形。

①教师提问:圆形宝宝是什么样的?(圆圆的,它有一条边)

②请幼儿用身体表现圆形的样子。

③幼儿思考、分享哪些东西是圆形的。

(2)认识三角形。

①教师提问:三角形宝宝是什么样的?(三角形有三个角、三条边)

②请幼儿用身体表现三角形的样子。

③幼儿思考、分享哪些东西是三角形的。

(3)认识正方形。

①教师提问:正方形宝宝有几条边?几个角?(正方形有四条边、四个角)

②请幼儿用身体表现正方形的样子。

③幼儿思考、分享哪些东西是正方形的。

3.带领幼儿玩“送图形宝宝回家”的游戏,加深幼儿对三种图形的认知

师:图形宝宝们迷路了(出示准备好的小图形卡片),它们找不到回家的路,请小朋友们把它们找出来,放到和它们长得一样的大图形宝宝的家里(三张贴有大卡片桌子)。

4.和图形宝宝玩捉迷藏

师:图形宝宝很调皮,想跟小朋友们玩“捉迷藏”的游戏,请小朋友们找找它们躲在哪里呢?(引导幼儿分辨出墙饰上隐藏的图形,看谁找到的图形多)

5.活动结束

教师引导幼儿用图形自由拼摆、组合,发展幼儿的创造力和想象力。

2.　**我们来测量(大班)**

(一)活动设计意图

最近发现孩子比较喜欢用手或者借助其他工具测量桌子有多长,喜欢比较谁的身高高等,针对孩子的兴趣特点,我特意组织了“我们来测量”的活动。

(二)活动目标

(1)学习用自然测量的方法测量物体的长短,并会用表格的形式进行记录;

(2)初步感知同样的距离,使用的测量工具不同,测得的数据也不同,训练思维的相对性。

(三)活动准备

(1)每两人一张桌子;

(2)各种自然测量的工具(铅笔、积木、布条、纸条等);

(3)记录表、笔。

(四)活动重难点

活动重点:学习用自然测量的方法测量物体的长短。

活动难点:学会使用不同的测量工具。

(五)活动过程

1.导入,引出主题

导入语:我们马上要搬到新的幼儿园了,需要定做一批新的桌子,现在请小朋友们帮一个忙,测一下我们的桌子长的边到底有多长。可是我们没有尺子,你们说怎么办呢?

2.学习正确自然测量的方法

过渡语:对,我们可以用好多材料来进行测量,在你们凳子底下有一支铅笔,现在就请你用这只铅笔先来测一测自己桌子的长边,记住自己测到的数字。

(1)集体测量,并讨论出正确的测量方法

师:谁来说说你用铅笔测到了几段?是怎么测量的?(个别幼儿边讲解边示范)

(2)教师总结

师:我们测量时,使用的工具头要和起点对齐,然后测下一段时工具的头和上次的尾要紧接住,就是首尾相接,这样能测得比较准确些。

过渡语:刚才我们用铅笔测量了桌子的长度。老师又为小朋友准备了一些其他的测量工具,而且还准备了每人一张记录表,把每种工具测到的结果用笔记录下来。

3.运用正确的测量方法进行测量,体验测量工具的长短与测量结果的关系

(1)出示记录表

师:我们先来看看这张记录表,记录表上前面的格子告诉我们什么,后面的格子又记录什么呢?(幼儿讲述:

一个是画选用的工具、一个是记录数据）

(2)提出测量要求

师:现在请你们选择相应的工具对桌子进行测量,测量时注意要首尾相接,把测到的数字记录在后面的格子里。如果时间不够可以选择其中的两种工具进行测量记录。

(3)幼儿进行测量

(4)讨论交流测量结果

师:谁来分享你的测量结果?

师:我们用两种不同的测量工具测同一张桌子,测出的结果是一样的吗?你能发现其中的什么秘密?

小结:测量同一样物体时,测量工具越长,测量的次数越少,测量工具越短,测量的次数就越多。

3. **垃圾分类,从我做起(中班)**

(一)设计意图

一次户外活动,发现孩子们开始关注身边的垃圾了,在与孩子们的谈话中发现,他们有时会被街道上成堆的垃圾震惊,都在讨论垃圾从哪来的?怎么样减少垃圾,使周围环境变得更美。我意识到让幼儿懂得如何处理垃圾,减少垃圾的危害势在必行。可是孩子们对垃圾分类没有清楚的概念,不知道垃圾分类处理的意义,所以我设计了"垃圾分类,从我做起"这节科学活动,带领幼儿认识垃圾分类标志,引导幼儿把垃圾分类放进垃圾箱,以便回收再利用,从小培养幼儿正确的环保意识,珍惜资源。

(二)活动目标

(1)认识垃圾分类标志。

(2)分辨回收的垃圾。

(3)尝试进行垃圾分类。

(4)了解垃圾分类的意义,懂得保护环境,节约资源。

(三)活动重难点

活动重点:垃圾分类的方法。

活动难点:垃圾分类的意义。

(四)活动准备

(1)课前请幼儿制作一张家庭垃圾记录表,认真填写。

(2)搜集并了解有关垃圾分类的知识。

(3)可回收垃圾箱和不可回收垃圾箱各2个、幼儿分类用的生活垃圾、幼儿分类用的小垃圾箱。

(4)分类垃圾箱大挂图、垃圾分类图片。

(五)活动过程

1.交流分享,说说生活中的垃圾

师:孩子们,老师给大家布置了任务,请大家记录这几天家里产生的垃圾,你们完成了吗?(完成了)快把记录的结果和旁边的小伙伴说说吧!

(1)小组交流。(拿着记录表,互相说说)

(2)个别幼儿介绍。(谁想把记录的结果说给大家听听)

2.问题思考,讨论垃圾处理方法

(1)认识垃圾分类的标志

师:老师这儿有两个垃圾箱,我们快来看看!

提问:仔细观察,你们发现了什么?(颜色、标志)(找两三个孩子说)

这是什么标志?

可回收物是什么意思?不可回收物是什么意思?

幼儿自由回答。

(2)讨论垃圾分类的方法

师:咱们记录的垃圾要扔进哪个垃圾箱？先把可回收垃圾圈出来,然后和旁边的小伙伴说说吧。

幼儿小组讨论。(引导孩子说塑料瓶、牙膏盒是可回收垃圾,电池、果皮是不可回收垃圾,也就是先说画圈的,再说不画圈的)

提问:谁愿意把讨论结果介绍一下？

个别幼儿回答。

3.辨析明理,懂得垃圾分类的意义

师:你们刚才分得特别好,老师特别佩服你们！我们为什么要将垃圾分类处理？

幼儿自由回答。(师表扬:你真是个搜集信息的小能手)

4.实践操作,试试进行垃圾分类

师:好处多大呀！咱们班里就有垃圾,快行动起来把垃圾分类吧！(垃圾要摆放到教室周围)

幼儿操作。

实战演练

一、单项选择题

1.A 【解析】学前科学教育是指儿童在教师的指导下,通过自身的活动,对周围的自然界(包括人造自然)进行感知、观察、操作、发现,以及提出问题、寻找答案的探索过程。题干中教师的做法是对幼儿实施的科学教育。

2.A 【解析】科学以认识自然为目的,技术以改造自然为目的。故A项错误。

3.C 【解析】探索过程是儿童学科学的核心要素,它充分地反映出学前儿童科学活动的本质特点,也充分地反映出学前儿童学科学的特色。

4.D 【解析】在学前儿童科学教育中,过程和结果并不是相对立的,也不是像“鱼和熊掌”那样不可兼得,而是相统一的。它们相统一的基础就是儿童自身的科学探索活动。

5.A 【解析】教师为儿童提供了各种各样的实验材料——木块、石子、玻璃瓶等,供儿童探索沉浮的现象。在活动中,儿童用这些材料分别做实验,探索它们在水里的情况,结果发现了很多有趣的现象。

6.B 【解析】题干所述目标是中班儿童科学教育活动目标之一。

7.C 【解析】题干的描述属于大班(5~6岁)儿童科学教育活动目标中的情感目标。

8.B 【解析】儿童的发展具有明显的年龄特点,不同年龄儿童的发展水平和发展需要是不同的(阶段性)。这就决定了学前儿童科学教育的目标必须具有年龄的层次性,即对不同年龄的儿童提出不同层次的目标。

9.D 【解析】学前科学教育的目标按其层次,可以分解为学前科学教育的总目标、年龄阶段目标、单元目标和活动目标四个层次。

10.B 【解析】题干的描述属于中班(4~5岁)儿童科学教育活动目标中的情感目标。

11.B 【解析】中班科学教育活动目标中方法技能方面要求:学会比较观察不同物体或同类物体的特征。

12.B 【解析】学前儿童科学素养主要包括三个方面:(1)科学知识的获得;(2)科学方法的学习;(3)科学情感态度的培养。

13.A 【解析】科学经验是科学知识的最低的层次。

14.C 【解析】初级科学概念指的是儿童在感知和经验的表象的基础上,对同类事物外在的、明显的共同特征的概括,是一种概括化的表象。

15.C 【解析】儿童初级科学概念的形成要建立在丰富的科学经验的基础上。

16.D 【解析】渗透的科学教育活动包括:日常生活中的科学教育,游戏活动中的科学教育,其他教育活动中的科学教育等。

17.D 【解析】幼儿园大班数学活动内容之一包括在分类过程中初步理解类与子类、整体与部分的关系。

18. A 【解析】在选择学前儿童科学教育活动内容时应遵循教育内容的科学性和考虑学前儿童科学教育的启蒙性。题干中教师选择的教育内容违反了科学性、启蒙性的要求。

19. D 【解析】D项小草是适宜于春季进行的学前儿童科学教育的内容。

20. D 【解析】幼儿年龄较小,还不能清楚地了解人体的外部结构、功能,只有通过直观形象的事物,亲自体验获取直观的经验增长知识。

21. A 【解析】学前儿童可以探索的有关自然科学现象的内容包括气候和季节现象、常见的物理现象以及简单、安全的化学现象,所以雪适宜冬季对儿童进行科学教育。

22. C 【解析】适合学前儿童学习的科学内容是观察和探索冬天常见的天气现象——冰、雪、雾、霜等,夏天常见的天气现象——雷雨、彩虹。

23. C 【解析】幼儿的数学教育学习应注意数学知识的系统性和逻辑性。在教育活动内容的选择和安排上,应遵循数学知识的逻辑和幼儿学习的逻辑顺序,体现先易后难、循序渐进、前后联系的特点。

24. D 【解析】学前儿童环保教育主要包括:(1)使儿童知道地球上的水资源是有限的,可以供人们饮用的淡水资源更加有限,懂得保护水资源,节约用水;(2)认识几种珍稀动植物,知道它们数量减少的原因,要懂得爱护野生动植物;(3)了解废弃物不处理对人类的危害,知道废弃物可以分类回收利用,变废为宝;(4)了解土壤对动、植物的作用及土壤污染对人类健康的影响;(5)初步了解植树造林对人类的重要意义,懂得保护森林的重要性;(6)初步理解什么是环境污染,环境污染的具体体现及其对人类的影响,掌握保护环境的基本方法。故不包括D项。

25. D 【解析】挑选分类是指从许多物体中将具有某一种(或几种)特征的物体挑选出来。

26. B 【解析】科学性是指学前科学教育的内容应符合科学原理,不违背科学事实。题干中的描述正是科学性原则的体现。

27. C 【解析】非正式量具测量也称自然测量,指不采用通用标准的量具,而是运用一些自然物,如木棍、积木、绳子、手指、手臂、步长等作为量具,对物体进行直接测量的方法。

28. C 【解析】教育内容生成性是指科学教育内容超越事先的计划性,在即时的情境、突发事件及幼儿活动提出的问题过程中,根据幼儿的需要、兴趣临时安排。

29. A 【解析】根据科学游戏的作用可以将科学游戏分为感知游戏和分类游戏。

30. B 【解析】图像表征层次的儿童,能直接通过看图片上的影像(图片上画有数个斜度不同的面与玩具小汽车),就能理解和表达谁快谁慢。故题干中说明西西的认知水平处于图像表征阶段。

31. A 【解析】布鲁纳创立的“发现学习法”,在教育学上,尤其是对科学教育有着极其显著的影响与贡献。

32. A 【解析】随着身心的发展,4~5岁儿童比3~4岁儿童显得更加活泼好动,好奇好问,对大自然产生浓厚的兴趣,什么都想去看看摸摸,逐渐会学习运用感官去探索、了解新事物。题干的描述是儿童科学学习好奇好问特点的具体表现。

33. B 【解析】科学经验是指学前儿童在科学探索的过程中,通过他们亲自操作,以自身的感觉器官直接接触周围世界所获取的具体事实和第一手的经验,包括儿童对事物形状特征的认识、科学现象的理解等。科学经验是科学知识的最低的层次。题干中幼儿的感受和发现都是科学经验。

34. B 【解析】集体活动、个人活动和小组活动相结合的原则实践要求:(1)集体活动的形式不能轻易放弃,而要加以完善;(2)要充分重视组织、开展儿童个人的探索活动和小组的学习活动,并且把它们和集体教学活动联系、结合起来;(3)要灵活地、综合地采用不同的组织形式,甚至在一种活动中实现多种形式的结合;(4)集体活动中并不排斥个别的学习活动,而是容许每个人的个别化的学习,而在小组活动和个人的活动中,不仅不要排斥集体的活动,还要培育小集体的学习。故B项错误。

35. B 【解析】好奇心是儿童学科学的内在动机和原动力。儿童学科学离不开他们的好奇心。儿童生活中所发生的科学探索行为,大多出于儿童对这个事物的好奇。

36. C 【解析】皮亚杰根据知识的最终来源和获取方式不同,将知识划分为三种类型:社会(或习俗)知识、物理知识和逻辑-数理知识。

37. D 【解析】学前科学教育活动设计的原则包括科学性、发展性、趣味性、开放性、活动性、整合性。

38. D 【解析】各年龄班进行比较性观察时要求有所不同：中班可以仅比较物体明显的不同点；大班不仅比较物体的不同点和相同点，并可以在此基础上进行分类。

39. C 【解析】C 项，用动作表现蚕吃桑叶的动作具有可操作性。

40. C 【解析】长期系统性观察指在较长一段时间里，有计划地观察某一自然物体和现象的发展变化，使儿童对其发展过程有较完整的认识，同时还可了解事物之间的简单联系和因果关系。题干的描述是幼儿长期系统性观察的具体表现。

41. A 【解析】科学讨论型科学教育活动是指学前儿童在亲自探究与收集资料、整理资料的基础上，通过集体的交流讨论等手段获取科学知识的一种科学教育活动。它是学前科学教育活动中一种较为普遍的活动类型。

42. A 【解析】幼儿对空间基本方位的认识和判断的难易顺序是：上下→前后→左右。这是由方位本身的复杂程度所决定的。

43. A 【解析】题干所述目标属于小班学前数学教育的年龄阶段目标之一。

44. B 【解析】题干所述目标属于中班学前数学教育的年龄阶段目标之一。

45. A 【解析】对学龄前儿童而言，对数概念的理解和学习是一个从外显的、具体的动作运算水平逐步向内化的、抽象的心理运算水平过渡的过程。题干的表述说明幼儿学习数学最初是通过外部动作进行的。

46. B 【解析】数学教育内容应具有生活性，这是指数学教育活动内容应与儿童的生活实际紧密联系，这些内容应该是儿童所熟悉的，也是他们所能理解的，让他们感受到数学可以解决人们生活中遇到的问题。题干所述是学前数学教育活动内容生活性的体现。

47. A 【解析】学前数学教育活动内容应具有可探索性、可猜想的因素，应提出需要儿童解决的问题。题干所述体现学前数学教育活动内容的可探索性。

48. A 【解析】儿童还不能从事物的具体特征中摆脱出来，从而抽象出数量特征，这种由事物的具体特征而带来的干扰，将随着他们对数学知识的抽象性质的理解而逐渐减少。题干所述表明儿童学习数学的心理特点之一是从具体到抽象。

49. A 【解析】多角度分类是指对一组物体可以确定多种标准进行分类。一个物体可以划分到不同的类别中。题干的表述说明幼儿已具备多角度分类的能力。

50. A 【解析】幼儿认识平面图形的顺序是：圆形、正方形、三角形、长方形、椭圆形、梯形。

易错警示：李季湄、周欣、罗秋英等人认为，幼儿认识形状由易到难的顺序是：圆形→三角形→长方形→正方形→梯形→半圆形→菱形→平行四边形→椭圆形。曹成刚、刘吉祥、张瑞平等人认为，幼儿认识形状由易到难的顺序是：圆形→正方形→三角形→长方形→半圆形→梯形→菱形→平行四边形→椭圆形。考生容易混淆幼儿认识形状由易到难的顺序，考生在做题时，注意观察考查的是哪一种说法，根据选项选择相对应的答案。

51. A 【解析】小班分类的要求包括：(1)根据范例和口头指示从一堆物体中分出一组物体；(2)按物体的某一特征(颜色、大小、形状等)进行分类。

52. C 【解析】科学游戏的规则，应服从于科学教育的要求和游戏的展开，有利于儿童的操作和智力活动，而不能限制儿童的活动。游戏的规则要简单，便于儿童执行。

53. B 【解析】在数的组成教学中，教师应重视幼儿自己的操作和探索。幼儿首先需要的是分合实物的操作经验，在此基础上形成数的组成的表象和概念才可能是牢固的。

54. B 【解析】操作法是指提供给儿童合适的材料、教具、环境，让儿童在自己的摆弄、实践过程中进行探索，获得数学感性经验和逻辑知识的一种方法。在幼儿数学学习中，操作具有重要的作用，是幼儿学习数学的基本方法。

55. A 【解析】并放比较，就是将一个集合中的元素，按上下或左右方向，对应并放在另一个集合的附近。

56. A 【解析】层级分类是指按物体的某种特征，多层级次地将物体连续分类。题干的表述属于层级分类的

表现。

57. A 【解析】重叠比较，就是将一个集合中的元素逐一重叠在另一个相应元素上。

58. C 【解析】口头数数是指儿童能够依靠记忆，按顺序背诵出数字的名称。也常把它称为口头唱数或背诵式数数。

59. D 【解析】数的守恒指幼儿对数的认识能不受物体的大小、形状、排列形式的影响，正确认识10以内的数。数的守恒标志着幼儿数概念发展水平，也是幼儿思维过程结果的一种表现。

60. A 【解析】题干中教师通过“送信”游戏帮助幼儿复习10以内的加减运算，故属于教学游戏法。

61. C 【解析】科学是以认识自然为目的，回答“是什么”“为什么”的问题，获得新知识（发现），从实践上升到理论，从个别现象上升到一般原理。技术以改造自然为目的，回答“做什么”“怎么做”的问题，创造新产品（发明），将理论应用到实践中，将一般原理应用于个别问题。故C项正确。

62. C 【解析】可用于学前科学教育评价的方式有很多种，目前学前科学教育中常用的评价方式有观察分析法、访谈法、作品分析法、问卷调查法等。

63. A 【解析】2～3岁儿童科学教育活动目标：(1)保护好奇心，支持儿童的触摸、爬动、操作、摆弄玩具和物品的行为；(2)提供丰富的感觉刺激，发展感觉能力、注意力；(3)初步掌握与生活经验相贴近的日常概念和科学常识，如知道一些与生活贴近的自然现象和科技产品以及动、植物的名称；(4)形成一和多的数概念，形成白天、晚上的时间概念。故A项正确。

二、多项选择题

1. ABC 【解析】专门的科学教育活动是指教师按计划安排专门的时间组织全体儿童参加的活动。按教师指导程度的不同，又可以将专门的教育活动分为预定性的科学教育活动、选择性的科学教育活动和偶发性的科学教育活动。

2. ABC 【解析】大班幼儿科学教育活动目标中情感目标包括：(1)激发和培养儿童好奇、好问、好探索的态度；(2)激发儿童对自然环境和现代社会生活中的科技产品的广泛的兴趣，能自己发现问题、提出问题、寻求答案；(3)使儿童喜欢并能主动参与、集中于自己的科学探索活动和制作活动；(4)培养儿童主动关心、爱护周围环境的情感和行为。D选项属于中班幼儿科学教育活动目标中的情感目标。

3. ABCD 【解析】学前儿童学习科学的活动不同于儿童的其他活动，也不同于成人学科学的活动。它具备四个基本要素：(1)探索态度；(2)探索对象；(3)探索过程；(4)探索结果。

4. AD 【解析】对儿童来说，能够成为探索对象的事物，必须具备两方面条件：(1)这个对象的外部特征或表现要能激发儿童的兴趣，引发其积极的探索态度；(2)这个对象本身要具有一定的可探索性，也就是能够让儿童通过探索获得一定的结果。

5. ABC 【解析】渗透的数学教育活动主要包括：(1)日常生活中的数学教育渗透；(2)主题及其他各科教育活动中的数学教育渗透；(3)游戏活动中的数学教育渗透。

6. ABCD 【解析】学前数学教育目标制定的依据包括：(1)儿童的发展；(2)社会要求；(3)学科的特性；(4)学习心理学的理论。

7. BCD 【解析】在排序活动中，幼儿要针对物体的某一特征（如重量、长度、大小等），对一组物体进行关系的调整，这对幼儿可逆性、传递性、双重性思维能力的发展有着促进作用。

8. ABCD 【解析】教学活动中常见分类形式：(1)按物体的一个特征分类。①按物体名称分类；②按物体外部特征分类（如颜色、形状、大小、长短、粗细、高矮、宽窄、厚薄、轻重）；③按物体数量分类：如将物体的数量都是5的卡片放在一起；④按物体的用途分类（如吃的、穿的、用的）。(2)按两个特征或两个以上特征分类。(3)层级分类。(4)多重角度分类。

9. ABC 【解析】小班幼儿在感知和理解数、量及数量关系方面的表现：(1)能感知和区分物体的大小、多少、高矮长短等量方面的特点，并能用相应的词表示。(2)能通过一一对应的方法比较两组物体的多少。(3)能手口一致地点数5个以内的物体，并能说出总数。能按数取物。(4)能用数词描述事物或动作。如我有4本图书。学前数学教育的年龄阶段目标中，小班的目标之一是认识“1”和“许多”及其关系。

10. CD 【解析】观察的类型从不同角度可有多种分法:(1)从观察的时间分,可以分为间或性观察和长期系统性观察;(2)从观察的对象分,可以分为个别物体的观察和比较性观察;(3)从观察的空间分,可以分为室内观察和室外观察(也称实地观察)。故 CD 项正确。

11. BCD 【解析】学前科学教育中的饲养方法是指儿童在饲养角里喂养和照管习性温顺的动物的活动。自然角的动物应选择:美丽的热带鱼类,可爱的小乌龟,漂亮的小鸟,也可以是小泥鳅、小蚯蚓、小蚂蚁、蜗牛等小动物。

三、判断题

1. × 【解析】科学教育的目标不仅在于促进儿童学习科学,其最终目的是通过科学学习,促进学前儿童全面和谐地发展。

2. √ 【解析】在学前科学教育的目标中,获取科学经验与形成初级科学概念是学前科学教育中有关科学知识目标的两个方面,是相一致的。有的人把这二者简单对立起来,或者只强调经验而忽视概念,或者只强调概念而忽视经验,这都是不对的。

3. √ 【解析】探索态度作为一种非智力的因素,儿童的探索态度很容易受到各种因素的影响,是科学活动中最活跃的,也是最不稳定的要素。

4. × 【解析】探索对象是学前儿童学科学的物质前提。

5. × 【解析】学前科学教育活动包括专门的学前科学教育活动和渗透的学前科学教育。其中,专门的教育活动分为预定性的科学教育活动、选择性的科学教育活动和偶发性的科学教育活动。

6. × 【解析】题干所述目标属于大班儿童科学教育活动目标之一。

7. √ 【解析】幼儿科学教育方法包括:观察法、实验法、种植和饲养、科学游戏、散步和采集。

8. × 【解析】地方性和季节性是指学前科学教育的内容应具有鲜明的地方特色和季节特点。

9. √ 【解析】在学前科学教育中,常用的分类类型有挑选分类、二元分类、多元分类三种。

10. × 【解析】正式量具测量是指以通用的标准量具对物体进行测量。适合学前儿童使用的测量工具主要有直尺、天平、温度计、钟表、秤等。题干中木棍、手臂、步长等属于非正式量具测量。

11. × 【解析】大班(5~6 岁)儿童已经开始能够从内在的、隐蔽的原因来理解科学现象的产生。

12. √ 【解析】布鲁纳认为发现学习有以下四大优点:(1)有利于激发智慧潜力;(2)有利于培养内在动机;(3)有利于学会发现的技巧;(4)有利于记忆的保持。

13. × 【解析】4~5 岁儿童学习科学的特点是初步理解科学现象中表面的和简单的因果关系。

14. √ 【解析】科学概念与日常概念最大的区别就在于前者具有系统性,而后者缺乏系统性。系统性是儿童在掌握系统知识的过程中得以实现的。

15. √ 【解析】维果斯基把年幼儿童产生日常概念归因于他们的复合思维。他认为,日常概念是由生活中的具体事物出发,逐渐概括起来的概念,也称自发概念。科学概念则是指在概念体系的演绎中不断延伸的概念。

16. √ 【解析】一般性观察是科学教育活动中最基本和普遍采用的观察形式。学前儿童从一出生就开始一般性观察,这种观察伴随人的一生。

17. √ 【解析】科学讨论型活动一般采用集体讨论的形式进行,这给了幼儿一个倾听他人想法、了解别人思维的机会,能够有效地促进幼儿的思维社会化。

18. √ 【解析】自然角的陈列要适应幼儿的认知特点,利于教师利用自然角引导幼儿进行科学观察、探索活动。

19. × 【解析】教师设计的问题应以开放性问题为主,开放性问题是指问题的答案不是固定、唯一的。

20. √ 【解析】实验操作类科学教育活动大致分为三类:演示探究类,引导探究类,验证探究类。

21. × 【解析】作为一种集体研讨性的学习活动,科学讨论型活动要求儿童具备一定的思维能力和语言能力,交流讨论才具备一定的意义。所以,该类型活动更多地运用于中大班儿童的活动中。

22. × 【解析】4 岁前的儿童知识经验少,参加活动的目的性及控制力差,还不可能对事物进行长期系统的观察。4岁以后的儿童已经积累一定的自然知识,求知欲强,认识过程的有意性增强,具有一定的观察能力与习惯,可以组织这种类型的观察。

23. × 【解析】学前科学教育的知识目标主要是指让儿童通过活动获取知识,包括生活中常见的儿童能够理解和接受的知识。

24. × 【解析】数学教育目标除重视儿童智力发展、思维的培养之外,还应重视儿童良好个性等的整体发展,以适应未来社会的需要。

25. √ 【解析】对于学前儿童来说,“去自我中心”,从自我中心到“社会化”是其思维抽象性发展的重要标志之一。

26. × 【解析】3岁半以前很少有人达到数的守恒,4岁以后达到守恒人数逐渐相应增加,6岁以后大多数幼儿能基本掌握。

27. √ 【解析】通过有目的的教育,随着抽象逻辑思维的发展,5~6岁儿童开始能够根据事物的本质属性,按照客观事物的分类标准进行初步的概括分类。

28. × 【解析】大班幼儿能对10个同类物体按不同差异排序。例如,能按从矮到高或从高到矮,从宽到窄或从窄到宽的顺序排列。

29. × 【解析】排序是建立在对物体比较的基础上,它需要有一定的判断推理能力。对幼儿来说,排序比对物体进行分类要困难一些。

30. √ 【解析】幼儿认识立方图形的顺序是:球体、正方体、圆柱体、长方体。

31. × 【解析】在分类过程中理解类与子类、整体与部分的关系是大班的教育内容。

32. √ 【解析】在科学操作活动中,幼儿与活动材料之间要进行很亲密的接触,因此,这些活动材料必须保证安全卫生,不会对孩子产生意外的伤害,把幼儿的安全放在首位。

33. √ 【解析】信息交流是指儿童将所获得的有关周围环境的信息,以语言的或非语言的形式来进行表达和交换。学前科学教育中信息交流的类型,除了运用语言的方式以外,还运用手势、动作、表情及图像记录等非语言方式进行。

34. √ 【解析】教师在幼儿科学活动中起着主导的作用,教师的关心程度会直接感染幼儿。

四、简答题(参考答案)

1. 简述大班儿童科学教育活动目标中方法技能方面的目标。

(1)使儿童能主动运用多种感官观察事物,学会观察的方法,发展观察力;(2)使儿童能按照自己规定的不同标准对物体进行分类;(3)帮助儿童学习使用各种工具进行测量,掌握正确的测量方法;(4)引导儿童用完整、连贯的语言与同伴、教师交流自己的探索过程和结果,表达愿望,提出问题和参与讨论,以及能够表达发现的愉快,能够和他人交流和分享;(5)引导儿童学习使用常见科技产品的方法,运用简单工具和多种材料进行制作活动,能够发现物品和材料的多种特性和功能,并能表现出一定的创造性。

2. 简述2~3岁儿童科学教育活动的目标。

(1)保护好奇心,支持儿童的触摸、爬动、操作、摆弄玩具和物品的行为;

(2)提供丰富的感觉刺激,发展感觉能力、注意力;

(3)初步掌握与生活经验相贴近的日常概念和科学常识,如知道一些与生活贴近的自然现象和科技产品以及动、植物的名称;

(4)形成一和多的数概念,形成白天、晚上的时间概念。

3. 简述小班儿童科学教育活动目标中的情感方面的目标。

(1)激发儿童对周围事物的好奇心,使其乐意感知和摆弄他们能够直接接触到的自然物和人造物;

(2)萌发他们探索自然现象和参与制作活动的兴趣;

(3)使其喜爱动、植物和周围环境,并能在成人的感染下表现出关心、爱护周围事物的情感。

4. 简述小班儿童科学教育活动目标中方法技能方面的目标。

(1)帮助儿童了解各种感官在感知中的作用,学习正确使用各种感官感知的方法,发展感知能力;(2)帮助

儿童掌握根据一个或两个特征从一组物体中挑选出物体并归为一类的分类方法;(3)帮助儿童学会通过目测等简单方法比较物体的形体大小和数量的差别;(4)引导儿童用词语或简单的句子描述事物的特征或自己的发现,与同伴、教师交流;(5)帮助儿童学习使用他们日常生活中常用科技产品的简单方法,参与简单的制作活动。

5. 简述学前儿童科学教育活动内容选择的依据。

(1)依据《幼儿园工作规程》《纲要》的主要精神;(2)符合学前儿童科学教育活动的目标;(3)适应学前儿童认知发展的特点;(4)遵循科学自身的规律和特点。

6. 简述选择学前科学教育内容的要求。

(1)科学性和启蒙性;(2)时代性和民族性;(3)广泛性和代表性;(4)地方性和季节性。

7. 简述学前科学教育的内容。

(1)儿童常见的自然现象及其与人类、动植物的关系;(2)儿童周围的物质世界及其相互关系以及生态环境教育;(3)儿童日常生活中常见的科技产品及其对人类的影响;(4)人体的奥秘及其保护。

8. 简述学前儿童科学教育的实施形式。

(1)集体科学教育活动;(2)科学区角活动;(3)生活中的科学教育;(4)科学游戏。

9. 简述学前儿童学习科学的一般特点。

(1)学前儿童学科学具有好奇、好问的特点;(2)学前儿童学科学具有好探索的特点;(3)学前儿童学科学具有好活动的特点;(4)学前儿童学科学具有自我中心的特点。

10. 简述3~4岁儿童科学学习的特点。

(1)认识处于不分化的混沌状态;(2)认识带有模仿性,缺乏有意性;(3)认识带有明显的拟人化倾向;(4)认识带有表面性和片面性。

11. 简述4~5岁儿童科学学习的特点。

(1)好奇好问;(2)初步理解科学现象中表面的和简单的因果关系;(3)开始根据事物的表面属性、功用和情境进行概括分类。

12. 简述5~6岁儿童科学学习的特点。

(1)有积极的求知欲望;(2)初步理解科学现象中比较内在的、隐蔽的因果关系;(3)能初步根据事物的本质属性进行概括分类。

13. 简述学前儿童科学教育的原则。

(1)教师指导和儿童探索活动相结合的原则;(2)集体活动、个人活动和小组活动相结合的原则;(3)科学教育活动和幼儿园其他教育活动相结合的原则;(4)幼儿园教育和家庭、社会教育相结合的原则。

五、材料分析题(参考答案)

1. (1)科学知识方面的教育目标,包括通过教育使学前儿童获取周围世界的广泛的科学经验,或在感性经验的基础上形成初级的科学概念。案例中教师通过为幼儿提供不同形状的“吹泡泡器”引发幼儿讨论,继而对不同形状的“吹泡泡器”进行实验,通过实验使幼儿在科学经验的基础上,获得了科学知识,形成初级科学概念。

(2)在学前儿童科学教育中科学方法方面的教育目标,是指学习探索周围世界和学科学的方法,如观察、分类、测量、思考、表达交流和解决问题等,以及发展观察力、思维能力、创造力、动手能力和初步解决问题的能力。在上述案例中,教师在科学探究过程中,有目的、有计划地安排幼儿自主发现问题、探索答案以及解决问题(对不同形状“吹泡泡器”吹出泡泡的猜想并实验),让幼儿体会到科学地有系统地解决问题和追寻答案的过程,而且通过亲身探索体验,学习一些重要的探究方法及能力。

(3)学前儿童科学情感、态度方面的教育目标,是指对科学活动兴趣爱好的培养,特别强调好奇进取、负责合作、客观、虚心、细心、耐心、信心、主动、喜欢创造思考等态度和情感的培养。在案例中,教师没有对幼儿的提问给予直接的科学经验灌输,而是激发幼儿的好奇心和积极的科学态度,通过实验的方法培养儿童对自然的积极情感和态度。

2.(1)材料体现了科学教育内容的生成性特点。教育内容的生成性是指教育内容超越事先的计划性,根据幼儿的需要和兴趣在即时的情境、突发事件中,或根据幼儿在活动中的需要、兴趣和提出的问题临时安排。案例中,教师本来想通过引导幼儿研究“鸟的本领”来帮助幼儿了解鸟的各种本领以及鸟的一些生活习性,而在活动过程中,由于幼儿通过图书对飞机产生了兴趣,而及时调整了教育目标,为幼儿提供了新的探索材料,体现了科学教育内容的生成性特点。

(2)学前儿童的学习是一个主动建构的过程。只有当他们自己积极主动地学习,他们才能获得真正内化的科学知识和经验。学前儿童有自己的需要和兴趣,只有他们感兴趣的东西,他们才会积极主动地学习。教师尊重儿童就要尊重他们的需要和兴趣,开发和利用学前儿童感兴趣的事物和想要探究的问题,扩展成为学前儿童科学教育的内容,生成科学教育活动。教师在制定学前儿童科学教育活动目标时要做到“心怀教育大目标,随时调整小目标,接纳儿童的新目标”。案例中的教师,及时调整教育目标,尊重幼儿的需要和兴趣,保护幼儿的好奇心和探索欲望,发展幼儿积极的科学情感和态度。

3.(1)①学前儿童的思维主要是以形象思维为主,对物体的认识往往需要借助具体直观的材料,但数学知识却是一种高度抽象的知识,需要摆脱具体事物的其他无关特征才能获得。案例中的小朋友是在动手过程中不断改变自己的分类的。

②“自觉”指的是对自己的认知过程的意识。儿童往往对自己的思维过程缺乏自我意识。主要是因为其动作还没有完全内化,他们对事物的判断还停留在具体动作的水平,而没有上升到抽象的思维水平。

③这一阶段的儿童逐渐从自我中心向社会化过渡。案例中航航已经开始会听取小伙伴的建议去进行分类。

总体来说,教师的干预行为有恰当的,也有不恰当的。

(2)理由:①当小朋友在操作中遇到困惑的时候,教师没有给予直接的帮助,而是微笑着给幼儿回应,让幼儿尽量自己去解决。

②教师没有对小朋友的分类进行评价,而是在活动结束的时候给予一个总结性的评价:给物体分类按照不同的方法有不同的分类结果。这种做法其实是忽略了幼儿操作中的过程性评价,而只是进行了结果性评价,所以是有失偏颇的。

六、活动设计题(参考答案)

1.

花朵的秘密(大班)

(一)活动目标

(1)知道常见花朵的名称,了解不同的花朵有不同的瓣数和香味;

(2)能够通过观察,记录花朵的特点;

(3)萌发对大自然的探索欲望,激发热爱大自然的情感。

(二)活动准备

(1)物质准备:若干数量的玉兰花、桃花、迎春花、蝴蝶花。

(2)经验准备:对常见花朵有简单的认识。

(三)活动过程

1.观察、认识常见花朵,感受花朵的美丽

引导幼儿观赏各种美丽的花朵,说说它们的名字。

迎春花:黄色的,花朵像喇叭,是春天最早开放的花朵,它向人们报告春天的到来,所以叫“迎春花”。

桃花:粉红色,先开花再长叶,有花蕾和花瓣。

玉兰花:白色的,先开花再长叶,花朵很大,是上海的市花。

蝴蝶花:颜色很漂亮,花瓣像蝴蝶的翅膀,所以叫蝴蝶花。

2.交流讨论,通过动手操作,探索花朵的秘密

①将幼儿两人分为一组,给幼儿提供准备好的花朵和记录表格,要求幼儿观察每一朵花的花瓣数,哪种花朵有香味,哪种没有。

②幼儿共同合作,观察花朵并记录观察结果,教师巡回指导。

3. 幼儿分享观察结果，教师总结
4. 教师和幼儿玩“花朵找家”游戏，请幼儿扮演花朵找到自己的家
（四）活动延伸
将幼儿带到美工区，尝试制作花朵的标本。

2. 蒜瓣宝宝发芽了（中班）

（一）活动目标
（1）通过看、摸、闻、掰等方法，发现蒜头的特征，体验发现的乐趣；
（2）了解蒜头在春天会发芽，激发对种子发芽的探索兴趣。
（二）活动准备
（1）蒜头每人一个、种植用纸杯每组两个；
（2）已经发芽的蒜头一个。
（三）活动过程
1. 出示蒜头，猜一猜它叫什么名字
看一看蒜头是什么形状的，像什么？
2. 幼儿每人一个蒜头，有序地观察、探索
看一看、摸一摸，发现了什么？
闻一闻，发现了什么？这种气味你喜欢吗？它有什么用处？（杀菌、除腥味、驱虫）
剥一剥、掰一掰，发现了什么？蒜头穿了几件衣服，它的里面是怎样的？
数一数一个掰开的蒜头有几个“小宝宝”（蒜瓣），给它们排排队；想一想你给蒜瓣宝宝排的队像什么？
3. 交流、分享
你发现了蒜头的什么秘密？请你来说说。
你有什么问题想问的吗？
为什么有的蒜瓣宝宝头上有绿绿的小芽？
4. 出示已经发芽的蒜瓣，激发幼儿探索兴趣
小朋友看这个是什么？（出示发芽的蒜瓣）
为什么和我们刚才看的蒜瓣宝宝不一样呢？
5. 分组种植蒜瓣，让幼儿在生活中观察种子的发芽现象
春天到了蒜瓣宝宝发芽了，我们也来种植蒜瓣宝宝吧！
请幼儿在自己的纸杯上做好记号，把蒜瓣种在纸杯中，鼓励他们继续观察，并给蒜瓣浇水。
（四）活动延伸
春天到了，让我们去看看，还有哪些种子也发芽了。

3. 长耳朵兔子（大班）

（一）活动目标
（1）在观察中，发现小兔子的可爱，产生喜爱动物的情感；
（2）学习用各种方式感知兔子的主要特征和生活习性。
（二）活动准备
实物小兔 1 只，兔子吃的胡萝卜、白菜、青草各少许，竹笼子 1 个。
（三）活动过程
1. 活动导入
（1）组织幼儿安静地坐好；
（2）引入新课“长耳朵兔子”。
师：将兔子抱进活动室，激发幼儿的兴趣。请小朋友看看，今天是谁到我们教室来了？（兔子）小兔子可爱吗？（可爱）它有两只什么样的耳朵？（长长的耳朵）我们给它起名“长耳朵兔子”好吗？好！下面我们一起

看看长耳朵兔子,它有哪些方面的特征?

2. 活动指导

(1)运用各种方法感知兔子的主要特征和生活习性。

①看一看,兔子长什么样?你最喜欢兔子的哪个部位?(逐一观察兔子的每一个部位,突出对兔子的观察与认识)

②摸一摸,大胆说出你的感觉。(如兔子的毛白白的,毛茸茸的很光滑)

③学一学兔子是怎样走路的。请一名幼儿上来示范兔子跳的动作。然后问大家:兔子是怎样走路的?(蹦蹦跳跳)

④兔子喜欢吃什么?(胡萝卜、白菜、青草)请一名幼儿喂兔子。

(2)编儿歌:小兔子。

①请小朋友用几句话把兔子长什么样说清楚,编成儿歌好吗?综合小结:耳朵长、尾巴短,一张嘴巴分三瓣。后腿长、前腿短,蹦蹦跳跳真可爱。

②幼儿学儿歌。

(3)小实验:兔子的耳朵是怎样转动的?

①将小兔放入竹笼子里,教师提醒幼儿要注意观察兔子的耳朵会不会转动。教师猛然击掌。然后请幼儿说说兔子的耳朵有没有转动?兔子的耳朵是怎样转动的?向什么地方转动?(向上、向后)

②请幼儿击掌,再实验一次。

(4)带小兔子到草地上玩耍。

师:请小朋友注意观察小兔子的动作,不要惊吓小兔子。

3. 活动结束

小结:小兔子很可爱,也很惹人喜欢,如果小朋友家里饲养小兔子,注意观察它吃东西的神态,有人经过时的表现等等。小兔子也很善良,要向它学习讲卫生、爱清洁的好习惯,做个乖孩子好吗?

4. **美丽的泡泡(中班)**

(一)活动目标

(1)了解泡泡的形状、颜色、大小等,知道不同的工具吹出的泡泡都为圆形;

(2)会使用各种各样的吹泡泡工具,掌握吹泡泡的方法;

(3)初步形成对泡泡的探究意识,体验与小伙伴一起吹泡泡的乐趣。

(二)活动准备

各种形状的吹泡泡工具;吹泡泡需要的溶液;关于泡泡的图片和视频。

(三)活动过程

1. 展示泡泡的图片,欣赏泡泡漫天飞舞的视频,激发幼儿的兴趣

师:小朋友们,刚才都看到了什么?泡泡在天空中飞舞的时候是不是很美丽啊,今天老师给大家准备了一些吹泡泡的工具,我们一起来玩一个吹泡泡的游戏吧。

2. 教师展示各种吹泡泡的工具,并示范这些工具的用法

3. 幼儿自主选择工具,开始吹泡泡

(1)引导幼儿在吹泡泡的过程中,观察用各种吹泡泡工具吹出的泡泡的形状;

(2)引导幼儿观察不同小朋友吹出的泡泡的大小、颜色和形状。

4. 幼儿交流讨论自己在吹泡泡过程中的发现

(1)引导幼儿了解采用不同形状(圆形、正方形、三角形)的吹泡泡工具吹出的泡泡都是圆形的;

(2)引导幼儿了解泡泡在阳光下的颜色像彩虹一样,是彩色的;

(3)请吹出比较大的泡泡的小朋友说一说自己吹泡泡的方法,并让其他小朋友尝试、学习怎样吹出比较大的泡泡。

（四）活动延伸

请小朋友根据这次吹泡泡的活动，画一画“美丽的泡泡”，回家给爸爸妈妈看。

5. 5以内数的守恒（中班）

（一）活动目标

（1）能熟练地点数5以内的物体，并用数字表示；

（2）能不受物体大小、颜色和排列形式的影响，正确判断5以内物体的数量，初步理解和掌握数的守恒；

（3）能独立完成活动任务。

（二）活动准备

（1）绘有大自然景观的图片一幅；

（2）贴绒教具：大鸡5只，小鸡10只；

（3）幼儿操作材料若干。

（三）活动过程

1. 观察比较

教师出示两排贴绒小鸡（各5只），其中一排排列得疏松，让幼儿观察比较数量的多少。在幼儿争论回答后，教师将两排小鸡对应排列，引导幼儿通过点数来检验自己的结论。

教师再将其中一排换成5只大鸡，仿上进行。

2. 操作练习

幼儿两人一组，幼儿甲将扣子摆成上下两排，数量相等或差1，但两排均不超过5个。请幼儿乙比较两排扣子的多少。答错时由甲纠正，回答正确时，由乙摆扣子，甲回答，反复进行。

扣子也可换成自然物、卡片等。

3. 诗画练习、巩固

教师边说儿歌边出示图画：“田野景色真正好，红的花，绿的草，小鸟空中喳喳叫，看，美丽的蝴蝶在舞蹈。”引导幼儿欣赏画面，并用点数的方法判断儿歌中出现的物体的数量。

6. 有趣的测量（大班）

（一）活动目标

（1）初步感知距离和长短，知道测量的方法；

（2）能够用自然测量的方法测量物体的长短，并会用记录表进行记录；

（3）激发学习和探究的兴趣，体验数学活动的快乐。

（二）活动准备

各种自然测量的工具（铅笔、积木、布条、纸条等）、记录表、笔。

（三）活动过程

1. 活动导入

谈话导入，引出活动主题。

师：我们马上要搬新的幼儿园了，需要定做一批新的桌子，现在请小朋友们帮一个忙，测一下我们桌子长的边到底有多长。不过我们没有尺子，你们说怎么办呢？

2. 活动展开

（1）引导幼儿讨论测量的方法，教师适时给予提示

师：其实呀，我们可以用好多材料来进行测量，那现在老师这里有一支铅笔，可不可以用来测量呢？大家可以先试一试。

（2）集体测量，并讨论出正确的测量方法

师：谁来说说你用铅笔测到了几段？是怎么测量的？

（3）个别幼儿进行示范，教师总结

师：我们测量时，使用工具的头要和起点对齐，然后测下一段时，工具的头和上次的尾要连接住，就是首尾相

接,这样能测得比较准确些。老师还为小朋友们准备了一些其他的测量工具,每个人还有一张记录表,老师希望你们能把每种工具测到的结果都用笔记录下来。

(4)教师出示记录表,提出测量要求

师:现在请你们到桌子上选择相应的工具对桌子进行测量,测量时注意要用我们刚才讨论的测量方法,然后把测到的数字记录在记录表的格子里。

(5)幼儿分小组测量,并进行记录

3.活动结束

幼儿讨论交流测量结果,教师总结。

(四)活动延伸

引导幼儿思考不同的工具测量同一件物体时,工具长度与所需次数之间的关系。

7. **种子分类(大班)**

(一)活动目标

(1)学习将收集的种子进行排列的方法;

(2)积极探索,分析讨论,感知物体的大小、数量与排列长短的关系;

(3)通过操作探索,培养逻辑思维能力和学习习惯。

(二)活动准备

(1)幼儿每人一份种子(红豆、黄豆、绿豆、雪豆各5颗);

(2)标记线纸每人一张;

(3)乒乓球、皮球各一个。

(三)活动过程

1.导入活动,引起幼儿兴趣。

“看看桌子上有什么?”(红豆、黄豆、绿豆、雪豆)“它们有一个共同的名字叫什么?”(种子)

2.第一次探索活动:感知数量相同、大小不一的种子,排列长短不一样。

讲解操作:

(1)教师出示演示纸,逐步对应粘贴种子,幼儿观察:红豆排在红线上,黄豆排在黄线上……“红豆有几颗?”(5颗)“黄豆有几颗?”(5颗)“绿豆呢?”(5颗)“雪豆呢?”(5颗)“它们都是5颗啊,那它们排的队伍一样长吗?”(不一样)

讨论:为什么都是5颗,队伍不一样长呢?(因为绿豆小,所以排得最短。因为雪豆大,所以排得最长。因为黄豆和红豆比绿豆大比雪豆小,所以排的队伍比绿豆排的长,比雪豆排的短)

(2)小结:相同数量的种子,颗粒越小,排列越短;颗粒越大,排列越长。

3.第二次探索活动:感知大小不一的种子,排列长短相同时,数量不同。“看看纸上有什么?”(种子标记、线)“这三条线怎么样?”(一样长)

(1)设疑、引导幼儿思考。

“如果在这三条一样长的线上排队,想想它们用的数量会不会一样多呢?”(A:一样,B:不一样)

(2)交代探索要求,由幼儿操作。

“请你们用不同的种子分别在三条一样长的线上排列,看看它们用的数量到底会不会一样多呢?”

(3)讲述操作结果。(不一样多,绿豆用得最多,雪豆最少)

(4)讨论“为什么排一样长的队伍时,绿豆用得最多,雪豆用得最少呢”。

(5)小结:队伍一样长时,小种子用得多,大种子用得少。

4.结合生活实际进一步感知大小、数量与排列长短的关系。

出示皮球、乒乓球,提问:

“如果用相同数量的皮球和乒乓球排队,谁的队伍长,谁的队伍短,为什么?”(乒乓球小,排的队伍短;皮球大,排的队伍长)“让它们排一样长的队伍,皮球和乒乓球谁用得多?为什么?”(队伍一样长时,大的皮球用

得少;小的乒乓球用得多)

5. 操作游戏:种子变魔术(利用各种种子拼摆图形并粘贴)。

6. 幼儿作品展示。

第六章　学前艺术教育

真题必刷

第14练　学前音乐教育的特点、类型、目标和基本理论

一、单项选择题

1. C　【解析】本题考查渗透性的音乐活动。在进餐前后以及午睡前后播放背景音乐。这种音乐活动属于渗透性的音乐活动。

2. A　【解析】本题考查音乐的基本特征。音乐作为一种独立的艺术,具有以下特征:(1)音乐是声音的艺术;(2)音乐是听觉的艺术;(3)音乐是时间的艺术;(4)音乐是情感的艺术。

3. A　【解析】本题考查奥尔夫音乐教育体系的课程内容。奥尔夫音乐教育体系的课程内容包括嗓音造型、动作造型和声音造型三个方面。其中,嗓音造型是指歌唱活动和节奏朗诵活动;动作造型指律动、舞蹈、戏剧表演、指挥及声势活动。声音造型是指乐器演奏活动(乐器包括奥尔夫乐器及其他乐器)。故A项正确。

4. C　【解析】本题考查达尔克罗兹音乐教育体系理论。体态律动的动作一般分为"原地动作"和"空间动作"两类。原地动作包括拍手、指挥、摇摆、弯曲、说话、歌唱等。空间动作包括走、跑、爬、蹦、跳、滑等动作。故C项正确。

5. A　【解析】本题考查奥尔夫音乐教育体系的教学组织形式。奥尔夫音乐教育体系的教学组织形式有集体教学和综合教学。

6. C　【解析】本题考查幼儿歌唱的基本形式。歌唱的基本形式主要有独唱、齐唱、接唱、对唱、领唱齐唱、轮唱、合唱、歌表演(合作歌表演)。合唱是指两个不同声部相配合的集体演唱形式。

二、判断题

1. ×　【解析】本题考查歌唱的基本形式。对唱是指个人与个人、小组与小组之间以问答的方式各自唱歌曲中的问句和答句。轮唱是指两个声部按一定间隔先后开始唱同一首歌曲。

2. √　【解析】本题考查渗透性的音乐教育活动的内涵。渗透性的音乐教育活动,是指除专门的音乐教育活动以外,随机、灵活地蕴涵、渗透在儿童的一日生活及其他教育活动之中的丰富多样的、"隐性"的音乐教育活动。

3. ×　【解析】本题考查音乐实践的类型。从音乐实践类型的角度可分为:歌唱活动、韵律活动、打击乐器演奏活动、音乐欣赏活动。前三类属于音乐表现活动,第四类属于音乐体验活动。

4. ×　【解析】本题考查奥尔夫打击乐器的概念和分类。奥尔夫乐器由打击乐器与音条乐器两大类构成。其中,打击乐器是指无固定音高的一类乐器,可分为四类:金属类、皮革类、木质类、散响类。

5. √　【解析】本题考查歌唱的基本形式。对唱是指个人与个人、小组与小组之间以问答的方式各自唱歌曲中的问句和答句。

三、填空题

音乐欣赏活动

四、简答题(参考答案)

1. 简述奥尔夫音乐教育思想。

(1)"元素性"音乐教育。(2)"节奏第一"。(3)课程内容包括嗓音造型、动作造型和声音造型三个方面。(4)奥尔夫体系的教学组织形式是集体教学和综合教学。奥尔夫体系的教学方法是"引导创作法",通过教师的启发引导及范例帮助儿童集体创作、协助创作。(5)奥尔夫教育体系的代表性教材,即五卷本的《学校

音乐》,其内容主要来自德国的儿童游戏、童谣和民歌。奥尔夫体系中特殊的教学工具是奥尔夫乐器。

2. 简述幼儿园音乐活动的特点。

(1)形象性和感染性;(2)趣味性和游戏性;(3)技能性和综合性。

第15练 学前音乐能力的发展阶段与特点

一、单项选择题

1. D 【解析】本题考查幼儿音乐审美能力。音乐审美能力包括幼儿对音乐美的感受、表达和创造三个方面的内容。

2. B 【解析】本题考查儿童随乐能力的发展。3~4岁的儿童,除了能学会有节奏地跟随音乐做动作外,还能够初步学会对音乐的总体结构做出反应。

3. B 【解析】本题考查儿童歌唱的发展。“轮廓歌”与早期幼儿绘画中出现的“蝌蚪人”相似,只有一个大体的架构。

4. D 【解析】本题考查儿童音乐能力发展的一般特点。英国心理学家舒特—戴森归纳的儿童音乐能力发展的一般年龄特征:5~6岁儿童能理解、分辨响亮之声和柔和之声;能从一些简单的旋律或节奏模式中辨认出相同的部分。7~8岁儿童有鉴赏协和音和不协和音的能力。

5. D 【解析】本题考查学前儿童歌唱技能。在学前儿童的歌唱技能中,音准是最困难的,唱歌中走音现象时有发生。

6. D 【解析】本题考查幼儿音乐欣赏能力的发展。大班幼儿对音乐的感受和理解能力都有了更大的进步。随着他们音乐经验的不断丰富,其听辨能力更强了,能从对音乐的粗略区分发展到比较细致的区分,而且能感受、辨别较为复杂的乐曲的结构、音色及情绪风格上的细微差别。同时,他们能够对音乐形象鲜明的同类音乐作品进行分析和归类,并且用语言来表达音乐感受的能力也增强了,能结合想象和联想用较完整的语言或一定的故事情节描述音乐。

7. C 【解析】本题考查3~4岁歌唱能力的发展。3~4岁儿童歌唱的音域一般为c^1~a^1(即C调的1~6),其中唱起来最舒服、最轻松的是在d^1~g^1之间(即C调的2~5),但个别儿童的音域发展有所偏差。音域稍宽的儿童偏高可达到c^2,偏低可唱到a,而音域偏窄的3岁儿童仅能唱出3个音左右。

8. B 【解析】本题考查学前儿童歌唱能力的发展。3~4岁(小班)的儿童由于肺活量较小,呼吸较浅,对气息控制的能力还没有很好地发展起来,因此往往不能根据乐句的需要来换气。有的儿童会一字一换气、一字一顿地唱,有的则一句歌词没唱完就换气,常常因换气而中断句子、中断词意(一般会在强拍后面或时值较长的音后面自由换气)。故本题选B项。

二、判断题

1. √ 【解析】本题考查中班幼儿音乐能力的发展特征。随着儿童思维、想象的进一步发展,4~5岁儿童对音乐的理解能力也在不断地发展。这一时期的儿童已能基本理解音乐所表达的情绪和情感,并由此产生一定的想象、联想。当然,这种理解能力通常表现为对歌曲及有标题的乐曲的理解。儿童已能借助于歌词及已有的生活经验、音乐经验来基本理解音乐所表达的音乐形象,但对于较为复杂的、没有标题的纯器乐曲的理解还有一定的困难。

2. × 【解析】本题考查3~4岁幼儿韵律活动能力的发展。为学龄前儿童选择的动作难度:一般情况下,年龄较小的儿童比较适宜先从单纯的、不移动的、上肢的、大肌肉的、分解的、独立平行的动作开始入手。

3. × 【解析】本题考查3~4岁幼儿歌唱能力的发展。在歌词的表现方面,虽然3岁左右儿童的语言发展有了很大的进步,已经能够完整地掌握比较简短的句子或较长歌曲中的相对完整的片段,但是由于这一阶段儿童认知发展方面的局限,他们对歌词含义的理解还存在一定的困难,加之听辨和发音能力还比较弱,所以他们碰到不理解的字词,往往吐字不清。

第16练 学前音乐教育活动的设计、组织策略、指导与评价

一、单项选择题

1. B 【解析】本题考查音乐活动有效示范的特征。音乐活动有效示范具有以下特征:(1)时效性;(2)目的性;

(3)准确性。

2. D 【解析】本题考查歌唱教学方案设计的目的。系列歌唱教学方案设计的主要目的是让儿童在学会歌曲的过程中获得全面发展

3. B 【解析】本题考查整体教唱法。整体教唱法教唱新歌,可以保全整首歌曲的意义、情绪、形象的完整性,在学唱的过程中较容易引起幼儿相应的情感体验。又因为是整首歌曲的跟唱,幼儿必须自己动脑筋去记忆、去想,这一句唱完了,下一句是什么?这样就使幼儿的记忆、思维、想象等心理活动始终处于积极的状态,从而使幼儿能够以主动的态度去学唱歌。但由于是整首歌曲的跟唱,而不像分句教唱法那样一句一句地学唱,歌曲旋律、节奏上的一些难点就有可能得不到解决,幼儿对于歌曲细节的把握也可能较为粗糙。B 项属于分句教唱法的优点。

4. C 【解析】本题考查幼儿园韵律活动。幼儿园的韵律活动是幼儿运用身体来进行的一种游戏活动,幼儿从活动中直接获得快乐是这种活动的第一目标。

5. A 【解析】本题考查幼儿园歌唱材料的选择。(1)儿童的节奏感和节奏技能随年龄增长而提高;(2)为 3 岁以前的儿童所选歌曲的节拍,最好以 2 拍子和 4 拍子为主;(3)为 4 岁以前的儿童选择的歌曲,应以二分音符、四分音符、八分音符构成的节奏为主,偶尔也可以出现含有附点音符和休止符的节奏;(4)为 4 ~ 6 岁的儿童选择歌曲时,可以选择含有少量的十六分音符的节奏,附点节奏出现的次数也可以稍微多一点,还可以出现少量含有切分音的节奏。

6. C 【解析】本题考查歌唱教学的方法。一些结构短小、内容紧凑、形象集中、音乐表现手法相对单一的歌曲可以采用整体教唱法。

7. B 【解析】本题考查幼儿园打击乐器演奏材料的选择。在为 3 ~ 4 岁儿童选择的配器方案中,一般宜在乐段之间变化音色;在为 4 ~ 5 岁儿童选择的配器方案中,一般可在乐句之间变化音色;在为 5 ~ 6 岁儿童选择的配器方案中,不仅可以考虑在乐段之间、乐句之间甚至乐句之中变化音色,还可以考虑在乐段之间、乐句之间甚至乐句之中变化节奏。

8. A 【解析】本题考查幼儿园韵律活动材料的选择。幼儿园韵律活动材料的选择:(1)动作;(2)音乐;(3)道具。

9. B 【解析】本题考查学前儿童韵律活动的设计与组织。3 ~ 4 岁儿童最感兴趣的是模仿动作。因为他们所关心的不是动作的本身,而是该动作所表现的熟悉事物。所以,在为 4 岁以前儿童选择韵律动作时,应以模仿为主。

10. C 【解析】本题考查学前儿童音乐教育中所选音乐作品的特点。教师为幼儿所选的歌曲在音乐表现上具有以下特点:旋律朴素而富有表现力,节奏较简单而鲜明,调式特征明显,曲式结构多重复,音响丰富逼真。

11. D 【解析】本题考查学前音乐欣赏活动的指导。运动参与的方法在实际运用中主要指用跟随音乐做动作、歌唱和演奏简单的打击乐器的方法,来感知音乐和表现音乐。题干中教师的做法是运动参与。

12. A 【解析】本题考查幼儿歌唱材料的选择。为幼儿选择的歌曲,其曲调一般应具有以下几个特点:首先,曲调的音域应适宜幼儿演唱,有利于幼儿唱出自然优美的歌声。其次,曲调的节奏较简单,能适应幼儿的歌唱能力与成长的需要。再次,曲调的旋律较为平稳。

13. A 【解析】本题考查示范法。在学前音乐教育活动中,示范主要是指教师用现场的演唱、演奏、做动作表演的方法来向儿童提供活动的范例。

14. D 【解析】本题考查幼儿韵律活动的设计与组织。舞蹈动作是指经过多年的演化和进步,已经程式化了的艺术表演动作。这类动作多数比较适合 5 ~ 6 岁的儿童学习。

15. B 【解析】本题考查学前儿童音乐教育。为歌曲增编新的歌词可以在歌词的替换中帮助幼儿更好地熟悉旋律、掌握音准。

16. C 【解析】本题考查幼儿歌唱活动中教师应注意的问题。在幼儿歌唱活动中,教师要根据幼儿生理发育特点安排练唱,注意幼儿嗓音的保护,学唱过程中教师予以适当的范唱,切忌用其他形式代替人声范唱。故 A、B、D 项错误。幼儿歌唱活动的年龄阶段目标指出,小班幼儿歌唱活动的目标之一是学习用正确的姿

势、自然的声音歌唱,并基本做到吐字清楚、唱准曲调和节奏;中班幼儿歌唱活动的目标之一是能用正确的姿势、自然的声音歌唱,并做到吐字清楚、唱准曲调和节奏;大班幼儿歌唱活动的目标之一是能用正确的姿势、自然美好的声音歌唱,并能正确地表现歌曲的节奏、旋律和歌词。故C项正确。

二、判断题

1.√ 【**解析**】本题考查幼儿园韵律活动材料的选择。为学龄前儿童选择的韵律活动音乐结构一般应该是:节奏鲜明;乐句、乐段清晰、单纯、工整;速度适宜。为学龄前儿童选择的韵律活动音乐形象一般应该是:优美动听;性质鲜明;风格多样。

2.× 【**解析**】本题考查幼儿歌唱活动。培养幼儿歌唱活动中的节奏感时,身体动作的参与是帮助幼儿感知、表现节奏的最直接手段。

3.√ 【**解析**】本题考查幼儿园歌唱材料的选择。为4~6岁的幼儿选择歌曲时,除了一般仍然以2拍子和4拍子的歌曲为主以外,可以开始较多地选择3拍子甚至6拍子的歌曲。

三、简答题(参考答案)

音乐作品可以提高幼儿欣赏美、表现美、创造美的能力。简述为幼儿选择音乐欣赏作品的要求。

(1)总的考虑。每一首作品是否适合于特定儿童的感知、理解能力发展的实际需要,是否符合其他基本的教学要求;所有被选入课程的作品在总体上是否符合内容、形式和风格的丰富多样,比例、结构和布局是否合理。

(2)歌曲的考虑。内容、形象、情绪应为儿童所熟悉、喜爱和愿意接受的;歌词应为儿童所理解的;将来儿童会再接触到并会给儿童以长久性的美好感觉。

(3)配器乐曲的考虑。内容、形象、情绪应为儿童所喜欢和愿意接受的;音响应该是美好和刺激适度的;篇幅是比较短小的,结构上重复式的,如A—B—B、A—B—A等,必要时可以对一些作品进行截选或缩编。

四、材料分析题(参考答案)

(1)①创设故事情境,帮助幼儿掌握歌词。教师引导幼儿通过唱歌打招呼("小青蛙们,大家互相打个招呼吧!")、介绍自己("小青蛙们,你们怎样向池塘里的新朋友介绍自己呢?说说自己长什么样?"),引导幼儿理解歌词并能用自己的动作表现,最终帮助幼儿掌握歌词。②激发幼儿学唱歌曲的兴趣,引导幼儿学唱歌曲。老师提示幼儿用不同的速度和节奏表现青蛙的叫声;提示幼儿听琴声,根据节奏快慢、音量大小歌唱。通过用不同的演唱形式,激发幼儿学唱歌曲的兴趣,引导幼儿学唱歌曲。③歌唱活动与其他活动结合起来,让幼儿在轻松愉快的环境中学唱歌曲。教师通过找朋友游戏,让幼儿用歌声介绍自己,以游戏的形式让幼儿在轻松愉快中学唱歌曲。

(2)①一般要求:教师应当努力为每个幼儿提供演唱的机会,使每一个幼儿都能得到鼓励,并享受唱歌;要注意一次只能集中教一首歌;伴奏可以是灵活多样的。②注意保护幼儿的嗓音:教给幼儿正确的歌唱发声方法;适当掌握幼儿歌唱的音量;适当掌握幼儿歌唱的时间,防止嗓音疲劳;注意歌曲的音域和歌唱的定调;幼儿歌唱教材的难易程度要适合他们的年龄特点和演唱能力;在日常生活中注意预防疾病、防止感冒。

第17练 学前美术教育的目标、内容、方法、类型和基本理论

一、单项选择题

1.C 【**解析**】本题考查美术角。美术角属于幼儿园区域活动中的艺术领域。

2.B 【**解析**】本题考查幼儿美术教育。幼儿美术教育的目的是培养幼儿感受美、表现美的情趣和能力,并不是让幼儿掌握绘画的技能。教师画一幅范画的做法限制了幼儿的创造力,是不可取的。

3.B 【**解析**】本题考查学前儿童美术教育的内容。学前美术学科或领域的教育根据教育内容的不同,可以分为绘画活动、手工活动、美术欣赏活动。

4.D 【**解析**】本题考查儿童绘画。根据研究结果,我们把儿童绘画定位为"自主性绘画"。自主性绘画是指导儿童以自己的意愿,运用自己选择的绘画方式主动表现自我,不断创新的绘画活动。

5.D 【**解析**】本题考查小班幼儿手工活动的目标。A、C项是小班幼儿手工活动的认知目标。B项是小班幼儿手工活动的情感目标。D项是中班幼儿手工活动的创造目标。

6. B 【解析】本题考查幼儿美术活动中常用的教学方法。在运用观察、示范、演示、游戏练习等方法的过程中，必然伴随着教师的语言指导，使幼儿从认识事物的形象开始，通过语言的概括、分析、讲解，掌握事物的基本特征，如用形象比喻的方法形容孔雀开屏像一把打开的扇子，大肥猪像大冬瓜；再如画兔子，就以有关小兔子的儿歌、谜语、故事等启发幼儿思维，引起幼儿积极地表现。因此，题干的描述运用的是语言指导法中形象比喻的教学方法。

7. D 【解析】本题考查学前儿童美术教育的方法。示范法是教师把美术过程中的难点、重点直接操作给儿童看，利于儿童在直接模仿的条件下，学习一些参加美术活动必需的、关键的、技术性的措施。

8. A 【解析】本题考查幼儿园美术欣赏活动的组织形式。幼儿园美术欣赏活动的组织形式多种多样，大致可以分为专题性欣赏、随机性欣赏和渗透性欣赏三种形式。其中，专题性欣赏是一种比较正式的美术欣赏形式，是在教师直接指导和参与下，针对某个主题进行比较系统的美术欣赏活动，以获得美术欣赏的基本知识、能力和审美态度。专题性欣赏一般是通过专门的欣赏活动来实现的，如组织幼儿欣赏中外艺术大师的美术作品、民间艺术、建筑艺术等。故 A 项正确。

二、判断题

1. × 【解析】本题考查学前儿童美术教育的目标。托幼机构的美术教育活动在内容上包括三个既相对独立又相互联系的领域，即绘画、手工和欣赏。因此，各领域的年龄阶段目标包括绘画教育目标、手工教育目标和欣赏教育目标三个方面。

2. × 【解析】本题考查学前儿童手工活动的内容。中班儿童的泥工活动要求儿童会塑造物体的主要特征，会使用一些简单的辅助材料表现出简单的情节，并能按意愿大胆塑造。题干中描述的是小班儿童泥工活动的内容。

3. √ 【解析】本题考查学前儿童美术教育的特点。学前儿童美术教育的特点之一是以学前儿童审美创造能力为核心目标的创造性教育。

第 18 练　学前美术能力的发展阶段与特点

一、单项选择题

1. C 【解析】本题考查学前儿童绘画的发展阶段。定型期（4 岁以后）是儿童绘画的典型时期，又称图式期。儿童逐渐形成并发展其绘画表现的“样式”的阶段。4 岁以后的儿童开始努力将头脑中的表象用图画的方式表现出来。

2. A 【解析】本题考查儿童绘画能力发展的阶段。儿童绘画能力概括性地分为涂鸦期、象征期、概念画期、写实期。

3. C 【解析】本题考查图式期幼儿绘画表现特点。图式期儿童绘画表现的常见特征有：(1) 拟人化表现；(2) 透明式的表现；(3) 展开式的表现；(4) 强调式的表现；(5) 装饰性的表现；(6) 美梦式的表现。

4. C 【解析】考查学前儿童绘画能力的发展阶段。图式期的儿童年龄在 5 ~ 8 岁，这一阶段儿童绘画的重要表现是对称和垂直。

5. B 【解析】本题考查幼儿绘画图式期的相关知识。概念画期又称概念画期、定型期或形象期，为 5 ~ 8 岁，被认为是儿童感知的写实期，是以自我中心观察生活后，用画来传达各种概念。而且，“透明画”和“展开式”的画面很普遍，这是儿童形象思维发展的最敏感时期。

6. C 【解析】本题考查幼儿画面形象排列的方式。遮挡式是儿童期最高的构图形式，以这种方式构图的画面有了清晰明确的前后关系。

7. C 【解析】本题考查儿童绘画能力发展的阶段。题干中说明帅帅的绘画能力处于定型期。此阶段的幼儿画人物画的特点是透明式的表现：将重叠或被挡住的事物也描画出来，也被称为 X 光式的表现。

8. C 【解析】本题考查画面形象排列方式的发展变化。在幼儿绘画构图的发展中，初始阶段的构图是零乱式。所有的孩子都由此开始。在这一时期，幼儿对形象不做空间安排，画面没有上下之分，更无前后之别，原来生活中有一定方向秩序的东西，在这些画中看起来都是横七竖八，失去了原有的秩序。

9. D 【解析】本题考查图式期儿童绘画的特点。图式期的儿童为在画中强调表现某一意图，不会顾及画中形

象的大小、比例、内容等是否合理。这样的画常常会令人感到很夸张。

10. B 【解析】本题考查幼儿手工制作的发展阶段。根据对儿童手工制作活动的研究,我们把儿童手工制作的发展分为以下几个阶段:玩要阶段(2～4岁),在这一阶段初期,孩子的行为并没有明确的目的或意识,只是纯粹的玩要而已。直觉表现阶段(4～5岁),这一阶段,幼儿的表现欲非常强,喜欢使用剪刀等工具来创作。他们已有一定的创作意图,能利用黏土的可塑性去做各种尝试;能用纸张折出简单的造型,也能够用剪刀等工具撕、剪出简单的图形,进而全神贯注地实现自己的设想。灵活表现阶段(5～7岁),这一阶段,幼儿随着手腕动作和手的协调能力的不断发展,已不能满足于仅用一两种技能制作简单的物体形象,希望能够用各种工具和材料制作出他们喜欢的、较复杂的物体形象,并将这些物体形象组合成具有一定情节的场面。故B项正确。

11. D 【解析】本题考查儿童绘画表现的特征。美梦式的表现:儿童经常会将现实中无法实现的愿望寄托于画中。透明式的表现:将重叠或被挡住的事物也描画出来,也被称为X光式的表现。展开式的表现:儿童不能以透视的观念绘画,绘画仅基于认识与经验,所以,他们的画中经常会把从多个角度观察的结果,组合在一张画中。强调式的表现:儿童为在画中强调表现某一意图,不会顾及画中形象的大小、比例、内容等是否合理。这样的画常常会令人感到很夸张。故D项正确。

12. C 【解析】本题考查儿童绘画的特点。儿童画什么,受他人影响比较大。经常有这种现象,邻座的几个小朋友画的画都很相像。另外,教师的提问和提示、小朋友的回答对构思都有影响。

13. B 【解析】本题考查学前儿童绘画活动的指导。成人对图式期儿童的指导建议:(1)在充分了解概念画期儿童各种表现特征的基础上,用童心加赞美来观测与评价幼儿的作品与表达;(2)可以适当地使用各种材料、技法增强儿童的表现热情,丰富画面效果,但变换材料与技法的使用应根据儿童的发展,不能只注重表面热闹;(3)通过亲历和学习来丰富儿童的经验,一方面是生活中的感性经验,另一方面是美术欣赏与成人美术经验的平行影响;(4)选择适宜的刺激题材,使儿童有强烈的表现动机;(5)成人可通过儿童的画,来了解儿童的生活经历与思考,从而有针对性地对儿童施教与影响。

二、判断题

1. √ 【解析】本题考查儿童画。线条是小班和中班儿童画中最基本的成分,直线和横线是他们普遍运用的,用它画出人、树木、房屋等各种物体。

2. × 【解析】本题考查学前儿童绘画能力的发展阶段。学前儿童绘画能力的发展阶段包括涂鸦期、象征期、图式期和写实期。因此,第一阶段是涂鸦期。

第19练　学前美术教育活动的设计、组织、评价的内容和标准

一、单项选择题

1. D 【解析】本题考查幼儿园绘画活动的类型。意愿画是儿童根据自己的生活经验,由自己独立确定绘画主题和内容,运用所掌握的美术知识和技能,自由地表达自己的情感、愿望的一种绘画方式。

2. A 【解析】本题考查幼儿教师组织绘画活动的做法。作为幼儿教师,对幼儿提供范画的做法是不正确的,不利于幼儿创造性的发展。

3. C 【解析】本题考查学前儿童美术教育活动的设计与组织。中班(4～5岁)儿童绘画目标中,教师应引导儿童学习用各种线条表现感受过的物体的基本结构和主要特征。

4. D 【解析】本题考查学前儿童美术教育的组织原则。学前儿童美术教育首先要遵循学前教育的一般原则,如思想教育性原则、科学发展性原则、启发探索性原则等;其次要遵循学前儿童美术教育的目的、美术本身的特性;最后应遵循审美性原则、创造性原则和实践性原则。

5. B 【解析】本题考查学前儿童美术教育活动的组织与指导。对于小班儿童来说,可设计一些让他们用一种或两种基本技能来塑造简单物体形象的课题,如“苹果”“汤圆”“面条”“饼干”等。

6. C 【解析】本题考查形式分析阶段的指导。形式分析是指分析视觉对象之间的关系,也就是分析作品所表现的美的形式,如造型、色彩、构图等形式语言和对称、均衡、节奏、韵律、变化、统一等构成原理的应用。

7. C 【解析】本题考查幼儿园纸工活动的设计。为大班儿童设计的课题主要是折纸和剪贴。

8. C 【解析】本题考查小班幼儿美术活动。小班阶段意愿画侧重于培养幼儿良好绘画姿势和绘画兴趣，强调幼儿在意愿画中抒发情感、宣泄情绪，使幼儿得到心理的满足和愉悦。

9. B 【解析】本题考查儿童纸工活动。儿童纸工活动的主要内容包括折纸、剪纸、撕纸和粘贴。

10. B 【解析】本题考查泥工活动的基本技能。抟圆：将泥放在两手的手心中间，双手加力均匀转动，将手中的泥团成圆球。

11. D 【解析】本题考查美术是否具有童趣的标准。童趣是指学前儿童的美术作品内容风趣活泼，画面常常是以简练的线条表现生动、有趣的内容。为了鉴赏时能有比较一致的尺度，可以从以下几点进行评价：(1)作品的内容应该属于学前儿童眼中的世界；(2)作品应具有学前儿童独具的艺术。

12. C 【解析】本题考查学前儿童美术作品的评价。评价儿童意愿画作品时，要以儿童的创造性为首要目的。

二、多项选择题

ABCD 【解析】本题考查学前儿童手工活动的材料的种类。可用于儿童手工活动的材料多种多样，从外形特点划分可以分为点状材料、线状材料、面状材料、块状材料四种形态。

三、判断题

× 【解析】本题考查小班绘画的基本要求。小班绘画的基本要求是培养学前儿童认识和逐步学会使用绘画的工具和材料（如彩色铅笔、蜡笔、油画棒等），培养他们正确的绘画姿势，比如手眼保持一定的距离，握笔自然。

四、简答题（参考答案）

教师不能简单用像不像、好不好来评价幼儿的美术作品，简述评价幼儿美术作品的标准。

(1)幼儿的年龄差异与绘画表现力；(2)幼儿美术造型中的“像”与“不像”；(3)幼儿美术作品中表现力的丰富与童趣；(4)幼儿美术作品中的认真、大胆与自信；(5)幼儿美术作品中的个性与风格；(6)幼儿美术作品中的想象力、创造力与表现欲望。

五、活动设计题（参考答案）

1.（一）活动名称

可爱的小娃娃（中班艺术活动）

（二）设计意图

日常生活中，幼儿比较喜欢玩橡皮泥，根据幼儿的年龄特点，满足幼儿玩橡皮泥的兴趣，因此设计了此次活动，激发幼儿的创作欲望，满足幼儿个体差异的个性化创作。

（三）活动目标

(1)会用抟圆、压扁、搓条等技能，表现泥娃娃的特征；

(2)尝试为泥娃娃进行不同的装饰；

(3)感受泥工活动的乐趣。

（四）活动重难点

重点：会用抟圆、压扁、搓条等技能，表现泥娃娃的特征。

难点：为泥娃娃进行不同的装饰。

（五）活动准备

橡皮泥、小胡萝卜块、豆子等可装饰材料，PPT 课件。

（六）活动过程

1. 开始部分

幼儿欣赏泥娃娃的画面，听《泥娃娃》儿歌，感受歌曲带来的气氛和快乐，引入活动。

2. 基本部分

(1)出示教师制作的泥娃娃，引发幼儿兴趣。

(2)学做泥娃娃。

①请幼儿观察泥娃娃的基本形状及组成部分，思考泥娃娃的鼻子、嘴巴等用何种形状、材料制作，教师总结

制作方法。

②装饰材料的使用介绍，观看泥娃娃图片，想一想可以为泥娃娃做哪些装饰（帽子、围巾、手套……）以及泥娃娃的动作可以有哪些（做游戏、滑雪、扫雪……）

③请幼儿仔细欣赏装饰效果及材料，思考自己想要制作的装饰品。

（3）幼儿操作，教师巡回指导。

鼓励幼儿大胆创作，指导幼儿将泥娃娃的身体和头抟圆。

3. 结束部分

展览作品，幼儿互相欣赏，教师总结点评。

（七）延伸部分

请幼儿在休息时，与好朋友互相介绍自己的泥娃娃。

2. **我设计的房子（大班）**

（一）活动目标

（1）根据自己对建筑的已有经验大胆发挥想象设计新奇、漂亮的房子；

（2）发展细致的想象、创造力、绘画表现能力；

（3）培养对绘画活动的兴趣。

（二）活动准备

（1）油画棒、《美术》书每人一份。

（2）各种漂亮、新奇的房子图片。

（三）活动过程

1. 欣赏漂亮的房子

（1）小朋友，你们家住的是什么样的房子？（请个别幼儿从颜色、楼层等方面介绍自己家的房子）

（2）你喜欢自己家的房子吗？你觉得你家的房子有什么特别的地方？

（3）出示各种漂亮、新奇的房子图片：今天老师给小朋友们带来了几栋特别的房子，小朋友们看看它们漂亮吗？它们有什么特别的地方？（引导幼儿从房子的造型、色彩方面说说）

（4）刚才小朋友看到的、说到的都是这些房子表面特别的地方，其实这些房子还有许多特别的作用。（教师补充说明新奇房子的特别功能：空调房、音乐房等等）

2. 引导幼儿作画

（1）小朋友，如果让你来设计一栋新奇、漂亮的房子，你会设计什么形状、什么颜色，有什么特别作用的房子呢？

（2）请幼儿先与边上的同伴自由交流。

（3）请个别幼儿介绍自己的构思。

（4）教师总结幼儿想法：刚才小朋友都说得很好，听起来很特别，老师特别想看看你们设计的新奇、漂亮的房子，你们能把自己想的房子给画出来吗？

（5）交代作画要求：请小朋友把自己设计的房子画在《美术》书的第六页，小朋友要注意画的房子要大一些，摆在纸张的中间，房子的颜色要鲜艳、漂亮，要保持画纸的干净、平整，你的画看起来才会更漂亮。

3. 幼儿作画，教师巡回指导

（1）鼓励幼儿努力表现自己的真实想法，颜色要鲜艳、丰富。

（2）要求幼儿自己动脑，不能参照旁边同伴的图案。

（3）鼓励能力弱的幼儿积极动手。

4. 展示幼儿作品

引导幼儿互相欣赏同伴的作品，说一说自己设计的房子有什么特别之处。

（四）活动延伸

将幼儿的绘画作品剪下，布置成墙饰“我们设计的房子”。

3.　　漂亮的年画(大班)

(一)活动目标

(1)初步了解年画的构图、色彩及其所要表现的含义;

(2)自由创作一幅具有某种含义或能表现自己美好祝愿的年画;

(3)体会年画形象和色彩中呈现的喜庆吉祥的气氛。

(二)活动准备

(1)环境准备:营造活动室的新年气氛,如挂花灯、红灯笼,贴春联等。

(2)物质准备:《金蛇狂舞》的音乐磁带;年画 PPT 大图若干;纸、笔、颜料每人一份。

(三)活动过程

1.谈话导入,引入课题

在背景音乐《金蛇狂舞》中进行谈话导入。

师:"过年的时候,家里会有哪些特别的装饰?"

引导幼儿说一说新年的环境装饰,如挂灯笼、贴福字、贴春联、贴窗花和贴年画等。

自然引入贴年画这一主题:贴年画也是过年装饰环境的典型方式,代表了人们的美好愿望。《金蛇狂舞》的背景音乐和活动室的装饰可以烘托出春节喜庆的气氛,激发幼儿的兴趣。

通过新年如何装饰环境这一谈话主题,可以联系幼儿的生活经验,激发探索兴趣,引入年画这一活动主题即漂亮的年画。

2.欣赏创作,新课教学

(1)呈现图片,整体欣赏

通过 PPT 呈现丰富的年画作品,如胖娃娃放鞭炮挂春联提灯笼,胖娃娃抱鱼坐莲,福禄寿三星,财神送恭喜等,引导幼儿从构图、色彩等角度欣赏年画。

①这些年画上都画了些什么?

引导幼儿注意年画的典型形象:春联、灯笼、鞭炮、胖娃娃、鱼、莲、摇钱树等。

②这些图画的颜色是怎样的?你有什么感觉?

引导幼儿发现图片的主色调是大红色、大黄色、大绿色等。体会年画活泼热闹、喜庆吉祥的气氛。教师通过引导幼儿关注年画形象突出的构图和鲜明的色彩等,让幼儿初步感受年画的艺术风格。

(2)观察讨论,深入理解

师:"刚才我们看了许多年画,每一幅年画上的内容都不一样,那你知道画家为什么要画上这些东西吗?他要表示什么意思?"引导幼儿深入观察画面,并进行讨论。

①如胖娃娃迎春图。通过观察胖娃娃贴春联挂灯笼和放鞭炮等行为,理解年画与过年的关系。②如莲年有鱼。"莲"和"鱼"代表连年有余,意思是每年的东西用不完就可以来年再用。③如翘盼福音,胖娃娃仰望飞来的蝙蝠。"蝠"同"福",代表有好消息传来。④摇钱树,代表人们对富裕生活的向往。

在观察和讨论中,幼儿通过看一看、说一说和议一议的方式,深入理解年画中的典型形象,以此了解年画的构图特点和年画要表达的美好祝愿,实现活动的认知目标,突破难点。

(3)实际操作,自由创作

①师:如果请你来设计一幅年画,你会在上面画些什么?为什么要画这些?

引导幼儿自由交流创作的计划。

②师:我们也来设计一幅年画,先想想你的年画上要画些什么,表达什么愿望,然后想想用哪些颜色可以表现出过年时热闹、欢乐、喜庆、吉祥的气氛,看谁设计得和别人不一样。

幼儿自由创作,教师进行指导。

(4)展示作品,自由欣赏

①自我展示:"请说一说你的年画上画了什么?代表什么意思?"

②相互欣赏:"你觉得谁的年画看上去最热闹喜庆,为什么?"

自我展示和评价可以让幼儿自由大胆地表达自己的作品，用语言梳理艺术感受。相互欣赏的方式可以让幼儿借鉴经验。

3. 活动结束

教师带领幼儿在活动室的门窗上张贴年画。

在轻松愉快的氛围中，张贴年画装饰活动室，自然结束年画的绘画活动。

实战演练

一、单项选择题

1. C 【解析】音乐教育的终极目标是培养儿童健全的人格，促进儿童全面和谐整体的发展。

2. A 【解析】学前儿童音乐教育单元目标一般有两种：一种是指“时间单元”，即在某一时间段（如一个月）内所要达到的音乐教育目标；另一种是指“主题单元”，即在一组有关联的主题活动系列中所要达到的音乐教育目标。

3. B 【解析】中班幼儿歌唱活动的目标之一是在有伴奏的情况下，能独立而完整地演唱，并初步学会接唱和对唱。

4. A 【解析】学前儿童音乐教育的趣味性、游戏性最直接地体现在“音乐游戏”上。无论是侧重于创造和表现的歌舞游戏，还是侧重于情节、角色的表演游戏，或侧重于音乐要素分辨能力的听辨反应游戏，都能在听听、唱唱、动动、玩玩的趣味活动中增强儿童的节奏感，促进儿童动作的协调性，提高儿童辨别音乐性质的能力，同时又使儿童获得愉快的情绪情感体验。

5. D 【解析】舒特—戴森认为：4 ~ 5 岁的儿童能辨别音高、音区，能重复简单的节奏。故 D 项错误。

6. A 【解析】以儿童熟悉、喜爱的综合形式，在歌、舞、乐三者密切相融的音乐活动形式中使他们体验到参与音乐的快乐，这体现了形式上的综合。

7. C 【解析】大班幼儿歌唱活动的目标之一是喜欢歌唱，能大胆地、独立地在集体面前进行歌唱表演，并能在集体中尝试用不同的合作表演形式歌唱。

8. B 【解析】在儿童感受、表现音乐的过程中，“载歌载舞”“唱唱跳跳”是最普遍的形式。

9. B 【解析】幼儿园韵律活动的目标，重点是培养幼儿的参与意识和创造能力，尝试自由律动，培养幼儿的自我表现力。

10. B 【解析】“喜欢自己歌唱，也喜欢与同伴一起歌唱，并能注意使自己的歌声与集体相一致”是小班幼儿歌唱活动的目标。

11. D 【解析】A 项是总谱学习导入作品的特点；B 项是总谱创编导入；C 项是主要声部学习导入。D 项符合题意。

12. C 【解析】铃木认为，让孩子学习音乐，首先应该为儿童创设一个如母语学习般的环境，让美好的音乐像本国的语言一样终日围绕着儿童。这样任何儿童都能进行音乐学习，这样的音乐学习才能更有效。因此，人们也把铃木教学法称为“母语教学法”。

13. C 【解析】在幼儿打击乐教学中，让幼儿掌握一定的演奏技能不是教学的主要目标。

14. C 【解析】陈鹤琴提出我们要凭着音乐的生气和兴味，渗透到儿童的生活里面去，使儿童无论生活、工作、学习或劳动的时候，都能有意志统一、行动合拍、精神愉快的表现，使儿童的生活音乐化。

15. B 【解析】达尔克罗兹音乐教育体系及教学实践的基本内容分为体态律动、视唱练耳和即兴创作三个方面。

16. C 【解析】铃木认为，才能并非取决于遗传，而是通过后天环境和教育有效的影响发展起来的。在儿童音乐才能的发展过程中，环境是第一个重要的条件。

17. B 【解析】母亲参与、听觉训练和集体教学是铃木音乐教育体系最具特色的方法。

18. A 【解析】学前儿童美术创作依赖的心理功能是“象征”，即创造某种具体可视之物代表与之同形的另一

事物或情感。

19. B 【解析】元素性音乐教育思想是奥尔夫音乐教育体系的基本核心。他倡导从原始的、基础的、初级的、元素性的、自然的音乐入手，其意义在于使每个儿童都可以参与并加以再创造，同时能够为再创造提供更多变化的可能性。

20. B 【解析】奥尔夫音乐教育体系的教学方法是“引导创作法”，通过教师的启发引导及范例帮助儿童集体创作、协助创作。

21. C 【解析】3～4岁儿童歌唱的音域一般为$c^1 \sim a^1$（即C调的1～6）。

22. A 【解析】一个持续了3年的研究结果表明：在学前阶段，儿童最容易掌握的是歌词，节奏次之，速度第三，呼吸第四，最难掌握的是音准。故答案选A项。

23. A 【解析】柯达伊以“儿童自然发展法”作为课程安排主要的依据，也就是根据正常儿童在其成长的各个时期的能力来编排课程的顺序。

24. A 【解析】音乐能力主要包括两个方面的含义：感受音乐美的能力和表达音乐美的能力。

25. D 【解析】5～6岁的幼儿，控制能力和节奏感都有所发展，动作已经基本上能和音乐一致，大部分孩子都能听出音乐的基本节拍，做动作时能根据音乐节拍的速度来变换自己动作的速度。

26. D 【解析】从完整作品开始的导入模式比较适合于结构单纯、清晰的作品以及不太注重感知体验细节的教学设计。

27. B 【解析】发展性原则是指在设计学前的音乐教育活动时，教师必须准确地把握好幼儿原有的基础和能力水平，并以此为依据着眼于促进幼儿身心的全面发展。

28. D 【解析】整合性原则是指在音乐教育的活动设计中自然地将音乐领域的内容与其他学科领域的内容相互交融和渗透，同时也是将各种不同领域的音乐内容、不同的音乐学习方法等作为一个互相联系的完整体系来看待。

29. C 【解析】为了确保活动的质量以及幼儿的真正发展，我们有必要在设计音乐教育活动的过程中注意遵循以下几条原则：(1)发展性原则；(2)主体性原则；(3)审美性原则；(4)整合性原则。

30. C 【解析】观察导入主要适用于让儿童在观察具体事物的外部形象或运动状态后，立即用自己的动作创造性地进行表现的活动。故答案选C项。

31. B 【解析】在学前音乐教育活动中采用的韵律动作一般可分为：基本动作、模仿动作和舞蹈动作。

32. C 【解析】表达法即发表、表现，是指幼儿经过思考、领悟，用行动来表现自己的思想、感受，反映对事物认识的一种方法。表达法包括具体的表达（绘画、手工、唱歌、舞蹈、表演、创造性游戏等）、抽象的表达（谈话、讨论、讲述、朗诵等）。

33. C 【解析】基本动作复习或练习导入主要适用于从复习某个熟悉的动作开始练习新动作学习的活动，或直接从观察新动作示范开始的新动作学习活动。

34. B 【解析】歌唱能力的发展主要包括歌词、音域、节奏、音准、呼吸、情感体验与表达、独立性、合作性以及创造性九个方面，故答案为B项。

35. A 【解析】在幼儿园目前的歌唱教学活动中，常见的创造性歌唱教学主要有：(1)创编新歌词；(2)创编表演动作；(3)处理歌曲的演唱表情和演唱形式；(4)即兴歌唱和说话。

36. D 【解析】小班一般会安排成“半圆形”，可用分段切割的方法来安排不同的音色组。

37. C 【解析】在学前音乐教育活动中，教师常用的范例指导方法有示范法和演示法。

38. D 【解析】让幼儿观看自己的表演，是利用了反馈的教学方法。

39. B 【解析】在学前音乐教育活动中，教师运用示范的目的是：(1)提供操作的材料和规则；(2)提供态度方面的榜样；(3)提供更长远的追求目标。

40. A 【解析】由于学前音乐教育的特殊性，在学前音乐教育活动中，需要教师经常运用自身角色变化的方法来对儿童的学习进行指导。与此有关的指导方法主要有“参与”和“退出”两种。

41. C 【解析】学前美术教育总目标中的技能目标为：(1)能选择材料和象征性符号表达自己的思想和情感；

(2)能初步学会运用线条、形状表现力度、节奏与和谐;(3)能初步掌握一定的秩序和变化规律进行美术创作;(4)能初步感受和欣赏到美术作品中形象的美学特征;(5)能对自己或他人的美术作品做粗浅的美学评价。

42. D 【解析】学前美术教育总目标中的创造目标为:(1)能根据自己的意愿,自由地进行美术创作;(2)能使用各种象征性符号,并加以组合和变化,创造与众不同的艺术形象;(3)能使用色彩,自由表现自己的情感和幻想;(4)能综合运用多种美术媒介进行美术创作;(5)在欣赏和评价自己或他人的美术作品时,能讲述自己独特的观点。

43. D 【解析】题干的描述属于大班(5~6岁)幼儿绘画活动的目标。

44. D 【解析】学前美术教育的含义可以通过美术和教育这两个方面体现出来,根据对美术和教育这两个方面的不同侧重,可以相应地将学前美术教育分为美术取向的学前美术教育和教育取向的学前美术教育。

45. C 【解析】幼儿园中非正规的美术教育主要包括:幼儿园环境布置活动、美术角和美术室活动、随机的美术指导。

46. C 【解析】并列式构图是儿童期孩子的主要构图方式,3岁以后开始出现,直到6岁左右还有三分之一以上的儿童采用这种构图方式。

47. B 【解析】基本形状期是学前儿童手工发展从无目的的活动走向样式化时期的过渡阶段。在这一阶段,成人应多鼓励儿童大胆地按照自己的意愿进行尝试,表达自己的意图,培养他们对手工活动的兴趣。同时,还要教给儿童基本的制作方法,帮助他们实现自己的意图。

48. B 【解析】幼儿画出的形象含义经常是不稳定的,他们往往在画好的形象上再加上几笔就说成是别的东西。题干中的幼儿开始时要画小人,后来画成大树,这是形象含义的改变。

49. D 【解析】学前儿童手工制作能力发展分为三个阶段:(1)无目的的活动期(2~4岁);(2)基本形状期(4~5岁);(3)样式化期(5~7岁)。在样式化期,学前儿童由于手部精细肌肉的发育,手眼协调能力增强,又学习了一些基本的手工工具和材料的使用方法,因而他们表现的欲望很旺盛。他们喜欢用各种工具和材料进行制作,以表达自己的意愿。

50. D 【解析】遮挡式是儿童期最高的构图形式,以这种方式构图的画面有了清晰明确的前后关系。

51. B 【解析】将重叠或被挡住的事物描画出来,被称为X光式的表现(透明式)。

52. A 【解析】为小班幼儿选择的图片应是:主题明确,线索单一,角色不宜太多;画面大,画面中角色的动作、神态、表情明显,背景简单,色彩鲜艳,主要突出角色特征;图片的篇幅少,一般为1~2幅。

53. C 【解析】根据内容的不同,习惯上将命题画分为物体画和情节画。

54. C 【解析】考虑到儿童操作上的方便,教师在制订教育计划时,不宜将泥工活动安排在寒冷和炎热的季节进行。因此A项的做法是错误的。教师在指导过程中,可启发儿童先自己动手尝试着练习,仔细观察什么样的动作能塑造出什么样的形体。在此基础上,再观察教师是如何用这些基本技法塑造这些基本形体的。因此B项的做法是错误的。教师应注意将儿童的泥工作品保存在通风阴凉处,若需重新使用泥料,则应与儿童商量或不当着儿童的面处理掉,避免挫伤他们的积极性。因此D项的做法是错误的。故答案选C项。

55. B 【解析】图谱属于视觉材料。

56. C 【解析】由于装饰画的装饰性和规律性较强,教师在儿童对装饰画已有一定的感受和兴趣的基础上,可以帮助儿童掌握装饰画的简单技能:(1)帮助儿童掌握绘制简单花纹图案的技能;(2)帮助儿童掌握排列花纹和找位置的方法;(3)帮助儿童掌握一些色彩的基本知识,培养他们使用色彩的能力。故不包括C项。

57. D 【解析】对于小班幼儿,只要求他们在教师的引导下观察物体的大致轮廓外形,形成一个基本的视觉印象;对于中班幼儿,则不仅要求他们要看到物体的整体轮廓,还要求他们要看到物体的基本组成部分及其形状、大小、结构、颜色等;对于大班幼儿,则要求能比较全面、细致地观察物体的形状、大小、结构、颜色和物体的动态。

58. A 【解析】学前儿童美术欣赏的对象可分为美术作品、自然景观和周围环境中的美好事物三大类。

59. C 【解析】考虑到儿童操作上的方便,教师在制订教育计划时,不宜将泥工活动安排在寒冷和炎热的季节

进行。故 C 项错误。

60. C　【解析】学前儿童手工活动主要指教师引导儿童运用贴、撕、剪、折、塑等方法，发挥想象力和创造力，用双手或操作简单工具，对具有可塑性的物质材料进行加工、改造，制作出占有一定空间的、可视且可触摸的多种艺术形象的一种教育活动，一般包括泥工、纸工和废旧材料制作三种类型。

61. B　【解析】形式分析是指分析视觉对象之间的关系，也就是分析作品所表现的美的形式，如造型、色彩、构图等形式语言和对称、均衡、节奏、韵律、变化、统一等构成原理的应用。题干中教师提出的问题适用于幼儿美术欣赏活动指导过程中的形式分析阶段。

62. D　【解析】成人对象征期儿童的指导建议：对于儿童的作品，要尽量用探究、了解的态度去欣赏与解读。而不是过于强调绘画技能。

63. C　【解析】为儿童选择美术欣赏作品时应遵循以下几个原则：(1)经典性原则；(2)差异性原则；(3)题材的多样性原则。

64. B　【解析】意愿画是儿童根据自己的生活经验，由自己独立确定绘画主题和内容，运用所掌握的美术知识和技能，自由地表达自己的情感、愿望的一种绘画方式。

65. B　【解析】为儿童选择美术欣赏作品时，教师不要根据个人的欣赏趣味，而应充分考虑欣赏形式的多样性和内容的丰富性，安排各种具有挑战性的课题。故 B 项错误。

66. C　【解析】平面手工活动主要是指儿童对手工工具和材料进行操作，制作出平面手工作品的活动。儿童的平面手工活动主要有粘贴、剪贴、撕贴、染纸等形式。

67. D　【解析】情节画活动是在物体画活动的基础上进行的，它是教师让儿童以个别物体与其他物体相配合，表达一定情节的绘画活动形式。

二、多项选择题

1. ABCD　【解析】中班幼儿韵律活动目标包括：(1)能跟随音乐的节奏做简单的基本动作、模仿动作和舞蹈动作；(2)喜欢参加集体的韵律活动和音乐游戏；(3)学习一些基本的舞蹈动作和集体舞；(4)享受并体验用动作、表情和姿态与他人交流的方法和乐趣，初步尝试用创造性的动作自发地随音乐自由舞蹈的乐趣；(5)能够在动作表演过程中学习使用一些简单的道具。

2. ABCD　【解析】中班幼儿打击乐演奏活动目标包括：(1)进一步学习并掌握一些打击乐器（如木鱼、响板、沙球等）的演奏方法；(2)喜欢操弄打击乐器，喜欢参加集体的打击乐演奏活动；(3)能够用乐器为二拍子、三拍子、四拍子的歌曲和乐曲配不同的简单伴奏；(4)进一步学会识别指挥开始、结束和变化演奏；(5)能初步尝试部分地参与打击乐演奏配器方案的讨论；(6)能较自觉地遵守集体的打击乐演奏活动中的一些常规，养成爱护乐器的态度和习惯。

3. ABC　【解析】“三个支柱”，源于古希腊的神话，传说地球由三条鲸支撑。卡巴列夫斯基以此比喻歌唱、舞蹈、进行曲三种音乐形式就像支撑地球的三条鲸一样，构成了新音乐教育的基本因素，而其他因素则是这三种基本因素的变体。

4. ABC　【解析】柯达伊音乐教育体系的一个突破和贡献是在教材领域。他认为，给儿童所用的教材只能来自三个方面：(1)真正的儿童游戏和儿歌；(2)真正的民间音乐；(3)优秀的创作音乐（由名作曲家创作的音乐）。

5. ABCD　【解析】歌唱能力的发展主要包括：歌词、音域、节奏、音准、呼吸、情感体验与表达、独立性、合作性以及创造性等九个方面。所以，为学前儿童选择歌曲时应该兼顾节奏、音准、歌词、音域等。

6. BD　【解析】手工是用手或借助简单的工具，利用一定的材料进行手工艺术造型的活动。绘画和手工是幼儿美术教育活动的主要形式，是儿童用笔在纸上通过造型、设色、构图等手段，表现出一定可视形象的美术活动。故 BD 项正确。

7. ACD　【解析】涂鸦期分为无意涂鸦、控制涂鸦、命名涂鸦三个阶段。

8. ABCD　【解析】学前儿童音乐教育对儿童个体发展的作用和功能是与对社会发展的作用和功能相统一的。音乐教育作为全面发展教育中不可缺少的一个部分，是促进儿童在认知、情感、个性及社会性等方面协调发展的重要途径之一。

三、判断题

1.√ 【解析】教师在音乐学习的过程中安排、体现的是探索—模仿—即兴—创造的四步环节。具体来说，探索是让儿童通过动作发现产生音响的可能性；模仿是为了发展儿童的基本技能；即兴是鼓励儿童将所学的技艺逐渐扩展，形成“雏形”；创造是将各个阶段所学的技能结合起来，形成一个自己独创的“作品”。

2.√ 【解析】为幼儿选择的歌曲，其歌词一般应具备以下几个特点：(1)歌词反映的主题与形象应单一，并是幼儿熟悉、理解并感兴趣的；(2)内容与文字富有童趣并易为幼儿所理解和记忆；(3)歌词形象鲜明，适宜用动作表现或进行游戏。

3.× 【解析】铃木认为，才能并非取决于遗传，而是通过后天环境和教育有效的影响发展起来的。在儿童音乐才能的发展过程中，环境是第一个重要的条件。在他看来，让孩子学习音乐，首先应该为儿童创设一个如母语学习般的环境，让美好的音乐像本国的语言一样终日围绕着儿童。

4.× 【解析】幼儿掌握一首歌曲有一个渐进的过程：首先学会歌词，然后学会节奏，最后学会旋律轮廓和音程。

5.× 【解析】模仿动作组合是指以模仿动作为主的韵律动作组合。

6.√ 【解析】幼儿园各年龄班儿童学习的舞蹈动作主要是一些基本舞步。如3～4岁学习小碎步、小跑步；4～5岁学习蹦跳步、垫步、踵趾小跑步、侧点步；5～6岁学习进退步、溜冰步、交替步、跑跳步、跑马步、秧歌十字步等。

7.× 【解析】韵律活动能力的发展主要包括：身体运动能力、独立性、合作性以及创造性等四个方面。

8.√ 【解析】大班美术欣赏活动目标：引导儿童学习欣赏感兴趣的绘画、工艺、雕塑、建筑等艺术作品，培养他们初步发现周围环境和美术作品中美的能力。引导儿童了解作品简单的背景知识，进一步感受和理解作品的形象和主题意义，知道美术作品如何反映现实生活和人的思想感情。引导儿童欣赏并感受作品中形象的造型美、色彩的色调及其情感表现性、构图的对称、均衡、韵律与和谐美。引导儿童积极主动参与美术欣赏活动，学习用语言、动作、表情等表达自己对作品的感受和联想。

9.× 【解析】小班儿童的绘画教育目标之一是引导儿童认识油画棒、蜡笔、水彩笔、水粉画笔和纸等绘画工具和材料，掌握其基本使用方法，养成正确的握笔方法和作画姿态。

10.√ 【解析】学前儿童美术教育是以培养学前儿童审美创造能力为核心的一种创造性教育。

11.√ 【解析】婴儿在未能作画之前，先能涂鸦。这时，儿童所画的是一些无意义的笔画。

12.√ 【解析】图式期(概念画期、定型期或形象期)儿童绘画表现的常见特征有：(1)拟人化表现；(2)透明式的表现；(3)展开式的表现；(4)强调式的表现；(5)装饰性的表现；(6)美梦式的表现。

13.× 【解析】并列式构图是儿童期孩子的主要构图方式，3岁以后开始出现，直到6岁左右还有三分之一以上的儿童采用这种构图方式。

14.× 【解析】中班的折纸课题大多是用单张纸进行简单的平面折叠。

15.× 【解析】在为小班儿童设计泥工活动课题时，应侧重于让儿童认识泥工活动的工具，如泥工板、小竹棍等，懂得其名称和使用方法。为中班儿童设计的课题是塑造出比较复杂的物体形象，能表现出物体的基本部分和主要特征。

16.√ 【解析】由于学前儿童有许多潜能，且儿童之间存在着个别差异性。因此，要为儿童的手工活动提供丰富多样的材料。

17.√ 【解析】指导学前儿童评价的重点宜放在对作品的审美判断以及揭示作品的寓意性方面。

18.√ 【解析】情节画活动有助于提高儿童绘画的基本技能，对培养儿童绘画的目的性、计划性，培养儿童构图、布局的能力，促进儿童思维综合性和表达能力的发展，具有特别重要的意义。

19.√ 【解析】感知欣赏法的使用应注意与科学认知相区别。在科学认知活动中，儿童通过各种感官感知的客观事实，形成的科学概念，强调的是“真”；而感知欣赏法主要是通过感知事物的审美属性，其目的不是形成科学概念，而是让儿童获得敏锐的审美感知能力，强调的是“美”。

20.× 【解析】手工也有构思和设计阶段，要有想象力和创造性，因此学前儿童手工活动也属于艺术创造范畴。

21. × 【解析】在同一年龄阶段的学前儿童中,由于先天气质类型,后天养育环境差异,艺术偏好和才能也呈现出显著的差异。
22. × 【解析】学前儿童美术活动应以欣赏和感受作为活动的先导。初步的欣赏和感受能力不仅是幼儿美术素养的重要方面,而且对创造、表现等其他美术素养的形成也具有重要的作用。

四、填空题

1. 趣味性和游戏性　　2. 音乐艺术的美　　3. 音乐课　音乐角活动　音乐会或音乐娱乐活动
4. 情境表演导入　　5. 演示　　6. 个人音乐趣味倾向
7. 视觉材料　　8. 倾听　　9. 从某种辅助性材料开始
10. 形式分析　　11. 物体画　　12. 图案装饰画
13. 示范　　14. 线索启迪法

五、简答题(参考答案)

1. 简述学前音乐教育总目标中歌唱活动的操作技能目标。

(1)掌握一些最基本、最初步的歌唱技能,能够正确地咬字、吐字和呼吸;(2)能较自然地运用声音表情和身体动作表情;(3)能够在集体歌唱活动中控制和调节自己的声音使之与集体相协调。

2. 简述小班儿童歌唱活动的目标。

(1)学习用正确的姿势、自然的声音歌唱,并基本做到吐字清楚、唱准曲调和节奏;(2)能跟着歌曲的前奏整齐地开始和结束;(3)在有伴奏的情况下,能独立地、基本完整地唱熟悉的歌曲;(4)能初步理解和表现歌曲的形象、内容和情感;(5)在教师的帮助、引导下,能够为熟悉、短小、工整而多重复的简单歌曲增编新的歌词;(6)喜欢自己歌唱,也喜欢与同伴一起歌唱,并能注意使自己的歌声与集体相一致。

3. 简述中班儿童音乐欣赏活动的目标。

(1)能感受性质鲜明、结构短小的歌曲或器乐曲的形象、内容、情感,并产生一定的联想,用外部的动作加以反应;(2)能初步了解并辨别进行曲、舞曲、摇篮曲等不同风格音乐的基本性质;(3)喜欢倾听周围生活中的各种声音,并能大胆地用自己喜欢的方式(嗓音、动作等)来表达;(4)乐意参与集体的音乐欣赏活动,并积极尝试和体验音乐欣赏过程的快乐;(5)初步学习运用不同的艺术表演形式(如文学、美术、韵律动作等)来表达对音乐的感受和理解。

4. 简述大班儿童打击乐演奏活动的目标。

(1)进一步学习并掌握更多打击乐器(如三角铁、双响筒、钹等)的演奏方法;(2)喜欢并积极参与集体的打击乐演奏活动,能部分地参与打击乐演奏配乐方案的设计;(3)能正确地根据指挥的手势开始、结束和变化演奏;(4)能在集体的打击乐演奏中有意识地注意在音色、音量和表情上与集体相协调一致;(5)能自觉地遵守集体的打击乐演奏活动中的一些常规,养成爱护乐器的态度和习惯。

5. 简述学前音乐教育总目标中打击乐演奏活动的情感与态度目标。

(1)喜欢参与打击乐演奏活动;(2)乐意探索乐器的不同演奏方法和尝试创造性的表现;(3)积极体验并享受与他人合作演奏的快乐。

6. 简述学前音乐教育总目标中音乐欣赏活动的认知目标。

(1)能够感受、体验音乐欣赏作品所表达的内容和情绪;(2)能够理解音乐作品最基本的表现手段;(3)能够再认和区分已欣赏过的音乐作品。

7. 简述铃木音乐教育体系的基本思想。

(1)给儿童创造一个学习音乐的良好环境;(2)激发儿童的兴趣;(3)提倡坚持不懈、持之以恒的练习;(4)注重倾听习惯和技能的培养;(5)提倡“教学六步”。

8. 简述铃木教学法在教学过程中的步骤。

(1)接触;(2)模仿;(3)鼓励;(4)重复;(5)增加;(6)完善。

9. 简述幼儿歌曲学习的一般过程的四个阶段。

(1)掌握歌词阶段;(2)掌握节奏阶段;(3)大致掌握音高轮廓阶段;(4)初具调性感阶段。

10. 简述幼儿园韵律活动的导入方式。

(1)观察导入;(2)回忆导入;(3)基本动作复习或练习导入;(4)队形复习或学习导入;(5)舞谱导入;(6)动作创编导入;(7)游戏导入;(8)故事导入;(9)音乐欣赏导入。

11. 简述发展儿童音乐欣赏能力的方法。

(1)选择最好的音乐作品;(2)选择最好的音乐音响;(3)让儿童有机会利用多种感知觉通道进行音乐的感知;(4)让儿童有更多机会在伴随音乐进行的表演过程中直接感知体验;(5)让儿童有更多机会使用不同的符号体系来表达自身的音乐感受。

六、论述题(参考答案)

1. 试述教师为儿童提供手工活动材料时应注意的问题。

(1)材料要丰富和多变。由于学前儿童有许多潜能,且儿童之间存在着个别差异性。因此,要为儿童的手工活动提供丰富多样的材料。需要注意的是,一次活动中提供给儿童的材料不宜太多,否则会使他们花费过多的时间在材料的选择上,而忽视材料的制作。

(2)材料能激发儿童手工制作的兴趣。教师应给儿童提供半成品类的、未加工的原材料和可供孩子进行多种组合的材料。教师如果为孩子们提供相当一部分未加工的原材料,则可为儿童提供自己动手的机会。同时使用那些能进行多种组合的材料,如纸盒、塑料瓶、罐头等,孩子们可以通过"加法"(如几个纸盒组合成恐龙造型)和"减法"(如在纸盒上剪去几块成为"车窗")的不同组合方式,发挥自己的想象力和创造力,产生制作的兴趣。

(3)材料的陈列应具开放性。教师除了为儿童提供丰富的材料以外,在教室里陈列材料时应是开放的。师幼共同收集的废旧材料可以分门别类地陈放,陈列的材料在数量上、种类上都应丰富多样,不论是教师还是孩子都可以随意取用,自己选,自己裁,自己做。儿童与教师具有同等的选择材料的权利,给儿童充分比较与选用的宽裕度和自由度,最大限度地尊重儿童。

2. 试述儿童意愿画活动的指导。

(1)结合儿童生活体验,启发、帮助儿童确立意愿画的内容;

(2)创造宽松的意愿画作画环境,按儿童不同能力帮助儿童大胆地进行意愿画活动;

(3)评价儿童意愿画作品时,要以儿童的创造性为首要目的;

(4)在意愿画活动中,要注意以下几方面的问题:一是儿童怕画不好或画不像,而不动脑筋,消极重复模仿老师、别人或自己以前的作品,没有创新;二是老师由于怕儿童画不出来或画不好,对儿童交代要求时过分具体,使意愿画变成命题画;三是要求儿童画过去画过的形象内容,使意愿画又成了记忆画;四是有些老师认为意愿画教学最轻松,就是让儿童随意画,只要把儿童组织起来,给他们一些工具,随他们自己去画就行了。

3. 试述儿童美术欣赏过程中各阶段的指导。

(1)描述阶段的指导。在描述阶段,教师应首先给儿童一定的时间进行独立的欣赏,不要操之过急,或讲得太多,要尽可能让儿童充分表达。只有当儿童需要帮助时,教师才可以用启发、提问的方式给予线索启迪,引导他们观察、想象并进一步地陈述清楚。

(2)形式分析阶段的指导。在此过程中,教师的作用尤其重要。首先,教师应对美的形式有一定的理解和欣赏能力,能够掌握形式美的原理,体验作品的意味。其次,教师要用启发诱导性的语言,引导儿童反复多次地深入感知、体验作品,也可以用通俗易懂的语言,进行浅显而简明的描述,让儿童真正地理解这些艺术语言与形式美的原理的内涵。最后,儿童对欣赏的基本艺术语言和形式美的原理的认识可以经由美术创作来获得。

(3)解释阶段的指导。由于学前儿童主要还是一个"印象的批评者",需要在教师引导下才能进行"分析的批评"和"综合的批评"。为此教师的指导应注意以下两点:①探讨美术作品所蕴含的意义,必须在整体与部分辩证运动中进行。即必须根据美术作品的各个部分来理解美术作品的整体,又必须根据美术作品的整体来理解美术作品的各个部分,这是一个循环往复的过程。②虽然教师在引导儿童欣赏美术作品之前,已有对作品意义的预期,但这并不意味着学前儿童必须无条件地接受教师的这种预期。儿童仍然可以有自己

的理解，而且，教师还必须鼓励儿童不要拘泥于教师的解释甚至不必拘泥于创作者原有的创造意图，儿童可以根据自己对作品所传达信息的体验和理解，充分发挥想象力、创造力，发表自己的见解。此外，教师还可以适当地介绍作者的小故事、作品创作的背景等，帮助他们更深入地理解作品所蕴含的意义。

(4)评价阶段的指导。评价是指判断一件美术作品的价值。对艺术品下判断需要综合艺术创作、艺术背景知识、艺术欣赏和美学的各方面知识。指导学前儿童评价重点宜放在对作品的审美判断以及揭示作品的寓意性方面。教师在评价阶段可以作较为综合性的、具有一定指导意义的总结，帮助儿童加深印象，提高审美判断能力。

4. 试述引导儿童进行泥工活动时，教师应注意的问题。

(1)教师自己要了解泥工活动中所使用的粘泥、橡皮泥和面团的特性。

(2)彩塑是具有民族特色的工艺品，因而，在幼儿园大班时，教师可引导儿童对自己制作的泥工作品进行着色描绘，美化作品。

(3)由于泥工材料的特点，因而泥工作品讲究的是其粗朴、淳厚的美感，再加上学前儿童手的动作的不灵活，手眼协调能力较差，因此，教师在评价儿童的泥工作品时不应把重点放在追求作品的精确与细致上，而应注重儿童泥工操作的过程及作品整体的稚拙感。

(4)妥善处理儿童的泥工作品。教师应注意将儿童的泥工作品保存在通风阴凉处，若需重新使用泥料，则应与儿童商量或不当着儿童的面处理掉，避免挫伤他们的积极性。

七、材料分析题(参考答案)

(1)在材料一中，很明显老师在教学活动中失控了，没有很好地掌控课堂。当有男孩质疑老师：猫的胡子是长在鼻子上，而不是长在脸上的。老师把关注点放在了这个问题的正确答案上，没有真正领会孩子提出这个问题的原因。孩子一再地提出自己的看法，老师没有做出正确的回应，幼儿的绘画活动并不像成年人的画作一样要求写实性，最重要的是引导孩子去想象、感受对物体的美的感觉。材料二中教师的回应确实有效控制了课堂秩序，但是也丧失了一个很好的教学契机。

(2)美术活动是一种培养幼儿感受美和表现美的幼儿教学活动。其中幼儿教师的引导作用至关重要，良好的美术启蒙教育将会为孩子一生的发展打下良好基础。教师和幼儿之间的互动不仅涉及师幼关系问题，还涉及幼儿美术活动的教育教学方法问题。作为教师：①要正确处理教师和幼儿之间的关系，这主要表现在日常的师幼互动中，教师要真正尊重幼儿，尊重他们的想法、意愿，允许他们自由表达意见，针对幼儿的疑惑，教师需要做出符合幼儿认知能力的回答，并同时启发幼儿更多的思考，使幼儿的想象力和创造力不断得到发展。②要帮助幼儿建立良好的同伴关系也是幼儿教师的一大任务，这是因为同伴关系对幼儿社会性发展的影响至关重要。因此，在教育教学过程中幼儿教师应该鼓励幼儿之间的友好交往，并帮助他们解决交往之间发生的冲突，学习正确的交往方式。

八、活动设计题(参考答案)

1. **小马过河(小班)**

(一)活动目标

(1)初步感受乐曲 ABA 的结构，感受乐曲 A、B 两段鲜明的音乐形象；

(2)听辨“骑马”和“扬鞭”的乐句并能够用动作表现出来；

(3)体验游戏中紧张与放松的氛围所带来的愉悦。

(二)活动准备

音乐。

(三)活动过程

1. 安静欣赏乐曲

师：有一个小动物藏到了老师的音乐里，你们能帮老师把它找出来吗？完整播放一遍乐曲。

师：请小朋友说说，是什么动物在老师的音乐里做游戏？

师：你们想知道小马在老师的音乐里做了什么游戏吗？听了老师的故事你就知道了。(教师讲述故事)

2. 完整倾听乐曲(第二遍),引导幼儿感受乐曲 ABA 的结构

师:这首音乐讲的是《小马过河》的故事,现在请小朋友们认真再听一遍音乐,听一听哪段音乐讲的是小朋友们骑马,哪段音乐讲的是小马在过河。(教师随 A 段音乐做马跑和扬鞭的动作,用伸直手臂做"桥",手指在手臂上爬行的动作来表现 B 段音乐)

3. 分段欣赏

A 段音乐

师:请你听听这段音乐讲的是小马在做什么?如果你听出来了请你跟着音乐做动作。(教师带领幼儿做动作,重点引导幼儿随乐做"扬鞭"动作的同时发出"驾"的声音)

B 段音乐

(1)教师带领幼儿随乐曲用手臂做独木桥,手指在手臂上爬行的动作来感受 B 段乐曲舒缓平稳的节奏特点。

(2)启发幼儿用不同的身体部位来做独木桥,并随 B 段音乐表现出来。

(3)请幼儿起立,教师带领幼儿随乐完整地做动作,感受全曲。(原地)

4. 游戏:小马过河

(1)师:小朋友我们一起来玩一玩小马过河的游戏吧!可是没有独木桥怎么办?看看我们身边有什么东西可以用来搭独木桥?(启发幼儿用椅子搭建独木桥)

(2)教师带领幼儿完整地玩游戏。

(3)组织幼儿讨论过桥的安全。

师:独木桥很窄,小马过桥的时候要怎样做才不会掉到河里去?(小心翼翼、一个跟着一个……)

2. **我的花朵真漂亮(大班)**

(一)活动目标

(1)了解自己喜欢的花朵的外形特点,知道简单的调色方法;

(2)能够动手画出自己喜欢的花朵,并完整地涂色;

(3)体验参与绘画活动的乐趣,萌发对绘画的喜爱之情。

(二)活动准备

物质准备:足够数量的绘画纸张、水彩、调色板。

经验准备:认识生活中常见的花朵。

(三)活动过程

1. 活动导入

教师带领幼儿做《美丽的花朵》手指谣,引出本次绘画的主题。

2. 活动展开

(1)教师通过提问启发幼儿,让幼儿大胆表达自己喜欢的花朵,请幼儿说出自己喜欢的花朵的外形特点及颜色。

(2)引导幼儿在纸上画出自己喜欢的花朵的形状。

师:现在请小朋友们根据你的描述画出你最喜欢的花朵。

(3)教师使用水彩和调色盘向幼儿展示颜色的变化,激发幼儿兴趣。

师:老师给大家表演一个神奇的魔术,这是红颜色的水彩,这是黄颜色的水彩,把它们放在调色盘会发生什么呢?

(4)引导幼儿讨论调色的方法和颜色变化的规律。

师:水彩变成了什么颜色呢?小朋友们觉得其他颜色的水彩会不会有这样的变化呢?

师:请你开动你的小脑筋想一想,并和你的同伴讨论一下,看看你们的想法一样吗?

(5)请幼儿尝试调色并为自己的花朵涂上颜色。

3. 活动结束

幼儿展示自己的绘画作品,教师鼓励幼儿在集体面前表达自己的绘画想法,并对幼儿的表现做出积极的评价。

（四）活动延伸

将幼儿带到主题墙的展示区，帮助幼儿一起把自己的画装饰在主题墙上。

3.

漱口歌（小班）

（一）活动目标

（1）学习倾听音乐前奏，用自然的声音有节奏地演唱歌曲；

（2）随着音乐学习漱口的方法，感受讲卫生的乐趣。

（二）活动准备

物质准备：一个小白兔的布偶玩具；一个干净、漂亮的花花杯；

材料配套：教育挂图《漱口歌》。

（三）活动过程

1. 讲述《讲卫生的小白兔》，引出主题

教师出示小白兔的布偶玩具讲述：这是一只讲卫生的小白兔，它的牙齿又白又整齐，可好看了。你们知道它每天吃完点心后、饭后都做了什么吗？

2. 观察动作表演与教育挂图，理解、记忆歌词

教师按歌词顺序表演漱口动作，引导幼儿认真观察。

逐一出示挂图，与幼儿共同理解各挂图的意义，教师用歌词进行讲解。出示及讲解挂图时应注意打乱顺序。教师边朗诵边表演，要求幼儿认真观察后将挂图按顺序排好。

3. 教师范唱，帮助幼儿感受歌曲，进一步记忆歌词

教师弹唱歌曲，幼儿边欣赏边学唱。

师：小朋友们在唱歌的时候要注意声音不要太大，不然我们的小嗓子就要生病了。

教师弹唱歌曲，幼儿按音乐内容有节奏地进行表演。一两遍后教师可视情况提示幼儿在念白处跟念。

4. 指导幼儿学唱歌曲

教师带领幼儿演唱。教师应提示幼儿认真倾听音乐，在前奏结束后开始演唱。同时根据幼儿学习情况，由轻声带唱逐步过渡到幼儿独立演唱。

教师伴奏，幼儿边唱边表演。

（四）活动延伸

（1）生活活动：午餐后可播放音乐，组织幼儿按音乐提示正确漱口。

（2）领域整合：本活动可与健康领域有机整合。

4.

理想中的房子（大班）

（一）活动目标

（1）知道不同房子的特征及功用；

（2）能根据已有经验发挥想象设计自己理想中的房子；

（3）激发对绘画活动的兴趣，愿意用绘画的形式表达自己的思想感情。

（二）活动准备

油画棒；画纸；各种漂亮、新奇的房子图片。

（三）活动过程

1. 活动导入

谈话形式，引出活动主题。

师：小朋友们，你们家住的是什么样的房子？你喜欢自己家的房子吗？你觉得你家的房子有什么特别的地方？（请个别幼儿从颜色、楼层等方面介绍自己家的房子）

2. 活动展开

（1）出示各种漂亮、新奇的房子图片，请幼儿观察

师：今天老师给小朋友们带来了几栋特别的房子，小朋友们看看它们漂亮吗？它们有什么特别的地方？（引

导幼儿从房子的造型、色彩等方面谈谈自己的想法)
(2)引导幼儿猜测图片中房子的功用
师:刚才小朋友们看到的、说到的都是这些房子表面的特征,其实这些房子还有许多特别的作用。大家可以猜一猜这些房子分别是用来做什么的?(补充说明房子的特别功能,如书房、琴房、舞蹈室等)
(3)引导幼儿讨论自己理想中的房子,与同伴交流
师:小朋友们,如果让你来设计一栋新奇、漂亮的房子,你会怎么设计呢?跟你的小伙伴交流一下。
(4)请个别幼儿介绍自己的构思,教师总结
师:刚才小朋友们都说得很好,听起来都很特别。那我们现在画一画自己理想中的房子吧。
(5)幼儿作画,教师巡回指导
3. 活动结束,展示幼儿作品
引导幼儿互相欣赏同伴的作品,说一说自己设计的房子有什么特别之处。
(四)活动延伸
将幼儿的绘画作品剪下,布置成墙饰"我们设计的房子"。

5.

美丽的花朵(大班)

主题活动总目标:
(1)感知常见花朵的外形特征,了解不同花朵的生长特点;
(2)通过观察、探索、动手操作的方式来探究花朵的秘密;
(3)学习花朵的绘画方法,能够为自己喜欢的花朵涂色;
(4)大胆表达对花朵的喜爱,萌发热爱大自然的情感。
活动一　花朵的秘密
(一)活动目标
(1)知道常见花朵的名称,了解不同的花朵有不同的瓣数和香味;
(2)学习观察、交流、探索常见花朵的特点,在记录中发展动手操作能力;
(3)萌发对大自然的探索欲望,激发热爱大自然的情感。
(二)活动准备
物质准备:若干数量的玉兰花、桃花、迎春花、蝴蝶花;记录表格。
经验准备:对常见花朵有简单的认识。
(三)活动过程
1. 观察认识常见花朵,感受花朵的美丽
(1)看看各种美丽的花朵,说说它们的名字
迎春花:黄色的,花朵像喇叭,是春天最早开放的花朵,它向人们报告春天的到来,所以叫它"迎春花"。
桃花:粉红色,先开花再长叶,有花蕾、有花瓣。
玉兰花:白色的,先开花再长叶,花朵很大,它是上海的市花。
蝴蝶花:颜色很漂亮,花瓣像蝴蝶的翅膀,所以叫蝴蝶花。
(2)请幼儿交流讨论,幼儿动手操作,探索花朵的秘密
①教师将幼儿两人分为一组,给幼儿分发提供准备好的花朵和记录表格,向幼儿提出要求,观察每一朵花的花瓣数,哪种花朵有香味,哪种没有。
②幼儿合作观察花朵并记录观察结果,教师巡回指导。
2. 幼儿分享观察结果,教师总结
教师和幼儿玩"花朵找家"游戏。请幼儿帮助每一个花朵找到自己的家。
(四)活动延伸
将幼儿带到美工区,尝试制作花朵的标本。

活动二　我的花朵真漂亮

(一)活动目标

(1)了解自己喜欢的花朵的外形特点,知道调色的简单方法;

(2)能够动手画出自己喜欢的花朵,并完整地调色和涂色;

(3)体验参与绘画活动的乐趣,萌发对自然的喜爱之情。

(二)活动准备

物质准备:足够数量的绘画纸张、水彩、调色板。

经验准备:认识生活中常见的花朵。

(三)活动过程

1.教师带领幼儿做《美丽的花朵》手指操,引出本次绘画主题——我最爱的花朵。

2.教师提出绘画的主题——“我最喜爱的花朵”,鼓励幼儿大胆表达。

(1)教师通过提问启发幼儿,让幼儿大胆表达自己喜欢的花朵;

(2)请幼儿说出自己喜欢的花朵的外形特点及颜色。

3.教师发放绘画材料,幼儿动手作画。

(1)引导幼儿在纸上画出自己喜欢的花朵的形状。

师:现在请小朋友们根据你的描述画出你最喜欢的花朵。

(2)教师使用水彩和调色盘向幼儿展示颜色的变化,激发幼儿兴趣。

师:老师给大家表演一个神奇的魔术,这是红颜色的水彩,这是黄颜色的水彩,把它们放在调色盘会发生什么呢?

(3)引导幼儿讨论调色的方法和颜色变化的规律。

师:水彩变成了什么颜色呢?小朋友们觉得其他颜色的水彩会不会有这样的变化呢?

师:请你开动你的小脑筋想一想,并和你的同伴讨论一下,看看你们的想法一样吗?

(4)请幼儿尝试调色并为自己的花朵涂上颜色。

4.幼儿展示作品,教师评价。

幼儿展示自己的绘画作品,教师鼓励幼儿在集体面前表达自己的绘画想法,并对幼儿的表现做出积极的评价。

(四)活动延伸

将幼儿带到主题墙的展示区,帮助幼儿一起把自己的画装饰在主题墙上。

图书反馈

亲爱的考生：

感谢您对山香教育的信任和支持，您的建议是我们前进的动力！为进一步提高图书质量，我们特向全国各地的考生开展有奖反馈活动。

1.凡提供山香图书的错题反馈者，均能获得价值99元的山香网课《高频考点》（基础版）大礼包1份。

2.凡提供反馈项目者，可获得价值299元的山香网课《高频考点》（豪华版）超级大礼包1份。

3.我们从意见被采纳人员中每月抽取幸运者2名，各奖励价值1380元的山香网校网课大礼包一份。

图书反馈链接

¥99 大礼包

¥299 超级大礼包

反馈项目

姓名：　　专业：　　报考地区：

手机号：　　QQ号：

1.您认为图书中可以增加哪些模块或内容，有助于您的学习？

2.您对本书的印刷、装订、封面有何意见和建议？

3.结合山香现有图书和考情需要，您还需要哪些形式的备考资料？

联系方式：400-600-3363　　研发部QQ：1831595423

招教网：http：//www.zhaojiao.net　　山香网校：http：//www.sx1211.cn

图书订正链接